邯郸统计年鉴

HANDAN STATISTICAL YEARBOOK

2013

（总第19期）

邯 郸 市 统 计 局
国家统计局邯郸调查队 编

中国统计出版社
China Statistics Press

图书在版编目（CIP）数据

邯郸统计年鉴. 2013 / 邯郸市统计局, 国家统计局邯郸调查队编. -- 北京 : 中国统计出版社, 2013.8
ISBN 978-7-5037-6917-7

Ⅰ. ①邯… Ⅱ. ①邯… ②国… Ⅲ. ①统计资料－邯郸市－2013－年鉴 Ⅳ. ①C832.223-54
中国版本图书馆 CIP 数据核字(2013)第 193626 号

邯郸统计年鉴—2013

作　　者/ 邯郸市统计局　国家统计局邯郸调查队
责任编辑/ 陈越月
装帧设计/ 贾向东　李振华
出版发行/ 中国统计出版社
地　　址/ 北京市丰台区西三环南路甲 6 号　邮政编码/100073
电　　话/ 邮购（010）63376909　书店（010）68783171
网　　址/ http://csp.stats.gov.cn
印　　刷/ 河南省诚和印制有限公司
经　　销/ 新华书店
开　　本/ 890mm×1240mm　1/16
字　　数/ 1140 千字
印　　张/ 50
版　　别/ 2013 年 9 月第 1 版
版　　次/ 2013 年 9 月第 1 次印刷
定　　价/ 280.00 元

如有印装差错，由本社发行部调换。

《邯郸统计年鉴—2013》编委会和编辑人员名单

编辑委员会

主　任	何江海	邯郸市人民政府常务副市长
副主任	魏彦君	邯郸市人民政府副秘书长
	程常青	邯郸市统计局局长
	高和平	邯郸市发展和改革委员会主任
	翟广平	邯郸市财政局局长
	石爱萍	国家统计局邯郸调查队队长

编辑部

主　　编　程常青

副 主 编　石爱萍　申振川　刘东祥　李　东　杨　卿　郭玉平　常金伟　武同舟　李英杰　刘景辰　杨进勇　申维书　李维峰　韩廷德　贾向东

编　　委　（以姓氏笔画为序）

马建忠　付瑞辰　刘一敏　刘兆春　孙胜革　张志强　李振华　杨欣国　俸佳伟　张卫国　桂喜民　梁玉凤　韩丽萍

执行编辑　贾向东　高　峰　李振华　姜鸿雁　高晓炜　高建飞　王剑飞　郭洪娟　张　鑫

编 辑 说 明

一、《邯郸统计年鉴—2013》是一部反映邯郸市2012年国民经济和社会发展的资料性年刊。本书依据2012年统计部门年报和有关部门的统计资料编辑而成。

二、全书由特载、统计资料、排序、主要统计指标解释和后记等部分组成。统计资料部分包括：1.综合；2.国民经济核算；3.农村经济；4.工业；5.建筑业；6.固定资产投资；7.房地产；8.国内贸易；9.外经、外贸及旅游；10.能源；11.财政、金融；12.交通、邮电；13.劳动就业和社会保障；14.物价；15.人民生活；16.科学技术；17.文化、教育、体育、卫生、广播电视和环境保护；18.行政事业单位和其他服务业；19.全国、河北省及部分大中城市主要经济指标。

三、年鉴指标体系按国家统计局和河北省统计局现行制度执行。书中统计资料部分按县（市、区）分组中，市区数按驻地原则统计，即含驻市区中央、省、市单位的统计资料；从2011年开始，纳入规模以上工业统计范围的工业企业起点标准从年主营业务收入500万元提高到2000万元；固定资产投资统计的起点标准从计划总投资50万元提高到500万元。

四、按照全国第二次经济普查要求，年鉴中国民经济核算、工业、商业等2008年以前的历史数据均进行了调整。产值、增加值绝对数为当年价，其增长速度按可比价格计算。

五、本书的统计数据经过认真的调整、核实，凡以前所提供的数据与本书不同的，均以此为准。年鉴中部分合计数或相对数由于单位取舍不同而产生的计算误差，均未作机械调整。

六、年鉴各表中，对表中指标的注解在该表下方；宾栏中“‖”表示对上一级指标进行交叉分组。

七、年鉴中的符号使用说明：“…”表示数据不足该表最小计量单位；“空格”表示该项统计指标数据不详；“#”表示其中项；“—”表示无该项指标数据；“*”或“①”表示本表下有注解。

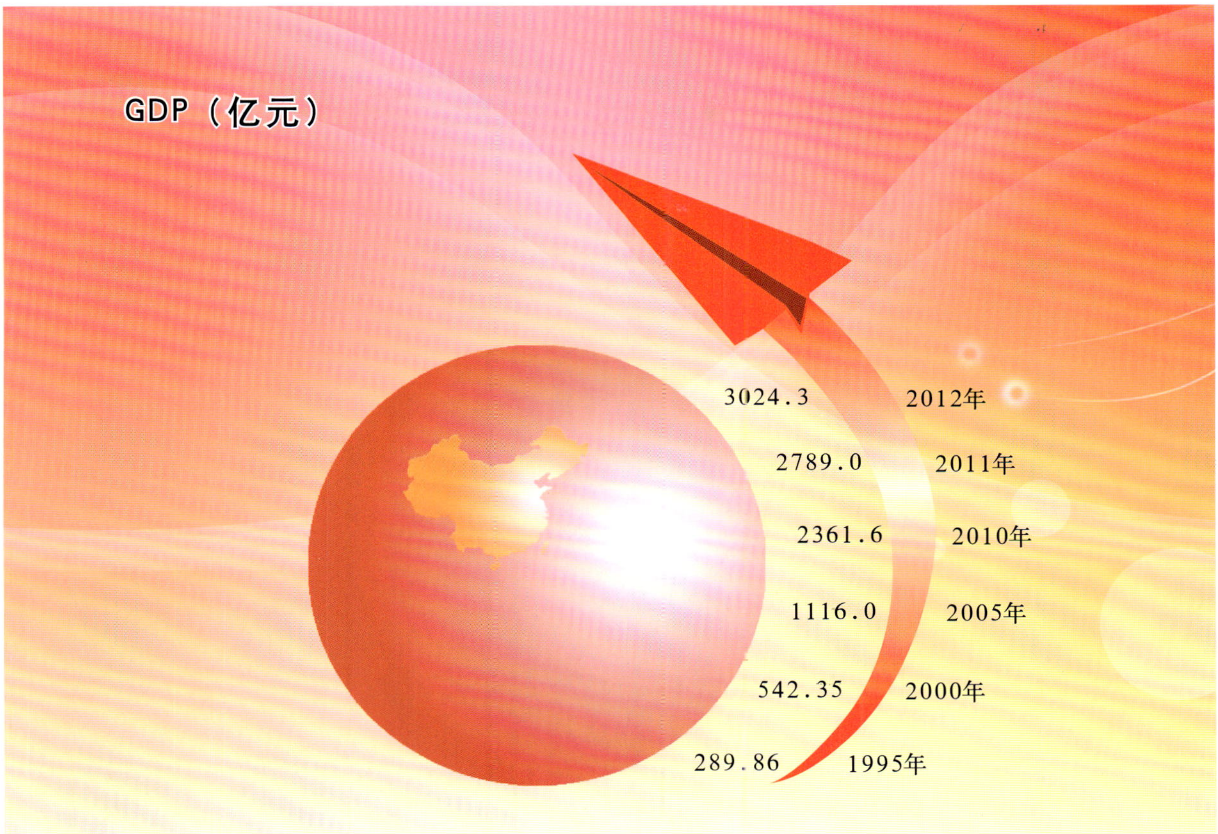
GDP（亿元）
3024.3 2012年
2789.0 2011年
2361.6 2010年
1116.0 2005年
542.35 2000年
289.86 1995年

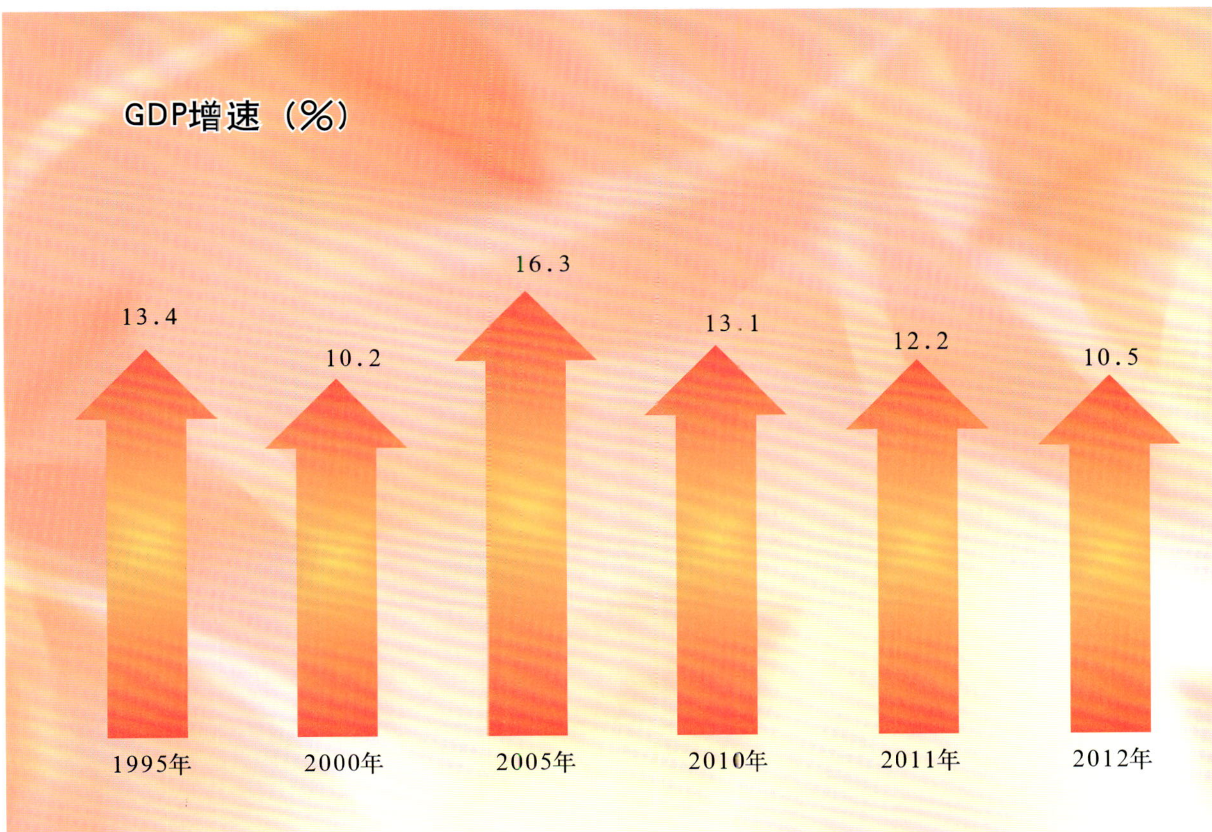
GDP增速（%）
13.4
1995年
10.2
2000年
16.3
2005年
13.1
2010年
12.2
2011年
10.5
2012年

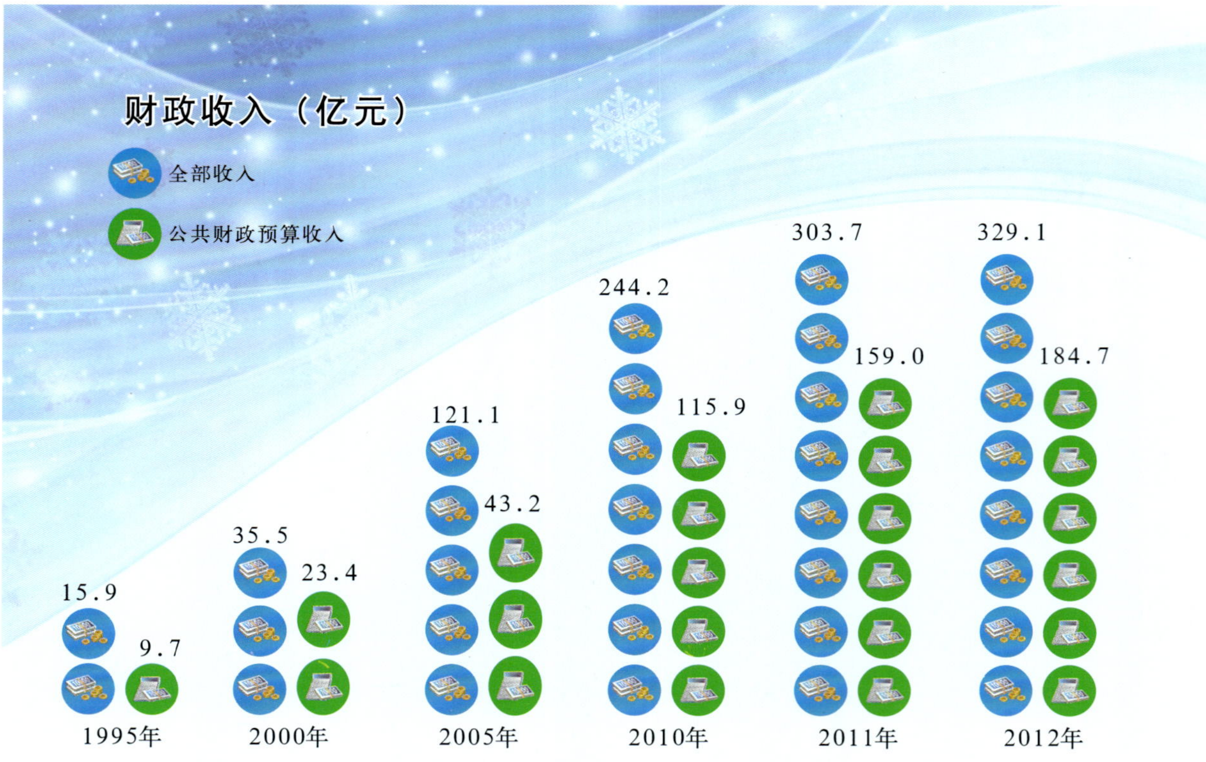
财政收入（亿元）
全部收入
公共财政预算收入
15.9
9.7
1995年
35.5
23.4
2000年
121.1
43.2
2005年
244.2
115.9
2010年
303.7
159.0
2011年
329.1
184.7
2012年

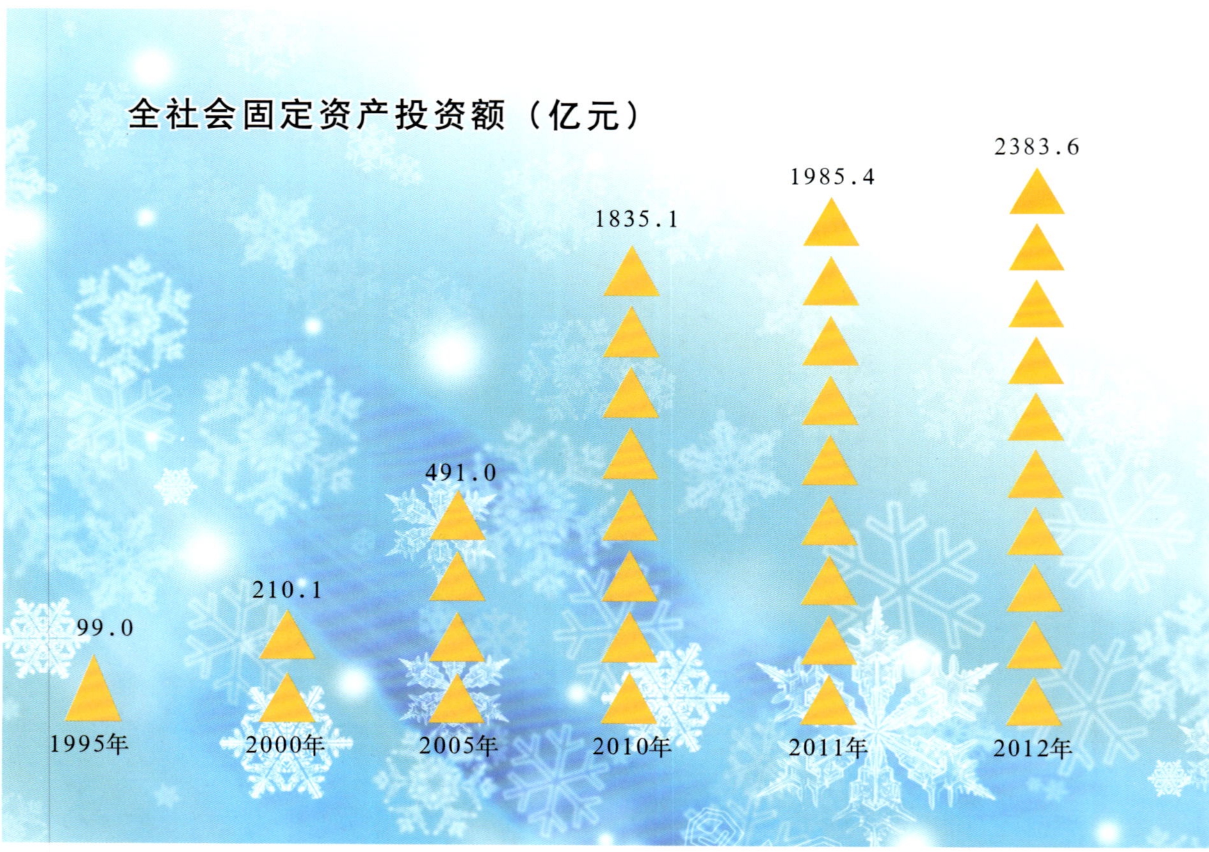
全社会固定资产投资额（亿元）
99.0
1995年
210.1
2000年
491.0
2005年
1835.1
2010年
1985.4
2011年
2383.6
2012年

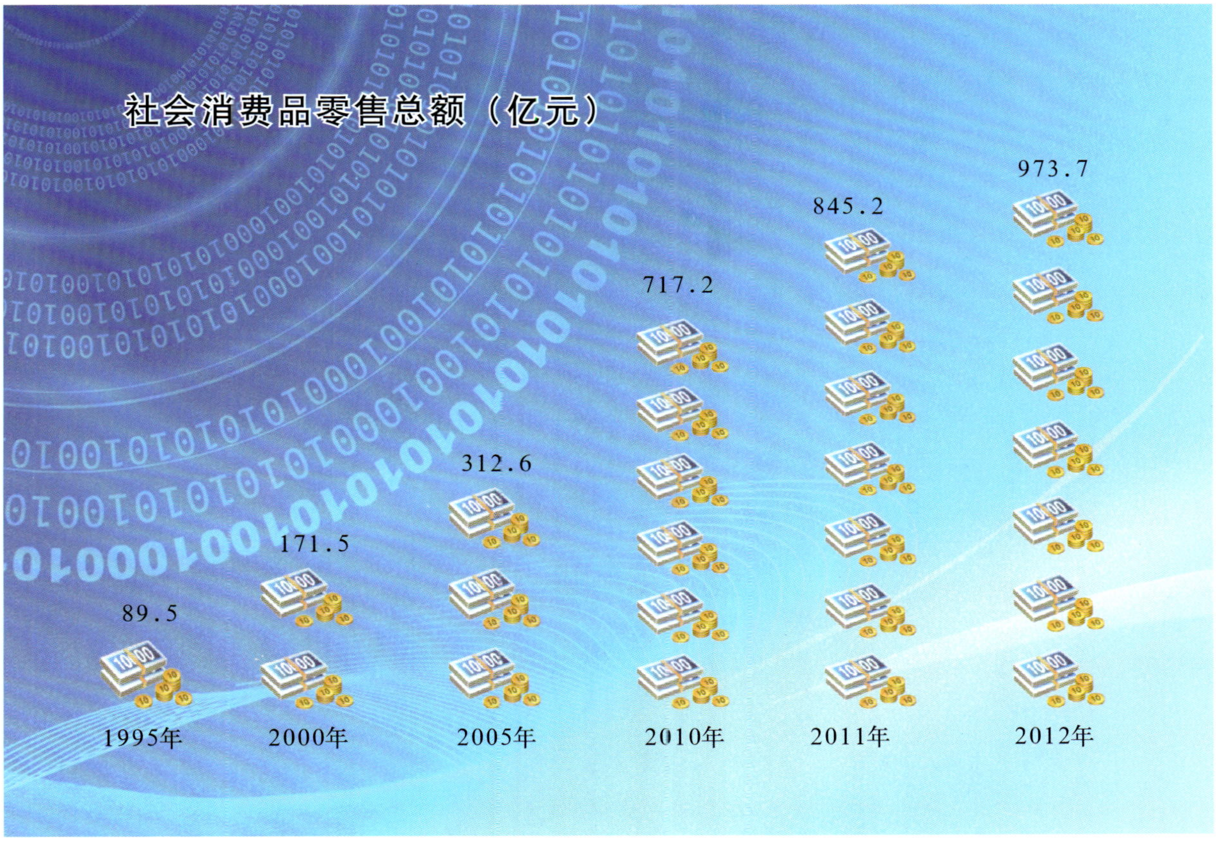
社会消费品零售总额（亿元）
89.5
171.5
312.6
717.2
845.2
973.7
1995年
2000年
2005年
2010年
2011年
2012年

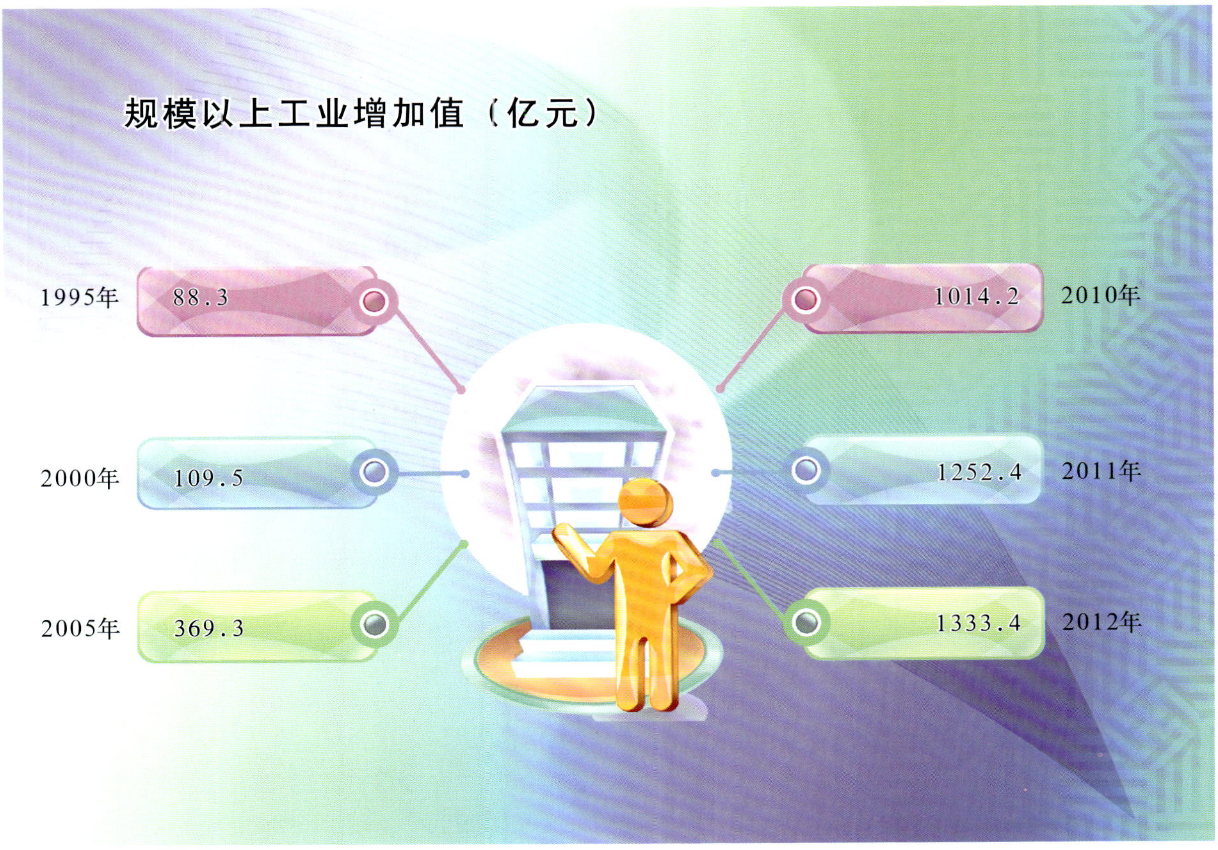
规模以上工业增加值（亿元）
1995年
88.3
2000年
109.5
2005年
369.3
1014.2
2010年
1252.4
2011年
1333.4
2012年

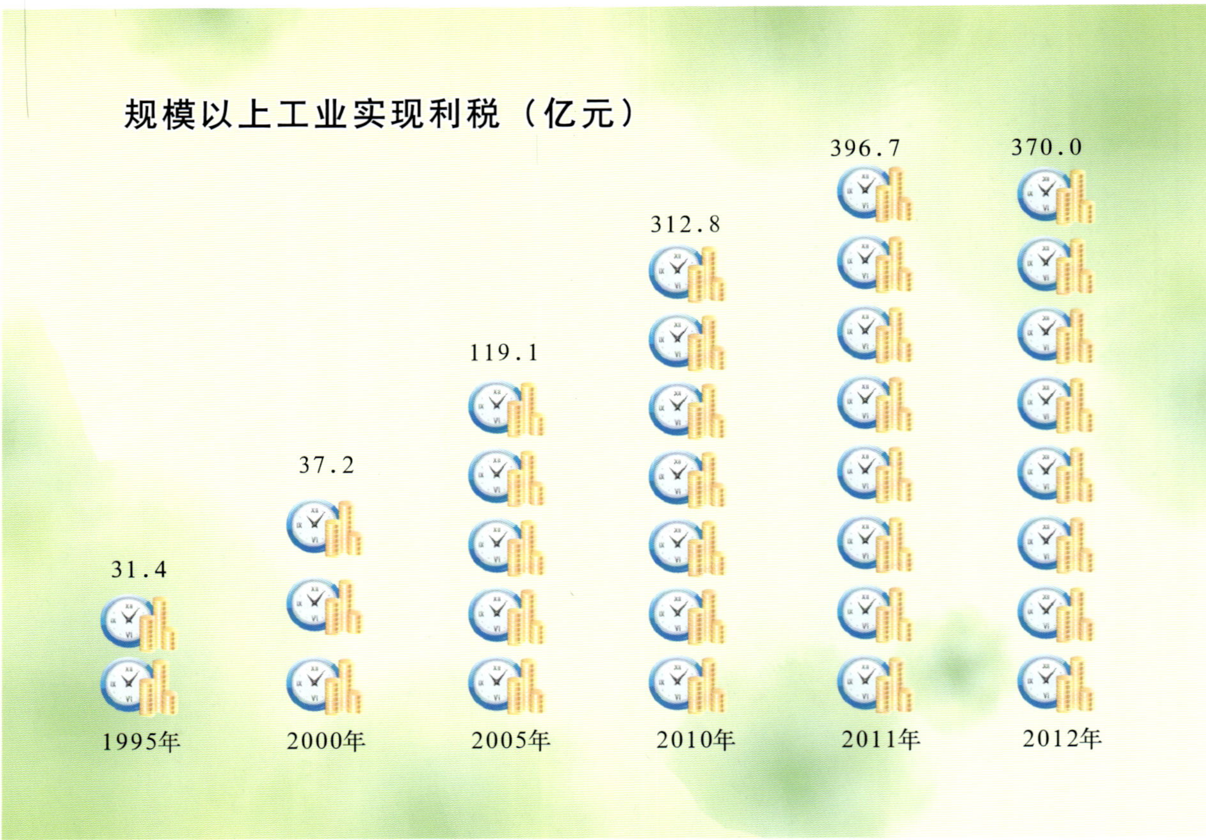
规模以上工业实现利税（亿元）
31.4
37.2
119.1
312.8
396.7
370.0
1995年
2000年
2005年
2010年
2011年
2012年

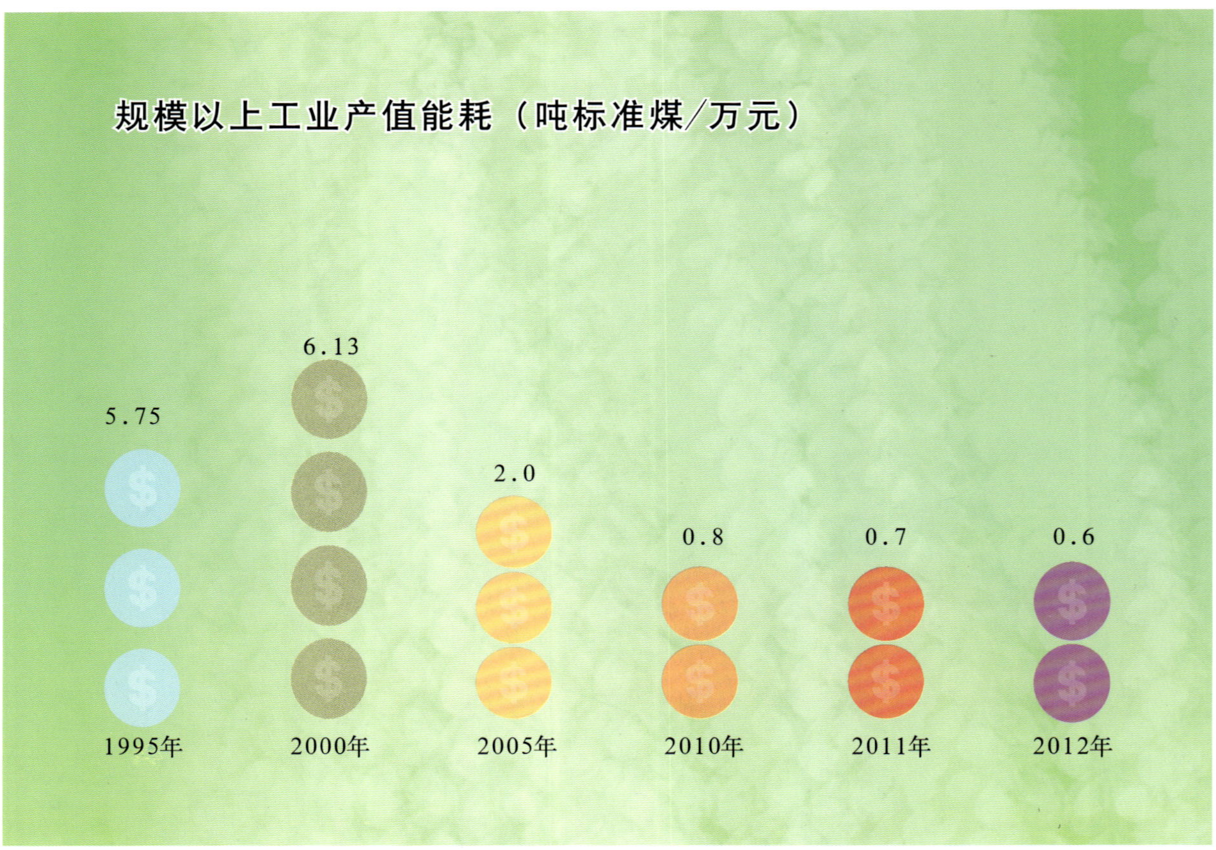
规模以上工业产值能耗（吨标准煤/万元）
5.75
6.13
2.0
0.8
0.7
0.6
1995年
2000年
2005年
2010年
2011年
2012年

实际利用外资（万美元）

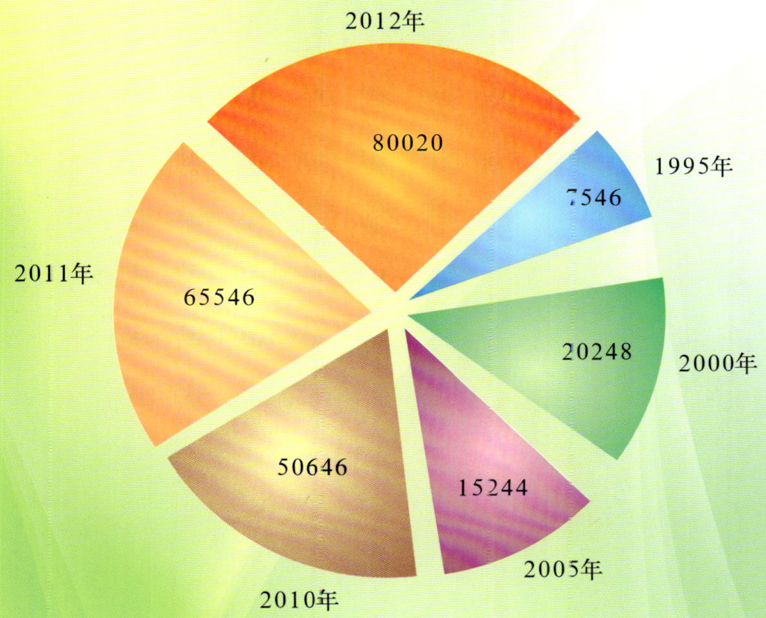

出口总值（万美元）

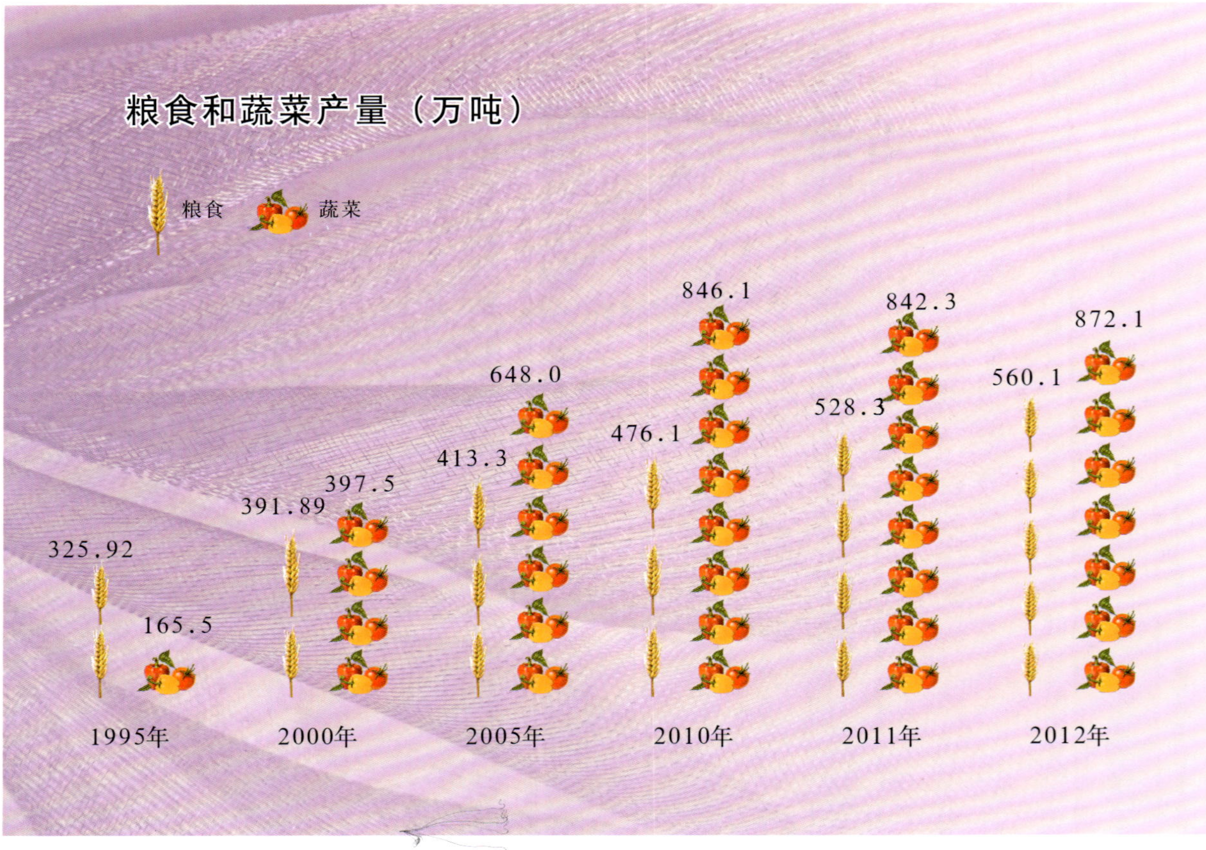
粮食和蔬菜产量（万吨）
粮食
蔬菜
325.92
165.5
391.89
397.5
413.3
648.0
476.1
846.1
528.3
842.3
560.1
872.1
1995年
2000年
2005年
2010年
2011年
2012年

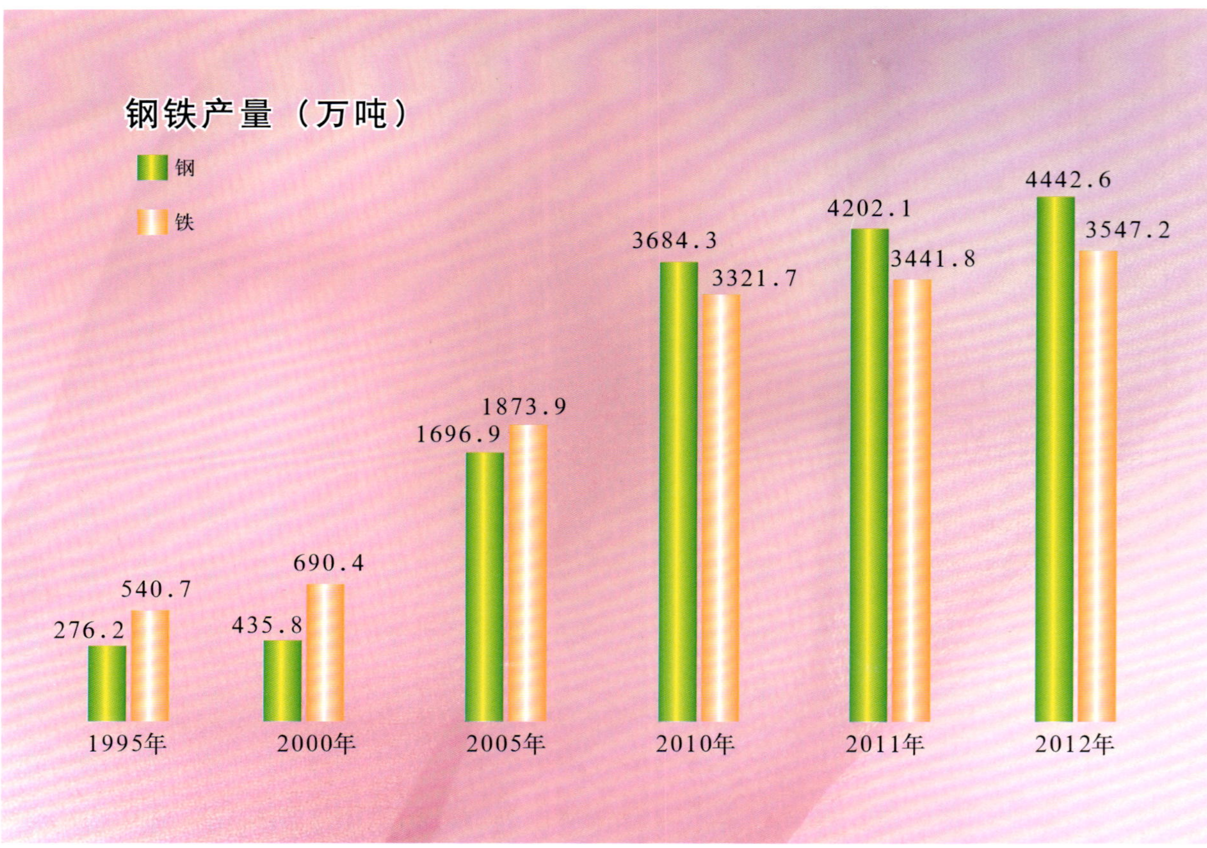
钢铁产量（万吨）
钢
铁
276.2
540.7
435.8
690.4
1696.9
1873.9
3684.3
3321.7
4202.1
3441.8
4442.6
3547.2
1995年
2000年
2005年
2010年
2011年
2012年

城、乡居民收入（元/人）

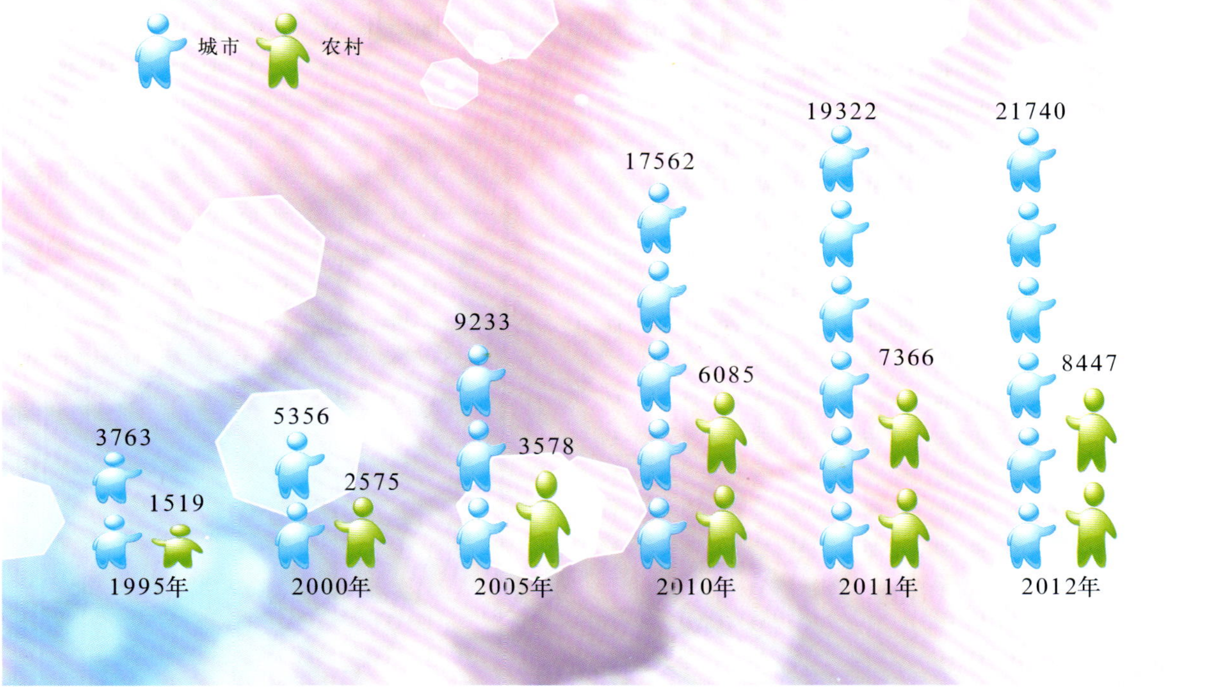

城乡储蓄存款（亿元）

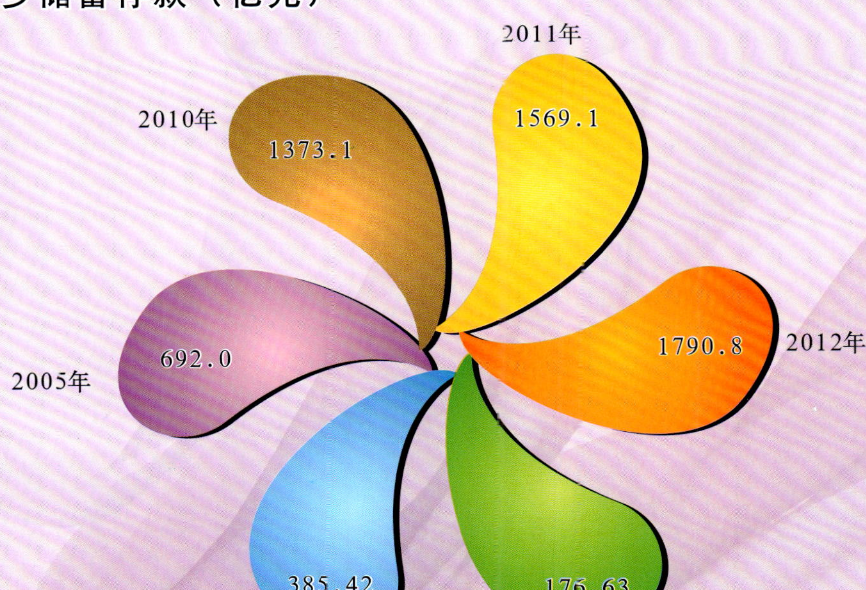

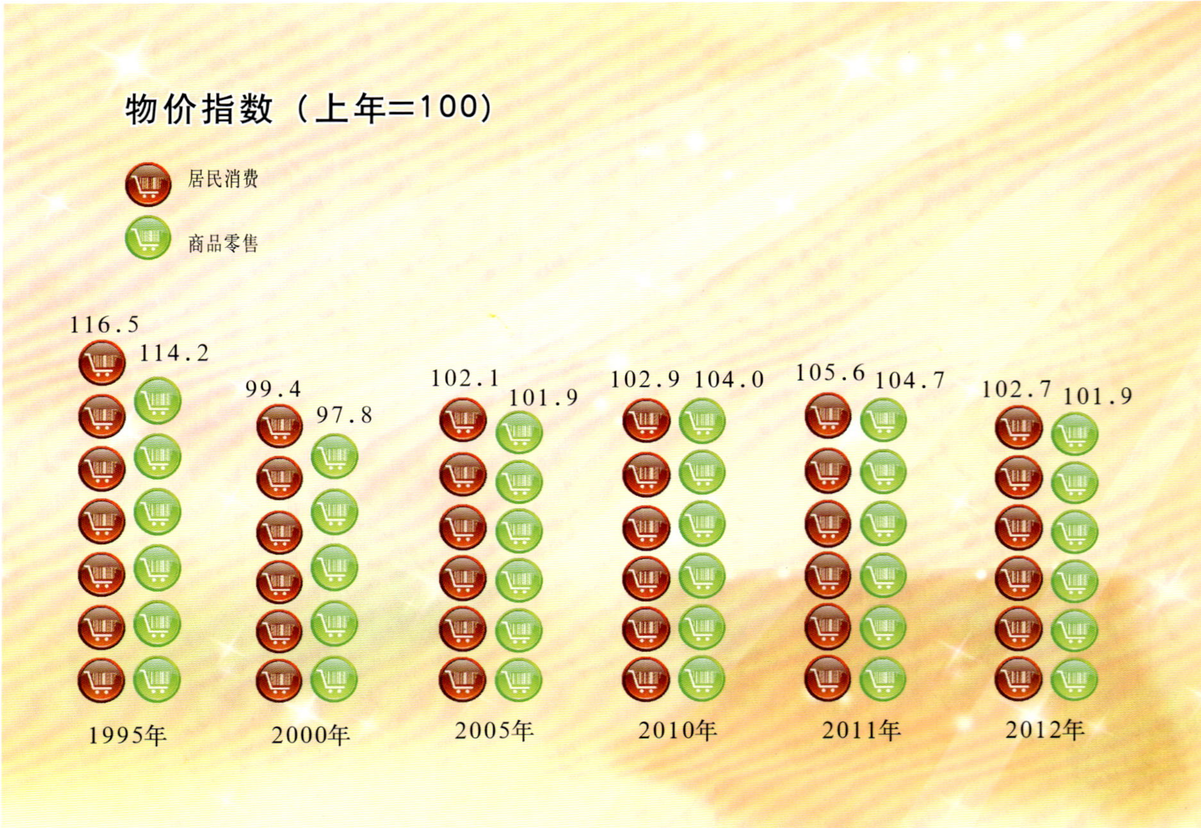
物价指数（上年=100）
居民消费
商品零售
116.5
114.2
99.4
97.8
102.1
101.9
102.9
104.0
105.6
104.7
102.7
101.9
1995年
2000年
2005年
2010年
2011年
2012年

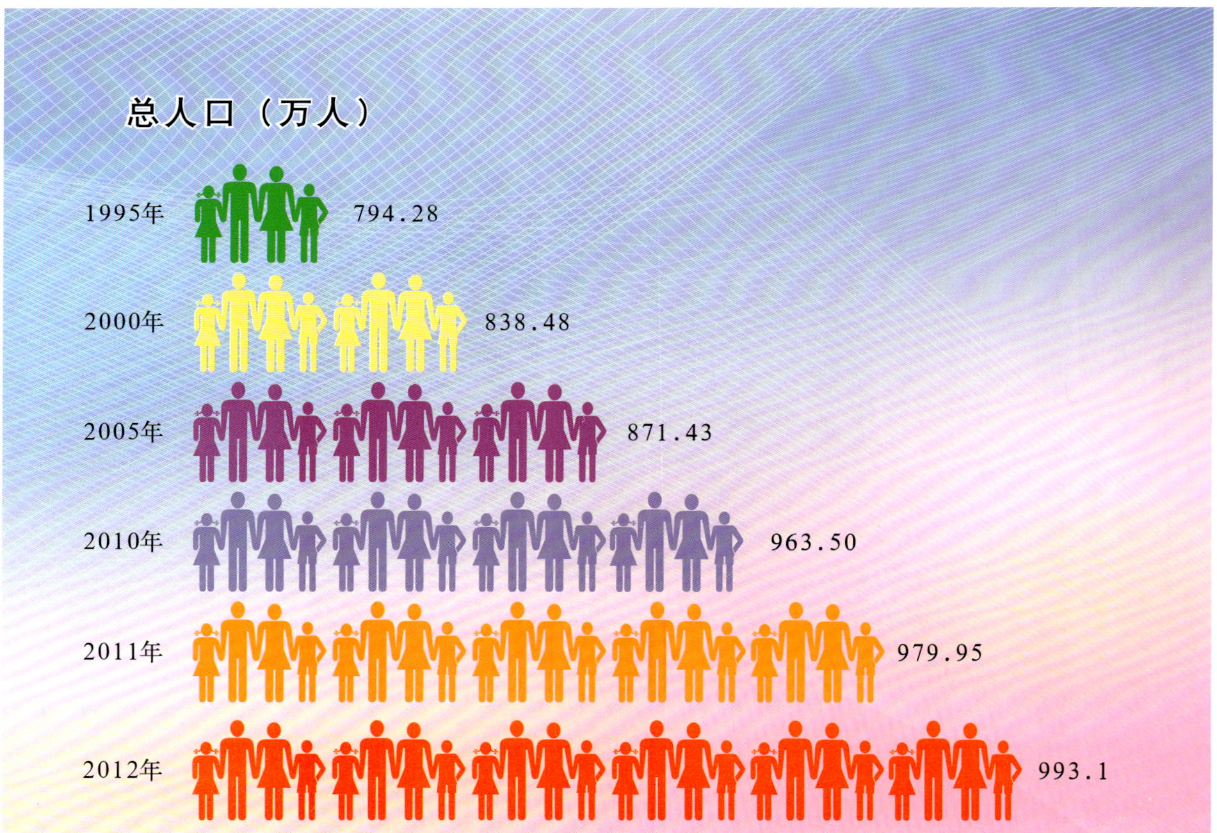
总人口（万人）
1995年
794.28
2000年
838.48
2005年
871.43
2010年
963.50
2011年
979.95
2012年
993.1

目　录

第一部分　特　载

第二部分　统计资料

一、综　合

二、国民经济核算

三、农村经济

四、工 业

五、建筑业

六、固定资产投资

七、房 地 产

八、国内贸易

九、外经、外贸及旅游

十、能　源

十一、财政、金融

十二、交通、邮电

十三、劳动就业、社会保障

十四、物　　价

十五、人民生活

十六、科学技术

十七、文化、教育、体育、卫生广播电视和环境保护

十八、重点服务业企业和限上非企业单位

十九、全国、河北省及部分大中城市主要经济指标

第三部分　排　　序

第一部分

特　载

政府工作报告

——2013年4月9日在邯郸市第十四届人民代表大会第一次会议上

邯郸市人民政府市长　回　建

各位代表：

现在，我代表邯郸市人民政府向大会作工作报告，请予审议，并请市政协委员和列席会议的同志提出意见。

一、过去五年的工作回顾

市十三届人大一次会议以来的五年，是我们致力稳增长、调结构、惠民生、促和谐，经济社会发展取得显著成效的五年。全市生产总值由2007年的1608.1亿元增加到2012年的3024.3亿元，跻身“3000亿元俱乐部”。粮食生产实现“九连增”，率先建成“吨粮市”。结构调整迈出坚实步伐，六大高耗能行业增加值占规模以上工业的比重降低10.3个百分点，荣获省“十一五”节能工作先进市。城镇面貌发生巨大变化，荣获全省三年大变样突出贡献奖、省人居环境进步奖。城镇居民人均可支配收入、农民人均纯收入分别增长72.8%和91.8%，基本社会保险实现制度全覆盖。邯郸发展纳入中原经济区规划，正式上升为国家战略。圆满完成“十一五”规划，顺利实施“十二五”规划，较好完成了本届政府任期各项工作任务。

五年来，我们始终把经济增长作为首要任务，积极应对各种困难和挑战，综合实力跃上新台阶。面对国际金融危机的严重冲击，千方百计增投资、保运行、促消费，努力保持经济平稳较快发展。全社会固定资产投资累计完成8720亿元。实施超亿元项目952个，美的邯郸工业园、新兴装备材料基地等一大批产业项目建成投产，青兰、大广高速和京广高铁邯郸段建成通车，机场二期扩建基本完成。规模以上工业增加值完成1333.4亿元，比2007年增长近1倍。社会消费品零售总额973.7亿元，比2007年增长1.3倍。全部财政收入由176.3亿元增加到329.1亿元，其中公共财政预算收入由69.5亿元增加到184.6亿元。

五年来，我们始终把结构调整作为主攻方向，加快构建现代产业体系，转变发展方式迈出新步伐。实施“3+3+3”主导产业倍增计划，推进经济结构战略性调整。传统产业加快升级，在钢铁、煤炭、纺织等行业开展对标行动，产业技术装备水平和竞争力不断提高。累计投入技改资金1991亿元。规模以上工业企业达到972家。新兴产业发展提速，装备制造业增加值占规模以上工业的比重由4.7%提高到8.5%，成为继钢铁、煤炭之后的第三大主导行业。新材料、新能源、电子信息等产业成为新的经济增长点。中国驰名商标由1项增加到17项。现代服务业日趋活跃，第三产业增加值突破千亿元大关。广府古城开发步伐加快，永年洼列入国家湿地公园试点，响堂山、娲皇宫晋升为国家级风景名胜区。4A级旅游景区达到12处，旅游接待人数和旅游业总收入分别增长1.4倍和2.4倍。邯郸国际陆港等一批商贸物流项目加快建设。引进7家股份制银行，邯郸银行跨入世界千强银行，武安村镇银行开业运营。晨光生物成功上市，6家企业在天交所挂牌。科技创新能力不断增强，专利申请量达到1.1万件，列入国家知识产权试点城市。智能感知装备创新型产业集群列入国家首批试点。获得国家科技进步一等奖1项、二等奖7项，创建国家级企业技术中心3家，培育国家级创新型企业3家，连续三年荣获中国城市信息化50强。节能减排成效显著，大力淘汰落后产能，扎实推进循环经济试点市建设。单位生产总值能耗累计下降25.2%，化学需氧量、氨氮、二氧化硫排放量分别比2010年削减8.9%、4.8%和11.6%，超额完成省下达任务。

五年来，我们始终把“三农”工作作为重中之重，加大强农惠农力度，农业农村基础得到新加强。粮食总产由442.9万吨增加到560.1万吨，肉蛋奶、蔬菜、棉花等主要农产品产量稳定增长。农业产业化步伐加快，国家、省重点龙头企业分别达到6家和46家，总量均居全省第一；农业产业化经营率达到62.3%，比2007年提高11.5个百分点。累计造林225万亩，森林覆盖率净增量连续四年全省第一，荣获全国绿化模范城市称号。引黄入邯实现通水，南水北调邯郸段及配套工程进展顺利，恢复改善灌溉面积160万亩，发展节水灌溉150万亩。太行山前土地整治项目加快实施。累计建设新民居示范村580个、幸福乡村示范点170个，建设新民居10万余套，农村交通、电力、通讯等基础设施得到进一步加强。东部振兴成效显著，东部十县生产总值、全部财政收入、规模以上工业增加值分别比2007年增长1.1倍、2.7倍和4.7倍，占全市比重明显提高。

五年来，我们始终把新型城镇化作为有力引擎，强力推进“大变样、上水平”，城镇面貌发生新变化。城镇化率达到46.58%，比2007年提高5.88个百分点。城镇规划体系日趋完善，四期总规获得国务院批复，各县（市、区）完成县城总体规划和镇村体系规划。实施城中村和旧城区改造项目170个，拆迁面积4577万平方米。“四大新区”、“六大新城”启动建设，累计实施2793个重点城建项目，完成投资4378亿元。打造“五河、四湖、一淀”，城市水系建设加快推进。新建改造小游园214个，赵王城、龙湖等5个公园被评为省五星级公园。新建改造城市道路69条、小街巷879条，集中供水、供热、供气等配套设施进一步完善，县县建有污水处理厂、垃圾填埋场。“1+6”中心城市实现公交全覆盖，我市一级公路通车总里程居全省首位。城市管理水平不断提高，列入国家首批智慧城市试点。产城融合步伐加快，新增省级园区15家。武安、涉县荣获国家园林县城，12个县城被评为省级园林县城。

五年来，我们始终把改革开放作为强大动力，以重点突破带动全局，经济社会发展焕发新活力。国企改革扎实推进，完成54家企业改革任务。医药卫生体制改革不断深入，公办基层医疗机构全部实现基本药物零差率销售，公立医院改革试点有序推进。市煤气公司和华润集团合作成功，城市公用事业改革实现突破。财政管理、投融资等重点领域改革稳步实施，荣获全国文化体制改革工作先进地区。大力引进战略投资者，法国圣戈班、美国沃尔玛、荷兰哈克等国际知名企业落户邯郸。深化与央企的战略合作，五年实施项目48个，完成投资164亿元。实际利用外资由1.8亿美元增加到8亿美元，出口总值由8.4亿美元增加到14.7亿美元，荣获省招商引资贡献奖，连续两届被评为中国最具海外影响力城市。民营经济发展迅速，企业个数由1.7万家增加到3.3万家，增加值占全市生产总值的比重由60.1%提高到64.5%。

五年来，我们始终把改善民生作为执政之本，积极创新社会管理，人民生活水平有了新提高。财政用于民生方面的支出累计达到700亿元，办成310件实事。累计新增城镇就业50万人，下岗失业人员再就业19万人，转移农村劳动力67.5万人次。企业退休人员基本养老金由人均每月918元提高到1689元，工伤、失业保险待遇和医保最高支付限额明显提升，新农合参合率由84%提高到97.8%。城镇低保人均月补差额由108元提高到210元，农村低保由42元提高到96元。建成农村养老服务机构4028家、社区养老机构255家。累计开工建设各类保障性安居工程12.7万套（户），完成保障户数5.7万户。全市216.9万农村居民饮水安全得到保障，25.3万人实现脱贫。创新社会管理，实施“五个延伸”，5678个行政村和社区均设立了警务室、配备了治安管理员，信访工作得到加强。安全生产形势稳定好转，食品药品安全监管力度加大，社会管理综合治理不断强化，人民群众的安全感和幸福指数进一步提高。

五年来，我们始终把统筹兼顾作为根本方法，全面发展各项社会事业，和谐邯郸建设取得新成效。学前教育加快发展，全面实现城乡九年义务教育免费，先后荣获全国义务教育均衡发展、全国“两基”工作先进地区。高中阶段教育基本普及。创建国家中等职业改革示范学校5所。高等院校办学水平不断提升，特色学科建设明显加强。中小学校安工程累计投资37亿元，建成标准化学校371所，校车全覆盖工程启动实施。文化事业蓬勃发展，中原民间艺术节、首届中国吹歌节成功举办，“欢乐乡村”、文化惠民工程叫响全国，推出《广府太极传奇》、《黄粱梦》、《山生》等一批精品力作，优秀文化人才不断涌现。新增国家非物质文化遗产18项。县乡村三级医疗卫生服务体系进一步健全，人口和计划生育工作得到加强。全民健身体系日趋完善，主城区“一刻钟健身圈”基本形成，成功举办第十一届国际太极拳运动大会，实现残奥会金牌零的突破。国防动员和民兵预备役工作深入开展，实现“全国双拥模范城”七连冠。文明城市创建扎实推进。援川、援疆等工作走在全省前列。民族宗教、广播影视、新闻出版、邮政通信、外事侨务、妇女儿童、人民防空、防震减灾、统计、物价、气象、档案等工作，都取得了新成绩。

五年来，我们始终把政府自身建设作为重要保障，下大力转变政府职能，行政效能和服务质量得到新提升。法治政府建设步伐加快，行政管理体制改革扎实推进，政府机构改革取得明显进展，事业单位分类改革有序展开，园区管理得到加强，政府绩效管理试点工作初见成效。着力构建廉政风险全方位预警防控系统，加快公共资源交易市场建设，加大审计监督、行政监察力度，政府廉政建设不断加强。自觉接受人大法律监督和工作监督、政协民主监督和社会监督，共办理人大代表建议1749件、政协提案3603件，按时办复率达到100%。

刚刚过去的2012年，我们坚持“稳中求进、好中求快”的总基调，团结奋进，攻坚克难，办成了一批打基础、利长远的大事要事。一是“吨粮市”目标如期实现。小麦、玉米两熟亩产达到1001.2公斤，单产及增幅均居全省第一，列为全国整建制推进粮食高产创建试点市，荣获全国粮食生产先进市。二是项目建设扎实推进。坚持外引、内生两手抓，签约项目152项，总投资1929亿元，分别增长58%和52%。武安大唐发电、金狮棉机等50个省市重点项目竣工投产，奥钛新能源、华捷传感器、洁神锂电池等772个超亿元项目开工在建，东郊热电、辛安变电站等8个项目获得国家核准或审批。三是工业经济企稳回升。对亏困企业实行“五项帮扶”，制定支持钢铁企业发展8条措施。“三年千项”工程顺利实施，规模以上工业企业新上项目539个，完成投资843亿元。集中扶持百家成长型企业，我市入围中国企业500强、中国民营企业500强均达到10家，居全省第一。四是财政金融支撑有力。公共财政预算支出达379.6亿元，增长15.5%，教育、科技、城乡社区事务等支出大幅增长，保障和调控能力有效提升。坚持“六个优先”，支持金融业发展，新增贷款突破300亿元，比上年多增89.7亿元；存贷比达到63%，提高2.4个百分点。五是城市承载力明显提升。城建重点项目完成投资1519.5亿元，增长16.2%。实施“六个一”工作法，推进主城区32项重大项目，市文化艺术中心、4座大型立交桥、火车站广场改造、高铁邯郸东站等一批标志性工程竣工投用。六是环境建设初见成效。出台改善发展环境20条意见，市本级行政许可事项从206项削减到119项，66项涉企收费项目取消18项、免征22项；实施改善生态环境7项集中整治和攻坚行动，8个重点区域大气环境综合整治全面展开。七是社会发展和谐稳定。85件民生实事如期完成。城镇新增就业12万人，保障性安居工程开工58021套（户）、竣工16629套（户）。农村互助养老模式向全国推广。深入开展加强基层建设年活动，实施帮扶项目9810个。在全省率先建立食品安全第三方监测机构，食品抽检合格率提高了19个百分点，安全生产形势总体趋稳。

各位代表，上述成绩的取得，是省委、省政府和中共邯郸市委坚强领导的结果，是市人大、市政协监督支持的结果，是全市人民团结奋斗的结果。在此，我代表市政府，向全市人民，向人大代表、政协委员，向各民主党派、工商联、无党派人士和人民团体，向驻邯人民解放军、武警官兵和政法干警，向中直、省直驻邯各单位，向各位老领导、老同志，向所有关心、支持邯郸发展的同志们、朋友们，表示衷心的感谢和崇高的敬意！

在肯定成绩的同时，我们必须清醒地看到，受钢铁市场低迷、企业生产经营困难、有效需求不足等即期因素的影响，去年全市有4项经济指标没有完成年初计划。特别是发展中还存在着一些深层次的矛盾和问题，主要是：产业结构偏重的问题还没有根本解决；规模以上企业数量较少，第三产业比重偏低，科技创新能力不强；城乡、区域发展仍不平衡，城镇化发展水平较低，县域经济相对薄弱；一些部门服务意识不强、办事效率不高，全民创业氛围不浓，发展环境亟需改善；生态环境治理任务艰巨，改善大气环境、保护饮用水源迫在眉睫；关系群众切身利益的收入水平、教育医疗、就业社保、扶贫开发等仍有差距。

各位代表，奋斗充满艰辛，成绩来之不易。对存在的问题，我们一定以更大的决心和力度，认真加以解决，决不辜负全市人民的期望和重托。只要我们坚定信念，团结拼搏，就一定能够战胜前进道路上的任何困难和挑战，夺取改革开放和现代化建设的新胜利！

二、今后五年的基本思路和主要任务

今后五年，是深入贯彻落实党的十八大精神、全面建成小康社会的决定性阶段，是深入实施“十二五”规划、开创邯郸复兴伟业的关键时期。政府工作的基本思路是：全面贯彻落实党的十八大精神，以邓小平理论、“三个代表”重要思想、科学发展观为指导，按照省、市第八次党代会部署，围绕建设中原经济区具有重要影响力的中心城市，突出主题主线，以提高经济增长的质量和效益为中心，着力调整产业结构，着力深化改革开放，着力强化创新驱动，着力加强环境建设，着力保障改善民生，促进新型工业化、信息化、城镇化、农业现代化同步发展，保持经济持续健康发展和社会和谐稳定，建成宜居宜业宜游的富强邯郸、美丽邯郸，努力在全省率先全面建成小康社会。

今后五年的奋斗目标是：综合实力大幅提升，全市生产总值、城乡居民收入比 2010 年翻一番，公共财政预算收入年均增长 11%以上，经济增长的质量和效益明显提高；产业转型全面加快，战略性新兴产业增加值占全市生产总值的比重达到 10%以上，服务业增加值占比力争达到 40%；文化事业更加繁荣，覆盖城乡、惠及全民的公共文化服务体系基本建成，公民文明素质和社会文明程度进一步提高，力争建成全国文明城市；生态环境大为改观，主要河流水质达到水功能区划要求，空气质量大幅提升，森林覆盖率达到 31%，争创国家森林城市；人民生活显著改善，全民受教育程度明显提高，劳动就业更加充分，贫困人口大幅减少，社会保障全民覆盖，和谐社会建设取得更大成效。

实现上述目标，必须统筹兼顾，重点突破，着力抓好六项重大任务：

（一）加快建设区域中心城市，致力在中原经济区率先发展。牢牢把握我市纳入中原经济区规划的战略机遇，主动融入，深入对接，用好国家支持政策，在更大范围聚集优质要素，拓展发展空间。着力打造产业中心、交通中心、商贸中心、休闲中心、医疗中心，为建设在中原经济区具有重要影响力的中心城市提供有力支撑。强化区域互动，探索产业合作、利益共享、融合发展的新机制，谋划建设一批跨区域的铁路、高速公路等重大基础设施，及早启动城市轨道交通项目，加快建设冀南区域合作示范区，打造中原经济区与环渤海等经济区域合作交流的北部门户。

（二）优化重大生产力布局，致力打造区域经济增长极。按照区域经济一体化，布局园区、建设基地、培育产业。举全市之力，推进冀南新区大开发、大建设，加快打造全国重要的先进制造业基地，培育形成带动冀南地区转型发展的强大引擎。邯郸经济开发区、冀南新区争创国家级开发区，力争全部财政收入、规模以上工业增加值三年倍增。实施大产业大集团战略，积极培育精品钢材、装备制造等六大销售收入超千亿元产业，做大做强邯钢、新兴铸管等六大销售收入超千亿元的企业集团。实施县域经济腾飞计划，五年实现县域经济总量倍增。持续推进东部振兴，力争三年内东部各县全部财政收入超 5 亿元。加大扶贫攻坚力度，五年内 55 万扶贫对象基本脱贫。

（三）推进经济结构战略性调整，致力提升产业竞争力。深入实施“一产抓特色、二产抓提升、三产抓拓展”经济发展战略，走出“四化”同步发展的新路子，实现质量和效益、就业和收入、环境保护和资源节约的新提升，打造邯郸经济的升级版。加快发展现代农业，引入工业化理念，推进规模化、标准化、品牌化生产，农业产业化经营率达到 68%左右。大力推进新型工业化，注重与信息化深度融合，推动钢铁、煤炭、建材等传统优势产业向精品化、专业化、深加工方向发展，加快培育新材料、先进装备制造、新能源、生物、电子信息等战略性新兴产业，五年新增规模以上工业企业 1000 家。扎实推进节能减排，积极化解产能过剩矛盾。优先发展生产性服务业，繁荣提升生活性服务业，大力发展公共服务业，大幅度提高服务业在经济总量中的比重。加大科技投入，加快科技成果转化，构建以企业为主体、市场为导向、产学研相结合的技术创新体系。实施人才强市战略，培育领军人才，引进高层次、高技能人才，强化产业转型升级的人才支撑。

（四）加速新型城镇化进程，致力构建城乡统筹新格局。把城镇化作为扩大内需的最大潜力，围绕实现人的城镇化这一核心，坚持走集约、智能、绿色、低碳的新型城镇化道路，全市城镇化率力争达到 55%。完善规划体系，严格规划执法，做到“一张蓝图管到底”。按照统筹城乡、合理布局、完善功能、以大带小的原则，构建中心城市、次中心城市、特色县城、建制镇、新型农村社区良性互动的城镇体系。发挥“1+6”中心城市的龙头作用，加快东部新区建设步伐，力争五年建成设施完善、功能齐全、生态宜居的现代化智慧新城。做大县城规模，完善基础设施，两年内实现县县通高速公路，五年内实现县县通天然气。重点培育西部中等城市和东部次中心城市，打造一批特色小城镇。在充分尊重农民意愿的基础上，推进新型农村社区建设。强化精细管理，全面提升城乡居民文明程度。创新户籍管理体制，有序推进农业转移人口市民化。加快城乡等值化发展，推动基础设施向农村社区延伸、财政投入向农村倾斜、公共服务向农村覆盖、现代文明向农村传播，35%以上的村达到幸福乡村标准。

（五）加大改革开放力度，致力聚合最大正能量。坚持把改革开放作为最大的红利，努力激发全社会的创造活力。推动国有企业、医药卫生、行政体制、事业单位等重点改革取得突破性进展，基本完成农村土地承包经营权确权登记，构建有利于科学发展的体制机制。坚持"引进来"与"走出去"并举、利用外资与国内合作并重、内外资企业一视同仁，全面提高开放型经济水平。树立"邯郸之外都是外"的理念，加大招商引资力度。深化百家央企、百家院校（所）进河北活动的合作成果，抓住百家知名民企进河北机遇，主动对接京津，融入环渤海，深化与长三角、珠三角、港澳台等地区产业对接，引进更多的战略投资者。鼓励钢铁、煤炭企业走出国门兴业办厂，开展跨国经营。深入推进全民创业，激活市场主体，增强发展活力。

（六）切实保障和改善民生，致力让人民共享改革发展成果。坚持以人为本、民生为先，切实解决好人民群众最关心、最直接、最现实的利益问题，努力实现学有优教、劳有多得、病有良医、住有宜居、老有善养、老有所为。制定实施城乡居民收入倍增计划，促进居民收入水平与经济社会发展水平同步提高。两年内让农村群众都能喝上符合饮用标准的安全水。办好人民满意的教育，全面提高教育质量。完善公共文化服务体系，大力发展文化产业，走出一条具有邯郸特色的文化强市之路。完善全民健身服务体系，增强全民身体素质。稳定低生育水平。进一步创新社会管理，加强新时期信访和群众工作，全力维护社会和谐稳定。着力改善生态环境，让邯郸的天更蓝、水更清、山更绿、空气更清新、城乡更宜居、人民更幸福。

各位代表，人民群众对美好生活的向往，就是我们奋斗的目标，更是我们前进的动力。只要我们齐心协力，拼搏进取，一个宜居宜业宜游的富强邯郸、美丽邯郸必将展现在世人面前，率先全面建成小康社会的目标一定能够实现！

三、2013年主要工作任务

今年是全面贯彻落实党的十八大精神的开局年，更是为全面建成小康社会奠定坚实基础的重要年。做好今年的工作，意义重大，影响深远。

综合考虑各方面因素，今年全市经济社会发展的主要预期目标是：全市生产总值增长10%左右；全部财政收入增长10%，其中公共财政预算收入可比增长11%；全社会固定资产投资增长20%；规模以上工业增加值增长13%；社会消费品零售总额增长15%；实际利用外资增长15%；出口总值增长10%；单位生产总值能耗下降3.6%；城乡居民人均收入增长10%；居民消费价格涨幅控制在3.5%左右；城镇登记失业率控制在4%以内；人口自然增长率控制在8.6‰以内。

围绕实现上述目标，重点做好十个方面工作：

（一）突出抓好项目建设，增强经济发展后劲。实施重点项目"4251工程"，以项目结构优化投资结构、提升产业结构。实行分类指导。重点发展产业项目，突出发展工业项目，进一步提高项目的投资强度和税收贡献，力争分别增长10%以上。争取峰峰集团九龙矿扩建、煤矸石电厂等项目得到国家批准。积极稳妥推进基础设施项目，开工建设东郊热电一期工程，确保邯黄铁路、邯长邯济铁路扩能等项目竣工投用，加快火车站改扩建、邯大高速、京港澳高速改扩建等项目建设。抓好中石油、中石化、华润天然气利用项目建设。更加注重发挥现有大企业作用，谋划实施一批产业升级、战略合作项目，实现规模扩张和实力提升。强化要素保障。按照"三率"排序分配土地指标，优质项目优先供地，确保70%以上的土地用于省、市重点产业项目。探索节能减排指标市域内统筹，积极推行排污权交易，支持重大项目建设。完善推进机制。坚持领导分包、观摩拉练、集中签约、考核激励，签约项目抓开工，开工项目抓竣工，竣工项目抓达产，环环相扣，一抓到底，奏响邯郸项目建设的最强音。

（二）突出发展现代农业，巩固"三农"基础地位。把保供增收惠民生、改革创新添活力作为重要任务，全面加快农业现代化进程。实行集约化生产。加强农田水利建设，推进南水北调邯郸段及配套工程，加快引黄灌区建设，抓好漳滏河、跃峰渠等7个大中灌区续建配套与节水改造，发展节水灌溉40万亩。推进"后吨粮市"建设，高标准打造200万亩示范田。实施棉麦双丰工程，推广棉麦高效种植20万亩。强化农业科技支撑，实施良种繁育推广、病虫害统防统治等重大农业科技工程，建设20个现代农业科技示范园区，主要农作物综合机械化水平达到80%以上。推进产业化经营。大力发展特色农业，培育壮大畜牧、蔬菜、果品、中药材等优势产业，新建35个标准化规模养殖场，建成45个省级千亩蔬菜标准园。扶持壮大龙头企业，重点推进100个产业化项目，培育一批绿色、名优农产品和地理标志产品，确保农业产业化经营率达到63.8%、农副产品加工增值率达到86.5%。鼓励城市工商资本到农村发展适合企业化经营的种养业。推进农业标准化生产，不断提高农产品质量和竞争力。提高组织化程度。农民合作组织发展到5000家，辐射带动农户达到68%以上。充分保障农民土地承包经营权，鼓励和支持承包土地向专业大户、家庭农场、农民合作社流转，发展多种形式的适度规模经营。搞好社会化服务。整合涉农信息资源，实现市县乡网络互通、资源共享。支持专业服务公司、技术协会为农业生产提供系列化服务。改善农村金融服务，提倡诚信小额贷款，引导各类信贷资金和社会资本投向农村，为繁荣农村经济增添活力。

（三）突出推进工业转型升级，调整优化产业结构。把新型工业化作为“四化”同步的关键，更加注重扩总量、提质量、增效益。做大做强规模企业。深入推进“三年千项”工程，新上项目310个以上，完成投资400亿元以上。扶持百家成长型企业，营业收入和上缴税金增长16%以上。强化工业运行调节，实施“五项帮扶”，力争80%以上的亏困企业解困。把企业入统与技改贴息等相关资金挂钩，新增规模以上工业企业200家。实施名牌战略，培育中国驰名商标3项，争创省著名商标、省名牌产品50项。改造提升钢铁产业。抓住省钢铁产业结构调整方案即将获批的机遇，推进武安围城钢企退城入园，加快新武安钢铁集团、紫山特钢、宝信集团实质性重组步伐。落实35家钢企转型“路线图”，重点推进总投资509亿元的106个产业延伸项目、总投资232亿元的42个非钢产业项目。培育壮大战略性新兴产业。围绕做大总量、加速转化，大力发展新材料产业，抓好总投资364亿元的中船重工高新技术产业基地、奥德玻璃等24个项目，加快718所科研成果民用化、产业化步伐。围绕上整机、扩规模，加快发展先进装备制造业，抓好总投资433亿元的恒天纤维设备、临漳电梯产业园等47个项目，装备制造业增加值占规模以上工业的比重达到10%以上。全市战略性新兴产业增加值增长30%以上。提高科技创新能力。推进创新型产业集群建设，转化重大自主创新成果50项，申请专利2000件以上。争建国家级天然色素工程技术研究中心、工业气体质检中心和煤化工产品检验中心，新增国家级高新技术企业15家、省级以上工程技术中心4家、省级以上企业院士专家工作站5家，提高科技对经济增长的贡献率。

（四）突出壮大现代服务业，不断提高第三产业比重。围绕发展提速、比重提高、水平提升，加快发展第三产业，力争增加值占全市生产总值的比重达到35%。推进文化旅游业上台阶。抓好广府古城、邺城、紫山等41个重点项目，以更宽的视野整合资源，打造精品线路，争创国家5A级景区。落实吸引游客激励政策，实施旅游惠民工程，加强旅游市场开发、营销和监管，加快打造旅游目的地城市。提升商贸物流业档次。实施邯郸国际陆港、现代汽贸城、冀中能源国际物流、欧浦钢铁等物流项目，推进和道国际、友谊、翠宫等商贸综合体建设，加快韩国乐天、华润万家等知名连锁超市入驻邯郸，发展电子商务，提升商贸服务水平。发展城市夜经济，主城区三区一县和邯郸经济开发区各打造1—2个特色街区。实施“万村千乡市场工程”和新农村现代流通网络工程，连锁化经营的农家店覆盖80%的行政村。增加金融业活力。优化信贷结构，力争新增贷款350亿元，提高中长期贷款比重。争取华夏、澳洲联邦银行入驻邯郸，支持各商业银行增设分支机构和服务网点，邯郸银行实现县域支行全覆盖。确保新能装备、爱美森木业上市成功，再争取2家企业上市，实现直接融资新突破。

（五）突出提高发展质量，加快推进新型城镇化。进一步拓展空间、完善设施、提升功能、强化管理，力争城镇化率提高1.8个百分点。加快东部新区建设。开工建设市客运枢纽中心，加快实施体育中心、传媒中心、科技中心、青少年活动中心等项目，积极推进教育园区建设，拉开东部新区开发框架。同时，完善西部城区配套设施，实现城市“双核”互动发展。增强城市承载力。本着“便民、急需、量力”的原则，尊重群众意愿，实施机场路南延、中华大街南北延、学院北路等39个城市路桥项目，推进人民东污水处理厂、邯峰供水管线改造等15个配套设施项目，确保19个回迁房项目开工建设、30个项目如期竣工。建设苏曹公园、百家公园，改造20个小游园。加强历史文化名城、名镇、名村保护，加快推进串城街改造，确保滏阳河通航工程一期通航，进一步彰显城市文化底蕴和生态魅力，提升邯郸的美誉度和影响力。强化精细化管理。加快“智慧邯郸”建设，促进城市网络化、智能化、个性化发展，实现数字化城管市域全覆盖。加强城市管理综合治理，探索推行市场化运作的有效办法，加大主次干道和小街巷整治力度，开展治脏、治乱、治噪、治堵专项行动，清理占道经营、私搭乱建，完善环卫设施，全面提高城市净化、亮化、绿化、美化水平。实施县城扩容升级。把县城建设作为推进新型城镇化的重点，突出特色，彰显个性，完善功能，打造精品，加快推进道路改造、商贸综合体、城市广场等公共基础设施建设，提高综合承载能力。注重城乡一体化发展。统筹城乡规划、基础设施、产业布局、公共服务、社会事业协调发展，加快推进小城镇建设，鼓励建设新型农村社区，解决好农业转移人口社会保障、住房医疗、子女就学等问题。完善农村水电路讯房等基础设施，完成20个整建制推进幸福乡村示范村建设任务。

（六）突出统筹区域发展，提升县域经济实力。把县域经济作为“四化”同步的结合点，按照“西部率先、中部繁荣、东部振兴”的思路，扶持强县更强、弱县变强，构筑区域协调发展新格局。西部县（市、区）突出转型发展、绿色发展，打破资源依赖，实施二次创业，着力在延伸产业链、提高附加值、发展新兴产业上实现重大突破。中部区县突出聚集发展、繁荣发展，科学规划，合理布局，吸纳先进要素，聚集高端产业，大力发展楼宇经济、总部经济，积极引上高新技术项目，增强城市发展的产业支撑和人口聚集能力。东部县突出加快发展、跨越发展，启动编制东部振兴第二个五年规划纲要，加大支持帮扶力度，重点培育成安制管、大名面粉、广平建材、邱县自行车、馆陶新型化工等特色产业，统筹推进同类产业集群式发展、上下游产业链条式发展，尽快形成规模优势。加大扶贫攻坚力度，年内确保20万扶贫对象脱贫。全面落实加快冀南新区建设的意见，推进马头经济开发区先行发展。加快一县一园建设，临漳、峰峰等园区争列省级开发区，实现县县有省级园区的目标。

（七）突出活跃民营经济，掀起全民创业新热潮。以更大的决心和力度支持全民创业，力争民营经济增加值增长11%，占全市生产总值的比重进一步提高。全面落实优惠政策。认真执行国家鼓励民营企业发展的“新36条”和我市的“22条”措施，健全创业辅导、人才培训、信息咨询等服务体系，加大土地、资金、技术等扶持力度，坚决破除阻碍民间投资的“玻璃门”、“弹簧门”等体制障碍。做大做强民营企业。鼓励大型民营企业开展跨地区、跨行业兼并重组，支持有条件的民营企业联合重组，打造一批在国内有知名度的大型民营企业。开辟绿色通道，引导个体工商户创业升级，推进个体工商户向小微企业转变、小微企业向规模以上企业发展。高度重视企业家队伍建设，加强培训，注重引导，重奖创业功臣，浓厚全民创业氛围。努力破解资金瓶颈。积极发行中小企业集合债，进一步拓宽融资渠道。搭建银企对接平台，加快融资担保机构建设，力争全年中小企业担保资金达到40亿元，担保能力达到160亿元。

（八）突出深化改革开放，增强经济发展活力。准确把握改革的力度和节奏，着力拓展开放的领域和层次，靠改革增动力，靠开放添活力。深入推进重点领域改革。稳妥推进行政管理体制和事业单位分类改革。集中力量对17户改制、破产企业攻坚扫尾，全面完成国企改革任务。扎实推进医药卫生体制改革，完善主城区医疗机构布局规划，扩大县级公立医院改革试点范围。积极推进投融资体制改革，争取发行20亿元城投三期债券、10亿元交建债券。全面开展农村集体土地确权登记发证工作，深化集体林权制度改革。全方位扩大对外开放。开展小团队、“点对点”、产业链招商和以商招商，加强与国际国内500强、央企、知名民企和科研院所的联系对接，中西部县（市、区）和东部县分别在引进超50亿元、超10亿元产业项目上有重大突破。争取邯郸海关早日挂牌，研究设立出口退税基金。积极扩大出口规模，支持曲周色素、永年蔬菜等争列省级出口聚集区，支持鸡泽铸件等争列省级外贸转型基地，扩大钢铁、纺织服装、机电等产品出口规模，不断提升经济外向度。

（九）突出改善“两个环境”，增创发展新优势。把环境建设融入到经济社会发展的每个领域，体现到生产生活的各个方面。围绕构建风清气正、开放文明的发展环境，进一步压审批、降收费、减时限、少检查、提服务、查案例，市本级行政许可事项压减到100项以下。加强行政服务中心建设，6月底前，市本级所有行政许可、非行政许可事项实现网上办理和联合审批，县级公共资源交易中心全部建成。实行企业安静生产日制度，严控对企业的各类检查。充分发挥“企业110”作用，坚决查处破坏发展环境的各类案件，使市场主体在宽松有序的环境中发展壮大。围绕打造天蓝水净、地绿山青的生态环境，持续开展7项集中整治和攻坚行动，强化PM2.5监测治理，抓好8个重点区域大气污染综合整治，重点治理重化工企业污染排放、415家“三小”企业、城市建筑工地和道路扬尘，确保“五一”前见到实效。推进滏阳河、支漳河综合治理，加强饮用水源地保护，调引地表水5亿立方米。实施绿化攻坚，推进“花海绿廊”工程，新增造林46万亩以上，加快建设“森林邯郸”。强化农村环境综合整治，完成“四清”、“四化”任务，大力推进“五改”工作。狠抓节能减排，淘汰落后产能，完成200项节能工程、469项减排工程，确保完成省下达的任务目标，确保让人民群众感受到身边环境的明显变化。

（十）突出加强社会建设，促进社会和谐稳定。把保障和改善民生作为一切工作的出发点和落脚点。切实办好民生实事。投资210亿元，办好17个方面95件实事。加强就业和再就业工作，新增城镇就业10万人，转移农村劳动力6万人，应届高校毕业生就业率达到85%以上。全面完善社保体系，企业退休人员基本养老金和工伤、失业保险待遇提高10%以上，新农合筹资标准提高到340元，提高城乡居民医保补助标准和报销水平。加大对失地农民保障力度，稳步提高城乡低保标准。加快社会养老服务体系建设，提升居家、社区、机构养老水平，新建农村幸福院500所。抓好保障性安居工程建设，新开工保障性住房15095套（户），竣工28000套（户）。实施农村饮水安全工程，解决632个村77万人的饮水安全问题，彻底解决饮水氟超标问题。强化民生交通理念，优先发展城市公交，缓解交通出行压力。深化加强基层建设年活动，抓好530个重点村对口帮扶工作。全面发展社会事业。优先发展教育事业，完成学前三年教育行动计划，提高义务教育均衡发展水平，确保校安工程全部竣工，新建标准化学校50所，实现农村中等职业教育免费全覆盖，进一步提高高等教育质量。繁荣文化事业，实施“欢乐乡村”和“千村万户”文化家园工程。加大文物保护开发力度，赵王城争列国家考古遗址公园。积极培育和践行社会主义核心价值观，深入开展“善行河北、温暖邯郸”主题道德实践活动，提高全社会文明程度。加快发展卫生事业，市中心医院东区年内建成投用，推进市区西部三级甲等医院建设，深化市区大医院与基层医疗机构的合作，完成村卫生室标准化建设任务。坚持计划生育基本国策，提高出生人口素质。深入开展全民健身运动，提高竞技体育水平。加强社会管理创新。深化“五个延伸”，严格落实稳定风险评估、一岗双责等制度，妥善解决信访问题，维护社会公平正义。加强重点行业和领域的安全监管，严防重特大安全生产事故发生。健全食品药品监管体系，建设市食品药品检验中心，强化第三方监测，食品抽检合格率较上年提高5个百分点。完善公共安全应急机制，提高突发事件应急处置能力。加强社会管理综合治理，深入推进“平安邯郸”巡防体系建设，开展“严打”专项整治，维护和谐稳定的社会环境。认真落实优抚安置政策，支持驻邯部队建设，促进军民融合式发展。支持工会、共青团、妇联等人民团体发挥桥梁纽带作用，做好民族宗教、广播影视、新闻出版、外事侨务、妇女儿童、残疾人、地方志、统计、物价、人防、气象、地震、档案等各方面工作，促进社会全面进步。

各位代表，全面建成小康社会的号角已经吹响。我们一定以奋发有为的精神状态、务实高效的工作作风、扎实有力的工作举措，奋力开创全市经济社会发展的新局面！

四、加强政府自身建设

站在新的历史起点，把邯郸复兴伟业奋力推向前进，需要我们按照“为民、务实、清廉”的要求，着力打造诚信政府、法治政府、廉洁政府。

时代呼唤诚信，打造诚信政府是我们始终坚守的信条。我们的政府是人民的政府，民之所望就是我们的施政所向。围绕加快富民强市步伐，以食不甘味、寝不安席的责任感和使命感，推动各项工作落实，以改革发展的最大成效取信于民。困难面前不低头，艰险面前不退缩，重任面前不懈怠，主动作为，勇于担当，以言必信、行必果的执行力，树好政府的诚信形象。坚持诚信为本，弘扬诚信文化，创建诚信机关，以政府诚信带动社会诚信和商务诚信，让重诚守信在古赵大地蔚然成风！

社会需要法治，打造法治政府是我们矢志不渝的追求。全面履行政府职能，促进社会和谐进步，维护社会公平正义，需要我们把遵守宪法和法律作为施政的根本原则。在政府系统深入开展法制教育培训，从市政府领导班子做起，带头学法、懂法、守法、用法。完善科学、民主、依法决策机制，使政府的每一项决策都遵循规律、汇集民智、依法高效。民主的最高权威是法制，坚持用制度管权、管事、管钱，给政府权力套上制度的“缰绳”。深入推进行政权力公开透明运行，凡是不涉及国家秘密、商业秘密和个人隐私的政府信息，及时向社会公开；对事关民生的政府公共支出，加大公开力度，让人民群众清清楚楚地知道政府花了多少钱、花在了什么地方、办成了什么事。自觉接受人大的法律监督、工作监督和政协的民主监督，广泛听取各民主党派、工商联和无党派人士的意见，虚心接受新闻媒体和社会公众的舆论监督，让人民监督政府，让权力在阳光下运行。

民众期盼廉政，打造廉洁政府是我们施政兴业的基石。政府的权力是人民赋予的，只能用来为人民服务，绝不能成为捞取个人好处的工具。坚决执行中央关于改进工作作风、密切联系群众的八项规定，带头厉行勤俭节约，反对铺张浪费，确保公费接待、公费出国、公费购车只减不增。加快转变政府职能，理顺政府与市场、与社会之间的关系，严防权力寻租。严格落实党风廉政建设责任制，深入推进廉政风险全方位预警防控系统，加强政府支出项目和政府规章制度廉洁性评审，从源头上预防腐败，做到干部清正、政府清廉、政治清明。

各位代表！事业高于一切，责任重于泰山。建设宜居宜业宜游的富强邯郸、美丽邯郸，率先全面建成小康社会，是全市人民的共同心愿。让我们在省委、省政府和中共邯郸市委的坚强领导下，始终与人民心连心、心相印，以时不我待的紧迫感、以敢于担当的更大魄力、以攻坚必胜的无畏气概，为实现邯郸复兴的伟大梦想而努力奋斗！

关于邯郸市2012年国民经济和社会发展计划执行情况与2013年国民经济和社会发展计划（草案）的报告

——2013年4月9日在邯郸市第十四届人民代表大会第一次会议上

邯郸市发展和改革委员会主任　高和平

各位代表：

受市政府委托，我向大会作邯郸市2012年国民经济和社会发展计划执行情况与2013年国民经济和社会发展计划（草案）的报告，请予审议，并请市政协委员和其他列席人员提出意见。

一、2012年国民经济和社会发展计划执行情况

过去的一年，面对复杂严峻的宏观形势和全市经济下行压力不断加大的挑战，全市各级各部门按照市十三届人大五次会议确定的目标任务，紧紧围绕科学发展主题和转变发展方式主线，积极作为、科学应对，抓运行、稳增长，调结构、促转型，提质量、增效益，整体经济持续下行势头得到遏制，全年呈现止跌企稳、温和回升的良好态势。2012年，全市生产总值达到3024.3亿元，同比增长10.5%，低于计划0.5个百分点，较前三季度加快0.8个百分点，总量和增速分别居全省第三位和第二位。

一是项目建设成效明显，投资保持快速增长。全年省、市重点项目分别完成投资415.2亿元、618.5亿元，分别超年计划26.6和23.7个百分点。中石油LNG清洁能源、奥德高科技玻璃、永诚焊接新材料等41个计划新开工项目提前开工建设，金狮棉机、晨光蛋白、武安大唐热电等50项计划竣工项目全部实现竣工或部分投产（用）。在项目建设的带动下，全市投资保持快速增长势头。全年全社会固定资产投资完成2383.6亿元，增长20.1%，快于年初计划0.1个百分点。

二是持续加大即期调节，工业运行逐步回升。组织实施资金、人才、税费、消费、改制等五项帮扶措施，研究制订了《支持钢铁企业持续健康发展的意见》，建立“市级领导分包+部门帮扶”工作机制等政策措施，对重点企业逐一帮扶解困、稳定生产。工业运行总体在9月份出现拐点，规模以上工业增加值增速逐月回升。全年规上工业增加值完成1333.4亿元，总量居全省第三位，同比增长14.1%，增速居全省第二位，低于年初计划0.9个百分点，但比1-3季度加快1.0个百分点。

三是结构调整深入推进，发展方式有效转变。产业结构不断优化，全年粮食生产实现“九连增”，“吨粮市”目标如期实现。钢铁占规上工业比重由2011年的48.6%下降到47.2%，装备制造业、食品加工业分别由上年的8%和6.8%提高到8.5%和7.1%。服务业占全市比重达到33.7%，较2011

年提高 1.0 个百分点。区域结构更加协调。东部振兴战略加速推进，东部十县地区生产总值、全部财政收入、规上工业增加值占全市比重分别达到 30.7%、11.2%和 24.2%，分别较上年提高 1.0 个、0.7 个和 3.4 个百分点，与中西部发展差距逐渐缩小。

四是财政收入平稳增长，金融形势日趋活跃。全部财政收入完成 329.1 亿元，增长 8.4%，低于年初计划 6.6 个百分点。其中，公共财政预算收入完成 184.7 亿元，增长 16.2%，快于年初计划 4.2 个百分点。公共财政预算收入占全部财政收入比重 56.1%，较上年提高 3.7 个百分点。金融机构年末各项存款余额 2924.5 亿元，同比增长 15.4%；各项贷款余额 1841.2 亿元，同比增长 19.9%，快于存款 4.5 个百分点，全年新增贷款 306 亿元，存贷比达 63.0%，均创历史最好水平。

五是改革开放稳步推进，发展活力不断增强。54 户国企改革全面完成。引进央企走在全省前列，先后与新兴际华、中船重工等 19 家央企签订了总投资 802 亿元的 25 个协议。全年实际利用外资 8 亿美元，同比增长 22.1%，快于年初计划 4.1 个百分点。引进省外资金 664.7 亿元、技术项目 1798 项、人才 15136 人，分别占全年计划的 129.6%、132.7%和 121.1%。全市出口总额 14.7 亿美元，增长 3.7%，低于年初计划 6.3 个百分点。

六是民生工程扎实推进，人民生活显著改善。全年城乡居民收入分别达到 21740 元和 8447 元，同比分别增长 12.5%和 14.7%，分别快于年初计划 2.5 个和 4.7 个百分点。社会消费品零售总额完成 973.7 亿元，增长 15.2%，低于计划 2.8 个百分点。居民消费价格总指数达到 102.7%，控制在年初计划 104%以内。城镇新增就业 12 万人以上，完成年初计划 120%。城镇登记失业率控制在 4%以内。单位生产总值能耗下降 7.37%，降幅高于年初计划 3.48 个百分点。化学需氧量、二氧化硫、氨氮、氮氧化物排放量分别下降 2.6%、3.6%、3.1%和 1.5%，顺利完成年初计划。城乡居民社会养老保险制度实现全覆盖，新农合参合率达 97.7%。市财政用于民生投入 201.6 亿元，85 件实事如期完成。

受宏观形势复杂严峻、市场需求持续低迷、经济周期性调整等多重因素影响，全市生产总值、全部财政收入、社会消费品零售总额等主要经济指标未完成年初计划。同时，全市经济发展中还存在着一些突出矛盾和问题。一是企稳回升的基础还不稳固。企业生产面临成本上升、效益下滑、需求不足等困难。二是财政收支矛盾突出。全年减收因素较多，民生等领域支出刚性较强，财政收支平衡压力加大。三是要素供应相对偏紧。土地、资金仍是制约发展的两大因素，煤电油气运供应处于紧平衡状态。四是产业调整和区域竞争压力增大。钢铁等传统主导产业面临着既要去产能化，还要加速转型的历史任务；在全省保位争先的压力依然较大。对上述问题，我们将保持高度关注，并采取有效措施努力加以解决。

二、2013 年国民经济和社会发展计划安排

按照全市经济工作会议确定的总体要求，2013 年国民经济和社会发展计划指标（草案）共设置了 12 大类 36 项。在指标安排上，既注重体现了党的十八大和省委八届三次全会精神，又体现与“十二五”规划目标相衔接，还考虑了我市各方面的支撑条件，力求做到既积极可行，又留有余地。具体安排如下：

——经济持续平稳增长。地区生产总值增长 10%左右，规模以上工业增加值增长 13%；全社会固定资产投资增长 20%；全部财政收入增长 10%，公共财政预算收入可比增长 11%；社会消费品零售总额增长 15%；出口总值增长 10%；实际利用外资增长 15%。

——结构调整持续推进。服务业增加值增长 12%；规模以上装备制造业增加值增长 16%以上；规模以上高新技术产业增加值增长 30%以上；研发经费占生产总值比重达到 1.1%；城镇化率提高 1.8 个百分点。

——生态环境持续优化。每万元生产总值能耗下降 3.6%；万元生产总值二氧化碳排放量下降 3.8%；万元工业增加值取水量下降 5.5%；化学需氧量、二氧化硫、氨氮化物、氮氧化物排放量分别削减 2%、3.9%、3.2%和 5.7%。

——人民生活持续改善。城镇居民人均可支配收入增长 10%；农民人均纯收入增长 10%；居民消费价格指数控制在 3.5%左右；人口自然增长率控制在 8.6‰以内；城镇登记失业率控制在 4%以内；城镇新增就业 10 万人。

2013 年全市经济增长预期目标定为 10%左右，主要基于以下考虑：

从宏观环境看：国际方面，国际经济环境仍然复杂多变，但宏观环境将好于去年。美欧日等发达经济体复苏态势趋于稳定，欧债危机有效缓解；以“金砖国家”代表的新兴市场经济体积极谋求结构调整和对外开放突破，成为带动经济增长的新亮点。国内方面，我国将坚持“稳中求进”总基调，继续实施积极的财政政策和稳健的货币政策，促进经济环境持续向好。今年是贯彻落实“十八大”精神的开局之年，将进一步激发全国上下改革开放、科学发展热情，有利推进全国经济持续企稳向好。全省情况，随着我省着力改善两个环境深入开展，扶贫开发战略的大力推进，冀南新区加快开发建设，中原经济区规划的出台实施，

有利于邯郸进一步聚集要素、吸纳产业，加快开放、融合发展，将为今年经济发展创造良好的机遇。

从产业支撑看：第一产业，全市深入推进“后吨粮市”建设，稳步提高高产创建示范方建设，引黄工程效益持续扩大，农业产业化水平提高，将有力地促进农业增效、农民增收。第二产业，国际棉机研发基地、新兴天然气储运装备制造等项目竣工投产，哈克农业机械产业园一期、洁神新能源等 97 个新建项目达产达效，可新增产值 609 亿元，将进一步壮大工业经济规模；美的城、东部新城以及邯大高速等一批重大项目进入建设高峰期，促进建筑业快速增长。第三产业，随着石武高铁建成通车，四座立交桥、文化艺术中心投入使用，机场二期完工，邯郸四省交界区域枢纽地位更加凸现，城市品位和吸引力大幅提升，将有力促进商贸物流、文化旅游、金融保险等现代服务业快速发展。

从需求拉动看：投资方面：全市持续开展重点项目攻坚年，特别是随着 2012 年春秋两季总投资 1659 亿元的 308 个集中开工项目，总投资 802 亿元的央企合作项目相继进入建设高峰期，以及我市已经进入了加速推进新型城镇化阶段，全市投资将继续保持 20%以上的增长速度。消费方面：随着“十八大”收入倍增计划政策的逐步落实，加之我市养老、医疗等社会保障体系的不断完善、覆盖面积不断扩大、保障标准的不断提高，城乡居民消费能力提升，消费信心进一步增强，全市消费对经济增长的拉动力有效提升。出口方面：受世界经济温和复苏影响，外需将逐步回升。钢铁、纺织服装、特色农产品等重点出口产品有望实现恢复性增长。同时，邯郸海关批复设立，出口渠道更加便捷，全年出口形势将好于上年。

综合分析，2013 年全市经济增长 10%左右的计划安排，分别快于全省、全国 1.0 个和 2.5 个百分点，既提振发展信心，又切合邯郸实际，还有助于引导全市上下把工作重点放在调结构、转方式上来，把工作精力聚集到提高发展的质量和效益上来，有利于更好地实现邯郸经济持续健康发展和社会和谐稳定。

三、工作重点和主要措施

今年经济社会发展全力做好十个方面重点工作：

（一）持续推进项目建设，保持高强度投资拉动。坚持开展重点项目攻坚年活动，强力推进“4251”重点项目工程（即 40 项战略支撑项目，200 项重点开竣工项目，50 项重大前期项目，谋划 1000 项超亿元项目），坚持领导分包、现场办公，加强谋划储备、对接争跑，强化目标倒逼、集中开工，通过以上措施，力争全市重点项目提速提质推进，全社会投资达到 2855 亿元，增长 20%左右。40 项战略支撑项目取得实质性突破。其中，宇康年产 5 万辆专用车、力尔交运铝型材、邯钢附企冷轧及后续加工、磁峰煤化工基地、鸿力轴承基地、肥乡四达节能电机基地、成安碧海舟石化装备制造、馆陶瑞吉德装备制造研发生产项目、大名关将军防火门产业园、邱县亚奇管业项目等总投资 323 亿元的十大产业升级项目完成投资 60 亿元；国际陆港一期、中华成语文化园、新兴物流基地、现代汽贸城、广府古城保护整治与旅游开发、女娲文化旅游开发、南大堡高科技农业生态示范园和农副产品蔬菜物流园、大连友谊（邯郸）金融时代广场、鸡泽助航农业生态旅游中心等总投资 331 亿元的十大现代服务业项目完成投资 52 亿元；武安新能源产业园、中船高新技术产业基地、洁神多元素锂电池、中邯硼业硼稳定同位素新材料研发和产业化、恒博精细陶瓷高纯铟锡化物材料、美的工业园及产品配套、邯郸县高技术产业项目、恒天特种纤维设备和纤维材料基地、永诚铸业焊接新材料、爱美森木材综合加工等总投资 386 亿元的十大新兴产业项目完成投资 70 亿元；邯黄铁路、邯长邯济扩能改造、火车站扩能改造、京港澳高速扩容、邯大高速、主城区路网建设、客运枢纽、东郊热电一期、滏阳河通航工程、邯临快速路等总投资 297 亿元的十大基础设施项目完成投资 60 亿元。

（二）强化即期运行调节，推动工业经济进一步提质增效。把工业运行作为全市经济稳增长、提质效的重点，围绕做大总量、提升质量，重点做好“五抓”：抓骨干支撑。对全市 464 家销售收入超亿元企业，特别是 74 家超 10 亿元企业和百家成长型企业，在项目核准、资金支持、土地供给等方面给予重点支持和倾斜，保障煤电油运气等生产要素，确保企业发挥骨干支撑作用。抓“三年千项”。加快推进总投资 400 亿元的力尔交通运输铝型材等 313 个新开工项目，确保累计新开工项目 800 个以上。使用好市财政 1 亿元技改资金，实行项目库动态管理机制，完善工业技改项目备案、要素保障、资金贴息、跟踪问效、竣工验收、投产入统等一条龙服务机制。抓五项帮扶。坚持深化资金、税费、消费、改制、人才“五项帮扶”工作机制，抓好融资担保、产销对接、身份转换、人才培训等亏困企业面临的重点难题，力促 186 家停产亏损企业逐步实现扭亏增盈、恢复生产。抓对标工程。充分发挥钢铁、纺织对标网络平台作用，实现动态在线对标和实时对标，进一步向产业集群对标、品牌建设对标等领域拓展。开展全市工业企业对标培训暨企业管理提升工程，规模以上企业参与对标率达到 100%。全年培树 20 家对标示范企业，积极创建、申报省级对标示范企业。抓全民创业。研究出台支持民营经济发展的政策措施，开展星级中小企业创业辅导基地认定工作，推进市中小企业创业基地市级综合服务平台和鸡泽辣椒、馆陶禽蛋、曲周天然色素三个分平台建设。鼓励小微企业和个体工商户向现代企业组织形式转换。加强融资担保体系建设，力争实现担保总额40亿元。建立新增入统工作常规化机制，全年新增入统企业200家。

（三）推进产业转型升级，促进结构调整迈出新步伐。按照统筹推进、重点突破原则，力争在重点产业和关键领域实现五个新突破。钢铁产业在转型升级、延伸链条上实现新突破。研究编制《钢铁产业结构调整规划》，对全市重点钢铁企业逐一把脉问诊，逐一提出转型升级路线图和时间表。下大力推进24家钢铁企业谋划的总投资509亿元的106个产品延伸项目，14家钢铁企业谋划的总投资232.4亿元的42个非钢产业项目，逐步实现要素驱动向创新驱动转变。鼓励邯钢、新兴铸管与武安等地民营钢企开展联合重组，加快新武安钢铁集团、紫山特钢、宝信集团实质性重组步伐。装备制造业在发展整机、拓展规模上实现新突破。大力发展白色家电制造、新兴铸管装备材料、专用车、大型成套设备、永年标准件、金属铸造等6大基地，加快推进美的白色家电基地、天择重工、恒天特种纤维等成套项目，扶持新兴双金属复合管、正大制管打造百亿企业，力争装备制造业占规上工业比重达到10%以上。新材料产业在扩大总量、加速转化上实现新突破。加快推进中船重工718所派瑞科技产业园、汉光办公自动化设备及耗材产业园、圣戈班北方基地等在建项目。引导718所、汉光与冀中能源、河北钢铁等企业深度合作，力争2-3项技术成熟、市场广阔的项目实现成果转化。现代物流业在提升档次、专业经营上实现新突破。支持冀中能源国际物流、新兴国际物流等一批大型物流企业做大做强，培育国际内陆港等2-3家省级物流产业聚集区，优化我市物流业发展布局。文化旅游业在打造精品、培树品牌上实现新突破。加快广府古城开发建设步伐，打造邯郸文化旅游龙头，武安、涉县在抓好基础设施建设的同时，启动5A景区建设，推进赵文化、太极文化、成语典故文化、红色旅游、山水休闲旅游等旅游品牌和精品线路建设。

（四）加快发展现代农业，不断提高农业综合生产能力。持之以恒做好“三农”工作，进一步巩固夯实农业基础地位。突出抓好三个方面：一是粮食生产。进一步总结固化“吨粮市”技术体系和操作规程，深入谋划实施国家确定我市粮食高产创建示范市建设，推进棉麦双丰高效工程。启动节水农业工程建设，谋划实施引黄灌区，引黄灌区由30万亩扩大到70万亩，引黄水量达到2亿立方米。力争全市打造200万亩“超吨粮田”，小麦、玉米平均亩产分别达到550公斤和700公斤。二是产业化经营。以品牌建设、标准化生产和利益联结机制建设为抓手，继续发展粮油、果蔬、蛋乳、肉类和生物质等农产品精深加工五大优势主导产业，努力打造小麦、玉米、油脂等九大产业链，重点扶持干鲜果品、肉类、食用菌、禽蛋等十二大产业集群。新增1-2家销售收入超10亿和5-10家销售收入超亿元畜牧业龙头企业。2013年，全市农业产业化经营率比上年提高1.5个百分点。三是新民居和幸福乡村建设。全面加快安全饮水工作步伐，解决77万人饮水安全问题。在坚持抓好171个省级幸福乡村示范点基础上，适时启动200个省级幸福乡村示范点。确保首批确定的20个整建制推进新民居示范村年内全部建设完成。对其他540个新民居示范村，加快推进配套设施建设和拆旧复垦，努力提高居住率和群众满意度。

（五）加快服务业提档升级，增强消费对增长的贡献率。深入落实全省服务业拓展计划，研究出台我市服务业倍增计划，切实增强经济增长的内生动力。重点抓好四个方面：一是提升传统商贸。积极引进国内外知名品牌商贸服务企业，重点引进家乐福、麦德龙、特易购等知名零售商和香格里拉、希尔顿、万豪等国际连锁酒店落户我市，培育和发展一批大卖场、便利店、折扣店、精品店、专卖店、专业店。二是发展夜经济。出台主城区夜经济发展规划，建设一批适应夜间生活需求的餐饮、购物、休闲、健身和文化设施。推进滏阳河酒吧街、清水湾休闲文化街等特色夜经济街区建设，规范提升和平路沿街商业夜市，打造鑫港国际商贸中心等夜经济聚集区。三是发展新型业态。围绕钢铁、煤炭、纺织、建材、农产品等优势产业，依托欧浦钢铁物流网、阿里巴巴等专业网站，大力发展电子商务。积极推进阳光、美食林等大型商贸企业，馆陶金凤、魏县天仙等农字头及永年标准件等专业市场电子商务平台建设；引进阿里巴巴、顺风快递等一批知名电子商务和服务外包企业。四是挖掘居民消费。深入实施“万村千乡市场工程”，新建和改造连锁经营农家店120家、配送中心2个，连锁经营农家店覆盖80%的行政村。推进商业示范社区、便民市场、家政服务、便民早餐、绿色回收点等社区服务业建设，打造5分钟到便利店、10分钟到菜市场、15分钟到大中型超市的“便捷生活圈”。

（六）促进县域经济发展，提升县域经济综合竞争力。按照全省推进县域经济发展的战略部署，围绕壮大我市县域经济整体实力，全力做好三个方面工作：一是抓两头、带中间。鼓励支持武安、磁县等中西部经济强县增创发展优势、实现率先发展，做强主导产业，做大经济总量，力争更多的中西部县进入全省县域经济三十强。继续加大东部振兴工作推进力度，围绕年内力争东部十县生产总值超1000亿元，全部财政收入超40亿元，占全市比重各提高2个百分点，力争全部财政收入超5亿元县达到3个，以强化政策、资金、项目、人才、技术等方面扶持为重点，力促东部十县实现跨越发展。启动编制东部振兴第二个五年规划纲要，谋实未来五年东部振兴工作的“路线图”。二是上产业、育集群。按照分类指导原则，东中西要依托产业基础和资源条件，坚持特色化、规模化、集群化发展，西部加快改造钢铁、煤炭、电力、建材等传统资源型产业升级，中部加快发展以金融、现代商贸、高新技术、房地产为代表的都市产业，东部积极培育装备制造、纺织服装、农产品加工等为代表的主导产业，培育和发展一批主业突出、特色鲜明、体系完整、环境友好、竞争力强的产业集群。三是搭平台、建载体。按照“一县一区”方针，每个县重点打造一个产业特色鲜明、区域优势突出、产城融合较好的重点园区，通过完善规划、加大投入、引进项目，使其成为带动县域发展的增长点。同时，抓住中原经济区规划获批的机遇，研究出台落实《中原经济区规划》实施意见，加大项目政策对上争取力度，主动加强与周边省、市的交流合作，积极探索产业发展、设施共建共享新机制，打造冀南区域合作示范区。

（七）稳妥推进城镇化，确保城镇建设上水平、增品位。重点在完善配套设施、提升城市功能、聚集优质产业、强化精细管理上下功夫。在完善配套设施方面：完成中华大街南北延精品景观大道等道路建设，改造提升丛台北路、学院北路等道路和小街巷。推进紫山、赵王城遗址公园建设，新改造小游园20个。完善主城区供水、供热、供气、管线入地等重大基础设施配套设施，确保主城区供水普及率100%，新增供热面积100万平方米以上，管道燃气普及率100%。开展地下综合管沟建设项目试点工作，启动人民东污水处理厂一期、南污水处理厂一期建设，同步实施雨污分流。在提升城市功能方面：促进房地产市场持续健康平稳发展。加快复兴区政府周边改造等保障性安居工程建设，推进煤矿、工矿、林业棚户区改造，保进度、保质量、保公平分配。加快回迁房建设，确保居民按时回迁。加快推进体育中心、传媒中心、科技中心、青少年活动中心等项目建设。建设南水北调配套工程，推进南湖中心景区、黄粱梦滞洪区扩容改造、支漳河治理等城市生态水系和滨河休闲景观工程。在聚集优质产业方面：冀南新区高规格编制发展战略、产业发展、空间布局、生态环境四大规划，提速推进总投资631.8亿元的34个签约和58个在建项目，生产总值达到300亿元以上。经济开发区争跑国家经济开发区。全面启动东部新区10平方公里一级开发，有序引导主城区人口向东部转移。积极推进赵都新城、北部新城、南部新城、梦湖新城和丛台新城建设，快速拉开城市发展框架。加快中央商务区等大型商业综合体建设，实施邯山商步街、滏阳河滨水走廊休闲景观区等商贸街区项目。在强化精细管理方面：提升数字城管服务平台的功能，建设数字规划、数字住房、数字交通、机械化环卫保洁等精细化管理工程。改善市容环卫保洁队伍装备水平，提高市容环卫保洁质量标准。完成“两路四口”景观环境综合整治、广告牌匾专项整治、夜景亮化等重点工程。同时推进重点县城扩容升级，推动基础条件好、发展潜力大、区位条件优、经济实力强的县城向中等城市发展，进一步增强城镇产业发展、公共服务、吸纳就业、人口集聚功能，有序推进农业人口转移。

（八）深入推进改革开放，激发经济发展内生动力。持续推进重点改革。集中攻坚扫尾，年内全面完成国企改革任务。继续推进事业单位等重点领域改革。巩固涉县县级公立医院综合改革成果，开展第一医院综合改革试点工作，逐步推开公立医院改革。活跃金融环境，创新融资方式，为发展提供充裕资金支持。全年新增企业上市2家以上，新增贷款350亿元以上。积极引进战略合作者。深化百家央企进河北战略成果，对五矿邯郸物流园区等17个在建、前期或洽谈项目，加快跑办，积极协调，力争全年落地开工8个以上。加强与日本三菱、韩国现代、美国奥钛等大企业、行业协会对接，强化与复星、柳工等知名民企联系，及时跟进洽谈对接。努力扩大出口规模。研究出台《关于促进外贸稳定增长的实施意见》，探索建立出口退税基金。对进出口额500万美元以上重点外贸企业实行分包责任制，重点帮扶，稳定规模。帮助新兴铸管、企美农业、印象车业等企业开拓国际市场，推动出口市场多元化。争取鸡泽铸件成为省级外贸转型基地，力争永年蔬菜、曲周色素列入省级出口聚集区。

（九）集中力量重点突破，着力改善两个环境成效更加显现。把着力改善两个环境作为推进科学发展的重大举措，持续加力、持续推进、务求实效。发展环境方面，坚持落实六句话、十八字的总体要求。压审批，进一步巩固全市行政许可事项压减成效，力争全市行政许可事项减少到100项以下。减时限，力争6月底前实现市本级所有行政许可、非行政许可网上办理和联合审批。降收费，清理压减涉企收费项目，严格落实涉企收费“一费制”。提服务，完善统一受理、首问首办负责、一次告知、限时办结、代理服务和首席代表全权负责运行机制。少检查，继续严格执行企业安静生产经营日制度，实现执法入企检查数量明显减少。查案例。加大典型案件的查处和曝光力度，保持对破坏发展环境行为的高压态势。

生态环境方面，继续实施七项集中整治和攻坚行动。节能减排行动，完成200项工业和建筑节能工程、469项减排工程。淘汰400立方米及以下高炉、30吨及以下转炉、电炉。重点区域大气环境综合整治行动，415家小石料、小白灰、煤场、渣场全部取缔、关停或整治到位，150个原料场、渣场全部实现“五化”标准。水环境治理行动，大力推进引江、引黄、引漳、引卫四大跨流域调水的骨干工程建设。滏阳河、清漳河等5个水功能区水质达标率达到60%。主城区污水处理率93%以上，省级重点镇和现状人口1万以上镇建成污水处理厂。加大养殖业污染源治理力度。城乡绿化行动，谋划建设“森林邯郸”。完成造林46万亩，森林覆盖率达到24.8%。绿地率、绿化覆盖率、人均公园绿地面积达到39.8%、43.8%、16.1平方米。农村环境集中整治行动，全市60%的村庄基本达到“四清”、“四化”、“五改”整治标准。城市容貌集中整治行动，整治50条小街巷。道路交通沿线环境集中整治行动，做好铁路、公路沿线绿化、美化工作。

*（十）全面加强社会建设，人民群众更多更好地共享发展成果。*一是做好就业再就业工作，以高校毕业生、城镇困难群众和农业转移就业为重点，完善就业服务体系，努力增加就业岗位。二是努力提高社保覆盖面和保障水平，以扩面征缴、确保发放、完善制度、提高待遇和服务水平为着力点，养老保险重点扩大民营企业、个体工商户和进城务工人员覆盖面；城乡居保进一步增加扩面，力争应保尽保；医疗保险在基金允许的范围内积极调整政策、提高待遇，推进城镇医保市级统筹，解决封闭运行企业参加属地基本医疗保险问题。三是提升教育基础能力水平。教育支出稳步提高。农村和困难群众免费接受职业教育全覆盖。加快启动东部教育园区建设，启动主城区西部省级示范性高中建设，新建3所省级示范性幼儿园，加快推进市二中新校区、市特校中心新校区、汉光中学新校区、艺术高中等重点教育项目建设，完成2所市级示范性高中达标验收，校安工程竣工率达到100%。四是完善卫生服务体系建设。优化卫生医疗资源布局，加快市儿童医院建设，市中心医院东区建成投用，第一医院病房楼B座开工建设。建成完善主城区31个社区卫生服务中心。建好扶贫病房，继续落实“一免四减”优惠政策。创建全国慢病防控示范市，开展“全民健康生活方式”行动。五是确保物价稳定可控。进一步完善价格应急监测预警机制，保持对重要生活必需品、重要生产要素的价格常态性监测，着力解决好社会关注的价格热点问题。六是毫不松懈地做好农产品、食品药品安全和安全生产。加强食品、药品监管，深入推进“食品药品放心市”建设。加强食品安全第三方监测，食品农产品安全检测率较上年提高5个百分点。加强对煤矿、非煤矿山、烟花爆竹、危险化学品等重点领域的监管，严防重特大安全生产事故发生。加强和创新社会管理，排查和化解矛盾纠纷，促进社会和谐稳定。

各位代表，2013年全市经济社会发展任务十分繁重。我们要坚持以科学发展为主题，以加快转变经济发展方式为主线，以提高经济增长质量和效益为中心，牢牢把握稳中求进、好中求快的工作总基调，进一步解放思想、开拓创新，齐心协力、真抓实干，为圆满完成全年目标任务、确保全市经济持续健康发展和社会和谐稳定而努力奋斗！

关于邯郸市2012年市本级预算及市总预算执行情况和2013年市本级预算及市总预算草案的报告（摘要）

——2013年4月9日在邯郸市第十四届人民代表大会第一次会议上

邯郸市财政局局长　贾宝仓

一、关于2012年财政预算执行情况

（一）全市总预算执行情况。市十三届人大五次会议审议通过的2012年全市公共财政收入预算为178.1亿元，公共财政支出预算为201.6亿元；基金收入预算为55亿元，基金支出预算为55亿元。

2012年全市全部财政收入完成329.1亿元，增 长8.4%。全市公共财政预算收入完成 184.7 亿元，为年初预算的103.7%，增长 16.2%。全市公共财政预算支出完成 379.6 亿元，为调整预算的94%，增长15.5%。全市基金预算收入完成66.8亿元，为年初预算的121.5%，下降43.7%；基金预算支出完成82.4亿元，为调整预算的91.6%，下降36.8%。

（二）市本级预算执行情况。市十三届人大五次会议批准的2012年市本级公共财政收入预算为62.9亿元，公共财政支出预算为43亿元。报经市十三届人大常委会第35次会议批准，市本级公共财政收入预算调整为55.6亿元。市本级公共财政支出预算调整为90.1亿元。

2012 年市本级公共财政预算收入完成 56.6 亿元，为调整预算的101.8%，与去年持平；公共财政预算支出完成78.3亿元，为调整预算的86.8%，增长11.6%。

上述预算执行数字在完成决算审查汇总以及与省财政结算后，还会有些变化，届时再报请市人大常委会审议批准。

（三）预算执行特点。回顾过去一年，面对复杂的财经形势和尖锐的收支矛盾，我们认真贯彻落实市委决策部署和市人大批准的年度预算，狠抓增收节支，强化运行管理，集中财力保运转、惠民生、促发展，财政调控保障职能得到较好发挥。

——财政收入稳步增长。去年以来，在企业效益严重下滑、组织收入极其困难的情况下，坚持把组织收入作为首要任务、政治责任，科学研判财经形势，适时制定征管措施，千方百计抓收入、增实力，建立了税源分析、税负比对、一线督导、调度通报、重点约谈等长效工作机制，形成了“五指并拢”抓收入的高压态势，确保了全市财政收入稳步增长。去年全市公共财政预算收入总量稳居全省第三位。

——筹集资金措施有力。在大力组织收入的同时，充分发挥财政职能，在“生钱、收钱、借钱、贷钱、融钱、赚钱、省钱、要钱”上下功夫、做文章，财政资金效能进一步激活放大。通过严格预算执行、严控预算追加，市本级压减“三公经费”829 万元；采取奖励引导、资金调储等方法，激励银行放贷24.2亿元；大力支持政府融资平台建设，成功发行企业债券 20 亿元；严格评审政府投资项目，节省资金 13.9

亿元；积极联系部委、对接省厅，争取上级财政性资金 177 亿元，为全市经济社会发展提供了有力的资金保障。

——助推发展成效突出。深入落实积极的财政政策，保障重点支出需求，全市公共财政预算支出 379.6 亿元，增长 15.5%。市财政安排 4.08 亿元专项资金，支持工业技改、重点项目、“吨粮市”建设、旅游业振兴等，有效促进了产业转型升级。投入 33.2 亿元，保障了城市路网、城市立交、游泳中心、艺术中心、东站建设、西站改造的资金需要和滏阳河通航、体育中心、传媒中心、科技中心的启动。结构性减税政策全面落实，行政事业性收费压减 20%，减轻了企业负担，优化了发展环境。发放家电、摩托车下乡补贴 6.6 亿元，有效拉动了农村消费市场。

——民生保障水平提升。全市财政用于民生支出 201.6 亿元，确保了 85 件民生实事顺利实施和各项提标扩面政策全部落实。全年财政教育支出完成 95.4 亿元，增长 36.0%。全市社会保障和就业支出 32.9 亿元，实现了城乡居民社会养老保险制度全覆盖。拨付城镇居民医保、新农合、卫生服务经费等医疗卫生资金 33.7 亿元，确保了医疗卫生体制改革顺利推进。落实政府投资 13.5 亿元，支持保障性安居工程建设。拨付 6.7 亿元，支持改善公共文化体育服务，加快了文化强市建设。

——服务“三农”力度加大。全市农林水事务支出达到 34.9 亿元。拨付“吨粮市”建设专项资金 1 亿元，确保了粮食生产“九连增”、“吨粮市”建设目标圆满完成。投入 5.9 亿元，推进南水北调、引黄入邯、水库除险加固和农村饮水安全等工程建设。发放各项惠农补贴 11.5 亿元，保障了农民群众增收入、得实惠。下达奖补资金 2.3 亿元，落实“一事一议”财政奖补政策。积极支持“基层建设年”活动开展，筹集 4.6 亿元，确保 1.19 万个帮扶项目顺利完成。

——财政管理更加科学。建立了以绩效论证、监控评价为手段，以制度建设为保障的预算绩效管理体系。将县级以上资金全部纳入国库集中支付范围，实现了集中支付全覆盖。率先与国家公共采购网实现互联互通，政府采购电子化管理水平进一步提高，中财办给予充分肯定。深入开展乡镇财政所标准化创建活动，基层财政管理更加科学规范。同时，财政监督、会计服务、产权交易、债务管理等多项改革和管理工作全省领先。

二、关于 2013 年财政预算草案

综合考虑各方面因素，2013 年全市全部财政收入计划安排 362.2 亿元，增长 10%；全市公共财政收入预算安排 198.5 亿元，可比增长 11%。按照现行财政体制测算，全市公共财政预算财力为 228 亿元，相应安排公共财政支出预算 228 亿元，比上年增长 13.1%。全市基金收入预算安排 62.9 亿元，相应安排基金支出预算 62.9 亿元。

2013 年，市本级公共财政收入预算安排 58.7 亿元，可比增长 11%。市本级基金收入预算安排 40.6 亿元，增长 14.2%。按照现行财政体制测算，市本级当年公共财政预算财力为 47.8 亿元，基金财力为 40.6 亿元，相应安排了公共财政支出预算和基金支出预算。

安排经济社会发展支出预算时，重点支持以下五个方面：

（一）支持经济转型。安排工业技改及“三年千项”工程资金 1 亿元，引导企业加大投入、自主创新、优化结构、加快发展。安排重点项目建设资金 5000 万元，构筑新型产业体系。安排减排资金 7780 万元，用于大气和水污染治理。安排旅游业振兴引导资金 2000 万元，全力打造“邯郸旅游”新品牌。安排对外开放、招商引资、引进人才资金 3577 万元，为邯郸招商引资、招商引智提供有力保障。

（二）支持改善民生。安排资金 3000 万元，为下岗失业人员、农民工、困难群体提供技能培训、小额贷款贴息等服务。安排资金 4596 万元，保障城乡困难群众基本生活。安排资金 3212 万元，推动城乡居民养老保险全覆盖。安排资金 13939 万元，提升全市基本公共卫生服务水平。安排资金 13020 万元，进一步改善办学条件。安排资金 2977 万元，大力发展公益性文化事业。

（三）支持“三农”发展。安排资金 5000 万元，支持“后吨粮市”建设。安排资金 3000 万元，扎实推进新民居及农村基础设施建设。安排资金 6000 万元，用于农村垃圾综合整治，改善农村生产生活条件。安排资金 3800 万元，支持农田水利基础设施建设。安排资金 900 万元，加快贫困地区发展。安排资金 500 万元，支持省、市级蔬菜示范县建设。

（四）支持城市建设。安排城建资金 10.7 亿元，确保城建重点工程顺利实施。全力推进滏阳河通航、串城街改造、道路改扩建、和东部新城等重点工程。推进体育中心、传媒中心、科技中心、青少年活动中心等公共设施建设，完善城市功能，加快建设美丽邯郸。

（五）支持社会管理。安排资金 1947 万元，落实农村基层干部和选聘到村任职大学生生活补贴，加强基层组织建设。安排资金 7612 万元，支持“平安邯郸”建设。安排资金 986 万元，用于加强生产安全和食品安全综合监管。安排资金 200 万元，用于未成年人思想道德建设和文明城市创建。

三、坚持依法科学理财，确保完成 2013 年预算任务

（一）精心组织财税收入，确保财政实力稳步增强。大

力开展财政收入“质量效益年”活动，最大限度地提高财政收入占 GDP、税收占财政收入“两个比重”。一是狠抓组织协调。定期研判经济形势，及时下达收入任务，深入一线督导检查，着力破解征收难题，打击偷税逃税行为，确保应收尽收。二是狠抓均衡入库。加强收入入库的过程监控和时点控制，做到均衡分解收入任务、均衡分配征管力量，确保财政收入均衡入库，确保全年目标任务圆满完成。三是狠抓综合治税。把财政增收的重点放在税收增收上，大力实施综合治税，尽快实现涉税信息采集渠道畅通、比对数据在线共享、重点税源实时监控，不断提高财政收入中税收占比。

（二）强化财政调控职能，力促经济发展提质提效。一是加大投资保增长。进一步加大对产业转型升级、城市基础设施、生态环境保护等重点领域的投入，充分发挥投资在经济发展上的拉动作用。二是强化扶持促转型。加大财政投入力度，持续推动传统产业转型升级，增强经济发展的内生力。进一步加大科技和节能环保投入，支持科技创新和节能减排工程实施。三是突出重点补“短板”。大力支持文化旅游、商贸物流、电子金融等现代服务业发展，提升第三产业比重。四是创优环境育财源。认真落实结构性减税政策，严格执行国家明确取消（免征）的行政事业性收费规定，积极为企业发展创造宽松环境。

（三）加大扶持三农力度，推进城乡统筹协调发展。统筹整合资金，支持“后吨粮市”建设和“棉麦双丰”工程，提升种植效益。扶持发展畜牧、蔬菜、果品、中药材等特色产业，支持现代农业科技示范园区、重点产业化项目建设。支持南水北调配套工程、中小河流治理等，提高农田水利建设水平。推进幸福乡村示范村建设，支持“基层建设年”活动开展，完善农村公益设施，切实改善农村生产生活条件。落实惠农补贴政策，加强补贴资金发放管理，确保党的惠农政策落到实处。进一步加大扶贫投入，支持实施“扶贫攻坚计划”，加快贫困人口脱贫步伐。

（四）完善民生保障机制，全面提升群众幸福指数。把保障和改善民生放在更加突出的位置，投入 210 亿元办好 17 个方面 95 件实事，让改革发展成果更多、更公平地惠及全市人民。一是扩大民生保障范围。认真落实民生保障扩面政策，努力实现城乡低保、城乡养老、医疗救助、贫困学生补助、农村就业培训、农村危房改造等“六个全覆盖”。二是提高民生保障标准。积极筹措资金，确保企业退休人员基本养老金、城乡低保、新农合、城镇居民医保等各项民生保障提标政策不折不扣落实。三是加快民生工程建设。大力支持饮水安全工程、校安工程、标准化卫生室、养老机构、文化中心、保障性住房等重点民生工程建设，让人民群众更加直接地感受到党和政府的温暖。

（五）深化财政管理改革，不断提升科学理财水平。一是深化综合改革。进一步提高预算支出效率，扩大市直单位预算绩效管理试点范围，向社会公众提供更多更好的公共产品和公共服务。加快推进省级电子支付改革试点市建设，确保财政资金支付更加规范、透明、高效。进一步扩大政府采购电子化管理覆盖范围，努力实现采购率、节资率“双提升”。二是筑牢财政基础。建立健全管理制度，使每项专项资金的使用管理都有章可循。严格执行财政资金审批程序，切实管好用好每一笔财政资金。进一步加强乡镇财政所规范化建设，增强基层财政服务能力。三是突出监督重点。组织开展重大项目资金专项监督检查，严防挤占、截留、挪用财政资金行为。进一步加大对民生资金的监督检查力度，确保民生政策落实。

邯郸市
2012年国民经济和社会发展统计公报

邯郸市统计局
国家统计局邯郸调查队

2013年3月8日

2012年，是党的十八大召开的重要之年，也是国内外经济形势复杂多变的一年。全市人民在市委、市政府的坚强领导下，坚持以科学发展为主题，以加快转变经济发展方式为主线，按照稳中求进的工作总基调，认真贯彻落实各项宏观调控政策，有效应对了经济增长趋缓的不利局面，整体经济运行实现稳中有进，各项民生和社会事业取得新进展，为全面建成小康社会奠定了良好的基础。

一、综合

（一）经济总量：初步核算，全年全市生产总值3024.3亿元，比上年增长10.5%。其中：第一产业增加值383.9亿元，增长4.2%；第二产业增加值1620.8亿元，增长12.3%；第三产业增加值1019.6亿元，增长9.7%。三次产业结构优化为12.7:53.6:33.7。

2008-2012年邯郸市GDP总量

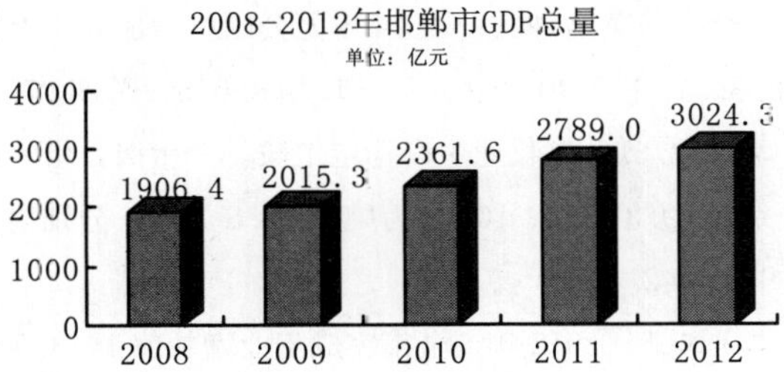

表1：地区生产总值

单位：亿元

指　　标	2012年	比上年增长%
地区生产总值	3024.3	10.5
第一产业	383.9	4.2
第二产业	1620.8	12.3
#工业	1473.5	12.5
第三产业	1019.6	9.7
#交通运输、仓储和邮政业	299.1	5.0
批发和零售业	161.1	17.2

三次产业比重变化情况（%）

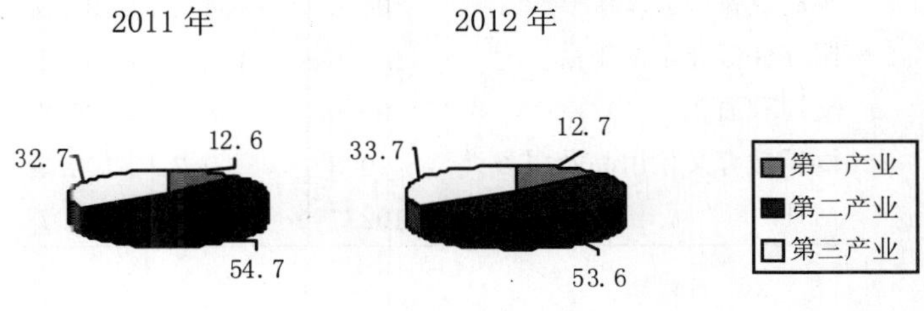

（二）财政收支：2012年，全市全部财政收入达到329.1亿元，比上年增长8.4%。其中：公共财政预算收入184.7亿元，增长16.2%。分区域来看，市级收入持平，县级收入增长25.1%。全市财政支出379.6亿元，比上年增长15.5%。民生支出增长较快，其中：城乡社区事务支出增长14.7%，科学技术增长74.5%，经费支出36%。

（三）物价：2012年，全市居民消费价格总指数（CPI）全年呈逐月回落态势，全年上涨2.7%，其中：城市上涨2.8%，农村上涨2.0%。居民消费的八大类商品（服务）呈“六升两降”态势。其中：食品、居住、衣着、家庭设备及维修服务、医疗保健和个人用品、烟酒类价格分别上涨4.3%、2.7%、3.9%、4.0%、1.6%和4.3%；交通和通信、娱乐教育文化用品及服务类分别下降1.0%和0.2%。影响CPI上涨的主要因素有：食品价格是主要推手，拉动总指数上涨1.38个百分点；居住类拉动总指数上涨0.5个百分点；衣着类拉动总指数上升0.41个百分点。

邯郸市2012年CPI各月同比价格指数走势图

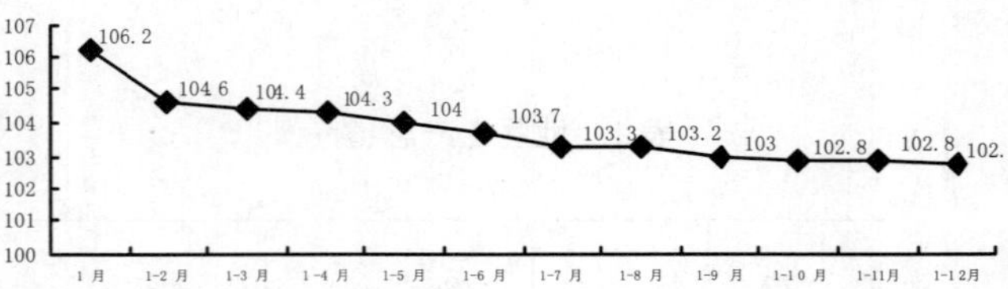

表2：居民消费价格指数（以上年为100）

类　别	全市	城市	农村
居民消费价格指数	102.7	102.8	102.0
食品类	104.3	104.4	103.5
#粮食	102.3	102.1	103.5
油脂	106.5	106.8	105.5
肉禽及制品	104.4	105.1	100.9
蛋类	95.9	95.6	97.0
菜类	113.9	114.2	111.8
烟酒	104.3	105.0	102.2
衣着类	103.9	104.1	103.1
家庭设备用品及维修服务	104.0	104.4	101.8
医疗保健和个人用品	101.6	101.5	102.2
交通和通讯	99.0	98.6	100.3
娱乐教育文化用品及服务类	99.8	99.7	100.5
居住	102.7	103.2	100.7

（四）劳动与就业：2012年，全市城镇新增就业12.3万人，其中，下岗失业人员再就业3.9万人，转移农村劳动力8.4万人；城镇登记失业率4.0%，在省控指标4.5%之内；社保体系日益完善，城乡居民养老保险制度实现全覆盖。

（五）固定资产投资：2012年，全市积极落实国家各项宏观调控政策和措施，进一步加大投资力度，全市固定资产投资呈现出平稳较快增长的发展态势。全年全社会固定资产投资完成2383.6亿元，比上年增长20.1%。在全社会固定资产投资中，第一产业投资132.1亿元，增长12.7%；第二产业投资1180.5亿元，增长23.5%，其中：工业投资完成1175.3亿元，增长24.4%，工业技改投资736.0亿元，增长24.5%，占全市工业投资比重为62.6%；第三产业投资1070.9亿元，增长17.4%。亿元以上新开工项目300个，完成投资547.3亿元，比上年增长65.0%，占全市固定资产投资比重23.9%。

表3：全社会固定资产投资

单位：亿元

指　　标	2012年	比上年增长%
全社会固定资产投资	2383.6	20.1
第一产业	132.1	12.7
第二产业	1180.5	23.5
其中：工业	1175.3	24.4
第三产业	1070.9	17.4
城镇固定资产投资	2083.8	20.1
其中：房地产	257.8	7.3

二、主要行业

（一）农业：2012年，全市加大人、财、物的投入力度，粮食生产再获丰收，“吨粮市”建设全面完成。全年粮食播种面积达到1162.9万亩，亩产481.6公斤，增加31.5公斤，增长7.0%；总产560.1万吨，增加31.8万吨，增长6.0%，粮食生产实现“九连增”，单产、总产增幅均居全省第1位，成功跨入全国百亿斤粮食大市行列。蔬菜保持“三增长”。全市蔬菜播种面积达14.5万公顷，增加0.4万公顷，增长3.3%；单产4012.0公斤/亩，增长0.6%；总产872.1万吨，增长3.5%。畜牧业生产稳定增长。全市肉、蛋、奶产量分别达69.3万吨、104.0万吨和23.8万吨，分别增长2.3%、0.1%和2.1%。

（二）工业：2012年，全市完成工业增加值1473.5亿元，比上年增长12.5%。其中：规模以上工业增加值1333.4亿元，增长14.1%。在规模以上工业中：轻工业实现增加值

227.4亿元，增长22.2%，增速高于重工业9.5个百分点，高于全市平均水平8.1个百分点。装备制造业112.7亿元，增长22.7%，纺织业46.6亿元，增长16.4%，食品制造业27.1亿元，增长30.4%，分别高于全市平均水平8.6个、2.3个和16.3个百分点。六大高耗能行业972.5亿元，增长11.0%，占全市规上工业增加值的比重为72.9%，分别比2010年和2011年下降6.9个和3.1个百分点。2012年，全市规模以上工业实现利润167.6亿元，下降8.7%。

表4：规模以上工业主要产品产量

指　　标	单　位	2012年	比上年增长%
原煤	万吨	2518.3	-5.7
洗煤	万吨	3090.4	4.2
焦碳	万吨	1772.6	2.7
纱	万吨	65.0	22.1
布	万米	104662.2	32.4
服装	万件	5828.5	373.8
农用化肥（折纯）	万吨	6.3	-17.2
化学农药	吨	11481.0	-31.2
塑料制品	万吨	15.7	44.2
水泥	万吨	922.8	-6.4
生铁	万吨	3547.2	3.1
粗钢	万吨	4442.6	5.7
钢材	万吨	5130.3	11.6
发电量	亿千瓦时	304.7	4.7

（三）**建筑业**：全市建筑业实现总产值422.3亿元，比上年增长27.3%；实现增加值147.3亿元，增长10.2%。资质等级以上建筑业企业房屋施工面积3581.1万平方米，增长38.0%；房屋竣工面积1359.2万平方米，增长35.8%。

（四）**房地产业**：全市完成房地产开发投资257.8亿元，比上年增长7.3%。商品房竣工面积322.3万平方米，下降41.2%；商品房销售面积431.8万平方米，增长13.4%，其中：住宅401.5万平方米，增长12.5%；商品房待售面积119.8万平方米，下降14.6%；商品房销售额164.8亿元，增长24.8%。

（五）**国内贸易**：全市实现社会消费品零售总额973.7亿元，比上年增长15.2%。其中：城镇市场实现零售额749.8亿元，增长15.0%，占全市社会消费品零售总额的77.0%；乡村市场实现零售额223.9亿元，增长16.0%，乡村市场增速快于城镇市场1.0个百分点。从行业看，批发业、零售业、住宿业、餐饮业四大行业销售额增速逐步回升。批发业142亿元，增长22.9%；零售业710.1亿元，增长14.9%；住宿业15.8亿元，增长21.3%；餐饮业95.3亿元，增长10.0%。消费热点引领市场，消费升级类商品保持良好发展态势。从限额以上批发和零售业商品零售额的增速看，增长较快的有电子出版物及音像制品增长175.6%，中草药及中成药类增长62.8%，金银珠宝类增长40.3%，家具类增长37.4%。

表5：社会消费品零售额

单位：亿元

指　　标	2012年	比上年增长%
社会消费品零售总额	973.7	15.2
按行业分		
#批发业	142.0	22.9
零售业	710.1	14.9
住宿业	15.8	21.3
餐饮业	95.3	10.0
按地区分		
城镇	749.8	15.0
城区	306.8	13.2
乡村	223.9	16.0

（六）**交通、邮电**：交通基础设施建设和项目取得突破性进展，邯郸机场二期主体完工，4座城市立交桥、市文化艺术中心建设竣工并投入使用，邯黄铁路、邯长邯济扩能改造进展顺利，邯大高速、邯临快速路开工建设，邯郸火车站改扩建竣工，邯郸机场开通了9条航线（上海、广州、重庆、大连、秦皇岛、鄂尔多斯、天津、南京、厦门），全年运送旅客17万人次。全市铁路交叉、国道交汇、高速过境、机场通航等综合交通优势进一步彰显。2012年交通运输、仓储和邮政业完成增加值299.1亿元，比上年增长5.0%。

全市完成货物运输总量34453.8万吨，比上年增长17.7%。其中：铁路2483万吨，下降8.6%；公路31901万吨，增长20.2%；民用航空69.8万吨。全市完成旅客运输总量18170万人，比上年增长9.0%。其中：铁路720.6万人；公路17433万人，增长12.3%；民用航空17万人，增长10.4%。

主城区共有公共汽车运营车辆2219辆；客运出租车运营车辆4860辆；全年公共交通共运送乘客2.1亿人次；出租汽车客运总量4000万人次。

年末全市民用汽车保有量达到78.02万辆，比上年末增长16.7%。其中：轿车44.71万辆，增长23.2%。在全市汽车总量中，私人汽车达到63.68万辆，增长19.1%，其中：轿车40.74万辆，增长24.6%。

全年完成邮电业务总收入46.2亿元，比上年增长12.4%。其中：邮政业务收入4.47亿元，增长0.7%；电信业务收入41.7亿元，增长13.6%。完成邮电业务总量（2010年不变价）59.4亿元，增长17.4%。其中：邮政业务总量5.41亿元，增长54.6%；电信业务总量54.0亿元，增长14.4%。固定电话用户年末为95.9万户，比上年减少6.2万户；移动电话用户年末620.7万户，增加142.7万户；互联网用户为92.5万户，增加18.6万户。

（七）金融、证券和保险：年末全市金融机构各项存款余额2924.5亿元，比年初增加390.5亿元。金融机构各项贷款余额1841.2亿元，比年初增加306.1亿元。

表6：全市金融机构各项存贷款

单位：亿元

指　标	2012年末　数	比年初增加额	比年初增减%
各项存款余额	2924.5	390.5	15.4
其中：单位存款	1052.7	167.9	19.0
个人存款	1803.7	230.2	14.6
各项贷款余额	1841.2	306.1	19.9
其中：短期贷款	1093.9	300.8	37.9
中长期贷款	673.7	4.1	0.6

证券市场运行平稳。证券市场各类证券成交额544.7亿元.其中：股票成交额501.9亿元；基金成交额2.8亿元，新增股民0.8万人。

全年保费收入65.23亿元。其中：财产险保费收入19.68亿元；人身险保费收入45.55亿元。全年各类保险赔款给付支出19.77亿元。其中：财产险10.83亿元；人身险8.94亿元。

三、改革开放

（一）所有制结构：2012年，全市民营经济完成增加值1952.1亿元，比上年增长12.7%，占全市生产总值的比重达到64.5%；实交税金194.2亿元，增长7.9%，占全部财政收入比重达到59.0%。民营经济的快速发展，为全市经济增长不断注入新的活力。

（二）利用外资：全市实际利用外资8.0亿美元，完成省下达目标的114.3%，比上年增长22.1%。合同外资1000万美元以上项目到位资金4.88亿美元，增长16%，占全市实际利用外资比重61.0%。高新技术产业成为亮点，到位外资1.06亿美元，增长213.7%，占比重13.3%。

（三）对外贸易：全市外贸进出口总值37.2亿美元，下降2.9%。其中：出口14.7亿美元，增长3.7%；进口22.5亿美元，下降6.7%。

（四）旅游业：全年接待海外游客3.8万人次，比上年增长48.6%。旅游收入1386.5万美元，增长74.63%。国内旅游发展良好，全年接待国内旅游者2300万人次，增长33.72%，旅游收入135.0亿元人民币，增长36.9%。2012年末，全市共有星级饭店28家，旅行社77家。

四、城市建设与管理

（一）城镇建设成效显著：2012年，全市完成城镇建设投资1519.5亿元，完成年度计划的101.3%，970项城建重点项目全部开工建设。其中：市政基础设施投资共完成166.26亿元，完成年度计划102.6%，超额完成省下达任务。进一步加快推进东部新城集中供热管网及配套设施和邯郸东郊热电厂建设，三座污水处理厂和市中变电站等项目开工建设；大力推进城市路网升级改造工作，总投资16亿元的四座立交桥项目全部竣工并投入使用，总投资10.6亿元的“三路一场”基本完工，完成19座桥梁的维修改造，改造提升12条支路小街巷；生态水系建设有序推进，总投资54亿元的南湖中心景区、黄粱梦滞洪区扩容和支漳河、滏阳河治理等项目正在紧张施工，“五河”、“四湖”、“一淀”城市生态水系初见端倪，为建设“北方江南水城”奠定坚实基础。获得各种荣誉称号，在省住房保障工作优秀城市、省级人居环境进步奖、省人居环境范例奖、国家园林县城、十佳绿色小区、十佳公共建筑、十佳景观大道、十佳公园等多个奖项中我市均榜上有名。

（二）居住条件大幅改善：主城区回迁房建设全力推进，已开工回迁房项目80个、开工面积480.1万平方米、4.5万套，分别占应建回迁房面积、套数的81%和79%；保障性住房已开工建设2.2万套，占责任目标的124.2%，竣工6359套；棚户区改造已开工建设3.6万套，占责任目标的110.2%，竣工1.03万套。

五、冀南新区与经济开发区

冀南新区于2012年10月正式挂牌，致力于打造冀南地区新的增长极，全国重要的先进制造业基地，四省交界区域现代物流枢纽，中原经济区与环渤海等经济区域合作交流的北部门户，产业与生态融合示范区。2012 年实现生产总值 262.7 亿元，比上年增长 13.5%。全部财政收入 32.7 亿元，增长 6.6%；公共财政预算收入 19.0 亿元，增长 37.4%。固定资产投资 244.2 亿元，增长 35.2%。规模以上工业完成增加值 90.1 亿元，增长 27.1%；实现利税 24.6 亿元，增长 22.6%；实现利润 14.3 亿元，增长 15.2%。社会消费品零售总额 93.3 亿元，增长 16.8%。实际利用外资 1.6 亿美元。实现农民人均纯收入 9522 元，增长 14.4%。

邯郸经济开发区生产总值 53.5 亿元，比上年增长 13.6%。全部财政收入实现 9.5 亿元，增长 22.2%；其中地方一般预算收入 4.8 亿元，增长 18.9%。规模以上工业增加值 26.95 亿元，增长 20.5%；实现利润 3.3 亿元，增长 30.6%；实现利税 4.3 亿元，增长 14.9%。全社会固定资产投资完成 59.6 亿元，增长 19.2%。社会消费品零售总额 33.3 亿元，增长 27.2%。实际利用外资 5996 万美元，增长 48%。出口总值 7922 万美元，增长 7.9%。农民人均纯收入 8383 元，增长 10.5%。

六、社会事业

（一）教育：2012 年，全市小学招生 18.48 万人，初中招生 12.55 万人，高中招生 4.79 万人。现有幼儿园 1689 所，在园幼儿 30.74 万人，专任教师 11331 人；小学 2058 所，在校学生 98.39 万人，专任教师 42713 人；普通中学 395 所，在校学生 47.6 万人，专任教师 35631 人；高等院校在校生 8.44 万人，专任教师 3326 人。小学适龄儿童入学率达到 99.99%，万人平均在校生为 990 人；初中适龄人口入学率达到 99.97%，万人平均在校生 329 人；万人平均普通高中在校生达到 150 人；中职学校万人平均在校生 130 人；高等院校万人平均在校生 85 人。

2012 年高考，全市参考人数比上年减少 4918 人的情况下，本科总上线人数达到 30257 人，增加 52 人，本科总上线率为 63.6%，比 2009 年、2010 年和 2011 年分别提高 19.8 个、5.2 个和 6.15 个百分点。本科各批次上线率均有提高。其中，本科一批上线率为 13.0%，分别提高 3.7 个、1 个和 0.4 个百分点；本科二批上线率为 13.2%，分别提高 3.4 个、1.4 个和 1 个百分点；本科三批上线率为 37.4%，分别提高 12.8 个、2.8 个和 4.7 个百分点。在连续 8 年攀升的基础上，又有新提高。

（二）科学技术：2012 年，全市共取得各类科技成果 195 项，其中：达到国内领先水平的 153 项、国际先进水平的 26 项。获得 2012 年度省科技进步奖一等奖 2 项、二等奖 3 项、三等奖 12 项；市科技进步一等奖 16 项、二等奖 24 项、三等奖 40 项。新通过国家认定高新技术企业 15 家，自主创新型试点企业国家级 2 家，省级 7 家。专利申请受理量 2118 项，专利申请授权量 1162 项。

（三）文化：年末全市共有公共图书馆 20 个，总藏书 147.9 万册。有线电视用户达到 67.22 万户，有线电视入户率为 25.7%。广播、电视综合覆盖率分别达到 99.98%和 98.87%。

（四）卫生：年末，全市共有卫生机构 8604 个，其中：医院 169 个、乡镇卫生院 214 个；医疗卫生机构共有床位 42591 张，其中：医院 24577 张、卫生院 15910 张；全市卫生技术人员达到 32702 人，其中：执业医师 10801 人、注册护士 10265 人。新建改建卫生院 35 个、社区和村卫生室 550 个，新农合参合率达 97.8%。

（五）体育：全市经常参加体育锻炼的人口达到 393.2 万人，约占全市人口总数的 39.6%。全年先后组织 900 余名运动员参加了河北省级以上比赛，共获得金牌 61 枚、银牌 62 枚和铜牌 72 枚。全市拥有体育场 4 个，室外游泳池 35 个，运动场 30 个。

七、人口、人民生活和社会保障

（一）人口：据公安部门统计年报显示：全市年末总人口达到 993.1 万人，比上年末增加 13.2 万人，增长 1.3%。全市人口出生率为 22.52‰，下降 1.1 个千分点；死亡率 7.09‰，上升 0.23 个千分点；人口自然增长率为 15.43‰，下降 1.33 个千分点。

（二）人民生活：城乡居民收入稳定增加，生活质量进一步提高。城镇居民人均可支配收入达到 21740 元，比上年增长 12.5%。城镇居民人均住房建筑面积 28.7 平方米。农民人均纯收入 8447 元，增长 14.7%。农村居民人均住房面积 37.9 平方米。城镇居民和农村居民恩格尔系数分别为 39.9%、37.6%，居民消费支出较多用于提高生活水平和质量。

（三）社会保障：年末全市参加基本养老、失业、工伤保险的人数分别为 106.46 万人、66.28 万人和 72.77 万人，分别比上年末增加 1.9 万人、0.15 万人和 6.0 万人。全市享受城市最低生活保障的居民为 13.2 万人，享受农村最低生活保障的农民 26.9 万人。

八、资源、环境与节能减排

（一）资源：全市继续严格土地管理，加大闲置土地的收回力度，土地供应在得到控制的前提下，满足了经济社会发展的需要。全年土地供应总量 1437.96 公顷，其中：公用设施用地46.83公顷，占全年供地总量的3.26%；普通商品房用地262.21公顷，占全年供地总量的18.23%。

（二）环境：环境质量明显提升。主要污染物排放总量持续下降，污染减排指标达到省控制要求，环境质量有了新的改善。主城区空气质量二级以上天数达到329天，比上年增加2天，其中：一级天数100天，比上年增加5天；主要河流水环境质量进一步好转，岳城水库和羊角铺水源地稳定达到饮用水质标准。

全市年平均气温为13.5℃，与常年值13.3℃相比偏高0.2℃，属正常年份。邯郸市区年平均气温为14.1℃，比历年值14.0℃相比偏高0.1℃。

全市平均降水量为518.9毫米，与多年平均值523.0毫米偏少4.1毫米，属降水正常年份。邯郸市区降水量为583.5毫米，比多年平均值522.6毫米偏多60.9毫米，与2011年度相比，降水量偏多约2.2%。

（三）节能减排：节能减排取得积极进展。加强重点部位、重点领域、重点行业监管，综合运用结构、工程、管理等措施，推进循环发展、清洁生产，形成节能减排长效机制，确保新“双三十”早达标、老“双三十”不反弹。2012年，全市淘汰落后生铁产能85万吨、水泥396万吨，单位生产总值能耗下降7.37%，完成年初目标的189.5%。氮氧化物削减量均达到全省平均水平。

注释：

1、本公报2012年部分数据为快报数。部分数据因四舍五入等原因，存在着与分项合计不等的情况。

2、全市生产总值、各产业增加值绝对数按现价计算，增长速度按可比价格计算。

3、房地产业投资除房地产开发投资外，还包括建设单位自建房屋以及物业管理、中介服务和其他房地产投资。

4、部分数据取自于相关部门的统计数据。

第二部分　统计资料

一、综　合

资料整理：姜鸿雁　高建飞

1-1　国民经济和社会发展总量指标

项　　　目	单　位	1990年	1995年	2000年	2005年	2010年	2011年	2012年
人口与就业								
人　口								
年末总人口	万　人	753.49	794.28	838.48	871.43	963.50	979.95	993.1
#市区人口	万　人	111.14	121.42	133.1	140.85	148.15	148.83	148.1
非农业人口	万　人	112.94	129.7	151.11	179.18	301.65	308.48	308.3
农业人口	万　人	640.55	664.58	687.37	692.25	661.85	671.47	684.8
男性人口	万　人	384.09	405.02	426.11	443.43	493.40	501.46	507.9
女性人口	万　人	369.4	389.26	412.37	428.00	470.10	478.48	485.2
就　业								
就业人员数	万　人	359.86	435.1	407.58	442.73	535.85	545.96	582.2
第一产业从业人员	万　人	212.77	231.57	209.84	186.64	193.15	184.14	185.5
第二产业从业人员	万　人	90.02	110.34	99.25	120.88	187.48	189.46	205.5
第三产业从业人员	万　人	57.07	93.19	98.49	135.21	155.22	172.36	191.2
城镇登记失业人数	万　人			2.58	3.98	5.05	5.29	5.47
城镇登记失业率	%				4.18	4.00	4.00	4.00
宏观经济								
国民核算								
邯郸市生产总值*	亿　元	105.46	289.86	542.35	1116.01	2361.56	2789.03	3024.29
第一产业	亿　元	24.97	73.91	91.70	155.44	307.95	350.61	383.90
第二产业	亿　元	48.77	127.89	258.27	587.09	1280.30	1527.43	1620.84
第三产业	亿　元	31.72	88.06	192.38	373.48	773.31	910.98	1019.55
支出法邯郸市生产总值	亿　元		289.86	542.35	1116.01	2361.56	2789.03	3024.29
#最终消费	亿　元		132.71	193.81	373.58	704.67	940.07	1031.04
居民消费	亿　元		119.22	164.14	319.58	598.31	807.31	861.58
政府消费	亿　元		13.49	29.67	54.00	106.36	132.76	169.45
资本形成总额	亿　元		129.68	304.39	655.40	1420.62	1772.18	1906.27
固定资本形成	亿　元		101	210.11	513.49	1226.19	1510.91	1752.07
存货增加	亿　元		28.69	94.28	141.91	194.43	261.27	154.20
单位GDP能耗	吨标煤/万元				2.59	2.003	1.630	1.510
固定资产投资								
全社会固定资产投资总额	万　元	158621	989961	2101060	4909695	18351349	19853997	23835527
按类型分								
建设项目	万　元	142948	521982	1237016	3218257	13706895	14953484	18251823
房地产开发	万　元	6750	29292	85714	277532	2256285	2402901	2578271
农村非农户	万　元		272430	513835	833406	1592835	1531680	2091228
农　户	万　元		143045	193055	455294	795334	965932	914205
按隶属关系分								
中　　央	万　元	52881	107884	235587	160570	253039	155449	282148
地　　方	万　元	105740	882077	1865473	4749125	18098310	19698548	23553379
按构成分								
建筑工程	万　元	63187	377969	1155063	2816653	9922774	11674466	14637740
安装工程	万　元	12383	50282	127894	256188	1039235	1352962	2078294
设备工具购置	万　元	60899	326456	549959	1262062	3527286	4224499	5023363
其他费用	万　元	22152	235254	268144	574792	3862054	2602070	2096130
#土地购置	万　元	-	-	-	74141	1052057	824900	697958
新增固定资产	万　元	112293	605895	1749237	2995730	12231933	14130001	17650918
财　政								
全部财政收入	万　元	86902	158897	355445	1211034	2442439	3036756	3291027
中　　央	万　元		62292	121649	652340	1060933	1177419	854646
地　　方*	万　元		96605	233796	432148	1158975	1589504	1846504
地方财政支出	万　元	60359	131448	306065	838438	2638552	3286308	3795561

注：*2006年生产总值为农业普查后调整数，地方财政收入2002年以后口径为财政一般预算收入。

1-1续表1

项 目	单 位	1990年	1995年	2000年	2005年	2010年	2011年	2012年
城市物价总指数(1978年=100)								
居民消费价格总指数	%	194.6	380.4	435.9	526.3	625.8	660.2	678.7
商品零售价格总指数	%	188.2	338.2	348.3	372.9	438.7	458.0	466.2
利用外资								
审批合同外资额	万美元	258	10150	10159	18804	58771	60433	92245
实际利用外资额	万美元	451	7546	20248	15244	50646	65546	80020
产 业								
农 业								
农林牧渔业劳动力	万 人	212.3	210.9	208.5	185.7	190.3	182.3	181.3
农林牧渔业总产值(现价)	亿 元	42.74	138.15	182.6	289.8	538.2	620.7	672.9
主要农产品产量								
粮 食	万 吨	260.18	325.92	391.89	413.26	476.12	528.29	560.08
棉 花	万 吨	14.36	12.08	7.43	12.04	14.78	14.40	13.3
油 料	万 吨	3.61	5.39	18.76	18.47	14.61	14.64	14.2
干鲜果	万 吨	16.93	29.65	46.18	92.84	102.5	101.9	105.7
#鲜果	万 吨	16.2	28.6	44.8	57.1	63.8	64.7	68.8
肉 类	万 吨	7.7	29.0	37.6	50.0	65.2	67.8	69.3
#猪牛羊肉	万 吨	7.0	25.4	29.1	37.1	47.3	48.5	49.1
水产品	万 吨	0.4	1.3	2.7	4.8	5.0	5.3	5.6
蔬 菜	万 吨	115.6	165.5	397.5	648.0	846.1	842.3	872.1
工 业								
工业总产值(现价)	亿 元	138.1	513.7	720.6	1728.7	4575.4	5609.0	5958.2
#规模以上工业产值*	亿 元	105.6	276.3	316.9	1265.3	4106.4	5059.2	5393.8
#国有工业	亿 元	78.0	186.3	157.2	142.9	478.6	592.1	670.5
集体工业	亿 元	26.3	64.2	31.5	36.6	50.3	53.7	47.8
#轻工业	亿 元	38.4	76.4	64.7	107.0	516.5	755.8	845.9
重工业	亿 元	67.2	199.8	252.2	1158.3	3590.0	4339.4	4547.8
主要工业产品产量								
铁矿石(原矿量)	万 吨	684.0	1577.8	426.8	539.1	761.8	678.5	804.9
生 铁	万 吨	170.4	540.7	690.4	1873.9	3321.7	3441.8	3547.2
钢	万 吨	130.1	276.2	435.8	1696.9	3684.3	4202.1	4442.6
成品钢材	万 吨	79.3	220.9	384.2	1212.5	4079.4	4585.5	5130.3
机制纸及纸板	万 吨	8.3	28.6	20.8	20.8	7.2	7.1	2.8
原 煤	万 吨	2246.6	2959.0	2293.0	2533.6	2786.6	2671.6	2518.3
发电量	亿千瓦小时	84.2	98.7	131.7	226.8	266.8	272.3	304.7
水 泥	万 吨	289.4	636.9	648.0	978.3	770.9	985.8	922.8
塑料制品	吨	10028	78753	16123	53250	70385	107335	156749
布	万 米	23297	29429	22337	30230	38850	59580	104662
纱	万 吨	6.5	9.8	15.1	16.1	30.6	48.2	64.96
白 酒	千 升	14067	16407	31870	40684	35301.7	57503	66750
农用化肥(折纯量)	万 吨	14.8	27.2	22.8	26.7	7.0	7.6	6.3
化学农药	吨	4409	5150	7903	7640	21071	16683	11481
规模以上工业财务指标								
企业个数	个	1876	2230	454	581	1095	875	972
销售收入	亿 元	91.0	259.9	322.1	1226.9	4310.5	6156.9	6565
固定资产原值	亿 元	88.7	242.2	385.9	817.3	2084.8	2677.1	2749.8
利税总额	亿 元	6.6	31.4	37.2	119.1	312.8	396.7	370
#利润总额	亿 元	1.0	14.9	12.3	63.9	190.8	255.6	202.6
规模以上工业能源消耗量	万吨标煤		794.9	746.5	2554.7	3205.4	3380.01	3444.03

注：*本表规模以上工业1997年及以前为乡及乡以上工业。

1-1续表2

项　　　目	单　位	1990年	1995年	2000年	2005年	2010年	2011年	2012年
建筑业								
建筑业企业人数	万　人	9.2	8.7	12.2	15.8	15.4	11.9	15.6
建筑业总产值	亿　元	11.0	29.9	58.4	131.2	314.7	331.7	422.3
施工房屋面积	万平方米	289.8	441.7	697.9	1255.2	2506.3	2595.1	3581.1
竣工房屋面积	万平方米	146.6	166.2	353.3	589.7	847.4	1001.2	1359.2
交通运输								
公路货运量	万　吨	272	496	7816	8367	22669	26548	31901
铁路货运量	万　吨	2316	2468	2136	2304	2837	2718	2483
民航货运量	吨					605	11	69.8
公路客运量	万　人	2809	2613	9970	11520	12484	15519	17433
铁路客运量	万　人	376	316	377	466	740	1131	721
民航客运量	万　人					12.6	15.4	17
邮电通信业								
邮电业务总量	万　元	1322	30496	67759	441450	1349915	506575	594262
函　件	万　件	1019	2565	1178	1917	677	708	436
移动电话用户	万　户	2.17	24.50	60.72	331.57	456.2	538.4	620.7
国际互联网用户	万　户			2.29	45.75	112.60	76.96	92.45
国内商业								
社会消费品零售总额	亿　元	33.9	89.5	171.5	312.6	717.2	845.2	973.7
对外经济贸易								
进出口总额	万美元		11579	19451	95360	307962	384720	372250
进口额	万美元		3984	9904	63405	219555	243198	225465
出口额	万美元		7595	9547	31954	88407	141522	146785
国际旅游								
来邯郸旅游人数	人　次		2025	3600	6231	17548	25590	38039
旅游外汇收入	万美元		13	112	252	548.4	794.0	1386.5
金融保险证券								
金融机构存款余额	亿　元	53.89	157.85	523.14	1016.21	2140.2	2534.0	2924.5
金融机构贷款余额	亿　元	67.64	156.51	433.56	647.56	1318.74	1535.1	1841.2
保险公司保费	万　元		19282	56970	222592	748894	660314	652351
赔款及给付	万　元		8090	11045	31584	141631	161625	197705
各类证券成交额	亿　元				58.2	810.8	961	544.7
教育、科技、文化								
教　育								
专任教师数	人	48516	56399	69195	82302	89658	87483	87602
普通高等学校	人	1262	1244	1363	2654	3477	3315	3326
普通中学	人	16076	18123	27977	35170	35063	34241	35631
小　学	人	29524	33328	37555	40246	43301	43627	42713
在校学生数	人	1125738	1626727	1933780	1601240	1632833	1617081	1673149
普通高等学校	人	6916	10521	21933	46826	74765	80977	84411
普通中学	人	210752	400231	659602	748990	458603	458235	476044
小　学	人	704787	1174730	1188026	702008	863405	931182	983885
教育经费支出	万　元			65633	170240	579187	701344	953544
科　技								
各类专业技术人员	万　人			10.59	11.74	11.63	12.5	12.51
#中级职称以上技术人员	万　人			3.05	4.68	5.84	5.6	5.63
各类技术合同金额	万　元		8119	17205	3699	3275	4600	20046
文　化								
电视节目制作时间	小　时			1441	10722	34212	34238	34244
广播人口覆盖率	%		91	98.7	99.98	99.98	99.98	99.98
电视人口覆盖率	%		71	96.8	99.05	98.89	98.87	98.87

注：邮电业务总量按2010年不变价计算，2010年以前按2000年不变价计算，互联网用户不含手机上网数。

1-1续表3

项　　目	单　位	1990年	1995年	2000年	2005年	2010年	2011年	2012年
家庭、生活、环境								
家　庭								
家庭总户数	万　户	182.26	193.23	210.75	228.52	254.03	258.81	261.24
城市居民平均每户家庭人口	人	3.37	3.22	3.05	2.80	2.74	2.67	2.53
农村居民平均每户家庭人口	人	4.9	4.6	4.4	4.2	4.0	3.7	3.8
婚　姻								
结婚数	对		61986	54908	69426	104010	102540	107451
离婚数	对		1072	1562	3956	7602	8720	9960
居　住								
城市居民人均建筑面积	平方米	7.7	12.5	19.0	25.7	27.2	28.9	28.7
农村居民人均居住面积	平方米	18.4	19.2	24.6	29.5	34.8	37.9	37.9
生　活								
城市居民人均可支配收入	元	1541	3763	5356	9233	17562	19322	21740
农村居民人均纯收入	元	512	1519	2575	3578	6085	7366	8447
城乡储蓄存款余额	亿　元	49.22	176.63	385.42	692.00	1373.06	1569.1	1790.8
工　资*								
工资总额	亿　元	18.1	42.3	48.4	79.2	172.08	204.12	238.5
职工平均工资	元	2081	4661	6043	13662	32123	36122	37988
卫　生								
医院、卫生院	个	460	558	549	357	360	382	383
医　生	人	10893	16301	10597	9097	12542	13061	14800
床位数	张	18785	19897	20178	20706	30137	31168	42691
市政建设								
供水总量	万立方米		42148	33274	29505	31151	29846	33177
污水处理量	万立方米		5252	11292	10847	21742	24506	25117
城市煤气供气量	万立方米		8462	9636	10105	13749	14101	13525
公交运营车辆	辆		654	955	2276	2708	1789	2219
铺装道路面积	万平方米		883	1930	3703	7006	8118	8424
公园绿地面积	公　顷		578	887	2031	5127	5841	6111
灾害								
火灾发生数	起	232	75	431	1148	998	557	262
火灾直接损失	万　元	172	128	307	286	1536	899.4	1928.5
交通事故发生数	起		1620	3018	1176	989	953	950
交通事故损失	万　元		721	817	329	217.6	212.4	211.6

注：*工资2004年以后为在岗工资总额和在岗职工平均工资，2003年以前为全部数。

1-2　国民经济和社会发展主要指标发展速度

项　　目	2012年为各年%						平均每年增长%			
	1990年	1995年	2000年	2005年	2010年	2011年	1991～1995年	1996～2000年	2001～2005年	2006～2010年
人口与就业										
人　口										
年末总人口	131.8	125.0	118.4	114.0	103.1	101.3	1.1	1.1	0.8	2.0
#市区人口	133.3	122.0	111.3	105.1	100.0	99.5	1.8	1.9	1.1	1.0
非农业人口	273.0	237.7	204.0	172.1	102.2	99.9	2.8	3.1	3.5	11.0
农业人口	106.9	103.0	99.6	98.9	103.5	102.0	0.7	0.7	0.1	-0.9
男性人口	132.2	125.4	119.2	114.5	102.9	101.3	1.1	1.0	0.8	2.2
女性人口	131.3	124.6	117.7	113.4	103.2	101.4	1.1	1.2	0.7	1.9
就　业										
就业人员数	161.8	133.8	142.8	131.5	108.6	106.6	3.9	-1.3	1.7	3.9
第一产业从业人员	87.2	80.1	88.4	99.4	96.0	100.7	1.7	-2.0	-2.3	0.7
第二产业从业人员	206.1	168.1	186.9	153.5	98.9	97.9	4.2	-2.1	4.0	9.2
第三产业从业人员	325.0	199.1	188.3	137.2	119.5	107.6	10.3	1.1	6.5	2.8
宏观经济										
国民核算										
邯郸市生产总值	1282.4	728.1	405.8	226.7	124.0	110.5	12.0	12.4	12.3	12.8
第一产业	371.1	279.0	190.6	143.8	110.2	104.2	5.9	7.9	5.8	5.5
第二产业	1500.9	853.0	471.7	238.9	127.3	112.3	12.0	12.6	14.6	13.4
第三产业	1596.2	837.7	432.7	245.1	123.5	109.7	16.0	14.2	12.0	14.7
固定资产投资										
全社会固定资产投资总额	15026.7	2407.7	1134.5	485.5	129.9	120.1	44.2	16.2	18.5	30.2
建设项目	12768.2	3496.6	1475.5	567.1	133.2	122.1	29.6	18.8	21.1	33.6
房地产开发	38196.6	8802.0	3008.0	929.0	114.3	107.3	34.1	24.0	26.5	52.1
农村非农户		767.6	407.0	250.9	131.3	136.5		13.5	10.2	13.8
农户		639.1	473.5	200.8	114.9	94.6		6.2	18.7	11.8
按隶属关系分										
中　央	533.6	261.5	119.8	175.7	111.5	181.5	15.3	16.9	-7.4	9.5
地　方	22274.8	2670.2	1262.6	496.0	130.1	119.6	52.8	16.2	20.5	30.7
按构成分										
建筑工程	23165.7	3872.7	1267.3	519.7	147.5	125.4	43.0	25.0	19.5	28.6
安装工程	16783.4	4133.3	1625.0	811.2	200.0	153.6	32.3	20.5	14.9	32.3
设备工具购置	8248.7	1538.8	913.4	398.0	142.4	118.9	39.9	11.0	18.1	22.8
其他费用	9462.5	891.0	781.8	354.7	54.3	80.6	60.4	2.7	16.5	46.4
其中：土地购置				941.4	66.3	84.6	39.7	5.8	-1.7	70.0
新增固定资产	15718.6	2913.2	1009.1	589.2	144.3	124.9	40.1	23.6	11.4	32.5
财　政										
全部财政收入	3787.1	2071.2	925.9	271.8	134.7	108.4	12.8	17.5	27.8	15.1
中　央		1372.0	702.6	131.0	80.6	72.6		14.3	39.9	10.2
地　方*		1911.4	789.8	427.3	159.3	116.2	100.0	19.3	13.1	21.8
地方财政支出	6288.3	2887.5	1240.1	452.7	143.9	115.5	16.8	18.4	22.3	25.8

注：*地方财政收入2002年以后口径为财政一般预算收入。

1-2续表1

项　　目	2012年为各年%						平均每年增长%			
	1990年	1995年	2000年	2005年	2010年	2011年	1991～1995年	1996～2000年	2001～2005年	2006～2010年
利用外资										
审批合同外资额	35753.9	908.8	908.0	490.6	157.0	152.6	108.4	…	13.1	25.6
实际利用外资额	17742.8	1060.4	395.2	524.9	158.0	122.1	75.7	21.8	-5.5	27.1
产　业										
农　业										
农林牧渔业劳动力	85.4	86.0	87.0	97.6	95.3	99.5	-0.1	-0.2	-2.3	0.5
农林牧渔业总产值	468.1	275.4	176.1	133.7	109.7	104.0	11.2	9.4	5.7	4.0
主要农产品产量										
粮　食	215.3	171.8	142.9	135.5	117.6	106.0	4.6	3.8	1.1	2.9
棉　花	92.9	110.4	179.5	110.8	90.3	92.6	-3.4	-9.3	10.1	4.2
油　料	394.3	263.9	75.8	77.0	97.3	97.1	8.3	28.3	-0.3	-4.6
干鲜果	624.3	356.5	228.9	113.9	103.1	103.7	11.9	9.3	15.0	2.0
#鲜果	424.7	240.6	153.6	120.5	107.8	106.3	12.0	9.4	5.0	2.2
肉　类	903.5	238.9	184.3	138.7	106.4	102.3	30.5	5.3	5.9	5.5
#猪牛羊肉	701.4	193.3	168.7	132.3	103.8	101.2	29.4	2.8	5.0	5.0
水产品	1400.0	430.8	207.4	116.7	112.0	105.7	26.6	15.7	12.2	0.8
蔬　菜	754.6	527.1	219.4	134.6	103.1	103.5	7.4	19.2	10.3	5.5
工　业										
规模以上工业产值	5107.8	1952.2	1702.1	426.3	131.4	106.6	11.4	13.6	17.3	14.3
#国有工业	859.6	359.9	426.5	469.2	140.1	113.2	7.4	4.0	-5.7	16.9
集体工业	181.7	74.5	151.7	130.6	95.0	89.0	11.9	20.2	-0.5	10.3
#轻工业	2202.9	1107.2	1307.4	790.6	163.8	111.9	6.3	11.3	7.4	37.5
重工业	6767.6	2276.2	1803.3	392.6	126.7	104.8	13.0	13.7	19.0	11.5
主要工业产品产量										
铁矿石(原矿量)	117.7	51.0	188.6	149.3	105.7	118.6	18.2	-23.0	4.8	7.2
生　铁	2081.7	656.0	513.8	189.3	106.8	103.1	26.0	5.0	22.1	12.1
钢	3414.8	1608.5	1019.4	261.8	120.6	105.7	16.2	9.6	31.2	16.8
成品钢材	6469.5	2322.5	1335.3	423.1	125.8	111.9	22.7	11.7	25.8	27.5
日用陶瓷							4.1	8.3	6.9	-7.5
机制纸及纸板	33.7	9.8	13.5	13.5	38.9	39.4	28.1	-6.2	0.0	-19.1
原　煤	0.0	0.0	0.0	0.0	0.0	0.0	8.4	-7.8	8.4	0.0
发电量	361.9	308.7	231.4	134.3	114.2	111.9	3.2	5.9	11.5	3.3
水　泥	318.9	144.9	142.4	94.3	119.7	93.6	17.1	0.3	8.6	-4.7
塑料制品	1563.1	199.0	972.2	294.4	222.7	146.0	51.0	-27.2	27.0	5.7
布	449.3	355.6	468.6	346.2	269.4	175.7	4.8	5.4	6.2	5.1
纱	999.4	662.9	430.2	403.5	212.3	134.8	8.6	9.0	1.3	14.0
白　酒	474.5	406.8	209.4	164.1	189.1	116.1	3.1	14.2	5.0	-2.8
农用化肥	42.6	23.2	27.6	23.6	90.0	82.9	12.9	-3.5	3.2	-23.5
化学农药	260.4	222.9	145.3	150.3	54.5	68.8	3.2	8.9	-0.7	22.5

1-2续表2

项　　　目	2012年为各年%						平均每年增长%			
	1990年	1995年	2000年	2005年	2010年	2011年	1991～1995年	1996～2000年	2001～2005年	2006～2010年
规模以上工业财务指标*										
企业个数	51.8	43.6	214.1	167.3	88.8	111.1	3.5	-27.3	5.1	13.5
销售收入	7214.3	2526.0	2038.2	535.1	152.3	106.6	23.4	4.4	30.7	28.6
固定资产原值	3100.1	1135.3	712.6	336.4	131.9	102.7	22.3	9.8	16.2	20.6
利税总额	5606.1	1178.3	994.6	310.7	118.3	93.3	36.6	3.4	26.2	21.3
规模以上工业能源消耗量		433.0	164.1	134.7	107.4	101.8		-0.1	27.9	4.6
建筑业										
建筑业企业人数	169.6	179.3	127.9	98.7	101.3	131.1	-1.1	7.0	5.3	-0.5
建筑业总产值	3839.1	1412.4	723.1	321.9	134.2	127.3	22.1	14.3	17.6	19.1
施工房屋面积	1235.7	810.8	513.1	285.3	142.9	138.0	8.8	9.6	12.5	14.8
竣工房屋面积	927.1	817.8	384.7	230.5	160.4	135.8	2.5	16.3	10.8	7.5
交通运输										
公路货运量	11728.3	6431.7	408.1	381.3	140.7	120.2	12.8	73.6	1.4	22.1
铁路货运量	107.2	100.6	116.2	107.8	87.5	91.4	1.3	-2.8	1.5	4.2
公路客运量	620.6	667.2	174.9	151.3	139.5	112.3	-3.4	3.6	2.9	1.6
邮电通信业										
邮电业务总量	44951.7	1948.7	877.0	134.6	44.0	117.3	87.3	17.3	45.5	25.1
函　件	42.8	17.0	37.0	22.7	64.4	61.6	20.3	-14.4	10.2	-18.8
移动电话用户	28603.7	2533.5	1022.2	187.2	136.1	115.3	62.4	19.9	40.4	6.6
国际互联网用户			4037.1	202.1	82.1	120.1			82.0	19.7
国内商业										
社会消费品零售总额	2872.9	1087.7	567.7	311.5	135.3	115.2	21.4	13.9	12.8	18.1
对外经济贸易										
进出口总额		3214.9	1913.8	390.4	120.9	96.8		10.9	37.4	26.4
进口额		5659.3	2276.5	355.6	102.7	92.7		20.0	45.0	28.2
出口额		1932.7	1537.5	459.4	166.0	103.7		4.7	27.3	22.6
国际旅游										
来邯郸旅游人数		1878.5	1056.6	610.5	216.3	148.6		12.2	11.6	23.0
旅游外汇收入		10665.4	1240.2	549.8	252.3	174.6		53.8	17.7	16.8
教育、科技、文化										
教　育										
专任教师数	168.3	144.8	118.0	99.2	91.1	93.4	3.1	4.2	3.5	1.7
普通高等学校	263.5	267.4	244.0	125.3	95.7	100.3	-0.3	1.8	14.3	5.6
普通中学	221.6	196.6	127.4	101.3	101.5	104.1	2.4	9.1	4.7	-0.1
小　学	147.6	131.2	116.4	108.6	101.0	100.2	2.4	2.4	1.4	1.5
在校学生数	148.6	102.9	86.5	104.5	102.5	103.5	7.6	3.5	-3.7	0.4
普通高等学校	1220.5	802.3	384.9	180.3	112.9	104.2	8.8	15.8	16.4	9.8
普通中学	225.9	118.9	72.2	63.6	103.3	103.9	13.7	10.5	2.6	-9.3
小　学	139.6	83.8	82.8	140.2	114.0	105.7	10.8	0.2	-10.0	4.2

注：*本表规模以上工业1995年及以前为乡及乡以上工业。

1-2续表3

项　　目	2012年为各年%						平均每年增长%			
	1990年	1995年	2000年	2005年	2010年	2011年	1991～1995年	1996～2000年	2001～2005年	2006～2010年
家庭、生活、环境										
家　庭										
城市居民平均每户家庭人口	75.1	78.6	83.0	90.4	92.3	94.8	0.9	-1.1	-1.7	-0.4
农村居民平均每户家庭人口	77.6	82.6	86.4	90.5	95.0	102.7	-1.3	-0.9	-0.9	-1.0
婚　姻										
结婚数		173.3	195.7	154.8	103.3	104.8		-2.4	4.8	8.4
离婚数		929.1	637.6	251.8	131.0	114.2		7.8	20.4	14.0
居　住										
城市居民人均建筑面积	372.6	229.5	151.0	111.6	105.5	99.3	10.2	8.7	6.2	1.1
农村居民人均居住面积	206.0	197.4	154.1	128.5	108.9	100.0	0.9	5.1	3.7	3.4
生　活										
城市居民人均可支配收入	1410.8	577.7	405.9	235.5	123.8	112.5	19.5	7.3	11.5	13.7
农村居民人均纯收入	1438.7	484.9	286.1	205.9	121.1	114.7	24.3	11.1	6.8	11.2
城乡储蓄存款余额	3638.4	1013.9	464.6	258.8	130.4	114.1	29.1	16.9	12.4	14.7
卫　生										
医院、卫生院	83.3	68.6	69.8	107.3	106.4	100.3	3.9	-0.3	-8.2	0.2
医　生	135.9	90.8	139.7	162.7	118.0	113.3	8.4	-8.3	-3.0	6.6
床位数	227.3	214.6	211.6	206.2	141.7	137.0	1.2	0.3	0.5	7.8
市政建设										
供水总量		78.7	99.7	112.4	106.5	111.2		-4.6	-2.4	1.1
污水处理量		478.2	222.4	231.6	115.5	102.5		16.5	-0.8	14.9
城市煤气供气量		159.8	140.4	133.8	98.4	95.9		2.6	1.0	6.4
公交营运车辆		339.3	232.4	97.5	81.9	124.0		7.9	19.0	3.5
铺装道路面积		954.0	436.5	227.5	120.2	103.8		16.9	13.9	13.6
公园绿地面积		1057.3	689.0	300.9	119.2	104.6		8.9	18.0	20.3
灾害										
火灾发生数	112.9	349.3	60.8	22.8	26.3	47.0	-20.2	41.9	21.6	-2.8
火灾损失	1121.2	1506.6	628.2	674.3	125.6	214.4	-5.7	19.1	-1.4	40.0
交通事故发生数		58.6	31.5	80.8	96.1	99.7		13.3	-17.2	-3.4
交通事故损失		29.3	25.9	64.3	97.2	99.6		2.5	-16.6	-7.9

1-3　国民经济和社会发展结构

项　　目	1990年	1995年	2000年	2005年	2009年	2010年	2011年	2012年
人口与就业								
人　口								
农业、非农业结构								
非农业	14.99	16.33	18.02	20.6	33.4	31.3	31.5	31.0
农　业	85.01	83.67	81.98	79.4	66.6	68.7	68.5	69.0
性别结构								
男	50.97	50.99	50.82	50.9	51.1	51.2	51.2	51.1
女	49.03	49.01	49.18	49.1	48.9	48.8	48.8	48.9
就　业								
产业结构								
第一产业	59.1	53.2	51.5	42.2	30.1	36.0	33.7	31.9
第二产业	25.0	25.4	24.4	27.3	39.4	35.0	34.7	35.3
第三产业	15.9	21.4	24.1	30.5	30.5	29.0	31.6	32.8
宏观经济								
国民核算								
生产总值产业结构								
第一产业	23.7	25.5	16.9	13.9	12.2	13.0	12.6	12.7
第二产业	46.2	44.1	47.6	52.6	53.9	54.2	54.7	53.6
第三产业	30.1	30.4	35.5	33.5	33.9	32.8	32.7	33.7
投　资								
全社会固定资产投资结构								
建设项目	90.1	52.4	58.9	65.5	79.3	74.7	75.3	76.6
房地产开发	4.3	3.0	4.1	5.7	7.7	12.3	12.1	10.8
农村非农户		27.5	24.5	17.0	9.2	8.7	7.7	8.8
城镇工矿区私人建房	5.6	2.3	3.4	2.6				
农户		14.4	9.2	9.3	3.8	4.3	4.9	3.8
资金来源结构								
国家预算内资金	15.8	1.0	3.7	1.0	0.9	1.3	1.6	2.6
国内贷款	22.4	14.8	11.5	9.4	8.5	8.5	5.3	4.6
利用外资	2.8	6.2	4.2	1.5	0.2	0.9	0.7	1.3
自筹和其他资金	59.0	78.0	80.6	88.1	90.2	89.2	92.4	91.5
财　政								
财政收入结构								
中　央		39.2	34.2	53.9	47.2	43.4	38.8	26.0
地　方*		60.8	65.8	35.7	43.3	47.5	52.3	56.1
财政支出结构								
市　直			33.2	28.1	20.9	19.5	21.3	17.9
县市区			66.8	71.9	79.1	80.5	78.7	82.1
利用外资								
实际利用外资结构								
对外借款		19.7	32.4	10.5	0.1	2.9	0.8	1.1
外商直接投资		80.3	67.6	84.8	99.9	97.1	97.2	97.8
能源消费总量结构								
原煤、洗精煤	66.7	63.4	68.8	67.8	67.7	69.7	66.2	69.2
汽油、煤油、柴油、燃料油	1.5	1.2	0.5	0.2	0.1	0.1	0.2	0.1
电　力	16.8	17.2	12.8	3.4	3.5	3.8	5.0	4.0
产　　业								
农　业								
农林牧渔业总产值	100.0	100.0	100.0	100.0	100.0	100.0	100.0	100.0
农　业	80.58	65.67	61.67	53	53.0	57.2	53.0	56.1
林　业	2.43	1.52	1.4	1.1	1.7	0.8	0.8	1.0
牧　业	16.55	32.33	35.85	38.6	39.7	36.6	40.8	37.5
渔　业	0.45	0.48	1.08	1.3	0.8	0.8	1.0	1.0
工　业								
规模以上工业总产值结构								
轻工业	36.4	27.7	20.4	8.5	11.2	12.6	14.8	15.7
重工业	63.6	72.3	79.6	91.5	88.8	87.4	85.2	84.3
建筑业								
建筑业总产值结构								
房屋和土木工程建筑业		98.8	96.3	90.4	91.7	91.7	90.5	87.8
建筑安装业		1.2	3.4	8.7	5.8	6.4	9.0	11.3
建筑装饰业			0.3	0.6	1.2	1.8	0.4	0.9

注：*地方财政收入2002年以后口径为财政一般预算收入。

1-3续表

项　　目	1990年	1995年	2000年	2005年	2009年	2010年	2011年	2012年
运输业								
货运量结构								
按运输方式分								
铁　路	89.5	83.3	21.5	21.6	12.9	11.1	9.3	7.2
公　路	10.5	16.7	78.5	78.4	87.1	88.9	90.7	92.8
民　航					…	…	…	…
国内商业								
社会消费品零售总额构成								
城镇	73.1	67.5	68.6	63.4	62.6	76.6	77.2	77.0
乡村	26.9	32.5	31.4	36.6	37.4	23.4	22.8	23.0
国际旅游								
来邯郸旅游人数结构								
外国人		70.3	75.2	89.7	92.9	89.8	90.8	63.7
港澳台同胞		29.7	24.8	10.3	7.1	10.2	9.2	36.3
教育、科技								
教　育								
在校学生结构								
大学生	0.6	0.6	1.1	2.9	3.8	4.6	5.0	5.0
普通中学	18.7	24.6	34.1	46.8	40.2	28.1	28.3	28.5
小学生	62.6	72.2	61.4	43.8	48.8	52.9	57.6	58.8
专任教师结构								
大　学	2.6	2.2	2.0	3.2	4.7	3.9	3.8	3.8
普通中学	33.1	32.1	40.4	42.7	32.2	39.1	39.1	40.7
小　学	61.1	59.1	54.3	48.9	52.0	48.3	49.9	49.9
科　技								
规模以上工业R&D经费内部支出								
#经常费用支出				97.4	68.7	76.4	76.8	86.7
资产性支出				2.6	31.3	23.6	23.2	13.3
生活、环境								
生　活								
城市居民消费结构								
食品类	53.2	46.8	39.2	35.4	34.4	34.0	39.0	39.9
衣着类	15.2	17.5	11.1	12.6	13.4	12.4	12.2	11.9
用品及其他		30.1	39.7	42.6	39.5	39.7	38.8	38.8
居　住		5.6	10.0	9.4	12.7	13.9	10.0	9.4
卫　生								
医院床位结构								
市医院	53	60	60	72.0	53.1	42.3	35.0	39.7
县医院	47	40	40	28.0	46.9	57.7	65.0	60.3
灾害								
火灾事故直接损失额结构								
特　大	54.1	-	-	-	-	-	-	-
重　大	0.4	36.7	10.1	0.1	-	-	-	-
一　般	45.5	63.3	89.9	99.9	100.0	100.0	100.0	100.0

注：科技部分2004年为规模以上工业企业数据，2003年以前为大中型工业企业数据。

2009年以前社会消费品零售总额由市、县、县以下构成，2009年以后社会消费品零售总额构成为城镇和乡村。

1-4　国民经济和社会发展比例和效益指标

项　　目	单　位	1990年	1995年	2000年	2005年	2009年	2010年	2011年	2012年
人口与就业									
人　口									
人口出生率	‰	12	10	12	11.3	22.4	28.4	23.6	22.5
死亡率	‰	5	5	5	5.0	10.8	7.7	6.9	7.1
自然增长率	‰	6	5	6	6.3	11.6	20.7	16.8	15.4
就　业									
就业者负担人口	人	2	2	2	1.97	1.80	1.80	1.79	1.71
三次产业从业者比例									
(以第一产业为100)									
第一产业	%	100	100	100	100.0	100.0	100.0	100.0	100.0
第二产业	%	42	48	47	64.8	76.4	97.1	102.9	110.8
第三产业	%	27	40	47	72.4	98.5	80.4	93.6	103.1
宏观经济									
国民核算									
三次产业增加值比例									
(以第一产业为100)									
第一产业	%	100	100	100	100.0	100.0	100.0	100.0	100.0
第二产业	%	195	173	281.7	377.7	439.8	415.7	435.7	422.2
第三产业	%	127	119	209.8	240.3	276.4	251.1	259.8	265.6
全社会劳动生产率	元／人	2931	6662	13307	24812	31163	44071	51085	51946
第一产业	元／人	1174	3192	4536	8328	12694	15944	19040	20707
第二产业	元／人	5418	11591	26287	48568	42634	68290	80620	78075
第三产业	元／人	5558	9449	19180	27623	34552	49820	52853	53887
人均生产总值	元	1443	3663	6537	12938	22779	26143	30270	32650
固定资产投资									
全社会固定资产投资相当于地区生产总值比例	%	15.0	34.2	38.7	42.1	72.8	78.3	71.2	78.8
全社会房屋建筑面积竣工率	%	93.6	78.8	85.5	62.9	42.4	30.7	27.2	36.6
财　政									
全部财政收入相当于地区生产总值比例	%	8.2	5.5	6.6	10.5	10.0	10.3	10.9	10.9
地方财政收入相当于全部财政收入比例*	%		60.8	65.8	35.7	43.3	47.5	52.3	56.1
利用外资									
直接利用外资额相当于批准合同外资额比例	%	29.1	59.7	134.7	68.7	62.4	83.7	105.4	84.9
能源生产与消费									
能源消费弹性系数		-	-	-	0.37	0.48	0.43	0.61	0.23
每万元工业产值消耗的能源	吨标煤	6	6	6	2.03	0.96	0.78	0.66	0.61
农　业									
粮　食	公　斤	934	1078	1136	1223	1219	1271	1397	1462
棉　花	公　斤	52	40	22	36	40	39	38	35
油　料	公　斤	13	18	54	55	42	39	39	37
肉　类	公　斤	28	96	109	147.9	162.4	174.1	179.2	181
水产品	公　斤	1.49	4.14	7.83	14.20	12.70	13.40	13.90	15
蔬　菜	公　斤	415	547	1152	1918	2116	2259	2227	2277
每公顷播种面积农产品产量									

注：*地方财政收入2002年以后口径为财政一般预算收入，2006年人均生产总值、三次产业增加值比例为农业普查后调整数。

1-4续表

项目	单位	1990年	1995年	2000年	2005年	2009年	2010年	2011年	2012年
粮食	公斤	3431	4310	4910	5471	5935	6149	6751	7224
棉花	公斤	760	687	1012	1169	1264	1262	1311	1246
油料	公斤	1511	1844	2909	2956	3132	3222	3316	3384
工业企业效益									
总资产贡献率	%		9.9	7.1	11.9	9.4	10.24	12.0	10.1
资产负债率	%		64.3	60.7	61.3	58.6	60.7	59.5	59.9
成本费用利润率	%		6	5.5	5.6	3.6	4.7	4.4	3.3
流动资产周转率	次/年		1.56	1.36	2.7	3.3	3.3	4.0	3.8
全员劳动生产率	元/人·年	19982	15848	32406	112886	246075	267936	336974	363677
建筑业									
技术装备率	元/人		-	6165	7691	9848.9	6710.5	16015.5	15551.9
产值利税率	%		-	4.4	7.1	5.8	5.6	6.1	6.5
邮电通信业									
全市电话普及率	部/百人	0.29	3.1	7.2	38.0	58.5	69.0	56.0	49.5
对外经济贸易									
进出口总额相当于地区生产总值比例	%		3.3	3	8.2	9.1	8.8	8.9	7.8
国际旅游									
每一来邯郸游客花费	美元		64	310	405	417	313	310	364
金融									
金融机构存款相当于地区生产总值比例	%	51.1	54.5	66.4	60.4	91.7	90.3	90.9	96.7
金融机构贷款相当于地区生产总值比例	%	64.1	54	59.5	38.3	56.2	55.8	55.0	60.9
教育、文化									
教育									
学龄儿童入学率	%	98.4	98.2	99.7	99.86	99.50	99.98	99.98	99.99
小学升学率	%		85.4	98.6	99.98	100.00	100.00	100.00	100.00
学校教师负担学生数	人	23.2	28.8	27.9	19.5	17.3	18.2	18.5	19.1
高等学校	人	5.5	8.5	16.1	17.6	21.4	21.5	24.4	25.4
普通中学	人	13.1	22.1	23.6	21.3	13.8	13.1	13.4	13.4
小学学校	人	23.8	35.2	31.6	17.4	18.4	19.9	21.3	22.5
文化									
每百万人有公共图书馆	个	1.4	1.4	1.4	1.6	2.1	2.0	2.0	2.0
家庭、生活、环境									
卫生									
每万人医院、卫生院数	个	1	1	1	0.4	0.4	0.4	0.4	0.4
每万人医生数	人	15	21	13	10.4	12.9	13.1	13.3	16
每万人医院床位数	张	26	25	24	17.7	30.1	31.3	31.8	46.1
市政建设									
城市自来水普及率	%		99.9	99.4	97.1	97.4	98.5	99.7	99.7
城市用气普及率	%		52.9	83.7	65.1	75.9	84.0	90.8	92.5
建城区绿化覆盖率	%		24.4	28.1	35.5	45.0	43.7	45.8	45.37
人均公园绿地面积	平方米		4.9	6.2	7.96	10.1	15.6	16.67	17.01
环境、灾害									
平均每起火灾损失	元	7394	17107	7114	2491	11212	15388	16147	7360
平均每起交通事故损失	元		4452	2707	2798	2435	2200	2229	2227

1-5　平均每天主要社会经济活动

项　　目	单　位	1990年	1995年	2000年	2005年	2009年	2010年	2011年	2012年
每天创造财富									
地区生产总值	万　元	2890	7941	14859	30576	55214	64700	76412	82939
第一产业	万　元	684	2025	2608	4259	6764	8437	9606	10518
第二产业	万　元	1336	3504	7076	16085	29751	35077	41847	44407
工　业	万　元	1164	3110	6400	13977	26674	31781	38197	40370
建筑业	万　元	173	394	676	2108	3078	3295	3650	4037
第三产业	万　元	869	2413	5175	10232	18696	21186	24958	27933
运输邮电	万　元	195	533	1248	2101	5399	6287	7423	8194
商　业	万　元	203	647	1214	2237	3447	4088	4855	5699
农林牧渔业总产值	万　元	1171	3785	5221	8753	11987	14746	17004	18436
财政收入	万　元	238	435	974	3318	5515	6692	8320	9017
财政支出	万　元	165	360	839	2297	5266	7229	9004	10399
粮　食	吨	7128	8929	10737	11322	12383	13044	14474	15345
棉　花	吨	393	331	204	330	406	405	395	366
油　料	吨	99	148	514	506	423	400	401	389
肉　类	吨	210	795	1225	1786	1650	1786	1857	1900
水产品	吨	11	34	74	131	130	137	144	153
蔬　菜	吨	3165	4533	10891	17754	21495	23180	23077	23893
纱	吨	178.1	268.5	402.0	441.8	699.30	860.57	1320.55	1779.73
布	万　米	63.8	80.6	53.8	82.8	76.50	109.13	163.23	286.75
原　煤	万　吨	6.0	8.2	6.1	6.9	6.2	7.63	7.3	7.1
发电量	亿千瓦小时	0.23	0.27	0.36	0.60	0.69	0.75	0.75	0.83
钢	万　吨	0.36	0.76	1.10	4.60	9.27	10.35	11.51	12.17
成品钢材	万　吨	0.22	0.61	1.05	3.30	9.29	11.46	12.56	14.06
水　泥	万　吨	0.79	1.74	1.77	2.70	2.11	2.17	2.70	2.53
机制纸及纸板	吨	228.2	782.5	570.1	571.0	262.20	202.81	194.52	76.70
铁矿石	万　吨	1.9	4.3	1.7	1.5	2.06	2.14	1.86	2.21
农用化肥	吨	406.0	746.0	624.4	731.0	226.85	196.91	45.70	17.26
塑料制品	吨	27.5	215.8	44.7	145.9	277.60	192.8	294.07	429.45
白　酒	吨	38.5	45.0	87.3	111.5	69.39	99.16	157.54	182.88
每天消费量									
最终消费	万　元		3636	5310	10235	17674	19306	25755	28248
居民消费	万　元		3266	4497	8756	16003	16392	22118	23605
农村居民	万　元		2148	2600	2625	5032	4286	6979	7063
城镇居民	万　元		1119	1897	6131	10971	12106	15139	16542
政府消费	万　元		370	813	1479	2347	2914	3637	4643
社会消费品零售额	万　元	929	2453	4699	8565	16604	19649	23156	26677
每天其他社会活动									
资本形成总额	万　元		3553	8340	17956	33668	38921	48553	52227
固定资产	万　元		2767	5756	14068	29016	33594	41395	48002
存货增加	万　元		786	2583	3888	4652	5327	7158	4225
全社会固定资产投资	万　元	435	2712	5756	13451	40189	50278	54395	65303
城镇新建住宅面积	平方米	3908	4211	8766	11083	19819	30276	14109	10889
农民个人新建住宅面积	平方米		6229	9012	12243	9823	13086	17495	15090
货运量	吨	70904	81205	272658	292356	524248	698796	802110	942028
客运量	万　人	8.73	8.02	28.35	32.84	26.7	36.3	45.7	49.8
邮电业务总量	万　元	3.62	83.55	185.64	1209.45	2865	3698	1388	1628
海关进出口总额	万美元		32	53	261	733	844	1054	1020
进口总额	万美元		11	27	174	581	602	666	618
出口总额	万美元		21	26	88	152	242	388	402
实际利用外资额	万美元	1	21	55	42	91	139	180	219
国际来邯郸旅游人数	人　次		6	10	17	31	48	71	104
居民储蓄额	万　元	1348	4839	10559	18959	33244	37618	42989	49063
城市居民人均可支配收入	元	4.2	10.3	14.7	25.3	43.7	48.1	52.9	59.6
农民人均纯收入	元	1.4	4.2	7.1	9.8	14.6	16.7	20.2	23.1
每天人口变动和婚姻									
出　生	人	230	220	370	268	573	742	628	609
死　亡	人	108	103	127	120	276	201	182	192
结　婚	对		170	150	190	239	285	281	294
离　婚	对		3	4	10.8	18.6	21	24	27

1-6 国民经济主要指标年平均每人水平

项目	单位	1990年	1995年	2000年	2005年	2009年	2010年	2011年	2012年
人口密度	人/平方公里	625	659	695	722	781	799	812	823
地区生产总值*	元	1443	3663	6537	12707	22779	26143	30270	30650
第一产业增加值	元	342	934	1147	1798	2791	3409	3805	4144
第二产业增加值	元	667	1616	3113	6791	12274	14173	16578	17498
第三产业增加值	元	434	1113	2277	4118	7713	8561	9887	11007
全员劳动生产率	元	2931	6662	13307	24812	31163	44071	51085	51946
第一产业	元	1174	3192	4536	8328	12694	15944	19040	20695
第二产业	元	5418	11591	26287	48568	42634	68290	80620	78873
第三产业	元	5558	9449	19180	26328	34552	49820	52853	53324
农林牧渔业总产值	元	579	480	2273	3666	4946	5646	6736	7265
农村人均用电量	千瓦小时	103	179	176	427	584	579	582	801.6
主要农产品产量									
粮　食	公　斤	345.3	410.3	472.3	476.4	510.9	527.5	573.4	604.7
棉　花	公　斤	19.1	15.2	9.0	13.9	16.8	16.4	15.6	14.4
油　料	公　斤	4.8	6.8	22.6	21.3	17.4	16.2	15.9	15.3
干鲜果	公　斤	22.5	37.3	55.1	106.5	109.2	107.6	110.6	114.1
猪、牛、羊肉	公　斤	9.2	32.0	43.0	59.8	49.3	49.7	52.6	53.0
水产品	公　斤	0.55	1.58	3.2	5.5	5.3	5.3	5.7	6.0
蔬　菜	公　斤	153.4	208.3	479.1	747.1	886.8	887.6	914.2	941.5
禽　蛋	公　斤	8.2	45.3	91.6	118.2	108.7	104.8	112.8	112.3
牛　奶	公　斤	1.0	1.9	4.1	11.6	23.3	22.9	24.2	24.4
工业总产值	元	1890	6492	8822	19838	41437	50651	60877	58231
主要工业品产量									
纱	公　斤	9	12	18	19	29	34	49	70
布	米	31	37	24	35	32	43	61	112
原　煤	公　斤	2920	3777	2731	2907	2335	3085	3061	2718
发电量	千瓦小时	1118	1243	1617	2603	2829	2953	2778	3289
钢	公　斤	173	348	484	1947	3824	4079	4288	4796
钢　材	公　斤	105	278	471	1391	3834	4516	4679	5539
生　铁	公　斤	226	681	845	2150	3501	3677	3512	3829
水　泥	公　斤	384	802	793	1123	869	853	1006	996
全社会固定资产投资	元	211	1246	2572	5634	16580	19716	21548	25732
竣工房屋面积	平方米	0.23	1.16	1.50	1.29	1.91	1.91	2.84	2.73
竣工住宅面积	平方米	0.19	0.52	0.81	0.86	0.85	0.97	1.48	1.25
社会消费品零售总额	元	464	1131	2067	3611	6850	7945	9173	10485
全部财政收入	元	119	201	435	1389	2152	2703	3296	3553
#地方财政收入*	元		122	286	495	932	1283	1725	1993
财政支出	元	83	166	375	962	2114	2921	3567	4098
居民储蓄存款余额	元	674	2232	4719	7941	19762	15200	17030	19333
实际利用外资	美　元	1	10	24	18	38	56	71	86
进出口总值	美　元		15	23	110	303	341	418	402
#出　口	美　元		10	12	37	63	98	154	158
职工平均工资*	元	2081	4661	6043	13776	23990	28045	36122	37988
#国有单位职工	元	2277	5082	6807	14896	27484	31664	38710	40037
城市居民建筑面积	平方米	7.7	12.5	19.0	25.7	25.2	27.22	28.91	28.7
城市居民可支配收入	元	1541	3763	5356	9233	15961	17562	19322	21740
城市居民消费性支出	元	1306	3150	4297	6821	8691	9438	11756	12413
农村居民建筑面积	平方米	18.4	19.2	24.6	29.5	33.8	34.8	37.9	37.9
农村居民纯收入	元	512	1519	2575	3578	5323	6085	7366	8447
农村居民生活消费支出	元	442	1005	1192	1727	2500	2692	3927	4023

注：*地方财政收入2002年以后口径为财政一般预算收入，职工平均工资2004年以后为在岗职工平均工资，2006年人均GDP、人均一、二、三产增加值为农业普查后调整数。

1-7 市区国民经济主要指标

项目	单位	1996年	1997年	1999年	2000年	2005年	2010年	2011年	2012年
年末总人口	万人	124.47	126.96	130.14	133.10	140.85	148.15	148.83	148.14
#非农业人口	万人	95.72	98.32	102.17	104.85	122.19	125.8	126.4	126.1
年平均人口	万人	122.95	125.72	129.42	131.62	139.99	147.78	148.49	148.49
年出生人口	人	17391	18681	14286	29288	14139	23490	14381	17281
年死亡人口	人	3976	3225	6269	8218	3987	12552	5176	17180
年末总户数	万户	32.70	33.50	34.99	35.96	39.81	42.73	43.56	42.70
年末全部从业人员数	万人	80.37	78.56	60.08	61.30	69.98	56.57	74.84	75.44
#城镇私营个体从业人员	万人	4.09	3.08	6.67	7.26	21.98	26.12	19.15	13.37
城镇登记失业人员数	人	13400	13490	11881	25000	33255	50482	25498	49718
土地面积	平方公里	457	457	434	434	434	434	434	434
#建成区土地面积	平方公里	76	77	79	80	101.8	110.55	117	117.48
地区生产总值增长率	%					17.2	12.17	11.36	10.10
农林牧渔业总产值(现价)	万元	41746	46246	52386	47658	62705	110358	132948	134478
农林牧渔业商品产值(现价)	万元	25924	29034	28913	29734	47157	80395	99638	100720
粮食产量	万吨	7.23	6.16	6.14	5.33	5.02	9.42	9.61	10.24
油料产量	吨	405	301	362	360	583	294	253	242
棉花产量	吨	50	15	24	17	73	453	744	695
蔬菜产量	万吨	17.56	18.24	18.44	18.57	15.71	10.9	10.1	9.8
水果产量	吨	7689	7651	6925	6222	4171	4265	4725	4085
牛羊肉产量	吨	1840	1786	1653	1692	1834	1883	1884	1921
奶类产量	吨	6637	3507	4130	4622	11153	21760	27098	20818
水产品产量	吨	486	527	701	900	1306	1816	1750	796
规模以上工业企业单位数	个	693	616	168	171	200	240	174	173
规模以上工业总产值	亿元	211.4	216.8	198.3	222.7	645.9	1351.8	1589.6	1539.9
规模以上工业主要经济指标									
工业增加值(生产法)	亿元	74.46	71.49	74.25	86.29	211.32	354		
工业销售产值(现价)	亿元	201.50	210.20	194.69	221.58	636.4	1344	1568	1530
年末流动资产	亿元	139.51	167.41	174.30	181.73	317.24	669	1549	826
固定资产原值	亿元	221.78	260.79	283.22	319.65	615.62	1071	948	1104
固定资产净值	亿元	186.07	201.71	182.81	208.47	374.54	642	644	610
产品销售收入	亿元	198.09	204.75	211.06	237.39	627.69	1590	2277	2261
#产品销售税金及附加	亿元	1.69	1.72	2.18	2.25	3.60	7.5	6.5	6.7
利润总额	亿元	11.99	9.25	8.13	12.12	30.53	53.0	63.3	36.9
铁路客运量	万人	189	254	303.7	376.7	466	739.9	1131	720.6
铁路货运量	万吨	1988	459	1570	2136	2304	2837	2718	2483
公路客运量	万人	3162	2510	4613	4586	11520	12484	15519	17433

注：市区数据按驻地原则统计。

1-7续表1

项目	单位	1996年	1997年	1999年	2000年	2005年	2010年	2011年	2012年
公路货运量	万吨	3683	3425	2352	3240	8367	22669	26548	31901
民航货运量	吨	-	-	-	-	-	605	11	69.8
民航客运量	万人	-	-	-	-	-	12.6	15.4	17.0
年末邮电局(所)数	处	44	46	34	56	52	35	48	36
年末固定电话用户数	万户				25.68	55.51	27.54	22.78	21.39
年末移动电话用户数	万户				22.46	74.01	216.44	226.98	261.69
国际互联网用户数	户				18072	224054	471812	584826	626578
邮电业务总量	万元	19943	28012	52358	111443	179307	39564	27980	31338
国有经济固定资产投资	万元	371007	514709	608533	528159	751327	1893556	1673925	3638707
城镇集体固定资产投资	万元	18239	14506	40203	22866	146860	470584	190328	1344128
房地产开发投资额	万元	22982	31667	57390	70645	221340	1590686	1575192	2578271
商品房销售额	万元	10779	11578	33333	60702	133600	685027	858700	1648349
社会消费品零售总额	万元	441074	513028	600407	667773	899444	2238511	2697350	3095208
限额以上批发和零售业商品销售总额	万元	564286	544969	506657	1738655	983791	3869851	6631167	7900989
限额以上批发和零售企业数(法人数)	个				53	71	104	123	134
#零售业	个					41	57	68	76
新批利用外资合同	个	76	65	13	13	32	14	9	6
实际利用外资金额	万美元	7259	13235	23923	15956	4186	15481	24750	27592
#外商直接投资金额	万美元					3213	15481	23532	26160
全部财政收入	万元	33726	45990	160492	176224	486934	1228084	1350406	1829128
地方财政预算内收入(包括中央返还给地方)	亿元	8.50	7.20	8.77	10.65	24.04	56.58	77.49	85.12
#增值税	亿元			2.28	2.15	6.02	10.77	10.79	10.29
营业税	亿元			1.26	1.52	4.02	16.21	19.67	21.72
地方财政预算内支出	亿元	7.51	8.48	11.90	13.06	32.94	94.38	107.51	123.94
年末金融机构存款余额	亿元		113.80	140.46	282.56	452.74	1137.01	1405.83	1625.14
#企业存款余额	亿元						283.54	628.23	743.11
城乡居民储蓄年末余额	亿元	88.48	109.46	105.91	184.60	354.1	631.04	719.9	825.02
年末金融机构贷款余额	亿元	104.05	97.78	134.49	227.83	289.28	815.8	970.53	1198.53
保险保费	万元	11133	12071	28246	30575	222592	402829	355182	350900
保险已决赔款	万元	3633	4599	7721	4515	31584	126051	148695	181889
全部职工年末人数	万人	58.67	56.43	53.22	52.20	33.7	34.3	30.03	199.19
全部职工工资总额	亿元	34.31	33.47	30.03	32.87	51.4	104.6	112.9	-
在岗职工平均工资	元			5611	6250	15370	36978	40931	37988
学校数									
高等学校	个	5	5	5	5	4	5	5	5

1-7续表2

项目	单位	1996年	1997年	1999年	2000年	2005年	2010年	2011年	2012年
中等专业学校	个	9	8	7	11	36	50	49	39
普通中学	个	92	91	95	107	80	61	61	61
小　学	个	219	248	237	244	178	140	141	134
专任教师数									
高等学校	人	981	935	1065	1182	2654	3477	3315	3326
中等专业学校	人	515	524	505	519	2228	2671	2569	2372
普通中学	人	4816	4980	5343	6429	6331	7574	7935	7606
小　学	人	5464	5719	6022	6621	6450	6596	5850	6425
在校学生数									
高等学校	人	7934	8689	12026	20966	46826	60899	62027	61728
中等专业学校	人	7049	7284	10117	11286	50531	71134	49285	44055
普通中学	万人	7.28	7.38	8.20	10.56	12.18	11.03	10.92	10.94
小　学	万人	13.72	14.29	14.37	14.86	10.70	12.09	12.42	12.59
成人高等教育学校在校学生数	人	5246	3893	5354	7841	10796	9377	18950	21366
公共文化设施数	个					11	43	32	57
#公共图书馆	个	1	1	1	1	1	2	4	5
公共图书馆图书总藏量	千册	304	386	310	750	380	595	615	618
卫生机构数*	个	548	186	186	186	172	1052	537	476
#医院、卫生院数	个	112	97	97	97	101	146	92	91
卫生机构床位数	张	11387	12370	10856	11959	12899	11982	13315	13777
#医院床位数	张	10791	10953	9613	10453	11131	10365	12395	12745
卫生技术人员数	人	14341	13831	13368	13536	12378	12542	13849	13174
#医　生	人	5862	5423	5435	5663	5093	5587	5759	5710
注册护士	人					3764	5425	5502	5331
社会福利院数	个	1	1	3	15	24	20	24	20
社会福利院床位数	张	100	140	124	289	749	875	1035	897
社区服务设施数	个				1161	1380	1229	1343	1345
社会救济总人数	人				6019	6145	72535	74577	56283
#城镇居民最低生活保障人数	人				4760	28676	64182	64256	48063
农村居民最低生活保障人数	人				777	5975	8353	9787	8212
火灾事故件数	件						267	129	79
火灾事故死亡人数	人					6	2	1	2
交通事故件数	件	508	298	296	2737	517	74	160	164
交通事故死亡人数	人	523	368			90	46	46	46
刑事案件立案数	件				7604	7303	854	751	678

注：*2007年卫生数包含门诊、卫生所、医务室。

1-8 行 政 区 划

(2012年)

县(市、区)	乡(个)	镇(个)	村委会(个)	居委会(个)	土地面积(平方公里)	人口密度(人/平方公里)
全 市	**118**	**96**	**5290**	**416**	**12065**	**823**
#市 区	3	10	196	301	463	3200
武安市	9	13	502	1	1818	440
鸡泽县	4	3	169	2	336	905
邱 县	3	4	218	6	449	549
永年县	14	6	429	21	903	1166
曲周县	5	5	338	5	677	693
邯郸县	6	4	224	16	477	909
肥乡县	7	2	265	1	503	758
馆陶县	4	4	277	–	453	764
涉 县	8	9	308	5	1499	273
广平县	4	3	169	–	314	921
成安县	5	4	234	–	481	911
魏 县	13	8	541	20	864	1130
磁 县	10	9	358	18	1035	672
临漳县	9	5	425	–	742	952
大名县	14	6	651	–	1053	855
丛台区	1	–	–	79	28	13102
复兴区	1	–	–	86	37	6936
邯山区	1	1	18	68	77	4579
峰峰矿区	–	9	148	68	321	1574

注：1.马头经济开发区15个村委会，19个居委会。其中托管磁县14个村委会，托管邯山区1个村，19个社区居委会。
2.经济开发区16个村，属托管邯郸县16个村。

1-9 总户数和总人口

(2012年)

单位：户、人

县(市、区)	总户数	总人口	男	女	#非农业人口
全 市	**2612386**	**9930611**	**5079050**	**4851561**	**3083403**
#市 区	427029	1481438	778546	702892	1260998
武安市	235611	800397	407127	393270	174585
鸡泽县	72107	304056	156183	147873	154703
邱 县	66455	246509	124585	121924	73425
永年县	259664	1052862	535915	516947	217546
曲周县	116815	468877	240130	228747	44815
邯郸县	85614	384792	192580	192212	94545
肥乡县	90112	381057	192003	189054	121410
馆陶县	83389	346114	175978	170136	86888
涉 县	148828	409746	212942	196804	49885
广平县	69564	289079	145670	143409	80215
成安县	115087	437966	220803	217163	84395
魏 县	225749	976457	497763	478694	262016
磁 县	203164	646527	329122	317405	70968
临漳县	172862	706295	361383	344912	128523
大名县	218550	900302	459520	440782	177598
丛台区	96128	344869	173369	171500	344824
复兴区	75689	256646	146360	110286	256646
邯山区	87046	315533	162180	153353	288300
峰峰矿区	148746	505391	266868	238523	314566
经济开发区	11683	51993	25460	26533	3858
马头经济开发区	23861	86156	43868	42288	34705
三 广	5662	18987	9241	9746	18987

1-10 人口变动情况

(2012年) 单位：人

县(市、区)	出生	#男	死亡	#男	迁入		迁出	
					省内迁入	省外迁入	迁往省内	迁往省外
全市	**222118**	**116424**	**69914**	**38734**	**34966**	**15880**	**40208**	**29401**
#市区	17281	9131	17180	9975	11245	4541	12939	8975
武安市	15810	8451	7048	3990	2315	1248	1437	1374
鸡泽县	9504	5135	1821	1047	1110	377	1659	784
邱县	6355	3273	2751	1562	458	300	595	252
永年县	24556	12897	4697	2636	1251	811	1660	1039
曲周县	15046	8010	2997	1531	986	407	2352	1291
邯郸县	7885	4187	2125	1079	1899	336	1708	957
肥乡县	10807	5593	1552	822	112	1027	753	1759
馆陶县	9250	4711	2603	1257	724	536	2350	2397
涉县	6935	3760	2407	1434	952	727	871	839
广平县	5374	2861	1383	712	813	233	1478	753
成安县	12132	6459	6263	3459	1065	640	989	509
魏县	26101	13653	1747	1047	2899	1567	3285	2226
磁县	5947	2972	3851	1953	5601	1194	2393	1465
临漳县	17420	8887	8474	4508	1505	798	2313	2499
大名县	28908	14893	2660	1566	1682	1096	2963	2076
丛台区	3694	1997	3289	1861	2121	1236	1744	1797
复兴区	2830	1460	2671	1623	1270	798	1470	1700
邯山区	4315	2277	2428	1392	5330	1355	6909	3940
峰峰矿区	5525	2929	7642	4445	1691	920	2123	1354
经济开发区	1583	853	252	87	577	68	356	219
马头经济开发区	1897	1050	1241	716	278	80	392	62
三广	11244	12116	12	7	327	126	408	109

1-11 人口自然增长率

(2012年) 单位：人、‰

县(市、区)	平均人口	出生率	死亡率	自然增长率
全市	**9865045**	**22.52**	**7.09**	**15.43**
#市区	1484880	11.64	11.57	0.07
武安市	795816	19.87	8.86	11.01
鸡泽县	300558	31.62	6.06	25.56
邱县	245084	25.93	11.22	14.71
永年县	1044302	23.51	4.50	19.02
曲周县	463978	32.43	6.46	25.97
邯郸县	381866	20.65	5.56	15.08
肥乡县	377377	28.64	4.11	24.52
馆陶县	344581	26.84	7.55	19.29
涉县	407832	17.00	5.90	11.10
广平县	287669	18.68	4.81	13.87
成安县	435205	27.88	14.39	13.49
魏县	964574	27.06	1.81	25.25
磁县	644478	9.23	5.98	3.25
临漳县	702243	24.81	12.07	12.74
大名县	887998	32.55	3.00	29.56
丛台区	344406	10.73	9.55	1.18
复兴区	257363	11.00	10.38	0.62
邯山区	317303	13.60	7.65	5.95
峰峰矿区	507534	10.89	15.06	-4.17
经济开发区	50925	31.08	4.95	26.13
马头经济开发区	85287	22.24	14.55	7.69

1-12 历年总人口

年份	总户数(万户)	总人口(万人)	#男	#非农业	#市区人口
1949	77.29	314.08	164.54	15.07	16.22
1950	78.77	324.71	165.43	17.07	17.83
1951	80.43	333.87	169.53	18.02	19.94
1952	83.27	353.96	173.95	38.77	22.98
1953	84.77	357.02	179.22	25.62	25.98
1954	84.27	367.74	187.21	39.66	29.66
1955	86.13	378.80	193.69	37.49	32.22
1956	89.02	384.17	195.85	35.06	34.47
1957	94.06	398.59	203.15	40.06	39.16
1958	94.20	414.19	211.47	45.11	49.14
1959	96.61	431.72	222.96	63.92	60.67
1960	98.76	435.37	223.69	63.02	59.70
1961	104.51	430.07	219.07	49.77	49.97
1962	105.27	434.23	221.44	43.35	46.41
1963	105.96	443.86	227.05	40.22	46.73
1964	106.16	446.47	227.95	41.91	48.84
1965	107.59	456.57	231.40	43.13	49.76
1966	108.53	467.50	236.80	44.38	51.62
1967	109.70	478.50	243.03	46.09	53.00
1968	110.85	490.80	249.72	48.16	56.24
1969	114.44	502.49	255.23	49.60	58.50
1970	115.26	515.01	262.63	52.79	61.12
1971	116.56	526.73	268.59	56.52	64.63
1972	118.21	540.88	276.57	62.73	68.56
1973	120.63	552.01	281.84	63.32	71.72
1974	123.21	563.72	288.47	66.22	74.31
1975	125.68	571.89	293.28	69.70	77.16
1976	128.73	579.04	297.30	73.09	80.41
1977	130.77	584.68	300.66	74.21	81.90
1978	133.41	591.29	293.02	76.57	83.94
1979	136.04	599.50	307.90	80.66	86.45
1980	138.76	610.23	277.33	83.56	88.28
1981	142.07	622.80	319.66	85.32	89.53
1982	145.20	636.91	326.28	88.44	91.96
1983	149.05	646.04	330.46	90.72	93.51
1984	152.41	655.19	335.19	96.01	95.43
1985	155.22	662.70	340.02	98.35	96.48
1986	160.50	674.64	346.75	100.55	101.43
1987	162.77	684.59	350.92	102.99	102.78
1988	167.78	697.74	357.98	107.11	106.04
1989	172.53	708.06	362.95	110.91	108.94
1990	182.26	753.49	384.09	112.94	111.14

1-12续表

年　份	总户数(万户)	总人口(万人)	#男	#非农业	#市区人口
1991	184.06	764.11	390.55	115.07	113.41
1992	187.95	773.38	395.52	119.52	114.72
1993	189.85	781.77	398.00	122.33	116.64
1994	191.86	788.44	402.52	124.98	118.96
1995	193.23	794.28	405.02	129.70	121.42
1996	197.43	799.72	406.82	134.76	124.47
1997	198.03	807.56	411.31	139.22	126.95
1998	202.29	814.99	413.85	143.17	128.69
1999	204.53	820.99	417.34	146.26	130.14
2000	210.75	838.48	426.11	151.11	133.10
2001	218.18	844.33	428.67	154.47	134.89
2002	217.14	849.94	430.97	161.35	137.11
2003	219.78	857.09	434.68	169.90	138.21
2004	223.16	863.35	439.41	173.87	139.12
2005	228.52	871.43	443.43	179.18	140.85
2006	231.92	884.12	450.72	273.05	144.19
2007	235.91	896.36	457.86	286.37	145.64
2008	243.77	928.08	473.52	299.70	146.67
2009	250.60	942.77	481.63	314.51	147.40
2010	254.03	963.50	493.40	301.65	148.15
2011	258.81	979.95	501.46	308.48	148.83
2012	261.24	993.06	507.91	308.34	148.14

1-13　历年人口自然变动

年　份	出生率(‰)	死亡率(‰)	自然增长率(‰)	年内迁入(人)	年内迁出(人)
1949	29.90	13.50	16.50		
1950	30.80	13.00	17.90		
1951	30.00	12.90	17.10		
1952	30.90	12.70	18.20		
1953	32.10	12.50	19.60		
1954	32.60	12.10	20.50		
1955	39.10	13.40	25.70		
1956	28.40	10.50	17.90		
1957	34.20	10.90	23.30		
1958	27.60	10.00	17.60		
1959	23.60	9.50	14.10		
1960	19.20	11.20	7.90		
1961	13.50	10.20	3.30		
1962	25.70	7.90	17.90		
1963	36.90	10.70	26.20		
1964	29.50	10.20	19.30		
1965	29.90	7.90	22.30		
1966	27.40	7.70	19.70		
1967	26.40	6.30	20.10		
1968	26.50	6.20	20.30		
1969	23.90	6.00	17.90		
1970	25.20	5.90	19.30		

1-13续表

年　　份	出生率(‰)	死亡率(‰)	自然增长率(‰)	年内迁入(人)	年内迁出(人)
1971	24.80	6.00	18.50		
1972	27.00	6.50	20.50		
1973	25.70	6.50	19.20		
1974	21.30	6.70	14.60		
1975	14.40	7.70	6.70		
1976	12.90	7.60	5.30		
1977	13.10	7.00	6.10	77848	63280
1978	14.30	6.40	7.90	88886	72840
1979	14.00	6.10	7.90	126063	98678
1980	15.50	6.00	9.50	130213	80501
1981	19.50	6.50	13.00	150630	107358
1982	19.80	4.20	15.60	116533	69780
1983	16.30	5.40	10.90	94937	71647
1984	14.90	5.60	9.30	99182	70575
1985	14.60	5.50	9.10	70870	54488
1986	13.70	5.20	8.50	118771	72240
1987	15.60	5.50	10.10	92400	64977
1988	18.40	5.20	13.20	99611	56510
1989	15.90	5.10	10.80	99317	64809
1990	63.40	5.20	58.20	92258	66817
1991	16.50	4.90	11.60	94362	72411
1992	14.00	4.60	9.40	91252	64391
1993	14.46	5.21	9.25	79518	67871
1994	11.44	4.71	6.73	74699	64021
1995	10.12	4.74	5.39	87891	68724
1996	9.69	4.87	4.81	82984	71580
1997	9.33	4.56	4.77	95984	66069
1998	9.22	4.47	4.75	86914	57294
1999	9.30	4.66	4.64	72146	63322
2000	11.75	5.35	6.40	80860	62679
2001	8.10	4.41	3.69	69356	64676
2002	9.97	4.33	5.64	77336	75157
2003	10.90	4.10	6.80	82835	100169
2004	12.27	4.71	7.56	73496	72136
2005	11.29	5.04	6.25	78393	71872
2006	14.07	3.94	10.13	83444	89137
2007	11.93	4.89	7.04	95294	71204
2008	20.03	3.97	16.06	145551	56670
2009	22.36	10.79	11.57	97662	66666
2010	28.42	7.71	32.51	69189	60907
2011	23.61	6.85	16.76	53665	54629
2012	22.52	7.09	15.43	50846	69609

1-14 历年常住人口及城镇化率

单位：人、%

年 份	常住人口	城镇人口	乡村人口	城镇化率
2003	8570890	2800400	5770490	32.67
2004	8633513	3077900	5555613	35.65
2005	8656000	3291200	5364800	37.77
2006	8715401	3392905	5322496	38.93
2007	8758703	3562462	5196241	40.67
2008	8815700	3799163	5016537	43.10
2009	8878600	4014368	4864232	45.21
2010	9188101	4081357	5106747	44.42
2011	9239211	4192753	5046458	45.38
2012	9286443	4325625	4960818	46.58

注：城镇化率2005年以前为城镇人口与年末总人口的比值。

1-15 分县(市、区)常住人口及城镇化率

单位：人、%

县(市、区)	常住人口		城镇人口		乡村人口		城镇化率	
	2012年	2011年	2012年	2011年	2012年	2011年	2012年	2011年
全 市	**9286443**	**9239211**	**4325625**	**4192753**	**4960818**	**5046458**	**46.58**	**45.38**
#经济开发区	59758	59609	55814	55651	3944	3958	93.40	93.36
马头经济开发区	77636	77368	57644	57416	19992	19952	74.25	74.21
武 安 市	833879	827951	351730	319423	482149	508528	42.18	38.58
鸡 泽 县	277719	276238	86121	82319	191598	193919	31.01	29.8
邱 县	230509	229280	87063	83848	143446	145432	37.77	36.57
永 年 县	960335	953669	327304	320624	633031	633045	34.08	33.62
曲 周 县	432162	430495	132760	113694	299402	316801	30.72	26.41
邯 郸 县	466117	464216	278955	276647	187162	187569	59.85	59.59
肥 乡 县	355959	354061	109351	104887	246608	249174	30.72	29.62
馆 陶 县	311967	310622	122166	120431	189801	190191	39.16	38.77
涉 县	417405	415428	204737	198782	212668	216646	49.05	47.85
广 平 县	271725	270373	89044	86141	182681	184232	32.77	31.86
成 安 县	380972	379416	149189	146379	231783	233037	39.16	38.58
魏 县	824696	818724	316683	310675	508013	508049	38.40	37.95
磁 县	686076	682480	296248	276151	389828	406329	43.18	40.46
临 漳 县	606053	603542	198604	192288	407449	411254	32.77	31.86
大 名 县	775154	771153	234949	224483	540205	546670	30.31	29.11
丛 台 区	366269	365355	366269	365355	-	-	100.00	100.00
复 兴 区	193667	192890	193667	192890	-	-	100.00	100.00
邯 山 区	388608	387265	375302	373959	13306	13306	96.58	96.55
峰 峰 矿 区	507171	506053	405483	403777	101688	102276	79.95	79.79

1-16 分县(市、区)乡、镇、街道办事处

(2012年)

县(市、区)	街道、乡、镇个数(个)	街道、乡、镇名称
武安市	22	武安镇、康二城镇、午汲镇、磁山镇、团城乡、伯延镇、北安庄乡、淑村镇、大同镇、安乐乡、邑城镇、矿山镇、西土山乡、西寺庄乡、贺进镇、活水乡、阳邑镇、石洞乡、管陶乡、徘徊镇、冶陶镇、马庄乡
鸡泽县	7	浮图店乡、鸡泽镇、吴官营乡、风正乡、小寨镇、双塔镇、曹庄乡
邱县	7	古城营乡、新马头镇、香城固镇、梁二庄镇、南辛店乡、邱城镇、陈村乡
永年县	20	临洺关镇、西苏乡、界河店乡、刘营乡、刘汉乡、大北汪镇、正西乡、讲武乡、曲陌乡、张西堡镇、辛庄堡乡、小龙马乡、东杨庄乡、广府镇、小西堡乡、西河庄乡、姚寨乡、南沿村镇、西阳城乡、永合会镇
曲周县	10	曲周镇、槐桥乡、南里岳乡、安寨镇、白寨乡、大河道乡、候村镇、依庄乡、河南町镇、第四疃镇
邯郸县	10	尚壁镇、南吕固乡、黄梁梦镇、兼庄乡、河沙镇镇、代召乡、南堡乡、康庄乡、户村镇、三陵乡
肥乡县	9	天台山镇、大西韩乡、辛安镇乡、毛演堡乡、肥乡镇、元固乡、屯庄营乡、东漳堡乡、旧店乡
馆陶县	8	馆陶镇、寿山寺乡、房寨镇、王桥乡、柴堡镇、南徐村乡、魏僧寨镇、路桥乡
涉县	18	河南店镇、涉城镇、神头乡、索堡镇、辽城乡、西戌镇、偏店乡、龙虎乡、木井乡、井店镇、更乐镇、固新镇、西达镇、关防乡、合漳乡、偏城镇、鹿头乡、平安街道办
广平县	7	胜营镇、广平镇、十里铺乡、南韩村乡、南阳堡乡、平固店镇、东张孟乡
成安县	9	辛义乡、柏寺营乡、李家町镇、漳河店镇、北乡义乡、道东堡乡、成安镇、商城镇、长巷乡
魏县	21	魏城镇、东代固乡、台头乡、棘针寨乡、德政镇、沙口集乡、野胡拐乡、仕望集乡、北皋镇、泊口乡、大磨乡、院堡乡、双井镇、南双庙乡、大马村乡、大辛庄乡、边马乡、牙里镇、张二庄镇、车往镇、回隆镇
磁县	19	磁州镇、路村营乡、西固义乡、高臾镇、光录镇、辛庄营乡、花官营乡、时村营乡、讲武城镇、岳城镇、观台镇、林坦镇、南城乡、台城乡、白土镇、陶泉乡、都党乡、黄沙镇、贾壁乡
临漳县	14	临漳镇、狄邱乡、张村乡、西羊羔乡、章里集乡、南东坊镇、香菜营乡、杜村乡、习文乡、孙陶镇、柳园镇、砖寨营乡、称勾集镇、柏鹤乡
大名县	20	杨桥镇、沙圪塔乡、王村乡、铺上乡、万堤镇、黄金堤乡、大街乡、旧治乡、西未庄乡、大名镇、龙王庙镇、孙甘店乡、西付集乡、埝头乡、束馆镇、北峰乡、张集乡、红庙乡、金滩镇、营镇乡
丛台区	11	苏曹乡、人民路街道办、丛台东街道办、丛台西街道办、联纺东街道办、联纺西街道办、和平街道办、中华街道办、光明桥街道办、柳林桥街道办、沁河街道办
复兴区	8	彭家寨乡、百家村街道办、胜利桥街道办、铁路大院街道办、庞村街道办、化林街道办、石化街道办、西苑街道办
邯山区	13	马头镇、北张庄镇、马庄乡、光明街道办、贸东街道办、贸西街道办、农林街道办、火磨街道办、浴新南街道办、陵园街道办、渚河街道办、罗城头街道办、滏东街道办
峰峰矿区	9	临水镇、峰峰镇、新坡镇、大社镇、和村镇、义井镇、彭城镇、界城镇、大峪镇

1-17 计 划 生 育

(2012年)　　单位：人、%

县(市、区)	符合政策生育率	已婚育龄妇女人数	采取各种避孕方法人数	综合避孕率	独生子女领证人数	女性晚婚率	男性晚婚率
全市	**89.54**	**2011161**	**1819267**	**90.46**	**220769**	**45.09**	**22.65**
武安市	94.92	166275	149879	90.14	4209	34.23	14.21
鸡泽县	86.73	57229	51399	89.81	2390	55.71	34.50
邱县	86.85	48178	43401	90.08	785	40	20.14
永年县	89.43	204635	184360	90.09	7671	32.71	17.52
曲周县	85.99	89794	82169	91.51	7413	44.52	24.15
邯郸县	87.98	81080	73077	90.13	7094	50.79	21.55
肥乡县	85.9	74394	68803	92.48	8582	36.16	20.39
馆陶县	90.88	68505	61629	89.96	9409	54.11	29.02
涉县	95.12	85402	77111	90.29	3264	49.47	28.12
广平县	86.57	58210	52343	89.92	4457	48.23	20.49
成安县	85.21	87150	77949	89.44	2036	41.06	20.33
魏县	89.58	196190	179307	91.39	28603	32.15	14.02
磁县	89.33	140033	125813	89.85	13863	41.25	19.17
临漳县	86.33	139953	127326	90.98	3846	43.48	18.05
大名县	85.11	175856	159588	90.75	6214	56.51	25.87
丛台区	98.92	89732	81405	90.72	33191	89.48	69.96
复兴区	99.44	45530	41551	91.26	28606	80.09	55.50
邯山区	98.27	70937	63266	89.19	27044	73.22	50.70
峰峰矿区	98.46	106602	96421	90.45	20675	56.98	34.55
经济开发区	88.02	9136	7898	86.45	505	–	–
马头经济开发区	90.02	16340	14572	89.18	912	48.56	25.07

1-18 结婚及离婚登记情况

(2012年)　　单位：人、对

县(市、区)	登记结婚件数	登记结婚人数	内地居民登记结婚件数	内地居民登记结婚人数	初婚人数	再婚人数	离婚登记
全市	**107451**	**214902**	**107451**	**214902**	**199262**	**15640**	**9960**
武安市	8313	16626	8313	16626	15292	1334	724
鸡泽县	3409	6818	3409	6818	6466	352	157
邱县	2135	4270	2135	4270	3916	354	225
永年县	9528	19056	9528	19056	19056	–	421
曲周县	3385	6770	3385	6770	6241	529	255
邯郸县	4145	8290	4145	8290	7580	710	551
肥乡县	4629	9258	4629	9258	8966	292	188
馆陶县	4315	8630	4315	8630	8110	520	197
涉县	4949	9898	4949	9898	8794	1104	743
广平县	3146	6292	3146	6292	5785	507	260
成安县	4991	9982	4991	9982	9260	722	133
魏县	10675	21350	10675	21350	20150	1200	492
磁县	7520	15040	7520	15040	13916	1124	693
临漳县	9932	19864	9932	19864	18917	947	630
大名县	11143	22286	11143	22286	21009	1277	704
丛台区	3266	6532	3266	6532	5432	1100	996
复兴区	2433	4866	2433	4866	3876	990	704
邯山区	2975	5950	2975	5950	4883	1067	836
峰峰矿区	5115	10230	5115	10230	8938	1292	963
经济开发区	661	1322	661	1322	1174	148	45
马头经济开发区	786	1572	786	1572	1501	71	43

1-19 优抚对象优待抚恤情况

(2012年)

单位：人

县(市、区)	定期抚恤人数	烈 属	#城 市	因公牺牲军人家属	#城 市	病故军人家属	#城 市	定期补助人数
全 市	**3476**	**2431**	**165**	**448**	**48**	**597**	**75**	**58476**
武 安 市	132	58	1	25	3	49		4311
鸡 泽 县	242	232		7	1	3		1729
邱 县	75	37		11		27		2258
永 年 县	355	278	4	37	3	40		6189
曲 周 县	140	79	1	22		39	5	4352
邯 郸 县	137	97	4	15		25	2	1819
肥 乡 县	265	184	48	47	2	34	7	3508
馆 陶 县	171	122	8	25		24		2224
涉 县	132	95	2	18		19		1983
广 平 县	101	57		7		37		2625
成 安 县	291	245		20		26		4108
魏 县	524	413	17	65	10	46	2	5844
磁 县	105	63	7	15	7	27	7	3741
临 漳 县	207	99		30		78		5600
大 名 县	402	261	4	73		68	4	5499
丛 台 区	75	43	43	12	12	20	20	452
复 兴 区	11	6	1	3	3	2	2	406
邯 山 区	46	22	14	5	4	19	19	497
峰 峰 矿 区	49	33	11	5	3	11	7	841
经 济 开 发 区	2					2		175
马头经济开发区	14	7		6		1		315

1-20 社会救济情况

(2012年)

单位：人、万元

县(市、区)	城市居民最低生活保障人数	城市居民最低生活保障家庭数	城市低保资金全年计划支出	农村居民最低生活保障人数	农村居民最低生活保障家庭数	农村低保资金全年计划支出
全 市	**132302**	**63315**	**36633.1**	**269010**	**170651**	**30345.1**
武 安 市	4650	2084	1801.3	25943	13378	3053.9
鸡 泽 县	3485	1955	969.6	5155	4641	597.0
邱 县	3271	1509	875.5	8318	4333	958.4
永 年 县	5951	2724	2113.6	23534	20845	3811.0
曲 周 县	5516	3815	1840.0	11411	11069	1569.0
邯 郸 县	803	391	283.8	6050	3102	909.7
肥 乡 县	5768	2389	1565.0	12468	9858	1589.0
馆 陶 县	4452	2519	1489.0	12483	8690	1574.0
涉 县	5632	2878	1542.8	10778	7123	1474.7
广 平 县	2516	1460	682.0	9406	8223	1184.0
成 安 县	7166	3592	1703.7	12420	7018	1376.4
魏 县	11272	3654	2157.8	58622	21364	4700.9
磁 县	8493	4658	2438.3	16905	8509	1751.9
临 漳 县	6728	3716	1547.5	16795	15571	1524.7
大 名 县	7051	4031	2051.0	28998	20371	3173.0
丛 台 区	4524	2014	1531.0			
复 兴 区	4945	2556	1794.5			
邯 山 区	5212	2100	2084.5	1141	514	155.7
峰 峰 矿 区	33382	14257	7802.0	7071	4979	748.2
经 济 开 发 区	31	15	13.7	250	177	39.7
马头经济开发区	1454	998	346.5	1262	886	153.9

1-21　城镇老年福利机构

(2012年)　　单位：个、人

县(市、区)	单位数	年末职工人数	年末床位数	年末在院总人天数	年末在院人数	#优抚对象	#"三无"对象
全　市	**67**	**280**	**3496**	**571904**	**2287**	**67**	**1152**
武安市	1	4	80	12560	58	-	-
永年县	3	27	302	60840	169	-	169
邯郸县	4	11	33	4015	11	-	11
肥乡县	1	19	300	21600	60	-	-
馆陶县	2	15	215	21239	138	-	138
广平县	4	20	659	148300	615	-	-
磁　县	36	77	1077	103720	573	-	573
大名县	6	22	160	59130	100	67	21
峰峰矿区	9	45	270	45000	193	-	-

1-22　平均气象资料

(2012年)

月份	平均气温(摄氏度)	气压(百帕)	平均相对湿度(%)	降水量(毫米)	最多风向		日照时数(小时)
					风向	频率(%)	
1	-2	1021	64	4.2	N	27	85.9
2	0.8	1017.9	39	0	S	20	121.2
3	7.7	1013.7	46	20.9	N	23	162.2
4	17.4	1002.9	53	41.2	S	30	231.2
5	23.7	1001.4	58	14.8	S	29	259.1
6	27.1	995.2	54	66.1	S	23	217.1
7	27.9	994.5	73	232.9	S	22	193.1
8	25.2	1000.6	77	131.9	C,N	42,16	180.1
9	21	1007.4	68	40.5	NNW	17	199.5
10	16.2	1010.8	56	7.5	S	16	220.6
11	6.5	1013.3	57	13	N	22	172.9
12	-1.8	1020	64	10.5	N	32	118.9
全年	14.1	1008.2	59	583.5	S	18	2161.8

1-23　各县(市、区)平均气象资料

(2012年)

县(市、区)	平均气温(摄氏度)	气压(百帕)	平均相对湿度(%)	降水量(毫米)	最多风向		日照时数(小时)
					风向	频率(%)	
武　安	13.7	1008.7	64	545.2	S	17	2253.4
鸡　泽	12.8	961.2	57	446.6	WNW	10	2187.6
邱　县	13.6	983.1	54	571.8	W	11	1987.3
永　年	13.9	1011.5	61	515.6	S	11	1784.5
曲　周	14.3	998.3	57	510.6	WNW	15	1945.1
肥　乡	13.9	1009.1	60	598.9	SSE	11	2158.3
馆　陶	13.1	1010.6	68	500.4	S	15	2108.7
涉　县	13.5	1007.9	65	538.8	SE	13	1864.4
广　平	13.3	1010.7	64	468.4	N	12	2243.6
成　安	13.1	1010.3	66	457.7	S	16	2030.6
魏　县	13.2	1009.3	64	500.1	N	17	2077.8
磁　县	13.6	1010.7	66	404.8	N	14	1986.3
临　漳	13.3	1011.2	67	604.3	S	16	2341.1
大　名	13.5	1012	61	619.4	S	15	1914.7
峰峰矿区	13.3	1012.3	62	435.9	NNW	12	2251.3

1-24 城 市 建 设

项 目	单 位	全 市				#市 区			
		2009年	2010年	2011年	2012年	2009年	2010年	2011年	2012年
公共自来水综合生产能力	万立方米/日	142.55	145.88	153.86	154.41	105.9	98.5	98.5	98.5
年末供水管道总长度	公 里	2539	3222	3377	3477	1315	1047	1121	1148.1
全年供水总量(含自备水)	万立方米	26158	31151	29846	33177	17235	16627	16517	165.37
#生活用水量	万立方米	8549	11705	12289	12635	4656	5387	5265	5182
用水人口	万 人	299.92	323.85	349.24	358	147.39	152.35	153.02	156.25
用水普及率	%	97.43	98.47	99.7	99.7	100	100	100	100
煤气供气总量	万立方米	14395	13749	14101	13525	9784	9162	7944	7275
#家庭用量	万立方米	10695	8888	10367	10367	8610	6321	6500	6375
用气人口	万 人	116.67	97.7	104.17	104	98	74.72	76	73.27
液化石油供气总量	吨	14222	29183	31990.1	30071	2001	7546	9270	5554.43
#家庭用量	吨	11734	28356	31483	29762.5	2001	7500	9063	5554
用气人口	万 人	64.49	111.89	120.62	123.48	11	28.34	36.02	25.98
天然气供气总量	万立方米	10675	12565	16787.9	20387.4	10543	11814	14410	17898.9
#家庭用量	万立方米	4769	3223	4686.68	5784.7	4648	2636	2846	3672.7
用气人口	万 人	52	68.1	93.33	104.69	38.67	49.29	49.7	57.0
用气普及率	%	75.9	84.4	90.8	92.5	100	100	100	100
年末实有道路面积	万平方米	5633	7006	8118	8424.21	2411	2983	3184	3259
人均拥有道路面积	平方米	16.36	21.3	23.18	23.45	16.36	19.58	20.81	20.86
污水处理厂处理能力	万立方米/日	63.6	85.2	88.2	88.2	41.6	41.6	41.6	41.6
全年污水排放量	万立方米	21988	24064	26020	26672.5	12959	12959	13016	13016
全年污水处理量	万立方米	15355	21742	24506	25117	10899	11889	12688	12692
污水处理率	%	69.83	90.35	94.18	94.17	84.10	91.74	97.48	97.51
建成区绿化覆盖面积	公 顷	19668	14984	17336	17431	8504	5218	5770	5768
建成区绿地面积	公 顷	11973	12913	15788	15898	4860	4790	5553	5581
公园绿地面积	公 顷	3106	5127	5841	6111	1916	2988	3211	3281
建成区绿化覆盖率	%	37.25	43.7	45.81	45.37	45.0	47.2	49.0	49.1
建成区绿地率	%	27.55	37.66	41.72	41.38	38	43.33	47.49	47.51
人均公园绿地面积	平方米	10.09	15.59	16.67	17.01	13.0	19.61	20.98	21.0
城市集中供热面积	万平方米	3502.3	5180.7	5852.1	6141.35	2204	2884.2	3140	3345
城市生活垃圾清运量	万 吨	112.72	110.17	126.17	131.07	38.38	40.42	45.26	45.74
粪便清运量	万 吨	30.14	10.18	12.67	10.45	16.78	0.09	0.83	0.83
生活垃圾无害化处理率	%	39.82	86.9	85.3	97.47	100	100	100	100
垃圾无害化处理能力	吨/日	1400	3836	3611	4141	1200	1271	1271	1271
城市公厕	个	821	1124	1156	1176	401	449	453	453
#三级以上	个	200	449	538	510	188	228	232	275

注：城市公厕中2006年以前为水冲公厕。

第二部分　统计资料

二、国民经济核算

资料整理：张　静　王剑飞

2-1 历 年 总 产 出

（按当年价格计算）

单位：万元

年　份	总　产　出	第一产业	第二产业	第三产业
1952	59026	33514	13775	11737
1953	63236	26838	22313	14085
1954	77931	35539	25949	16443
1955	77003	30719	28633	17651
1956	82481	27550	35079	19852
1957	92757	35649	37000	20108
1958	137502	34947	79389	23166
1959	193864	40180	125688	27996
1960	198568	33129	135763	29676
1961	108951	24342	68550	16059
1962	93366	28265	51796	13305
1963	80327	18564	50852	10911
1964	106795	28865	65432	12498
1965	130155	34833	78677	16645
1966	142672	36879	87805	17988
1967	134702	37339	78589	18774
1968	159794	38680	99238	21876
1969	198935	41345	130833	26757
1970	239532	43293	165469	30770
1971	264832	46200	185708	32924
1972	277381	49434	192389	35558
1973	294804	50688	204042	40074
1974	335196	60825	228286	46085
1975	376810	67045	261376	48389
1976	407340	68279	285349	53172
1977	432654	62817	309089	60748
1978	486729	71822	346445	68462
1979	523049	78065	362378	82606
1980	562622	86262	383488	92872
1981	608258	100064	400129	108065
1982	670105	114122	431837	124146
1983	790640	167760	475329	147551
1984	935675	218088	549613	167974
1985	1115650	198799	706441	210410
1986	1194040	203562	760283	230195
1987	1397930	249830	890848	257252
1988	1824773	343818	1148473	332482
1989	2200921	381753	1420332	398836
1990	2478441	427405	1560686	490350
1991	2779366	446917	1814372	518077
1992	3362963	441638	2303710	617615
1993	4887200	576073	3432757	878370
1994	6792558	927200	4621767	1243591
1995	8937835	1381468	5992705	1563662
1996	11932796	1615935	8298599	2018262
1997	13011370	1834846	8750632	2425892
1998	13632349	1872853	8997326	2762170
1999	13150846	1813558	8266628	3070660
2000	14593116	1825570	9292138	3475408
2001	16121967	1890688	10223753	4007526
2002	18095660	1990872	11588271	4516517
2003	21393582	2103019	14375310	4915253
2004	26285614	2602869	17629861	6052884
2005	29136052	2898108	20545797	5692147
2006	38349578	3098901	24645760	10604917
2007	46349130	3788918	30224315	12335897
2008	59689003	4031901	45453412	10203690
2009	60325755	4375365	44214410	11735980
2010	71988019	5382107	51964303	14641609
2011	86416844	6206530	61954958	18255356
2012	95770138	6729017	68066751	20974370

2-2 历年总产出环比指数

(按可比价格计算，以上年为100)

年份	总产出	第一产业	第二产业	第三产业
1953	105.5	81.2	156.6	114.9
1954	121.2	132.8	112.5	111.7
1955	97.9	86.7	110.5	104.4
1956	106.1	89.9	123.6	108.5
1957	110.5	133.4	96.2	100.4
1958	146.2	97.6	211.9	111.4
1959	136.5	108.1	154.7	116.8
1960	102.2	79.5	109.2	102.5
1961	51.7	75.5	46.2	52.1
1962	84.1	116.9	73.4	77.9
1963	87.5	65.9	102.7	77.2
1964	129.9	157.2	123.2	110.4
1965	120.9	117.3	121.7	126.5
1966	108.4	106.4	109.9	104.8
1967	93.4	102.1	88.1	102.2
1968	115.4	103.6	122.1	112.3
1969	122.7	106.6	130.4	119.4
1970	112.5	107.2	114.5	111.9
1971	106.1	105.8	106.5	104.6
1972	102.8	106.2	101.4	105.4
1973	104.1	100.5	104.4	107.8
1974	112.6	118.1	111.6	110.5
1975	108.7	109.7	109.4	103.6
1976	106.5	107.4	105.8	108.7
1977	103.4	98.2	103.6	110.1
1978	111.2	113.0	111.0	109.7
1979	103.8	106.9	102.1	108.3
1980	105.1	108.0	103.7	107.6
1981	104.0	112.3	99.6	114.3
1982	106.5	110.8	110.6	87.7
1983	112.4	144.4	105.5	106.9
1984	116.7	125.6	112.1	123.6
1985	110.9	70.0	124.5	120.2
1986	104.2	92.6	105.6	109.2
1987	113.0	117.0	112.4	112.3
1988	118.4	113.6	117.2	127.1
1989	110.1	105.9	109.5	115.4
1990	106.3	103.5	104.6	114.2
1991	107.6	101.8	110.6	103.0
1992	113.7	92.1	118.6	115.5
1993	123.1	120.4	124.7	119.2
1994	126.6	123.3	129.0	120.1
1995	122.7	122.0	123.1	121.2
1996	123.6	120.6	125.0	120.2
1997	109.0	109.4	106.9	117.6
1998	110.9	109.7	109.8	115.9
1999	95.0	104.6	88.7	111.4
2000	112.0	107.5	113.0	111.9
2001	110.9	109.9	109.8	114.4
2002	111.1	105.4	112.3	110.8
2003	111.2	101.2	117.0	100.9
2004	115.4	109.3	116.9	113.9
2005	119.8	107.7	123.0	115.6
2006	127.5	97.4	134.5	117.6
2007	118.4	102.0	120.2	118.1
2008	114.7	112.3	114.2	117.7
2009	114.0	112.2	112.7	120.0
2010	116.7	106.2	116.8	118.9
2011	114.0	105.5	114.5	115.4
2012	113.2	104.2	114.4	112.3

2-3 历年总产出定基指数

（按可比价格计算，以1952年为100）

年份	总产出	第一产业	第二产业	第三产业
1952	100.0	100.0	100.0	100.0
1953	105.5	81.2	156.6	114.9
1954	127.9	107.8	176.2	128.3
1955	125.2	93.5	194.8	134.0
1956	132.8	84.0	240.8	145.4
1957	146.8	112.1	231.7	146.0
1958	214.6	109.4	491.1	162.6
1959	292.9	118.3	759.9	189.9
1960	299.3	94.0	829.6	194.7
1961	154.8	71.0	383.7	101.4
1962	130.1	83.0	281.7	79.0
1963	113.9	54.7	289.2	61.0
1964	147.9	86.0	356.2	67.3
1965	178.8	100.9	433.6	85.2
1966	193.9	107.3	476.7	89.3
1967	181.1	109.5	419.8	91.2
1968	209.0	113.5	512.7	102.4
1969	256.4	121.0	668.4	122.3
1970	288.4	129.7	765.3	136.9
1971	306.0	137.2	814.7	143.2
1972	314.6	145.8	826.5	150.9
1973	327.5	146.5	862.7	162.7
1974	368.8	173.0	962.5	179.8
1975	400.8	189.8	1053.1	186.2
1976	426.9	203.8	1114.6	202.4
1977	441.4	200.1	1154.8	222.9
1978	490.9	226.2	1282.0	244.5
1979	509.5	241.8	1308.5	264.8
1980	535.5	261.1	1357.5	284.9
1981	557.0	293.2	1352.8	325.7
1982	593.2	324.9	1496.7	285.5
1983	666.7	469.2	1578.9	305.2
1984	778.1	589.3	1769.4	377.3
1985	862.9	412.5	2203.6	453.5
1986	899.1	382.0	2326.0	495.2
1987	1016.0	446.9	2614.5	556.1
1988	1203.0	507.7	3064.8	706.8
1989	1324.5	537.6	3356.1	815.7
1990	1407.9	556.4	3510.8	931.5
1991	1514.9	566.5	3884.1	959.5
1992	1722.5	521.7	4607.2	1108.2
1993	2120.3	628.1	5746.9	1321.0
1994	2684.4	774.5	7413.1	1586.5
1995	3292.7	945.0	9129.0	1923.2
1996	4070.9	1140.0	11413.8	2311.4
1997	4437.2	1246.6	12198.3	2718.3
1998	4919.1	1367.0	13388.1	3149.5
1999	4671.2	1429.9	11871.8	3509.1
2000	5231.7	1537.2	13411.7	3926.7
2001	5801.4	1689.8	14720.3	4492.9
2002	6443.6	1780.5	16530.5	4978.2
2003	7164.6	1801.6	19341.5	5021.6
2004	8268.4	1969.9	22603.7	5720.8
2005	9905.6	2121.6	27802.6	6613.2
2006	12629.6	2066.4	37394.5	7777.1
2007	14953.5	2107.7	44948.1	9184.8
2008	17151.6	2367.0	51330.8	10810.5
2009	19552.8	2655.8	57849.8	12972.6
2010	22818.2	2820.4	67568.5	15424.5
2011	26012.7	2975.5	77365.9	17799.9
2012	29446.4	3100.5	88506.6	19989.3

2-4 历年地区生产总值

单位：万元

年　份	地区收入总值	地区生产总值	第一产业	第二产业	第三产业
1953	38618	38618	20587	9143	8888
1954	46735	46735	26440	9923	10372
1955	46688	46688	24794	10832	11062
1956	51260	51260	23450	15958	11852
1957	58121	58121	28173	17479	12469
1958	73213	73213	27618	31255	14340
1959	96458	96458	29999	50460	15999
1960	86863	86863	24371	51764	10728
1961	51857	51857	17874	24203	9780
1962	45839	45839	20775	17776	7288
1963	39125	39125	14440	17761	6924
1964	53678	53678	21660	24125	7893
1965	62491	62491	25032	27505	9954
1966	68643	68643	27505	30399	10739
1967	66309	66309	28604	26572	11133
1968	75516	75516	29481	33108	12927
1969	89543	89543	30719	44093	14731
1970	106922	106922	32662	55925	18335
1971	120253	120253	33447	65550	21256
1972	123238	123238	34307	66825	22106
1973	129778	129778	34513	69909	25356
1974	145914	145914	38091	77355	30468
1975	162035	162035	42091	87361	32583
1976	176467	176467	43858	96931	35678
1977	191452	191452	41396	108164	41892
1978	219113	219113	49221	120040	49852
1979	259340	259340	53993	140041	65306
1980	310016	304728	66635	163644	74449
1981	349977	337232	74129	176786	86317
1982	380072	378531	83859	196639	98033
1983	454727	443542	112574	214649	116319
1984	537544	527375	147472	244973	134930
1985	609693	607616	140982	303368	163266
1986	656632	650867	145917	323725	181225
1987	760364	732188	174371	362094	195723
1988	888276	869923	202270	422843	244810
1989	1008229	987416	224116	477242	286058
1990	1056970	1054672	249734	487725	317213
1991	1153445	1131019	262179	515266	353574
1992	1348885	1329628	256715	645263	427650
1993	1814234	1781150	344717	860618	575815
1994	2271438	2227146	524143	1005145	697858
1995	2898612	2898612	739112	1278911	880589
1996	3807283	3807283	863981	1867056	1076246
1997	4411249	4411249	941617	2115324	1354308
1998	4667295	4667295	955991	2181849	1529455
1999	4969986	4969986	914471	2342926	1712589
2000	5423546	5423546	916984	2582731	1923831
2001	5916767	5916767	945118	2839543	2132106
2002	6531664	6531664	997763	3189742	2344159
2003	7625607	7625607	1042333	3947245	2636029
2004	9364921	9364921	1299170	4732788	3292963
2005	11160148	11160148	1554369	5870897	3734882
2006	13547980	13547980	1680870	7082831	4784279
2007	16081303	16081303	2087029	8455281	5538993
2008	19063592	19063592	2312694	10841199	5909699
2009	20152800	20152800	2469098	10859362	6824340
2010	23615569	23615569	3079526	12802973	7733070
2011	27890278	27890278	3506096	15274333	9109849
2012	30242864	30242864	3838965	16208356	10195543

2-5　历年三次产业比重

单位：%

年　份	地区生产总值	第一产业	第二产业	第三产业
1953	100.0	53.3	23.7	23.0
1954	100.0	56.6	21.2	22.2
1955	100.0	53.1	23.2	23.7
1956	100.0	45.7	31.1	23.2
1957	100.0	48.5	30.1	21.4
1958	100.0	37.7	42.7	19.6
1959	100.0	31.1	52.3	16.6
1960	100.0	28.1	59.6	12.3
1961	100.0	34.5	46.7	18.8
1962	100.0	45.3	38.8	15.9
1963	100.0	36.9	45.4	17.7
1964	100.0	40.4	44.9	14.7
1965	100.0	40.1	44.0	15.9
1966	100.0	40.1	44.3	15.6
1967	100.0	43.1	40.1	16.8
1968	100.0	39.0	43.9	17.1
1969	100.0	34.3	49.2	16.5
1970	100.0	30.5	52.3	17.2
1971	100.0	27.8	54.5	17.7
1972	100.0	27.8	54.3	17.9
1973	100.0	26.6	53.9	19.5
1974	100.0	26.1	53.0	20.9
1975	100.0	26.0	53.9	20.1
1976	100.0	24.9	54.9	20.2
1977	100.0	21.6	56.5	21.9
1978	100.0	22.5	54.7	22.8
1979	100.0	20.8	54.0	25.2
1980	100.0	21.9	53.7	24.4
1981	100.0	22.0	52.4	25.6
1982	100.0	22.2	51.9	25.9
1983	100.0	25.4	48.4	26.2
1984	100.0	28.0	46.4	25.6
1985	100.0	23.2	49.9	26.9
1986	100.0	22.4	49.8	27.8
1987	100.0	23.8	49.5	26.7
1988	100.0	23.3	48.6	28.1
1989	100.0	22.7	48.3	29.0
1990	100.0	23.7	46.2	30.1
1991	100.0	23.1	45.6	31.3
1992	100.0	19.3	48.5	32.2
1993	100.0	19.4	48.3	32.3
1994	100.0	23.5	45.2	31.3
1995	100.0	25.5	44.1	30.4
1996	100.0	22.7	49.0	28.3
1997	100.0	21.3	48.0	30.7
1998	100.0	20.5	46.7	32.8
1999	100.0	18.4	47.1	34.5
2000	100.0	16.9	47.6	35.5
2001	100.0	16.0	48.0	36.0
2002	100.0	15.3	48.8	35.9
2003	100.0	13.7	51.8	34.5
2004	100.0	13.9	51.0	35.1
2005	100.0	13.9	52.6	33.5
2006	100.0	12.4	52.3	35.3
2007	100.0	13.0	52.6	34.4
2008	100.0	12.1	56.9	31.0
2009	100.0	12.2	53.9	33.9
2010	100.0	13.0	54.2	32.8
2011	100.0	12.6	54.7	32.7
2012	100.0	12.7	53.6	33.7

2-6 历年地区生产总值环比指数

（按可比价格计算，以上年为100）

年　份	地区收入总值	地区生产总值	第一产业	第二产业	第三产业
1953	101.3	101.3	82.8	153.2	123.5
1954	119.6	119.6	127.9	103.9	116.0
1955	99.2	99.2	92.7	110.6	105.6
1956	109.0	109.0	93.5	149.4	106.0
1957	112.0	112.0	119.1	107.4	104.1
1958	125.2	125.2	97.0	179.1	113.4
1959	130.7	130.7	108.0	159.7	110.3
1960	89.0	89.0	81.0	100.9	66.1
1961	58.9	58.9	73.1	46.0	89.2
1962	87.5	87.5	116.7	71.2	73.0
1963	84.6	84.6	69.0	100.0	94.1
1964	136.4	136.4	149.8	134.0	112.7
1965	115.8	115.8	115.5	113.2	124.8
1966	108.9	108.9	109.8	108.5	107.6
1967	95.8	95.8	103.8	85.6	102.4
1968	112.5	112.5	102.4	123.7	114.5
1969	117.1	117.1	103.3	132.4	112.7
1970	118.0	118.0	105.6	125.9	123.1
1971	104.5	104.5	101.1	106.7	103.8
1972	101.2	101.2	102.2	100.1	102.8
1973	104.0	104.0	100.3	102.8	114.0
1974	108.7	108.7	107.9	105.9	117.5
1975	105.8	105.8	107.4	106.9	100.8
1976	103.5	103.5	102.3	103.4	105.5
1977	103.1	103.1	93.3	103.8	115.3
1978	111.2	111.2	112.4	109.6	113.5
1979	103.9	103.9	105.1	99.6	112.2
1980	105.6	105.1	106.5	101.5	110.8
1981	102.6	102.8	104.7	96.9	114.0
1982	106.4	106.3	108.6	102.2	112.1
1983	117.4	116.3	131.0	110.8	113.9
1984	116.0	115.8	122.7	113.1	113.9
1985	105.4	106.8	85.4	113.3	117.2
1986	102.3	102.3	92.0	103.1	108.4
1987	112.6	109.2	111.2	111.2	105.0
1988	113.6	114.5	110.5	113.9	118.0
1989	109.3	109.7	106.9	109.6	111.6
1990	103.1	104.0	105.7	101.3	107.1
1991	103.2	103.1	100.9	101.1	107.9
1992	111.2	111.2	92.0	117.1	116.8
1993	117.7	117.4	107.4	119.0	120.9
1994	113.3	113.1	116.4	109.5	116.5
1995	113.4	115.7	114.6	114.0	118.5
1996	117.8	117.8	114.1	118.4	118.9
1997	113.2	113.2	109.7	111.8	116.7
1998	110.5	110.5	107.9	107.5	115.3
1999	110.5	110.5	103.2	113.3	110.4
2000	110.2	110.2	105.0	112.2	109.9
2001	109.0	109.0	104.6	110.0	109.8
2002	110.0	110.0	105.4	111.9	109.5
2003	112.1	112.1	104.0	115.2	111.3
2004	114.5	114.5	107.8	116.9	113.8
2005	116.3	116.3	107.3	119.0	115.9
2006	114.1	114.1	107.8	116.7	112.8
2007	114.7	114.7	105.0	116.6	115.7
2008	111.1	111.1	105.1	111.0	113.6
2009	111.2	111.2	103.5	110.5	115.0
2010	113.1	113.1	105.9	112.4	116.4
2011	112.2	112.2	105.8	113.4	112.6
2012	110.5	110.5	104.2	112.3	109.7

2-7 历年地区生产总值定基指数

（按可比价格计算，以1952年为100）

年 份	地区收入总值	地区生产总值	第一产业	第二产业	第三产业
1952	100.0	100.0	100.0	100.0	100.0
1953	101.3	101.3	82.8	153.2	123.5
1954	121.2	121.2	105.9	159.2	143.3
1955	120.2	120.2	98.2	176.1	151.3
1956	131.0	131.0	91.8	263.1	160.4
1957	146.7	146.7	109.3	282.5	166.9
1958	183.7	183.7	106.0	505.9	189.3
1959	240.1	240.1	114.5	808.1	208.8
1960	213.7	213.7	92.8	815.1	138.0
1961	125.9	125.9	67.8	374.7	123.1
1962	110.1	110.1	79.1	267.0	89.9
1963	93.2	93.2	54.6	267.0	84.0
1964	127.1	127.1	81.8	357.9	95.3
1965	147.2	147.2	94.5	405.1	118.9
1966	160.3	160.3	103.7	439.4	128.0
1967	153.5	153.5	107.7	376.2	131.1
1968	172.7	172.7	110.3	465.4	150.1
1969	202.2	202.2	113.9	616.3	169.1
1970	238.7	238.7	120.3	775.7	208.2
1971	249.4	249.4	121.6	827.8	216.1
1972	252.4	252.4	124.3	828.9	222.1
1973	262.5	262.5	124.6	852.2	253.2
1974	285.3	285.3	134.4	902.9	297.6
1975	301.9	301.9	144.3	965.4	299.9
1976	312.4	312.4	147.6	998.4	316.4
1977	322.1	322.1	137.8	1036.7	364.9
1978	358.2	358.2	154.8	1136.3	414.1
1979	372.2	372.2	162.7	1131.6	464.6
1980	393.0	391.2	173.3	1148.4	514.8
1981	403.2	402.1	181.5	1113.2	586.9
1982	429.0	427.5	197.1	1137.5	657.9
1983	503.7	497.1	258.1	1260.8	749.4
1984	584.3	575.7	316.7	1426.3	853.5
1985	615.8	614.8	270.5	1616.1	1000.3
1986	630.0	629.0	248.9	1666.6	1084.4
1987	709.4	686.9	276.7	1852.7	1138.6
1988	805.9	786.5	305.8	2110.8	1343.5
1989	880.8	862.8	326.9	2312.7	1499.4
1990	908.1	897.3	345.5	2343.0	1605.8
1991	937.2	925.1	348.6	2368.9	1732.7
1992	1042.1	1028.7	320.7	2774.6	2023.7
1993	1226.6	1207.7	344.5	3301.5	2446.7
1994	1389.7	1365.9	401.0	3615.6	2679.1
1995	1575.9	1580.3	459.5	4122.8	3059.6
1996	1856.4	1861.6	524.3	4880.4	3628.7
1997	2101.4	2107.3	575.2	5455.0	4234.7
1998	2322.0	2328.6	620.6	5866.2	4882.6
1999	2565.8	2573.1	640.5	6644.6	5390.4
2000	2827.5	2835.6	672.5	7454.9	5924.0
2001	3082.0	3090.8	703.4	8203.7	6504.6
2002	3390.2	3399.9	741.4	9183.2	7122.5
2003	3800.4	3811.3	771.0	10582.8	7927.4
2004	4351.5	4363.9	831.1	12369.7	9021.4
2005	5060.7	5075.3	891.8	14720.0	10455.8
2006	5774.3	5790.9	961.4	17178.2	11794.1
2007	6623.1	6642.1	1009.4	20029.8	13645.8
2008	7358.3	7379.4	1060.9	22233.1	15501.7
2009	8182.4	8205.9	1098.1	24567.6	17826.9
2010	9254.3	9280.9	1162.9	27614.0	20750.5
2011	10383.3	10413.2	1230.3	31314.3	23365.1
2012	11473.5	11506.6	1282.0	35166.0	25631.5

2-8 历年人均地区生产总值

单位：元

年 份	按当年价格计算	环比指数（以上年为100）	定基指数（以1952年为100）
1952	110	-	-
1953	110	98.3	98.3
1954	129	115.7	113.7
1955	125	96.2	109.4
1956	134	107.0	117.1
1957	148	108.8	127.4
1958	180	120.8	153.9
1959	228	125.6	193.3
1960	202	87.2	168.5
1961	120	58.9	99.3
1962	106	87.9	87.2
1963	89	83.3	72.7
1964	121	134.1	97.5
1965	138	114.0	111.1
1966	149	104.6	116.2
1967	140	95.6	111.1
1968	154	109.2	121.3
1969	180	114.8	139.3
1970	210	114.7	159.8
1971	231	101.9	162.8
1972	231	98.9	161.0
1973	237	101.5	163.4
1974	262	106.6	174.2
1975	285	103.8	180.8
1976	307	102.0	184.4
1977	329	102.3	188.7
1978	373	109.8	207.2
1979	435	102.6	212.6
1980	504	103.9	220.8
1981	547	100.8	222.6
1982	601	104.0	231.5
1983	691	114.2	264.4
1984	811	114.1	301.7
1985	922	105.5	318.3
1986	973	100.8	320.8
1987	1077	107.5	344.9
1988	1259	112.6	388.3
1989	1405	107.9	419.0
1990	1443	100.0	419.0
1991	1491	99.2	415.6
1992	1729	109.8	456.4
1993	2291	116.1	529.9
1994	2837	112.0	593.4
1995	3663	114.7	680.7
1996	4777	116.9	795.7
1997	5489	112.3	893.6
1998	5753	109.5	978.5
1999	6076	109.6	1072.4
2000	6537	108.6	1164.6
2001	7032	107.5	1252.0
2002	7710	109.2	1367.1
2003	8934	111.2	1520.3
2004	10887	113.6	1727.0
2005	12938	116.0	2003.3
2006	15589	113.6	2275.8
2007	18406	114.0	2594.4
2008	21695	110.4	2864.2
2009	22779	110.5	3164.9
2010	26143	110.8	3506.7
2011	30270	110.0	3857.4
2012	32650	109.9	4239.3

2-9　地区生产总值各时期平均增长速度

单位：%

时　期	地　区 生产总值	第一产业	第二产业	#工　业	第三产业	人均地区 生产总值
"一五"	8.0	1.8	23.1	24.2	10.8	4.9
"二五"	-5.6	-6.3	-1.1	0.9	-11.6	-7.3
1963-1965年	10.1	6.1	14.9	14.7	9.8	8.4
"三五"	10.2	4.9	13.9	15.5	11.9	7.5
"四五"	4.8	3.7	4.4	3.7	7.6	2.5
"五五"	5.3	3.7	3.5	5.0	11.4	4.1
"六五"	9.5	9.3	7.1	7.5	14.2	7.6
"七五"	7.9	5.0	7.7	7.5	9.9	5.7
"八五"	12.0	5.9	12.0	12.3	16.0	10.2
"九五"	12.4	7.9	12.6	12.7	14.2	11.3
"十五"	12.3	5.8	14.6	14.9	12.0	11.3
"十一五"	12.8	5.5	13.4	14.4	14.7	11.8

2-10　分 行 业 总 产 出

单位：万元

行　　业	按现行价格计算		按2010年可比价格计算		
	2012年	2011年	2012年	2011年	2012年为 2011年%
总产出	**95770138**	**86416844**	**93599476**	**82660052**	**113.2**
第一产业	5729017	6206530	5913317	5677191	104.2
第二产业	68066751	61954958	68047025	59489814	114.4
工业	63296404	57896164	63776479	55657147	114.6
建筑业	4770347	4058794	4270546	3832667	111.4
第三产业	20974370	18255356	19639134	17493047	112.3
交通运输、仓储及邮政业	7984636	7038707	7327995	6762046	108.4
信息传输、计算机服务和软件业	882954	766453	859737	762776	112.7
批发和零售业	2437310	1999061	2219389	1857079	119.5
住宿和餐饮业	1094599	919236	970882	856794	113.3
金融业	1648614	1427186	1590516	1352336	117.6
房地产业	1080184	966825	1029439	911859	112.9
租赁和商务服务业	572956	460266	530855	442138	120.1
科学研究、技术服务和地质勘查业	250849	225618	225834	213478	105.8
水利、环境和公共设施管理业	220229	203296	199309	192452	103.6
居民服务和其他服务业	1613315	1349212	1589473	1296073	122.6
教　育	1132989	1060149	1116245	1050693	106.2
卫生、社会保障和社会福利业	781290	694036	759196	671864	113.0
文化、体育和娱乐业	260990	222023	251378	218097	115.3
公共管理和社会组织	1013455	923288	968886	905362	107.0

2-11 分行业地区生产总值

单位：万元

行业	按现行价格计算		按2010年可比价格计算		
	2012年	2011年	2012年	2011年	2012年为2011年%
地区生产总值	**30242864**	**27890278**	**29258045**	**26484861**	**110.5**
第一产业	3838965	3506096	3395316	3256923	104.2
第二产业	16208356	15274333	16308166	14518947	112.3
工　业	14735035	13941967	14947987	13284378	112.5
建筑业	1473321	1332366	1360179	1234569	110.2
第三产业	10195543	9109849	9554563	8708991	109.7
交通运输、仓储及邮政业	2990803	2709306	2737305	2608106	105.0
信息传输、计算机服务和软件业	363677	336421	355711	335280	106.1
批发和零售业	1611280	1352558	1464474	1250055	117.2
住宿和餐饮业	468957	419374	415867	390969	106.4
金融业	867119	756234	833998	716130	116.5
房地产业	802987	744925	757286	697495	108.6
租赁和商务服务业	234825	195084	222634	187401	118.8
科学研究、技术服务和地质勘查业	101269	95524	91120	86372	105.5
水利、环境和公共设施管理业	138645	131562	125326	124467	100.7
居民服务和其他服务业	745573	646258	736527	620805	118.6
教　育	716821	675612	706191	669586	105.5
卫生、社会保障和社会福利业	361873	329955	350862	319034	110.0
文化、体育和娱乐业	130315	111359	125156	109390	114.4
公共管理和社会组织	661399	605677	632106	593901	106.4

2-12 市区生产总值

(2012年)

单位：万元

指标	全市	#市区
地区生产总值（当年价）	**30242864**	**6603454**
第一产业增加值	3838965	60787
第二产业增加值	16208356	3562219
工　业	14735035	3219495
建筑业	1473321	342724
第三产业增加值	10195543	2980448
#交通运输、仓储及邮政业	2990803	662540
信息传输、计算机服务和软件业	363677	102378
批发和零售业	1611280	504587
住宿和餐饮业	468957	82481
金融业	867119	262467
房地产业	802987	317881

注：市区包含邯山区、丛台区、复兴区和峰峰矿区。

2-13 地区生产总值构成

（按当年价格计算）

单位：%

指标	全市	#市区
地区生产总值	100.0	100.0
第一产业增加值	12.7	0.9
第二产业增加值	53.6	53.9
工业	48.7	48.8
建筑业	4.9	5.2
第三产业增加值	33.7	45.1
#交通运输、仓储及邮政业	9.9	10.0
信息传输、计算机服务和软件业	1.2	1.6
批发和零售业	5.3	7.6
住宿和餐饮业	1.6	1.2
金融业	2.9	4.0
房地产业	2.7	4.8

注：市区包含邯山区、丛台区、复兴区和峰峰矿区。

2-14 按支出法计算的地区生产总值

单位：万元

项目	按现行价格计算		按2010年可比价格计算		
	2012年	2011年	2012年	2011年	2012年为2011年%
地区生产总值	**30242864**	**27890278**	**29256973**	**26484861**	110.5
最终消费	10310377	9400713	10018347	8548638	117.2
居民消费	8615835	8073103	8365329	7291431	114.7
农村居民	2578065	2547324	2504044	2150840	116.4
城镇居民	6037770	5525779	5861285	5140591	114.0
政府消费	1694542	1327610	1653018	1257207	131.5
资本形成总额	19062708	17721829	18447582	17225096	107.1
固定资本形成总额	17520734	15109132	16909132	14711137	114.9
存货增加	1541974	2612697	1538450	2513959	61.2
货物和服务净流出	869780	767736	791044	711127	111.2

2-15 最 终 消 费

(按当年价格计算)

单位：万元

项 目	2012年	2011年
最终消费支出	**10310377**	**9400713**
居民消费支出	8615835	8073103
农村居民	2578065	2547324
食品类支出	756050	769646
衣着类支出	195642	210261
居住类支出	386781	374908
家庭设备、用品及服务类支出	134097	144299
医疗保健类支出	140602	145334
交通和通信类支出	224663	224499
文化教育娱乐及服务类支出	112081	101429
金融中介服务虚拟支出	119946	102343
保险服务消费支出	29658	29853
自有住房服务虚拟支出	415497	381689
其它商品和服务支出	63046	63063
城镇居民	6037770	5525779
食品类支出	2110560	1848321
衣着类支出	631195	578964
居住类支出	499458	476294
家庭设备、用品及服务类支出	363309	328109
医疗保健类支出	542914	523664
交通和通信类支出	480901	399088
文化教育娱乐及服务类支出	538830	496035
金融中介服务虚拟支出	129933	110864
保险服务消费支出	38401	38653
自有住房服务虚拟支出	522281	539860
实物收入消费支出	35931	54754
其它商品和服务支出	144059	131173
政府消费支出	1694542	1327610

2-16　按构成划分的全市资本形成总额

单位：万元

项　　　　　目	2012年
固定资本形成总额	**19062708**
住宅	2851321
非住宅建筑物	9660949
机械和设备	4794263
矿物勘探	11875
其他	202326
存货增加	**1541975**
第三产业	1424733

2-17　居 民 消 费 水 平

项　　　　　目	单　位	2012年	2011年	2012年为2011年%
按当年价格计算				
全体居民消费水平	**元/人**	**9301**	**8762**	**106.2**
农村居民	元/人	5152	4920	104.7
城镇居民	元/人	14176	13691	103.5
按可比价格计算				
全体居民消费水平	**元/人**	**9031**	**7914**	**114.1**
农村居民	元/人	5004	4154	120.5
城镇居民	元/人	13761	12737	108.0
居民年平均人口	**万　人**	**926.3**	**921.4**	**100.5**
农村居民	万　人	500.4	517.8	96.6
城镇居民	万　人	425.9	403.6	105.5

2-18　分县（市、区）按当年价格计算的总产出

（2012年）

单位：万元

县（市、区）	总产出	第一产业	第二产业			第三产业		
				工　业	建筑业		#交运仓邮	#批发零售
邯 郸 市	**95770138**	**6729017**	**68066751**	**63296404**	**4770347**	**20974370**	**7984636**	**2437310**
武 安 市	20402613	340650	17053294	16796869	256425	3008669	1178581	756794
鸡 泽 县	2418573	300712	1715081	1551652	163429	402780	89982	82190
邱　　县	2023076	293002	1346865	1198232	148633	383209	97113	50583
永 年 县	7668360	1334452	5080029	4718601	361428	1253879	502961	230585
曲 周 县	3516703	463715	2587090	2416287	170803	465898	82022	82152
邯 郸 县	6481760	222914	4459187	4123558	335629	1799659	934247	321366
肥 乡 县	2318425	456207	1479317	1178729	300588	382901	171939	41919
馆 陶 县	2762606	521944	1879708	1708158	171550	360954	127959	51974
涉　　县	9247864	192018	7761769	7290852	470917	1294077	507095	142428
广 平 县	1978692	210975	1354617	1193343	161274	413100	89293	177251
成 安 县	4001555	461053	2921620	2710666	210954	618882	254315	63636
魏　　县	3716601	460462	2068950	1707762	361188	1187189	479773	87995
磁　　县	6965519	363542	4851598	4556048	295550	1750379	487402	272370
临 漳 县	2864753	498419	1717647	1459727	257920	648687	230386	32092
大 名 县	3661793	594747	2374119	2124267	249852	692927	143780	62236
丛 台 区	4049430	2305	2145612	1536202	609410	1901513	339246	289648
复 兴 区	8417221	2141	7697134	7552507	144627	717946	341757	33907
邯 山 区	2887694	11357	1061589	690071	371518	1814748	410385	269644
峰峰矿区	5484568	103437	4425238	4360322	64916	955893	234723	142651

2-19　分县（市、区）总产出发展速度

（2012年）

单位：%

县（市、区）	总产出							
		第一产业	第二产业			第三产业		
				工　业	建筑业		#交运仓邮	#批发零售
邯郸市	**113.2**	**104.2**	**114.4**	**114.6**	**111.4**	**112.3**	**108.4**	**119.5**
武安市	113.5	105.5	113.4	113.5	107.1	114.7	111.5	127.6
鸡泽县	115.1	102.8	117.1	120.7	91.8	116.7	111.4	127.9
邱　县	114.3	104.5	115.3	114.5	122.1	119.5	110.7	118.8
永年县	115.8	102.2	117.2	117.1	117.8	126.8	136.0	128.7
曲周县	135.0	103.5	145.3	148.0	114.0	119.8	101.4	134.1
邯郸县	117.1	105.9	120.2	120.2	119.1	110.8	109.4	113.7
肥乡县	115.4	104.7	120.9	120.7	121.5	110.4	109.8	113.3
馆陶县	120.2	102.6	127.2	129.1	112.3	116.4	107.7	119.5
涉　县	112.3	104.3	112.0	111.7	117.6	115.3	114.7	122.1
广平县	115.1	106.9	118.1	118.9	112.4	110.1	103.9	114.1
成安县	115.3	101.7	119.6	120.7	109.7	111.5	105.9	119.0
魏　县	112.7	106.6	115.7	116.3	113.0	109.6	104.8	110.5
磁　县	113.0	101.8	113.5	114.2	104.2	114.0	110.5	120.7
临漳县	113.9	105.3	117.4	118.8	111.6	113.2	107.0	122.4
大名县	113.6	104.0	116.3	117.5	102.5	113.1	114.2	112.7
丛台区	112.9	96.5	107.3	104.6	115.5	120.5	129.9	120.9
复兴区	110.5	115.4	110.1	110.2	105.4	114.0	115.8	119.4
邯山区	110.1	95.4	103.7	100.7	112.8	115.5	106.6	120.4
峰峰矿区	111.7	100.4	111.7	111.9	100.6	112.5	105.9	114.6

2-20　分县（市、区）现价地区生产总值及人均地区生产总值

（2012年）

单位：万元

县（市、区）	地区生产总值								人均地区生产总值（元）
		第一产业	第二产业			第三产业			
				工　业	建筑业		#交运仓邮	#批发零售	
邯郸市	**30242864**	**3838965**	**16208356**	**14735035**	**1473321**	**10195543**	**2990803**	**1611280**	**32650**
武安市	5804439	182449	3883623	3809373	74250	1738367	625691	490019	69857
鸡泽县	768677	173147	382008	341623	40385	213522	41399	49452	27750
邱　县	615804	150868	264180	221964	42216	200756	42419	34632	26786
永年县	2499727	763606	1076700	1008222	68478	659421	221475	186638	26120
曲周县	1041223	254979	519523	466784	52739	266721	40000	58244	24142
邯郸县	2039806	127693	953379	849453	103926	958734	425527	206596	43848
肥乡县	730018	207674	321530	241784	79746	200814	70495	31391	20564
馆陶县	821823	219969	407301	354635	52666	194553	58358	29484	26400
涉　县	2484577	96311	1691396	1559189	132207	696870	230378	103923	59668
广平县	731179	125089	387849	337568	50281	218241	36297	96613	26981
成安县	1200463	240724	634481	573386	61095	325258	95253	43542	31575
魏　县	1201299	236007	402605	299335	103270	562687	145629	61837	14620
磁　县	2251479	202956	1143815	1054962	88853	904708	210949	178148	35218
临漳县	1004269	273139	378052	296083	81969	353078	97664	23720	16605
大名县	1180569	309703	485333	426853	58480	385533	45495	40864	15269
丛台区	1599995	1618	536156	365304	170852	1062221	170980	197563	43740
复兴区	2000389	1130	1602786	1559204	43582	396473	179630	23057	103486
邯山区	1251788	6954	238913	129850	109063	1005921	202769	185110	32271
峰峰矿区	1751282	51085	1184364	1165137	19227	515833	109161	98857	34569

2-21 分县（市、区）地区生产总值及人均地区生产总值发展速度

（2012年）

单位：%

县（市、区）	地区生产总值	第一产业	第二产业			第三产业			人均地区生产总值
				工业	建筑业		#交运仓邮	#批发零售	
邯郸市	**110.5**	**104.2**	**112.3**	**112.5**	**110.2**	**109.7**	**105.0**	**117.2**	**109.9**
武安市	111.4	106.0	111.8	111.9	104.6	110.9	107.2	122.2	110.4
鸡泽县	113.4	102.4	117.1	120.6	94.2	116.4	111.3	131.7	112.5
邱县	113.2	105.0	117.0	117.6	113.7	115.3	107.5	111.4	112.6
永年县	110.5	102.4	113.7	113.5	117.6	115.2	114.6	124.9	109.6
曲周县	111.1	104.0	114.8	116.1	106.0	112.4	100.4	120.9	110.4
邯郸县	111.2	105.7	111.6	110.8	118.8	111.5	109.1	114.4	107.7
肥乡县	112.2	105.2	120.1	120.4	119.3	109.8	109.6	112.8	111.4
馆陶县	113.3	102.6	119.2	122.4	104.3	116.5	106.4	118.9	112.8
涉县	111.2	103.9	111.4	111.5	109.0	111.5	109.4	115.5	110.6
广平县	113.1	107.4	117.5	118.6	112.4	110.4	103.8	113.9	112.7
成安县	113.0	102.0	119.3	120.7	109.7	112.7	106.6	119.0	112.5
魏县	111.1	106.5	115.3	116.0	112.9	109.5	103.9	110.3	110.1
磁县	111.3	101.8	111.6	112.4	102.7	112.9	109.2	119.2	110.8
临漳县	112.2	105.5	117.2	119.9	109.4	113.2	106.6	122.0	111.7
大名县	111.1	104.2	117.4	119.6	101.7	109.5	109.6	106.3	110.9
丛台区	110.1	96.6	106.4	104.8	110.4	112.2	107.4	113.3	109.8
复兴区	110.0	115.8	109.1	109.3	105.0	113.5	114.9	119.0	109.5
邯山区	110.0	95.0	100.0	97.0	106.4	113.6	106.4	119.2	109.7
峰峰矿区	110.3	100.9	110.3	110.5	101.6	110.9	102.1	113.2	109.9

2-22 分县（市、区）地区生产总值四项构成

（2012年）

单位：万元

县（市、区）	地区生产总值	劳动者报酬	生产税净额	固定资产折旧	营业盈余
邯郸市	**30242864**	**13837787**	**3241224**	**5286811**	**7877042**
武安市	5804439	2429950	823484	1020666	1530339
鸡泽县	768677	370052	47147	111503	239975
邱县	615804	280850	118354	120659	95941
永年县	2499727	1107977	129097	122760	1139893
曲周县	1041223	533925	40019	129297	337982
邯郸县	2039806	565472	266086	330273	877975
肥乡县	730018	348075	62196	120054	199693
馆陶县	821823	441389	81212	155613	143609
涉县	2484577	806884	463369	331473	882851
广平县	731179	281822	93012	119123	237222
成安县	1200463	784199	47695	111155	257414
魏县	1201299	507308	52500	218373	423118
磁县	2251479	833824	214100	349951	853604
临漳县	1004269	547768	42512	129299	284690
大名县	1180569	431229	117713	280088	351539
丛台区	1599995	878442	148850	188205	384498
复兴区	2000389	535528	493030	428641	543190
邯山区	1251788	523580	210265	191003	326940
峰峰矿区	1751282	838893	161579	306567	444243

2-23 分县（市、区）三次产业构成

（按当年价格计算）

单位：%

县（市、区）	地区生产总值	第一产业	第二产业	第三产业
邯郸市	**100.0**	**12.7**	**53.6**	**33.7**
武安市	100.0	3.1	66.9	30.0
鸡泽县	100.0	22.5	49.7	27.8
邱县	100.0	24.5	42.9	32.6
永年县	100.0	30.5	43.1	26.4
曲周县	100.0	24.5	49.9	25.6
邯郸县	100.0	6.3	46.7	47.0
肥乡县	100.0	28.4	44.0	27.6
馆陶县	100.0	26.8	49.6	23.6
涉县	100.0	3.9	68.1	28.0
广平县	100.0	17.1	53.0	29.9
成安县	100.0	20.1	52.9	27.0
魏县	100.0	19.6	33.5	46.9
磁县	100.0	9.0	50.8	40.2
临漳县	100.0	27.2	37.6	35.2
大名县	100.0	26.2	41.1	32.7
丛台区	100.0	0.1	33.5	66.4
复兴区	100.0	0.1	80.1	19.8
邯山区	100.0	0.6	19.1	80.3
峰峰矿区	100.0	2.9	67.6	29.5

2-24 分县（市、区）增加值率

（2012年）

单位：%

县（市、区）	地区生产总值	第一产业	第二产业			第三产业		
				工业	建筑业		#交运仓邮	#批发零售
邯郸市	**31.6**	**57.1**	**23.8**	**23.3**	**30.9**	**48.6**	**37.5**	**66.1**
武安市	28.4	53.6	22.8	22.7	29.0	57.8	53.1	64.7
鸡泽县	31.8	57.6	22.3	22.0	24.7	53.0	46.0	60.2
邱县	30.4	51.5	19.6	18.5	28.4	52.4	43.7	68.5
永年县	32.6	57.2	21.2	21.4	18.9	52.6	44.0	80.9
曲周县	29.6	55.0	20.1	19.3	30.9	57.2	48.8	70.9
邯郸县	31.5	57.3	21.4	20.6	31.0	53.3	45.5	64.3
肥乡县	31.5	45.5	21.7	20.5	26.5	52.4	41.0	74.9
馆陶县	29.7	42.1	21.7	20.8	30.7	53.9	45.6	56.7
涉县	26.9	50.2	21.8	21.4	28.1	53.9	45.4	73.0
广平县	37.0	59.3	28.6	28.3	31.2	52.8	40.6	54.5
成安县	30.0	52.2	21.7	21.2	29.0	52.6	37.5	68.4
魏县	32.3	51.3	19.5	17.5	28.6	47.4	30.4	70.3
磁县	32.3	55.8	23.6	23.2	30.1	51.7	43.3	65.4
临漳县	35.1	54.8	22.0	20.3	31.8	54.4	42.4	73.9
大名县	32.2	52.1	20.4	20.1	23.4	55.6	31.6	65.7
丛台区	39.5	70.2	25.0	23.8	28.0	55.9	50.4	68.2
复兴区	23.8	52.8	20.8	20.6	30.1	55.2	52.6	68.0
邯山区	43.3	61.2	22.5	18.8	29.4	55.4	49.4	68.6
峰峰矿区	31.9	49.4	26.8	26.7	29.6	54.0	46.5	69.3

2-25　分县（市、区）第三产业分行业增加值

（2012年）

单位：万元

指　标	第三产业	交通运输仓储及邮政业	信息传输、计算机服务和软件业	批发和零售业	住宿和餐饮业	金融业	房地产业
邯郸市	**10195543**	**2990803**	**363677**	**1611280**	**468957**	**867119**	**802987**
武安市	1738367	625691	24212	490019	108561	97816	43655
鸡泽县	213522	41399	10688	49452	2721	19475	42999
邱　县	200756	42419	10331	34632	9333	7171	21843
永年县	659421	221475	28447	186638	18247	41896	60762
曲周县	266721	40000	8220	58244	21347	16859	28332
邯郸县	958734	425527	10359	206596	38615	31120	72253
肥乡县	200814	70495	8534	31391	8377	11055	11849
馆陶县	194553	58358	9968	29484	8557	19215	15080
涉　县	696870	230378	7624	103923	12777	36922	22828
广平县	218241	36297	5221	96613	13910	10131	15561
成安县	325258	95253	11733	43542	1585	17996	24460
魏　县	562687	145629	24539	61837	9304	26349	60026
磁　县	904708	210949	15928	178148	52651	40218	73725
临漳县	353078	97664	21908	23720	2396	19126	35930
大名县	385533	45495	23798	40864	4203	22589	43824
丛台区	1062221	170980	28685	197563	32369	151072	133016
复兴区	396473	179630	21268	23057	11367	55496	17509
邯山区	1005921	202769	27843	135110	23076	22091	128309
峰峰矿区	515833	109161	24582	98857	15669	33808	39047

2-25续表

单位：万元

县（市、区）	租赁和商务服务业	科学研究、技术服务和地质勘查业	水利、环境和公共设施管理业	居民服务业和其他服务业	教　育	卫生、社会保障和社会福利业	文化、体育和娱乐业	公共管理和社会组织
邯郸市	**234825**	**101269**	**138645**	**745573**	**716821**	**361873**	**130315**	**661399**
武安市	20113	8655	9998	75074	78513	13657	3377	139026
鸡泽县	2664	221	1172	2361	15285	4281	507	20297
邱　县	5144	1439	1000	10074	19223	9506	6002	22639
永年县	2511	1101	829	3134	35994	8026	638	49723
曲周县	941	838	855	24419	28375	7020	1345	29926
邯郸县	4302	20350	19687	8450	35107	5265	2440	78663
肥乡县	388	308	77	7456	22327	4423	6012	18122
馆陶县	586	590	154	2689	16240	9726	2544	21362
涉　县	36153	20254	22363	63936	34671	11620	4681	88740
广平县	77	7063	861	3150	8472	3695	337	16853
成安县	17008	14154	20108	204	36219	5187	13407	24402
魏　县	25696	11880	13062	33736	36453	24327	13946	75903
磁　县	28161	21319	42940	60056	58617	37922	16920	67154
临漳县	3343	98	145	36024	29898	7690	5942	69194
大名县	12463	4836	1615	3273	78250	21740	782	81801
丛台区	23602	45326	11722	68048	51106	22423	11373	114936
复兴区	17676	4638	2080	19061	14093	8166	299	22133
邯山区	32236	30984	2253	61442	113200	71913	14290	90405
峰峰矿区	22507	9097	493	52954	38401	17434	6462	47361

2-26　分县（市、区）第三产业分行业增加值发展速度

（2012年）

单位：%

指　标	第三产业	交通运输、仓储及邮政业	信息传输、计算机服务和软件业	批发和零售业	住宿和餐饮业	金融业	房地产业
邯郸市	**109.7**	**105.0**	**106.1**	**117.2**	**106.4**	**116.5**	**108.6**
武安市	110.9	107.2	107.9	122.2	105.9	111.1	105.8
鸡泽县	116.4	111.3	107.4	131.7	127.7	130.2	120.0
邱　县	115.3	107.5	98.4	111.4	108.9	102.8	146.2
永年县	115.2	114.6	108.6	124.9	109.7	121.9	102.7
曲周县	112.4	100.4	107.4	120.9	107.9	116.7	105.1
邯郸县	111.5	109.1	107.3	114.4	106.7	110.2	131.6
肥乡县	109.8	109.6	109.6	112.8	112.1	110.0	105.6
馆陶县	116.5	106.4	105.9	118.9	106.2	172.0	123.2
涉　县	111.5	109.4	102.9	115.5	104.3	110.2	105.1
广平县	110.4	103.8	107.5	113.9	114.1	107.3	112.3
成安县	112.7	106.6	107.4	119.0	113.8	118.5	107.3
魏　县	109.5	103.9	107.4	110.3	105.2	128.5	105.2
磁　县	112.9	109.2	105.9	119.2	110.4	121.5	103.1
临漳县	113.2	106.6	107.2	122.0	106.2	113.6	105.4
大名县	109.5	109.6	110.8	106.3	103.8	109.4	105.2
丛台区	112.2	107.4	107.5	113.3	112.4	125.6	103.6
复兴区	113.5	114.9	110.8	119.0	111.9	111.0	106.9
邯山区	113.6	106.4	107.6	119.2	106.4	106.0	136.3
峰峰矿区	110.9	102.1	110.4	113.2	105.0	103.0	105.7

2-26续表

单位：%

县（市、区）	租赁和商务服务业	科学研究、技术服务和地质勘查业	水利、环境和公共设施管理业	居民服务业和其他服务业	教育	卫生、社会保障和社会福利业	文化、体育和娱乐业	公共管理和社会组织
邯郸市	**118.8**	**105.5**	**100.7**	**118.6**	**105.5**	**110.0**	**114.4**	**106.4**
武安市	97.0	104.1	103.8	118.6	108.4	110.9	69.1	102.0
鸡泽县	123.6	107.4	111.1	115.3	102.0	102.6	113.6	100.3
邱　县	121.5	123.5	125.9	245.8	111.6	112.8	114.9	107.4
永年县	107.6	117.8	119.1	112.4	123.8	105.8	107.8	99.2
曲周县	114.8	102.4	103.7	144.8	108.9	110.6	101.6	110.5
邯郸县	102.6	100.4	114.1	110.8	106.9	116.9	112.0	110.4
肥乡县	111.3	113.1	115.0	113.2	109.5	110.0	112.2	106.1
馆陶县	112.5	118.3	93.2	160.5	117.1	125.3	134.0	108.9
涉　县	117.0	106.2	114.8	116.6	116.9	120.4	115.0	107.8
广平县	110.6	106.6	107.4	102.0	104.0	111.1	103.0	109.5
成安县	129.1	112.5	125.9	101.6	110.3	112.3	122.3	112.4
魏　县	117.4	112.3	111.9	117.9	107.6	106.1	111.9	114.5
磁　县	116.0	98.0	125.6	124.7	100.7	118.7	112.0	116.8
临漳县	129.0	105.9	109.9	129.0	106.0	110.4	129.8	123.0
大名县	106.7	111.0	110.9	106.7	106.6	108.1	107.2	117.5
丛台区	128.9	116.6	116.9	110.4	117.1	116.3	115.5	105.5
复兴区	110.5	114.6	118.8	110.1	118.7	113.8	119.9	113.5
邯山区	99.1	116.7	116.8	98.7	116.9	116.9	104.0	110.4
峰峰矿区	149.6	103.6	115.1	118.2	109.1	116.7	125.6	118.7

2-27　全社会资产负债情况

（2012年末）

单位：万元

项　　目	合计		非金融企业部门		金融机构部门	
	使　用	来　源	使　用	来　源	使　用	来　源
非金融资产	**75836133**		**37419213**		**329126**	
固定资产	62659021		25602936		296982	
固定资产净值	58261971		21292116		221342	
固定资产原值	85101264		39926875		326265	
减：累计折旧	26839293		18634759		104923	
在建工程	3370926		3307277		53059	
其　他	1026124		1003543		22581	
存　货	11572325		10528691			
其他非金融资产	1604787		1287586		32144	
#无形资产	438060		417588		20098	
金融资产与负债	**73313315**	**66891893**	**22952374**	**32322790**	**29135097**	**31913554**
国内金融资产与负债	73313315	66891893	22952374	32322790	29135097	31913554
通货	2358057		876914		210330	
存款	25282913	29372842	7413243			29372842
贷款	18782181	11723749		9948614	18782181	
股票及其他股权	1130275	671892	701624	671892	24276	
证券(不含股票)	1153971	81860	21198		1046878	81860
保险准备金	727075	727075	431532			727075
其他	23878843	24314475	13507863	21702284	9071432	1731777
国外金融资产与负债						
资产负债差额		**82257555**		**28048797**		**-2449331**
总　　计	**149149448**	**149149448**	**60371587**	**60371587**	**29464223**	**29464223**

2-27续表

单位：万元

项　　目	政府部门		住户部门	
	使　用	来　源	使　用	来　源
非金融资产	**3091828**		**34995966**	
固定资产	3076596		33682507	
固定资产净值	3066006		33682507	
固定资产原值	3601286		41246838	
减：累计折旧	535280		7564331	
在建工程	10590			
其　他				
存　货	10141		1033493	
其他非金融资产	5091		279966	
#无形资产	374			
金融资产与负债	**1019236**	**584834**	**20206608**	**2070715**
国内金融资产与负债	1019236	584834	20206608	2070715
通货	6635		1264178	
存款	323674		17545996	
贷款		90640		1684495
股票及其他股权	15733		388642	
证券(不含股票)			85895	
保险准备金	76574		218969	
其他	596620	494194	702928	386220
国外金融资产与负债				
资产负债差额		**3526230**		**53131859**
总　　计	**4111064**	**4111064**	**55202574**	**55202574**

2-28 非金融企业部门资产负债情况

（2012年末）

单位：万元

项　　目	合　计		农业企业	
	使　用	来　源	使　用	来　源
非金融资产	**37419213**		**875626**	
固定资产	25602936		864590	
固定资产净值	21292116		864524	
固定资产原值	39926875		997119	
减：累计折旧	18634759		132595	
在建工程	3307277		66	
其　他	1003543			
存　货	10528691		6564	
其他非金融资产	1287586		4472	
#无形资产	417588		1855	
金融资产与负债	**22952374**	**32322790**	**774764**	**548546**
国内金融资产与负债	22952374	32322790	774764	548546
通货	876914		859	
存款	7413243		719990	
贷款		9948614		503566
股票及其他股权	701624	671892	9595	
证券（不含股票）	21198			
保险准备金	431532			
其他	13507863	21702284	44320	44980
国外金融资产与负债				
资产负债差额		**28048797**		**1101844**
总　计	**60371587**	**60371587**	**1650390**	**1650390**

2-28续表1

单位：万元

项　　目	工业企业		建筑企业		其它企业	
	使　用	来　源	使　用	来　源	使　用	来　源
非金融资产	**28937258**		**1165688**		**6440641**	
固定资产	22226316		632296		1879734	
固定资产净值	18083562		538699		1805331	
固定资产原值	35055287		764858		3109611	
减：累计折旧	16971725		226159		1304280	
在建工程	3203453		55940		47818	
其　他	939301		37657		26585	
存　货	5729394		496143		4296590	
其他非金融资产	981548		37249		264317	
#无形资产	349431		31148		35154	
金融资产与负债	**16735852**	**24165989**	**1225236**	**1294521**	**4216522**	**6313734**
国内金融资产与负债	16735852	24165989	1225236	1294521	4216522	6313734
通货	618623		6286		251146	
存款	3654626		67989		2970638	
贷款		5473428		82046		3889574
股票及其他股权	604539	669743	45852		41638	2149
证券（不含股票）	1695		499		19004	
保险准备金	97759		2226		331547	
其他	11758610	18022818	1102384	1212475	602549	2422011
国外金融资产与负债						
资产负债差额		**21507121**		**1096403**		**4343429**
总　计	**45673110**	**45673110**	**2390924**	**2390924**	**10657163**	**10657163**

2-28续表2

单位：万元

项目	合计		国有企业		集体企业	
	使用	来源	使用	来源	使用	来源
非金融资产	**37419213**		**3583451**		**279376**	
固定资产	25602936		2974520		231969	
固定资产净值	21292116		2467768		217799	
固定资产原值	39926875		4547246		365333	
减：累计折旧	18634759		2079478		147534	
在建工程	3307277		497033		2668	
其他	1003543		9719		11502	
存货	10528691		505103		47235	
其他非金融资产	1287586		103828		172	
#无形资产	417588		38985		171	
金融资产与负债	**22952374**	**32322790**	**1728732**	**1849805**	**363807**	**400030**
国内金融资产与负债	22952374	32322790	1728732	1849805	363807	400030
通货	876914		143927		20864	
存款	7413243		240945		79131	
贷款		9948614		402179		163447
股票及其他股权	701624	671892	64543	53365	22823	2279
证券(不含股票)	21198		499			
保险准备金	431532		9762		1739	
其他	13507863	21702284	1269056	1394261	239250	234304
国外金融资产与负债						
资产负债差额		**28048797**		**3462378**		**243153**
总计	**60371587**	**60371587**	**5312183**	**5312183**	**643183**	**643183**

2-28续表3

单位：万元

项目	私营企业		外商及港澳台投资企业		其它企业	
	使用	来源	使用	来源	使用	来源
非金融资产	**12828679**		**3284451**		**17443256**	
固定资产	9017050		2596686		10782711	
固定资产净值	7780391		2460694		8365464	
固定资产原值	13196753		5717971		16099572	
减：累计折旧	5416362		3257277		7734108	
在建工程	1138833		135992		1532751	
其他	97826				884496	
存货	3663199		611370		5701784	
其他非金融资产	148430		76395		958761	
#无形资产	55710		27222		295500	
金融资产与负债	**2634043**	**3655251**	**1240864**	**2582772**	**16984928**	**23834932**
国内金融资产与负债	2634043	3655251	1240864	2582772	16984928	23834932
通货	86144		23904		602075	
存款	1002456		119508		5971203	
贷款		1704100		173692		7505196
股票及其他股权	73673	47616	6312		534273	568632
证券(不含股票)	308		266		20125	
保险准备金	9974		1831		408226	
其他	1461488	1903535	1089043	2409080	9449026	15761104
国外金融资产与负债						
资产负债差额		**11807471**		**1942543**		**10593252**
总计	**15462722**	**15462722**	**4525315**	**4525315**	**34428184**	**34428184**

2-29 政府部门资产负债情况

(2012年末)

单位：万元

项目	合计		# 国有单位		行政单位	
	使用	来源	使用	来源	使用	来源
非金融资产	**3091828**		**2597925**		**928526**	
固定资产	3076596		2585646		914177	
固定资产净值	3066006		2577250		909836	
固定资产原值	3601286		3027789		997455	
减：累计折旧	535280		450539		87619	
在建工程	10590		8396		4341	
存货	10141		8102		9442	
其他非金融资产	5091		4177		4907	
#无形资产	374		290		374	
金融资产与负债	**1019236**	**584834**	**771828**	**440065**	**429710**	**175355**
国内金融资产与负债	1019236	584834	771828	440065	429710	175355
通货	6635		5121		2142	
存款	323674		265690		185816	
贷款		90640		76842		17941
股票及其他股权	15733					
证券(不含股票)						
保险准备金	76574		6906		9700	
其他	596620	494194	494111	363223	232052	157414
国外金融资产与负债						
资产负债差额		**3526230**		**2929688**		**1182881**
总计	**4111064**	**4111064**	**3369753**	**3369753**	**1358236**	**1358236**

2-29续表

单位：万元

项目	事业单位		中央		地方	
	使用	来源	使用	来源	使用	来源
非金融资产	**2163302**		**128226**		**2035076**	
固定资产	2162419		128054		2034365	
固定资产净值	2156170		127655		2028515	
固定资产原值	2603831		156229		2447602	
减：累计折旧	447661		28574		419087	
在建工程	6249		399		5850	
存货	699		44		655	
其他非金融资产	184		128		56	
#无形资产						
金融资产与负债	**589526**	**409479**	**82725**	**51962**	**506801**	**357517**
国内金融资产与负债	589526	409479	82725	51962	506801	357517
通货	4493		1388		3105	
存款	137858		50614		87244	
贷款		72699		5846		66853
股票及其他股权	15733		902		14831	
证券(不含股票)						
保险准备金	66874		313		66561	
其他	364568	336780	29508	46116	335060	290664
国外金融资产与负债						
资产负债差额		**2343349**		**158989**		**2184360**
总计	**2752828**	**2752828**	**210951**	**210951**	**2541877**	**2541877**

2-30　金融部门资产负债情况

(2012年末)　　单位：万元

项　　目	合　计		银行机构	
	使　用	来　源	使　用	来　源
非金融资产	**329126**		**299538**	
固定资产	296982		277480	
固定资产净值	221342		204597	
固定资产原值	326265		298906	
减：累计折旧	104923		94309	
在建工程	53059		50440	
其　他	22581		22443	
存 货				
其他非金融资产	32144		22058	
#无形资产	20098		19722	
金融资产与负债	**29212491**	**32039396**	**27540466**	**31078766**
国内金融资产与负债	29212491	32039396	27540466	31078766
通货	210330		207122	
存款	77394	29450236		29381795
贷款	18782181	48448	18740250	
股票及其他股权	24276		24276	
证券(不含股票)	1046878	81860	1046722	81860
保险准备金		727075		
其他	9071432	1731777	7522096	1615111
国外金融资产与负债				
资产负债差额		**-2497779**		**-3238762**
总　计	**29541617**	**29541617**	**27840004**	**27840004**

2-30续表　　单位：万元

项　　目	保险机构		其他金融机构	
	使　用	来　源	使　用	来　源
非金融资产	**25165**		**4423**	
固定资产	17673		1829	
固定资产净值	14951		1794	
固定资产原值	25233		2126	
减：累计折旧	10282		332	
在建工程	2584		35	
其　他	138			
存 货				
其他非金融资产	7492		2594	
#无形资产	376			
金融资产与负债	**1606192**	**884098**	**65833**	**76532**
国内金融资产与负债	1606192	884098	65833	76532
通货	2746		462	
存款	77394			68441
贷款		48448	41931	
股票及其他股权				
证券(不含股票)			156	
保险准备金		727075		
其他	1526052	108575	23284	8091
国外金融资产与负债				
资产负债差额		**747259**		**-6276**
总　计	**1631357**	**1631357**	**70256**	**70256**

2-31　住户部门资产负债情况

（2012年末）

单位：万元

项　　目	全　市		#个体工商户	
	使　用	来　源	使　用	来　源
非金融资产	**34995966**		**3688257**	
固定资产	33682507		2732296	
固定资产净值	33682507		2732296	
固定资产原值	41246838		3445229	
减：累计折旧	7564331		712933	
存 货	1033493		649610	
其他非金融资产	279966		306351	
金融资产与负债	**20206608**	**2070715**	**1347682**	**613113**
国内金融资产与负债	20206608	2070715	1347682	613113
通货	1264178		199694	
存款	17545996		973681	
贷款		1684495		430414
股票及其他股权	388642			
证券(不含股票)	85895		259	
保险准备金	218969		6862	
其他	702928	386220	167186	182699
国外金融资产与负债				
资产负债差额		**53131859**		**4422826**
总　　计	**55202574**	**55202574**	**5035939**	**5035939**

2-31续表

单位：万元

项　　目	农业住户		非农业住户	
	使　用	来　源	使　用	来　源
非金融资产	**21067949**		**13928017**	
固定资产	19887291		13795216	
固定资产净值	19887291		13795216	
固定资产原值	22747003		18499835	
减：累计折旧	2859712		4704619	
存 货	955168		78325	
其他非金融资产	225490		54476	
金融资产与负债	**9559646**	**453977**	**10646962**	**1616738**
国内金融资产与负债	9559646	453977	10646962	1616738
通货	852936		411242	
存款	8148100		9397896	
贷款		318862		1365633
股票及其他股权	8038		380604	
证券(不含股票)	4620		81275	
保险准备金	196070		22899	
其他	349882	135115	353046	251105
国外金融资产与负债				
资产负债差额		**30173618**		**22958241**
总　　计	**30627595**	**30627595**	**24574979**	**24574979**

2-32　分县(市、区)资产负债情况

单位：万元

县(市、区)	总资产		总负债	
	2012年末	2011年末	2012年末	2011年末
武安市	17029068	15946776	7115289	6981934
鸡泽县	2973050	2535530	560438	418542
邱县	1178488	1071178	407628	372419
永年县	4105251	3591928	1801516	1648733
曲周县	2664929	2066831	557011	365019
邯郸县	2821048	2612081	1078419	998536
肥乡县	1541383	1429960	809576	682291
馆陶县	1458227	1453665	435842	465548
涉县	4589565	4334870	1864194	1701130
广平县	768065	686965	245172	205988
成安县	3461618	3198266	726665	692406
魏县	3266577	2967734	756507	699923
磁县	4987760	4760548	1530757	1381421
临漳县	2164528	1907815	935591	810577
大名县	3344390	2836773	310068	293090
丛台区	8486570	7684481	3592766	3334840
复兴区	12508403	11894874	7654857	7293687
邯山区	8968770	8680169	5246891	5235233
峰峰矿区	8655621	7616151	2896326	2782889

2-32续表

单位：万元

县(市、区)	非金融资产		金融资产	
	2012年末	2011年末	2012年末	2011年末
武安市	9785550	9173174	7243518	6773602
鸡泽县	2389313	2126203	583737	409327
邱县	825337	718027	372454	353151
永年县	2897576	2517290	1207675	1074638
曲周县	1767286	1312534	1074738	754297
邯郸县	2105519	1949554	715529	662527
肥乡县	878889	827090	662494	602870
馆陶县	1019371	978162	438856	475503
涉县	2892764	2770451	1696801	1564419
广平县	437784	402191	330281	284774
成安县	2206381	1999160	1255237	1199106
魏县	2330158	2117490	936419	850244
磁县	3320605	3168884	1667155	1591664
临漳县	1208161	1078802	956367	829013
大名县	1785915	1447652	1558475	1389121
丛台区	4902830	4471537	3583740	3212944
复兴区	9415415	8683518	3092988	3211356
邯山区	3727340	3551522	5241430	5128647
峰峰矿区	6021447	5232933	2634174	2383218

2-33　分行业民营经济增加值

单位：万元

项　　目	按现行价格计算		按可比价格计算		
	2012年	2011年	2012年	2011年	2012年为2011年%
民营经济增加值	19521226	17886779	18825103	16697577	112.7
第一产业	693631	602813	603140	509714	118.3
农、林、牧、渔业	693631	602813	603140	509714	118.3
第二产业	11116350	10381566	11040606	9793387	112.7
工业	9779775	9202816	9809523	8700941	112.7
建筑业	1336575	1178750	1231083	1092446	112.7
第三产业	7711245	6902400	7181357	6394476	112.3
批发和零售业	1435924	1281132	1300966	1166233	111.6
住宿餐饮业	457271	407426	405385	379765	106.7
金融业	230696	202815	215339	192059	112.1
房地产业	755328	723020	699956	676985	103.4
其他服务业	4832026	4288008	4559712	3979434	114.6

2-34　民营经济出口及实缴税金情况

单位：万美元、万元

项　　目	2012年	2011年	2012年为2011年%
出口总值	69845	66563	104.9
实缴税金	1942315	1799972	107.9
国税	919480	929658	98.9
地税	1022835	870314	117.5

注：民营经济口径为新口径，即非国有及国有控股经济类型。

2-35 民营经济主要经济指标

单位：万元

项目	个（户）数（个）	#私营个体	营业收入	#私营个体	利润总额	#私营个体
全 市	**313453**	**312145**	**117821247**	**89044165**	**7076735**	**5907580**
企业单位	33026	31718	72873618	44096536	3358902	2189747
工 业	20839	20497	50207814	30021860	2682588	2070785
规模以上	892	550	35830130	15644176	1595117	983314
规模以下	19947	19947	14377684	14377684	1087471	1087471
建筑业	4161	3945	4363220	1977154	240636	165371
有资质等级	275	59	2769444	383378	97792	22527
无资质等级	3886	3886	1593776	1593776	142844	142844
服务业	8026	7276	18302585	12097521	435678	-46409
其他服务业	638	382	2890719	606545	556699	90425
个体经济	280427	280427	44947629	44947629	3717833	3717833

2-35续表

单位：万元

项目	固定资产原值	#私营个体	劳动者报酬	#私营个体	从业人员（人）	#私营个体
全 市	**39621947**	**27649143**	**4629551**	**3692478**	**2724076**	**2415992**
企业单位	32189989	20217185	2488820	1551747	1223990	915906
工 业	27363985	16779497	1517315	1127488	801890	672679
规模以上	14992739	4408251	678833	289006	233068	103857
规模以下	12371246	12371246	838482	838482	568822	568822
建筑业	2880307	2464339	503295	218298	237393	121625
有资质等级	484464	68496	331857	46860	130198	14430
无资质等级	2395843	2395843	171438	171438	107195	107195
服务业	1945697	973349	468210	205961	184707	121602
其他服务业	941777	329173	248453	41942	54993	19288
个体经济	7431958	7431958	2140731	2140731	1500086	1500086

2-36 分县（市、区）民营经济主要指标

单位：万元

县(市、区)	营业收入	利润总额	从业人员(人)	劳动者报酬
全 市	117821247	7076735	2724076	4629551
#经济开发区	1487845	52781	24417	57400
马头经济开发区	639151	40759	15160	22851
武安市	16973012	202624	383665	704178
鸡泽县	3005417	329095	37214	28773
邱 县	3287843	127261	93994	115892
永年县	9328875	895164	251844	392651
曲周县	4549605	420730	107832	178187
邯郸县	12626733	546205	119120	201850
肥乡县	3140702	227637	96453	154078
馆陶县	3817895	293695	68277	125512
涉 县	6924047	321410	132888	185576
广平县	3881563	312940	79612	107649
成安县	4204725	268039	140727	175872
魏 县	6074804	510462	106811	272400
磁 县	9631736	547695	135534	218185
临漳县	2509747	237104	105424	170506
大名县	3779989	113785	201657	277400
丛台区	3832254	171172	84441	159434
复兴区	2588475	110759	43542	90640
邯山区	5191173	282260	94058	238086
峰峰矿区	7022974	153906	139958	244750

第二部分　统计资料

三、农村经济

资料整理：李永田　崔雪梅　魏亚丽　张秀阳

3-1　主要年份农村经济指标

项　　目	单　位	1990年	1995年	2000年	2005年	2010年	2011年	2012年
乡村户数	万　户	156.95	159.78	166.58	170.3	181.8	182.4	184.8
乡村人口数	万　人	638.98	661.8	678.01	692.9	729.4	731.7	739.1
乡村劳动力	万　人	278.45	302.48	345.02	360.7	374.5	378.3	418.1
#男劳动力	万　人	154.28	160.86	171.04	180.5	202.7	205.2	222.9
农林牧渔业劳动力	万　人	212.25	210.85	208.52	185.7	190.3	182.3	181.3
有效灌溉面积	公　顷	477200	501785	531639	538581	547282	549690	550450
旱涝保收面积	公　顷	321700	352128	376280	388996	407180	411590	415240
年末实有机电井	眼	86487	92359	96859	97512	100229	100532	100756
粮食播种面积	公　顷	758227	756284	798168	755417	774293	782523	775294
棉花播种面积	公　顷	188893	175953	73461	103027	117079	109865	107078
油料播种面积	公　顷	23853	29207	64494	62474	45328	44155	42004
蔬菜播种面积	公　顷	31200	35455	104709	127946	143027	140787	144913
粮食总产量	吨	2601753	3259213	3918834	4132607	4761218	5282949	5600800
棉花总产量	吨	143601	120831	74330	120409	147785	144038	133433
油料总产量	吨	36050	53863	187535	184691	146055	146431	142144
蔬菜总产量	吨	1155722	1654584	3975320	6480126	8460759	8423033	8720952
化肥施用量(按实物量计算)	吨	1011183	1370873	1646279	1762765	1751023	1751432	1768787
农药使用量	吨	5611	9138	7418	7551	7948	8040	8487
当年造林面积	公　顷	13220	35505	30376	22711	19521	23752	27580
育苗面积	公　顷	1473	1384	2596	2164	2305	2410	2917
干鲜果总产量	吨	169311	296468	461797	928354	1025381	1018711	1057315
#干果产量	吨	7103	10096	13524	11041	27456	19937	29006
鲜果产量	吨	162208	286372	448273	571178	638030	647291	687774
肉类总产量	吨	76737	290219	376129	499851	651922	677820	693326
#猪肉产量	吨	59797	183194	229905	298522	377064	386865	392659
牛肉产量	吨	1956	51832	32687	35290	47362	47559	47702
羊肉产量	吨	7882	19137	28137	37523	49063	50586	50637
牛奶产量	吨	7371	15384	34137	100720	218443	222855	226190
禽蛋产量	吨	61681	359397	711305	860005	998921	1038986	1040482
水产品总产量	吨	4156	12535	27013	47916	50106	52638	55838
年末大牲畜存栏头数	百　头	4160	9079	5620	5060	5092	5148	5119
猪年末存栏头数	百　头	10116	21420	22829	23964	33217	34586	33894
羊年末存栏头数	百　只	12637	20659	25054	26819	33862	34910	33863
农林牧渔业总产值(现价)	万　元	427405	1381468	1825570	2898108	5382107	6206530	6729017
农林牧渔业增加值(现价)	万　元	249734	739112	916984	1554369	3079526	3506096	3838965
农林牧渔业商品产值	万　元	241089	856434	1312760	2385680	4325217	5044996	5504055
农村居民人均纯收入	元	512	1519	2575	3578	6085	7366	8447
农用机械总动力	千　瓦	3158516	4683055	7640336	10780296	13728018	14195646	14523869
农村用电量	万千瓦小时	65860	118140	119575	389863	494285	535946	592462

3-2 农村经济主要指标发展速度

项目	2012年为各年%						平均每年增长(%)			
	1990年	1995年	2000年	2005年	2010年	2011年	1991～1995年	1996～2000年	2001～2005年	2006～2010年
乡村户数	117.7	115.7	110.9	108.5	101.7	101.3	0.4	0.8	0.4	1.3
乡村人口数	115.7	111.7	109.0	106.7	101.3	101.0	0.7	0.5	0.4	1.0
乡村劳动力	150.2	138.2	121.2	115.9	111.6	110.5	1.7	2.7	0.9	0.8
#男劳动力	144.5	138.6	130.3	123.5	110.0	108.6	0.8	1.2	1.1	2.3
农林牧渔业劳动力							-0.1	-0.2	-2.3	0.5
有效灌溉面积	115.3	109.7	103.5	102.2	100.6	100.1	1.0	1.2	0.3	0.3
旱涝保收面积	129.1	117.9	110.4	106.7	102.0	100.9	1.8	1.3	0.7	0.9
粮食播种面积	102.3	102.5	97.1	102.6	100.1	99.1	-0.1	1.1	-1.1	0.5
棉花播种面积	56.7	60.9	145.8	103.9	91.5	97.5	-1.4	-16.0	7.0	2.6
油料播种面积	176.1	143.8	65.1	67.2	92.7	95.1	4.1	17.2	-0.6	-6.2
蔬菜播种面积	464.5	408.7	138.4	113.3	101.3	102.9	2.6	24.2	4.1	2.3
粮食总产量	215.3	171.8	142.9	135.5	117.6	106.0	4.6	3.8	1.1	2.9
棉花总产量	92.9	110.4	179.5	110.8	90.3	92.6	-3.4	-9.3	10.1	4.2
油料总产量	394.3	263.9	75.8	77.0	97.3	97.1	8.4	28.3	-0.3	-4.6
蔬菜总产量	754.6	527.1	219.4	134.6	103.1	103.5	7.4	19.2	10.3	5.5
农用机械总动力	459.8	310.1	190.1	134.7	105.8	102.3	8.2	10.3	7.1	5.0
农村用电量	899.6	501.5	107.4	152.0	119.9	110.5	12.4	0.2	26.7	4.9
化肥施用量(实物量)	174.9	129.0	107.4	100.3	101.0	101.0	6.3	3.7	1.4	-0.1
农药使用量	151.3	92.9	114.4	112.4	106.8	105.6	10.2	-4.1	0.4	1.0
当年造林面积	208.6	77.7	90.8	121.4	141.3	116.1	21.8	-3.1	-5.7	-3.0
当年育苗面积	198.0	210.8	112.4	134.8	126.6	121.0	-1.2	13.4	-3.6	1.3
大牲畜存栏	123.1	56.4	91.1	101.2	100.5	99.4	16.9	-9.1	-2.1	0.1
猪存栏	335.1	158.2	148.5	141.4	102.0	98.0	16.2	1.3	1.0	6.7
羊存栏	268.0	163.9	135.2	126.3	100.0	97.0	10.3	3.9	1.4	4.8
肉类总产量	903.5	238.9	184.3	138.7	106.4	102.3	30.5	5.3	5.9	5.5
#猪肉产量	656.7	214.3	170.8	131.5	104.1	101.5	25.1	4.6	5.4	4.8
牛肉产量	2438.8	92.0	145.9	135.2	100.7	100.3	92.6	-8.8	1.5	6.1
羊肉产量	642.4	264.6	180.0	134.9	103.2	100.1	19.4	8.0	5.9	5.5
牛奶产量	3068.6	1470.3	662.6	224.6	103.5	101.5	15.9	17.3	24.2	16.7
禽蛋产量	1686.9	289.5	146.3	121.0	104.2	100.1	42.3	14.6	3.9	3.0
水产品产量	1343.6	445.5	206.7	116.5	111.4	106.1	24.7	16.6	12.1	0.9
农林牧渔业总产值	468.1	275.4	176.1	133.7	109.7	104.0	11.2	9.4	5.7	4.0
农林牧渔业增加值	429.4	270.2	180.6	138.5	110.3	104.2	9.7	8.4	5.5	4.7
农林牧渔业商品产值	2283.0	642.7	419.3	230.7	127.3	109.1	28.9	8.9	12.7	12.6
农民人均纯收入	1649.8	556.1	328.0	236.1	138.8	114.7	24.3	11.1	6.8	11.2
农民人均生活消费支出	910.0	400.3	337.5	232.9	149.4	102.4	17.8	3.5	7.7	9.7
#食　品	711.0	285.4	280.4	227.6	148.0	101.7	20.0	3.8	4.3	8.7
衣　着	723.3	325.9	310.1	238.2	155.7	96.2	17.3	0.8	5.4	10.1
居　住	1191.7	540.7	413.6	235.8	139.4	106.8	17.1	5.5	11.9	13.4
用品及其它	1218.6	634.2	396.4	235.6	155.8	102.8	14.0	9.9	10.9	8.4
农民人均年末住房面积	206.0	197.4	154.1	128.5	108.9	100.0	0.9	5.1	3.7	3.5
农民人均家庭经营费用支出	661.3	220.0	210.2	156.0	95.7	101.3	24.6	0.9	6.1	11.2

3-3　历年现价农林牧渔业总产值

单位：万元

年　　份	农林牧渔业总产值	农业产值	#种植业	林业产值	牧业产值	渔业产值
1949	21213	19817	18482	439	954	3
1950	25075	23553	22014	462	1055	5
1951	27842	26138	24426	606	1093	6
1952	33290	31427	29457	665	1194	4
1953	26367	24559	22603	657	1149	7
1954	35013	33008	30862	753	1244	8
1955	30370	28447	26452	724	1191	9
1956	27308	25353	23039	811	1139	5
1957	36427	34410	31904	781	1228	8
1958	35534	33340	31129	841	1332	22
1959	38406	26015	34058	924	1439	28
1960	30543	28398	26358	832	1305	11
1961	23058	20917	19354	901	1232	11
1962	26948	25067	23282	795	1077	9
1963	17751	16091	13932	479	1145	24
1964	27901	25894	23306	434	1557	16
1965	32716	30301	28283	740	1664	11
1966	34812	32101	29733	630	2073	7
1967	35549	32414	29295	647	2481	7
1968	36881	33775	30403	683	2416	6
1969	39321	36370	32304	841	2104	7
1970	41341	37867	33342	750	2690	34
1971	51121	46257	40788	1287	3572	5
1972	54278	48111	40776	1759	4399	11
1973	54536	48415	41469	1812	4285	6
1974	64419	58029	49137	2011	4370	9
1975	70675	62412	52636	2185	6065	13
1976	75928	66746	55685	2643	6516	23
1977	74592	65433	48560	2449	6675	34

3-3续表　　单位：万元

年　份	农林牧渔业总产值	农业产值	#种植业	林业产值	牧业产值	渔业产值
1978	84271	74551	56972	2337	7349	34
1979	87713	76828	60978	2786	8071	28
1980	121549	108919	93527	3904	8698	28
1981	126410	109721	88882	5913	10738	38
1982	138053	121830	97484	4509	11680	34
1983	215119	195959	162234	4462	14555	143
1984	265697	242389	164060	5817	17264	227
1985	198799	167999	158055	7572	22892	336
1986	203562	169854	155953	6971	26284	453
1987	249830	207119	185098	8066	33828	817
1988	343818	274907	255817	11781	55945	1185
1989	381753	313059	292718	8502	58835	1357
1990	427405	344399	324436	10374	70750	1909
1991	446917	345056	320636	10489	88733	2639
1992	441638	321695	293946	13202	103604	3137
1993	576073	419333	386400	14714	138163	3863
1994	927200	660549	639811	14713	246600	5320
1995	1381468	907265	881850	20969	446620	6614
1996	1615935	974438	939743	24437	606701	10359
1997	1834846	1081787	1043522	25589	711894	15576
1998	1872853	1155301	1111640	26978	673016	17558
1999	1813558	1110730	1045274	27677	658012	17139
2000	1825570	1125764	1058592	25541	654491	19774
2001	1890688	1166317	1091849	27523	675672	21176
2002	1990872	1220585	1143286	35579	710818	23890
2003	2103019	1123864	1030969	28074	805654	24794
2004	2602869	1381477	1272791	26785	1035350	31021
2005	2898108	1535776	1417238	30513	1119574	37990
2006	3098901	1688048	1536971	34198	1125285	27965
2007	3788918	1957293	1795507	47953	1505607	32925
2008	4219313	2081577	1932180	47903	1801867	38966
2009	4375365	2317972	2165607	72141	1734637	36601
2010	5382107	3079421	2712781	43120	1970893	43573
2011	6206530	3291093	2956248	52386	2530854	59697
2012	6729017	3773077	3333810	64387	2524070	65483

3-4 历年农林牧渔业总产值环比指数

（以上年为100）

年 份	农林牧渔业总产值	农业产值	林业产值	牧业产值	渔业产值
1950	116.75	117.47	105.20	109.52	166.67
1951	110.61	110.35	131.10	103.33	120.00
1952	118.43	119.18	109.53	108.47	62.50
1953	79.41	78.16	97.53	96.52	186.67
1954	131.86	133.78	113.16	107.80	114.29
1955	86.80	86.18	94.36	96.08	106.38
1956	86.00	95.41	112.74	95.84	68.57
1957	124.06	125.77	101.36	107.20	145.83
1958	97.60	97.31	92.37	108.97	254.29
1959	108.54	108.00	126.51	106.84	125.84
1960	80.65	80.08	86.16	90.25	36.61
1961	75.18	72.71	12.00	94.70	114.63
1962	116.00	119.84	88.63	88.59	72.34
1963	66.23	64.59	60.58	106.62	279.41
1964	155.97	160.89	90.86	130.97	68.42
1965	116.76	116.36	169.67	101.93	61.54
1966	107.12	106.83	85.53	127.99	70.00
1967	101.18	99.94	102.46	120.17	100.00
1968	103.48	103.79	106.83	98.07	85.71
1969	106.06	106.94	122.13	86.85	116.67
1970	104.98	104.08	89.82	128.18	471.43
1971	93.29	91.82	128.27	100.08	12.12
1972	105.86	103.24	136.59	122.30	212.50
1973	101.75	102.19	102.19	96.91	64.71
1974	115.75	117.14	111.89	102.45	136.36
1975	110.57	109.20	105.41	131.93	136.36
1976	105.07	103.23	125.13	113.37	178.05
1977	89.95	88.43	92.24	103.11	156.16

3-4续表

年　份	农林牧渔业总产值	农业产值	林业产值	牧业产值	渔业产值
1978	110.48	114.48	100.60	82.43	92.98
1979	106.90	103.61	118.13	137.91	78.30
1980	108.01	111.03	95.03	89.15	85.54
1981	122.33	111.98	106.86	119.60	97.18
1982	110.79	112.85	76.47	108.73	91.30
1983	144.45	149.46	81.79	115.05	293.65
1984	125.60	126.78	121.05	110.74	125.41
1985	70.00	65.52	132.15	121.44	134.84
1986	92.61	91.22	84.69	106.72	121.79
1987	117.00	118.83	101.00	107.58	146.84
1988	113.59	111.87	124.62	124.46	135.66
1989	105.88	107.34	63.82	105.53	111.23
1990	103.52	96.71	134.84	147.15	207.36
1991	101.85	96.80	95.01	126.47	129.84
1992	92.09	86.21	118.74	110.63	109.97
1993	120.43	119.00	105.06	126.03	127.84
1994	123.29	118.65	89.41	138.88	127.84
1995	122.01	101.28	132.41	169.04	144.76
1996	118.81	108.73	100.17	133.77	115.10
1997	108.80	109.63	106.12	107.34	145.51
1998	108.98	109.44	98.02	108.68	115.86
1999	103.85	102.95	103.11	104.87	105.85
2000	106.90	108.66	98.26	104.90	117.42
2001	103.91	106.66	86.01	101.17	103.40
2002	104.54	103.70	137.39	104.57	112.38
2003	104.62	103.04	116.52	104.79	105.23
2004	108.57	111.22	100.97	104.81	114.40
2005	106.72	104.46	102.46	106.74	120.78
2006	105.30	104.18	109.07	104.60	71.85
2007	102.04	103.69	117.79	98.28	105.63
2008	104.82	104.12	111.41	107.12	104.98
2009	102.15	101.39	109.46	105.22	94.69
2010	106.00	104.34	109.26	107.49	110.27
2011	105.48	106.75	99.75	103.58	109.92
2012	103.97	105.51	88.11	101.81	105.23

注：本表1996年至2007年数据为第二次农业普查修订数。

3-5　历年现价农林牧渔业总产值构成

单位：%

年　　份	以当年农林牧渔业总产值为100	农业产值	林业产值	牧业产值	渔业产值
1949	100.00	93.42	2.07	4.50	0.01
1950	100.00	93.93	1.84	4.21	0.02
1951	100.00	93.88	2.18	3.93	0.02
1952	100.00	94.40	2.00	3.59	0.01
1953	100.00	93.14	2.49	4.36	0.03
1954	100.00	94.27	2.15	3.55	0.02
1955	100.00	93.67	2.38	3.92	0.03
1956	100.00	92.84	2.97	4.17	0.02
1957	100.00	94.46	2.14	3.37	0.02
1958	100.00	93.83	2.37	3.75	0.06
1959	100.00	93.77	2.41	3.75	0.07
1960	100.00	92.98	2.72	4.27	0.04
1961	100.00	90.71	3.91	5.34	0.05
1962	100.00	93.02	2.95	4.00	0.03
1963	100.00	90.65	2.70	6.45	0.14
1964	100.00	92.81	1.56	5.58	0.06
1965	100.00	92.62	2.26	5.09	0.03
1966	100.00	92.21	1.81	5.95	0.02
1967	100.00	91.18	1.82	6.98	0.02
1968	100.00	91.58	1.85	6.55	0.02
1969	100.00	92.50	2.14	5.35	0.02
1970	100.00	91.60	1.81	6.51	0.08
1971	100.00	90.49	2.52	6.99	0.01
1972	100.00	88.64	3.24	8.10	0.02
1973	100.00	88.78	3.32	7.86	0.01
1974	100.00	90.08	3.12	6.78	0.01
1975	100.00	88.31	3.09	5.58	0.02
1976	100.00	87.91	3.48	8.58	0.03
1977	100.00	87.72	3.28	8.95	0.05

3-5续表　　　　　　　　　　　　　　　　　　单位：%

年　份	以当年农林牧渔业总产值为100	农业产值	林业产值	牧业产值	渔业产值
1978	100.00	88.47	2.77	8.72	0.04
1979	100.00	87.59	3.81	9.20	0.03
1980	100.00	89.61	3.21	7.16	0.02
1981	100.00	86.80	4.68	8.49	0.03
1982	100.00	88.25	3.27	8.46	0.02
1983	100.00	91.09	2.07	6.77	0.07
1984	100.00	91.23	2.19	6.50	0.09
1985	100.00	84.51	3.81	11.52	0.17
1986	100.00	83.44	3.42	12.91	0.22
1987	100.00	82.90	3.23	13.54	0.33
1988	100.00	79.96	3.43	16.27	0.34
1989	100.00	82.01	2.23	15.41	0.36
1990	100.00	80.58	2.43	16.55	0.45
1991	100.00	77.21	2.35	19.85	0.59
1992	100.00	72.84	2.99	23.46	0.71
1993	100.00	72.79	2.55	23.98	0.67
1994	100.00	71.24	1.59	26.60	0.57
1995	100.00	65.67	1.52	32.33	0.48
1996	100.00	60.30	1.51	37.54	0.64
1997	100.00	58.96	1.39	38.80	0.85
1998	100.00	61.69	1.44	35.94	0.94
1999	100.00	61.25	1.53	36.28	0.95
2000	100.00	61.67	1.40	35.85	1.08
2001	100.00	61.69	1.46	35.74	1.12
2002	100.00	61.31	1.79	35.70	1.20
2003	100.00	53.44	1.33	38.31	1.18
2004	100.00	53.08	1.03	39.78	1.19
2005	100.00	52.99	1.05	38.63	1.31
2006	100.00	54.47	1.10	36.31	0.90
2007	100.00	51.66	1.27	39.74	0.87
2008	100.00	49.33	1.14	42.71	0.92
2009	100.00	52.98	1.65	39.65	0.84
2010	100.00	57.22	0.80	36.62	0.81
2011	100.00	53.03	0.84	40.78	0.96
2012	100.00	56.07	0.96	37.51	0.97

注：本表1996年至2007年数据为第二次农业普查修订数。

3-6　历年粮、棉、油、菜播种面积

单位：公顷

年　份	粮食总播种面积	夏季粮食	秋季粮食	棉花播种面积	油料播种面积	蔬菜播种面积
1949	860793	336300	524493	127267	23207	
1950	824860	326647	498213	183020	23753	
1951	727920	272413	455507	234933	18293	
1952	757647	276493	481154	216840	20040	
1953	766333	274593	491740	211660	18393	
1954	783673	303413	480260	223593	23520	
1955	768780	290560	478220	222233	17987	
1956	805380	332593	472787	235767	24780	
1957	860540	386893	473647	214167	18280	
1958	774820	349560	425260	216713	15760	
1959	750227	340640	409587	200013	15647	
1960	735233	352633	382600	214607	11440	
1961	773233	327060	446173	172707	8280	
1962	808040	296447	511593	137427	5167	
1963	781647	317714	463933	182740	8327	
1964	851880	392673	459207	170880	10720	
1965	787633	322520	465113	160353	16473	
1966	856453	326193	530260	106080	16453	
1967	827394	310467	516927	108140	19667	
1968	821260	300553	520707	118387	21953	
1969	843027	331807	511220	114253	25787	
1970	866427	352593	513834	112520	20100	
1971	858753	347093	511660	109700	18620	
1972	837833	340113	497720	109607	19293	
1973	861733	351700	510033	101533	20073	
1974	878433	375533	502900	105680	17673	
1975	876600	378280	498320	109720	19993	
1976	857393	373753	483640	108473	18567	
1977	864880	378213	486667	108020	15573	

3-6续表　　单位：公顷

年　份	粮食总播种面积	夏季粮食	秋季粮食	棉花播种面积	油料播种面积	蔬菜播种面积
1978	843973	373127	470846	105773	12253	21760
1979	839960	374320	465640	108720	20667	21700
1980	813807	356367	457440	108560	34007	21113
1981	813953	345820	468133	94520	31780	20367
1982	753007	323687	429320	135253	28260	25233
1983	759233	353860	405373	149847	29567	24627
1984	760251	361322	398929	172972	27985	25863
1985	755194	373587	381607	147880	36840	32540
1986	808793	401600	407193	121567	37327	33500
1987	776600	376253	400347	149327	31307	32800
1988	765893	389773	376120	178320	30567	34393
1989	747880	374587	373293	187487	26040	35587
1990	758227	388380	369847	188893	23853	31200
1991	756210	387827	368383	188400	22763	35017
1992	705227	392907	312320	192200	21813	34554
1993	784612	396032	388580	133049	26808	38502
1994	774873	404633	370240	169972	26868	39885
1995	756284	395843	360441	175953	29207	35455
1996	840671	410887	429784	98974	37949	56103
1997	827486	425088	402398	107603	44588	75413
1998	838253	430281	407972	92934	48002	78831
1999	836078	418214	417864	65600	51960	92827
2000	798168	409951	388217	73461	64494	104709
2001	783479	402885	380594	80508	66944	113555
2002	768304	393759	374545	78800	67272	120078
2003	711887	356946	354941	106067	64577	124576
2004	733860	367265	366595	111540	69548	123355
2005	755417	384792	370625	103027	62474	127946
2006	810966	399894	411072	90398	52623	139639
2007	793202	389619	403583	94722	55066	137129
2008	761825	376548	385277	111232	58355	144461
2009	761587	370643	390944	117406	49263	142450
2010	774293	377408	396885	117079	45328	143027
2011	782523	381616	400907	109865	44155	140787
2012	775294	379140	396154	107078	42004	144913

注：1998—2003年棉花播种面积为抽样调查数；2006-2007年为第二次农业普查修订数。

3-7　历年粮、棉、油、菜总产量

单位：吨

年　份	粮　食 总产量	夏季粮食	秋季粮食	棉　花 总产量	油　料 总产量	蔬　菜 总产量
1949	590550	174455	416095	24960	22435	
1950	620995	168300	452695	41775	26555	
1951	586730	139030	447700	57965	21140	
1952	719515	208145	511370	73500	25400	
1953	547830	138265	409565	50520		
1954	687975	191615	496360	78770	37755	
1955	578955	211460	367495	64720	13630	
1956	528160	291965	236195	45325	20120	
1957	771215	298310	472905	71775	24490	
1958	698430	262155	436275	68110	18830	
1959	751940	351955	399985	71440	18895	
1960	602650	275225	327425	43720	2855	
1961	550725	122190	428535	20325	5005	
1962	765970	218310	547660	29285	2960	
1963	455550	260575	194975	14715	3535	
1964	705640	283930	421710	34860	9275	
1965	783805	337885	445920	54640	15415	
1966	1115305	289505	825800	26070	16975	
1967	1030815	248765	782050	31385	16950	
1968	1018035	229090	788945	38515	17305	
1969	1075345	384420	690925	39310	17255	
1970	1149055	420935	728120	43485	14815	
1971	1178500	351880	826620	38330	12115	
1972	1200955	450055	750900	29240	11185	
1973	1252525	413655	838870	31610	10805	
1974	1551585	553635	997950	36050	13065	
1975	1679210	678740	1000470	34065	12320	
1976	1637785	802370	835415	22955	8365	
1977	1436250	645995	790255	26870	7005	

3-7续表

单位：吨

年　　份	粮　食总产量	夏季粮食	秋季粮食	棉　花总产量	油　料总产量	蔬　菜总产量
1978	1724625	899570	825055	29600	7005	562545
1979	1790465	836700	953765	26435	17035	585685
1980	1650555	559680	1090875	58920	44080	583830
1981	1621040	642525	978515	42635	26520	500915
1982	1604385	628555	975830	58165	29580	576660
1983	2145845	1141790	1004055	122680	26965	570185
1984	2274563	1201636	1072927	166513	31625	755364
1985	2137750	1239537	898213	96946	34116	960112
1986	1931584	1331226	600358	72849	19865	808910
1987	1990548	1046227	944321	110314	29151	931464
1988	2326490	1323525	1002965	129313	31615	997634
1989	2492675	1388686	1103989	140457	31464	1145642
1990	2601753	1443428	1158325	143601	36050	1155722
1991	2417354	1393583	1023771	137282	31812	1231572
1992	2158610	1432841	725769	91467	18415	1091848
1993	2875235	1445207	1430028	72941	33169	1286225
1994	3048568	1627626	1420942	142743	50155	1587099
1995	3259213	1805743	1453470	120831	53863	1654584
1996	3857246	1850517	2006729	84318	89543	1846532
1997	3970485	2318646	1651839	88784	111242	2218284
1998	4167252	2243074	1924178	80122	122117	2792538
1999	4206601	2257970	1948631	56868	136132	3328646
2000	3918884	2067818	1851066	74330	187585	3975320
2001	3856152	2016702	1839450	81874	201991	4585281
2002	3734284	1969599	1764685	79815	195903	5106415
2003	3629466	1823274	1806192	93396	186717	5670410
2004	3957900	1968052	1989848	121682	189840	5986342
2005	4132607	2061670	2070937	120409	184691	6480126
2006	4325130	2152994	2172136	108477	172852	6763334
2007	4429334	2151454	2277880	115067	186308	7188238
2008	4469696	2140475	2329221	138444	185851	7699962
2009	4519936	2127739	2392197	148351	154287	7845760
2010	4761218	2172857	2588361	147785	146055	8460759
2011	5282949	2422324	2860625	144038	146431	8423033
2012	5600800	2588199	3012601	133433	142144	8720952

注：1998-2003年棉花总产量为抽样调查数；2006-2007年为第二次农业普查修订数。

3-8 历年大牲畜、猪、羊存栏

单位：百头、百只

年 份	大牲畜存栏	牛	马	驴	骡	猪存栏	羊存栏
1949	3021	1827	34	941	219	1479	2133
1950	3350	2000	43	1038	2530	1568	
1951	3429	2039	51	1070	268	1712	
1952	3725	2266	65	1127	267	1820	3064
1953	3473	1989	69	1112	303	1208	
1954	3564	2063	69	1116	315	986	
1955	3491	2040	72	1092	287	556	
1956	3351	1969	66	1058	258	1377	
1957	3201	1748	110	1101	242	4465	3211
1958	2972	1520	132	1107	214	3635	
1959	2970	1557	126	1078	209	5862	
1960	2506	1292	102	919	193	1853	
1961	2195	1142	97	779	177	1672	
1962	2131	1142	102	716	171	3565	6825
1963	2183	1199	102	716	167	4313	
1964	2219	1236	99	724	160	4325	
1965	2474	1466	106	745	157	4602	3347
1966	2800	1735	128	779	158	7116	
1967	3090	1960	146	825	159	8124	
1968	3287	2078	173	867	168	6767	
1969	3304	2025	192	911	176	5397	
1970	3494	2067	236	977	214	8944	4473
1971	3579	2033	281	1016	249	10650	
1972	3587	1942	333	1015	297	13300	
1973	3503	1807	355	1008	332	10504	
1974	3395	1650	371	997	377	10897	
1975	3372	1521	399	1030	422	15492	6272
1976	3262	1379	419	996	468	17128	
1977	3211	1273	463	953	521	13295	

3-8续表

单位：百头、百只

年　份	大牲畜存栏	牛	马	驴	骡	猪存栏	羊存栏
1978	3177	1218	473	931	555	11322	6138
1979	3051	1081	505	861	604	13952	8347
1980	3009	901	520	931	657	11547	9943
1981	2824	711	477	930	703	9351	10318
1982	2734	541	443	1026	724	8416	9840
1983	2739	489	406	1123	721	7525	8617
1984	2929	490	417	1268	754	7523	7262
1985	3156	564	439	1345	808	8901	6982
1986	3351	633	437	1398	883	8870	7658
1987	3567	730	437	1465	935	8308	9633
1988	3732	890	436	1461	945	9256	11959
1989	3908	959	446	1495	1008	9485	12740
1990	4160	1051	481	1602	1026	10116	12637
1991	4063	1019	467	1556	1021	10841	11989
1992	4816	1813	467	1500	1036	12180	11933
1993	6293	3563	406	1365	959	13458	12341
1994	7631	4941	414	1334	942	15174	14447
1995	9079	6386	428	1347	918	21420	20659
1996	8770	6049	475	1285	961	23693	25568
1997	6100	3912	382	1002	804	24052	25269
1998	5954	3742	397	1028	787	24209	26102
1999	5835	3523	405	1076	831	23636	25501
2000	5620	3332	410	1072	806	22829	25054
2001	5431	3185	408	1057	781	22058	25419
2002	5401	3102	410	1079	810	22029	25614
2003	5392	3157	387	1063	785	22574	25820
2004	5353	3173	384	1012	784	23255	26766
2005	5060	3244	322	894	600	23964	26819
2006	4824	3196	315	788	525	23099	26777
2007	4802	3327	273	750	452	24559	27414
2008	5068	3682	257	712	417	27043	30129
2009	5143	3899	246	635	363	29521	32907
2010	5092	3958	213	586	335	33217	33862
2011	5148	4002	216	593	337	34586	34910
2012	5119	4010	218	574	317	33894	33863

注：本表1996年至2007年数据为第二次农业普查修订数。

3-9 历年干鲜果产量

单位：吨

年　份	干鲜果产量	干果产量	#核　桃	鲜果产量	#苹　果	#梨
1949	28710	5090	2698	23620	4134	12282
1952	28850	4865	2530	23985	4317	11513
1957	24990	5355	2876	19635	2749	9425
1962	39760	10440	5742	29320	5248	15322
1965	37150	8100	4350	29050	4532	12753
1970	66750	8730	4714	58020	10444	28024
1975	62235	5380	2835	56855	9950	24959
1978	79550	7440	3995	72110	11249	31656
1979	67048	5067	2777	61980	11075	23402
1980	82755	6994	3897	75761	12014	33250
1981	73285	4135	1965	69150	12465	33415
1982	80715	3915	2015	76800	10350	43610
1983	100620	8305	4580	92315	22965	37465
1984	96121	6647	3444	89474	17446	44904
1985	92739	5681	2499	87058	20912	38217
1986	113751	5190	2777	108561	26923	53926
1987	136157	6820	3209	129337	33621	58891
1988	152294	6358	3771	145936	37695	72188
1989	154075	6991	3758	147084	40871	71648
1990	169311	7103	3867	162208	43803	68293
1991	164023	5260	2496	158763	43056	70810
1992	180019	6310	3491	176709	52997	73192
1993	196531	6573	3545	189958	65886	70584
1994	251975	8156	4356	243819	94944	86965
1995	296468	10096	5166	286372	112528	97845
1996	347549	12913	7021	334636	136151	112264
1997	384352	14025	7720	370327	157750	116671
1998	442034	13954	6567	428080	18116	139734
1999	459692	14932	7283	444760	186009	145491
2000	461797	13524	6336	448273	184192	145822
2001	774073	5614	5361	471580	186689	146539
2002	816535	7399	6899	509511	193255	147669
2003	901861	7722	7190	534862	191265	147277
2004	940222	9168	8636	575811	193207	162688
2005	928354	11041	10413	571178	182365	168006
2006	972337	11494	10814	597542	191518	172059
2007	1016397	14690	13685	639083	179956	194680
2008	1026736	16320	15265	642853	177956	195417
2009	965848	27977	16991	629625	175140	196050
2010	1025381	27456	16185	638030	177482	201780
2011	1018711	19937	19024	647291	179472	204862
2012	1057315	29006	28106	687774	191293	229189

注：从2001年起，干鲜果总产量口径为园林水果、干果和瓜果类，干果产量不包括黑枣。

3-10 农村经济主要指标

项目	单位	2011年	2012年	项目	单位	2011年	2012年
乡镇个数	个	214	214	钾肥	吨	36531	35804
#镇	个	96	96	复合肥	吨	151266	157393
村委会数	个	5303	5290	农用塑料薄膜	吨	14539	14077
自来水受益村	个	4751	4809	#地膜	吨	8660	9017
通汽车村	个	5226	5233	地膜覆盖面积	公顷	138086	143548
通电话村	个	5303	5290	农用柴油消耗量	吨	295754	332214
乡村户数	户	1823765	1847807	农药使用量	吨	8040	8487
乡村人口	人	7317060	7390920	有效灌溉面积	公顷	549690	550450
乡村从业人员	人	3782501	3829965	旱涝保收面积	公顷	411590	415240
#男劳动力	人	2052228	2072343	机电排灌面积	公顷	513610	516550
#农林牧渔业劳动力	人	1823084	1813165	年末实有机电井	眼	100532	100756
农用机械总动力	千瓦	14195646	14523869	年末干鲜果总产量	吨	1018711	1057315
大中型拖拉机	台	20857	23804	#核桃	吨	19024	28106
小型拖拉机	台	93936	90963	板栗	吨	913	900
农用排灌动力机械	台	362255	361465	苹果	吨	179472	191293
柴油机	台	145742	141519	梨	吨	204862	229189
电动机	台	216513	219946	葡萄	吨	62096	68537
农用水泵	台	211865	212350	红枣	吨	11410	11280
联合收割机	台	12518	14347	柿子	吨	25458	22358
机动脱粒机	台	32831	33654	桃	吨	140930	140989
农用运输车	辆	439583	438977	杏	吨	8726	8880
机械耕地面积	公顷	619241	610555	红果	吨	470	399
机械播种面积	公顷	799665	823485	花椒产量	吨	6313	6057
机械收获面积	公顷	489002	580573	年末实有果园面积	公顷	47208	45619
乡、村办水电站	个	49	63	#苹果园	公顷	14390	14218
装机容量	千瓦	20430	60381	梨园	公顷	9445	9339
发电量	万千瓦小时	5534	11199	葡萄园	公顷	3881	4250
农村用电量	万千瓦小时	535946	592462	桃园	公顷	9009	8772
农用化肥（按实物量）	吨	1751432	1768787	当年造林面积	公顷	23752	27580
氮肥	吨	740537	734591	人工造林	公顷	15752	17377
磷肥	吨	589788	591282	用材林	公顷	3709	2577
钾肥	吨	89048	89021	经济林	公顷	1262	4471
复合肥	吨	332059	353893	防护林	公顷	18781	20532
农用化肥（按折纯量）	吨	471673	478968	零星（四旁）植树	万株	1616	1444
氮肥	吨	188343	190434	育苗面积	公顷	2410	2917
磷肥	吨	95533	95337				

3-10续表

项　　目	单　位	2011年	2012年	项　　目	单　位	2011年	2012年
#当年新育苗面积	公　顷	1634	1927	水库养殖	公　顷	1301	1271
幼林抚育作业面积	公　顷	67234	19284	现价农林牧渔业总产值	万　元	6206530	6729017
成林抚育作业面积	公　顷	56884	58916	农业产值	万　元	3291093	3773077
林木种子采集量	吨	43	63	#种植业	万　元	2956248	3333810
村及村以下木材采伐量	立方米	12987	17389	林业产值	万　元	52386	64387
当年大牲畜出栏	百　头	3777	3780	牧业产值	万　元	2530854	2524070
#牛出栏	百　头	3053	3056	渔业产值	万　元	59697	65483
猪出栏	百　头	51561	52334	农林牧渔业增加值	万　元	3506096	3838965
羊出栏	百　只	38184	38222	农　业	万　元	2139638	2443549
#山　羊	百　只	26156	23928	#种植业	万　元	1924945	2159068
绵　羊	百　只	12028	14294	林　业	万　元	27933	33579
家禽出栏	百　只	978634	1017779	牧　业	万　元	1182445	1189766
兔出栏	百　只	123225	146197	渔　业	万　元	30730	33151
年末大牲畜存栏	百　头	5148	5119	农林牧渔业商品产值	万　元	5044996	5504055
#牛存栏	百　头	4002	4010	农业商品产值	万　元	2584352	3027166
猪存栏	百　头	34586	33894	#种植业	万　元	2318934	2664350
羊存栏	百　只	34910	33863	林业商品产值	万　元	444	612
#山　羊	百　只	22934	20955	牧业商品产值	万　元	2402793	2413566
绵　羊	百　只	11976	12908	渔业商品产值	万　元	57407	62711
家禽存栏	百　只	977984	1002434	农林牧渔业中间消耗	万　元	2700434	2890052
兔存栏	百　只	54767	58291	农　业	万　元	1151455	1329528
肉类总产量	吨	677820	693326	林　业	万　元	24453	30808
#牛　肉	吨	47559	47702	牧　业	万　元	1348409	1334304
猪　肉	吨	386865	392659	渔　业	万　元	28967	32332
羊　肉	吨	50586	50637	农村年末固定资产原值	万　元	12703728	13553863
家禽肉	吨	147207	154567	农林牧渔业固定资产	万　元	1218827	1278943
兔　肉	吨	21614	23632	工业固定资产	万　元	4572988	4989904
奶类产量	吨	232854	237737	建筑业固定资产	万　元	261269	286956
#牛　奶	吨	222855	226190	运输业固定资产	万　元	613598	643738
山羊毛产量	吨	358	362	贸易饮食服务业固定资	万　元	383731	400164
绵羊毛产量	吨	3207	3397	住　宅	万　元	5080265	5342477
羊绒产量	吨	238	235	其它固定资产	万　元	573050	611681
蜂蜜产量	吨	1427	1428	农民人均纯收入	元	7366	8447
禽蛋产量	吨	1038986	1040482	农民人均生活消费支出	元	3927	4023
水产品产量	吨	52638	55838	#食　品	元	1486	1511
#养　殖	吨	40865	43137	衣　着	元	406	391
水产养殖面积	公　顷	3035	3082	居　住	元	724	773
#池塘养殖	公　顷	1298	1363	农民人均年末住房面积	平方米	37.9	37.9

3-11 农村基层组织和设施

(2012年)

单位：个

县(市、区)	基层组织			基础设施		
	乡镇数	#镇	村委会	自来水受益村	通汽车村	通电话村
全　　市	**214**	**96**	**5290**	**4809**	**5233**	**5290**
#市　区	14	11	182	182	182	182
武安市	22	13	502	391	502	502
鸡泽县	7	3	169	169	169	169
邱　县	7	4	218	218	218	218
永年县	20	6	429	429	429	429
曲周县	10	5	338	338	338	338
邯郸县	10	4	224	216	213	224
肥乡县	9	2	265	265	265	265
馆陶县	8	4	277	277	277	277
涉　县	17	9	308	263	308	308
广平县	7	3	169	164	168	169
成安县	9	4	234	234	234	234
魏　县	21	8	541	541	541	541
磁　县	19	9	358	253	357	358
临漳县	14	5	425	425	425	425
大名县	20	6	651	444	607	651
丛台区	1	–	–	–	–	–
复兴区	1	–	–	–	–	–
邯山区	2	1	18	18	18	18
峰峰矿区	9	9	148	148	148	148
经济开发区	–	–	16	16	16	16
马头经济开发区	1	1	–	–	–	–

3-12 农村人口、劳动力资源

(2012年)

单位：户、人

县(市、区)	乡村户数	乡村人口	乡村劳动力资源数	#男	乡村从业人员	#男
全　　市	**1847807**	**7390920**	**4180660**	**2229217**	**3829965**	**2072343**
#市　区	91639	357894	195738	109994	177538	102390
武安市	229168	694094	409901	215996	368587	197052
鸡泽县	60906	286262	126816	64675	124635	63564
邱　县	50844	202774	124417	64827	106792	56004
永年县	201775	819558	494364	260829	436785	245492
曲周县	95589	424062	258553	132428	220054	119356
邯郸县	77799	315621	178705	93526	157544	85027
肥乡县	81668	336578	202823	105996	186067	98390
馆陶县	68091	276821	153248	77683	148131	75500
涉　县	117496	360842	215852	116209	190302	104700
广平县	54611	247027	146940	75483	136157	69204
成安县	85411	348990	198320	109388	194006	106888
魏　县	189545	860739	401002	207413	362576	189189
磁　县	142407	563474	305188	167072	285166	157093
临漳县	142350	607540	394070	229645	377002	212637
大名县	158508	688644	374723	198053	358623	189857
邯山区	7135	28990	17227	9072	15833	8654
峰峰矿区	56572	217884	107906	61815	94033	55858
经济开发区	10686	45483	38120	22540	35700	21380
马头经济开发区	17246	65537	32485	16567	31972	16498

注：丛台、复兴两区村委会已全部转为居委会，故没有本表指标。

3-13 农田水利建设

(2012年)　　单位：公顷

县(市、区)	有效灌溉面积	旱涝保收面积	机电排灌面积	年末机电井数(眼)
全　市	**550450**	**415240**	**516550**	**100756**
#市　区	11590	8420	9500	1055
武安市	37630	19750	20100	2042
鸡泽县	23530	18190	23560	3871
邱　县	27600	23560	27600	5346
永年县	56220	37000	60060	11910
曲周县	41540	29300	41320	7725
邯郸县	19050	19000	19000	3692
肥乡县	38470	25490	38470	7230
馆陶县	28740	25640	28740	6140
涉　县	5670	4540	2800	418
广平县	22180	22000	22180	5877
成安县	35000	35000	35000	6074
魏　县	54070	35500	51700	10830
磁　县	32880	21850	20530	3653
临漳县	48900	39270	48880	8455
大名县	66070	49530	65910	16170
丛台区	210	210	210	54
复兴区	380	310	310	69
邯山区	3840	3470	3310	434
峰峰矿区	7160	4430	5670	498

3-14 现价农林牧渔业总产值

（2012年）

单位：万元

县(市、区)	农林牧渔业总产值	农业产值	林业产值	牧业产值	渔业产值	服务业产值
全　　市	**6729017**	**3773077**	**64387**	**2524070**	**65483**	**302000**
#市　区	134478	41397	3528	84174	1815	3564
武安市	340650	158182	7182	171244	1414	2628
鸡泽县	300712	188105	1458	99604	80	11465
邱　县	293002	143661	3431	100703	112	45095
永年县	1334452	951490	4188	341435	13485	23854
曲周县	463715	203156	3242	201037	5036	51244
邯郸县	222914	93481	3498	124334	467	1134
肥乡县	456207	284339	2366	129747	32	39723
馆陶县	521944	217858	2628	258127	25	43306
涉　县	192018	96154	14669	76319	2799	2077
广平县	210975	132590	1640	62056	55	14634
成安县	461053	239734	1664	125243	12	94400
魏　县	460462	278059	3799	162492	137	15975
磁　县	363542	164831	4413	148190	40764	5344
临漳县	498419	289834	3555	190398	26	14606
大名县	594747	310532	2983	248730	517	31985
丛台区	2305	1944	-	361	-	-
复兴区	2141	1110	649	361	-	21
邯山区	11357	5222	208	5027	-	900
峰峰矿区	103437	22192	2609	74694	1495	2447
经济开发区	5240	4840	-	400	-	-
马头经济开发区	9998	6089	62	3331	320	196

3-15 2012年农林牧渔业总产值指数

（2012年）

（上年=100）

县(市、区)	农林牧渔业总产值	农业产值	林业产值	牧业产值	渔业产值	服务业
全　　市	**104.0**	**105.5**	**88.1**	**101.8**	**105.2**	**108.0**
武安市	105.5	112.7	113.3	100.0	106.9	107.9
鸡泽县	102.8	103.6	91.4	101.3	102.2	108.0
邱　县	104.5	107.4	176.3	98.4	102.8	108.0
永年县	102.2	102.8	109.1	100.3	102.2	108.0
曲周县	103.5	104.0	91.7	101.8	146.6	105.9
邯郸县	106.0	102.3	87.7	109.4	102.9	105.8
肥乡县	104.7	105.0	104.1	103.0	88.4	108.0
馆陶县	102.6	106.5	99.2	100.5	106.9	97.5
涉　县	104.3	118.2	56.3	101.7	105.2	100.0
广平县	106.9	108.4	103.8	103.8	111.3	108.0
成安县	101.7	100.3	112.2	100.3	100.0	107.0
魏　县	106.6	114.0	101.2	97.6	101.3	96.3
磁　县	101.8	104.4	102.7	99.7	99.6	108.0
临漳县	105.3	99.4	96.2	113.3	166.7	107.2
大名县	104.0	104.6	114.3	102.6	112.7	108.0
丛台区	96.5	96.7	-	95.7	-	-
复兴区	115.4	94.4	280.2	95.2	-	100.0
邯山区	95.3	92.9	32.0	101.1	-	105.0
峰峰矿区	100.4	104.1	104.1	99.1	103.2	105.0
经济开发区	109.4	104.0	-	332.7	-	-
马头经济开发区	100.4	98.1	83.7	104.2	102.2	106.1

3-16　现价农林牧渔业增加值

(2012年)

单位：万元

县(市、区)	农林牧渔业增加值	农业	林业	牧业	渔业	服务业
全　市	**3838965**	**2443549**	**33579**	**1189766**	**33151**	**138920**
#市区	69687	25793	1293	39918	956	1727
武安市	182449	96060	4884	79793	608	1104
鸡泽县	173147	125153	700	43826	28	3440
邱县	150868	93925	1765	43807	97	11274
永年县	763606	607047	2161	136973	6690	10735
曲周县	254979	135903	1457	92475	2407	22737
邯郸县	127693	58800	1751	66431	257	454
肥乡县	207674	144924	1867	50139	19	10725
馆陶县	219969	83608	1440	113440	25	21456
涉县	96311	46563	8847	38446	1541	914
广平县	125089	80000	1180	38851	23	5035
成安县	240724	125896	858	66973	8	46989
魏县	236007	141528	1723	85206	79	7471
磁县	202956	105666	2399	72535	20190	2166
临漳县	273139	176549	1680	87353	12	7545
大名县	309703	195635	834	97005	237	15992
丛台区	1618	1372	–	246	–	–
复兴区	1130	563	359	199	–	9
邯山区	6954	2915	124	3267	–	648
峰峰矿区	51085	14202	782	34331	792	978
经济开发区	3192	2952	–	240	–	–
马头经济开发区	5708	3789	28	1635	164	92

3-17　农林牧渔业商品产值

(2012年)

单位：万元

县(市、区)	农林牧渔业商品产值	农业商品产值	林业商品产值	牧业商品产值	渔业商品产值
全　市	**5504055**	**3027166**	**612**	**2413566**	**62711**
#市区	100720	24748	9	74309	1654
武安市	296323	124802	1000	169121	1400
鸡泽县	253384	155551	–	97753	80
邱县	216183	123811	–	92260	112
永年县	1121512	793484	31	315087	12910
曲周县	355603	164816	30	185721	5036
邯郸县	182737	66239	–	116066	432
肥乡县	322839	206624	18	116186	11
馆陶县	433550	182048	–	251485	17
涉县	145708	68132	113	74851	2612
广平县	157289	106455	13	50766	55
成安县	331816	207765	28	124023	–
魏县	350997	218451	196	132239	111
磁县	294530	105659	839	147281	40751
临漳县	393341	229595	–	163730	16
大名县	526036	276950	77	248492	517
丛台区	1932	1603	–	329	–
复兴区	1096	766	7	323	–
邯山区	8938	3924	–	5014	–
峰峰矿区	82079	15268	2	65464	1345
马头经济开发区	6675	3187	–	3179	309

3-18　农　作　物　总

县(市、区)	农作物总播种面积	粮食作物	夏收粮食	#冬小麦
全　　市	1071221	775294	379140	378852
#市　区	21857	18616	7503	7503
武 安 市	64960	56313	14856	14568
鸡 泽 县	45890	28732	16687	16687
邱　　县	44090	12837	8432	8432
永 年 县	129411	70722	33716	33716
曲 周 县	76273	54983	27962	27962
邯 郸 县	40601	35676	16178	16178
肥 乡 县	72178	45686	23845	23845
馆 陶 县	56374	38693	20570	20570
涉　　县	25798	22863	8914	8914
广 平 县	39764	30677	15824	15824
成 安 县	63147	38033	21017	21017
魏　　县	95590	84929	42669	42669
磁　　县	71937	60020	26324	26324
临 漳 县	92390	77689	37642	37642
大 名 县	130961	98825	57001	57001
丛 台 区	229	–	–	–
复 兴 区	688	660	326	326
邯 山 区	2524	1894	600	600
峰峰矿区	12025	10404	3800	3800
经济开发区	3076	2644	1322	1322
马头经济开发区	3315	3014	1455	1455

3-18续表

县(市、区)	粮食作物(续)			油　料
	秋收粮食(续)			
	豆　类	#大　豆	#绿　豆	
全　　市	11487	10199	1191	42004
#市　区	354	302	49	235
武 安 市	933	800	133	1875
鸡 泽 县	179	80	99	275
邱　　县	140	140	–	600
永 年 县	1096	925	163	1482
曲 周 县	15	4	11	830
邯 郸 县	820	630	181	1091
肥 乡 县	809	743	66	1031
馆 陶 县	1058	1025	33	3761
涉　　县	1346	1332	9	331
广 平 县	514	479	35	1290
成 安 县	371	313	58	1025
魏　　县	706	664	26	1983
磁　　县	1301	985	268	2777
临 漳 县	1473	1405	60	1866
大 名 县	372	372	–	21552
丛 台 区	–	–	–	–
复 兴 区	6	4	2	–
邯 山 区	40	40	–	46
峰峰矿区	288	238	47	150
经济开发区	–	–	–	24
马头经济开发区	20	20	–	15

播 种 面 积 (2012年)

单位：公顷

秋收粮食	秋收谷物	#稻 谷	#玉 米	#谷 子	#高 粱	薯 类
396154	**376111**	**1785**	**336812**	**36792**	**357**	**8556**
11113	10601	762	8631	1190	18	158
41457	39924	–	19908	20016	–	600
12045	11788	–	10812	976	–	78
4405	4075	–	4075	–	–	190
37006	35455	288	33974	1150	43	455
27021	26849	–	26819	30	–	157
19498	18461	–	16782	1462	217	217
21841	20423	–	19967	456	–	609
18123	16854	–	16663	157	20	211
13949	12230	617	7044	4567	2	373
14853	13304	–	12850	140	36	1035
17016	15617	–	14818	726	–	1028
42260	40531	–	40476	49	6	1023
33696	31401	118	26000	5268	15	994
40047	37186	–	36581	605	–	1388
41824	41412	–	41412	–	–	40
–	–	–	–	–	–	–
334	328	–	305	16	7	–
1294	1254	46	1030	167	11	–
6604	6170	–	5176	994	–	146
1322	1322	–	1322	–	–	–
1559	1527	716	798	13	–	12

单位：公顷

#花 生	#油菜籽	#芝 麻	棉 花	蔬菜瓜类	蔬 菜（含菜用瓜）	瓜 类	其它作物
34478	**6708**	**528**	**107078**	**144913**	**137246**	**7667**	**–**
8	216	1	665	2347	2334	7	–
400	1475	–	3075	3247	2547	700	–
242	–	–	6725	10158	10158	–	–
600	–	–	26490	4163	3220	943	–
1101	263	113	3737	53470	53394	76	–
830	–	–	11414	9038	8824	214	–
435	613	43	2291	1543	1443	100	–
543	388	24	13132	12309	11524	785	–
3761	–	–	5730	8185	8002	183	–
23	178	20	37	1215	1215	–	–
1245	15	8	5320	2477	1797	680	–
975	50	–	16765	7324	5100	2224	–
1096	884	3	2641	6037	5440	597	–
536	1891	316	3475	5568	5210	358	–
1131	735	–	2660	10175	9408	767	–
21552	–	–	2921	7663	7630	33	–
–	–	–	–	229	229	–	–
–	–	–	5	23	23	–	–
–	46	–	273	311	311	–	–
–	139	1	3	1468	1461	7	–
8	16	–	347	61	61	–	–
–	15	–	37	249	249	–	–

3-19　农　　作　　物

县（市、区）	粮食作物总产量	夏收粮食	#冬小麦
全　　　市	5600800	2588199	2586914
#市　　区	102389	38409	38409
武　安　市	315392	81045	79760
鸡　泽　县	208135	116642	116642
邱　　　县	92956	57548	57548
永　年　县	552582	241509	241509
曲　周　县	431514	198550	198550
邯　郸　县	258246	111629	111629
肥　乡　县	351245	168824	168824
馆　陶　县	294977	145386	145386
涉　　　县	109896	37991	37991
广　平　县	227561	110372	110372
成　安　县	292198	150680	150680
魏　　　县	634203	296976	296976
磁　　　县	379987	163472	163472
临　漳　县	607456	269871	269871
大　名　县	742063	399295	399295
丛　台　区	-	-	-
复　兴　区	3632	1713	1713
邯　山　区	11012	3507	3507
峰峰矿区	51795	16735	16735
经济开发区	17355	7833	7833
马头经济开发区	18595	8621	8621

3-19续表

县（市、区）	粮食作物(续)			油　　料
	秋收粮食(续)			
	豆　　类	#大　　豆	#绿　　豆	
全　　　市	31010	28840	1998	142144
#市　　区	804	737	65	242
武　安　市	1215	1060	155	2588
鸡　泽　县	318	184	134	1006
邱　　　县	588	588	-	2475
永　年　县	3781	3386	362	4747
曲　周　县	33	12	21	3262
邯　郸　县	1577	1350	223	1911
肥　乡　县	2699	2600	99	3246
馆　陶　县	3977	3885	92	16248
涉　　　县	2799	2772	17	666
广　平　县	1277	1202	75	4420
成　安　县	1368	1189	179	4575
魏　　　县	1532	1474	36	4611
磁　　　县	3038	2596	362	5096
临　漳　县	5173	4974	178	5522
大　名　县	831	831	-	81529
丛　台　区	-	-	-	-
复　兴　区	14	10	4	-
邯　山　区	144	144		38
峰峰矿区	572	509	61	100
经济开发区	-	-	-	74
马头经济开发区	74	74	-	30

总　　产　　量（2012年）

单位：吨

秋收粮食	秋收谷物	#稻　谷	#玉　米	#谷　子	#高　粱	薯　类
3012601	**2926000**	**10793**	**2758501**	**154415**	**1118**	**55591**
63980	62417	4738	54124	3491	64	759
234347	228952	–	135873	93074	–	4180
91493	90678	–	89361	1317	–	497
35408	33637	–	33637	–	–	1183
311073	303115	2070	297619	3295	131	4177
232964	231765	–	231715	50	–	1166
146617	143802	–	138480	4630	692	1238
182421	174444	–	172666	1778	–	5278
149591	144253	–	143828	330	60	1361
71905	66371	3240	42276	20854	1	2735
117189	109534	–	107940	545	140	6378
141518	133848	–	129973	3646	–	6302
337227	329015	–	328898	109	8	6680
216515	208645	745	189540	18338	22	4832
337585	323840	–	320882	2958	–	8572
342768	341684	–	341684	–	–	253
–	–	–	–	–	–	–
1919	1905	–	1820	62	23	–
7505	7361	335	6337	648	41	–
35060	33800	–	31058	2742	–	688
9522	9522	–	9522	–	–	–
9974	9829	4403	5387	39	–	71

单位：吨

#花　生	#油菜籽	#芝　麻	棉　花	蔬菜瓜类	蔬　菜（含菜用瓜）	瓜　类
130475	**10095**	**741**	**133433**	**8720952**	**8380417**	**340535**
42	158	–	695	96333	96033	300
884	1704	–	3415	123673	111313	12360
879	–	–	8137	548695	548695	–
2475	–	–	34007	240821	189372	51449
4063	472	204	4097	3618498	3614215	4283
3262	–	–	13811	544751	534792	9959
1127	745	39	2641	69235	65245	3990
1993	915	33	17759	794860	748826	46034
16248	–	–	6770	480185	469800	10385
47	–	–	31	78229	78229	–
4308	34	12	6059	159819	125401	34418
4459	116	–	23626	401357	323263	78094
3071	1538	–	2557	333129	305939	27190
2407	2245	422	3960	303905	284083	19822
3681	1841	–	3105	574469	533434	41035
81529	–	–	2763	352993	351777	1216
–	–	–	–	8711	8711	–
–	–	–	5	1205	1205	–
–	–	–	266	11337	11337	–
–	96	–	1	60618	60318	300
42	32	–	396	1805	1805	–
–	30	–	27	12657	12657	–

3-20　自　　然

县(市、区)	受灾面积	旱 灾	水 灾	风雹灾	病虫灾	其它灾
全　　市	**49168**	**12713**	**2947**	**10625**	**12756**	**10127**
#市　区	422	422	–	–	–	–
武安市	2913	2523	–	324	66	–
鸡泽县	2121	–	–	1106	–	1015
邱　县	1400	–	1200	–	–	200
永年县	2575	370	–	950	275	980
曲周县	313	25	–	223	65	–
邯郸县	1323	–	910	413	–	–
肥乡县	2500	520	–	350	–	1630
馆陶县	4363	200	621	713	1898	931
涉　县	2523	2365	–	–	158	–
广平县	7790	342	–	3268	1520	2660
成安县	10173	5660	–	–	2012	2501
魏　县	5150	–	–	730	4420	–
磁　县	2124	–	104	–	2020	–
临漳县	930	286	112	–	322	210
大名县	2548	–	–	2548	–	–
复兴区	–	–	–	–	–	–
邯山区	–	–	–	–	–	–
峰峰矿区	422	422	–	–	–	–

3-20续表

县(市、区)	在成灾面积中					
	粮食作物			经济作物		
	减产3-5成	减产5-8成	减产8成以上	减产3-5成	减产5-8成	减产8成以上
全　　市	**14829**	**320**	**96**	**4290**	**20**	**6**
#市　区	338	–	–	–	–	–
武安市	1793	–	–	–	–	–
鸡泽县	216	–	–	510	–	–
邱　县	10	–	–	90	–	–
永年县	248	–	–	18	–	–
曲周县	27	–	–	30	–	–
邯郸县	432	–	–	191	–	–
肥乡县	440	–	–	692	–	–
馆陶县	1613	33	–	870	–	–
涉　县	1533	287	96	76	20	6
广平县	2660	–	–	265	–	–
成安县	1193	–	–	1248	–	–
魏　县	1705	–	–	280	–	–
磁　县	2124	–	–	–	–	–
临漳县	100	–	–	20	–	–
大名县	397	–	–	–	–	–
复兴区	–	–	–	–	–	–
邯山区	–	–	–	–	–	–
峰峰矿区	338	–	–	–	–	–

灾 害 (2012年)

单位：公顷

成灾面积	旱 灾	水 灾	风雹灾	病虫灾	其它灾
19572	**6079**	**1328**	**2650**	**6270**	**3245**
338	338	–	–	–	–
1793	1757	–	36	–	–
726	–	–	365	–	361
100	–	90	–	–	10
275	–	–	85	–	190
57	3	–	32	22	–
625	–	612	13	–	–
1132	260	–	180	–	692
2516	80	522	227	956	731
2018	1892	–	–	126	–
2925	95	–	960	675	1195
2441	1626	–	–	815	–
1985	–	–	355	1630	–
2124	–	104	–	2020	–
120	28	–	–	26	66
397	–	–	397	–	–
–	–	–	–	–	–
–	–	–	–	–	–
338	338	–	–	–	–

单位：公顷

因灾损失（吨）			成灾人口（人）	因灾缺粮		得到国家救济的人次数（人次）
减产粮食	减产棉花	减产油料		缺粮数量（吨）	缺粮人口（人）	
49944	**1968**	**597**	**938992**	**7737**	**117058**	**117690**
–	–	–	–	–	–	–
4300	–	–	100000	150	5000	15000
1726	96	16	1313	202	1122	1096
60	220	–	16000	190	4000	16000
1835	12	–	1850	385	3777	2850
139	55	1	62300	125	3500	9625
1832	–	9	292000	643	7650	11026
1680	310	–	15000	252	6000	3600
6192	535	495	5409	843	18537	5663
3293	9	23	102380	307	6820	13000
11628	490	32	140	12	62	900
7660	188	–	866	498	2271	9350
5600	31	12	23034	900	23034	4530
1727	–	–	39700	430	7940	–
455	22	9	71000	300	6100	16850
1817	–	–	208000	2500	21245	8200
–	–	–	–	–	–	–
–	–	–	–	–	–	–
–	–	–	–	–	–	–

3-21 农 业

县（市、区）	农用机械总动力（千瓦）	柴油发动机动力	汽油发动机动力	电动机动力	其它机械动力
全 市	**14523869**	**11677588**	**97934**	**2748347**	–
#市 区	224496	172123	213	52160	–
武 安 市	2071684	1829588	306	241790	–
鸡 泽 县	343335	269098	2111	72126	–
邱 县	433658	366633	39702	27323	–
永 年 县	1583770	1364256	1906	217608	–
曲 周 县	929290	763202	11359	154729	–
邯 郸 县	654913	578556	148	76209	–
肥 乡 县	720895	600517	5555	114823	–
馆 陶 县	755619	527679	3469	224471	–
涉 县	563000	475668	6470	80862	–
广 平 县	388131	299985	1755	86391	–
成 安 县	765857	556342	7936	201579	–
魏 县	1185211	1002530	2226	180455	–
磁 县	1816285	1343741	1248	471296	–
临 漳 县	1096147	914929	2930	178288	–
大 名 县	991578	612741	10600	368237	–
丛 台 区	984	76	–	908	–
复 兴 区	5669	5123	7	539	–
邯 山 区	71926	56757	9	15160	–
峰 峰 矿 区	121319	89084	181	32054	–
经 济 开 发 区	8839	8261	–	578	–
马头经济开发区	15759	12822	16	2921	–

3-21续表

县（市、区）	主要农业机械				
	农用排灌柴油机	联合收割机	割晒机	机动脱粒机	农用运输车（包括机动三轮车）
全 市	**141519**	**14347**	**479**	**33654**	**438977**
#市 区	592	265	180	2090	4583
武 安 市	915	468	–	7016	10173
鸡 泽 县	7450	433	63	858	12096
邱 县	1876	282	–	348	16758
永 年 县	12340	968	–	–	94716
曲 周 县	30056	1052	–	–	19450
邯 郸 县	4513	380	15	2239	11542
肥 乡 县	14808	1665	–	820	23300
馆 陶 县	1502	818	–	1030	28067
涉 县	501	80	11	7885	10259
广 平 县	3889	622	–	–	10252
成 安 县	15999	1354	–	–	14766
魏 县	13216	1853	210	469	51557
磁 县	28317	1224	–	2700	64470
临 漳 县	5545	1783	–	4436	34729
大 名 县	–	1100	–	3763	32259
丛 台 区	–	–	–	–	3
复 兴 区	–	3	–	–	42
邯 山 区	457	25	–	–	1164
峰 峰 矿 区	110	207	180	2012	2747
经 济 开 发 区	–	8	–	–	480
马头经济开发区	25	22	–	78	147

机 械 化 (2012年)

主 要 农 业 机 械 与 设 备 (台)				
大、中型拖拉机	小型拖拉机	大、中型拖拉机配套农具	小型拖拉机配套农具	农用排灌电动机
23804	**90963**	**52316**	**152945**	**219946**
520	3544	429	5154	2549
950	10911	1253	7369	5893
855	1856	1304	5313	5195
708	5503	777	5487	6194
2219	3820	4750	6430	19920
1464	5930	2615	12740	12932
1134	2322	2870	5145	6285
1684	1460	3492	3284	8435
1795	1553	3105	6230	13410
822	24250	837	21628	2246
1184	1877	2404	3019	9884
1235	3464	2738	8617	22975
2055	6120	6789	25116	13087
2197	7244	5096	10761	27133
3025	4870	9162	7342	17991
1957	6239	4695	19310	45817
–	7	–	–	88
12	65	16	39	50
62	170	–	–	1360
231	3132	306	4876	638
41	–	41	219	48
174	170	66	20	365

与 设 备 (台)		农 业 作 业 面 积 (公顷)		
节水灌溉机械(套)	农用水泵	机耕面积	机播面积	机收面积
159	**212350**	**610555**	**823485**	**580573**
2	1765	11737	16537	11790
20	3613	35930	34600	24250
–	5975	24099	34517	26398
–	6794	33320	42770	14750
20	23170	58600	71300	49684
–	17328	52500	76033	45440
–	3974	27583	32500	27000
80	11016	39700	66200	38000
13	8333	27000	40000	38500
9	1214	15340	9030	9210
–	7852	18217	26990	20526
–	18642	35999	48332	27199
–	16400	48360	89376	63666
–	39453	48900	67830	38290
–	14051	45970	65170	52870
15	32770	87300	102300	93000
–	–	60	120	60
–	50	333	538	280
–	552	1162	2377	2062
–	748	7356	8234	5800
–	48	1546	3038	1608
2	367	1280	2230	1980

3-22 乡村劳动力及

县（市、区）	乡村从业人员	#男	农林牧渔业从业人员	工　业从业人员	建筑业从业人员	交通运输仓储业和邮政业从业人员
全　　市	**3829965**	**2072343**	**1813165**	**623626**	**455092**	**238234**
#市　区	177538	102390	64535	41396	18211	14528
武安市	368587	197052	129658	131539	32935	22186
鸡泽县	124635	63564	30306	48003	13011	6706
邱　县	106792	56004	60240	16389	9293	4234
永年县	436785	245492	145554	91927	40825	20145
曲周县	220054	119356	74555	37124	24049	29095
邯郸县	157544	85027	71557	33985	17693	16223
肥乡县	186067	98390	66906	32285	30109	12099
馆陶县	148131	75500	79669	21219	21096	3390
涉　县	190302	104700	61483	29904	27169	14296
广平县	136157	69204	71664	17393	17206	7516
成安县	194006	106888	69141	29574	25980	17386
魏　县	362576	189189	266227	24308	29054	8419
磁　县	285166	157093	77661	40032	53540	45100
临漳县	377002	212637	261271	14694	69596	7881
大名县	358623	189857	282738	13854	25325	9030
邯山区	15833	8654	7989	3059	1672	910
峰峰矿区	94033	55858	35260	27691	5219	9185
经济开发区	35700	21380	9450	5710	8110	2130
马头经济开发区	31972	16498	11836	4936	3210	2303

注：丛台区、复兴区两区村委会全部转成居委会，故没有乡村从业人员。

3-23 林业生

县（市、区）	荒山荒（沙）地造林面积	#当年人工造林面积	当年造林面积按用途分			当年零星（四旁）植树（万株）
			用材林	经济林	防护林	
全　　市	**27580**	**17377**	**2577**	**4471**	**20532**	**1444**
#市　区	2080	1327	-	129	1951	119
武安市	6352	3352	-	1600	4752	110
鸡泽县	453	453	-	60	393	50
邱　县	820	820	782	38	-	50
永年县	1833	1333	153	933	747	120
曲周县	734	734	-	136	598	110
邯郸县	1337	587	197	300	840	39
肥乡县	934	934	-	267	667	50
馆陶县	1000	1000	-	700	300	65
涉　县	5434	2234	-	-	5434	120
广平县	347	347	50	-	297	70
成安县	773	773	773	-	-	70
魏　县	360	360	360	-	-	120
磁　县	3753	1753	-	-	3753	90
临漳县	623	623	-	223	400	141
大名县	747	747	262	85	400	120
丛台区	-	-	-	-	-	-
复兴区	167	167	-	9	158	26
邯山区	80	80	-	80		2
峰峰矿区	1740	987	-	40	1700	90
经济开发区	-	-	-	-	-	-
马头经济开发区	60	60	-	-	60	1

行　业　分　布（2012年）

单位：人

信息传输计算机服务和软件业从业人员	批发和零售业从业人员	住宿和餐饮业从业人员	金融业从业人员	房地产业从业人员	租赁和商务服务业从业人员	科学研究、技术服务、地质勘查业从业人员
17730	**274170**	**97516**	**12183**	**5297**	**44401**	**4740**
1291	12116	6942	353	143	3863	87
1440	16977	7195	737	149	1319	102
585	12968	5307	266	95	–	–
668	7649	2284	373	–	625	–
1505	67558	11468	1785	365	10404	1561
2466	31028	891	803	123	4840	301
405	5651	3448	506	449	1019	101
624	15186	6583	900	150	1795	180
74	7242	4509	335	12	666	153
1377	16144	10925	642	525	6370	209
1199	9254	1355	378	479	471	546
955	17265	15806	591	2094	245	318
2360	11255	3350	511	275	1395	849
2044	20851	9210	2388	215	8359	78
196	11931	3537	1341	187	733	109
541	11095	4706	274	36	2297	146
105	619	245	6	8	264	1
1141	5909	2879	291	45	1459	66
–	2210	720	–	–	2130	–
45	3378	3098	56	90	10	20

产　情　况（2012年）

单位：公顷

育苗面积	当年苗木产量（万株）	幼林抚育作业面积	成林抚育作业面积	村及村以下木材采伐量（立方米）
2917	**7312**	**19284**	**58916**	**17389**
120	280	600	1020	30
213	2	2333	2000	900
94	50	667	100	100
250	81	667	879	1299
147	711	2400	1087	511
154	462	734	700	780
260	450	1200	3300	1295
160	22	600	534	500
130	160	1500	400	500
387	3870	3667	43760	3000
93	200	350	450	216
140	30	334	334	460
273	352	1733	360	4000
153	15	–	2000	1238
193	542	–	1340	1300
140	80	1000	200	1260
–	–	–	–	–
–	–	–	–	–
30	–	–	20	–
60	280	600	1000	30
–	–	–	–	–
–	–	–	–	–

3-24　肉　蛋　奶

县（市、区）	肉类总产量	猪　肉	牛　肉	羊　肉		
					山羊肉	绵羊肉
全　　市	**693326**	**392659**	**47702**	**50637**	**31105**	**19532**
#市　区	29279	24192	983	938	564	374
武安市	68998	61520	2528	448	325	123
鸡泽县	26584	14226	1889	2175	1119	1056
邱　县	22809	7413	1577	3727	1695	2032
永年县	72856	32496	5292	5075	3550	1525
曲周县	48218	19418	4847	3594	2422	1172
邯郸县	33532	22585	1374	1940	918	1022
肥乡县	36232	20694	3200	3945	2642	1303
馆陶县	53532	25436	2991	1996	1409	587
涉　县	23038	11465	2733	1684	1176	508
广平县	15625	10017	640	1457	643	814
成安县	33740	18315	2912	3769	2203	1566
魏　县	62932	31003	1420	4390	2669	1721
磁　县	37929	23507	2435	2036	554	1482
临漳县	54083	22945	5590	7373	4621	2752
大名县	73939	47427	7291	6090	4595	1495
丛台区	151	151	-	-	-	-
复兴区	137	128	-	9	3	6
邯山区	739	563	30	46	25	21
峰峰矿区	26983	22667	905	849	506	343
经济开发区	125	68	48	9	9	-
马头经济开发区	1144	615	-	25	21	4

3-25　水　果　产　量　及

县（市、区）	园林水果	#苹　果	#梨	#桃	#葡　萄	#红　枣
全　　市	**687774**	**191293**	**229189**	**140989**	**68537**	**11280**
#市　区	4085	2323	727	330	67	277
武安市	20284	15000	100	400	90	1250
鸡泽县	5100	260	390	250	4140	20
邱　县	26000	18830	1400	5170	500	-
永年县	43994	5410	4010	1995	32432	70
曲周县	14000	6942	1105	546	805	4602
邯郸县	43623	6900	2925	32870	160	730
肥乡县	34000	15400	7500	2000	5900	-
馆陶县	31000	17400	6000	1500	6000	-
涉　县	34794	6503	1200	480	2000	24
广平县	26331	9645	15420	606	300	360
成安县	42600	13100	11900	7800	8700	420
魏　县	194383	19998	148031	21984	895	1494
磁　县	25602	14525	1077	688	1858	169
临漳县	111968	30422	15488	60620	4295	-
大名县	30010	8635	11916	3750	395	1864
丛台区	4	-	4	-	-	-
复兴区	310	-	-	1	-	8
邯山区	200	-	-	-	-	200
峰峰矿区	3571	2323	723	329	67	69

产　　量（2012年）

单位：吨

家禽肉	兔　肉	奶类总产量	#牛奶产量	禽蛋产量
154567	**23632**	**237737**	**226190**	**1040482**
2413	321	20818	19418	14388
3981	59	3464	3464	25137
7302	992	6661	6661	42132
9598	352	1066	1066	51177
25915	3770	59660	49581	202504
18370	1220	19982	19982	107270
7633	–	36715	36715	45473
6509	645	20710	20710	37942
21970	450	6137	6128	190949
4696	1083	–	–	25492
2992	383	2092	2089	19732
5852	2200	19982	19982	40965
7238	2121	1362	1316	57914
9222	540	22238	22238	62102
9577	8310	11885	11875	49426
11299	1186	4845	4845	67847
–	–	120	120	–
–	–	–	–	32
99	1	6850	5450	1449
1810	320	12789	12789	11944
–	–	–	–	1
504	–	1179	1179	994

果　园　面　积（2012年）

单位：吨、公顷

#柿　子	年　末 果园面积	#苹果园	#梨　园	#桃　园	#葡萄园
22358	**45619**	**14218**	**9339**	**8772**	**4250**
341	1650	561	129	51	9
3000	5716	567	67	20	4
15	681	15	15	27	600
–	1137	900	42	193	2
–	2544	678	147	94	1347
–	1560	881	152	170	203
12	4446	421	143	3360	27
–	3270	1730	500	200	530
–	2665	1600	500	200	350
12012	1533	500	23	12	350
–	1215	400	520	50	40
–	2447	703	670	477	487
–	6528	1091	4393	895	58
6890	1678	1430	45	41	41
78	6015	2074	1100	2617	186
10	2534	667	893	365	16
–	5	–	5	–	–
301	97	–	–	5	–
–	600	–	–	–	–
40	948	561	124	46	9

3-26 猪、羊、禽、兔存栏及蜂蜜产量

(2012年)

单位：百头、百只

县（市、区）	猪存栏	羊	山 羊	绵 羊	家 禽	兔	蜂蜜(吨)
全 市	**33894**	**33863**	**20955**	**12908**	**1002434**	**58291**	**1428**
#市 区	1633	511	261	250	14618	1141	–
武 安 市	4524	324	228	96	24450	138	2
鸡 泽 县	1045	1499	826	673	39304	3308	–
邱 县	746	2651	1201	1450	50875	1072	5
永 年 县	3393	3735	2751	984	195750	3106	166
曲 周 县	2073	2278	1502	776	99690	4555	13
邯 郸 县	1237	825	373	452	41054	–	–
肥 乡 县	1758	2502	1799	703	35858	2241	–
馆 陶 县	2239	1147	823	324	183837	2144	27
涉 县	1102	1480	1039	441	27523	3885	840
广 平 县	666	523	348	175	18196	1664	6
成 安 县	1710	3096	1822	1274	39444	5717	30
魏 县	3170	4044	2116	1928	59203	9197	260
磁 县	2421	1792	513	1279	62347	1708	32
临 漳 县	1882	3536	2525	1011	47119	14400	36
大 名 县	4295	3920	2828	1092	63166	4015	11
丛 台 区	12	–	–	–	–	–	–
复 兴 区	24	11	3	8	31	–	–
邯 山 区	121	39	19	20	1407	14	–
峰 峰 矿 区	1421	446	226	220	12140	1127	–
经济开发区	6	5	5	–	–	–	–
马头经济开发区	49	10	8	2	1040	–	–

3-27 大牲畜年末存栏

(2012年)

单位：百头

县（市、区）	大牲畜总头数	牛	肉 牛	乳 牛	马	驴	骡
全 市	**5119**	**4010**	**2823**	**849**	**171**	**336**	**217**
#市 区	117	87	14	72	6	12	21
武 安 市	468	351	190	13	7	24	14
鸡 泽 县	97	97	72	25	–	–	–
邱 县	144	122	114	4	5	9	–
永 年 县	644	577	390	177	10	14	6
曲 周 县	397	329	254	75	27	28	16
邯 郸 县	119	119	6	113	–	–	–
肥 乡 县	357	253	169	84	35	48	32
馆 陶 县	252	156	132	23	13	45	9
涉 县	581	346	223	–	5	28	41
广 平 县	52	35	23	12	2	5	4
成 安 县	160	117	42	75	22	18	14
魏 县	299	128	113	11	24	71	41
磁 县	294	249	110	93	5	6	5
临 漳 县	265	220	168	51	2	16	10
大 名 县	873	824	803	21	8	12	4
丛 台 区	1	1	–	1	–	–	–
复 兴 区	1	1	1	–	–	–	–
邯 山 区	21	19	2	17	–	–	–
峰 峰 矿 区	86	58	9	48	6	12	21
经济开发区	2	2	2	–	–	–	–
马头经济开发区	6	6	–	6	–	–	–

3-28 畜牧业产品出栏

(2012年)

单位：百头

县（市、区）	大牲畜	牛	马	驴	骡
全 市	3780	3056	1968	3002	2654
#市 区	102	63	72	108	252
武 安 市	203	158	82	214	166
鸡 泽 县	121	121	–	–	–
邱 县	115	101	65	77	–
永 年 县	369	339	110	126	72
曲 周 县	374	303	317	245	207
邯 郸 县	88	88	–	–	–
肥 乡 县	320	205	419	432	388
馆 陶 县	270	203	157	399	108
涉 县	253	179	65	252	492
广 平 县	52	41	23	45	49
成 安 县	243	189	265	162	169
魏 县	227	91	212	637	532
磁 县	172	156	55	53	65
临 漳 县	380	352	24	144	120
大 名 县	491	467	102	108	34
丛 台 区	–	–	–	–	–
复 兴 区	–	–	–	–	–
邯 山 区	2	2	–	–	–
峰 峰 矿 区	97	58	72	108	252
经济开发区	3	3	–	–	–
马头经济开发区	–	–	–	–	–

3-28续表

单位：百头、百只

县（市、区）	猪	羊	山 羊	家 禽	兔
全 市	52334	38222	23928	1017779	146197
#市 区	3224	709	433	16087	1607
武 安 市	8211	338	250	26536	383
鸡 泽 县	1896	1642	861	48682	6614
邱 县	988	2813	1304	58903	1760
永 年 县	4331	3831	2731	172644	18851
曲 周 县	2588	2702	1863	121849	6100
邯 郸 县	3000	1464	706	50885	–
肥 乡 县	2758	2978	2032	41422	3400
馆 陶 县	3390	1507	1084	146429	3036
涉 县	1528	1271	905	31218	5417
广 平 县	1335	1100	495	19000	2927
成 安 县	2441	2845	1695	38634	11000
魏 县	4132	3314	2053	46931	18204
磁 县	3133	1537	426	61460	3602
临 漳 县	3058	5565	3555	62991	55400
大 名 县	6321	4606	3535	74108	7896
丛 台 区	20	–	–	–	–
复 兴 区	17	7	2	–	–
邯 山 区	75	35	19	660	7
峰 峰 矿 区	3021	641	389	12065	1600
经济开发区	9	7	7	–	–
马头经济开发区	82	19	16	3362	–

3-29 农用塑膜、柴油、农药使用及用电量

(2012年)

单位：吨

县（市、区）	农用塑料薄膜使用量	#地膜	地膜覆盖面积（公顷）	农用柴油消耗量	农药使用量	农村用电量（万千瓦时）
全市	**14077**	**9017**	**143548**	**332214**	**8487**	**592462**
#市区	124	25	407	9752	251	12842
武安市	677	302	4332	18950	339	234401
鸡泽县	787	656	14576	6398	612	19605
邱县	1735	1618	25764	2668	566	3302
永年县	1484	859	13753	18360	1335	77156
曲周县	1160	934	12593	24971	573	25944
邯郸县	138	92	1228	33310	247	23775
肥乡县	1388	1229	18795	16478	558	12127
馆陶县	1295	420	6744	20100	275	12765
涉县	101	44	693	35500	376	8200
广平县	406	406	7316	20161	778	8185
成安县	3017	1317	19411	16408	254	23064
魏县	220	93	1794	14330	439	13371
磁县	763	346	4815	49165	175	89070
临漳县	202	198	3300	34104	554	11340
大名县	580	478	8027	11559	1155	17315
丛台区	3	1	25	12	2	210
复兴区	–	–	–	198	1	–
邯山区	65	13	244	770	37	3434
峰峰矿区	21	2	24	8178	171	6700
经济开发区	–	–	–	350	–	–
马头经济开发区	35	9	114	244	40	2498

3-30 农用化肥使用量

(2012年)

单位：吨

县（市、区）	农用化肥施用量（实物量）	农用化肥施用量（折纯）				
			氮肥	磷肥	钾肥	复合肥
全市	**1768787**	**478968**	**190434**	**95337**	**35804**	**157393**
#市区	34768	8876	5195	1809	556	1316
武安市	85191	19735	9073	5260	1302	4100
鸡泽县	66932	19905	6375	2497	3755	7278
邱县	77636	23053	8952	4824	3454	5823
永年县	226346	56048	17941	8983	2220	26904
曲周县	242415	47684	26096	13925	1891	5772
邯郸县	76867	21583	9643	5148	1161	5631
肥乡县	140416	39843	4392	3197	6370	25884
馆陶县	60897	23816	10507	4660	2519	6130
涉县	31304	7923	2236	1290	451	3946
广平县	73714	16875	8569	5061	1046	2199
成安县	119322	43826	20136	7034	3135	13521
魏县	124289	28353	16158	7096	1011	4088
磁县	49855	26714	6306	406	192	19810
临漳县	184340	48102	21238	14114	4470	8280
大名县	174495	46632	17617	10033	2271	16711
丛台区	90	33	32	1	–	–
复兴区	721	270	111	92	30	37
邯山区	4790	176	87	41	2	46
峰峰矿区	24085	7013	4493	1346	182	992
马头经济开发区	5082	1384	472	329	342	241

3-31 水产品产量及养殖面积

(2012年)

单位：吨

县（市、区）	水产品总产量	#内陆捕捞	#鱼 类	内陆水域养殖	#鱼 类	养殖面积（公顷）
全 市	**55838**	**12701**	**11271**	**43137**	**43032**	**3082**
#市 区	796	–	–	796	796	133
武安市	1450	–	–	1450	1450	500
鸡泽县	77	–	–	77	77	12
邱 县	113	–	–	113	113	101
永年县	10844	1786	1755	9058	9058	960
曲周县	5100	1420	1420	3680	3680	373
邯郸县	432	–	–	432	432	68
肥乡县	33	–	–	33	33	10
馆陶县	23	–	–	23	23	7
涉 县	2527	50	50	2477	2477	126
广平县	51	–	–	51	51	1
成安县	11	–	–	11	11	1
魏 县	102	–	–	102	97	7
磁 县	32750	9438	8039	23312	23212	656
临漳县	24	7	7	17	17	4
大名县	1505	–	–	1505	1505	123
峰峰矿区	500	–	–	500	500	100
马头经济开发区	296	–	–	296	296	33

注：邯山区、丛台区、复兴区、经济开发区四区无水产品产量。

3-32 分县(市、区)农村固定资产

(2012年)

单位：万元

县(市、区)	年末固定资产原值	农林牧渔业固定资产	工业固定资产	建筑业固定资产	运输、仓储和邮政业固定资产	贸易、餐饮服务业固定资产	住宅	其他固定资产
全 市	**13553863**	**1278943**	**4989904**	**286956**	**643738**	**400164**	**5342477**	**611681**
武安市	3288675	96341	1855092	25987	141285	66085	1014601	89284
鸡泽县	517020	87459	105944	8962	34900	9950	260605	9200
邱 县	326843	68419	50692	2476	16221	17765	161526	9744
永年县	1346101	63137	577175	13505	32068	53311	553457	53448
曲周县	797463	84801	89797	5331	31071	27233	511991	47239
邯郸县	1346496	167526	459402	11399	121198	53260	449426	84285
肥乡县	300845	89817	74452	5984	15808	13774	96168	4842
馆陶县	402377	107272	89144	9041	15323	17259	147771	16567
涉 县	820897	49874	348251	24996	33275	23949	308818	31734
广平县	212964	31696	44024	12784	14185	6503	95594	8178
成安县	158241	24158	11510	8205	2558	4839	106059	912
魏 县	315749	50760	23128	4527	13221	13513	187910	22690
磁 县	2142602	204500	874624	119816	92530	38608	670697	141827
临漳县	379880	49975	38421	9221	25975	13049	227948	15291
大名县	300793	42315	25909	5296	8590	7330	191250	20103
邯山区	114215	2457	13316	2240	4320	6125	78172	7585
峰峰矿区	545586	35164	270278	8475	31678	12419	145784	41788
经济开发区	8229	8229	–	–	–	–	–	–
马头经济开发区	228887	15043	38745	8711	9532	15192	134700	6964

3-33　分县(市、区)农业产业化主要指标

(2012年)

县(市、区)	龙头经营组织(个)	龙头企业	#销售额1亿元以上	专业市场	#销售额(利税费合计)1亿元以上	#成交额1亿元以上	中介服务组织	#销售额1亿元以上
全　市	**179**	**156**	**79**	**15**	**4**	**13**	**8**	**1**
武安市	15	14	2	1	1	1	-	-
鸡泽县	7	6	2	1	-	1	-	-
邱　县	7	6	2	-	-	-	1	-
永年县	10	9	2	1	-	1	-	-
曲周县	12	11	9	1	-	1	-	-
邯郸县	4	3	1	1	1	1	-	-
肥乡县	10	9	6	1	-	1	-	-
馆陶县	12	9	5	2	-	2	1	1
涉　县	16	10	4	1	1	1	5	-
广平县	15	14	9	-	-	-	1	-
成安县	12	12	10	-	-	-	-	-
魏　县	23	21	7	2	1	2	-	-
磁　县	8	8	6	-	-	-	-	-
临漳县	9	8	3	1	-	-	-	-
大名县	13	12	10	1	-	1	-	-
从台区	1	-	-	1	-	-	-	-
峰峰矿区	5	4	1	1	-	1	-	-

3-33续表1

县(市、区)	龙头经营组织规模、效益							
	带动农户(户)	龙头企业	专业市场	中介服务组织	销售额(万元)	龙头企业	专业市场(利税费合计)	中介服务组织
全　市	**2532988**	**2045879**	**440109**	**47000**	**3282470**	**3064076**	**182245**	**36149**
武安市	414029	412029	2000	-	112949	95599	17350	-
鸡泽县	13860	13540	320	-	161830	160374	1456	-
邱　县	71010	49650	-	21360	62408	60728	-	1680
永年县	160562	157562	3000	-	75045	67139	7906	-
曲周县	240256	181567	58689	-	442801	438405	4396	-
邯郸县	179500	29500	150000	-	99494	36738	62756	-
肥乡县	50990	37360	13630	-	117550	110685	6865	-
馆陶县	125479	60820	53470	11189	175839	136339	16105	23395
涉　县	137246	107095	18000	12151	145731	103857	31110	10764
广平县	66291	63991	-	2300	222737	222427	-	310
成安县	107955	107955	-	-	304555	304555	-	-
魏　县	381524	294524	87000	-	221758	194100	27658	-
磁　县	90120	90120	-	-	117159	117159	-	-
临漳县	91779	89279	2500	-	124791	123910	881	-
大名县	400042	349042	51000	-	850466	848191	2275	-
从台区	500	-	500	-	1275	-	1275	-
峰峰矿区	1845	1845	-	-	46082	43870	2212	-

3-33续表2

县(市、区)	农产品生产(加工)基地(个)	种植业生产基地(包括林果)	养殖业生产基地(包括水产)	农产品加工基地	农产品生产(加工)基地规模、效益 基地带动农户(户)	种植业生产基地	养殖业生产基地	农产品加工基地
全　市	**70**	**31**	**35**	**4**	**1167638**	**714514**	**395424**	**57700**
武安市	6	4	2	－	103715	54308	49407	－
鸡泽县	2	1	－	1	14020	11220	－	2800
邱　县	6	1	3	2	169221	51000	67861	50360
永年县	3	1	2	－	97765	74514	23251	－
曲周县	3	1	2	－	61570	23606	37964	－
邯郸县	4	1	3	－	36530	4595	31935	－
肥乡县	7	4	3	－	100671	78416	22255	－
馆陶县	4	1	3	－	49875	20816	29059	－
涉　县	6	4	2	－	67772	64832	2940	－
广平县	3	1	2	－	34550	9500	25050	－
成安县	5	4	1	－	81033	79613	1420	－
魏　县	5	2	3	－	112581	68341	44240	－
磁　县	6	2	4	－	39252	17750	21502	－
临漳县	6	2	3	1	101203	69003	27660	4540
大名县	3	2	1	－	95000	87000	8000	－
峰峰矿区	1	－	1	－	2880	－	2880	－

3-33续表3

县(市、区)	农产品生产(加工)基地规模、效益(续) 基地销售产值(万元)	种植业生产基地	养殖业生产基地	农产品加工基地	基地带动农户的户均纯收入(元)	#从产业化经营中得到的户均纯收入	农业产业化经营总量(万元)	农业产业化经营率(%)
全　市	**3175434**	**1598293**	**1215332**	**361809**	**21629**	**8360**	**6457904**	**62.3**
武安市	192636	49880	142756	－	40848	2656	305585	67.4
鸡泽县	215172	50040	－	165132	12330	5682	377002	60.1
邱　县	204628	76695	72076	55857	20266	6087	267036	64.9
永年县	751815	608620	143195	－	30586	23464	826860	58.7
曲周县	132839	37366	95473	－	16826	9521	575640	63.5
邯郸县	80590	9854	70736	－	12523	9147	180084	55.9
肥乡县	229717	147693	82024	－	40634	17529	347267	60.5
馆陶县	273138	90023	183115	－	13122	8450	448977	64.3
涉　县	93416	52493	40923	－	12125	3475	239147	70.8
广平县	38118	9159	28959	－	18018	4243	260855	60.1
成安县	149150	137038	12112	－	15656	5556	453705	59.3
魏　县	178443	84057	94386	－	13497	6838	400201	58.7
磁　县	172337	39320	133017	－	39014	5965	289496	60.2
临漳县	313066	99983	72263	140820	11991	6034	437857	57.3
大名县	115777	106072	9705	－	11401	4584	966243	66.9
丛台区	－	－	－	－	－	－	1275	35.6
峰峰矿区	34592	－	34592	－	44101	32500	80674	54.0

3-34 分县(市、区)农业产业化龙头经营组织发展情况

(2012年)

县(市、区)	龙头经营组织(个)	按组织类型分					
		龙头企业	专业市场	中介服务组织	# 销售额1亿元以上	专业合作经济组织	经济技术服务组织
全　市	**179**	**156**	**15**	**8**	**1**	**5**	**3**
武安市	15	14	1	–	–	–	–
鸡泽县	7	6	1	–	–	–	–
邱　县	7	6	–	1	–	–	1
永年县	10	9	1	–	–	–	–
曲周县	12	11	1	–	–	–	–
邯郸县	4	3	1	–	–	–	–
肥乡县	10	9	1	–	–	–	–
馆陶县	12	9	2	1	1	–	1
涉　县	16	10	1	5	–	5	–
广平县	15	14	–	1	–	–	1
成安县	12	12	–	–	–	–	–
魏　县	23	21	2	–	–	–	–
磁　县	8	8	–	–	–	–	–
临漳县	9	8	1	–	–	–	–
大名县	13	12	1	–	–	–	–
丛台区	1	–	1	–	–	–	–
峰峰矿区	5	4	1	–	–	–	–

3-34续表1　　单位：个

县(市、区)	按利益联结方式分				按产品辐射范围分		
	合同关系	#订单关系	实行利润返还	其 他	本省内	跨省区	国外
全　市	**134**	**99**	**4**	**41**	**29**	**137**	**13**
武安市	8	5	–	7	2	13	–
鸡泽县	7	–	–	–	–	7	–
邱　县	7	4	–	–	3	3	1
永年县	8	6	–	2	1	6	3
曲周县	11	11	–	1	4	5	3
邯郸县	4	4	–	–	2	2	–
肥乡县	8	8	–	2	–	9	1
馆陶县	2	2	–	10	1	11	–
涉　县	12	11	4	–	2	14	–
广平县	13	7	–	2	3	11	1
成安县	11	4	–	1	2	9	1
魏　县	21	21	–	2	2	19	2
磁　县	8	5	–	–	3	5	–
临漳县	8	7	–	1	1	8	–
大名县	5	4	–	8	–	12	1
丛台区	–	–	–	1	–	1	–
峰峰矿区	1	–	–	4	3	2	–

3-34续表2

单位：个

县(市、区)	按产业类型分							
	粮食	饲料	油料	水果	蔬菜及食用菌	棉麻丝	其 它种植业	猪
全 市	**17**	**10**	**13**	**10**	**34**	**6**	**8**	**26**
武安市	–	–	2	–	2	–	–	8
鸡泽县	–	–	1	–	5	1	–	–
邱 县	–	–	–	–	–	2	–	–
永年县	1	–	–	–	4	–	–	1
曲周县	2	–	–	2	4	–	–	2
邯郸县	–	–	1	1	–	–	1	1
肥乡县	–	–	–	–	4	1	2	1
馆陶县	1	4	–	1	–	–	1	–
涉 县	–	–	–	–	1	–	–	1
广平县	1	2	2	1	1	–	2	2
成安县	1	1	1	–	2	2	1	1
魏 县	3	–	1	4	5	–	–	4
磁 县	3	–	–	–	–	–	1	3
临漳县	–	2	–	–	4	–	–	–
大名县	5	1	5	1	–	–	–	–
丛台区	–	–	–	–	1	–	–	–
峰峰矿区	–	–	–	–	1	–	–	2

3-34续表3

单位：个

县(市、区)	按产业类型分（续）							
	牛	羊	禽肉	蛋类	其 它畜牧业	水产业	林业	其它
全 市	**2**	**3**	**11**	**9**	**7**	**2**	**15**	**6**
武安市	–	–	1	1	–	–	1	–
鸡泽县	–	–	–	–	–	–	–	–
邱 县	–	3	1	1	–	–	–	–
永年县	–	–	–	–	1	1	–	2
曲周县	–	–	–	–	1	–	1	–
邯郸县	–	–	–	–	–	–	–	–
肥乡县	–	–	1	–	1	–	–	–
馆陶县	–	–	2	3	–	–	–	–
涉 县	–	–	1	2	–	–	11	–
广平县	–	–	–	1	–	1	–	2
成安县	–	–	2	–	1	–	–	–
魏 县	2	–	1	–	–	–	1	2
磁 县	–	–	1	–	–	–	–	–
临漳县	–	–	–	–	2	–	1	–
大名县	–	–	1	–	–	–	–	–
丛台区	–	–	–	–	–	–	–	–
峰峰矿区	–	–	–	1	1	–	–	–

3-34续表4

县(市、区)	龙头经营组织规模							
	从业人员（人）	龙头企业	专业市场	中介服务组织	固定资产净值（万元）	龙头企业	专业市场	中介服务组织
全　市	**42110**	**31566**	**10159**	**385**	**724182**	**655758**	**64247**	**4177**
武安市	1319	1271	48	–	43684	40884	2800	–
鸡泽县	779	744	35	–	9136	6886	2250	–
邱　县	904	874	–	30	13415	12915	–	500
永年县	1595	1337	258	–	35551	34051	1500	–
曲周县	4367	3667	700	–	81864	81458	406	–
邯郸县	3865	265	3600	–	21623	8890	12733	–
肥乡县	1915	1754	161	–	47863	45956	1907	–
馆陶县	4265	2250	1770	245	50260	24754	22273	3233
涉　县	1246	988	163	95	44217	38373	5480	364
广平县	3192	3177	–	15	95331	95251	–	80
成安县	3368	3368	–	–	57784	57784	–	–
魏　县	8842	5497	3345	–	85082	73762	11320	–
磁　县	1048	1048	–	–	13262	13262	–	–
临漳县	1679	1674	5	–	35464	34674	790	–
大名县	3096	3086	10	–	84185	83405	780	–
丛台区	42	–	42	–	1850	–	1850	–
峰峰矿区	588	566	22	–	3611	3453	158	–

3-34续表5

县(市、区)	龙头经营组织规模（续）							
	带动农户（户）	#订单带动农户	龙头企业	#订单带动农户	专业市场	#订单带动农户	中介服务组织	#订单带动农户
全　市	**2532988**	**1266804**	**2045879**	**1088751**	**440109**	**154758**	**47000**	**23295**
武安市	414029	226871	412029	226671	2000	200	–	–
鸡泽县	13860	7848	13540	7848	320	–	–	–
邱　县	71010	59110	49650	39110	–	–	21360	20000
永年县	160562	115487	157562	115487	3000	–	–	–
曲周县	240256	109211	181567	79228	58689	29983	–	–
邯郸县	179500	61960	29500	23960	150000	38000	–	–
肥乡县	50990	15841	37360	14646	13630	1195	–	–
馆陶县	125479	77042	60820	36662	53470	40380	11189	–
涉　县	137246	97579	107095	94284	18000	–	12151	3295
广平县	66291	34000	63991	34000	–	–	2300	–
成安县	107955	43950	107955	43950	–	–	–	–
魏　县	381524	246136	294524	201136	87000	45000	–	–
磁　县	90120	14190	90120	14190	–	–	–	–
临漳县	91779	80961	89279	80961	2500	–	–	–
大名县	400042	76364	349042	76364	51000	–	–	–
丛台区	500	–	–	–	500	–	–	–
峰峰矿区	1845	254	1845	254	–	–	–	–

3-34续表6

县(市、区)	龙头经营组织效益						
	销售额（万元）	龙头企业	专业市场（利税费合计）	中介服务组织	净利润（万元）	龙头企业	专业市场（利税费合计）
全　市	**3282470**	**3064076**	**182245**	**36149**	**305103**	**184560**	**117909**
武安市	112949	95599	17350	–	16204	9404	6800
鸡泽县	161830	160374	1456	–	11244	10618	626
邱　县	62408	60728	–	1680	1560	1490	–
永年县	75045	67139	7906	–	10774	7707	3067
曲周县	442801	438405	4396	–	39878	36878	3000
邯郸县	99494	36738	62756	–	54676	1390	53286
肥乡县	117550	110685	6865	–	11585	7949	3636
馆陶县	175839	136339	16105	23395	14739	2800	9858
涉　县	145731	103857	31110	10764	24577	10692	13410
广平县	222737	222427	–	310	19566	19558	–
成安县	304555	304555	–	–	19762	19762	–
魏　县	221758	194100	27658	–	44311	23381	20930
磁　县	117159	117159	–	–	5984	5984	–
临漳县	124791	123910	881	–	9284	8479	805
大名县	850466	848191	2275	–	22075	20093	1982
丛台区	1275	–	1275	–	497	–	497
峰峰矿区	46082	43870	2212	–	-1613	-1625	12

3-34续表7

县(市、区)	龙头经营组织效益（续）						
	中介服务组织	上交税金（万元）	龙头企业	专业市场（利税费合计）	中介服务组织	龙头企业出口创汇（万美元）	专业市场成交额（万元）
全　市	**2634**	**47644**	**39334**	**8165**	**145**	**20851**	**2193166**
武安市	–	1757	1007	750	–	–	62000
鸡泽县	–	1547	1503	44	–	42	239566
邱　县	70	290	290	–	–	906	–
永年县	–	561	357	204	–	550	260000
曲周县	–	13994	13688	306	–	7480	45239
邯郸县	–	522	145	377	–	–	324000
肥乡县	–	2209	1244	965	–	936	23689
馆陶县	2081	1536	543	348	145	–	582582
涉　县	475	6299	1939	4360	–	565	80410
广平县	8	3107	3107	–	–	71	–
成安县	–	3524	3524	–	–	4872	–
魏　县	–	3927	3862	65	–	2589	483890
磁　县	–	345	345	–	–	–	–
临漳县	–	1254	1228	26	–	377	6670
大名县	–	6492	6349	143	–	2463	61820
丛台区	–	77	–	77	–	–	8500
峰峰矿区	–	203	203	–	–	–	14800

3-35　分县(市、区)农业产业化龙头企业发展情况

(2012年)

单位：个

县(市、区)	龙头企业个数(个)	按销售收入分			按利益联结方式分		
		# 销售额2千万以上	# 销售额1亿元以上	# 销售额10亿元以上	订单合同关系	无订单合同关系	其他
全　市	**156**	**142**	**79**	**6**	**94**	**29**	**33**
武安市	14	9	2	−	5	3	6
鸡泽县	6	6	2	1	−	6	−
邱　县	6	5	2	−	4	2	−
永年县	9	7	2	−	6	1	2
曲周县	11	10	9	2	11	−	−
邯郸县	3	3	1	−	3	−	−
肥乡县	9	9	6	−	7	−	2
馆陶县	9	8	5	−	1	−	8
涉　县	10	10	4	−	10	−	−
广平县	14	14	9	−	7	5	2
成安县	12	12	10	−	4	7	1
魏　县	21	20	7	−	20	−	1
磁　县	8	8	6	−	5	3	−
临漳县	8	8	3	−	7	−	1
大名县	12	12	10	3	4	1	7
峰峰矿区	4	1	1	−	−	1	3

3-35续表1

单位：个

县(市、区)	按产品辐射范围分			按产业类型分			
	本省内	跨省区	国外	粮食	饲料	油料	水果
全　市	**23**	**120**	**13**	**16**	**10**	**12**	**7**
武安市	1	13	−	−	−	2	−
鸡泽县	−	6	−	−	−	1	−
邱　县	3	2	1	−	−	−	−
永年县	1	5	3	1	−	−	−
曲周县	4	4	3	2	−	−	2
邯郸县	1	2	−	−	−	1	−
肥乡县	−	8	1	−	−	−	−
馆陶县	1	8	−	1	4	−	−
涉　县	−	10	−	−	−	−	−
广平县	3	10	1	1	2	2	1
成安县	2	9	1	1	1	1	−
魏　县	2	17	2	2	−	1	3
磁　县	3	5	−	3	−	−	−
临漳县	−	8	−	−	2	−	−
大名县	−	11	1	5	1	4	1
峰峰矿区	2	2	−	−	−	−	−

3-35续表2

单位：个

县(市、区)	按产业类型分（续）							
	蔬菜及食用菌	棉麻丝	其它种植业	猪	牛	羊	禽肉	蛋类
全　市	**26**	**6**	**8**	**25**	**2**	**2**	**10**	**7**
武安市	1	–	–	8	–	–	1	1
鸡泽县	4	1	–	–	–	–	–	–
邱　县	–	2	–	–	–	2	1	1
永年县	3	–	–	1	–	–	–	–
曲周县	3	–	–	2	–	–	–	–
邯郸县	–	–	1	1	–	–	–	–
肥乡县	3	1	2	1	–	–	1	–
馆陶县	–	–	1	–	–	–	1	2
涉　县	1	–	–	1	–	–	1	1
广平县	1	–	2	1	–	–	–	1
成安县	2	2	1	1	–	–	2	–
魏　县	5	–	–	4	2	–	1	–
磁　县	–	–	1	3	–	–	1	–
临漳县	3	–	–	–	–	–	–	–
大名县	–	–	–	–	–	–	1	–
峰峰矿区	–	–	–	2	–	–	–	1

3-35续表3

单位：个

县(市、区)	按产业类型分（续）				龙头企业规模			
	其它畜牧业	水产业	林业	其它	龙头企业从业人员（人）	固定资产净值（万元）	主要农产品原料采购值（万元）	年订单额（万元）
全　市	**7**	**2**	**10**	**6**	**31566**	**655758**	**1678970**	**832907**
武安市	–	–	1	–	1271	40884	64295	12580
鸡泽县	–	–	–	–	744	6886	118753	100840
邱　县	–	–	–	–	874	12915	40884	14158
永年县	1	1	–	2	1337	34051	34167	28296
曲周县	1	–	1	–	3667	81458	167893	149060
邯郸县	–	–	–	–	265	8890	26704	22470
肥乡县	1	–	–	–	1754	45956	48140	25692
馆陶县	–	–	–	–	2250	24754	93801	62500
涉　县	–	–	6	–	988	38373	56021	45250
广平县	–	1	–	2	3177	95251	61670	37177
成安县	1	–	–	–	3368	57784	152454	23300
魏　县	–	–	1	2	5497	73762	106632	86241
磁　县	–	–	–	–	1048	13262	46011	20032
临漳县	2	–	1	–	1674	34674	64819	53300
大名县	–	–	–	–	3086	83405	555066	111300
峰峰矿区	1	–	–	–	566	3453	41660	40711

3-35续表4

县(市、区)	龙头企业规模（续）			龙头企业效益			
	带动农户（户）	#订单带动农户	#带动省外农户	销售收入（万元）	粮食	饲料	油料
全　市	**2045879**	**1088751**	**143924**	**3064076**	**870749**	**151028**	**438908**
武安市	412029	226671	2500	95599	-	-	48312
鸡泽县	13540	7848	26	160374	-	-	118821
邱　县	49650	39110	-	60728	-	-	-
永年县	157562	115487	33428	67139	2245	-	-
曲周县	181567	79228	1000	438405	140495	-	-
邯郸县	29500	23960	1000	36738	-	-	21000
肥乡县	37360	14646	-	110685	-	-	-
馆陶县	60820	36662	1730	136339	22610	62114	-
涉　县	107095	94284	2200	103857	-	-	-
广平县	63991	34000	600	222427	27438	26400	7087
成安县	107955	43950	42000	304555	15102	20905	36500
魏　县	294524	201136	39850	194100	54988	-	4176
磁　县	90120	14190	8600	117159	53379	-	-
临漳县	89279	80961	318	123910	-	32052	-
大名县	349042	76364	10672	848191	554492	9557	203012
峰峰矿区	1845	254	-	43870	-	-	-

3-35续表5

单位：万元

县(市、区)	龙头企业效益（续）							
	销售收入（续）							
	水果	蔬菜及食用菌	棉麻丝	其它种植业	猪	牛	羊	禽肉
全　市	**103622**	**343503**	**154656**	**108878**	**234728**	**8225**	**20797**	**164856**
武安市	-	600	-	-	31143	-	-	4500
鸡泽县	-	32421	9132	-	-	-	-	-
邱　县	-	-	35716	-	-	-	20797	3595
永年县	-	25804	-	-	8526	-	-	-
曲周县	36290	130034	-	-	8200	-	-	-
邯郸县	-	-	-	9208	6530	-	-	-
肥乡县	-	34543	15628	31538	13332	-	-	9750
馆陶县	-	-	-	4519	-	-	-	42998
涉　县	-	5100	-	-	7992	-	-	8329
广平县	18162	3627	-	17993	15687	-	-	-
成安县	-	30970	94180	25800	37800	-	-	23483
魏　县	28348	35044	-	-	26066	8225	-	4193
磁　县	-	-	-	19820	36260	-	-	7700
临漳县	-	45360	-	-	-	-	-	-
大名县	20822	-	-	-	-	-	-	60308
峰峰矿区	-	-	-	-	43192	-	-	-

3-35续表6

单位：万元

县(市、区)	龙头企业效益（续）							
	销售收入（续）					净利润	上交税金	出口总额（万美元）
	蛋类	其它畜牧业	水产业	林业	其它			
全　市	**51951**	**103919**	**18878**	**197037**	**92341**	**184560**	**39334**	**20851**
武安市	7524	-	-	3520	-	9404	1007	-
鸡泽县	-	-	-	-	-	10618	1503	42
邱　县	620	-	-	-	-	1490	290	906
永年县	-	24926	740	-	4898	7707	357	550
曲周县	-	13886	-	109500	-	36878	13688	7480
邯郸县	-	-	-	-	-	1390	145	-
肥乡县	-	5894	-	-	-	7949	1244	936
馆陶县	4098	-	-	-	-	2800	543	-
涉　县	13719	-	-	68717	-	10692	1939	565
广平县	25412	-	18138	-	62483	19558	3107	71
成安县	-	19815	-	-	-	19762	3524	4872
魏　县	-	-	-	8100	24960	23381	3862	2589
磁　县	-	-	-	-	-	5984	345	-
临漳县	-	39298	-	7200	-	8479	1228	377
大名县	-	-	-	-	-	20093	6349	2463
峰峰矿区	578	100	-	-	-	-1625	203	-

3-35续表7

县(市、区)	龙头企业质量安全情况				
	建有专门质检机构的龙头企业（个）	# 质检机构通过计量认证的龙头企业	通过 ISO9000、HACCP、GAP、GMP等质量体系认证的龙头企业（个）	获得省以上名牌产品或著名(驰名)商标的龙头企业（个）	获得“三品一标”认证的龙头企业（个）
全　市	**110**	**94**	**81**	**72**	**35**
武安市	9	9	7	5	5
鸡泽县	6	6	6	4	-
邱　县	-	-	2	1	-
永年县	7	7	8	6	4
曲周县	11	11	11	9	1
邯郸县	2	2	1	3	-
肥乡县	9	9	3	4	2
馆陶县	1	1	2	1	-
涉　县	7	5	7	5	6
广平县	11	7	4	3	2
成安县	11	10	10	9	-
魏　县	19	15	5	4	5
磁　县	2	-	-	3	1
临漳县	7	6	6	5	4
大名县	6	4	7	8	3
峰峰矿区	2	2	2	2	2

3-36　分县(市、区)农业产业化专业市场发展情况

(2012年)

县(市、区)	专业市场个数(个)	#销售额(利税费合计)1亿元以上	按成交额分		按利益联结方式分		
			#成交额5千万元以上	#成交额1亿元以上	订单合同关系	无订单合同关系	其它
全　市	**15**	**4**	**15**	**13**	**4**	**4**	**7**
武安市	1	1	1	1	–	–	1
鸡泽县	1	–	1	1	–	1	–
永年县	1	–	1	1	–	1	–
曲周县	1	–	1	1	–	–	1
邯郸县	1	1	1	1	1	–	–
肥乡县	1	–	1	1	1	–	–
馆陶县	2	–	2	2	1	–	1
涉　县	1	1	1	1	–	1	–
魏　县	2	1	2	2	1	–	1
临漳县	1	–	1	–	–	1	–
大名县	1	–	1	1	–	–	1
丛台区	1	–	1	–	–	–	1
峰峰矿区	1	–	1	1	–	–	1

3-36续表1　　单位：个

县(市、区)	按产品辐射范围分		按产业类型分			
	本省内	跨省区	粮食	油料	水果	蔬菜及食用菌
全　市	**4**	**11**	**1**	**1**	**3**	**8**
武安市	1	–	–	–	–	1
鸡泽县	–	1	–	–	–	1
永年县	–	1	–	–	–	1
曲周县	–	1	–	–	–	1
邯郸县	1	–	–	–	1	–
肥乡县	–	1	–	–	–	1
馆陶县	–	2	–	–	1	–
涉　县	–	1	–	–	–	–
魏　县	–	2	1	–	1	–
临漳县	1	–	–	–	–	1
大名县	–	1	–	1	–	–
丛台区	–	1	–	–	–	1
峰峰矿区	1	–	–	–	–	1

3-36续表2

单位：个

县(市、区)	按产业类型分（续）		专业市场规模			
	蛋类	林业	从业人员（人）	固定资产净值（万元）	带动农户（户）	#订单带动农户
全　　市	**1**	**1**	**10159**	**64247**	**440109**	**154758**
武安市	–	–	48	2800	2000	200
鸡泽县	–	–	35	2250	320	–
永年县	–	–	258	1500	3000	–
曲周县	–	–	700	406	58689	29983
邯郸县	–	–	3600	12733	150000	38000
肥乡县	–	–	161	1907	13630	1195
馆陶县	1	–	1770	22273	53470	40380
涉　县	–	1	163	5480	18000	–
魏　县	–	–	3345	11320	87000	45000
临漳县	–	–	5	790	2500	–
大名县	–	–	10	780	51000	–
丛台区	–	–	42	1850	500	–
峰峰矿区	–	–	22	158	–	–

3-36续表3

单位：万元

县(市、区)		专业市场效益				
	年订单额	成交额	销售利税费合计	销售利润	上缴税金	销售费用
全　　市	**401871**	**2193166**	**182245**	**117909**	**8165**	**56171**
武安市	–	62000	17350	6800	750	9800
鸡泽县	–	239566	1456	626	44	786
永年县	–	260000	7906	3067	204	4635
曲周县	–	45239	4396	3000	306	1090
邯郸县	53000	324000	62756	53286	377	9093
肥乡县	9560	23689	6865	3636	965	2264
馆陶县	311311	582582	16105	9858	848	5399
涉　县	–	80410	31110	13410	4360	13340
魏　县	28000	483890	27653	20930	65	6663
临漳县	–	6670	881	805	26	50
大名县	–	61820	2275	1982	143	150
丛台区	–	8500	1275	497	77	701
峰峰矿区	–	14800	2212	12	–	2200

3-37　分县(市、区)农业产业化农产品生产（加工）基地发展情况

(2012年)

县(市、区)	农产品生产(加工)基地(个)	按基地类型分			按带动基地的龙头经营组织类型分			
		种植业生产基地(包括林果)	养殖业生产基地(包括水产)	农产品加工基地	龙头企业带动型	专业市场带动型	中介服务组织带动型	无龙头带动
全　　市	**70**	**31**	**35**	**4**	**49**	**5**	**3**	**13**
武安市	6	4	2	－	6	－	－	－
鸡泽县	2	1	－	1	2	－	－	－
邱　县	6	1	3	2	5	－	－	1
永年县	3	1	2	－	3	－	－	－
曲周县	3	1	2	－	2	1	－	－
邯郸县	4	1	3	－	－	－	－	4
肥乡县	7	4	3	－	5	1	－	1
馆陶县	4	1	3	－	1	2	1	－
涉　县	6	4	2	－	5	－	1	－
广平县	3	1	2	－	1	－	－	2
成安县	5	4	1	－	1	－	－	4
魏　县	5	2	3	－	5	－	－	－
磁　县	6	2	4	－	6	－	－	－
临漳县	6	2	3	1	3	1	1	1
大名县	3	2	1	－	3	－	－	－
峰峰矿区	1	－	1	－	1	－	－	－

3-37续表1　　单位：个

县(市、区)	按产业类型分							
	粮食	油料	水果	蔬菜及食用菌	棉麻丝	中草药	其它种植业	猪
全　　市	**2**	**1**	**3**	**16**	**4**	**1**	**1**	**11**
武安市	1	－	－	1	－	－	1	1
鸡泽县	－	－	－	2	－	－	－	－
邱　县	－	－	－	－	2	－	－	－
永年县	－	－	－	1	－	－	－	－
曲周县	－	－	－	1	－	－	－	1
邯郸县	－	－	－	1	－	－	－	1
肥乡县	－	－	－	3	1	－	－	1
馆陶县	－	－	－	1	－	－	－	1
涉　县	－	－	－	－	－	1	－	1
广平县	－	－	－	1	－	－	－	1
成安县	－	－	1	2	1	－	－	－
魏　县	－	－	1	1	－	－	－	1
磁　县	－	－	－	1	－	－	－	1
临漳县	－	－	1	1	－	－	－	1
大名县	1	1	－	－	－	－	－	－
峰峰矿区	－	－	－	－	－	－	－	1

3-37续表2　　单位：个

县(市、区)	按产业类型分（续）							
	牛	羊	禽肉	蛋类	其它畜牧业	水产业	林业	其它
全　市	**3**	**3**	**6**	**9**	**2**	**2**	**5**	**1**
武安市	–	–	–	1	–	–	1	–
鸡泽县	–	–	–	–	–	–	–	–
邱　县	–	2	1	1	–	–	–	–
永年县	–	–	–	1	–	1	–	–
曲周县	–	–	–	1	–	–	–	–
邯郸县	–	–	–	1	1	–	–	–
肥乡县	–	1	–	1	–	–	–	–
馆陶县	–	–	1	1	–	–	–	–
涉　县	–	–	–	1	–	–	3	–
广平县	–	–	1	–	–	–	–	–
成安县	1	–	–	–	–	–	–	–
魏　县	1	–	1	–	–	–	–	–
磁　县	1	–	–	1	–	1	–	1
临漳县	–	–	1	–	1	–	1	–
大名县	–	–	1	–	–	–	–	–
峰峰矿区	–	–	–	–	–	–	–	–

3-37续表3　　单位：万元

县(市、区)	农产品生产(加工)基地规模					
	生产(加工)基地合计			种植业生产基地		
	产　值	销售产值	上缴税金	产　值	销售产值	上缴税金
全　市	**3311411**	**3175434**	**12102**	**1680935**	**1598293**	**6336**
武安市	196368	192636	146	52124	49880	53
鸡泽县	216392	215172	5337	51210	50040	4438
邱　县	209463	204628	1505	78260	76695	156
永年县	780855	751815	–	627342	608620	–
曲周县	146438	132839	–	41605	37366	–
邯郸县	84970	80590	752	10772	9854	156
肥乡县	241899	229717	2651	155995	147693	1533
馆陶县	286856	273138	1500	97873	90023	–
涉　县	95750	93416	–	52920	52493	–
广平县	39903	38118	–	9942	9159	–
成安县	155711	149150	–	142859	137038	–
魏　县	190340	178443	211	89860	84057	–
磁　县	176555	172337	–	43532	39320	–
临漳县	315480	313066	–	100475	99983	–
大名县	136831	115777	–	126166	106072	–
峰峰矿区	37600	34592	–	–	–	–

3-37续表4

单位：万元

县(市、区)	农产品生产(加工)基地规模（续）						农产品生产(加工)基地带动农户（户）	#订单带动农户
	养殖业生产基地			农产品加工基地				
	产 值	销售产值	上缴税金	产 值	销售产值	上缴税金		
全 市	**1265969**	**1215332**	**4386**	**364507**	**361809**	**1380**	**1167638**	**435373**
武安市	144244	142756	93	–	–	–	103715	23847
鸡泽县	–	–	–	165182	165132	899	14020	1640
邱 县	73598	72076	868	57605	55857	481	169221	91323
永年县	153513	143195	–	–	–	–	97765	–
曲周县	104833	95473	–	–	–	–	61570	16865
邯郸县	74198	70736	596	–	–	–	36530	19576
肥乡县	85904	82024	1118	–	–	–	100671	18201
馆陶县	188983	183115	1500	–	–	–	49875	9844
涉 县	42830	40923	–	–	–	–	67772	55778
广平县	29961	28959	–	–	–	–	34550	14000
成安县	12852	12112	–	–	–	–	81033	7733
魏 县	100480	94386	211	–	–	–	112581	72137
磁 县	133023	133017	–	–	–	–	39252	9814
临漳县	73285	72263	–	141720	140820	–	101203	50995
大名县	10665	9705	–	–	–	–	95000	43000
峰峰矿区	37600	34592	–	–	–	–	2880	620

3-37续表5

单位：万元

县(市、区)	农产品生产(加工)基地带动农户 （续）						基地带动农户的户均纯收入（元）	#从产业化经营中得到的户均纯收入
	种植业生产基地带动农户	#订单带动农户	养殖业生产基地带动农户	#订单带动农户	农产品加工基地带动农户	#订单带动农户		
全 市	**714514**	**286447**	**395424**	**109488**	**57700**	**39438**	**21629**	**8360**
武安市	54308	15806	49407	8041	–	–	40848	2656
鸡泽县	11220	380	–	–	2800	1260	12330	5682
邱 县	51000	34120	67861	23245	50360	33958	20266	6087
永年县	74514	–	23251	–	–	–	30586	23464
曲周县	23606	5099	37964	11766	–	–	16826	9521
邯郸县	4595	2504	31935	17072	–	–	12523	9147
肥乡县	78416	15101	22255	3100	–	–	40634	17529
馆陶县	20816	4829	29059	5015	–	–	13122	8450
涉 县	64832	55778	2940	–	–	–	12125	3475
广平县	9500	–	25050	14000	–	–	18018	4243
成安县	79613	7733	1420	–	–	–	15656	5556
魏 县	68341	55300	44240	16837	–	–	13497	6838
磁 县	17750	4272	21502	5542	–	–	39014	5965
临漳县	69003	42525	27660	4250	4540	4220	11991	6034
大名县	87000	43000	8000	–	–	–	11401	4584
峰峰矿区	–	–	2880	620	–	–	44101	32500

第二部分　统计资料

四、工业

资料整理：刘粤波　刘小涛　郭贤臣　王维维　陈　丽

4-1 历年工业总产值

(按当年价计算)　　单位：万元

年份	全部工业总产值	#规模以上工业	按经济类型分			按轻重工业分	
			国有经济	集体经济	其它经济	轻工业	重工业
1949	2655	2560	1726	717	117	1001	1559
1950	3507	3422	2501	815	106	1243	2179
1951	5686	5577	4448	1000	129	1888	3689
1952	11965	11840	9747	1871	222	4308	7532
1953	20559	20470	16190	4100	180	11337	9133
1954	23996	23862	18974	4666	222	14043	9819
1955	26563	26482	20943	5345	194	13685	12797
1956	29568	29424	23770	5386	268	13626	15798
1957	29082	28908	22335	6251	322	12227	16681
1958	55574	55484	51787	3345	352	20247	35237
1959	99034	99034	95822	2995	217	41062	57972
1960	103548	103548	101615	1734	199	29061	74487
1961	54047	54047	51095	2762	190	18486	35561
1962	40356	40356	37084	3031	241	13855	26501
1963	38607	38607	35804	2460	343	14350	24257
1964	49074	49074	46371	2703		20888	28185
1965	63904	63904	60998	2906		33005	30898
1966	70688	70688	65925	4763		34014	36674
1967	64721	64721	59290	5431		31095	33626
1968	86241	86241	79966	6275		41572	44669
1969	115301	115301	106417	8884		55960	59341
1970	146920	146920	133159	13761		66676	80244
1971	159342	158077	141727	16350		62403	95674
1972	160794	159402	142327	17075		55561	103841
1973	170207	168781	147913	20854		65165	103616
1974	191567	189483	163647	25836		74705	114778
1975	214219	211723	180025	31698		84791	126932
1976	239251	235807	198197	37610		95296	140511
1977	269044	262747	216591	46156		104024	158723
1978	298397	287175	240025	47150		112230	174945
1979	311624	290153	245589	44564		110618	179535

4-1续表　　单位：万元

年　份	全部工业总产值	#规模以上工业	按经济类型分			按轻重工业分	
			国有经济	集体经济	其它经济	轻工业	重工业
1980	345421	331382	286382	45000		137207	194175
1981	355693	344356	297699	46657		138657	205699
1982	373987	350988	296394	54594		131172	219816
1983	420062	400839	337912	62927		149292	251547
1984	483461	453354	382183	71171		150611	302743
1985	614948	535683	408673	126199	811	193262	342421
1986	657463	557379	430858	126015	506	198224	359155
1987	790767	638949	491778	146805	366	227590	411359
1988	1011362	780647	590707	189085	855	285942	494705
1989	1264014	927783	730853	239950	1980	356820	615963
1990	1380941	1056405	780222	262888	13295	384070	672335
1991	1607229	1203123	864874	304833	33416	436766	766357
1992	2012797	1426976	1053997	345204	27739	479796	947180
1993	3050046	2074519	1555614	480346	38559	542248	1532271
1994	4170933	2589635	1770730	627389	191516	624683	1964952
1995	5137035	2762587	1863160	641631	257796	764474	1998113
1996	6701335	3354013	2070366	941133	342514	931692	2422321
1997	6728855	3678853	2080155	1190918	407780	993606	2685248
1998	7052634	2622047	1594015	298314	729718	531786	2090261
1999	6356719	2796859	1394918	290585	1111356	566606	2230253
2000	7205841	3169052	1572229	314615	1282208	647119	2521933
2001	8015293	3567907	1773422	314611	1479874	649635	2918272
2002	9101007	4192913	1858356	284343	2050214	692178	3500735
2003	11320560	5594611	2000550	290881	3303180	648183	4946428
2004	11031066	9278718	1192456	436155	7650107	825123	8453595
2005	17286695	12652895	1429218	366029	10857648	1087825	11565070
2006	20947043	15526743	1518345	286474	13721924	1459874	14066868
2007	26904326	21299126	2261154	371395	18666577	2057347	19241779
2008	36577777	30770277	3362951	534374	26872952	2965803	27804474
2009	36660189	31646189	3718100	475061	27453028	3538428	28107761
2010	45754499	41064500	4786257	502956	35775286	5165157	35899342
2011	56090113	50952387	5921379	536854	44494154	7558126	43394261
2012	59582250	53937550	6705372	477759	46754419	8459455	45478095

注：本资料规模以上工业的统计范围，1997年以前为乡及乡以上工业企业。

4-2 历年工业总产值指数

(以上年为100)

年份	全部工业总产值	#规模以上工业	按经济类型分			按轻重工业分		按企业规模分		
			国有经济	集体经济	其它经济	轻工业	重工业	大型	中型	小型
1950	132.0	136.3	149.7	220.0	116.1					
1951	162.1	164.6	190.7	196.9	116.3					
1952	210.4	230.2	192.1	2441.5	224.5					
1953	171.8	174.2	187.5	217.9	114.7					
1954	116.7	113.8	117.7	118.5	92.2					
1955	110.7	112.8	114.2	100.7	123.1					
1956	111.3	114.8	115.9	156.8	60.6					
1957	98.4	97.7	95.2	99.7	114.5					
1958	191.1	185.8	238.7	72.1	71.5					
1959	189.0	189.0	205.6	77.6	54.0					
1960	105.7	105.7	105.7	128.1	16.7					
1961	49.6	49.6	48.2	79.5	54.7					
1962	70.7	70.7	68.4	100.3	74.7					
1963	96.5	96.5	99.3	72.4	55.3					
1964	130.8	130.8	132.4	112.8	-					
1965	134.2	134.2	135.4	116.6	-					
1966	115.8	115.8	106.4	271.4	-					
1967	91.4	91.4	95.3	66.5	-					
1968	136.8	136.8	138.7	119.1	-					
1969	138.1	138.1	137.5	144.9	-					
1970	115.7	115.7	113.8	135.2	-					
1971	108.5	107.0	105.5	119.8	-					
1972	100.9	99.6	98.6	106.6	-					
1973	105.9	107.1	105.7	116.7	-					
1974	112.6	113.7	112.6	120.4	-					
1975	111.8	113.1	111.8	120.7	-					
1976	111.7	108.6	106.8	118.8	-					
1977	112.5	112.2	111.0	118.2	-					
1978	110.9	109.2	110.1	105.2	-					
1979	104.4	103.5	104.3	98.6	-					

4-2续表　　　　上年＝100

年份	全部工业总产值	#规模以上工业	按经济类型分			按轻重工业分		按企业规模分		
			国有经济	集体经济	其它经济	轻工业	重工业	大　型	中　型	小　微
1980	110.8	106.7	106.0	104.0	–	113.1	104.0			
1981	103.0	101.9	104.2	87.8	–	100.0	103.3			
1982	105.1	101.0	100.3	106.6	–	94.0	105.8			
1983	112.3	113.9	114.5	109.3	–	119.0	110.7			
1984	115.1	108.8	100.7	169.0	–	101.1	113.8			
1985	127.2	109.1	105.4	124.9	–	115.4	105.5			
1986	106.9	104.0	104.7	102.0	57.2	100.5	106.3			
1987	120.3	109.6	109.1	111.6	49.8	110.1	109.2			
1988	127.9	110.3	108.4	117.4	169.4	111.2	109.8			
1989	125.0	105.5	102.9	114.2	250.2	106.6	104.8			
1990	109.3	102.8	100.2	108.6	467.5	102.7	102.8			
1991	108.6	105.7	103.8	102.8	406.9	103.1	107.3	141.8	76.7	100.0
1992	119.1	111.4	111.4	114.2	82.6	110.3	112.0	124.1	85.7	112.2
1993	126.0	111.1	106.9	120.9	140.0	109.7	111.9	106.5	99.1	121.6
1994	129.8	112.6	100.7	123.2	327.4	92.6	124.2	110.6	104.9	117.3
1995	136.1	112.7	114.7	100.5	146.8	117.7	110.5	114.8	110.0	111.6
1996	126.2	121.9	111.5	147.2	133.4	122.3	121.7	107.3	140.1	133.9
1997	100.4	109.4	100.2	126.3	118.8	106.4	110.6	105.2	103.6	115.6
1998	109.0	109.2	108.4	113.7	96.7	102.0	111.8	105.7	84.3	114.1
1999	113.3	110.4	88.4	104.9	153.1	110.7	110.3	109.3	106.2	115.7
2000	113.8	114.7	113.8	113.0	116.2	116.2	114.3	113.1	113.6	118.8
2001	111.4	112.2	108.2	107.7	117.4	109.2	112.1	114.2	96.7	117.4
2002	113.2	116.6	103.3	94.4	134.6	111.2	118.3	118.3	100.9	121.1
2003	116.1	114.4	96.1	87.3	132.3	90.4	121.4	103.3	148.7	80.1
2004	117.3	122.3	35.5	113.6	183.8	86.1	125.6	129.7	110.5	115.1
2005	126.6	121.8	110.5	77.5	125.4	129.2	121.3	128.6	95.1	151.9
2006	124.5	130.6	112.7	83.0	134.6	140.9	129.6	121.7	145.7	138.4
2007	128.4	124.3	134.9	117.5	123.3	137.1	123.1	117.9	126.5	142.4
2008	136.0	116.5	119.8	115.5	116.0	116.2	116.5	125.6	94.2	123.3
2009	100.2	102.8	110.6	88.9	101.2	119.3	101.1	96.5	103.7	108.9
2010	124.8	129.8	128.7	105.9	130.3	146.0	127.7	135.6	118.1	128.6
2011	122.6	124.1	123.7	106.7	124.4	146.3	120.9	138.6	92.5	119.1
2012	106.2	105.9	113.2	89.0	105.1	111.9	104.8	101.5	113.7	112.8

注：各项分组指标均为规模以上工业。

4-3　1975～2012年规模以上工业企业主要指标

单位：万元

年　份	固定资产原　值	国有经济	集体经济	其他经济	固定资产净　值	国有经济	集体经济	其他经济
1975	190797	181243	9554		148325	140916	7409	
1976	210047	198144	11903		162231	153689	8542	
1978	271127	253704	17423		210363	197081	13282	
1979	306995	286066	20929		221545	205911	15634	
1980	332287	309555	22732		231955	215493	16452	
1981	354267	329117	25140	10	243589	224954	18625	10
1982	370203	342459	27728	16	250355	230285	20056	14
1983	405344	377029	28294	21	274805	254653	20133	19
1984	457538	418999	38514	25	309351	282154	27180	17
1985	495181	453525	41490	166	327091	297716	29226	149
1986	535372	489346	45826	200	333211	300778	32270	163
1987	605730	543965	61647	118	397657	353316	44246	95
1988	716749	642941	73610	198	432745	430929	51664	152
1989	799371	706277	86199	6895	538555	470315	61485	6755
1990	887241	768792	98936	19513	597199	510128	68994	18077
1991	1014847	868335	113681	32841	688546	581992	78641	27913
1992	1200598	1043123	126586	30889	801041	689928	87581	23532
1993	1497535	1289393	174701	33441	1035710	881115	127296	27299
1994	1775333	1466974	204670	103689	1202458	982332	151244	68882
1995	2422319	1973224	244467	204628	1645943	1302637	164334	178972
1996	2833829	2264059	320396	249374	1947161	1507833	222640	216688
1997	3277894	2639790	378370	259734	2595874	2089167	298571	208136
1998	3144942	2294463	173238	677241	2109534	1497351	1139421	498241
1999	3477373	2220215	177151	1080007	2321429	1444602	111331	765496
2000	3858548	2449415	155711	1253422	2588679	1481716	106584	1000379
2001	5174119	2926305	161757	2086167	3673917	1980181	102444	1591292
2002	5496775	3054548	127733	2314494	3895750	2150678	71323	1673749
2003	6421098	2947387	100688	3373023	4385374	2008438	68735	2308201
2004	7064237	1279445	141513	5643279	4714396	852748	94600	3767048
2005	8172554	1502275	93084	6577195	5411841	944297	57960	4409584
2006	9192923	1489068	91110	7612745	5963044	947044	63781	4952218
2007	11094428	2033668	82010	8978751	7374505	1306354	57595	6010557
2008	12747754	2678452	92517	9976785	8540100	1787488	66565	6686047
2009	15977525	3017923	173034	12786568	10425483	1969073	104025	8352385
2010	20848409	3325248	165438	17357723	12804568	2124316	106415	10573837
2011	26770877	4088826	158953	22523098	14695421	2471675	115078	12108668
2012	27498212	4080014	159837	23258361	14186615	2197449	82074	11907092

4-3续表　　　　单位：万元

年　份	资产总计	国有经济	集体经济	其他经济	利　税	国有经济	集体经济	其他经济
1975	196742	183284	13458		30831	28720	2111	
1976	261265	246386	14879		36126	31144	4982	
1978	278578	255325	23253		50354	44163	6191	
1979	294248	266685	27563		55812	49228	6584	
1980	308981	278830	30151		63038	56525	6513	
1981	321466	288242	33198	25	62325	56800	5523	2
1982	331739	296129	10807	34	60752	54293	6455	4
1983	358942	322842	36051	49	73108	65840	7263	5
1984	402743	354533	48168	42	85051	74702	10343	6
1985	439630	383151	56192	287	96285	84174	12071	40
1986	463465	401378	61765	322	90842	78714	12136	-8
1987	552804	472156	80518	130	96816	81928	14877	11
1988	655683	559358	95533	792	116512	96022	20385	105
1989	756350	635539	113495	7316	106901	89333	17398	170
1990	879112	724280	132626	22206	66147	50634	16720	-1207
1991	1222554	994066	181837	46651	61801	44928	17868	-995
1992	1406998	1133011	232649	41338	119930	98846	22360	-1276
1993	2571534	2099030	409347	63157	226168	197228	29674	-734
1994	3125139	2412479	492142	220518	280787	228188	34761	17838
1995	4097767	3132203	576567	388997	313887	248252	47005	18630
1996	4703616	3571102	686910	445604	361149	241918	82057	37174
1997	5326182	4037202	840418	448562	362207	228458	108490	25259
1998	5664267	4066008	405432	1192827	279284	199096	21445	58743
1999	6084709	3850668	423005	1811036	302438	157324	20939	124175
2000	6392752	4015156	403494	1974102	371995	182505	22288	167202
2001	7581821	4164734	402038	3015049	398002	214811	21723	161468
2002	7854839	4137588	351772	3365479	552719	234724	21752	296243
2003	8722093	3858082	265456	4598555	753989	285566	18489	449934
2004	10309691	1529067	245288	8535336	993241	148494	25934	818813
2005	11794867	1729304	203490	9862073	1191039	187771	19594	983674
2006	13972645	1695981	187524	12089140	1578638	178653	17568	1382417
2007	17152102	2451026	198808	14502268	2214069	272363	27108	1914598
2008	23114419	3602352	270627	19241440	2326675	438985	31676	1856014
2009	27922522	3621852	273090	24027580	2286883	260682	23264	2002937
2010	34469767	3865343	327733	30276691	3128201	429837	25603	2672761
2011	37788263	5417036	279071	32092156	3966824	734785	28471	3203568
2012	42281860	5753186	291904	36236770	3700018	544063	25369	3130586

4-4 主要年份规模以上工业企业个数

单位：个

项 目	1990年	1995年	2000年	2002年	2003年	2004年	2005年	2009年	2010年	2011年	2012年
全 市	**2169**	**2617**	**454**	**477**	**476**	**505**	**581**	**897**	**1095**	**875**	**972**
按经济类型分											
国有经济	485	489	176	147	140	115	98	63	56	43	44
集体经济	1674	1907	107	92	68	55	60	47	42	24	20
其他经济	10	211	171	238	268	335	423	787	997	808	908
按轻重工业分											
轻 工 业	1094	1161	189	205	178	158	188	274	394	302	318
重 工 业	1075	1456	265	272	298	347	393	623	701	573	654
按企业规模分											
大 型	17	28	31	34	18	17	19	22	26	54	57
中 型	55	86	95	92	72	91	95	128	149	140	158
小 型	2097	2503	328	351	386	397	467	747	920	650	722
微 型										31	35

4-5 “十一五”、“十二五”期间规模以上工业主要指标发展速度

项 目	2012年为各年%			平均每年增长(%)	
	2000年	2005年	2011年	“十一五”时期	2011年～2012年
工业增加值	696.8	294.8	114.1	17.2	14.9
全部从业人员年平均人数	107.2	114.2	101.4	0.8	2.9
资产合计	701.0	379.9	109.6	29.9	14.6
负债合计	696.0	373.1	105.0	28.0	12.6
产品销售收入	1810.5	475.3	105.5	30.1	16.3
产品销售成本	1993.0	491.0	105.9	31.0	16.5
产品销售税金及附加	533.0	261.9	99.9	31.4	9.6
管理费用	574.5	304.8	101.5	18.8	12.2
财务费用	687.0	424.3	104.6	37.9	22.2
利润总额	1218.8	298.2	91.3	27.8	9.9
亏损企业亏损额	592.2	236.9	108.4	-24.0	21.2
利税总额	890.0	278.0	96.6	27.3	10.5

4-6 主要年份规模以上工业经济指标

单位：万元

项　　目	1990年	1995年	2000年	2005年	2010年	2011年	2012年
企业单位数(个)	1876	2230	454	581	1095	875	972
#亏损企业个数(个)	213	243	62	139	120	74	115
工业总产值(当年价)	1003602	3041439	3169052	12652895	41064500	50952387	53937550
工业增加值		883333	1094902	3693118	10141923	12523587	13334474
工业中间投入		1945932	2260309	9451685	29869573	39674912	40603076
全部职工年平均人数(人)	502249	568318	337863	316879	378520	371649	366644
实收资本		1150134	1296895	2141412	5629975	5428409	5816803
资产合计	1084847	4097767	6392752	11794867	34469767	37788263	42281860
流动资产		1806452	2349287	4941129	12957208	15494139	17192912
年末固定资产原值	887241	2422319	3858548	8172554	20848409	26770877	27498212
年末固定资产净值	597199	1645943	2588679	5411841	12804568	14695421	14186615
负债合计	1744121	2635168	3877434	7235259	20924597	22480881	25312200
年末流动负债		1858683	2612482	5157127	14580605	16825398	20325984
年末非流动负债		759644	1216946	1900605	4784483	5007946	4986216
所有者权益		1462599	2515318	4559609	13465516	14955410	16761176
产品销售收入	910434	2598541	3220744	12268566	43105369	61568725	65649546
产品销售成本	813494	2068797	2657031	10788158	38918381	55847478	59620812
产品销售税金及附加	52266	24609	29445	59957	167695	164713	179940
管理费用		231437	235545	443953	1009001	1148046	1237137
财务费用		107107	92608	149901	448517	627448	686779
#利息支出		94159	81455	124332	403122	590147	664081
利润总额	9882	148658	156392	639174	1907502	2555999	2026259
亏损企业亏损额	41294	38253	28635	71562	100329	156450	169745
利税总额	66147	313887	371995	1191039	3128202	3966824	3700018
总资产贡献率(%)		9.9	7.1	11.9	10	12	10
资产负债率(%)		64.3	60.7	61.3	61	60	60
成本费用利润率(%)		6.0	5.5	5.6	4.7	4.4	3.3
企业亏损面(%)	11.4	10.9	13.7	23.9	11	9	11
资产产值率(%)	113.1	125.6	82.1	107.3	119	135	128
产值利润率(%)	1.0	4.9	4.9	5.1	4.6	5.0	3.8
销售利润率(%)	1.1	5.7	4.9	5.2	4.4	4.2	3.1
流动资产周转率(次/年)		1.56	1.36	2.7	3.3	4.0	3.8
全员劳动生产率(元/人.年)	19982	15848	32406	112886	267936	336974	363690

注：本表1995年以前统计范围是乡及乡以上独立核算工业，2005年以后为规模以上工业企业。

4-7　主要年份工业产品产量

项　　目	单位	1990年	1995年	2000年	2005年	2010年	2011年	2012年
原　　煤	万　吨	2246.57	2959.03	2293.01	2533.61	2786.58	2671.56	2518.26
洗　　煤	万　吨	400.47	576.8	369.48	1140.71	2405.91	2901.20	3090.38
铁矿石(原矿量)	万　吨	684.02	1577.83	426.78	539.09	761.79	678.48	804.88
配混合饲料	吨	–	–	39723	186691	339854	1023025	1085116
食用植物油*	吨	–	–	115852	22647	145671	194824	266536
白　　酒*	千升	14067	16407	31759	40684	35301	57503	66750
啤　　酒*	千升	–	–	22816	7543	71629	170759	125074
纱*	吨	65323	98201	150963	161245	306364	482255	649580
布*	万　米	23297	29429	22337	30230	38849	59580	104662
印　染　布	万　米	–	–	6319	5889	5092	10034	8181
服　　装	万　件	565.27	1678.85	456.81	393.84	1567	1230	5828
人　造　板	立方米	–	–	55102	62809	226633	244440	147367
家　　具	万　件	27.08	212.6	32.49	39.26	79.44	94.3	76.5
机制纸及纸板*	万　吨	8.33	28.56	20.78	20.84	7.22	7.14	2.77
焦　　炭*	万　吨	171.45	543.71	455.58	772.3	1401.85	1693.56	1772.57
硫　　酸	万　吨	10.17	14.57	9.93	11.98	0.40	–	–
盐　　酸	吨	–	–	45054	4.37	–	–	–
烧碱(氢氧化钠)	万　吨	3.64	4.9	4.24	5.76	–	–	–
合　成　氨	万　吨	15.99	28.3	29.43	42.11	14.76	12.47	10.61
农用化肥(折纯量)	万　吨	14.82	27.23	22.79	26.68	7.01	7.55	6.25
化　学　农　药	吨	4409	5150	7903	7640	21071	16683	11481
纯　　苯	吨	3899	6383	7909	16358	114845	108711	66696
中　成　药	吨	1498	1726	1714	2350	726	899	578
塑　料　制　品	吨	10028	78753	16123	53250	220112	107335	156749
水　　泥*	万　吨	289.43	636.92	648.01	978.26	770.93	985.81	922.85
日用　陶　瓷*	万　件	18708	22904	18745	26098	17682	–	–
耐火材料制品	吨	–	–	17868	183480	233987	290833	592743
生　　铁	万　吨	170.39	540.67	690.4	1873.88	3321.70	3441.77	3547.24
钢	万　吨	130.14	276.16	435.78	1696.86	3684.29	4202.06	4442.62
成　品　钢　材*	万　吨	79.32	220.85	384.25	1212.54	4079.35	4585.46	5130.32
#板　　材	万　吨	–	–	123.75	423.44	636.50	725.03	833.20
复　印　机　械*	台	–	–	3327	7741	13102	18393	12101
发　电　量*	亿千瓦时	84.22	98.66	131.66	226.83	266.75	272.27	304.70
煤　　气	亿立方米	–	–	–	123.14	249.44	244.01	258.22

注：主要工业产品产量1997年以前为全社会产量；从1998年开始，改为“规模以上”工业企业产量，“*”为全社会产品产量。2009年后所有产品产量均为“规模以上”企业数据。

4-8 规模以上工业企业主要经济指标

(2012年)　　单位：万元

项　目	企业单位数（个）	#亏损企业	工业总产值（当年价格）	工业销售产值（当年价格）	#出口交货值	工业增加值（当年价格）
全　市	**972**	**115**	**53937550**	**52909932**	**751179**	**13334474**
按登记注册类型分						
内资企业	923	105	46406396	45438213	527332	11472618
国有企业	44	12	6705372	6513508	17711	1657706
中央企业	4	1	1509512	1511780	3820	373183
地方企业	40	11	5195860	5001728	13890	1284524
集体企业	20	6	477759	470976	-	118112
股份合作企业	5	1	106818	108471	-	26408
联营企业	1	-	37027	32049	-	9154
集体联营企业	1	-	37027	32049	-	9154
有限责任公司	251	45	19802074	19538303	405730	4895481
国有独资公司	9	3	3351452	3350418	320104	828548
其他有限责任公司	242	42	16450623	16187885	85626	4066933
股份有限公司	34	3	3891886	3796724	32818	962155
私营企业	550	37	15123964	14718815	71074	3738956
私营独资企业	49	1	833872	815870	27331	206150
私营合伙企业	16	-	367614	364231	-	90882
私营有限责任公司	472	35	13367514	12990861	43743	3304725
私营股份有限公司	13	1	554964	547853	-	137199
其他企业	18	1	261497	259366	-	64647
港、澳、台商投资企业	22	5	3258900	3223706	167907	805667
合资经营企业(港或澳、台资)	10	-	2993850	2961074	150362	740141
港澳台商独资经营企业	12	5	265051	262633	17545	65526
外商投资企业	27	5	4272253	4248013	55940	1056189
中外合资经营企业	17	4	4131410	4100458	31131	1021370
中外合作经营企业	2	1	46004	45565	-	11373
外资企业	8	-	94839	101991	24809	23446
按经济组织类型分						
独资企业	133	24	8376893	8164977	87396	2070941
国有企业	44	12	6705372	6513508	17711	1657706
集体企业	20	6	477759	470976	-	118112
私营独资企业	49	1	833872	815870	27331	206150
港澳台商独资经营企业	12	5	265051	262633	17545	65526
外资企业	8	-	94839	101991	24809	23446
合作、合伙企业	42	3	818959	809682	-	202464
股份合作企业	5	1	106818	108471	-	26408
集体联营企业	1	-	37027	32049	-	9154
私营合伙企业	16	-	367614	364231	-	90882
中外合作经营企业	2	1	46004	45565	-	11373
其他企业（内资）	18	1	261497	259366	-	64647
股份有限公司	47	4	4446851	4344577	32818	1099353
股份有限公司(内资)	34	3	3891886	3796724	32818	962155
私营股份有限公司	13	1	554964	547853	-	137199
有限责任公司	750	84	40294847	39590696	630965	9961717
国有独资公司	9	3	3351452	3350418	320104	828548
私营有限责任公司	472	35	13367514	12990861	43743	3304725
合资经营企业(港或澳、台资)	10	-	2993850	2961074	150362	740141
中外合资经营企业	17	4	4131410	4100458	31131	1021370
其他有限责任公司	242	42	16450623	16187885	85626	4066933

1-8续表1

单位：万元

项　　目	企业单位数（个）	#亏损企业	工业总产值（当年价格）	工业销售产值（当年价格）	#出口交货值	工业增加值（当年价格）
在总计中：亏损企业	115	115	6727414	6576402	356183	1663155
在总计中：国有控股企业	80	20	19118134	18882182	387393	4726397
在总计中：农村工业	8	2	266962	270596	-	65998
在总计中：大型企业	57	10	32488201	31840470	505417	8031753
中型企业	158	40	9765335	9562160	193340	2414192
小型企业	722	62	11556223	11382719	52422	2856937
微型企业	35	3	127790	124583	-	31592
在总计中：轻工业	318	21	8459455	8319867	180506	2091352
重工业	654	94	45478095	44590065	570673	11243122
按工业行业大中小类分						
采矿业	94	12	5059083	4940869	-	2092842
煤炭开采和洗选业	73	6	4601018	4480423	-	1903349
烟煤和无烟煤开采洗选	73	6	4601018	4480423	-	1903349
黑色金属矿采选业	19	4	452726	455210	-	187284
铁矿采选	19	4	452726	455210	-	187284
非金属矿采选业	2	2	5340	5237	-	2209
土砂石开采	2	2	5340	5237	-	2209
粘土及其他土砂石开采	2	2	5340	5237	-	2209
制造业	835	85	45472846	44596181	751179	10565807
农副食品加工业	85	1	2831173	2812461	250	657835
谷物磨制	22	-	926075	916566	-	215178
饲料加工	15	-	429491	429323	-	99794
植物油加工	16	-	637820	624870	-	148200
食用植物油加工	16	-	637820	624870	-	148200
屠宰及肉类加工	12	1	364138	360987	-	84609
牲畜屠宰	3	1	60635	58678	-	14089
禽类屠宰	5	-	233785	234356	-	54321
肉制品及副产品加工	4	-	69719	67954	-	16199
蔬菜、水果和坚果加工	11	-	262861	260773	250	61077
蔬菜加工	9	-	219043	218560	250	50896
水果和坚果加工	2	-	43818	42213	-	10181
其他农副食品加工	9	-	210787	219942	-	48977
淀粉及淀粉制品制造	4	-	125529	136623	-	29167
豆制品制造	1	-	9712	9712	-	2257
蛋品加工	2	-	73214	71363	-	17011
其他未列明农副食品加工	2	-	2332	2243	-	542
食品制造业	31	1	1005480	997101	42352	233627
焙烤食品制造	4	-	137993	137769	-	32063
糕点、面包制造	1	-	8747	8747	-	2032
饼干及其他焙烤食品制造	3	-	129246	129022	-	30031
糖果、巧克力及蜜饯制造	5	-	99483	96543	-	23115
糖果、巧克力制造	3	-	49831	47577	-	11579
蜜饯制作	2	-	49651	48966	-	11537
方便食品制造	5	-	249871	249337	-	58059
米、面制品制造	3	-	23216	23216	-	5394
速冻食品制造	1	-	27800	27266	-	6459
方便面及其他方便食品制造	1	-	198855	198855	-	46205
乳制品制造	1	-	2194	2194	-	510
罐头食品制造	1	-	31000	31000	-	7203
蔬菜、水果罐头制造	1	-	31000	31000	-	7203
调味品、发酵制品制造	7	-	227168	226097	-	52784
酱油、食醋及类似制品制造	2	-	10287	10287	-	2390

4-8续表2

单位：万元

项　　目	企业单位数（个）	#亏损企业	工业总产值（当年价格）	工业销售产值（当年价格）	#出口交货值	工业增加值（当年价格）
其他调味品、发酵制品制造	5	–	216881	215810	–	50393
其他食品制造	8	1	257771	254162	42352	59894
保健食品制造	1	–	4200	3890	–	976
食品及饲料添加剂制造	7	1	253571	250272	42352	58918
酒、饮料和精制茶制造业	17	1	316659	300608	–	73577
酒的制造	15	1	222223	214589	–	51634
白酒制造	13	–	200010	192367	–	46473
啤酒制造	2	1	22213	22222	–	5161
饮料制造	2	–	94436	86019	–	21943
瓶（罐）装饮用水制造	1	–	3983	3921	–	925
果菜汁及果菜汁饮料制造	1	–	90454	82098	–	21017
纺织业	81	8	1853443	1814056	56422	430655
棉纺织及印染精加工	73	6	1644085	1604959	56422	382010
棉纺纱加工	58	6	1148022	1122160	56422	266748
棉织造加工	14	–	496064	482799	–	115262
棉印染精加工	1	–	–	–	–	–
毛纺织及染整精加工	5	2	131216	131001	–	30488
毛条和毛纱线加工	1	–	14260	14260	–	3313
毛织造加工	4	2	116956	116741	–	27175
家用纺织制成品制造	1	–	3647	3600	–	847
床上用品制造	1	–	3647	3600	–	847
非家用纺织制成品制造	2	–	74496	74496	–	17309
其他非家用纺织制成品制造	2	–	74496	74496	–	17309
纺织服装、服饰业	17	1	513679	479691	–	119355
机织服装制造	15	1	464478	458782	–	107923
服饰制造	2	–	49201	20909	–	11432
皮革、毛皮、羽毛及其制品和制鞋业	5	–	39013	38544	–	9065
皮革制品制造	2	–	12832	12433	–	2982
皮箱、包（袋）制造	1	–	3805	3406	–	884
其他皮革制品制造	1	–	9027	9027	–	2097
毛皮鞣制及制品加工	1	–	917	917	–	213
毛皮服装加工	1	–	917	917	–	213
制鞋业	2	–	25264	25195	–	5870
塑料鞋制造	1	–	2313	2370	–	537
橡胶鞋制造	1	–	22951	22825	–	5333
木材加工和木、竹、藤、棕、草制品业	7	1	107524	111037	–	24984
人造板制造	4	1	77420	73434	–	17989
胶合板制造	1	–	3224	3214	–	749
纤维板制造	1	–	–	–	–	–
刨花板制造	2	1	74196	70220	–	17240
木制品制造	3	–	30105	37603	–	6995
建筑用木料及木材组件加工	1	–	18466	27140	–	4291
木门窗、楼梯制造	2	–	11639	10463	–	2704
家具制造业	8	–	152038	148435	–	35327
木质家具制造	8	–	152038	148435	–	35327
造纸和纸制品业	5	1	113877	112460	–	26460
造纸	2	–	93273	92038	–	21672
机制纸及纸板制造	2	–	93273	92038	–	21672
纸制品制造	3	1	20604	20422	–	4787
纸和纸板容器制造	1	–	8494	8439	–	1974

4-8续表3

单位：万元

项　　　目	企业单位数（个）	#亏损企业	工业总产值（当年价格）	工业销售产值（当年价格）	#出口交货值	工业增加值（当年价格）
其他纸制品制造	2	1	12110	11983	-	2814
印刷和记录媒介复制业	8	-	57884	57968	-	13450
印刷	8	-	57884	57968	-	13450
书、报刊印刷	2	-	26950	26892	-	6262
本册印制	2	-	19731	19731	-	4584
包装装潢及其他印刷	4	-	11204	11345	-	2603
文教、工美、体育和娱乐用品制造业	1	-	6659	6659	-	1547
工艺美术品制造	1	-	6659	6659	-	1547
其他工艺美术品制造	1	-	6659	6659	-	1547
石油加工、炼焦和核燃料加工业	32	10	1847532	1833664	-	429282
精炼石油产品制造	7	-	148037	146918	-	34397
原油加工及石油制品制造	6	-	109389	109043	-	25417
人造原油制造	1	-	38648	37875	-	8980
炼焦	25	10	1699495	1686746	-	394885
化学原料和化学制品制造业	55	7	863659	825041	33687	200675
基础化学原料制造	18	4	302190	280787	6464	70215
无机酸制造	2	-	57785	56155	-	13427
无机盐制造	1	-	1736	1484	-	403
有机化学原料制造	9	3	220397	205624	6464	51210
其他基础化学原料制造	6	1	22272	17525	-	5175
肥料制造	7	2	59487	57211	-	13822
氮肥制造	3	2	27827	26376	-	6466
磷肥制造	1	-	5825	5779	-	1353
复混肥料制造	2	-	22971	22787	-	5337
有机肥料及微生物肥料制造	1	-	2864	2268	-	666
农药制造	5	-	118336	114312	14255	27496
化学农药制造	5	-	118336	114312	14255	27496
涂料、油墨、颜料及类似产品制造	6	-	126722	119340	12968	29444
涂料制造	4	-	91616	84681	-	21287
油墨及类似产品制造	1	-	21097	21327	12968	4902
染料制造	1	-	14008	13331	-	3255
合成材料制造	2	-	1960	1960	-	455
合成橡胶制造	1	-	-	-	-	-
其他合成材料制造	1	-	1960	1960	-	455
专用化学产品制造	16	1	248849	245450	-	57821
化学试剂和助剂制造	4	1	11703	11703	-	2719
专项化学用品制造	5	-	201693	198379	-	46864
环境污染处理专用药剂材料制造	1	-	2000	2004	-	465
其他专用化学产品制造	6	-	33453	33365	-	7773
炸药、火工及焰火产品制造	1	-	6115	5982	-	1421
炸药及火工产品制造	1	-	6115	5982	-	1421
医药制造业	14	1	287318	275801	27000	66760
化学药品原料药制造	7	1	106998	103775	27000	24861
化学药品制剂制造	2	-	55335	53148	-	12857
中药饮片加工	1	-	74585	74029	-	17330
中成药生产	2	-	45475	40388	-	10566
生物药品制造	1	-	2034	2006	-	472
卫生材料及医药用品制造	1	-	2892	2455	-	672
化学纤维制造业	5	1	148803	148080	-	34575
纤维素纤维原料及纤维制造	2	-	41901	41901	-	9736

4-8续表4

单位：万元

项　　目	企业单位数(个)	#亏损企业	工业总产值(当年价格)	工业销售产值(当年价格)	#出口交货值	工业增加值(当年价格)
化纤浆粕制造	2	–	41901	41901	–	9736
合成纤维制造	3	1	106902	106179	–	24839
涤纶纤维制造	2	–	102637	102639	–	23848
其他合成纤维制造	1	1	4265	3540	–	991
橡胶和塑料制品业	32	1	517621	508197	260	120271
橡胶制品业	8	–	72984	72011	–	16958
轮胎制造	3	–	49930	49680	–	11602
橡胶板、管、带制造	3	–	15688	14663	–	3645
日用及医用橡胶制品制造	1	–	5354	5354	–	1244
其他橡胶制品制造	1	–	2011	2314	–	467
塑料制品业	24	1	444637	436186	260	103313
塑料薄膜制造	1	–	56852	56265	–	13210
塑料板、管、型材制造	9	–	181933	177351	–	42273
塑料丝、绳及编织品制造	9	–	157919	154637	260	36693
泡沫塑料制造	2	–	1320	1320	–	307
塑料包装箱及容器制造	1	–	39964	39964	–	9286
塑料零件制造	1	–	4491	4491	–	1044
其他塑料制品制造	1	1	2159	2159	–	502
非金属矿物制品业	100	11	1913383	1864192	59750	444583
水泥、石灰和石膏制造	24	7	426759	415616	–	99159
水泥制造	20	4	386631	375721	–	89835
石灰和石膏制造	4	3	40128	39895	–	9324
石膏、水泥制品及类似制品制造	12	–	94742	94741	–	22014
水泥制品制造	6	–	54807	54807	–	12735
砼结构构件制造	4	–	30183	30182	–	7013
其他水泥类似制品制造	2	–	9752	9752	–	2266
砖瓦、石材等建筑材料制造	22	–	342502	336100	–	79582
粘土砖瓦及建筑砌块制造	9	–	73898	71448	–	17171
建筑陶瓷制品制造	6	–	58664	58664	–	13631
建筑用石加工	1	–	9057	9057	–	2104
防水建筑材料制造	2	–	78166	74967	–	18162
隔热和隔音材料制造	2	–	73152	72532	–	16997
其他建筑材料制造	2	–	49563	49431	–	11516
玻璃制造	2	–	81571	75307	–	18953
平板玻璃制造	2	–	81571	75307	–	18953
玻璃制品制造	4	–	97510	97508	–	22657
技术玻璃制品制造	2	–	82303	82300	–	19123
玻璃包装容器制造	1	–	9118	9118	–	2119
其他玻璃制品制造	1	–	6090	6090	–	1415
玻璃纤维和玻璃纤维增强塑料制品制造	4	–	447840	447841	37	104058
玻璃纤维及制品制造	1	–	10082	10083	37	2343
玻璃纤维增强塑料制品制造	3	–	437758	437758	–	101715
陶瓷制品制造	13	3	186531	170762	59713	43341
特种陶瓷制品制造	5	1	44534	43799	24266	10348
日用陶瓷制品制造	7	2	139383	124350	35447	32386
园林、陈设艺术及其他陶瓷制品制造	1	–	2614	2614	–	607
耐火材料制品制造	8	1	47973	47384	–	11147
耐火陶瓷制品及其他耐火材料制造	8	1	47973	47384	–	11147
石墨及其他非金属矿物制品制造	11	–	187957	178934	–	43673
石墨及碳素制品制造	11	–	187957	178934	–	43673

4-8续表5

单位：万元

项目	企业单位数（个）	#亏损企业	工业总产值（当年价格）	工业销售产值（当年价格）	#出口交货值	工业增加值（当年价格）
黑色金属冶炼和压延加工业	92	16	28526452	28008707	508926	6628241
炼铁	16	6	5015516	4918685	-	1165376
炼钢	9	2	6503053	6372268	320104	1511012
黑色金属铸造	21	2	556073	544096	7329	129206
钢压延加工	45	6	16446442	16168290	181493	3821400
铁合金冶炼	1	-	5368	5368	-	1247
有色金属冶炼和压延加工业	5	-	161075	192135	-	37426
常用有色金属冶炼	2	-	84509	115544	-	19636
铝冶炼	2	-	84509	115544	-	19636
有色金属压延加工	3	-	76566	76592	-	17790
铝压延加工	2	-	72240	72143	-	16785
其他有色金属压延加工	1	-	4325	4449	-	1005
金属制品业	31	4	801235	701310	-	186170
结构性金属制品制造	15	2	407377	355315	-	94656
金属结构制造	13	2	391979	340022	-	91078
金属门窗制造	2	-	15398	15293	-	3578
金属工具制造	1	-	3746	3746	-	870
其他金属工具制造	1	-	3746	3746	-	870
集装箱及金属包装容器制造	1	-	7094	6542	-	1648
金属包装容器制造	1	-	7094	6542	-	1648
金属丝绳及其制品制造	3	-	64085	63082	-	14891
建筑、安全用金属制品制造	1	1	3870	4685	-	899
建筑、家具用金属配件制造	1	1	3870	4685	-	899
金属表面处理及热处理加工	1	-	152424	149100	-	35416
搪瓷制品制造	2	1	11303	11137	-	2626
生产专用搪瓷制品制造	1	-	9350	9183	-	2172
搪瓷日用品及其他搪瓷制品制造	1	1	1954	1954	-	454
金属制日用品制造	2	-	18060	17360	-	4196
金属制餐具和器皿制造	1	-	8569	7870	-	1991
其他金属制日用品制造	1	-	9491	9491	-	2205
其他金属制品制造	5	-	133276	90343	-	30967
锻件及粉末冶金制品制造	2	-	77689	34797	-	18051
交通及公共管理用金属标牌制造	2	-	53379	53379	-	12403
通用设备制造业	101	9	1447436	1409136	1590	336318
锅炉及原动设备制造	3	2	61825	61324	-	14365
锅炉及辅助设备制造	1	1	3744	3312	-	870
内燃机及配件制造	2	1	58080	58012	-	13495
金属加工机械制造	1	1	-	-	-	-
金属切削机床制造	1	1	-	-	-	-
物料搬运设备制造	3	1	27508	27002	-	6392
起重机制造	3	1	27508	27002	-	6392
泵、阀门、压缩机及类似机械制造	12	1	225616	220923	-	52423
泵及真空设备制造	5	-	176002	171913	-	40895
阀门和旋塞制造	5	-	31892	32022	-	7410
液压和气压动力机械及元件制造	2	1	17722	16988	-	4118
轴承、齿轮和传动部件制造	17	-	304922	292850	-	70850
轴承制造	14	-	235787	225662	-	54786
齿轮及齿轮减、变速箱制造	3	-	69135	67188	-	16064
烘炉、风机、衡器、包装等设备制造	8	3	72449	72309	922	16834
烘炉、熔炉及电炉制造	1	-	14810	15162	-	3441

4-8续表6

单位：万元

项　　目	企业单位数（个）	#亏损企业	工业总产值（当年价格）	工业销售产值（当年价格）	#出口交货值	工业增加值（当年价格）
风机、风扇制造	1	–	36396	36396	–	8457
气体、液体分离及纯净设备制造	1	1	3028	3028	922	704
制冷、空调设备制造	3	1	14510	14167	–	3372
喷枪及类似器具制造	1	1	3705	3557	–	861
包装专用设备制造	1	–	–	–	–	–
通用零部件制造	50	–	689103	671990	668	160116
紧固件制造	44	–	566946	552234	668	131732
机械零部件加工	5	–	114267	113011	–	26550
其他通用零部件制造	1	–	7891	6744	–	1833
其他通用设备制造业	7	1	66012	62739	–	15338
专用设备制造业	44	5	596988	579771	11091	138713
采矿、冶金、建筑专用设备制造	21	3	341836	323299	–	79427
矿山机械制造	4	1	41997	38633	–	9758
石油钻采专用设备制造	2	–	6494	6081	–	1509
建筑工程用机械制造	5	–	233226	219860	–	54191
冶金专用设备制造	10	2	60119	58726	–	13969
化工、木材、非金属加工专用设备制造	3	–	21018	20480	–	4884
模具制造	2	–	17769	17697	–	4129
其他非金属加工专用设备制造	1	–	3248	2783	–	755
食品、饮料、烟草及饲料生产专用设备制造	1	–	13582	13582	–	3156
烟草生产专用设备制造	1	–	13582	13582	–	3156
印刷、制药、日化及日用品生产专用设备制造	3	–	8977	8819	–	2086
制浆和造纸专用设备制造	1	–	6962	6962	–	1618
印刷专用设备制造	1	–	2015	1857	–	468
其他日用品生产专用设备制造	1	–	–	–	–	–
纺织、服装和皮革加工专用设备制造	3	–	40307	37896	180	9365
纺织专用设备制造	3	–	40307	37896	180	9365
农、林、牧、渔专用机械制造	8	–	134667	139095	4845	31290
机械化农业及园艺机具制造	5	–	72909	69603	–	16941
农林牧渔机械配件制造	1	–	28429	28429	–	6606
棉花加工机械制造	1	–	12019	16762	2470	2793
其他农、林、牧、渔业机械制造	1	–	21311	24301	2375	4952
医疗仪器设备及器械制造	1	1	6066	6066	6066	1409
医疗诊断、监护及治疗设备制造	1	1	6066	6066	6066	1409
环保、社会公共服务及其他专用设备制造	4	1	30535	30535	–	7095
环境保护专用设备制造	3	1	24419	24419	–	5674
其他专用设备制造	1	–	6116	6116	–	1421
汽车制造业	9	–	160680	162717	–	37335
改装汽车制造	3	–	5122	9566	–	1190
低速载货汽车制造	1	–	29580	29421	–	6873
汽车车身、挂车制造	3	–	109482	107836	–	25439
汽车零部件及配件制造	2	–	16496	15895	–	3833
铁路、船舶、航空航天和其他运输设备制造业	4	–	181885	205719	–	42262
自行车制造	4	–	181885	205719	–	42262
脚踏自行车及残疾人座车制造	4	–	181885	205719	–	42262
电气机械和器材制造业	33	4	881831	868810	–	204897
电机制造	1	–	46210	46210	–	10737
发电机及发电机组制造	1	–	46210	46210	–	10737
输配电及控制设备制造	13	1	205193	198333	–	47677
变压器、整流器和电感器制造	3	–	86206	80364	–	20030

4-8续表7　　单位：万元

项　　目	企业单位数(个)	#亏损企业	工业总产值(当年价格)	工业销售产值(当年价格)	#出口交货值	工业增加值(当年价格)
配电开关控制设备制造	6	1	65997	65607	-	15335
电力电子元器件制造	1	-	44121	43616	-	10252
光伏设备及元器件制造	2	-	6296	6174	-	1463
其他输配电及控制设备制造	1	-	2573	2573	-	598
电线、电缆、光缆及电工器材制造	4	2	34552	31204	-	8028
电线、电缆制造	2	1	5909	5888	-	1373
光纤、光缆制造	1	-	14566	14566	-	3384
其他电工器材制造	1	1	14078	10750	-	3271
电池制造	2	-	68915	67893	-	16013
锂离子电池制造	1	-	5428	4406	-	1261
其他电池制造	1	-	63487	63487	-	14751
家用电力器具制造	3	-	360401	357013	-	83741
家用空气调节器制造	2	-	353808	351021	-	82209
家用电力器具专用配件制造	1	-	6593	5992	-	1532
非电力家用器具制造	4	-	134289	135234	-	31203
燃气、太阳能及类似能源家用器具制造	4	-	134289	135234	-	31203
照明器具制造	5	-	20270	18923	-	4710
电光源制造	1	-	7037	5825	-	1635
照明灯具制造	4	-	13233	13098	-	3075
其他电气机械及器材制造	1	1	12002	14001	-	2789
电气信号设备装置制造	1	1	12002	14001	-	2789
计算机、通信和其他电子设备制造业	4	-	31086	27241	6030	7223
计算机制造	1	-	3986	3672	-	926
计算机零部件制造	1	-	3986	3672	-	926
电子器件制造	1	-	16869	13800	6030	3919
光电子器件及其他电子器件制造	1	-	16869	13800	6030	3919
电子元件制造	1	-	3734	3272	-	867
电子元件及组件制造	1	-	3734	3272	-	867
其他电子设备制造	1	-	6498	6498	-	1510
仪器仪表制造业	4	-	82552	81763	3820	19181
通用仪器仪表制造	1	-	24473	24702	-	5686
供应用仪表及其他通用仪器制造	1	-	24473	24702	-	5686
专用仪器仪表制造	2	-	50352	49334	3820	11699
导航、气象及海洋专用仪器制造	1	-	47039	46358	3820	10930
电子测量仪器制造	1	-	3313	2976	-	770
其他仪器仪表制造业	1	-	7727	7727	-	1795
废弃资源综合利用业	4	2	22805	22777	-	5299
金属废料和碎屑加工处理	4	2	22805	22777	-	5299
金属制品、机械和设备修理业	1	-	3078	2100	-	715
其他机械和设备修理业	1	-	3078	2100	-	715
电力、热力、燃气及水生产和供应业	43	18	3405621	3372882	-	675826
电力、热力生产和供应业	35	15	3314491	3306700	-	657742
电力生产	14	8	995490	992835	-	197549
火力发电	11	7	981158	980718	-	194705
其他电力生产	3	1	14332	12116	-	2844
电力供应	18	5	2283498	2278364	-	453147
热力生产和供应	3	2	35502	35502	-	7045
燃气生产和供应业	6	2	69497	45881	-	13791
水的生产和供应业	2	1	21633	20300	-	4293
自来水生产和供应	2	1	21633	20300	-	4293

4-8续表8

单位：万元

项　　目	资产总计	#流动资产合　计	#应收帐款	#存　货	#产成品	固定资产合　计
全　　市	**42281860**	**17192912**	**2395020**	**4493439**	**1708958**	**17435536**
按登记注册类型分						
内资企业	36822426	14628544	2157309	3896445	1606565	14765600
国有企业	5753186	1900766	228334	199359	119768	3107369
中央企业	1380247	108917	22369	28155	4563	1244229
地方企业	4372938	1791849	205964	171204	115206	1863140
集体企业	291904	179678	51032	30861	15319	96253
股份合作企业	36452	24954	6315	3577	2714	10302
联营企业	3528	1225	376	452	337	2303
集体联营企业	3528	1225	376	452	337	2303
有限责任公司	20641344	7591666	979558	2358087	853166	6872185
国有独资公司	7392920	2152864	112653	1046189	320199	1774119
其他有限责任公司	13248424	5438802	866905	1311898	532967	5098066
股份有限公司	3125659	1644771	176982	377115	165107	1381050
私营企业	6827469	3227389	693349	914057	445787	3225351
私营独资企业	270438	106476	34118	37597	11397	144876
私营合伙企业	125047	51516	7872	22439	2674	70627
私营有限责任公司	6223428	3003200	646381	824533	418905	2880491
私营股份有限公司	208557	66198	4978	29490	12811	129357
其他企业	142885	58096	21362	12937	4368	70787
港、澳、台商投资企业	2030265	949391	16248	259994	66106	1054012
合资经营企业(港或澳、台资)	1890182	863849	5537	231260	46533	1004743
港澳台商独资经营企业	140083	85542	10711	28734	19574	49269
外商投资企业	3429169	1614976	221463	337000	36287	1615924
中外合资经营企业	3289854	1549497	209249	313669	31865	1553070
中外合作经营企业	62485	32548	3629	6188	–	27911
外资企业	76830	32931	8585	17143	4421	34943
按经济组织类型分						
独资企业	6532440	2305392	332780	313694	170479	3432709
国有企业	5753186	1900766	228334	199359	119768	3107369
集体企业	291904	179678	51032	30861	15319	96253
私营独资企业	270438	106476	34118	37597	11397	144876
港澳台商独资经营企业	140083	85542	10711	28734	19574	49269
外资企业	76830	32931	8585	17143	4421	34943
合作、合伙企业	370397	168339	39554	45592	10093	181931
股份合作企业	36452	24954	6315	3577	2714	10302
集体联营企业	3528	1225	376	452	337	2303
私营合伙企业	125047	51516	7872	22439	2674	70627
中外合作经营企业	62485	32548	3629	6188	–	27911
其他企业（内资）	142885	58096	21362	12937	4368	70787
股份有限公司	3334215	1710969	181960	406605	177918	1510407
股份有限公司(内资)	3125659	1644771	176982	377115	165107	1381050
私营股份有限公司	208557	66198	4978	29490	12811	129357
有限责任公司	32044807	13008212	1840726	3727549	1350469	12310489
国有独资公司	7392920	2152864	112653	1046189	320199	1774119
私营有限责任公司	6223428	3003200	646381	824533	418905	2880491
合资经营企业(港或澳、台资)	1890182	863849	5537	231260	46533	1004743
中外合资经营企业	3289854	1549497	209249	313669	31865	1553070
其他有限责任公司	13248424	5438802	866905	1311898	532967	5098066

1-8续表9　　　　　　　　　　　　　　　　　　　　　　　　　　　　　　单位：万元

项　　目	资产总计	#流动资产合计	#应收帐款	#存　货	#产成品	固定资产合计
在总计中:亏损企业	10924277	3921208	353253	1507510	501011	3288964
在总计中:国有控股企业	24259407	8565531	1120961	2105736	780374	9281082
在总计中:农村工业	78555	54022	21449	6274	4753	24046
在总计中:大型企业	30940015	11991972	1232978	2952605	953818	12058133
中型企业	6123920	2632353	508187	835469	397390	3189271
小型企业	5102058	2502067	533129	695589	351764	2140848
微型企业	115867	66520	20726	9776	5986	47283
在总计中:轻工业	3616892	1612812	319709	550099	297012	1703925
重工业	38664968	15580100	2075311	3943340	1411946	15731611
按工业行业大中小类分						
采矿业	6648102	3586728	717887	299697	125412	1806167
煤炭开采和洗选业	5366674	2990855	628506	278899	113142	1606000
烟煤和无烟煤开采洗选	5366674	2990855	628506	278899	113142	1606000
黑色金属矿采选业	1274104	592804	87829	19372	11984	249912
铁矿采选	1274104	592804	87829	19372	11984	249912
非金属矿采选业	7325	3070	1552	1426	286	4255
土砂石开采	7325	3070	1552	1426	286	4255
粘土及其他土砂石开采	7325	3070	1552	1426	286	4255
制造业	32212121	12946694	1532206	4129787	1580834	12901180
农副食品加工业	938174	451818	122371	153218	80317	375483
谷物磨制	298102	171836	83773	49208	13158	89183
饲料加工	67040	26638	3075	15554	5966	37895
植物油加工	242609	88754	9281	41106	26412	131830
食用植物油加工	242609	88754	9281	41106	26412	131830
屠宰及肉类加工	71729	43963	7275	12275	8330	24858
牲畜屠宰	13863	6123	206	1831	1698	5682
禽类屠宰	30250	16661	2609	6406	3953	13474
肉制品及副产品加工	27617	21178	4460	4038	2679	5703
蔬菜、水果和坚果加工	103231	52212	10824	22183	21393	45270
蔬菜加工	93755	45014	7570	18967	18888	42991
水果和坚果加工	9477	7198	3254	3216	2505	2279
其他农副食品加工	155463	68367	8144	12893	5058	46448
淀粉及淀粉制品制造	111403	59080	7423	8902	2947	24091
豆制品制造	2154	869	70	199	133	1285
蛋品加工	31921	4311	395	2702	1516	17425
其他未列明农副食品加工	9985	4107	257	1091	462	3647
食品制造业	454190	214089	28341	79296	45468	201531
焙烤食品制造	36299	12519	3263	3878	448	19526
糕点、面包制造	4102	390	55	189	161	3178
饼干及其他焙烤食品制造	32197	12129	3208	3689	287	16348
糖果、巧克力及蜜饯制造	25343	11320	4442	2638	1825	14023
糖果、巧克力制造	8205	7129	4150	2397	1653	1076
蜜饯制作	17138	4191	293	241	172	12947
方便食品制造	109726	23990	3605	7337	5135	74582
米、面制品制造	11501	9606	1321	2223	1635	1841
速冻食品制造	6060	4473	1892	1288	604	912
方便面及其他方便食品制造	92165	9912	392	3826	2895	71829
乳制品制造	1783	289	81	79	6	1494
罐头食品制造	16167	7840	10	7023	-	7868
蔬菜、水果罐头制造	16167	7840	10	7023	-	7868
调味品、发酵制品制造	44208	18409	1982	2431	1533	25499
酱油、食醋及类似制品制造	3369	1432	428	190	126	1638

4-8续表10　　单位：万元

项　　目	资产总计	#流动资产合　计	#应收帐款	#存　货	#产成品	固定资产合　计
其他调味品、发酵制品制造	40838	16977	1553	2241	1406	23861
其他食品制造	220665	139722	14958	55911	36521	58540
保健食品制造	2692	1608	28	1095	31	1085
食品及饲料添加剂制造	217973	138114	14931	54816	36490	57456
酒、饮料和精制茶制造业	135942	81813	17538	22341	8372	48541
酒的制造	89899	42000	9512	17080	5663	42310
白酒制造	69613	40688	9502	16407	5419	23336
啤酒制造	20286	1312	10	673	244	18974
饮料制造	46043	39812	8027	5261	2709	6230
瓶（罐）装饮用水制造	4500	980	357	239	62	3520
果菜汁及果菜汁饮料制造	41543	38832	7670	5023	2647	2710
纺织业	783879	319096	33146	121493	69454	423094
棉纺织及印染精加工	737459	292623	29237	110796	63658	403147
棉纺纱加工	509796	238239	21310	89541	53145	231287
棉织造加工	214627	44852	7506	20891	10307	168355
棉印染精加工	13037	9532	421	365	206	3505
毛纺织及染整精加工	33066	23355	3377	10370	5645	9711
毛条和毛纱线加工	676	320	1	220	220	356
毛织造加工	32390	23035	3377	10150	5425	9355
家用纺织制成品制造	2997	772	–	58	16	2225
床上用品制造	2997	772	–	58	16	2225
非家用纺织制成品制造	10357	2346	532	268	135	8011
其他非家用纺织制成品制造	10357	2346	532	268	135	8011
纺织服装、服饰业	236018	121402	18340	44650	31350	99844
机织服装制造	230878	120165	18146	44521	31265	95942
服饰制造	5139	1237	195	129	85	3903
皮革、毛皮、羽毛及其制品和制鞋业	22000	8719	2412	4000	2351	12985
皮革制品制造	4781	1462	876	507	493	3081
皮箱、包（袋）制造	2981	1162	726	357	343	1581
其他皮革制品制造	1800	300	150	150	150	1500
毛皮鞣制及制品加工	1822	1637	–	1580	760	127
毛皮服装加工	1822	1637	–	1580	760	127
制鞋业	15397	5620	1537	1913	1098	9777
塑料鞋制造	2915	1518	23	1100	386	1398
橡胶鞋制造	12482	4102	1514	813	713	8380
木材加工和木、竹、藤、棕、草制品业	140082	37602	3922	17532	6239	90095
人造板制造	93115	19149	2378	10227	5551	70592
胶合板制造	1634	1373	–	589	320	262
纤维板制造	36219	7718	151	3944	2068	27949
刨花板制造	55262	10059	2227	5694	3164	42381
木制品制造	46967	18452	1543	7305	688	19503
建筑用木料及木材组件加工	32502	11868	–	6477	–	17604
木门窗、楼梯制造	14465	6584	1543	828	688	1899
家具制造业	123204	17205	2983	6914	4889	104645
木质家具制造	123204	17205	2983	6914	4889	104645
造纸和纸制品业	47440	26628	6479	6091	3052	15366
造纸	26291	14946	5503	4312	1604	9070
机制纸及纸板制造	26291	14946	5503	4312	1604	9070
纸制品制造	21149	11682	976	1779	1448	6296
纸和纸板容器制造	5339	1624	757	412	308	3715

4-8续表11

单位：万元

项　　目	资产总计	#流动资产合　计	#应收帐款	#存　货	#产成品	固定资产合　计
其他纸制品制造	15810	10058	219	1367	1140	2581
印刷和记录媒介复制业	22925	11150	2916	3284	1692	10040
印刷	22925	11150	2916	3284	1692	10040
书、报刊印刷	13528	5491	852	719	218	6845
本册印制	3319	2016	21	1401	922	1253
包装装潢及其他印刷	6078	3644	2044	1165	552	1942
文教、工美、体育和娱乐用品制造业	1201	277	39	202	164	562
工艺美术品制造	1201	277	39	202	164	562
其他工艺美术品制造	1201	277	39	202	164	562
石油加工、炼焦和核燃料加工业	1529905	932264	112863	152801	70593	510280
精炼石油产品制造	41142	19275	9828	4634	2330	20670
原油加工及石油制品制造	22627	12584	7732	547	362	9232
人造原油制造	18515	6691	2096	4087	1968	11437
炼焦	1488763	912989	103036	148168	68263	489611
化学原料和化学制品制造业	435048	209682	53663	47200	21121	198559
基础化学原料制造	136483	83301	20205	21144	5713	47480
无机酸制造	4024	758	121	43	43	3266
无机盐制造	2237	1808	239	788	788	429
有机化学原料制造	110215	70364	15053	16117	3283	35531
其他基础化学原料制造	20006	10371	4792	4197	1601	8253
肥料制造	37563	11604	1022	3622	1904	20501
氮肥制造	18707	5656	–	992	235	11849
磷肥制造	9425	1005	38	46	46	4165
复混肥料制造	7765	3699	844	1489	950	4066
有机肥料及微生物肥料制造	1666	1245	140	1095	674	422
农药制造	99541	39455	7080	5155	3798	51433
化学农药制造	99541	39455	7080	5155	3798	51433
涂料、油墨、颜料及类似产品制造	53954	33448	16131	8482	4572	20149
涂料制造	26353	18275	10483	6082	3419	7720
油墨及类似产品制造	8532	1197	7335	9870	8470	2850
染料制造	4117	519	3598	1033	1033	254
合成材料制造	2495	1156	1338	1201	1018	105
合成橡胶制造	1155	409	747	691	508	97
其他合成材料制造	1339	748	591	510	510	8
专用化学产品制造	58909	4719	54190	41988	34474	8537
化学试剂和助剂制造	8187	619	7568	14219	14219	1894
专项化学用品制造	39938	3372	36566	21502	14002	5862
环境污染处理专用药剂材料制造	66	36	31	1061	1061	16
其他专用化学产品制造	10717	692	10025	5205	5191	765
炸药、火工及焰火产品制造	2381	1268	1113	8916	7590	617
炸药及火工产品制造	2381	1268	1113	8916	7590	617
医药制造业	84693	24705	59988	30327	22739	4850
化学药品原料药制造	54423	17955	36468	12164	8872	1606
化学药品制剂制造	9186	1388	7798	4854	1668	–
中药饮片加工	4196	1354	2842	700	700	–
中成药生产	14282	3776	10506	11973	10863	3240
生物药品制造	693	71	622	77	77	4
卫生材料及医药用品制造	1914	162	1752	559	559	–
化学纤维制造业	29823	5483	24340	42023	26954	699
纤维素纤维原料及纤维制造	9185	2290	6895	8936	5767	562

4-8续表12

单位：万元

项　　目	资产总计	#流动资产合　计	#应收帐款	#存　货	#产成品	固定资产合　计
化纤浆粕制造	9185	2290	6895	8936	5767	562
合成纤维制造	20638	3193	17445	33087	21187	136
涤纶纤维制造	12684	1763	10922	9279	7479	131
其他合成纤维制造	7954	1431	6523	23808	13708	6
橡胶和塑料制品业	208013	61427	146585	78998	56596	8567
橡胶制品业	33819	14412	19407	18292	8751	2060
轮胎制造	27054	12815	14240	11810	3388	1137
橡胶板、管、带制造	4540	1111	3428	5057	4893	493
日用及医用橡胶制品制造	1200	36	1165	956	–	–
其他橡胶制品制造	1025	450	575	470	470	430
塑料制品业	174194	47016	127179	60706	47845	6507
塑料薄膜制造	48012	16343	31670	14613	10764	2138
塑料板、管、型材制造	64250	22237	42013	26154	18169	2725
塑料丝、绳及编织品制造	35197	5337	29860	17169	16433	641
泡沫塑料制造	3194	752	2442	516	225	220
塑料包装箱及容器制造	22448	338	–	222	148	20000
塑料零件制造	3869	392	24	269	220	2586
其他塑料制品制造	3115	1433	258	136	78	1606
非金属矿物制品业	1369759	558645	130893	147600	71439	700159
水泥、石灰和石膏制造	537386	229539	44167	37411	11985	279749
水泥制造	503933	202861	28515	35047	11463	275423
石灰和石膏制造	33453	26678	15653	2364	522	4326
石膏、水泥制品及类似制品制造	74841	48908	7654	7072	998	23568
水泥制品制造	54290	38129	4711	1056	32	16154
砼结构构件制造	15256	7937	1956	5218	168	6410
其他水泥类似制品制造	5296	2842	987	798	798	1005
砖瓦、石材等建筑材料制造	177641	42753	13921	16392	11331	112392
粘土砖瓦及建筑砌块制造	40623	17786	9456	4654	3436	18241
建筑陶瓷制品制造	65383	8945	651	7607	5139	55410
建筑用石加工	3755	1330	366	643	146	2425
防水建筑材料制造	20164	5521	963	1710	1420	14642
隔热和隔音材料制造	24744	3887	333	634	356	20820
其他建筑材料制造	22972	5283	2154	1146	835	855
玻璃制造	65854	12562	1806	9995	9652	51683
平板玻璃制造	65854	12562	1806	9995	9652	51683
玻璃制品制造	59210	15238	2004	7150	2291	30712
技术玻璃制品制造	49931	9582	641	4042	74	27312
玻璃包装容器制造	2798	1965	471	894	416	833
其他玻璃制品制造	6481	3691	892	2214	1801	2567
玻璃纤维和玻璃纤维增强塑料制品制造	224402	63675	13285	20647	2354	129328
玻璃纤维及制品制造	3067	2577	1385	48	26	414
玻璃纤维增强塑料制品制造	221335	61097	11900	20600	2328	128915
陶瓷制品制造	101868	57055	15588	29045	21544	36250
特种陶瓷制品制造	53162	24799	10458	10938	6014	19800
日用陶瓷制品制造	45686	29793	4361	17297	15009	15893
园林、陈设艺术及其他陶瓷制品制造	3020	2463	768	811	521	557
耐火材料制品制造	41725	36080	20217	7432	2535	5324
耐火陶瓷制品及其他耐火材料制造	41725	36080	20217	7432	2535	5324
石墨及其他非金属矿物制品制造	86832	52836	12251	12455	8748	31153
石墨及碳素制品制造	86832	52836	12251	12455	8748	31153

4-8续表13

单位：万元

项　　目	资产总计	#流动资产合　　计	#应收帐款	#存　货	#产成品	固定资产合　　计
黑色金属冶炼和压延加工业	23227043	8609752	606390	2932796	977344	9011616
炼铁	6234903	1926837	251064	445803	121513	2681323
炼钢	8932908	2676839	107904	1399205	488903	2631986
黑色金属铸造	220632	105231	16878	34210	17232	107204
钢压延加工	7834711	3896971	229749	1053506	349622	3591039
铁合金冶炼	3889	3825	795	73	73	64
有色金属冶炼和压延加工业	128108	49878	9803	13272	10075	62424
常用有色金属冶炼	23540	8010	539	315	286	12318
铝冶炼	23540	8010	539	315	286	12318
有色金属压延加工	104568	41868	9264	12957	9789	50106
铝压延加工	100975	38473	7976	11775	9775	49908
其他有色金属压延加工	3594	3396	1288	1182	13	198
金属制品业	385572	215102	47684	45453	21388	139441
结构性金属制品制造	202788	115249	29429	12481	5757	61197
金属结构制造	182853	111753	28677	10655	4738	44757
金属门窗制造	19936	3496	752	1825	1020	16440
金属工具制造	4816	1316	116	271	229	2808
其他金属工具制造	4816	1316	116	271	229	2808
集装箱及金属包装容器制造	1280	760	25	181	26	510
金属包装容器制造	1280	760	25	181	26	510
金属丝绳及其制品制造	15893	13900	5614	1124	283	1953
建筑、安全用金属制品制造	21261	16405	367	4767	4767	3975
建筑、家具用金属配件制造	21261	16405	367	4767	4767	3975
金属表面处理及热处理加工	25910	15890	3193	3473	–	10020
搪瓷制品制造	4478	1730	172	685	634	2727
生产专用搪瓷制品制造	2426	1152	163	169	118	1274
搪瓷日用品及其他搪瓷制品制造	2052	578	8	516	516	1453
金属制日用品制造	11210	3282	967	2243	1375	7613
金属制餐具和器皿制造	3185	1675	60	1543	695	1195
其他金属制日用品制造	8025	1607	907	700	680	6418
其他金属制品制造	97936	46570	7802	20229	8318	48639
锻件及粉末冶金制品制造	71776	30323	3102	15033	6875	40098
交通及公共管理用金属标牌制造	24673	15724	4699	5146	1403	7608
通用设备制造业	453630	240597	68079	88445	47812	192399
锅炉及原动设备制造	41274	34626	6751	19477	12192	5966
锅炉及辅助设备制造	20904	18891	4949	8381	5554	1332
内燃机及配件制造	20370	15736	1801	11096	6638	4634
金属加工机械制造	6083	3310	350	2768	1044	1802
金属切削机床制造	6083	3310	350	2768	1044	1802
物料搬运设备制造	18539	14060	7765	3867	670	2533
起重机制造	18539	14060	7765	3867	670	2533
泵、阀门、压缩机及类似机械制造	86554	40950	8612	12804	9013	44654
泵及真空设备制造	49617	14754	1554	3140	2149	34643
阀门和旋塞制造	19437	14193	5057	1187	593	4878
液压和气压动力机械及元件制造	17500	12003	2001	8478	6271	5133
轴承、齿轮和传动部件制造	86423	40968	17378	12067	4685	42655
轴承制造	67548	32483	12102	10489	4305	33439
齿轮及齿轮减、变速箱制造	18875	8485	5277	1578	380	9216
烘炉、风机、衡器、包装等设备制造	48658	30017	5190	16855	9599	16872
烘炉、熔炉及电炉制造	9632	4831	390	4420	1223	3574

4-8续表14

单位：万元

项　　目	资产总计	#流动资产合　计	#应收帐款	#存　货	#产成品	固定资产合　计
风机、风扇制造	6667	3485	649	2100	1298	3183
气体、液体分离及纯净设备制造	18042	10951	2990	6765	5691	7055
制冷、空调设备制造	5227	2628	440	346	74	2093
喷枪及类似器具制造	1723	1055	623	312	311	668
包装专用设备制造	7366	7067	99	2912	1002	300
通用零部件制造	143402	64299	19731	17409	8269	71112
紧固件制造	129007	54523	14235	14247	6570	66690
机械零部件加工	12640	9030	5199	2787	1699	3459
其他通用零部件制造	1755	746	298	374	-	962
其他通用设备制造业	22697	12367	2302	3198	2341	6806
专用设备制造业	381154	235879	85020	66137	37668	117365
采矿、冶金、建筑专用设备制造	196753	120503	46722	33861	20561	66235
矿山机械制造	86622	61606	30315	17391	8202	18319
石油钻采专用设备制造	8787	6627	2451	41	21	2160
建筑工程用机械制造	54375	20736	2498	3386	1816	32547
冶金专用设备制造	46970	31534	11458	13043	10522	13211
化工、木材、非金属加工专用设备制造	13554	3426	1512	873	543	8575
模具制造	11781	2286	606	797	516	7943
其他非金属加工专用设备制造	1774	1141	907	76	27	633
食品、饮料、烟草及饲料生产专用设备制造	3384	1831	396	396	-	1553
烟草生产专用设备制造	3384	1831	396	396	-	1553
印刷、制药、日化及日用品生产专用设备制造	8089	4795	514	3195	121	2832
制浆和造纸专用设备制造	1624	581	52	86	86	1042
印刷专用设备制造	6466	4214	462	3108	35	1789
其他日用品生产专用设备制造	-	-	-	-	-	-
纺织、服装和皮革加工专用设备制造	22743	10809	1630	3566	459	11934
纺织专用设备制造	22743	10809	1630	3566	459	11934
农、林、牧、渔专用机械制造	86426	63872	26831	15991	10194	14647
机械化农业及园艺机具制造	14191	8856	3425	1863	1216	2401
农林牧渔机械配件制造	850	158	2	2	1	109
棉花加工机械制造	42808	27523	16707	4447	3026	11259
其他农、林、牧、渔业机械制造	28577	27336	6697	9679	5951	878
医疗仪器设备及器械制造	7810	2833	354	1297	-	4281
医疗诊断、监护及治疗设备制造	7810	2833	354	1297	-	4281
环保、社会公共服务及其他专用设备制造	42395	27810	7059	6958	5790	7307
环境保护专用设备制造	37266	23514	5039	6484	5790	7082
其他专用设备制造	5129	4296	2020	474	-	225
汽车制造业	141295	80133	31854	27577	9404	30306
改装汽车制造	69555	32426	11199	7964	3450	17715
低速载货汽车制造	26281	13216	833	8273	3693	2612
汽车车身、挂车制造	38371	29356	19364	9239	2243	8027
汽车零部件及配件制造	7088	5135	458	2100	19	1952
铁路、船舶、航空航天和其他运输设备制造业	103776	21642	332	4276	3056	82134
自行车制造	103776	21642	332	4276	3056	82134
脚踏自行车及残疾人座车制造	103776	21642	332	4276	3056	82134
电气机械和器材制造业	509088	225222	68686	56409	19134	184031
电机制造	12410	1610	84	91	90	10800
发电机及发电机组制造	12410	1610	84	91	90	10800
输配电及控制设备制造	103849	33749	8269	5783	1424	45758
变压器、整流器和电感器制造	23963	2525	616	943	733	16316

4-8续表15　　单位：万元

项　　目	资产总计	#流动资产合计	#应收帐款	#存　货	#产成品	固定资产合　计
配电开关控制设备制造	23365	13880	5937	3838	181	6627
电力电子元器件制造	49200	13518	228	307	270	20107
光伏设备及元器件制造	5561	2280	396	540	239	2494
其他输配电及控制设备制造	1760	1546	1093	156	-	214
电线、电缆、光缆及电工器材制造	25318	12485	6221	2122	1454	8276
电线、电缆制造	6830	4060	1782	92	91	1998
光纤、光缆制造	1804	731	235	496	261	1073
其他电工器材制造	16685	7694	4204	1535	1103	5205
电池制造	63070	11589	3346	2526	1975	30002
锂离子电池制造	29336	2738	921	1488	1022	26598
其他电池制造	33735	8851	2425	1038	954	3404
家用电力器具制造	107677	19690	1712	7344	162	54817
家用空气调节器制造	92733	16453	529	5822	162	46938
家用电力器具专用配件制造	14944	3237	1183	1522	-	7879
非电力家用器具制造	151615	112494	34133	30008	10292	27760
燃气、太阳能及类似能源家用器具制造	151615	112494	34133	30008	10292	27760
照明器具制造	25547	17012	3628	6232	2722	3866
电光源制造	7870	6765	600	640	632	364
照明灯具制造	17677	10247	3028	5592	2090	3502
其他电气机械及器材制造	19602	16593	11293	2303	1013	2752
电气信号设备装置制造	19602	16593	11293	2303	1013	2752
计算机、通信和其他电子设备制造业	34089	16588	6231	4527	1447	8571
计算机制造	2778	2234	540	795	-	341
计算机零部件制造	2778	2234	540	795	-	341
电子器件制造	26449	10296	3300	2924	1269	7588
光电子器件及其他电子器件制造	26449	10296	3300	2924	1269	7588
电子元件制造	1766	1095	608	157	68	521
电子元件及组件制造	1766	1095	608	157	68	521
其他电子设备制造	3096	2963	1783	650	110	121
仪器仪表制造业	123274	78970	23916	29139	7661	12665
通用仪器仪表制造	26396	21916	6215	6512	3126	175
供应用仪表及其他通用仪器制造	26396	21916	6215	6512	3126	175
专用仪器仪表制造	86614	49130	11251	22479	4388	10640
导航、气象及海洋专用仪器制造	81246	44415	9794	21375	3283	9988
电子测量仪器制造	5368	4715	1457	1105	1105	653
其他仪器仪表制造业	10263	7924	6450	148	148	1850
废弃资源综合利用业	25140	12373	6344	3615	2969	12276
金属废料和碎屑加工处理	25140	12373	6344	3615	2969	12276
金属制品、机械和设备修理业	10721	2741	393	395	-	5427
其他机械和设备修理业	10721	2741	393	395	-	5427
电力、热力、燃气及水生产和供应业	3421637	659490	144926	63955	2712	2674188
电力、热力生产和供应业	3262977	602983	138157	61772	2323	2577694
电力生产	1479208	306913	94453	45516	343	1117733
火力发电	1366017	272468	76202	40877	-	1046935
其他电力生产	113190	34446	18252	4639	343	70798
电力供应	1608147	215291	43629	13958	1849	1394248
热力生产和供应	175623	80779	75	2299	132	65714
燃气生产和供应业	90887	39139	6322	1198	389	46435
水的生产和供应业	67773	17367	447	985	-	50059
自来水生产和供应	67773	17367	447	985	-	50059

4-8续表16

单位：万元

项　目	资产总计			负债合计	#流动负债合计	#应付账款
	固定资产原价	累计折旧	固定资产净值			
全　市	**27498212**	**13311597**	**14186615**	**25312200**	**20325984**	**4186229**
按登记注册类型分						
内资企业	22639253	10549133	12090120	22432015	17805107	3781597
国有企业	4080014	1882565	2197449	3481177	2297701	321732
中央企业	1709806	778526	931281	842799	562577	24466
地方企业	2370208	1104040	1266168	2638378	1735124	297266
集体企业	159837	77763	82074	187174	176666	68419
股份合作企业	12729	2426	10302	24049	23976	9332
联营企业	5691	3388	2303	2979	2979	335
集体联营企业	5691	3388	2303	2979	2979	335
有限责任公司	12522209	6452458	6069751	13699653	11374497	2617854
国有独资公司	2558055	1156017	1402038	4622722	4076074	314840
其他有限责任公司	9964154	5296441	4667713	9076931	7298422	2303014
股份有限公司	1346792	694845	651947	1685225	1230524	275778
私营企业	4408251	1395899	3012352	3297375	2644912	460437
私营独资企业	168956	28503	140453	124594	104366	10049
私营合伙企业	89428	19802	69626	62249	57009	42425
私营有限责任公司	3989657	1299895	2689762	3040056	2423320	397351
私营股份有限公司	160211	47699	112512	70476	60217	10611
其他企业	103731	39789	63943	54384	53853	27711
港、澳、台商投资企业	1687089	714672	972417	1167384	1100341	92967
合资经营企业(港或澳、台资)	1641667	702242	939426	1075360	1020927	80379
港澳台商独资经营企业	45422	12430	32992	92025	79414	12589
外商投资企业	3171870	2047793	1124077	1712800	1420537	311665
中外合资经营企业	3107778	2035587	1072191	1617658	1341916	285104
中外合作经营企业	23516	4571	18945	64204	58254	17079
外资企业	40576	7635	32942	30938	20367	9482
按经济组织类型分						
独资企业	4494805	2008896	2485909	3915908	2678513	422272
国有企业	4080014	1882565	2197449	3481177	2297701	321732
集体企业	159837	77763	82074	187174	176666	68419
私营独资企业	168956	28503	140453	124594	104366	10049
港澳台商独资经营企业	45422	12430	32992	92025	79414	12589
外资企业	40576	7635	32942	30938	20367	9482
合作、合伙企业	235094	69976	165119	207865	196071	96881
股份合作企业	12729	2426	10302	24049	23976	9332
集体联营企业	5691	3388	2303	2979	2979	335
私营合伙企业	89428	19802	69626	62249	57009	42425
中外合作经营企业	23516	4571	18945	64204	58254	17079
其他企业（内资）	103731	39789	63943	54384	53853	27711
股份有限公司	1507002	742544	764459	1755701	1290740	286389
股份有限公司(内资)	1346792	694845	651947	1685225	1230524	275778
私营股份有限公司	160211	47699	112512	70476	60217	10611
有限责任公司	21261310	10490182	10771129	19432726	16160660	3380688
国有独资公司	2558055	1156017	1402038	4622722	4076074	314840
私营有限责任公司	3989657	1299895	2689762	3040056	2423320	397351
合资经营企业(港或澳、台资)	1641667	702242	939426	1075360	1020927	80379
中外合资经营企业	3107778	2035587	1072191	1617658	1341916	285104
其他有限责任公司	9964154	5296441	4667713	9076931	7298422	2303014

4-8续表17　　　　单位：万元

项　　目	资产总计			负债合计	#流动负债合　计	#应付账款
	固定资产原　价	累计折旧	固定资产净　值			
在总计中:亏损企业	5766267	2911307	2854960	7927989	6755090	1112330
在总计中:国有控股企业	12500363	5575405	6924958	15325494	11819238	2279949
在总计中:农村工业	47726	23783	23943	43512	38146	7238
在总计中:大型企业	19669040	10409072	9259968	18796789	15582011	3209245
中型企业	5133834	2168278	2965556	3990272	2766225	572493
小型企业	2622250	706985	1915264	2460298	1931151	399121
微型企业	73088	27262	45826	64840	46597	5370
在总计中:轻工业	2147822	654010	1493812	1487113	1076774	222333
重工业	25350390	12657587	12692803	23825087	19249210	3963896
按工业行业大中小类分						
采矿业	2219594	1244073	975521	4410482	3163716	869248
煤炭开采和洗选业	1939764	1210416	729348	3872179	2796353	807375
烟煤和无烟煤开采洗选	1939764	1210416	729348	3872179	2796353	807375
黑色金属矿采选业	275162	33244	241918	534860	363920	61503
铁矿采选	275162	33244	241918	534860	363920	61503
非金属矿采选业	4668	413	4255	3443	3443	369
土砂石开采	4668	413	4255	3443	3443	369
粘土及其他土砂石开采	4668	413	4255	3443	3443	369
制造业	20845701	9941593	10904107	18524383	15787333	3098320
农副食品加工业	441097	109978	331120	252566	173946	19088
谷物磨制	111449	23907	87542	60485	49413	1818
饲料加工	30194	4982	25212	18450	12003	3778
植物油加工	163118	52494	110623	76114	68491	3883
食用植物油加工	163118	52494	110623	76114	68491	3883
屠宰及肉类加工	29452	6647	22804	24877	16083	1734
牲畜屠宰	7059	1380	5679	8792	4890	1158
禽类屠宰	13674	2116	11558	10970	6099	549
肉制品及副产品加工	8719	3152	5567	5115	5094	26
蔬菜、水果和坚果加工	48311	8969	39342	26132	13559	6804
蔬菜加工	45819	8756	37063	22757	10492	4035
水果和坚果加工	2492	213	2279	3375	3067	2769
其他农副食品加工	58574	12978	45596	46507	14397	1072
淀粉及淀粉制品制造	29523	5432	24091	38679	10297	838
豆制品制造	1285	-	1285	519	519	39
蛋品加工	24389	7214	17175	5958	2458	26
其他未列明农副食品加工	3378	332	3045	1353	1124	169
食品制造业	258233	79153	179080	107800	71567	8980
焙烤食品制造	22406	5314	17092	17265	8579	12
糕点、面包制造	3298	185	3113	1710	-	-
饼干及其他焙烤食品制造	19108	5129	13979	15555	8579	12
糖果、巧克力及蜜饯制造	20138	6646	13492	5202	3748	721
糖果、巧克力制造	1307	231	1076	149	30	13
蜜饯制作	18831	6415	12416	5053	3718	708
方便食品制造	85713	22579	63135	7813	4200	1232
米、面制品制造	1889	58	1831	2142	2142	853
速冻食品制造	1571	659	912	379	379	379
方便面及其他方便食品制造	82254	21862	60392	5292	1679	-
乳制品制造	703	334	368	1528	1528	530
罐头食品制造	8508	640	7868	4688	4688	40
蔬菜、水果罐头制造	8508	640	7868	4688	4688	40
调味品、发酵制品制造	34911	9601	25310	10887	10887	715
酱油、食醋及类似制品制造	2098	460	1638	1249	1249	362

4-8续表18　　　　单位：万元

项　　目	资产总计			负债合计		
	固定资产原价	累计折旧	固定资产净值		#流动负债合计	#应付账款
其他调味品、发酵制品制造	32814	9142	23672	9637	9637	353
其他食品制造	85855	34039	51815	60418	37937	5729
保健食品制造	1151	93	1058	450	450	106
食品及饲料添加剂制造	84704	33946	50757	59967	37487	5623
酒、饮料和精制茶制造业	54831	12428	42403	60671	44441	3113
酒的制造	47025	10852	36173	55720	39604	2061
白酒制造	27981	9710	18271	46981	31261	1787
啤酒制造	19044	1142	17902	8739	8343	274
饮料制造	7806	1575	6230	4951	4837	1052
瓶（罐）装饮用水制造	3700	180	3520	2040	1926	1052
果菜汁及果菜汁饮料制造	4106	1395	2710	2911	2911	-
纺织业	510759	155174	355585	467179	314101	32985
棉纺织及印染精加工	494341	151536	342806	453491	301359	28464
棉纺纱加工	317991	110654	207337	278682	207223	26260
棉织造加工	172010	40046	131964	158761	79133	1964
棉印染精加工	4341	836	3505	16048	15002	241
毛纺织及染整精加工	7691	1458	6233	12250	11732	4464
毛条和毛纱线加工	120	112	8	676	159	-
毛织造加工	7571	1346	6225	11574	11574	4464
家用纺织制成品制造	220	-	220	429	-	-
床上用品制造	220	-	220	429	-	-
非家用纺织制成品制造	8507	2180	6326	1010	1010	57
其他非家用纺织制成品制造	8507	2180	6326	1010	1010	57
纺织服装、服饰业	167469	77058	90411	115629	106422	34520
机织服装制造	163241	76691	86550	114021	104813	34030
服饰制造	4228	368	3860	1608	1608	491
皮革、毛皮、羽毛及其制品和制鞋业	14443	1458	12985	13427	11396	1052
皮革制品制造	3455	374	3081	1741	-	-
皮箱、包（袋）制造	1655	74	1581	541	-	-
其他皮革制品制造	1800	300	1500	1200	-	-
毛皮鞣制及制品加工	224	98	127	1047	1047	-
毛皮服装加工	224	98	127	1047	1047	-
制鞋业	10764	987	9777	10639	10349	1052
塑料鞋制造	1711	313	1398	813	523	129
橡胶鞋制造	9053	673	8380	9826	9826	924
木材加工和木、竹、藤、棕、草制品业	128846	39585	89261	45319	24267	4069
人造板制造	107152	37393	69758	27391	16458	2384
胶合板制造	290	28	262	231	231	229
纤维板制造	34818	6869	27949	5965	5965	519
刨花板制造	72043	30497	41547	21196	10263	1636
木制品制造	21694	2191	19503	17929	7809	1686
建筑用木料及木材组件加工	19659	2055	17604	17577	7457	1686
木门窗、楼梯制造	2035	137	1899	352	352	-
家具制造业	109154	44793	64361	15498	9570	21
木质家具制造	109154	44793	64361	15498	9570	21
造纸和纸制品业	21822	6456	15366	10165	10092	2664
造纸	14379	5308	9070	3765	3765	2542
机制纸及纸板制造	14379	5308	9070	3765	3765	2542
纸制品制造	7444	1148	6296	6401	6327	122
纸和纸板容器制造	4741	1026	3715	73	-	-

4-8续表19

单位：万元

项　目	资产总计			负债合计		
	固定资产原价	累计折旧	固定资产净值		#流动负债合计	#应付账款
其他纸制品制造	2702	122	2581	6327	6327	122
印刷和记录媒介复制业	10804	2545	8259	7837	7062	1717
印刷	10804	2545	8259	7837	7062	1717
书、报刊印刷	6997	1652	5345	3066	3066	–
本册印制	1253	272	981	485	485	–
包装装潢及其他印刷	2554	621	1933	4287	3511	1717
文教、工美、体育和娱乐用品制造业	582	67	514	127	127	–
工艺美术品制造	582	67	514	127	127	–
其他工艺美术品制造	582	67	514	127	127	–
石油加工、炼焦和核燃料加工业	817539	354108	463431	1358753	1248781	278638
精炼石油产品制造	23341	3935	19406	15659	8201	4030
原油加工及石油制品制造	10535	2566	7969	11418	7777	3926
人造原油制造	12806	1369	11437	4241	424	104
炼焦	794198	350173	444024	1343095	1240579	274608
化学原料和化学制品制造业	249834	63610	186224	225162	185801	38054
基础化学原料制造	63947	18605	45342	88795	80974	13550
无机酸制造	3721	455	3266	649	649	552
无机盐制造	983	758	225	1523	1523	61
有机化学原料制造	49463	15651	33812	77236	71417	10456
其他基础化学原料制造	9780	1741	8039	9386	7384	2482
肥料制造	34519	14888	19630	19986	11598	5470
氮肥制造	25032	13837	11196	10086	10086	4749
磷肥制造	5078	913	4165	5404	–	–
复混肥料制造	3987	138	3848	4096	1112	661
有机肥料及微生物肥料制造	422	–	422	401	401	60
农药制造	66204	20246	45957	45293	40645	6670
化学农药制造	66204	20246	45957	45293	40645	6670
涂料、油墨、颜料及类似产品制造	21381	2728	18653	18984	9502	3104
涂料制造	8731	1012	7720	8082	–	–
油墨及类似产品制造	8532	1197	7335	9870	8470	2850
染料制造	4117	519	3598	1033	1033	254
合成材料制造	2495	1156	1338	1201	1018	105
合成橡胶制造	1155	409	747	691	508	97
其他合成材料制造	1339	748	591	510	510	8
专用化学产品制造	58909	4719	54190	41988	34474	8537
化学试剂和助剂制造	8187	619	7568	14219	14219	1894
专项化学用品制造	39938	3372	36566	21502	14002	5862
环境污染处理专用药剂材料制造	66	36	31	1061	1061	16
其他专用化学产品制造	10717	692	10025	5205	5191	765
炸药、火工及焰火产品制造	2381	1268	1113	8916	7590	617
炸药及火工产品制造	2381	1268	1113	8916	7590	617
医药制造业	84693	24705	59988	30327	22739	4850
化学药品原料药制造	54423	17955	36468	12164	8872	1606
化学药品制剂制造	9186	1388	7798	4854	1668	–
中药饮片加工	4196	1354	2842	700	700	–
中成药生产	14282	3776	10506	11973	10863	3240
生物药品制造	693	71	622	77	77	4
卫生材料及医药用品制造	1914	162	1752	559	559	–
化学纤维制造业	29823	5483	24340	42023	26954	699
纤维素纤维原料及纤维制造	9185	2290	6895	8936	5767	562

4-8续表20

单位：万元

项　　目	资产总计			负债合计		
	固定资产原　价	累计折旧	固定资产净　值		#流动负债合　计	#应付账款
化纤浆粕制造	9185	2290	6895	8936	5767	562
合成纤维制造	20638	3193	17445	33087	21187	136
涤纶纤维制造	12684	1763	10922	9279	7479	131
其他合成纤维制造	7954	1431	6523	23808	13708	6
橡胶和塑料制品业	208013	61427	146585	78998	56596	8567
橡胶制品业	33819	14412	19407	18292	8751	2060
轮胎制造	27054	12815	14240	11810	3388	1137
橡胶板、管、带制造	4540	1111	3428	5057	4893	493
日用及医用橡胶制品制造	1200	36	1165	956	–	–
其他橡胶制品制造	1025	450	575	470	470	430
塑料制品业	174194	47016	127179	60706	47845	6507
塑料薄膜制造	48012	16343	31670	14613	10764	2138
塑料板、管、型材制造	64250	22237	42013	26154	18169	2725
塑料丝、绳及编织品制造	35197	5337	29860	17169	16433	641
泡沫塑料制造	3194	752	2442	516	225	220
塑料包装箱及容器制造	19211	2000	17211	319	319	–
塑料零件制造	2618	241	2377	690	690	690
其他塑料制品制造	1712	105	1606	1246	1246	94
非金属矿物制品业	1027216	388000	639216	727452	533830	137437
水泥、石灰和石膏制造	449722	177014	272709	375702	276041	73502
水泥制造	439618	171196	268422	359532	260986	62060
石灰和石膏制造	10105	5818	4287	16170	15054	11442
石膏、水泥制品及类似制品制造	19547	2947	16601	38881	33132	9547
水泥制品制造	12981	1758	11223	35152	30452	8901
砼结构构件制造	5517	1143	4373	2612	2469	526
其他水泥类似制品制造	1050	46	1005	1117	211	120
砖瓦、石材等建筑材料制造	127400	19266	108134	76877	59977	7089
粘土砖瓦及建筑砌块制造	23213	5428	17785	18301	12317	3308
建筑陶瓷制品制造	56570	4192	52377	35195	32975	1639
建筑用石加工	2456	31	2425	2623	2623	–
防水建筑材料制造	20351	6395	13956	11172	6050	1167
隔热和隔音材料制造	23985	3180	20805	5357	4758	145
其他建筑材料制造	826	41	785	4228	1254	830
玻璃制造	69620	21798	47822	13297	12437	1197
平板玻璃制造	69620	21798	47822	13297	12437	1197
玻璃制品制造	56611	27093	29518	6772	6772	28
技术玻璃制品制造	52632	26494	26138	5776	5776	–
玻璃包装容器制造	1298	465	833	85	85	28
其他玻璃制品制造	2681	134	2547	911	911	–
玻璃纤维和玻璃纤维增强塑料制品制造	199374	105344	94029	75234	7723	1418
玻璃纤维及制品制造	821	408	413	2231	2231	1418
玻璃纤维增强塑料制品制造	198552	104937	93616	73003	5492	–
陶瓷制品制造	47964	13866	34098	60631	60631	16832
特种陶瓷制品制造	24492	5475	19017	25140	25140	11053
日用陶瓷制品制造	22844	8189	14655	35155	35155	5753
园林、陈设艺术及其他陶瓷制品制造	628	201	427	336	336	26
耐火材料制品制造	8775	3481	5294	30948	30948	20015
耐火陶瓷制品及其他耐火材料制造	8775	3481	5294	30948	30948	20015
石墨及其他非金属矿物制品制造	48204	17192	31012	49111	46170	7809
石墨及碳素制品制造	48204	17192	31012	49111	46170	7809

4-8续表21

单位：万元

项　　目	资产总计					
	固定资产原　价	累计折旧	固定资产净　值	负债合计	#流动负债合　计	#应付账款
黑色金属冶炼和压延加工业	15602789	8212710	7390079	13695400	11924323	2218995
炼铁	3410096	1436992	1973105	3878453	3240372	917221
炼钢	3942298	1687790	2254508	5506320	4830562	601702
黑色金属铸造	153158	46905	106252	94681	90210	19554
钢压延加工	8097165	5041015	3056150	4215074	3762308	679877
铁合金冶炼	72	8	64	872	872	642
有色金属冶炼和压延加工业	71482	11687	59795	98515	14198	646
常用有色金属冶炼	23068	11458	11610	10627	10022	-
铝冶炼	23068	11458	11610	10627	10022	-
有色金属压延加工	48414	229	48185	87888	4176	646
铝压延加工	48186	199	47987	84610	897	646
其他有色金属压延加工	228	30	198	3279	3279	-
金属制品业	167649	40947	126703	237603	229338	38420
结构性金属制品制造	67989	9961	58029	138554	134680	16458
金属结构制造	51334	9745	41589	133124	129619	15135
金属门窗制造	16656	216	16440	5429	5062	1324
金属工具制造	3083	331	2752	1319	819	-
其他金属工具制造	3083	331	2752	1319	819	-
集装箱及金属包装容器制造	524	56	468	669	669	-
金属包装容器制造	524	56	468	669	669	-
金属丝绳及其制品制造	5339	3437	1902	9349	7135	2460
建筑、安全用金属制品制造	1379	191	1188	21600	21600	9655
建筑、家具用金属配件制造	1379	191	1188	21600	21600	9655
金属表面处理及热处理加工	10200	465	9735	18930	18930	1861
搪瓷制品制造	2684	406	2278	2182	2182	142
生产专用搪瓷制品制造	1384	176	1208	919	919	142
搪瓷日用品及其他搪瓷制品制造	1300	230	1070	1264	1264	-
金属制日用品制造	7409	1107	6302	4148	4148	1822
金属制餐具和器皿制造	1089	401	689	2781	2781	522
其他金属制日用品制造	6319	706	5613	1367	1367	1300
其他金属制品制造	69043	24995	44048	40853	39176	6022
锻件及粉末冶金制品制造	59377	23376	36001	30996	29318	2739
交通及公共管理用金属标牌制造	9223	1615	7608	8491	8491	3265
通用设备制造业	257968	77084	180885	225430	200946	47084
锅炉及原动设备制造	8290	2324	5966	34806	34158	8380
锅炉及辅助设备制造	2371	1039	1332	18129	17481	3157
内燃机及配件制造	5919	1285	4634	16677	16677	5223
金属加工机械制造	2694	892	1802	4426	4402	1336
金属切削机床制造	2694	892	1802	4426	4402	1336
物料搬运设备制造	5146	2612	2533	11942	8940	4149
起重机制造	5146	2612	2533	11942	8940	4149
泵、阀门、压缩机及类似机械制造	54269	10329	43940	28045	26477	10299
泵及真空设备制造	42149	7667	34483	8481	8481	1337
阀门和旋塞制造	5488	1164	4324	6866	6207	1879
液压和气压动力机械及元件制造	6631	1499	5133	12698	11789	7083
轴承、齿轮和传动部件制造	57712	20066	37646	32177	23863	9414
轴承制造	50032	17929	32103	28082	19768	8531
齿轮及齿轮减、变速箱制造	7680	2137	5543	4096	4096	883
烘炉、风机、衡器、包装等设备制造	18827	6010	12817	41980	40528	2378
烘炉、熔炉及电炉制造	3585	597	2988	4146	4146	19

4-8续表22

单位：万元

项　　目	资产总计			负债合计		
	固定资产原价	累计折旧	固定资产净值		#流动负债合计	#应付账款
风机、风扇制造	2982	637	2345	1540	1540	228
气体、液体分离及纯净设备制造	10187	4453	5734	32720	31898	1696
制冷、空调设备制造	844	61	783	3180	2914	405
喷枪及类似器具制造	728	60	668	363	-	-
包装专用设备制造	501	202	300	31	31	30
通用零部件制造	101726	32135	69591	64316	54984	10635
紧固件制造	94078	28797	65282	51553	44856	7179
机械零部件加工	6242	2894	3348	11349	9647	3455
其他通用零部件制造	1406	444	962	1415	481	-
其他通用设备制造业	9306	2716	6590	7738	7595	494
专用设备制造业	159100	47763	111337	225575	174962	62048
采矿、冶金、建筑专用设备制造	91956	28145	63811	116579	105080	40249
矿山机械制造	24281	7243	17038	67073	63225	32214
石油钻采专用设备制造	3114	954	2160	4860	1478	594
建筑工程用机械制造	44743	12742	32000	11789	11789	1736
冶金专用设备制造	19819	7206	12613	32857	28588	5705
化工、木材、非金属加工专用设备制造	9171	1423	7747	3459	2961	1038
模具制造	8094	930	7165	2232	2232	659
其他非金属加工专用设备制造	1076	494	583	1227	729	379
食品、饮料、烟草及饲料生产专用设备制造	1700	1281	419	321	-	-
烟草生产专用设备制造	1700	1281	419	321	-	-
印刷、制药、日化及日用品生产专用设备制造	4245	1414	2832	5631	4435	23
制浆和造纸专用设备制造	1507	464	1042	221	221	23
印刷专用设备制造	2738	949	1789	5410	4214	-
其他日用品生产专用设备制造	-	-	-	-	-	-
纺织、服装和皮革加工专用设备制造	16559	5093	11465	8963	7280	1341
纺织专用设备制造	16559	5093	11465	8963	7280	1341
农、林、牧、渔专用机械制造	20977	6455	14522	59008	44707	16683
机械化农业及园艺机具制造	3652	1376	2276	5990	4643	1087
农林牧渔机械配件制造	109	-	109	296	142	-
棉花加工机械制造	12682	1423	11259	26665	17865	8203
其他农、林、牧、渔业机械制造	4533	3656	878	26057	22057	7393
医疗仪器设备及器械制造	5252	1167	4085	3728	3728	300
医疗诊断、监护及治疗设备制造	5252	1167	4085	3728	3728	300
环保、社会公共服务及其他专用设备制造	9241	2785	6456	27887	6771	2415
环境保护专用设备制造	8971	2740	6231	24260	3144	615
其他专用设备制造	270	45	225	3627	3627	1800
汽车制造业	43034	13427	29607	56426	44770	2926
改装汽车制造	19601	1886	17715	11985	329	101
低速载货汽车制造	11903	9291	2612	18305	18305	482
汽车车身、挂车制造	8795	1461	7334	23600	23600	2247
汽车零部件及配件制造	2735	788	1947	2536	2536	96
铁路、船舶、航空航天和其他运输设备制造业	117300	37263	80037	55979	35258	12216
自行车制造	117300	37263	80037	55979	35258	12216
脚踏自行车及残疾人座车制造	117300	37263	80037	55979	35258	12216
电气机械和器材制造业	221453	43143	178310	288496	236400	110134
电机制造	12600	1800	10800	4000	3500	2100
发电机及发电机组制造	12600	1800	10800	4000	3500	2100
输配电及控制设备制造	52840	9091	43749	52820	39893	7504
变压器、整流器和电感器制造	17717	2925	14792	10045	10045	3249

4-8续表23

单位：万元

项　　目	资产总计			负债合计		
	固定资产原价	累计折旧	固定资产净值		#流动负债合计	#应付账款
配电开关控制设备制造	7682	1105	6578	14863	12142	1740
电力电子元器件制造	24871	4764	20107	25737	15531	1301
光伏设备及元器件制造	2215	156	2059	748	748	297
其他输配电及控制设备制造	355	142	214	1427	1427	918
电线、电缆、光缆及电工器材制造	7423	1965	5458	20900	20855	1964
电线、电缆制造	1894	482	1412	4313	4268	1077
光纤、光缆制造	2091	1019	1073	601	601	25
其他电工器材制造	3438	465	2973	15986	15986	863
电池制造	29756	500	29256	17030	5915	1056
锂离子电池制造	26245	334	25912	11915	5915	1056
其他电池制造	3511	167	3344	5115	-	-
家用电力器具制造	62141	7323	54817	87858	67858	54505
家用空气调节器制造	52985	6047	46938	77950	57950	54505
家用电力器具专用配件制造	9156	1277	7879	9909	9909	-
非电力家用器具制造	46581	18969	27613	79244	78415	31512
燃气、太阳能及类似能源家用器具制造	46581	18969	27613	79244	78415	31512
照明器具制造	4049	183	3866	15823	9143	2129
电光源制造	385	21	364	6580	-	-
照明灯具制造	3664	162	3502	9243	9143	2129
其他电气机械及器材制造	6063	3312	2752	10821	10821	9365
电气信号设备装置制造	6063	3312	2752	10821	10821	9365
计算机、通信和其他电子设备制造业	12473	3902	8571	13268	13268	3205
计算机制造	370	29	341	2260	2260	274
计算机零部件制造	370	29	341	2260	2260	274
电子器件制造	11128	3540	7588	8791	8791	1821
光电子器件及其他电子器件制造	11128	3540	7588	8791	8791	1821
电子元件制造	824	303	521	519	519	369
电子元件及组件制造	824	303	521	519	519	369
其他电子设备制造	152	31	121	1697	1697	741
仪器仪表制造业	29645	17643	12002	54521	52111	17366
通用仪器仪表制造	254	79	175	9015	9015	214
供应用仪表及其他通用仪器制造	254	79	175	9015	9015	214
专用仪器仪表制造	27622	16982	10640	39969	37559	14702
导航、气象及海洋专用仪器制造	26281	16293	9988	37559	37559	14702
电子测量仪器制造	1342	689	653	2410	-	-
其他仪器仪表制造业	1769	582	1187	5537	5537	2450
废弃资源综合利用业	16058	3783	12276	11195	11195	7685
金属废料和碎屑加工处理	16058	3783	12276	11195	11195	7685
金属制品、机械和设备修理业	11592	6216	5376	3043	2878	1144
其他机械和设备修理业	11592	6216	5376	3043	2878	1144
电力、热力、燃气及水生产和供应业	4432918	2125931	2306987	2377335	1374935	218662
电力、热力生产和供应业	4271362	2053646	2217716	2294412	1310791	207003
电力生产	2071589	997152	1074437	1155671	580659	168105
火力发电	2030636	995093	1035543	1070978	514965	164039
其他电力生产	40953	2059	38894	84694	65694	4066
电力供应	2083427	1004944	1078483	936479	661415	34119
热力生产和供应	116346	51550	64796	202262	68717	4780
燃气生产和供应业	58304	18002	40302	40257	38154	11557
水的生产和供应业	103252	54283	48968	42666	25989	102
自来水生产和供应	103252	54283	48968	42666	25989	102

4-8续表24

单位：万元

项　　目	#非流动负债合计	所有者权益合计	#实收资本	#国家资本	#集体资本	#法人资本
全　市	**4310001**	**16761176**	**5816804**	**1052088**	**56945**	**3353813**
按登记注册类型分						
内资企业	4032838	14262436	5352191	1050788	56945	3127645
国有企业	1157849	2276291	992156	642971	-	349185
中央企业	256574	537448	166268	11982	-	154286
地方企业	901275	1738842	825888	630989	-	194899
集体企业	6575	106451	37167	278	29691	4050
股份合作企业	-	12403	7331	-	5331	2000
联营企业	-	549	400	-	300	-
集体联营企业	-	549	400	-	300	-
有限责任公司	2156076	6874052	2862891	358784	17265	2175601
国有独资公司	546648	2721060	306764	282105	-	24659
其他有限责任公司	1609428	4152992	2556127	76680	17265	2150942
股份有限公司	363312	1440239	400059	47313	2621	200267
私营企业	348816	3478163	1023717	1444	1737	387641
私营独资企业	4790	135168	56583	20	845	16284
私营合伙企业	1821	62798	11165	-	-	774
私营有限责任公司	333758	3142117	919382	1324	792	363474
私营股份有限公司	8447	138080	36587	100	100	7110
其他企业	210	74287	28471	-	-	8900
港、澳、台商投资企业	54584	861993	115762	-	-	34631
合资经营企业(港或澳、台资)	43607	815956	63991	-	-	32431
港澳台商独资经营企业	10977	46038	51770	-	-	2200
外商投资企业	222579	1636747	348851	1300	-	191537
中外合资经营企业	208721	1592574	305667	1300	-	191537
中外合作经营企业	5950	-1719	10156	-	-	-
外资企业	7908	45892	33027	-	-	-
按经济组织类型分						
独资企业	1188099	2609839	1170704	643268	30536	371718
国有企业	1157849	2276291	992156	642971	-	349185
集体企业	6575	106451	37167	278	29691	4050
私营独资企业	4790	135168	56583	20	845	16284
港澳台商独资经营企业	10977	46038	51770	-	-	2200
外资企业	7908	45892	33027	-	-	-
合作、合伙企业	7980	148319	57523	-	5631	11674
股份合作企业	-	12403	7331	-	5331	2000
集体联营企业	-	549	400	-	300	-
私营合伙企业	1821	62798	11165	-	-	774
中外合作经营企业	5950	-1719	10156	-	-	-
其他企业（内资）	210	74287	28471	-	-	8900
股份有限公司	371760	1578319	436645	47413	2721	207377
股份有限公司(内资)	363312	1440239	400059	47313	2621	200267
私营股份有限公司	8447	138080	36587	100	100	7110
有限责任公司	2742161	12424699	4151932	361408	18057	2763043
国有独资公司	546648	2721060	306764	282105	-	24659
私营有限责任公司	333758	3142117	919382	1324	792	363474
合资经营企业(港或澳、台资)	43607	815956	63991	-	-	32431
中外合资经营企业	208721	1592574	305667	1300	-	191537
其他有限责任公司	1609428	4152992	2556127	76680	17265	2150942

4-8续表25

单位：万元

项　　目	#非流动负债合计	所有者权益合计	#实收资本	#国家资本	#集体资本	#法人资本
在总计中:亏损企业	1099700	2950634	858678	353759	31660	291585
在总计中:国有控股企业	3480329	8888932	3694499	1050355	-	2464519
在总计中:农村工业	-	35043	10754	-	1128	8538
在总计中:大型企业	2945658	12067480	3656529	969655	-	2460251
中型企业	1048804	2101985	1008890	67912	37175	493219
小型企业	306673	2539792	1121306	12858	19770	390916
微型企业	8865	51920	30079	1663	-	9427
在总计中:轻工业	247234	2082835	686617	13605	17911	217482
重工业	4062767	14678341	5130187	1038484	39034	3136331
按工业行业大中小类分						
采矿业	1242486	2236628	1221521	575400	1178	591827
煤炭开采和洗选业	1071636	1493725	656584	30697	1178	577488
烟煤和无烟煤开采洗选	1071636	1493725	656584	30697	1178	577488
黑色金属矿采选业	170850	739021	563775	544702	-	13678
铁矿采选	170850	739021	563775	544702	-	13678
非金属矿采选业	-	3882	1162	-	-	662
土砂石开采	-	3882	1162	-	-	662
粘土及其他土砂石开采	-	3882	1162	-	-	662
制造业	2101703	13528099	4009585	387727	55407	2357187
农副食品加工业	52435	679848	187860	2150	500	65664
谷物磨制	5831	237475	49908	-	-	7300
饲料加工	-	48437	17832	-	-	13283
植物油加工	6506	165472	36301	1750	500	8240
食用植物油加工	6506	165472	36301	1750	500	8240
屠宰及肉类加工	5902	46851	16215	400	-	7566
牲畜屠宰	3902	5070	2080	-	-	500
禽类屠宰	1978	19280	9910	-	-	6500
肉制品及副产品加工	21	22501	4225	400	-	566
蔬菜、水果和坚果加工	3692	73114	34201	-	-	24690
蔬菜加工	3384	67013	31781	-	-	24690
水果和坚果加工	308	6102	2420	-	-	-
其他农副食品加工	30505	108498	33404	-	-	4585
淀粉及淀粉制品制造	26782	72267	23274	-	-	3000
豆制品制造	-	1635	500	-	-	-
蛋品加工	3500	25964	7100	-	-	1550
其他未列明农副食品加工	223	8632	2530	-	-	35
食品制造业	21764	335972	87089	120	966	24073
焙烤食品制造	4435	19034	11278	20	845	1000
糕点、面包制造	-	2392	1865	20	845	1000
饼干及其他焙烤食品制造	4435	16642	9413	-	-	-
糖果、巧克力及蜜饯制造	1342	20141	6492	-	-	5426
糖果、巧克力制造	7	8056	169	-	-	-
蜜饯制作	1335	12085	6323	-	-	5426
方便食品制造	3613	101238	8214	100	100	7699
米、面制品制造	-	9359	1300	100	100	900
速冻食品制造	-	5006	414	-	-	299
方便面及其他方便食品制造	3613	86873	6500	-	-	6500
乳制品制造	-	255	550	-	-	550
罐头食品制造	-	11479	3763	-	-	110
蔬菜、水果罐头制造	-	11479	3763	-	-	110
调味品、发酵制品制造	-	33321	11026	-	21	-
酱油、食醋及类似制品制造	-	2120	121	-	21	-

4-8续表26　　　　单位：万元

项　　目	#非流动负债合计	所有者权益合计	#实收资本	#国家资本	#集体资本	#法人资本
其他调味品、发酵制品制造	-	31201	10905	-	-	-
其他食品制造	12375	150505	45766	-	-	9288
保健食品制造	-	2242	100	-	-	-
食品及饲料添加剂制造	12375	148263	45666	-	-	9288
酒、饮料和精制茶制造业	1044	65121	25623	145	-	5153
酒的制造	930	26030	21423	145	-	2753
白酒制造	930	17110	13773	145	-	2753
啤酒制造	-	8920	7650	-	-	-
饮料制造	114	39092	4200	-	-	2400
瓶（罐）装饮用水制造	114	2460	2400	-	-	2400
果菜汁及果菜汁饮料制造	-	36632	1800	-	-	-
纺织业	99164	318550	141222	1675	7270	25926
棉纺织及印染精加工	99031	287819	121649	1675	7270	16358
棉纺纱加工	33319	236246	103251	1198	6890	10748
棉织造加工	64667	54584	17922	-	380	5610
棉印染精加工	1045	-3011	477	477	-	-
毛纺织及染整精加工	133	20816	5805	-	-	-
毛条和毛纱线加工	133	-	5	-	-	-
毛织造加工	-	20816	5800	-	-	-
家用纺织制成品制造	-	2568	2568	-	-	2568
床上用品制造	-	2568	2568	-	-	2568
非家用纺织制成品制造	-	7347	11200	-	-	7000
其他非家用纺织制成品制造	-	7347	11200	-	-	7000
纺织服装、服饰业	5197	119379	40122	-	6088	6280
机织服装制造	5197	115848	39364	-	6088	6280
服饰制造	-	3531	758	-	-	-
皮革、毛皮、羽毛及其制品和制鞋业	290	8573	4747	-	-	-
皮革制品制造	-	3040	1300	-	-	-
皮箱、包（袋）制造	-	2440	800	-	-	-
其他皮革制品制造	-	600	500	-	-	-
毛皮鞣制及制品加工	-	776	741	-	-	-
毛皮服装加工	-	776	741	-	-	-
制鞋业	290	4758	2706	-	-	-
塑料鞋制造	290	2102	50	-	-	-
橡胶鞋制造	-	2656	2656	-	-	-
木材加工和木、竹、藤、棕、草制品业	10623	85499	35443	-	-	320
人造板制造	3167	56460	26543	-	-	-
胶合板制造	-	1404	1000	-	-	-
纤维板制造	-	30255	10000	-	-	-
刨花板制造	3167	24802	15543	-	-	-
木制品制造	7457	29038	8900	-	-	320
建筑用木料及木材组件加工	7457	14926	8500	-	-	-
木门窗、楼梯制造	-	14113	400	-	-	320
家具制造业	5575	107651	12277	1313	16	1872
木质家具制造	5575	107651	12277	1313	16	1872
造纸和纸制品业	-	28752	14359	-	100	-
造纸	-	14004	3572	-	-	-
机制纸及纸板制造	-	14004	3572	-	-	-
纸制品制造	-	14748	10787	-	100	-
纸和纸板容器制造	-	5266	100	-	100	-

4-8续表27

单位：万元

项　　目	#非流动负债合计	所有者权益合计	#实收资本	#国家资本	#集体资本	#法人资本
其他纸制品制造	－	9483	10687	－	－	－
印刷和记录媒介复制业	666	14152	4456	－	－	1206
印刷	666	14152	4456	－	－	1206
书、报刊印刷	－	9526	1500	－	－	550
本册印制	－	2834	1200	－	－	－
包装装潢及其他印刷	666	1792	1756	－	－	656
文教、工美、体育和娱乐用品制造业	－	1075	200	－	－	－
工艺美术品制造	－	1075	200	－	－	－
其他工艺美术品制造	－	1075	200	－	－	－
石油加工、炼焦和核燃料加工业	100609	171152	136117	－	－	77100
精炼石油产品制造	1312	25483	13025	－	－	1780
原油加工及石油制品制造	1312	11209	8025	－	－	1780
人造原油制造	－	14274	5000	－	－	－
炼焦	99297	145669	123092	－	－	75320
化学原料和化学制品制造业	9203	204006	91844	1870	－	34042
基础化学原料制造	283	47638	25498	－	－	17687
无机酸制造	－	3375	450	－	－	150
无机盐制造	－	714	800	－	－	800
有机化学原料制造	283	32979	17538	－	－	12593
其他基础化学原料制造	－	10620	6710	－	－	4144
肥料制造	2984	17578	13388	100	－	2180
氮肥制造	－	8622	8458	100	－	－
磷肥制造	－	4021	2000	－	－	1800
复混肥料制造	2984	3669	2380	－	－	380
有机肥料及微生物肥料制造	－	1266	550	－	－	－
农药制造	3015	54248	21842	1589	－	4021
化学农药制造	3015	54248	21842	1589	－	4021
涂料、油墨、颜料及类似产品制造	1400	29092	10040	－	－	5500
涂料制造	－	12393	4980	－	－	1000
油墨及类似产品制造	1400	8956	4500	－	－	4500
染料制造	－	7743	560	－	－	－
合成材料制造	183	2542	2413	－	－	756
合成橡胶制造	183	1246	1153	－	－	－
其他合成材料制造	－	1296	1260	－	－	756
专用化学产品制造	13	52171	18482	－	－	3898
化学试剂和助剂制造	－	10158	3950	－	－	2650
专项化学用品制造	－	27585	12210	－	－	248
环境污染处理专用药剂材料制造	－	463	500	－	－	500
其他专用化学产品制造	13	13964	1822	－	－	500
炸药、火工及焰火产品制造	1325	688	181	181	－	－
炸药及火工产品制造	1325	688	181	181	－	－
医药制造业	2072	86772	28636	－	2971	9704
化学药品原料药制造	－	51949	13961	－	350	500
化学药品制剂制造	962	8050	5158	－	－	5158
中药饮片加工	－	3287	1000	－	－	－
中成药生产	1110	20142	7667	－	2621	4046
生物药品制造	－	1173	350	－	－	－
卫生材料及医药用品制造	－	2171	500	－	－	－
化学纤维制造业	14245	21248	19537	－	－	8472
纤维素纤维原料及纤维制造	2345	5373	6037	－	－	1537

4-8续表28

单位：万元

项　　目	#非流动负债合计	所有者权益合计	#实收资本	#国家资本	#集体资本	#法人资本
化纤浆粕制造	2345	5373	6037	–	–	1537
合成纤维制造	11900	15875	13500	–	–	6935
涤纶纤维制造	1800	13327	4500	–	–	1700
其他合成纤维制造	10100	2548	9000	–	–	5235
橡胶和塑料制品业	9249	186958	43066	16	241	19418
橡胶制品业	512	23091	7981	16	241	1419
轮胎制造	512	14730	6200	–	–	100
橡胶板、管、带制造	–	6006	1511	16	31	1319
日用及医用橡胶制品制造	–	731	60	–	–	–
其他橡胶制品制造	–	1624	210	–	210	–
塑料制品业	8736	163867	35085	–	–	17999
塑料薄膜制造	3849	23404	4312	–	–	–
塑料板、管、型材制造	4420	77225	20368	–	–	16699
塑料丝、绳及编织品制造	468	32721	8844	–	–	250
泡沫塑料制造	–	3340	60	–	–	50
塑料包装箱及容器制造	–	22130	500	–	–	–
塑料零件制造	–	3179	500	–	–	500
其他塑料制品制造	–	1869	500	–	–	500
非金属矿物制品业	108842	628137	295972	66400	19160	68650
水泥、石灰和石膏制造	89796	164671	137379	66260	14305	18818
水泥制造	89796	147401	123108	65982	3812	18818
石灰和石膏制造	–	17269	14271	278	10494	–
石膏、水泥制品及类似制品制造	4843	35960	17992	–	–	2000
水泥制品制造	4700	19138	7339	–	–	1000
砼结构构件制造	143	12644	9653	–	–	–
其他水泥类似制品制造	–	4179	1000	–	–	1000
砖瓦、石材等建筑材料制造	9343	100009	26239	140	–	4245
粘土砖瓦及建筑砌块制造	5983	22322	6288	140	–	1500
建筑陶瓷制品制造	–	30188	10441	–	–	1145
建筑用石加工	–	1132	100	–	–	–
防水建筑材料制造	2161	8991	6810	–	–	–
隔热和隔音材料制造	599	18954	1500	–	–	500
其他建筑材料制造	600	18421	1100	–	–	1100
玻璃制造	–	49774	3800	–	–	–
平板玻璃制造	–	49774	3800	–	–	–
玻璃制品制造	–	39423	11020	–	–	250
技术玻璃制品制造	–	31140	5250	–	–	250
玻璃包装容器制造	–	2713	200	–	–	–
其他玻璃制品制造	–	5570	5570	–	–	–
玻璃纤维和玻璃纤维增强塑料制品制造	3521	149168	35865	–	–	26440
玻璃纤维及制品制造	–	836	674	–	–	–
玻璃纤维增强塑料制品制造	3521	148332	35190	–	–	26440
陶瓷制品制造	–	41237	31846	–	1855	7572
特种陶瓷制品制造	–	28022	22255	–	1855	–
日用陶瓷制品制造	–	10532	8791	–	–	7572
园林、陈设艺术及其他陶瓷制品制造	–	2683	800	–	–	–
耐火材料制品制造	–	10496	5197	–	–	1486
耐火陶瓷制品及其他耐火材料制造	–	10496	5197	–	–	1486
石墨及其他非金属矿物制品制造	1338	37400	26636	–	3000	7840
石墨及碳素制品制造	1338	37400	26636	–	3000	7840

4-8续表29

单位：万元

项目	#非流动负债合计	所有者权益合计	#实收资本	#国家资本	#集体资本	#法人资本
黑色金属冶炼和压延加工业	1575236	9453771	2317089	282309	5561	1752647
炼铁	608493	2355910	1490621	–	–	1342498
炼钢	675758	3426588	397912	282101	–	113811
黑色金属铸造	240	125779	44971	–	300	3600
钢压延加工	290746	3542477	382285	208	5261	292738
铁合金冶炼	–	3017	1300	–	–	–
有色金属冶炼和压延加工业	–	25734	17596	–	–	8506
常用有色金属冶炼	–	9054	8920	–	–	–
铝冶炼	–	9054	8920	–	–	–
有色金属压延加工	–	16680	8676	–	–	8506
铝压延加工	–	16365	8376	–	–	8206
其他有色金属压延加工	–	315	300	–	–	300
金属制品业	3549	147376	60130	6682	–	12908
结构性金属制品制造	3049	64235	33515	–	–	8863
金属结构制造	2681	49729	31415	–	–	8863
金属门窗制造	368	14506	2100	–	–	–
金属工具制造	500	3497	50	–	–	50
其他金属工具制造	500	3497	50	–	–	50
集装箱及金属包装容器制造	–	449	480	–	–	480
金属包装容器制造	–	449	480	–	–	480
金属丝绳及其制品制造	–	6113	4000	–	–	2405
建筑、安全用金属制品制造	–	-339	1000	–	–	–
建筑、家具用金属配件制造	–	-339	1000	–	–	–
金属表面处理及热处理加工	–	6980	3000	–	–	–
搪瓷制品制造	–	2296	785	–	–	–
生产专用搪瓷制品制造	–	1508	285	–	–	–
搪瓷日用品及其他搪瓷制品制造	–	788	500	–	–	–
金属制日用品制造	–	7062	1408	–	–	–
金属制餐具和器皿制造	–	404	500	–	–	–
其他金属制日用品制造	–	6658	908	–	–	–
其他金属制品制造	–	57082	15892	6682	–	1110
锻件及粉末冶金制品制造	–	40780	9792	6682	–	1110
交通及公共管理用金属标牌制造	–	16182	4500	–	–	–
通用设备制造业	12588	221709	110082	2658	5572	41755
锅炉及原动设备制造	649	5472	2439	–	1779	150
锅炉及辅助设备制造	649	1779	1779	–	1779	–
内燃机及配件制造	–	3693	660	–	–	150
金属加工机械制造	24	1657	519	519	–	–
金属切削机床制造	24	1657	519	519	–	–
物料搬运设备制造	305	6552	4000	–	2000	2000
起重机制造	305	6552	4000	–	2000	2000
泵、阀门、压缩机及类似机械制造	659	57836	23404	–	–	15270
泵及真空设备制造	–	40464	8385	–	–	3000
阀门和旋塞制造	659	12571	8519	–	–	7270
液压和气压动力机械及元件制造	–	4802	6500	–	–	5000
轴承、齿轮和传动部件制造	3639	51689	24881	–	–	10150
轴承制造	3639	37236	21381	–	–	9650
齿轮及齿轮减、变速箱制造	–	14453	3500	–	–	500
烘炉、风机、衡器、包装等设备制造	1088	6679	8939	2139	–	2000
烘炉、熔炉及电炉制造	–	5487	1500	–	–	–

4-8续表30　　　　单位：万元

项　　目	#非流动负债合计	所有者权益合计	#实收资本	#国家资本	#集体资本	#法人资本
风机、风扇制造	–	5128	500	–	–	–
气体、液体分离及纯净设备制造	823	-14678	2139	2139	–	–
制冷、空调设备制造	266	2048	2300	–	–	2000
喷枪及类似器具制造	–	1360	200	–	–	–
包装专用设备制造	–	7335	2300	–	–	–
通用零部件制造	6224	76864	40703	–	1792	10280
紧固件制造	3589	75233	36915	–	–	9785
机械零部件加工	1701	1291	3387	–	1792	495
其他通用零部件制造	934	340	400	–	–	–
其他通用设备制造业	–	14960	5197	–	–	1905
专用设备制造业	20897	153986	81220	4079	2962	41256
采矿、冶金、建筑专用设备制造	3968	79249	50042	4034	1633	28109
矿山机械制造	3848	19549	24877	2317	1633	20022
石油钻采专用设备制造	–	3141	1170	–	–	1010
建筑工程用机械制造	–	42586	12282	580	–	1264
冶金专用设备制造	120	13975	11713	1137	–	5814
化工、木材、非金属加工专用设备制造	498	10096	862	–	–	200
模具制造	–	9549	450	–	–	200
其他非金属加工专用设备制造	498	547	412	–	–	–
食品、饮料、烟草及饲料生产专用设备制造	–	3063	1000	–	–	1000
烟草生产专用设备制造	–	3063	1000	–	–	1000
印刷、制药、日化及日用品生产专用设备制造	600	2458	4431	–	–	3601
制浆和造纸专用设备制造	–	1402	600	–	–	600
印刷专用设备制造	600	1056	3001	–	–	3001
其他日用品生产专用设备制造	–	–	830	–	–	–
纺织、服装和皮革加工专用设备制造	1683	13781	6499	–	–	100
纺织专用设备制造	1683	13781	6499	–	–	100
农、林、牧、渔专用机械制造	14148	26750	4324	45	1329	1416
机械化农业及园艺机具制造	1348	7533	1506	45	600	–
农林牧渔机械配件制造	–	554	52	–	–	–
棉花加工机械制造	8800	16144	1350	–	729	–
其他农、林、牧、渔业机械制造	4000	2519	1416	–	–	1416
医疗仪器设备及器械制造	–	4081	7013	–	–	–
医疗诊断、监护及治疗设备制造	–	4081	7013	–	–	–
环保、社会公共服务及其他专用设备制造	–	14508	7050	–	–	6830
环境保护专用设备制造	–	13007	5850	–	–	5630
其他专用设备制造	–	1502	1200	–	–	1200
汽车制造业	11267	89661	53600	7313	–	31100
改装汽车制造	11267	62361	33900	–	–	28900
低速载货汽车制造	–	7977	7500	7313	–	–
汽车车身、挂车制造	–	14772	11000	–	–	2000
汽车零部件及配件制造	–	4551	1200	–	–	200
铁路、船舶、航空航天和其他运输设备制造业	20177	46797	17709	–	–	16244
自行车制造	20177	46797	17709	–	–	16244
脚踏自行车及残疾人座车制造	20177	46797	17709	–	–	16244
电气机械和器材制造业	16849	215023	101985	11000	–	49153
电机制造	–	8410	7000	–	–	–
发电机及发电机组制造	–	8410	7000	–	–	–
输配电及控制设备制造	10276	51029	16468	–	–	7988
变压器、整流器和电感器制造	–	13918	6600	–	–	5400

4-8续表31　　单位：万元

项　　目	#非流动负债合计	所有者权益合计	#实收资本	#国家资本	#集体资本	#法人资本
配电开关控制设备制造	70	8501	7868	–	–	2588
电力电子元器件制造	10206	23464	1200	–	–	–
光伏设备及元器件制造	–	4813	600	–	–	–
其他输配电及控制设备制造	–	333	200	–	–	–
电线、电缆、光缆及电工器材制造	45	3915	3850	–	–	1850
电线、电缆制造	45	2517	2500	–	–	1500
光纤、光缆制造	–	700	350	–	–	350
其他电工器材制造	–	699	1000	–	–	–
电池制造	6000	46040	20380	–	–	–
锂离子电池制造	6000	17421	17380	–	–	–
其他电池制造	–	28620	3000	–	–	–
家用电力器具制造	–	19818	13200	–	–	13000
家用空气调节器制造	–	14783	8200	–	–	8000
家用电力器具专用配件制造	–	5035	5000	–	–	5000
非电力家用器具制造	528	67306	28020	–	–	25310
燃气、太阳能及类似能源家用器具制造	528	67306	28020	–	–	25310
照明器具制造	–	9724	2067	–	–	1005
电光源制造	–	1290	205	–	–	205
照明灯具制造	–	8434	1862	–	–	800
其他电气机械及器材制造	–	8781	11000	11000	–	–
电气信号设备装置制造	–	8781	11000	11000	–	–
计算机、通信和其他电子设备制造业	–	20821	12070	–	–	10500
计算机制造	–	518	1000	–	–	–
计算机零部件制造	–	518	1000	–	–	–
电子器件制造	–	17657	10500	–	–	10500
光电子器件及其他电子器件制造	–	17657	10500	–	–	10500
电子元件制造	–	1247	210	–	–	–
电子元件及组件制造	–	1247	210	–	–	–
其他电子设备制造	–	1398	360	–	–	–
仪器仪表制造业	–	68753	52737	–	–	42437
通用仪器仪表制造	–	17381	10000	–	–	–
供应用仪表及其他通用仪器制造	–	17381	10000	–	–	–
专用仪器仪表制造	–	46646	38237	–	–	37937
导航、气象及海洋专用仪器制造	–	43687	37937	–	–	37937
电子测量仪器制造	–	2958	300	–	–	–
其他仪器仪表制造业	–	4726	4500	–	–	4500
废弃资源综合利用业	–	13945	12800	–	–	2800
金属废料和碎屑加工处理	–	13945	12800	–	–	2800
金属制品、机械和设备修理业	164	7678	4000	–	4000	–
其他机械和设备修理业	164	7678	4000	–	4000	–
电力、热力、燃气及水生产和供应业	965811	996450	585697	88962	360	404798
电力、热力生产和供应业	947032	920713	553520	73605	360	389498
电力生产	556012	271402	399465	40000	360	270049
火力发电	556012	245974	384165	40000	360	254749
其他电力生产	–	25428	15300	–	–	15300
电力供应	257475	675950	146022	28673	–	116349
热力生产和供应	133545	-26639	8033	4933	–	3100
燃气生产和供应业	2102	50631	22813	7153	–	15300
水的生产和供应业	16677	25106	9364	8203	–	–
自来水生产和供应	16677	25106	9364	8203	–	–

4-8续表32

单位：万元

项　目	所有者权益合计 #个人资本	#港澳台资本	#外商资本	主营业务收入	#主营业务成本	#主营业务税金及附加
全　市	**1129907**	**66843**	**157208**	**60771218**	**55606639**	**176640**
按登记注册类型分						
内资企业	1109826	4224	2764	53351825	48588561	162676
国有企业	–	–	–	7266666	6678338	28076
中央企业	–	–	–	1512329	1482339	3403
地方企业	–	–	–	5754338	5195998	24673
集体企业	906	–	2243	566458	533583	2477
股份合作企业	–	–	–	108471	105283	103
联营企业	100	–	–	33499	31172	34
集体联营企业	100	–	–	33499	31172	34
有限责任公司	308075	3039	127	25708955	23689224	69551
国有独资公司	–	–	–	3332394	3017321	7786
其他有限责任公司	308075	3039	127	22376562	20671903	61765
股份有限公司	149858	–	–	3994097	3520757	10754
私营企业	631316	1185	394	15430093	13814300	51032
私营独资企业	39435	–	–	822326	690338	5739
私营合伙企业	10391	–	–	382601	341532	3969
私营有限责任公司	552214	1185	394	13676112	12280825	38571
私营股份有限公司	29277	–	–	549054	501605	2753
其他企业	19571	–	–	243586	215905	650
港、澳、台商投资企业	10215	62079	8838	3125144	3018298	6283
合资经营企业(港或澳、台资)	10215	12508	8838	2842716	2743267	5813
港澳台商独资经营企业	–	49570	–	282428	275032	471
外商投资企业	9867	540	145607	4294250	3999779	7681
中外合资经营企业	2560	540	109730	4157909	3886108	7296
中外合作经营企业	7307	–	2849	41404	39579	173
外资企业	–	–	33027	94936	74093	212
按经济组织类型分						
独资企业	40340	49570	35270	9032814	8251383	36974
国有企业	–	–	–	7266666	6678338	28076
集体企业	906	–	2243	566458	533583	2477
私营独资企业	39435	–	–	822326	690338	5739
港澳台商独资经营企业	–	49570	–	282428	275032	471
外资企业	–	–	33027	94936	74093	212
合作、合伙企业	37369	–	2849	809561	733470	4929
股份合作企业	–	–	–	108471	105283	103
集体联营企业	100	–	–	33499	31172	34
私营合伙企业	10391	–	–	382601	341532	3969
中外合作经营企业	7307	–	2849	41404	39579	173
其他企业（内资）	19571	–	–	243586	215905	650
股份有限公司	179135	–	–	4543151	4022362	13507
股份有限公司(内资)	149858	–	–	3994097	3520757	10754
私营股份有限公司	29277	–	–	549054	501605	2753
有限责任公司	873063	17273	119089	46385692	42599424	121231
国有独资公司	–	–	–	3332394	3017321	7786
私营有限责任公司	552214	1185	394	13676112	12280825	38571
合资经营企业(港或澳、台资)	10215	12508	8838	2842716	2743267	5813
中外合资经营企业	2560	540	109730	4157909	3886108	7296
其他有限责任公司	308075	3039	127	22376562	20671903	61765

4-8续表33

单位：万元

项　　目	所有者权益合计			主营业务收　入		
	#个人资本	#港澳台资　本	#外商资本		#主营业务成　本	#主营业务税金及附加
在总计中:亏损企业	129683	44813	7179	6379212	6070135	12604
在总计中:国有控股企业	97472	–	82153	26161008	24252803	70352
在总计中:农村工业	1088	–	–	274275	266009	93
在总计中:大型企业	172556	22683	31384	39308775	36528037	82627
中型企业	290866	21286	98432	9652798	8672365	25626
小型企业	648326	22874	26562	11688425	10297005	67553
微型企业	18160	–	830	121220	109232	834
在总计中:轻工业	386866	40414	10341	8628929	7574954	49913
重工业	743041	26429	146867	52142289	48031685	126727
按工业行业大中小类分						
采矿业	53116	–	–	11730938	10796738	46928
煤炭开采和洗选业	47221	–	–	11291807	10538744	34614
烟煤和无烟煤开采洗选	47221	–	–	11291807	10538744	34614
黑色金属矿采选业	5395	–	–	433346	252343	12313
铁矿采选	5395	–	–	433346	252343	12313
非金属矿采选业	500	–	–	5785	5651	1
土砂石开采	500	–	–	5785	5651	1
粘土及其他土砂石开采	500	–	–	5785	5651	1
制造业	1065977	66843	76444	45628302	41537490	118221
农副食品加工业	117920	1150	476	2916697	2614967	4668
谷物磨制	42608	–	–	929803	818323	440
饲料加工	4494	–	56	416976	389847	889
植物油加工	25710	100	–	674785	603892	1364
食用植物油加工	25710	100	–	674785	603892	1364
屠宰及肉类加工	7199	1050	–	381127	355680	357
牲畜屠宰	1580	–	–	58728	58084	12
禽类屠宰	3410	–	–	233744	221732	281
肉制品及副产品加工	2209	1050	–	88656	75864	64
蔬菜、水果和坚果加工	9091	–	420	258855	225104	723
蔬菜加工	7091	–	–	216643	187181	692
水果和坚果加工	2000	–	420	42213	37923	31
其他农副食品加工	28819	–	–	255151	222121	896
淀粉及淀粉制品制造	20274	–	–	158586	137175	577
豆制品制造	500	–	–	10032	8854	52
蛋品加工	5550	–	–	71955	65531	129
其他未列明农副食品加工	2495	–	–	14579	10562	138
食品制造业	52044	9836	–	1023616	886790	3351
焙烤食品制造	7213	2200	–	150023	131637	970
糕点、面包制造	–	–	–	8853	7991	9
饼干及其他焙烤食品制造	7213	2200	–	141170	123647	961
糖果、巧克力及蜜饯制造	1066	–	–	104903	86335	465
糖果、巧克力制造	169	–	–	47577	41707	213
蜜饯制作	897	–	–	57327	44628	251
方便食品制造	200	115	–	241463	222129	492
米、面制品制造	200	–	–	23135	22133	195
速冻食品制造	–	115	–	21750	18376	34
方便面及其他方便食品制造	–	–	–	196578	181620	263
乳制品制造	–	–	–	2194	1880	1
罐头食品制造	3653	–	–	30052	22499	–
蔬菜、水果罐头制造	3653	–	–	30052	22499	–
调味品、发酵制品制造	11005	–	–	234763	203339	403
酱油、食醋及类似制品制造	100	–	–	10287	9462	15

4-8续表34

单位：万元

项　　目	所有者权益合计			主营业务收　　入	#主营业务成　　本	#主营业务税金及附加
	#个人资本	#港澳台资　本	#外商资本			
其他调味品、发酵制品制造	10905	–	–	224476	193876	389
其他食品制造	28907	7571	–	260219	218971	1020
保健食品制造	100	–	–	3890	2772	1
食品及饲料添加剂制造	28807	7571	–	256329	216199	1019
酒、饮料和精制茶制造业	19785	540	–	311725	204132	25632
酒的制造	18525	–	–	234222	156974	25627
白酒制造	10875	–	–	212000	135721	25503
啤酒制造	7650	–	–	22222	21252	124
饮料制造	1260	540	–	77503	47158	6
瓶（罐）装饮用水制造	–	–	–	3921	3690	6
果菜汁及果菜汁饮料制造	1260	540	–	73582	43469	–
纺织业	92828	10523	3000	1845588	1686556	5769
棉纺织及印染精加工	85823	10523	–	1636486	1497116	5445
棉纺纱加工	73891	10523	–	1153326	1050192	4000
棉织造加工	11932	–	–	483160	446924	1445
棉印染精加工	–	–	–	–	–	–
毛纺织及染整精加工	5805	–	–	131001	119623	9
毛条和毛纱线加工	5	–	–	14260	14232	–
毛织造加工	5800	–	–	116741	105392	9
家用纺织制成品制造	–	–	–	3605	2322	13
床上用品制造	–	–	–	3605	2322	13
非家用纺织制成品制造	1200	–	3000	74496	67495	301
其他非家用纺织制成品制造	1200	–	3000	74496	67495	301
纺织服装、服饰业	24795	716	2243	601974	526952	3511
机织服装制造	24037	716	2243	551060	506545	3448
服饰制造	758	–	–	50914	20406	63
皮革、毛皮、羽毛及其制品和制鞋业	4747	–	–	38540	34677	95
皮革制品制造	1300	–	–	12433	11050	34
皮箱、包（袋）制造	800	–	–	3406	3332	6
其他皮革制品制造	500	–	–	9027	7718	29
毛皮鞣制及制品加工	741	–	–	917	690	–
毛皮服装加工	741	–	–	917	690	–
制鞋业	2706	–	–	25190	22937	61
塑料鞋制造	50	–	–	2370	2051	6
橡胶鞋制造	2656	–	–	22821	20886	55
木材加工和木、竹、藤、棕、草制品业	26623	–	8500	154519	125410	749
人造板制造	26543	–	–	117568	101936	644
胶合板制造	1000	–	–	3214	2646	–
纤维板制造	10000	–	–	21830	20676	199
刨花板制造	15543	–	–	92525	78615	445
木制品制造	80	–	8500	36951	23474	105
建筑用木料及木材组件加工	–	–	8500	27140	17873	91
木门窗、楼梯制造	80	–	–	9811	5601	14
家具制造业	5773	99	3204	190746	170359	1150
木质家具制造	5773	99	3204	190746	170359	1150
造纸和纸制品业	3772	10487	–	109566	96251	288
造纸	3572	–	–	89143	77164	281
机制纸及纸板制造	3572	–	–	89143	77164	281
纸制品制造	200	10487	–	20422	19087	7
纸和纸板容器制造	–	–	–	8439	7570	6

4-8续表35

单位：万元

项　　目	所有者权益合计			主营业务收　　入	#主营业务成　　本	#主营业务税金及附加
	#个人资本	#港澳台资　本	#外商资本			
其他纸制品制造	200	10487	-	11984	11517	1
印刷和记录媒介复制业	3250	-	-	57564	49909	263
印刷	3250	-	-	57564	49909	263
书、报刊印刷	950	-	-	26892	24477	19
本册印制	1200	-	-	19731	15701	223
包装装潢及其他印刷	1100	-	-	10941	9732	21
文教、工美、体育和娱乐用品制造业	200	-	-	6241	5541	36
工艺美术品制造	200	-	-	6241	5541	36
其他工艺美术品制造	200	-	-	6241	5541	36
石油加工、炼焦和核燃料加工业	54810	-	4207	1715307	1602130	1975
精炼石油产品制造	11245	-	-	146861	137245	375
原油加工及石油制品制造	6245	-	-	108986	102213	342
人造原油制造	5000	-	-	37875	35032	33
炼焦	43565	-	4207	1568446	1464885	1600
化学原料和化学制品制造业	54408	-	1525	886172	752334	3270
基础化学原料制造	6911	-	900	287312	267644	489
无机酸制造	300	-	-	56155	45827	99
无机盐制造	-	-	-	2749	2619	3
有机化学原料制造	4045	-	900	205631	198239	311
其他基础化学原料制造	2566	-	-	22776	20959	76
肥料制造	11108	-	-	54435	52265	33
氮肥制造	8358	-	-	23375	24242	30
磷肥制造	200	-	-	5779	5332	1
复混肥料制造	2000	-	-	22787	20511	2
有机肥料及微生物肥料制造	550	-	-	2494	2179	-
农药制造	16194	-	38	127476	110878	341
化学农药制造	16194	-	38	127476	110878	341
涂料、油墨、颜料及类似产品制造	4540	-	-	143624	120830	376
涂料制造	3980	-	-	84681	72187	28
油墨及类似产品制造	-	-	-	21527	16352	107
染料制造	560	-	-	37415	32291	241
合成材料制造	1153	-	504	2060	1867	7
合成橡胶制造	1153	-	-	-	-	-
其他合成材料制造	-	-	504	2060	1867	7
专用化学产品制造	14502	-	83	265554	195133	1988
化学试剂和助剂制造	1300	-	-	22721	20927	89
专项化学用品制造	11880	-	83	200931	135173	1807
环境污染处理专用药剂材料制造	-	-	-	2004	2000	1
其他专用化学产品制造	1322	-	-	39899	37034	92
炸药、火工及焰火产品制造	-	-	-	5711	3717	37
炸药及火工产品制造	-	-	-	5711	3717	37
医药制造业	15657	-	304	267985	232099	1840
化学药品原料药制造	12807	-	304	105414	96035	1078
化学药品制剂制造	-	-	-	45880	38244	9
中药饮片加工	1000	-	-	71815	65255	568
中成药生产	1000	-	-	40388	28894	152
生物药品制造	350	-	-	2032	1830	31
卫生材料及医药用品制造	500	-	-	2455	1841	3
化学纤维制造业	11065	-	-	148080	131247	359
纤维素纤维原料及纤维制造	4500	-	-	41901	38080	355

4-8续表36

单位：万元

项目	所有者权益合计 #个人资本	#港澳台资本	#外商资本	主营业务收入	#主营业务成本	#主营业务税金及附加
化纤浆粕制造	4500	–	–	41901	38080	355
合成纤维制造	6565	–	–	106179	93167	4
涤纶纤维制造	2800	–	–	102639	90847	4
其他合成纤维制造	3765	–	–	3540	2320	–
橡胶和塑料制品业	23266	35	90	510418	434464	1947
橡胶制品业	6181	35	90	72127	58295	237
轮胎制造	6100	–	–	49656	38570	206
橡胶板、管、带制造	21	35	90	14803	12531	4
日用及医用橡胶制品制造	60	–	–	5354	5125	13
其他橡胶制品制造	–	–	–	2314	2069	13
塑料制品业	17086	–	–	438291	376169	1710
塑料薄膜制造	4312	–	–	56855	41765	–
塑料板、管、型材制造	3669	–	–	174863	155899	678
塑料丝、绳及编织品制造	8594	–	–	154697	131181	576
泡沫塑料制造	10	–	–	5456	3605	–
塑料包装箱及容器制造	500	–	–	39964	37878	446
塑料零件制造	–	–	–	4298	3855	6
其他塑料制品制造	–	–	–	2159	1986	4
非金属矿物制品业	109426	–	32336	1772879	1534718	15119
水泥、石灰和石膏制造	37996	–	–	407299	352075	2525
水泥制造	34496	–	–	367006	313561	2433
石灰和石膏制造	3500	–	–	40293	38514	91
石膏、水泥制品及类似制品制造	8594	–	7397	88918	71343	2100
水泥制品制造	6338	–	–	49339	37899	1716
砼结构构件制造	2256	–	7397	29828	26298	20
其他水泥类似制品制造	–	–	–	9752	7146	364
砖瓦、石材等建筑材料制造	21854	–	–	345430	300330	7822
粘土砖瓦及建筑砌块制造	4648	–	–	72850	63675	21
建筑陶瓷制品制造	9296	–	–	56772	47852	183
建筑用石加工	100	–	–	8564	7465	–
防水建筑材料制造	6810	–	–	76517	65017	1575
隔热和隔音材料制造	1000	–	–	76311	72345	245
其他建筑材料制造	–	–	–	54417	43976	5798
玻璃制造	3800	–	–	18278	10275	57
平板玻璃制造	3800	–	–	18278	10275	57
玻璃制品制造	10770	–	–	50642	38659	33
技术玻璃制品制造	5000	–	–	35927	26057	10
玻璃包装容器制造	200	–	–	9118	7516	17
其他玻璃制品制造	5570	–	–	5597	5086	6
玻璃纤维和玻璃纤维增强塑料制品制造	–	–	9425	445628	398669	1149
玻璃纤维及制品制造	–	–	674	9885	9492	–
玻璃纤维增强塑料制品制造	–	–	8750	435743	389176	1149
陶瓷制品制造	6905	–	15514	177925	158795	661
特种陶瓷制品制造	6000	–	14400	44911	34298	366
日用陶瓷制品制造	105	–	1114	130400	122587	217
园林、陈设艺术及其他陶瓷制品制造	800	–	–	2614	1911	79
耐火材料制品制造	3711	–	–	44496	40826	136
耐火陶瓷制品及其他耐火材料制造	3711	–	–	44496	40826	136
石墨及其他非金属矿物制品制造	15796	–	–	194262	163747	637
石墨及碳素制品制造	15796	–	–	194262	163747	637

4-8续表37

单位：万元

项　　目	所有者权益合计			主营业务收入	#主营业务成本	#主营业务税金及附加
	#个人资本	#港澳台资本	#外商资本			
黑色金属冶炼和压延加工业	233815	24112	18645	28854143	26822441	37421
炼铁	128381	19743	-	5249639	5043298	7801
炼钢	2000	-	-	6294971	5737670	9211
黑色金属铸造	39642	1430	-	625284	557087	1820
钢压延加工	62493	2940	18645	16680980	15481759	18585
铁合金冶炼	1300	-	-	3269	2628	4
有色金属冶炼和压延加工业	9090	-	-	171937	150872	447
常用有色金属冶炼	8920	-	-	95242	83288	320
铝冶炼	8920	-	-	95242	83288	320
有色金属压延加工	170	-	-	76696	67584	127
铝压延加工	170	-	-	72366	63485	124
其他有色金属压延加工	-	-	-	4329	4099	3
金属制品业	40540	-	-	631864	557831	986
结构性金属制品制造	24652	-	-	316412	274144	273
金属结构制造	22552	-	-	301119	262128	229
金属门窗制造	2100	-	-	15293	12017	44
金属工具制造	-	-	-	3735	3169	6
其他金属工具制造	-	-	-	3735	3169	6
集装箱及金属包装容器制造	-	-	-	6686	6613	7
金属包装容器制造	-	-	-	6686	6613	7
金属丝绳及其制品制造	1595	-	-	62604	53003	115
建筑、安全用金属制品制造	1000	-	-	4685	5120	25
建筑、家具用金属配件制造	1000	-	-	4685	5120	25
金属表面处理及热处理加工	3000	-	-	129540	125139	14
搪瓷制品制造	785	-	-	9921	8952	20
生产专用搪瓷制品制造	285	-	-	9321	8379	20
搪瓷日用品及其他搪瓷制品制造	500	-	-	599	573	-
金属制日用品制造	1408	-	-	17360	14902	53
金属制餐具和器皿制造	500	-	-	7870	7449	23
其他金属制日用品制造	908	-	-	9491	7453	30
其他金属制品制造	8100	-	-	80922	66787	473
锻件及粉末冶金制品制造	2000	-	-	34499	28623	383
交通及公共管理用金属标牌制造	4500	-	-	44255	36322	81
通用设备制造业	58227	1870	-	1442579	1257724	3797
锅炉及原动设备制造	510	-	-	60737	53972	361
锅炉及辅助设备制造	-	-	-	3040	2131	7
内燃机及配件制造	510	-	-	57697	51841	354
金属加工机械制造	-	-	-	2045	1469	3
金属切削机床制造	-	-	-	2045	1469	3
物料搬运设备制造	-	-	-	25932	24280	63
起重机制造	-	-	-	25932	24280	63
泵、阀门、压缩机及类似机械制造	8134	-	-	230083	209286	411
泵及真空设备制造	5385	-	-	181538	162708	285
阀门和旋塞制造	1249	-	-	32022	30210	105
液压和气压动力机械及元件制造	1500	-	-	16523	16368	21
轴承、齿轮和传动部件制造	12861	1870	-	294621	254744	504
轴承制造	11731	-	-	222642	191028	497
齿轮及齿轮减、变速箱制造	1130	1870	-	71978	63716	7
烘炉、风机、衡器、包装等设备制造	4800	-	-	77889	65699	125
烘炉、熔炉及电炉制造	1500	-	-	12934	8329	3

4-8续表38　　单位：万元

项　　目	所有者权益合计			主营业务收入	#主营业务成本	#主营业务税金及附加
	#个人资本	#港澳台资本	#外商资本			
风机、风扇制造	500	-	-	36396	32796	96
气体、液体分离及纯净设备制造	-	-	-	3047	3015	19
制冷、空调设备制造	300	-	-	14167	12472	2
喷枪及类似器具制造	200	-	-	3557	2858	-
包装专用设备制造	2300	-	-	7789	6228	6
通用零部件制造	28630	-	-	684981	588853	2181
紧固件制造	27130	-	-	564554	476389	2027
机械零部件加工	1100	-	-	112536	104741	152
其他通用零部件制造	400	-	-	7891	7723	3
其他通用设备制造业	3292	-	-	66292	59422	149
专用设备制造业	24668	7425	830	627496	554909	1653
采矿、冶金、建筑专用设备制造	16265	-	-	371595	333634	906
矿山机械制造	906	-	-	50426	48519	279
石油钻采专用设备制造	160	-	-	6081	4760	7
建筑工程用机械制造	10438	-	-	240600	214837	374
冶金专用设备制造	4762	-	-	74489	65518	246
化工、木材、非金属加工专用设备制造	250	412	-	19875	17219	45
模具制造	250	-	-	17092	14742	35
其他非金属加工专用设备制造	-	412	-	2783	2478	10
食品、饮料、烟草及饲料生产专用设备制造	-	-	-	3735	3612	6
烟草生产专用设备制造	-	-	-	3735	3612	6
印刷、制药、日化及日用品生产专用设备制造	-	-	830	8967	7945	136
制浆和造纸专用设备制造	-	-	-	6962	6470	133
印刷专用设备制造	-	-	-	2005	1475	4
其他日用品生产专用设备制造	-	-	830	-	-	-
纺织、服装和皮革加工专用设备制造	6399	-	-	46351	37955	138
纺织专用设备制造	6399	-	-	46351	37955	138
农、林、牧、渔专用机械制造	1534	-	-	141864	125908	338
机械化农业及园艺机具制造	861	-	-	70160	66524	58
农林牧渔机械配件制造	52	-	-	28429	26911	190
棉花加工机械制造	621	-	-	17515	11853	16
其他农、林、牧、渔业机械制造	-	-	-	25760	20621	74
医疗仪器设备及器械制造	-	7013	-	6066	5223	-
医疗诊断、监护及治疗设备制造	-	7013	-	6066	5223	-
环保、社会公共服务及其他专用设备制造	220	-	-	29044	23411	84
环境保护专用设备制造	220	-	-	22928	18145	16
其他专用设备制造	-	-	-	6116	5266	68
汽车制造业	15188	-	-	170521	157066	251
改装汽车制造	5000	-	-	9596	9129	34
低速载货汽车制造	188	-	-	28679	26147	60
汽车车身、挂车制造	9000	-	-	116176	106857	122
汽车零部件及配件制造	1000	-	-	16071	14934	34
铁路、船舶、航空航天和其他运输设备制造业	1465	-	-	176771	153120	718
自行车制造	1465	-	-	176771	153120	718
脚踏自行车及残疾人座车制造	1465	-	-	176771	153120	718
电气机械和器材制造业	40747	-	1085	866678	685255	2565
电机制造	7000	-	-	33800	27688	53
发电机及发电机组制造	7000	-	-	33800	27688	53
输配电及控制设备制造	7395	-	1085	223849	163089	1461
变压器、整流器和电感器制造	1200	-	-	80376	60480	193

4-8续表39　　单位：万元

项　　目	所有者权益合计			主营业务收入	#主营业务成本	#主营业务税金及附加
	#个人资本	#港澳台资本	#外商资本			
配电开关控制设备制造	4195	-	1085	61912	54130	234
电力电子元器件制造	1200	-	-	66001	35560	941
光伏设备及元器件制造	600	-	-	12987	10715	82
其他输配电及控制设备制造	200	-	-	2573	2205	11
电线、电缆、光缆及电工器材制造	2000	-	-	32620	28873	12
电线、电缆制造	1000	-	-	5888	5404	11
光纤、光缆制造	-	-	-	15963	12976	-
其他电工器材制造	1000	-	-	10770	10493	-
电池制造	20380	-	-	67893	63359	18
锂离子电池制造	17380	-	-	4406	3283	8
其他电池制造	3000	-	-	63487	60075	10
家用电力器具制造	200	-	-	346284	275277	260
家用空气调节器制造	200	-	-	340292	271080	260
家用电力器具专用配件制造	-	-	-	5992	4197	-
非电力家用器具制造	2710	-	-	128865	98008	585
燃气、太阳能及类似能源家用器具制造	2710	-	-	128865	98008	585
照明器具制造	1062	-	-	19367	16210	60
电光源制造	-	-	-	4225	4022	10
照明灯具制造	1062	-	-	15142	12188	49
其他电气机械及器材制造	-	-	-	14001	12751	117
电气信号设备装置制造	-	-	-	14001	12751	117
计算机、通信和其他电子设备制造业	1570	-	-	24524	19078	88
计算机制造	1000	-	-	2002	1629	2
计算机零部件制造	1000	-	-	2002	1629	2
电子器件制造	-	-	-	13709	10814	41
光电子器件及其他电子器件制造	-	-	-	13709	10814	41
电子元件制造	210	-	-	2846	1871	21
电子元件及组件制造	210	-	-	2846	1871	21
其他电子设备制造	360	-	-	5966	4764	24
仪器仪表制造业	10300	-	-	81614	68927	104
通用仪器仪表制造	10000	-	-	24702	19172	35
供应用仪表及其他通用仪器制造	10000	-	-	24702	19172	35
专用仪器仪表制造	300	-	-	49882	43178	35
导航、气象及海洋专用仪器制造	-	-	-	46907	41212	10
电子测量仪器制造	300	-	-	2976	1966	26
其他仪器仪表制造业	-	-	-	7030	6577	34
废弃资源综合利用业	10000	-	-	20461	19930	158
金属废料和碎屑加工处理	10000	-	-	20461	19930	158
金属制品、机械和设备修理业	-	-	-	2100	1804	14
其他机械和设备修理业	-	-	-	2100	1804	14
电力、热力、燃气及水生产和供应业	10814	-	80764	3411978	3272411	11491
电力、热力生产和供应业	9292	-	80764	3312099	3180705	11209
电力生产	8292	-	80764	1007807	941410	3957
火力发电	8292	-	80764	985373	922454	3956
其他电力生产	-	-	-	22434	18956	1
电力供应	1000	-	-	2268790	2202957	6634
热力生产和供应	-	-	-	35502	36338	618
燃气生产和供应业	360	-	-	80351	75609	164
水的生产和供应业	1162	-	-	19528	16097	118
自来水生产和供应	1162	-	-	19528	16097	118

4-8续表40　　单位：万元

项　目	其他业务收入	其他业务利润	营业费用	管理费用	#税金	财务费用
全　市	**4878328**	**52495**	**425324**	**1237137**	**76833**	**686779**
按登记注册类型分						
内资企业	4165600	46710	401003	1163253	68536	573320
国有企业	1373143	4230	18274	284950	5679	72335
中央企业	4060	1615	1553	8621	208	20331
地方企业	1369083	2615	16721	276330	5471	52004
集体企业	1612	585	6940	11276	593	3030
股份合作企业	2146	–	642	823	69	8
联营企业	–	–	–	622	20	109
集体联营企业	–	–	–	622	20	109
有限责任公司	2512643	27557	165009	593352	41515	324124
国有独资公司	1968772	8215	24119	204939	12524	96350
其他有限责任公司	543871	19342	140890	388413	28992	227774
股份有限公司	78140	9899	62020	55570	4331	38745
私营企业	197722	4258	143818	213381	15875	132982
私营独资企业	965	757	13358	18012	1629	4993
私营合伙企业	533	533	3816	6394	388	2400
私营有限责任公司	196141	2966	121212	180683	12973	122635
私营股份有限公司	83	2	5431	8292	885	2955
其他企业	195	180	4300	3279	453	1988
港、澳、台商投资企业	529789	8249	10900	36577	3561	40516
合资经营企业(港或澳、台资)	512877	7017	8444	31623	2650	39238
港澳台商独资经营企业	16913	1232	2455	4954	910	1278
外商投资企业	182938	−2464	13421	37307	4737	72943
中外合资经营企业	182905	−2497	11033	31542	4521	69292
中外合作经营企业	33	33	361	993	33	1458
外资企业	1	–	2027	4773	183	2193
按经济组织类型分						
独资企业	1392634	6805	43055	323964	8995	83829
国有企业	1373143	4230	18274	284950	5679	72335
集体企业	1612	585	6940	11276	593	3030
私营独资企业	965	757	13358	18012	1629	4993
港澳台商独资经营企业	16913	1232	2455	4954	910	1278
外资企业	1	–	2027	4773	183	2193
合作、合伙企业	2906	746	9119	12111	964	5961
股份合作企业	2146	–	642	823	69	8
集体联营企业	–	–	–	622	20	109
私营合伙企业	533	533	3816	6394	388	2400
中外合作经营企业	33	33	361	993	33	1458
其他企业（内资）	195	180	4300	3279	453	1988
股份有限公司	78223	9901	67451	63862	5215	41700
股份有限公司(内资)	78140	9899	62020	55570	4331	38745
私营股份有限公司	83	2	5431	8292	885	2955
有限责任公司	3404564	35043	305699	837200	61659	555289
国有独资公司	1968772	8215	24119	204939	12524	96350
私营有限责任公司	196141	2966	121212	180683	12973	122635
合资经营企业(港或澳、台资)	512877	7017	8444	31623	2650	39238
中外合资经营企业	182905	−2497	11033	31542	4521	69292
其他有限责任公司	543871	19342	140890	388413	28992	227774

1-8续表41　　　　　　　　　　　　　　　　　　　　　　　　　　　　　　单位：万元

项　　目	其他业务收入	其他业务利润	营业费用	管理费用	#税　金	财务费用
在总计中:亏损企业	2185682	11384	51156	293852	18517	170531
在总计中:国有控股企业	3635411	28334	151288	753058	40315	359455
在总计中:农村工业	1	–	123	864	93	1270
在总计中:大型企业	4720545	42344	160835	826837	48740	430387
中型企业	128876	7933	93384	179320	11696	146635
小型企业	28764	2218	169636	228743	16298	109096
微型企业	143	–	1469	2237	99	661
在总计中:轻工业	83132	3273	103445	145298	12978	65321
重工业	4795196	49222	321879	1091839	63855	621458
按工业行业大中小类分						
采矿业	1441457	10703	65955	366119	15113	125576
煤炭开采和洗选业	1429843	11365	60237	298535	13057	107798
烟煤和无烟煤开采洗选	1429843	11365	60237	298535	13057	107798
黑色金属矿采选业	11614	-662	5624	67474	2054	17760
铁矿采选	11614	-662	5624	67474	2054	17760
非金属矿采选业	–	–	95	111	2	18
土砂石开采	–	–	95	111	2	18
粘土及其他土砂石开采	–	–	95	111	2	18
制造业	3419372	37087	356157	834292	59859	484208
农副食品加工业	13252	13	22673	30669	2207	13132
谷物磨制	293	13	3616	6413	499	361
饲料加工	–	–	4670	4556	170	1202
植物油加工	12000	–	6363	8736	490	3868
食用植物油加工	12000	–	6363	8736	490	3868
屠宰及肉类加工	739	–	2969	3217	287	867
牲畜屠宰	14	–	607	907	92	52
禽类屠宰	725	–	897	1271	170	476
肉制品及副产品加工	–	–	1465	1040	25	339
蔬菜、水果和坚果加工	220	–	2228	3725	486	3567
蔬菜加工	220	–	2095	3522	482	3530
水果和坚果加工	–	–	132	203	4	37
其他农副食品加工	–	–	2828	4021	275	3267
淀粉及淀粉制品制造	–	–	1751	1839	116	3022
豆制品制造	–	–	107	251	26	24
蛋品加工	–	–	623	959	119	188
其他未列明农副食品加工	–	–	348	973	14	33
食品制造业	524	–	15212	19217	1006	6377
焙烤食品制造	–	–	1939	1510	244	473
糕点、面包制造	–	–	88	132	3	41
饼干及其他焙烤食品制造	–	–	1851	1378	241	432
糖果、巧克力及蜜饯制造	–	–	845	5955	17	1019
糖果、巧克力制造	–	–	198	173	1	88
蜜饯制作	–	–	647	5782	16	931
方便食品制造	81	–	708	1724	181	707
米、面制品制造	81	–	101	91	19	115
速冻食品制造	–	–	149	104	1	31
方便面及其他方便食品制造	–	–	458	1528	161	561
乳制品制造	–	–	100	124	–	75
罐头食品制造	–	–	2391	1827	6	245
蔬菜、水果罐头制造	–	–	2391	1827	6	245
调味品、发酵制品制造	–	–	1334	767	137	275
酱油、食醋及类似制品制造	–	–	242	90	6	–

4-8续表42　　单位：万元

项　　目	其他业务收　入	其他业务利　润	营业费用	管理费用	#税　金	财务费用
其他调味品、发酵制品制造	–	–	1092	677	132	274
其他食品制造	443	–	7895	7311	421	3584
保健食品制造	–	–	199	161	20	51
食品及饲料添加剂制造	443	–	7696	7150	401	3533
酒、饮料和精制茶制造业	–	–	14105	16302	1186	19635
酒的制造	–	–	13028	14640	929	7801
白酒制造	–	–	12799	14469	899	7759
啤酒制造	–	–	228	170	30	41
饮料制造	–	–	1078	1662	257	11835
瓶（罐）装饮用水制造	–	–	32	32	3	24
果菜汁及果菜汁饮料制造	–	–	1046	1630	254	11811
纺织业	5482	668	10762	24924	3395	8890
棉纺织及印染精加工	5482	668	9637	23654	3375	7623
棉纺纱加工	5382	668	7729	16703	2311	5586
棉织造加工	100	–	1909	6951	1064	2037
棉印染精加工	–	–	–	–	–	–
毛纺织及染整精加工	–	–	205	677	7	1165
毛条和毛纱线加工	–	–	–	16	3	–
毛织造加工	–	–	205	661	4	1165
家用纺织制成品制造	–	–	543	422	1	3
床上用品制造	–	–	543	422	1	3
非家用纺织制成品制造	–	–	376	171	13	100
其他非家用纺织制成品制造	–	–	376	171	13	100
纺织服装、服饰业	262	1	9777	9856	745	1711
机织服装制造	1	1	9007	9749	706	1705
服饰制造	261	–	770	107	40	7
皮革、毛皮、羽毛及其制品和制鞋业	–	–	743	590	28	227
皮革制品制造	–	–	655	29	3	44
皮箱、包（袋）制造	–	–	7	5	–	8
其他皮革制品制造	–	–	648	24	3	36
毛皮鞣制及制品加工	–	–	86	57	13	50
毛皮服装加工	–	–	86	57	13	50
制鞋业	–	–	2	504	12	133
塑料鞋制造	–	–	2	45	2	62
橡胶鞋制造	–	–	–	459	10	71
木材加工和木、竹、藤、棕、草制品业	–	–	4157	8536	325	5080
人造板制造	–	–	3554	5515	216	2952
胶合板制造	–	–	13	113	–	–
纤维板制造	–	–	1127	1127	170	1658
刨花板制造	–	–	2414	4275	46	1294
木制品制造	–	–	604	3022	109	2128
建筑用木料及木材组件加工	–	–	198	2308	109	1750
木门窗、楼梯制造	–	–	406	714	–	378
家具制造业	–	–	3484	3041	207	600
木质家具制造	–	–	3484	3041	207	600
造纸和纸制品业	2	2	2888	1439	235	615
造纸	–	–	2704	1001	165	483
机制纸及纸板制造	–	–	2704	1001	165	483
纸制品制造	2	2	184	438	71	132
纸和纸板容器制造	–	–	36	6	1	24

4-8续表43　　单位：万元

项　目	其他业务收入	其他业务利润	营业费用	管理费用	#税金	财务费用
其他纸制品制造	2	2	148	432	70	108
印刷和记录媒介复制业	17	17	936	1334	17	203
印刷	17	17	936	1334	17	203
书、报刊印刷	–	–	272	561	2	102
本册印制	–	–	476	335	1	63
包装装潢及其他印刷	17	17	188	438	14	38
文教、工美、体育和娱乐用品制造业	–	–	73	117	101	59
工艺美术品制造	–	–	73	117	101	59
其他工艺美术品制造	–	–	73	117	101	59
石油加工、炼焦和核燃料加工业	64023	-1803	15564	26872	2428	39617
精炼石油产品制造	–	–	1052	1448	111	668
原油加工及石油制品制造	–	–	1024	1355	111	393
人造原油制造	–	–	28	93	–	275
炼焦	64023	-1803	14513	25424	2317	38949
化学原料和化学制品制造业	539	46	17391	25541	1695	11009
基础化学原料制造	25	-136	3037	8475	937	4712
无机酸制造	–	–	696	4708	709	1365
无机盐制造	–	–	–	77	–	37
有机化学原料制造	25	–	2156	3137	181	2983
其他基础化学原料制造	–	-136	185	553	47	328
肥料制造	–	–	699	2166	236	776
氮肥制造	–	–	176	1406	152	359
磷肥制造	–	–	15	25	–	15
复混肥料制造	–	–	448	675	83	396
有机肥料及微生物肥料制造	–	–	60	60	–	6
农药制造	318	–	2871	5601	66	1355
化学农药制造	318	–	2871	5601	66	1355
涂料、油墨、颜料及类似产品制造	1	1	3467	3443	349	758
涂料制造	–	–	1980	1674	1	293
油墨及类似产品制造	1	1	554	1156	36	447
染料制造	–	–	933	612	312	19
合成材料制造	–	–	17	98	12	16
合成橡胶制造	–	–	–	–	–	–
其他合成材料制造	–	–	17	98	12	16
专用化学产品制造	195	180	6658	5057	94	3082
化学试剂和助剂制造	–	–	175	441	12	441
专项化学用品制造	–	–	6302	4248	62	2510
环境污染处理专用药剂材料制造	–	–	1	2	–	–
其他专用化学产品制造	195	180	180	367	20	131
炸药、火工及焰火产品制造	–	–	644	702	–	310
炸药及火工产品制造	–	–	644	702	–	310
医药制造业	142	–	9595	5712	551	4773
化学药品原料药制造	142	–	543	1400	17	1076
化学药品制剂制造	–	–	1827	1779	322	1801
中药饮片加工	–	–	997	720	110	709
中成药生产	–	–	6210	1784	99	1181
生物药品制造	–	–	7	6	2	6
卫生材料及医药用品制造	–	–	11	22	–	1
化学纤维制造业	–	–	443	2487	271	3067
纤维素纤维原料及纤维制造	–	–	290	779	186	589

4-8续表44　　　　　　　　　　　　　　　　　　单位：万元

项　　目	其他业务收入	其他业务利润	营业费用	管理费用	#税金	财务费用
化纤浆粕制造	–	–	290	779	186	589
合成纤维制造	–	–	153	1709	85	2478
涤纶纤维制造	–	–	83	121	10	274
其他合成纤维制造	–	–	71	1587	76	2204
橡胶和塑料制品业	–	–	10302	16347	410	3121
橡胶制品业	–	–	2393	4549	103	430
轮胎制造	–	–	2026	3978	60	390
橡胶板、管、带制造	–	–	355	351	19	12
日用及医用橡胶制品制造	–	–	12	36	11	19
其他橡胶制品制造	–	–	–	185	13	9
塑料制品业	–	–	7910	11798	307	2692
塑料薄膜制造	–	–	3128	3919	7	503
塑料板、管、型材制造	–	–	1805	3579	123	1101
塑料丝、绳及编织品制造	–	–	2194	3626	146	696
泡沫塑料制造	–	–	533	326	11	29
塑料包装箱及容器制造	–	–	175	159	–	42
塑料零件制造	–	–	58	73	5	49
其他塑料制品制造	–	–	17	118	15	271
非金属矿物制品业	9740	1537	46149	45675	3152	29591
水泥、石灰和石膏制造	9708	1515	19919	20137	1198	17608
水泥制造	9644	1497	19606	18752	1104	17324
石灰和石膏制造	64	18	313	1385	94	283
石膏、水泥制品及类似制品制造	–	–	6588	3330	670	395
水泥制品制造	–	–	5518	1087	458	150
砼结构构件制造	–	–	584	1660	208	149
其他水泥类似制品制造	–	–	486	583	4	96
砖瓦、石材等建筑材料制造	22	22	6150	6261	470	2191
粘土砖瓦及建筑砌块制造	11	11	2394	1828	176	482
建筑陶瓷制品制造	11	11	773	1256	28	1159
建筑用石加工	–	–	33	35	3	–
防水建筑材料制造	–	–	1553	2272	48	219
隔热和隔音材料制造	–	–	523	461	146	194
其他建筑材料制造	–	–	874	409	69	137
玻璃制造	–	–	785	680	11	808
平板玻璃制造	–	–	785	680	11	808
玻璃制品制造	–	–	385	586	5	175
技术玻璃制品制造	–	–	222	513	–	147
玻璃包装容器制造	–	–	–	35	3	–
其他玻璃制品制造	–	–	162	38	2	28
玻璃纤维和玻璃纤维增强塑料制品制造	10	–	3744	3768	280	3496
玻璃纤维及制品制造	1	–	266	56	2	11
玻璃纤维增强塑料制品制造	9	–	3478	3712	278	3485
陶瓷制品制造	–	–	3446	5119	73	1329
特种陶瓷制品制造	–	–	1685	2495	35	768
日用陶瓷制品制造	–	–	1668	2504	33	423
园林、陈设艺术及其他陶瓷制品制造	–	–	93	120	6	138
耐火材料制品制造	–	–	1554	1201	279	795
耐火陶瓷制品及其他耐火材料制造	–	–	1554	1201	279	795
石墨及其他非金属矿物制品制造	–	–	3580	4594	166	2795
石墨及碳素制品制造	–	–	3580	4594	166	2795

4-8续表45

单位：万元

项　　目	其他业务收　入	其他业务利　润	营业费用	管理费用	#税　金	财务费用
黑色金属冶炼和压延加工业	3251112	30944	111693	478946	32845	304740
炼铁	261524	2035	54960	59342	9230	48775
炼钢	2117086	10807	24735	229725	13901	118624
黑色金属铸造	245	-	8609	10672	680	5691
钢压延加工	872256	18102	23369	179204	9030	131619
铁合金冶炼	-	-	19	3	3	31
有色金属冶炼和压延加工业	120	1	3072	5481	136	3913
常用有色金属冶炼	-	-	1623	3564	113	483
铝冶炼	-	-	1623	3564	113	483
有色金属压延加工	120	1	1448	1916	23	3430
铝压延加工	-	-	1335	1813	20	3428
其他有色金属压延加工	120	1	113	104	3	2
金属制品业	5444	786	4884	12431	1983	9151
结构性金属制品制造	4146	-132	1329	3506	743	3759
金属结构制造	4146	-132	887	3102	739	3642
金属门窗制造	-	-	442	405	5	117
金属工具制造	-	-	46	82	3	52
其他金属工具制造	-	-	46	82	3	52
集装箱及金属包装容器制造	-	-	25	36	1	-
金属包装容器制造	-	-	25	36	1	-
金属丝绳及其制品制造	262	-	2108	2391	935	318
建筑、安全用金属制品制造	-	-118	-	556	1	475
建筑、家具用金属配件制造	-	-118	-	556	1	475
金属表面处理及热处理加工	-	-	154	576	73	1700
搪瓷制品制造	-	-	139	193	18	22
生产专用搪瓷制品制造	-	-	123	115	18	16
搪瓷日用品及其他搪瓷制品制造	-	-	16	79	-	6
金属制日用品制造	-	-	362	1106	108	2
金属制餐具和器皿制造	-	-	42	170	3	-
其他金属制日用品制造	-	-	320	936	105	2
其他金属制品制造	1036	1036	721	3986	102	2823
锻件及粉末冶金制品制造	1036	1036	111	2660	75	2105
交通及公共管理用金属标牌制造	-	-	534	1261	26	693
通用设备制造业	1269	390	29680	39052	1742	6926
锅炉及原动设备制造	-	-	601	917	18	565
锅炉及辅助设备制造	-	-	289	326	17	289
内燃机及配件制造	-	-	312	590	1	276
金属加工机械制造	1	1	18	734	1	-
金属切削机床制造	1	1	18	734	1	-
物料搬运设备制造	334	-	217	918	177	50
起重机制造	334	-	217	918	177	50
泵、阀门、压缩机及类似机械制造	465	235	1856	3309	548	698
泵及真空设备制造	-	-	1463	1446	390	379
阀门和旋塞制造	-	-	378	512	56	240
液压和气压动力机械及元件制造	465	235	15	1351	102	79
轴承、齿轮和传动部件制造	-	-	4141	8510	129	1044
轴承制造	-	-	4078	6952	113	979
齿轮及齿轮减、变速箱制造	-	-	63	1559	17	65
烘炉、风机、衡器、包装等设备制造	286	-	1119	3906	482	659
烘炉、熔炉及电炉制造	-	-	-	600	27	226

4-8续表46 单位：万元

项目	其他业务收入	其他业务利润	营业费用	管理费用	#税金	财务费用
风机、风扇制造	–	–	97	173	135	86
气体、液体分离及纯净设备制造	286	–	158	1589	115	53
制冷、空调设备制造	–	–	258	890	186	279
喷枪及类似器具制造	–	–	82	261	–	15
包装专用设备制造	–	–	524	393	20	–
通用零部件制造	184	154	20002	18992	300	3661
紧固件制造	184	154	19740	16518	275	3538
机械零部件加工	–	–	176	2400	11	120
其他通用零部件制造	–	–	86	74	14	3
其他通用设备制造业	–	–	1727	1767	87	249
专用设备制造业	2503	1139	8279	23059	2007	3908
采矿、冶金、建筑专用设备制造	1350	162	3005	9401	1165	1244
矿山机械制造	1312	162	1136	4253	435	302
石油钻采专用设备制造	–	–	1	822	51	162
建筑工程用机械制造	–	–	1241	1648	417	340
冶金专用设备制造	38	–	627	2678	262	441
化工、木材、非金属加工专用设备制造	–	–	174	570	27	61
模具制造	–	–	67	441	22	61
其他非金属加工专用设备制造	–	–	107	129	5	–
食品、饮料、烟草及饲料生产专用设备制造	–	–	43	16	–	7
烟草生产专用设备制造	–	–	43	16	–	7
印刷、制药、日化及日用品生产专用设备制造	–	–	53	187	56	86
制浆和造纸专用设备制造	–	–	17	19	11	11
印刷专用设备制造	–	–	36	168	45	75
其他日用品生产专用设备制造	–	–	–	–	–	–
纺织、服装和皮革加工专用设备制造	547	547	870	3270	367	332
纺织专用设备制造	547	547	870	3270	367	332
农、林、牧、渔专用机械制造	545	370	3481	8028	263	1573
机械化农业及园艺机具制造	–	–	355	485	31	149
农林牧渔机械配件制造	–	–	190	190	4	190
棉花加工机械制造	347	316	1715	4181	213	1093
其他农、林、牧、渔业机械制造	198	55	1221	3173	15	142
医疗仪器设备及器械制造	–	–	440	588	–	112
医疗诊断、监护及治疗设备制造	–	–	440	588	–	112
环保、社会公共服务及其他专用设备制造	60	60	214	1000	131	492
环境保护专用设备制造	60	60	159	461	128	438
其他专用设备制造	–	–	55	538	3	55
汽车制造业	131	123	1549	2591	204	1133
改装汽车制造	131	123	498	732	103	592
低速载货汽车制造	–	–	685	889	74	3
汽车车身、挂车制造	–	–	349	482	25	526
汽车零部件及配件制造	–	–	17	488	3	11
铁路、船舶、航空航天和其他运输设备制造业	210	210	1822	4617	132	914
自行车制造	210	210	1822	4617	132	914
脚踏自行车及残疾人座车制造	210	210	1822	4617	132	914
电气机械和器材制造业	62767	1741	7036	19805	2531	4085
电机制造	–	–	117	119	10	231
发电机及发电机组制造	–	–	117	119	10	231
输配电及控制设备制造	–	–	1269	3705	223	1000
变压器、整流器和电感器制造	–	–	317	280	10	100

4-8续表47　　单位：万元

项　　目	其他业务收入	其他业务利润	营业费用	管理费用	#税　金	财务费用
配电开关控制设备制造	-	-	426	2123	77	604
电力电子元器件制造	-	-	225	870	69	100
光伏设备及元器件制造	-	-	154	308	67	112
其他输配电及控制设备制造	-	-	147	124	1	86
电线、电缆、光缆及电工器材制造	-	-	306	1336	161	170
电线、电缆制造	-	-	118	330	29	49
光纤、光缆制造	-	-	120	716	15	23
其他电工器材制造	-	-	68	290	118	98
电池制造	-	-	922	1030	45	317
锂离子电池制造	-	-	519	313	26	242
其他电池制造	-	-	403	717	19	75
家用电力器具制造	60243	1476	20	3696	967	605
家用空气调节器制造	59993	1476	10	3125	825	-15
家用电力器具专用配件制造	250	-	10	571	142	619
非电力家用器具制造	778	265	3258	5551	801	1729
燃气、太阳能及类似能源家用器具制造	778	265	3258	5551	801	1729
照明器具制造	1600	-	329	1315	158	44
电光源制造	1600	-	17	10	4	9
照明灯具制造	-	-	312	1305	155	35
其他电气机械及器材制造	147	-	816	3054	164	-10
电气信号设备装置制造	147	-	816	3054	164	-10
计算机、通信和其他电子设备制造业	173	-	519	1868	68	513
计算机制造	-	-	59	151	1	162
计算机零部件制造	-	-	59	151	1	162
电子器件制造	173	-	300	979	52	279
光电子器件及其他电子器件制造	173	-	300	979	52	279
电子元件制造	-	-	161	661	8	-
电子元件及组件制造	-	-	161	661	8	-
其他电子设备制造	-	-	-	77	7	71
仪器仪表制造业	1662	1273	3301	7290	167	1011
通用仪器仪表制造	-	-	2486	953	112	168
供应用仪表及其他通用仪器制造	-	-	2486	953	112	168
专用仪器仪表制造	1603	1213	756	5990	55	826
导航、气象及海洋专用仪器制造	1603	1213	673	5155	44	766
电子测量仪器制造	-	-	83	835	11	60
其他仪器仪表制造业	60	60	59	347	-	18
废弃资源综合利用业	-	-	70	399	87	209
金属废料和碎屑加工处理	-	-	70	399	87	209
金属制品、机械和设备修理业	-	-	-	95	1	-1
其他机械和设备修理业	-	-	-	95	1	-1
电力、热力、燃气及水生产和供应业	17499	4705	3211	36726	1862	76995
电力、热力生产和供应业	15965	3908	2	26077	1248	76278
电力生产	6551	2065	2	5235	974	56623
火力发电	6551	2065	2	4330	954	54737
其他电力生产	-	-	-	905	20	1886
电力供应	9415	1843	-	14865	192	19635
热力生产和供应	-	-	-	5978	81	21
燃气生产和供应业	913	176	3041	5394	200	45
水的生产和供应业	621	621	168	5254	414	672
自来水生产和供应	621	621	168	5254	414	672

4-8续表48　　　　单位：万元

项　　目	利息支出	营业利润	补贴收入	营业外收入	营业外支出
全　　市	**664081**	**2208098**	**-3346**	**39130**	**179243**
按登记注册类型分					
内资企业	579982	1992544	-53656	33533	174216
国有企业	76955	206126	31494	9157	21995
中央企业	18573	-3454	3703	943	392
地方企业	58382	209579	27791	8214	21603
集体企业	4004	14971	278	202	544
股份合作企业	20	1749	1	-	3
联营企业	109	1563	-	-	-
集体联营企业	109	1563	-	-	-
有限责任公司	322567	611868	90919	20022	38312
国有独资公司	93376	3387	5205	841	1797
其他有限责任公司	229191	608481	85714	19181	36516
股份有限公司	60314	152735	11092	945	535
私营企业	114196	985704	-187483	3207	112776
私营独资企业	2935	58090	1700	1650	633
私营合伙企业	1722	24987	36	-	3024
私营有限责任公司	106661	874461	-190459	428	108852
私营股份有限公司	2878	28167	1240	1129	268
其他企业	1817	17829	44	-	50
港、澳、台商投资企业	20533	50243	43770	312	4449
合资经营企业(港或澳、台资)	19811	50269	43164	-	3718
港澳台商独资经营企业	723	-26	606	312	731
外商投资企业	63566	165311	6540	5286	578
中外合资经营企业	60120	154802	1834	623	549
中外合作经营企业	1422	-1126	3720	3720	1
外资企业	2024	11635	987	943	28
按经济组织类型分					
独资企业	86640	290796	35064	12264	23931
国有企业	76955	206126	31494	9157	21995
集体企业	4004	14971	278	202	544
私营独资企业	2935	58090	1700	1650	633
港澳台商独资经营企业	723	-26	606	312	731
外资企业	2024	11635	987	943	28
合作、合伙企业	5089	45001	3801	3720	3079
股份合作企业	20	1749	1	-	3
集体联营企业	109	1563	-	-	-
私营合伙企业	1722	24987	36	-	3024
中外合作经营企业	1422	-1126	3720	3720	1
其他企业（内资）	1817	17829	44	-	50
股份有限公司	63193	180901	12332	2074	803
股份有限公司(内资)	60314	152735	11092	945	535
私营股份有限公司	2878	28167	1240	1129	268
有限责任公司	509159	1691400	-54543	21072	151431
国有独资公司	93376	3387	5205	841	1797
私营有限责任公司	106661	874461	-190459	428	108852
合资经营企业(港或澳、台资)	19811	50269	43164	-	3718
中外合资经营企业	60120	154802	1834	623	549
其他有限责任公司	229191	608481	85714	19181	36516

4-8续表49　　单位：万元

项　　目	利息支出	营业利润	补贴收入	营业外收　入	营业外支　出
在总计中:亏损企业	163833	-187951	24974	11314	6800
在总计中:国有控股企业	393650	610591	99823	21168	33621
在总计中:农村工业	1217	6184	152	152	35
在总计中:大型企业	431296	1021340	-14954	16447	61006
中型企业	143055	488886	30591	9344	105865
小型企业	89458	691779	-18988	13339	12379
微型企业	272	6093	4	–	-6
在总计中:轻工业	59558	555484	12449	6069	7334
重工业	604523	1652614	-15795	33061	171909
按工业行业大中小类分					
采矿业	136399	279087	53416	152	27539
煤炭开采和洗选业	124697	197532	50774	152	23029
烟煤和无烟煤开采洗选	124697	197532	50774	152	23029
黑色金属矿采选业	11685	81646	2642	–	4510
铁矿采选	11685	81646	2642	–	4510
非金属矿采选业	18	-90	–	–	–
土砂石开采	18	-90	–	–	–
粘土及其他土砂石开采	18	-90	–	–	–
制造业	454682	1904643	-75545	25265	149434
农副食品加工业	14332	172143	2287	445	637
谷物磨制	1944	40666	34	20	50
饲料加工	943	15802	10	–	9
植物油加工	3811	51392	1920	119	151
食用植物油加工	3811	51392	1920	119	151
屠宰及肉类加工	864	18743	135	115	61
牲畜屠宰	55	-931	129	115	51
禽类屠宰	486	9795	6	–	10
肉制品及副产品加工	323	9884	–	–	–
蔬菜、水果和坚果加工	3490	23518	–	–	–
蔬菜加工	3460	19631	–	–	–
水果和坚果加工	29	3887	–	–	–
其他农副食品加工	3281	22017	190	191	366
淀粉及淀粉制品制造	2979	14223	184	184	–
豆制品制造	–	743	–	–	–
蛋品加工	193	4525	–	–	–
其他未列明农副食品加工	109	2525	6	7	366
食品制造业	5022	94158	2087	218	668
焙烤食品制造	487	13931	8	–	500
糕点、面包制造	39	593	–	–	–
饼干及其他焙烤食品制造	449	13338	8	–	500
糖果、巧克力及蜜饯制造	1012	10284	–	–	–
糖果、巧克力制造	81	5198	–	–	–
蜜饯制作	931	5086	–	–	–
方便食品制造	696	15784	–	–	–
米、面制品制造	106	580	–	–	–
速冻食品制造	28	3056	–	–	–
方便面及其他方便食品制造	561	12148	–	–	–
乳制品制造	75	15	27	27	3
罐头食品制造	245	2936	109	–	–
蔬菜、水果罐头制造	245	2936	109	–	–
调味品、发酵制品制造	225	28646	–	–	–
酱油、食醋及类似制品制造	–	478	–	–	–

4-8续表50　　单位：万元

项　　目	利息支出	营业利润	补贴收入	营业外收入	营业外支出
其他调味品、发酵制品制造	225	28167	–	–	–
其他食品制造	2282	22562	1943	191	166
保健食品制造	–	707	3	–	4
食品及饲料添加剂制造	2282	21855	1940	191	161
酒、饮料和精制茶制造业	18601	32591	515	211	207
酒的制造	6897	16827	515	211	207
白酒制造	6855	16421	515	211	207
啤酒制造	41	406	–	–	–
饮料制造	11704	15764	–	–	–
瓶（罐）装饮用水制造	24	138	–	–	–
果菜汁及果菜汁饮料制造	11680	15626	–	–	–
纺织业	7833	114772	2577	708	4348
棉纺织及印染精加工	7309	99090	2577	85	4348
棉纺纱加工	5289	73807	2577	85	3028
棉织造加工	2020	25283	–	–	1320
棉印染精加工	–	–	–	–	–
毛纺织及染整精加工	493	9323	–	–	–
毛条和毛纱线加工	–	12	–	–	–
毛织造加工	493	9311	–	–	–
家用纺织制成品制造	15	302	–	–	–
床上用品制造	15	302	–	–	–
非家用纺织制成品制造	16	6057	–	623	–
其他非家用纺织制成品制造	16	6057	–	623	–
纺织服装、服饰业	1763	27800	21	–	15
机织服装制造	1757	27579	21	–	15
服饰制造	6	221	–	–	–
皮革、毛皮、羽毛及其制品和制鞋业	226	2176	–	–	–
皮革制品制造	44	588	–	–	–
皮箱、包（袋）制造	8	16	–	–	–
其他皮革制品制造	36	573	–	–	–
毛皮鞣制及制品加工	50	34	–	–	–
毛皮服装加工	50	34	–	–	–
制鞋业	133	1553	–	–	–
塑料鞋制造	62	204	–	–	–
橡胶鞋制造	71	1349	–	–	–
木材加工和木、竹、藤、棕、草制品业	3228	10585	3999	–	–
人造板制造	1294	2968	2957	–	–
胶合板制造	–	442	–	–	–
纤维板制造	–	−2957	2957	–	–
刨花板制造	1294	5482	–	–	–
木制品制造	1934	7618	1043	–	–
建筑用木料及木材组件加工	1613	4919	43	–	–
木门窗、楼梯制造	321	2699	1000	–	–
家具制造业	564	11816	–	–	–
木质家具制造	564	11816	–	–	–
造纸和纸制品业	472	8257	–	–	171
造纸	451	7680	–	–	170
机制纸及纸板制造	451	7680	–	–	170
纸制品制造	20	576	–	–	1
纸和纸板容器制造	20	797	–	–	–

4-8续表51　　　　单位：万元

项　　目	利息支出	营业利润	补贴收入	营业外收入	营业外支出
其他纸制品制造	-	-221	-	-	1
印刷和记录媒介复制业	179	4936	7	7	1
印刷	179	4936	7	7	1
书、报刊印刷	76	1461	-	-	-
本册印制	63	2933	-	-	-
包装装潢及其他印刷	40	542	7	7	1
文教、工美、体育和娱乐用品制造业	59	415	-	-	-
工艺美术品制造	59	415	-	-	-
其他工艺美术品制造	59	415	-	-	-
石油加工、炼焦和核燃料加工业	42727	22066	4248	85	1376
精炼石油产品制造	662	6073	195	-	-6
原油加工及石油制品制造	387	3658	-	-	-6
人造原油制造	275	2415	195	-	-
炼焦	42065	15993	4053	85	1382
化学原料和化学制品制造业	7451	45080	4078	2812	758
基础化学原料制造	3671	2949	577	-	25
无机酸制造	1365	3460	-	-	-
无机盐制造	37	18	-	-	-
有机化学原料制造	1977	-1197	577	-	18
其他基础化学原料制造	292	669	-	-	7
肥料制造	761	-1502	1162	1162	12
氮肥制造	359	-2838	1162	1162	12
磷肥制造	-	392	-	-	-
复混肥料制造	396	755	-	-	-
有机肥料及微生物肥料制造	6	189	-	-	-
农药制造	1273	6834	530	-	66
化学农药制造	1273	6834	530	-	66
涂料、油墨、颜料及类似产品制造	691	14606	159	-	221
涂料制造	270	8520	-	-	-
油墨及类似产品制造	402	2766	159	-	221
染料制造	19	3319	-	-	-
合成材料制造	-	55	-	-	-
合成橡胶制造	-	-	-	-	-
其他合成材料制造	-	55	-	-	-
专用化学产品制造	745	21835	1650	1650	424
化学试剂和助剂制造	439	650	-	-	2
专项化学用品制造	254	18975	1650	1650	422
环境污染处理专用药剂材料制造	-	-	-	-	-
其他专用化学产品制造	52	2210	-	-	-
炸药、火工及焰火产品制造	310	302	-	-	9
炸药及火工产品制造	310	302	-	-	9
医药制造业	3954	13982	9	-	41
化学药品原料药制造	410	5299	-	-	10
化学药品制剂制造	1673	2221	-	-	-
中药饮片加工	709	3566	-	-	-
中成药生产	1155	2168	9	-	31
生物药品制造	5	152	-	-	-
卫生材料及医药用品制造	1	576	-	-	-
化学纤维制造业	933	10478	-	-	-
纤维素纤维原料及纤维制造	589	1809	-	-	-

4-8续表52　　单位：万元

项　　目	利息支出	营业利润	补贴收入	营业外收入	营业外支出
化纤浆粕制造	589	1809	–	–	–
合成纤维制造	344	8668	–	–	–
涤纶纤维制造	274	11310	–	–	–
其他合成纤维制造	69	-2642	–	–	–
橡胶和塑料制品业	2449	44395	507	9	6
橡胶制品业	164	6068	–	–	5
轮胎制造	144	4487	–	–	–
橡胶板、管、带制造	1	1393	–	–	2
日用及医用橡胶制品制造	19	150	–	–	–
其他橡胶制品制造	–	37	–	–	2
塑料制品业	2286	38328	507	9	2
塑料薄膜制造	503	7540	–	–	–
塑料板、管、型材制造	770	11958	7	9	2
塑料丝、绳及编织品制造	728	16392	500	–	–
泡沫塑料制造	–	1153	–	–	–
塑料包装箱及容器制造	42	1264	–	–	–
塑料零件制造	49	257	–	–	–
其他塑料制品制造	193	-237	–	–	–
非金属矿物制品业	28074	103949	12362	7937	3556
水泥、石灰和石膏制造	18099	4163	10417	6788	2025
水泥制造	17918	4181	10394	6788	2021
石灰和石膏制造	181	−17	23	–	4
石膏、水泥制品及类似制品制造	287	4161	–	–	118
水泥制品制造	136	1967	–	–	118
砼结构构件制造	129	1118	–	–	–
其他水泥类似制品制造	22	1075	–	–	–
砖瓦、石材等建筑材料制造	1871	19456	285	1	665
粘土砖瓦及建筑砌块制造	495	4458	285	1	1
建筑陶瓷制品制造	907	2319	–	–	664
建筑用石加工	–	1032	–	–	–
防水建筑材料制造	194	5882	–	–	–
隔热和隔音材料制造	148	2543	–	–	–
其他建筑材料制造	128	3223	–	–	–
玻璃制造	231	5675	–	–	–
平板玻璃制造	231	5675	–	–	–
玻璃制品制造	110	10805	–	–	–
技术玻璃制品制造	82	8978	–	–	–
玻璃包装容器制造	–	1550	–	–	–
其他玻璃制品制造	28	277	–	–	–
玻璃纤维和玻璃纤维增强塑料制品制造	3390	34812	266	–	386
玻璃纤维及制品制造	–	61	–	–	–
玻璃纤维增强塑料制品制造	3390	34751	266	–	386
陶瓷制品制造	1202	5984	1097	947	333
特种陶瓷制品制造	766	5295	948	947	28
日用陶瓷制品制造	436	416	149	–	305
园林、陈设艺术及其他陶瓷制品制造	–	273	–	–	–
耐火材料制品制造	797	−15	–	–	11
耐火陶瓷制品及其他耐火材料制造	797	−15	–	–	11
石墨及其他非金属矿物制品制造	2088	18909	297	202	17
石墨及碳素制品制造	2088	18909	297	202	17

4-8续表53　　　　单位：万元

项　　目	利息支出	营业利润	补贴收入	营业外收入	营业外支出
黑色金属冶炼和压延加工业	292630	934697	-126608	4877	127010
炼铁	70496	73947	10917	-	488
炼钢	113219	149006	8873	-	4013
黑色金属铸造	6353	41428	253	-	17
钢压延加工	102531	669733	-146650	4877	122493
铁合金冶炼	31	583	-	-	-
有色金属冶炼和压延加工业	3897	7410	36	-	-
常用有色金属冶炼	469	5220	36	-	-
铝冶炼	469	5220	36	-	-
有色金属压延加工	3428	2190	-	-	-
铝压延加工	3428	2181	-	-	-
其他有色金属压延加工	-	9	-	-	-
金属制品业	5112	31132	476	932	139
结构性金属制品制造	861	20107	372	882	1
金属结构制造	743	17839	372	882	1
金属门窗制造	118	2269	-	-	-
金属工具制造	42	330	-	-	-
其他金属工具制造	42	330	-	-	-
集装箱及金属包装容器制造	-	4	50	-	-
金属包装容器制造	-	4	50	-	-
金属丝绳及其制品制造	307	4931	-	-	-
建筑、安全用金属制品制造	-	-1503	51	50	3
建筑、家具用金属配件制造	-	-1503	51	50	3
金属表面处理及热处理加工	1662	1957	-	-	-
搪瓷制品制造	14	633	-	-	-
生产专用搪瓷制品制造	14	639	-	-	-
搪瓷日用品及其他搪瓷制品制造	-	-6	-	-	-
金属制日用品制造	2	936	-	-	-
金属制餐具和器皿制造	-	186	-	-	-
其他金属制日用品制造	2	750	-	-	-
其他金属制品制造	2224	3658	3	-	135
锻件及粉末冶金制品制造	1489	1654	3	-	135
交通及公共管理用金属标牌制造	711	1854	-	-	-
通用设备制造业	5092	99828	799	-	671
锅炉及原动设备制造	435	4321	18	-	25
锅炉及辅助设备制造	273	-3	-	-	-
内燃机及配件制造	163	4324	18	-	25
金属加工机械制造	-	-179	32	-	-
金属切削机床制造	-	-179	32	-	-
物料搬运设备制造	-	660	21	-	2
起重机制造	-	660	21	-	2
泵、阀门、压缩机及类似机械制造	470	14754	126	-	5
泵及真空设备制造	307	15257	2	-	1
阀门和旋塞制造	99	577	-	-	1
液压和气压动力机械及元件制造	64	-1081	124	-	2
轴承、齿轮和传动部件制造	953	23572	36	-	66
轴承制造	891	19291	33	-	66
齿轮及齿轮减、变速箱制造	61	4281	3	-	-
烘炉、风机、衡器、包装等设备制造	609	5124	29	-	36
烘炉、熔炉及电炉制造	226	3776	-	-	-

4-8续表54　　　　　　单位：万元

项　　目	利息支出	营业利润	补贴收入	营业外收入	营业外支出
风机、风扇制造	62	3147	–	–	34
气体、液体分离及纯净设备制造	58	-1585	29	–	3
制冷、空调设备制造	249	267	–	–	–
喷枪及类似器具制造	14	-1120	–	–	–
包装专用设备制造	–	638	–	–	–
通用零部件制造	2506	49277	537	–	537
紧固件制造	2401	46488	537	–	537
机械零部件加工	105	2787	–	–	–
其他通用零部件制造	–	3	–	–	–
其他通用设备制造业	120	2299	–	–	–
专用设备制造业	2849	36078	8502	1298	7243
采矿、冶金、建筑专用设备制造	654	23087	2272	152	3082
矿山机械制造	8	-4407	2078	8	36
石油钻采专用设备制造	–	328	–	–	–
建筑工程用机械制造	303	22160	100	100	9
冶金专用设备制造	343	5007	95	45	3037
化工、木材、非金属加工专用设备制造	21	1806	–	–	–
模具制造	20	1747	–	–	–
其他非金属加工专用设备制造	1	59	–	–	–
食品、饮料、烟草及饲料生产专用设备制造	7	51	–	–	–
烟草生产专用设备制造	7	51	–	–	–
印刷、制药、日化及日用品生产专用设备制造	86	515	–	–	–
制浆和造纸专用设备制造	11	313	–	–	–
印刷专用设备制造	75	202	–	–	–
其他日用品生产专用设备制造	–	–	–	–	–
纺织、服装和皮革加工专用设备制造	332	4334	50	–	–
纺织专用设备制造	332	4334	50	–	–
农、林、牧、渔专用机械制造	1595	2680	6144	1108	4146
机械化农业及园艺机具制造	46	2589	–	–	3
农林牧渔机械配件制造	190	759	–	–	–
棉花加工机械制造	1131	-953	6083	1048	4110
其他农、林、牧、渔业机械制造	228	284	60	60	33
医疗仪器设备及器械制造	81	-297	6	6	2
医疗诊断、监护及治疗设备制造	81	-297	6	6	2
环保、社会公共服务及其他专用设备制造	73	3903	30	31	13
环境保护专用设备制造	18	3769	–	1	–
其他专用设备制造	55	134	30	30	13
汽车制造业	1045	8055	1581	–	80
改装汽车制造	835	-1266	1511	–	78
低速载货汽车制造	3	895	53	–	2
汽车车身、挂车制造	208	7839	–	–	–
汽车零部件及配件制造	–	587	17	–	–
铁路、船舶、航空航天和其他运输设备制造业	914	15790	–	–	210
自行车制造	914	15790	–	–	210
脚踏自行车及残疾人座车制造	914	15790	–	–	210
电气机械和器材制造业	3706	47867	5530	4784	2122
电机制造	231	2602	–	–	–
发电机及发电机组制造	231	2602	–	–	–
输配电及控制设备制造	759	16343	80	80	200
变压器、整流器和电感器制造	94	5092	–	–	–

4-8续表55 单位：万元

项　　目	利息支出	营业利润	补贴收入	营业外收入	营业外支出
配电开关控制设备制造	582	4329	13	13	200
电力电子元器件制造	73	5304	-	-	-
光伏设备及元器件制造	10	1618	-	-	-
其他输配电及控制设备制造	-	1	67	67	-
电线、电缆、光缆及电工器材制造	136	1924	242	230	1445
电线、电缆制造	50	-24	12	-	-11
光纤、光缆制造	23	2128	230	230	1456
其他电工器材制造	64	-180	-	-	-
电池制造	231	2248	-	-	-
锂离子电池制造	231	41	-	-	-
其他电池制造	-	2207	-	-	-
家用电力器具制造	643	6032	2369	2369	45
家用空气调节器制造	27	7308	500	500	-
家用电力器具专用配件制造	616	-1276	1869	1869	45
非电力家用器具制造	1668	19502	2138	2106	70
燃气、太阳能及类似能源家用器具制造	1668	19502	2138	2106	70
照明器具制造	38	2018	125	-	359
电光源制造	8	766	125	-	359
照明灯具制造	30	1252	-	-	-
其他电气机械及器材制造	-	-2801	577	-	3
电气信号设备装置制造	-	-2801	577	-	3
计算机、通信和其他电子设备制造业	489	2486	453	-	19
计算机制造	30	-	-	-	-
计算机零部件制造	30	-	-	-	-
电子器件制造	389	1323	453	-	19
光电子器件及其他电子器件制造	389	1323	453	-	19
电子元件制造	-	133	-	-	-
电子元件及组件制造	-	133	-	-	-
其他电子设备制造	70	1030	-	-	-
仪器仪表制造业	1042	1816	988	943	45
通用仪器仪表制造	169	1889	-	-	-
供应用仪表及其他通用仪器制造	169	1889	-	-	-
专用仪器仪表制造	856	-128	988	943	45
导航、气象及海洋专用仪器制造	797	-134	988	943	45
电子测量仪器制造	60	6	-	-	-
其他仪器仪表制造业	18	55	-	-	-
废弃资源综合利用业	40	-304	-	-	10
金属废料和碎屑加工处理	40	-304	-	-	10
金属制品、机械和设备修理业	-1	188	-	-	100
其他机械和设备修理业	-1	188	-	-	100
电力、热力、燃气及水生产和供应业	73000	24368	18783	13713	2270
电力、热力生产和供应业	71953	30229	18592	13530	2146
电力生产	54207	2381	12190	11732	173
火力发电	54119	2296	12190	11732	140
其他电力生产	88	85	-	-	33
电力供应	17627	35189	4578	225	1428
热力生产和供应	119	-7340	1824	1573	546
燃气生产和供应业	366	-3725	191	183	91
水的生产和供应业	682	-2136	-	-	33
自来水生产和供应	682	-2136	-	-	33

4-8续表56　　单位：万元

项　　目	利润总额	应交所得税	亏损企业亏损总额	利税总额	本年应付职工薪酬
全　　市	**2026259**	**301423**	**169745**	**3700018**	**1813281**
按登记注册类型分					
内资企业	1765422	248604	152556	3302204	1701043
国有企业	215594	58272	19591	544063	408085
中央企业	-143	956	2227	38000	67885
地方企业	215737	57316	17365	506063	340200
集体企业	14735	4138	6155	25369	11422
股份合作企业	1746	260	173	2804	908
联营企业	1563	-	-	1763	245
集体联营企业	1563	-	-	1763	245
有限责任公司	665203	89536	65880	1461958	867601
国有独资公司	6795	3225	5618	73285	209548
其他有限责任公司	658409	86310	60262	1388673	658053
股份有限公司	163291	19238	17619	235506	111571
私营企业	685466	76253	43098	1008895	294017
私营独资企业	59157	8841	334	81734	15507
私营合伙企业	21999	2057	-	29212	18113
私营有限责任公司	575171	55948	42381	851949	251310
私营股份有限公司	29139	9407	382	46001	9088
其他企业	17824	908	41	21846	7195
港、澳、台商投资企业	89564	16386	6963	148199	49679
合资经营企业(港或澳、台资)	89715	15493	-	145577	40951
港澳台商独资经营企业	-151	894	6963	2621	8728
外商投资企业	171273	36433	10226	249616	62559
中外合资经营企业	156086	35155	9194	231843	57863
中外合作经营企业	2593	-	1032	2766	818
外资企业	12594	1278	-	15007	3878
按经济组织类型分					
独资企业	301929	73423	33043	668793	447620
国有企业	215594	58272	19591	544063	408085
集体企业	14735	4138	6155	25369	11422
私营独资企业	59157	8841	334	81734	15507
港澳台商独资经营企业	-151	894	6963	2621	8728
外资企业	12594	1278	-	15007	3878
合作、合伙企业	45724	3224	1246	58392	27277
股份合作企业	1746	260	173	2804	908
集体联营企业	1563	-	-	1763	245
私营合伙企业	21999	2057	-	29212	18113
中外合作经营企业	2593	-	1032	2766	818
其他企业（内资）	17824	908	41	21846	7195
股份有限公司	192430	28645	18001	281507	120660
股份有限公司(内资)	163291	19238	17619	235506	111571
私营股份有限公司	29139	9407	382	46001	9088
有限责任公司	1486176	196132	117455	2691326	1217724
国有独资公司	6795	3225	5618	73285	209548
私营有限责任公司	575171	55948	42381	851949	251310
合资经营企业(港或澳、台资)	89715	15493	-	145577	40951
中外合资经营企业	156086	35155	9194	231843	57863
其他有限责任公司	658409	86310	60262	1388673	658053

4-8续表57　　单位：万元

项　目	利润总额	应交所得税	亏损企业亏损总额	利税总额	本年应付职工薪酬
在总计中:亏损企业	-169745	243	169745	-45005	355410
在总计中:国有控股企业	676763	135204	45830	1691773	1147804
在总计中:农村工业	6301	34	436	7227	1526
在总计中:大型企业	945381	179733	47895	2032742	1304743
中型企业	413613	63042	87992	735765	289607
小型企业	661162	58445	33139	923632	217764
微型企业	6103	203	720	7880	1167
在总计中:轻工业	560649	52190	23703	785317	213040
重工业	1465610	249234	146043	2914701	1600241
按工业行业大中小类分					
采矿业	304964	96309	3270	688391	446470
煤炭开采和洗选业	225277	76212	1812	555592	408690
烟煤和无烟煤开采洗选	225277	76212	1812	555592	408690
黑色金属矿采选业	79778	20097	1368	132876	37699
铁矿采选	79778	20097	1368	132876	37699
非金属矿采选业	-90	-	90	-78	82
土砂石开采	-90	-	90	-78	82
粘土及其他土砂石开采	-90	-	90	-78	82
制造业	1680444	190125	128928	2847278	1165406
农副食品加工业	173812	8246	1692	227061	35927
谷物磨制	40670	616	-	47013	4631
饲料加工	15803	694	-	20083	4389
植物油加工	53161	5186	-	69329	14198
食用植物油加工	53161	5186	-	69329	14198
屠宰及肉类加工	18821	226	1692	30300	7262
牲畜屠宰	-853	2	1692	-717	961
禽类屠宰	9790	166	-	18595	5676
肉制品及副产品加工	9884	57	-	12422	626
蔬菜、水果和坚果加工	23518	18	-	30317	2268
蔬菜加工	19631	-	-	22578	1881
水果和坚果加工	3887	18	-	7740	386
其他农副食品加工	21840	1505	-	30018	3179
淀粉及淀粉制品制造	14407	237	-	21008	1287
豆制品制造	743	23	-	838	183
蛋品加工	4525	1095	-	5843	604
其他未列明农副食品加工	2165	150	-	2329	1105
食品制造业	95577	13686	2034	123718	24562
焙烤食品制造	13439	560	-	18837	2038
糕点、面包制造	593	-	-	913	458
饼干及其他焙烤食品制造	12846	560	-	17925	1580
糖果、巧克力及蜜饯制造	10284	757	-	13697	4178
糖果、巧克力制造	5198	-	-	5659	191
蜜饯制作	5086	757	-	8038	3988
方便食品制造	15784	7989	-	24326	2589
米、面制品制造	580	-	-	813	238
速冻食品制造	3056	-	-	3113	136
方便面及其他方便食品制造	12148	7989	-	20400	2216
乳制品制造	40	-	-	52	170
罐头食品制造	3045	-	-	3045	810
蔬菜、水果罐头制造	3045	-	-	3045	810
调味品、发酵制品制造	28646	524	-	30107	6195
酱油、食醋及类似制品制造	478	99	-	590	199

4-8续表58　　　　单位：万元

项　　目	利润总额	应交所得税	亏损企业亏损总额	利税总额	本年应付职工薪酬
其他调味品、发酵制品制造	28167	425	–	29517	5996
其他食品制造	24340	3856	2034	33654	8582
保健食品制造	706	176	–	732	260
食品及饲料添加剂制造	23634	3679	2034	32922	8322
酒、饮料和精制茶制造业	32900	408	230	74909	7715
酒的制造	17136	408	230	59139	7560
白酒制造	16729	408	–	56554	4424
啤酒制造	406	–	230	2585	3135
饮料制造	15764	–	–	15770	155
瓶（罐）装饮用水制造	138	–	–	144	75
果菜汁及果菜汁饮料制造	15626	–	–	15626	80
纺织业	113001	8507	10128	151144	74169
棉纺织及印染精加工	97319	8507	10089	129637	69637
棉纺纱加工	73356	5192	10089	95534	60864
棉织造加工	23963	3315	–	34103	8691
棉印染精加工	–	–	–	–	82
毛纺织及染整精加工	9323	–	39	14276	2801
毛条和毛纱线加工	12	–	–	12	29
毛织造加工	9311	–	39	14264	2772
家用纺织制成品制造	302	–	–	388	292
床上用品制造	302	–	–	388	292
非家用纺织制成品制造	6057	–	–	6843	1440
其他非家用纺织制成品制造	6057	–	–	6843	1440
纺织服装、服饰业	27836	5954	2302	39501	9268
机织服装制造	27615	5914	2302	39109	8357
服饰制造	221	40	–	392	912
皮革、毛皮、羽毛及其制品和制鞋业	2176	397	–	2914	1254
皮革制品制造	588	–	–	692	378
皮箱、包（袋）制造	16	–	–	34	78
其他皮革制品制造	573	–	–	658	300
毛皮鞣制及制品加工	34	9	–	34	136
毛皮服装加工	34	9	–	34	136
制鞋业	1553	388	–	2188	741
塑料鞋制造	204	51	–	213	145
橡胶鞋制造	1349	337	–	1975	596
木材加工和木、竹、藤、棕、草制品业	14585	2573	1	19321	3321
人造板制造	5924	1890	1	10504	2126
胶合板制造	442	111	–	442	80
纤维板制造	–	–	–	384	815
刨花板制造	5482	1780	1	9677	1231
木制品制造	8661	683	–	8817	1196
建筑用木料及木材组件加工	4961	683	–	5053	1062
木门窗、楼梯制造	3699	–	–	3764	134
家具制造业	11816	2137	–	18104	3472
木质家具制造	11816	2137	–	18104	3472
造纸和纸制品业	8086	1	758	12456	891
造纸	7510	–	–	11691	519
机制纸及纸板制造	7510	–	–	11691	519
纸制品制造	576	1	758	765	372
纸和纸板容器制造	797	–	–	980	23

4-8续表59

单位：万元

项　　目	利润总额	应交所得税	亏损企业亏损总额	利税总额	本年应付职工薪酬
其他纸制品制造	-221	1	758	-215	349
印刷和记录媒介复制业	4942	803	-	5533	2262
印刷	4942	803	-	5533	2262
书、报刊印刷	1461	6	-	1582	941
本册印制	2933	735	-	3177	512
包装装潢及其他印刷	548	62	-	773	809
文教、工美、体育和娱乐用品制造业	415	104	-	542	367
工艺美术品制造	415	104	-	542	367
其他工艺美术品制造	415	104	-	542	367
石油加工、炼焦和核燃料加工业	24939	5242	25573	46095	33149
精炼石油产品制造	6274	1344	-	9020	615
原油加工及石油制品制造	3665	692	-	5994	551
人造原油制造	2610	652	-	3026	64
炼焦	18664	3898	25573	37075	32534
化学原料和化学制品制造业	48400	6368	7660	65127	21839
基础化学原料制造	3501	728	5710	9747	5438
无机酸制造	3460	-	-	5403	456
无机盐制造	18	3	-	21	49
有机化学原料制造	-638	728	5608	3278	4301
其他基础化学原料制造	662	-3	102	1045	634
肥料制造	-352	-	1688	-70	2173
氮肥制造	-1688	-	1688	-1429	1577
磷肥制造	392	-	-	403	231
复混肥料制造	755	-	-	767	348
有机肥料及微生物肥料制造	189	-	-	189	17
农药制造	7298	642	-	9909	6956
化学农药制造	7298	642	-	9909	6956
涂料、油墨、颜料及类似产品制造	14543	438	-	16112	2908
涂料制造	8520	-	-	8808	529
油墨及类似产品制造	2704	359	-	2811	1574
染料制造	3319	79	-	4493	804
合成材料制造	55	14	-	108	118
合成橡胶制造	-	-	-	-	-
其他合成材料制造	55	14	-	108	118
专用化学产品制造	23062	4474	262	28626	3650
化学试剂和助剂制造	649	229	262	1271	1098
专项化学用品制造	20203	4192	-	24842	1658
环境污染处理专用药剂材料制造	-	-	-	5	18
其他专用化学产品制造	2210	53	-	2507	876
炸药、火工及焰火产品制造	293	73	-	696	597
炸药及火工产品制造	293	73	-	696	597
医药制造业	13951	1013	662	27247	7420
化学药品原料药制造	5289	859	662	10950	5018
化学药品制剂制造	2221	-	-	4832	189
中药饮片加工	3566	-	-	5701	430
中成药生产	2146	151	-	4996	1569
生物药品制造	152	3	-	188	200
卫生材料及医药用品制造	576	-	-	579	16
化学纤维制造业	10478	3189	2642	11253	1475
纤维素纤维原料及纤维制造	1809	362	-	2541	468

4-8续表60

单位：万元

项　　　目	利润总额	应交所得税	亏损企业亏损总额	利税总额	本年应付职工薪酬
化纤浆粕制造	1809	362	–	2541	468
合成纤维制造	8669	2828	2642	8712	1007
涤纶纤维制造	11310	2828	–	11354	535
其他合成纤维制造	-2642	–	2642	-2642	472
橡胶和塑料制品业	44898	8406	237	61213	15432
橡胶制品业	6063	1020	–	8829	3862
轮胎制造	4487	999	–	7002	3082
橡胶板、管、带制造	1391	12	–	1542	508
日用及医用橡胶制品制造	150	–	–	163	172
其他橡胶制品制造	35	9	–	122	100
塑料制品业	38835	7386	237	52384	11570
塑料薄膜制造	7540	1884	–	7540	4008
塑料板、管、型材制造	11966	2050	–	18310	2908
塑料丝、绳及编织品制造	16892	3136	–	19767	2635
泡沫塑料制造	1153	–	–	1289	131
塑料包装箱及容器制造	1264	316	–	5360	1597
塑料零件制造	257	–	–	307	103
其他塑料制品制造	-237	–	237	-190	188
非金属矿物制品业	112600	17018	11991	180688	59689
水泥、石灰和石膏制造	12555	1378	11166	32680	22208
水泥制造	12554	1373	10805	31849	20488
石灰和石膏制造	2	5	362	831	1720
石膏、水泥制品及类似制品制造	4043	243	–	7552	2448
水泥制品制造	1850	132	–	4553	1634
砼结构构件制造	1118	111	–	1530	309
其他水泥类似制品制造	1075	–	–	1470	506
砖瓦、石材等建筑材料制造	19076	2051	–	31400	8121
粘土砖瓦及建筑砌块制造	4742	73	–	4957	2049
建筑陶瓷制品制造	1655	96	–	2118	1934
建筑用石加工	1032	–	–	1041	43
防水建筑材料制造	5882	1163	–	8793	1724
隔热和隔音材料制造	2543	185	–	3247	1266
其他建筑材料制造	3223	534	–	11243	1106
玻璃制造	5675	169	–	6320	306
平板玻璃制造	5675	169	–	6320	306
玻璃制品制造	10649	729	–	12335	1900
技术玻璃制品制造	8823	272	–	10166	1121
玻璃包装容器制造	1550	388	–	1848	624
其他玻璃制品制造	277	69	–	321	155
玻璃纤维和玻璃纤维增强塑料制品制造	34692	8568	–	53447	5748
玻璃纤维及制品制造	61	–	–	65	77
玻璃纤维增强塑料制品制造	34631	8568	–	53382	5671
陶瓷制品制造	6747	1235	546	11177	11703
特种陶瓷制品制造	6214	1073	172	7551	2894
日用陶瓷制品制造	260	94	374	3169	8593
园林、陈设艺术及其他陶瓷制品制造	273	68	–	457	216
耐火材料制品制造	-26	-230	279	1032	1904
耐火陶瓷制品及其他耐火材料制造	-26	-230	279	1032	1904
石墨及其他非金属矿物制品制造	19189	2875	–	24746	5351
石墨及碳素制品制造	19189	2875	–	24746	5351

4-8续表61

单位：万元

项　　目	利润总额	应交所得税	亏损企业亏损总额	利税总额	本年应付职工薪酬
黑色金属冶炼和压延加工业	681078	82624	49231	1448269	733175
炼铁	84375	19009	31251	261509	131916
炼钢	153866	4795	4880	349178	260034
黑色金属铸造	41664	2541	432	53422	22497
钢压延加工	400590	56279	12669	783552	318637
铁合金冶炼	583	–	–	608	92
有色金属冶炼和压延加工业	7446	8	–	10963	3022
常用有色金属冶炼	5256	–	–	8576	949
铝冶炼	5256	–	–	8576	949
有色金属压延加工	2189	8	–	2386	2072
铝压延加工	2180	6	–	2326	1924
其他有色金属压延加工	9	2	–	60	148
金属制品业	32352	2820	1526	41480	15004
结构性金属制品制造	21360	1755	66	23495	4872
金属结构制造	19092	1689	66	21017	4144
金属门窗制造	2269	66	–	2477	728
金属工具制造	380	95	–	434	183
其他金属工具制造	380	95	–	434	183
集装箱及金属包装容器制造	54	–	–	93	181
金属包装容器制造	54	–	–	93	181
金属丝绳及其制品制造	4931	47	–	6978	570
建筑、安全用金属制品制造	–1455	–	1455	–1430	490
建筑、家具用金属配件制造	–1455	–	1455	–1430	490
金属表面处理及热处理加工	1957	–	–	2247	840
搪瓷制品制造	663	85	6	857	1144
生产专用搪瓷制品制造	669	85	–	851	1123
搪瓷日用品及其他搪瓷制品制造	–6	–	6	6	21
金属制日用品制造	936	21	–	1655	1018
金属制餐具和器皿制造	186	21	–	358	186
其他金属制日用品制造	750	–	–	1297	832
其他金属制品制造	3525	818	–	7151	5706
锻件及粉末冶金制品制造	1522	767	–	4497	5147
交通及公共管理用金属标牌制造	1854	–	–	2443	486
通用设备制造业	99956	7149	4528	124939	34666
锅炉及原动设备制造	4313	–	399	6926	4489
锅炉及辅助设备制造	–3	–	3	66	787
内燃机及配件制造	4317	–	396	6860	3701
金属加工机械制造	–147	–	147	–115	431
金属切削机床制造	–147	–	147	–115	431
物料搬运设备制造	679	2	21	976	1586
起重机制造	679	2	21	976	1586
泵、阀门、压缩机及类似机械制造	14875	209	1231	18409	8187
泵及真空设备制造	15258	116	–	18152	6468
阀门和旋塞制造	576	93	–	884	680
液压和气压动力机械及元件制造	–958	–	1231	–627	1039
轴承、齿轮和传动部件制造	23542	3139	–	29352	7191
轴承制造	19258	3064	–	22865	4631
齿轮及齿轮减、变速箱制造	4284	75	–	6486	2560
烘炉、风机、衡器、包装等设备制造	5117	4	2726	6424	1361
烘炉、熔炉及电炉制造	3776	–	–	4281	134

4-8续表62　　　　单位：万元

项　　目	利润总额	应交所得税	亏损企业亏损总额	利税总额	本年应付职工薪酬
风机、风扇制造	3114	-	-	3588	177
气体、液体分离及纯净设备制造	-1558	-	1558	-1362	556
制冷、空调设备制造	267	-	48	281	377
喷枪及类似器具制造	-1120	-	1120	-1031	13
包装专用设备制造	638	4	-	666	105
通用零部件制造	49278	3647	-	59960	9138
紧固件制造	46488	3177	-	55940	7972
机械零部件加工	2787	470	-	3987	1096
其他通用零部件制造	3	1	-	33	70
其他通用设备制造业	2299	148	3	3008	2283
专用设备制造业	37338	2638	4548	48742	31095
采矿、冶金、建筑专用设备制造	22277	1008	4253	27992	18350
矿山机械制造	-2365	25	3639	-684	6339
石油钻采专用设备制造	328	10	-	408	421
建筑工程用机械制造	22251	617	-	25433	8344
冶金专用设备制造	2065	356	614	2835	3246
化工、木材、非金属加工专用设备制造	1806	205	-	2356	348
模具制造	1747	205	-	2202	280
其他非金属加工专用设备制造	59	-	-	155	68
食品、饮料、烟草及饲料生产专用设备制造	51	-	-	145	8
烟草生产专用设备制造	51	-	-	145	8
印刷、制药、日化及日用品生产专用设备制造	515	2	-	885	221
制浆和造纸专用设备制造	313	-	-	644	115
印刷专用设备制造	202	2	-	241	105
其他日用品生产专用设备制造	-	-	-	-	-
纺织、服装和皮革加工专用设备制造	4384	1096	-	6994	2534
纺织专用设备制造	4384	1096	-	6994	2534
农、林、牧、渔专用机械制造	4677	305	-	6330	7160
机械化农业及园艺机具制造	2586	113	-	2815	1392
农林牧渔机械配件制造	759	2	-	953	37
棉花加工机械制造	1021	173	-	1451	1689
其他农、林、牧、渔业机械制造	311	17	-	1111	4042
医疗仪器设备及器械制造	-293	-	293	-293	761
医疗诊断、监护及治疗设备制造	-293	-	293	-293	761
环保、社会公共服务及其他专用设备制造	3921	24	2	4332	1713
环境保护专用设备制造	3770	-	2	3964	1008
其他专用设备制造	151	24	-	368	705
汽车制造业	9556	1452	-	13678	5324
改装汽车制造	167	59	-	488	967
低速载货汽车制造	946	237	-	1587	829
汽车车身、挂车制造	7839	1079	-	10738	2616
汽车零部件及配件制造	604	78	-	865	912
铁路、船舶、航空航天和其他运输设备制造业	15580	2968	-	21502	2594
自行车制造	15580	2968	-	21502	2594
脚踏自行车及残疾人座车制造	15580	2968	-	21502	2594
电气机械和器材制造业	51275	5448	2442	63730	26031
电机制造	2602	-	-	2660	278
发电机及发电机组制造	2602	-	-	2660	278
输配电及控制设备制造	16223	1767	34	19889	3571
变压器、整流器和电感器制造	5092	-	-	5319	387

4-8续表63　　　　单位：万元

项　　目	利润总额	应交所得税	亏损企业亏损总额	利税总额	本年应付职工薪酬
配电开关控制设备制造	4141	19	34	4795	931
电力电子元器件制造	5304	1351	–	7680	934
光伏设备及元器件制造	1618	373	–	2011	1147
其他输配电及控制设备制造	67	25	–	85	172
电线、电缆、光缆及电工器材制造	721	227	181	792	922
电线、电缆制造	-1	1	1	51	205
光纤、光缆制造	902	226	–	902	230
其他电工器材制造	-180	–	180	-161	487
电池制造	2248	562	–	3166	713
锂离子电池制造	41	10	–	370	356
其他电池制造	2207	552	–	2796	357
家用电力器具制造	8356	1167	–	10781	9728
家用空气调节器制造	7808	1167	–	10233	9002
家用电力器具专用配件制造	548	–	–	548	726
非电力家用器具制造	21569	1697	–	26209	6864
燃气、太阳能及类似能源家用器具制造	21569	1697	–	26209	6864
照明器具制造	1784	27	–	2217	692
电光源制造	532	–	–	703	95
照明灯具制造	1252	27	–	1514	597
其他电气机械及器材制造	-2227	–	2227	-1984	3264
电气信号设备装置制造	-2227	–	2227	-1984	3264
计算机、通信和其他电子设备制造业	2920	235	–	3363	2000
计算机制造	–	–	–	32	392
计算机零部件制造	–	–	–	32	392
电子器件制造	1757	216	–	1892	1218
光电子器件及其他电子器件制造	1757	216	–	1892	1218
电子元件制造	133	–	–	326	169
电子元件及组件制造	133	–	–	326	169
其他电子设备制造	1030	19	–	1114	222
仪器仪表制造业	2759	625	–	3583	9408
通用仪器仪表制造	1889	472	–	2211	522
供应用仪表及其他通用仪器制造	1889	472	–	2211	522
专用仪器仪表制造	815	136	–	1174	8851
导航、气象及海洋专用仪器制造	809	136	–	1022	8490
电子测量仪器制造	6	–	–	152	361
其他仪器仪表制造业	55	17	–	198	36
废弃资源综合利用业	-314	108	745	32	555
金属废料和碎屑加工处理	-314	108	745	32	555
金属制品、机械和设备修理业	88	–	–	177	321
其他机械和设备修理业	88	–	–	177	321
电力、热力、燃气及水生产和供应业	40851	14989	37548	164349	201405
电力、热力生产和供应业	46646	14468	29526	167556	187076
电力生产	14398	8319	22135	66743	50431
火力发电	14346	8319	22116	66046	49538
其他电力生产	53	–	20	698	893
电力供应	38309	6149	968	105824	132198
热力生产和供应	-6062	–	6423	-5012	4447
燃气生产和供应业	-3625	521	5675	-2143	6588
水的生产和供应业	-2169	–	2346	-1063	7741
自来水生产和供应	-2169	–	2346	-1063	7741

4-8续表64　　　　单位：万元

项　　目	土地和固定资产支出	本年应交增值税	本　年进项税额	本　年销项税额	全部从业人员年平均人数（人）
全　市	**3252200**	**1493820**	**5298313**	**6454384**	**366644**
按登记注册类型分					
内资企业	3230498	1370807	4470924	5516223	331615
国有企业	1204510	299877	758775	976437	55279
中央企业	185961	34426	252698	218030	4418
地方企业	1018550	265451	506077	758407	50861
集体企业	11473	8133	63530	70748	6366
股份合作企业	1509	955	13674	14448	388
联营企业	–	167	5757	5924	197
集体联营企业	–	167	5757	5924	197
有限责任公司	1630592	724586	1990952	2540065	133837
国有独资公司	324777	57238	496293	521708	22423
其他有限责任公司	1305815	667348	1494659	2018357	111414
股份有限公司	48370	61455	431434	473368	28505
私营企业	308990	272261	1188623	1414288	103857
私营独资企业	2307	16837	35746	41879	5149
私营合伙企业	13499	3245	15053	18298	5160
私营有限责任公司	291354	238070	1096064	1301806	89380
私营股份有限公司	1831	14109	41760	52305	4168
其他企业	25053	3372	18180	20945	3186
港、澳、台商投资企业	5692	52351	366292	416721	17230
合资经营企业(港或澳、台资)	391	50049	340183	390664	12491
港澳台商独资经营企业	5301	2302	26109	26057	4739
外商投资企业	16011	70662	461097	521440	17799
中外合资经营企业	6978	68460	459619	519686	16118
中外合作经营企业	–	–	–	–	271
外资企业	9033	2202	1479	1755	1410
按经济组织类型分					
独资企业	1232624	329351	885638	1116875	72943
国有企业	1204510	299877	758775	976437	55279
集体企业	11473	8133	63530	70748	6366
私营独资企业	2307	16837	35746	41879	5149
港澳台商独资经营企业	5301	2302	26109	26057	4739
外资企业	9033	2202	1479	1755	1410
合作、合伙企业	40060	7740	52664	59615	9202
股份合作企业	1509	955	13674	14448	388
集体联营企业	–	167	5757	5924	197
私营合伙企业	13499	3245	15053	18298	5160
中外合作经营企业	–	–	–	–	271
其他企业（内资）	25053	3372	18180	20945	3186
股份有限公司	50202	75564	473194	525672	32673
股份有限公司(内资)	48370	61455	431434	473368	28505
私营股份有限公司	1831	14109	41760	52305	4168
有限责任公司	1929315	1081165	3886817	4752221	251826
国有独资公司	324777	57238	496293	521708	22423
私营有限责任公司	291354	238070	1096064	1301806	89380
合资经营企业(港或澳、台资)	391	50049	340183	390664	12491
中外合资经营企业	6978	68460	459619	519686	16118
其他有限责任公司	1305815	667348	1494659	2018357	111414

4-8续表65　　单位：万元

项　　目	土地和固定资产支出	本年应交增值税	本年进项税　额	本年销项税　额	全部从业人员年平均人数（人）
在总计中:亏损企业	922586	110593	885805	934977	70225
在总计中:国有控股企业	2659840	941591	2230662	2873719	133576
在总计中:农村工业	-	833	48562	47744	832
在总计中:大型企业	2172174	1001689	3548100	4344719	195462
中型企业	784061	296423	966871	1239202	94054
小型企业	295133	194766	777029	864010	76324
微型企业	832	942	6313	6453	804
在总计中:轻工业	192220	174755	490456	568628	75375
重工业	3059980	1319065	4807857	5885756	291269
按工业行业大中小类分					
采矿业	434076	335220	469239	661359	56430
煤炭开采和洗选业	365294	294439	421553	574189	43495
烟煤和无烟煤开采洗选	365294	294439	421553	574189	43495
黑色金属矿采选业	68782	40719	46764	86237	12855
铁矿采选	68782	40719	46764	86237	12855
非金属矿采选业	-	12	922	934	80
土砂石开采	-	12	922	934	80
粘土及其他土砂石开采	-	12	922	934	80
制造业	2118521	1046716	4344256	5285666	283927
农副食品加工业	43654	48580	166234	178228	13730
谷物磨制	7790	5904	76312	71532	2766
饲料加工	7568	3391	15343	18505	1310
植物油加工	23726	14805	33450	45047	4334
食用植物油加工	23726	14805	33450	45047	4334
屠宰及肉类加工	955	11122	14453	14810	2715
牲畜屠宰	61	124	5268	5365	380
禽类屠宰	894	8523	8730	8967	1754
肉制品及副产品加工	-	2475	455	478	581
蔬菜、水果和坚果加工	1135	6076	3346	3546	1420
蔬菜加工	1135	2255	3346	3546	1202
水果和坚果加工	-	3822	-	-	218
其他农副食品加工	2481	7282	23330	24789	1185
淀粉及淀粉制品制造	791	6024	14565	15339	532
豆制品制造	-	43	-	-	106
蛋品加工	-	1189	8669	9347	287
其他未列明农副食品加工	1690	26	96	104	260
食品制造业	28542	24789	49141	63941	7420
焙烤食品制造	-	4428	-	-	1240
糕点、面包制造	-	311	-	-	225
饼干及其他焙烤食品制造	-	4117	-	-	1015
糖果、巧克力及蜜饯制造	402	2948	4564	6258	348
糖果、巧克力制造	-	248	142	67	202
蜜饯制作	402	2700	4422	6191	146
方便食品制造	-	8050	26986	35013	955
米、面制品制造	-	38	1557	1595	195
速冻食品制造	-	23	-	-	135
方便面及其他方便食品制造	-	7989	25429	33418	625
乳制品制造	265	12	163	173	132
罐头食品制造	1189	-	-	-	192
蔬菜、水果罐头制造	1189	-	-	-	192
调味品、发酵制品制造	19896	1058	799	1760	2503
酱油、食醋及类似制品制造	105	97	-	-	125

4-8续表66　　　　单位：万元

项　　目	土地和固定资产支出	本年应交增值税	本年进项税额	本年销项税额	全部从业人员年平均人数（人）
其他调味品、发酵制品制造	19791	961	799	1760	2378
其他食品制造	6790	8294	16629	20736	2050
保健食品制造	–	25	639	661	145
食品及饲料添加剂制造	6790	8269	15990	20075	1905
酒、饮料和精制茶制造业	1147	16377	4550	13818	3036
酒的制造	1147	16377	4550	13818	2833
白酒制造	1147	14322	4550	13818	2325
啤酒制造	–	2055	–	–	508
饮料制造	–	–	–	–	203
瓶（罐）装饮用水制造	–	–	–	–	55
果菜汁及果菜汁饮料制造	–	–	–	–	148
纺织业	48060	32374	78343	92186	25691
棉纺织及印染精加工	47775	26873	76383	89843	24002
棉纺纱加工	45874	18178	63062	74091	20349
棉织造加工	1901	8695	13321	15751	3613
棉印染精加工	–	–	–	–	40
毛纺织及染整精加工	–	4944	217	225	764
毛条和毛纱线加工	–	–	–	–	19
毛织造加工	–	4944	217	225	745
家用纺织制成品制造	–	73	–	–	160
床上用品制造	–	73	–	–	160
非家用纺织制成品制造	284	485	1744	2119	765
其他非家用纺织制成品制造	284	485	1744	2119	765
纺织服装、服饰业	4163	8154	56149	63101	4196
机织服装制造	968	8046	56060	62896	3845
服饰制造	3195	108	88	206	351
皮革、毛皮、羽毛及其制品和制鞋业	–	643	3308	3883	875
皮革制品制造	–	69	–	–	350
皮箱、包（袋）制造	–	12	–	–	150
其他皮革制品制造	–	57	–	–	200
毛皮鞣制及制品加工	–	–	–	–	200
毛皮服装加工	–	–	–	–	200
制鞋业	–	574	3308	3883	325
塑料鞋制造	–	3	–	3	95
橡胶鞋制造	–	571	3308	3880	230
木材加工和木、竹、藤、棕、草制品业	9807	3987	15427	18122	1436
人造板制造	1177	3935	15427	18122	747
胶合板制造	–	–	–	–	50
纤维板制造	–	185	1128	3711	221
刨花板制造	1177	3751	14299	14411	476
木制品制造	8630	51	–	–	689
建筑用木料及木材组件加工	8630	–	–	–	523
木门窗、楼梯制造	–	51	–	–	166
家具制造业	–	5138	16559	21194	1603
木质家具制造	–	5138	16559	21194	1603
造纸和纸制品业	–	4081	1691	1697	593
造纸	–	3899	–	–	356
机制纸及纸板制造	–	3899	–	–	356
纸制品制造	–	182	1691	1697	237
纸和纸板容器制造	–	176	–	–	46

4-8续表67

单位：万元

项　　目	土地和固定资产支出	本年应交增值税	本年进项税额	本年销项税额	全部从业人员年平均人数（人）
其他纸制品制造	-	6	1691	1697	191
印刷和记录媒介复制业	177	328	1398	1709	852
印刷	177	328	1398	1709	852
书、报刊印刷	-	102	121	134	225
本册印制	-	21	-	-	139
包装装潢及其他印刷	177	204	1277	1575	488
文教、工美、体育和娱乐用品制造业	-	91	970	1061	186
工艺美术品制造	-	91	970	1061	186
其他工艺美术品制造	-	91	970	1061	186
石油加工、炼焦和核燃料加工业	97711	19181	224302	242624	13793
精炼石油产品制造	1174	2371	13842	15301	290
原油加工及石油制品制造	1174	1987	7504	9346	242
人造原油制造	-	383	6339	5955	48
炼焦	96536	16810	210459	227323	13503
化学原料和化学制品制造业	10218	13451	54050	62611	7822
基础化学原料制造	1684	5751	23446	25780	2059
无机酸制造	-	1845	6720	8565	198
无机盐制造	-	-	-	-	72
有机化学原料制造	1541	3605	14338	14680	1337
其他基础化学原料制造	142	301	2388	2536	452
肥料制造	-	250	320	549	1018
氮肥制造	-	229	320	549	688
磷肥制造	-	11	-	-	120
复混肥料制造	-	10	-	-	185
有机肥料及微生物肥料制造	-	-	-	-	25
农药制造	916	2270	12091	16161	1339
化学农药制造	916	2270	12091	16161	1339
涂料、油墨、颜料及类似产品制造	7225	1193	2660	3412	1021
涂料制造	-	260	-	-	328
油墨及类似产品制造	3626	-	1605	1424	230
染料制造	3598	933	1056	1988	463
合成材料制造	-	45	333	282	60
合成橡胶制造	-	-	-	-	-
其他合成材料制造	-	45	333	282	60
专用化学产品制造	394	3576	14595	15456	2033
化学试剂和助剂制造	-	534	3369	3822	438
专项化学用品制造	300	2832	8177	8384	1202
环境污染处理专用药剂材料制造	-	5	174	179	6
其他专用化学产品制造	94	205	2875	3071	387
炸药、火工及焰火产品制造	-	366	605	971	292
炸药及火工产品制造	-	366	605	971	292
医药制造业	3135	11456	20159	25180	2458
化学药品原料药制造	546	4583	9094	12165	1528
化学药品制剂制造	-	2602	2	-	155
中药饮片加工	-	1568	8454	10022	137
中成药生产	1946	2699	2604	2984	572
生物药品制造	643	5	5	10	36
卫生材料及医药用品制造	-	-	-	-	30
化学纤维制造业	1474	416	2283	555	841
纤维素纤维原料及纤维制造	-	376	-	-	357

4-8续表68

单位：万元

项　　目	土地和固定资产支出	本年应交增值税	本年进项税　额	本年销项税　额	全部从业人员年平均人数（人）
化纤浆粕制造	-	376	-	-	357
合成纤维制造	1474	40	2283	555	484
涤纶纤维制造	-	40	-	-	238
其他合成纤维制造	1474	-	2283	555	246
橡胶和塑料制品业	11920	14368	35392	43314	4117
橡胶制品业	805	2529	6867	9309	866
轮胎制造	297	2310	5544	7854	344
橡胶板、管、带制造	508	146	1003	1062	344
日用及医用橡胶制品制造	-	-	-	-	106
其他橡胶制品制造	-	73	320	393	72
塑料制品业	11115	11839	28525	34005	3251
塑料薄膜制造	1393	-	-	-	234
塑料板、管、型材制造	7096	5667	14500	18707	1198
塑料丝、绳及编织品制造	1845	2299	13701	14931	1242
泡沫塑料制造	-	136	-	-	183
塑料包装箱及容器制造	-	3650	-	-	220
塑料零件制造	-	44	-	-	56
其他塑料制品制造	781	43	324	367	118
非金属矿物制品业	62991	52870	118003	153936	21848
水泥、石灰和石膏制造	21308	17600	40980	57627	7324
水泥制造	21238	16862	37218	53365	6598
石灰和石膏制造	69	738	3762	4262	726
石膏、水泥制品及类似制品制造	1319	1410	871	2086	819
水泥制品制造	1319	988	-	806	475
砼结构构件制造	-	392	871	1263	174
其他水泥类似制品制造	-	31	-	17	170
砖瓦、石材等建筑材料制造	28782	4402	13345	16219	2857
粘土砖瓦及建筑砌块制造	4307	195	233	346	1010
建筑陶瓷制品制造	3251	180	724	852	980
建筑用石加工	-	9	-	-	23
防水建筑材料制造	670	1337	-	-	125
隔热和隔音材料制造	19988	459	1265	1724	553
其他建筑材料制造	566	2222	11123	13297	166
玻璃制造	-	589	-	869	386
平板玻璃制造	-	589	-	869	386
玻璃制品制造	-	1653	3714	5093	901
技术玻璃制品制造	-	1333	1532	2591	536
玻璃包装容器制造	-	282	1268	1550	259
其他玻璃制品制造	-	38	914	952	106
玻璃纤维和玻璃纤维增强塑料制品制造	4773	17606	22426	32401	2141
玻璃纤维及制品制造	-	4	353	346	41
玻璃纤维增强塑料制品制造	4773	17602	22073	32055	2100
陶瓷制品制造	5949	3768	20462	23236	5250
特种陶瓷制品制造	3335	971	2568	2568	630
日用陶瓷制品制造	-	2692	17722	20392	4470
园林、陈设艺术及其他陶瓷制品制造	2614	105	171	276	150
耐火材料制品制造	464	922	5003	5864	948
耐火陶瓷制品及其他耐火材料制造	464	922	5003	5864	948
石墨及其他非金属矿物制品制造	397	4920	11202	10540	1222
石墨及碳素制品制造	397	4920	11202	10540	1222

4-8续表69　　单位：万元

项　　目	土地和固定资产支出	本年应交增值税	本年进项税　额	本年销项税　额	全部从业人员年平均人数（人）
黑色金属冶炼和压延加工业	1633537	728246	3230600	3993575	127245
炼铁	242483	169329	784479	913765	25266
炼钢	456513	184634	713110	949097	40058
黑色金属铸造	33604	9938	70479	118794	5987
钢压延加工	900937	364324	1662080	2011444	55879
铁合金冶炼	-	21	454	475	55
有色金属冶炼和压延加工业	4016	3070	1604	1668	1356
常用有色金属冶炼	3918	3000	-	-	345
铝冶炼	3918	3000	-	-	345
有色金属压延加工	98	70	1604	1668	1011
铝压延加工	98	22	896	912	955
其他有色金属压延加工	-	48	708	756	56
金属制品业	38651	8142	53624	58949	6571
结构性金属制品制造	31637	1862	24886	22897	2817
金属结构制造	31637	1697	22904	20764	2516
金属门窗制造	-	165	1982	2133	301
金属工具制造	-	48	587	635	90
其他金属工具制造	-	48	587	635	90
集装箱及金属包装容器制造	-	32	659	691	85
金属包装容器制造	-	32	659	691	85
金属丝绳及其制品制造	11	1932	6890	5203	285
建筑、安全用金属制品制造	-	-	795	929	142
建筑、家具用金属配件制造	-	-	795	929	142
金属表面处理及热处理加工	3973	276	14027	19908	350
搪瓷制品制造	1274	174	140	303	239
生产专用搪瓷制品制造	1274	162	140	303	149
搪瓷日用品及其他搪瓷制品制造	-	11	-	-	90
金属制日用品制造	226	666	1188	1338	274
金属制餐具和器皿制造	226	149	1188	1338	149
其他金属制日用品制造	-	517	-	-	125
其他金属制品制造	1530	3153	4451	7047	2289
锻件及粉末冶金制品制造	-	2593	3670	6179	2051
交通及公共管理用金属标牌制造	1530	508	465	500	188
通用设备制造业	24943	21155	82137	94332	13774
锅炉及原动设备制造	161	2252	957	653	1634
锅炉及辅助设备制造	-	62	403	-	341
内燃机及配件制造	161	2190	554	653	1293
金属加工机械制造	285	29	285	314	240
金属切削机床制造	285	29	285	314	240
物料搬运设备制造	2	234	3133	3371	444
起重机制造	2	234	3133	3371	444
泵、阀门、压缩机及类似机械制造	14913	3123	6742	9386	2767
泵及真空设备制造	14648	2609	2381	4867	2047
阀门和旋塞制造	265	203	1486	1614	370
液压和气压动力机械及元件制造	-	311	2876	2905	350
轴承、齿轮和传动部件制造	3979	5306	29412	33820	2447
轴承制造	2669	3111	28615	31352	1941
齿轮及齿轮减、变速箱制造	1310	2195	797	2468	506
烘炉、风机、衡器、包装等设备制造	8	1183	880	1102	1318
烘炉、熔炉及电炉制造	-	502	-	-	120

4-8续表70

单位：万元

项目	土地和固定资产支出	本年应交增值税	本年进项税额	本年销项税额	全部从业人员年平均人数（人）
风机、风扇制造	–	378	170	201	202
气体、液体分离及纯净设备制造	8	177	362	539	562
制冷、空调设备制造	–	13	349	361	270
喷枪及类似器具制造	–	90	–	–	24
包装专用设备制造	–	22	–	–	140
通用零部件制造	1145	8469	34555	38994	4144
紧固件制造	1090	7394	18901	22361	3157
机械零部件加工	55	1048	15517	16451	957
其他通用零部件制造	–	27	137	182	30
其他通用设备制造业	4450	560	6172	6692	780
专用设备制造业	24145	9726	26820	34704	11258
采矿、冶金、建筑专用设备制造	8018	4785	11564	16365	7663
矿山机械制造	1341	1379	5407	6853	3713
石油钻采专用设备制造	–	73	–	–	196
建筑工程用机械制造	6457	2809	3181	5942	2381
冶金专用设备制造	221	524	2975	3570	1373
化工、木材、非金属加工专用设备制造	249	506	2036	2374	120
模具制造	249	420	1889	2141	90
其他非金属加工专用设备制造	–	86	147	233	30
食品、饮料、烟草及饲料生产专用设备制造	–	89	–	–	12
烟草生产专用设备制造	–	89	–	–	12
印刷、制药、日化及日用品生产专用设备制造	–	234	845	1046	128
制浆和造纸专用设备制造	–	199	707	905	48
印刷专用设备制造	–	35	139	141	80
其他日用品生产专用设备制造	–	–	–	–	–
纺织、服装和皮革加工专用设备制造	682	2472	5408	7880	218
纺织专用设备制造	682	2472	5408	7880	218
农、林、牧、渔专用机械制造	15008	1315	3929	4387	2408
机械化农业及园艺机具制造	–	170	2040	2112	584
农林牧渔机械配件制造	–	4	1	5	32
棉花加工机械制造	15008	415	1888	2270	765
其他农、林、牧、渔业机械制造	–	726	–	–	1027
医疗仪器设备及器械制造	–	–	876	–	345
医疗诊断、监护及治疗设备制造	–	–	876	–	345
环保、社会公共服务及其他专用设备制造	187	327	2163	2652	364
环境保护专用设备制造	–	178	1506	1846	288
其他专用设备制造	187	149	656	806	76
汽车制造业	3319	3872	4639	8129	2193
改装汽车制造	177	287	1516	1825	305
低速载货汽车制造	–	580	–	–	591
汽车车身、挂车制造	1287	2777	1508	4266	912
汽车零部件及配件制造	1855	228	1616	2038	385
铁路、船舶、航空航天和其他运输设备制造业	9246	5204	11272	16196	755
自行车制造	9246	5204	11272	16196	755
脚踏自行车及残疾人座车制造	9246	5204	11272	16196	755
电气机械和器材制造业	51666	9883	69179	75287	6913
电机制造	–	6	–	–	200
发电机及发电机组制造	–	6	–	–	200
输配电及控制设备制造	3379	2206	12261	14086	998
变压器、整流器和电感器制造	–	34	601	635	319

4-8续表71

单位：万元

项目	土地和固定资产支出	本年应交增值税	本年进项税额	本年销项税额	全部从业人员年平均人数（人）
配电开关控制设备制造	2128	420	1786	1994	333
电力电子元器件制造	–	1435	9785	11220	130
光伏设备及元器件制造	1250	311	63	204	171
其他输配电及控制设备制造	–	6	26	32	45
电线、电缆、光缆及电工器材制造	1853	59	2730	2789	416
电线、电缆制造	1853	41	953	994	70
光纤、光缆制造	–	–	–	–	26
其他电工器材制造	–	19	1777	1795	320
电池制造	26600	901	428	749	338
锂离子电池制造	26600	321	428	749	188
其他电池制造	–	580	–	–	150
家用电力器具制造	10734	2155	43653	44086	2353
家用空气调节器制造	9457	2155	40594	42925	2049
家用电力器具专用配件制造	1277	–	3059	1161	304
非电力家用器具制造	3037	4055	9918	13318	1464
燃气、太阳能及类似能源家用器具制造	3037	4055	9918	13318	1464
照明器具制造	–	373	189	260	707
电光源制造	–	160	–	–	145
照明灯具制造	–	213	189	260	562
其他电气机械及器材制造	6063	120	–	–	437
电气信号设备装置制造	6063	120	–	–	437
计算机、通信和其他电子设备制造业	3127	356	3536	3011	856
计算机制造	68	30	271	301	249
计算机零部件制造	68	30	271	301	249
电子器件制造	3060	93	2147	1360	321
光电子器件及其他电子器件制造	3060	93	2147	1360	321
电子元件制造	–	173	311	484	101
电子元件及组件制造	–	173	311	484	101
其他电子设备制造	–	60	807	867	185
仪器仪表制造业	2868	517	9892	9526	1630
通用仪器仪表制造	254	288	3912	4199	295
供应用仪表及其他通用仪器制造	254	288	3912	4199	295
专用仪器仪表制造	2455	120	4895	4132	1275
导航、气象及海洋专用仪器制造	2455	–	4895	4132	1118
电子测量仪器制造	–	120	–	–	157
其他仪器仪表制造业	159	110	1085	1194	60
废弃资源综合利用业	7	188	2883	3096	310
金属废料和碎屑加工处理	7	188	2883	3096	310
金属制品、机械和设备修理业	–	76	111	35	569
其他机械和设备修理业	–	76	111	35	569
电力、热力、燃气及水生产和供应业	699604	111883	484818	507359	26287
电力、热力生产和供应业	696535	109577	476633	497789	23414
电力生产	492880	48388	129307	166838	6172
火力发电	492872	47744	128358	165088	5669
其他电力生产	8	644	948	1750	503
电力供应	202382	60757	343647	329102	16305
热力生产和供应	1273	432	3679	1849	937
燃气生产和供应业	1661	1318	8185	9439	1543
水的生产和供应业	1408	988	–	131	1330
自来水生产和供应	1408	988	–	131	1330

4-9　国有控股工业企业主要经济指标

(2012年)　　单位：万元

项　　目	企业单位数(个)	#亏损企业	工业总产值(当年价格)	工业销售产值(当年价格)	#出口交货值
全　　市	**80**	**20**	**19118134**	**18882182**	**387393**
在总计中：轻工业	10	2	356300	354331	39887
重工业	70	18	18761834	18527851	347506
在总计中：大型企业	19	2	16270892	16123560	323924
中型企业	37	13	2642802	2564307	50501
小型企业	20	5	201473	191435	12968
在总计中：亏损企业	20	20	3723325	3703784	347944
按工业行业大类分					
采矿业	10	1	3460780	3359646	-
煤炭开采和洗选业	4	-	3162382	3058709	-
黑色金属矿采选业	6	1	298398	300937	-
制造业	41	8	12358697	12252629	387393
农副食品加工业	1	-	96753	95106	-
酒、饮料和精制茶制造业	1	-	13599	13746	-
纺织业	3	1	50627	49243	26918
家具制造业	1	-	73038	73038	-
石油加工、炼焦及核燃料加工业	1	-	76945	78624	-
化学原料及化学制品制造业	4	-	48242	44903	27224
非金属矿物制品业	5	-	150256	145284	-
黑色金属冶炼及压延加工业	8	1	11512203	11462891	320104
金属制品业	1	-	70534	27636	-
通用设备制造业	3	3	14841	14106	922
专用设备制造业	7	2	61292	58913	2375
汽车制造业	1	-	29580	29421	-
电气机械及器材制造业	3	1	96879	99562	-
计算机、通信和其他电子设备制造业	1	-	16869	13800	6030
仪器仪表制造业	1	-	47039	46358	3820
电力、燃气及水的生产和供应业	29	11	3298657	3269907	-
电力、热力的生产和供应业	26	9	3246317	3241183	-
燃气生产和供应业	2	1	36030	12414	-
水的生产和供应业	1	1	16310	16310	-

=-9续表1　　　　单位：万元

项　　目	工业增加值（当年价格）	资产合计	流动资产合计	#应收帐款	#存　货
全　市	**4726397**	**24259407**	**8565531**	**1120961**	**2105736**
在总计中：轻工业	806161	416683	180071	37293	49940
重工业	3920236	23842719	8385460	1083669	2055796
在总计中：大型企业	4022500	21543607	7554158	956650	1818001
中型企业	653355	2455020	915782	144284	264676
小型企业	49808	244300	84232	18541	22380
在总计中：亏损企业	–	8194637	2386700	166745	1101963
按工业行业大类分					
采矿业	732384	6096958	3187883	557615	211004
煤炭开采和洗选业	552454	4916911	2659522	502151	201499
黑色金属矿采选业	179931	1180047	528361	55464	9505
制造业	3332445	14962486	4807169	441589	1842486
农副食品加工业	201159	29186	5682	389	2618
酒、饮料和精制茶制造业	35945	1639	973	24	185
纺织业	165127	68458	40556	843	14661
家具制造业	12228	97930	8316	2210	4618
石油加工、炼焦及核燃料加工业	217144	112360	96791	5608	33568
化学原料及化学制品制造业	91449	54735	28869	9678	6125
非金属矿物制品业	731	216579	71571	16905	14090
黑色金属冶炼及压延加工业	2229542	13886152	4237839	321811	1639238
金属制品业	31798	66034	28477	2741	14597
通用设备制造业	153834	37105	23769	3573	17942
专用设备制造业	69289	101092	79736	23708	35251
汽车制造业	17238	26281	13216	833	8273
电气机械及器材制造业	98900	157230	116664	40173	27022
计算机、通信和其他电子设备制造业	2331	26449	10296	3300	2924
仪器仪表制造业	5730	81246	44415	9794	21375
电力、燃气及水的生产和供应业	211111	3199963	570479	121757	52246
电力、热力的生产和供应业	204180	3086381	537873	119836	50516
燃气生产和供应业	1639	50561	18129	1687	745
水的生产和供应业	5292	63021	14478	234	985

4-9续表2　　单位：万元

项目	#产成品	固定资产合计	固定资产原价	累计折旧	在建工程
全　市	**780374**	**9281082**	**12500363**	**5575405**	**3705068**
在总计中：轻工业	23056	225091	309807	137827	8871
重工业	757319	9055991	12190555	5437578	3696196
在总计中：大型企业	643047	7687323	9928771	4484302	3624226
中型企业	125707	1436350	2388638	1026157	71115
小型企业	11328	152332	176032	63101	9727
在总计中：亏损企业	348226	2301990	3528392	1573766	1270642
按工业行业大类分					
采矿业	89464	1752677	2034391	1160332	646422
煤炭开采和洗选业	84899	1524544	1788328	1134897	601844
黑色金属矿采选业	4565	228134	246064	25435	44578
制造业	688930	4968245	6184604	2348451	2922447
农副食品加工业	1651	23502	32682	9261	-
酒、饮料和精制茶制造业	73	666	736	70	-
纺织业	7299	26300	28023	12839	7847
家具制造业	3393	89614	92662	42978	-
石油加工、炼焦及核燃料加工业	22018	15568	26140	10663	91
化学原料及化学制品制造业	4503	24063	28324	8058	2619
非金属矿物制品业	4384	124668	187638	69485	9804
黑色金属冶炼及压延加工业	584583	4544179	5580764	2100449	2889447
金属制品业	6589	37213	56252	23136	4134
通用设备制造业	12974	11966	16818	6174	1324
专用设备制造业	22626	19701	31985	13565	1281
汽车制造业	3693	2612	11903	9291	-
电气机械及器材制造业	10593	30620	53271	22651	220
计算机、通信和其他电子设备制造业	1269	7588	11128	3540	843
仪器仪表制造业	3283	9988	26281	16293	4840
电力、燃气及水的生产和供应业	1980	2560160	4281368	2066621	136198
电力、热力的生产和供应业	1980	2484443	4139905	2000277	132135
燃气生产和供应业	-	27406	41497	14201	3576
水的生产和供应业	-	48311	99966	52142	488

4-9续表3

单位：万元

项　　目	负债合计	流　动负　债	#应付账款	非流动负　债	所有者权　益
全　　市	**15325494**	**11819238**	**2279949**	**3480329**	**8888932**
在总计中：轻工业	198442	165315	36409	32826	218121
重工业	15127053	11653923	2243539	3447503	8670811
在总计中：大型企业	13370805	10653607	2005508	2699317	8172677
中型企业	1794706	1020253	241562	772475	664596
小型企业	140839	127278	32638	7492	54324
在总计中：亏损企业	5390079	4502268	427156	887519	2755492
按工业行业大类分					
采矿业	4033634	2791148	785714	1242486	2063252
煤炭开采和洗选业	3572360	2500724	757461	1071636	1344551
黑色金属矿采选业	461274	290424	28253	170850	718701
制造业	9112116	7805997	1309400	1297780	5850244
农副食品加工业	7656	4975	–	2681	21530
酒、饮料和精制茶制造业	981	981	24	–	658
纺织业	50903	42800	3075	8103	17556
家具制造业	11286	7726	–	3560	86644
石油加工、炼焦及核燃料加工业	104411	104411	26082	–	7949
化学原料及化学制品制造业	35395	31469	7907	3925	19340
非金属矿物制品业	103611	94041	24006	3502	112968
黑色金属冶炼及压延加工业	8479209	7210845	1151804	1268363	5406954
金属制品业	29373	27695	2427	–	36662
通用设备制造业	46440	45593	9884	847	-9334
专用设备制造业	87360	80674	27361	6394	13731
汽车制造业	18305	18305	482	–	7977
电气机械及器材制造业	90838	90133	39826	405	66267
计算机、通信和其他电子设备制造业	8791	8791	1821	–	17657
仪器仪表制造业	37559	37559	14702	–	43687
电力、燃气及水的生产和供应业	2179744	1222093	184835	940063	975436
电力、热力的生产和供应业	2121431	1180759	178218	923084	920167
燃气生产和供应业	20583	20281	6617	302	29978
水的生产和供应业	37730	21053	–	16677	25291

4-9续表4

单位：万元

项目	#实收资本	#国家资本	#法人资本	#个人资本	#外商资本
全　市	**3694499**	**1050355**	**2464519**	**97472**	**82153**
在总计中：轻工业	51253	12372	35765	-	3115
重工业	3643246	1037982	2428753	97472	79038
在总计中：大型企业	3199981	969655	2133101	97224	-
中型企业	453993	67235	304418	188	82153
小型企业	38862	11802	27000	60	-
在总计中：亏损企业	488543	353481	135062	-	-
按工业行业大类分					
采矿业	1157762	575400	580962	1400	-
煤炭开采和洗选业	603060	30697	570962	1400	-
黑色金属矿采选业	554702	544702	10000	-	-
制造业	1998227	385993	1513008	96072	3153
农副食品加工业	3000	1050	1950	-	-
酒、饮料和精制茶制造业	145	145	-	-	-
纺织业	1675	1675	-	-	-
家具制造业	6231	1300	1815	-	3115
石油加工、炼焦及核燃料加工业	5000	-	5000	-	-
化学原料及化学制品制造业	9908	1870	8000	-	38
非金属矿物制品业	82182	66122	16000	60	-
黑色金属冶炼及压延加工业	1756485	282101	1378559	95825	-
金属制品业	7792	6682	1110	-	-
通用设备制造业	7658	2658	5000	-	-
专用设备制造业	23716	4079	19637	-	-
汽车制造业	7500	7313	-	188	-
电气机械及器材制造业	38500	11000	27500	-	-
计算机、通信和其他电子设备制造业	10500	-	10500	-	-
仪器仪表制造业	37937	-	37937	-	-
电力、燃气及水的生产和供应业	538510	88962	370548	-	79000
电力、热力的生产和供应业	523154	73605	370548	-	79000
燃气生产和供应业	7153	7153	-	-	-
水的生产和供应业	8203	8203	-	-	-

4-9续表5

单位：万元

项　　目	营业收入	#主营业务收入	营业成本	#主营业务成本	营业税金及附加	#主营业务税金及附加
全　　市	**29796419**	**26161008**	**27855400**	**24252803**	**73419**	**70352**
在总计中：轻工业	394247	391755	346435	345197	1865	1865
重工业	29402172	25769253	27508965	23907607	71554	68487
在总计中：大型企业	26849942	23238424	25166814	21580112	63011	59965
中型企业	2734427	2712358	2493589	2478999	7801	7792
小型企业	209083	207259	192864	191560	2391	2379
在总计中：亏损企业	5602467	3624787	5292781	3321622	9698	8225
按工业行业大类分						
采矿业	11587270	10150029	10743405	9324915	41614	40401
煤炭开采和洗选业	11300165	9874537	10616092	9203278	34154	32941
黑色金属矿采选业	287105	275491	127313	121637	7460	7460
制造业	14898201	12715476	13940590	11765786	20398	18668
农副食品加工业	94924	94924	86883	86883	298	298
酒、饮料和精制茶制造业	13527	13527	12938	12938	274	274
纺织业	47895	47053	45129	44614	228	228
家具制造业	112891	112891	101896	101896	307	307
石油加工、炼焦及核燃料加工业	80193	80193	76699	76699	17	17
化学原料及化学制品制造业	51587	51274	40250	40250	220	220
非金属矿物制品业	156801	153188	119326	117172	1071	1071
黑色金属冶炼及压延加工业	14033454	11860737	13193284	11023157	16393	14873
金属制品业	28374	27338	22099	22099	383	383
通用设备制造业	16457	15705	16588	16243	28	28
专用设备制造业	69556	69054	63836	63520	203	203
汽车制造业	28679	28679	26147	26147	60	60
电气机械及器材制造业	101471	100297	82959	82142	662	656
计算机、通信和其他电子设备制造业	13882	13709	10957	10814	41	41
仪器仪表制造业	48509	46907	41601	41212	214	10
电力、燃气及水的生产和供应业	3310948	3295503	3171405	3162103	11407	11283
电力、热力的生产和供应业	3259822	3245909	3122986	3114421	11264	11139
燃气生产和供应业	34968	34057	35296	34559	32	32
水的生产和供应业	16158	15537	13123	13123	112	112

4-9续表6

单位：万元

项目	销售费用	管理费用	#税金	#差旅费	#工会经费	财务费用
全市	**151288**	**753058**	**40315**	**14862**	**5077**	**359455**
在总计中：轻工业	5909	16721	1964	679	193	4137
重工业	145380	736336	38351	14184	4885	355319
在总计中：大型企业	136448	694201	36249	12063	4307	289097
中型企业	11199	51371	3656	2656	749	68591
小型企业	3357	7274	410	141	15	1667
在总计中：亏损企业	26605	227616	13874	1321	997	120800
按工业行业大类分						
采矿业	49600	344121	13931	5485	2594	111122
煤炭开采和洗选业	47659	285374	12518	4222	1845	97584
黑色金属矿采选业	1941	58747	1413	1264	749	13537
制造业	99956	380932	24728	5051	2000	175958
农副食品加工业	606	916	260	33	25	173
酒、饮料和精制茶制造业	37	16	3	–	–	15
纺织业	407	2800	180	69	22	365
家具制造业	1717	1852	160	159	27	299
石油加工、炼焦及核燃料加工业	39	1553	291	12	30	608
化学原料及化学制品制造业	1702	3548	52	126	13	1206
非金属矿物制品业	12118	9075	520	96	53	4254
黑色金属冶炼及压延加工业	75498	333061	21330	2792	1578	163300
金属制品业	111	2443	61	130	124	1933
通用设备制造业	191	2662	186	42	3	131
专用设备制造业	2469	7538	409	443	110	468
汽车制造业	685	889	74	114	6	3
电气机械及器材制造业	3403	8445	1107	579	9	2157
计算机、通信和其他电子设备制造业	300	979	52	12	–	279
仪器仪表制造业	673	5155	44	446	–	766
电力、燃气及水的生产和供应业	1733	28005	1656	4326	484	72375
电力、热力的生产和供应业	–	19604	1110	4252	289	72026
燃气生产和供应业	1733	3811	164	47	85	-321
水的生产和供应业	–	4591	383	27	110	671

4-9续表7　　　　单位：万元

项　　目			营业利润	投资收益	营业外收入	补贴收入
	#利息收入	#利息支出				
全　　市	**52615**	**393650**	**610591**	**58272**	**21168**	**99823**
在总计中：轻工业	71	4120	16652	-7801	4046	4410
重工业	52544	389530	593939	66073	17123	95413
在总计中：大型企业	49715	322098	509195	65195	14145	82573
中型企业	2653	69409	102615	-4525	4293	13512
小型企业	247	2044	-1241	-2399	2730	3738
在总计中：亏损企业	2560	116932	-53954	17376	2372	10546
按工业行业大类分						
采矿业	18209	125569	236502	-861	-	53155
煤炭开采和洗选业	17308	115950	160454	530	-	50513
黑色金属矿采选业	901	9620	76049	-1391	-	2642
制造业	34089	197630	334730	57683	14703	35153
农副食品加工业	-	173	6049	-	-	-
酒、饮料和精制茶制造业	-	15	246	-	-	-
纺织业	13	343	-1034	-5315	71	277
家具制造业	-	287	6820	-	-	-
石油加工、炼焦及核燃料加工业	517	1102	1300	22	-	28
化学原料及化学制品制造业	-18	1084	4522	5	-	689
非金属矿物制品业	254	4208	11964	-	6552	9830
黑色金属冶炼及压延加工业	32945	185436	315224	65414	3064	15911
金属制品业	-	1317	1406	-	-	3
通用设备制造业	4	122	-3117	31	-	185
专用设备制造业	134	323	-5754	-	98	2186
汽车制造业	-	3	895	-	-	53
电气机械及器材制造业	67	2219	1316	-2511	3974	4552
计算机、通信和其他电子设备制造业	136	389	1323	-	-	453
仪器仪表制造业	36	797	-134	37	943	988
电力、燃气及水的生产和供应业	317	70263	33063	1450	6465	11515
电力、热力的生产和供应业	668	69582	40958	1425	6282	11325
燃气生产和供应业	-362	-	-5582	-	183	191
水的生产和供应业	11	682	-2313	25	-	-

4-9续表8 单位：万元

项 目	营业外支出	利润总额	应交所得税	亏损企业亏损额	利税总额	应交税金及附加
全 市	**33621**	**676763**	**135204**	**45830**	**1691773**	**1190528**
在总计中：轻工业	367	20695	4895	3108	35533	21697
重工业	33254	656068	130309	42722	1656240	1168831
在总计中：大型企业	31213	560555	121542	9728	1397207	994442
中型企业	1801	114297	13019	31460	286720	189098
小型企业	607	1890	644	4642	7609	6772
在总计中：亏损企业	2421	-45830	485	45830	40827	101016
按工业行业大类分						
采矿业	26871	262787	89678	58	619337	460160
煤炭开采和洗选业	22499	188467	71007	-	499988	395046
黑色金属矿采选业	4371	74320	18672	58	119349	65114
制造业	4710	371468	31150	12876	909117	593527
农副食品加工业	-	6049	1512	-	9766	5489
酒、饮料和精制茶制造业	-	246	21	-	583	361
纺织业	2	-759	9	762	-158	790
家具制造业	-	6820	1705	-	11599	6644
石油加工、炼焦及核燃料加工业	26	1302	325	-	2413	1728
化学原料及化学制品制造业	297	4914	914	-	5767	1820
非金属矿物制品业	1447	20347	1065	-	30616	11854
黑色金属冶炼及压延加工业	2542	328592	23044	2715	834138	549920
金属制品业	135	1273	756	-	4240	3783
通用设备制造业	5	-2937	-	2937	-2531	591
专用设备制造业	78	-3647	-79	4236	-2067	1910
汽车制造业	2	946	237	-	1587	951
电气机械及器材制造业	113	5755	1288	2227	10251	6891
计算机、通信和其他电子设备制造业	19	1757	216	-	1892	403
仪器仪表制造业	45	809	136	-	1022	393
电力、燃气及水的生产和供应业	2040	42508	14376	32896	163318	136842
电力、热力的生产和供应业	1935	50318	14376	25051	169887	135055
燃气生产和供应业	72	-5464	-	5498	-5267	361
水的生产和供应业	33	-2346	-	2346	-1302	1427

-9续表9　　　　　　　　　　　　　　　　　　　　　　　　　　　　单位：万元

项　　目	本年应付职工薪酬	本年应交增值税	本年进项税额	本年销项税额	土地和固定资产支出	全部从业人员年平均人数（人）
全　　市	**1147804**	**941591**	**2230662**	**2873719**	**2659840**	**133576**
在总计中：轻工业	24972	12973	44116	54181	9439	5020
重工业	1122833	928618	2186546	2819539	2650400	128556
在总计中：大型企业	1006840	773641	1952760	2453145	2019989	104360
中型企业	129072	164622	260182	401863	632937	25521
小型企业	11782	3328	17720	18712	6915	3582
在总计中：亏损企业	256809	76959	531412	559286	820349	31842
按工业行业大类分						
采矿业	434167	314937	256186	435438	426492	49276
煤炭开采和洗选业	399546	277367	221809	362488	362828	37666
黑色金属矿采选业	34621	37569	34377	72950	63664	11610
制造业	518727	517252	1500257	1943950	1536017	60161
农副食品加工业	1256	3419	12548	16137	–	436
酒、饮料和精制茶制造业	73	62	38	100	673	40
纺织业	6611	373	2507	2880	12	1177
家具制造业	1372	4472	14774	19151	–	570
石油加工、炼焦及核燃料加工业	1796	1095	13836	14931	26140	589
化学原料及化学制品制造业	3782	534	6028	6481	3626	1356
非金属矿物制品业	11444	9199	14527	23558	1465	2977
黑色金属冶炼及压延加工业	456176	489153	1405874	1826892	1487665	43217
金属制品业	5014	2584	2461	4961	–	1976
通用设备制造业	1759	378	2379	2753	293	1032
专用设备制造业	8680	1376	5598	6257	845	2914
汽车制造业	829	580	–	–	–	591
电气机械及器材制造业	10230	3835	12644	14357	9783	1847
计算机、通信和其他电子设备制造业	1218	93	2147	1360	3060	321
仪器仪表制造业	8490	–	4895	4132	2455	1118
电力、燃气及水的生产和供应业	194910	109403	474219	494332	697331	24139
电力、热力的生产和供应业	182814	108306	470865	490742	695785	21950
燃气生产和供应业	4976	165	3354	3459	138	1032
水的生产和供应业	7121	932	–	131	1408	1157

4-10 集体工业企业主要经济指标

(2012年)

单位：万元

项 目	企业单位数(个)	#亏损企业	工业总产值(当年价格)	工业销售产值(当年价格)
全 市	**20**	**6**	**477759**	**470976**
在总计中：亏损企业	6	6	80077	77138
在总计中：农村企业	3	1	19389	19381
在总计中：轻工业	4	1	294969	292310
重工业	16	5	182790	178666
在总计中：中型企业	5	3	272794	267195
小型企业	14	3	199841	198656
微型企业	1	-	5124	5124
按工业行业大类分				
采矿业	2	-	18924	18928
煤炭开采和洗选业	2	-	18924	18928
制造业	18	6	458835	452047
纺织业	2	-	67827	67827
纺织服装、鞋、帽制造业	2	1	227142	224483
石油加工、炼焦及核燃料加工业	1	1	743	731
非金属矿物制品业	8	4	52551	51239
通用设备制造业	2	-	66712	66712
专用设备制造业	3	-	43860	41056

4-10续表1

单位：万元

项 目	工业增加值(当年价格)	资产合计	#流动资产	#应收帐款
全 市	**118112**	**291904**	**179678**	**51032**
在总计中：亏损企业	-	148235	124805	28403
在总计中：农村企业	4793	6526	4834	3143
在总计中：轻工业	20146	148227	72388	9901
重工业	97966	143677	107290	41131
在总计中：中型企业	67440	229152	146921	37600
小型企业	49405	53652	27824	13432
微型企业	1267	9100	4933	-
按工业行业大类分				
采矿业	13806	3654	3411	2888
煤炭开采和洗选业	13806	3654	3411	2888
制造业	15678	288250	176267	48145
纺织业	4126	12541	3342	291
纺织服装、鞋、帽制造业	532	135686	69046	9610
石油加工、炼焦及核燃料加工业	5426	2358	1244	297
非金属矿物制品业	18	97195	74472	21225
通用设备制造业	3844	6096	4063	2495
专用设备制造业	1732	34374	24100	14227

4-10续表2

单位：万元

项　目	#存货	#产成品	固定资产合计	固定资产原价
全　市	**30861**	**15319**	**96253**	**159837**
在总计中：亏损企业	18491	8298	13897	32626
在总计中：农村企业	909	631	1570	2725
在总计中：轻工业	19408	11531	68616	117473
重工业	11453	3788	27637	42364
在总计中：中型企业	25473	12376	71586	131725
小型企业	5389	2944	20586	23001
微型企业	–	–	4080	5110
按工业行业大类分				
采矿业	202	193	190	403
煤炭开采和洗选业	202	193	190	403
制造业	30659	15127	96062	159433
纺织业	165	165	9199	6658
纺织服装、鞋、帽制造业	19243	11366	59417	110815
石油加工、炼焦及核燃料加工业	666	390	1036	1974
非金属矿物制品业	6784	1419	19259	29029
通用设备制造业	1386	1025	2033	3438
专用设备制造业	2415	762	5119	7521

4-10续表3

单位：万元

项　目	累计折旧	在建工程	负债合计	#流动负债合计
全　市	**77763**	**219**	**187174**	**176666**
在总计中：亏损企业	18815	39	134336	130124
在总计中：农村企业	1180	–	3567	1156
在总计中：轻工业	62617	–	77146	73061
重工业	15146	219	110028	103605
在总计中：中型企业	68818	–	158384	152914
小型企业	7904	219	28137	23752
微型企业	1041	–	653	–
按工业行业大类分				
采矿业	213	–	911	816
煤炭开采和洗选业	213	–	911	816
制造业	77550	219	186263	175850
纺织业	2562	–	7089	5220
纺织服装、鞋、帽制造业	60055	–	70057	67841
石油加工、炼焦及核燃料加工业	963	–	2411	–
非金属矿物制品业	10051	108	77109	74656
通用设备制造业	1517	112	5263	5263
专用设备制造业	2402	–	24334	22871

4-10续表4

单位：万元

项目	#应付帐款	所有者权益	#实收资本	#集体资本
全市	**68419**	**106451**	**37167**	**29691**
在总计中：亏损企业	46496	16886	15767	14490
在总计中：农村企业	267	2959	2528	1128
在总计中：轻工业	32454	70554	10811	8568
重工业	35965	35897	26356	21123
在总计中：中型企业	57669	73767	21441	18015
小型企业	10751	24237	15076	11676
微型企业	–	8447	650	–
按工业行业大类分				
采矿业	34	2743	1178	1178
煤炭开采和洗选业	34	2743	1178	1178
制造业	68385	103708	35989	28513
纺织业	1621	4925	2480	2480
纺织服装、鞋、帽制造业	30833	65629	8331	6088
石油加工、炼焦及核燃料加工业	–	-54	1000	–
非金属矿物制品业	18519	23073	17247	15920
通用设备制造业	3297	833	1792	1792
专用设备制造业	14114	9301	5139	2233

4-10续表5

单位：万元

项目	#法人资本	#个人资本	#外商资本	营业收入
全市	**4050**	**906**	**2243**	**568070**
在总计中：亏损企业	1000	–	–	169454
在总计中：农村企业	1400	–	–	20050
在总计中：轻工业	–	–	2243	381380
重工业	4050	906	–	186690
在总计中：中型企业	–	906	2243	365404
小型企业	3400	–	–	197541
微型企业	650	–	–	5124
按工业行业大类分				
采矿业	–	–	–	18928
煤炭开采和洗选业	–	–	–	18928
制造业	4050	906	2243	549141
纺织业	–	–	–	66557
纺织服装、鞋、帽制造业	–	–	2243	314823
石油加工、炼焦及核燃料加工业	1000	–	–	1412
非金属矿物制品业	1050	–	–	51878
通用设备制造业	–	–	–	66712
专用设备制造业	2000	906	–	47759

4-10续表6

单位：万元

项　　目	#主营业务收入	营业成本	#主营业务成本	营业税金及附加
全　　市	**566458**	**535021**	**533583**	**2501**
在总计中：亏损企业	169389	170333	170333	689
在总计中：农村企业	20049	20038	20038	27
在总计中：轻工业	380880	360716	360216	1592
重工业	185578	174305	173367	909
在总计中：中型企业	364312	345156	344217	1657
小型企业	197022	185008	184508	841
微型企业	5124	4858	4858	3
按工业行业大类分				
采矿业	18928	18595	18595	23
煤炭开采和洗选业	18928	18595	18595	23
制造业	547530	516426	514988	2478
纺织业	66057	62931	62431	270
纺织服装、鞋、帽制造业	314823	297785	297785	1322
石油加工、炼焦及核燃料加工业	1411	1670	1670	3
非金属矿物制品业	51814	47381	47381	485
通用设备制造业	66712	62739	62739	95
专用设备制造业	46713	43919	42981	304

4-10续表7

单位：万元

项　　目	其他业务收　　入	其他业务利　　润	销售费用	管理费用
全　　市	**1612**	**585**	**6940**	**11276**
在总计中：亏损企业	65	18	4601	5982
在总计中：农村企业	1	–	7	99
在总计中：轻工业	500	500	5628	5011
重工业	1112	85	1312	6265
在总计中：中型企业	1092	67	5690	9275
小型企业	519	518	1222	1971
微型企业	–	–	28	31
按工业行业大类分				
采矿业	–	–	26	69
煤炭开采和洗选业	–	–	26	69
制造业	1612	585	6914	11207
纺织业	500	500	325	438
纺织服装、鞋、帽制造业	–	–	5303	4573
石油加工、炼焦及核燃料加工业	1	–	–	26
非金属矿物制品业	64	18	939	3953
通用设备制造业	–	–	37	99
专用设备制造业	1046	67	311	2119

4-10续表8

单位：万元

项　　目	#税金	财务费用	#利息支出	营业利润
全　　市	**593**	**3030**	**4004**	**14971**
在总计中：亏损企业	161	1241	2372	-6201
在总计中：农村企业	2	85	85	61
在总计中：轻工业	399	1193	1321	14212
重工业	194	1837	2684	759
在总计中：中型企业	351	2209	3329	8581
小型企业	242	821	675	6185
微型企业	-	-	-	205
按工业行业大类分				
采矿业	12	111	84	105
煤炭开采和洗选业	12	111	84	105
制造业	581	2920	3920	14866
纺织业	167	274	274	2321
纺织服装、鞋、帽制造业	232	920	1047	11892
石油加工、炼焦及核燃料加工业	1	-	-	-287
非金属矿物制品业	162	1646	2588	-2042
通用设备制造业	-	3	2	1980
专用设备制造业	19	77	9	1003

4-10续表9

单位：万元

项　　目	资产减值损失	投资收益	营业外收入	营业外支出
全　　市	**63**	**-1248**	**202**	**544**
在总计中：亏损企业	-	218	-	28
在总计中：农村企业	63	321	-	-
在总计中：轻工业	-	-	-	515
重工业	63	-1248	202	29
在总计中：中型企业	-	191	-	40
小型企业	63	-1439	202	504
微型企业	-	-	-	-
按工业行业大类分				
采矿业	-	-	-	-
煤炭开采和洗选业	-	-	-	-
制造业	63	-1248	202	544
纺织业	-	-	-	500
纺织服装、鞋、帽制造业	-	-	-	15
石油加工、炼焦及核燃料加工业	-	-	-	-
非金属矿物制品业	63	539	202	13
通用设备制造业	-	-1760	-	-
专用设备制造业	-	-26	-	16

4-10续表10

单位：万元

项　　目	利润总额	应交所得税	亏损企业 亏 损 额	利税总额	本年应付 职工薪酬
全　　市	**14735**	**4138**	**6155**	**25369**	**11422**
在总计中：亏损企业	-6155	5	6155	-4383	3941
在总计中：农村企业	61	28	287	205	195
在总计中：轻工业	13748	3558	2302	20785	2972
重工业	987	580	3853	4584	8451
在总计中：中型企业	8634	3704	5795	16694	8818
小型企业	5896	434	360	8442	2587
微型企业	205	-	-	233	17
按工业行业大类分					
采矿业	105	29	-	191	99
煤炭开采和洗选业	105	29	-	191	99
制造业	14630	4109	6155	25178	11324
纺织业	1821	-	-	2499	389
纺织服装、鞋、帽制造业	11928	3558	2302	18286	2583
石油加工、炼焦及核燃料加工业	-287	-	287	-225	52
非金属矿物制品业	-1830	9	3566	-72	3783
通用设备制造业	1980	396	-	2391	653
专用设备制造业	1019	147	-	2299	3865

4-10续表11

单位：万元

项　　目	本年应交 增 值 税	本年进项 税　　额	本年销项 税　　额	土地和固定 资 产 支 出	全部从业人员 年 平 均 人 数 （人）
全　　市	**8133**	**63530**	**70748**	**11473**	**6366**
在总计中：亏损企业	1083	24056	24778	10477	1744
在总计中：农村企业	118	134	184	-	141
在总计中：轻工业	5446	45490	50527	-	1363
重工业	2688	18040	20221	11473	5003
在总计中：中型企业	6404	51211	57600	11159	4674
小型企业	1704	12318	13147	314	1692
微型企业	26	-	-	-	-
按工业行业大类分					
采矿业	63	172	235	-	108
煤炭开采和洗选业	63	172	235	-	108
制造业	8070	63357	70512	11473	6258
纺织业	409	-	-	-	335
纺织服装、鞋、帽制造业	5037	45490	50527	-	1028
石油加工、炼焦及核燃料加工业	59	-	-	-	55
非金属矿物制品业	1273	4733	5419	10722	1630
通用设备制造业	317	10357	10674	-	499
专用设备制造业	976	2778	3893	751	2711

4-11　外商投资和港、澳、台商投资工业企业主要经济指标

(2012年)　　单位：万元

项　　目	企业单位数(个)	#亏损企业	工业总产值(当年价格)	工业销售产值(当年价格)	#出口交货值
全　　市	**49**	**10**	**7531153**	**7471719**	**223847**
按登记注册类型分					
港、澳、台商投资企业	22	5	3258900	3223706	167907
合资经营企业(港或澳、台资)	10	–	2993850	2961074	150362
港澳台商独资经营企业	12	5	265051	262633	17545
外商投资企业	27	5	4272253	4248013	55940
中外合资经营企业	17	4	4131410	4100458	31131
中外合作经营企业	2	1	46004	45565	–
外资企业	8	–	94839	101991	24809
在总计中：亏损企业	10	10	272624	263625	6066
在总计中：轻工业	19	5	701210	686219	14539
重工业	30	5	6829943	6785500	209308
在总计中：大型企业	7	2	5703478	5662169	181493
中型企业	16	4	1381605	1378197	14539
小型企业	23	3	439374	425514	27815
微型企业	3	1	6696	5841	–
按工业行业大类分					
制造业	46	9	7216189	7157194	223847
农副食品加工业	3	1	157406	156058	–
食品制造业	3	1	81581	81046	–
酒、饮料和精制茶制造业	1	–	90454	82098	–
纺织业	3	–	220181	217529	–
纺织服装、鞋、帽制造业	2	–	41602	40422	–
皮革、毛皮、羽毛及其制品和制鞋业	1	–	9027	9027	–
木材加工和木、竹、藤、棕、草制品业	1	–	18466	27140	–
家具制造业	1	–	73038	73038	–
造纸和纸制品业	1	1	2127	2000	–
石油加工、炼焦和核燃料加工业	3	2	168957	164096	–
化学原料和化学制品制造业	3	1	71324	68290	–
非金属矿物制品业	8	1	312404	311578	32776
黑色金属冶炼及压延加工业	8	1	5858419	5816046	185005
通用设备制造业	4	–	67712	65801	–
专用设备制造业	3	1	9315	8849	6066
电气机械和器材制造业	1	–	34177	34177	–
电力、热力、水、燃气的生产和供应业	3	1	314965	314525	–
电力、热力的生产和供应业	3	1	314965	314525	–

4-11续表1　　　　　　　　　　　　　　　　　　　　　　　　　　　　单位：万元

项　　目	工业增加值(当年价格)	资产合计	#流动资产	#应收帐款	#存　货
全　　市	**1861856**	**5459434**	**2564368**	**237711**	**596995**
按登记注册类型分					
港、澳、台商投资企业	805667	2030265	949391	16248	259994
合资经营企业(港或澳、台资)	740141	1890182	863849	5537	231260
港澳台商独资经营企业	65526	140083	85542	10711	28734
外商投资企业	1056189	3429169	1614976	221463	337000
中外合资经营企业	1021370	3289354	1549497	209249	313669
中外合作经营企业	11373	62485	32548	3629	6188
外资企业	23446	76830	32931	8585	17143
在总计中：亏损企业	–	286644	151888	23147	25038
在总计中：轻工业	317569	280773	124099	23734	33844
重工业	1544287	5178662	2440269	213977	563150
在总计中：大型企业	1410017	4356263	2183389	161233	488208
中型企业	341561	877967	242929	48342	74036
小型企业	108622	221498	136004	27935	33176
微型企业	1655	3707	2046	202	1575
按工业行业大类分					
制造业	1408544	4942391	2439067	203760	576138
农副食品加工业	79242	11858	8704	3228	4854
食品制造业	37838	29014	17919	4200	2493
酒、饮料和精制茶制造业	14160	41543	38832	7670	5023
纺织业	65048	48695	18184	1630	2826
纺织服装、鞋、帽制造业	8393	8413	4252	1158	492
皮革、毛皮、羽毛及其制品和制鞋业	5531	1800	300	150	150
木材加工和木、竹、藤、棕、草制品业	5244	32502	11868	–	6477
家具制造业	4817	97930	8316	2210	4618
造纸和纸制品业	1554	15148	9578	43	1135
石油加工、炼焦和核燃料加工业	85539	93249	29713	8752	4183
化学原料和化学制品制造业	36024	57239	46392	7609	7469
非金属矿物制品业	60024	191797	85701	19482	37259
黑色金属冶炼及压延加工业	878277	4270915	2144329	144112	492969
通用设备制造业	60600	18229	4957	958	2230
专用设备制造业	27295	9583	3974	1261	1373
电气机械和器材制造业	38959	9476	6050	1299	2589
电力、热力、水、燃气的生产和供应业	80432	517043	125300	33951	20857
电力、热力的生产和供应业	80432	517043	125300	33951	20857

4-11续表2　　单位：万元

项　　目	#产成品	固定资产合计	固定资产原价	累计折旧
全　　市	**102393**	**2669936**	**4858959**	**2762464**
按登记注册类型分				
港、澳、台商投资企业	66106	1054012	1687089	714672
合资经营企业(港或澳、台资)	46533	1004743	1641667	702242
港澳台商独资经营企业	19574	49269	45422	12430
外商投资企业	36287	1615924	3171870	2047793
中外合资经营企业	31865	1553070	3107778	2035587
中外合作经营企业	–	27911	23516	4571
外资企业	4421	34943	40576	7635
在总计中：亏损企业	9662	128071	125875	27524
在总计中：轻工业	22772	143558	159724	60529
重工业	79622	2526378	4699235	2701936
在总计中：大型企业	58706	2002481	3436478	1948408
中型企业	27843	602048	1348973	794505
小型企业	14517	65016	73091	19511
微型企业	1327	391	417	40
按工业行业大类分				
制造业	102393	2301992	4030164	2292696
农副食品加工业	3631	2173	3503	1331
食品制造业	616	10420	12448	3753
酒、饮料和精制茶制造业	2647	2710	4106	1395
纺织业	923	23005	28130	6810
纺织服装、鞋、帽制造业	450	4075	5855	1780
皮革、毛皮、羽毛及其制品和制鞋业	150	1500	1800	300
木材加工和木、竹、藤、棕、草制品业	–	17604	19659	2055
家具制造业	3393	89614	92662	42978
造纸和纸制品业	1135	2399	2521	122
石油加工、炼焦和核燃料加工业	1424	68536	73175	12688
化学原料和化学制品制造业	2043	10583	16502	7346
非金属矿物制品业	12975	70535	127562	75152
黑色金属冶炼及压延加工业	71256	1985492	3625461	2133255
通用设备制造业	1724	5195	7216	2020
专用设备制造业	27	4914	6328	1660
电气机械和器材制造业	–	3238	3238	49
电力、热力、水、燃气的生产和供应业	–	367944	828795	469768
电力、热力的生产和供应业	–	367944	828795	469768

4-11续表3

单位：万元

项　　目	在建工程	负债合计	#流动负债	#应付帐款
全　　市	**135964**	**2880185**	**2520877**	**404632**
按登记注册类型分				
港、澳、台商投资企业	85572	1167384	1100341	92967
合资经营企业(港或澳、台资)	68953	1075360	1020927	80379
港澳台商独资经营企业	16619	92025	79414	12589
外商投资企业	50392	1712800	1420537	311665
中外合资经营企业	26321	1617658	1341916	285104
中外合作经营企业	8911	64204	58254	17079
外资企业	15160	30938	20367	9482
在总计中：亏损企业	24497	215518	207061	45287
在总计中：轻工业	3011	74848	58411	3542
重工业	132953	2805337	2462466	401091
在总计中：大型企业	95408	2321756	2156620	346434
中型企业	13842	438743	259702	26881
小型企业	26714	115379	104556	31318
微型企业	-	4307	-	-
按工业行业大类分				
制造业	119669	2564733	2357696	374057
农副食品加工业	2	4691	4383	691
食品制造业	286	11761	3992	384
酒、饮料和精制茶制造业	-	2911	2911	-
纺织业	286	12777	9277	124
纺织服装、鞋、帽制造业	1000	4260	4160	1399
皮革、毛皮、羽毛及其制品和制鞋业	-	1200	-	-
木材加工和木、竹、藤、棕、草制品业	2092	17577	7457	1686
家具制造业	-	11286	7726	-
造纸和纸制品业	918	6207	6207	42
石油加工、炼焦和核燃料加工业	3496	59232	54180	16674
化学原料和化学制品制造业	482	54480	54480	4982
非金属矿物制品业	13394	92388	28256	8143
黑色金属冶炼及压延加工业	94121	2264862	2155089	336466
通用设备制造业	3349	8623	7598	2788
专用设备制造业	246	4955	4457	678
电气机械和器材制造业	-	7523	7523	-
电力、热力、水、燃气的生产和供应业	16295	315452	163181	30576
电力、热力的生产和供应业	16295	315452	163181	30576

4-11续表4　　　　单位：万元

项　　目	所有者权益	#实收资本	#国家资本	#法人资本
全　　市	**2498741**	**464613**	**1300**	**226168**
按登记注册类型分				
港、澳、台商投资企业	861993	115762	–	34631
合资经营企业(港或澳、台资)	815956	63991	–	32431
港澳台商独资经营企业	46038	51770	–	2200
外商投资企业	1636747	348851	1300	191537
中外合资经营企业	1592574	305667	1300	191537
中外合作经营企业	-1719	10156	–	–
外资企业	45892	33027	–	–
在总计中：亏损企业	70106	74125	–	16242
在总计中：轻工业	201149	63738	1300	13809
重工业	2297592	400875	–	212359
在总计中：大型企业	1958885	132465	–	81338
中型企业	436224	265230	1300	137962
小型企业	102311	65228	–	6008
微型企业	1320	1690	–	860
按工业行业大类分				
制造业	2297150	258107	1300	105718
农副食品加工业	7167	1032	–	556
食品制造业	15558	10184	–	299
酒、饮料和精制茶制造业	36632	1800	–	–
纺织业	35838	23390	–	9867
纺织服装、鞋、帽制造业	3154	716	–	–
皮革、毛皮、羽毛及其制品和制鞋业	600	500	–	–
木材加工和木、竹、藤、棕、草制品业	14926	8500	–	–
家具制造业	86644	6231	1300	1815
造纸和纸制品业	8941	10487	–	–
石油加工、炼焦和核燃料加工业	39016	15877	–	11670
化学原料和化学制品制造业	2759	7590	–	5504
非金属矿物制品业	99409	42848	–	10512
黑色金属冶炼及压延加工业	1930432	111898	–	62796
通用设备制造业	9495	5700	–	2700
专用设备制造业	4628	8255	–	–
电气机械和器材制造业	1954	3100	–	–
电力、热力、水、燃气的生产和供应业	201591	206506	–	120450
电力、热力的生产和供应业	201591	206506	–	120450

1-11续表5　　　　单位：万元

项　　目	#个人资本	#港澳台资本	#外商资本	营业收入
全　　市	**20082**	**62619**	**154444**	**8132121**
按登记注册类型分				
港、澳、台商投资企业	10215	62079	8838	3654933
合资经营企业(港或澳、台资)	10215	12508	8838	3355592
港澳台商独资经营企业	–	49570	–	299341
外商投资企业	9867	540	145607	4477188
中外合资经营企业	2560	540	109730	4340814
中外合作经营企业	7307	–	2849	41437
外资企业	–	–	33027	94937
在总计中：亏损企业	5892	44813	7179	317931
在总计中：轻工业	1760	39165	7705	721497
重工业	18322	23454	146739	7410624
在总计中：大型企业	–	19743	31384	6271466
中型企业	9885	20236	95847	1441602
小型企业	10197	22640	26383	413543
微型企业	–	–	830	5510
按工业行业大类分				
制造业	14790	62619	73680	7817936
农副食品加工业	–	–	476	154711
食品制造业	–	9886	–	84494
酒、饮料和精制茶制造业	1260	540	–	73582
纺织业	–	10523	3000	217529
纺织服装、鞋、帽制造业	–	716	–	42034
皮革、毛皮、羽毛及其制品和制鞋业	500	–	–	9027
木材加工和木、竹、藤、棕、草制品业	–	–	8500	27140
家具制造业	–	–	3115	112891
造纸和纸制品业	–	10487	–	2002
石油加工、炼焦和核燃料加工业	–	–	4207	186645
化学原料和化学制品制造业	600	–	1487	68390
非金属矿物制品业	–	–	32336	305330
黑色金属冶炼及压延加工业	9285	21172	18645	6428116
通用设备制造业	1130	1870	–	67182
专用设备制造业	–	7425	830	8849
电气机械和器材制造业	2015	–	1085	30017
电力、热力、水、燃气的生产和供应业	5292	–	80764	314185
电力、热力的生产和供应业	5292	–	80764	314185

4-11续表6　　单位：万元

项　　目	#主营业务收　入	营业成本	#主营业务成　本	营业税金及附加
全　　市	**7419393**	**7205149**	**7018077**	**13964**
按登记注册类型分				
港、澳、台商投资企业	3125144	3199489	3018298	6283
合资经营企业(港或澳、台资)	2842716	2909120	2743267	5813
港澳台商独资经营企业	282428	290370	275032	471
外商投资企业	4294250	4005660	3999779	7681
中外合资经营企业	4157909	3891989	3886108	7296
中外合作经营企业	41404	39579	39579	173
外资企业	94936	74093	74093	212
在总计中：亏损企业	290685	316799	301297	223
在总计中：轻工业	721037	636974	636860	893
重工业	6698357	6568175	6381218	13071
在总计中：大型企业	5599389	5547370	5365847	10176
中型企业	1401431	1295945	1290501	3371
小型企业	413063	356522	356418	412
微型企业	5510	5313	5313	5
按工业行业大类分				
制造业	29968258	29137396	28373607	56080
农副食品加工业	154697	150348	150338	37
食品制造业	84051	77543	77439	280
酒、饮料和精制茶制造业	73582	43469	43469	–
纺织业	217529	192041	192041	46
纺织服装、鞋、帽制造业	42033	38950	38950	143
皮革、毛皮、羽毛及其制品和制鞋业	9027	7718	7718	29
木材加工和木、竹、藤、棕、草制品业	27140	17873	17873	91
家具制造业	112891	101896	101896	307
造纸和纸制品业	2000	2127	2127	–
石油加工、炼焦和核燃料加工业	176343	177268	177104	122
化学原料和化学制品制造业	68390	68694	68694	56
非金属矿物制品业	305329	268450	268450	856
黑色金属冶炼及压延加工业	5726336	5691610	5504816	9338
通用设备制造业	67182	61906	61906	37
专用设备制造业	8849	7701	7701	10
电气机械和器材制造业	30017	24845	24845	173
电力、热力、水、燃气的生产和供应业	314000	272711	272711	2441
电力、热力的生产和供应业	314000	272711	272711	2441

4-11续表7

单位：万元

项　　目	其他业务收　入	其他业务利　润	销售费用	管理费用
全　　市	**712728**	**5785**	**24321**	**73884**
按登记注册类型分				
港、澳、台商投资企业	529789	8249	10900	36577
合资经营企业(港或澳、台资)	512877	7017	8444	31623
港澳台商独资经营企业	16913	1232	2455	4954
外商投资企业	182938	-2464	13421	37307
中外合资经营企业	182905	-2497	11033	31542
中外合作经营企业	33	33	361	993
外资企业	1	-	2027	4773
在总计中：亏损企业	27246	-1233	2709	5047
在总计中：轻工业	461	3	6846	8725
重工业	712267	5782	17475	65159
在总计中：大型企业	672077	5749	12615	53774
中型企业	40171	-	6280	12832
小型企业	480	36	5400	7234
微型企业	-	-	26	44
按工业行业大类分				
制造业	712543	5752	24321	70323
农副食品加工业	14	-	988	1058
食品制造业	443	-	863	999
酒、饮料和精制茶制造业	-	-	1046	1630
纺织业	-	-	380	333
纺织服装、鞋、帽制造业	1	1	318	500
皮革、毛皮、羽毛及其制品和制鞋业	-	-	648	24
木材加工和木、竹、藤、棕、草制品业	-	-	198	2308
家具制造业	-	-	1717	1852
造纸和纸制品业	2	2	115	410
石油加工、炼焦和核燃料加工业	10301	-2497	202	1157
化学原料和化学制品制造业	-	-	1137	858
非金属矿物制品业	1	-	4435	5783
黑色金属冶炼及压延加工业	701780	8246	10939	51827
通用设备制造业	-	-	429	370
专用设备制造业	-	-	547	717
电气机械和器材制造业	-	-	361	497
电力、热力、水、燃气的生产和供应业	185	33	-	3561
电力、热力的生产和供应业	185	33	-	3561

4-11续表8

单位：万元

项　　目	#税　金	财务费用	#利息支出	营业利润
全　　市	**8298**	**113459**	**84099**	**215554**
按登记注册类型分				
港、澳、台商投资企业	3561	40516	20533	50243
合资经营企业(港或澳、台资)	2650	39238	19811	50269
港澳台商独资经营企业	910	1278	723	-26
外商投资企业	4737	72943	63566	165311
中外合资经营企业	4521	69292	60120	154802
中外合作经营企业	33	1458	1422	-1126
外资企业	183	2193	2024	11635
在总计中：亏损企业	759	4016	2752	-21138
在总计中：轻工业	1217	13568	12750	54656
重工业	7081	99891	71350	160899
在总计中：大型企业	5884	77195	50163	123015
中型企业	1707	21666	20164	63385
小型企业	704	14589	13762	29042
微型企业	4	10	10	112
按工业行业大类分				
制造业	7439	95937	66959	197604
农副食品加工业	95	92	77	2188
食品制造业	466	676	238	4294
酒、饮料和精制茶制造业	254	11811	11680	15626
纺织业	3	376	292	24356
纺织服装、鞋、帽制造业	143	59	59	2065
皮革、毛皮、羽毛及其制品和制鞋业	3	36	36	573
木材加工和木、竹、藤、棕、草制品业	109	1750	1613	4919
家具制造业	160	299	287	6820
造纸和纸制品业	70	108	-	-758
石油加工、炼焦和核燃料加工业	93	116	268	-2155
化学原料和化学制品制造业	134	2025	1197	-4380
非金属矿物制品业	199	3543	3519	22258
黑色金属冶炼及压延加工业	5671	74284	47030	114106
通用设备制造业	5	135	67	4305
专用设备制造业	5	112	82	-238
电气机械和器材制造业	30	516	516	3625
电力、热力、水、燃气的生产和供应业	859	17522	17140	17951
电力、热力的生产和供应业	859	17522	17140	17951

1-11续表9　　　　单位：万元

项　　目	投资收益	补贴收入	营业外收入	营业外支出
全　　市	**-18034**	**50310**	**5597**	**5027**
按登记注册类型分				
港、澳、台商投资企业	-2178	43770	312	4449
合资经营企业(港或澳、台资)	-2678	43164	-	3718
港澳台商独资经营企业	500	606	312	731
外商投资企业	-15856	6540	5286	578
中外合资经营企业	359	1834	623	549
中外合作经营企业	-9000	3720	3720	1
外资企业	-7215	987	943	28
在总计中：亏损企业	-	4229	4032	280
在总计中：轻工业	-2303	326	934	718
重工业	-15732	49984	4663	4310
在总计中：大型企业	483	44945	-	4247
中型企业	503	410	743	588
小型企业	-19021	4955	4854	192
微型企业	-	-	-	-
按工业行业大类分				
制造业	-18034	46357	1877	4993
农副食品加工业	-	129	115	51
食品制造业	-2306	191	191	661
酒、饮料和精制茶制造业	-	-	-	-
纺织业	3	-	623	-
纺织服装、鞋、帽制造业	-	-	-	1
皮革、毛皮、羽毛及其制品和制鞋业	-	-	-	-
木材加工和木、竹、藤、棕、草制品业	-	43	-	-
家具制造业	-	-	-	-
造纸和纸制品业	-	-	-	1
石油加工、炼焦和核燃料加工业	-	4	-	46
化学原料和化学制品制造业	-	-	-	-
非金属矿物制品业	-7215	944	943	31
黑色金属冶炼及压延加工业	483	45041	-	4201
通用设备制造业	-	-	-	-
专用设备制造业	-	6	6	2
电气机械和器材制造业	-9000	-	-	-
电力、热力、水、燃气的生产和供应业	-	3952	3720	35
电力、热力的生产和供应业	-	3952	3720	35

4-11续表10 单位：万元

项 目	利润总额	应交所得税	亏损企业亏损额	利税总额	本年应付工资总额
全 市	**260837**	**52819**	**17189**	**397814**	**112238**
按登记注册类型分					
港、澳、台商投资企业	89564	16386	6963	148199	49679
合资经营企业(港或澳、台资)	89715	15493	-	145577	40951
港澳台商独资经营企业	-151	894	6963	2621	8728
外商投资企业	171273	36433	10226	249616	62559
中外合资经营企业	156086	35155	9194	231843	57863
中外合作经营企业	2593	-	1032	2766	818
外资企业	12594	1278	-	15007	3878
在总计中：亏损企业	-17189	17	17189	-14313	9228
在总计中：轻工业	54264	2835	5101	65415	10887
重工业	206573	49984	12088	332399	101351
在总计中：大型企业	163713	41749	5854	258209	76607
中型企业	63207	10284	7470	100552	27435
小型企业	33805	786	3824	38885	8037
微型企业	112	-	42	169	159
按工业行业大类分					
制造业	238968	47043	16157	353140	96753
农副食品加工业	2266	2	1692	3475	1384
食品制造业	3824	575	2034	4777	1072
酒、饮料和精制茶制造业	15626	-	-	15626	80
纺织业	24356	539	-	27532	1807
纺织服装、鞋、帽制造业	2064	-	-	2564	1131
皮革、毛皮、羽毛及其制品和制鞋业	573	-	-	658	300
木材加工和木、竹、藤、棕、草制品业	4961	683	-	5053	1062
家具制造业	6820	1705	-	11599	1372
造纸和纸制品业	-758	-	758	-758	279
石油加工、炼焦和核燃料加工业	-2197	302	3708	689	3439
化学原料和化学制品制造业	-4380	14	5161	-4241	901
非金属矿物制品业	23171	5226	325	32678	6349
黑色金属冶炼及压延加工业	154947	37926	2187	243326	74049
通用设备制造业	4305	71	-	6504	2501
专用设备制造业	-234	-	293	-138	829
电气机械和器材制造业	3625	-	-	3798	201
电力、热力、水、燃气的生产和供应业	21869	5777	1032	44674	15485
电力、热力的生产和供应业	21869	5777	1032	44674	15485

4-11续表11

单位：万元

项　　目	本年应交增值税	本年进项税额	本年销项税额	土地和固定资产支出	全部从业人员年平均人数（人）
全　　市	**123013**	**827389**	**938161**	**21702**	**35029**
按登记注册类型分					
港、澳、台商投资企业	52351	366292	416721	5692	17230
合资经营企业(港或澳、台资)	50049	340183	390664	391	12491
港澳台商独资经营企业	2302	26109	26057	5301	4739
外商投资企业	70662	461097	521440	16011	17799
中外合资经营企业	68460	459619	519686	6978	16118
中外合作经营企业	–	–	–	–	271
外资企业	2202	1479	1755	9033	1410
在总计中：亏损企业	2654	40375	42140	5704	4052
在总计中：轻工业	10259	46527	53484	1778	6133
重工业	112755	780862	884677	19924	28896
在总计中：大型企业	84319	668948	745391	5932	23800
中型企业	33974	152582	185461	14323	8344
小型企业	4668	5859	7309	1447	2737
微型企业	52	–	–	–	148
按工业行业大类分					
制造业	102649	796281	886693	17152	33887
农副食品加工业	1172	5268	5365	61	543
食品制造业	674	845	847	1042	800
酒、饮料和精制茶制造业	–	–	–	–	148
纺织业	3130	22545	25527	676	1050
纺织服装、鞋、帽制造业	357	–	–	–	750
皮革、毛皮、羽毛及其制品和制鞋业	57	–	–	–	200
木材加工和木、竹、藤、棕、草制品业	–	–	–	8630	523
家具制造业	4472	14774	19151	–	570
造纸和纸制品业	–	–	–	–	103
石油加工、炼焦和核燃料加工业	2764	26608	29359	–	1638
化学原料和化学制品制造业	84	9909	9820	406	456
非金属矿物制品业	8650	3485	3994	402	2992
黑色金属冶炼及压延加工业	79041	711428	790428	5935	23183
通用设备制造业	2162	396	1970	–	461
专用设备制造业	86	1022	233	–	375
电气机械和器材制造业	–	–	–	–	95
电力、热力、水、燃气的生产和供应业	20365	31108	51469	4550	1142
电力、热力的生产和供应业	20365	31108	51469	4550	1142

4-12 私营工业企业主要经济指标

(2012年)

单位：万元

项　　目	企业单位数(个)	#亏损企业	工业总产值(当年价格)	工业销售产值(当年价格)
全　　市	550	37	15123964	14718815
在总计中：亏损企业	37	37	823868	810127
在总计中：轻工业	195	5	4710635	4587423
重工业	355	32	10413330	10131392
在总计中：大型企业	14	1	3741757	3559381
中型企业	60	7	4159149	4067326
小型企业	459	29	7129532	7000818
按工业行业大中小类分				
采矿业	64	4	1169481	1155999
煤炭开采和洗选业	53	2	1070184	1057409
黑色金属矿采选业	9	–	93957	93353
非金属矿采选业	2	2	5340	5237
制造业	481	31	13928096	13539977
农副食品加工业	52	–	1898929	1878864
食品制造业	20	–	465913	458449
酒、饮料和精制茶制造业	10	1	107394	102826
纺织业	59	3	1216784	1183209
纺织服装、鞋、帽制造业	8	–	158622	128415
皮革、毛皮、羽毛(绒)及其制品业	3	–	29069	28600
木材加工及木、竹、藤、棕、草制品业	3	1	9754	9744
家具制造业	5	–	64336	61613
造纸及纸制品业	2	–	32815	32815
印刷业和记录媒介的复制	6	–	46737	46878
石油加工、炼焦及核燃料加工业	19	4	883438	875204
化学原料及化学制品制造业	30	3	548183	526363
医药制造业	7	–	136303	132881
化学纤维制造业	2	–	126164	126164
橡胶制品业	20	–	340823	333142
非金属矿物制品业	52	3	1035892	1001814
黑色金属冶炼及压延加工业	49	8	4832933	4633320
有色金属冶炼及压延加工业	2	–	84509	115544
金属制品业	15	1	394956	387931
通用设备制造业	62	1	704774	681746
专用设备制造业	20	2	363800	349749
汽车制造业	5	–	54807	57784
铁路、船舶、航空航天和其他运输设备制造业	3	–	107898	107160
电气机械及器材制造业	20	2	246213	243489
计算机、通信和其他电子设备制造业	3	–	14217	13441
仪器仪表及文化、办公用机械制造业	1	–	3313	2976
废弃资源和废旧材料回收加工业	3	2	19520	19859
电力、燃气及水的生产和供应业	5	2	26388	22840
电力、热力的生产和供应业	2	1	14332	12116
燃气生产和供应业	2	1	6733	6733
水的生产和供应业	1	–	5323	3991

4-12续表1　　　　单位：万元

项　　　目	#出口交货值	工业增加值（当年价格）	资产合计	#流动资产
全　　市	**71074**	**3738956**	**6827469**	**3227389**
在总计中：亏损企业	–	–	713530	348087
在总计中：轻工业	70146	637738	1698949	720857
重工业	928	3101218	5128521	2506532
在总计中：大型企业	–	925039	1919110	912413
中型企业	69896	1028227	1949945	811318
小型企业	1178	1762567	2905745	1473046
按工业行业大中小类分				
采矿业	–	579952	390024	286432
煤炭开采和洗选业	–	437035	360334	266582
黑色金属矿采选业	–	142339	22366	16781
非金属矿采选业	–	578	7325	3070
制造业	71074	2984162	6335855	2907022
农副食品加工业	250	159133	619316	318091
食品制造业	15565	75985	193616	79694
酒、饮料和精制茶制造业	–	28436	50543	17450
纺织业	27331	130629	455184	150774
纺织服装、鞋、帽制造业	–	16854	34613	17413
皮革、毛皮、羽毛(绒)及其制品业	–	11108	18378	6782
木材加工及木、竹、藤、棕、草制品业	–	10532	15332	6625
家具制造业	–	9674	22676	7412
造纸及纸制品业	–	3120	4968	2220
印刷业和记录媒介的复制	–	5393	18927	9041
石油加工、炼焦及核燃料加工业	–	171778	512439	352655
化学原料及化学制品制造业	–	72343	222676	91944
医药制造业	27000	17695	63997	25661
化学纤维制造业	–	15413	29515	15562
橡胶制品业	260	39777	179607	47500
非金属矿物制品业	–	120539	652938	228525
黑色金属冶炼及压延加工业	–	1763745	2424015	1120196
有色金属冶炼及压延加工业	–	19691	23540	8010
金属制品业	–	25155	140649	79823
通用设备制造业	668	121695	153701	85324
专用设备制造业	–	54813	157382	85412
汽车制造业	–	13637	101569	57652
铁路、船舶、航空航天和其他运输设备制造业	–	11223	48778	10765
电气机械及器材制造业	–	78237	154809	59575
计算机、通信和其他电子设备制造业	–	1844	7640	6291
仪器仪表及文化、办公用机械制造业	–	4533	5368	4715
废弃资源和废旧材料回收加工业	–	1181	23680	11913
电力、燃气及水的生产和供应业	–	167005	101591	33935
电力、热力的生产和供应业	–	161523	69445	19087
燃气生产和供应业	–	1296	27394	11959
水的生产和供应业	–	4186	4752	2890

4-12续表2

单位：万元

项　　目	#应收帐款	#存　货	#产成品	固定资产
全　　市	**693349**	**914057**	**445787**	**3225351**
在总计中：亏损企业	51110	95315	36476	333341
在总计中：轻工业	188728	228557	116704	850387
重工业	504621	685501	329083	2374964
在总计中：大型企业	98807	234474	129963	1004658
中型企业	183223	254871	111561	1054638
小型企业	393520	419042	200276	1144663
按工业行业大中小类分				
采矿业	109199	71642	22262	66212
煤炭开采和洗选业	100189	66058	19937	56833
黑色金属矿采选业	7458	4158	2039	5124
非金属矿采选业	1552	1426	286	4255
制造业	565652	837383	422851	3099682
农副食品加工业	107991	108965	55306	227983
食品制造业	13485	23743	10104	102151
酒、饮料和精制茶制造业	4160	4486	2257	31889
纺织业	23363	50119	26731	298369
纺织服装、鞋、帽制造业	4587	4147	1961	15433
皮革、毛皮、羽毛(绒)及其制品业	2262	2270	1441	11358
木材加工及木、竹、藤、棕、草制品业	1337	2212	705	2266
家具制造业	577	1897	1312	13926
造纸及纸制品业	476	589	362	2748
印刷业和记录媒介的复制	2198	2096	1094	8151
石油加工、炼焦及核燃料加工业	37667	53001	25198	149224
化学原料及化学制品制造业	26391	18786	9579	114997
医药制造业	8189	3002	1013	38185
化学纤维制造业	2196	7154	3421	13954
橡胶制品业	18743	17736	11453	109030
非金属矿物制品业	49929	71745	44090	396490
黑色金属冶炼及压延加工业	133539	366405	180368	1247310
有色金属冶炼及压延加工业	539	315	286	12318
金属制品业	20310	21738	10625	54904
通用设备制造业	28718	26663	11158	62442
专用设备制造业	24157	17894	8754	64693
汽车制造业	28721	15004	5711	23940
铁路、船舶、航空航天和其他运输设备制造业	301	666	556	38013
电气机械及器材制造业	15136	10730	5169	46998
计算机、通信和其他电子设备制造业	2931	1603	178	983
仪器仪表及文化、办公用机械制造业	1457	1105	1105	653
废弃资源和废旧材料回收加工业	6291	3313	2915	11275
电力、燃气及水的生产和供应业	18499	5033	674	59457
电力、热力的生产和供应业	13878	4639	343	42412
燃气生产和供应业	4407	395	331	15297
水的生产和供应业	213	-	-	1748

-12续表3　　　　　　　　　　　　　　　　　　　　　　　　　　　　单位：万元

项　　目	固定资产原价	累计折旧	在建工程	负债合计
全　　市	**4408251**	**1395899**	**336979**	**3297375**
在总计中：亏损企业	577835	263687	114872	643016
在总计中：轻工业	1002639	247543	29049	555928
重工业	3405612	1148356	307930	2741446
在总计中：大型企业	1555278	563658	141319	830220
中型企业	1487770	531262	126221	1098714
小型企业	1332817	289697	69377	1341553
按工业行业大中小类分				
采矿业	96758	33330	859	263096
煤炭开采和洗选业	85813	31763	859	243865
黑色金属矿采选业	6277	1155	−	15788
非金属矿采选业	4668	413	−	3443
制造业	4256329	1356731	329657	2959049
农副食品加工业	275629	75418	15070	153847
食品制造业	116406	28384	1484	28097
酒、饮料和精制茶制造业	32906	2613	−	20453
纺织业	331472	78131	6806	227237
纺织服装、鞋、帽制造业	19675	4336	−	7066
皮革、毛皮、羽毛(绒)及其制品业	12419	1061	−	11180
木材加工及木、竹、藤、棕、草制品业	3987	1721	−	1885
家具制造业	15015	1425	−	3426
造纸及纸制品业	5731	3033	−	3100
印刷业和记录媒介的复制	9756	1799	16	6837
石油加工、炼焦及核燃料加工业	283480	143522	5084	452611
化学原料及化学制品制造业	139960	30575	3793	96374
医药制造业	56542	18410	32	10899
化学纤维制造业	17620	3666	−	14994
橡胶制品业	130138	33028	2193	41136
非金属矿物制品业	535545	172392	56204	357537
黑色金属冶炼及压延加工业	1873514	660855	211432	1163956
有色金属冶炼及压延加工业	23068	11458	700	10627
金属制品业	60315	9616	4731	79814
通用设备制造业	71959	12779	2186	59716
专用设备制造业	85801	24159	3175	66273
汽车制造业	25967	2725	1759	33393
铁路、船舶、航空航天和其他运输设备制造业	57280	21363	3731	27069
电气机械及器材制造业	54674	9752	10824	64350
计算机、通信和其他电子设备制造业	1346	362	−	4477
仪器仪表及文化、办公用机械制造业	1342	689	−	2410
废弃资源和废旧材料回收加工业	14737	3462	439	10286
电力、燃气及水的生产和供应业	55164	5838	6463	75230
电力、热力的生产和供应业	40953	2059	272	57634
燃气生产和供应业	10926	1638	5588	12659
水的生产和供应业	3286	2141	604	4937

4-12续表4

单位：万元

项　　目	#流动负债	#应付帐款	所有者权益	#实收资本
全　　市	**2644912**	**460437**	**3478163**	**1023717**
在总计中：亏损企业	534276	116862	66991	110379
在总计中：轻工业	376303	45505	1111195	314464
重工业	2268609	414931	2366969	709253
在总计中：大型企业	706821	138003	1088891	132954
中型企业	878758	127855	832437	289295
小型企业	1039451	190029	1537083	592368
按工业行业大中小类分				
采矿业	262021	48011	126008	48344
煤炭开采和洗选业	242880	44036	115699	43427
黑色金属矿采选业	15698	3606	6427	3755
非金属矿采选业	3443	369	3882	1162
制造业	2326661	404281	3328864	953051
农副食品加工业	115551	15388	461211	110642
食品制造业	20919	2308	156797	33158
酒、饮料和精制茶制造业	13639	1334	22935	15457
纺织业	141182	12233	225436	84766
纺织服装、鞋、帽制造业	3016	499	27537	14760
皮革、毛皮、羽毛(绒)及其制品业	10349	1052	7198	3506
木材加工及木、竹、藤、棕、草制品业	1885	229	13189	4080
家具制造业	1411	21	19196	4435
造纸及纸制品业	3100	2622	1868	410
印刷业和记录媒介的复制	6062	1717	11153	3756
石油加工、炼焦及核燃料加工业	405861	24848	59827	65225
化学原料及化学制品制造业	64835	11867	120424	46554
医药制造业	9789	1917	53098	13767
化学纤维制造业	10025	562	14521	6000
橡胶制品业	32447	3909	137384	26113
非金属矿物制品业	253761	67940	292094	108524
黑色金属冶炼及压延加工业	962637	192054	1258012	220022
有色金属冶炼及压延加工业	10022	–	9054	8920
金属制品业	76308	22039	60835	32252
通用设备制造业	50709	11536	89491	38876
专用设备制造业	37658	9617	90255	38125
汽车制造业	21737	2348	67967	35100
铁路、船舶、航空航天和其他运输设备制造业	19538	2466	20709	8479
电气机械及器材制造业	39460	7616	89158	15955
计算机、通信和其他电子设备制造业	4477	1384	3163	1570
仪器仪表及文化、办公用机械制造业	–	–	2958	300
废弃资源和废旧材料回收加工业	10286	6776	13393	12300
电力、燃气及水的生产和供应业	56230	8145	23292	22322
电力、热力的生产和供应业	38634	4066	8741	10000
燃气生产和供应业	12659	3978	14736	11160
水的生产和供应业	4937	102	-185	1162

4-12续表5

单位：万元

项　　目	#国家资本	#法人资本	#个人资本	营业收入
全　　市	**1444**	**387641**	**631316**	**15627815**
在总计中：亏损企业	–	30658	79720	842376
在总计中：轻工业	1220	92886	217459	4734125
重工业	224	294755	413857	10893690
在总计中：大型企业	–	82541	50413	4301289
中型企业	400	98087	189454	3964190
小型企业	1044	203933	385430	7276810
按工业行业大中小类分				
采矿业	–	5608	42736	1167208
煤炭开采和洗选业	–	4586	38841	1068070
黑色金属矿采选业	–	360	3395	93353
非金属矿采选业	–	662	500	5785
制造业	1444	361233	587058	14427343
农副食品加工业	1100	38413	69479	1940972
食品制造业	120	15336	16757	465714
酒、饮料和精制茶制造业	–	4053	11404	122431
纺织业	–	16059	68707	1201351
纺织服装、鞋、帽制造业	–	6080	8680	158713
皮革、毛皮、羽毛(绒)及其制品业	–	–	3506	28596
木材加工及木、竹、藤、棕、草制品业	–	–	4080	13974
家具制造业	–	–	4435	64072
造纸及纸制品业	–	–	410	32815
印刷业和记录媒介的复制	–	1206	2550	46491
石油加工、炼焦及核燃料加工业	–	24415	40810	856667
化学原料及化学制品制造业	–	6490	40064	545241
医药制造业	–	500	12963	134125
化学纤维制造业	–	–	6000	126164
橡胶制品业	16	15715	10226	334254
非金属矿物制品业	–	29649	78875	962271
黑色金属冶炼及压延加工业	208	114526	105027	5365497
有色金属冶炼及压延加工业	–	–	8920	95242
金属制品业	–	5600	26652	362978
通用设备制造业	–	19045	19831	703447
专用设备制造业	–	17719	20407	389808
汽车制造业	–	31100	4000	66284
铁路、船舶、航空航天和其他运输设备制造业	–	7014	1465	102670
电气机械及器材制造业	–	6013	9942	278123
计算机、通信和其他电子设备制造业	–	–	1570	10814
仪器仪表及文化、办公用机械制造业	–	–	300	2976
废弃资源和废旧材料回收加工业	–	2300	10000	15654
电力、燃气及水的生产和供应业	–	20800	1522	33264
电力、热力的生产和供应业	–	10000	–	10662
燃气生产和供应业	–	10800	360	18612
水的生产和供应业	–	–	1162	3991

4-12续表6

单位：万元

项　　目	#主营业务收入	营业成本	#主营业务成本	营业税金及附加
全　　市	**15430093**	**13895470**	**13814300**	**51168**
在总计中：亏损企业	792127	785435	780846	1620
在总计中：轻工业	4718622	4277269	4241513	18357
重工业	10711471	9618201	9572787	32811
在总计中：大型企业	4166012	3834716	3818412	4236
中型企业	3917475	3481035	3475687	10091
小型企业	7261081	6503362	6443874	36255
按工业行业大中小类分				
采矿业	1167087	1081407	1080555	5881
煤炭开采和洗选业	1067949	1006256	1005404	1120
黑色金属矿采选业	93353	69500	69500	4760
非金属矿采选业	5785	5651	5651	1
制造业	14229741	12785826	12705507	45254
农副食品加工业	1927740	1767278	1762139	2974
食品制造业	465633	410651	410651	1756
酒、饮料和精制茶制造业	122431	97032	97005	3977
纺织业	1201248	1099249	1099249	4518
纺织服装、鞋、帽制造业	158452	149411	119811	1551
皮革、毛皮、羽毛(绒)及其制品业	28596	26269	26269	66
木材加工及木、竹、藤、棕、草制品业	13974	10279	10279	40
家具制造业	64072	58362	58362	638
造纸及纸制品业	32815	30948	30948	201
印刷业和记录媒介的复制	46474	41295	41295	112
石油加工、炼焦及核燃料加工业	846657	799530	799419	1275
化学原料及化学制品制造业	545216	439464	439329	2206
医药制造业	134125	121346	121346	1106
化学纤维制造业	126164	113790	113790	357
橡胶制品业	334254	292846	292846	1547
非金属矿物制品业	956240	834067	834050	11725
黑色金属冶炼及压延加工业	5200385	4715038	4693782	5307
有色金属冶炼及压延加工业	95242	83288	83288	320
金属制品业	362978	338262	338250	259
通用设备制造业	703263	611302	611276	2538
专用设备制造业	389201	338507	338507	886
汽车制造业	66153	60452	60445	164
铁路、船舶、航空航天和其他运输设备制造业	102460	86499	86499	328
电气机械及器材制造业	276524	235211	211221	1176
计算机、通信和其他电子设备制造业	10814	8264	8264	46
仪器仪表及文化、办公用机械制造业	2976	1966	1966	26
废弃资源和废旧材料回收加工业	15654	15221	15221	156
电力、燃气及水的生产和供应业	33264	28238	28238	34
电力、热力的生产和供应业	10662	7956	7956	1
燃气生产和供应业	18612	17307	17307	26
水的生产和供应业	3991	2975	2975	6

4-12续表7

单位：万元

项　　目	销售费用	管理费用	#税　金	财务费用
全　　市	**143818**	**213381**	**15875**	**132982**
在总计中：亏损企业	10324	16678	1069	24569
在总计中：轻工业	47581	59323	4971	23817
重工业	96237	154058	10904	109166
在总计中：大型企业	3637	21240	1820	27972
中型企业	40730	65611	4431	51790
小型企业	98431	125657	9587	52727
按工业行业大中小类分				
采矿业	12056	16898	1044	10066
煤炭开采和洗选业	8278	10330	493	7842
黑色金属矿采选业	3683	6457	549	2206
非金属矿采选业	95	111	2	18
制造业	131089	194265	14765	120988
农副食品加工业	14837	21885	1200	8113
食品制造业	9385	5814	297	3374
酒、饮料和精制茶制造业	4707	4612	552	2408
纺织业	8514	13384	2163	4907
纺织服装、鞋、帽制造业	1377	1492	115	326
皮革、毛皮、羽毛(绒)及其制品业	9	509	12	141
木材加工及木、竹、藤、棕、草制品业	424	730	-	112
家具制造业	294	407	27	239
造纸及纸制品业	321	281	66	149
印刷业和记录媒介的复制	509	1029	16	144
石油加工、炼焦及核燃料加工业	3282	14198	1522	24813
化学原料及化学制品制造业	11133	16171	960	5240
医药制造业	1585	931	17	1951
化学纤维制造业	290	840	196	789
橡胶制品业	4369	7878	120	1551
非金属矿物制品业	24205	20573	1970	17255
黑色金属冶炼及压延加工业	16950	38895	1990	37196
有色金属冶炼及压延加工业	1623	3564	113	483
金属制品业	1474	4557	730	3790
通用设备制造业	18982	17802	749	3499
专用设备制造业	2863	7403	1244	1787
汽车制造业	742	1108	130	1093
铁路、船舶、航空航天和其他运输设备制造业	1082	2512	82	511
电气机械及器材制造业	1758	5611	390	619
计算机、通信和其他电子设备制造业	219	889	15	233
仪器仪表及文化、办公用机械制造业	83	835	11	60
废弃资源和废旧材料回收加工业	69	354	81	208
电力、燃气及水的生产和供应业	673	1314	45	114
电力、热力的生产和供应业	-	905	20	1814
燃气生产和供应业	505	650	14	113
水的生产和供应业	168	663	32	1

4-12续表8

单位：万元

项　　目	#利息支出	营业利润	投资收益	营业外收入
全　　市	**114196**	**985704**	**-146015**	**3207**
在总计中：亏损企业	22133	-45353	-4745	1262
在总计中：轻工业	22356	301723	-30506	68
重工业	91840	683981	-115509	3138
在总计中：大型企业	23779	288303	-3808	-
中型企业	49159	244620	-79370	2787
小型企业	41105	447264	-62837	420
按工业行业大中小类分				
采矿业	8366	36669	-4131	-
煤炭开采和洗选业	6896	30013	-4131	-
黑色金属矿采选业	1452	6747	-	-
非金属矿采选业	18	-90	-	-
制造业	105699	948762	-141984	3207
农副食品加工业	9399	119350	-17130	20
食品制造业	2486	35703	-5175	27
酒、饮料和精制茶制造业	1536	9696	-3760	-
纺织业	4728	72419	1700	14
纺织服装、鞋、帽制造业	252	4556	-2090	-
皮革、毛皮、羽毛(绒)及其制品业	141	1569	-30	-
木材加工及木、竹、藤、棕、草制品业	63	2388	-	-
家具制造业	234	4132	-	-
造纸及纸制品业	149	1086	170	-
印刷业和记录媒介的复制	145	3402	-	7
石油加工、炼焦及核燃料加工业	23476	-4135	-7792	73
化学原料及化学制品制造业	3925	39308	-32918	2779
医药制造业	1451	7205	-1903	-
化学纤维制造业	789	10099	-	-
橡胶制品业	1532	26031	-3645	-
非金属矿物制品业	14993	48132	-9599	-
黑色金属冶炼及压延加工业	31370	432578	-	11
有色金属冶炼及压延加工业	469	5220	-21	-
金属制品业	3258	10685	-42994	50
通用设备制造业	2255	45985	-573	-
专用设备制造业	996	38308	-	146
汽车制造业	1042	2725	-	-
铁路、船舶、航空航天和其他运输设备制造业	511	11739	-	-
电气机械及器材制造业	301	19766	-16224	80
计算机、通信和其他电子设备制造业	100	1163	-	-
仪器仪表及文化、办公用机械制造业	60	6	-	-
废弃资源和废旧材料回收加工业	40	-354	-	-
电力、燃气及水的生产和供应业	130	274	100	-
电力、热力的生产和供应业	16	85	100	-
燃气生产和供应业	114	11	-	-
水的生产和供应业	-	177	-	-

4-12续表9　　　　单位：万元

项　　目	营业外支出	利润总额	应交所得税	亏损企业亏损额
全　　市	**112776**	**685466**	**76253**	**43098**
在总计中：亏损企业	866	-43098	-285	43098
在总计中：轻工业	3104	304690	29455	512
重工业	109672	380776	46798	42585
在总计中：大型企业	8243	122950	8807	554
中型企业	96093	155344	30255	29039
小型企业	8433	401645	37187	13504
按工业行业大中小类分				
采矿业	480	36222	5334	316
煤炭开采和洗选业	480	29566	3915	225
黑色金属矿采选业	-	6747	1418	-
非金属矿采选业	-	-90	-	90
制造业	112249	649018	70859	42585
农副食品加工业	212	121003	5157	-
食品制造业	7	37592	8932	-
酒、饮料和精制茶制造业	-	9696	10	230
纺织业	1828	72589	6754	234
纺织服装、鞋、帽制造业	-	4556	77	-
皮革、毛皮、羽毛(绒)及其制品业	-	1569	388	-
木材加工及木、竹、藤、棕、草制品业	-	2388	111	1
家具制造业	-	4132	308	-
造纸及纸制品业	170	916	1	-
印刷业和记录媒介的复制	1	3408	418	-
石油加工、炼焦及核燃料加工业	1159	-3843	2461	16039
化学原料及化学制品制造业	459	41651	4545	747
医药制造业	10	7196	861	-
化学纤维制造业	-	10099	2434	-
橡胶制品业	2	26529	5002	-
非金属矿物制品业	1554	47339	8606	7772
黑色金属冶炼及压延加工业	102320	128540	12284	14188
有色金属冶炼及压延加工业	-	5256	-	-
金属制品业	3	11061	1577	1455
通用设备制造业	637	45922	3502	1120
专用设备制造业	3037	35467	2166	19
汽车制造业	78	4158	59	-
铁路、船舶、航空航天和其他运输设备制造业	210	11529	2338	-
电气机械及器材制造业	553	19459	2755	36
计算机、通信和其他电子设备制造业	-	1163	19	-
仪器仪表及文化、办公用机械制造业	-	6	-	-
废弃资源和废旧材料回收加工业	10	-364	95	745
电力、燃气及水的生产和供应业	47	227	61	197
电力、热力的生产和供应业	33	53	-	20
燃气生产和供应业	14	-3	61	177
水的生产和供应业	0	177	-	-

4-12续表10　　单位：万元

项　　目	利税总额	本年应交税金及附加	本年应付职工薪酬	本年应交增值税
全　　市	**1008895**	**415557**	**294017**	**272261**
在总计中：亏损企业	-29300	14581	24131	12178
在总计中：轻工业	412831	142567	101205	89784
重工业	596064	272990	192812	182477
在总计中：大型企业	197100	84778	87043	69914
中型企业	250802	130144	85325	85367
小型企业	554257	199386	121135	116358
按工业行业大中小类分				
采矿业	57488	27643	7712	15385
煤炭开采和洗选业	44030	18872	6870	13344
黑色金属矿采选业	13536	8756	761	2029
非金属矿采选业	-78	15	82	12
制造业	950211	386818	283999	255939
农副食品加工业	156159	41513	22172	32182
食品制造业	52055	23691	6444	12707
酒、饮料和精制茶制造业	20513	11380	4268	6841
纺织业	96723	33051	46086	19616
纺织服装、鞋、帽制造业	7083	2719	2212	976
皮革、毛皮、羽毛(绒)及其制品业	2222	1053	819	586
木材加工及木、竹、藤、棕、草制品业	2746	469	520	318
家具制造业	5237	1440	1939	468
造纸及纸制品业	1370	521	451	254
印刷业和记录媒介的复制	3825	851	1998	304
石油加工、炼焦及核燃料加工业	7634	15459	13815	10202
化学原料及化学制品制造业	51484	15337	11344	7627
医药制造业	14034	7716	4979	5732
化学纤维制造业	10854	3385	658	398
橡胶制品业	40813	19406	7889	12737
非金属矿物制品业	85057	48293	25513	25993
黑色金属冶炼及压延加工业	227194	112928	91284	93348
有色金属冶炼及压延加工业	8576	3433	949	3000
金属制品业	12821	4067	4036	1501
通用设备制造业	56633	14962	12673	8174
专用设备制造业	42810	10753	14443	6456
汽车制造业	4700	731	1588	378
铁路、船舶、航空航天和其他运输设备制造业	14291	5182	1594	2434
电气机械及器材制造业	23801	7486	4747	3165
计算机、通信和其他电子设备制造业	1472	343	782	262
仪器仪表及文化、办公用机械制造业	152	157	361	120
废弃资源和废旧材料回收加工业	-46	494	436	163
电力、燃气及水的生产和供应业	1197	1096	2306	937
电力、热力的生产和供应业	698	665	893	644
燃气生产和供应业	260	337	793	237
水的生产和供应业	239	94	621	56

4-12续表11　　单位：万元

项　　目	本年进项税　额	本年销项税　额	土地和固定资产支出	全部从业人员年平均人数（人）
全　　市	**1188623**	**1414288**	**308990**	**103857**
在总计中：亏损企业	93623	104527	15479	9301
在总计中：轻工业	223263	255323	86176	36275
重工业	965360	1158965	222814	67582
在总计中：大型企业	315695	386474	85510	26502
中型企业	377257	479575	65440	31603
小型企业	489719	542146	158041	45487
按工业行业大中小类分				
采矿业	149149	161809	2375	4576
煤炭开采和洗选业	147388	158237	2375	4082
黑色金属矿采选业	839	2638	–	414
非金属矿采选业	922	934	–	80
制造业	1036393	1248360	306594	98494
农副食品加工业	116984	126116	31647	8050
食品制造业	28066	36223	5254	3040
酒、饮料和精制茶制造业	–	–	–	1270
纺织业	39276	46264	36817	14302
纺织服装、鞋、帽制造业	837	1013	3195	1075
皮革、毛皮、羽毛(绒)及其制品业	3308	3883	–	475
木材加工及木、竹、藤、棕、草制品业	–	–	–	302
家具制造业	1785	2043	–	934
造纸及纸制品业	1691	1697	–	339
印刷业和记录媒介的复制	1277	1575	177	694
石油加工、炼焦及核燃料加工业	107662	115742	2706	6152
化学原料及化学制品制造业	20289	26352	2034	3599
医药制造业	10851	12752	1210	1515
化学纤维制造业	–	–	–	443
橡胶制品业	29827	36262	6170	2740
非金属矿物制品业	80912	104995	43532	9689
黑色金属冶炼及压延加工业	478047	597756	113961	28041
有色金属冶炼及压延加工业	–	–	3918	345
金属制品业	37530	43140	29198	1887
通用设备制造业	38779	42170	7420	5761
专用设备制造业	12876	19166	7324	3806
汽车制造业	1555	1918	1464	832
铁路、船舶、航空航天和其他运输设备制造业	8463	10617	5116	467
电气机械及器材制造业	12872	14749	5380	1789
计算机、通信和其他电子设备制造业	1389	1651	68	535
仪器仪表及文化、办公用机械制造业	–	–	–	157
废弃资源和废旧材料回收加工业	2117	2278	7	255
电力、燃气及水的生产和供应业	3080	4119	22	787
电力、热力的生产和供应业	948	1750	8	320
燃气生产和供应业	2132	2369	14	294
水的生产和供应业	–	–	–	173

4-13　大中型工业企业主要经济指标

（2012年）　　单位：万元

项　　目	企业单位数（个）	#亏损企业	工业总产值（当年价格）	工业销售产值（当年价格）	#出口交货值
全　　市	**215**	**50**	**42253536**	**41402630**	**698757**
按登记注册类型分					
内资企业	192	44	35168454	34362264	502725
国有企业	32	10	6606551	6418904	4742
中央企业	3	1	1506858	1508176	3820
地方企业	29	9	5099693	4910728	922
集体企业	5	3	272794	267195	-
有限责任公司	59	20	16720663	16473578	395269
国有独资公司	3	1	3289806	3288858	320104
其他有限责任公司	56	19	13430857	13184720	75166
股份有限公司	17	3	3491870	3400958	32818
私营企业	74	8	7900906	7626707	69896
私营独资企业	4	-	241732	230302	27331
私营合作企业	2	-	198362	193393	-
私营有限责任公司	63	7	7108980	6857115	42565
私营股份有限公司	5	1	351832	345898	-
其他企业	5	-	175671	174922	-
港、澳、台商投资企业	12	3	3159860	3128884	164395
合资经营企业(港或澳、台资)	5	-	2909464	2879134	150362
港澳台商独资经营企业	7	3	250396	249750	14033
外商投资企业	11	3	3925223	3911481	31637
中外合资经营企业	9	3	3900905	3879213	31131
外资企业	2	-	24318	32268	506
按经济组织类型分					
独资企业	50	16	7395790	7198419	46612
国有企业	32	10	6606551	6418904	4742
集体企业	5	3	272794	267195	-
私营独资企业	4	-	241732	230302	27331
港澳台商独资经营企业	7	3	250396	249750	14033
外资企业	2	-	24318	32268	506
合作、合伙企业	7	-	374033	368315	-
私营合伙企业	2	-	198362	193393	-
其他企业（内资）	5	-	175671	174922	-
股份有限公司	22	4	3843702	3746856	32818
股份有限公司(内资)	17	3	3491870	3400958	32818
私营股份有限公司	5	1	351832	345898	-

4-13续表1

单位：万元

项　　目	企业单位数（个）	#亏损企业	工业总产值（当年价格）	工业销售产值（当年价格）	#出口交货值
有限责任公司	136	30	30640011	30089039	619326
国有独资公司	3	1	3289806	3288858	320104
私营有限责任公司	63	7	7108980	6857115	42565
合资经营企业(港或澳、台资)	5	–	2909464	2879134	150362
中外合资经营企业	9	3	3900905	3879213	31131
其他有限责任公司	56	19	13430857	13184720	75166
在总计中:亏损企业	50	50	6192720	6047530	356183
在总计中:国有控股企业	56	15	18913694	18687867	374425
在总计中:轻工业	59	9	3749212	3689245	167287
重工业	156	41	38504324	37713384	531469
在总计中:大型企业	57	10	32488201	31840470	505417
中型企业	158	40	9765335	9562160	193340
按工业行业大类分					
采矿业	12	1	3819795	3717158	–
煤炭开采和洗选业	9	–	3511521	3407290	–
黑色金属矿采选业	3	1	308273	309868	–
制造业	178	40	35207157	34487638	698757
农副食品加工业	10	1	894166	884101	–
食品制造业	6	–	624751	623788	42352
酒、饮料和精制茶制造业	2	–	33205	31531	–
纺织业	20	3	1098385	1074848	56422
纺织服装、鞋、帽制造业	4	1	294779	292120	–
木材加工和木、竹、藤、棕、草制品业	2	–	92662	97359	–
印刷和记录媒介复制业	2	–	85151	85151	–
家具制造业	1	–	2316	2494	–
石油加工、炼焦及核燃料加工业	17	5	1492887	1483810	–
化学原料及化学制品制造业	7	3	262067	253517	14255
医药制造业	2	–	80033	75177	27000
化学纤维制造业	1	–	41901	41901	–
橡胶和塑料制品业	2	–	115133	115137	–
非金属矿物制品业	20	7	1083676	1065015	35447
黑色金属冶炼及压延加工业	48	10	27270484	26740382	501596
有色金属冶炼和压延加工业	1	–	66973	66973	–
金属制品业	4	1	433982	339320	–
通用设备制造业	10	4	319559	313430	922
专用设备制造业	8	3	274533	269780	10911
汽车制造业	4	–	123176	122195	–
电器机械和器材制造业	4	2	450353	447350	–
计算机、通信和其他电子设备制造业	1	–	16869	13800	6030
仪器仪表制造业	1	–	47039	46358	3820
金属制品、机械和设备修理业	1	–	3078	2100	–
电力、燃气及水的生产和供应业	25	9	3226584	3197834	–
电力、热力的生产和供应业	23	7	3183753	3178618	–
燃气生产和供应业	1	1	26522	2906	–
水的生产和供应业	1	1	16310	16310	–

4-13续表2

单位：万元

项　　目	工业增加值(当年价格)	资产合计	#流动资产	#应收帐款	#存　货
全　　市	**10445945**	**37063935**	**14624324**	**1741165**	**3788074**
按登记注册类型分					
内资企业	8694367	31829706	12198007	1531590	3225831
国有企业	1633276	5660830	1852468	218767	188808
中央企业	372526	1373199	108007	22369	27765
地方企业	1260749	4287632	1744461	196398	161043
集体企业	67440	229152	146921	37600	25473
有限责任公司	4133692	18954636	6864260	802232	2179126
国有独资公司	813308	7270649	2126537	105760	1045767
其他有限责任公司	3320385	11683987	4737723	696472	1133359
股份有限公司	863262	3014921	1570868	172267	337229
私营企业	1953267	3869055	1723731	282030	489345
私营独资企业	59761	86330	10390	3080	1649
私营合作企业	49039	93585	34094	3200	19600
私营有限责任公司	1757486	3538734	1640191	275214	450741
私营股份有限公司	86980	150407	39055	536	17355
其他企业	43429	101112	39759	18694	5851
港、澳、台商投资企业	781182	1970945	912207	9833	251351
合资经营企业(港或澳、台资)	719279	1865898	852131	2619	227811
港澳台商独资经营企业	61903	105048	60076	7214	23540
外商投资企业	970396	3263284	1514110	199742	310893
中外合资经营企业	964384	3229530	1501532	199742	303819
外资企业	6012	33754	12578	–	7073
按经济组织类型分					
独资企业	1828392	6115113	2082434	266662	246542
国有企业	1633276	5660830	1852468	218767	188808
集体企业	67440	229152	146921	37600	25473
私营独资企业	59761	86330	10390	3080	1649
港澳台商独资经营企业	61903	105048	60076	7214	23540
外资企业	6012	33754	12578	–	7073
合作、合伙企业	92469	194697	73853	21894	25451
私营合伙企业	49039	93585	34094	3200	19600
其他企业（内资）	43429	101112	39759	18694	5851
股份有限公司	950242	3165327	1609923	172802	354584
股份有限公司(内资)	863262	3014921	1570868	172267	337229
私营股份有限公司	86980	150407	39055	536	17355

4-13续表3

单位：万元

项 目	工业增加值(当年价格)	资产合计	#流动资产	#应收帐款	#存 货
有限责任公司	7574842	27588797	10858114	1279807	3161498
国有独资公司	813308	7270649	2126537	105760	1045767
私营有限责任公司	1757486	3538734	1640191	275214	450741
合资经营企业(港或澳、台资)	719279	1865898	852131	2619	227811
中外合资经营企业	964384	3229530	1501532	199742	303819
其他有限责任公司	3320385	11683987	4737723	696472	1133359
在总计中:亏损企业	1530968	10224741	3568961	278178	1423870
在总计中:国有控股企业	4675855	23998627	8469940	1100934	2082677
在总计中:轻工业	1781720	1875425	839951	178816	292758
重工业	8664225	29000525	10554082	995893	3279226
在总计中:大型企业	8031753	30940015	11991972	1232978	2952605
中型企业	2414192	6123920	2632353	508187	835469
按工业行业大类分					
采矿业	1618663	6187986	3230292	566456	216090
煤炭开采和洗选业	1220993	4979664	2683113	506142	201965
黑色金属矿采选业	397670	1208321	547179	60314	14125
制造业	8281385	27804534	10850473	1058897	3521015
农副食品加工业	444587	308346	180839	86281	47953
食品制造业	212288	305921	138597	11700	56907
酒、饮料和精制茶制造业	79444	49923	19644	5119	10301
纺织业	364952	528238	210654	19426	94220
纺织服装、鞋、帽制造业	47088	146419	74670	11265	20455
木材加工和木、竹、藤、棕、草制品业	29424	83247	19506	1777	11050
印刷和记录媒介复制业	15066	107748	10994	2490	5134
家具制造业	27026	497	431	365	66
石油加工、炼焦及核燃料加工业	479915	1298099	812813	87887	122606
化学原料及化学制品制造业	202114	150721	71756	14878	12206
医药制造业	49437	77657	31811	8236	5372
化学纤维制造业	43062	14310	7414	19	3980
橡胶和塑料制品业	111130	69020	18437	10032	5508
非金属矿物制品业	336762	863483	320997	59799	86708
黑色金属冶炼及压延加工业	4927576	22726182	8315495	564149	2852070
有色金属冶炼和压延加工业	55014	99859	37655	7930	11183
金属制品业	70278	203924	122626	20909	20378
通用设备制造业	339994	143970	96337	31299	40606
专用设备制造业	153137	209408	136013	51711	41586
汽车制造业	38098	50775	28981	6532	15282
电器机械和器材制造业	218581	248372	137349	43605	32753
计算机、通信和其他电子设备制造业	5153	26449	10296	3300	2924
仪器仪表制造业	12664	81246	44415	9794	21375
金属制品、机械和设备修理业	18598	10721	2741	393	395
电力、燃气及水的生产和供应业	466582	118416	57453	13488	24694
电力、热力的生产和供应业	451265	2961042	512415	113977	49330
燃气生产和供应业	3622	47353	16666	1601	654
水的生产和供应业	11696	63021	14478	234	985

4-13续表4

单位：万元

项　　目	#产成品	固定资产合　计	固定资产原　价	累计折旧
全　　市	**1351208**	**15247404**	**24802874**	**12577350**
按登记注册类型分				
内资企业	1264659	12642875	20017424	9834437
国有企业	115175	3064529	4025496	1860975
中央企业	4297	1238090	1706626	775754
地方企业	110878	1826439	2318870	1085221
集体企业	12376	71586	131725	68818
有限责任公司	759817	6046316	11429036	6090847
国有独资公司	320007	1679411	2452609	1116574
其他有限责任公司	439810	4366906	8976427	4974273
股份有限公司	134974	1352832	1308820	684256
私营企业	241523	2059296	3043048	1094920
私营独资企业	1245	72816	81873	10713
私营合作企业	599	57451	72355	14904
私营有限责任公司	229743	1829655	2763155	1027896
私营股份有限公司	9937	99374	125665	41407
其他企业	794	48316	79298	34620
港、澳、台商投资企业	60329	1040790	1668085	708422
合资经营企业(港或澳、台资)	44327	997582	1630049	697785
港澳台商独资经营企业	16002	43209	38035	10636
外商投资企业	26220	1563739	3117365	2034492
中外合资经营企业	26067	1545594	3096810	2032081
外资企业	153	18145	20556	2410
按经济组织类型分				
独资企业	144951	3270286	4297686	1953553
国有企业	115175	3064529	4025496	1860975
集体企业	12376	71586	131725	68818
私营独资企业	1245	72816	81873	10713
港澳台商独资经营企业	16002	43209	38035	10636
外资企业	153	18145	20556	2410
合作、合伙企业	1393	105766	151653	49525
私营合伙企业	599	57451	72355	14904
其他企业（内资）	794	48316	79298	34620
股份有限公司	144911	1452206	1434485	725663
股份有限公司(内资)	134974	1352832	1308820	684256
私营股份有限公司	9937	99374	125665	41407

4-13续表5　　　　单位：万元

项　　目	#产成品	固定资产合　计	固定资产原　价	累计折旧
有限责任公司	1059954	10419146	18919051	9848610
国有独资公司	320007	1679411	2452609	1116574
私营有限责任公司	229743	1829655	2763155	1027896
合资经营企业(港或澳、台资)	44327	997582	1630049	697785
中外合资经营企业	26067	1545594	3096810	2032081
其他有限责任公司	439810	4366906	8976427	4974273
在总计中:亏损企业	457056	2988928	5385823	2788680
在总计中:国有控股企业	768754	9123672	12317409	5510459
在总计中:轻工业	159882	902036	1196333	421498
重工业	1191326	14345369	23606541	12155852
在总计中:大型企业	953818	12058133	19669040	10409072
中型企业	397390	3189271	5133834	2168278
按工业行业大类分				
采矿业	94652	1788577	2094357	1185862
煤炭开采和洗选业	85238	1556706	1848634	1164415
黑色金属矿采选业	9414	231872	245723	21447
制造业	1254708	11000361	18541672	9366583
农副食品加工业	19134	93785	129587	36580
食品制造业	37694	153180	194685	58591
酒、饮料和精制茶制造业	2655	26075	27118	6346
纺织业	55520	284368	337792	106608
纺织服装、鞋、帽制造业	12342	64439	117707	61926
木材加工和木、竹、藤、棕、草制品业	3164	58349	88433	30918
印刷和记录媒介复制业	3754	96430	99802	43638
家具制造业	66	66	66	8
石油加工、炼焦及核燃料加工业	51144	405371	714051	334534
化学原料及化学制品制造业	6030	74185	98481	26755
医药制造业	1256	41458	61795	20337
化学纤维制造业	2745	6895	9185	2290
橡胶和塑料制品业	4854	38973	51125	19361
非金属矿物制品业	36004	471148	764549	330391
黑色金属冶炼及压延加工业	932896	8862521	15402664	8152416
有色金属冶炼和压延加工业	9183	49610	47689	-
金属制品业	7194	58710	78044	25750
通用设备制造业	21765	44344	60778	18018
专用设备制造业	25975	65325	91080	27231
汽车制造业	4993	10351	21053	11395
电器机械和器材制造业	11791	71778	96989	27443
计算机、通信和其他电子设备制造业	1269	7588	11128	3540
仪器仪表制造业	3283	9988	26281	16293
金属制品、机械和设备修理业	-	5427	11592	6216
电力、燃气及水的生产和供应业	1849	2458466	4166845	2024905
电力、热力的生产和供应业	1849	2384495	4030716	1962261
燃气生产和供应业	-	25660	36163	10503
水的生产和供应业	-	48311	99966	52142

4-13续表6　　单位：万元

项　　目	在建工程	负债合计	#流动负债	#应付帐款
全　　市	**4337231**	**22787062**	**18348237**	**3781739**
按登记注册类型分				
内资企业	4227980	20026563	15931915	3408425
国有企业	468418	3402259	2230718	312663
中央企业	85977	833753	561667	24067
地方企业	382441	2568506	1669051	288596
集体企业	-	158384	152914	57669
有限责任公司	3419526	12855815	10730282	2476537
国有独资公司	1236627	4570899	4026922	301331
其他有限责任公司	2182900	8284916	6703360	2175206
股份有限公司	68858	1642354	1193815	270611
私营企业	267540	1928933	1585579	265858
私营独资企业	-	30432	23732	6064
私营合作企业	2040	51904	50083	38594
私营有限责任公司	261822	1806527	1478476	211944
私营股份有限公司	3678	40070	33288	9256
其他企业	3638	38817	38607	25086
港、澳、台商投资企业	80838	1140034	1078687	88890
合资经营企业(港或澳、台资)	65604	1064867	1013935	79121
港澳台商独资经营企业	15235	75167	64753	9769
外商投资企业	28412	1620465	1337634	284424
中外合资经营企业	26321	1602559	1329848	282536
外资企业	2092	17907	7787	1888
按经济组织类型分				
独资企业	485744	3684148	2479903	388053
国有企业	468418	3402259	2230718	312663
集体企业	-	158384	152914	57669
私营独资企业	-	30432	23732	6064
港澳台商独资经营企业	15235	75167	64753	9769
外资企业	2092	17907	7787	1888
合作、合伙企业	5678	90721	88690	63680
私营合伙企业	2040	51904	50083	38594
其他企业（内资）	3638	38817	38607	25086
股份有限公司	72536	1682424	1227103	279867
股份有限公司(内资)	68858	1642354	1193815	270611
私营股份有限公司	3678	40070	33288	9256

4-13续表7

单位：万元

项　　目	在建工程	负债合计	#流动负债	#应付帐款
有限责任公司	3773273	17329768	14552540	3050139
国有独资公司	1236627	4570899	4026922	301331
私营有限责任公司	261822	1806527	1478476	211944
合资经营企业(港或澳、台资)	65604	1064867	1013935	79121
中外合资经营企业	26321	1602559	1329848	282536
其他有限责任公司	2182900	8284916	6703360	2175206
在总计中:亏损企业	1528612	7388406	6312103	980645
在总计中:国有控股企业	3695341	15165511	11673860	2247070
在总计中:轻工业	30639	827786	622456	162293
重工业	4306592	21959275	17725781	3619446
在总计中:大型企业	4089096	18796789	15582011	3209245
中型企业	248135	3990272	2766225	572493
按工业行业大类分				
采矿业	647795	4082744	2841004	810364
煤炭开采和洗选业	603217	3588774	2517138	763868
黑色金属矿采选业	44578	493971	323866	46497
制造业	3554660	16585781	14345592	2801108
农副食品加工业	4016	50470	43033	6525
食品制造业	4408	64916	44834	5512
酒、饮料和精制茶制造业	4076	34663	30233	1708
纺织业	13007	343129	216284	22465
纺织服装、鞋、帽制造业	1000	75110	72794	31557
木材加工和木、竹、藤、棕、草制品业	3055	37358	16305	3321
印刷和记录媒介复制业	-	12646	9086	-
家具制造业	14	462	352	325
石油加工、炼焦及核燃料加工业	72604	1180880	1149675	244751
化学原料及化学制品制造业	862	96199	88299	20088
医药制造业	2259	14038	14038	2865
化学纤维制造业	-	8936	5767	562
橡胶和塑料制品业	-	11273	6853	210
非金属矿物制品业	54844	470504	315284	81598
黑色金属冶炼及压延加工业	3369971	13452936	11733151	2189067
有色金属冶炼和压延加工业	6312	83712	-	-
金属制品业	6753	147544	145866	10040
通用设备制造业	1600	112830	103371	18084
专用设备制造业	1476	135581	118641	46986
汽车制造业	2	29635	29635	2825
电器机械和器材制造业	2670	173568	152863	94949
计算机、通信和其他电子设备制造业	843	8791	8791	1821
仪器仪表制造业	4840	37559	37559	14702
金属制品、机械和设备修理业	49	3043	2878	1144
电力、燃气及水的生产和供应业	134775	2118536	1161640	170267
电力、热力的生产和供应业	130822	2062562	1122642	164681
燃气生产和供应业	3466	18244	17946	5586
水的生产和供应业	488	37730	21053	-

4-13续表8

单位：万元

项　　目	#非流动负债	所有者权益	#实收资本	国家资本	集体资本
全　　市	**3994462**	**14169465**	**4665418**	**1037567**	**37175**
按登记注册类型分					
内资企业	3725898	11774355	4267724	1036267	37175
国有企业	1151983	2262853	977827	633142	-
中央企业	254506	539445	165286	11000	-
地方企业	897476	1723408	812541	622142	-
集体企业	5470	73767	21441	278	18015
有限责任公司	2012955	6094661	2451620	355135	16539
国有独资公司	543977	2699750	297968	278608	-
其他有限责任公司	1468978	3394910	2153652	76527	16539
股份有限公司	360397	1372467	380227	47313	2621
私营企业	194884	1921327	422249	400	-
私营独资企业	-	53723	29394	-	-
私营合作企业	1821	41681	4500	-	-
私营有限责任公司	187106	1715587	362589	400	-
私营股份有限公司	5957	110337	25766	-	-
其他企业	210	49280	14360	-	-
港、澳、台商投资企业	52386	829912	88783	-	-
合资经营企业(港或澳、台资)	43607	801031	57128	-	-
港澳台商独资经营企业	8780	28881	31655	-	-
外商投资企业	216178	1565198	308911	1300	-
中外合资经营企业	208721	1549351	299606	1300	-
外资企业	7457	15847	9306	-	-
按经济组织类型分					
独资企业	1173689	2435072	1069623	633419	18015
国有企业	1151983	2262853	977827	633142	-
集体企业	5470	73767	21441	278	18015
私营独资企业	-	53723	29394	-	-
港澳台商独资经营企业	8780	28881	31655	-	-
外资企业	7457	15847	9306	-	-
合作、合伙企业	2030	90961	18860	-	-
私营合伙企业	1821	41681	4500	-	-
其他企业（内资）	210	49280	14360	-	-
股份有限公司	366354	1482803	405993	47313	2621
股份有限公司(内资)	360397	1372467	380227	47313	2621
私营股份有限公司	5957	110337	25766	-	-

4-13续表9　　　　单位：万元

项　　目	#非流动负债	所有者权益	#实收资本	国家资本	集体资本
有限责任公司	2452389	10160629	3170942	356835	16539
国有独资公司	543977	2699750	297968	278608	-
私营有限责任公司	187106	1715587	362589	400	-
合资经营企业(港或澳、台资)	43607	801031	57128	-	-
中外合资经营企业	208721	1549351	299606	1300	-
其他有限责任公司	1468978	3394910	2153652	76527	16539
在总计中:亏损企业	1011519	2843764	727060	352413	25529
在总计中:国有控股企业	3471792	8837273	3653974	1036890	-
在总计中:轻工业	134003	1036326	278900	12151	13499
重工业	3860460	13133138	4386519	1025417	23676
在总计中:大型企业	2945658	12067480	3656529	969655	-
中型企业	1048804	2101985	1008890	67912	37175
按工业行业大类分					
采矿业	1241740	2105241	1163816	571904	-
煤炭开采和洗选业	1071636	1390891	611610	30697	-
黑色金属矿采选业	170104	714351	552206	541206	-
制造业	1813415	11107061	2972093	383502	37175
农副食品加工业	6858	257876	42671	1450	-
食品制造业	18203	232284	48227	-	-
酒、饮料和精制茶制造业	-	12260	12887	-	-
纺织业	83640	186644	82086	1198	4790
纺织服装、鞋、帽制造业	2316	70309	9131	-	6088
木材加工和木、竹、藤、棕、草制品业	10623	36884	21043	-	-
印刷和记录媒介复制业	3560	95102	7404	1300	-
家具制造业	-	35	300	-	-
石油加工、炼焦及核燃料加工业	31205	117219	100582	-	-
化学原料及化学制品制造业	1200	54522	30594	1589	-
医药制造业	-	63620	16734	-	2621
化学纤维制造业	2345	5373	4500	-	-
橡胶和塑料制品业	4420	57747	6500	-	-
非金属矿物制品业	91229	381180	172746	65278	13534
黑色金属冶炼及压延加工业	1538514	9196094	2223152	282101	-
有色金属冶炼和压延加工业	-	16146	8170	-	-
金属制品业	-	56381	17955	6682	-
通用设备制造业	2086	28718	16183	2139	3779
专用设备制造业	16648	73827	40792	3454	2362
汽车制造业	-	21140	15500	7313	-
电器机械和器材制造业	405	74679	42500	11000	-
计算机、通信和其他电子设备制造业	-	17657	10500	-	-
仪器仪表制造业	-	43687	37937	-	-
金属制品、机械和设备修理业	164	7678	4000	-	4000
电力、燃气及水的生产和供应业	939307	957162	529510	82162	-
电力、热力的生产和供应业	922332	902762	519832	72484	-
燃气生产和供应业	298	29109	1475	1475	-
水的生产和供应业	16677	25291	8203	8203	-

4-13续表10　　单位：万元

项　　目	法人资本	个人资本	港澳台资本	外商资本	营业收入
全　　市	**2953470**	**463422**	**43969**	**129816**	**53810994**
按登记注册类型分					
内资企业	2734170	453537	3990	2585	46097926
国有企业	344685	-	-	-	8541587
中央企业	154286	-	-	-	1512785
地方企业	190399	-	-	-	7028803
集体企业	-	906	-	2243	365404
有限责任公司	2015485	61483	2940	38	25096186
国有独资公司	19359	-	-	-	5228236
其他有限责任公司	1996125	61483	2940	38	19867950
股份有限公司	190572	139722	-	-	3676567
私营企业	180628	239867	1050	304	8265479
私营独资企业	5610	23784	-	-	240662
私营合作企业	-	4500	-	-	201146
私营有限责任公司	168518	192317	1050	304	7484524
私营股份有限公司	6500	19266	-	-	339147
其他企业	2800	11560	-	-	152703
港、澳、台商投资企业	30683	9285	39979	8838	3550900
合资经营企业(港或澳、台资)	28483	9285	10523	8838	3278312
港澳台商独资经营企业	2200	-	29455	-	272587
外商投资企业	188618	600	-	118393	4162168
中外合资经营企业	188618	600	-	109088	4129727
外资企业	-	-	-	9306	32441
按经济组织类型分					
独资企业	352495	24690	29455	11549	9452682
国有企业	344685	-	-	-	8541587
集体企业	-	906	-	2243	365404
私营独资企业	5610	23784	-	-	240662
港澳台商独资经营企业	2200	-	29455	-	272587
外资企业	-	-	-	9306	32441
合作、合伙企业	2800	16060	-	-	353849
私营合伙企业	-	4500	-	-	201146
其他企业（内资）	2800	11560	-	-	152703
股份有限公司	197072	158988	-	-	4015714
股份有限公司(内资)	190572	139722	-	-	3676567
私营股份有限公司	6500	19266	-	-	339147

4-13续表11

单位：万元

项　　目	法人资本	个人资本	港澳台资本	外商资本	营业收入
有限责任公司	2401103	263684	14513	118267	39988749
国有独资公司	19359	–	–	–	5228236
私营有限责任公司	168518	192317	1050	304	7484524
合资经营企业(港或澳、台资)	28483	9285	10523	8838	3278312
中外合资经营企业	188618	600	–	109088	4129727
其他有限责任公司	1996125	61483	2940	38	19867950
在总计中:亏损企业	254075	62873	26755	5415	8018973
在总计中:国有控股企业	2437519	97412	–	82153	29584369
在总计中:轻工业	91078	131111	21286	9776	3921146
重工业	2862393	332311	22683	120040	49889848
在总计中:大型企业	2460251	172556	22683	31384	44029321
中型企业	493219	290866	21286	98432	9781673
按工业行业大类分					
采矿业	581992	9920	–	–	11948250
煤炭开采和洗选业	570992	9920	–	–	11648715
黑色金属矿采选业	11000	–	–	–	299534
制造业	2003130	453502	43969	50816	38634461
农副食品加工业	9966	30205	1050	–	895270
食品制造业	13870	32157	2200	–	617356
酒、饮料和精制茶制造业	–	12887	–	–	31537
纺织业	23008	39567	10523	3000	1091506
纺织服装、鞋、帽制造业	–	300	500	2243	382461
木材加工和木、竹、藤、棕、草制品业	–	12543	–	8500	114781
印刷和记录媒介复制业	1815	1173	–	3115	124907
家具制造业	300	–	–	–	2494
石油加工、炼焦及核燃料加工业	71510	24865	–	4207	1428469
化学原料及化学制品制造业	8550	19518	–	938	280986
医药制造业	4046	9763	–	304	75177
化学纤维制造业	–	4500	–	–	41901
橡胶和塑料制品业	5000	1500	–	–	115440
非金属矿物制品业	44270	39800	–	9864	969789
黑色金属冶炼及压延加工业	1706991	192732	22683	18645	30808996
有色金属冶炼和压延加工业	8000	170	–	–	67003
金属制品业	2273	9000	–	–	283099
通用设备制造业	4155	6110	–	–	305541
专用设备制造业	18437	9527	7013	–	305021
汽车制造业	2000	6188	–	–	129969
电器机械和器材制造业	30500	1000	–	–	498269
计算机、通信和其他电子设备制造业	10500	–	–	–	13882
仪器仪表制造业	37937	–	–	–	48509
金属制品、机械和设备修理业	–	–	–	–	2100
电力、燃气及水的生产和供应业	368348	–	–	79000	3228283
电力、热力的生产和供应业	368348	–	–	79000	3185312
燃气生产和供应业	–	–	–	–	26813
水的生产和供应业	–	–	–	–	16158

4-13续表12　　单位：万元

项　　目	#主营业务收入	营业成本	#主营业务成本	营业税金及附加	其他业务收入
全　　市	**48961573**	**49088773**	**45200402**	**111401**	**4849421**
按登记注册类型分					
内资企业	41960753	42245458	38544055	97854	4137173
国有企业	7169291	7949830	6590260	28020	1372296
中央企业	1508724	1482060	1478865	3690	4060
地方企业	5660566	6467770	5111396	24330	1368236
集体企业	364312	345156	344217	1657	1092
有限责任公司	22592527	23285335	21024197	43930	2503659
国有独资公司	3259726	4911474	2945830	7321	1968510
其他有限责任公司	19332801	18373861	18078367	36609	535149
股份有限公司	3598432	3217349	3159245	9619	78134
私营企业	8083487	7315751	7294099	14327	181992
私营独资企业	240662	171902	171902	2203	–
私营合作企业	200613	187877	187877	420	533
私营有限责任公司	7303067	6639699	6618047	10836	181457
私营股份有限公司	339146	316273	316273	869	2
其他企业	152703	132037	132037	303	–
港、澳、台商投资企业	3021557	3102882	2921796	6211	529343
合资经营企业(港或澳、台资)	2765436	2839077	2673224	5751	512877
港澳台商独资经营企业	256121	263805	248571	460	16467
外商投资企业	3979263	3740433	3734552	7336	182905
中外合资经营企业	3946822	3717548	3711667	7225	182905
外资企业	32441	22885	22885	111	–
按经济组织类型分					
独资企业	8062827	8753579	7377836	32451	1389855
国有企业	7169291	7949830	6590260	28020	1372296
集体企业	364312	345156	344217	1657	1092
私营独资企业	240662	171902	171902	2203	–
港澳台商独资经营企业	256121	263805	248571	460	16467
外资企业	32441	22885	22885	111	–
合作、合伙企业	353316	319913	319913	722	533
私营合伙企业	200613	187877	187877	420	533
其他企业（内资）	152703	132037	132037	303	–
股份有限公司	3937578	3533622	3475518	10487	78136
股份有限公司(内资)	3598432	3217349	3159245	9619	78134
私营股份有限公司	339146	316273	316273	869	2

4-13续表13　　　　单位：万元

项　　目	#主营业务收入	营业成本	#主营业务成本	营业税金及附加	其他业务收入
有限责任公司	36607852	36481659	34027135	67741	3380897
国有独资公司	3259726	4911474	2945830	7321	1968510
私营有限责任公司	7303067	6639699	6618047	10836	181457
合资经营企业(港或澳、台资)	2765436	2839077	2673224	5751	512877
中外合资经营企业	3946822	3717548	3711667	7225	182905
其他有限责任公司	19332801	18373861	18078367	36609	535149
在总计中:亏损企业	5840175	7535940	5525328	13351	2178798
在总计中:国有控股企业	25950782	27660403	24059111	70812	3633587
在总计中:轻工业	3853847	3472132	3466529	12429	67299
重工业	45107727	45616641	41733873	98973	4782121
在总计中:大型企业	39308775	40384273	36528037	85672	4720545
中型企业	9652798	8704500	8672365	25729	128876
按工业行业大类分					
采矿业	10511017	11081451	9663134	40231	1437233
煤炭开采和洗选业	10223088	10940204	9527390	34606	1425628
黑色金属矿采选业	287929	141247	135744	5625	11606
制造业	35236619	34923108	32461688	59895	3397842
农副食品加工业	894243	834403	834117	906	1027
食品制造业	617356	542125	542125	1308	–
酒、饮料和精制茶制造业	31537	23563	23563	2593	–
纺织业	1086625	996052	994510	2369	4881
纺织服装、鞋、帽制造业	382461	360960	360960	1550	–
木材加工和木、竹、藤、棕、草制品业	114781	91944	91944	504	–
印刷和记录媒介复制业	124907	111541	111541	918	–
家具制造业	2494	2178	2178	6	–
石油加工、炼焦及核燃料加工业	1365653	1271610	1264423	1487	62817
化学原料及化学制品制造业	280674	218013	218013	1630	312
医药制造业	75177	62027	62027	1062	–
化学纤维制造业	41901	38080	38080	355	–
橡胶和塑料制品业	115440	104992	104992	410	–
非金属矿物制品业	960099	845158	843011	3543	9690
黑色金属冶炼及压延加工业	27560233	28061404	25621328	37369	3248763
有色金属冶炼和压延加工业	67003	58315	58315	121	–
金属制品业	277983	245952	241675	483	5116
通用设备制造业	304893	256036	255818	1380	649
专用设备制造业	303125	269119	267834	620	1895
汽车制造业	129969	119491	119491	92	–
电器机械和器材制造业	437352	355782	351914	922	60917
计算机、通信和其他电子设备制造业	13709	10957	10814	41	173
仪器仪表制造业	46907	41601	41212	214	1603
金属制品、机械和设备修理业	2100	1804	1804	14	–
电力、燃气及水的生产和供应业	3213937	3084215	3075579	11276	14346
电力、热力的生产和供应业	3171878	3043100	3034688	11140	13434
燃气生产和供应业	26522	27992	27768	24	291
水的生产和供应业	15537	13123	13123	112	621

4-13续表14

单位：万元

项　　目	其他业务利　润	销售费用	管理费用	#税　金	财务费用
全　　市	50277	254218	1006157	60436	577022
按登记注册类型分					
内资企业	44528	235323	939551	52846	478162
国有企业	4122	16598	280614	5590	71602
中央企业	1615	1489	8209	208	20560
地方企业	2507	15109	272405	5382	51041
集体企业	67	5690	9275	351	2209
有限责任公司	27242	109264	511082	36372	287091
国有独资公司	8215	23709	204335	12503	96231
其他有限责任公司	19027	85555	306747	23869	190861
股份有限公司	9899	56413	49881	3951	35962
私营企业	3197	44367	86851	6252	79762
私营独资企业	–	4866	5985	322	1076
私营合作企业	533	203	918	173	611
私营有限责任公司	2662	38159	75742	5289	76176
私营股份有限公司	2	1139	4206	468	1899
其他企业	–	2991	1848	330	1536
港、澳、台商投资企业	8246	10097	34923	3216	39809
合资经营企业(港或澳、台资)	7017	8257	31091	2643	39134
港澳台商独资经营企业	1229	1840	3832	574	676
外商投资企业	-2497	8798	31683	4374	59051
中外合资经营企业	-2497	8539	29206	4242	57301
外资企业	–	259	2476	132	1750
按经济组织类型分					
独资企业	5418	29253	302182	6969	77314
国有企业	4122	16598	280614	5590	71602
集体企业	67	5690	9275	351	2209
私营独资企业	–	4866	5985	322	1076
港澳台商独资经营企业	1229	1840	3832	574	676
外资企业	–	259	2476	132	1750
合作、合伙企业	533	3194	2766	503	2147
私营合伙企业	533	203	918	173	611
其他企业（内资）	–	2991	1848	330	1536
股份有限公司	9901	57552	54087	4419	37861
股份有限公司(内资)	9899	56413	49881	3951	35962
私营股份有限公司	2	1139	4206	468	1899

4-13续表15

单位：万元

项　　目	其他业务利　润	销售费用	管理费用	#税　金	财务费用
有限责任公司	34425	164219	647121	48545	459701
国有独资公司	8215	23709	204335	12503	96231
私营有限责任公司	2662	38159	75742	5289	76176
合资经营企业(港或澳、台资)	7017	8257	31091	2643	39134
中外合资经营企业	-2497	8539	29206	4242	57301
其他有限责任公司	19027	85555	306747	23869	190861
在总计中：亏损企业	11087	47383	276172	17159	155484
在总计中：国有控股企业	27990	147645	745572	39905	357688
在总计中：轻工业	2542	35450	63014	6988	15852
重工业	47734	218763	943143	53448	561169
在总计中：大型企业	42344	160835	826837	48740	430387
中型企业	7933	93384	179320	11696	146635
按工业行业大类分					
采矿业	10641	50264	347731	14005	113704
煤炭开采和洗选业	11303	48733	288278	12592	98812
黑色金属矿采选业	-662	1531	59453	1413	14892
制造业	36710	156661	549359	37756	339391
医药制造业	-	5343	1666	104	641
化学纤维制造业	-	290	779	186	589
橡胶和塑料制品业	-	1382	1605	54	410
非金属矿物制品业	1497	24285	25341	1460	21847
黑色金属冶炼及压延加工业	30888	101491	468528	32146	299133
有色金属冶炼和压延加工业	-	1206	1775	20	3428
金属制品业	838	330	3764	161	6484
通用设备制造业	-	11690	13069	612	2196
专用设备制造业	532	5269	13873	933	1809
汽车制造业	-	941	1688	76	221
电器机械和器材制造业	1741	3461	11042	1907	1590
计算机、通信和其他电子设备制造业	-	300	979	52	279
仪器仪表制造业	1213	673	5155	44	766
金属制品、机械和设备修理业	-	-	95	1	-1
电力、燃气及水的生产和供应业	4548	1518	29685	1622	72165
电力、热力的生产和供应业	3860	-	21877	1114	71816
燃气生产和供应业	68	1518	3217	126	-321
水的生产和供应业	621	-	4591	383	671

4-13续表16 单位：万元

项目	#利息支出	营业利润	营业外收入	补贴收入	营业外支出
全市	**574351**	**1510226**	**25791**	**15638**	**166870**
按登记注册类型分					
内资企业	504024	1323826	25048	-29717	162036
国有企业	76051	203972	8388	30312	21478
中央企业	18573	-3395	943	3616	390
地方企业	57478	207367	7445	26696	21088
集体企业	3329	8581	-	63	40
有限责任公司	290606	430563	12928	80100	35595
国有独资公司	93058	6032	778	5133	1769
其他有限责任公司	197548	424531	12150	74968	33826
股份有限公司	59628	133798	945	10092	535
私营企业	72938	532924	2787	-150285	104345
私营独资企业	854	22788	1650	1650	422
私营合作企业	608	11117	-	-	-
私营有限责任公司	69609	484258	8	-153066	103909
私营股份有限公司	1867	14761	1129	1131	14
其他企业	1472	13989	-	-	42
港、澳、台商投资企业	20361	46392	121	43479	4286
合资经营企业(港或澳、台资)	19708	43918	-	43164	3718
港澳台商独资经营企业	652	2474	121	315	568
外商投资企业	49967	140008	623	1876	549
中外合资经营企业	48354	135048	623	1834	549
外资企业	1613	4959	-	43	-
按经济组织类型分					
独资企业	82498	242775	10159	32383	22508
国有企业	76051	203972	8388	30312	21478
集体企业	3329	8581	-	63	40
私营独资企业	854	22788	1650	1650	422
港澳台商独资经营企业	652	2474	121	315	568
外资企业	1613	4959	-	43	-
合作、合伙企业	2080	25106	-	-	42
私营合伙企业	608	11117	-	-	-
其他企业（内资）	1472	13989	-	-	42
股份有限公司	61495	148558	2074	11223	549
股份有限公司(内资)	59628	133798	945	10092	535
私营股份有限公司	1867	14761	1129	1131	14

4-13续表17　　　　单位：万元

项　　目	#利息支出	营业利润	营业外收入	补贴收入	营业外支出
有限责任公司	428277	1093787	13558	-27968	143771
国有独资公司	93058	6032	778	5133	1769
私营有限责任公司	69609	484258	8	-153066	103909
合资经营企业(港或澳、台资)	19708	43918	-	43164	3718
中外合资经营企业	48354	135048	623	1834	549
其他有限责任公司	197548	424531	12150	74968	33826
在总计中:亏损企业	151801	-144380	3122	14758	6294
在总计中:国有控股企业	391506	611811	18438	96085	33014
在总计中:轻工业	16378	215987	3639	6908	3900
重工业	557973	1294239	22152	8730	162971
在总计中:大型企业	431296	1021340	16447	-14954	61006
中型企业	143055	488886	9344	30591	105865
按工业行业大类分					
采矿业	126432	250362	-	53146	26894
煤炭开采和洗选业	117058	175634	-	50513	22499
黑色金属矿采选业	9373	74728	-	2633	4394
制造业	377884	1222606	20003	-48223	138071
农副食品加工业	4011	42519	115	164	110
食品制造业	1812	61958	-	1750	500
酒、饮料和精制茶制造业	584	360	211	515	125
纺织业	4779	67917	702	1688	2713
纺织服装、鞋、帽制造业	1141	15067	-	21	15
木材加工和木、竹、藤、棕、草制品业	2907	10401	-	43	-
印刷和记录媒介复制业	461	8052	-	-	-
家具制造业	8	192	-	-	-
石油加工、炼焦及核燃料加工业	35914	23793	-	2865	905
化学原料及化学制品制造业	2118	14093	2812	3342	500
医药制造业	172	4438	-	9	31
化学纤维制造业	589	1809	-	-	-
橡胶和塑料制品业	408	5642	-	-	-
非金属矿物制品业	21618	43551	6627	10122	1878
黑色金属冶炼及压延加工业	288353	847816	4867	-81815	126648
有色金属冶炼和压延加工业	3428	2158	-	-	-
金属制品业	2979	13365	-	3	135
通用设备制造业	1867	21383	-	101	96
专用设备制造业	1699	13581	1122	8276	4181
汽车制造业	184	7535	-	70	2
电器机械和器材制造业	1667	9600	2606	3183	68
计算机、通信和其他电子设备制造业	389	1323	-	453	19
仪器仪表制造业	797	-134	943	988	45
金属制品、机械和设备修理业	-1	188	-	-	100
电力、燃气及水的生产和供应业	70035	37257	5788	10715	1906
电力、热力的生产和供应业	69353	45188	5605	10524	1801
燃气生产和供应业	-	-5617	183	191	72
水的生产和供应业	682	-2313	-	-	33

4-13续表18 单位：万元

项目	利润总额	应交所得税	亏损企业亏损额	利税总额	本年应付职工薪酬
全市	**1358993**	**242775**	**135887**	**2768506**	**1594350**
按登记注册类型分					
内资企业	1132074	190742	122563	2409746	1490308
国有企业	212776	57818	19083	540036	402245
中央企业	-169	956	2227	37947	67364
地方企业	212945	56862	16856	502089	334881
集体企业	8634	3704	5795	16694	8818
有限责任公司	475068	71657	50473	1178096	796798
国有独资公司	9396	3139	2715	71883	206775
其他有限责任公司	465672	68519	47758	1106213	590023
股份有限公司	143354	17902	17619	210165	106961
私营企业	278294	39062	29593	447902	172368
私营独资企业	24016	5424	–	33865	7137
私营合作企业	11117	516	–	12687	13019
私营有限责任公司	227283	24282	29211	373819	145722
私营股份有限公司	15878	8841	382	27530	6490
其他企业	13948	598	–	16854	3118
港、澳、台商投资企业	85584	16209	4171	141685	45521
合资经营企业(港或澳、台资)	83364	15330	–	136790	38208
港澳台商独资经营企业	2221	879	4171	4895	7313
外商投资企业	141335	35824	9153	217075	58521
中外合资经营企业	136333	35141	9153	211798	56659
外资企业	5002	683	–	5277	1862
按经济组织类型分					
独资企业	252649	68508	29050	600767	427376
国有企业	212776	57818	19083	540036	402245
集体企业	8634	3704	5795	16694	8818
私营独资企业	24016	5424	–	33865	7137
港澳台商独资经营企业	2221	879	4171	4895	7313
外资企业	5002	683	–	5277	1862
合作、合伙企业	25065	1114	–	29541	16137
私营合伙企业	11117	516	–	12687	13019
其他企业（内资）	13948	598	–	16854	3118
股份有限公司	159232	26743	18001	237695	113451
股份有限公司(内资)	143354	17902	17619	210165	106961
私营股份有限公司	15878	8841	382	27530	6490

4-13续表19

单位：万元

项　　目	利润总额	应交所得税	亏损企业亏损额	利税总额	本年应付职工薪酬
有限责任公司	922048	146411	88836	1900504	1037387
国有独资公司	9396	3139	2715	71883	206775
私营有限责任公司	227283	24282	29211	373819	145722
合资经营企业(港或澳、台资)	83364	15330	-	136790	38208
中外合资经营企业	136333	35141	9153	211798	56659
其他有限责任公司	465672	68519	47758	1106213	590023
在总计中:亏损企业	-135887	403	135887	-17799	335357
在总计中:国有控股企业	674852	134561	41188	1683926	1135911
在总计中:轻工业	219025	26737	16620	307915	125047
重工业	1139969	216038	119267	2460591	1469303
在总计中:大型企业	945381	179733	47895	2032742	1304743
中型企业	413613	63042	87992	735765	289607
按工业行业大类分					
采矿业	276615	92833	1110	637427	437073
煤炭开采和洗选业	203648	74161	-	520759	401875
黑色金属矿采选业	72967	18672	1110	116668	35198
制造业	1036342	135653	105087	1966458	966013
农副食品加工业	42574	1977	1692	51490	12709
食品制造业	63208	11580	-	79625	13437
酒、饮料和精制茶制造业	750	-	-	6402	4624
纺织业	66892	3308	9613	93497	50653
纺织服装、鞋、帽制造业	15102	3849	2302	22896	4004
木材加工和木、竹、藤、棕、草制品业	10444	2463	-	14432	1948
印刷和记录媒介复制业	8052	10	-	13700	2500
家具制造业	192	2013	-	198	288
石油加工、炼焦及核燃料加工业	25753	3720	17262	42767	28058
化学原料及化学制品制造业	16935	4890	6849	22444	6370
医药制造业	4415	1010	-	9776	4423
化学纤维制造业	1809	362	-	2541	468
橡胶和塑料制品业	6642	1660	-	11778	2820
非金属矿物制品业	56795	10047	11467	97770	34338
黑色金属冶炼及压延加工业	639353	81721	46964	1392139	721234
有色金属冶炼和压延加工业	2158	-	-	2279	1591
金属制品业	13233	756	25	17488	7349
通用设备制造业	21388	1427	1978	28074	15810
专用设备制造业	17675	661	4529	23178	20430
汽车制造业	7603	1393	-	11242	4178
电器机械和器材制造业	12715	2455	2406	19654	18753
计算机、通信和其他电子设备制造业	1757	216	-	1892	1218
仪器仪表制造业	809	136	-	1022	8490
金属制品、机械和设备修理业	88	-	-	177	321
电力、燃气及水的生产和供应业	46037	14289	29690	164621	191264
电力、热力的生产和供应业	53882	14289	21846	171292	179623
燃气生产和供应业	-5498	-	5498	-5369	4520
水的生产和供应业	-2346	-	2346	-1302	7121

4-13续表20　　单位：万元

项　　目	本年应交增值税	本年进项税　额	本年销项税　额	土地和固定资产支出	全部从业人员年平均人数(人)
全　　市	**1298112**	**4514971**	**5583921**	**2956235**	**289516**
按登记注册类型分					
内资企业	1179818	3693441	4653069	2935980	257372
国有企业	299240	753797	971054	1199059	53257
中央企业	34426	252698	218030	185961	4129
地方企业	264814	501100	753025	1013099	49128
集体企业	6404	51211	57600	11159	4674
有限责任公司	659098	1755560	2274835	1509815	112469
国有独资公司	55166	490669	514091	324777	21673
其他有限责任公司	603932	1264891	1760743	1185038	90796
股份有限公司	57192	424648	466040	45882	26812
私营企业	155281	692951	866049	150950	58105
私营独资企业	7646	9285	11093	371	1976
私营合作企业	1151	9088	10239	6067	3946
私营有限责任公司	135701	639699	800398	144512	49449
私营股份有限公司	10783	34878	44319	–	2734
其他企业	2604	15273	17491	19115	2055
港、澳、台商投资企业	49889	364197	413222	4647	15876
合资经营企业(港或澳、台资)	47676	339603	388295	391	11902
港澳台商独资经营企业	2214	24594	24927	4256	3974
外商投资企业	68404	457333	517630	15608	16268
中外合资经营企业	68240	457120	517276	6978	15349
外资企业	164	213	354	8630	919
按经济组织类型分					
独资企业	315667	839101	1065029	1223475	64800
国有企业	299240	753797	971054	1199059	53257
集体企业	6404	51211	57600	11159	4674
私营独资企业	7646	9285	11093	371	1976
港澳台商独资经营企业	2214	24594	24927	4256	3974
外资企业	164	213	354	8630	919
合作、合伙企业	3755	24362	27729	25182	6001
私营合伙企业	1151	9088	10239	6067	3946
其他企业（内资）	2604	15273	17491	19115	2055
股份有限公司	67975	459526	510359	45882	29546
股份有限公司(内资)	57192	424648	466040	45882	26812
私营股份有限公司	10783	34878	44319	–	2734

4-13续表21　　　　单位：万元

项　　目	本年应交增值税	本年进项税额	本年销项税额	土地和固定资产支出	全部从业人员年平均人数（人）
有限责任公司	910715	3191982	3980804	1661696	189169
国有独资公司	55166	490669	514091	324777	21673
私营有限责任公司	135701	639699	800398	144512	49449
合资经营企业(港或澳、台资)	47676	339603	388295	391	11902
中外合资经营企业	68240	457120	517276	6978	15349
其他有限责任公司	603932	1264891	1760743	1185038	90796
在总计中:亏损企业	104738	809110	853568	859026	62672
在总计中:国有控股企业	938263	2212942	2855008	2652925	129881
在总计中:轻工业	76462	301572	349696	69050	45334
重工业	1221650	4213399	5234225	2887185	244182
在总计中:大型企业	1001689	3548100	4344719	2172174	195462
中型企业	296423	966871	1239202	784061	94054
按工业行业大类分					
采矿业	320582	313521	496464	426989	51156
煤炭开采和洗选业	282506	273054	418870	363325	39530
黑色金属矿采选业	38076	40467	77594	63664	11626
制造业	870222	3733251	4601180	1832714	214996
农副食品加工业	8010	72203	74358	14594	5934
食品制造业	15110	37049	48042	19908	4682
酒、饮料和精制茶制造业	3058	628	1703	406	1591
纺织业	24236	47214	57439	18305	18860
纺织服装、鞋、帽制造业	6244	50046	55933	-	1998
木材加工和木、竹、藤、棕、草制品业	3484	14299	14411	9807	835
印刷和记录媒介复制业	4730	16559	21194	-	986
家具制造业	-	305	399	134	250
石油加工、炼焦及核燃料加工业	15527	189215	202382	52617	11712
化学原料及化学制品制造业	3880	13279	14830	4004	3311
医药制造业	4299	8474	12773	2125	1384
化学纤维制造业	376	-	-	-	357
橡胶和塑料制品业	4727	14898	19625	-	916
非金属矿物制品业	37431	72437	102121	44640	13269
黑色金属冶炼及压延加工业	715417	3092233	3851581	1605027	122586
有色金属冶炼和压延加工业	-	-	-	-	850
金属制品业	3772	18607	25242	10570	3565
通用设备制造业	5305	12985	15398	6410	6309
专用设备制造业	4883	10587	14003	22164	8081
汽车制造业	3547	3123	6304	1855	1650
电器机械和器材制造业	6018	51956	57916	14634	3862
计算机、通信和其他电子设备制造业	93	2147	1360	3060	321
仪器仪表制造业	-	4895	4132	2455	1118
金属制品、机械和设备修理业	76	111	35	-	569
电力、燃气及水的生产和供应业	107308	468199	486277	696532	23364
电力、热力的生产和供应业	106270	464845	482686	695124	21336
燃气生产和供应业	105	3354	3459	-	871
水的生产和供应业	932	-	131	1408	1157

4-14　分县(市、区)规模以上工业企业主要经济指标

(2012年)　　单位：万元

县(市、区)	企业单位数(个)	#亏损企业	工业总产值(当年价格)	工业销售产值(当年价格)	#出口交货值	工业增加值
全市	**972**	**115**	**53937550**	**52909932**	**751179**	**13334474**
#市区	173	40	15398920	15296604	447109	4136996
武安市	90	26	12419689	11993680	185490	3016128
鸡泽	58	–	1589951	1563520	–	426630
邱县	39	4	882215	878166	–	216384
永年县	108	4	3299190	3160428	27918	783008
曲周县	51	–	1525015	1551986	33511	382079
邯郸县	37	7	2344048	2325549	–	456313
肥乡县	39	4	856324	836930	–	220829
馆陶县	42	1	1336801	1304741	–	325287
涉县	38	10	5517287	5481280	–	1175022
广平县	36	1	1414723	1407785	–	326532
成安县	49	5	2094988	2035540	15565	514785
魏县	50	3	1144261	1113711	–	289031
磁县	62	8	1767490	1657802	14255	536076
临漳县	42	2	605086	603107	27331	162267
大名县	58	–	1741562	1699104	–	367109
丛台区	4	–	5767	4587	–	878
复兴区	10	3	167207	167359	–	37224
邯山区	7	1	100386	104830	3512	20771
峰峰矿区	70	9	2407668	2353518	35483	578234
经济开发区	34	8	747952	741425	72558	269548
马头经济开发区	16	3	168862	166447	8537	38421
市直	32	16	11801079	11758439	327019	3191921

4-14续表1　　单位：万元

县(市、区)	资产合计	#流动资产	#应收帐款	#存货	#产成品	固定资产合计
全市	**42281860**	**17192912**	**2395020**	**4493439**	**1708958**	**17435536**
#市区	23162368	8263564	1252819	1951290	637792	8395527
武安市	7561147	3491025	158671	942410	299310	3582137
鸡泽	418670	128415	11888	13140	7133	290255
邱县	394364	127804	21356	38275	19580	262645
永年县	1090531	487820	62065	156127	74393	492838
曲周县	970434	317870	24233	81702	54670	575979
邯郸县	2134888	1055366	185973	256226	71668	1036856
肥乡县	243199	132856	39039	43721	17495	75795
馆陶县	316042	148291	42738	45756	16239	139215
涉县	2224831	1063848	127273	424843	246438	1123327
广平县	866989	208769	43711	77618	43135	556090
成安县	854977	548422	64672	156950	84111	247746
魏县	383014	238267	86079	60972	28876	124043
磁县	949408	631716	146736	105909	57538	257569
临漳县	225809	69531	15282	29072	11993	126810
大名县	485188	279349	112483	109430	38589	148705
丛台区	14823	11185	1290	407	206	3638
复兴区	82606	60296	32311	8522	1118	15753
邯山区	129050	78211	19253	14800	7788	28635
峰峰矿区	1081747	636944	148890	141992	53763	423640
经济开发区	571701	332732	92328	99562	42760	161085
马头经济开发区	148788	80606	24268	26896	15795	51866
市直	21133653	7063592	934481	1659110	516361	7710910

4-14续表2　　　　单位：万元

县(市、区)	固定资产原价	累计折旧	固定资产净值	负债合计	流动负债	#应付帐款
全　市	**27498212**	**13311597**	**14186615**	**25312200**	**20325984**	**4186229**
#市　区	11034697	4934120	6100576	14822034	11577014	2351798
武安市	9171142	5694578	3476564	4618381	4122017	1013842
鸡　泽	370256	81448	288809	60742	60742	5363
邱　县	259950	56543	203406	259176	155190	19381
永年县	562713	127646	435067	593251	527518	93023
曲周县	845503	307563	537940	395658	255728	40151
邯郸县	1541254	928328	612926	1046231	1016413	179924
肥乡县	87404	15789	71615	83063	69237	14484
馆陶县	164299	32321	131977	156006	129417	24441
涉　县	1653215	572638	1080577	1577315	1212339	261824
广平县	722402	274640	447763	266979	86254	4275
成安县	274427	73858	200570	497182	319081	30959
魏　县	170639	47658	122981	73167	39472	8686
磁　县	336926	108000	228927	661885	598433	105982
临漳县	119211	18085	101126	54449	36779	10297
大名县	184175	38383	145792	146681	120351	21800
丛台区	4590	952	3638	17620	16574	1639
复兴区	30029	14592	15438	47102	44888	29099
邯山区	28967	5394	23574	51403	33233	9288
峰峰矿区	578389	201372	377017	860802	844700	173357
经济开发区	214162	65122	149040	365185	312888	121248
马头经济开发区	52645	12828	39816	92864	77925	20380
市　直	10125916	4633861	5492054	13387059	10246807	1996785

4-14续表3　　　　单位：万元

县(市、区)	非流动负债	所有者权益	#实收资本	国家资本	集体资本	法人资本
全　市	**4310001**	**16761176**	**5816804**	**1052088**	**56945**	**3353813**
#市　区	3145237	8293866	3713870	967478	31107	2350041
武安市	434100	2940492	462661	11072	8500	334336
鸡　泽	–	357875	74694	1221	–	–
邱　县	81650	133203	61665	2345	2480	20336
永年县	19859	487655	196936	8861	47	102375
曲周县	99830	557190	240067	846	–	55830
邯郸县	17439	996806	92117	1277	4400	45059
肥乡县	4308	155978	56843	520	–	12298
馆陶县	1571	157221	56950	843	621	17097
涉　县	352582	650497	257977	5215	1970	208381
广平县	30888	599411	117521	11603	4008	55972
成安县	40113	348817	153297	2072	3261	97251
魏　县	11883	288931	76554	902	100	9703
磁　县	63452	287523	113738	33537	–	22868
临漳县	1504	167315	56911	2347	100	10921
大名县	5586	338397	85004	1952	350	11347
丛台区	1045	2203	6523	477	–	–
复兴区	–	34892	22899	278	10223	6601
邯山区	15967	77360	32720	–	–	27800
峰峰矿区	13158	219884	151677	7333	3947	57401
经济开发区	28678	201228	140006	3034	–	70161
马头经济开发区	12263	54804	31211	1140	4729	7786
市　直	3074126	7703495	3328834	955217	12208	2180292

4-14续表4

单位：万元

县(市、区)	个人资本	港澳台资本	外商资本	主营业务收入	#主营业务成本	#主营业务税金及附加	其他业务收入
全　市	**1129907**	**66843**	**157208**	**60771218**	**55606639**	**176640**	**4878328**
#市　区	212974	46870	105400	22613901	21000141	64887	3655684
武安市	91005	2940	14808	12294999	11894163	26960	1136175
鸡　泽	73473	–	–	1669152	1502178	5464	225
邱　县	33804	2700	–	910236	857679	3402	6313
永年县	81532	134	3987	3149630	2602651	8989	12040
曲周县	183391	–	–	1648721	1349263	8079	146
邯郸县	31575	–	9807	2249391	2040217	2388	4022
肥乡县	42073	1870	83	858216	797385	1228	88
馆陶县	27865	10523	–	1301553	1116817	14388	912
涉　县	42411	–	–	5466745	5078002	4414	59607
广平县	31729	100	14109	1446082	1297341	4358	272
成安县	50713	–	–	2063619	1648774	1487	37
魏　县	55225	1705	8920	1093684	918644	1360	147
磁　县	57296	–	38	1633329	1456625	4458	1642
临漳县	43542	–	–	631436	551245	14543	289
大名县	71300	–	56	1740524	1495513	10237	730
丛台区	5000	216	830	6198	5897	–	1
复兴区	5798	–	–	166341	152686	268	308
邯山区	3490	1430	–	106779	94863	234	272
峰峰矿区	52756	20155	10085	2338835	2195104	3118	18418
经济开发区	33270	18057	15485	737015	593745	1808	62299
马头经济开发区	10543	7013	–	160245	144372	299	1324
市　直	102117	–	79000	19098488	17813474	59160	3573061

4-14续表5

县(市、区)	其他业务利润	营业费用	管理费用	#税金	财务费用	#利息支出	营业利润
全　市	**52495**	**425324**	**1237137**	**76833**	**686779**	**664081**	**2208098**
#市　区	28328	174067	693936	44459	332329	357521	307032
武安市	8263	35053	137899	9742	127383	102304	70550
鸡　泽	–	9792	9660	2555	2794	2521	140265
邱　县	512	6239	10565	2492	6009	4138	30285
永年县	10681	21858	31637	1886	22829	14747	155267
曲周县	–	35817	70234	1096	15027	14794	146799
邯郸县	2305	17438	20120	2586	26256	19911	147021
肥乡县	47	3282	4877	275	3444	2162	48047
馆陶县	41	30098	42403	1705	17660	14119	81053
涉　县	2084	5916	96689	1861	54831	56630	228791
广平县	–	12624	19768	2020	11031	10826	101354
成安县	37	8107	13868	1329	14529	10891	400658
魏　县	–	18952	16269	1053	20539	19725	116625
磁　县	1	12012	36920	1100	22866	24503	99790
临漳县	183	23205	13618	1268	3164	1973	24767
大名县	13	10865	18675	1406	6089	7315	109795
丛台区	1	58	188	1	1	–	56
复兴区	–	2490	4785	1297	1021	965	5611
邯山区	123	987	3103	277	844	1044	4599
峰峰矿区	2441	15891	38906	2367	28265	23641	39934
经济开发区	2017	11030	29051	2925	8742	5730	31866
马头经济开发区	551	4707	8356	471	2236	1803	1131
市　直	23194	138905	609548	37120	291220	324338	223835

4-14续表6

单位：万元

县(市、区)	补贴收入	营业外收入	营业外支出	利润总额	应交所得税	亏损企业亏损额
全 市	**-3346**	**39130**	**179243**	**2026259**	**301423**	**169745**
#市 区	100258	24405	39578	368625	111070	69150
武安市	67725	6923	22863	115413	36433	72732
鸡 泽	225	225	244	140246	3541	-
邱 县	4127	1129	6110	28301	3393	513
永年县	2692	2461	2085	155874	13409	2763
曲周县	2400	191	484	148715	30812	-
邯郸县	1409	51	473	147958	22427	2471
肥乡县	190	13	128	48110	2366	412
馆陶县	211	0	74	81190	6051	102
涉 县	6632	3217	1202	234220	7402	12338
广平县	501	-	431	101269	28354	139
成安县	-198181	371	102537	99910	4725	323
魏 县	1621	33	-	118246	888	2628
磁 县	5317	105	2758	102368	21339	5945
临漳县	1423	7	202	25988	2312	230
大名县	105	-	75	109825	6902	-
丛台区	-	-	1	55	-	-
复兴区	23	-	15	5620	-236	633
邯山区	1611	-	38	6173	105	662
峰峰矿区	1503	270	1690	39748	8587	12152
经济开发区	6862	6892	2255	37354	4749	6710
马头经济开发区	6617	1131	4218	3532	347	1696
市 直	83641	16112	31362	276144	97519	47298

4-14续表7

县(市、区)	利税总额	本年应付工资总额	本年应交增值税	本年进项税额	本年销项税额	全部从业人员年平均人数(人)
全 市	**3700018**	**1813281**	**1493820**	**5298313**	**6454384**	**366644**
#市 区	997100	918851	560569	2139739	2407176	144581
武安市	345255	231971	202813	1379075	1659545	68725
鸡 泽	163042	77110	17320	37247	54567	20463
邱 县	41160	14710	9457	13256	14975	7943
永年县	200980	52864	35981	172001	200423	20148
曲周县	218392	64424	61597	156582	193903	8893
邯郸县	177936	29081	27590	316991	339180	10770
肥乡县	70256	22110	20918	14467	19364	7225
馆陶县	118866	19755	23287	144041	169216	7919
涉 县	552286	178181	313599	397759	734771	15469
广平县	152943	26922	47316	139091	175820	10778
成安县	116267	32156	14870	101787	107989	10735
魏 县	144761	12364	25154	8626	5151	6960
磁 县	193361	91069	86535	177069	267349	12808
临漳县	59176	20395	18645	12119	15283	5615
大名县	148238	21317	28170	88467	89674	7612
丛台区	55	471	-	-	-	340
复兴区	8743	3401	2855	22789	21843	1671
邯山区	7810	2265	1403	1994	2528	1075
峰峰矿区	69663	55954	26796	318031	341750	26004
经济开发区	48548	35186	9386	76017	78169	8970
马头经济开发区	5586	8631	1755	14228	14931	3765
市 直	856695	812944	518374	1706679	1947956	102756

4-15　分县(市、区)国有控股工业企业主要经济指标

(2012年)

单位：万元

县(市、区)	企业单位数(个)	#亏损企业	工业总产值(当年价格)	工业销售产值(当年价格)	#出口交货值
全　　市	**80**	**20**	**19118134**	**18882182**	**387393**
#市　　区	39	13	11949788	11903425	373138
武安市	7	2	336671	336239	–
鸡泽县	2	–	35089	35236	–
邱　县	2	–	34919	31593	–
永年县	3	–	160678	117780	–
曲周县	1	–	22750	22750	–
邯郸县	2	–	37948	37948	–
肥乡县	1	1	13202	13202	–
馆陶县	1	–	19740	19740	–
涉　县	7	1	5253712	5214547	–
广平县	4	1	212658	210852	–
成安县	3	–	49983	45853	–
魏　县	1	1	22886	25706	–
磁　县	5	–	915575	814777	14255
临漳县	1	1	24491	24491	–
大名县	1	–	28043	28043	–
丛台区	1	–	–	–	–
峰峰矿区	2	–	64251	56297	–
经济开发区	9	2	178534	179104	48292
马头经济开发区	3	1	38644	36434	–
市　　直	24	10	11668358	11631590	324846

4-15续表1

单位：万元

县(市、区)	资产合计	#流动资产	#应收帐款	#存　货	#产成品
全　　市	**24259407**	**8565531**	**1120961**	**2105736**	**780374**
#市　　区	21220594	7095636	947291	1654788	511666
武安市	261532	146668	10124	956	670
鸡泽县	11352	3621	1486	1278	73
邱　县	6590	4018	1542	899	301
永年县	89593	39691	11387	14874	6589
曲周县	7152	680	15	152	–
邯郸县	11262	4238	2949	–	–
肥乡县	5357	2628	1883	248	–
馆陶县	10561	4302	1474	682	–
涉　县	1874715	854313	65087	381853	230171
广平县	159418	29146	4523	15509	8736
成安县	67910	22048	8433	1304	380
魏　县	8396	2222	1586	161	–
磁　县	501744	346186	58010	30874	21789
临漳县	8776	3567	2939	14	–
大名县	14456	6569	2233	2145	–
丛台区	13037	9532	421	365	206
峰峰矿区	28736	4883	368	1965	–
经济开发区	256945	180841	49778	55531	28204
马头经济开发区	46762	25677	603	14498	8475
市　　直	20875114	6874703	896121	1582430	474781

4-15续表2

单位：万元

县(市、区)	固定资产合计	固定资产原价	累计折旧	固定资产净值	负债合计	#流动负债
全　　市	**9281082**	**12500363**	**5575405**	**6924958**	**15325494**	**11819238**
#市　　区	7781695	10176453	4622097	5554357	13337464	10244984
武安市	105351	293533	196342	97192	145882	82521
鸡泽县	7731	10509	2779	7731	5410	5410
邱　县	7140	7899	3584	4315	6212	6117
永年县	49250	74132	29607	44525	40692	39014
曲周县	6470	9297	2826	6470	3561	2546
邯郸县	5933	9922	3989	5933	7553	6700
肥乡县	2478	4995	2619	2376	3143	2956
馆陶县	6159	8865	3563	5302	6126	6121
涉　县	994872	1502474	538108	964366	1320202	982914
广平县	119816	143936	64132	79805	41420	35179
成安县	45834	18202	5497	12705	41027	41027
魏　县	6129	10742	4613	6129	4804	4804
磁　县	129649	207267	86020	121247	351890	349364
临漳县	4926	9475	4618	4857	4243	3716
大名县	7650	12662	5012	7650	5867	5867
丛台区	3505	4341	836	3505	16048	15002
峰峰矿区	23768	35118	11460	23658	20055	20022
经济开发区	54308	94234	41492	52743	154738	142825
马头经济开发区	20722	11763	2131	9633	31896	30398
市　　直	7679392	10030997	4566179	5464818	13114727	10036737

4-15续表3

单位：万元

县(市、区)	#应付帐款	非流动负债	所有者权益	#实收资本	国家资本	法人资本
全　　市	**2279949**	**3480329**	**8888932**	**3694499**	**1050355**	**2464519**
#市　　区	1993169	3068240	7833939	3372342	967200	2230257
武安市	5045	63360	115578	21072	11072	10000
鸡泽县	1378	-	5942	1221	1221	-
邱　县	1062	95	2155	2345	2345	-
永年县	2717	-	48901	9943	8833	1110
曲周县	389	1015	3592	846	846	-
邯郸县	2624	853	3709	1277	1277	-
肥乡县	614	187	2214	520	520	-
馆陶县	2259	5	4435	843	843	-
涉　县	221940	337280	554513	198951	5215	193736
广平县	1174	6241	117999	17951	10883	3765
成安县	2592	-	29388	13164	1864	11300
魏　县	-	-	3592	502	502	-
磁　县	38966	2525	149854	49325	33537	14350
临漳县	2939	527	4533	2247	2247	-
大名县	3080	-	8589	1952	1952	-
丛台区	241	1045	-3011	477	477	-
峰峰矿区	7303	33	8681	7333	7333	-
经济开发区	49694	11613	102082	48149	3034	45116
马头经济开发区	8600	1499	14866	6200	1140	5000
市　　直	1927332	3054049	7711321	3310184	955217	2180142

4-15续表4

单位：万元

县(市、区)	个人资本	港澳台资本	外商资本	主营业务收入	#主营业务成本	#主营业务税金及附加	其他业务收入
全　市	**97472**	**–**	**82153**	**26161008**	**24252803**	**70352**	**3635411**
#市　区	95884	–	79000	19150699	17832581	56783	3571549
武安市	–	–	–	336326	302568	3573	8
鸡泽县	–	–	–	35462	34745	347	225
邱　县	–	–	–	30825	31927	70	1424
永年县	–	–	–	115907	108376	680	2612
曲周县	–	–	–	24660	24777	106	146
邯郸县	–	–	–	35623	35500	110	162
肥乡县	–	–	–	13202	13581	47	88
馆陶县	–	–	–	19740	11244	83	159
涉　县	–	–	–	5214547	4842752	3467	57978
广平县	188	–	3115	250214	227387	738	263
成安县	–	–	–	59372	54800	277	–
魏　县	–	–	–	25706	25963	112	147
磁　县	1400	–	38	796191	653852	3741	312
临漳县	–	–	–	24491	24630	112	184
大名县	–	–	–	28043	28119	106	157
从台区	–	–	–	–	–	–	–
峰峰矿区	–	–	–	53137	53099	131	1194
经济开发区	–	–	–	189348	155531	1037	1733
马头经济开发区	60	–	–	34428	33380	51	977
市　直	95824	–	79000	18873787	17590570	55564	3567644

4-15续表5

单位：万元

县(市、区)	其他业务利润	营业费用	管理费用	#税金	财务费用	#利息支出	营业利润
全　市	**28334**	**151288**	**753058**	**40315**	**359455**	**393650**	**610591**
#市　区	24375	139153	611116	37574	293195	326249	243456
武安市	–	478	3167	35	-606	-399	27484
鸡泽县	–	37	16	3	49	53	269
邱　县	–	24	124	6	63	21	6
永年县	1488	111	8362	126	2142	1547	3295
曲周县	–	–	–	–	204	204	-271
邯郸县	162	–	–	–	–	–	175
肥乡县	47	–	–	–	20	22	-399
馆陶县	41	–	5045	62	-10	1	3531
涉　县	2055	1977	90107	1335	50239	51797	227289
广平县	–	3007	5422	494	522	513	13523
成安县	–	601	620	39	306	307	2902
魏　县	–	–	–	–	1	2	-205
磁　县	–	5900	28584	585	13283	13279	90170
临漳县	166	–	495	56	28	31	-589
大名县	–	–	–	–	20	22	-45
从台区	–	–	–	–	–	–	–
峰峰矿区	680	215	593	38	210	214	-275
经济开发区	412	5284	13985	1135	3560	3558	7577
马头经济开发区	235	999	1938	212	149	141	-1624
市　直	23049	132656	594600	36189	289276	322335	237778

4-15续表6　　单位：万元

县(市、区)	补贴收入	营业外收入	营业外支出	利润总额	应交所得税	亏损企业亏损额
全市	**99823**	**21168**	**33621**	**676763**	**135204**	**45830**
#市区	86134	17335	29910	299681	99303	36640
武安市	859	544	153	28185	4394	419
鸡泽县	225	225	244	249	21	–
邱县	41	–	24	24	-9	–
永年县	33	–	250	3079	1246	–
曲周县	412	–	113	23	17	–
邯郸县	68	–	46	197	47	–
肥乡县	176	–	3	-225	–	225
馆陶县	8	–	20	3519	–	–
涉县	5747	3064	605	232431	6584	7976
广平县	199	–	45	13677	3458	139
成安县	227	–	17	3082	111	–
魏县	9	–	7	-202	169	202
磁县	5228	–	2126	93272	19839	–
临漳县	406	–	46	-229	23	229
大名县	50	–	3	2	–	–
丛台区	–	–	–	–	–	–
峰峰矿区	718	–	332	111	15	–
经济开发区	4928	4079	403	12102	1907	909
马头经济开发区	467	65	4	-1161	9	1231
市直	80021	13191	29172	288628	97372	34500

4-15续表7　　单位：万元

县(市、区)	利税总额	本年应付工资总额	本年应交增值税	本年进项税额	本年销项税额	全部从业人员年平均人数(人)
全市	**1691773**	**1147804**	**941591**	**2230662**	**2873719**	**133576**
#市区	880757	825361	521300	1705806	1946234	97542
武安市	39378	13404	7620	45479	54105	2415
鸡泽县	670	1169	62	38	100	313
邱县	737	2183	643	1732	1753	501
永年县	9414	12684	5651	13176	19420	3599
曲周县	883	3748	754	3236	3902	795
邯郸县	2376	4625	2069	4753	5822	642
肥乡县	362	1982	540	1811	2313	925
馆陶县	4427	3109	823	2160	2946	639
涉县	543433	170895	307482	362180	659105	11275
广平县	23608	6173	9193	27322	35288	2319
成安县	5448	4257	2089	1672	1845	813
魏县	1527	5641	1617	3891	2953	1161
磁县	176622	81046	79603	54165	133773	8432
临漳县	804	4262	921	3243	4163	962
大名县	1328	7267	1219	–	–	1243
丛台区	–	82	–	–	–	40
峰峰矿区	1619	7455	1377	5978	7296	795
经济开发区	18021	19369	4881	18175	19267	4053
马头经济开发区	-565	3569	545	4239	4781	1171
市直	861682	794886	514497	1677413	1914890	91483

4-16 分县(市、区)私营工业企业主要经济指标

(2012年)

单位：万元

县(市、区)	企业单位数(个)	#亏损企业	工业总产值(当年价格)	工业销售产值(当年价格)	#出口交货值	工业增加值
全市	**550**	**37**	**15123964**	**14718815**	**71074**	**3738956**
#市区	51	6	1702278	1677919	–	457325
武安市	35	7	2490588	2325283	–	604840
鸡泽县	42	–	876163	856943	–	235100
邱县	27	3	657409	656668	–	161245
永年县	76	1	1139449	1108428	27918	270429
曲周县	22	–	693573	696236	260	173768
邯郸县	15	4	367710	366469	–	71581
肥乡县	31	3	530289	513083	–	136751
馆陶县	30	1	779518	758689	–	189682
涉县	15	1	151841	156759	–	32338
广平县	16	–	643742	638535	–	148582
成安县	43	4	2032884	1977685	15565	499525
魏县	37	1	703226	679458	–	177629
磁县	48	5	739264	730687	–	224217
临漳县	32	1	480822	478854	27331	128942
大名县	30	–	1135211	1097121	–	239294
复兴区	4	1	20314	20314	–	4522
邯山区	3	–	65770	70214	–	13609
峰峰矿区	39	4	1577002	1549349	–	378739
经济开发区	4	1	14774	14676	–	5324
马头经济开发区	1	–	24418	23367	–	5556

4-16续表1

单位：万元

县(市、区)	资产合计	#流动资产	#应收帐款	#存货	#产成品
全市	**6827469**	**3227389**	**693349**	**914057**	**445787**
#市区	892196	530974	135523	112872	36835
武安市	1697354	734641	75065	247648	122899
鸡泽县	260420	76889	6891	8161	4714
邱县	265796	74780	13556	29213	15454
永年县	398287	129465	24023	36296	22233
曲周县	345949	84612	9389	10956	6869
邯郸县	228662	82394	19164	30425	23246
肥乡县	175019	91203	29597	24336	11224
馆陶县	220231	102996	36471	28304	9222
涉县	151736	99518	38087	18867	12323
广平县	358309	66038	16247	23331	18200
成安县	775981	520316	55758	153346	82999
魏县	211366	136394	57050	36149	19111
磁县	332756	234363	69361	61462	25828
临漳县	172590	50476	9305	19995	7002
大名县	340819	212329	97863	72697	27629
复兴区	24713	22995	12836	4514	1026
邯山区	77853	35719	11919	10281	4964
峰峰矿区	769947	457119	106243	94955	28767
经济开发区	13289	9612	3501	2197	1562
马头经济开发区	6393	5529	1024	926	516

4-16续表2　　单位：万元

县(市、区)	固定资产合　计	固定资产原　价	累计折旧	固定资产净　值	负债合计	流动负债
全　　市	**3225351**	**4408251**	**1395899**	**3012352**	**3297375**	**2644912**
#市　区	323939	445425	143323	302102	692900	667467
武　安　市	947331	1616054	679435	936620	765025	629086
鸡　泽　县	183531	235459	52983	182476	33876	33876
邱　　县	188978	181779	38504	143275	195578	105142
永　年　县	254019	274446	42087	232359	134426	113605
曲　周　县	239158	324787	110970	213817	159660	125204
邯　郸　县	136028	181849	51444	130405	135630	124158
肥　乡　县	50654	58282	8520	49763	62147	52946
馆　陶　县	99936	112688	18700	93988	119646	93334
涉　　县	50090	69575	20051	49524	103438	91312
广　平　县	253594	302289	89455	212835	58039	35572
成　安　县	197082	250322	67146	183175	451383	273281
魏　　县	61836	83044	21351	61693	37031	16193
磁　　县	64353	77319	19170	58149	216226	184361
临　漳　县	95058	93853	9766	84087	44600	27779
大　名　县	79764	101081	22996	78085	87772	71597
复　兴　区	1615	3615	2000	1615	17589	17589
邯　山　区	21005	22267	2471	19796	15126	1656
峰　峰　矿　区	297977	413579	136223	277355	644448	637190
经　济　开　发　区	3015	5311	2303	3008	9770	5065
马头经济开发区	328	653	325	328	5966	5966

4-16续表3　　单位：万元

县(市、区)	#应付帐款	非流动负债	所有者权益	#实收资本	集体资本	法人资本
全　　市	**460437**	**348816**	**3478163**	**1023717**	**1737**	**387641**
#市　区	126365	18529	198282	113880	–	63055
武　安　市	121717	113906	930800	136004	–	67521
鸡　泽　县	2488	–	226544	56792	–	–
邱　　县	10127	74963	66063	24302	–	6558
永　年　县	17129	2366	257434	95190	31	44689
曲　周　县	14295	26661	179166	85732	–	20824
邯　郸　县	33777	–	90913	27037	–	18657
肥　乡　县	10433	2820	108826	41432	–	10550
馆　陶　县	14455	1556	99456	38302	–	14230
涉　　县	16448	5545	48292	23301	–	4705
广　平　县	2818	20332	300106	62003	1345	30280
成　安　县	28265	40113	313254	134133	261	83951
魏　　县	1767	3986	165616	44122	–	7396
磁　　县	42409	31865	116530	46464	–	3918
临　漳　县	5465	977	123945	45694	100	7900
大　名　县	12482	5197	252937	49332	–	3407
复　兴　区	14530	–	6942	3186	–	686
邯　山　区	329	11267	62655	27800	–	27300
峰　峰　矿　区	110045	4967	124739	79544	–	34999
经　济　开　发　区	1304	2295	3519	1350	–	70
马头经济开发区	156	–	427	2000	–	–

4-16续表4　　　　单位：万元

县(市、区)	个人资本	港澳台资本	外商资本	主营业务收入	#主营业务成本	#主营业务税金及附加	其他业务收入
全　　市	**631316**	**1185**	**394**	**15430093**	**13814300**	**51032**	**197722**
#市　　区	50825	–	–	1652245	1531634	2214	887
武 安 市	68483	–	–	2901327	2801645	8065	190678
鸡 泽 县	56792	–	–	905048	815776	3472	–
邱　　县	17744	–	–	668091	628481	2377	310
永 年 县	50026	35	394	1125603	952861	6418	375
曲 周 县	64908	–	–	758689	615599	4330	–
邯 郸 县	8380	–	–	305709	277203	401	2409
肥 乡 县	30882	–	–	532522	494320	962	–
馆 陶 县	24072	–	–	757835	659404	1795	754
涉　　县	18596	–	–	145117	136974	302	1601
广 平 县	29557	100	–	640556	578084	1852	–
成 安 县	49713	–	–	1992579	1584107	1124	37
魏　　县	35276	1050	–	677439	585253	996	–
磁　　县	42546	–	–	727334	698656	658	–
临 漳 县	37593	–	–	512608	443310	13743	98
大 名 县	45925	–	–	1127390	1010995	2322	573
复 兴 区	2500	–	–	18225	16608	73	–
邯 山 区	500	–	–	66005	60344	140	131
峰 峰 矿 区	44545	–	–	1529886	1421796	1922	757
经济开发区	1280	–	–	15161	12543	50	–
马头经济开发区	2000	–	–	22968	20342	28	–

4-16续表5　　　　单位：万元

县(市、区)	其他业务利润	营业费用	管理费用	#税金	财务费用	#利息支出	营业利润
全　　市	**4258**	**143818**	**213381**	**15875**	**132982**	**114196**	**985704**
#市　　区	656	9120	30088	2158	24877	21363	39009
武 安 市	1028	15562	35413	2547	36584	33580	6962
鸡 泽 县	–	5789	6119	1571	2158	1993	71734
邱　　县	210	3773	7159	1750	3707	3537	24842
永 年 县	154	17086	12426	848	8360	5237	78009
曲 周 县	–	12330	29031	485	4000	3984	69742
邯 郸 县	2143	2194	4718	146	4049	2251	19541
肥 乡 县	–	2760	3700	211	2069	1500	28713
馆 陶 县	–	18096	26376	1084	10497	8254	42379
涉　　县	–	2079	1278	192	1628	1276	3435
广 平 县	–	3944	6848	1055	2388	2274	47441
成 安 县	37	7204	12747	1273	14105	10466	396961
魏　　县	–	11854	7826	146	4128	3783	65921
磁　　县	–	4034	6168	415	7555	7504	10264
临 漳 县	17	20585	10747	1018	2928	1761	20210
大 名 县	13	7408	12738	977	3950	5434	60541
复 兴 区	–	327	613	118	257	259	346
邯 山 区	123	592	908	242	673	891	3472
峰 峰 矿 区	533	7619	26340	1745	23700	20023	33082
经济开发区	–	246	1988	52	236	190	97
马头经济开发区	–	336	239	2	12	–	2012

4-16续表6

单位：万元

县(市、区)	补贴收入	营业外收入	营业外支出	利润总额	应交所得税	亏损企业亏损额
全市	**-187483**	**3207**	**112776**	**685466**	**76253**	**43098**
#市区	1793	67	1315	39487	6217	3115
武安市	1774	-	833	7903	8422	29690
鸡泽县	-	-	-	71734	2180	-
邱县	1129	1129	5087	20885	2841	488
永年县	2482	1677	1642	78848	6313	1288
曲周县	1799	-	-	71542	14615	-
邯郸县	53	51	12	19584	1359	2202
肥乡县	13	13	125	28601	786	187
馆陶县	203	-	53	42529	4781	102
涉县	162	-	364	3233	676	334
广平县	37	-	-	47477	16059	-
成安县	-198610	169	102520	95832	4609	321
魏县	536	-	-7	66465	35	1120
磁县	73	93	605	9752	1413	4251
临漳县	1017	7	157	21071	1768	1
大名县	54	-	72	60524	4180	-
复兴区	-	-	11	335	-270	279
邯山区	1511	-	34	4949	35	-
峰峰矿区	215	-	1069	32228	6420	2696
经济开发区	67	67	200	-36	32	140
马头经济开发区	-	-	-	2012	-	-

4-16续表7

单位：万元

县(市、区)	利税总额	本年应付工资总额	本年应交增值税	本年进项税额	本年销项税额	全部从业人员年平均人数(人)
全市	**1008895**	**294017**	**272261**	**1188623**	**1414288**	**103857**
#市区	63590	34771	21889	214653	233284	17306
武安市	85630	52917	69657	293742	364744	16057
鸡泽县	85345	51826	10139	30954	41092	11431
邱县	30018	8842	6756	8275	9138	5318
永年县	98544	14316	13146	43812	53870	7574
曲周县	105830	26302	29958	66687	88049	3428
邯郸县	28203	5831	8218	42002	46522	2625
肥乡县	37131	11666	7568	8626	8782	4421
馆陶县	56791	13080	12467	85122	98555	5309
涉县	6853	2081	3317	18867	60437	1238
广平县	74001	11602	24672	78768	101587	4161
成安县	109497	27349	12541	99033	104825	9712
魏县	80974	3968	13514	3902	2080	3908
磁县	16765	7258	6355	112705	119111	3584
临漳县	51556	14436	16743	8876	11120	3893
大名县	78168	7773	15322	72600	71092	3892
复兴区	630	987	221	1994	2021	568
邯山区	5757	1161	667	1472	1767	547
峰峰矿区	54413	31765	20263	206250	223926	15855
经济开发区	250	750	236	1534	1666	278
马头经济开发区	2541	109	501	3403	3905	58

4-17　分县(市、区)外商港澳台工业企业主要经济指标

(2012年)

单位：万元

县(市、区)	企业单位数(个)	#亏损企业	工业总产值(当年价格)	工业销售产值(当年价格)	#出口交货值	工业增加值
全　市	**49**	**10**	**7531153**	**7471719**	**223847**	**1861856**
#市　区	20	7	624928	618764	42354	167890
武安市	8	3	4489261	4457023	181493	1090219
邱　县	3	–	94957	94957	–	23290
永年县	5	–	92362	92362	–	21921
邯郸县	3	–	1452436	1437035	–	282744
肥乡县	2	–	56723	54728	–	14628
馆陶县	1	–	152810	150158	–	37184
广平县	2	–	315287	315287	–	72771
魏　县	4	–	156816	155832	–	39610
大名县	1	–	95574	95574	–	20146
丛台区	2	–	5767	4587	–	878
邯山区	1	–	3512	3512	3512	727
峰峰矿区	10	4	238195	233368	8510	57206
经济开发区	5	2	71128	70970	24266	25633
马头经济开发区	1	1	6066	6066	6066	1380
市　直	1	–	300260	300260	–	81213

4-17续表1

单位：万元

县(市、区)	资产合计	#流动资产	#应收帐款	#存　货	#产成品
全　市	**5459434**	**2564368**	**237711**	**596995**	**102393**
#市　区	683734	242280	55785	63962	23780
武安市	2725193	1327861	11524	310758	47296
邱　县	20261	6497	1011	506	481
永年县	18321	4051	1253	1001	617
邯郸县	1644523	839372	141556	179141	20325
肥乡县	8947	4456	503	1027	375
馆陶县	38915	15874	1109	2651	881
广平县	232302	62223	12340	22053	3393
魏　县	84319	58914	11885	13991	4371
大名县	2920	2842	746	1905	875
丛台区	1786	1653	868	42	–
邯山区	5427	3237	71	2772	2410
峰峰矿区	146294	103507	16018	33027	17113
经济开发区	63315	34763	7165	9621	4257
马头经济开发区	7810	2833	354	1297	–
市　直	459103	96287	31308	17203	–

4-17续表2

单位：万元

县(市、区)	固定资产合计	固定资产原价	累计折旧	固定资产净值	负债合计	流动负债
全市	**2669936**	**4858959**	**2762464**	**2096495**	**2880185**	**2520877**
#市区	408193	871738	482685	389054	410576	257669
武安市	1254738	2508670	1334138	1174531	1581113	1474724
邱县	12408	15632	4664	10968	13757	4088
永年县	9653	11052	3084	7968	6281	4056
邯郸县	801803	1200806	814745	386061	757256	747116
肥乡县	4115	5778	1663	4115	2803	2803
馆陶县	16805	21780	4975	16805	8755	8755
广平县	140443	197351	112137	85214	75276	7726
魏县	21700	25932	4232	21700	21526	11098
大名县	78	220	141	78	2842	2842
丛台区	133	249	116	133	1572	1572
邯山区	1853	2689	968	1722	4040	4040
峰峰矿区	41730	36310	13056	23254	117276	112390
经济开发区	19342	23116	4111	19006	27230	25530
马头经济开发区	4281	5252	1167	4085	3728	3728
市直	340855	804123	463269	340855	256730	110409

4-17续表3

单位：万元

县(市、区)	#应付帐款	非流动负债	所有者权益	#实收资本	国家资本	法人资本
全市	**404632**	**277163**	**2498741**	**464613**	**1300**	**226168**
#市区	38552	152907	272138	280658	–	125772
武安市	228148	98257	1144081	85309	–	65209
邱县	–	4534	7425	2700	–	–
永年县	2568	–	10040	12960	–	8756
邯郸县	133123	10140	811646	31300	–	11908
肥乡县	–	–	6032	2830	–	248
馆陶县	124	–	30159	13390	–	2867
广平县	–	3560	157026	24221	1300	11055
魏县	2118	7765	60117	11134	–	299
大名县	–	–	78	112	–	56
丛台区	1399	–	214	1046	–	–
邯山区	996	–	1388	1430	–	–
峰峰矿区	17101	4886	29017	38112	–	7272
经济开发区	5911	1700	35065	35557	–	–
马头经济开发区	300	–	4081	7013	–	–
市直	12846	146321	202373	197500	–	118500

4-17续表4

单位：万元

县(市、区)	个人资本	港澳台资本	外商资本	主营业务收入	#主营业务成本	#主营业务税金及附加	其他业务收入
全　　市	**20082**	**62619**	**154444**	**7419393**	**7018077**	**13964**	**712728**
#市　　区	2615	46870	105400	627333	570527	2836	17066
武　安　市	5292	–	14808	4347258	4240051	8250	694211
邱　　县	–	2700	–	94957	87527	391	–
永　年　县	700	–	3504	92462	82996	113	–
邯　郸　县	9585	–	9807	1458699	1346988	1188	1451
肥　乡　县	630	1870	83	56674	53339	–	–
馆　陶　县	–	10523	–	150158	130630	–	–
广　平　县	–	–	11866	355891	317810	1036	–
魏　　县	1260	655	8920	141800	96049	151	–
大　名　县	–	–	56	94162	92162	–	–
丛　台　区	–	216	830	6198	5897	–	1
邯　山　区	–	1430	–	6806	6244	–	–
峰　峰　矿　区	600	20155	10085	239703	239787	168	16468
经　济　开　发　区	2015	18057	15485	68301	57159	248	445
马头经济开发区	–	7013	–	6066	5223	–	–
市　　直	–	–	79000	300260	256217	2419	152

4-17续表5

单位：万元

县(市、区)	其他业务利润	营业费用	管理费用	#税金	财务费用	#利息支出	营业利润
全　　市	**5785**	**24321**	**73884**	**8298**	**113459**	**84099**	**215554**
#市　　区	1232	4993	10658	1631	20523	18785	19179
武　安　市	4553	9905	44053	3777	57761	35026	23730
邱　　县	–	886	909	355	279	279	5465
永　年　县	–	1436	426	16	206	38	7288
邯　郸　县	–	1026	8839	1858	17287	12869	84861
肥　乡　县	–	11	213	6	–	–	3112
馆　陶　县	–	–	173	–	282	282	19074
广　平　县	–	4184	4138	286	3435	3423	25288
魏　　县	–	1526	4173	365	13627	13350	26274
大　名　县	–	356	302	3	59	48	1284
丛　台　区	1	58	188	1	1	–	56
邯　山　区	–	222	75	6	59	70	206
峰　峰　矿　区	1229	2592	3752	415	2329	1500	-7692
经　济　开　发　区	2	1681	3192	355	1443	899	4574
马头经济开发区	–	440	588	–	112	81	-297
市　　直	–	–	2863	855	16581	16235	22332

4-17续表6

单位：万元

县(市、区)	补贴收入	营业外收入	营业外支出	利润总额	应交所得税	亏损企业亏损额
全　　市	**50310**	**5597**	**5027**	**260837**	**52819**	**17189**
#市　　区	1782	1255	294	20667	6613	12449
武　安　市	47252	3720	3850	67131	17868	4740
邱　　县	–	–	500	4965	560	–
永　年　县	–	623	–	7288	14	–
邯　郸　县	1234	–	383	85712	20150	–
肥　乡　县	–	–	–	3112	71	–
馆　陶　县	–	–	–	19074	539	–
广　平　县	–	–	–	25288	6322	–
魏　　县	43	–	–	26317	683	–
大　名　县	–	–	–	1284	–	–
从　台　区	–	–	1	55	–	–
邯　山　区	100	–	–	306	–	–
峰峰矿区	309	115	69	-7452	361	9364
经济开发区	1135	1134	190	5519	567	2792
马头经济开发区	6	6	2	-293	–	293
市　　直	232	–	33	22531	5685	–

4-17续表7

单位：万元

县(市、区)	利税总额	本年应付工资总额	本年应交增值税	本年进项税额	本年销项税额	全部从业人员年平均人数(人)
全　　市	**397814**	**112238**	**123013**	**827389**	**938161**	**35029**
#市　　区	46227	26168	22725	66140	86662	6249
武　安　市	143436	62929	68055	490864	558905	18578
邱　　县	6400	1500	1044	–	–	960
永　年　县	7679	1789	278	333	282	1007
邯　郸　县	99861	12263	12961	230171	243537	4921
肥　乡　县	5221	2098	2109	2562	4097	365
馆　陶　县	22056	544	2982	22545	25527	375
广　平　县	38086	3181	11762	14774	19151	1575
魏　　县	27566	1455	1098	–	–	934
大　名　县	1284	311	–	–	–	65
从　台　区	55	390	–	–	–	300
邯　山　区	306	463	–	522	50	177
峰峰矿区	-5338	7520	1945	32061	33973	3888
经济开发区	6398	2382	631	1757	1571	638
马头经济开发区	-293	761	–	876	–	345
市　　直	45099	14653	20149	30924	51069	901

4-18　分县(市、区)大中型工业企业主要经济指标

(2012年)

单位：万元

县(市、区)	企业单位数(个)	#亏损企业	工业总产值(当年价格)	工业销售产值(当年价格)	#出口交货值	工业增加值
全　市	**215**	**50**	**42253536**	**41402630**	**698757**	**10445945**
#市　区	73	26	13916621	13835255	406326	3738769
武安市	29	13	11818696	11417258	181493	2870177
鸡泽县	12	–	1224301	1202546	–	328515
邱　县	11	2	402017	401797	–	98604
永年县	10	–	2072076	1971033	27000	491773
曲周县	5	–	246582	233762	26788	61779
邯郸县	10	1	1976593	1953620	–	384780
肥乡县	5	1	222876	222620	–	57475
馆陶县	7	–	464738	457347	–	113086
涉　县	12	3	5322458	5284607	–	1133529
广平县	12	1	1206518	1204711	–	278476
成安县	10	–	1622665	1558279	15565	398725
魏　县	5	2	162170	170047	–	40963
磁　县	4	–	909460	808795	14255	275837
临漳县	3	1	73349	73349	27331	19670
大名县	7	–	612416	607605	–	129093
复兴区	2	1	23627	23526	–	5260
峰峰矿区	32	8	1597563	1560503	35447	383677
经济开发区	7	2	504796	499449	35323	181919
马头经济开发区	4	1	43524	46172	8537	9903
市　直	28	14	11747111	11705606	327019	3177324

4-18续表1

单位：万元

县(市、区)	资产合计	#流动资产	#应收帐款	#存货	#产成品
全　市	**37063935**	**14624324**	**1741165**	**3788074**	**1351208**
#市　区	22364595	7814356	1104550	1824540	588269
武安市	7156883	3247352	92923	879393	260414
鸡泽县	298475	79468	5450	5757	3861
邱　县	217693	63921	11319	24158	12696
永年县	667021	347770	43893	105828	38187
曲周县	221460	100141	8792	53656	37205
邯郸县	1949348	940796	162506	219309	42160
肥乡县	53833	32263	9838	14438	6424
馆陶县	120210	66946	15268	23804	8579
涉　县	2016295	942346	80278	403005	231593
广平县	718624	165859	36061	62537	31837
成安县	433546	284534	16867	88020	53035
魏　县	81006	41325	7610	10761	2474
磁　县	492140	339644	57211	29642	21084
临漳县	42011	5049	2954	278	226
大名县	230795	152553	85646	42949	13166
复兴区	30720	26440	15722	4591	–
峰峰矿区	872378	505949	92983	96649	40636
经济开发区	318050	183924	46127	55866	27297
马头经济开发区	92858	47970	17692	11850	5048
市　直	21050590	7050073	932025	1655584	515288

4-18续表2　　　　单位：万元

县(市、区)	固定资产合计	固定资产原价	累计折旧	固定资产净值	负债合计	
						流动负债
全　市	**15247404**	**24802874**	**12577350**	**12225524**	**22787062**	**18348237**
#市　区	8122327	10661675	4803637	5858038	14362760	11189387
武安市	3436412	8947253	5598688	3348565	4312759	3844072
鸡泽县	219007	287586	68579	219007	30188	30188
邱　县	154087	150146	32733	117413	174761	93743
永年县	239695	291680	86541	205140	428080	395544
曲周县	118954	178790	64835	113955	75538	53225
邯郸县	988445	1467568	899976	567592	927366	909927
肥乡县	20331	22172	5524	16648	22185	21998
馆陶县	46807	63560	17621	45940	57274	56376
涉　县	1042637	1553743	551696	1002047	1450220	1111132
广平县	476033	631456	260294	371162	226596	58884
成安县	142306	184418	54493	129920	292510	172394
魏　县	36063	56092	20683	35410	31086	20739
磁　县	126614	204887	84753	120134	342974	341774
临漳县	35678	40227	6993	33234	11386	10858
大名县	42008	61622	20299	41323	41381	37997
复兴区	3098	8427	5330	3098	18546	18546
峰峰矿区	354489	482895	165977	316918	724940	717311
经济开发区	84609	126457	44149	82308	219546	189056
马头经济开发区	37613	35409	9088	26320	54105	43642
市　直	7642519	10008487	4579093	5429394	13345623	10220832

4-18续表3　　　　单位：万元

县(市、区)	#应付帐款	非流动负债	所有者权益	#实收资本		
					国家资本	法人资本
全　市	**3781739**	**3994462**	**14169465**	**4665418**	**1037567**	**2953470**
#市　区	2255766	3092824	8007495	3496612	959102	2267418
武安市	956145	416688	2843584	388183	7530	301548
鸡泽县	1700	-	268288	54710	-	-
邱　县	8309	70638	43710	23880	2300	1031
永年县	70465	4138	236941	86373	8733	33273
曲周县	7786	14546	134741	39956	846	7610
邯郸县	156844	17439	930748	58297	1277	24929
肥乡县	6596	187	31648	13030	520	2000
馆陶县	12992	898	62836	25033	843	8867
涉　县	236689	339080	569076	207150	5215	197004
广平县	1174	20010	492028	79140	10883	49955
成安县	10777	5446	132246	64270	1864	43970
魏　县	6435	7457	49920	22165	902	516
磁　县	38349	1200	149166	49143	33355	14350
临漳县	2976	527	27625	22358	2247	-
大名县	8734	3384	189414	35120	1952	1000
复兴区	16220	-	11993	11000	278	300
峰峰矿区	152011	7439	147438	99407	1654	44411
经济开发区	98831	10189	98379	45930	2515	42416
马头经济开发区	10350	10463	38753	13363	1000	-
市　直	1978353	3064733	7710932	3326912	953655	2180292

4-18续表4　　　　单位：万元

县(市、区)	个人资本	港澳台资本	外商资本	主营业务收入	#主营业务成本	#主营业务税金及附加	其他业务收入
全　市	**463422**	**43969**	**129816**	**48961573**	**45200402**	**108253**	**4849421**
#市　区	136024	26755	81014	21163129	19680012	62275	3652875
武安市	59880	2940	13044	11709803	11356600	19608	1115313
鸡泽县	54710	–	–	1297212	1164151	2822	–
邱　县	17849	2700	–	392897	369219	1514	5503
永年县	41063	–	3304	1924396	1524099	3895	11459
曲周县	31500	–	–	260822	221515	1076	146
邯郸县	17885	–	9807	1866888	1678635	1651	3795
肥乡县	10510	–	–	230960	210901	400	88
馆陶县	4800	10523	–	457248	378793	1453	912
涉　县	4360	–	–	5283545	4907114	3599	57978
广平县	1531	–	14109	1241957	1117986	4073	263
成安县	18436	–	–	1494318	1161507	838	2
魏　县	11197	1050	8500	166966	141748	290	147
磁　县	1400	–	38	790480	650135	3705	312
临漳县	20111	–	–	73349	70008	312	184
大名县	32168	–	–	607605	567979	745	445
复兴区	700	–	–	23934	23143	78	46
峰峰矿区	31586	19743	2014	1556689	1467655	1908	17689
经济开发区	1000	–	–	496715	402216	1119	61474
马头经济开发区	621	7013	–	44634	36884	75	859
市　直	102117	–	79000	19041158	17750114	59095	3572807

4-18续表5　　　　单位：万元

县(市、区)	其他业务利润	营业费用	管理费用	#税　金	财务费用	#利息支出	营业利润
全　市	**50277**	**254218**	**1006157**	**60436**	**577022**	**574351**	**1510226**
#市　区	27731	154436	655335	41161	320879	349980	258588
武安市	7741	24302	121437	8107	117403	94308	69919
鸡泽县	–	5690	5918	1670	1510	1359	118122
邱　县	-198	2308	4608	1298	2302	2259	15339
永年县	10336	4922	18258	867	14176	9639	73172
曲周县	–	5691	11868	259	2575	2575	18253
邯郸县	2344	15525	15359	2115	24030	18463	135522
肥乡县	47	486	965	3	769	723	17486
馆陶县	41	13629	18592	412	5158	5174	40489
涉　县	2055	2405	93291	1392	52106	54587	226317
广平县	–	10156	15872	1192	9702	9524	84554
成安县	2	3163	5308	413	9151	6977	317309
魏　县	–	1587	3834	254	2125	1973	17548
磁　县	–	5256	27882	585	12974	12969	89868
临漳县	166	751	1214	161	302	305	948
大名县	13	3913	6418	550	1861	3536	26795
复兴区	–	44	1042	68	148	155	-262
峰峰矿区	2335	8693	25427	1768	25808	21890	16133
经济开发区	1886	4714	14154	1896	2490	2549	13138
马头经济开发区	316	2264	5863	310	1297	1289	-1121
市　直	23194	138721	608849	37120	291136	324098	230700

4-18续表6

单位：万元

县(市、区)	补贴收入	营业外收入	营业外支出	利润总额	应交所得税	亏损企业亏损额
全　市	**15638**	**25791**	**166870**	**1358993**	**242775**	**135887**
#市　区	91692	17408	36652	313658	106039	56723
武安市	61294	1877	22721	108492	33942	65457
鸡泽县	–	–	–	118122	2462	–
邱　县	1170	1129	1233	15277	1503	408
永年县	1699	2273	741	74130	11815	–
曲周县	412	–	118	18546	5008	–
邯郸县	1311	–	460	136373	21683	3
肥乡县	176	–	3	17660	1079	225
馆陶县	13	–	31	40471	3056	–
涉　县	5764	3065	614	231467	6846	11196
广平县	199	–	45	84708	25629	139
成安县	-153891	8	102033	61355	3004	–
魏　县	85	33	7	17626	852	1508
磁　县	5228	–	2116	92979	19766	–
临漳县	406	–	46	1308	23	229
大名县	80	–	52	26823	68	–
复兴区	10	–	12	-264	6	289
峰峰矿区	1408	270	978	16563	5728	11975
经济开发区	3340	2681	123	16355	2691	941
马头经济开发区	6154	1118	4214	818	182	293
市　直	80780	13339	31324	280186	97431	43225

4-18续表7

单位：万元

县(市、区)	利税总额	本年应付工资总额	本年应交增值税	本年进项税额	本年销项税额	全部从业人员年平均人数(人)
全　市	**2768506**	**1594350**	**1298112**	**4514971**	**5583921**	**289516**
#市　区	922571	887319	543620	1991189	2255088	130873
武安市	323340	220116	195171	1327956	1604831	63254
鸡泽县	133433	53672	12489	33285	45775	15996
邱　县	22377	8319	5587	9319	8161	4460
永年县	104880	39403	26851	147852	174612	12331
曲周县	29204	12756	9582	36993	41605	2701
邯郸县	163860	23906	25837	266215	286868	8533
肥乡县	28374	9365	10314	3319	6579	2691
馆陶县	51441	11744	9515	49232	59745	4307
涉　县	544365	174325	309247	372933	709327	13472
广平县	133051	21200	44270	115431	151184	7787
成安县	71955	23574	9763	45333	47242	6946
魏　县	23149	8171	5233	3891	2953	2891
磁　县	175926	80450	79242	53561	132802	8140
临漳县	6523	9548	4904	3243	4163	1839
大名县	34058	10483	6439	55218	52988	3295
复兴区	84	1524	270	3785	4067	710
峰峰矿区	37768	46857	19297	227191	246464	20440
经济开发区	24360	25182	6836	54941	60282	5522
马头经济开发区	1757	4868	834	5382	5185	2417
市　直	858601	808888	516303	1699892	1939090	101784

4-19　分县(市、区)集体工业企业主要经济指标

(2012年)

单位：万元

县(市、区)	企业单位数(个)	#亏损企业	工业总产值(当年价格)	工业销售产值(当年价格)	工业增加值
全　市	**20**	**6**	**477759**	**470976**	**118112**
#市　区	8	3	177506	171244	47688
武安市	3	1	7822	7809	1899
邱　县	2	-	67827	67827	16636
馆陶县	1	-	15522	15522	3777
涉　县	3	2	20840	20678	4438
广平县	1	-	177795	177795	41037
成安县	2	-	10447	10101	2567
复兴区	2	2	24393	24292	5430
峰峰矿区	4	-	78828	78129	18932
市　直	2	1	74285	68823	20092

4-19续表1

单位：万元

县(市、区)	资产合计	#流动资产	#应收帐款	#存　货	#产成品
全　市	**291904**	**179678**	**51032**	**30861**	**15319**
#市　区	143114	115337	38995	19525	9806
武安市	3256	1686	340	758	475
邱　县	12541	3342	291	165	165
馆陶县	3688	408	30	2	1
涉　县	54918	46044	9639	3160	616
广平县	66191	9262	1734	5960	3900
成安县	8196	3598	3	1291	356
复兴区	24927	21012	13435	1559	-
峰峰矿区	20156	10980	3487	2378	1670
市　直	98031	83345	22073	15589	8136

4-19续表2

单位：万元

县(市、区)	固定资产合计	固定资产原价	累计折旧	固定资产净值	负债合计	流动负债
全　市	**96253**	**159837**	**77763**	**82074**	**187174**	**176666**
#市　区	15160	35333	20363	14969	105310	103203
武安市	1479	2426	972	1454	2846	339
邱　县	9199	6658	2562	4096	7089	5220
馆陶县	625	790	165	625	44	35
涉　县	8462	11720	3319	8401	60601	58801
广平县	56929	98165	49893	48272	8491	6275
成安县	4399	4746	488	4258	2793	2793
复兴区	2053	6634	4582	2053	10574	10574
峰峰矿区	7945	11377	3623	7754	8892	8239
市　直	5163	17321	12158	5163	85845	84391

4-19续表3

单位：万元

县(市、区)	#应付帐款	非流动负债	所有者权益	#实收资本	集体资本	法人资本
全　市	**68419**	**6575**	**106451**	**37167**	**29691**	**4050**
#市　区	61098	1454	37804	20761	18928	650
武安市	233	-	410	1450	50	1400
邱　县	1621	1096	4925	2480	2480	-
馆陶县	18	9	3044	600	600	-
涉　县	5422	1800	-2697	1970	1970	-
广平县	-	2216	57700	4906	2663	-
成安县	28	-	5265	5000	3000	2000
复兴区	10275	-	14353	10500	10223	-
峰峰矿区	5893	-	11264	4297	3647	650
市　直	44930	1454	12187	5964	5058	-

4-19续表4

单位：万元

县(市、区)	个人资本	港澳台资本	外商资本	主营业务收入	#主营业务成本	#主营业务税金及附加	其他业务收入
全　市	**906**	**-**	**2243**	**566458**	**533583**	**2477**	**1612**
#市　区	906	-	-	267749	261676	1258	1092
武安市	-	-	-	8477	8529	43	1
邱　县	-	-	-	66057	62431	270	500
馆陶县	-	-	-	15522	14280	26	-
涉　县	-	-	-	21399	20284	52	18
广平县	-	-	2243	177685	158309	749	-
成安县	-	-	-	9568	8073	80	-
复兴区	-	-	-	24690	23954	65	46
峰峰矿区	-	-	-	78129	72617	378	-
市　直	906	-	-	164930	165105	815	1046

4-19续表5　　单位：万元

县(市、区)	其他业务利润	营业费用	管理费用	#税　金	财务费用	#利息支出	营业利润
全　市	**585**	**6940**	**11276**	**593**	**3030**	**4004**	**14971**
#市　区	67	4517	5750	140	16	207	60
武安市	–	33	89	14	26	1	26
邱　县	500	325	438	167	274	274	2321
馆陶县	–	250	231	3	66	–	669
涉　县	18	386	2362	56	1469	2405	-3131
广平县	–	1158	2129	199	1110	1047	14230
成安县	–	272	276	16	71	71	797
复兴区	–	69	1189	71	47	52	-376
峰峰矿区	–	242	393	32	148	148	2590
市　直	67	4206	4168	37	-180	8	-2155

4-19续表6　　单位：万元

县(市、区)	补贴收入	营业外收入	营业外支出	利润总额	应交所得税	亏损企业亏损额
全　市	**278**	**202**	**544**	**14735**	**4138**	**6155**
#市　区	76	–	32	133	548	2656
武安市	–	–	–	26	1	287
邱　县	–	–	500	1821	–	–
馆陶县	–	–	–	669	–	–
涉　县	–	–	12	-3142	28	3212
广平县	–	–	–	14230	3558	–
成安县	202	202	–	999	4	–
复兴区	23	–	1	-354	5	354
峰峰矿区	–	–	–	2590	396	–
市　直	53	–	31	-2103	147	2302

4-19续表7　　单位：万元

县(市、区)	利税总额	本年应付工资总额	本年应交增值税	本年进项税额	本年销项税额	全部从业人员年平均人数(人)
全　市	**25369**	**11422**	**8133**	**63530**	**70748**	**6366**
#市　区	3673	6613	2257	36996	39149	4003
武安市	148	173	80	39	51	155
邱　县	2499	389	409	–	–	335
馆陶县	711	149	16	–	–	135
涉　县	-2724	1799	366	328	379	863
广平县	19795	1879	4816	25391	30206	725
成安县	1268	421	190	776	962	150
复兴区	199	1446	488	3762	4262	570
峰峰矿区	3569	872	601	10357	10674	624
市　直	-95	4295	1169	22877	24213	2809

第二部分　统计资料

五、建筑业

资料整理：赵雪莲

5-1　1983～2012年建筑业主要经济指标

年　份	建筑业总产值（万元）	竣工工程产值（万元）	房屋建筑施工面积（平方米）	房屋建筑竣工面积（平方米）	#住　宅
1983	33428	34954	2583938	1218931	842747
1984	44296	33055	3101315	1567425	995073
1985	52155	38748	3461401	1672909	941978
1986	61536	42299	3429304	1745687	941335
1987	70023	46822	3353578	1566239	686030
1988	92257	59640	3563399	1588866	750920
1989	105719	68678	3118264	1446892	651712
1990	110266	86961	2897746	1466319	636037
1991	120078	82218	3180266	1370954	629668
1992	126875	100195	3670070	1603457	755517
1993	205583	99366	3845800	1409600	648000
1994	269336	168222	4440000	1810000	963000
1995	299446	190447	4417238	1661684	945119
1996	317682	219149	4499547	2269633	1382852
1997	434677	311337	5471176	2262532	1166427
1998	446520	291583	6349762	2683779	1363659
1999	511967	329973	6630937	2889704	1947991
2000	583772	331208	6979020	3533465	2469320
2001	784752	504123	8866915	4911101	3308597
2002	833407	473729	9918577	4671658	2963189
2003	913297	553485	10792847	5233495	3683116
2004	1172964	748918	13497488	5919950	4037245
2005	1312252	861415	12552404	5897141	3612096
2006	1714429	1088077	12873124	6313986	3955822
2007	1913684	1173594	15037249	7415287	4195800
2008	2610389	1518737	18161266	7188861	4778567
2009	2983439	1558487	18836738	8412303	5119869
2010	3158838	1512541	25062908	8473927	4627749
2011	3327540	1784726	25950984	1001754	6786584
2012	4240809	2602167	35811092	13591941	10087929

注：本表2002-2012年"建筑业总产值"包含劳务分包建筑企业。

5-1续表

单位:人、万元

年 份	直接从事生产经营活动的平均人数	固定资产原价	固定资产净值	利润总额
1983	59886	5721	4091	1738
1984	76951	144012	124424	3067
1985	65035	42322	32781	2799
1986	77033	42173	32876	2251
1987	71611	51024	38644	3595
1988	86716	59805	44316	5010
1989	91376	74233	55766	4067
1990	91664	80068	59040	3797
1991	95222	85185	60964	2429
1992	97643	86497	60206	3156
1993	112900	107152	83359	2542
1994	100000	126603	84698	2094
1995	86841	160819	112038	-2302
1996	100630	188662	138286	-2982
1997	114230	226610	160723	2125
1998	109683	238205	168404	-1353
1999	115319	263891	184298	985
2000	121211	275348	186556	6889
2001	123857	317533	223535	9468
2002	128611	336385	232565	10985
2003	127190	321806	219578	6850
2004	133866	372398	254317	25951
2005	149916	408316	279072	37575
2006	155839	492871	391274	39578
2007	161486	432509	340704	50298
2008	165555	453115	357039	115671
2009	147281	462309	329466	77125
2010	160576	343335	309101	75895
2011	122776	551823	450759	89063
2012	144609	700474	579071	126531

5-2 总承包与专业承包建筑企业合同情况

（2012年）

单位：个、万元

指标	建筑业企业个数	有工作量的建筑业企业个数	亏损企业个数	签订的合同额	上年结转合同额	本年新签合同额
全市	**306**	**297**	**28**	**7366768**	**2587237**	**4779531**
#国有及国有控股企业	31	31	5	1832255	679612	1152644
按登记注册类型分						
内资企业	306	297	28	7366768	2587237	4779531
国有企业	25	25	5	1013356	394361	618994
集体企业	13	12	2	133576	32652	100924
股份合作企业	1	1	-	4200	-	4200
有限责任公司	196	190	18	5383257	1902570	3480687
国有独资公司	1	1	-	257041	50124	206917
其他有限责任公司	195	189	18	5126216	1852447	3273769
股份有限公司	7	7	1	93310	16404	76906
私营企业	59	57	1	690166	220505	469661
私营有限责任公司	51	50	1	614697	206988	407709
私营股份有限公司	8	7	-	75470	13517	61952
其他企业	5	5	1	48904	20745	28159
按建筑业行业中类分						
房屋建筑业	163	161	14	4980810	1740146	3240665
土木工程建筑业	59	57	7	1719826	584868	1134958
建筑安装业	43	42	2	625499	257536	367964
建筑装饰和其他建筑业	41	37	5	40633	4688	35945
建筑装饰业	34	31	4	29053	1997	27055
工程准备活动	2	2	-	2938	-	2938
提供施工设备服务	1	1	-	5748	1297	4451
其他未列明的建筑活动	4	3	1	2895	1394	1501
按隶属关系分						
中央	6	6	1	1263787	533027	730760
省(自治区、直辖市)	2	2	-	54648	44113	10535
地(区、市、州、盟)	70	67	9	3456362	1228179	2228183
县(区、市、旗)	79	79	6	957897	246431	711466
镇	2	2	1	14400	480	13920
(社区)居委会	2	2	-	3971	-	3971
村委会	2	1	1	2615	1384	1231
其他	143	138	10	1613088	533623	1079465
按企业资质等级分						
施工总承包	225	221	17	7113401	2524151	4589250
一级	16	15	1	4471112	1801766	2669346
二级	99	98	9	1830299	586316	1243983
三级及以下	110	108	7	811990	136069	675922
专业承包	81	76	11	253367	63087	190281
一级	6	6	-	79750	31571	48179
二级	13	13	2	72151	2937	69214
三级及以下	62	57	9	101466	28578	72888
按营业状态分						
营业	297	291	26	7344147	2587172	4756975
停业(歇业)	5	4	-	22562	65	22497
当年关闭	1		-	-	-	-
当年破产	3	2	2	60	-	60
按控股情况分						
国有控股	31	31	5	1832255	679612	1152644
集体控股	28	27	4	380276	86657	293619
私人控股	219	212	17	4579971	1580328	2999643
其他	28	27	2	574267	240641	333626

5-3 总承包与专业承包建筑企业承包工程完成情况

（2012年）

单位：万元

项 目	承包工程完成情况				竣工产值	企业总产值
	直接从建设单位承揽工程完成的产值	自行完成施工产值	分包出去工程的产值	从建设单位以外承揽工程完成的产值		
全 市	**4104094**	**4087603**	**16492**	**135716**	**2602167**	**4647506**
#国有及国有控股企业	1150712	1150147	565	70510	624571	1583032
按登记注册类型分						
内资企业	4104094	4087603	16492	135716	2602167	4647506
国有企业	648292	647727	565	70510	390801	769849
集体企业	102494	102294	200	13784	84894	116996
股份合作企业	4200	4200	-	-	-	4200
有限责任公司	2794508	2790683	3824	38534	1794325	3200187
国有独资公司	205738	205738	-	-	82295	205738
其他有限责任公司	2588770	2584945	3824	38534	1712030	2994449
股份有限公司	75447	75447	-	-	83386	75447
私营企业	449206	438692	10514	11499	231823	450879
私营有限责任公司	394245	383731	10514	11499	201367	395918
私营股份有限公司	54961	54961	-	-	30456	54961
其他企业	29947	28559	1388	1388	16940	29947
按建筑业行业中类分						
房屋建筑业	2580257	2566736	13522	31745	1630146	2872218
土木工程建筑业	1014604	1014039	565	96948	601528	1259285
建筑安装业	472640	470240	2400	5033	342717	476995
建筑装饰和其他建筑业	36594	36588	5	1990	27776	39008
建筑装饰业	25280	25275	5	1990	18782	27292
工程准备活动	2741	2741	-	-	783	2741
提供施工设备服务	5527	5527	-	-	5527	5527
其他未列明的建筑活动	3046	3046	-	-	2684	3448
按隶属关系分						
中央	697845	697845	-	69945	398587	862262
省(自治区、直辖市)	24016	24016	-	-	2256	24016
地(区、市、州、盟)	1518356	1513299	5057	12223	978563	1584451
县(区、市、旗)	771948	771183	765	15114	504228	1051903
镇	12526	12526	-	-	10626	12526
(社区)居委会	3953	3953	-	-	3953	3971
村委会	1952	1952	-	-	1952	1952
其他	1073498	1062829	10670	38433	702002	1106425
按企业资质等级分						
施工总承包	3875793	3859307	16487	114149	2499012	4368450
一级	1899423	1899423	-	58582	1035183	2081298
二级	1285581	1278904	6676	41947	920867	1326238
三级及以下	690790	680980	9810	13620	542962	960914
专业承包	228301	228296	5	21566	103155	279056
一级	64266	64266	-	19566	27480	111988
二级	55607	55607	-	-	36195	56439
三级及以下	108428	108422	5	2001	39480	110630
按营业状态分						
营业	4081619	4065128	16492	135716	2579932	4624915
停业(歇业)	22415	22415	-	-	22180	22591
当年破产	60	60	-	-	55	-
按控股情况分						
国有控股	1150712	1150147	565	70510	624571	1583032
集体控股	301774	299174	2600	18511	253132	318803
私人控股	2279107	2265849	13258	28517	1494750	2354334
其他	372502	372433	69	18177	229715	391337

5-4 总承包与专业承包建筑企业总产值情况

（2012年）

单位：万元

项 目	建筑业总产值	装饰装修产值	在外省完成的产值	建筑工程产值	安装工程产值	其他产值
全 市	**4223318**	**187201**	**1091432**	**3611742**	**481311**	**130265**
#国有及国有控股企业	1220657	53261	737265	918973	269229	32455
按登记注册类型分						
内资企业	4223318	187201	1091432	3611742	481311	130265
国有企业	718237	35123	435085	530681	157384	30172
集体企业	116078	1000	12700	108400	2459	5220
股份合作企业	4200	–	–	4200	–	–
有限责任公司	2829217	112798	615173	2481309	286470	61439
国有独资公司	205738	10287	123443	121385	84353	–
其他有限责任公司	2623479	102511	491730	2359923	202117	61439
股份有限公司	75447	6670	1824	72672	–	2775
私营企业	450191	31610	24995	384616	34917	30658
私营有限责任公司	395230	19343	24995	332132	32575	30524
私营股份有限公司	54961	12267	–	52484	2343	134
其他企业	29947	–	1655	29865	81	2
按建筑业行业中类分						
房屋建筑业	2598481	123141	433655	2376726	165821	55933
土木工程建筑业	1110987	7796	613677	832531	237767	40689
建筑安装业	475272	33291	44099	382552	70798	21923
建筑装饰和其他建筑业	38578	22973	–	19933	6925	11721
建筑装饰业	27265	22973	–	16098	6925	4242
工程准备活动	2741	–	–	2741	–	–
提供施工设备服务	5527	–	–	–	–	5527
其他未列明的建筑活动	3046	–	–	1094	–	1952
按隶属关系分						
中央	767790	22817	609988	585523	170414	11853
省（自治区、直辖市）	24016	–	235	21765	–	2251
地（区、市、州、盟）	1525522	87574	391861	1301478	175083	48961
县（区、市、旗）	786297	27591	15556	734635	20652	31010
镇	12526	–	–	12526	–	–
（社区）居委会	3953	3217	–	3217	736	–
村委会	1952	–	–	–	–	1952
其他	1101262	46002	73792	952599	114425	34238
按企业资质等级分						
施工总承包	3973456	157728	1051193	3453125	414119	106212
一级	1958005	65524	966053	1651560	276930	29515
二级	1320851	70395	83129	1183163	96747	40942
三级及以下	694600	21809	2012	618402	40442	35756
专业承包	249862	29473	40239	158617	67192	24053
一级	83832	7358	32798	43366	34091	6375
二级	55607	7472	235	38476	6624	10507
三级及以下	110423	14644	7207	76776	26477	7171
按营业状态分						
营业	4200843	187100	1091432	3589322	481311	130210
停业（歇业）	22415	101	–	22415	–	–
当年破产	60	–	–	5	–	55
按控股情况分						
国有控股	1220657	53261	737265	918973	269229	32455
集体控股	317685	1075	13579	265999	46067	5620
私人控股	2294366	131977	315816	2055322	147076	91968
其他	390610	888	24772	371449	18939	222

5-5 总承包与专业承包建筑企业房屋建筑施工面积及机械设备情况

（2012年）

单位：平方米、万元、台、千瓦

项目	房屋建筑施工面积				施工机械设备		
	房屋建筑施工面积	本年新开工面积	实行投标承包面积	本年新开工	年末自有施工机械设备（净值）	年末自有施工机械设备（总台数）	年末自有施工机械设备（总功率）
全市	**35811092**	**17297972**	**31424620**	**15169796**	**224894**	**54610**	**1724262**
#国有及国有控股企业	5886316	2113392	5709894	2061043	81684	19674	555967
按登记注册类型分							
内资企业	35811092	17297972	31424620	15169796	224894	54610	1724262
国有企业	5248238	1567308	5071816	1514959	21557	5769	126517
集体企业	1485189	909061	1093463	641695	8538	2352	31983
有限责任公司	23458887	12018309	20750046	10829298	156667	37589	1459238
国有独资公司	548950	459757	548950	459757	2227	1993	28312
其他有限责任公司	22909937	11558552	20201096	10369541	154440	35596	1430926
股份有限公司	810496	328377	755739	308507	9079	1172	15663
私营企业	4468559	2262147	3504846	1662567	27404	6947	81131
私营有限责任公司	3839285	1928489	2938661	1328909	25771	5213	54330
私营股份有限公司	629274	333658	566185	333658	1634	1734	26801
其他企业	339723	212770	248710	212770	1649	781	9730
按建筑业行业中类分							
房屋建筑业	29222633	14961131	25403513	13288196	102808	30712	711910
土木工程建筑业	1718437	616532	1590965	579611	105678	19648	934714
建筑安装业	4870022	1720309	4430142	1301989	15462	3796	68785
建筑装饰和其他建筑业	–	–	–	–	946	454	8853
建筑装饰业	–	–	–	–	690	388	6328
提供施工设备服务	–	–	–	–	57	50	1025
其他未列明的建筑活动	–	–	–	–	200	16	1500
按隶属关系分							
中央	4173491	974481	4007069	922132	65376	15725	468416
省（自治区、直辖市）	94182	54437	54437	–	1733	996	59
地（区、市、州、盟）	13044323	6121407	11780748	5623187	43479	11562	240891
县（区、市、旗）	7852415	4534999	6917571	4068981	34802	9596	124626
镇	154869	145000	151000	145000	1310	354	7849
（社区）居委会	–	–	–	–	230	53	1200
村委会	–	–	–	–	200	16	1500
其他	10491812	5467648	8513795	4410496	77765	16308	879721
按企业资质等级分							
施工总承包	35811092	17297972	31424620	15169796	205952	51460	1301715
一级	16630912	6559211	16153218	6462114	94227	23646	596678
二级	13072358	7076224	10622819	5753885	70516	18387	254396
三级及以下	6107822	3662537	4648583	2953797	41209	9427	450641
专业承包	–	–	–	–	18942	3150	422547
一级	–	–	–	–	4931	2261	35004
二级	–	–	–	–	8155	159	7144
三级及以下	–	–	–	–	5856	730	380399
按营业状态分							
营业	35699522	17186402	31424620	15169796	219407	54278	1046787
停业（歇业）	111570	111570	–	–	5487	332	677475
按控股情况分							
国有控股	5886316	2113392	5709894	2061043	81684	19674	555967
集体控股	2755364	1631586	2268738	1306420	12032	4104	61146
私人控股	23254027	11271737	19646354	9536056	111155	26313	1035798
其他	3915385	2281257	3799634	2266277	20024	4519	71351

5-6　总承包与专业承包建筑企业从业人员情况

（2012年）　　单位：人

项　　目	直接从事生产经营活动的平均人数	年末从业人　数	工程技术人员	一　级建造师	现场施工工人	持证上岗人员
全　　市	**144609**	**156414**	**29089**	**1265**	**103104**	**70179**
#国有及国有控股企业	23383	26216	5485	530	18385	16083
按登记注册类型分						
内资企业	144609	156414	29089	1265	103104	70179
国有企业	15400	16369	3482	393	11187	9050
集体企业	4378	6349	854	20	3600	2439
股份合作企业	40	192	62	–	–	–
有限责任公司	96228	101849	18214	666	68839	44154
国有独资公司	2309	2309	836	47	2172	2172
其他有限责任公司	93919	99540	17378	619	66667	41982
股份有限公司	3813	3889	620	30	3432	2030
私营企业	22457	25443	5375	155	15230	11711
私营有限责任公司	18784	21339	4500	139	13646	10827
私营股份有限公司	3673	4104	875	16	1584	884
其他企业	2293	2323	482	1	816	795
按建筑业行业中类分						
房屋建筑业	98889	105125	18791	494	70823	48353
土木工程建筑业	30365	34206	6184	463	20871	14974
建筑安装业	13792	15054	3613	276	10096	6270
建筑装饰和其他建筑业	1563	2029	501	32	1314	582
建筑装饰业	1083	1514	405	28	967	397
工程准备活动	74	80	18	3	–	–
提供施工设备服务	296	300	50	–	260	100
其他未列明的建筑活动	110	135	28	1	87	85
按隶属关系分						
中央	13590	14979	2654	402	10702	9680
省(自治区、直辖市)	1590	1708	493	19	1226	1181
地(区、市、州、盟)	43724	43113	7752	402	27701	21356
县(区、市、旗)	32862	37217	6664	119	24939	13345
镇	818	1342	151	–	1160	480
(社区)居委会	162	205	47	–	150	90
村委会	102	113	26	–	87	85
其他	51761	57737	11302	323	37139	23962
按企业资质等级分						
施工总承包	136057	147534	27177	1105	97080	66575
一级	45445	43479	7173	716	29817	23527
二级	58602	65847	13139	303	40034	30453
三级及以下	32010	38208	6865	86	27229	12595
专业承包	8552	8880	1912	160	6024	3604
一级	2357	1672	501	61	707	414
二级	1961	2283	482	24	1796	637
三级及以下	4234	4925	929	75	3521	2553
按营业状态分						
营业	144147	155867	28875	1265	102755	70091
停业(歇业)	462	547	214	–	349	88
按控股情况分						
国有控股	23383	26216	5485	530	18385	16083
集体控股	13594	16553	2464	37	10849	5314
私人控股	94271	98606	18612	624	65366	45090
其他	13361	15039	2528	74	8504	3692

5-7 总承包与专业承包建筑企业

（2012年）

项目	房屋建筑竣工面积合计	住宅房屋	商业及服务用房屋	商厦房屋	宾馆用房屋	餐饮用房屋	商务会展用房屋	其他商业及服务用房屋
全　市	**13591941**	**10087929**	**588034**	**155127**	**89857**	**147048**	**1393**	**194609**
#国有及国有控股企业	1792784	803504	167989	–	–	132422	–	35567
按登记注册类型分								
内资企业	13591941	10087929	588034	155127	89857	147048	1393	194609
国有企业	1374286	803504	167989	–	–	132422	–	35567
集体企业	585817	537347	–	–	–	–	–	–
有限责任公司	9105730	6905131	326665	143754	84023	2132	–	96756
国有独资公司	329370	–	–	–	–	–	–	–
其他有限责任公司	8776360	6905131	326665	143754	84023	2132	–	96756
股份有限公司	608074	552571	–	–	–	–	–	–
私营企业	1788275	1159617	93380	11373	5834	12494	1393	62286
私营有限责任公司	1413972	977531	93380	11373	5834	12494	1393	62286
私营股份有限公司	374303	182086	–	–	–	–	–	–
其他企业	129759	129759	–	–	–	–	–	–
按建筑业行业中类分								
房屋建筑业	11244343	8496789	365203	115375	74767	14626	1393	159042
土木工程建筑业	446202	141063	40646	–	–	5079	–	35567
建筑安装业	1901396	1450077	182185	39752	15090	127343	–	–
按隶属关系分								
中央	922676	385280	167989	–	–	132422	–	35567
省（自治区、直辖市）	6945	–	–	–	–	–	–	–
地（区、市、州、盟）	4576819	3313281	132068	46764	84023	821	–	460
县（区、市、旗）	3432350	2802139	129575	94920	–	1311	–	33344
镇	104800	86800	–	–	–	–	–	–
其他	4548351	3500429	158402	13443	5834	12494	1393	125238
按企业资质等级分								
施工总承包	13591941	10087929	588034	155127	89857	147048	1393	194609
一级	4138570	2637565	275488	16218	84023	139680	–	35567
二级	6491645	5083717	305438	132278	5828	7363	1390	158579
三级及以下	2961726	2366647	7108	6631	6	5	3	463
按营业状态分								
营业	13480371	9976359	588034	155127	89857	147048	1393	194609
停业（歇业）	111570	111570	–	–	–	–	–	–
按控股情况分								
国有控股	1792784	803504	167989	–	–	132422	–	35567
集体控股	1294219	1048043	85030	59570	–	–	–	25460
私人控股	9095481	6878489	327076	88929	89857	13315	1393	133582
其他	1409457	1357893	7939	6628	–	1311	–	–

房屋建筑竣工面积完成情况

单位：平方米

办公用房 屋	科研、教育、医疗用 房 屋	科学研究用 房 屋	教育用房 屋	医疗用房屋（卫生医疗用房）	文化、体育和娱乐用 房	厂房及建筑物	厂房	仓库	其他未列明的房屋建 筑 物
713358	**748487**	**4705**	**518884**	**224898**	**98380**	**1229729**	**841708**	**35823**	**90201**
168267	–	–	–	–	–	612890	467983	24092	16042
713358	748487	4705	518884	224898	98380	1229729	841708	35823	90201
112205	–	–	–	–	–	250454	138613	24092	16042
20000	–	–	–	–	28470	–	–	–	–
491330	347431	4700	295463	47268	69900	880393	652049	10726	74154
–	–	–	–	–	–	329370	329370	–	–
491330	347431	4700	295463	47268	69900	551023	322679	10726	74154
–	36150	–	36150	–	–	19353	19353	–	–
89823	364906	5	187271	177630	10	79529	31693	1005	5
69923	192589	5	14954	177630	10	79529	31693	1005	5
19900	172317	–	172317	–	–	–	–	–	–
–	–	–	–	–	–	–	–	–	–
542238	736603	4705	508100	223798	98380	933754	657574	11731	59645
37298	–	–	–	–	–	177047	145206	24092	26056
133822	11884	–	10784	1100	–	118928	38928	–	4500
88805	–	–	–	–	–	250454	138613	24092	6056
–	–	–	–	–	–	–	–	6945	–
250396	240868	4700	212782	23386	18970	570443	569811	3781	47012
206857	80789	–	59230	21559	79400	108535	48380	–	25055
18000	–	–	–	–	–	–	–	–	–
149300	426830	5	246872	179953	10	300297	84904	1005	12078
713358	748487	4705	518884	224898	98380	1229729	841708	35823	90201
204444	203770	4700	176604	22466	18970	750674	617036	27873	19786
304474	475103	–	291316	183787	61930	202187	186940	6945	51851
204440	69614	5	50964	18645	17480	276868	37732	1005	18564
713358	748487	4705	518884	224898	98380	1229729	841708	35823	90201
–	–	–	–	–	–	–	–	–	–
168267	–	–	–	–	–	612890	467983	24092	16042
35600	13284	–	11264	2020	44720	39707	39707	–	27835
501809	725496	4705	497913	222878	53660	550896	307782	11731	46324
7682	9707	–	9707	–	–	26236	26236	–	–

5-8 总承包与专业承包建筑

（2012年）

项目	竣工房屋价值合计	住宅房屋	商业及服务用房屋	商厦房屋	宾馆用房屋	餐饮用房屋	商务会展用房屋	其他商业及服务用房屋
全市	**1569588**	**1131185**	**71871**	**15653**	**10458**	**21048**	**272**	**24440**
#国有及国有控股企业	247948	93554	25012	–	–	18875	–	6136
按登记注册类型分								
内资企业	1569588	1131185	71871	15653	10458	21048	272	24440
国有企业	194144	93554	25012	–	–	18875	–	6136
集体企业	80135	74294	–	–	–	–	–	–
有限责任公司	1028110	769602	31378	13969	9320	212	–	7877
国有独资公司	32772	–	–	–	–	–	–	–
其他有限责任公司	995338	769602	31378	13969	9320	212	–	7877
股份有限公司	59553	54164	–	–	–	–	–	–
私营企业	193617	125540	15481	1684	1138	1961	272	10426
私营有限责任公司	163526	108011	15481	1684	1138	1961	272	10426
私营股份有限公司	30091	17530	–	–	–	–	–	–
其他企业	14030	14030	–	–	–	–	–	–
按建筑业行业中类分								
房屋建筑业	1260344	945342	40057	10496	8813	2173	272	18303
土木工程建筑业	83851	16511	6972	–	–	836	–	6136
建筑安装业	225393	169332	24842	5158	1645	18040	–	–
按隶属关系分								
中央	150992	55707	25012	–	–	18875	–	6136
省(自治区、直辖市)	736	–	–	–	–	–	–	–
地(区、市、州、盟)	511636	356201	15355	5966	9320	13	–	56
县(区、市、旗)	388527	314802	10619	7823	–	199	–	2597
镇	10200	8560	–	–	–	–	–	–
其他	507498	395915	20885	1864	1138	1961	272	15650
按企业资质等级分								
施工总承包	1569588	1131185	71871	15653	10458	21048	272	24440
一级	505445	295493	36934	1845	9320	19633	–	6136
二级	740912	583622	34183	13110	1138	1415	272	18248
三级及以下	323232	252070	754	698	–	–	–	56
按营业状态分								
营业	1555084	1116681	71871	15653	10458	21048	272	24440
停业(歇业)	14504	14504	–	–	–	–	–	–
按控股情况分								
国有控股	247948	93554	25012	–	–	18875	–	6136
集体控股	155908	130392	6836	4780	–	–	–	2056
私人控股	985285	735379	39127	10175	10458	1974	272	16248
其他	180448	171859	897	698	–	199	–	–

企业竣工房屋价值完成情况

单位：万元

办公用房屋	科研、教育、医疗用房屋	科学研究用房屋	教育用房屋	医疗用房屋（卫生医疗用房）	文化、体育和娱乐用房	厂房及建筑物	厂房	仓库	其他未列明的房屋建筑物
85844	**87389**	**1946**	**54818**	**30624**	**13495**	**163776**	**100842**	**2635**	**13394**
28718	–	–	–	–	–	96038	58763	1559	3067
85844	87389	1946	54818	30624	13495	163776	100842	2635	13394
15081	–	–	–	–	–	55871	25990	1559	3067
1640	–	–	–	–	4201	–	–	–	–
59275	49228	1946	39527	7755	9294	98233	68643	775	10326
–	–	–	–	–	–	32772	32772	–	–
59275	49228	1946	39527	7755	9294	65460	35871	775	10326
–	3028	–	3028	–	–	2360	2360	–	–
9848	35133	–	12263	22869	1	7313	3848	301	1
8047	24373	–	1503	22869	1	7313	3848	301	1
1801	10760	–	10760	–	–	–	–	–	–
–	–	–	–	–	–	–	–	–	–
67004	86140	1946	53664	30530	13495	99790	66736	1076	7441
4239	–	–	–	–	–	49277	29426	1559	5293
14602	1249	–	1154	94	–	14709	4680	–	660
10951	–	–	–	–	–	55871	25990	1559	1893
–	–	–	–	–	–	–	–	736	–
28159	39093	1946	31194	5954	4350	60477	60398	39	7963
28436	7606	–	5910	1695	9145	15564	1412	–	2356
1640	–	–	–	–	–	–	–	–	–
16659	40690	–	17714	22976	1	31865	13041	301	1183
85844	87389	1946	54818	30624	13495	163776	100842	2635	13394
24862	27390	1946	19600	5844	4350	109931	76978	1598	4887
33314	52316	–	30298	22019	6909	23582	18568	736	6249
27668	7683	–	4920	2762	2237	30263	5295	301	2258
85844	87389	1946	54818	30624	13495	163776	100842	2635	13394
–	–	–	–	–	–	–	–	–	–
28718	–	–	–	–	–	96038	58763	1559	3067
2639	1418	–	1213	204	5501	5096	5096	–	4027
54032	85077	1946	52711	30420	7994	56300	30641	1076	6300
455	894	–	894	–	–	6343	6343	–	–

5-9 总承包与专业承包建筑企业主要建筑材料消耗量情况

（2012年）

项目	钢材（吨）	木材（立方米）	水泥（吨）	平板玻璃（重量箱）	平板玻璃（平方米）	铝材（吨）
全市	**7562153**	**1081401**	**506194686**	**749961**	**2513834**	**99529**
#国有及国有控股企业	888524	52299	825717	20080	118481	8907
按登记注册类型分						
内资企业	7562153	1081401	506194686	749961	2513834	99529
国有企业	770248	43082	585730	14168	93319	8670
集体企业	27116	71064	66211	25437	42166	10915
有限责任公司	6047163	796681	495517606	529416	1734391	40248
国有独资公司	104500	8700	152600	5900	23600	225
其他有限责任公司	5942663	787981	495365006	523516	1710791	40023
股份有限公司	28789	6813	66350	54807	105852	12
私营企业	677761	157776	9934747	117163	443356	35164
私营有限责任公司	675129	154795	9874117	116433	428536	35021
私营股份有限公司	2632	2981	60630	730	14820	143
其他企业	11076	5985	24042	8970	94750	4520
按建筑业行业中类分						
房屋建筑业	7244097	958060	505387147	681926	2286144	97675
土木工程建筑业	160085	22110	530080	13	78	48
建筑安装业	157828	100119	256690	65922	221342	1718
建筑装饰和其他建筑业	143	1112	20769	2100	6270	88
建筑装饰业	143	1112	769	2100	6270	88
工程准备活动	–	–	20000	–	–	–
按隶属关系分						
中央	747999	27883	563506	7088	35691	1320
省(自治区、直辖市)	9188	1312	8402	5	350	3
地(区、市、州、盟)	4091291	560731	490828118	506075	1185113	17717
县(区、市、旗)	1831890	216484	4294669	60380	420831	27184
镇	6890	655	6400	600	4250	20
其他	874895	274336	10493591	175813	867599	53285
按企业资质等级分						
施工总承包	7547530	1080269	506112153	747857	2507544	99360
一级	773829	123318	2226071	123225	526645	4866
二级	6038116	643002	493869947	555054	1512956	36681
三级及以下	735585	313949	10016135	69578	467943	57813
专业承包	14623	1132	82533	2104	6290	169
一级	1194	–	57352	–	–	–
二级	6573	201	430	1203	2400	5
三级及以下	6856	931	24751	901	3890	164
按营业状态分						
营业	7537377	1081401	506181684	749961	2513834	99529
停业(歇业)	24776	–	13002	–	–	–
按控股情况分						
国有控股	888524	52299	825717	20080	118481	8907
集体控股	51645	80695	152927	33529	111762	12965
私人控股	5711464	891555	18143332	685515	2198925	72476
其他	910520	56852	487072710	10837	84666	5181

5-10 总承包与专业承包建筑企业财务情况

（2012年）

单位：万元

项目	年初存货	流动资产合计	应收工程款	竣工工程	存货	固定资产合计	固定资产原价
全市	**493357**	**2231271**	**785545**	**287832**	**454379**	**579071**	**700474**
#国有及国有控股企业	162719	844966	355233	64924	177108	160594	216010
按登记注册类型分							
内资企业	493357	2231271	785545	287832	454379	579071	700474
国有企业	112029	445214	165020	42422	117603	55488	76171
集体企业	6278	22334	9209	7797	5988	12500	17942
股份合作企业	-	35	-	-	-	-	-
有限责任公司	336281	1543041	533068	203493	273416	435201	517738
国有独资公司	5628	66692	48367	2225	5251	4164	10206
其他有限责任公司	330654	1476350	484701	201268	268165	431038	507533
股份有限公司	5582	20621	9623	6144	4367	15167	17833
私营企业	32034	191587	66274	26200	51279	57735	68496
私营有限责任公司	22258	174477	60969	25141	40594	55504	65717
私营股份有限公司	9775	17110	5305	1059	10685	2231	2779
其他企业	1155	8439	2353	1777	1725	2979	2293
按建筑业行业中类分							
房屋建筑业	237778	1035394	373218	170477	180936	249355	276572
土木工程建筑业	175180	900614	327315	85653	189653	259518	347557
建筑安装业	73279	266353	75808	26170	73799	56271	64248
建筑装饰和其他建筑业	7121	28909	9204	5533	9992	13927	12097
建筑装饰业	6414	21099	5379	4874	6747	4483	5788
工程准备活动	80	2798	2093	300	237	6003	1544
提供施工设备服务	-	3817	968	205	2849	437	1447
其他未列明的建筑活动	627	1195	765	153	159	3004	3318
按隶属关系分							
中央	107109	538385	274187	43956	121875	117491	147187
省(自治区、直辖市)	2333	67324	3067	859	3440	3881	5182
地(区、市、州、盟)	235457	781816	209884	75119	158247	181546	219829
县(区、市、旗)	43417	265554	118331	87233	48249	109025	123387
镇	673	5241	3713	254	808	1624	3570
(社区)居委会	23	2410	1707	1707	518	444	995
村委会	551	630	413	150	159	200	338
其他	103794	569912	174244	78555	121083	164860	199986
按企业资质等级分							
施工总承包	454003	2028505	716218	249529	406442	513072	617227
一级	195535	1095765	406345	90267	194644	227147	284863
二级	218708	664285	192665	92535	166637	172986	208503
三级及以下	39761	268455	117209	66728	45162	112938	123862
专业承包	39354	202766	69327	38303	47937	65999	83247
一级	11949	55951	27780	14784	11935	6675	13119
二级	5259	29296	12735	11341	7003	18624	20200
三级及以下	22147	117519	28813	12178	29000	40701	49928
按营业状态分							
营业	492708	2220473	781613	283932	453249	573134	693353
停业(歇业)	650	10493	3714	3682	1098	5937	7122
当年破产	-	305	219	219	32	-	-
按控股情况分							
国有控股	162719	844966	355233	64924	177108	160594	216010
集体控股	19549	109553	51761	36104	21893	28422	43591
私人控股	270449	1019638	312494	147790	220698	346561	387998
其他	40641	257115	66058	39014	34681	43494	52875

5-10续表1

单位：万元

项　　　目	累计折旧	本年折旧	在建工程	资产合计	流动负债合计	应付账款	非流动负债合计
全　　市	**207122**	**47641**	**51231**	**3137799**	**1438455**	**564659**	**133657**
#国有及国有控股企业	72607	19701	13969	1216966	647834	330595	71364
按登记注册类型分							
内资企业	207122	47641	51231	3137799	1438455	564659	133657
国有企业	26696	6340	3262	516093	384293	199701	23491
集体企业	5444	1339	–	35097	12302	5962	50
股份合作企业	–	–	–	124	–	–	–
有限责任公司	153883	34780	42548	2253877	969368	339295	94472
国有独资公司	6092	545	50	80608	69005	43300	1068
其他有限责任公司	147791	34235	42498	2173269	900363	295996	93404
股份有限公司	2827	764	148	38098	8833	727	485
私营企业	17811	4009	4788	281811	63156	18665	15011
私营有限责任公司	17171	3719	4768	254597	56787	16945	13011
私营股份有限公司	640	290	20	27214	6370	1720	2000
其他企业	460	409	486	12698	503	308	147
按建筑业行业中类分							
房屋建筑业	77056	14184	24649	1344000	605839	217309	43277
土木工程建筑业	107273	29125	13908	1377979	615310	283691	74643
建筑安装业	19519	3088	8569	363935	200789	60657	14704
建筑装饰和其他建筑业	3275	1243	4105	51884	16517	3002	1033
建筑装饰业	1703	213	319	32182	8168	1391	1
工程准备活动	247	110	3787	8801	5543	746	1033
提供施工设备服务	1010	873	–	4438	2188	342	–
其他未列明的建筑活动	315	47	–	6463	618	522	–
按隶属关系分							
中央	40037	15330	10342	840954	435320	248417	57811
省(自治区、直辖市)	1301	244	–	73022	57759	2066	–
地(区、市、州、盟)	76277	14757	20008	1016798	502069	157394	53759
县(区、市、旗)	32351	5790	10804	401267	142668	77169	3256
镇	1947	159	–	6968	4660	2230	–
(社区)居委会	551	63	–	2894	1142	542	40
村委会	138	23	–	829	596	522	–
其他	54520	11275	10078	795067	294242	76319	18792
按企业资质等级分							
施工总承包	180123	44487	44958	2827029	1297874	531125	116453
一级	90860	22344	19827	1531112	774887	348354	93837
二级	57535	14574	17152	894135	382737	104913	15698
三级及以下	31728	7570	7980	401782	140250	77857	6918
专业承包	26999	3154	6273	310770	140581	33534	17204
一级	6612	799	101	68023	44756	19001	2646
二级	2579	434	531	48372	12270	3394	485
三级及以下	17808	1921	5641	194375	83555	11138	14073
按营业状态分							
营业	205937	47190	51231	3121314	1434268	562535	133657
停业(歇业)	1185	451	–	16429	4187	2123	–
当年破产	–	–	–	56	–	–	–
按控股情况分							
国有控股	72607	19701	13969	1216966	647834	330595	71364
集体控股	16058	5379	284	150411	88331	58479	50
私人控股	99804	18668	30746	1451873	521561	140406	57696
其他	18652	3892	6233	318550	180729	35179	4547

5-10续表2

单位：万元

项　　目	负债合计	所有者权益合计					
			实收资本	国家资本	集体资本	法人资本	个人资本
全　　市	**1634848**	**1502900**	**1007342**	**87456**	**38554**	**500520**	**380813**
#国有及国有控股企业	728668	488248	439460	69139	3160	363401	3759
按登记注册类型分							
内资企业	1634848	1502900	1007342	87456	38554	500520	380813
国有企业	414984	101059	78110	53832	2580	18936	2761
集体企业	12362	22736	13941	–	6800	5941	1200
股份合作企业	32	92	5	3	1	1	–
有限责任公司	1107113	1146764	778426	30860	29163	432022	286381
国有独资公司	70074	10535	10000	10000	–	–	–
其他有限责任公司	1037040	1136229	768426	20860	29163	432022	286381
股份有限公司	9328	28770	21878	–	–	4615	17263
私营企业	88627	193184	110091	2760	10	36604	70717
私营有限责任公司	80244	174353	92625	2760	10	29253	60602
私营股份有限公司	8383	18831	17466	–	–	7351	10115
其他企业	2403	10295	4893	–	–	2402	2491
按建筑业行业中类分							
房屋建筑业	682081	661919	395873	18007	18833	96006	263027
土木工程建筑业	707735	670194	504783	53660	10811	374228	66084
建筑安装业	224667	139269	83902	14750	8687	18813	41651
建筑装饰和其他建筑业	20366	31519	22784	1038	223	11473	10050
建筑装饰业	10978	21204	13812	1038	2	4973	7799
工程准备活动	6576	2226	2452	–	1	1000	1451
提供施工设备服务	2188	2249	800	–	–	–	800
其他未列明的建筑活动	624	5839	5720	–	220	5500	–
按隶属关系分							
中央	493218	347737	317620	39133	–	278487	–
省(自治区、直辖市)	63359	9663	8635	1250	–	–	7385
地(区、市、州、盟)	585945	430853	268371	30392	11517	108530	117932
县(区、市、旗)	154589	246627	137922	10864	12255	24279	90525
镇	4660	2308	2115	–	2010	105	–
(社区)居委会	1182	1712	853	–	353	250	250
村委会	596	234	220	–	220	–	–
其他	331300	463767	271607	5816	12200	88870	164721
按企业资质等级分							
施工总承包	1469421	1357608	927822	83102	32478	484412	327831
一级	869711	661401	489071	50125	500	356854	81592
二级	427271	466864	294071	21955	20667	82589	168860
三级及以下	172439	229343	144681	11021	11312	44969	77379
专业承包	165428	145292	79520	4354	6076	16109	52982
一级	47402	20621	16894	1700	–	6944	8250
二级	13242	35080	20664	1787	–	1160	17717
三级及以下	104784	89591	41962	867	6076	8004	27015
按营业状态分							
营业	1630656	1490658	1002790	87404	38554	496520	380313
停业(歇业)	4187	12242	4552	52	–	4000	500
当年破产	6	–	–	–	–	–	–
按控股情况分							
国有控股	728668	488248	439460	69139	3160	363401	3759
集体控股	91871	58540	41275	3	25373	7021	8878
私人控股	618554	833319	451107	18313	2530	101080	329184
其他	195757	122793	75501	–	7491	29018	38992

5-10续表3　　单位：万元

项　　目	营业收入	主营业务收入	营业成本	主营业务成本	营业税金及附加	主营业务税金及附加	其他业务利润
全　　市	**3985873**	**3963233**	**3587115**	**3494775**	**139921**	**137839**	**1760**
#国有及国有控股企业	1216430	1203954	1080228	1068807	44060	44031	731
按登记注册类型分							
内资企业	3985873	3963233	3587115	3494775	139921	137839	1760
国有企业	762029	757476	693459	689198	26966	26954	
集体企业	79346	79346	69849	68432	3138	2522	–
股份合作企业	98	10	15	8	21	20	–
有限责任公司	2667178	2650899	2411915	2334225	92288	91701	630
国有独资公司	121066	115889	110055	105163	3898	3894	284
其他有限责任公司	2546113	2535010	2301860	2229062	88390	87807	346
股份有限公司	63365	63364	53537	53537	2335	2006	1
私营企业	383378	381659	330875	329479	14093	13978	1173
私营有限责任公司	345798	344079	298503	297107	12726	12612	1173
私营股份有限公司	37580	37580	32372	32372	1366	1366	–
其他企业	30479	30479	27465	19897	1081	657	–
按建筑业行业中类分							
房屋建筑业	2213709	2205107	2031400	1974949	81152	79297	676
土木工程建筑业	1298431	1289888	1143088	1134339	43408	43326	583
建筑安装业	439099	436946	386062	361748	14294	14263	210
建筑装饰和其他建筑业	34635	31292	26565	23739	1067	953	291
建筑装饰业	24827	21526	19284	16484	759	645	291
工程准备活动	2237	2237	1911	1911	57	57	–
提供施工设备服务	5527	5527	3704	3704	190	190	–
其他未列明的建筑活动	2044	2002	1665	1639	61	61	–
按隶属关系分							
中央	856044	852010	765040	761488	27722	27698	159
省(自治区、直辖市)	23940	23940	21881	21881	815	815	–
地(区、市、州、盟)	1418105	1402861	1334850	1271591	46689	46573	577
县(区、市、旗)	642743	641985	551896	536167	27754	26877	88
镇	12526	12526	11209	11209	352	351	–
(社区)居委会	3953	3953	3176	3176	138	138	–
村委会	967	967	673	673	33	33	–
其他	1027596	1024991	898390	888590	36418	35355	937
按企业资质等级分							
施工总承包	3731297	3713524	3371408	3283238	131074	129161	417
一级	1976437	1962560	1835314	1795490	66808	66779	293
二级	1150614	1147235	1020003	984603	41498	39726	
三级及以下	604245	603729	516092	503145	22768	22657	216
专业承包	254577	249709	215707	211537	8848	8678	1344
一级	104640	104639	94118	94117	3393	3393	–
二级	54850	53474	44246	42885	1524	1518	871
三级及以下	95086	91596	77343	74536	3931	3766	472
按营业状态分							
营业	3962286	3939645	3568049	3475709	139165	137083	1760
停业(歇业)	23528	23528	19016	19016	754	753	–
当年破产	60	60	50	50	3	3	–
按控股情况分							
国有控股	1216430	1203954	1080228	1068807	44060	44031	731
集体控股	262679	262556	235736	234016	8651	8033	–
私人控股	2116602	2107344	1924939	1852943	73641	72639	1531
其他	390163	389379	346212	339010	13569	13137	–

5-10续表4　　　　　　　　　　　　　　　　　　　　　　　　　　单位：万元

项　　目	销售费用	管理费用				财务费用		
			税金	差旅费	工会经费		利息收入	利息支出
全　　市	**8510**	**135924**	**6987**	**9932**	**3174**	**14319**	**484**	**8999**
#国有及国有控股企业	756	51774	1659	2981	1039	3431	378	2660
按登记注册类型分								
内资企业	8510	135924	6987	9932	3174	14319	484	8999
国有企业	308	22112	558	1314	186	1416	193	1241
集体企业	8	4680	264	175	186	279	11	15
股份合作企业	10	12	3	–	–	5	–	–
有限责任公司	6985	89421	4794	7504	2400	8984	187	4817
国有独资公司	–	6453	198	166	101	22	2	19
其他有限责任公司	6985	82968	4596	7338	2299	8962	185	4797
股份有限公司	17	6595	173	18	1	197	–	16
私营企业	1183	12490	1075	782	313	3356	93	2911
私营有限责任公司	1141	11712	1064	686	313	2456	92	2038
私营股份有限公司	42	778	11	96	–	900	1	874
其他企业	–	613	121	140	87	82	–	–
按建筑业行业中类分								
房屋建筑业	3614	57675	3359	3044	1463	8226	365	4253
土木工程建筑业	2819	64735	2514	6048	1450	5283	297	3783
建筑安装业	1653	11512	963	569	103	1062	185	870
建筑装饰和其他建筑业	424	2001	150	271	158	–	–	94
建筑装饰业	290	1574	76	106	16	–	–	90
工程准备活动	134	43	7	5	–	38	–	–
提供施工设备服务	–	348	57	154	137	–	–	–
其他未列明的建筑活动	–	37	10	6	5	4	–	4
按隶属关系分								
中央	370	37050	920	2456	716	2102	320	2104
省(自治区、直辖市)	–	1043	14	60	74	–	–	–
地(区、市、州、盟)	573	40897	1412	4325	1122	2748	–	2062
县(区、市、旗)	3839	20573	2250	1431	681	3858	116	1290
镇	4	457	5	7	34	128	2	1
(社区)居委会	139	85	54	7	–	61	–	61
村委会	–	15	1	1	2	4	–	4
其他	3585	35805	2330	1644	544	5418	88	3478
按企业资质等级分								
施工总承包	6802	121671	6246	9446	3061	13470	810	8537
一级	392	64544	1814	6326	1431	5276	507	3737
二级	2718	33539	3082	1607	824	5938	198	4365
三级及以下	3692	23588	1350	1514	806	2257	105	435
专业承包	1708	14253	741	485	113	849	–	463
一级	418	3139	152	161	62	19	16	26
二级	196	6272	205	107	24	75	15	34
三级及以下	1094	4842	384	217	27	755	–	402
按营业状态分								
营业	8476	135464	6849	9915	3170	14316	482	8996
停业(歇业)	34	451	138	16	4	2	2	3
当年破产	–	9	–	–	–	–	–	–
按控股情况分								
国有控股	756	51774	1659	2981	1039	3431	378	2660
集体控股	384	12090	353	557	403	776	37	53
私人控股	5635	61368	4027	5688	1641	7587	84	5089
其他	1735	10692	943	706	91	2525	–	1197

5-10续表5　　　　单位：万元

项　　目	固定资产减值准备	从业人员工资总额	营业利润	补贴收入	营业外收入
全　　市	**6154**	**442675**	**119761**	**89**	**2126**
#国有及国有控股企业	404	94860	26364	27	730
按登记注册类型分					
内资企业	6154	442675	119761	89	2126
国有企业	63	58978	12437	20	419
集体企业	–	16461	2796	–	1
股份合作企业	–	576	34	–	–
有限责任公司	4336	297644	80489	13	1259
国有独资公司	–	5136	644	–	181
其他有限责任公司	4336	292508	79845	13	1077
股份有限公司	–	8498	684	–	5
私营企业	1601	54951	22236	56	442
私营有限责任公司	1601	49093	20114	56	432
私营股份有限公司	–	5858	2122	–	11
其他企业	154	5568	1084	–	–
按建筑业行业中类分					
房屋建筑业	4120	292364	59610	–	1143
土木工程建筑业	375	99503	32980	33	829
建筑安装业	1450	46848	22931	–	91
建筑装饰和其他建筑业	209	3960	4240	56	63
建筑装饰业	–	3202	2624	–	7
工程准备活动	–	126	55	–	–
提供施工设备服务	–	406	1285	56	56
其他未列明的建筑活动	209	226	277	–	–
按隶属关系分					
中央	333	70758	16900	7	297
省(自治区、直辖市)	–	5007	203	–	38
地(区、市、州、盟)	1331	147076	15767	–	682
县(区、市、旗)	1346	84919	36212	20	564
镇	–	3231	375	–	–
(社区)居委会	–	630	353	–	–
村委会	–	153	243	–	–
其他	3144	130902	49709	62	545
按企业资质等级分					
施工总承包	5927	420415	106075	83	1765
一级	375	169972	20672	7	617
二级	3382	167820	48807	–	975
三级及以下	2170	82623	36596	76	172
专业承包	227	22261	13686	6	361
一级	–	6534	3426	6	24
二级	209	4366	3400	–	317
三级及以下	19	11360	6860	–	20
按营业状态分					
营业	6154	441969	116492	89	2126
停业(歇业)	–	706	3271	–	–
按控股情况分					
国有控股	404	94860	26364	27	730
集体控股	1432	37419	7343	–	141
私人控股	4276	274136	69782	62	1163
其他	42	36260	16273	–	92

5-10续表6

单位：万元

项　　目	营业外支出	利润总额	应交所得税	应付职工薪酬（本年贷方累计发生额）	土地和固定资产支出	土地购置
全　　市	**2581**	**126531**	**26348**	**429379**	**33476**	**1478**
#国有及国有控股企业	1327	28739	5756	97522	17925	10
按登记注册类型分						
内资企业	2581	126531	26348	429379	33476	1478
国有企业	804	12053	4126	53339	6949	–
集体企业	–	2796	460	12062	199	–
股份合作企业	–	34	1	–	–	–
有限责任公司	1576	87706	16799	303788	22327	1478
国有独资公司	406	420	115	5136	383	–
其他有限责任公司	1170	87287	16685	298652	21944	1478
股份有限公司	50	331	281	8258	–	–
私营企业	151	22527	4235	46860	3929	–
私营有限责任公司	151	20394	3750	41666	3846	–
私营股份有限公司	–	2133	485	5194	83	–
其他企业	–	1084	446	5072	72	–
按建筑业行业中类分						
房屋建筑业	1461	60932	14260	274670	6635	76
土木工程建筑业	1064	38331	8528	117797	25536	1393
建筑安装业	52	22970	3134	33475	421	10
建筑装饰和其他建筑业	5	4298	425	3437	884	–
建筑装饰业	1	2630	374	2732	130	–
工程准备活动	–	54	10	126	754	–
提供施工设备服务	3	1338	8	406	–	–
其他未列明的建筑活动	1	276	34	173	–	–
按隶属关系分						
中央	567	16630	3912	69125	17004	–
省(自治区、直辖市)	34	207	47	5007	121	–
地(区、市、州、盟)	933	23085	6029	159588	2581	–
县(区、市、旗)	660	36116	5119	72358	1499	76
镇	–	375	179	778	–	–
(社区)居委会	–	353	71	612	44	–
村委会	–	243	19	159	–	–
其他	388	49523	10974	121751	12228	1403
按企业资质等级分						
施工总承包	2327	112738	23614	407531	30321	1468
一级	978	27879	7599	189494	16182	–
二级	869	48914	10573	144390	9486	1458
三级及以下	480	35945	5442	73647	4653	10
专业承包	254	13793	2734	21848	3156	10
一级	31	3420	950	6004	2069	–
二级	156	3561	648	4121	121	–
三级及以下	68	6813	1137	11724	966	10
按营业状态分						
营业	2581	123262	25961	428616	31786	1478
停业(歇业)	–	3271	387	724	1690	–
当年破产	–	–	–	39	–	–
按控股情况分						
国有控股	1327	28739	5756	97522	17925	10
集体控股	58	7426	1528	33081	530	–
私人控股	1175	74057	15247	259075	12392	76
其他	21	16309	3817	39701	2629	1393

5-10续表7　　单位：万元

项　　目	房屋和建筑物	机器设备	运输工具	其他费用	建筑业企业在境外完成的营业收入
全　　市	**4381**	**21595**	**3377**	**2645**	**36639**
#国有及国有控股企业	3164	10966	2345	1440	26005
按登记注册类型分					
内资企业	4381	21595	3377	2645	36639
国有企业	531	4193	1874	351	19387
集体企业	–	168	12	19	–
有限责任公司	3245	13956	1388	2260	17252
国有独资公司	–	383	–	–	–
其他有限责任公司	3245	13572	1388	2260	17252
私营企业	605	3206	103	15	–
私营有限责任公司	605	3123	103	15	–
私营股份有限公司	–	83	–	–	–
其他企业	–	72	–	–	–
按建筑业行业中类分					
房屋建筑业	1168	4083	471	837	24654
土木工程建筑业	3157	16790	2421	1776	10258
建筑安装业	–	300	79	32	–
建筑装饰和其他建筑业	56	422	406	–	1727
建筑装饰业	–	130	–	–	1727
工程准备活动	56	292	406	–	–
按隶属关系分					
中央	3156	10209	2202	1437	26005
省(自治区、直辖市)	–	2	119	–	–
地(区、市、州、盟)	287	1301	178	816	–
县(区、市、旗)	277	919	224	3	–
(社区)居委会	–	25	–	19	–
其他	661	9140	654	371	10634
按企业资质等级分					
施工总承包	4324	19793	2151	2585	34912
一级	3436	8894	1572	2281	10258
二级	69	7383	293	283	15746
三级及以下	819	3516	286	21	8907
专业承包	57	1803	1226	60	1727
一级	–	1406	627	35	–
二级	–	2	119	–	1727
三级及以下	57	394	480	25	–
按营业状态分					
营业	4381	19905	3377	2645	36639
停业(歇业)	–	1690	–	–	–
按控股情况分					
国有控股	3164	10966	2345	1440	26005
集体控股	–	314	198	19	–
私人控股	1161	9661	353	1141	10634
其他	56	654	481	45	–

5-11 劳务分包建筑业企业生产经营情况

（2012年）

单位：个、万元、人

项目	企业个数	有工作量企业个数	建筑业总产值	装饰装修产值	从业人员期末人数	工程技术人员	现场施工工人	直接从事生产经营活动的平均人数
全市	**39**	**30**	**17491**	**778**	**5551**	**913**	**4417**	**4729**
#国有及国有控股企业	1	1	480	-	210	40	150	210
按登记注册类型分								
内资企业	39	30	17491	778	5551	913	4417	4729
集体企业	2	2	150	-	39	4	30	33
有限责任公司	28	23	15706	772	4519	741	3680	3795
其他有限责任公司	28	23	15706	772	4519	741	3680	3795
股份有限公司	1		-	-	5	1	1	4
私营企业	8	5	1635	6	988	167	706	897
私营独资企业	2	2	420	-	152	107	35	148
私营有限责任公司	6	3	1215	6	836	60	671	749
按建筑业行业中类分								
房屋建筑业	23	18	15195	353	4679	800	3728	4010
土木工程建筑	3	2	861	-	94	12	85	75
建筑安装业	8	6	833	425	265	42	166	235
建筑装饰和其他建筑业	5	4	602	-	513	59	438	409
工程准备活动	2	2	48	-	38	3	33	44
其他未列明的建筑业	3	2	555	-	475	56	405	365
按隶属关系分								
地(区、市、州、盟)	9	7	4572	35	1441	191	1188	1215
县(区、市、旗)	4	4	2872	-	1221	109	1094	899
村委会	1	1	20	-	23	1	20	21
其他	25	18	10026	743	2866	612	2115	2594
按企业资质等级分								
劳务分包	39	30	17491	778	5551	913	4417	4729
一级	14	12	6728	295	2782	610	2165	2459
二级	20	14	10235	448	2671	286	2174	2190
三级及以下	5	4	528	35	98	17	78	80
按地区分								
邯郸市	39	30	17491	778	5551	913	4417	4729
武安市	1	1	339	-	130	5	124	83
鸡泽县	2	-	-	-	4	-	2	2
永年县	6	6	1123	58	446	118	286	412
邯郸县	3	2	606	-	295	46	225	245
涉县	3	3	283	-	74	9	66	77
成安县	2	1	680	6	539	52	415	483
魏县	2	2	2511	-	1135	98	1016	861
临漳县	2	2	691	289	492	320	250	431
丛台区	10	6	8100	425	1813	148	1547	1612
复兴区	5	4	2462	-	185	40	127	152
邯山区	2	2	70	-	382	72	308	330
峰峰矿区	1	1	626	-	56	5	51	41
按营业状态分								
营业	34	30	17491	778	5537	910	4411	4720
停业(歇业)	5	-	-	-	14	3	6	9
按控股情况分								
国有控股	1	1	480	-	210	40	150	210
集体控股	2	2	150	-	39	4	30	33
私人控股	34	27	16861	778	5295	867	4235	4481
其他	2	-	-	-	7	2	2	5

5-11续表1

单位：万元

项　　目	固定资产原价	本年折旧	资产总计	负债合计	实收资本	营业收入合计	主营业务收入（工程结算收入）
全　　市	**2576**	**501**	**11745**	**4875**	**2892**	**22461**	**22223**
#国有及国有控股企业	88	3	172	50	10	480	480
按登记注册类型分							
内资企业	2576	501	11745	4875	2892	22461	22223
集体企业	54	5	68	–	–	150	150
有限责任公司	1987	477	9723	3793	2511	15219	14980
其他有限责任公司	1987	477	9723	3793	2511	15219	14980
私营企业	535	20	1954	1082	381	7093	7093
私营独资企业	85	3	191	140	50	420	420
私营有限责任公司	451	18	1763	943	331	6673	6673
按建筑业行业中类分							
房屋建筑业	1614	75	8213	2850	1710	14491	14491
土木工程建筑	51	10	1233	1027	190	861	626
建筑安装业	553	409	1504	513	780	1049	1048
建筑装饰和其他建筑业	359	8	795	485	212	6061	6057
工程准备活动	306	8	224	101	50	26	22
其他未列明的建筑业	53	–	571	384	162	6035	6035
按隶属关系分							
地(区、市、州、盟)	287	32	5406	2026	755	4506	4506
县(区、市、旗)	306	16	981	272	642	2859	2624
村委会	46	4	68	–	–	20	20
其他	1938	449	5291	2578	1495	15076	15072
按企业资质等级分							
劳务分包	2576	501	11745	4875	2892	22461	22223
一级	642	49	5428	3335	1461	6934	6933
二级	1779	428	5331	1067	1112	14999	14996
三级及以下	155	25	987	472	320	528	293
按地区分							
邯郸市	2576	501	11745	4875	2892	22461	22223
武安市	–	–	70	11	50	339	339
永年县	387	12	910	440	100	1103	1103
邯郸县	141	3	532	347	72	6086	6086
涉　县	357	18	339	150	100	261	22
成安县	182	10	904	399	300	680	680
魏　县	255	6	803	223	530	2498	2498
临漳县	365	5	383	30	66	691	691
丛台区	728	420	3865	275	770	7497	7497
复兴区	132	26	2746	2008	760	2678	2678
邯山区	29	2	127	17	55	2	2
峰峰矿区	1	–	1065	975	90	626	626
按营业状态分							
营业	2576	501	11692	4872	2842	22461	22223
停业(歇业)	–	–	53	3	50	–	–
按控股情况分							
国有控股	88	3	172	50	10	480	480
集体控股	54	5	68	–	–	150	150
私人控股	2434	494	11452	4822	2832	21832	21593
其他	–	–	53	3	50	–	–

5-11续表2

单位：万元

项　　目	营业成本	主营业务成本(工程结算成本)	营业税金及附加	主营业务税金及附加(工程结算税金及附加)	销售费用	管理费用	财务费用
全　　市	**19886**	**18256**	**1006**	**896**	**53**	**1015**	**48**
#国有及国有控股企业	469	469	15	15	–	7	–
按登记注册类型分							
内资企业	19886	18256	1006	896	53	1015	48
集体企业	131	131	8	8	–	3	–
有限责任公司	13338	12096	628	544	51	913	19
其他有限责任公司	13338	12096	628	544	51	913	19
私营企业	6417	6029	370	344	2	99	28
私营独资企业	340	340	17	17	2	13	1
私营有限责任公司	6077	5689	354	328	1	86	27
按建筑业行业中类分							
房屋建筑业	12577	11161	583	484	5	893	41
土木工程建筑	767	553	42	32	–	38	3
建筑安装业	883	883	33	32	48	48	3
建筑装饰和其他建筑业	5659	5659	348	347	1	36	1
工程准备活动	17	17	3	2	1	1	1
其他未列明的建筑业	5642	5642	346	346	–	35	–
按隶属关系分							
地(区、市、州、盟)	3799	3799	221	221	48	422	1
县(区、市、旗)	2367	1127	137	54	–	284	3
村委会	16	16	1	1	–	1	–
其他	13704	13314	647	619	6	309	44
按企业资质等级分							
劳务分包	19886	18256	1006	896	53	1015	48
一级	6192	5803	294	267	–	239	26
二级	13286	12259	692	618	5	748	21
三级及以下	408	194	21	11	48	28	–
按地区分							
邯郸市	19886	18256	1006	896	53	1015	48
武安市	305	305	11	11	–	11	–
永年县	871	482	49	23	3	24	29
邯郸县	5734	5734	323	323	–	14	–
涉　县	231	17	12	2	1	1	1
成安县	528	528	22	22	–	78	1
魏　县	2038	1010	123	50	–	281	3
临漳县	563	563	26	26	1	76	6
丛台区	6618	6618	311	311	49	422	5
复兴区	2445	2444	95	94	–	70	1
邯山区	1	1	–	–	–	–	–
峰峰矿区	553	553	32	32	–	38	3
按营业状态分							
营业	19886	18256	1006	896	53	1015	48
按控股情况分							
国有控股	469	469	15	15	–	7	–
集体控股	131	131	8	8	–	3	–
私人控股	19286	17656	984	873	53	1005	47

5-11续表3

单位：万元、人

项　　目	营业利润	利润总额	土地和固定资产支出	机器设备	从业人员工资总额	从业人员平均人数
全　　市	**527**	**520**	**64**	**64**	**12391**	**5098**
#国有及国有控股企业	–	–	–	–	412	220
按登记注册类型分						
内资企业	527	520	64	64	12391	5098
集体企业	8	8	–	–	86	39
有限责任公司	331	329	64	64	10976	4096
其他有限责任公司	331	329	64	64	10976	4096
股份有限公司	–	–	–	–	10	5
私营企业	189	183	–	–	1319	958
私营独资企业	48	48	–	–	187	144
私营有限责任公司	141	135	–	–	1132	814
按建筑业行业中类分						
房屋建筑业	416	414	64	64	11213	4272
土木工程建筑	12	12	–	–	290	94
建筑安装业	38	37	–	–	384	263
建筑装饰和其他建筑业	61	57	–	–	504	469
工程准备活动	2	2	–	–	37	38
其他未列明的建筑业	59	54	–	–	467	431
按隶属关系分						
地(区、市、州、盟)	59	59	1	1	3080	1429
县(区、市、旗)	71	71	–	–	1943	890
村委会	2	2	–	–	21	23
其他	394	387	63	63	7348	2756
按企业资质等级分						
劳务分包	527	520	64	64	12391	5098
一级	237	236	–	–	4342	2684
二级	263	258	64	64	7891	2316
三级及以下	27	26	–	–	158	98
按地区分						
邯郸市	527	520	64	64	12391	5098
武安市	12	12	–	–	302	84
鸡泽县	–	–	–	–	1	4
永年县	136	134	–	–	806	428
邯郸县	30	26	–	–	502	261
涉　县	14	14	–	–	143	74
成安县	51	51	–	–	531	527
魏　县	56	56	–	–	1831	848
临漳县	20	20	–	–	752	481
丛台区	140	139	63	63	5854	1780
复兴区	67	67	–	–	293	185
邯山区	–	–	1	1	1196	370
峰峰矿区	–	–	–	–	182	56
按营业状态分						
营业	527	520	64	64	12378	5084
停业(歇业)	–	–	–	–	14	14
按控股情况分						
国有控股	–	–	–	–	412	220
集体控股	8	8	–	–	86	39
私人控股	519	512	64	64	11881	4832
其他	–	–	–	–	12	7

5-12　分县（市、区）总承包与专业承包建筑业企业生产情况

（2012年）

单位：个、万元

县（市、区）	企业个数			合同情况			承包工程完成情况	
	建筑业企业个数	有工作量的建筑业企业个数	亏损企业个数	签订的合同额	上年结转合同额	本年新签合同额	直接从建设单位承揽工程完成的产值	从建设单位以外承揽工程完成的产值
全　市	**306**	**297**	**28**	**7366768**	**2587237**	**4779531**	**4104094**	**135716**
#市　区	146	139	15	5373426	1976792	3396634	2591771	115182
武安市	18	17	3	194262	104039	90223	87880	321
鸡泽县	3	3	－	19114	1749	17365	18716	－
邱　县	3	3	－	12006	－	12006	12006	－
永年县	17	17	－	158662	51821	106841	133269	765
曲周县	4	4	－	78282	2864	75418	86452	－
邯郸县	38	38	6	686289	321051	365238	418088	2196
肥乡县	6	6	－	47746	1215	46532	68242	6000
馆陶县	4	4	－	47394	6915	40478	43947	565
涉　县	16	15	2	210914	32532	178383	206696	－
广平县	4	4	1	24975	1032	23943	20125	－
成安县	8	8	－	109672	32658	77014	86508	8203
魏　县	10	10	1	120485	14606	105880	91844	－
磁　县	12	12	－	120191	21629	98562	99335	－
临漳县	7	7	－	112798	16345	96453	91670	2484
大名县	10	10	－	50552	1990	48562	47547	－
丛台区	65	62	6	2056820	798907	1257912	1176678	96333
复兴区	23	23	3	490045	128708	361337	401994	179
邯山区	50	46	5	2710722	1026136	1684586	923401	18670
峰峰矿区	8	8	1	115840	23041	92798	89698	－

5-12续表1

单位：万元

县（市、区）	建筑业总产值	装饰装修产值	在外省完成的产值	建筑工程产值	安装工程产值	其他产值	竣工产值
全　市	**4223318**	**187201**	**1091432**	**3611742**	**481311**	**130265**	**2602167**
#市　区	2699101	135682	1023730	2270876	343534	84691	1531978
武安市	88196	167	5382	78338	9847	11	82638
鸡泽县	18716	2263	－	18716	－	－	18620
邱　县	12006	－	－	9981	－	2026	9981
永年县	134033	3305	－	134033	－	－	96460
曲周县	86452	1965	－	83215	3237	－	57243
邯郸县	418214	9974	15928	345584	63767	8864	274371
肥乡县	68242	－	－	38574	11666	18001	47567
馆陶县	43947	12267	－	41605	2208	134	42136
涉　县	206696	10650	－	191004	11457	4235	127859
广平县	20125	171	14524	16900	－	3225	13559
成安县	94710	1000	29011	59566	35144	－	49469
魏　县	91844	56	2856	84798	450	6596	84345
磁　县	99335	－	－	99335	－	－	31626
临漳县	94155	9700	－	91670	－	2484	97853
大名县	47547	－	－	47547	－	－	36465
丛台区	1266828	50169	628986	1049811	189983	27034	677985
复兴区	400714	18431	142964	263252	99878	37584	233710
邯山区	941860	66987	240237	885237	38007	18616	585897
峰峰矿区	89698	95	11544	72575	15666	1457	34386

5-12续表2

县（市、区）	房屋建筑施工面积(平方米)				施工机械设备		
	房屋建筑施工面积	本年新开工面积	实行投标承包面积	本年新开工	年末自有施工机械设备(净值)(万元)	年末自有施工机械设备(总台数)(台)	年末自有施工机械设备(总功率)(千瓦)
全　市	**35811092**	**17297972**	**31424620**	**15169796**	**224894**	**54610**	**1724262**
#市　区	21543185	9077235	19423188	7916946	136823	31576	1451021
武安市	810187	414421	783164	414421	12052	1451	16012
鸡泽县	184921	179630	172556	167265	–	–	–
邱　县	43481	43481	40501	40501	–	–	–
永年县	1689662	674820	1194359	365763	7275	1763	27870
曲周县	747645	562480	683056	516433	2793	968	15073
邯郸县	4631639	2189959	3823126	1870865	23142	5643	63983
肥乡县	441905	194951	5000	5000	788	392	5766
馆陶县	597821	509313	556589	472561	1261	380	1715
涉　县	1197683	980488	1193278	976083	5024	1426	14620
广平县	217000	73170	73170	73170	1909	466	6287
成安县	389698	350691	381998	350691	4648	5453	54779
魏　县	1114411	964417	1032156	964417	6683	1899	27019
磁　县	1043917	352045	1043917	352045	5406	766	10067
临漳县	526684	349062	475824	349062	14607	1794	17804
大名县	631253	381809	542738	334573	2484	633	12246
丛台区	8906793	3591023	7446174	2727507	87613	21622	575695
复兴区	1807745	870874	1495236	778667	7512	3168	43389
邯山区	10265501	4270820	9918632	4066254	38761	5718	813553
峰峰矿区	563146	344518	563146	344518	2938	1068	18384

5-12续表3

单位：人

县（市、区）	计算建筑业劳动生产率的平均人数	年末从业人员数	工程技术人员	一级建造师	现场施工工人	持证上岗人员
全　市	**144609**	**156414**	**29089**	**1265**	**103104**	**70179**
#市　区	79399	82342	15774	925	53363	43992
武安市	3854	4864	813	32	3857	272
鸡泽县	398	498	16	9	397	60
邱　县	348	399	93	12	78	78
永年县	6622	8502	1734	4	6624	3832
曲周县	4516	5220	681	1	3092	1880
邯郸县	15928	17400	3964	168	9429	5792
肥乡县	1647	2053	365	6	1519	1414
馆陶县	3722	4457	475	5	1744	245
涉　县	8079	8605	1240	30	6864	2379
广平县	1065	1670	287	18	956	756
成安县	4302	3726	938	30	2234	803
魏　县	4298	4764	759	1	3476	2963
磁　县	5218	5540	854	12	4739	3997
临漳县	2369	2660	643	12	1858	1060
大名县	2844	3714	453	–	2874	656
丛台区	32871	37701	7937	524	25272	18712
复兴区	11587	10903	2496	143	8537	7796
邯山区	31167	29730	4785	229	16401	14585
峰峰矿区	3774	4008	556	29	3153	2899

5-12续表4

县（市、区）	企业总产值（万元）	主要建筑材料消耗量					
		钢材（吨）	木材（立方米）	水泥（吨）	平板玻璃（重量箱）	平板玻璃（平方米）	铝材（吨）
全　市	**4647506**	**7562153**	**1081401**	**506194686**	**749961**	**2513834**	**99529**
#市　区	2828203	4444095	693526	491815678	578221	1601927	22678
武安市	88847	33738	1023	139799	2	3	57
鸡泽县	18821	4670	1331	27564	476	20580	132
邱　县	12006	1483	755	3085	146	3296	37
永年县	134468	1618661	66578	3551654	14766	227015	4784
曲周县	86452	17268	6696	59547	3178	35823	1972
邯郸县	447594	707997	96834	313613	61517	214805	6443
肥乡县	68242	560985	56866	9525500	38282	112380	33481
馆陶县	43947	8865	3594	77924	830	49270	70
涉　县	471061	48131	15132	106762	1261	16226	87
广平县	20125	13020	6523	19600	21730	24700	868
成安县	94756	15456	4252	47401	4357	39750	7313
魏　县	91789	16788	10349	334946	2427	46326	89
磁　县	99335	18529	2884	26097	8267	38971	1814
临漳县	94155	34812	106431	43371	4078	24376	19240
大名县	47707	17655	8627	102145	10423	58386	464
丛台区	1337488	3786763	419670	489757037	424866	863181	10352
复兴区	401999	185508	39508	264914	80430	255267	2317
邯山区	998292	465503	232992	1696651	72605	452624	9879
峰峰矿区	90425	6321	1356	97076	320	30855	130

5-12续表5　　　　单位：平方米

县（市、区）	房屋建筑竣工面积合计	住宅房屋	商业及服务用房屋	办公用房屋	科研、教育、医疗用房屋	文化、体育和娱乐用房	厂房及建筑物	仓库	其他未列明的房屋建筑物
全　市	**13591941**	**10087929**	**588034**	**713358**	**748487**	**98380**	**1229729**	**35823**	**90201**
#市　区	6476675	4370765	418123	358398	370910	18970	868509	28873	42127
武安市	485766	485766	–	–	–	–	–	–	–
鸡泽县	181772	181772	–	–	–	–	–	–	–
邱　县	43481	2980	–	40501	–	–	–	–	–
永年县	724372	715517	–	8000	855	–	–	–	–
曲周县	590956	449219	89128	13604	14920	16250	–	–	7835
邯郸县	1571822	1303379	41627	49572	56884	–	88415	6945	25000
肥乡县	184790	114720	20	15010	16510	10	38510	5	5
馆陶县	540607	312260	–	35730	46857	–	145760	–	–
涉　县	682011	366783	39136	95082	44715	34680	88535	–	13080
广平县	131000	100000	–	20000	–	11000	–	–	–
成安县	226568	226568	–	–	–	–	–	–	–
魏　县	738696	676906	–	47670	11966	–	–	–	2154
磁　县	276426	113915	–	29791	132720	–	–	–	–
临漳县	324014	290544	–	–	16000	17470	–	–	–
大名县	412985	376835	–	–	36150	–	–	–	–
丛台区	2383997	1503853	217984	149407	182741	–	293582	25092	11338
复兴区	949141	484169	68906	3584	1110	–	384299	–	7073
邯山区	2965592	2258759	130773	201660	185659	18970	144260	3781	21730
峰峰矿区	177945	123984	460	3747	1400	–	46368	–	1986

5-12续表6

单位：万元

县（市、区）	竣工房屋价值合计	住宅房屋	商业及服务用房屋	办公用房屋	科研、教育、医疗用房屋	文化、体育和娱乐用房	厂房及建筑物	仓库	其他未列明的房屋建筑物
全市	**1569588**	**1131185**	**71871**	**85844**	**87389**	**13495**	**163776**	**2635**	**13394**
#市区	787587	502699	55537	43204	47898	4350	124495	1898	7508
武安市	70024	70024	–	–	–	–	–	–	–
鸡泽县	18620	18620	–	–	–	–	–	–	–
邱县	3966	361	–	3605	–	–	–	–	–
永年县	89459	88453	–	900	106	–	–	–	–
曲周县	57026	45246	7298	1065	1490	1300	–	–	627
邯郸县	188409	147756	5913	4730	13899	–	11430	736	3945
肥乡县	22311	14967	1	2101	2641	1	2601	1	1
馆陶县	40781	22217	–	3018	3259	–	12287	–	–
涉县	73194	31812	3122	16990	3585	3644	12964	–	1077
广平县	10805	7200	–	1640	–	1965	–	–	–
成安县	34235	34235	–	–	–	–	–	–	–
魏县	78018	70431	–	5875	1475	–	–	–	237
磁县	27611	16454	–	2716	8441	–	–	–	–
临漳县	33729	29925	–	–	1568	2236	–	–	–
大名县	33813	30785	–	–	3028	–	–	–	–
丛台区	351321	212207	32510	19636	21325	–	61080	1859	2703
复兴区	102871	52149	9763	681	211	–	39431	–	637
邯山区	309571	224619	13208	22543	26193	4350	14866	39	3753
峰峰矿区	23825	13724	56	344	169	–	9118	–	415

5-13 分县（市、区）总承包与专业承包建筑业企业财务情况

（2012年）

单位：万元

县（市、区）	年初存货	流动资产合计	应收工程款		存货	固定资产合计	固定资产原价
				竣工工程			
全市	**493357**	**2231271**	**785545**	**287832**	**454379**	**579071**	**700474**
#市区	271930	1432866	550429	142042	292793	339761	410246
武安市	35458	192682	39198	25838	32828	29326	40943
鸡泽县	420	7436	1977	1869	386	1734	1742
邱县	87	6284	6172	–	–	560	540
永年县	15357	72256	22723	19047	23149	30172	30726
曲周县	1609	31466	21786	21626	1773	3553	5194
邯郸县	116233	303785	69059	33282	56196	57967	84098
肥乡县	1340	9206	4261	134	733	12211	11145
馆陶县	3491	9715	998	998	3307	2365	2939
涉县	8374	46571	31765	19313	6758	24437	28341
广平县	259	5847	453	453	163	7288	9964
成安县	11200	34285	14893	6624	11317	17053	17951
魏县	1239	16272	8386	7843	3698	13455	11808
磁县	19618	36974	2759	1413	14861	12669	18752
临漳县	2037	13275	5238	2300	3630	20394	19998
大名县	4707	12354	5449	5052	2790	6125	6089
丛台区	143021	815610	367062	73651	160352	153370	202945
复兴区	56059	204562	75018	18574	61049	41035	47286
邯山区	70655	372552	83459	48678	68588	137953	147996
峰峰矿区	2194	40143	24891	1139	2804	7403	12020

5-13续表1

单位：万元

县（市、区）	累计折旧	本年折旧	在建工程	资产合计	流动负债合计	应付账款	非流动负债合计
全　市	**207122**	**47641**	**51231**	**3137799**	**1438455**	**564659**	**133657**
#市　区	126615	32940	35577	2019847	949750	421367	111264
武安市	14681	1882	1215	245790	131950	20602	13000
鸡泽县	170	17	37	9170	5097	4435	-
邱　县	40	8	-	12530	4714	64	800
永年县	5306	657	685	108446	15284	2015	36
曲周县	1641	398	-	37194	27345	24112	-
邯郸县	28389	7081	725	384762	199824	48604	1919
肥乡县	2248	374	3231	22891	6341	4742	-
馆陶县	573	98	-	17140	6363	812	52
涉　县	10513	1468	4754	74806	36857	17177	2264
广平县	2706	543	30	13224	4542	270	-
成安县	4349	868	2000	54319	26200	13390	1800
魏　县	953	232	2005	30520	3783	2615	-
磁　县	6083	762	-	52585	15716	3261	2000
临漳县	1510	54	430	33788	2261	725	523
大名县	1346	259	543	20788	2429	466	-
丛台区	63177	20501	11876	1175054	514753	255966	61395
复兴区	16411	3318	7867	260580	182563	82377	4149
邯山区	41246	8378	15833	536588	217180	59543	44897
峰峰矿区	5782	742	-	47626	35255	23481	824

5-13续表2

单位：万元

县（市、区）	负债合计	所有者权益合计	实收资本	国家资本	集体资本	法人资本	个人资本
全　市	**1634848**	**1502900**	**1007342**	**37456**	**38554**	**500520**	**380813**
#市　区	1080398	939449	693377	70594	7365	433159	182259
武安市	150292	95498	36255	50	500	13388	22317
鸡泽县	5097	4074	3780	-	-	2800	980
邱　县	7132	5397	5397	3507	780	12	1098
永年县	16156	92290	27252	-	308	2269	24675
曲周县	27345	9849	6171	-	2519	-	3653
邯郸县	226577	158186	103167	6000	15393	23126	58648
肥乡县	6849	16042	11270	10	10	1129	10121
馆陶县	9665	7475	5795	2220	220	2535	820
涉　县	39198	35608	22299	-	5231	6637	10431
广平县	4574	8651	7105	3	2001	1	5100
成安县	30565	23754	20003	1800	3	5300	12900
魏　县	3788	26682	19080	-	800	-	18280
磁　县	21431	31154	18398	2007	-	-	16391
临漳县	3324	30464	18602	654	2210	3450	12288
大名县	2457	18330	9391	610	1214	6715	852
丛台区	586046	589008	502704	40244	2487	398593	61380
复兴区	190543	70037	60698	19878	353	10652	29815
邯山区	267731	268857	121397	10456	3660	22975	84306
峰峰矿区	36079	11547	8579	16	865	938	6760

5-13续表3

单位：万元

县（市、区）	营业收入	主营业务收入	营业成本	主营业务成本	营业税金及附加	主营业务税金及附加	其他业务利润
全 市	**3985873**	**3963233**	**3587115**	**3494775**	**139921**	**137839**	**1760**
#市 区	2591311	2571875	2382296	2330919	85954	85673	806
武安市	108111	106541	93800	92431	3492	3486	1058
鸡泽县	18246	18246	16720	15661	629	629	–
邱 县	10530	10506	8341	8309	361	360	–
永年县	135250	134650	108528	101642	4808	4382	–
曲周县	63049	63049	57322	57322	2457	2457	–
邯郸县	387853	386957	346581	321329	13061	12636	–
肥乡县	50060	50060	43520	43520	1741	1741	–
馆陶县	32798	32798	30696	30696	1078	1078	–
涉 县	148519	148513	122754	122750	7230	7230	1
广平县	16022	15935	12468	12461	856	805	–
成安县	97862	97862	86800	86800	3784	3784	–
魏 县	88366	88366	77501	77501	3502	2887	–
磁 县	113937	113937	98726	98726	3547	3547	–
临漳县	75155	75135	59307	59307	5171	5171	11
大名县	48804	48804	41756	35402	2251	1973	–
丛台区	1244206	1237730	1114160	1101409	41368	41127	305
复兴区	294837	287689	267528	260704	8086	8081	309
邯山区	963732	958737	918971	888157	33511	33476	364
峰峰矿区	88537	87719	81638	80650	2989	2988	–

5-13续表4

单位：万元

县（市、区）	销售费用	管理费用	财务费用	营业利润	利润总额	应交所得税	应付职工薪酬	土地和固定资产支出
全 市	**8510**	**135924**	**14319**	**119761**	**126531**	**26348**	**429379**	**33476**
#市 区	1986	84606	5599	48619	55659	12644	269932	21341
武安市	575	4045	831	6231	6435	2338	9718	5561
鸡泽县	20	430	26	422	408	102	1309	28
邱 县	114	148	82	1494	1494	80	707	–
永年县	1906	2331	970	16685	16836	1873	17604	485
曲周县	461	1367	508	934	930	243	6432	46
邯郸县	407	14089	2481	12330	12389	3783	39971	3126
肥乡县	232	1829	209	2530	2530	50	2691	1007
馆陶县	109	199	64	652	652	142	6936	112
涉 县	1546	5467	383	11137	11156	1741	21138	911
广平县	29	2789	168	–	–	55	3785	36
成安县	238	2040	97	4904	4841	659	10159	357
魏 县	22	2406	1363	3573	3573	248	16012	158
磁 县	699	2938	1384	6643	6374	1561	12385	83
临漳县	4	9965	127	581	581	149	3904	–
大名县	165	1276	28	3315	3006	680	6696	226
丛台区	754	45478	3592	29819	32514	7461	124321	14882
复兴区	298	13776	142	5015	4693	1173	20874	1034
邯山区	900	22411	1896	12838	17461	3748	113197	5050
峰峰矿区	34	2941	–	948	991	262	11540	376

第二部分　统计资料

六、固定资产投资

资料整理：刘伟青　　牛海英

6-1　历年固定资产投资完成情况

单位：万元

年　　份	固定资产投资	#建设项目	#房地产	固定资产投资指数（以上年=100）
1950	523	523		100.0
1951	523	523		100.0
1952	3227	3227		617.0
1953	2897	2897		89.8
1954	3357	3357		115.9
1955	3671	3671		109.4
1956	7984	7984		217.5
1957	10806	10806		135.3
1958	28731	28731		265.9
1959	32456	32456		113.0
1960	42066	42066		129.6
1961	10037	10037		23.9
1962	6405	6405		63.8
1963	6959	6959		108.6
1964	8883	8883		127.6
1965	8356	8356		94.1
1966	11836	11836		141.6
1967	9414	9414		79.5
1968	9405	9405		99.9
1969	12165	12165		129.3
1970	17615	17615		144.8
1971	20916	20916		118.7
1972	23557	23557		112.6
1973	26553	26553		112.7
1974	28988	28988		109.2
1975	40353	40353		139.2
1976	39443	39443		97.7
1977	30315	30315		76.9
1978	44751	44751		147.6
1979	41652	41652		93.1
1980	40509	40509		97.3
1981	32526	32526		80.3
1982	49976	49976		153.6
1983	64103	46120		128.3
1984	55540	48423		86.6
1985	113909	66066		205.1
1986	130632	85267		114.7
1987	107710	97307		82.5
1988	136241	121890		126.5
1989	139083	125598		102.1
1990	158621	142948	6750	114.0
1991	165601	143164	6899	104.4
1992	214392	187515	8343	129.5
1993	481450	304629	15891	224.6
1994	780198	412045	36524	162.1
1995	989961	518765	29292	126.9
1996	1279838	711419	27512	129.3
1997	1649051	996553	36014	128.8
1998	2056283	1256045	56076	124.7
1999	2239142	1485150	68276	108.9
2000	2101060	1202403	85714	93.8
2001	2121461	1155848	128385	101.0
2002	2178655	1168993	165242	102.7
2003	2568899	1474466	197788	117.9
2004	3463747	2048443	233673	134.8
2005	4909695	3218257	277532	141.7
2006	5995223	4714311	269149	122.1
2007	8059252	6407043	471441	134.4
2008	10489917	8346086	769425	130.2
2009	14669012	11631134	1133818	139.8
2010	18351349	13706895	2256285	125.1
2011	19853997	14953484	2402901	128.5
2012	23835527	18251823	2578271	120.1

6-2 历年新增固定资产投资

单位：万元

年 份	新增固定资产	#建设项目	# 房地产	新增固定资产指数（以上年为100）
1950	426	426		100.0
1951	587	587		137.8
1952	2809	2809		478.5
1953	3090	3090		110.0
1954	1762	1762		57.0
1955	3194	3194		181.3
1956	7996	7996		250.3
1957	9497	9497		118.8
1958	20720	20720		218.2
1959	30679	30679		148.1
1960	34917	34917		113.8
1961	6646	6646		19.0
1962	3975	3975		59.8
1963	5760	5760		144.9
1964	6406	6406		111.2
1965	5236	5236		81.7
1966	5357	5357		102.3
1967	2017	2017		37.7
1968	7472	7472		370.5
1969	6673	6673		89.3
1970	9207	9207		138.0
1971	5902	5902		64.1
1972	11370	11370		192.6
1973	13545	13545		119.1
1974	15568	15568		114.9
1975	20209	20209		129.8
1976	22455	22455		111.1
1977	33312	33312		148.4
1978	28167	28167		84.6
1979	44984	45004		159.7
1980	24040	24040		53.4
1981	17191	17191		71.5
1982	46177	46177		268.6
1983	39121	39121		84.7
1984	38925	32469		99.5
1985	110902	44144		284.9
1986	112096	66813		101.1
1987	94531	84672		84.3
1988	101036	88659		106.9
1989	98117	84461		97.1
1990	112293	101226		114.4
1991	163861	144423		145.9
1992	172475	131171		105.3
1993	413480	254108		239.7
1994	647424	313477		156.6
1995	605895	323573	22226	93.6
1996	1081061	522930	18849	178.4
1997	1183142	566427	16444	109.4
1998	1481920	709998	40855	125.3
1999	1504840	885411	37843	101.5
2000	1749237	925137	75085	116.2
2001	2445394	1562316	73193	139.8
2002	1699130	835674	112258	69.5
2003	2073031	1122998	136158	122.0
2004	2608467	1449611	104854	125.8
2005	2995730	1744748	121682	114.8
2006	4033156	3151490	115722	134.6
2007	6716273	5470607	229833	166.5
2008	8233972	6909863	130663	122.6
2009	10705008	8511684	489711	130.0
2010	12231933	9542216	916680	114.3
2011	14130001	10511153	1568615	115.5
2012	17650918	15136415	718154	124.9

6-3　历年竣工房屋面积

单位：平方米

年　份	竣工房屋面积	# 建设项目	# 房地产
1950	50756	50756	
1951	31311	31311	
1952	146352	146352	
1953	210966	210966	
1954	192964	192964	
1955	166081	166081	
1956	464005	464005	
1957	403639	403639	
1958	563218	563218	
1959	782465	782465	
1960	448138	448138	
1961	98385	98385	
1962	68967	68967	
1963	270380	270380	
1964	267783	267783	
1965	94140	94140	
1966	259723	259723	
1967	256759	256759	
1968	217779	217779	
1969	192029	192029	
1970	270685	270685	
1971	427711	427711	
1972	663372	663372	
1973	529249	529249	
1974	580280	580280	
1975	704731	704731	
1976	636425	636425	
1977	566480	566480	
1978	534813	534813	
1979	859884	859884	
1980	897957	897957	
1981	785696	785696	
1982	915158	915158	
1983	972339	936339	
1984	1385350	963925	
1985	2353245	878196	
1986	1624823	1168140	
1987	1962353	1072037	
1988	2412383	1297621	
1989	1732774	929723	
1990	1733741	829387	169513
1991	1829382	908627	119666
1992	2242522	1301285	177660
1993	6487306	1234344	239024
1994	7441670	1834103	456423
1995	9239081	2355426	359079
1996	7553321	2606269	223155
1997	5969804	2162893	226904
1998	8331477	2307990	521330
1999	8730750	2773708	474576
2000	12254108	2601532	750376
2001	9210074	2081211	779329
2002	8487844	2089121	1040728
2003	9835809	2274479	1241670
2004	10600326	2300311	900306
2005	11233739	2746201	828076
2006	6883116	2968379	781816
2007	10240023	4970316	1238468
2008	12723935	7703831	918274
2009	16921521	9263928	1865936
2010	17815966	7786144	2392291
2011	26121926	9643546	5477908
2012	25245280	10851452	3222539

6-4 主要年份固定资产投资

项　　目	1985年	1990年	1995年	2000年	2005年	2010年	2011年	2012年
全社会固定资产投资	**113909**	**158621**	**989961**	**2101060**	**4909695**	**18351349**	**19853997**	**23835527**
按类型分								
建设项目	67578	142948	521982	1237016	3218257	13706895	14953484	18251823
房地产开发	-	6750	29292	85714	277532	2256285	2402901	2578271
农村非农户	10680	-	272430	513835	833406	1592835	1531680	2091228
农　户	24551	-	143045	193055	455294	795334	965932	914205
按隶属关系分								
中　　央	36654	52881	107884	235587	160570	253039	155449	282148
地　　方	77255	105740	882077	1865473	4749125	18098310	19698548	23553379
按构成分								
#建筑工程	80567	63187	377969	1155063	2816653	9922774	11674466	14637740
安装工程	3002	12383	50282	127894	256188	1039235	1352962	2078294
设备工器具购置	22238	60899	326456	549959	1262062	3527286	4224499	5023363
其他费用	8102	22152	235254	268114	574792	3862054	2602070	2096130
#建设用地费	-	-	-	-	74141	1052057	824900	697958
本年新增固定资产	**110902**	**112293**	**605895**	**1749237**	**2995730**	**12231933**	**14130001**	**17650918**
竣工房屋面积	**2353245**	**1733741**	**9239081**	**12254108**	**11233739**	**17815966**	**26121926**	**25245280**
建设项目	-	-	2355426	2726387	2746201	7786144	9643546	10851452
房地产开发	-	169513	359079	750376	828076	2392291	5477908	3222539
农村非农户	189771	-	2735854	1091447	655709	1353032	2734507	4107453
城镇工矿区私人建房	1242229	734841	956157	1458318	1641844	-	-	-
农村农户	-	-	2832565	6227580	5361909	6284499	8265965	7063836
竣工住宅面积	**1665315**	**1426461**	**4161156**	**6605292**	**7457978**	**9020231**	**13673239**	**11590697**
建设项目	-	-	961659	1254894	681324	1807478	1403818	1383645
房地产开发	-	149131	322955	674876	757347	2025467	3746036	2590973
农村非农户	55822	-	350326	116224	167781	410939	2137657	2558341
农　户	-	-	2273704	3289300	4468766	4776347	6385728	5057738

注：1、2005年及以前年份建设项目投资中不含城镇工矿区私人建房投资。
2、2006年及以后年份建设项目投资中含城镇工矿区私人建房投资。

6-5 分县(市、区)全社会固定资产投资

(2012年)

单位：万元

县(市、区)	全社会固定资产投资	建设项目	房地产开发	农村非农户	农户
全市	**23835527**	**18251823**	**2578271**	**2091228**	**914205**
#市区	6370632	4104110	1835194	375116	56212
武安市	2203098	1982312	38932	108207	73647
鸡泽县	789629	728145	–	30472	31012
邱县	431364	380963	5514	41887	3000
永年县	1671812	1255930	34094	261788	120000
曲周县	905667	628224	24725	177318	75400
邯郸县	1641288	832117	384188	244983	180000
肥乡县	658833	534449	53280	68104	3000
馆陶县	787003	696478	27194	33175	30156
涉县	1814309	1715804	30528	56549	11428
广平县	717505	653867	1454	56024	6160
成安县	999319	785340	51594	125395	36990
魏县	1163922	1043627	3280	82015	35000
磁县	1642646	1174436	24130	280080	164000
临漳县	930299	814806	28873	52120	34500
大名县	1108201	921215	35291	97995	53700
丛台区	1110566	151037	914489	25040	20000
复兴区	995425	585423	241342	162660	6000
邯山区	1011400	344828	475596	187416	3560
峰峰矿区	1112417	1045852	50065	–	16500
经济开发区	596392	443609	147183	–	5600
马头经济开发区	335621	324550	6519	–	4552

6-6 分县(市、区)地方固定资产投资

(2012年)

单位：万元

县(市、区)	地方固定资产投资	建设项目	房地产开发	农村非农户	农户
全市	**23553379**	**17974975**	**2572971**	**2091228**	**914205**
#市区	6224182	3957660	1835194	375116	56212
武安市	2155998	1935212	38932	108207	73647
鸡泽县	789629	728145	–	30472	31012
邱县	431364	380963	5514	41887	3000
永年县	1671812	1255930	34094	261788	120000
曲周县	905667	628224	24725	177318	75400
邯郸县	1597788	788617	384188	244983	180000
肥乡县	658833	534449	53280	68104	3000
馆陶县	782103	691578	27194	33175	30156
涉县	1807781	1709276	30528	56549	11428
广平县	717505	653867	1454	56024	6160
成安县	973719	759740	51594	125395	36990
魏县	1163922	1043627	3280	82015	35000
磁县	1642646	1174436	24130	280080	164000
临漳县	930299	814806	28873	52120	34500
大名县	1105431	918445	35291	97995	53700
丛台区	1110566	151037	914489	25040	20000
复兴区	995425	585423	241342	162660	6000
邯山区	1011400	344828	475596	187416	3560
峰峰矿区	1112417	1045852	50065	–	16500
经济开发区	559362	406579	147183	–	5600
马头经济开发区	226201	215130	6519	–	4552

6-7 分县(市、区)按经济类型分全社会固定资产投资

(2012年)

单位：万元

县(市、区)	全社会固定资产投资	国有经济	集体经济	其他经济类型	个体经济
全 市	**23835527**	**3638707**	**2021085**	**17256604**	**919131**
#市 区	6370632	984053	245340	5085027	56212
武安市	2203098	228780	265828	1629917	78573
鸡泽县	789629	33130	-	725487	31012
邱 县	431364	78914	-	349450	3000
永年县	1671812	432149	306984	812679	120000
曲周县	905667	200275	19851	610141	75400
邯郸县	1641288	59363	49556	1352369	180000
肥乡县	658833	33706	31350	590777	3000
馆陶县	787003	96066	5600	655181	30156
涉 县	1814309	604281	628863	569737	11428
广平县	717505	58050	58198	595097	6160
成安县	999319	47500	39480	875349	36990
魏 县	1163922	73185	18395	1037342	35000
磁 县	1642646	343486	255900	879260	164000
临漳县	930299	297224	26400	572175	34500
大名县	1108201	68545	69340	916616	53700
丛台区	1110566	83130	25875	981561	20000
复兴区	995425	10779	179657	798989	6000
邯山区	1011400	-	-	1007840	3560
峰峰矿区	1112417	81227	39808	974882	16500
经济开发区	596392	87099	-	503693	5600
马头经济开发区	335621	-	-	331069	4552

注：集体经济不含房地产。

6-8 分县（市、区）城镇固定资产投资

(2012年)

单位：万元

县(市、区)	城镇固定投资	建设项目	#城镇集体	#私营个体	房地产
全 市	**20830094**	**18251823**	**1534090**	**11401692**	**2578271**
#市 区	5939304	4104110	128831	1856537	1835194
武安市	2021244	1982312	240053	1361078	38932
鸡泽县	728145	728145	-	695015	-
邱 县	386477	380963	-	260149	5514
永年县	1290024	1255930	178516	645265	34094
曲周县	652949	628224	12840	415109	24725
邯郸县	1216305	832117	58076	691178	384188
肥乡县	587729	534449	8150	358638	53280
馆陶县	723672	696478	-	597212	27194
涉 县	1746332	1715804	588274	447259	30528
广平县	655321	653867	63985	511063	1454
成安县	836934	785340	50100	682140	51594
魏 县	1046907	1043627	16065	933657	3280
磁 县	1198566	1174436	119860	650940	24130
临漳县	843679	814806	-	517582	28873
大名县	956506	921215	69340	778870	35291
丛台区	1065526	151037	25875	42032	914489
复兴区	826765	585423	56198	343922	241342
邯山区	820424	344828	-	315048	475596
峰峰矿区	1095917	1045852	39808	901605	50065
经济开发区	590792	443609	6050	246930	147183
马头经济开发区	331069	324550	900	7000	6519

6-9 分县（市、区）国有固定资产投资

(2012年)

单位：万元

县(市、区)	国有固定资产投资	建设项目投资	房地产投资
全市	**3638707**	**3638707**	–
#市区	984053	984053	–
武安市	228780	228780	–
鸡泽县	33130	33130	–
邱县	78914	78914	–
永年县	432149	432149	–
曲周县	200275	200275	–
邯郸县	59363	59363	–
肥乡县	33706	33706	–
馆陶县	96066	96066	–
涉县	604281	604281	–
广平县	58050	58050	–
成安县	47500	47500	–
魏县	73185	73185	–
磁县	343486	343486	–
临漳县	297224	297224	–
大名县	68545	68545	–
丛台区	83130	83130	–
复兴区	10779	10779	–
邯山区	–	–	–
峰峰矿区	81227	81227	–
经济开发区	87099	87099	–
马头经济开发区	–	–	–

6-10 分县(市、区)集体固定资产投资

(2012年)

单位：万元

县(市、区)	集体投资	城镇	农村
全市	**2021085**	**1344128**	**676957**
#市区	245340	103850	141490
武安市	265828	174753	91075
鸡泽县	–	–	–
邱县	–	–	–
永年县	306984	178516	128468
曲周县	19851	12840	7011
邯郸县	49556	24176	25380
肥乡县	31350	8150	23200
馆陶县	5600	–	5600
涉县	628863	584864	43999
广平县	58198	51714	6484
成安县	39480	–	39480
魏县	18395	16065	2330
磁县	255900	119860	136040
临漳县	26400	–	26400
大名县	69340	69340	–
丛台区	25875	25875	–
复兴区	179657	38167	141490
邯山区	–	–	–
峰峰矿区	39808	39808	–
经济开发区	–	–	–
马头经济开发区	–	–	–

6-11　分县(市、区)个体固定资产投资

(2012年)

单位：万元

县(市、区)	个　体	农户投资	私营个体
全　　市	919131	914205	4926
#市　　区	56212	56212	-
武 安 市	78573	73647	4926
鸡 泽 县	31012	31012	-
邱　　县	3000	3000	-
永 年 县	120000	120000	-
曲 周 县	75400	75400	-
邯 郸 县	180000	180000	-
肥 乡 县	3000	3000	-
馆 陶 县	30156	30156	-
涉　　县	11428	11428	-
广 平 县	6160	6160	-
成 安 县	36990	36990	-
魏　　县	35000	35000	-
磁　　县	164000	164000	-
临 漳 县	34500	34500	-
大 名 县	53700	53700	-
丛 台 区	20000	20000	-
复 兴 区	6000	6000	-
邯 山 区	3560	3560	-
峰峰矿区	16500	16500	-
经济开发区	5600	5600	-
马头经济开发区	4552	4552	-

6-12　分县（市、区）农村农户固定资产投资

(2012年)

单位：万元

县(市、区)	农村个体投资	建房投资	#住　宅	购买生产性投资	竣工房屋面积(平方米)	#住　宅
全　　市	914205	717765	543089	196440	7063836	5057738
#市　　区	56212	41663	37204	14549	262244	229464
武 安 市	73647	46765	44368	26882	492141	456537
鸡 泽 县	31012	18011	11245	13001	212791	157641
邱　　县	3000	1230	950	1770	16000	9600
永 年 县	120000	87835	70826	32165	740333	647090
曲 周 县	75400	54345	44221	21055	615900	478710
邯 郸 县	180000	150887	46473	29113	2148734	773544
肥 乡 县	3000	2500	2500	500	18000	18000
馆 陶 县	30156	15649	12113	14507	165498	144591
涉　　县	11428	8026	8026	3402	72963	72963
广 平 县	6160	5359	3108	801	63500	32000
成 安 县	36990	25680	9560	11310	308632	174300
魏　　县	35000	30000	30000	5000	450000	450000
磁　　县	164000	151000	151000	13000	926000	926000
临 漳 县	34500	27800	21500	6700	231000	154000
大 名 县	53700	51015	49995	2685	340100	333298
丛 台 区	20000	17480	17480	2520	97654	97654
复 兴 区	6000	3380	2690	2620	21600	17240
邯 山 区	3560	2630	2630	930	19000	19000
峰峰矿区	16500	12375	11138	4125	68800	61880
经济开发区	5600	3236	1755	2364	19000	12000
马头经济开发区	4552	2562	1511	1990	36190	21690

6-13　分县（市、区）城镇住宅施工面积

（2012年）

单位：平方米

县(市、区)	房屋施工面积	建设项目	#城镇集体	房地产
全市	**24138017**	**6299149**	**2513217**	**17838868**
#市区	11700411	2359473	–	9340938
武安市	2627553	1603405	1150855	1024148
鸡泽县	–	–	–	–
邱县	59466	–	–	59466
永年县	495050	–	–	495050
曲周县	525894	90000	–	435894
邯郸县	671522	10180	–	661342
肥乡县	619081	71660	–	547421
馆陶县	680897	–	–	680897
涉县	960324	939391	937084	20933
广平县	627967	–	–	627967
成安县	48285	–	–	48285
魏县	431239	–	–	431239
磁县	1423795	1225040	425278	198755
临漳县	362059	–	–	362059
大名县	2904474	–	–	2904474
丛台区	2509847	–	–	2509847
复兴区	2833546	67000	–	2766546
邯山区	1175038	–	–	1175038
峰峰矿区	1117738	–	–	1117738
经济开发区	1595482	–	–	1595482
马头经济开发区	176287	–	–	176287

6-14　分县（市、区）城镇住宅竣工面积

（2012年）

单位：平方米

县(市、区)	房屋竣工面积	建设项目	#城镇集体	房地产
全市	**3974618**	**1383645**	**831734**	**2590973**
#市区	1278886	179462	–	1099424
武安市	673394	427364	425070	246030
鸡泽县	–	–	–	–
邱县	–	–	–	–
永年县	125538	–	–	125538
曲周县	97917	90000	–	7917
邯郸县	254948	10180	–	244768
肥乡县	167126	–	–	167126
馆陶县	154454	–	–	154454
涉县	229907	215484	215484	14423
广平县	252279	–	–	252279
成安县	–	–	–	–
魏县	–	–	–	–
磁县	479673	461155	191180	18518
临漳县	124837	–	–	124837
大名县	135659	–	–	135659
丛台区	418848	–	–	418848
复兴区	372064	67000	–	305064
邯山区	73576	–	–	73576
峰峰矿区	63417	–	–	63417
经济开发区	238519	–	–	238519
马头经济开发区	–	–	–	–

6-15 按投资指标分固定资产投资

(2012年)

项　　目	总　计	#国　有	建设项目	农村非农户
投资额和新增固定资产(万元)				
计划总投资	46932649	8774957	43556074	3376575
自开始建设至本年底累计完成投资	31773963	6149247	28911982	2861981
本年完成投资	20343051	3638707	18251823	2091228
#住宅	792612	83404	558850	233762
按构成分				
建筑工程	12178737	2836606	10817568	1361169
安装工程	1721702	161039	1529098	192604
设备工器具购置	4780217	290842	4423684	356533
#购置旧设备	30523	1470	27210	3313
用于更新的设备	328431	33620	311188	17243
其他费用	1662395	350220	1481473	180922
#旧建筑物购置费	27711	800	24347	3364
#建设用地费	454826	105182	407993	46833
本年新增固定资产	16932764	3285424	15136415	1796349
施工房屋面积(平方米)	44594905	5187933	36740532	7854373
#住宅	9637802	733663	6299149	3338653
竣工房屋面积	14958905	1568758	10851452	4107453
#住宅	3941986	167772	1383645	2558341
竣工房屋价值(万元)	2686485	317369	2165350	521135
#住宅	618506	43918	325198	293308
施工项目个数(个)	2702	713	2240	462
#本年新开工	1520	430	1260	260
全部投产项目个数(个)	1831	508	1500	331
本年实际到位资金合计(万元)	20966350	3677776	18821173	2145177
上年末结余资金	333769	47925	285604	48165
本年实际到位资金小计	20632581	3629851	18535569	2097012
国家预算资金	530895	428992	526445	4450
国内贷款	954498	52864	911601	42897
利用外资	259963	6833	259963	–
#外商直接投资	231000	–	231000	–
自筹资金	17863983	2846120	15936490	1927493
#企事业单位自有资金	4309396	284748	3749346	560050
其他资金来源	1023242	295042	901070	122172
本年各项应付款合计(万元)	105968	60507	103618	2350
#工程款	44554	28278	42204	2350

6-16 按经济类型分固定资产投资

(2012年)

单位：万元

项目	总计	#国有	建设项目	农村非农户
全市	20343051	3638707	18251823	2091228
按经济类型分				
国有经济	3888906	3638707	3888906	-
国有	3638707	3638707	3638707	-
国有独资公司	250199	-	250199	-
集体经济	2042816	-	1348359	694457
集体	2021085	-	1344128	676957
股份合作	2021085	-	1344128	676957
集体联营	4231	-	4231	-
私营个体	8600291	-	7710883	889408
私营企业	8595365	-	7705957	889408
个体合伙	4926	-	4926	-
联营经济	78443	-	75713	2730
其他联营	78443	-	75713	2730
股份制经济	4952258	-	4752066	200192
其他有限责任公司	4135193	-	3963557	171636
股份有限公司	817065	-	788509	28556
港澳台商投资企业	216307	-	206527	9780
合资经营企业	163213	-	153433	9780
独资	36124	-	36124	-
股份有限	16970	-	16970	-
按按隶属关系分				
中央	276848	167428	276848	-
地区	20066203	3471279	17974975	2091228
省(自治区、直辖市)	963498	476505	963498	-
地区(州、盟、省辖市)	473282	381775	473282	-
县(旗、县级市)	4070643	2421431	3932992	137651
其他	14558780	191568	12605203	1953577
按建设性质分				
新建	11068718	2397839	9733356	1335362
扩建	2809490	348399	2526854	282636
改建	5164447	778387	4735760	428687
单纯建造生活设施	111234	8640	96104	15130
迁建	1112863	82629	1087248	25615
恢复	18731	9781	18731	-
单纯购置	57568	13032	53770	3798
按控股情况分				
国有控股	4352187	3638707	4352187	-
集体控股	2263346	-	1534090	729256
私人控股	12693921	-	11401692	1292229
港澳台商控股	39624	-	39624	-
外商控股	201006	-	194806	6200
其他	792967	-	729424	63543

6-17 按行业分固定资产投资

(2012年)

单位：万元

项 目	总 计	#国 有	建设项目	农村非农户
全 市	**20343051**	**3638707**	**18251823**	**2091228**
按国民经济行业分				
农、林、牧、渔业	1124347	219058	810181	314166
农业	394352	62965	301361	92991
林业	79088	65950	78438	650
畜牧业	525178	22380	310935	214243
渔业	1440	-	14400	-
农、林、牧、渔服务业	111329	67763	105047	6282
采矿业	1090205	207264	1037027	53178
煤炭开采和洗选业	710176	202642	664546	45630
石油和天然气开采业	9741	-	9741	-
黑色金属矿采选业	308316	4622	302118	6198
有色金属矿采选业	9400	-	9400	-
非金属矿采选业	43572	-	42222	1350
开采辅助活动	9000	-	9000	-
制造业	10220515	228255	9432164	788351
农副食品加工业	791508	2910	687208	104300
食品制造业	389776	-	332511	57265
酒、饮料和精制茶制造业	206909	-	206909	-
纺织业	717582	-	634633	82949
纺织服装、服饰业	188942	-	165322	23620
皮革、毛皮、羽毛及其制品和制鞋业	17500	-	4000	13500
木材加工和木、竹、藤、棕、草制品业	122859	-	109159	13700
家具制造业	217476	-	217476	-
造纸和纸制品业	112345	-	107645	4700
印刷和记录媒介复制业	48623	-	43623	5000
文教、工美、体育和娱乐用品制造业	20648	-	14848	5800
石油加工、炼焦和核燃料加工业	281262	10020	277062	4200
化学原料和化学制品制造业	544268	31446	528615	15653
医药制造业	147107	-	139907	7200
化学纤维制造业	28414	-	28414	-
橡胶和塑料制品业	297295	-	296345	950
非金属矿物制品业	1286186	84003	1113806	172380
黑色金属冶炼和压延加工业	1419537	35200	1340327	79210
有色金属冶炼和压延加工业	94754	-	94254	500
金属制品业	462431	35950	435341	27090
通用设备制造业	1068656	7599	972009	96647
专用设备制造业	758366	-	718739	39627
汽车制造业	180945	-	175345	5600
铁路、船舶、航空航天和其他运输设备制造业	91110	-	81610	9500
电气机械和器材制造业	389761	17500	377761	12000
计算机、通信和其他电子设备制造业	65560	-	65560	-
仪器仪表制造业	80982	3627	80982	-
其他制造业	5910	-	950	4960
废弃资源综合利用业	116470	-	114470	2000
金属制品、机械和设备修理业	67333	-	67333	-

5-17续表1

单位：万元

项　　目	总　计	#国　有	建设项目	农村非农户
电力、热力、燃气及水生产和供应业	481609	123251	462849	18760
电力、热力生产和供应业	246302	32943	246302	–
燃气生产和供应业	128537	22540	114727	13810
水的生产和供应业	106770	67768	101820	4950
建筑业	13075	–	13075	–
房屋建筑业	700	–	700	–
建筑安装业	1400	–	1400	–
建筑装饰和其他建筑业	10975	–	10975	–
批发和零售业	905601	73873	776314	129287
批发业	465180	31100	387708	77472
零售业	440421	42773	388606	51815
交通运输、仓储和邮政业	2159551	1027619	2090587	68964
道路运输业	1193490	967223	1158926	34564
航空运输业	9000	9000	9000	–
装卸搬运和运输代理业	120404	–	120404	–
仓储业	833782	50646	799382	34400
邮政业	2875	750	2875	–
住宿和餐饮业	203246	110420	185451	17795
住宿业	111002	86700	108302	2700
餐饮业	92244	23720	77149	15095
信息传输、软件和信息技术服务业	35097	8110	35097	–
电信、广播电视和卫星传输服务	1450	1450	1450	–
互联网和相关服务	21187	–	21187	–
软件和信息技术服务业	12460	6660	12460	–
金融业	33940	–	33940	–
货币金融服务	33940	–	33940	–
房地产业	1439834	90339	841478	598356
房地产业	1439834	90339	841478	598356
租赁和商务服务业	179419	6555	179419	–
租赁业	5150	–	5150	–
商务服务业	174269	6555	174269	–
科学研究和技术服务业	46760	2000	46760	–
研究和试验发展	2000	2000	2000	–
专业技术服务业	44760	–	44760	–
水利、环境和公共设施管理业	1590868	988478	1542288	48580
水利管理业	287446	240670	282546	4900
生态保护和环境治理业	195604	51822	195604	–
公共设施管理业	1107818	695986	1064138	43680
居民服务、修理和其他服务业	38505	4435	37505	1000
居民服务业	24180	3245	23180	1000
机动车、电子产品和日用产品修理业	11935	–	11935	–
其他服务业	2390	1190	2390	–

6-17续表2

单位：万元

项　　目	总　计	#国　有	建设项目	农村非农户
教育	275610	213452	258180	17430
教育	275610	213452	258180	17430
卫生和社会工作	134898	114942	134598	300
卫生	126159	106203	125859	300
社会工作	8739	8739	8739	–
文化、体育和娱乐业	250458	150614	228228	22230
广播、电视、电影和影视录音制作业	44810	31331	44810	–
文化艺术业	163893	119283	158143	5750
体育	17695	–	17695	–
娱乐业	24060	–	7580	16480
公共管理、社会保障和社会组织	119513	70042	106682	12831
中国共产党机关	25	25	25	–
国家机构	67517	67517	67517	–
群众团体、社会团体和其他成员组织	5600	–	5600	–
基层群众自治组织	46371	2500	33540	12831
按登记注册类型分				
内资企业	19846249	3638707	17771001	2075248
国有企业	3638707	3638707	3638707	–
集体企业	2021085	–	1344128	676957
股份合作企业	17500	–	–	17500
联营企业	82674	–	79944	2730
集体联营企业	4231	–	4231	–
其他联营企业	78443	–	75713	2730
有限责任公司	4385392	–	4213756	171636
国有独资公司	250199	–	250199	–
其他有限责任公司	4135193	–	3963557	171636
股份有限公司	817065	–	788509	28556
私营企业	8595365	–	7475078	1120287
私营独资企业	2551432	–	2063052	488380
私营合伙企业	639283	–	611033	28250
私营有限责任公司	5210674	–	4614252	596422
私营股份有限公司	193976	–	186741	7235
其他企业	288461	–	230879	57582
港、澳、台商投资企业	216307	–	206527	9780
合资经营企业(港或澳、台资)	163213	–	153433	9780
港、澳、台商独资经营企业	36124	–	36124	–
港、澳、台商投资股份有限公司	16970	–	16970	–
外商投资企业	275569	–	269369	6200
中外合资经营企业	33462	–	33462	–
中外合作经营企业	17101	–	17101	–
外资企业	189966	–	183766	6200
外商投资股份有限公司	24000	–	24000	–
其他外商投资企业	11040	–	11040	–
个体经营	4926	–	4926	–
个人合伙	4926	–	4926	–

6-18　建设项目及农村非农户固定资产投资

（2012年）　　　　单位：万元、平方米、个

项　　目	总　计	#国　有	#城镇集体	#城镇私营个体
投资额和新增固定资产				
计划总投资	46932649	8774957	2963660	26219663
自开始建设至本年底累计完成投资	31773963	6149247	2341904	17326118
本年完成投资	20343051	3638707	1534090	11401692
#住宅	792612	83404	321096	27451
按构成分				
建筑工程	12178737	2836606	1209841	5952001
安装工程	1721702	161039	106422	1138405
设备工器具购置	4780217	290842	117400	3482461
#购置旧设备	30523	1470	–	24990
用于更新的设备	328431	33620	–	192907
其他费用	1662395	350220	100427	828825
#旧建筑物购置费	27711	800	5	3312
#建设用地费	454826	105182	31792	245113
本年新增固定资产	16932764	3285424	1590296	–
施工房屋面积（平方米）	44594905	5187933	6800781	–
#住宅	9637802	733663	2513217	20546295
竣工房屋面积	14958905	1568758	2477492	899511
#住宅	3941986	167772	831734	6328467
竣工房屋价值（万元）	2686485	317369	–	–
#住宅	618506	43918	–	–
施工项目个数（个）	2702	713	308	–
#本年新开工	1520	430	142	37
全部投产项目个数（个）	1831	508	237	189
本年实际到位资金合计（万元）	20966350	3577776	1561872	–
上年末结余资金	333769	47925	5880	11809694
本年实际到位资金小计	20632581	3529851	1555992	142093
国家预算资金	530895	428992	–	11667601
国内贷款	954498	52864	34000	12327
债券	–	–	–	555702
利用外资	259963	6833	5000	–
#外商直接投资	231000	–	5000	10563
自筹资金	17863983	2846120	1381289	8563
#企事业单位自有资金	4309396	284748	421116	10689691
其他资金来源	1023242	295042	135703	2438662
本年各项应付款合计（万元）	105968	60507	–	399318
#工程款	44554	28278	–	4830

6-19　新增生产能力汇总表

(2012年)

项　　目	计量单位	建设规模	本年施工规模	本　年新开工	累计生产能力(或效益)	本年新增
洗煤	万吨/年	2211	2211	1645	1961	1961
焦炭	万吨/年	828	828	500	828	828
铁矿开采(原矿)	万吨/年	393.9	393.9	202.9	393.9	393.9
铁矿选矿处理原矿量	万吨/年	8	8	0	8	8
铁矿石成品矿	万吨/年	73	73	73	73	73
粗钢	万吨/年	5	5	5	5	5
铁合金	万吨/年	450	450	450	450	450
钢材	万吨/年	805	805	765	745	725
其他发电	万千瓦	3.1	3.1	0	3.1	3
水泥	万吨/年	561	561	501	561	561
平板玻璃	万重量箱/年	20	20	20	20	20
氮肥	吨/年	15000	15000	15000	15000	15000
精甲醇	吨/年	36000	36000	36000	36000	36000
磷肥	吨/年	27000	27000	27000	27000	27000
钾肥	吨/年	1500	1500	1500	1500	1500
化学农药原药	吨/年	4200	4200	4200	4200	4200
塑料树脂及共聚物	吨/年	5800	5800	5800	5800	5800
其他汽车制造	辆/年	4000	4000	4000	4000	4000
化学纤维	吨/年	1200	1200	1000	1200	1000
#合成纤维	吨/年	1200	1200	1000	1200	1000
棉纺锭	锭	525000	220000	120000	460000	105000
机制纸浆	万吨/年	6	6	6	6	6
房间空气调节器	万台/年	2.2	2.2	2.2	2.2	2.2
新建公路	公里	348	345	325.3	345	345
#一级公路	公里	35.2	32.2	12.5	32.2	32.2
#二级公路	公里	312.8	312.8	312.8	312.8	312.8
改建公路	公里	455	437	402	455	437
#一级公路	公里	58	40	40	58	40
#二级公路	公里	252.2	252.2	217.2	252.2	252.2
新建独立公路桥梁	延长米	200	200	200	200	200
新建独立公路桥梁	座	2	2	2	2	2
新(扩)建公路客、货运站	个	2	2	2	2	2
新(扩)建公路客、货运站	平方米	9808	9808	9808	9808	9808
城市污水处理能力	万吨/日	20	20	20	20	20

第二部分　统计资料

七、房地产

资料整理：赵　静

7-1 历年房地产开发情况

单位：万元、平方米

年 份	投 资	施工面积	竣工面积
1991	6899	223017	119666
1992	8343	419442	177660
1993	15891	851755	239024
1994	36524	1181937	456423
1995	29292	864750	359079
1996	27512	636393	223155
1997	36014	817958	226904
1998	56076	1143275	521330
1999	68276	1382955	474576
2000	85714	1472904	750376
2001	128385	1989201	779329
2002	165242	2557077	1040728
2003	197788	3128933	1241670
2004	233673	3165090	900306
2005	277532	3383998	828076
2006	269149	3559607	781816
2007	471441	6016440	1238468
2008	769425	7841104	918274
2009	1133818	12458834	1865936
2010	2256285	18007138	2392231
2011	2402901	23471349	5477908
2012	2578271	24319566	3222539

7-2 历年房地产开发指数

(以上年为100)

年 份	投 资	施工面积	竣工面积
1991	102.2	95.9	70.6
1992	120.9	188.1	148.5
1993	190.5	203.1	134.5
1994	229.8	138.8	191.0
1995	80.2	73.2	78.7
1996	93.9	73.6	62.1
1997	130.9	128.5	101.7
1998	155.7	139.8	229.8
1999	121.8	121.0	91.0
2000	125.5	106.5	158.1
2001	149.8	135.1	103.9
2002	128.7	128.5	133.5
2003	119.7	122.4	119.3
2004	118.1	101.2	72.5
2005	118.8	106.9	92.0
2006	97.0	105.2	94.4
2007	175.2	169.0	158.4
2008	163.2	130.3	74.1
2009	147.4	158.9	203.2
2010	199.0	144.5	128.2
2011	106.5	130.3	229.0
2012	107.3	103.6	58.8

7-3 按经济类型分房地产开发投资、资金、土地情况

(2012年)

单位：万元

项目	全市	国有经济	集体经济	私营个体	其他经济
企业个数(个)	280	5	5	87	183
投资额和新增固定资产					
计划总投资	10502599	37543	113037	3515941	6836078
自开始建设累计完成投资	6319845	35281	43002	2284312	3957250
本年完成投资	2578271	-	4655	876904	1696712
配套工程投资	4868	-	-	772	4096
按构成分：					
建筑工程	1722038	-	2884	654183	1064971
安装工程	356592	-	371	106534	249687
设备工器具购置	46706	-	-	33664	13042
其他费用	433735	-	1400	82523	349812
#旧建筑物购置费	8920	-	-	529	8391
#土地购置费	243132	-	-	62886	180246
按工程用途分：					
商品住宅	1817643	-	257	626672	1190714
#90平方米以下	536333	-	257	149265	386811
140平方米以上	136213	-	-	42389	93824
#别墅、高档公寓	6988	-	-	-	6988
办公楼	120194	-	-	61428	58766
商业营业用房	264971	-	295	102139	162537
其他	356263	-	4103	86665	265495
本年新增固定资产	718154	2137	9517	194563	511937
资金来源					
本年资金来源合计	4119175	132	12240	1537571	2569232
上年末结余资金	891561	132	3240	514412	373777
本年资金来源小计	3227614	-	9000	1023159	2195455
国内贷款	125325	-	-	50005	75320
#银行贷款	123425	-	-	48105	75320
#非银行金融机构贷款	1900	-	-	1900	-
自筹资金	2324129	-	8000	535684	1780445
#自有资金	1518156	-	8000	161317	1348839
其他资金来源	701775	-	1000	437470	263305
#定金及预收款	339235	-	1000	133000	205235
个人按揭贷款	66717	-	-	21008	45709
本年各项应付款合计	272829	-	1000	71431	200398
#工程款	131584	-	1000	25949	104635
土地购置和开发					
待开发土地面积(平方米)	415438	-	-	237351	178087
本年购置土地面积(平方米)	1210778	-	-	323186	887592
本年土地成交价款(万元)	188300	-	-	62010	126290
#拆迁补偿费	12435	-	-	6288	6147

7-4 按隶属关系分房地产开发投资、资金、土地情况

(2012年) 单位：万元

项 目	隶属关系			
	中央	市	县	其他
企业个数(个)	2	39	41	198
投资额和新增固定资产				
计划总投资	36000	1372231	1000884	8093484
自开始建设累计完成投资	34018	800229	732683	4752915
本年完成投资	5300	317900	216330	2038741
配套工程投资	-	80	1500	3288
按构成分：				
建筑工程	5300	200401	190732	1325605
安装工程	-	19298	5108	332186
设备工器具购置	-	85	2177	44444
其他费用	-	98116	18313	317306
#旧建筑物购置费	-	89	235	8596
#土地购置费	-	57855	13257	172020
按工程用途分：				
商品住宅	5300	192744	143584	1476015
#90平方米以下	-	56588	49434	430311
140平方米以上	-	11935	24730	99548
#别墅、高档公寓	-	-	15	6973
办公楼	-	19866	20335	79993
商业营业用房	-	23613	18218	223140
其他	-	81677	34193	240393
本年新增固定资产	3872	131924	114785	467573
资金来源				
本年资金来源合计	8000	356114	314981	3440080
上年末结余资金	-	48711	83983	758867
本年资金来源小计	8000	307403	230998	2681213
国内贷款	-	-	3450	121875
#银行贷款	-	-	3450	119975
#非银行金融机构贷款	-	-	-	1900
自筹资金	8000	290694	155948	1869487
#自有资金	-	123545	91859	1302752
其他资金来源	-	16709	71600	613466
#定金及预收款	-	11352	43958	283925
个人按揭贷款	-	3273	20375	43069
本年各项应付款合计	-	41630	10379	220820
#工程款	-	18763	8525	104296
土地购置和开发				
待开发土地面积(平方米)	-	13799	-	401639
本年购置土地面积(平方米)	-	89910	53848	1067020
本年土地成交价款(万元)	-	13346	5059	169895
土地使用权出让金	-	2995	4197	102003

7-5 按资质等级分房地产开发投资、资金、土地情况

(2012年) 单位：万元

项目	资质等级				
	一级	二级	三级	四级	暂定
企业个数(个)	1	19	64	113	71
投资额和新增固定资产					
计划总投资	36000	1054919	2014958	2350169	4461299
自开始建设累计完成投资	34018	786501	1422476	1686397	1997975
本年完成投资	5300	370851	420618	687886	941213
配套工程投资	–	–	1927	90	2851
按构成分：					
建筑工程	5300	217818	308776	528167	554929
安装工程	–	56872	50903	88759	157834
设备工器具购置	–	8997	14176	11208	11808
其他费用	–	87164	46763	59752	216642
#旧建筑物购置费	–	–	441	5479	3000
#土地购置费	–	15400	28621	19359	173931
按工程用途分：					
商品住宅	5300	308728	256780	475556	661657
#90平方米以下	–	27229	107982	94809	263784
140平方米以上	–	20603	20930	23129	62912
#别墅、高档公寓	–	–	15	2873	4100
办公楼	–	2890	41487	33898	41919
商业营业用房	–	27080	60553	102806	63722
其他	–	32153	61798	75626	173915
本年新增固定资产	3872	84807	214493	273691	77609
资金来源					
本年资金来源合计	8000	529440	676956	1027251	1669607
上年末结余资金	–	100621	181079	145325	408099
本年资金来源小计	8000	428819	495877	881926	1261508
国内贷款	–	5350	62800	8705	48470
#银行贷款	–	3450	62800	8705	48470
#非银行金融机构贷款	–	1900	–	–	–
自筹资金	8000	316218	359707	468553	1065414
#自有资金	–	289358	215924	229141	708500
其他资金来源	–	107251	73370	404668	71239
#定金及预收款	–	73988	57110	125326	57925
个人按揭贷款	–	2543	5969	29529	8315
本年各项应付款合计	–	16504	33028	115643	107654
#工程款	–	7156	18805	59510	46113
土地购置和开发					
待开发土地面积(平方米)	–	–	132988	51933	230517
本年购置土地面积(平方米)	–	–	89389	394930	726459
本年土地成交价款(万元)	–	–	15055	34302	138943
#拆迁补偿费	–	–	739	7123	4573

7-6 按经济类型分房地产开发施工、销售和空置情况

(2012年)

项 目	全 市	国有经济	股份制经济	私营经济	其他经济
房屋施工面积（平方米）	**24319566**	**10689**	**15284046**	**8261279**	**763552**
住宅	17838868	10689	11024124	6257020	547035
#90平方米以下	5351699	6315	3312899	1789400	243085
140平方米以上	1476642	–	738840	689188	48614
#别墅、高档公寓	37625	–	33525	–	4100
办公楼	855383	–	478253	348112	29018
商业营业用房	2507509	–	1571849	839629	96031
其他	3117806	–	2209820	816518	91468
#新开工面积（平方米）	6896118	–	4181299	2347200	367619
住宅	4987799	–	2937805	1757888	292106
#90平方米以下	1336153	–	648830	482912	204411
140平方米以上	257152	–	162520	58018	36614
办公楼	435411	–	229078	206333	–
商业营业用房	718159	–	413921	293837	10401
其他	754749	–	600495	89142	65112
房屋竣工面积（平方米）	**3222539**	**10689**	**2218370**	**909268**	**84212**
住宅	2590973	10689	1796884	769816	13584
#90平方米以下	847227	6315	527802	310674	2436
140平方米以上	280780	–	191159	89621	–
#别墅、高档公寓	900	–	900	–	–
办公楼	83919	–	31978	26287	25654
商业营业用房	255729	–	155240	59250	41239
其他	291918	–	234268	53915	3735
#不可销售面积（平方米）	172147	–	140313	28945	2889
住宅	88837	–	78113	10724	–
#90平方米以下	76424	–	69387	7037	–
办公楼	6229	–	5702	527	–
商业营业用房	19234	–	11702	4643	2889
其他	57847	–	44796	13051	–
商品住宅竣工套数（套）					
住宅	24454	162	16813	7339	140
#90平方米以下	10019	114	6327	3550	28
140平方米以上	1581	–	1050	531	–
#别墅、高档公寓	1	–	1	–	–
竣工房屋价值（万元）	**658451**	**2137**	**450091**	**173794**	**32429**
住宅	537724	2137	386264	145927	3396
#90平方米以下	174746	1263	104066	68808	609
140平方米以上	54095	–	42057	12038	–
#别墅、高档公寓	115	–	115	–	–
办公楼	13797	–	3526	4571	5700
商业营业用房	65216	–	29415	13298	22503
其他	41714	–	30886	9998	830

7-6续表1

项　　目	全　市	国有经济	股份制经济	私营经济	其他经济
批准预售面积（平方米）	**8526508**	**–**	**5652864**	**2697171**	**176473**
住宅	6991341	–	4589883	2244762	156696
#90平方米以下	1333301	–	906633	422668	4000
140平方米以上	667086	–	351814	315272	–
#别墅、高档公寓	29338	–	29338	–	–
办公楼	162317	–	96628	65689	–
商业营业用房	850072	–	590740	239555	19777
其他	522778	–	375613	147165	–
出租房屋面积（平方米）	**40559**	**–**	**–**	**40559**	**–**
办公楼	11769	–	–	11769	–
商业营业用房	28790	–	–	28790	–
商品房销售面积（平方米）	**4317914**	**7533**	**3135929**	**1102876**	**71576**
住宅	4014513	–	2983195	963930	67388
#90平方米以下	656516	–	397353	241390	17773
140平方米以上	451726	–	273604	154555	23567
#别墅、高档公寓	11933	–	7371	–	4562
办公楼	38775	5938	14560	18277	–
商业营业用房	144606	1595	68195	70628	4188
其他	120020	–	69979	50041	–
#现房销售面积（平方米）	880108	7533	548703	315122	8750
住宅	793458	–	489070	299826	4562
#90平方米以下	305513	–	167681	137832	–
140平方米以上	92012	–	44033	43417	4562
#别墅、高档公寓	4562	–	–	–	4562
办公楼	15811	5938	730	9143	–
商业营业用房	35622	1595	23686	6153	4188
其他	35217	–	35217	–	–
#期房销售面积（平方米）	3437806	–	2587226	787754	62826
住宅	3221055	–	2494125	664104	62826
#90平方米以下	351003	–	229672	103558	17773
140平方米以上	359714	–	229571	111138	19005
#别墅、高档公寓	7371	–	7371	–	–
办公楼	22964	–	13830	9134	–
商业营业用房	108984	–	44509	64475	–
其他	84803	–	34762	50041	–
商品房销售额（万元）	**1648349**	**5115**	**1213072**	**406002**	**24160**
住宅	1489518	–	1132179	337003	20336
#90平方米以下	216760	–	132814	78793	5153
140平方米以上	181390	–	106739	65087	9564
#别墅、高档公寓	6765	–	3487	–	3278
办公楼	18737	2846	7764	8127	–
商业营业用房	112470	2269	56865	49512	3824
其他	27624	–	16264	11360	–
#现房销售额（万元）	328071	5115	204269	111585	7102
住宅	275450	–	168902	103270	3278

7-6续表2

项　　目	全　市	国有经济	股份制经济	私营经济	其他经济
#90平方米以下	94128	–	48569	45559	–
140平方米以上	37007	–	14549	19180	3278
#别墅、高档公寓	3278	–	–	–	3278
办公楼	8253	2846	544	4863	–
商业营业用房	35355	2269	25810	3452	3824
其他	9013	–	9013	–	–
#期房销售额（万元）	1320278	–	1008803	294417	17058
住宅	1214068	–	963277	233733	17058
#90平方米以下	122632	–	84245	33234	5153
140平方米以上	144383	–	92190	45907	6286
#别墅、高档公寓	3487	–	3487	–	–
办公楼	10484	–	7220	3264	–
商业营业用房	77115	–	31055	46060	–
其他	18611	–	7251	11360	–
商品住宅销售套数（套）					
住宅	36426	–	26691	9149	586
#90平方米以下	8121	–	4802	3105	214
140平方米以上	2674	–	1507	1025	142
#别墅、高档公寓	140	–	117	–	23
#现房销售套数（套）					
住宅	7508	–	4543	2942	23
#90平方米以下	3542	–	1951	1591	–
140平方米以上	530	–	213	294	23
#别墅、高档公寓	23	–	–	–	23
#期房销售套数（套）					
住宅	28918	–	22148	6207	563
#90平方米以下	4579	–	2851	1514	214
140平方米以上	2144	–	1294	731	119
#别墅、高档公寓	117	–	117	–	–
空置面积（平方米）	**1197884**	**1504**	**614318**	**492820**	**89242**
住宅	918305	–	503013	346273	69019
#90平方米以下	259029	–	119328	139701	–
140平方米以上	153258	–	44332	56713	52213
#别墅、高档公寓	73609	–	21396	–	52213
办公楼	70533	1504	14829	50000	4200
商业营业用房	160754	–	93119	52469	15166
其他	48292	–	3357	44078	857
#空置1-3年(含1年)(平方米)	773429	–	374943	331801	66685
住宅	656177	–	340850	263114	52213
#90平方米以下	183232	–	85631	97601	–
140平方米以上	114489	–	5563	56713	52213
#别墅、高档公寓	73609	–	21396	–	52213
办公楼	11221	–	11221	–	–
商业营业用房	83241	–	22872	45897	14472
其他	22790	–	–	22790	–

7-7 按隶属关系分房地产开发施工、销售和空置情况

(2012年)

项目	隶属关系			
	中央	市	县	其他
房屋施工面积（平方米）	**189939**	**2617511**	**3301727**	**18210389**
住宅	189939	1930420	2396497	13322012
#90平方米以下	–	427166	712419	4212114
140平方米以上	–	188599	298262	989781
#别墅、高档公寓	–	–	900	36725
办公楼	–	23222	185255	646906
商业营业用房	–	300309	257379	1949821
其他	–	363560	462596	2291650
#新开工面积（平方米）	31128	672788	836399	5355803
住宅	31128	511956	507758	3936957
#90平方米以下	–	124690	60418	1151045
140平方米以上	–	34279	33895	188978
办公楼	–	16874	133600	284937
商业营业用房	–	83448	70810	563901
其他	–	60510	124231	570008
房屋竣工面积（平方米）	**20728**	**487496**	**599072**	**2115243**
住宅	20728	440101	505372	1624772
#90平方米以下	–	30997	269234	546996
140平方米以上	–	81537	35454	163789
#别墅、高档公寓	–	–	900	–
办公楼	–	–	10000	73919
商业营业用房	–	9344	57145	189240
其他	–	38051	26555	227312
#不可销售面积（平方米）	–	–	9635	162512
住宅	–	–	–	88837
#90平方米以下	–	–	–	76424
办公楼	–	–	–	6229
商业营业用房	–	–	9635	9599
其他	–	–	–	57847
商品住宅竣工套数（套）				
住宅	176	3760	4896	15622
#90平方米以下	–	427	3141	6451
140平方米以上	–	464	120	997
#别墅、高档公寓	–	–	1	–
竣工房屋价值（万元）	**3872**	**131924**	**114785**	**407870**
住宅	3872	127349	105467	301036
#90平方米以下	–	8354	51139	115253
#别墅、高档公寓	–	–	115	–
办公楼	–	–	525	13272
商业营业用房	–	2336	7240	55640
其他	–	2239	1553	37922

7-7续表1

项　　目	隶　属　关　系			
	中央	市	县	其他
批准预售面积（平方米）	**20024**	**920861**	**1470349**	**6115274**
住宅	20024	609471	1358891	5002955
#90平方米以下	–	203964	325724	803613
140平方米以上	–	47682	164450	454954
#别墅、高档公寓	–	–	900	28438
办公楼	–	–	10000	152317
商业营业用房	–	191567	54283	604222
其他	–	119823	47175	355780
出租房屋销售面积（平方米）	**–**	**–**	**–**	**40559**
办公楼	–	–	–	11769
商业营业用房	–	–	–	28790
商品房销售面积（平方米）	**20024**	**428124**	**729264**	**3140502**
住宅	20024	414961	719584	2859944
#90平方米以下	–	98027	147231	411258
140平方米以上	–	54919	132186	264621
#别墅、高档公寓	–	–	–	11933
办公楼	–	5938	–	32837
商业营业用房	–	6783	–	137823
其他	–	442	9680	109898
#现房销售面积（平方米）	20024	110117	102201	647766
住宅	20024	99298	102201	571935
#90平方米以下	–	14758	49507	241248
140平方米以上	–	–	18589	73423
#别墅、高档公寓	–	–	–	4562
办公楼	–	5938	–	9873
商业营业用房	–	4439	–	31183
其他	–	442	–	34775
#期房销售面积（平方米）	–	318007	627063	2492736
住宅	–	315663	617383	2288009
#90平方米以下	–	83269	97724	170010
140平方米以上	–	54919	113597	191198
#别墅、高档公寓	–	–	–	7371
办公楼	–	–	–	22964
商业营业用房	–	2344	–	106640
其他	–	–	9680	75123
商品房销售额（万元）	**3872**	**163218**	**264660**	**1216599**
住宅	3872	155448	262530	1067668
#90平方米以下	–	38627	48042	130091
140平方米以上	–	25075	51371	104944
#别墅、高档公寓	–	–	–	6765
办公楼	–	2846	–	15891
商业营业用房	–	4834	–	107636
其他	–	90	2130	25404
#现房销售额（万元）	3872	39212	36294	248693

7-7续表2

项　　目	隶属关系			
	中央	市	县	其他
住宅	3872	33172	36294	202112
#90平方米以下	–	4336	14574	75218
140平方米以上	–	–	3840	33167
#别墅、高档公寓	–	–	–	3278
办公楼	–	2846	–	5407
商业营业用房	–	3104	–	32251
其他	–	90	–	8923
#期房销售额（万元）	–	124006	228366	967906
住宅	–	122276	226236	865556
#90平方米以下	–	34291	33468	54873
140平方米以上	–	25075	47531	71777
#别墅、高档公寓	–	–	–	3487
办公楼	–	–	–	10484
商业营业用房	–	1730	–	75385
其他	–	–	2130	16481
商品住宅销售套数（套）				
住宅	176	3785	6174	26291
#90平方米以下	–	1284	1742	5095
140平方米以上	–	285	688	1701
#别墅、高档公寓	–	–	–	140
#现房销售套数（套）				
住宅	176	972	933	5427
#90平方米以下	–	202	583	2757
140平方米以上	–	–	79	451
#别墅、高档公寓	–	–	–	23
#期房销售套数（套）				
住宅	–	2813	5241	20864
#90平方米以下	–	1082	1159	2338
140平方米以上	–	285	609	1250
#别墅、高档公寓	–	–	–	117
待售面积（平方米）	**17083**	**229897**	**135776**	**815128**
住宅	17083	223100	118212	559910
#90平方米以下	–	23298	92741	142990
140平方米以上	–	2900	5646	144712
#别墅、高档公寓	–	–	–	73609
办公楼	–	1504	11221	57808
商业营业用房	–	3191	5088	152475
其他	–	2102	1255	44935
#待售1-3年(含1年)(平方米)	–	199089	121421	452919
住宅	–	196902	107622	351653
#90平方米以下	–	–	85631	97601
140平方米以上	–	–	2166	112323
#别墅、高档公寓	–	–	–	73609
办公楼	–	–	11221	–
商业营业用房	–	2187	2578	78476
其他	–	–	–	22790

7-8 按资质等级分房地产开发施工、销售和空置情况

(2012年)

项 目	资 质 等 级				
	一 级	二 级	三 级	四 级	暂 定
房屋施工面积（平方米）	**189939**	**2698351**	**5936955**	**6835664**	**7804983**
住宅	189939	2111785	4344871	4890508	5579196
#90平方米以下	–	435476	1867431	1226288	1557722
140平方米以上	–	206049	295462	613738	325543
#别墅、高档公寓	–	–	900	32625	4100
办公楼	–	32239	137656	269796	415692
商业营业用房	–	193037	743792	752924	774177
其他	–	361290	710636	922436	1035918
#新开工面积（平方米）	31128	690497	1511026	2033725	2357974
住宅	31128	538105	899499	1484063	1813961
#90平方米以下	–	67145	334121	457537	365430
140平方米以上	–	31574	33873	74375	94340
办公楼	–	10385	129183	76651	219192
商业营业用房	–	28761	284324	223558	151139
其他	–	113246	198020	249453	173682
房屋竣工面积（平方米）	**20728**	**359938**	**1147184**	**1065713**	**417112**
住宅	20728	273920	851764	854508	380584
#90平方米以下	–	143400	385869	194266	43246
140平方米以上	–	60217	78031	101530	26142
#别墅、高档公寓	–	–	900	–	–
办公楼	–	–	38102	41930	3887
商业营业用房	–	31997	110082	95758	15497
其他	–	54021	147236	73517	17144
#不可销售面积（平方米）	–	7176	104546	25549	34876
住宅	–	–	66154	7337	15346
#90平方米以下	–	–	64765	–	11659
办公楼	–	–	2342	–	3887
商业营业用房	–	–	3856	10735	4643
其他	–	7176	32194	7477	11000
商品住宅竣工套数（套）					
住宅	176	2650	8109	7847	3686
#90平方米以下	–	1690	4574	2217	605
140平方米以上	–	373	341	608	179
竣工房屋价值（万元）	**3872**	**62855**	**206158**	**249221**	**72663**
住宅	3872	44588	155386	206067	64719
#90平方米以下	–	21152	78858	33634	13831
140平方米以上	–	10376	14448	20984	3249
#别墅、高档公寓	–	–	115	–	–
办公楼	–	–	5199	7787	811
商业营业用房	–	7563	33017	20246	3800
其他	–	10704	12556	15121	3333

7-8续表1

项目	资质等级				
	一级	二级	三级	四级	暂定
批准预售面积（平方米）	**20024**	**1039369**	**1999258**	**2402175**	**2686628**
住宅	20024	762905	1474680	2063955	2297351
#90平方米以下	–	211320	513526	276687	211711
140平方米以上	–	113352	164292	283098	70994
#别墅、高档公寓	–	–	900	28438	–
办公楼	–	–	38143	73608	50566
商业营业用房	–	156068	294079	232134	161163
其他	–	120396	192356	32478	177548
出租房屋销售面积（平方米）	**–**	**–**	**40559**	**–**	**–**
办公楼	–	–	11769	–	–
商业营业用房	–	–	28790	–	–
商品房销售面积（平方米）	**20024**	**809907**	**912171**	**917034**	**1398278**
住宅	20024	677306	812483	877756	1367729
#90平方米以下	–	95700	219178	139968	150852
140平方米以上	–	131382	78683	146958	71057
#别墅、高档公寓	–	–	4562	7371	–
办公楼	–	–	9873	14964	13938
商业营业用房	–	85973	26969	17151	13228
其他	–	46628	62846	7163	3383
#现房销售面积（平方米）	20024	110292	231617	213143	173874
住宅	20024	68182	207879	206421	161079
#90平方米以下	–	3400	164829	59825	61150
140平方米以上	–	14832	6384	27969	42827
#别墅、高档公寓	–	–	4562	–	–
办公楼	–	–	9873	–	5938
商业营业用房	–	14629	11652	1799	6257
其他	–	27481	2213	4923	600
#期房销售面积（平方米）	–	699615	680554	703891	1224404
住宅	–	609124	604604	671335	1206650
#90平方米以下	–	92300	54349	80143	89702
140平方米以上	–	116550	72299	118989	28230
#别墅、高档公寓	–	–	–	7371	–
办公楼	–	–	–	14964	8000
商业营业用房	–	71344	15317	15352	6971
其他	–	19147	60633	2240	2783
商品房销售额（万元）	**3872**	**367568**	**314875**	**305712**	**546568**
住宅	3872	293895	273516	283514	525612
#90平方米以下	–	32958	66007	33480	60969
140平方米以上	–	48622	29394	60684	34599
#别墅、高档公寓	–	–	3278	3487	–
办公楼	–	–	5407	6484	6846
商业营业用房	–	64147	22454	11456	13768
其他	–	9526	13498	4258	342
现房销售额（万元）	3872	53585	77507	68763	72482
住宅	3872	28008	64354	62776	65223

7-8续表2

项　　目	资质等级				
	一　级	二　级	三　级	四　级	暂　定
#90平方米以下	–	35076	73382	61877	92034
140平方米以上	–	–	14617	22874	4343
#别墅、高档公寓	–	–	11586	–	–
办公楼	–	–	11130	9961	1384
商业营业用房	–	–	12774	16246	21360
其他	–	–	203	180	–
#期房销售额（万元）	–	73670	180055	138226	225639
住宅	–	63984	163839	125937	217555
#90平方米以下	–	11332	19626	33806	23743
140平方米以上	–	12894	25048	18784	1154
#别墅、高档公寓	–	66	–	–	–
办公楼	–	3154	14037	2209	–
商业营业用房	–	494	1185	9910	8084
其他	–	1038	994	170	–
商品住宅销售套数（套）					
住宅	916	2222	8765	10530	9999
#90平方米以下	–	1204	3743	3753	3314
140平方米以上	–	176	605	703	65
#别墅、高档公寓	–	1	82	–	–
#现房销售套数（套）					
住宅	916	789	4045	6380	4178
#90平方米以下	–	789	2750	2361	2560
140平方米以上	–	–	133	365	51
#别墅、高档公寓	–	–	82	–	–
#期房销售套数（套）					
住宅	–	1433	4720	4150	5821
#90平方米以下	–	415	993	1392	754
140平方米以上	–	176	472	338	14
#别墅、高档公寓	–	1	–	–	–
空置面积（平方米）	**17083**	**37752**	**664541**	**522452**	**75461**
住宅	17083	22917	411600	396008	13891
#90平方米以下	–	16824	159373	64252	–
140平方米以上	–	6093	118883	77866	980
#别墅、高档公寓	–	–	56775	–	–
办公楼	–	2622	77980	6090	50000
商业营业用房	–	10694	118781	90506	1570
其他	–	1519	56180	29848	10000
#空置1-3年(含1年)(平方米)	–	10000	413783	215069	10901
住宅	–	–	287786	201545	10901
#90平方米以下	–	–	90700	–	–
140平方米以上	–	–	114061	–	–
#别墅、高档公寓	–	–	56775	–	–
办公楼	–	–	34804	–	–
商业营业用房	–	10000	66030	9201	–
其他	–	–	25163	4323	–

7-9 房地产开发

(2012年)

项　　目	企业个数(个)	资产总计	流动资产	存　货	固定资产原价	累计折旧	本年折旧
全　　市	275	6286285	5912101	3496846	138616	36292	7821
#国有及国有控股企业	13	425105	324902	159996	7214	3439	728
按登记注册类型分							
内资	270	6234673	5870889	3488237	137266	35377	7637
国有	5	61525	60794	35798	2456	1254	13
集体							
股份合作	3	10557	10532	687	17	10	7
其他有限责任公司	152	3181983	2902350	1960638	79585	17740	4834
股份有限公司	21	543054	518742	420748	5662	2883	468
私营	80	2091814	2045408	926005	41536	10020	1953
私营独资	5	57176	51847	45131	1551	400	82
私营合伙	1	27566	27533	23801	42	8	6
私营有限责任公司	64	1715352	1714579	674552	34673	7951	1594
私营股份有限公司	10	291720	251450	182521	5271	1661	271
其他	9	345742	333063	144363	8010	3470	362
港澳台商投资	4	47810	37442	8609	1350	915	184
与港澳台商合资经营	2	5573	5552	–	83	64	6
港澳台商独资	2	42237	31889	8609	1267	852	178
外商投资	1	3802	3770	–	–	–	–
中外合资经营	1	3802	3770	–	–	–	–
按控股情况分							
国有控股	13	425105	324902	159996	7214	3439	728
集体控股	5	30677	30249	11058	430	182	34
私人控股	225	5172309	4951333	3011370	116240	27419	6157
港澳台商控股	4	47810	37442	8609	1350	915	184
外商控股	1	3802	3770	–	–	–	–
其他	27	606583	564405	305813	13382	4337	719
按隶属关系分							
中央	2	163449	76520	15779	2454	1169	556
地方	273	6122836	5835581	3481066	136163	35123	7266
地（区）	43	898615	842790	631279	25131	7559	1260
县（市、区）	33	618563	594765	355510	12002	2621	628
其他	197	4605658	4398026	2494278	99029	24943	5378
按资质等级分							
一级	2	228360	204275	146573	4067	1765	621
二级	16	978506	903132	552904	31192	6059	1460
三级	65	2064893	1948313	985185	53983	14771	2829
四级	118	1988873	1829781	1162369	30348	9624	2043
暂定	64	822762	828296	498914	16063	3537	762
其他	10	202891	198305	150902	2962	536	107
按企业营业状况分							
营业	263	6234945	5871260	3469770	133553	35777	7753
停业(歇业)	7	14639	11771	2753	562	160	41
当年关闭	2	8659	4507	53	4485	347	25
其他	3	28042	24564	24270	16	7	3

企业财务状况

单位：万元

在建工程	负债合计	实收资本	主营业务收入	土地转让收入	商品房屋销售收入	房屋出租收入	其他收入	主营业务成本	主营业务税金及附加	其他业务利润
132691	**5282931**	**714084**	**955862**	**248**	**871022**	**20488**	**64104**	**695130**	**73367**	**11472**
68270	296316	30152	158540	–	94764	2652	61123	92284	10886	5239
132663	5253870	683585	932878	248	848038	20488	64104	675590	71880	11472
–	63590	3913	1227	–	1124	–	103	565	84	2
–	10036	387	2271	–	1921	–	351	2189	144	–
91037	2580536	450813	461642	228	389619	9332	62462	347878	36685	8976
2874	483241	-10230	155816	20	155787	9	–	114358	12259	1671
34956	1808913	219002	294477	–	283210	10080	1188	197736	21618	656
841	44413	12600	6568	–	5485	–	1084	5039	339	–
–	24961	3000	–	–	–	–	–	–	–	–
34114	1506722	177643	219769	–	209939	9726	104	181313	15818	522
–	232816	25759	68140	–	67786	354	–	11384	5462	134
3796	307554	19700	17445	–	16377	1068	–	12864	1090	168
–	26816	29078	22984	–	22984	–	–	19540	1487	–
–	6458	80	–	–	–	–	–	–	199	–
–	20358	28998	22984	–	22984	–	–	19540	1287	–
28	2246	1421	–	–	–	–	–	–	–	–
28	2246	1421	–	–	–	–	–	–	–	–
68270	296316	30152	158540	–	94764	2652	61123	92284	10886	5239
–	22751	6237	4319	–	3968	–	351	2367	1386	–
64393	4390417	590643	685124	248	665302	16945	2628	505374	53693	6114
–	26816	29078	22984	–	22984	–	–	19540	1487	–
28	2246	1421	–	–	–	–	–	–	–	–
–	544386	56553	84895	–	84003	891	1	75565	5916	120
56018	96826	10010	69040	–	66388	2652	–	26156	4907	5237
76673	5186105	704074	886822	248	804634	17836	64104	668973	68459	6236
30924	826474	107414	52682	3	50293	1109	1278	44633	3919	15
–	547878	1450	197840	20	136588	7	61225	148957	14288	170
45749	3811753	595210	636300	226	617754	16720	1600	475383	50252	6051
–	157610	5000	96875	–	94073	2802	–	22016	6658	5365
32296	896496	77319	182781	–	174795	7986	–	135352	13314	291
19257	1707045	274677	272172	5	202053	8265	61849	210497	20656	2063
72163	1654910	258424	251704	241	249152	1433	879	213441	21967	2823
8975	657717	139350	90478	3	89096	3	1377	72473	5528	817
–	209153	-40685	61853	–	61853	–	–	41352	5244	114
132480	5252405	699495	949116	248	864276	20488	64104	689680	73080	11472
210	9496	3991	–	–	–	–	–	–	2	–
–	1229	2000	6746	–	6746	–	–	5450	285	–
–	19802	8598	–	–	–	–	–	–	–	–

7-9续表

单位：万元

项目	投资收益	利润总额	应交所得税	应付职工薪酬	土地和固定资产支出	土地购置	房屋和建筑物
全市	**4864**	**55377**	**24738**	**24607**	**311922**	**274045**	**7968**
#国有及国有控股企业	4979	51171	10554	4139	1338	–	297
按登记注册类型分							
内资	4864	56652	24738	24128	311856	274045	7968
国有	5	-154	3	1087	–	–	–
集体	–	–	–	–	–	–	–
股份合作	–	-240	12	-27	–	–	–
其他有限责任公司	4757	31106	14999	14958	199972	189819	7428
股份有限公司	–	23142	5039	2322	1596	1520	–
私营	-2	3613	4229	5203	88873	61393	540
私营独资	–	-756	239	425	20890	20890	–
私营合伙	–	-248	–	42	–	–	–
私营有限责任公司	-2	-9206	2248	4048	54487	27116	540
私营股份有限公司	–	13823	1742	689	13497	13387	–
其他	104	-815	456	585	21414	21313	–
港澳台商投资	–	-1275	–	476	67	–	–
与港澳台商合资经营	–	-454	–	42	–	–	–
港澳台商独资	–	-820	–	434	67	–	–
外商投资	–	–	–	3	–	–	–
中外合资经营	–	–	–	3	–	–	–
按控股情况分							
国有控股	4979	51171	10554	4139	1338	–	297
集体控股	–	12	144	56	–	–	–
私人控股	-115	7686	13569	17384	294205	263858	2027
港澳台商控股	–	-1275	–	476	67	–	–
外商控股	–	–	–	3	–	–	–
其他	–	-2217	471	2549	16313	10187	5644
按隶属关系分							
中央	4974	38186	8491	1862	314	–	297
地方	-110	17191	16247	22745	311609	274045	7671
地（区）	19	-14841	264	4454	11741	10523	–
县（市、区）	102	25860	6416	4178	56177	55792	–
其他	-230	6173	9567	14113	243691	207730	7671
按资质等级分							
一级	4974	32836	3673	1813	3335	3026	297
二级	4	17404	2198	1989	39469	16770	–
三级	-132	4029	4058	5749	73471	68797	40
四级	5	-11235	8924	7011	158520	150105	6121
暂定	13	-642	2082	6883	37127	35347	1511
其他	–	12984	3802	1162	–	–	–
按企业营业状况分							
营业	4864	54893	24571	24183	311922	274045	7968
停业(歇业)	–	-41	–	152	–	–	–
当年关闭	–	661	167	100	–	–	–
其他	–	-136	–	172	–	–	–

第二部分　统计资料

八、国内贸易

资料整理：杨　艳　李长伟　李　珺

8-1　历年批发零售贸易业主要经济指标

单位：万元

年　　份	购进总额*	销售总额*	年末库存总额*	社会消费品零售总额	社会消费品零售总额指数(以上年为100)
1949	2175	7066	3924	8735	100.0
1950	2466	7372	4119	9917	113.5
1951	2668	7547	4592	11098	111.9
1952	2890	7855	4794	12482	112.5
1953	18073	16495	8047	16602	133.0
1954	21088	26680	8797	20414	123.0
1955	24249	32146	14573	21193	103.8
1956	17543	33951	16698	25902	122.2
1957	27717	33769	18181	26605	102.7
1958	33414	47223	23683	30001	112.8
1959	53254	61247	24585	34963	116.5
1960	40308	65407	27004	36182	103.5
1961	24211	44575	24586	28875	79.8
1962	24844	36490	20889	29679	102.8
1963	19696	37679	21072	29328	98.8
1964	26877	47208	22086	33480	114.2
1965	34304	47042	27939	28338	84.6
1966	33624	55654	26746	29029	102.4
1967	33006	46276	26534	27424	94.5
1968	41374	52383	31284	29257	106.7
1969	57816	49296	32082	33629	114.9
1970	58396	68184	38595	37263	110.8
1971	53195	71050	40150	40060	107.5
1972	53470	74961	39099	43101	107.6
1973	64634	48720	46100	45993	106.7
1974	69590	92003	50620	51165	111.2
1975	79835	105660	53692	56719	110.9
1976	81681	112608	53380	61275	108.0
1977	89858	122820	60223	70960	115.8
1978	93336	130300	66858	74284	104.7
1979	101930	136383	71400	80550	108.4
1980	119607	144844	84694	95778	118.9

8-1续表

单位：万元

年份	购进总额*	销售总额*	年末库存总额*	社会消费品零售总额	社会消费品零售总额指数(以上年为100)
1981	113323	147375	89627	107399	112.1
1982	105021	146863	92518	111911	104.2
1983	147624	162771	122499	128511	114.8
1984	142185	170948	91528	156445	121.7
1985	151118	195530	82772	185487	118.6
1986	150051	202077	91434	217669	117.4
1987	171232	208160	102599	245110	112.6
1988	217957	285340	125509	297687	121.5
1989	270627	290700	151768	326409	109.6
1990	298606	317856	176011	338922	103.8
1991	356423	352585	199349	374267	110.4
1992	324649	378516	163003	426417	113.9
1993	682929	759751	178157	548084	128.5
1994	887888	935190	263193	705563	128.7
1995	1055303	1117962	288675	895209	126.9
1996	1017128	1091552	241973	1112973	124.2
1997	976272	1051662	226988	1259292	113.1
1998	910764	925589	232839	1397962	111.0
1999	974508	1176438	205419	1546766	110.6
2000	1017487	1288178	221943	1715001	110.9
2001	1105159	1350078	252049	1895192	110.5
2002	520239	1350772	62732	2106935	111.2
2003	580755	1201233	44912	2345550	111.3
2004		1273957		2707720	115.4
2005		1582762		3126220	115.4
2006	1023704	2095179	479039	3625876	116.0
2007	1125211	6154000	85642	4291249	118.4
2008	1909628	7842589	147284	5256316	122.5
2009	1891420	10138108	219058	6060469	115.3
2010	5479325	16651037	730950	7171735	118.3
2011	8782359	19266653	341989	8452018	117.9
2012	10744711	23055378	282471	9736775	115.2

注：*2006年以前未包括私营及个体企业。1992年以前未包括物资供销业。2002年以后购进与库存为限额以上企业。2010年以后社会消费品零售总额为年度核定数

8-2 社会消费品零售总额

单位：万元

项　　目	2011年	2012年	2012年比2011年增长(%)
社会消费品零售总额	**8452018**	**9736775**	**15.2**
按销售地区分			
城镇的零售额	6522645	7498183	15.0
#城区的零售额	2709560	3067988	13.2
乡村的零售额	1929373	2238592	16.0
按行业分			
批发业	1155396	1419706	22.9
零售业	6182255	7101385	14.9
住宿业	130411	158153	21.3
餐饮业	865956	952531	10.0
其　他	118000	105000	-11.0

8-3 分县(市、区)社会消费品零售总额

(2012年)

单位：万元

县（市、区）	社会消费品零售总额	城镇的零售额	乡村的零售额	2012年比2011年增长(%)
全　市	**9736775**	**7498183**	**2238592**	**15.2**
#市　区	3095208	3089494	5713.5	14.7
武 安 市	1073870	682685	391185	15.6
鸡 泽 县	194043	146118	47925	15.3
邱　县	142003	112972	29030	15.4
永 年 县	933197	569672	363526	15.4
曲 周 县	410254	163012	247242	15.4
邯 郸 县	393715	302539	91176	15.4
肥 乡 县	212403	148401	64001	15.3
馆 陶 县	223000	166437	56563	15.4
涉　县	537277	397983	139294	15.6
广 平 县	216537	117948	98589	15.4
成 安 县	305427	227207	78220	15.4
魏　县	548668	446445	102224	15.3
磁　县	656644	451319	205325	15.6
临 漳 县	298773	193326	105447	15.3
大 名 县	495756	282624	213132	15.3
丛 台 区	671746	671746	-	15.5
复 兴 区	173624	173624	-	15.5
邯 山 区	604763	600721	4042	15.5
峰 峰 矿 区	634556	632884	1672	15.5
经 济 开 发 区	332791	332791	-	27.2
马头经济开发区	71994	71994	-	15.5
市　直	605734	605734	-	6.6

8-4　亿元以上商品交易市场成交情况

（2012年）

单位：万元

项　　　目	年末出租摊位数（个）	成交额
全　　市	**25583**	**5493624**
食品、饮料、烟酒类	11900	2129864
粮油、食品类	11199	1907276
粮油类	1310	272201
肉禽蛋类	861	510756
水产品类	414	25137
蔬菜类	7034	898851
干鲜果品类	1580	199331
饮料类	329	59664
烟酒类	372	162924
服装、鞋帽、针纺织品类	3789	711350
服装类	866	113251
鞋帽类	374	41806
针纺织品类	2549	556293
化妆品类	80	11560
金银珠宝类	20	1185
日用品类	388	19976
#洗涤用品类	258	11467
#儿童玩具类	115	6759
五金、电料类	197	86114
体育、娱乐用品类	34	3070
书报杂志类	2	127
电子出版物及音像制品类	8	274
家用电器和音像器材类	100	12338
中西药品类	14	420
西药类	8	315
中草药及中成药类	6	105
文化办公用品类	62	4717
家具类	332	106347
通讯器材类	4	165
煤炭及制品类	11	330
木材及制品类	3	180
石油及制品类	6	2250
化工材料及制品类	246	102720
#化肥类	210	83600
金属材料类	5272	1665801
建筑及装潢材料类	522	216144
机电产品及设备类	418	104951
#农机类	26	22830
汽车类	14	13514
种子饲料类	414	10162
其他类	1747	290065

8-5　限额以上批发和零售业单位商品购销存情况

（2012年）　　单位：万元

项　　　目	法人企业数（个）	从业人员期末人数（人）	商品购进额	商品销售额
全　　市	**463**	**32431**	**10744711**	**11517116**
批发业	**171**	**10111**	**8707827**	**9454285**
按批发行业小类分				
农畜产品批发	9	252	42271	53139
谷物、豆及薯类批发	8	217	36877	47975
种子批发	1	35	5394	5164
食品、饮料及烟草制品批发	17	1858	680886	792582
米、面制品及食用油批发	2	56	58855	58760
糕点、糖果及糖批发	1	179	12701	13220
果品、蔬菜批发	3	53	65561	64549
盐及调味品批发	6	243	156829	155370
烟草制品批发	1	1209	369301	482996
其他食品批发	1	25	6858	6653
纺织、服装及家庭用品批发	2	62	49006	49924
纺织品、针织品及原料批发	1	12	3430	4568
医药及医疗器材批发	13	789	136813	135610
西药批发	11	697	126671	125291
矿产品、建材及化工产品批发	113	5852	7676314	8264963
煤炭及制品批发	43	1328	5991364	6060825
石油及制品批发	4	2343	203824	692242
非金属矿及制品批发	1	11	7656	7741
金属及金属矿批发	48	905	1094332	1122244
建材批发	5	758	129091	131200
化肥批发	7	349	232605	232524
农药批发	3	64	13201	12722
其他化工产品批发	2	94	4241	5465
机械设备、五金交电及电子产品批发	13	1143	112497	148095
农业机械批发	4	110	12561	12157
汽车批发	4	668	42269	80318
五金产品批发	3	76	8950	8697
其他机械设备及电子产品批发	2	289	48717	46924
其他批发业	4	155	10041	9971
再生物资回收与批发	3	129	9489	9471
其他未列明的批发	1	26	552	500
按登记注册类型分				
内资企业	171	10111	8707827	9454285
国有企业	14	3335	5566945	6225432
集体企业	14	619	297916	296478
股份合作企业	2	52	155356	155268
有限责任公司	58	2809	1419511	1436379
股份有限公司	6	1377	178338	230214
私营企业	71	1815	946630	967841
私营独资企业	8	149	178022	175554
私营有限责任公司	57	1567	697969	721346
私营股份有限公司	6	99	70639	70940
其他企业	6	104	143132	142673
按控股情况分				
国有控股	20	4102	5742445	6420191
集体控股	20	1288	490690	525380
私人控股	117	3346	2145694	2174531
其他	14	1375	328998	334182
按经营形式分				
独立门店	136	5723	7741858	7886873
连锁总店（总部）	1	1589	51312	523206
连锁门店	1	40	1900	2000
其他	33	2759	912757	1042206
零售业	**292**	**22320**	**2036884**	**2062831**
按零售行业小类分				
综合零售	84	12570	877331	878352
百货零售	61	9061	648088	657617
超级市场零售	14	3227	141334	131690
其他综合零售	9	282	87909	89045

8-5续表1

单位：万元

项目	法人企业数（个）	从业人员期末人数（人）	商品购进额	商品销售额
食品、饮料及烟草制品专门零售	15	270	17962	17829
粮油零售	3	58	7022	6950
酒、饮料及茶叶零售	7	119	9373	9407
其他食品零售	2	65	1125	1062
纺织、服装及日用品专门零售	28	2396	214760	252274
纺织品及针织品零售	5	99	7029	7584
服装零售	16	2058	183560	219326
鞋帽零售	1	50	1141	1329
其他日用品零售	3	45	5146	5218
文化、体育用品及器材专门零售	5	843	31441	32353
图书、报刊零售	1	740	26960	27719
珠宝首饰零售	2	82	1709	2067
医药及医疗器材专门零售	9	474	21678	23244
药品零售	9	474	21678	23244
汽车、摩托车、燃料及零配件专门零售	65	2947	645137	629192
汽车零售	50	2687	603958	584050
汽车零配件零售	1	40	2366	1854
摩托车及零配件零售	7	114	21168	24698
机动车燃料零售	7	106	17645	18591
家用电器及电子产品专门零售	68	2286	164738	167133
计算机、软件及辅助设备零售	10	135	10661	10979
通信设备零售	6	726	28851	28352
五金、家具及室内装修材料专门零售	18	534	63839	62455
五金零售	5	198	12507	12834
家具零售	11	249	39335	37722
其他室内装修材料零售	2	87	11996	11900
按登记注册类型分				
内资企业	290	21807	2023679	2041171
国有企业	16	1350	140149	148810
集体企业	37	1797	389475	390350
股份合作企业	1	40	2366	1854
有限责任公司	102	8953	850394	823038
股份有限公司	9	1185	152092	191765
私营企业	109	8093	457829	453617
私营独资企业	30	876	71297	72208
私营合伙企业	4	130	6026	6648
私营有限责任公司	71	6951	360995	357520
私营股份有限公司	4	136	19511	17241
其他企业	16	389	31374	31738
外商投资企业	2	513	13205	21660
按控股情况分				
国有控股	18	1410	146354	156913
集体控股	41	1912	395724	401391
私人控股	187	13270	1022828	1052417
其他	46	5728	471978	452111
按经营形式分				
独立门店	262	17689	1726101	1736002
连锁总店	8	2187	93053	77601
连锁门店	2	163	11275	12784
其他	20	2281	206456	236445
按零售业态分				
有店铺零售	292	22320	2036884	2062831
食杂店	1	15	60	65
便利店	6	220	88686	89741
超市	26	1275	82552	82169
大型超市	7	3754	96263	88393
百货店	74	9763	820070	865336
专业店	50	2114	193141	197223
专卖店	113	4682	715420	695405
家居建材商店	5	196	20104	19471
购物中心	6	251	16570	20989
厂家直销中心	4	50	4018	4041

8-5续表2　　　　单位：万元

项　　目	批发额	零售额	期末商品库存额	年末零售营业面积（平方米）
全　　市	**8956459**	**2560657**	**282471**	**2223981**
批发业	**8814503**	**639782**	**127512**	**1135989**
按批发行业小类分				
农畜产品批发	46940	6199	9735	61860
谷物、豆及薯类批发	41776	6199	9505	58500
种子批发	5164	-	230	3360
食品、饮料及烟草制品批发	725179	67403	6146	41500
米、面制品及食用油批发	58760	-	179	900
糕点、糖果及糖批发	12445	775	248	4000
果品、蔬菜批发	36895	27653	1013	7376
盐及调味品批发	120343	35026	1460	20574
烟草制品批发	482996	-	2590	550
其他食品批发	3527	3127	210	800
纺织、服装及家庭用品批发	29225	20700	271	770
纺织品、针织品及原料批发	4568	-	51	170
医药及医疗器材批发	109018	26592	12356	13790
西药批发	102892	22399	11097	12480
矿产品、建材及化工产品批发	7772894	492070	73926	910325
煤炭及制品批发	6046927	13898	30626	171005
石油及制品批发	241566	450677	12953	661750
非金属矿及制品批发	5338	2403	87	50
金属及金属矿批发	1106228	16016	25401	53763
建材批发	127273	3927	1536	4200
化肥批发	227418	5106	2627	11187
农药批发	12679	43	671	7720
其他化工产品批发	5465	-	25	650
机械设备、五金交电及电子产品批发	121776	26319	23804	90304
农业机械批发	7008	5149	680	52068
汽车批发	63508	16810	14697	36586
五金产品批发	7152	1545	477	1650
其他机械设备及电子产品批发	44109	2815	7950	-
其他批发业	9471	500	1274	17440
再生物资回收与批发	9471	-	1222	15640
其他未列明的批发	-	500	52	1800
按登记注册类型分				
内资企业	8814503	639782	127512	1135989
国有企业	5811697	413735	20845	706450
集体企业	231042	65436	4509	32405
股份合作企业	154768	500	88	4200
有限责任公司	1404259	32120	53887	266099
股份有限公司	164475	65739	13887	16397
私营企业	930211	37629	33257	96463
私营独资企业	171521	4033	4003	6150
私营有限责任公司	691677	29670	28426	88503
私营股份有限公司	67013	3927	828	1810
其他企业	118051	24622	1039	13975
按控股情况分				
国有控股	5953157	467034	31370	761380
集体控股	442634	82746	14503	99791
私人控股	2119196	55336	70817	209742
其他	299516	34666	10822	65076
按经营形式分				
独立门店	7668499	218374	94368	396405
连锁总店（总部）	115349	407857	9218	652250
连锁门店	1800	200	450	310
其他	1028855	13350	23477	87024
零售业	**141956**	**1920875**	**154959**	**1087992**
按零售行业小类分				
综合零售	41700	836653	52446	423150
百货零售	16674	640944	22069	303061
超级市场零售	1475	130215	29271	104286
其他综合零售	23551	65494	1106	15803

8-5续表3　　单位：万元

项　　目	批发额	零售额	期末商品库存额	年末零售营业面积（平方米）
食品、饮料及烟草制品专门零售	65	17764	3402	11091
粮油零售	–	6950	2268	5040
酒、饮料及茶叶零售	65	9342	718	2701
其他食品零售	–	1062	328	2900
纺织、服装及日用品专门零售	3406	248868	6131	305328
纺织品及针织品零售	–	7584	103	47181
服装零售	3405	215921	4840	247650
鞋帽零售	–	1329	19	800
其他日用品零售	1	5217	113	1209
文化、体育用品及器材专门零售	1743	30610	5545	8923
图书、报刊零售	1743	25976	4299	7803
珠宝首饰零售	–	2067	965	700
医药及医疗器材专门零售	6171	17073	2138	7970
药品零售	6171	17073	2138	7970
汽车、摩托车、燃料及零配件专门零售	73623	555569	65669	166935
汽车零售	65590	518460	62576	133068
汽车零配件零售	–	1854	512	15000
摩托车及零配件零售	64	24634	1606	11910
机动车燃料零售	7969	10622	975	6957
家用电器及电子产品专门零售	9729.4	157403.6	15660.7	72881
计算机、软件及辅助设备零售	1298	9681	729	2514
通信设备零售	69	28284	1648	24853
五金、家具及室内装修材料专门零售	5520	56935	3967	91714
五金零售	3247	9586	986	7244
家具零售	2273	35449	2731	64400
其他室内装修材料零售	–	11900	249	20070
按登记注册类型分				
内资企业	141956	1899215	153681	1065992
国有企业	5178	143633	5225	37313
集体企业	33299	357051	11839	99756
股份合作企业	–	1854	512	15000
有限责任公司	58971	764066	85879	413129
股份有限公司	6116	185649	8589	209883
私营企业	38392	415225	39967	258281
私营独资企业	1199	71009	4093	36394
私营合伙企业	–	6648	229	5100
私营有限责任公司	36842	320678	33001	211987
私营股份有限公司	351	16890	2645	4800
其他企业	–	31738	1669	32630
外商投资企业	–	21660	1278	22000
按控股情况分				
国有控股	6035	150879	6351	40713
集体控股	33299	368091	14471	120906
私人控股	96446	955971	80716	671643
其他	6176	445934	53422	254730
按经营形式分				
独立门店	125480	1610522	120480	725899
连锁总店	2555	75046	24445	84226
连锁门店	–	12784	17	8622
其他	13921	222524	10016	269245
按零售业态分				
有店铺零售	141956	1920875	154959	1087992
食杂店	65	–	15	310
便利店	25398	64343	753	14778
超市	791	81378	11458	43958
大型超市	1475	86918	23164	133992
百货店	17251	848085	24844	503421
专业店	17039	180183	21527	118010
专卖店	76644	618761	69790	183933
家居建材商店	2273	17198	1136	47870
购物中心	400	20589	2000	19960
厂家直销中心	620	3421	273	21760

8-6　限额以上批发零售法人企业财务状况

（2012年）　　单位：万元

项　　目	法人企业数（个）	年初存货	流动资产合计	#应收帐款	#存货	固定资产合计
全　　市	**461**	**312114**	**3048557**	**819183**	**252358**	**280810**
批发业	**170**	**162617**	**2664392**	**761190**	**139867**	**132366**
按批发业小类分						
农、林、牧产品批发	8	19113	11127	359	7699	6944
谷物、豆及薯类批发	7	19113	11127	359	7699	6944
种子批发	1	-	-	-	-	-
食品、饮料及烟草制品批发	17	14694	116285	635	16638	17338
米、面制品及食用油批发	2	42	1343	27	130	155
糕点、糖果及糖批发	1	65	5282	-	63	102
果品、蔬菜批发	3	220	610	78	372	1412
盐及调味品批发	6	472	1401	253	446	904
烟草制品批发	1	13308	105028	80	15270	14277
其他食品批发	1	322	490	155	335	219
纺织、服装及家庭用品批发	2	210	1030	80	51	3447
纺织品、针织品及原料批发	1	210	1030	80	51	14
医药及医疗器材批发	13	12212	36806	11519	12700	4080
西药批发	11	10969	33308	9925	11291	3837
矿产品、建材及化工产品批发	113	92330	2422580	741233	79164	94673
煤炭及制品批发	43	26998	1692618	629883	27730	17118
石油及制品批发	4	3119	20654	2338	14905	45294
非金属矿及制品批发	1	87	1431	332	87	20
金属及金属矿批发	48	40616	654496	98902	29758	11209
建材批发	5	20284	31688	7605	4911	17026
化肥批发	7	395	16953	1518	1186	2947
农药批发	3	659	3016	653	562	109
其他化工产品批发	2	173	1724	3	25	952
机械设备、五金交电及电子产品批发	13	22899	71799	6595	22367	5840
农业机械批发	4	1016	2159	450	787	452
汽车批发	4	14844	53114	3583	14677	4780
五金产品批发	3	382	654	230	109	45
其他机械设备及电子产品批发	2	6657	15873	2332	6795	563
其他批发业	4	1161	4766	770	1247	44
再生物资回收与批发	3	1111	4714	770	1195	44
其他未列明的批发	1	50	52	-	52	-
按登记注册类型分						
内资企业	170	162617	2664392	761190	139867	132366
国有企业	13	31439	1448528	506105	33072	58610
集体企业	14	1093	25348	2115	1852	6868
股份合作企业	2	50	52	-	52	614
有限责任公司	58	57994	668497	148510	56514	19013
股份有限公司	6	13053	49864	3120	13831	13465
私营企业	71	58734	441961	94702	34338	30897
私营独资企业	8	7701	211655	15418	3841	3663
私营有限责任公司	57	50346	222158	77927	30360	25326
私营股份有限公司	6	687	8148	1357	138	1908
其他企业	6	254	30142	6639	208	2900
按企业控股情况分						
国有控股	19	43186	1464500	508003	44080	72097
集体控股	20	9663	64239	4491	11278	10513
私人控股	117	98735	1042900	229995	74923	38480
其他	14	11034	92753	18701	9587	11276
按经营形式分						
独立门店	135	93005	2385057	714880	86364	71514
连锁总店（总部）	1	-150	12890	1	11170	33574
连锁门店	1	450	1420	820	600	150
其他	33	69312	265025	45489	41734	27128
零售业	**291**	**149496**	**384165**	**57993**	**112491**	**148443**
按零售业小类分						
综合零售	84	45196	83364	9685	20346	45427
百货零售	61	11791	37909	1670	5159	35625
超级市场零售	14	33075	44290	7916	14803	8158
其他综合零售	9	330	1164	99	384	1644

8-6续表1　　单位：万元

项　　目	法人企业数（个）	年初存货	流动资产合计	#应收帐款	#存货	固定资产合计
食品、饮料及烟草制品专门零售	14	6162	10078	1356	733	1048
粮油零售	2	5168	8883	1194	–	654
酒、饮料及茶叶零售	7	717	809	120	566	203
其他食品零售	2	219	243	17	53	191
纺织、服装及日用品专门零售	28	3444	43393	3815	3623	48345
纺织品及针织品零售	5	162	3635	2140	210	231
服装零售	16	2291	37000	1256	2086	47509
鞋帽零售	1	19	–	–	–	–
其他日用品零售	3	135	1002	43	115	240
文化、体育用品及器材专门零售	5	4347	11916	1730	3746	8424
图书、报刊零售	1	3377	9842	1726	2753	8420
珠宝首饰零售	2	947	1534	–	966	4
医药及医疗器材专门零售	9	1622	9559	4758	1722	2000
药品零售	9	1622	9559	4758	1722	2000
汽车、摩托车、燃料及零配件专门零售	65	70551	174571	16854	66749	37228
汽车零售	50	68464	160818	14989	64326	31391
汽车零配件零售	1	532	1460	974	486	239
摩托车及零配件零售	7	1152	9040	66	1348	5322
机动车燃料零售	7	404	3253	825	589	275
家用电器及电子产品专门零售	68	14629	45264	19219	13378	4441
计算机、软件及辅助设备零售	10	653	3042	613	561	264
通信设备零售	6	723	3764	549	1057	324
五金、家具及室内装修材料专门零售	18	3545	6022	577	2195	1530
五金零售	5	699	2710	366	199	565
家具零售	11	1814	2088	100	964	698
其他室内装修材料零售	2	1032	1224	111	1032	267
按登记注册类型分						
内资企业	289	148316	380396	57981	111386	145876
国有企业	15	3799	13288	1903	3168	14979
集体企业	37	11269	32665	1252	5109	15047
股份合作企业	1	532	1460	974	486	239
有限责任公司	102	77825	195367	40343	60627	43413
股份有限公司	9	10562	46244	3888	8202	43334
私营企业	109	42715	83760	9295	32783	27634
私营独资企业	30	3058	7250	1164	2249	4102
私营合伙企业	4	254	688	–	228	2188
私营有限责任公司	71	36785	66686	7909	27397	20448
私营股份有限公司	4	2618	9136	223	2909	896
其他企业	16	1614	7611	326	1011	1231
外商投资企业	2	1181	3770	12	1105	2567
按企业控股情况分						
国有控股	17	4522	14733	2046	4054	17328
集体控股	41	14839	45161	5067	8914	16511
私人控股	187	83440	211474	23597	68230	93745
其他	46	46696	112798	27283	31293	20860
按经营形式分						
独立门店	261	121227	291095	36138	88786	90942
连锁总店	8	14251	37564	16606	13608	4949
连锁门店	2	12	1332	201	21	138
其他	20	14006	54174	5048	10076	52415
按零售业态分						
有店铺零售	291	149496	384165	57993	112491	148443
食杂店	1	6	71	53	–	–
便利店	6	211	1158	84	12	1271
超市	26	17686	27583	4472	7077	5939
大型超市	7	24642	36818	7017	10788	7356
百货店	74	11938	73105	5200	6192	78417
专业店	49	22436	64853	23229	17998	14010
专卖店	113	70236	175688	17590	67570	40280
家居建材商店	5	1032	1824	111	1492	309
购物中心	6	1058	2655	238	1278	529
厂家直销中心	4	252	411	–	85	333

8-6续表2

单位：万元

项　　目	固定资产原　价	累计折旧	#本年折旧	在建工程	资产总计	流动负债合　计
全　市	395228	118214	19006	34106	3647205	2780446
批发业	188278	61712	10993	25859	2942807	2374649
按批发业小类分						
农、林、牧产品批发	8980	2036	111	874	24081	13991
谷物、豆及薯类批发	8980	2036	111	874	22212	13143
种子批发	-	-	-	-	1869	848
食品、饮料及烟草制品批发	30027	12689	2022	3578	147064	27280
米、面制品及食用油批发	212	56	7	-	1498	1176
糕点、糖果及糖批发	275	173	9	225	5834	4759
果品、蔬菜批发	1451	39	-	-	3176	801
盐及调味品批发	1330	426	122	-	6154	2584
烟草制品批发	25836	11559	1879	483	124063	12753
其他食品批发	227	7	1	-	709	409
纺织、服装及家庭用品批发	3486	38	22	-	4859	1047
纺织品、针织品及原料批发	33	20	3	-	1044	586
医药及医疗器材批发	4089	646	62	646	41669	33158
西药批发	3714	513	54	637	37918	30688
矿产品、建材及化工产品批发	132890	43360	8161	20407	2626225	2235277
煤炭及制品批发	23845	6727	2122	4	1740091	1587854
石油及制品批发	67002	26852	4344	2913	89787	25234
非金属矿及制品批发	39	19	4	-	1513	1400
金属及金属矿批发	18021	6812	1105	2426	697335	562384
建材批发	18439	1413	174	14490	55713	28190
化肥批发	3904	958	322	574	34717	27897
农药批发	153	44	6	-	4343	1327
其他化工产品批发	1488	536	84	-	2727	992
机械设备、五金交电及电子产品批发	8749	2929	612	355	93815	59268
农业机械批发	483	50	28	-	2631	2126
汽车批发	7186	2406	351	355	71745	42702
五金产品批发	268	223	113	-	3003	1590
其他机械设备及电子产品批发	813	250	120	-	16436	12849
其他批发业	58	14	3	-	5093	4630
再生物资回收与批发	58	14	3	-	5041	4581
其他未列明的批发	-	-	-	-	52	49
按登记注册类型分						
内资企业	188278	61712	10993	25859	2942807	2374649
国有企业	84707	31240	5034	4270	1524256	1303740
集体企业	8192	1323	176	799	38838	28089
股份合作企业	692	78	78	-	11320	9632
有限责任公司	32053	13040	2283	2894	731306	588010
股份有限公司	24206	10741	1756	298	97835	39773
私营企业	35313	5073	1476	15595	498863	378415
私营独资企业	4242	600	93	-	219500	177381
私营有限责任公司	29047	4358	1328	15595	267776	195521
私营股份有限公司	2023	115	55	-	11587	5513
其他企业	3116	217	191	2003	40390	26991
按企业控股情况分						
国有控股	109375	42421	6845	4270	1577557	1323719
集体控股	13239	2726	687	1097	105497	64443
私人控股	49342	11518	2583	18489	1143008	899108
其他	16323	5047	878	2003	116745	87381
按经营形式分						
独立门店	98906	28048	5186	19584	2593055	2209092
连锁总店（总部）	45054	16623	2655	2913	46465	11144
连锁门店	200	50	-	-	1570	980
其他	44119	16990	3152	3363	301718	153433
零售业	206950	56502	8013	8247	704398	405797
按零售业小类分						
综合零售	57538	12178	1505	2412	160279	113083
百货零售	43224	7666	835	2143	92558	60465
超级市场零售	12493	4335	650	267	63852	50943
其他综合零售	1821	177	20	2	3869	1675

8-6续表3

单位：万元

项　目	固定资产原价	累计折旧	#本年折旧	在建工程	资产总计	流动负债合计
食品、饮料及烟草制品专门零售	1728	680	51	–	15280	12888
粮油零售	1322	668	51	–	12451	12004
酒、饮料及茶叶零售	203	–	–	–	1672	635
其他食品零售	203	12	–	–	434	227
纺织、服装及日用品专门零售	75687	27342	2710	9	125802	54240
纺织品及针织品零售	262	31	11	–	4355	917
服装零售	74774	27265	2693	9	117960	51789
鞋帽零售	–	–	–	–	113	–
其他日用品零售	274	35	6	–	1252	928
文化、体育用品及器材专门零售	11956	3532	306	3501	29601	10345
图书、报刊零售	11944	3524	306	3501	26332	9247
珠宝首饰零售	12	8	–	–	2547	1024
医药及医疗器材专门零售	2910	922	245	201	15423	12801
药品零售	2910	922	245	201	15423	12801
汽车、摩托车、燃料及零配件专门零售	49886	10576	2920	2124	282618	161258
汽车零售	42664	9190	2628	1119	260996	152599
汽车零配件零售	290	51	11	–	1699	499
摩托车及零配件零售	6429	1107	247	1005	15374	5723
机动车燃料零售	504	229	34	–	4549	2438
家用电器及电子产品专门零售	5418	977	224	–	61748	36416
计算机、软件及辅助设备零售	337	73	12	–	3470	1668
通信设备零售	415	91	49	–	4142	1654
五金、家具及室内装修材料专门零售	1826	295	52	–	13648	4767
五金零售	767	202	22	–	5773	2751
家具零售	771	73	28	–	6383	999
其他室内装修材料零售	288	21	3	–	1491	1016
按登记注册类型分						
内资企业	198937	51057	7841	8247	695067	395279
国有企业	19769	4857	477	3501	47215	16736
集体企业	18300	3253	652	1649	54107	37338
股份合作企业	290	51	11	–	1699	499
有限责任公司	59375	13872	2410	1316	329326	206390
股份有限公司	66924	23590	2916	189	120971	60084
私营企业	32851	5236	1233	1592	129998	66888
私营独资企业	4478	376	173	–	17079	2956
私营合伙企业	2567	379	50	–	2912	1385
私营有限责任公司	24607	4179	976	1560	97716	53735
私营股份有限公司	1198	302	34	32	12292	8812
其他企业	1430	199	143	–	11751	7346
外商投资企业	8012	5445	172	–	9331	10518
按企业控股情况分						
国有控股	22637	5376	480	3501	51584	19506
集体控股	20089	3578	869	1649	68699	48710
私人控股	130229	34414	5342	1977	427216	208579
其他	33994	13134	1322	1120	156900	129002
按经营形式分						
独立门店	119047	26101	4294	3860	505248	291726
连锁总店	8359	3410	426	250	47681	42694
连锁门店	226	89	71	–	1663	1525
其他	79317	26902	3223	4137	149806	69853
按零售业态分						
有店铺零售	206950	56502	8013	8247	704398	405797
食杂店	–	–	–	–	71	21
便利店	1440	169	16	1	2764	1676
超市	7789	1861	195	916	39234	31350
大型超市	10973	3617	630	29	53861	40538
百货店	112544	34194	3380	1486	201767	107587
专业店	17552	3542	819	189	92300	52737
专卖店	55380	13017	2956	5625	304615	170317
家居建材商店	330	22	3	–	4959	1033
购物中心	595	67	13	–	3891	186
厂家直销中心	347	14	1	–	936	353

8-6续表4　　　　　　　　　　　　　　　　　　　　　　　　　　　　单位：万元

项　　目	#应付帐款	非流动负债合计	负债合计	所有者权益合计	#实收资本	国家资本
全　　市	**572741**	**136346**	**2971831**	**675375**	**485787**	**41118**
批发业	**480242**	**56223**	**2466474**	**476333**	**317026**	**37790**
按批发业小类分						
农、林、牧产品批发	624	1558	15660	8421	7271	1471
谷物、豆及薯类批发	37	1558	14813	7400	6671	1471
种子批发	587	–	848	1021	600	–
食品、饮料及烟草制品批发	4535	237	27771	119293	10406	2785
米、面制品及食用油批发	13	–	1176	322	322	–
果品、蔬菜批发	70	–	1051	2125	1865	–
肉、禽、蛋及水产品批发	–	–	176	300	300	–
盐及调味品批发	56	237	2825	3330	3257	–
烟草制品批发	3833	–	12753	111310	2785	2785
其他食品批发	–	–	409	300	300	–
纺织、服装及家庭用品批发	365	303	1349	3510	3553	462
纺织品、针织品及原料批发	365	–	586	457	500	462
医药及医疗器材批发	16905	249	33400	8269	8188	80
西药批发	14972	249	30930	6988	7421	80
矿产品、建材及化工产品批发	442000	33479	2303588	322638	269210	32893
煤炭及制品批发	339684	3111	1601092	138999	131851	30000
石油及制品批发	1802	28649	53883	35904	1009	–
非金属矿及制品批发	456	–	1400	113	100	–
金属及金属矿批发	89369	1310	587456	109879	116936	1040
建材批发	2331	–	28868	26846	13373	–
化肥批发	7494	409	28451	6267	4046	1253
农药批发	356	–	1447	2896	995	–
其他化工产品批发	509	–	992	1734	900	600
机械设备、五金交电及电子产品批发	14301	20373	80051	13764	17966	100
农业机械批发	187	–	2126	505	211	–
汽车批发	6347	20373	63075	8669	11655	–
五金产品批发	321	–	2000	1003	2600	100
其他机械设备及电子产品批发	7446	–	12849	3587	3500	–
其他批发业	1512	25	4655	439	433	–
再生物资回收与批发	1502	25	4606	436	430	–
其他未列明的批发	10	–	49	3	3	–
按登记注册类型分						
内资企业	480242	56223	2466474	476333	317026	37790
国有企业	310654	1649	1307418	216838	67036	35006
集体企业	8708	541	28883	9955	9957	1187
股份合作企业	10	–	9632	1688	1688	–
有限责任公司	66668	755	593559	137747	142454	1597
股份有限公司	8088	48930	88714	9121	7809	–
私营企业	85411	4348	408483	90380	78433	–
私营独资企业	39275	–	200045	19454	18214	–
私营有限责任公司	44491	4138	203034	64743	57225	–
私营股份有限公司	1645	210	5404	6183	2994	–
其他企业	703	–	29786	10604	9650	–
按企业控股情况分						
国有控股	315412	30207	1356066	221492	71594	36538
集体控股	11525	21347	86042	19455	18210	1253
私人控股	135232	4670	936985	206023	197001	–
其他	18073	–	87381	29364	30221	–
按经营形式分						
独立门店	452468	51574	2296267	296788	275998	34075
连锁总店（总部）	71	92	11236	35228	–	–
连锁门店	980	–	980	590	100	–
其他	26723	4558	157990	143727	40929	3716
零售业	**92498**	**80123**	**505357**	**199041**	**168761**	**3327**
按零售业小类分						
综合零售	30918	26036	151880	8399	27317	679
百货零售	8319	25116	87163	5395	18908	679
超级市场零售	21535	685	62501	1351	7032	–
其他综合零售	1064	234	2216	1653	1378	–

8-6续表5　　　　单位：万元

项　　目	#应付帐款	非流动负债合计	负债合计	所有者权益合计	#实收资本	国家资本
食品、饮料及烟草制品专门零售	6725	9	12953	2327	1687	294
粮油零售	6655	8	12012	439	494	294
酒、饮料及茶叶零售	21	1	692	980	318	–
其他食品零售	26	–	227	207	175	–
纺织、服装及日用品专门零售	18422	42014	98289	27513	14440	43
纺织品及针织品零售	–	–	2344	2011	2330	30
服装零售	18202	42012	94024	23936	10672	13
鞋帽零售	–	–	72	41	41	–
其他日用品零售	32	2	930	322	317	–
文化、体育用品及器材专门零售	4086	3514	13858	15743	3650	1500
图书、报刊零售	3776	3514	12761	13571	1500	1500
珠宝首饰零售	300	–	1024	1522	1500	–
医药及医疗器材专门零售	3205	256	13057	2366	4830	–
药品零售	3205	256	13057	2366	4830	–
汽车、摩托车、燃料及零配件专门零售	23267	2089	163880	118738	100744	357
汽车零售	21709	1313	153763	107233	92548	355
汽车零配件零售	332	–	499	1201	1200	–
摩托车及零配件零售	571	759	7164	8210	5753	–
机动车燃料零售	655	17	2455	2094	1242	2
家用电器及电子产品专门零售	5322	5463	43168	18580	11082	216
计算机、软件及辅助设备零售	150	26	1690	1780	1692	–
通信设备零售	394	60	1736	2406	980	–
五金、家具及室内装修材料专门零售	555	743	8272	5376	5011	239
五金零售	251	30	4108	1666	1319	239
家具零售	304	713	3148	3235	3217	–
其他室内装修材料零售	–	–	1016	475	475	–
按登记注册类型分						
内资企业	88847	80118	494835	200232	165261	3327
国有企业	3867	8140	27697	19519	5329	2620
集体企业	5251	2508	41009	13099	9790	45
股份合作企业	332	–	499	1201	1200	–
有限责任公司	48925	3544	223629	105697	98319	546
股份有限公司	18872	41574	101148	19823	11114	91
私营企业	10931	24253	93269	36729	35783	25
私营独资企业	426	1359	5564	11514	6263	–
私营合伙企业	89	100	1744	1167	251	–
私营有限责任公司	10339	19998	74329	23387	27958	25
私营股份有限公司	77	2797	11631	660	1310	–
其他企业	669	100	7585	4166	3727	–
外商投资企业	3652	5	10522	–1191	3500	–
按企业控股情况分						
国有控股	3869	8140	30466	21118	5926	2927
集体控股	5305	3131	53091	15608	10160	45
私人控股	48542	66736	279795	147421	129464	355
其他	34783	2116	142005	14895	23211	–
按经营形式分						
独立门店	58373	34649	344407	160840	148958	1429
连锁总店	11692	489	43239	4442	3496	216
连锁门店	1127	–	1525	139	1365	–
其他	21306	44985	116186	33620	14942	1682
按零售业态分						
有店铺零售	92498	80123	505357	199041	168761	3327
食杂店	21	–	21	50	50	–
便利店	481	12	1888	876	640	–
超市	13999	1996	33682	5552	6761	–
大型超市	15899	331	51742	2119	5978	–
百货店	27028	65579	176069	25698	28679	722
专业店	11934	4107	58872	33429	25888	239
专卖店	22953	7298	178804	125811	95960	2367
家居建材商店	–	615	2262	2698	2690	–
购物中心	184	137	1666	2226	1540	–
厂家直销中心	–	47	353	583	574	–

8-6续表6　　　　　　　　　　　　　　　　　　　　　　　　　　　单位：万元

项　　目	集体资本	法人资本	个人资本	外商资本	营业收入	#主营业务收　入
全　　市	**27993**	**209315**	**206312**	**1050**	**11133711**	**11085137**
批发业	**17874**	**88714**	**172647**	**–**	**9132627**	**9103889**
按批发业小类分						
农、林、牧产品批发	–	200	5600	–	53359	37175
谷物、豆及薯类批发	–	200	5000	–	48195	32011
种子批发	–	–	600	–	5164	5164
食品、饮料及烟草制品批发	5234	277	2111	–	704642	704176
米、面制品及食用油批发	40	277	5	–	55678	55678
糕点、糖果及糖批发	1046	–	–	–	92	92
果品、蔬菜批发	915	–	950	–	64549	64549
盐及调味品批发	3233	–	24	–	154600	154587
烟草制品批发	–	–	–	–	412037	411583
其他食品批发	–	–	300	–	6653	6653
纺织、服装及家庭用品批发	3053	38	–	–	49924	49924
纺织品、针织品及原料批发	–	38	–	–	4568	4568
医药及医疗器材批发	300	3315	4493	–	132102	132102
西药批发	300	2548	4493	–	121783	121783
矿产品、建材及化工产品批发	3158	79805	153354	–	8046254	8034323
煤炭及制品批发	–	45748	56104	–	5977936	5974060
石油及制品批发	–	509	500	–	631126	627195
非金属矿及制品批发	–	100	–	–	7741	5338
金属及金属矿批发	1326	20620	93950	–	1050490	1048963
建材批发	–	11973	1400	–	129778	129708
化肥批发	1833	360	600	–	230997	230874
农药批发	–	495	500	–	12722	12722
其他化工产品批发	–	–	300	–	5465	5465
机械设备、五金交电及电子产品批发	6101	5080	6685	–	140958	140801
农业机械批发	101	80	30	–	12733	12733
汽车批发	6000	2500	3155	–	80318	80161
五金产品批发	–	2500	–	–	7802	7802
其他机械设备及电子产品批发	–	–	3500	–	40106	40106
其他批发业	29	–	404	–	5388	5388
再生物资回收与批发	26	–	404	–	4888	4888
其他未列明的批发	3	–	–	–	500	500
按登记注册类型分						
内资企业	17874	88714	172647	–	9132627	9103889
国有企业	–	32030	–	–	6083736	6063592
集体企业	8740	6	24	–	277754	277618
股份合作企业	1688	–	–	–	155268	155268
有限责任公司	1147	18129	121581	–	1307689	1306069
股份有限公司	6300	1009	500	–	242992	242347
私营企业	–	35241	43192	–	922498	916304
私营独资企业	–	7414	10800	–	172539	170136
私营有限责任公司	–	26493	30732	–	683856	680065
私营股份有限公司	–	1334	1660	–	66103	66103
其他企业	–	2300	7350	–	142690	142690
按企业控股情况分						
国有控股	980	33342	735	–	6288782	6268129
集体控股	16554	360	43	–	507233	506961
私人控股	40	42817	154144	–	2012415	2004693
其他	300	12195	17726	–	324197	324105
按经营形式分						
独立门店	16828	75783	149312	–	7754707	7746682
连锁总店（总部）	–	–	–	–	452611	449188
连锁门店	–	100	–	–	2000	2000
其他	1046	12831	23336	–	923309	906018
零售业	**10119**	**120601**	**33665**	**1050**	**2001084**	**1981249**
按零售业小类分						
综合零售	7197	13786	5655	–	760663	749655
百货零售	6261	7478	4490	–	557704	546846
超级市场零售	–	6138	894	–	133688	133537
其他综合零售	936	170	271	–	69272	69272

8-6续表7　　　　　　　　　　　　　　　　　　　　　　　　　　　　单位：万元

项　　目	集体资本	法人资本	个人资本	外商资本	营业收入	#主营业务收入
食品、饮料及烟草制品专门零售	56	934	403	–	16131	16131
粮油零售	–	–	200	–	4768	4768
酒、饮料及茶叶零售	56	159	103	–	9891	9891
其他食品零售	–	125	50	–	1062	1062
纺织、服装及日用品专门零售	443	7214	5691	1050	232699	229011
纺织品及针织品零售	100	2200	–	–	7475	7390
服装零售	284	3873	5453	1050	199883	196281
鞋帽零售	–	41	–	–	1329	1329
其他日用品零售	59	20	238	–	5194	5194
文化、体育用品及器材专门零售	–	1650	500	–	25383	25383
图书、报刊零售	–	–	–	–	21752	21752
珠宝首饰零售	–	1000	500	–	2797	2797
医药及医疗器材专门零售	–	4338	492	–	22950	22840
药品零售	–	4338	492	–	22950	22840
汽车、摩托车、燃料及零配件专门零售	2052	83512	14823	–	656191	652221
汽车零售	1900	83443	6850	–	611443	607473
汽车零配件零售	–	–	1200	–	1814	1814
摩托车及零配件零售	142	25	5586	–	24385	24385
机动车燃料零售	10	44	1187	–	18549	18549
家用电器及电子产品专门零售	50	5958	4858	–	228404	227344
计算机、软件及辅助设备零售	–	1089	603	–	10962	10962
通信设备零售	–	670	310	–	28956	27938
五金、家具及室内装修材料专门零售	320	3209	1243	–	58663	58663
五金零售	–	1030	50	–	9076	9076
家具零售	–	2179	1038	–	37704	37704
其他室内装修材料零售	320	–	155	–	11883	11883
按登记注册类型分						
内资企业	10119	118151	33665	–	1981799	1962538
国有企业	–	2707	2	–	138238	138238
集体企业	6803	2086	856	–	344428	343479
股份合作企业	–	–	1200	–	1814	1814
有限责任公司	2576	82709	12489	–	861262	849987
股份有限公司	140	5733	5150	–	172189	170015
私营企业	600	22347	12810	–	432958	428095
私营独资企业	–	2781	3483	–	71655	71655
私营合伙企业	–	175	76	–	6648	6648
私营有限责任公司	600	18311	9021	–	337398	332535
私营股份有限公司	–	1080	230	–	17257	17257
其他企业	–	2570	1158	–	30910	30910
外商投资企业	–	2450	–	1050	19285	18711
按企业控股情况分						
国有控股	140	2707	152	–	143252	143237
集体控股	5973	3386	756	–	355224	354276
私人控股	2385	99438	27286	–	996780	989424
其他	1621	15070	5471	1050	505827	494312
按经营形式分						
独立门店	8796	109520	28162	1050	1653445	1636954
连锁总店	–	2850	430	–	144040	142896
连锁门店	–	1365	–	–	13891	13864
其他	1322	6865	5073	–	189708	187534
按零售业态分						
有店铺零售	10119	120601	33665	1050	2001084	1981249
食杂店	–	–	50	–	70	70
便利店	462	120	58	–	69771	69771
超市	–	3909	2852	–	84762	84611
大型超市	–	5700	278	–	86006	86006
百货店	7178	11560	8169	1050	746716	732171
专业店	850	14556	10244	–	256179	256042
专卖店	1259	80813	11522	–	713247	708244
家居建材商店	320	2119	251	–	19469	19469
购物中心	50	1490	–	–	20889	20889
厂家直销中心	–	334	240	–	3975	3975

8-6续表8

单位：万元

项　目	营业成本	#主营业务成本	营业税金及附加	#主营业务税金及附加	其他业务利润	销售费用
全　市	**10433002**	**10371232**	**82611**	**80766**	**13032**	**126479**
批发业	**8694217**	**8650991**	**54199**	**52584**	**654**	**56794**
按批发业小类分						
农、林、牧产品批发	51890	36162	37	3	-	649
谷物、豆及薯类批发	47293	31565	36	1	-	550
种子批发	4597	4597	1	1	-	99
食品、饮料及烟草制品批发	557501	552743	30602	30590	489	9013
米、面制品及食用油批发	55199	55199	82	82	-	134
糕点、糖果及糖批发	-	-	6	6	-	20
果品、蔬菜批发	61804	57048	3	3	-	1310
盐及调味品批发	109987	109986	6093	6081	34	535
烟草制品批发	313703	313703	24390	24390	453	6686
其他食品批发	6247	6247	9	9	-	105
纺织、服装及家庭用品批发	28329	28329	2559	2559	-	107
纺织品、针织品及原料批发	5477	5477	19	19	-	62
医药及医疗器材批发	126778	126778	259	259	1	1572
西药批发	117714	117714	242	242	1	1311
矿产品、建材及化工产品批发	7793721	7770999	20615	19047	164	38511
煤炭及制品批发	5889084	5874139	4107	2901	-1274	5068
石油及制品批发	590829	586944	581	573	39	25292
非金属矿及制品批发	7636	5227	3	3	-	94
金属及金属矿批发	1016584	1015102	3004	2870	363	1691
建材批发	119854	119854	629	409	70	5688
化肥批发	153264	153264	12268	12268	123	493
农药批发	12230	12230	-	-	-	113
其他化工产品批发	4241	4241	23	23	843	73
机械设备、五金交电及电子产品批发	131629	131610	119	118	-	6370
农业机械批发	10881	10881	13	13	-	330
汽车批发	76652	76633	79	79	-	3622
五金产品批发	6552	6552	7	7	-	467
其他机械设备及电子产品批发	37544	37544	20	20	-	1952
其他批发业	4371	4371	9	9	-	571
再生物资回收与批发	3933	3933	9	9	-	559
其他未列明的批发	438	438	-	-	-	12
按登记注册类型分						
内资企业	8694217	8650991	54199	52584	654	56794
国有企业	5891213	5872078	26365	26324	1306	24604
集体企业	208553	203796	8726	8714	156	900
股份合作企业	92748	92748	10619	10619	-	214
有限责任公司	1253888	1252387	4022	3891	-30	14090
股份有限公司	229261	228782	538	537	30	10695
私营企业	879947	862592	3914	2483	-807	4501
私营独资企业	170242	167334	153	149	-	250
私营有限责任公司	668161	653215	1948	521	-807	4089
私营股份有限公司	41543	41543	1813	1813	-	162
其他企业	138609	138509	16	16	-	1790
按企业控股情况分						
国有控股	6085933	6066320	26577	26534	1335	33220
集体控股	359528	354771	20879	20867	156	3965
私人控股	1938902	1920065	6173	4612	-794	10408
其他	309855	309836	571	571	-43	9201
按经营形式分						
独立门店	7460141	7448584	28544	26982	1292	23936
连锁总店（总部）	421885	418479	410	403	10	17215
连锁门店	890	890	15	15	-	216
其他	811301	782938	25230	25184	-648	15427
零售业	**1738784**	**1720240**	**28411**	**28182**	**12378**	**69685**
按零售业小类分						
综合零售	622715	611963	19958	19797	7179	35689
百货零售	450992	440239	18949	18788	999	21151
超级市场零售	108961	108961	981	981	6179	14385
其他综合零售	62763	62763	28	28	-	153

8-6续表9

单位：万元

项 目	营业成本	#主营业务成 本	营业税金及附加	#主营业务税金及附加	其他业务利 润	销售费用
食品、饮料及烟草制品专门零售	13285	13285	225	225	7	773
粮油零售	3875	3875	17	17	7	482
酒、饮料及茶叶零售	8233	8233	191	191	–	159
其他食品零售	918	918	4	4	–	78
纺织、服装及日用品专门零售	190889	189932	2519	2519	2739	8071
纺织品及针织品零售	7227	7227	18	18	80	15
服装零售	160687	159730	2438	2438	2658	7417
鞋帽零售	1141	1141	2	2	–	1
其他日用品零售	4895	4895	21	21	–	119
文化、体育用品及器材专门零售	19620	19620	63	58	368	1928
图书、报刊零售	16528	16528	16	16	368	1732
珠宝首饰零售	2389	2389	41	41	–	164
医药及医疗器材专门零售	20728	20678	100	90	–	730
药品零售	20728	20678	100	90	–	730
汽车、摩托车、燃料及零配件专门零售	610687	604401	3493	3441	1891	15284
汽车零售	568004	563456	3423	3371	1891	14875
汽车零配件零售	1703	–	–	–	–	30
摩托车及零配件零售	23657	23622	14	14	–	314
机动车燃料零售	17323	17323	56	56	–	65
家用电器及电子产品专门零售	209449	208951	1157	1156	195	6464
计算机、软件及辅助设备零售	9782	9366	55	55	9	168
通信设备零售	25652	25571	295	295	110	2085
五金、家具及室内装修材料专门零售	51413	51413	898	898	–	745
五金零售	8028	8028	94	94	–	36
家具零售	32224	32224	734	734	–	381
其他室内装修材料零售	11161	11161	70	70	–	328
按登记注册类型分						
内资企业	1723127	1704583	28268	28038	11804	67020
国有企业	95385	95385	2678	2678	368	2313
集体企业	301608	300746	2541	2452	202	14605
股份合作企业	1703	–	–	–	–	30
有限责任公司	787752	775504	14352	14246	7865	30808
股份有限公司	145953	145415	945	945	2052	6641
私营企业	362890	359696	7606	7572	1318	11248
私营独资企业	53951	53942	2422	2422	9	792
私营合伙企业	6001	6001	122	122	–	65
私营有限责任公司	286399	283215	5013	4980	1308	9715
私营股份有限公司	16539	16539	48	48	–	676
其他企业	27837	27837	146	146	–	1376
外商投资企业	15657	15657	144	144	575	2665
按企业控股情况分						
国有控股	99848	99848	2704	2704	403	2643
集体控股	318276	317414	1981	1892	234	12773
私人控股	859608	854381	10799	10730	3983	32186
其他	461053	448598	12927	12855	7759	22083
按经营形式分						
独立门店	1438033	1419743	26985	26766	7699	47925
连锁总店	132309	132178	257	247	2234	9367
连锁门店	11266	11266	34	34	26	1816
其他	157176	157054	1135	1135	2420	10578
按零售业态分						
有店铺零售	1738784	1720240	28411	28182	12378	69685
食杂店	45	45	5	5	–	3
便利店	60304	60304	4	4	–	97
超市	69110	69110	812	812	494	3344
大型超市	73833	73833	369	369	5693	13188
百货店	605016	593307	21065	20904	3738	27489
专业店	238916	237163	1273	1257	140	4662
专卖店	651166	646084	4598	4545	2314	19950
家居建材商店	17952	17952	142	142	–	367
购物中心	18841	18841	136	136	–	575
厂家直销中心	3602	3602	8	8	–	10

8-6续表10

单位：万元

项　　目	管理费用	#税金	#差旅费	#工会经费	财务费用	#利息收入
全　　市	**114524**	**8198**	**3461**	**681**	**77090**	**7816**
批发业	**58841**	**5100**	**1420**	**407**	**51909**	**5025**
按批发业小类分						
农、林、牧产品批发	608	5	6	–	649	–
谷物、豆及薯类批发	562	5	6	–	649	–
种子批发	46	–	–	–	–	–
食品、饮料及烟草制品批发	24891	1189	300	249	-445	1438
米、面制品及食用油批发	95	–	–	–	45	–
糕点、糖果及糖批发	62	–	–	1	…	–
果品、蔬菜批发	445	–	–	–	101	–
盐及调味品批发	1463	711	14	10	348	189
烟草制品批发	22431	478	206	234	-1162	1168
其他食品批发	282	–	–	–	–	–
纺织、服装及家庭用品批发	949	802	13	10	133	101
纺织品、针织品及原料批发	24	2	–	–	…	…
医药及医疗器材批发	1804	20	2	7	504	–
西药批发	1585	19	1	6	504	–
矿产品、建材及化工产品批发	27844	2999	976	123	51219	5112
煤炭及制品批发	14936	1534	241	29	41702	4635
石油及制品批发	3833	498	73	23	693	6
非金属矿及制品批发	5	2	–	–	1	–
金属及金属矿批发	4397	463	611	37	6426	171
建材批发	2213	20	6	–	1862	8
化肥批发	988	479	35	33	476	293
农药批发	205	4	10	–	59	–
其他化工产品批发	1267	…	–	…	–	–
机械设备、五金交电及电子产品批发	2298	80	124	18	-157	-1626
农业机械批发	421	1	17	1	62	–
汽车批发	1104	24	6	5	-374	-1690
五金产品批发	394	4	89	6	8	–
其他机械设备及电子产品批发	379	51	12	7	148	64
其他批发业	447	5	1	…	6	…
再生物资回收与批发	397	5	1	…	6	…
其他未列明的批发	50	–	–	–	–	–
按登记注册类型分						
内资企业	58841	5100	1420	407	51909	5025
国有企业	37076	2295	439	282	29403	5791
集体企业	2874	1525	29	22	646	291
股份合作企业	375	260	15	22	148	90
有限责任公司	9946	413	705	32	13680	422
股份有限公司	1670	213	20	5	-334	-1649
私营企业	6450	379	208	44	8007	81
私营独资企业	766	83	67	–	695	–
私营有限责任公司	5305	196	139	22	7182	31
私营股份有限公司	379	100	2	22	130	50
其他企业	449	16	4	–	358	–
按企业控股情况分						
国有控股	38069	2475	583	285	29456	5795
集体控股	4684	2013	72	59	551	-1070
私人控股	12304	520	446	64	21217	329
其他	3784	92	319	…	685	-28
按经营形式分						
独立门店	27528	4207	801	149	48159	3829
连锁总店（总部）	3440	319	72	20	471	5
连锁门店	160	1	…	…	1	–
其他	27712	573	547	238	3278	1192
零售业	**55684**	**3098**	**2041**	**273**	**25181**	**2791**
按零售业小类分						
综合零售	20821	1423	1486	108	13938	853
百货零售	14740	1138	1147	71	10503	817
超级市场零售	5760	285	340	38	3314	36
其他综合零售	321	–	–	–	121	–

8-6续表11

单位：万元

项　　目	管理费用	#税金	#差旅费	#工会经费	财务费用	#利息收入
食品、饮料及烟草制品专门零售	534	6	6	-	208	-
粮油零售	389	-	-	-	182	-
酒、饮料及茶叶零售	62	1	3	-	15	-
其他食品零售	34	-	-	-	5	-
纺织、服装及日用品专门零售	13006	787	191	79	5178	444
纺织品及针织品零售	106	6	…	-	30	-
服装零售	11761	763	190	78	4888	444
鞋帽零售	54	-	-	-	2	-
化妆品及卫生用品零售	19	18	-	-	46	-
文化、体育用品及器材专门零售	2921	126	50	31	-20	107
图书、报刊零售	2821	121	50	31	-105	107
珠宝首饰零售	73	-	-	-	78	-
医药及医疗器材专门零售	997	54	16	4	185	37
药品零售	997	54	16	4	185	37
汽车、摩托车、燃料及零配件专门零售	10099	414	222	37	5303	522
汽车零售	9116	388	206	36	5113	518
汽车零配件零售	50	-	-	-	31	-
摩托车及零配件零售	178	18	15	…	155	4
机动车燃料零售	756	8	1	1	4	1
家用电器及电子产品专门零售	5743	287	70	13	195	828
计算机、软件及辅助设备零售	418	2	2	-	3	…
通信设备零售	343	81	6	8	119	-
五金、家具及室内装修材料专门零售	1563	2	1	1	194	-
五金零售	306	2	1	1	137	-
家具零售	959	-	-	-	56	-
其他室内装修材料零售	298	-	-	-	-	-
按登记注册类型分						
内资企业	54200	3012	2026	255	25097	2791
国有企业	4376	520	87	58	362	267
集体企业	7719	260	1032	5	6029	1
股份合作企业	50	-	-	-	31	-
有限责任公司	21291	409	217	49	7687	883
股份有限公司	10596	538	205	60	4655	416
私营企业	9800	1260	462	74	6222	1121
私营独资企业	1184	45	13	8	474	268
私营合伙企业	63	4	1	…	16	-
私营有限责任公司	8474	1173	443	64	5598	803
私营股份有限公司	79	38	5	2	134	50
其他企业	368	26	24	9	112	102
外商投资企业	1484	86	15	19	84	…
按企业控股情况分						
国有控股	4554	580	87	58	377	267
集体控股	6352	266	1039	6	3874	2
私人控股	31325	2014	798	164	16455	1716
其他	13453	237	118	46	4475	806
按经营形式分						
独立门店	37893	2379	1765	159	20721	1532
连锁总店	4049	107	37	20	-145	736
连锁门店	390	5	10	-	54	2
其他	13352	607	230	94	4551	522
按零售业态分						
有店铺零售	55684	3098	2041	273	25181	2791
食杂店	2	-	-	-	1	-
便利店	233	-	-	-	101	-
超市	2681	185	31	22	582	36
大型超市	4123	127	317	16	3624	…
百货店	26392	1905	1335	149	14794	1261
专业店	6150	216	71	12	1002	1030
专卖店	14121	662	287	75	4833	464
家居建材商店	812	-	-	-	-	-
购物中心	1030	3	-	-	211	-
厂家直销中心	140	…	1	-	33	-

8-6续表12　　　　单位：万元

项　　目	#利息支出	资产减值损　失	投资收益	营业利润	营业外收入	#补贴收入
全　市	**49073**	**29912**	**3012**	**277591**	**8199**	**1160**
批发业	**34837**	**29918**	**36**	**184420**	**5500**	**1141**
按批发业小类分						
农、林、牧产品批发	…	–	–	-474	1283	1099
谷物、豆及薯类批发	…	–	–	-895	1283	1099
种子批发	–	–	–	421	–	–
食品、饮料及烟草制品批发	407	–	–	83101	30	23
米、面制品及食用油批发	14	–	–	122	–	–
糕点、糖果及糖批发	–	–	–	3	–	–
果品、蔬菜批发	–	–	–	886	–	–
盐及调味品批发	92	–	–	36194	–	–
烟草制品批发	–	–	–	45988	30	23
其他食品批发	–	–	–	11	–	–
纺织、服装及家庭用品批发	33	–	-1	17846	1011	–
纺织品、针织品及原料批发	…	–	-1	-1015	1011	–
医药及医疗器材批发	101	–	–	1185	9	–
西药批发	101	–	–	428	9	–
矿产品、建材及化工产品批发	32709	29890	37	81920	3127	–
煤炭及制品批发	28697	29890	1	-6678	3026	–
石油及制品批发	223	–	–	9898	16	–
非金属矿及制品批发	–	–	–	2	–	–
金属及金属矿批发	3570	–	36	15514	60	–
建材批发	37	–	…	-467	1	–
化肥批发	167	–	–	63507	–	–
农药批发	15	–	–	116	–	–
其他化工产品批发	–	–	–	27	24	–
机械设备、五金交电及电子产品批发	1580	28	–	858	20	–
农业机械批发	62	–	–	1213	–	–
汽车批发	1316	28	–	-794	2	–
五金产品批发	…	–	–	376	12	–
其他机械设备及电子产品批发	202	–	–	63	6	–
其他批发业	6	–	–	-16	20	20
再生物资回收与批发	6	–	–	-16	20	20
其他未列明的批发	–	–	–	…	–	–
按登记注册类型分						
内资企业	34837	29918	36	184420	5500	1141
国有企业	26771	29892	–	45350	2076	1059
集体企业	201	–	–	56074	–	–
股份合作企业	58	–	–	51164	–	–
有限责任公司	4123	-2	28	9082	1148	83
股份有限公司	1247	28	–	1135	10	–
私营企业	2433	–	8	20148	2266	–
私营独资企业	670	–	–	437	–	–
私营有限责任公司	1733	–	8	-2530	2266	–
私营股份有限公司	30	–	–	22241	–	–
其他企业	3	–	–	1468	–	–
按企业控股情况分						
国有控股	26812	29890	-1	45804	3158	1122
集体控股	1467	28	–	117804	2	–
私人控股	6383	–	36	20836	2319	–
其他	176	–	…	-23	21	20
按经营形式分						
独立门店	34129	29918	35	134152	4202	63
连锁总店（总部）	–	–	–	9190	8	–
连锁门店	–	–	–	718	–	–
其他	708	–	…	40361	1290	1078
零售业	**14235**	**-6**	**2976**	**93171**	**2699**	**19**
按零售业小类分						
综合零售	5953	-32	1779	54302	1093	–
百货零售	5888	…	–	42368	507	–
超级市场零售	12	-32	1779	6047	587	–
其他综合零售	54	–	–	5887	–	–

8-6续表13

单位：万元

项　　目	#利息支出	资产减值损　　失	投资收益	营业利润	营业外收入	#补贴收入
食品、饮料及烟草制品专门零售	1	2	20	1127	20	–
粮油零售	–	–	20	–157	18	–
酒、饮料及茶叶零售	1	2	–	1231	2	–
其他食品零售	–	–	–	24	–	–
纺织、服装及日用品专门零售	4911	–	723	13799	5	–
纺织品及针织品零售	–	–	–	79	5	–
服装零售	4864	–	723	13455	…	–
鞋帽零售	–	–	–	128	–	–
其他日用品零售	–	–	–	31	–	–
文化、体育用品及器材专门零售	–	23	65	914	1092	–
图书、报刊零售	–	23	65	800	1092	–
珠宝首饰零售	–	–	–	52	–	–
医药及医疗器材专门零售	53	–	390	601	49	18
药品零售	53	–	390	601	49	18
汽车、摩托车、燃料及零配件专门零售	2651	–	–	13878	438	–
汽车零售	2489	–	–	13430	399	–
汽车零配件零售	–	–	–	1	–	–
摩托车及零配件零售	159	–	–	102	–	–
机动车燃料零售	3	–	–	346	39	–
家用电器及电子产品专门零售	529	…	–	4698	3	…
计算机、软件及辅助设备零售	–	–	–	545	…	…
通信设备零售	70	–	–	463	–	–
五金、家具及室内装修材料专门零售	137	–	–	3851	–	–
五金零售	137	–	–	474	–	–
家具零售	–	–	–	3350	–	–
其他室内装修材料零售	–	–	–	27	–	–
按登记注册类型分						
内资企业	14209	26	2976	93887	2690	19
国有企业	392	23	65	33167	1092	–
集体企业	2784	–	–	12162	5	–
股份合作企业	–	–	–	1	–	–
有限责任公司	2424	…	1799	7585	1264	–
股份有限公司	4833	–	723	4121	57	18
私营企业	3794	2	390	35780	271	…
私营独资企业	14	–	–	12851	39	…
私营合伙企业	–	–	–	381	–	–
私营有限责任公司	3706	2	390	22766	221	–
私营股份有限公司	73	–	–	–218	12	–
其他企业	–18	…	–	1072	1	–
外商投资企业	26	–32	–	–716	9	–
按企业控股情况分						
国有控股	408	23	65	33168	1094	–
集体控股	2916	–	–	12237	6	–
私人控股	10188	2	1113	49719	915	19
其他	723	–32	1799	–1953	685	–
按经营形式分						
独立门店	8993	2	1799	89437	1191	…
连锁总店	413	–	390	–310	387	–
连锁门店	–	…	–	331	3	–
其他	4829	–9	788	3714	1119	18
按零售业态分						
有店铺零售	14235	–6	2976	93171	2699	19
食杂店	1	2	–	14	2	–
便利店	54	–	–	9032	–	–
超市	108	…	20	8289	587	–
大型超市	–	–32	1779	–3407	548	–
百货店	10752	–	723	53721	11	–
专业店	810	…	390	3862	26	19
专卖店	2511	23	65	21183	1525	–
家居建材商店	–	–	–	198	–	–
购物中心	–	–	–	97	–	–
厂家直销中心	–	–	–	182	–	–

8-6续表14　　单位：万元

项　　目	利润总额	应　交所得税	应付职工薪酬(本年贷方累计发生额)	应　交增值税	进项税额	销项税额
全　　市	**49565**	**115236**	**76051**	**102754**	**1586426**	**1657738**
批发业	**25249**	**40979**	**45578**	**71284**	**1384449**	**1444479**
按批发业小类分						
农、林、牧产品批发	730	1	534	3	956	1114
谷物、豆及薯类批发	309	1	474	3	956	1114
种子批发	421	–	60	–	–	–
食品、饮料及烟草制品批发	46845	12271	21025	16387	93273	111605
米、面制品及食用油批发	122	…	76	82	273	273
糕点、糖果及糖批发	3	–	98	–	–	–
果品、蔬菜批发	872	–	103	–	8665	10801
盐及调味品批发	52	11	430	241	28793	28892
烟草制品批发	45897	12256	20250	16064	53964	70021
其他食品批发	–	3	31	–	361	350
纺织、服装及家庭用品批发	-4	356	135	320	9550	9664
纺织品、针织品及原料批发	-4	–	27	162	435	593
医药及医疗器材批发	464	66	856	689	16470	16968
西药批发	424	56	757	659	14745	15214
矿产品、建材及化工产品批发	-21837	28160	20224	53794	1243804	1284212
煤炭及制品批发	-8107	-195	5535	15472	953926	961358
石油及制品批发	9732	–	10302	31643	75219	106820
非金属矿及制品批发	1	–	20	14	1302	1316
金属及金属矿批发	-6461	1682	1778	2666	166389	166989
建材批发	-18467	225	1443	1989	7287	7704
化肥批发	1429	26421	659	1758	38978	39070
农药批发	19	3	145	–	–	–
其他化工产品批发	18	26	343	251	705	956
机械设备、五金交电及电子产品批发	-952	123	2683	78	20021	20532
农业机械批发	-147	7	162	62	1105	1158
汽车批发	-1246	108	1685	-133	11634	11912
五金产品批发	394	–	73	18	642	646
其他机械设备及电子产品批发	46	8	763	131	6640	6816
其他批发业	3	1	122	13	375	384
再生物资回收与批发	3	1	106	13	375	384
其他未列明的批发	…	–	16	–	–	–
按登记注册类型分						
内资企业	25249	40979	45578	71284	1384449	1444479
国有企业	46575	11069	29835	30683	959585	986191
集体企业	1056	369	900	609	46511	46782
股份合作企业	…	26311	109	310	30961	30954
有限责任公司	-1636	1085	6746	4876	197108	197990
股份有限公司	698	149	4359	27889	6918	35007
私营企业	-22907	1975	3420	6848	123798	125755
私营独资企业	-292	2	225	551	28003	27657
私营有限责任公司	-22937	520	2981	4476	84718	87017
私营股份有限公司	322	1454	214	1821	11077	11082
其他企业	1463	22	210	71	19569	21801
按企业控股情况分						
国有控股	47944	11300	33480	58580	964870	1019782
集体控股	374	26582	2320	1931	89059	89571
私人控股	-22953	2849	6326	10487	290300	292999
其他	-116	147	3452	286	40219	42127
按经营形式分						
独立门店	-7337	28563	14846	49226	1193461	1233345
连锁总店（总部）	9120	–	6864	3621	73287	76908
连锁门店	–	–	52	15	325	340
其他	23466	12416	23816	18423	117376	133886
零售业	**24316**	**74257**	**30473**	**31469**	**201977**	**213259**
按零售业小类分						
综合零售	4773	13552	9459	19714	67199	68989
百货零售	4735	13523	5237	16145	42931	43696
超级市场零售	-21	19	3856	3528	21253	22383
其他综合零售	60	11	366	42	3016	2911

8-6续表15　　单位：万元

项　目	利润总额	应交所得税	应付职工薪酬(本年贷方累计发生额)	应交增值税	进项税额	销项税额
食品、饮料及烟草制品专门零售	969	19	528	188	2521	2251
粮油零售	-132	-	267	90	1167	881
酒、饮料及茶叶零售	1051	16	165	48	1172	1192
其他食品零售	21	3	53	46	140	140
纺织、服装及日用品专门零售	3020	484	5691	5409	23863	28856
纺织品及针织品零售	4	3	108	-	42	53
服装零售	2892	456	5243	5188	22172	26939
鞋帽零售	-	-	66	-	60	80
其他日用品零售	31	4	56	17	342	357
文化、体育用品及器材专门零售	2332	1	1834	291	2103	3133
图书、报刊零售	2260	-	1664	256	1866	2844
珠宝首饰零售	52	1	128	31	171	216
医药及医疗器材专门零售	23	7	518	244	3356	3567
药品零售	23	7	518	244	3356	3567
汽车、摩托车、燃料及零配件专门零售	5434	58789	9304	4215	81099	82785
汽车零售	5067	58715	8805	4062	75536	77102
汽车零配件零售	1	-	45	-	-	-
摩托车及零配件零售	85	23	234	39	2816	2780
机动车燃料零售	282	51	220	114	2747	2903
家用电器及电子产品专门零售	4154	423	2543	1147	16218	18123
计算机、软件及辅助设备零售	486	5	239	64	1194	2386
通信设备零售	590	110	552	346	3004	3250
五金、家具及室内装修材料专门零售	3610	883	596	262	5618	5556
五金零售	474	125	126	18	707	780
家具零售	3109	755	356	227	4185	4043
其他室内装修材料零售	27	3	114	17	727	733
按登记注册类型分						
内资企业	25041	74220	29337	30981	199578	210148
国有企业	2347	9947	2089	13860	16093	17091
集体企业	5899	1164	2303	1606	17143	17301
股份合作企业	1	-	45	-	-	-
有限责任公司	9464	58876	13343	4791	89263	91764
股份有限公司	2057	406	3843	4167	20551	24790
私营企业	5231	3826	6966	6256	52731	55128
私营独资企业	1230	297	1036	529	6247	7542
私营合伙企业	381	-	164	-	252	285
私营有限责任公司	3826	3525	5437	5726	44579	45578
私营股份有限公司	-207	4	330	1	1654	1722
其他企业	44	1	748	301	3798	4074
外商投资企业	-725	37	1136	489	2399	3112
按企业控股情况分						
国有控股	2348	9947	2200	13891	16698	17725
集体控股	6144	1387	2799	1432	18437	18583
私人控股	15420	62354	16566	12930	120642	128523
其他	405	569	8908	3216	46200	48428
按经营形式分						
独立门店	20041	73832	21447	25858	167467	173460
连锁总店	-68	40	3290	995	10702	10641
连锁门店	327	-	475	264	2127	2378
其他	4016	385	5262	4353	21681	26780
按零售业态分						
有店铺零售	24316	74257	30473	31469	201977	213259
食杂店	16	4	5	4	-	-
便利店	3284	821	212	8	5583	5426
超市	2	53	2333	2646	12051	11528
大型超市	-1122	10	3190	1182	13448	15059
百货店	5299	13203	9681	21297	61574	67146
专业店	2326	243	2789	924	14790	16701
专卖店	14287	59871	11669	5172	92761	95429
家居建材商店	36	3	236	24	757	763
购物中心	80	49	272	201	684	862
厂家直销中心	108	-	87	13	330	345

8-6续表16　　单位：万元

项　　目	土地和固定资产支出	土地购置	房屋和建筑物	机器设备	运输工具	其他费用
全　　市	**100745**	**70501**	**19208**	**6620**	**3506**	**910**
批发业	**93447**	**70501**	**15755**	**5177**	**1206**	**808**
按批发业小类分						
农、林、牧产品批发	106	–	–	106	–	–
谷物、豆及薯类批发	106	–	–	106	–	–
种子批发	–	–	–	–	–	–
食品、饮料及烟草制品批发	63373	62000	471	27	703	172
米、面制品及食用油批发	–	–	–	–	–	–
糕点、糖果及糖批发	1	–	–	1	–	–
果品、蔬菜批发	–	–	–	–	–	–
盐及调味品批发	3	–	–	–	3	–
烟草制品批发	63369	62000	471	26	700	172
其他食品批发	–	–	–	–	–	–
纺织、服装及家庭用品批发	1	–	–	–	–	1
纺织品、针织品及原料批发	1	–	–	–	–	1
医药及医疗器材批发	2	–	–	2	–	–
西药批发	2	–	–	2	–	–
矿产品、建材及化工产品批发	29548	8444	15107	5021	438	537
煤炭及制品批发	814	–	511	–	224	79
石油及制品批发	3080	2742	106	180	51	1
非金属矿及制品批发	–	–	–	–	–	–
金属及金属矿批发	846	–	–	228	161	457
建材批发	24807	5702	14490	4613	2	–
化肥批发	–	–	–	–	–	–
农药批发	–	–	–	–	–	–
其他化工产品批发	–	–	–	–	–	–
机械设备、五金交电及电子产品批发	419	58	176	22	65	98
农业机械批发	–	–	–	–	–	–
汽车批发	330	58	176	22	41	34
五金产品批发	–	–	–	–	–	–
其他机械设备及电子产品批发	89	–	–	–	24	65
其他批发业	–	–	–	–	–	–
再生物资回收与批发	–	–	–	–	–	–
其他未列明的批发	–	–	–	–	–	–
按登记注册类型分						
内资企业	93447	70501	15755	5177	1206	808
国有企业	66911	64440	1088	242	890	251
集体企业	4	–	–	1	3	–
股份合作企业	–	–	–	–	–	–
有限责任公司	1266	–	170	251	288	556
股份有限公司	357	302	–	55	–	–
私营企业	24910	5760	14496	4628	26	1
私营独资企业	15	–	–	15	–	–
私营有限责任公司	24895	5760	14496	4613	26	1
私营股份有限公司	–	–	–	–	–	–
其他企业	–	–	–	–	–	–
按企业控股情况分						
国有控股	67487	64742	1088	298	1091	269
集体控股	4	–	–	1	3	–
私人控股	25688	5760	14496	4857	70	506
其他	269	–	170	22	43	34
按经营形式分						
独立门店	27387	6061	15177	5009	504	635
连锁总店（总部）	2672	2440	106	125	–	1
连锁门店	–	–	–	–	–	–
其他	63389	62000	471	43	702	172
零售业	**7297**	**–**	**3453**	**1443**	**2299**	**102**
按零售业小类分						
综合零售	65	–	22	43	–	–
百货零售	65	–	22	43	–	–
超级市场零售	–	–	–	–	–	–
其他综合零售	…	–	…	–	–	–

8-6续表17 单位：万元

项　目	土地和固定资产支出	土地购置	房屋和建筑物	机器设备	运输工具	其他费用
食品、饮料及烟草制品专门零售	–	–	–	–	–	–
粮油零售	–	–	–	–	–	–
酒、饮料及茶叶零售	–	–	–	–	–	–
其他食品零售	–	–	–	–	–	–
纺织、服装及日用品专门零售	870	–	530	316	25	–
纺织品及针织品零售	–	–	–	–	–	–
服装零售	870	–	530	316	25	–
鞋帽零售	–	–	–	–	–	–
其他日用品零售	–	–	–	–	–	–
文化、体育用品及器材专门零售	1181	–	1113	–	29	39
图书、报刊零售	1181	–	1113	–	29	39
珠宝首饰零售	–	–	–	–	–	–
医药及医疗器材专门零售	48	–	6	23	16	3
药品零售	48	–	6	23	16	3
汽车、摩托车、燃料及零配件专门零售	5120	–	1781	1061	2225	53
汽车零售	5120	–	1781	1061	2225	53
汽车零配件零售	–	–	–	–	–	–
摩托车及零配件零售	–	–	–	–	–	–
机动车燃料零售	–	–	–	–	–	–
家用电器及电子产品专门零售	13	–	–	–	5	8
计算机、软件及辅助设备零售	3	–	–	–	–	3
通信设备零售	–	–	–	–	–	–
五金、家具及室内装修材料专门零售	–	–	–	–	–	–
五金零售	–	–	–	–	–	–
家具零售	–	–	–	–	–	–
其他室内装修材料零售	–	–	–	–	–	–
按登记注册类型分						
内资企业	7297	–	3453	1443	2299	102
国有企业	1181	–	1113	–	29	39
集体企业	65	–	22	43	–	–
股份合作企业	–	–	–	–	–	–
有限责任公司	2703	–	790	829	1082	2
股份有限公司	870	–	530	316	25	–
私营企业	2478	–	998	255	1163	61
私营独资企业	13	–	–	–	5	8
私营合伙企业	–	–	–	–	–	–
私营有限责任公司	2465	–	998	255	1158	53
私营股份有限公司	–	–	–	–	–	–
其他企业	–	–	–	–	–	–
外商投资企业	–	–	–	–	–	–
按企业控股情况分						
国有控股	1181	–	1113	–	29	39
集体控股	65	–	22	43	–	–
私人控股	4332	–	2224	702	1343	63
其他	1719	–	94	698	928	–
按经营形式分						
独立门店	5198	–	1803	1104	2230	61
连锁总店	48	–	6	23	16	3
连锁门店	–	–	–	–	–	–
其他	2051	–	1643	316	54	39
按零售业态分						
有店铺零售	7297	–	3453	1443	2299	102
食杂店	–	–	–	–	–	–
便利店	–	–	–	–	–	–
超市	–	–	–	–	–	–
大型超市	–	–	–	–	–	–
百货店	936	–	553	359	25	–
专业店	51	–	6	23	16	6
专卖店	6311	–	2894	1061	2259	96
家居建材商店	–	–	–	–	–	–
购物中心	–	–	–	–	–	–
厂家直销中心	–	–	–	–	–	–

8-7　限额以上批发零售产业活动单位（个体户）商品购销存情况

（2012年）

单位：万元

项　　目	法人企业数（个）	从业人员期末人数（人）	商品购进额	商品销售额
全　　市	**139**	**2136**	**305606**	**312896**
批发业	**11**	**198**	**86671**	**87107**
按批发业行业小类分				
农畜产品批发	3	66	10320	10248
食品、饮料及烟草制品批发	3	27	3546	4064
纺织、服装及家庭用品批发	1	20	2205	2214
家用电器批发	1	20	2205	2214
医药及医疗器材批发	1	30	2526	2517
矿产品、建材及化工产品批发	2	20	37334	37320
煤炭及制品批发	1	18	5224	5978
化肥批发	1	2	32110	31342
机械设备、五金交电及电子产品批发	1	35	30740	30744
摩托车及零配件批发	1	35	30740	30744
按登记注册类型分				
个体经营	11	198	86671	87107
个体户	11	198	86671	87107
按经营形式分				
独立门店	11	198	86671	87107
零售业	**128**	**1938**	**218935**	**225789**
按零售行业小类分				
综合零售	26	615	34524	34133
百货零售	11	365	13923	12909
超级市场零售	5	107	9115	8936
其他综合零售	10	143	11486	12289
食品、饮料及烟草制品专门零售	10	54	22887	23467
糕点、面包零售	5	10	4918	5524
酒、饮料及茶叶零售	1	6	1317	1197
烟草制品零售	2	34	14314	14280
其他食品零售	2	4	2339	2466
纺织、服装及日用品专门零售	19	318	17092	20630
纺织品及针织品零售	14	99	8800	10994
服装零售	3	114	6766	7983
鞋帽零售	1	95	594	557
化妆品及卫生用品零售	1	10	932	1097
文化、体育用品及器材专门零售	1	3	532	613
医药及医疗器材专门零售	8	98	22099	22496
汽车、摩托车、燃料及零配件专门零售	6	66	23313	26587
汽车零售	3	35	1302	4772
机动车燃料零售	3	31	22011	21815
家用电器及电子产品专门零售	29	399	42470	45062
家用视听设备零售	10	180	24947	25794
五金、家具及室内装修材料专门零售	25	349	48952	45520
家具零售	21	312	45506	42180
其他室内装修材料零售	4	37	3446	3340
货摊、无店铺及其他零售业	4	36	7066	7281
按登记注册类型分				
个体经营	128	1938	218935	225789
个体户	128	1938	218935	225789
按经营形式分				
独立门店	124	1886	204288	211614
其他	4	52	14647	14175
按零售业态分				
有店铺零售	128	1938	218935	225789
食杂店	8	20	8574	9187
便利店	8	89	16968	17678
超市	10	325	14456	13751
大型超市	4	119	2591	2209
百货店	12	221	56489	55995
专业店	32	527	45447	52164
专卖店	33	291	37319	40571
家居建材商店	19	243	28366	25676
购物中心	1	69	5638	5639
厂家直销中心	1	34	3087	2919

8-7续表　　　　　　　　　　　　　　　　　　　　　　　　　　　　　单位：万元

项　　目	批发额	零售额	期末商品库存额	年末零售营业面积（平方米）
全　　市	**85386**	**227509**	**17530**	**104988**
批发业	**76247**	**10860**	**1329**	**4378**
按批发业行业小类分				
农畜产品批发	9230	1018	72	3450
食品、饮料及烟草制品批发	200	3864	136	600
纺织、服装及家庭用品批发	2214	-	50	-
医药及医疗器材批发	2517	-	59	-
矿产品、建材及化工产品批发	31342	5978	920	328
煤炭及制品批发	-	5978	153	328
化肥批发	31342	-	767	-
机械设备、五金交电及电子产品批发	30744	-	92	-
摩托车及零配件批发	30744	-	92	-
按登记注册类型分				
个体经营	76247	10860	1329	4378
个体户	76247	10860	1329	4378
按经营形式分				
独立门店	76247	10860	1329	4378
零售业	**9139**	**216650**	**16201**	**100610**
按零售行业小类分				
综合零售	-	34133	2059	26117
百货零售	-	12909	1312	19563
超级市场零售	-	8936	322	3644
其他综合零售	-	12289	425	2910
食品、饮料及烟草制品专门零售	-	23467	1044	2030
糕点、面包零售	-	5524	577	690
酒、饮料及茶叶零售	-	1197	120	150
烟草制品零售	-	14280	34	820
其他食品零售	-	2466	313	370
纺织、服装及日用品专门零售	-	20630	257	15790
纺织品及针织品零售	-	10994	116	4260
服装零售	-	7983	57	6820
鞋帽零售	-	557	37	4500
化妆品及卫生用品零售	-	1097	47	210
文化、体育用品及器材专门零售	-	613	4	300
医药及医疗器材专门零售	-	22496	630	793
汽车、摩托车、燃料及零配件专门零售	-	26587	461	2550
汽车零售	-	4772	265	1010
机动车燃料零售	-	21815	196	1540
家用电器及电子产品专门零售	2879	42183	3448	11387
家用视听设备零售	2879	22915	1980	5347
五金、家具及室内装修材料专门零售	5398	40122	8117	39083
家具零售	4716	37464	7650	36989
其他室内装修材料零售	682	2658	468	2094
货摊、无店铺及其他零售业	862	6419	182	2560
按登记注册类型分				
个体经营	9139	216650	16201	100610
个体户	9139	216650	16201	100610
按经营形式分				
独立门店	9139	202475	15166	95730
其他	-	14175	1035	4880
按零售业态分				
有店铺零售	9139	216650	16201	100610
食杂店	-	9187	1010	1210
便利店	-	17678	400	2720
超市	-	13751	970	17457
大型超市	-	2209	385	4960
百货店	-	55995	785	9040
专业店	862	51303	1825	14593
专卖店	2879	37692	3399	13147
家居建材商店	2480	23197	7247	26273
购物中心	-	5639	13	6010
厂家直销中心	2919	-	168	5200

8-8　限额以上住宿餐饮法人企业经营情况

（2012年）

单位：万元

项　　目	法人企业数（个）	从业人员期末人数（人）	营业额	客房收入	餐费收入	商品销售收入
全　　市	107	10628	154921	41351	105184	3913
住宿业	53	5658	96514	33323	57124	2423
按住宿行业小类分						
旅游饭店	29	3823	55470	18820	32107	2000
一般旅馆	24	1835	41044	14504	25016	422
按登记注册类型分						
内资企业	53	5658	96514	33323	57124	2423
国有企业	12	1235	13726	4398	8355	240
集体企业	4	764	9712	2079	6642	716
股份合作企业	1	62	2691	2159	531	–
有限责任公司	21	1631	30622	12512	17163	223
股份有限公司	4	333	4318	1332	2154	381
私营企业	9	1485	31294	9082	20916	43
私营独资企业	4	475	11021	3369	7377	11
私营有限责任公司	4	687	8065	2692	4546	33
私营股份有限公司	1	323	12209	3022	8994	–
其他企业	2	148	4151	1761	1361	820
按控股情况分						
国有控股	15	1944	23364	7188	14582	539
集体控股	4	764	9712	2079	6642	716
私人控股	22	2209	51257	19178	29717	901
港澳台商控股	1	90	5485	2031	3164	–
其他	11	651	6696	2847	3019	267
按经营形式分						
独立门店	51	5552	93740	32070	55602	2423
连锁门店	1	36	204	204	–	–
其他	1	70	2571	1049	1522	–
按星级分						
五星	1	323	12209	3022	8994	–
四星	5	1196	11886	3539	7015	544
三星	6	661	6954	3058	3604	186
二星	7	519	5734	1584	3827	141
一星	1	36	315	61	156	–
其他	33	2923	59415	22060	33528	1551
餐饮业	54	4970	58407	8027	48060	1490
按餐饮行业小类分						
正餐服务	52	4915	58010	8027	47663	1490
快餐服务	1	35	244	–	244	–
其他餐饮业	1	20	154	–	154	–
按登记注册类型分						
内资企业	53	4832	56265	7521	46425	1490
国有企业	4	329	2260	510	1748	3
集体企业	1	85	727	188	403	136
有限责任公司	27	2239	18016	2591	14924	189
股份有限公司	1	188	5080	1448	3632	–
私营企业	17	1679	27282	2448	23589	1110
私营独资企业	6	464	9260	–	8373	887
私营合伙企业	2	160	1450	–	1450	–
私营有限责任公司	9	1055	16572	2448	13766	223
其他企业	3	312	2901	337	2130	53
港澳台商投资企业	1	138	2142	506	1635	–
港澳台商独资企业	1	138	2142	506	1635	–
按控股情况分						
国有控股	3	307	1763	311	1449	3
集体控股	1	85	727	188	403	136
私人控股	36	3291	39890	3973	34113	1235
港澳台商控股	1	138	2142	506	1635	–
其他	12	1127	13388	2850	10162	117
按经营形式分						
独立门店	49	4582	53823	7744	43821	1430
连锁总店(总部)	1	140	2051	–	2051	–
连锁门店	1	56	846	–	846	–
其他	3	192	1688	283	1342	60

8-8续表

单位：万元

项　　目	其他收入	客房数（间）	床位数（个）	餐位数（位）	年末餐饮营业面积(平方米)
全　　市	**4474**	**7629**	**13515**	**52191**	**299695**
住宿业	3645	6217	11083	26701	159359
按住宿行业小类分					
旅游饭店	2543	3168	5665	12856	100942
一般旅馆	1102	3049	5418	13845	58417
按登记注册类型分					
内资企业	3645	6217	11083	26701	159359
国有企业	733	1123	2351	6580	26261
集体企业	274	409	761	5110	20116
股份合作企业	-	199	401	350	2500
有限责任公司	725	3124	5179	7457	47742
股份有限公司	452	257	465	650	3395
私营企业	1252	885	1596	5284	56900
私营独资企业	265	258	489	2210	25900
私营有限责任公司	795	455	855	1564	21000
私营股份有限公司	193	172	252	1510	10000
其他企业	209	220	330	1270	2445
按控股情况分					
国有控股	1055	1513	3043	8237	37955
集体控股	274	409	761	5110	20116
私人控股	1461	3234	5756	9661	75168
港澳台商控股	291	336	434	2000	8000
其他	563	725	1089	1693	18120
按经营形式分					
独立门店	3645	6037	10804	25893	155359
连锁门店	-	108	132	108	2000
其他	-	72	147	700	2000
按星级分					
五星	193	172	252	1510	10000
四星	789	660	1033	2921	19156
三星	107	680	1144	2966	27076
二星	182	589	1311	4380	12437
一星	99	106	288	130	500
其他	2276	4010	7055	14794	90190
餐饮业	829	1412	2432	25490	140336
按餐饮行业小类分					
正餐服务	829	1412	2432	24860	139492
快餐服务	-	-	-	600	623
其他餐饮业	-	-	-	30	221
按登记注册类型分					
内资企业	829	1404	2416	25144	136836
国有企业	-	406	740	2520	11700
集体企业	-	45	90	500	3180
有限责任公司	312	556	999	9259	68021
股份有限公司	-	171	230	1000	4600
私营企业	136	80	146	10030	40379
私营独资企业	-	-	-	2375	12463
私营合伙企业	-	-	-	1360	3200
私营有限责任公司	136	80	146	6295	24716
其他企业	381	146	211	1835	8956
港澳台商投资企业	-	8	16	346	3500
港澳台商独资企业	-	8	16	346	3500
按控股情况分					
国有控股	-	358	634	2340	10700
集体控股	-	45	90	500	3180
私人控股	570	537	915	17098	92618
港澳台商控股	-	8	16	346	3500
其他	260	416	671	5026	29338
按经营形式分					
独立门店	827	1344	2286	23905	122359
连锁总店(总部)	-	-	-	800	8000
连锁门店	-	-	-	50	363
其他	2	68	146	735	9614

8-9 限额以上住宿和餐饮业法人财务状况

（2012年）

单位：万元

项目	法人企业数（个）	执行《2006年企业会计准则》企业数（个）	年初存货	流动资产合计	#应收帐款
全市	**107**	**44**	**7530**	**64839**	**13728**
住宿业	**53**	**21**	**3473**	**42378**	**8308**
按住宿行业小类分					
旅游饭店	29	8	2681	35436	6250
一般旅馆	24	13	792	6942	2058
按登记注册类型分					
内资企业	53	21	3473	42378	8308
国有企业	12	4	523	6897	1624
集体企业	4	2	558	3890	1674
股份合作企业	1	1	5	10	1
有限责任公司	21	8	1283	15002	2960
股份有限公司	4	2	275	4967	1456
私营企业	9	4	756	11504	593
私营独资企业	4	1	419	9282	-146
私营有限责任公司	4	2	139	1064	134
私营股份有限公司	1	1	198	1158	605
其他企业	2	-	74	108	-
按控股情况分					
国有控股	15	6	976	17542	4233
集体控股	4	2	558	3890	1674
私人控股	22	9	1125	14144	1226
港澳台商控股	1	-	458	2587	1049
其他	11	4	356	4215	126
按经营形式分					
独立门店	51	21	3390	40772	7808
连锁门店	1	-	55	286	-
其他	1	-	28	1320	500
按星级分					
五星	1	1	198	1158	605
四星	5	2	806	11582	2254
三星	6	4	357	3878	987
二星	7	-	166	2570	840
一星	1	1	36	105	1
其他	33	13	1912	23085	3621
餐饮业	**54**	**23**	**4057**	**22461**	**5419**
按餐饮行业小类分					
正餐服务	52	22	3376	22379	5411
快餐服务	1	-	2	58	7
其他餐饮业	1	1	679	24	1
按登记注册类型分					
内资企业	53	23	4057	21355	5419
国有企业	4	1	133	291	32
集体企业	1	1	22	473	443
有限责任公司	27	11	2301	9409	3331
股份有限公司	1	-	721	2655	800
私营企业	17	8	825	7208	612
私营独资企业	6	3	288	4534	342
私营合伙企业	2	-	21	37	5
私营有限责任公司	9	5	515	2637	265
其他企业	3	2	56	1319	201
港澳台商投资企业	1	-	-	1106	-
港澳台商独资企业	1	-	-	1106	-
按控股情况分					
国有控股	3	1	75	211	10
集体控股	1	1	22	473	443
私人控股	36	18	2117	13197	3356
港澳台商控股	1	-	-	1106	-
其他	12	3	1785	7395	1588
按经营形式分					
独立门店	49	22	3785	20896	5211
连锁总店(总部)	1	-	44	559	73
连锁门店	1	-	20	117	113
其他	3	1	208	889	22

8-9续表1　　　　单位：万元

项　　目	#存货	固定资产合计	固定资产原价	累计折旧	#本年折旧
全　　市	**7469**	**101818**	**126343**	**34009**	**5678**
住宿业	**4883**	**77923**	**94460**	**25561**	**4744**
按住宿行业小类分					
旅游饭店	3257	56632	68022	20403	4308
一般旅馆	1626	21291	26438	5158	436
按登记注册类型分					
内资企业	4883	77923	94460	25561	4744
国有企业	957	11335	15865	5195	615
集体企业	624	12650	15272	2622	260
股份合作企业	9	7	23	16	–
有限责任公司	2216	40210	45690	12513	3087
股份有限公司	146	225	682	457	109
私营企业	874	10483	12442	3285	623
私营独资企业	601	2147	1461	640	192
私营有限责任公司	93	4505	6222	1717	186
私营股份有限公司	180	3831	4759	929	245
其他企业	57	3013	4486	1473	51
按控股情况分					
国有控股	1257	18479	30516	12702	1261
集体控股	624	12650	15272	2622	260
私人控股	2029	18256	22388	5566	741
港澳台商控股	659	15053	13138	2461	803
其他	314	13486	13145	2211	1679
按经营形式分					
独立门店	4063	74617	90860	25160	4743
连锁门店	–	107	–	–	–
其他	820	3199	3600	401	1
按星级分					
五星	180	3831	4759	929	245
四星	731	21511	29947	10720	2433
三星	615	9113	12121	3008	287
二星	500	3354	4111	1502	230
一星	9	–	4	4	–
其他	2848	40114	43518	9399	1549
餐饮业	**2586**	**23895**	**31883**	**8448**	**935**
按餐饮行业小类分					
正餐服务	2579	23836	31806	8429	929
快餐服务	7	13	28	15	3
其他餐饮业	–	46	49	3	3
按登记注册类型分					
内资企业	2586	23666	31625	8419	935
国有企业	128	1837	2806	969	2
集体企业	30	93	129	36	–
有限责任公司	911	11977	14302	2679	684
股份有限公司	298	5755	8158	2417	100
私营企业	876	3807	6033	2316	149
私营独资企业	228	2133	2190	143	23
私营合伙企业	22	123	331	208	–
私营有限责任公司	626	1552	3512	1964	125
其他企业	345	197	197	3	–
港澳台商投资企业	–	229	258	29	–
港澳台商独资企业	–	229	258	29	–
按控股情况分					
国有控股	70	1557	2526	969	2
集体控股	30	93	129	36	–
私人控股	1793	14324	18012	4112	676
港澳台商控股	–	229	258	29	–
其他	636	7412	10678	3302	257
按经营形式分					
独立门店	2481	23411	31413	8376	931
连锁总店(总部)	43	53	69	63	–
连锁门店	4	101	101	8	4
其他	58	331	301	–	–

8-9续表2

单位：万元

项　　目	在建工程	资产总计	流动负债合计	#应付帐款	非流动负债合计
全　　市	**13303**	**214478**	**114094**	**23087**	**18216**
住宿业	**12461**	**156891**	**80453**	**17310**	**17326**
按住宿行业小类分					
旅游饭店	12460	124716	65391	15213	15465
一般旅馆	1	32176	15063	2097	1861
按登记注册类型分					
内资企业	12461	156891	80453	17310	17326
国有企业	642	28450	14940	4443	9841
集体企业	–	18315	7294	1047	2695
股份合作企业	–	62	52	2	–
有限责任公司	9181	61766	32554	8532	3776
股份有限公司	–	12534	3854	795	–
私营企业	2638	28440	20944	2490	834
私营独资企业	1315	14212	12975	819	434
私营有限责任公司	1324	7656	6336	1671	–
私营股份有限公司	–	6573	1633	–	401
其他企业	–	7323	815	–	180
按控股情况分					
国有控股	642	52972	21668	5136	9841
集体控股	–	18315	7294	1047	2695
私人控股	2638	43708	24437	4097	1268
港澳台商控股	4375	19322	9655	748	–
其他	4806	22573	17400	6283	3522
按经营形式分					
独立门店	12461	151980	78951	15969	17326
连锁门店	–	392	184	60	–
其他	–	4519	1319	1281	–
按星级分					
五星	–	6573	1633	–	401
四星	2284	41050	20461	9688	14244
三星	40	16444	5285	687	–
二星	510	6993	5456	1075	416
一星	–	105	89	62	–
其他	9626	85727	47530	5799	2265
餐饮业	**842**	**57586**	**33640**	**5777**	**890**
按餐饮行业小类分					
正餐服务	715	57319	33618	5768	889
快餐服务	127	198	9	9	–
其他餐饮业	–	70	14	1	…
按登记注册类型分					
内资企业	842	56230	33451	5588	890
国有企业	–	2869	1064	399	–
集体企业	–	665	143	76	–
有限责任公司	729	23545	13937	2262	402
股份有限公司	13	10432	11186	562	–
私营企业	–	12929	4914	1242	2
私营独资企业	–	7181	1202	574	–
私营合伙企业	–	171	443	57	–
私营有限责任公司	–	5577	3269	612	2
其他企业	99	5791	2208	1047	485
港澳台商投资企业	–	1356	189	189	–
港澳台商独资企业	–	1356	189	189	–
按控股情况分					
国有控股	–	2349	1064	399	–
集体控股	–	665	143	76	–
私人控股	390	35144	16659	3602	770
港澳台商控股	–	1356	189	189	–
其他	452	17553	15586	1512	120
按经营形式分					
独立门店	842	54753	33527	5701	890
连锁总店(总部)	–	731	58	36	–
连锁门店	–	458	56	41	–
其他	–	1644	–	–	–

8-9续表3

单位：万元

项　　目	负债合计	所有者权益合计	#实收资本	国家资本	集体资本
全　　市	**136614**	**77863**	**66558**	**18943**	**5628**
住宿业	**101897**	**54994**	**47849**	**18671**	**5543**
按住宿行业小类分					
旅游饭店	84963	39753	36022	18092	5100
一般旅馆	16934	15242	11826	579	443
按登记注册类型分					
内资企业	101897	54994	47849	18671	5543
国有企业	24551	3899	6850	6694	–
集体企业	9999	8316	5652	–	5543
股份合作企业	52	10	10	–	–
有限责任公司	36704	25062	18025	2273	–
股份有限公司	3854	8680	9905	9705	–
私营企业	21778	6662	6968	–	–
私营独资企业	13409	803	1118	–	–
私营有限责任公司	6336	1320	2200	–	–
私营股份有限公司	2033	4540	3650	–	–
其他企业	4959	2365	439	–	–
按控股情况分					
国有控股	31278	21694	18828	18671	–
集体控股	9999	8316	5652	–	5543
私人控股	29669	14039	12067	–	–
港澳台商控股	9655	9667	5000	–	–
其他	21296	1278	6302	–	–
按经营形式分					
独立门店	100395	51586	44629	18671	5543
连锁门店	184	209	20	–	–
其他	1319	3200	3200	–	–
按星级分					
五星	2033	4540	3650	–	–
四星	34705	6345	9347	1997	5000
三星	5285	11158	5542	5304	100
二星	5581	1412	1255	1175	–
一星	89	16	58	58	–
其他	54204	31523	27996	10137	443
餐饮业	**34717**	**22869**	**18709**	**272**	**85**
按餐饮行业小类分					
正餐服务	34695	22624	18459	272	85
快餐服务	9	189	200	–	–
其他餐饮业	14	56	50	–	–
按登记注册类型分					
内资企业	34528	21702	18648	272	85
国有企业	1064	1805	792	272	–
集体企业	143	522	85	–	85
有限责任公司	14301	9244	10864	–	–
股份有限公司	11186	-754	10	–	–
私营企业	5142	7787	4798	–	–
私营独资企业	1410	5772	1161	–	–
私营合伙企业	443	-273	70	–	–
私营有限责任公司	3289	2288	3567	–	–
其他企业	2693	3098	2100	–	–
港澳台商投资企业	189	1167	61	–	–
港澳台商独资企业	189	1167	61	–	–
按控股情况分					
国有控股	1064	1285	272	272	–
集体控股	143	522	85	–	85
私人控股	17616	17528	15226	–	–
港澳台商控股	189	1167	61	–	–
其他	15706	1847	2546	–	–
按经营形式分					
独立门店	34396	20357	17220	272	85
连锁总店(总部)	58	673	673	–	–
连锁门店	56	402	100	–	–
其他	208	1436	716	–	–

8-9续表4

单位：万元

项　　目	法人资本	个人资本	营业收入	#主营业务收入	营业成本
全　市	**25937**	**16050**	**154730**	**154250**	**84259**
住宿业	**15396**	**8238**	**97239**	**97232**	**51691**
按住宿行业小类分					
旅游饭店	8801	4029	53189	53183	23872
一般旅馆	6595	4209	44050	44050	27819
按登记注册类型分					
内资企业	15396	8238	97239	97232	51691
国有企业	156	–	13788	13782	6744
集体企业	100	9	9406	9406	4604
股份合作企业	–	10	2691	2691	2453
有限责任公司	13787	1965	33712	33712	16940
股份有限公司	–	200	4318	4318	1900
私营企业	1292	5676	31278	31278	17981
私营独资企业	68	1050	11021	11021	5521
私营有限责任公司	1224	976	8049	8049	4473
私营股份有限公司	–	3650	12209	12209	7987
其他企业	60	379	2046	2046	1070
按控股情况分					
国有控股	156	–	23426	23419	10782
集体控股	100	9	9406	9406	4604
私人控股	5399	6667	52108	52108	31817
港澳台商控股	5000	–	5583	5583	1731
其他	4740	1562	6716	6716	2758
按经营形式分					
独立门店	12196	8218	94464	94458	49398
连锁门店	–	20	204	204	92
其他	3200	–	2571	2571	2201
按星级分					
五星	–	3650	12209	12209	7987
四星	2350	–	11907	11907	4990
三星	136	2	6629	6629	2594
二星	32	48	5735	5729	2964
一星	–	–	377	377	148
其他	12878	4538	60382	60382	33007
餐饮业	**10541**	**7812**	**57491**	**57017**	**32568**
按餐饮行业小类分					
正餐服务	10291	7812	57047	56573	32350
快餐服务	200	–	244	244	108
其他餐饮业	50	–	200	200	110
按登记注册类型分					
内资企业	10480	7812	55349	54876	31540
国有企业	520	–	1918	1918	1355
集体企业	–	–	727	591	282
有限责任公司	4537	6327	17739	17408	9975
股份有限公司	–	10	5080	5080	1684
私营企业	3323	1475	26975	26969	16773
私营独资企业	392	770	8975	8975	4981
私营合伙企业	50	20	1454	1454	640
私营有限责任公司	2882	685	16546	16540	11152
其他企业	2100	–	2911	2911	1472
港澳台商投资企业	61	–	2142	2142	1028
港澳台商独资企业	61	–	2142	2142	1028
按控股情况分					
国有控股	–	–	1421	1421	918
集体控股	–	–	727	591	282
私人控股	8194	7032	39580	39242	23167
港澳台商控股	61	–	2142	2142	1028
其他	1766	780	13124	13124	6737
按经营形式分					
独立门店	9821	7042	53191	52718	30431
连锁总店(总部)	–	673	1854	1854	761
连锁门店	100	–	758	758	611
其他	620	96	1688	1688	766

8-9续表5

单位：万元

项　　　目	#主营业务成本	营业税金及附加	#主营业务税金及附加	其他业务利润	销售费用
全　　市	**84186**	**8932**	**8920**	**551**	**32320**
住宿业	**51691**	**5534**	**5533**	**234**	**20797**
按住宿行业小类分					
旅游饭店	23872	2853	2852	234	15445
一般旅馆	27819	2681	2681	-	5351
按登记注册类型分					
内资企业	51691	5534	5533	234	20797
国有企业	6744	827	827	214	2981
集体企业	4604	502	502	14	2792
股份合作企业	2453	125	125	-	-
有限责任公司	16940	1757	1756	7	8063
股份有限公司	1900	311	311	-	971
私营企业	17981	1964	1964	-	5557
私营独资企业	5521	531	531	-	1667
私营有限责任公司	4473	438	438	-	2564
私营股份有限公司	7987	995	995	-	1327
其他企业	1070	48	48	-	434
按控股情况分					
国有控股	10782	1348	1348	214	6233
集体控股	4604	502	502	14	2792
私人控股	31817	2818	2818	-	7991
港澳台商控股	1731	314	314	-	1683
其他	2758	552	551	7	2098
按经营形式分					
独立门店	49398	5510	5509	234	20648
连锁门店	92	17	17	-	6
其他	2201	7	7	-	142
按星级分					
五星	7987	995	995	-	1327
四星	4990	683	683	14	4560
三星	2594	366	366	-	1973
二星	2964	413	413	6	1563
一星	148	21	21	208	180
其他	33007	3056	3055	7	11194
餐饮业	**32495**	**3398**	**3387**	**317**	**11524**
按餐饮行业小类分					
正餐服务	32276	3346	3335	315	11424
快餐服务	108	18	18	-	87
其他餐饮业	110	34	34	2	13
按登记注册类型分					
内资企业	31467	3278	3267	317	11163
国有企业	1355	77	77	25	200
集体企业	211	48	47	20	209
有限责任公司	9975	1131	1122	273	4242
股份有限公司	1684	284	284	-	2395
私营企业	16770	1545	1545	-	3127
私营独资企业	4981	476	476	-	1349
私营合伙企业	640	124	124	-	376
私营有限责任公司	11149	946	946	-	1402
其他企业	1472	192	192	-	991
港澳台商投资企业	1028	120	120	-	360
港澳台商独资企业	1028	120	120	-	360
按控股情况分					
国有控股	918	67	67	25	190
集体控股	211	48	47	20	209
私人控股	23164	2343	2333	4	6903
港澳台商控股	1028	120	120	-	360
其他	6737	810	810	269	3851
按经营形式分					
独立门店	30357	3205	3194	317	10410
连锁总店(总部)	761	104	104	-	875
连锁门店	611	47	47	-	18
其他	766	42	42	-	220

8-9续表6

单位：万元

项目	管理费用	#税金	#差旅费	#工会经费	财务费用
全市	**25541**	**1262**	**418**	**97**	**2747**
住宿业	**18090**	**1034**	**320**	**66**	**2169**
按住宿行业小类分					
旅游饭店	12189	887	301	39	1667
一般旅馆	5902	148	19	27	503
按登记注册类型分					
内资企业	18090	1034	320	66	2169
国有企业	3597	143	16	20	279
集体企业	1429	51	2	–	101
股份合作企业	2	–	–	–	1
有限责任公司	6941	427	51	36	849
股份有限公司	1484	90	–	–	11
私营企业	4293	276	250	8	911
私营独资企业	1601	66	2	–	817
私营有限责任公司	1196	210	247	–	32
私营股份有限公司	1497	–	1	8	62
其他企业	344	48	2	1	17
按控股情况分					
国有控股	5868	300	20	23	307
集体控股	1429	51	2	–	101
私人控股	7341	423	266	27	1179
港澳台商控股	1858	216	23	13	-28
其他	1594	44	10	3	610
按经营形式分					
独立门店	17882	1034	320	66	2129
连锁门店	62	–	–	–	2
其他	146	–	–	–	38
按星级分					
五星	1497	–	1	8	62
四星	2559	182	8	2	600
三星	1691	–	1	–	43
二星	1221	35	6	8	30
一星	16	–	–	–	–
其他	11107	818	305	48	1434
餐饮业	**7451**	**227**	**98**	**30**	**578**
按餐饮行业小类分					
正餐服务	7391	193	89	25	576
快餐服务	24	6	6	4	–
其他餐饮业	36	28	4	2	2
按登记注册类型分					
内资企业	7250	227	98	30	571
国有企业	251	7	2	6	26
集体企业	127	–	–	–	–
有限责任公司	2907	118	88	21	82
股份有限公司	658	45	–	–	29
私营企业	2747	20	6	3	415
私营独资企业	494	9	–	2	30
私营合伙企业	294	…	…	–	3
私营有限责任公司	1959	10	6	…	383
其他企业	560	38	3	2	19
港澳台商投资企业	201	–	–	–	7
港澳台商独资企业	201	–	–	–	7
按控股情况分					
国有控股	233	7	2	6	26
集体控股	127	–	–	–	–
私人控股	5322	112	89	19	468
港澳台商控股	201	–	–	–	7
其他	1550	109	7	6	77
按经营形式分					
独立门店	7248	227	98	28	577
连锁总店(总部)	50	–	–	2	–
连锁门店	15	–	–	–	1
其他	138	–	–	–	–

8-9续表7

单位：万元

项　　目	#利息收入	#利息支出	资产减值损失	投资收益	营业利润
全　　市	**155**	**1222**	**24**	**2**	**882**
住宿业	**124**	**1038**	**22**	**–**	**–1027**
按住宿行业小类分					
旅游饭店	84	808	1	–	–2815
一般旅馆	40	230	21	–	1789
按登记注册类型分					
内资企业	124	1038	22	–	–1027
国有企业	50	42	21	–	–639
集体企业	–	97	1	–	–9
股份合作企业	–	–	–	–	110
有限责任公司	42	162	–	–	–837
股份有限公司	–	–	–	–	–359
私营企业	32	736	–	–	573
私营独资企业	1	736	–	–	884
私营有限责任公司	31	–	–	–	–652
私营股份有限公司	–	–	–	–	341
其他企业	–	2	–	–	134
按控股情况分					
国有控股	52	42	21	–	–1111
集体控股	–	97	1	–	–9
私人控股	72	896	–	–	962
港澳台商控股	–	–28	–	–	25
其他	–	31	–	–	–894
按经营形式分					
独立门店	124	1038	22	–	–1087
连锁门店	–	–	–	–	23
其他	–	–	–	–	37
按星级分					
五星	–	–	–	–	341
四星	2	39	–	–	–1472
三星	–	3	1	–	–44
二星	10	20	21	–	–456
一星	–	–	–	–	11
其他	112	977	–	–	593
餐饮业	**31**	**183**	**2**	**2**	**1909**
按餐饮行业小类分					
正餐服务	31	181	2	2	1897
快餐服务	–	–	–	–	7
其他餐饮业	–	2	–	–	5
按登记注册类型分					
内资企业	31	183	2	2	1483
国有企业	–	–	–	–	10
集体企业	–	–	–	–	61
有限责任公司	31	2	2	2	–346
股份有限公司	–	–	–	–	30
私营企业	–	181	–	–	2052
私营独资企业	–	2	–	–	1330
私营合伙企业	–	–	–	–	18
私营有限责任公司	–	180	–	–	704
其他企业	–	–	–	–	–323
港澳台商投资企业	–	–	–	–	426
港澳台商独资企业	–	–	–	–	426
按控股情况分					
国有控股	–	–	–	–	–12
集体控股	–	–	–	–	61
私人控股	1	183	2	2	1068
港澳台商控股	–	–	–	–	426
其他	30	–	–	–	345
按经营形式分					
独立门店	31	184	2	2	1573
连锁总店(总部)	–	–	–	–	65
连锁门店	–	–	–	–	66
其他	–	–	–	–	205

8-9续表8　　　　单位：万元

项　　　目	营业外收入	#补贴收入	利润总额	应交所得税	应付职工薪酬（本年贷方累计发生额）
全　　市	**488**	**184**	**-1680**	**673**	**20363**
住宿业	**407**	**184**	**-2733**	**556**	**12562**
按住宿行业小类分					
旅游饭店	329	130	-3258	246	8722
一般旅馆	78	54	524	310	3840
按登记注册类型分					
内资企业	407	184	-2733	556	12562
国有企业	68	54	-938	200	2331
集体企业	300	130	-76	15	2186
股份合作企业	-	-	56	-	99
有限责任公司	7	-	-1447	265	3867
股份有限公司	5	-	-357	-	858
私营企业	27	-	20	75	2985
私营独资企业	3	-	255	1	886
私营有限责任公司	-	-	-600	2	1448
私营股份有限公司	25	-	365	72	650
其他企业	-	-	8	1	237
按控股情况分					
国有控股	74	54	-1406	235	4063
集体控股	300	130	-76	15	2186
私人控股	31	-	46	302	4344
港澳台商控股	2	-	-337	-	963
其他	-	-	-961	5	1007
按经营形式分					
独立门店	407	184	-2757	547	12393
连锁门店	-	-	23	-	86
其他	-	-	-	9	82
按星级分					
五星	25	-	365	72	650
四星	315	130	-1263	40	2155
三星	…	-	-342	1	1366
二星	54	54	-223	2	1061
一星	-	-	11	-	65
其他	14	-	-1282	441	7264
餐饮业	**81**	**-**	**1053**	**116**	**7801**
按餐饮行业小类分					
正餐服务	81	-	1039	116	7742
快餐服务	-	-	7	-	47
其他餐饮业	-	-	7	-	12
按登记注册类型分					
内资企业	81	-	628	116	7461
国有企业	52	-	59	3	376
集体企业	10	-	90	-	14
有限责任公司	11	-	-622	79	3468
股份有限公司	2	-	25	6	495
私营企业	6	-	1399	28	2464
私营独资企业	-	-	777	2	814
私营合伙企业	-	-	18	-	321
私营有限责任公司	6	-	604	26	1330
其他企业	-	-	-323	-	643
港澳台商投资企业	-	-	426	-	340
港澳台商独资企业	-	-	426	-	340
按控股情况分					
国有控股	52	-	37	3	363
集体控股	10	-	90	-	14
私人控股	9	-	292	83	5333
港澳台商控股	-	-	426	-	340
其他	10	-	186	30	1738
按经营形式分					
独立门店	81	-	768	116	7149
连锁总店(总部)	-	-	65	-	384
连锁门店	-	-	15	-	112
其他	-	-	205	-	157

8-9续表9　　　　单位：万元

项　　目	土地和固定资产支出	房屋和建筑物	机器设备	运输工具	其他费用
全　　市	**2972**	**2147**	**540**	**74**	**211**
住宿业	**2312**	**1658**	**443**	**–**	**211**
按住宿行业小类分					
旅游饭店	2292	1658	423	–	211
一般旅馆	20	–	20	–	–
按登记注册类型分					
内资企业	2312	1658	443	–	211
国有企业	–	–	–	–	–
集体企业	2015	1658	357	–	–
股份合作企业	–	–	–	–	–
有限责任公司	86	–	86	–	–
股份有限公司	–	–	–	–	–
私营企业	211	–	–	–	211
私营独资企业	211	–	–	–	211
私营有限责任公司	–	–	–	–	–
私营股份有限公司	–	–	–	–	–
其他企业	–	–	–	–	–
按控股情况分					
国有控股	66	–	66	–	–
集体控股	2015	1658	357	–	–
私人控股	231	–	20	–	211
港澳台商控股	–	–	–	–	–
其他	–	–	–	–	–
按经营形式分					
独立门店	2312	1658	443	–	211
连锁门店	–	–	–	–	–
其他	–	–	–	–	–
按星级分					
五星	–	–	–	–	–
四星	2081	1658	423	–	–
三星	–	–	–	–	–
二星	20	–	20	–	–
一星	–	–	–	–	–
其他	211	–	–	–	211
餐饮业	**660**	**489**	**97**	**74**	**–**
按餐饮行业小类分					
正餐服务	660	489	97	74	–
快餐服务	–	–	–	–	–
其他餐饮业	–	–	–	–	–
按登记注册类型分					
内资企业	660	489	97	74	–
国有企业	–	–	–	–	–
集体企业	–	–	–	–	–
有限责任公司	37	–	37	–	–
股份有限公司	602	489	39	74	–
私营企业	21	–	21	–	–
私营独资企业	–	–	–	–	–
私营合伙企业	–	–	–	–	–
私营有限责任公司	21	–	21	–	–
其他企业	–	–	–	–	–
港澳台商投资企业	–	–	–	–	–
港澳台商独资企业	–	–	–	–	–
按控股情况分					
国有控股	–	–	–	–	–
集体控股	–	–	–	–	–
私人控股	36	–	36	–	–
港澳台商控股	–	–	–	–	–
其他	624	489	61	74	–
按经营形式分					
独立门店	660	489	97	74	–
连锁总店(总部)	–	–	–	–	–
连锁门店	–	–	–	–	–
其他	–	–	–	–	–

8-10　限额以上住宿餐饮产业活动单位（个体户）经营情况

（2012年）

单位：万元

项　　目	法人企业数（个）	从业人员期末人数（人）	营业额			
				客房收入	餐费收入	商品销售收入
全　　市	**86**	**3070**	**58773**	**4465**	**53200**	**792**
住宿业	**6**	**325**	**7063**	**3782**	**3275**	**7**
按住宿行业小类分						
旅游饭店	1	21	88	32	50	7
一般旅馆	4	164	3036	1651	1385	–
其他住宿服务	1	140	3940	2099	1841	–
按登记注册类型分						
个体经营户	6	325	7063	3782	3275	7
个体户	6	325	7063	3782	3275	7
按经营形式分						
独立门店	4	95	1050	643	400	7
其他	2	230	6014	3138	2876	–
星级评定情况						
其他	6	325	7063	3782	3275	7
餐饮业	**80**	**2745**	**51710**	**683**	**49925**	**786**
按餐饮行业小类分						
正餐服务	74	2577	48175	683	46694	666
快餐服务	5	133	3362	–	3059	120
饮料及冷饮服务	1	35	172	–	172	–
茶馆服务	1	35	172	–	172	–
按登记注册类型分						
个体经营户	80	2745	51710	683	49925	786
个体户	79	2609	51012	466	49550	786
个人合伙	1	136	698	217	375	–
按经营形式分						
独立门店	78	2670	49478	683	47714	766
其他	2	75	2231	–	2211	20

8-10续表

单位：万元

项　　目	其他收入	客房数（间）	床位数（个）	餐位数（位）	年末餐饮营业面积（平方米）
全　　市	**315**	**488**	**857**	**25506**	**82629**
住宿业	**–**	**240**	**456**	**1847**	**9550**
按住宿行业小类分					
旅游饭店	–	50	100	102	490
一般旅馆	–	140	236	545	7260
其他住宿服务	–	50	120	1200	1800
按登记注册类型分					
个体经营户	–	240	456	1847	9550
个体户	–	240	456	1847	9550
按经营形式分					
独立门店	–	145	276	147	4750
其他	–	95	180	1700	4800
星级评定情况					
其他	–	240	456	1847	9550
餐饮业	**315**	**248**	**401**	**23659**	**73079**
按餐饮行业小类分					
正餐服务	133	248	401	21059	69089
快餐服务	183	–	–	2530	3790
饮料及冷饮服务	–	–	–	70	200
茶馆服务	–	–	–	70	200
按登记注册类型分					
个体经营户	315	248	401	23659	73079
个体户	210	158	251	23199	71059
个人合伙	106	90	150	460	2020
按经营形式分					
独立门店	315	248	401	22259	70769
其他	–	–	–	1400	2310

第二部分　统计资料

九、外经、外贸及旅游

资料整理：屈耀如　聂　磊

9-1　1984～2012年签订利用外资合同和实际利用外资

单位:个、万美元

年　份	签订利用外资合同			实　际利用外资	#直　接利用外资	实际利用外资指数(以上年为100)
	合同个数	合同总金额	合同外资额			
1984	1	91	22	22	-	100.0
1985	4	438	245	245	23	1113.6
1987	4	3082	1564	896	-	-
1988	14	6223	3190	2214	980	247.1
1989	6	2182	1289	1289	387	58.2
1990	5	2729	965	451	75	35.0
1991	48	10002	2958	1937	12	429.5
1992	192	33072	10402	2809	1450	145.0
1993	193	56002	16282	2927	2014	104.2
1994	201	55826	24824	7424	3567	253.6
1995	230	53460	27118	7546	6059	101.6
1996	208	179422	52112	17287	8318	229.1
1997	209	84240	67385	20647	14286	119.4
1998	153	70466	43305	24367	18078	118.0
1999	125	41492	23825	27465	21983	112.7
2000	52	30870	17368	20248	13680	73.7
2001	84	31052	20175	12188	11605	60.2
2002	61	30571	15092	7328	6328	60.1
2003	17	117179	28367	8528	6599	116.4
2004	46	97792	64794	13451	10640	157.7
2005	61	73596	32193	15244	12920	113.3
2006	43	129860	112872	17354	15233	113.8
2007	19	55112	27175	18392	16617	106.0
2008	15	29021	14033	27419	25367	149.1
2009	31	305139	152321	33282	33236	121.4
2010	41	1457770	1082992	50646	49191	152.2
2011	29	617736	438290	65546	63692	129.4
2012	29	331252	270874	80020	78288	122.1

9-2　1984～2012年三资企业审批合同和注册情况

单位:个、万美元

年　份	审批合同			注册情况			
	合同个数	合同总金额	合同外资额	注册户数	总投资	注册资本	外方注册资本
1984	2	119	19	1	89	40	10
1985	2	124	20	2	124	74	20
1987	2	634	257	1	134	105	42
1988	7	4645	1073	7	4645	2499	1073
1989	3	1051	283	3	1051	751	283
1990	2	905	258	2	905	841	258
1991	20	2325	570	19	2274	1680	553
1992	131	19671	5955	123	18620	13333	5721
1993	167	22400	7993	152	22132	16653	7846
1994	100	23128	6401	86	19206	11722	5325
1995	169	33003	10150	153	32315	20319	9904
1996	115	32565	11423	92	27816	16730	9070
1997	115	135855	22851	98	134400	45136	21751
1998	91	23775	9126	75	16362	9872	6435
1999	53	10930	6062	41	11376	7410	5376
2000	56	17104	10159	52	14381	11782	7558
2001	49	11877	7718	51	15103	9490	8148
2002	39	10485	5375	40	8793	5015	3917
2003	61	31042	13670	60	32629	19546	11556
2004	43	21584	12992	36	15783	11859	11275
2005	65	37253	18804	64	35516	23299	16686
2006	51	30693	15321	47	34095	18702	13640
2007	51	41993	22790	54	41377	25483	21075
2008	33	36403	26470	31	24055	20525	20321
2009	41	79713	53250	38	70738	50212	47876
2010	48	89442	58771	44	71782	48878	47997
2011	50	82826	60433	51	82007	61536	57601
2012	65	146448	92245	60	100430	78407	77567

9-3　对外经济主要指标发展速度

项　　目	2012年为各年%					平均每年增长(%)			
	1995年	2000年	2005年	2010年	2011年	1991年～1995年	1996年～2000年	2001年～2005年	2006年～2010年
新签利用外资合同									
合同个数	12.6	55.8	47.5	70.7	100.0	115.1	-25.7	3.2	-7.6
合同总金额	619.6	1073.1	450.1	22.7	53.6	81.3	-10.4	19.0	81.7
合同外资额	998.9	1559.6	841.4	25.0	61.8	94.9	-8.5	13.1	102.0
新批利用外资合同									
合同个数	38.5	116.1	100.0	135.4	130.0	142.9	-19.8	3.0	-5.9
合同总金额	443.7	856.2	393.1	163.7	176.8	105.3	-12.3	16.8	19.1
合同外资额	908.8	908.0	490.6	157.0	152.6	108.4	…	13.1	25.6
注册登记三资企业									
注册户数	39.2	115.4	93.8	136.4	117.6	138.1	-19.4	4.2	-7.2
投资总金额	310.8	698.4	282.8	139.9	122.5	104.4	-14.9	19.8	15.1
注册资本	385.9	665.5	336.5	160.4	127.4	89.1	-10.3	14.6	16.0
外方注册资本	783.2	1026.3	464.9	161.6	134.7	107.4	-5.3	17.2	23.5
实际利用外资额	**1060.4**	**395.2**	**524.9**	**158.0**	**122.1**	**75.7**	**21.8**	**-5.5**	**27.1**
#直接利用外资	1292.1	572.3	605.9	159.2	122.9	140.7	17.7	-1.1	30.7
其他									
期末三资企业个数	81.1	108.9	110.9	108.1	106.7	84.0	15.0	-0.4	0.5
期末开工在建三资企业个数	105.1	151.9	42.7	85.4	89.1	–	24.6	28.9	-12.9
期末投产三资企业个数	44.4	71.1	94.1	93.2	97.0	81.1	2.9	-5.5	0.2

9-4　利用外资综合情况

(2012年)

项　　目	单　位	全　市	合资企业	合作企业	独资企业	其他港澳台投资企业
新签利用外资合同						
合同个数	个	29	8	3	18	–
合同总金额	万美元	331252	71630	71340	188282	–
合同外资额	万美元	270874	35421	67311	168142	–
新批利用外资合同						
合同个数	个	65	6	2	56	1
合同总金额	万美元	146448	8311	2641	119671	15825
合同外资额	万美元	92245	3044	1296	83860	4045
注册登记外资企业						
注册户数	个	60	4	2	54	–
投资总金额	万美元	100430	7055	2641	90734	–
注册资本	万美元	78407	3692	1320	73395	–
外方注册资本	万美元	77567	2876	1296	73395	–
实际利用外资额	**万美元**	**80020**	**7557**	**2227**	**68504**	**–**
#直接利用外资	万美元	78288	7557	2227	68504	–
其　他						
期末三资企业个数	个	416	161	22	233	–
期末开工在建三资企业个数	个	41	19	1	21	–
期末投产三资企业个数	个	96	51	4	41	–

9-5　分县（市、区）新签利用外资和新批三资企业合同

（2012年）　　单位:个、万美元

县(市、区)	新签利用外资合同			新批利用外资合同		
	合同个数	合同总金额	合同外资额	合同个数	合同总金额	合同外资额
全　　市	**29**	**331252**	**270874**	**65**	**146448**	**92245**
#市　区	6	59814	46014	12	61514	34849
武 安 市	3	94274	84134	3	17851	7191
鸡 泽 县	2	4580	3530	3	3470	2890
邱　　县	–	–	–	2	2199	1977
永 年 县	1	16984	3175	2	330	92
曲 周 县	2	6924	3895	3	4563	3480
邯 郸 县	7	76824	67824	2	5552	5442
肥 乡 县	–	–	–	2	4465	2617
馆 陶 县	–	–	–	3	5700	3690
涉　　县	2	36000	36000	6	6290	4710
广 平 县	1	7143	7143	7	3713	3713
成 安 县	1	12658	5000	5	2570	3020
魏　　县	1	3165	3165	4	7158	4993
磁　　县	2	10346	10346	7	14473	7393
临 漳 县	1	2540	648	2	2800	2388
大 名 县	–	–	–	2	3800	3800
丛 台 区	2	16500	6500	–	11603	9025
复 兴 区	1	3000	2000	1	3447	2907
邯 山 区	–	–	–	3	5303	4988
峰 峰 矿 区	1	4700	1900	4	7553	5433
经济开发区	–	–	–	1	11095	3693
马头经济开发区	–	–	–	2	6634	4720

9-6　分县（市、区）三资企业注册及期末投产（开业）数

（2012年）　　单位:个、万美元

县（市、区）	注册情况			期末实有三资企业个数	累计投产（开工）企业个数
	注册户数	注册资本	外方注册资本		
全　　市	**60**	**78407**	**77567**	**416**	**96**
#市　区	10	25080	25080	167	53
武 安 市	3	6390	6366	38	9
鸡 泽 县	3	2890	2890	12	1
邱　　县	2	1976	1976	14	3
永 年 县	1	149	48	21	6
曲 周 县	3	3480	3480	7	–
邯 郸 县	2	5451	5451	24	3
肥 乡 县	2	2615	2615	9	–
馆 陶 县	2	2750	2450	7	1
涉　　县	6	5060	4710	20	1
广 平 县	7	3713	3713	21	4
成 安 县	5	3400	3400	24	5
魏　　县	4	5014	5014	14	4
磁　　县	6	5001	4936	18	3
临 漳 县	2	2388	2388	8	1
大 名 县	2	3050	3050	12	2
丛 台 区	–	9007	9007	35	10
复 兴 区	1	2912	2912	12	2
邯 山 区	3	4838	4838	24	7
峰 峰 矿 区	4	5433	5433	44	10
经济开发区	–	–	–	27	18
马头经济开发区	2	2890	2890	6	1

9-7　分县（市、区）实际利用外资

（2012年）　　单位:万美元

县（市、区）	实际利用外资	对外借款	外商直接投资	外商其他投资	2012年比2011年增长（%）
全市	**80020**	**924**	**78288**	**808**	**22.1**
#市区	27592	624	26160	808	11.5
武安市	7552	-	7552	-	51.4
鸡泽县	2055	-	2055	-	20.9
邱县	2377	-	2377	-	80.9
永年县	3380	-	3380	-	-7.1
曲周县	2730	300	2430	-	42.0
邯郸县	4570	-	4570	-	40.2
肥乡县	2076	-	2076	-	16.6
馆陶县	2558	-	2558	-	27.3
涉县	3185	-	3185	-	30.0
广平县	3137	-	3137	-	21.3
成安县	3270	-	3270	-	44.5
魏县	3190	-	3190	-	37.5
磁县	7704	-	7704	-	32.1
临漳县	2274	-	2274	-	15.7
大名县	2370	-	2370	-	-2.1
丛台区	3870	-	3870	-	-49.9
复兴区	4215	-	3407	808	-33.3
邯山区	5450	-	5450	-	113.2
峰峰矿区	5011	600	4411	-	215.0
经济开发区	5996	-	5996	-	48.0
马头经济开发区	3026	-	3026	-	20.9

9-8　分行业、国别三资企业

（2012年）　　单位:个、万美元

项目	新批合同		外商直接投资	期末实有三资企业	
	项目个数	合同外资额			#投产企业
全市	**65**	**92245**	**78288**	**416**	**96**
#投资总额500万美元以上项目	54	90107	73103	211	38
按投资方式分					
港、澳、台投资经济	58	77483	68774	291	49
港澳台合资经营企业	4	2914	5107	91	24
港澳台合作经营企业	1	1270	2227	13	1
港澳台独资经营企业	52	69254	61440	187	24
外商投资经济	7	14762	9514	125	47
中外合资经营企业	2	130	2450	70	27
中外合作经营企业	1	26	-	9	3
外资企业	4	14606	7064	46	17
按产业分					
第一产业	1	100	305	9	2
第二产业	56	63641	57938	337	83
工业	56	63641	57938	335	82
第三产业	8	28504	20045	70	11
房地产业	-	7736	5561	18	4

9-8续表1

单位:个、万美元

项　　目	新批合同		外商直接投资	期末实有三资企业	#投产企业
	项目个数	合同外资额			
按国民经济行业分					
农、林、牧、渔业	1	100	305	9	2
农　业	1	100	100	2	1
畜牧业	–	–	205	3	–
农业服务业	–	–	–	3	1
采矿业	–	–	–	7	1
煤炭开采和洗选业	–	–	–	5	1
制造业	55	59596	57938	323	77
农副食品加工业	2	2550	2150	16	2
食品制造业	–	–380	610	11	2
酒、饮料和精制茶制造业	–	–	–	9	4
酒的制造	–	–	–	6	2
饮料制造	–	–	–	3	2
精制茶加工	–	–	–	–	–
纺织业	2	197	1280	11	4
棉纺织及印染精加工	1	150	150	6	2
化纤织造及印染精加工	1	47	1130	2	1
针织品、编织品及其制品制造	–	–	–	2	–
纺织服装、鞋、帽制造业	11	9349	6683	41	10
皮革、毛皮、羽毛(绒)及其制品业	1	562	562	6	2
木材加工及木、竹、藤、棕、草制品业	2	3125	1862	4	1
家具制造业	–	–	–	3	1
造纸及纸制品业	–	–	389	2	1
文教体育用品制造业	–	–	–	5	3
石油加工、炼焦及核燃料加工业	–	–	–	8	2
化学原料及化学制品制造业	1	5070	5070	12	5
医药制造业	–	–	850	7	4
橡胶和塑料制品业	–	–	1125	10	2
非金属矿物制品业	7	8172	9947	45	7
黑色金属冶炼及压延加工业	1	–412	1415	31	7
有色金属冶炼及压延加工业	–	–	1400	2	2
金属制品业	2	1018	1313	8	3
通用设备制造业	9	12296	9707	32	5
专用设备制造业	7	9410	8203	24	3
汽车制造业	1	490	470	6	1
电气机械及器材制造业	5	2868	3169	14	2
通信设备、计算机及其他电子设备制造业	1	980	778	7	1
#通信设备制造	–	–	–	2	–
电子元件制造	–	–	–	–	–
仪器仪表及文化、办公用机械制造业	2	1840	955	4	1
金属制品、机械和设备修理业	–	–	–	1	–
电力、燃气及水的生产和供应业	1	4045	–	5	4
电力、热力的生产和供应业	–	–	–	3	3
燃气生产和供应水	1	4045	–	2	1
建筑业	–	–	–	2	1
房屋和土木工程建筑业	–	–	–	1	–
交通运输、仓储和邮政业	2	10540	1872	10	1
道路运输业	–	–	–	–	–
信息传输计算机服务和软件业	–	–	194	3	1

9-8续表2

单位:个、万美元

项　　目	新批合同		外商直接投资	期末实有三资企业	
	项目个数	合同外资额			#投产企业
批发和零售业	–	–	500	5	2
批发业	–	–	500	3	–
零售业	–	–	–	2	2
综合零售	–	–	–	1	1
百货零售	–	–	–	1	1
住宿和餐饮业	1	2400	4391	14	1
住宿业	–	–	–	2	–
餐饮业	1	2400	4391	12	1
房地产业	–	7736	5561	18	4
房地产开发经营	–	7736	3104	2	–
租赁和商务服务业	–	–	–	4	–
商务服务业	–	–	–	4	–
科学研究、技术服务和地质勘查业	2	595	500	3	–
专业技术服务业	1	500	500	3	–
水利、环境和公共设施管理业	1	2511	5097	7	2
公共设施管理业	1	2511	5097	5	1
居民服务和其他服务业	1	2150	1000	3	–
居民服务业	–	–	–	2	–
其他服务业	1	2150	1000	1	–
文化、体育和娱乐业	1	2572	930	2	–
娱乐业	–	–	–	–	–
按投资国别、地区分					
#香　港	58	77483	68774	270	41
澳　门	–	–	–	1	1
台　湾	–	–	–	20	7
日　本	1	76	1118	19	7
马来西亚	–	–	–	1	–
新加坡	–	–	–	5	3
韩　国	1	1650	1380	10	4
泰　国	–	–	–	1	–
东南亚联盟	–	–	–	8	4
英　国	1	26	850	5	3
德　国	1	45	–	4	3
法　国	–	–	–	4	1
意大利	–	1100	56	2	1
荷　兰	1	47	3017	3	2
西班牙	–	–	–	1	–
英属维尔京群岛	1	3238	2230	16	9
加拿大	–	–	–	6	1
美　国	1	8960	500	29	7
澳大利亚	–	-380	–	4	–
高新技术产业	**9**	**9032**	**10612**	**59**	**16**

9-9　外国和港澳台地区在华直接投资企业主要经济指标

(2012年)

单位:个、人、万元

项　　目	期末投产企业个数	亏损企业	总产值(现价)	期末从业人员	期末从业人员劳动报酬	所有者权益
全　　市	**96**	**43**	**8147641**	**42279**	**132283**	**2540267**
#国有企业与客商兴办合资合作企业	8	5	305149	1495	11738	222056
#以原有企业为依托的合资合作企业	42	20	4371465	22280	55009	602172
按投资方式分						
港、澳、台投资经济	49	22	5115935	27304	75033	1764453
港澳台合资经营企业	24	12	4823260	23073	64134	1615493
港澳台合作经营企业	1	-	14810	116	134	5487
港澳台独资经营企业	24	10	277865	4115	10765	143473
外商投资经济	47	21	3031706	14975	57250	775814
中外合资经营企业	27	10	2982414	12818	44998	709628
中外合作经营企业	3	2	11826	340	1092	5688
外资企业	17	9	37466	1817	11160	60498
按产业分						
第一产业	1	-	-	30	80	398
第二产业	83	37	8146669	41162	130012	2439263
工业	82	36	8146669	41030	129658	2431650
第三产业	12	6	972	1087	2191	100606
房地产业	4	3	-	219	652	21042
按国民经济行业分						
农、林、牧、渔业	2	-	973	90	271	2138
农、林、牧、渔服务业	1	-	973	60	191	1740
农业服务业	1	-	973	60	191	1740
采矿业	1	1	74219	541	2495	9443
煤炭开采和洗选业	1	1	74219	541	2495	9443
制造业	77	33	7572977	38751	114684	2202759
农副食品加工业	2	1	137296	405	1207	4330
食品制造业	2	1	66178	631	936	10552
酒、饮料和精制茶制造业	4	2	6444	274	376	984
饮料制造	2	1	6032	249	334	949
精制茶加工	2	1	412	25	42	36
纺织业	4	-	210323	1255	1766	41420
棉纺织及印染精加工	2	-	188645	887	1285	36099
家用纺织制成品制造	1	-	497	8	71	331
纺织服装、服饰业	10	4	13120	927	1226	5137
皮革、毛皮、羽毛(绒)及其制品业	2	-	34137	330	302	6778
木材加工及木竹藤棕草制品业	1	-	-	430	46	1417
家具制造业	1	-	19870	60	108	2000
石油加工、炼焦及核燃料加工业	2	1	239392	1547	3638	14827
化学原料及化学制品制造业	5	1	15737	410	829	10477
医药制造业	4	2	36775	956	1154	12024
橡胶和塑料制品业	2	-	242676	1025	1858	71816

9-9续表1

单位:个、人、万元

项　　目	期末投产企业个数	亏损企业	总产值(现价)	期末从业人员	期末从业人员劳动报酬	所有者权益
非金属矿物制品业	7	3	38486	1162	9963	26035
黑色金属冶炼及压延加工业	7	3	5476591	22085	73577	1920991
有色金属冶炼及压延加工业	2	–	860842	2882	451	2716
金属制品业	3	1	5255	152	785	6740
通用设备制造业	5	5	79327	2735	13147	-8912
专用设备制造业	3	2	21876	719	1515	20524
电气机械及器材制造业	2	2	191	85	150	-683
仪器仪表制造业	1	1	4300	185	503	8289
其他仪器仪表制造业	1	1	4300	185	503	8289
电力、燃气及水的生产和供应业	4	2	499474	1738	12479	219448
电力、热力的生产和供应业	3	1	319965	1194	11194	201591
交通运输、仓储和邮政业	1	1	–	150	38	68368
批发和零售业	2	–	–	483	871	4564
批发业	–	–	–	–	–	–
零售业	2	–	–	483	871	4564
综合零售	1	–	–	380	641	1515
百货零售	1	–	–	380	641	1515
住宿和餐饮业	1	–	–	120	270	-181
餐饮业	1	–	–	120	270	-181
房地产业	4	3	–	219	652	21042
房地产开发经营	4	3	–	219	652	21042

9-9续表2

单位:万元

项　　目	资产总额	流动资产	固定资产	无形资产	负债总额	流动负债
全　　市	**5882538**	**2917298**	**3439423**	**57065**	**3342272**	**2990013**
#国有企业与客商兴办合资合作企业	560501	158614	881059	9849	338445	142682
#以原有企业为依托的合资合作企业	1987977	942558	1129262	17771	1385805	1202532
按投资方式分						
港、澳、台投资经济	4004016	2090378	1859331	32635	2239563	2152925
港澳台合资经营企业	3718344	1901907	1794062	16437	2102851	2019911
港澳台合作经营企业	9632	4831	3585	1228	4146	4146
港澳台独资经营企业	276040	183640	61684	14970	132566	128868
外商投资经济	1878522	826920	1580092	24430	1102709	837088
中外合资经营企业	1660324	730380	1430526	19562	950697	751064
中外合作经营企业	122576	60818	91811	2528	116888	61508
外资企业	95622	35722	57755	2340	35124	24516
按产业分						
第一产业	398	58	340	–	–	–
第二产业	5704816	2803655	3374982	44992	3265554	2922796
工业	5649582	2771234	3319522	43127	3217932	2915104
第三产业	177324	113585	64101	12073	76718	67217
房地产业	50554	37049	4247	9931	29512	29512

9-9续表3

单位:万元

项目	资产总额	流动资产	固定资产	无形资产	负债总额	流动负债
按国民经济行业分						
农、林、牧、渔业	2875	2432	1066	-	738	738
农、林、牧、渔服务业	2477	2374	726	-	738	738
农业服务业	2477	2374	726	-	738	738
采矿业	40516	15415	33842	1286	31073	31073
煤炭开采和洗选业	40516	15415	33842	1286	31073	31073
制造业	5027892	2574864	2438740	33245	2825133	2674576
农副食品加工业	7567	4772	2907	981	3236	3236
食品制造业	21934	13446	2290	-	11382	9682
酒、饮料和精制茶制造业	10133	6435	5338	443	9149	9089
饮料制造	8410	5948	4351	…	7462	7462
精制茶加工	1723	487	987	442	1687	1627
纺织业	51575	20547	24096	2960	10155	10115
棉纺织及印染精加工	45512	18473	20197	2860	9443	9443
家用纺织制成品制造	843	679	204	-	512	512
纺织服装、服饰业	12150	7743	5003	630	7012	7012
皮革、毛皮、羽毛(绒)及其制品业	13655	9099	5771	275	6877	1047
木材加工及木、竹、藤、棕、草制品业	32502	11868	19659	261	17577	7457
家具制造业	3500	1100	-	-	1500	-
石油加工、炼焦及核燃料加工业	133373	44938	62010	-	118546	115895
化学原料及化学制品制造业	19913	9387	11583	605	9436	9201
医药制造业	14023	2854	10701	510	1999	1170
橡胶和塑料制品业	134956	53810	52850	-	63170	38170
非金属矿物制品业	39302	19553	19184	1705	13267	12293
黑色金属冶炼及压延加工业	4145142	2159841	2044293	19559	2224150	2123004
有色金属冶炼及压延加工业	3124	1242	2148	127	407	407
金属制品业	10998	3444	8343	-	4258	4131
通用设备制造业	266602	130571	128983	220	275514	275514
专用设备制造业	28599	10021	17637	2287	8075	7731
电气机械及器材制造业	1362	802	2190	…	2046	2045
仪器仪表制造业	21670	21183	866	-	13382	13382
其他仪器仪表制造业	21670	21183	866	-	13382	13382
电力、燃气及水的生产和供应业	581174	180956	846941	8595	361726	209454
电力、热力的生产和供应业	517043	125300	828795	8585	315452	163181
交通运输、仓储和邮政业	94280	66679	28791	-	25912	25912
道路运输业	94280	66679	28791	-	25912	25912
批发和零售业	10039	3396	9732	1716	5475	5475
批发业	-	-	-	-	-	-
零售业	10039	3396	9732	1716	5475	5475
综合零售	6313	2559	6755	1716	4799	4799
百货零售	6313	2559	6755	1716	4799	4799
住宿和餐饮业	587	518	333	-	769	769
餐饮业	587	518	333	-	769	769
房地产业	50554	37049	4247	9931	29512	29512
房地产开发经营	50554	37049	4247	9931	29512	29512
高新技术产业	**76118**	**46096**	**32077**	**3393**	**32873**	**30345**

9-9续表4

单位:万元

项　　目	主营业务收入	出口销售收入(万美元)	主营业务成本	主营业务税金	三项费用	利润总额
全　　市	**19890155**	**47579**	**7886812**	**63006**	**242410**	**271361**
#国有企业与客商兴办合资合作企业	329388	-	284604	2867	23521	18549
#以原有企业为依托的合资合作企业	3612040	20960	4124539	4665	93799	165508
按投资方式分						
港、澳、台投资经济	16891802	25461	5034541	57078	144735	226512
港澳台合资经营企业	16552134	22560	4711857	8107	127725	229766
港澳台合作经营企业	12933	287	11329	3	825	776
港澳台独资经营企业	326735	2614	311355	48968	16185	-4030
外商投资经济	2998353	22118	2852271	5928	97675	44849
中外合资经营企业	2910391	18659	2778691	5599	83627	40254
中外合作经营企业	17290	-	21225	134	3678	-4030
外资企业	70672	3459	52355	195	10370	8625
按产业分						
第一产业	48	-	600	-	70	-
第二产业	19838799	47579	7843992	14113	231696	275732
工　业	19836414	47579	7839865	13979	230588	278751
第三产业	51308	-	42221	48893	10644	-4371
房地产业	24122	-	19540	1561	4740	-1874
按国民经济行业分						
农、林、牧、渔业	1021	-	1288	3	344	6
农、林、牧、渔服务业	973	-	688	3	274	6
农业服务业	973	-	688	3	274	6
采矿业	68056	10634	66042	37	4677	-2762
煤炭开采和洗选业	68056	10634	66042	37	4677	-2762
制造业	19337748	36945	7385691	11401	199677	263713
农副食品加工业	105368	-	104007	12	1839	-1540
食品制造业	62283	-	58137	245	2254	1268
酒、饮料和精制茶制造业	6013	776	5442	59	845	-314
饮料制造	5800	776	5337	49	724	-304
精制茶加工	213	-	105	10	121	-10
纺织业	207559	1371	189007	241	1475	16844
棉纺织及印染精加工	185993	-	171683	143	1085	13083
家用纺织制成品制造	384	61	339	-	49	3
纺织服装、服饰业	14610	576	13692	4	809	91
皮革、毛皮、羽毛(绒)及其制品业	4883	-	4340	-	559	2323
木材加工及木、竹、藤、棕、草制品业	27140	-	17873	91	4245	4961
家具制造业	19870	-	16781	-	1839	1250
石油加工、炼焦及核燃料加工业	236431	-	222464	109	12263	1668
化学原料及化学制品制造业	23647	1699	19609	159	1768	2461
医药制造业	36664	985	28533	399	2911	4822
橡胶和塑料制品业	243427	-	216289	-	7939	18473
非金属矿物制品业	43608	3245	35376	128	4751	3126
黑色金属冶炼及压延加工业	17927696	26852	5462355	9282	136981	65970

9-9续表5

单位:万元

项　　　目	主营业务收入	出口销售收入（万美元）	主营业务成本	主营业务税金	三项费用	利润总额
有色金属冶炼及压延加工业	87350	–	692790	205	7210	161144
金属制品业	6460	154	5642	1	733	1021
通用设备制造业	178961	–	195348	362	3598	-19932
专用设备制造业	19000	1242	16553	3	2987	-537
电气机械及器材制造业	160	–	177	2	272	-270
仪器仪表制造业	21136	–	20767	38	448	-77
其他仪器仪表制造业	21136	–	20767	38	448	-77
电力、燃气及水的生产和供应业	430611	–	388131	2541	26235	17799
电力、热力的生产和供应业	314000	–	272711	2441	21083	21868
交通运输、仓储和邮政业	817	–	1128	47100	510	-2690
道路运输业	817	–	1128	47100	510	-2690
批发和零售业	19319	–	17058	134	2432	242
批发业	–	–	–	–	–	–
零售业	19319	–	17058	134	2432	242
综合零售	13624	–	11674	133	2225	149
百货零售	13624	–	11674	133	2225	149
住宿和餐饮业	1698	–	679	95	1350	30
餐饮业	1698	–	679	95	1350	30
房地产业	24122	–	19540	1561	4740	-1874
房地产开发经营	24122	–	19540	1561	4740	-1874
高新技术产业	**174800**	**2227**	**769173**	**651**	**14093**	**164068**

9-9续表6

单位:万元

项　　　目	亏损企业亏损额	应交税金	净利润	利润转作投资	可供分配利润	外方应分利润
全　　　市	**72046**	**173745**	**221425**	**-362**	**77627**	**10081**
#国有企业与客商兴办合资合作企业	4007	29131	12842	-373	6119	–
#以原有企业为依托的合资合作企业	60191	68198	143832	11	16089	10081
按投资方式分						
港、澳、台投资经济	55674	93070	187949	-367	70728	10076
港澳台合资经营企业	44380	92319	192877	-367	38141	8638
港澳台合作经营企业	–	3	500	–	500	–
港澳台独资经营企业	11294	748	-5428	–	32087	1438
外商投资经济	16372	80675	33476	5	6899	5
中外合资经营企业	10997	79421	30199	–	1435	–
中外合作经营企业	4050	-86	-4030	–	–	–
外资企业	1325	1340	7307	5	5464	5
按产业分						
第一产业	–	–	–	–	–	–
第二产业	67281	173083	225839	-362	47612	10081
工　业	64263	173169	228857	-362	47612	10081
第三产业	4765	662	-4414	–	30015	–
房地产业	1969	–	-1875	–	-634	–

9-9续表7

单位:万元

项　目	亏损企业亏损额	应交税金	净利润	利润转作投资	可供分配利润	外方应分利润
按国民经济行业分						
农、林、牧、渔业	–	2	4	–	–	–
农、林、牧、渔服务业	–	2	4	–	–	–
农业服务业	–	2	4	–	–	–
采矿业	2762	1192	-2762	–	-1528	–
煤炭开采和洗选业	2762	1192	-2762	–	-1528	–
制造业	56400	143108	219581	-362	45473	10081
农副食品加工业	1692	97	-1542	–	1438	1438
食品制造业	2034	225	1254	–	–	–
酒、饮料和精制茶制造业	354	56	-324	–	-705	–
饮料制造	343	46	-314	–	–	–
精制茶加工	11	10	-10	–	-705	–
纺织业	–	1428	16612	–	11074	8638
棉纺织及印染精加工	–	1196	13083	–	11074	8638
家用纺织制成品制造	–	1	2	–	–	–
纺织服装、服饰业	49	64	80	5	-207	5
皮革、毛皮、羽毛(绒)及其制品业	–	1	34	6	–	–
木材加工及木、竹、藤、棕、草制品业	–	683	4278	–	5734	–
家具制造业	–	–	–	–	–	–
石油加工、炼焦及核燃料加工业	3667	225	1668	–	–	–
化学原料及化学制品制造业	18	728	2048	–	–	–
医药制造业	141	622	4199	–	–	–
橡胶和塑料制品业	–	73	13856	–	–	–
非金属矿物制品业	846	1088	2768	-373	-64	–
黑色金属冶炼及压延加工业	25069	123630	43461	–	24285	–
有色金属冶炼及压延加工业	–	10106	151084	–	–	–
金属制品业	8	10	763	–	–	–
通用设备制造业	19932	3190	-19933	–	–	–
专用设备制造业	1313	2	-812	–	501	–
电气机械及器材制造业	270	3	-271	–	–	–
仪器仪表制造业	77	508	-97	–	3416	–
其他仪器仪表制造业	77	508	-97	–	3416	–
电力、燃气及水的生产和供应业	5101	28870	12038	–	3667	–
电力、热力的生产和供应业	1032	28870	12038	–	3667	–
交通运输、仓储和邮政业	2690	–	-2690	–	30649	–
道路运输业	2690	–	-2690	–	30649	–
批发和零售业	–	666	203	–	–	–
批发业	–	–	–	–	–	–
零售业	–	666	203	–	–	–
综合零售	–	666	112	–	–	–
百货零售	–	666	112	–	–	–
住宿和餐饮业	–	-5	30	–	–	–
餐饮业	–	-5	30	–	–	–
房地产业	1969	–	-1875	–	-634	–
房地产开发经营	1969	–	-1875	–	-634	–
高新技术产业	**2902**	**11258**	**153048**	**–**	**3917**	**–**

9-10　1992～2012年外贸进出口总额

（海关口径）

单位:万美元

年份	进出口总额	进口额	出口额
1992	2601	1632	969
1993	2693	1063	1630
1994	9932	3527	6405
1995	11579	3984	7595
1996	13430	2854	10576
1997	31041	19434	11607
1998	17918	10177	7741
1999	47185	36109	11076
2000	19451	9904	9547
2001	21808	13827	7981
2002	30719	19796	10923
2003	34539	21250	13289
2004	71810	43813	27997
2005	95360	63406	31954
2006	103478	63413	40065
2007	183678	100082	83596
2008	298835	195934	102901
2009	267794	212208	55586
2010	307962	219555	88407
2011	384720	243198	141522
2012	372250	225465	146785

9-11　分县（市、区）出口情况

单位:万美元

县(市、区)	2004年	2005年	2006年	2007年	2008年	2009年	2010年	2011年	2012年	2012年比2011年增长%
全　市	**27997**	**31954**	**40065**	**83596**	**102901**	**55586**	**88407**	**141522**	**146785**	**3.7**
武安市	2297	1222	2645	18247	21533	2476	8584	25136	28469	13.3
鸡泽县	362	355	843	1508	3287	2715	1618	1000	1965	96.5
邱　县	145	184	772	1012	1109	800	1311	1442	2427	68.3
永年县	822	1714	2421	3486	4169	4816	5612	6685	7188	7.5
曲周县	465	1036	1323	1671	4222	4503	5465	8571	5131	-40.1
邯郸县	1357	1281	1476	1562	2121	1493	2035	3062	2056	-32.9
肥乡县	459	85	495	795	855	820	991	1194	1565	31.1
馆陶县	16	7	8	127	339	169	226	286	423	47.9
涉　县	161	153	424	464	502	422	585	655	1186	81.1
广平县	1235	1508	1972	1802	2020	1105	1419	1556	980	-37.0
成安县	232	294	377	424	355	371	923	1629	1913	17.4
魏　县	157	216	977	1416	1674	1643	1049	1182	1369	15.8
磁　县	639	1413	1920	2378	2273	2128	2497	2707	3280	21.2
临漳县	92	98	63	132	282	175	285	739	769	4.1
大名县	124	144	155	166	183	35	96	180	70	-61.1
丛台区	374	680	757	810	1119	740	833	1097	1376	25.4
复兴区	283	337	417	537	791	672	826	1025	1291	26.0
邯山区	247	362	493	1532	2145	1459	1916	2119	2433	14.8
峰峰矿区	385	964	1164	1621	1852	1708	2078	2554	2166	5.5

9-12 进出口商品分国别（地区）情况

（2012年）

单位:万美元

国别（地区）	进出口额	出口额	进口额
全　市	372250	146785	225465
#巴　林	21	21	-
香　港	2360	2265	95
缅　甸	95	95	-
孟加拉国	705	579	126
文　莱	34	34	-
伊拉克	166	166	-
印　度	21847	7412	14435
印度尼西亚	6459	1114	5345
伊　朗	824	576	248
以色列	3159	3069	90
日　本	5449	4155	1294
科威特	3937	3930	7
黎巴嫩	95	95	-
尼泊尔	59	59	-
马来西亚	1725	1193	532
也　门	50	50	-
蒙　古	857	57	800
塔吉克斯坦	68	68	-
阿　曼	266	266	-
巴基斯坦	1766	1762	4
菲律宾	1619	858	761
约　旦	449	449	-
沙特阿拉伯	5702	5701	1
新加坡	2880	2838	42
韩　国	27579	26617	962
斯里兰卡	268	209	59
台　湾	6042	5842	200
泰　国	702	687	15
土耳其	1917	1901	16
阿拉伯联合酋长国	1401	1225	176
越　南	1451	1439	12
阿尔及利亚	802	802	-
利比里亚	681	20	661
加　纳	325	325	-
埃　及	378	378	-
利比亚	18	18	-
科特迪瓦	785	785	-
多　哥	154	154	-
摩洛哥	365	364	1
尼日利亚	507	507	-
毛里求斯	25	25	-
安哥拉	85	85	-
南　非	8029	976	7053
莫桑比克	5	5	-
苏　丹	72	72	-
坦桑尼亚	76	76	-
赛拉利昂	7281	-	7281
塞内加尔	43	43	-
突尼斯	32	26	6
芬　兰	84	73	11

9-12续表

单位:万美元

国 别（地 区）	进出口额	出 口 额	进 口 额
比利时	6465	6125	340
丹 麦	104	104	-
英 国	7185	6290	895
德 国	7292	1941	5351
法 国	4319	1742	2577
爱尔兰	574	563	11
意大利	7199	4307	2892
荷 兰	1521	1413	108
希 腊	93	71	22
葡萄牙	544	450	94
西班牙	7280	6231	1049
奥地利	586	12	574
瑞 典	212	112	100
阿尔巴尼亚	21	21	-
拉脱维亚	77	75	2
俄罗斯联邦	5754	2527	3227
罗马尼亚	217	80	137
挪 威	249	201	48
波 兰	400	372	28
立陶宛	38	38	-
爱沙尼亚	67	61	6
克罗地亚	43	32	11
匈牙利	128	128	-
乌克兰	9431	336	9095
斯洛文尼亚	61	12	49
捷克共和国	161	71	90
斯洛伐克	173	96	77
厄瓜多尔	673	673	-
阿根廷	34	34	-
赛尔维亚	11	11	-
瑞 士	455	24	431
洪都拉斯	1800	11	1789
伯利兹	4	4	-
巴 西	61578	13023	48555
智 利	9895	1319	8576
哥伦比亚	1390	1387	3
多米尼加	25	25	-
巴巴多斯	13	13	-
乌拉圭	196	10	186
危地马拉	29	12	17
墨西哥	2457	1714	743
委内瑞拉	91	91	-
特立尼达和多巴哥	11	9	2
秘 鲁	1994	1991	3
萨尔瓦多	45	45	-
巴拿马	210	210	-
加拿大	13736	622	13114
美 国	11102	7452	3650
澳大利亚	85120	3792	81328
新西兰	105	98	7
欧盟25国	45007	30730	14277
欧盟27国	45223	30809	14414

9-13　进口主要商品量值

单位:万美元

商　品	单　位	2012年		2012比2011增长%	
		数　量	金　额	数　量	金　额
酒类	千升	54	19	53.1	-10.3
葡萄酒	千升	54	19	53.1	-10.3
锯材	立方米	-	-	-100	-100
棉花	吨	1859	371	-	-
铁矿砂及其精矿	万吨	1500	183462	7.6	-13.6
氧化铝	吨	1	2	-41.5	41.3
煤	吨	1016501	14099	-	-
已内酰胺	吨	39	11	-	-
初级形状的塑料	吨	1876	480	-2.7	-2.1
初级形状的聚乙烯	吨	673	71	-25.5	-31.5
初级形状的聚丙烯	吨	22	4	-	-
初级形状的聚苯乙烯	吨	1161	366	15.8	12.3
初级形状的聚酯	吨	1	33	-18.2	-12.5
非泡沫塑料的板、片、膜、箔	吨	719	123	-75.5	-64.1
废塑料	吨	129620	8599	65.4	68.7
牛皮革及马皮革	吨	101	74	-16.7	-22.7
纺织纱线、织物及制品	-	-	359	-	289.8
合成纤维纱线	吨	194	29	1834.2	80.9
聚酯纤维长丝（缝纫线除外）	吨	194	29	1890.1	87.7
合成纤维长丝机织物	万米	157	22	19168.5	917.5
涂覆浸渍塑料的织物	吨	4	4	-45.4	-38.9
服装及衣着附件	-	-	…	-	-
钢材	吨	12	29	-93.5	10.3
钢铁制标准紧固件	吨	6	27	327.1	228.7
液泵及液体提升机	台	10	194	-37.5	29.6
非家用型水的过滤、净化机器	台	1	1	-	-
机械提升搬运装卸设备及零件	-	-	110	-	45.1
印刷、装订机械及零件	-	-	15	-	-89.9
纺织机械及零件	-	-	112	-	421.4

9-13续表　　单位:万美元

商　　品	单　位	2012年		2012比2011增长%	
		数　量	金　额	数　量	金　额
金属加工机床	台	8	184	-50	-90.2
数控机床	台	1	32	-75	-97.5
金属轧机及零件	-	-	427	-	-91.2
阀门	万套	-	259	-53.4	-14.1
自动数据处理设备及其部件	台	22	8	83.3	-35.5
存储部件	台	4	1	100	2859.2
电动机及发电机	台	5	705	-85.3	643.4
变压、整流、电感器及零件	-	-	115	-	1043
无线电导航雷达及遥控设备	台	-	-	-100	-100
通断保护电路装置及零件	-	-	3	-	-99.3
二极管及类似半导体器件	万个	-	…	-	-
电线和电缆	吨	-	-	-99.4	-100
液晶显示板	万个	-	-	-100	-100
计量检测分析自控仪器及器具	-	-	759	-	-59.1
印刷品	吨	-	30	-98.2	11341.5
塑料制品	吨	-	5	-98.8	15.4
农产品	-	-	4272	-	148.9
机电产品	-	-	10579	-	-37.2
金属制品	-	-	483	-	154
机械设备	-	-	8281	-	-39.5
电器及电子产品	-	-	1024	-	-6.6
运输工具	-	-	…	-	-95.8
仪器仪表	-	-	792	-	-57.8
高新技术产品	-	-	3114	-	-38.4
生命科学技术	-	-	402	-	-9.4
光电技术	-	-	443	-	-70.3
计算机与通信技术	-	-	23	-	-82.2
电子技术	-	-	3	-	-99.3
计算机集成制造技术	-	-	403	-	-84.5
材料技术	-	-	-	-	-100
航空航天技术	-	-	1841	-	6523.2

9-14 出口主要商品量值

单位:万美元

商品	单位	2012年		2012比2011增长%	
		数量	金额	数量	金额
肉及杂碎	吨	316	299	43.8	69.0
粮食	吨	14	1	-83.6	-91.2
谷物及谷物粉	吨	1	…	-	-
豆类	吨	13	1	-85	-92.0
蔬菜	吨	3471	640	-17.5	-15.1
鲜或冷藏蔬菜	吨	27	3	-95.9	-91.1
干的食用菌类	吨	1	…	-66.7	-75.2
果蔬汁	吨	4316	634	176.3	190.0
食用油籽	吨	-	-	-100	-100.0
肥料	吨	1179	37	263	374.5
锯材	立方米	319	44	20.8	40.7
胶合板及类似多层板	立方米	1011	156	-17.3	32.5
山羊绒	吨	122	1444	103.1	103.9
萤石（氟石）	吨	-	-	-100	-100.0
氧化铝	吨	23	9	78.1	35.1
碳酸钠（纯碱）	吨	-	-	-100	-100.0
医药品	吨	850	4442	24.9	23.1
抗菌素（制剂除外）	吨	840	4409	24.5	22.4
中式成药	吨	2	4	0.2	13.3
口腔及牙齿清洁剂	吨	8	11	33.8	9.1
新的充气橡胶轮胎	万条	105	297	-47.6	-58.5
纺织纱线、织物及制品	-	-	2216	-	-24.9
床上餐桌盥洗厨房织物制品	万件	68	156	-51.1	-44.4
棉机织物	万米	319	540	-38	-40.6
合成短纤与棉混纺机织物	万米	332	432	-40.9	-50.9
地毯	万平方米	…	…	-87.2	-93.4
玻璃制品	-	-	214	-	12.8
家用陶瓷器皿	吨	4400	916	-15.5	-2.9
钢材	吨	1422680	99455	17.6	4.6
钢铁棒材	吨	868	50	96.1	-11.9
角钢及型钢	吨	-	-	-100	-100.0
钢铁板材	吨	1211967	79313	37.4	22.4
钢铁线材	吨	286	31	-40.5	-44.4
钢铁管配件	吨	8653	2125	-17.3	-12.1
未锻造的铝及铝材	吨	6	3	11054	30898.9
铝材	吨	6	3	11054	30898.9
钢铁或铜制标准紧固件	吨	6636	803	-18.9	-20.7
餐桌、厨房及其他家用搪瓷器	吨	206	54	-61.3	-61.8
手用或机用工具	吨	135	50	4.1	-19.8
空气调节器	台	-	-	-100	-100.0
自行车	万辆	6	175	-	-
纺织机械及零件	-	-	1041	-	137.5
金属加工机床	台	59	21	22.9	18.8
变压器	万个	-	-	-100	-100.0
静止式变流器	万个	7	31	644.2	6308.2
收音设备	台	18315	22	-26.4	635.5
手表	万只	4	11	471	515.7
电动手表	万只	4	11	471	515.7

9-14续表　　　　单位:万美元

商　　品	单　位	2012年		2012年比2011年增长%	
		数　量	金　额	数　量	金　额
日用钟	万只	10	26	290.5	556.0
通断保护电路装置及零件	-	-	…	-	-83.0
二极管及类似半导体器件	万个	33	69	63404.3	527.7
电线和电缆	吨	1	1	-72.8	-80.8
汽车零件	-	-	240	-	168.2
摩托车及自行车的零件	-	-	693	-	37.8
医疗仪器及器械	-	-	833	-	124.3
家具及其零件	-	-	147	-	-19.6
床垫、寝具及类似品	-	-	13	-	746.6
灯具、照明装置及类似品	-	-	32	-	-56.2
箱包及类似容器	-	-	235	-	327.0
体育用品及设备	-	-	25	-	104.6
服装及衣着附件	-	-	2594	-	23.6
织物制服装	-	-	2252	-	23.8
非针织钩编织物服装	-	-	333	-	-39.0
针织或钩编的服装	-	-	1920	-	50.7
皮革服装	万件	-	21	183.9	169.6
裘皮服装	吨	1	24	241.7	549.2
PVC手套	万双	-	-	-100	-100.0
织物制袜子	万双	47	5	57.3	-21.2
帽类	万个	70	5	73.6	-44.6
鞋类	-	-	715	-	-5.9
鞋	万双	93	713	-18.3	-5.5
皮面鞋	万双	92	690	-19.9	-8.5
鞋靴零件;护腿及类似品	吨	7	2	-67.5	-67.0
塑料制品	吨	260	95	66.5	75.1
游戏机	台	20000	3	23.2	15.5
伞	万把	1	3	-45.9	-47.8
农产品	-	-	7342	-	-39.3
机电产品	-	-	16153	-	21.7
金属制品	-	-	8601	-	8.2
机械设备	-	-	4984	-	30.6
电器及电子产品	-	-	493	-	102.8
运输工具	-	-	1081	-	71.0
仪器仪表	-	-	897	-	66.0
其他	-	-	97	-	8.0
高新技术产品	-	-	4509	-	37.6
生命科学技术	-	-	2973	-	58.5
光电技术	-	-	5	-	162.4
计算机与通信技术	-	-	1440	-	5.8
电子技术	-	-	69	-	409.7
计算机集成制造技术	-	-	21	-	-11.5
瓷砖	万平方米	8	15	-	-
装饰陶瓷	吨	11	7	-32	24.2
陶瓷卫生设备	-	-	1	-	-
光伏电池及组件(85414)	万个	33	69	63776.4	538.0
钢丝布、网、篱、格栅	吨	41	5	-72.6	-91.5
天然色素等植物提取物	吨	1786	5146	-19.3	-50.3

9-15 主要年份旅游行业发展状况

单位：个

指 标	2004年	2005年	2006年	2007年	2008年	2009年	2010年	2011年	2012年
星级宾馆	20	17	19	21	22	23	24	23	28
旅行社	45	49	53	65	65	71	72	71	77
年接待5万人次的景区(点)	10	10	10	10	10	18	18	18	23

9-16 2004～2012年旅游社会效益情况

指 标	单 位	2004年	2005年	2006年	2007年	2008年	2009年	2010年	2011年	2012年
国际旅游接待人数	人 次	5602	6231	6909	7905	10089	11150	17548	25590	38039
国际旅游创汇收入	万美元	196.3	252.2	308.8	378.5	408.4	465.3	548.4	794	1386.5
国内旅游接待人数	万人次	760	768	850	938	1018	1186	1481	1720	2300
国内旅游收入	亿 元	35.1	30.3	35.9	43.2	49.8	59.6	75.9	98.6	134.9
旅游业总收入	亿 元	35.2	30.5	36.1	39.6	45.0	59.6	76.2	99.1	135.8
旅游业总收入占全市GDP比重	%	3.8	2.9	2.7	2.4	2.3	3	3.2	3.6	4.5

9-17 2004～2012年接待海内外旅游者情况

指 标	单 位	2004年	2005年	2006年	2007年	2008年	2009年	2010年	2011年	2012年	2012年比2011年增长(%)
海外旅游者	人 次	5602	6231	6909	7869	10089	11150	17548	25590	38039	48.6
外国人	人 次	4719	5590	6096	7005	9304	10353	15755	23224	24249	4.4
港澳和台胞	人 次	883	641	813	864	785	797	1793	2366	13790	482.8

9-18 旅 游 事 业

(2012年)

单位：个

县(市、区)	星级宾馆	旅行社	年接待5万人次以上的景区(点)
全 市	**28**	**77**	**23**
#市 区	14	58	6
武安市	5	9	8
永年县	1	1	-
涉 县	4	8	3
邯郸县	-	1	2
临漳县	-	-	2
磁 县	3	-	1
大名县	-	-	1
峰峰矿区	1	7	3

第二部分　统计资料

十、能　源

资料整理：王　平　杨　梅　赵　艳　魏志坤

10-1　1995～2012年规模以上工业企业主要能源消费

年　　份	原　煤 (吨)	洗精煤 (吨)	其他洗煤 (吨)	焦　炭 (吨)	汽　油 (吨)	柴　油 (吨)	电　力 (万千瓦时)
1995*	19020485			2236686	43931	31153	909723
1996	16415525	2149719	105594	1771486	35553	36218	570712
1997	14761286	2157609	103605	2158645	28078	34007	639307
1998	15232317	1985621	192218	2266355	13689	24343	625112
1999	16561730	2368978	120482	2674779	12377	30831	663294
2000	17306221	3331057	147014	3054305	11102	31144	709516
2001	18801341	3850280	143279	3604452	10897	35144	806240
2002	21921170	4084427	174964	4615180	9366	29948	881342
2003	25222513	4380398	193044	4813808	12274	31809	985555
2004	27756449	7657351	326174	7303966	11950	36045	1074829
2005	31976582	7754811	1164302	10712289	11722	37690	1236512
2006	33657440	12065145	925573	12464142	10574	35473	1714482
2007	40526860	15593310	909588	13315963	9833	43981	1661162
2008	39151185	16967427	2422463	13135663	9252	61373	1814096
2009	43244757	20701526	2504475	13314244	8540	56182	2099119
2010	51324036	20292328	972634	13718051	13969	60837	2448805
2011	53222613	25615739	469411	13947669	17509	59647	2849438
2012	55252697	25698822	473755	14195242	16178	56885	2857241

注：1995年原煤数字包括原煤、洗精煤、其他洗煤三部分数据。

10-2　有关行业能源消费量

(2012年)

项　　目	单　位	合　计	农林牧渔水利业	建筑业	批发零售贸易餐饮业	运输邮电业			其它行业
						公　路	铁　路	邮　电	
煤　炭	吨	359890	79272	76161	39928	13903	22611	9488	118528
煤制品	吨	4769	2390	138	78	–	–	8	2155
焦炉煤气	万立方米	368	–	103	265	–	–	–	–
汽　油	吨	192623	37054	22185	16793	14471	416	1063	100641
柴　油	吨	79644	18329	23424	4251	21292	512	136	11702
燃料油	吨	1369	–	1117	252	–	–	–	–
液化石油气	吨	1837	259	194	1121	–	41	–	222
热　力	百万千焦	1427210	–	246622	151112	7824	–	5200	1016452
电　力	万千瓦时	171776	30774	40081	22358	5391	522	2041	70604

10-3 规模以上工业企业能源购进、消费及库存

(2012年)

项目	计量单位	年初库存	购进量		消费量			年末库存
			实物量	金额(万元)		工业生产消费	非工业生产消费	
原煤	吨	1919428	33440460	24262644	55252697	55147724	104974	1251945
洗精煤	吨	1319251	23076522	25079936	25698822	25698822	–	1039582
其他洗煤	吨	89311	352304	163884	473755	466442	7313	49446
焦炭	吨	431951	9636892	15869399	14195242	14195234	7	470818
焦炉煤气	万立方米	–	66222	241872	326375	322265	4110	–
高炉煤气	万立方米	–	234040	202963	4070621	4070621	–	–
天然气（气态）	万立方米	–	18144	431244	19568	19568	–	–
汽油	吨	54	16006	129502	16178	14144	2034	52
煤油	吨	93	1441	13350	1486	1486	1	47
柴油	吨	4574	57636	422071	56885	54561	2324	5158
液化石油气	吨	–	13242	71072	13242	13232	10	–
其他石油制品	吨	4	1049	17137	1050	1050	–	3
热力	百万千焦	–	965775	48559	18073054	17821473	251581	–
电力	万千瓦时	–	2027714	12233817	2857241	2833661	23580	–
煤矸石用于燃料	吨	–	146193	52473	1521934	1521934	–	–
能源合计	吨标准煤	–	–	–	89312454	89169491	142964	–

10-4 规模以上工业企业产值综合能耗

项目	企业单位数(个)	综合能源消费量(吨标准煤，当量值)		工业总产值(现价，万元)		产值能耗(吨标准煤/万元)	
		2011年	2012年	2011年	2012年	2011年	2012年
全市	**931**	**33833380**	**34454205**	**51781484**	**56693300**	**0.653**	**0.608**
采矿业	96	3456844	3426420	5253445	5088794	0.658	0.673
煤炭开采和洗选业	72	3408295	3375130	4765470	4629957	0.715	0.729
黑色金属矿采选业	22	47810	49755	483503	453497	0.099	0.110
制造业	795	25157612	25819267	43398679	48249145	0.580	0.535
饮料制造业	18	58187	34571	338798	389443	0.172	0.089
纺织业	81	135702	116304	2202341	2638391	0.062	0.044
造纸及纸制品业	5	14485	11430	106881	112776	0.136	0.101
石油加工炼焦业及核燃料	29	1293713	1362651	1887602	1819347	0.685	0.749
化学原料及化学制品制造业	50	179522	154610	657878	810384	0.273	0.191
非金属矿物制品业	91	1273232	1207410	1641889	1869194	0.775	0.646
黑色金属冶炼及压延业	95	21803425	22475784	27740296	28817720	0.786	0.780
通用设备制造业	97	57421	60696	1049702	1427190	0.055	0.043
专用设备制造业	40	17614	17682	1871770	2508135	0.009	0.007
电力、燃气及水的生产和供应业	40	5218924	5208518	3129360	3355362	1.668	1.552
电力、热力的生产和供应业	34	5213305	5203735	3044781	3293234	1.712	1.580
水的生产和供应业	2	3060	3283	21650	21633	0.141	0.152

10-5　主要能源调出调入

(2012年)　　单位：吨

项　　目	调出量	#调出省外	调入量	#省外调入
原　煤	1264734	1264734	9912496	9862496
洗精煤	4804752	4304752	7402181	7402181
其他洗煤	109888	109888	8795	8795
焦　炭	457646	457646	3712858	3712858
汽　油	-	-	19494	19494
柴　油	-	-	19788	19788
煤　油	-	-	-	-

10-6　主要能源按规模以上工业行业分组消费量

(2012年)　　单位：吨

项　　目	原　煤	洗精煤	其他洗煤	焦　炭
全　　市	**55252697**	**25698822**	**473755**	**14195242**
煤炭开采和洗选业	37521404	3905225	338187	-
黑色金属矿采选业	58644	-	-	…
农副食品加工业	59608	-	-	-
食品制造业	37771	-	-	-
饮料制造业	20407	-	-	-
纺　织　业	36568	-	-	1267
纺织服装、鞋、帽制造业	624	-	-	2871
皮革、毛皮、羽绒及其制品业	353	-	-	-
木材加工及竹、藤、棕、草制品业	9347	-	-	-
家具制造业	524	-	-	-
造纸及纸制品业	2673	-	-	-
印刷业和记录媒介的复制	1217	-	-	-
石油加工、炼焦及核燃料加工业	55522	12454731	-	-
化学原料及化学制品制造业	116606	35899	-	25
医药制造业	40205	-	-	305
化学纤维制造业	-	-	-	-
塑料制品业	8129	-	-	-
非金属矿物制品业	1291284	-	5306	-
黑色金属冶炼及压延加工业	4116450	9302966	36793	14167391
有色金属冶炼及压延加工业	5084	-	-	-
金属制品业	13395	-	-	9324
普通机械制造业	8923	-	-	9867
专用设备制造业	4603	-	-	4191
交通运输设备制造业	8332	-	-	-
电气机械及器材制造业	2352	-	-	-
仪器仪表及文化、办公用机械制造业	-	-	-	-
其他制造业	-	-	-	-
电力、热力的生产和供应业	11832675	-	93468	-
燃气生产和供应业	-	-	-	-
水的生产和供应业	-	-	-	-

10-6续表

项目	汽油（吨）	煤油（吨）	柴油（吨）	热力（百万千焦）	电力（万千瓦时）
全市	**16178**	**1486**	**56757**	**18073054**	**2855422**
煤炭开采和洗选业	2010	1409	8756	–	181177
黑色金属矿采选业	226	–	2923	–	31939
农副食品加工业	997	–	956	–	44512
食品制造业	960	–	791	–	12165
饮料制造业	1923	–	2105	11351	11513
纺织业	814	1	749	345994	59530
纺织服装、鞋、帽制造业	235	–	826	–	5441
皮革、毛皮、羽毛（绒）及其制品业	70	–	13	–	603
木材加工及竹、藤、棕、草制品业	103	–	257	–	6752
家具制造业	374	–	354	–	3044
造纸及纸制品业	–	–	–	–	4187
印刷业和记录媒介的复制	316	–	559	–	1071
石油加工、炼焦及核燃料	331	–	4763	–	30840
化学原料及化学制品制造业	326	31	590	127769	26402
医药制造业	44	–	–	–	7793
化学纤维制造业	–	–	–	–	3630
塑料制品业	688	–	708	–	11739
非金属矿物制品业	2278	14	4207	77551	134132
黑色金属冶炼及压延加工业	1435	20	22037	17430790	1840246
有色金属冶炼及压延加工业	35	–	15	–	2412
金属制品业	112	2	494	–	21640
普通机械制造业	302	6	272	–	35421
专用设备制造业	313	2	207	–	8692
交通运输设备制造业	253	–	248	–	2939
电气机械及器材制造业	338	–	271	20601	9196
仪器仪表及文化、办公用机械制造业	23	1	–	52018	1516
其他制造业	–	–	–	–	285
电力、热力的生产和供应业	1475	1	4626	6980	352725
燃气生产和供应业	135	–	–	–	1072
水的生产和供应业	64	–	32	–	2808

10-7 规模以下工业企业主要能源消费

(2012年)

项目	原煤（吨）	洗精煤（吨）	其他洗煤（吨）	焦炭（吨）	汽油（吨）	柴油（吨）	电力（万千瓦时）
全市	**2057101**	**89888**	**11125**	**168692**	**34767**	**61855**	**163863**
轻工业	454859	2	1	33399	20391	26286	134916
重工业	1515394	89886	11124	113603	14376	35569	28947
煤炭开采和洗选业	991675	65987	–	–	2525	503	2558
黑色金属矿采选业	7996	–	–	–	–	–	8329
非金属矿采选业	–	–	–	–	–	4	2934
其他矿采选业	30470	–	–	–	–	380	391
农副食品加工业	163627	1	…	317	6052	4690	12079
食品制造业	163504	–	–	–	4052	13142	5635
饮料制造业	11508	–	–	–	448	447	1708
纺织业	10354	1	1	13	1018	223	7974
纺织服装、鞋、帽制造业	23754	–	–	760	2674	1203	3621
皮革、毛皮、羽毛（绒）及其制品业	8809	–	–	–	401	376	528
木材加工及木、竹、藤、棕、草制品业	11294	–	–	–	592	5859	3201
家具制造业	46595	–	–	–	2139	1448	5212
造纸及纸制品业	10102	…	…	7	173	749	2999
印刷业和记录媒介的复制	3890	–	–	–	136	118	1216
文教体育用品制造业	1622	–	–	–	12	25	43
石油加工、炼焦业及和燃料加工业	1443	–	–	–	7	7	84
化学原料及化学制品制造业	23427	…	…	303	1151	6623	2735
医药制造业	2557	–	–	–	–	–	274
化学纤维制造业	7	…	1	5	4	4	213
橡胶制造业	3010	1	1	11	114	204	666
塑料制品业	11664	–	–	12	571	2273	3331
非金属矿物制品业	219947	6386	950	7851	1354	7617	28438
黑色金属冶炼及压延加工业	122632	17512	10172	116491	1918	3714	9667
有色金属冶炼及压延加工业	10518	–	–	1060	1946	1535	1596
金属制品业	127320	–	–	8625	4476	5236	42766
通用设备制造业	9215	–	–	33062	692	839	6155
专用设备制造业	1759	–	–	–	69	125	1329
交通运输设备制造业	11355	–	–	176	98	17	229
电气机械及器材制造业	896	–	–	–	1102	2410	612
通信设备、计算机及其他电子设备制造业	2152	–	–	–	99	89	109
仪器仪表及文化、办公用品机械制造业	3059	–	–	–	134	394	1207
工艺品其他制造业	17464	–	–	–	551	805	2736
电力、热力的生产和供应业	335	–	–	–	6	–	50
燃气生产和供应业	139	–	–	–	12	30	71
水的生产和供应业	196	–	–	–	26	93	1771

10-8 规模以上工业企业水消费

(2012年)

项目	数量（立方米）	金额（万元）
取水总量	**294363319**	**29877**
地表水	107894955	11246
地下水	154007011	11045
自来水	17822655	5550
雨水收集利用	73543	–
再生水	9011788	1087
重复用水	3822164393	–

10-9 规模以上工业企业能源加工转换情况

(2012年)

项目	计量单位	工业生产消费量	#加工转换投入	火力发电	供热	原煤入洗	炼焦	能源加工转换产出
原煤	吨	53608749	49276137	11775916	978636	36468402	53183	–
洗精煤	吨	25633197	22145447	–	–	–	22145447	24010871
其他洗煤	吨	445302	401807	327477	74330	–	–	5137517
焦炭	吨	13831167	–	–	–	–	–	16924669
其他焦化产品	吨	–	–	–	–	–	–	768766
焦炉煤气	万立方米	282111	102190	85788	16401	–	–	348708
高炉煤气	万立方米	3935522	1929417	1548824	380593	–	–	–
汽油	吨	1862	–	–	–	–	–	–
煤油	吨	1443	–	–	–	–	–	–
柴油	吨	37545	3867	3637	230	–	–	–
热力	百万千焦	17289631	13061862	13061862	–	–	–	32945640
电力	万千瓦时	2094687	–	–	–	–	–	3247468
煤矸石用于燃料	吨	1521934	1517558	1302782	214776	–	–	1348740
余热余压	百万千焦	10915020	7436945	7436945	–	–	–	–
能源合计	**吨标准煤**	**86026134**	**59624105**	**11670797**	**1415588**	**26009113**	**20528608**	**48361282**

第二部分　统计资料

十二、财政、金融

资料整理：高晓炜　郭洪娟

11-1　历年财政收支、银行存贷款

单位：万元

年　份	地　方财政收入	地　方财政支出	银行存款年末余额	银行贷款年末余额	城乡居民储蓄存款余额
1949			58	59	1
1950			365	109	35
1951			1067	157	132
1952			1372	833	267
1953	5263	1737	1789	2745	231
1954	5846	1878	2803	5620	897
1955	5753	1902	2859	14801	915
1956	5948	3363	5316	18614	2426
1957	6056	3837	6961	22869	4508
1958	13707	9403	12416	35349	6900
1959	22799	7203	18935	43753	10524
1960	22344	8443	19084	60549	8741
1961	10172	6354	17284	52106	4704
1962	7422	3675	13411	46848	3185
1963	5769	7289	13042	38684	3568
1964	8336	8440	12396	39034	4096
1965	9308	6249	13503	46644	5721
1966	11185	6024	11973	47249	4559
1967	9435	4630	14585	50600	5829
1968	12825	3843	18539	54350	7693
1969	24183	7553	18171	62935	8263
1970	26917	6049	22350	75708	9890
1971	25268	9865	28048	70929	10467
1972	26253	10844	28651	67903	11143
1973	26124	9086	31474	77074	12708
1974	28895	9532	34739	85584	14736
1975	30761	10765	39166	91834	17021
1976	32968	10148	39130	95917	19135
1977	34303	11456	39273	107284	21320
1978	36572	16446	48194	115572	21699
1979	34365	18782	55176	120465	19597
1980	39354	17174	71564	149028	29555

11-1续表　　　　单位：万元

年　　份	地　　方 财政收入	地　　方 财政支出	银行存款 年末余额	银行贷款 年末余额	城乡居民储 蓄存款余额
1981	41308	16366	79312	161994	35357
1982	38071	18233	91593	166254	44533
1983	37647	19252	119589	202247	63876
1984	42332	23383	167546	262255	79653
1985	49011	27519	190529	285481	118299
1986	55910	38878	245606	356003	140441
1987	63169	39998	293663	424526	183847
1988	72813	48019	346891	459829	234721
1989	81574	53170	418995	551207	280370
1990	86902	60359	538924	676377	492189
1991	92613	66553	669460	780399	605082
1992	99323	75629	829781	897493	734589
1993	64760	97073	988348	1060481	925750
1994	74387	111697	1180968	1322161	1295000
1995	96605	131448	1578518	1565100	1766325
1996	128278	176726	2055892	1867622	2235474
1997	170669	216156	2626046	2430420	2654799
1998	198374	241935	2869357	2855382	3057532
1999	207836	276402	3142606	3202263	3504998
2000	233796	306065	3602085	3225107	3854209
2001	259180	382806	3972933	3454321	4286556
2002*	242799	433135	4351121	3915146	4729252
2003	253937	483180	4829000	3931000	5297677
2004	340510	636700	5756540	4178595	6085387
2005	432148	838438	6989497	4430795	6920040
2006	528139	1095592	11694181	7539525	7588931
2007	694588	1303088	12452574	8002204	8176377
2008	774586	1549911	14747503	8521021	10220326
2009	871760	1977222	18486892	11335732	12134082
2010	1158975	2638552	21402402	13365849	13730593
2011	1589504	3286308	25339611	15350788	15691093
2012	1846504	3795561	29244938	18411645	17908067

注：2002年以后地方财政收入、支出为一般预算口径。2012年地方财政收入、支出改为公共财政预算收入、支出。从2006年以后银行存、贷款为金融机构存、贷款。

11-2 金融机构存款余额

（2012年）

单位：万元

项　　目	本外币		人民币	
	本期余额	比年初增减	本期余额	比年初增减
各项存款余额	**29381794**	**3957032**	**29244938**	**3905327**
单位存款	10626631	1723810	10527264	1679009
#定　期	2125077	510693	2124448	513845
个人存款	18071814	2302289	18037307	2301621
#储蓄存款	17942505	2217625	17908067	2216974
财政性存款	437401	-81083	442021	-81092
临时性存款	128382	3049	120780	-3179
其他存款	107541	528	107541	528
金融债券	-	-59804	3936	-59804
应付及暂收款	615465	160417	615145	165030
外汇买卖	565888	565252	271187	270874
各项准备	421090	27289	416679	27638
所有者权益	979204	240113	970065	230788

11-3 金融机构贷款余额

（2012年）

单位：万元

项　　目	本外币		人民币	
	本期余额	比年初增减	本期余额	比年初增减
各项贷款余额	**18740250**	**3073179**	**18411645**	**3060857**
境内贷款	18740247	3073179	18411642	3060858
短期贷款	11263676	3020135	10939288	3007940
#个人贷款及透支	1625751	297666	1625696	297637
单位贷款及透支	7943904	2259100	7847473	2248804
中长期贷款	6740556	40172	6736868	40572
#个人贷款	1431667	301588	1431667	301588
单位贷款	5252301	-211566	5252301	-211566
有价证券	1046722	257780	1046722	258780
股权及其他投资	97276	73881	97276	73881
外汇买卖	565888	565252	271181	270868
固定资产	255139	37394	255139	37394

11-4　分县（市、区）金融机构存贷款余额

（2012年）

单位：万元

县（市、区）	各项存款				各项贷款	
	余　额	比年初增减	#储蓄存款			
			余　额	比年初增减	余　额	比年初增减
武安市	3815379	549697	2658089	272654	1822041	245276
鸡泽县	398501	50445	267528	41782	176244	38663
邱　县	333238	67625	246572	43721	142299	25388
永年县	1484826	199619	1227989	175478	754702	112764
曲周县	552853	72017	438961	71450	255300	36999
邯郸县	774715	139520	589820	58025	414858	47417
肥乡县	413699	55515	298067	32689	202641	15084
馆陶县	319693	24714	247753	15090	213611	45221
涉　县	1064746	108345	720891	91976	645379	-46176
广平县	329667	33769	255793	34781	182814	28456
成安县	376337	21639	292311	17713	150895	2701
魏　县	723163	105001	572964	84796	305447	52380
磁　县	973021	102338	735856	79579	529550	92151
临漳县	541156	40998	446404	33524	234326	32338
大名县	892495	140934	658862	112474	396191	52159

11-5　财　政　收　支

单位：万元

项　　目	2011年	2012年	项　　目	2011年	2012年
全部财政收入	**3036756**	**3291027**	非税收入	551393	684575
中央财政收入	1177419	854646	#专项收入	68165	72394
增值税(75%)	820890	829865	行政事业性收费收入	122643	179818
消费税	17569	24781	罚没收入	88243	101943
省级收入	269833	131513	国有资本经营收入	167278	209005
增值税(10%)	109453	110649	国有资源（资产）有偿使用收入	39136	37862
营业税(10%)	48721	20864	其他收入	65928	835553
公共财政预算收入	**1589504**	**1846504**	**公共财政预算支出**	**3286308**	**3795561**
#税收收入	1038111	1161929	一般公共服务	396672	457779
#增值税	164176	165971	外交	-	-
营业税	318843	357478	国防	19438	8577
企业所得税	87028	87447	公共安全	166879	185586
个人所得税	35527	24749	教育	701344	953544
资源税	13934	12571	科学技术	26699	48570
城市维护建设税	86538	81431	文化体育与传媒	39082	66659
房产税	26119	29791	社会保障和就业	325229	329419
印花税	32937	33025	医疗卫生	316426	337224
城镇土地使用税	68042	83264	环境保护	81743	96979
土地增值税	37257	48087	城乡社区事务	236948	287588
车船使用税	18966	17417	农林水事务	318470	348602
耕地占用税	67854	147345	交通运输	264463	235491
契税	80890	73353	其他支出	58912	95144

11-6　分县（市、区）财政收入

（2012年）　　单位：万元

县（市、区）	全部财政收入	#公共财政预算收入	#税收收入
全　　市	**3291027**	**1846504**	**1161929**
市　　级	624754	566213	464790
武 安 市	653402	313608	173369
鸡 泽 县	26734	13893	11850
邱　　县	20132	12675	9463
永 年 县	184868	106427	40061
曲 周 县	38000	22077	15417
邯 郸 县	168856	63070	46240
肥 乡 县	40038	24086	17976
馆 陶 县	36027	22732	15206
涉　　县	201376	128759	52827
广 平 县	27387	17383	12949
成 安 县	60586	31578	14395
魏　　县	56692	39455	23530
磁　　县	287508	160833	55885
临 漳 县	30009	18604	13775
大 名 县	2132	20140	16578
从 台 区	408528	31511	28947
复 兴 区	178183	21407	17357
邯 山 区	168726	33662	30861
峰 峰 矿 区	323953	122005	37491
经 济 开 发 区	95088	48488	46084
马头经济开发区	29896	27898	16878

11-6续表　　单位：万元

县（市、区）	#增值税	营业税	企业所得税	个人所得税
全　　市	**165971**	**357478**	**87447**	**24749**
市　　级	100119	165595	59529	11799
武 安 市	44874	42962	15856	4073
鸡 泽 县	1404	4955	970	163
邱　　县	978	3269	421	84
永 年 县	–	3975	–	281
曲 周 县	1569	5545	1471	235
邯 郸 县	–	10903	–	549
肥 乡 县	1795	7404	824	310
馆 陶 县	1162	7156	1454	244
涉　　县	6018	15249	958	847
广 平 县	1219	5006	619	151
成 安 县	–	2101	–	84
魏　　县	1836	10715	1520	236
磁　　县	–	4185	–	439
临 漳 县	1086	6252	1041	251
大 名 县	1091	10618	1023	391
从 台 区	–	12543	–	1935
复 兴 区	–	4715	–	435
邯 山 区	–	11430	–	708
峰 峰 矿 区	–	4602	–	845
经 济 开 发 区	2820	15509	1623	515
马头经济开发区	–	2789	138	174

11-7 分县(市、区)公共财政预算支出

(2012年)

单位：万元

县(市、区)	公共财政预算支出	#一般公共服务	教 育	环境保护	科学技术
全 市	**3795561**	**457779**	**953544**	**96979**	**48570**
市 级	782579	81941	158383	25936	5999
武安市	482737	48383	98224	12599	4156
鸡泽县	84171	5982	30439	5421	751
邱 县	82616	8498	24883	4050	882
永年县	244043	26842	73981	6049	5281
曲周县	114591	11563	32988	2111	1106
邯郸县	150923	19236	41239	2936	2703
肥乡县	110454	10576	30921	4075	1350
馆陶县	108083	10445	27554	3627	927
涉 县	190340	32610	52384	6382	3719
广平县	88460	8560	22401	2169	1775
成安县	125448	9587	33846	3656	1740
魏 县	181406	19041	59246	3787	2029
磁 县	276289	56599	75462	3195	4383
临漳县	135728	18024	34387	1706	1850
大名县	180870	17511	54375	3891	1146
丛台区	67851	14145	15313	148	1388
复兴区	38249	10048	9776	169	332
邯山区	63620	15717	13703	445	1224
峰峰矿区	197880	19961	51960	4200	4136
经济开发区	57785	6433	6559	390	1192
马头经济开发区	31438	6077	5520	37	501

11-7续表

单位：万元

县(市、区)	文化体育与传媒	社会保障和就业	医疗卫生	城乡社区事务	农林水事务	交通运输
全 市	**66659**	**329419**	**337224**	**287588**	**348602**	**235491**
市 级	22262	56404	36827	52155	40170	128657
武安市	22982	38141	38532	49890	26411	34458
鸡泽县	910	9010	3898	1938	13086	2937
邱 县	449	7561	6250	3969	13866	2431
永年县	2290	17713	31062	17269	27760	5072
曲周县	754	19289	15218	2705	13741	3086
邯郸县	984	8194	14273	7279	17349	7640
肥乡县	664	12906	13672	1847	12952	3911
馆陶县	597	10547	9667	5832	16994	4206
涉 县	4961	11161	15893	17676	20318	10030
广平县	472	6412	9057	3236	13107	1525
成安县	472	13958	14583	11800	16350	7107
魏 县	1448	18364	24656	3365	23106	4205
磁 县	1257	12518	21208	13453	26229	8580
临漳县	3630	18606	19595	1879	20007	664
大名县	971	24505	20778	7080	21518	3999
丛台区	178	8951	6727	10345	216	-
复兴区	96	4290	3737	5348	1086	-
邯山区	165	10061	7349	6367	2287	214
峰峰矿区	1065	17839	20412	38803	14571	6769
经济开发区	41	762	1635	12249	6577	-
马头经济开发区	11	2227	2195	13103	901	-

第二部分　统计资料

十二、交通、邮电

资料整理：高晓炜　王剑飞

12-1 交通运输基本情况

(2012年)

项　　目	客运量（万人）	客运周转量（万人公里）	货运量（万吨）	货物周转量（万吨公里）
铁路运输	720.6		2483	
公路运输	17433	1251577	31901	9851213
民用航空	17		0.00698	

12-2 机动车保有量

(2012年)

项　　目	单　位	全　市	#营　运
机动车辆	**辆**	**1431581**	**234187**
汽车	辆	780262	180708
载客汽车	辆	487388	14037
#大　型	辆	5259	3514
载货汽车	辆	154684	100078
#重　型	辆	69815	67256
其他	辆	138190	66593
#三轮汽车	辆	110565	53225
摩托车	辆	606216	9029
#普　通	辆	597173	9020
挂车	辆	45090	44448
其他类型	辆	8	2

注：拖拉机不包括挂农机局车牌的车辆。

12-3　公路货物营业性运输工具拥有量

(2012年)

项　　目	单 位	全 市	#个 体
货运车辆	**辆**	**126915**	**79643**
	吨 位	1201852	342139
载货汽车	辆	93942	47644
	吨 位	1152184	310470
按车型结构分			
栏板货车	辆	89557	45691
	吨 位	1113291	304247
厢 式 车	辆	2880	1918
	吨 位	12654	5782
冷藏保温车	辆		
	吨 位		
罐　　车	辆	1505	35
	吨 位	26239	441
按经营范围分			
普通载货汽车	辆	91599	47129
	吨 位	1120465	307843
专用载货汽车	辆	2343	515
	吨 位	31719	2627
#危险货物运输车	辆	1732	
	吨 位	28153	
按燃料类型分			
汽 油 车	辆	2124	905
柴 油 车	辆	91818	46739
其他载货机动车	辆	31807	31674
	吨 位	28521	28420
轮胎式拖拉机	辆	212	212
	吨 位	325	325
客运车辆	**辆**	**4371**	**38**
	客 位	104451	445
载客汽车	辆	4371	38
	客 位	104451	445
按经营范围分			
班车客运客车	辆	4125	38
	客 位	92999	445
租 赁 客 车	辆		
	客 位		
旅 游 客 车	辆	246	
	客 位	11452	
按燃油类型分			
汽 油 车	辆	1213	21
柴 油 车	辆	3043	17

12-4　历年公路线路技术等级里程

单位：公里

项　目	公路线路总里程	等级公路	高速	一级	二级	三级	四级	等外路
2005	8440	7039	85	506	851	1360	4237	1401
2006	12690	11787	85	503	1002	1419	8778	903
2007	12886	11991	179	518	1054	1363	8887	895
2008	13138	12412	179	540	1089	1358	9247	726
2009	13510	12907	179	556	1134	1373	9666	603
2010	13857	13319	355	629	1279	1277	9779	538
2011	14138	13668	355	590	1413	1279	10031	470
2012	14711	14265	355	686	1479	1285	10460	446

12-5　公路线路技术等级里程

(2012年)

单位：公里

项　目	公路线路总里程	等级公路	高　速	一　级	二　级	三　级	四　级	等外路
全市公路里程	**14711**	**14265**	**355**	**686**	**1479**	**1285**	**10460**	**446**
国　道	658	658	333	9	106	-	-	-
省　道	1078	1078	23	437	601	17	-	-
县　道	946	935	-	6	453	434	43	10
乡　道	6135	5859	-	20	206	693	4939	276
村　道	5818	5663	-	-	79	128	5456	155
专用公路	77	71	-	3	34	13	22	5

12-6　城市公共交通

项　　　目	单　位	2000年	2004年	2005年	2006年	2007年	2008年	2009年	2010年	2011年	2012年
营运车辆	辆	855	1382	1444	1425	1658	1368	1673	1863	1903	2219
标准运营车辆	标　台	763	1161	1260	1194	1324	1128	1432	1647	1789	1792
运营线路网长度	公　里	348	526	526	580	585	497	557.3	557.3	557.3	557.3
客运总量	万人次	6503	10717	10839	12968	17255	14175	17077	17400	17968	17433
年末实有出租车数	辆	4628	4613	4574	4801	4805	4843	4380	4261	6998	4860

12-7　邮电业务基本情况

(2012年)

项　　　目	单　位	全　　市	#市　　区
邮电业务总量	万　元	594262	31338
#邮政业务总量	万　元	54134	16219
电信业务总量	万　元	540128	15119
本地电话用户	万　户	95.9	21.4
年末移动电话用户	万　户	620.7	261.7
国际互联网用户数	户	924544	702558
年末邮电局（所）	处	154	33

注：国际互联网用户数未含手机上网。

第二部分　统计资料

十三、劳动就业、社会保障

资料整理：颜锡红　孟　静

13-1 全部就业人员

单位：人

项目	2011年			2012年		
	城乡合计	城镇	乡村	城乡合计	城镇	乡村
全市	**5459605**	**1677104**	**3782501**	**5821833**	**1991868**	**3829965**
第一产业	1841397	18313	1823084	1854504	41339	1813165
第二产业	1894626	840585	1054041	2054852	976134	1078718
第三产业	1723582	818206	905376	1912477	974395	938082
按国民经济行业分						
农、林、牧、渔业	1841397	18313	1823084	1854504	41339	1813165
采矿业	184041	97807	86234	188403	98865	89538
制造业	1023471	537396	486075	1120539	622442	498097
电力、燃气及水的生产和供应业	62350	30751	31599	67733	31742	35991
建筑业	624764	174631	450133	678177	223085	455092
交通运输、仓储和邮政业	345105	114436	230669	376851	138617	238234
信息传输、计算机服务和软件业	26252	8993	17259	27299	9569	17730
批发和零售业	486853	218878	267975	573291	299121	274170
住宿和餐饮业	189252	94958	94294	213400	115884	97516
金融业	34240	22604	11636	35210	23027	12183
房地产业	9658	4820	4838	11467	6170	5297
租赁和商务服务业	51236	9663	41573	57502	13101	44401
科学研究、技术服务和地质勘查业	14886	10259	4627	15143	10403	4740
水利、环境和公共设施管理业	26061	17219	8842	27162	17862	9300
居民服务和其他服务业	175396	61484	113912	194064	73960	120104
教育	149501	115387	34114	156155	118477	37678
卫生、社会保障和社会福利业	62810	35155	27655	68089	38741	29348
文化、体育和娱乐业	29112	8018	21094	31744	8242	23502
公共管理和社会组织	123220	96332	26888	125100	101221	23879

13-2 分县(市、区)全部城镇单位就业人员

(2012年)

单位：个、人

县（市、区）	单位个数	单位就业人员年末人数	#女性	在岗职工	劳务派遣人员	其他就业人员
全市	**6771**	**645347**	**215906**	**564771**	**27065**	**53511**
#市区	1934	336776	102456	289891	24268	22617
武安市	230	47734	17095	41114	200	6420
鸡泽县	137	8435	4015	8327		108
邱县	164	10488	4247	9198	57	1233
永年县	667	31457	12275	29648	145	1664
曲周县	528	15689	5940	14517	70	1102
邯郸县	224	15189	6912	14504	2	683
肥乡县	310	12098	4177	9972	127	1999
馆陶县	158	16038	5457	15491	52	495
涉县	436	37836	11566	31904	1575	4357
广平县	195	14261	5335	12959	15	1287
成安县	152	12725	5512	9330	110	3285
魏县	439	19408	6840	17026	20	2362
磁县	442	29869	10519	28233	167	1469
临漳县	412	16061	6145	14679	238	1144
大名县	343	21283	7415	17978	19	3286
丛台区	826	120675	37363	95196	13455	12024
复兴区	195	46589	12444	43361	332	2896
邯山区	365	76367	25954	63783	8996	3588
峰峰矿区	403	45372	16549	42099	1132	2141
经济开发区	133	44053	8936	41949	328	1776
马头经济开发区	12	3720	1210	3503	25	192

13-3　分行业城镇单位就业人员

(2012年)　　　　单位:个、人

项　　目	单位数	单位就业人员年末人数	#女性	在岗职工	劳务派遣人员	其他就业人员
全　　市	6771	645347	215906	564771	27065	53511
按执行会计标准类别分						
企　业	2059	361707	93420	311519	24947	25241
事　业	3287	198317	97811	176098	1287	20932
机　关	1423	85299	24670	77130	831	7338
民间非营利组织	2	24	5	24	–	–
按国民经济行业分						
农、林、牧、渔业	124	2205	761	2149	–	56
农　业	4	72	26	72	–	–
林　业	17	489	110	443	–	46
畜牧业	11	203	56	203	–	–
渔　业	1	8	3	8	–	–
农、林、牧、渔服务业	91	1433	566	1423	–	10
采矿业	66	63459	8607	51732	11709	18
煤炭开采和洗选业	30	32935	4425	32917	–	18
黑色金属矿采选业	8	11867	2675	10548	1319	–
开采辅助活动	28	18657	1507	8267	10390	–
制造业	357	101589	30457	98931	1101	1557
农副食品加工业	13	1327	406	1288	–	39
食品制造业	17	1600	375	1560	–	40
酒、饮料和精制茶制造业	7	1302	582	1302	–	–
纺织业	21	8153	4700	7498	–	655
纺织服装、服饰业	20	2724	1536	2724	–	–
皮革、毛皮、羽毛及其制品和制鞋业	28	1977	800	1888	89	–
木材加工和木、竹、藤、棕、草制品业	3	361	159	361	–	–
家具制造业	5	853	329	853	–	–
造纸和纸制品业	5	127	52	126	–	1
印刷和记录媒介复制业	6	184	77	184	–	–
石油加工、炼焦和核燃料加工业	4	2593	742	2563	–	30
化学原料和化学制品制造业	15	2963	835	2804	–	159
医药制造业	5	957	517	957	–	–
化学纤维制造业	1	272	96	272	–	–
橡胶和塑料制品业	14	406	117	406	–	–
非金属矿物制品业	49	8662	2848	8611	6	45
黑色金属冶炼和压延加工业	47	43641	9098	42474	988	179
有色金属冶炼和压延加工业	1	32	15	31	–	1
金属制品业	13	2629	381	2483	5	141
通用设备制造业	29	5634	1694	5615	13	6

13-3续表1

单位:个、人

项　　目	单位数	单位就业人员年末人数	#女　性	在岗职工	劳务派遣人员	其他就业人员
专用设备制造业	21	6710	2015	6457	-	253
汽车制造业	3	1314	386	1314	-	-
铁路、船舶、航空航天和其他运输设备制造业	2	109	16	109	-	-
电气机械和器材制造业	16	4901	1923	4893	-	8
计算机、通信和其他电子设备制造业	4	475	182	475	-	-
仪器仪表制造业	5	471	148	471	-	-
其他制造业	1	82	27	82	-	-
金属制品、机械和设备修理业	2	1130	401	1130	-	-
电力、热力、燃气及水生产和供应业	69	27443	7065	21513	235	5695
电力、热力生产和供应业	42	23636	5333	17850	235	5551
燃气生产和供应业	3	1198	650	1198	-	-
水的生产和供应业	24	2609	1082	2465	-	144
建筑业	173	75290	11085	62699	5566	7025
房屋建筑业	81	45798	6110	36161	5102	4535
土木工程建筑业	58	21182	3708	20010	84	1088
建筑安装业	24	7762	1161	6140	290	1332
建筑装饰和其他建筑业	10	548	106	388	90	70
批发和零售业	750	28952	12121	24666	2714	1572
批发业	506	17901	6763	13769	2678	1454
零售业	244	11051	5358	10897	36	118
交通运输、仓储和邮政业	174	24567	6575	22018	437	2112
铁路运输业	3	6907	658	6907	-	-
道路运输业	132	14290	4748	12372	40	1878
装卸搬运和运输代理业	5	396	78	268	-	128
仓　储　业	18	1122	350	1114	-	8
邮政业	16	1852	741	1357	397	98
住宿和餐饮业	58	5959	3509	5655	203	101
住宿业	34	4000	2439	3746	203	51
餐饮业	24	1959	1070	1909	-	50
信息传输、软件和信息技术服务业	71	6238	2446	3423	2063	752
电信、广播电视和卫星传输服务	65	5328	1963	2565	2049	714
互联网和相关服务	5	909	482	857	14	38
软件和信息技术服务业	1	1	1	1	-	-
金融业	247	20447	8805	14300	528	5619
货币金融服务业	191	13556	5969	12712	388	456
资本市场服务业	6	165	62	158	3	4
保险业	47	6693	2755	1397	137	5159
其他金融业	3	33	19	33	-	-

13-3续表2

单位:个、人

项　　目	单位数	单位就业人员年末人数	#女　性	在岗职工	劳务派遣人员	其他就业人员
房地产业	117	4404	1528	4106	7	291
#房地产开发经营	85	2717	971	2650	7	60
物业管理	11	871	328	690	-	181
房地产中介服务	5	157	56	157	-	-
租赁和商务服务业	80	4047	1354	3970	-	77
租赁业	4	146	52	146	-	-
商务服务业	76	3901	1302	3824	-	77
科学研究、技术服务业	106	10150	2592	9696	122	332
研究和试验发展	13	1644	255	1509	105	30
专业技术服务业	80	7920	2127	7602	17	301
科技推广和应用服务业	13	586	210	585	-	1
水利、环境和公共设施管理业	80	15780	5805	11038	645	4097
水利管理业	43	4537	1362	3958	-	579
生态保护和环境治理业	3	513	185	491	-	22
公共设施管理业	34	10730	4258	6589	645	3496
居民服务、修理和其他服务业	30	1244	381	1229	13	2
居民服务业	17	359	94	345	13	1
机动车、电子产品和日用产品修理业	11	237	69	237	-	-
其他服务业	2	648	218	647	-	1
教育	2025	116630	62223	103426	163	13041
#初等教育	1098	39709	22776	35328	43	4338
中等教育	721	68973	35258	60699	98	8176
高等教育	9	4654	2190	4512	4	138
卫生和社会工作	404	36649	21864	32582	697	3370
卫生	372	35859	21590	31794	697	3368
社会工作	32	790	274	788	-	2
文化、体育和娱乐业	112	4698	2053	4409	25	264
新闻和出版业	5	581	257	522	-	59
广播、电视、电影和影视录音制作业	24	2070	848	1968	-	102
文化艺术业	77	1744	805	1616	25	103
体育	1	42	18	42	-	-
娱乐业	5	261	125	261	-	-
公共管理、社会保障和社会组织	1728	95596	26675	87229	837	7530
#中国共产党机关	142	3915	799	3894	12	9
国家机构	1477	89826	25209	81504	825	7497
人民政协、民主党派	14	291	71	286	-	5
社会保障	20	639	253	639	-	-
群众社团、社会团体和其他成员组织	75	925	343	906	-	19

13-4 分行业城镇单位就业人员平均人数及工资总额

(2012年)　　单位:人、万元

项目	单位就业人员平均人数			单位就业人员工资总额		
	在岗职工	其他就业人员	劳务派遣人员	在岗职工工资总额	其他就业人员工资总额	劳务派遣人员工资总额
全　市	**566296**	**52061**	**31989**	**2151234**	**96047**	**137480**
按执行会计标准类别分						
企　业	314560	24508	29887	1299630	52242	134534
事　业	174919	20421	1270	608910	35417	1829
机　关	76793	7132	832	242625	8388	1118
民间非营利组织	24	-	-	69	-	-
按国民经济行业分						
农、林、牧、渔业	2139	55	-	5133	64	-
农　业	72	-	-	108	-	-
林　业	449	46	-	1039	57	-
畜牧业	204	-	-	409	-	-
渔　业	8	-	-	26	-	-
农、林、牧、渔服务业	1406	9	-	3551	7	-
采矿业	51135	5	11661	336055	6	66567
煤炭开采和洗选业	32909	5	-	226680	6	-
黑色金属矿采选业	9951	-	1271	55608	-	6106
开采辅助活动	8275	-	10390	53767	-	60461
制造业	99484	1571	559	362362	2438	1116
农副食品加工业	1480	39	-	3570	13	-
食品制造业	1552	40	-	3962	115	-
酒、饮料和精制茶制造业	1533	1	12	2852	2	9
纺织业	7802	677	-	9553	1401	-
纺织服装、服饰业	2653	-	-	5394	-	-
皮革、毛皮、羽毛及其制品和制鞋业	1888	-	89	11090	-	255
木材加工和木、竹、藤、棕、草制品业	361	-	-	1103	-	-
家具制造业	866	-	-	1619	-	-
造纸和纸制品业	123	1	-	131	1	-
印刷和记录媒介复制业	184	-	-	308	-	-
石油加工、炼焦和核燃料加工业	2130	30	-	6787	89	-
化学原料和化学制品制造业	2793	159	-	6720	44	-
医药制造业	961	-	-	2109	-	-
化学纤维制造业	246	-	-	445	-	-
橡胶和塑料制品业	407	-	-	953	-	-
非金属矿物制品业	8757	44	5	18691	26	6
黑色金属冶炼和压延加工业	42641	179	435	225324	351	813
有色金属冶炼和压延加工业	31	1	-	131	3	-
金属制品业	2457	141	5	5387	204	12
通用设备制造业	5641	6	13	8672	19	22
专用设备制造业	6529	245	-	19241	155	-
汽车制造业	1312	-	-	1806	-	-
铁路、船舶、航空航天和其他运输设备制造业	106	-	-	237	-	-
电气机械和器材制造业	4884	8	-	19986	16	-
计算机、通信和其他电子设备制造业	471	-	-	1151	-	-

13-4续表1　　单位:人、万元

项　　目	单位就业人员平均人数			单位就业人员工资总额		
	在岗职工	其他就业人员	劳务派遣人员	在岗职工工资总额	其他就业人员工资总额	劳务派遣人员工资总额
仪器仪表制造业	463	–	–	795	–	–
其他制造业	83	–	–	164	–	–
金属制品、机械和设备修理业	1130	–	–	4179	–	–
电力、热力、燃气及水生产和供应业	21564	5620	231	119625	8056	464
电力、热力生产和供应业	17936	5488	231	107636	7951	464
燃气生产和供应业	1192	–	–	4156	–	–
水的生产和供应业	2436	132	–	7833	105	–
建筑业	66753	6443	11192	216485	16960	46848
房屋建筑业	40309	3713	10780	131957	9467	45440
土木工程建筑业	19857	1082	59	66399	3350	109
建筑安装业	6116	1578	338	17223	4110	1264
建筑装饰和其他建筑业	471	70	15	906	33	35
批发和零售业	24218	1594	2641	48722	1176	8434
批发业	13500	1476	2604	30652	1032	8356
零售业	10718	118	37	18070	144	78
交通运输、仓储和邮政业	21767	1990	439	63635	3651	706
铁路运输业	6805	–	–	31990	–	–
道路运输业	12320	1756	42	26427	3396	50
装卸搬运和运输代理业	267	128	–	511	101	–
仓储业	1116	8	–	1701	7	–
邮政业	1259	98	397	3007	146	656
住宿和餐饮业	5586	75	224	10997	107	446
住宿业	3686	51	224	7250	52	446
餐饮业	1900	24	–	3747	55	–
信息传输、软件和信息技术服务业	3400	749	2045	17620	1292	6827
电信、广播电视和卫星传输服务	2542	711	2031	14774	1248	6813
互联网和相关服务	857	38	14	2844	44	14
软件和信息技术服务业	1	–	–	2	–	–
金融业	14272	5649	529	94802	16812	2204
货币金融服务业	12669	458	389	87647	3066	1844
资本市场服务业	158	4	3	1346	12	4
保险业	1412	5187	137	5699	13734	356
其他金融业	33	–	–	110	–	–
房地产业	4066	292	7	10405	407	9
#房地产开发经营	2613	65	7	7473	134	9
物业管理	691	185	–	1429	239	–
房地产中介服务	156	–	–	285	–	–
租赁和商务服务业	3992	74	–	9334	159	–
租赁业	143	–	–	306	–	–
商务服务业	3849	74	–	9028	159	–
科学研究、技术服务业	9488	328	122	36279	681	328
研究和试验发展	1386	30	105	5386	54	302
专业技术服务业	7517	297	17	29301	626	26

13-4续表2 单位:人、万元

项目	单位就业人员平均人数			单位就业人员工资总额		
	在岗职工	其他就业人员	劳务派遣人员	在岗职工工资总额	其他就业人员工资总额	劳务派遣人员工资总额
科技推广和应用服务业	585	1	-	1592	-	-
水利、环境和公共设施管理业	11041	4075	630	31088	5473	1092
水利管理业	3950	569	-	11535	1461	-
生态保护和环境治理业	491	22	-	1433	26	-
公共设施管理业	6600	3484	630	18120	3986	1092
居民服务、修理和其他服务业	1228	2	13	2724	3	40
居民服务业	347	1	13	993	1	40
机动车、电子产品和日用产品修理业	234	-	-	417	-	-
其他服务业	647	1	-	1314	2	-
教育	102884	12605	163	410546	24257	231
#初等教育	34806	4558	43	134962	8980	91
中等教育	60687	7583	98	245175	14395	130
高等教育	4516	138	4	19683	166	6
卫生和社会工作	32155	3307	670	100051	5183	1003
卫生	31372	3305	670	97931	5181	1003
社会工作	783	2	-	2120	1	-
文化、体育和娱乐业	4361	262	25	12586	466	33
新闻和出版业	520	59	-	1767	197	-
广播、电视、电影和影视录音制作业	1930	100	-	5650	149	-
文化艺术业	1608	103	25	4468	120	33
体育	42	-	-	125	-	-
娱乐业	261	-	-	576	-	-
公共管理、社会保障和社会组织	86763	7365	838	262787	8858	1132
# 中国共产党机关	3875	9	12	11386	13	22
国家机构	81061	7332	826	245830	8824	1109
人民政协、民主党派	285	5	-	1125	3	-
社会保障	636	-	-	1593	-	-
群众社团、社会团体和其他成员组织	906	19	-	2853	18	-

13-5 分县(市、区)城镇单位人员平均人数及工资总额

(2012年)

单位:人、万元

县(市、区)	单位人员平均人数			单位就业人员工资总额		
	在岗职工	劳务派遣人员	其他就业人员	在岗职工工资总额	其他就业人员工资总额	劳务派遣人员工资总额
全市	**566296**	**31989**	**52061**	**2151234**	**137480**	**96047**
#市区	293431	29840	22205	1233228	133271	45387
武安市	41117	194	6425	180471	535	8670
鸡泽县	8327	-	108	27599	-	274
邱县	9197	57	1233	26639	85	2603
永年县	29520	145	1664	87100	235	1847
曲周县	13653	69	1082	39139	93	1547
邯郸县	14293	2	671	50516	4	1296
肥乡县	9810	128	1761	28784	241	2838
馆陶县	15010	52	467	38928	93	589
涉县	32770	934	4088	111379	1605	8538
广平县	12944	15	1282	38807	17	1667
成安县	9216	110	3100	26993	260	3893
魏县	16445	20	2230	43002	82	6794
磁县	28020	166	1491	123955	412	4946
临漳县	14651	238	1149	41590	502	793
大名县	17892	19	3105	53106	45	4368
丛台区	94613	13392	11987	428031	70624	26711
复兴区	43826	352	2794	204249	671	5555
邯山区	68687	14614	3574	221483	58385	5040
峰峰矿区	41317	1080	1816	135272	2101	2761
经济开发区	41430	377	1845	229391	1429	5026
马头经济开发区	3558	25	189	14802	61	293

13-6 分行业城镇单位就业人员及平均工资

(2012年) 单位:人、万元、元

项目	单位就业人员平均人数	单位就业人员工资总额	单位就业人员平均工资	在岗职工平均工资	劳务派遣人员平均工资	其他就业人员平均工资
全市	**650346**	**2384762**	**36669**	**37988**	**42977**	**18449**
按执行会计标准类别分						
企业	368955	1486405	40287	41316	45014	21316
事业	196610	646157	32865	34811	14402	17344
机关	84757	252131	29748	31595	13431	11761
民间非营利组织	24	69	28750	28750	-	-
按国民经济行业分						
农、林、牧、渔业	2194	5196	23683	23995	-	11545
农业	72	108	14958	14958	-	-
林业	495	1096	22143	23145	-	12370
畜牧业	204	409	20025	20025	-	-
渔业	8	26	32500	32500	-	-
农、林、牧、渔服务业	1415	3558	25143	25257	-	7333
采矿业	62801	402628	64112	65719	57085	12600
煤炭开采和洗选业	32914	226687	68872	68881	-	12600
黑色金属矿采选业	11222	61714	54994	55881	48043	-
开采辅助活动	18665	114228	61199	64975	58191	-
制造业	101614	365916	36010	36424	19968	15519
农副食品加工业	1519	3583	23590	24124	-	3333
食品制造业	1592	4077	25611	25528	-	28800
酒、饮料和精制茶制造业	1546	2863	18518	18605	7417	18000
纺织业	8479	10954	12919	12244	-	20696
纺织服装、服饰业	2653	5394	20331	20331	-	-
皮革、毛皮、羽毛及其制品和制鞋业	1977	11345	57385	58739	28674	-
木材加工和木、竹、藤、棕、草制品业	361	1103	30557	30557	-	-
家具制造业	866	1619	18699	18699	-	-
造纸和纸制品业	124	132	10637	10659	-	8000
印刷和记录媒介复制业	184	308	16750	16750	-	-
石油加工、炼焦和核燃料加工业	2160	6876	31832	31862	-	29733
化学原料和化学制品制造业	2952	6764	22913	24061	-	2761
医药制造业	961	2109	21949	21949	-	-
化学纤维制造业	246	445	18098	18098	-	-
橡胶和塑料制品业	407	953	23415	23415	-	-
非金属矿物制品业	8806	18723	21261	21345	11400	5795
黑色金属冶炼和压延加工业	43255	226488	52361	52842	18685	19620
有色金属冶炼和压延加工业	32	134	41813	42258	-	28000
金属制品业	2603	5603	21527	21926	24000	14482
通用设备制造业	5660	8713	15393	15373	16615	31500
专用设备制造业	6774	19396	28633	29470	-	6322
汽车制造业	1312	1806	13767	13767	-	-
铁路、船舶、航空航天和其他运输设备制造业	106	237	22358	22358	-	-
电气机械和器材制造业	4892	20002	40887	40922	-	19500

13-6续表1

单位:人、万元、元

项　　目	单位就业人员平均人数	单位就业人员工资总额	单位就业人员平均工资	在岗职工平均工资	劳务派遣人员平均工资	其他就业人员平均工资
计算机、通信和其他电子设备制造业	471	1151	24435	24435	-	-
仪器仪表制造业	463	795	17173	17173	-	-
其他制造业	83	164	19759	19759	-	-
金属制品、机械和设备修理业	1130	4179	36983	36983	-	-
电力、热力、燃气及水生产和供应业	27415	128145	46742	55474	20074	14335
电力、热力生产和供应业	23655	116050	49059	60011	20074	14488
燃气生产和供应业	1192	4156	34867	34867	-	-
水的生产和供应业	2568	7938	30912	32156	-	7970
建筑业	84388	280293	33215	32431	41859	26323
房屋建筑业	54802	186863	34098	32736	42152	25496
土木工程建筑业	20998	69858	33269	33439	18475	30961
建筑安装业	8032	22597	28134	28161	37396	26046
建筑装饰和其他建筑业	556	974	17518	19236	23333	4714
批发和零售业	28453	58332	20501	20118	31936	7375
批发业	17580	40040	22776	22705	32090	6992
零售业	10873	18291	16823	16859	21108	12169
交通运输、仓储和邮政业	24196	67992	28100	29235	16087	18345
铁路运输业	6805	31990	47009	47009	-	-
道路运输业	14118	29873	21159	21450	11881	19341
装卸搬运和运输代理业	395	612	15496	19142	-	7891
仓储业	1124	1708	15194	15238	-	9000
邮政业	1754	3809	21717	23880	16531	14929
住宿和餐饮业	5885	11550	19626	19687	19902	14267
住宿业	3961	7748	19560	19669	19902	10196
餐饮业	1924	3802	19763	19723	-	22917
信息传输、软件和信息技术服务业	6194	25739	41555	51823	33383	17252
电信、广播电视和卫星传输服务	5284	22835	43215	58120	33544	17554
互联网和相关服务	909	2902	31926	33184	10071	11605
软件和信息技术服务业	1	2	20000	20000	-	-
金融业	20450	113818	55657	66425	41662	29761
货币金融服务业	13516	92557	68479	69182	47393	66943
资本市场服务业	165	1362	82527	85171	14333	29250
保险业	6736	19790	29379	40364	25985	26478
其他金融业	33	110	33364	33364	-	-
房地产业	4365	10820	24789	25589	13000	13925
#房地产开发经营	2685	7616	28365	28599	13000	20631
物业管理	876	1668	19037	20676	-	12914
房地产中介服务	156	285	18263	18263	-	-
租赁和商务服务业	4066	9494	23349	23383	-	21527
租赁业	143	306	21406	21406	-	-
商务服务业	3923	9188	23420	23456	-	21527
科学研究、技术服务业	9938	37288	37520	38237	26861	20753

13-6续表2

单位:人、万元、元

项目	单位就业人员平均人数	单位就业人员工资总额	单位就业人员平均工资	在岗职工平均工资	劳务派遣人员平均工资	其他就业人员平均工资
研究和试验发展	1521	5742	37750	38861	28733	18000
专业技术服务业	7831	29954	38250	38980	15294	21088
科技推广和应用服务业	586	1592	27171	27210	-	4000
水利、环境和公共设施管理业	15746	37653	23912	28157	17337	13430
水利管理业	4519	12996	28758	29203	-	25670
生态保护和环境治理业	513	1459	28442	29179	-	12000
公共设施管理业	10714	23198	21652	27454	17337	11440
居民服务、修理和其他服务业	1243	2767	22264	22186	30769	15000
居民服务业	361	1035	28657	28622	30769	13000
机动车、电子产品和日用产品修理业	234	417	17829	17829	-	-
其他服务业	648	1316	20304	20309	-	17000
教育	115652	435033	37616	39904	14178	19244
#初等教育	39407	144033	36550	38775	21070	19702
中等教育	68368	259700	37986	40400	13306	18983
高等教育	4658	19855	42625	43585	14500	12051
卫生和社会工作	36132	106236	29402	31115	14970	15672
卫生	35347	104116	29455	31216	14970	15677
社会工作	785	2121	27017	27069	-	6500
文化、体育和娱乐业	4648	13085	28151	28859	13280	17786
新闻和出版业	579	1964	33926	33985	-	33407
广播、电视、电影和影视录音制作业	2030	5799	28565	29275	-	14850
文化艺术业	1736	4621	26620	27784	13280	11689
体育	42	125	29762	29762	-	-
娱乐业	261	576	22057	22057	-	-
公共管理、社会保障和社会组织	94966	272777	28724	30288	13504	12027
#中国共产党机关	3896	11422	29316	29384	18500	14333
国家机构	89219	255764	28667	30327	13431	12035
人民政协、民主党派	290	1128	38910	39481	-	6400
社会保障	636	1593	25039	25039	-	-
群众社团、社会团体和其他成员组织	925	2871	31037	31487	-	9579

13-7　分县(市、区)城镇单位人员平均工资

(2012年)

单位:人、万元、元

县（市、区）	单位就业人员平均人数	单位就业人员工资总额	单位就业人员平均工资	在岗职工平均工资	劳务派遣人员平均工资	其他就业人员平均工资
全　市	**650346**	**2384762**	**36669**	**37988**	**42977**	**18449**
#市　区	345476	1411886	40863	42028	44662	20440
武安市	47736	189676	39734	43892	27582	13494
鸡泽县	8435	27873	33044	33144	-	25324
邱　县	10487	29327	27965	28965	14825	21112
永年县	31329	89182	28465	29505	16234	11099
曲周县	14804	40779	27545	28667	13522	14297
邯郸县	14966	51816	34623	35343	18000	19320
肥乡县	11699	31863	27236	29341	18859	16114
馆陶县	15529	39609	25507	25935	17885	12602
涉　县	37792	121522	32156	33988	17186	20886
广平县	14241	40490	28432	29981	11267	13001
成安县	12426	31146	25065	29289	23664	12556
魏　县	18695	49878	26680	26149	41200	30466
磁　县	29677	129312	43573	44238	24789	33170
临漳县	16038	42885	26739	28387	21105	6897
大名县	21016	57519	27369	29681	23632	14069
丛台区	119992	525366	43783	45240	52736	22284
复兴区	46972	210476	44809	46605	19074	19882
邯山区	86875	284908	32795	32245	39951	14102
峰峰矿区	44213	140134	31695	32740	19453	15204
经济开发区	43652	235846	54029	55368	37902	27243
马头经济开发区	3772	15156	40179	41602	24320	15487

13-8 分县（市、区）全部单位就业人员及工资总额

（2012年）

单位：人、万元、元

县（市、区）	在岗职工（含劳务派遣）			
	期末人数	平均人数	工资总额	平均工资
全　市	**591836**	**598285**	**2288715**	**38255**
#市　区	314159	323271	1366500	42271
武安市	41314	41311	181006	43816
鸡泽县	8327	8327	27599	33144
邱　县	9255	9254	26724	28878
永年县	29793	29665	87335	29440
曲周县	14587	13722	39232	28591
邯郸县	14506	14295	50520	35341
肥乡县	10099	9938	29025	29206
馆陶县	15543	15062	39021	25907
涉　县	33479	33704	112984	33522
广平县	12974	12959	38824	29959
成安县	9440	9326	27253	29223
魏　县	17046	16465	43084	26167
磁　县	28400	28186	124366	44123
临漳县	14917	14889	42092	28271
大名县	17997	17911	53151	29675
丛台区	108651	108005	498655	46170
复兴区	43693	44178	204921	46385
邯山区	72779	83301	279868	33597
峰峰矿区	43231	42397	137373	32401
经济开发区	42277	41807	230820	55211
马头经济开发区	3528	3583	14863	41481

13-9　分县(市、区)城镇国有单位人员平均工资

(2012年)　　单位:人、万元、元

县(市、区)	单位就业人员平均人数	单位就业人员工资总额	单位就业人员平均工资	在岗职工平均工资	劳务派遣人员平均工资	其他就业人员平均工资
全　　市	**450112**	**1721491**	**38246**	**40037**	**45371**	**16016**
#市　　区	215155	981300	45609	47507	47564	16208
武　安　市	33496	123594	36898	42353	26434	13343
鸡　泽　县	7407	24064	32488	32595	-	25187
邱　　县	8627	24955	28927	29958	14396	21850
永　年　县	27890	79667	28565	29564	16735	11696
曲　周　县	12261	33299	27158	28495	13522	14297
邯　郸　县	12281	45786	37282	38304	18000	19342
肥　乡　县	10274	28390	27633	29719	22483	16662
馆　陶　县	10987	29854	27172	27845	17885	12537
涉　　县	20724	72550	35008	38166	17688	19583
广　平　县	9489	24499	25818	27666	18000	13043
成　安　县	11381	29154	25616	30384	-	12569
魏　　县	15550	41562	26728	27307	61091	18552
磁　　县	23270	94832	40753	41367	26228	33104
临　漳　县	13949	38520	27615	28877	37675	6259
大　名　县	17371	49468	28477	29831	26167	14997
丛　台　区	94345	428407	45409	46458	53372	15355
复　兴　区	32306	155324	48079	50355	18192	20465
邯　山　区	36415	123679	33964	36061	30132	14082
峰 峰 矿 区	21357	74838	35042	37556	19983	15096
经济开发区	28087	185623	66089	66361	39133	31611
马头经济开发区	2645	13428	50767	51561	-	16550

13-10 分县（市、区）国有单位就业人员及工资总额

(2012年)　　单位：人、万元、元

县（市、区）	在岗职工（含劳务派遣）			
	期末人数	平均人数	工资总额	平均工资
全　　市	**415119**	**412568**	**1661359**	**40269**
#市　　区	202342	202079	960107	47511
武　安　市	27285	27252	115262	42295
鸡　泽　县	7300	7300	23794	32595
邱　　县	7631	7631	22779	29850
永　年　县	26546	26414	77940	29507
曲　周　县	11336	11179	31752	28403
邯　郸　县	11779	11621	44509	38300
肥　乡　县	8847	8681	25736	29646
馆　陶　县	10618	10538	29291	27796
涉　　县	18626	18020	67254	37322
广　平　县	8294	8291	22936	27664
成　安　县	8364	8335	25325	30384
魏　　县	15071	14480	39577	27332
磁　　县	22012	21805	89982	41267
临　漳　县	13183	13155	38023	28904
大　名　县	15885	15787	47093	29830
丛　台　区	88999	88315	419148	47461
复　兴　区	29266	29953	150509	50248
邯　山　区	33822	33658	119797	35592
峰 峰 矿 区	19802	19666	72286	36757
经济开发区	27887	27902	185039	66317
马头经济开发区	2566	2585	13329	51561

13-11　分县(市、区)城镇集体单位人员平均工资

(2012年)　　单位:人、万元、元

县（市、区）	单位就业人员平均人数	单位就业人员工资总额	单位就业人员平均工资	在岗职工平均工资	劳务派遣人员平均工资	其他就业人员平均工资
全　市	**28949**	**78961**	**27273**	**28278**	**17352**	**15193**
#市　区	7889	17947	22750	23062	–	4275
武安市	1935	10049	51931	51931	–	–
鸡泽县	371	1707	46011	46011	–	–
邱　县	308	587	19071	19055	–	19200
永年县	3159	8945	28317	29793	12000	5891
曲周县	444	1442	32473	32473	–	–
邯郸县	970	2461	25371	25371	–	–
肥乡县	789	2317	29368	29574	–	6286
馆陶县	450	1235	27436	27436	–	–
涉　县	2907	6286	21623	20718	–	30007
广平县	2733	11465	41949	42224	–	9609
成安县	279	652	23362	25532	–	12370
魏　县	778	1088	13982	13982	–	–
磁　县	1452	2776	19118	19118	–	–
临漳县	1940	3980	20515	24029	17758	8324
大名县	2545	6025	23673	27949	–	16799
丛台区	2370	3887	16403	16490	–	7522
复兴区	753	1490	19782	19965	–	7455
邯山区	1180	2203	18666	20056	–	3144
峰峰矿区	3586	10368	28912	28912	–	–

13-12　分县（市、区）集体单位就业人员及工资总额

（2012年）　　单位：人、万元、元

县（市、区）	在岗职工（含劳务派遣）			
	期末人数	平均人数	工资总额	平均工资
全　市	**27263**	**26909**	**75861**	**28192**
#市　区	7711	7758	17891	23062
武安市	1963	1935	10049	51931
鸡泽县	371	371	1707	46011
邱　县	273	273	520	19055
永年县	2971	2975	8837	29704
曲周县	794	444	1442	32473
邯郸县	997	970	2461	25371
肥乡县	778	782	2313	29574
馆陶县	450	450	1235	27436
涉　县	2624	2624	5437	20718
广平县	2718	2710	11443	42224
成安县	234	233	595	25532
魏　县	768	778	1088	13982
磁　县	1453	1452	2776	19118
临漳县	1585	1585	3684	23245
大名县	1573	1569	4385	27949
丛台区	2347	2347	3870	16490
复兴区	738	742	1481	19965
邯山区	1098	1083	2172	20056
峰峰矿区	3528	3586	10368	28912

13-13　分县(市、区)其他经济单位人员平均工资

(2012年)

单位:人、万元、元

县(市、区)	单位就业人员平均人数	单位就业人员工资总额	单位就业人员平均工资	在岗职工平均工资	劳务派遣人员平均工资	其他就业人员平均工资
全　　市	**171285**	**584310**	**34113**	**34198**	**40271**	**26302**
#市　　区	122432	412638	33703	33341	41069	26825
武安市	12305	56034	45538	46074	28779	18724
鸡泽县	657	2102	31994	31982	–	40000
邱　县	1552	3785	24386	25386	20500	17802
永年县	280	570	20350	20388	16615	30000
曲周县	2099	6038	28768	28768	–	–
邯郸县	1715	3570	20815	20833	–	18000
肥乡县	636	1156	.18175	21452	11171	11124
馆陶县	4092	8521	20822	20851	–	14222
涉　县	14161	42687	30144	31084	15236	21741
广平县	2019	4527	22421	22785	10231	13443
成安县	766	1340	17497	16556	23664	9000
魏　县	2367	7228	30536	20065	16889	41455
磁　县	4955	31704	63984	64338	14857	36846
临漳县	149	385	25846	25846	–	–
大名县	1100	2026	18418	30325	22462	6481
从台区	23277	93072	39985	43779	38864	29381
复兴区	13913	53662	38569	39636	19419	17012
邯山区	49280	159026	32270	29375	42138	15657
峰峰矿区	19270	54928	28504	28696	16886	16656
经济开发区	15565	50223	32267	32807	37735	26757
马头经济开发区	1127	1728	15330	15144	24320	14992

13-14　分县（市、区）其他单位就业人员及工资总额

（2012年）

单位：人、万元、元

县（市、区）	在岗职工（含劳务派遣）			
	期末人数	平均人数	工资总额	平均工资
全　　市	**149454**	**158808**	**551494**	**34727**
#市　　区	104106	113434	388501	34249
武安市	12066	12124	55695	45938
鸡泽县	656	656	2098	31982
邱　县	1351	1350	3425	25371
永年县	276	276	558	20210
曲周县	2457	2099	6038	28768
邯郸县	1730	1704	3550	20833
肥乡县	474	475	977	20564
馆陶县	4475	4074	8495	20851
涉　县	12229	13060	40293	30852
广平县	1962	1958	4445	22701
成安县	842	758	1333	17587
魏　县	1207	1207	2419	20041
磁　县	4935	4929	31608	64127
临漳县	149	149	385	25846
大名县	539	555	1673	30141
从台区	17305	17343	75637	43613
复兴区	13689	13483	52930	39257
邯山区	37859	48560	157899	32516
峰峰矿区	19901	19145	54719	28582
经济开发区	14390	13905	45781	32924
马头经济开发区	962	998	1534	15374

13-15　全部城镇单位就业人员及工资总额

（2012年）　　　　　　　　　　　　　　　　　　单位：人、万元、元

项　　目	在岗职工（含劳务派遣）			
	期末人数	平均人数	工资总额	平均工资
全　　市	**591836**	**598285**	**2288715**	**38255**
按执行会计标准类别分				
企　　业	336466	344447	1434163	41637
事　　业	177385	176189	610739	34664
机　　关	77961	77625	243743	31400
民间非营利组织	24	24	69	28750
按国民经济行业分				
农、林、牧、渔业	2149	2139	5133	23995
农　　业	72	72	108	14958
林　　业	443	449	1039	23145
畜 牧 业	203	204	409	20025
渔　　业	8	8	26	32500
农、林、牧、渔服务业	1423	1406	3551	25257
采 矿 业	63441	62796	402622	64116
煤炭开采和洗选业	32917	32909	226680	68881
黑色金属矿采选业	11867	11222	61714	54994
开采辅助活动	18657	18665	114228	61199
制 造 业	100032	100043	363478	36332
农副食品加工业	1288	1480	3570	24124
食品制造业	1560	1552	3962	25528
酒、饮料和精制茶制造业	1302	1545	2861	18518
纺织业	7498	7802	9553	12244
纺织服装、服饰业	2724	2653	5394	20331
皮革、毛皮、羽毛及其制品和制鞋业	1977	1977	11345	57385
木材加工和木、竹、藤、棕、草制品业	361	361	1103	30557
家具制造业	853	866	1619	18699
造纸和纸制品业	126	123	131	10659
印刷和记录媒介复制业	184	184	308	16750
石油加工、炼焦和核燃料加工业	2563	2130	6787	31862
化学原料和化学制品制造业	2804	2793	6720	24061
医药制造业	957	961	2109	21949
化学纤维制造业	272	246	445	18098
橡胶和塑料制品业	406	407	953	23415
非金属矿物制品业	8617	8762	18697	21339
黑色金属冶炼和压延加工业	43462	43076	226137	52497
有色金属冶炼和压延加工业	31	31	131	42258
金属制品业	2488	2462	5399	21930
通用设备制造业	5628	5654	8694	15376
专用设备制造业	6457	6529	19241	29470
汽车制造业	1314	1312	1806	13767
铁路、船舶、航空航天和其他运输设备制造业	109	106	237	22358

13-15续表1

单位：人、万元、元

项 目	在岗职工（含劳务派遣）			
	期末人数	平均人数	工资总额	平均工资
电气机械和器材制造业	4893	4884	19986	40922
计算机、通信和其他电子设备制造业	475	471	1151	24435
仪器仪表制造业	471	463	795	17173
其他制造业	82	83	164	19759
金属制品、机械和设备修理业	1130	1130	4179	36983
电力、热力、燃气及水生产和供应业	21748	21795	120088	55099
电力、热力生产和供应业	18085	18167	108099	59503
燃气生产和供应业	1198	1192	4156	34867
水的生产和供应业	2465	2436	7833	32156
建筑业	68265	77945	263333	33785
房屋建筑业	41263	51089	177397	34723
土木工程建筑业	20094	19916	66508	33394
建筑安装业	6430	6454	18487	28645
建筑装饰和其他建筑业	478	486	941	19362
批发和零售业	27380	26859	57156	21280
批发业	16447	16104	39008	24223
零售业	10933	10755	18148	16874
交通运输、仓储和邮政业	22455	22206	64341	28975
铁路运输业	6907	6805	31990	47009
道路运输业	12412	12362	26477	21418
装卸搬运和运输代理业	268	267	511	19142
仓储业	1114	1116	1701	15238
邮政业	1754	1656	3663	22118
住宿和餐饮业	5858	5810	11443	19696
住宿业	3949	3910	7696	19682
餐饮业	1909	1900	3747	19723
信息传输、软件和信息技术服务业	5486	5445	24447	44898
电信、广播电视和卫星传输服务	4614	4573	21587	47205
互联网和相关服务	871	871	2858	32813
软件和信息技术服务业	1	1	2	20000
金融业	14828	14801	97006	65540
货币金融服务业	13100	13058	89491	68533
资本市场服务业	161	161	1350	83851
保险业	1534	1549	6055	39092
其他金融业	33	33	110	33364
房地产业	4113	4073	10414	25568
#房地产开发经营	2657	2620	7482	28557
物业管理	690	691	1429	20676
房地产中介服务	157	156	285	18263

13-15续表2　　单位：人、万元、元

项　　目	在岗职工（含劳务派遣）			
	期末人数	平均人数	工资总额	平均工资
租赁和商务服务业	3970	3992	9334	23383
租赁业	146	143	306	21406
商务服务业	3824	3849	9028	23456
科学研究、技术服务业	9818	9610	36607	38093
研究和试验发展	1614	1491	5688	38148
专业技术服务业	7619	7534	29327	38927
科技推广和应用服务业	585	585	1592	27210
水利、环境和公共设施管理业	11683	11671	32180	27572
水利管理业	3958	3950	11535	29203
生态保护和环境治理业	491	491	1433	29179
公共设施管理业	7234	7230	19212	26572
居民服务、修理和其他服务业	1242	1241	2764	22276
居民服务业	358	360	1033	28700
机动车、电子产品和日用产品修理业	237	234	417	17829
其他服务业	647	647	1314	20309
教育	103589	103047	410777	39863
#初等教育	35371	34849	135053	38754
中等教育	60797	60785	245306	40356
高等教育	4516	4520	19689	43559
卫生和社会工作	33279	32825	101054	30786
卫生	32491	32042	98934	30876
社会工作	788	783	2120	27069
文化、体育和娱乐业	4434	4386	12619	28771
新闻和出版业	522	520	1767	33985
广播、电视、电影和影视录音制作业	1968	1930	5650	29275
文化艺术业	1641	1633	4501	27562
体育	42	42	125	29762
娱乐业	261	261	576	22057
公共管理、社会保障和社会组织	88066	87601	263919	30127
#中国共产党机关	3906	3887	11409	29351
国家机构	82329	81887	246940	30156
人民政协、民主党派	286	285	1125	39481
社会保障	639	636	1593	25039
群众社团、社会团体和其他成员组织	906	906	2853	31487

13-16　城镇国有单位就业人员

(2012年)

单位:个、人

项　目	单位数	单位就业人员年末人数	#女 性	在岗职工	劳务派遣人员	其他就业人员
全　市	5276	453604	158707	396560	18559	38485
按隶属关系分						
中央	162	53860	12561	48729	4464	667
地方	5114	399744	146146	347831	14095	37818
省、自治区、直辖市	146	75322	13313	64050	10921	351
地区	576	68691	26978	57459	1272	9960
县及县以下	4381	254840	105602	225455	1879	27506
其他	11	891	253	867	23	1
按企业事业机关分						
企业	794	175863	38867	148804	16471	10588
中央	123	51027	11774	45974	4441	612
地方	671	124836	27093	102830	12030	9976
(省直属	81	67106	10690	56192	10857	57
省辖市属	208	21002	7317	16300	111	4591
县	370	35807	8816	29441	1039	5327
县以下	1	30	17	30	–	–
其他	11	891	253	867	23	1
事业	3061	192507	95181	170689	1257	20561
中央	20	1242	364	1200	16	26
地方	3041	191265	94817	169489	1241	20535
省直属	20	4694	1732	4530	2	162
省辖市属	262	33876	17207	29278	596	4002
县	2756	152670	75864	135656	643	16371
县以下	3	25	14	25	–	–
机关	1419	85210	24654	77043	831	7336
中央	19	1591	423	1555	7	29
地方	1400	83619	24231	75488	824	7307
省直属	45	3522	891	3328	62	132
省辖市属	106	13813	2454	11881	565	1367
县	1247	66165	20856	60170	197	5798
县以下	2	119	30	109	–	10
民间非营利组织	2	24	5	24	–	–
地方	2	24	5	24	–	–
县	2	24	5	24	–	–
按国民经济行业分						
农、林、牧、渔业	76	1732	634	1722	–	10
农　业	4	72	26	72	–	–
林　业	13	342	73	342	–	–
渔　业	1	8	3	8	–	–
农、林、牧、渔服务业	58	1310	532	1300	–	10
采 矿 业	55	56725	6839	45016	11709	–
煤炭开采和洗选业	25	26519	2731	26519	–	–
黑色金属矿采选业	2	11549	2601	10230	1319	–
开采辅助活动	28	18657	1507	8267	10390	–
制 造 业	110	37316	9175	35743	1082	491
农副食品加工业	2	46	3	7	–	39
食品制造业	8	168	84	168	–	–
酒、饮料和精制茶制造业	3	90	25	90	–	–
纺织业	11	861	505	551	–	310
纺织服装、服饰业	2	16	8	16	–	–
皮革、毛皮、羽毛及其制品和制鞋业	26	1919	764	1830	89	–
造纸和纸制品业	2	12	2	12	–	–

13-16续表1

单位：个、人

项　　　　目	单位数	单位就业人员年末人数	#女 性	在岗职工	劳务派遣人员	其他就业人员
印刷和记录媒介复制业	1	21	3	21	–	–
化学原料和化学制品制造业	5	746	139	744	–	2
医药制造业	1	197	120	197	–	–
橡胶和塑料制品业	1	21	13	21	–	–
非金属矿物制品业	19	554	79	544	–	10
黑色金属冶炼和压延加工业	4	24534	5326	23546	988	–
金属制品业	4	2011	158	1876	5	130
通月设备制造业	4	1291	528	1291	–	–
专月设备制造业	7	2085	557	2085	–	–
汽车制造业	1	592	168	592	–	–
电气机械和器材制造业	3	540	134	540	–	–
计算机、通信和其他电子设备制造业	2	368	122	368	–	–
仪器仪表制造业	2	35	10	35	–	–
其他制造业	1	82	27	82	–	–
金属制品、机械和设备修理业	1	1127	400	1127	–	–
电力、热力、燃气及水生产和供应业	51	24145	6117	18485	–	5660
电力、热力生产和供应业	30	21057	4714	15521	–	5536
燃气生产和供应业	1	904	511	904	–	–
水的生产和供应业	20	2184	892	2060	–	124
建筑业	69	19983	4088	18621	75	1287
房屋建筑业	27	6878	1382	6274	75	529
土木工程建筑业	38	12125	2542	11367	–	758
建筑安装业	3	849	152	849	–	–
建筑装饰和其他建筑业	1	131	12	131	–	–
批发和零售业	348	11404	4565	8470	2511	423
批发业	266	8572	3202	5688	2500	384
零售业	82	2832	1363	2782	11	39
交通运输、仓储和邮政业	107	20326	5155	17953	437	1936
铁路运输业	3	6907	658	6907	–	–
道路运输业	76	10512	3452	8652	40	1820
装卸搬运和运输代理业	1	108	26	90	–	18
仓储业	11	947	278	947	–	–
邮政业	16	1852	741	1357	397	98
住宿和餐饮业	26	2251	1201	2153	–	98
住宿业	17	1691	955	1643	–	48
餐饮业	9	560	246	510	–	50
信息传输、软件和信息技术服务业	15	2295	978	1882	185	228
电信、广播电视和卫星传输服务	13	1524	543	1111	185	228
互联网和相关服务	2	771	435	771	–	–
金融业	32	1223	423	1164	54	5
货币金融服务业	29	1171	393	1112	54	5
保险业	1	26	15	26	–	–
其他金融业	2	26	15	26	–	–
房地产业	38	1541	510	1388	4	149
#房地产开发经营	15	436	147	419	4	13
物业管理	4	463	163	377	–	86
房地产中介服务	5	157	56	157	–	–

13-16续表2

单位：个、人

项目	单位数	单位就业人员年末人数	#女 性	在岗职工	劳务派遣人员	其他就业人员
租赁和商务服务业	51	1246	490	1173	-	73
商务服务业	51	1246	490	1173	-	73
科学研究、技术服务业	90	8455	2267	8162	122	171
研究和试验发展	12	1641	255	1506	105	30
专业技术服务业	67	6335	1816	6178	17	140
科技推广和应用服务业	11	479	196	478	-	1
水利、环境和公共设施管理业	80	15780	5805	11038	645	4097
水利管理业	43	4537	1362	3958	-	579
生态保护和环境治理业	3	513	185	491	-	22
公共设施管理业	34	10730	4258	6589	645	3496
居民服务、修理和其他服务业	22	528	151	513	13	2
居民服务业	16	347	91	333	13	1
机动车、电子产品和日用产品修理业	5	148	47	148	-	-
其他服务业	1	33	13	32	-	1
教育	1981	115963	61802	102782	163	13018
#初等教育	1096	39468	22622	35110	43	4315
中等教育	680	68593	35009	60319	98	8176
高等教育	9	4654	2190	4512	4	138
卫生和社会工作	298	32766	19939	28996	697	3073
卫生	266	31976	19665	28208	697	3071
社会工作	32	790	274	788	-	2
文化、体育和娱乐业	104	4433	1917	4172	25	236
新闻和出版业	5	581	257	522	-	59
广播、电视、电影和影视录音制作业	24	2070	848	1968	-	102
文化艺术业	70	1514	681	1414	25	75
体育	1	42	18	42	-	-
娱乐业	4	226	113	226	-	-
公共管理、社会保障和社会组织	1723	95492	26651	87127	837	7528
#中国共产党机关	142	3915	799	3894	12	9
国家机构	1472	89722	25185	81402	825	7495
人民政协、民主党派	14	291	71	286	-	5
社会保障	20	639	253	639	-	-
群众社团、社会团体和其他成员组织	75	925	343	906	-	19

13-17 城镇国有单位就业人员平均人数及工资总额

(2012年) 单位:人、万元

项目	单位就业人员平均人数			单位就业人员工资总额		
	在岗职工	劳务派遣人员	其他就业人员	在岗职工工资总额	劳务派遣人员工资总额	其他就业人员工资总额
全市	**394636**	**17932**	**37544**	**1580000**	**81360**	**60131**
按隶属关系分						
中央	48066	4430	678	237920	15749	2604
地方	346570	13502	36866	1342080	65611	57528
省、自治区、直辖市	64680	10893	348	390275	61420	557
地区	57342	1259	9788	197912	1563	14697
县及县以下	223687	1323	26729	750488	2491	42272
其他	861	22	1	3405	136	1
按企业事业机关分						
企业	148377	15860	10357	744050	78458	17274
中央	45251	4407	623	226003	15715	2552
地方	103126	11453	9734	518047	62743	14722
省直属	56789	10834	57	360523	61355	167
省辖市属	16249	111	4454	44697	258	7196
县	29197	486	5222	109378	993	7358
县以下	30	–	–	44	–	–
其他	861	22	1	3405	136	1
事业	169529	1240	20057	593456	1784	34470
中央	1257	16	26	5739	27	28
地方	168272	1224	20031	587717	1757	34442
省直属	4553	2	158	18898	4	201
省辖市属	29244	583	3971	104872	533	5968
县	134450	639	15902	463891	1220	28273
县以下	25	–	–	56	–	–
机关	76706	832	7130	242425	1118	8387
中央	1558	7	29	6178	7	24
地方	75148	825	7101	236247	1111	8363
省直属	3338	62	133	10854	62	189
省辖市属	11849	565	1363	48343	772	1533
县	59852	198	5595	176659	278	6624
县以下	109	–	10	391	–	17
民间非营利组织	24	–	–	69	–	–
地方	24	–	–	69	–	–
县	24	–	–	69	–	–
按国民经济行业分						
农、林、牧、渔业	1711	–	9	4168	–	7
农业	72	–	–	108	–	–
林业	348	–	–	781	–	–
渔业	8	–	–	26	–	–
农、林、牧、渔服务业	1283	–	9	3254	–	7
采矿业	44396	11661	–	294415	66567	–
煤炭开采和洗选业	26490	–	–	185526	–	–
黑色金属矿采选业	9631	1271	–	55123	6106	–
开采辅助活动	8275	10390	–	53767	60461	–
制造业	36373	529	501	171937	1080	855
农副食品加工业	7	–	39	13	–	13
食品制造业	169	–	–	188	–	–
酒、饮料和精制茶制造业	90	–	–	135	–	–

13-17续表1　　　单位:人、万元

项　　　目	单位就业人员平均人数			单位就业人员工资总额		
	在岗职工	劳务派遣人员	其他就业人员	在岗职工工资总额	劳务派遣人员工资总额	其他就业人员工资总额
纺织业	559	–	321	976	–	637
纺织服装、服饰业	16	–	–	15	–	–
皮革、毛皮、羽毛及其制品和制鞋业	1830	89	–	10949	255	–
造纸和纸制品业	13	–	–	18	–	–
印刷和记录媒介复制业	21	21	–	7	–	–
化学原料和化学制品制造业	720	–	2	1947	–	3
医药制造业	196	–	–	340	–	–
橡胶和塑料制品业	21	–	–	38	–	–
非金属矿物制品业	545	–	9	896	–	6
黑色金属冶炼和压延加工业	24164	435	–	134679	813	–
金属制品业	1876	5	130	3877	12	196
通用设备制造业	1309	–	–	1785	–	–
专用设备制造业	2089	–	–	7821	–	–
汽车制造业	591	–	–	829	–	–
电气机械和器材制造业	548	–	–	2039	–	–
计算机、通信和其他电子设备制造业	364	–	–	982	–	–
仪器仪表制造业	35	–	–	63	–	–
其他制造业	83	–	–	164	–	–
金属制品、机械和设备修理业	1127	–	–	4177	–	–
电力、热力、燃气及水生产和供应业	18503	–	5585	102386	–	8018
电力、热力生产和供应业	15569	–	5473	92207	–	7932
燃气生产和供应业	903	–	–	3380	–	–
水的生产和供应业	2031	–	112	6799	–	86
建筑业	18690	75	1256	73910	320	3025
房屋建筑业	6271	75	501	24544	320	248
土木工程建筑业	11435	–	755	46907	–	2777
建筑安装业	855	–	–	2166	–	–
建筑装饰和其他建筑业	129	–	–	293	–	–
批发和零售业	8388	2523	423	19050	8221	309
批发业	5607	2512	384	14559	8178	268
零售业	2781	11	39	4491	43	42
交通运输、仓储和邮政业	17690	439	1814	55429	706	3554
铁路运输业	6805	–	–	31990	–	–
道路运输业	8587	42	1698	18615	50	3367
装卸搬运和运输代理业	90	–	18	281	–	41
仓储业	949	–	–	1536	–	–
邮政业	1259	397	98	3007	656	146
住宿和餐饮业	2154	–	72	4152	–	104
住宿业	1639	–	48	3093	–	49
餐饮业	515	–	24	1059	–	55
信息传输、软件和信息技术服务业	1883	185	228	6635	430	276
电信、广播电视和卫星传输服务	1112	185	228	3996	430	276
互联网和相关服务	771	–	–	2639	–	–
金融业	1162	55	5	5707	171	10

13-17续表2

单位:人、万元

项　　目	单位就业人员平均人数			单位就业人员工资总额		
	在岗职工	劳务派遣人员	其他就业人员	在岗职工工资总额	劳务派遣人员工资总额	其他就业人员工资总额
货币金融服务业	1110	55	5	5580	171	10
保险业	26	-	-	53	-	-
其他金融业	26	-	-	74	-	-
房地产业	1382	4	141	3340	6	177
#房地产开发经营	417	4	13	1306	6	31
物业管理	377	-	86	779	-	112
房地产中介服务	156	-	-	285	-	-
租赁和商务服务业	1180	-	70	2624	-	153
商务服务业	1180	-	70	2624	-	153
科学研究、技术服务业	7958	122	167	29848	328	340
研究和试验发展	1383	105	30	5380	302	54
专业技术服务业	6097	17	136	23143	26	286
科技推广和应用服务业	478	-	1	1326	-	0
水利、环境和公共设施管理业	11041	630	4075	31088	1092	5473
水利管理业	3950	-	569	11535	-	1461
生态保护和环境治理业	491	-	22	1433	-	26
公共设施管理业	6600	630	3484	18120	1092	3986
居民服务、修理和其他服务业	512	13	2	1352	40	3
居民服务业	335	13	1	968	40	1
机动车、电子产品和日用产品修理业	145	-	-	328	-	-
其他服务业	32	-	1	56	-	2
教育	102229	163	12582	408555	231	24213
#初等教育	34588	43	4535	134507	91	8936
中等教育	60296	98	7583	243738	130	14395
高等教育	4516	4	138	19683	6	166
卫生和社会工作	28591	670	3017	90602	1003	4316
卫生	27808	670	3015	88483	1003	4314
社会工作	783	-	2	2120	-	1
文化、体育和娱乐业	4132	25	234	12228	33	443
新闻和出版业	520	-	59	1767	-	197
广播、电视、电影和影视录音制作业	1930	-	100	5650	-	149
文化艺术业	1414	25	75	4135	33	97
体育	42	-	-	125	-	-
娱乐业	226	-	-	551	-	-
公共管理、社会保障和社会组织	86661	838	7363	262574	1132	8857
#中国共产党机关	3875	12	9	11386	22	13
国家机构	80959	826	7330	245617	1109	8823
人民政协、民主党派	285	-	5	1125	-	3
社会保障	636	-	-	1593	-	-
群众社团、社会团体和其他成员组织	906	-	19	2853	-	18

13-18　城镇国有单位就业人员工资总额及平均工资

(2012年)　　　　单位:人、万元、元

项　目	单位就业人员平均人数	单位就业人员工资总额	单位就业人员平均工资	在岗职工平均工资	劳务派遣人员平均工资	其他就业人员平均工资
全　市	450112	1721491	38246	40037	45371	16016
按隶属关系分						
中央	53174	256273	48195	49499	35551	38404
地方	396938	1465218	36913	38725	48593	15605
省、自治区、直辖市	75926	452253	59565	60339	56359	16017
地区	68389	214172	31317	34514	12415	15015
县及县以下	251739	795251	31590	33551	18827	15815
其他	884	3543	40074	39544	62000	14000
按企业事业机关分						
企业	174594	839782	48099	50146	49469	16679
中央	50281	244270	48581	49944	35659	40965
地方	124313	595512	47904	50234	54783	15125
(省直属	67680	422045	62359	63485	56632	29316
省辖市属	20814	52151	25056	27508	23261	16156
县	34905	117729	33728	37462	20436	14090
县以下	30	44	14767	14767	-	-
其他	884	3543	40074	39544	62000	14000
事业	190826	629710	32999	35006	14387	17186
中央	1299	5794	44604	45656	16875	10846
地方	189527	623916	32920	34927	14355	17194
省直属	4713	19103	40532	41507	18000	12728
省辖市属	33798	111373	32953	35861	9148	15029
县	150991	493384	32676	34503	19094	17779
县以下	25	56	22560	22560	-	-
机关	84668	251929	29755	31604	13431	11763
中央	1594	6209	38950	39655	10000	8103
地方	83074	245721	29579	31438	13461	11778
省直属	3533	11105	31432	32517	9919	14226
省辖市属	13777	50647	36762	40799	13655	11248
县	65645	183560	27963	29516	14015	11839
县以下	119	408	34303	35908	-	16800
民间非营利组织	24	69	28750	28750	-	-
地方	24	69	28750	28750	-	-
县	24	69	28750	28750	-	-
按国民经济行业分						
农、林、牧、渔业	1720	4175	24271	24360	-	7333
农　业	72	108	14958	14958	-	-
林　业	348	781	22434	22434	-	-
渔　业	8	26	32500	32500	-	-
农、林、牧、渔服务业	1292	3260	25234	25359	-	7333
采矿业	56057	360982	64396	66316	57085	-
煤炭开采和洗选业	26490	185526	70036	70036	-	-
黑色金属矿采选业	10902	61229	56163	57235	48043	-
开采辅助活动	18665	114228	61199	64975	58191	-
制造业	37403	173872	46486	47270	20416	17068
农副食品加工业	46	26	5652	18571	-	3333
食品制造业	169	188	11136	11136	-	-
酒、饮料和精制茶制造业	90	135	15011	15011	-	-

13-18续表1　　　　单位:人、万元、元

项　　目	单位就业人员平均人　数	单位就业人员工资总　额	单位就业人员平均工　资	在岗职工平均工资	劳务派遣人员平均工资	其他就业人员平均工　资
纺织业	880	1613	18328	17451	–	19857
纺织服装、服饰业	16	15	9313	9313	–	–
皮革、毛皮、羽毛及其制品和制鞋业	1919	11204	58383	59828	28674	–
造纸和纸制品业	13	18	13462	13462	–	–
印刷和记录媒介复制业	21	7	3095	3095	–	–
化学原料和化学制品制造业	722	1950	27011	27046	–	14500
医药制造业	196	340	17352	17352	–	–
橡胶和塑料制品业	21	38	18048	18048	–	–
非金属矿物制品业	554	902	16285	16448	–	6444
黑色金属冶炼和压延加工业	24599	135492	55080	55735	18685	–
金属制品业	2011	4085	20314	20667	24000	15077
通用设备制造业	1309	1785	13634	13634	–	–
专用设备制造业	2089	7821	37438	37438	–	–
汽车制造业	591	829	14022	14022	–	–
电气机械和器材制造业	548	2039	37204	37204	–	–
计算机、通信和其他电子设备制造业	364	982	26989	26989	–	–
仪器仪表制造业	35	63	18000	18000	–	–
其他制造业	83	164	19759	19759	–	–
金属制品、机械和设备修理业	1127	4177	37066	37066	–	–
电力、热力、燃气及水生产和供应业	24088	110405	45834	55335	–	14357
电力、热力生产和供应业	21042	100140	47590	59225	–	14493
燃气生产和供应业	903	3380	37431	37431	–	–
水的生产和供应业	2143	6885	32128	33475	–	7696
建筑业	20021	77255	38587	39545	42693	24081
房屋建筑业	6847	25112	36676	39139	42693	4950
土木工程建筑业	12190	49684	40758	41021	–	36776
建筑安装业	855	2166	25335	25335	–	–
建筑装饰和其他建筑业	129	293	22713	22713	–	–
批发和零售业	11334	27580	24334	22711	32584	7314
批发业	8503	23005	27055	25965	32556	6977
零售业	2831	4576	16163	16150	39091	10641
交通运输、仓储和邮政业	19943	59689	29930	31333	16087	19594
铁路运输业	6805	31990	47009	47009	–	–
道路运输业	10327	22032	21335	21679	11881	19829
装卸搬运和运输代理业	108	322	29815	31222	–	22778
仓储业	949	1536	16185	16185	–	–
邮政业	1754	3809	21717	23880	16531	14929
住宿和餐饮业	2226	4256	19118	19274	–	14431
住宿业	1687	3142	18625	18872	–	10188
餐饮业	539	1114	20659	20553	–	22917
信息传输、软件和信息技术服务业	2296	7341	31974	35238	23232	12110
电信、广播电视和卫星传输服务	1525	4702	30835	35939	23232	12110
互联网和相关服务	771	2639	34227	34227	–	–
金融业	1222	5887	48178	49112	31091	19000

13-18续表2

单位:人、万元、元

项目	单位就业人员平均人数	单位就业人员工资总额	单位就业人员平均工资	在岗职工平均工资	劳务派遣人员平均工资	其他就业人员平均工资
货币金融服务业	1170	5761	49235	50270	31091	19000
保险业	26	53	20423	20423	-	-
其他金融业	26	74	28346	28346	-	-
房地产业	1527	3522	23066	24169	13750	12518
#房地产开发经营	434	1343	30935	31324	13750	23769
物业管理	463	891	19235	20653	-	13023
房地产中介服务	156	285	18263	18263	-	-
租赁和商务服务业	1250	2777	22214	22239	-	21800
商务服务业	1250	2777	22214	22239	-	21800
科学研究、技术服务业	8247	30516	37003	37507	26861	20371
研究和试验发展	1518	5735	37782	38898	28733	18000
专业技术服务业	6250	23455	37528	37958	15294	21015
科技推广和应用服务业	479	1326	27681	27730	-	4000
水利、环境和公共设施管理业	15746	37653	23912	28157	17337	13430
水利管理业	4519	12996	28758	29203	-	25670
生态保护和环境治理业	513	1459	28442	29179	-	12000
公共设施管理业	10714	23198	21652	27454	17337	11440
居民服务、修理和其他服务业	527	1395	26463	26398	30769	15000
居民服务业	349	1009	28920	28896	30769	13000
机动车、电子产品和日用产品修理业	145	328	22593	22593	-	-
其他服务业	33	58	17485	17500	-	17000
教育	114974	432999	37661	39965	14178	19244
#初等教育	39166	143534	36648	38888	21070	19705
中等教育	67977	258263	37993	40424	13306	18983
高等教育	4658	19855	42625	43585	14500	12051
卫生和社会工作	32278	95921	29717	31689	14970	14304
卫生	31493	93800	29784	31819	14970	14309
社会工作	785	2121	27017	27069	-	6500
文化、体育和娱乐业	4391	12704	28933	29594	13280	18932
新闻和出版业	579	1964	33926	33985	-	33407
广播、电视、电影和影视录音制作业	2030	5799	28565	29275	-	14850
文化艺术业	1514	4266	28177	29246	13280	12987
体育	42	125	29762	29762	-	-
娱乐业	226	551	24358	24358	-	-
公共管理、社会保障和社会组织	94862	272563	28733	30299	13504	12029
#中国共产党机关	3896	11422	29316	29384	18500	14333
国家机构	89115	255549	28676	30338	13431	12036
人民政协、民主党派	290	1128	38910	39481	-	6400
社会保障	636	1593	25039	25039	-	-
群众社团、社会团体和其他成员组织	925	2871	31037	31487	-	9579

13-19　分县(市、区)城镇国有单位就业人员

(2012年)　　单位:个、人

县(市、区)	单位个数	单位就业人员年末人数	#女性	在岗职工	劳务派遣人员	其他就业人员
全市	**5276**	**453604**	**158707**	**396560**	**18559**	**38485**
#市区	1259	215934	64502	185770	16572	13592
武安市	178	33524	13056	27179	106	6239
鸡泽县	103	7407	3687	7300	-	107
邱县	137	8627	3426	7578	53	996
永年县	554	28022	11059	26429	117	1476
曲周县	471	12438	5258	11266	70	1102
邯郸县	178	12451	5334	11777	2	672
肥乡县	255	10663	3535	8761	86	1816
馆陶县	123	11093	4315	10566	52	475
涉县	308	21430	8378	17330	1296	2804
广平县	165	9497	4080	8292	2	1203
成安县	139	11595	5173	8364	-	3231
魏县	415	15883	6216	15060	11	812
磁县	392	23477	8801	21866	146	1465
临漳县	354	13977	5362	13143	40	794
大名县	245	17586	5925	15879	6	1701
丛台区	598	95087	26433	76134	12865	6088
复兴区	112	31726	8514	29167	99	2460
邯山区	209	36609	15243	31177	2645	2787
峰峰矿区	274	21808	9356	18884	918	2006
经济开发区	59	28072	4107	27842	45	185
马头经济开发区	7	2632	849	2566	-	66

13-20　分县(市、区)城镇国有单位就业人员平均人数及工资总额

(2012年)　　单位:人、万元

县(市、区)	单位人员平均人数			单位人员工资总额		
	在岗职工	劳务派遣人员	其他就业人员	在岗职工工资总额	劳务派遣人员工资总额	其他就业人员工资总额
全市	**394636**	**17932**	**37544**	**1580000**	**81360**	**60131**
#市区	185573	16506	13076	881597	78509	21194
武安市	27153	99	6244	115001	262	8331
鸡泽县	7300	-	107	23794	-	270
邱县	7578	53	996	22702	76	2176
永年县	26297	117	1476	77745	196	1726
曲周县	11110	69	1082	31659	93	1547
邯郸县	11619	2	660	44505	4	1277
肥乡县	8594	87	1593	25540	196	2654
馆陶县	10486	52	449	29198	93	563
涉县	17277	743	2704	65940	1314	5295
广平县	8289	2	1198	22933	4	1563
成安县	8335	-	3046	25325	-	3828
魏县	14469	11	1070	39510	67	1985
磁县	21660	145	1465	89602	380	4850
临漳县	13115	40	794	37872	151	497
大名县	15781	6	1584	47077	16	2376
丛台区	75510	12805	6030	350805	68343	9259
复兴区	29854	99	2353	150329	180	4815
邯山区	30996	2662	2757	111776	8021	3882
峰峰矿区	18771	895	1691	70497	1789	2553
经济开发区	27857	45	185	184863	176	585
马头经济开发区	2585	-	60	13329	-	99

13-21　国有城镇单位就业人员及工资总额

（2012年）　　　　单位：人、万元、元

项　　目	在岗职工（含劳务派遣）			
	期末人数	平均人数	工资总额	平均工资
全　　市	415119	412568	1661359	40269
按隶属关系分				
中央	53193	52496	253669	48322
地方	361926	360072	1407690	39095
省、自治区、直辖市	74971	75578	451696	59765
地区	58731	58601	199475	34039
县及县以下	227334	225010	752979	33464
其他	890	883	3541	40103
按企业事业机关分				
企业	165275	164237	822508	50081
中央	50415	49658	241718	48677
地方	114860	114579	580790	50689
省直属	67049	67623	421878	62387
省辖市属	16411	16360	44955	27479
县	30480	29683	110371	37183
县以下	30	30	44	14767
其他	890	883	3541	40103
事业	171946	170769	595240	34856
中央	1216	1273	5766	45294
地方	170730	169496	589474	34778
省直属	4532	4555	18902	41496
省辖市属	29874	29827	105405	35339
县	136299	135089	465111	34430
县以下	25	25	56	22560
机关	77874	77538	243543	31409
中央	1562	1565	6185	39522
地方	76312	75973	237357	31242
省直属	3390	3400	10916	32105
省辖市属	12446	12414	49114	39563
县	60367	60050	176936	29465
县以下	109	109	391	35908
民间非营利组织	24	24	69	28750
地方	24	24	69	28750
县	24	24	69	28750
按国民经济行业分				
农、林、牧、渔业	1722	1711	4168	24360
农　　业	72	72	108	14958
林　　业	342	348	781	22434
渔　　业	8	8	26	32500
农、林、牧、渔服务业	1300	1283	3254	25359
采 矿 业	56725	56057	360982	64396
煤炭开采和洗选业	26519	26490	185526	70036
黑色金属矿采选业	11549	10902	61229	56163
开采辅助活动	18657	18665	114228	61199
制 造 业	36825	36902	173017	46885
农副食品加工业	7	7	13	18571

13-21续表1　　　　　　　　　　　　　　　　　　　　　　　　单位：人、万元、元

项　　目	在岗职工（含劳务派遣）			
	期末人数	平均人数	工资总额	平均工资
食品制造业	168	169	188	11136
酒、饮料和精制茶制造业	90	90	135	15011
纺织业	551	559	976	17451
纺织服装、服饰业	16	16	15	9313
皮革、毛皮、羽毛及其制品和制鞋业	1919	1919	11204	58383
造纸和纸制品业	12	13	18	13462
印刷和记录媒介复制业	21	21	7	3095
化学原料和化学制品制造业	744	720	1947	27046
医药制造业	197	196	340	17352
橡胶和塑料制品业	21	21	38	18048
非金属矿物制品业	544	545	896	16448
黑色金属冶炼和压延加工业	24534	24599	135492	55080
金属制品业	1881	1881	3889	20676
通用设备制造业	1291	1309	1785	13634
专用设备制造业	2085	2089	7821	37438
汽车制造业	592	591	829	14022
电气机械和器材制造业	540	548	2039	37204
计算机、通信和其他电子设备制造业	358	364	982	26989
仪器仪表制造业	35	35	63	18000
其他制造业	82	83	164	19759
金属制品、机械和设备修理业	1127	1127	4177	37066
电力、热力、燃气及水生产和供应业	18485	18503	102386	55335
电力、热力生产和供应业	15521	15569	92207	59225
燃气生产和供应业	904	903	3380	37431
水的生产和供应业	2060	2031	6799	33475
建筑业	18696	18765	74231	39558
房屋建筑业	6349	6346	24864	39181
土木工程建筑业	11367	11435	46907	41021
建筑安装业	849	855	2166	25335
建筑装饰和其他建筑业	131	129	293	22713
批发和零售业	10981	10911	27271	24994
批发业	8188	8119	22737	28004
零售业	2793	2792	4534	16240
交通运输、仓储和邮政业	18390	18129	56135	30964
铁路运输业	6907	6805	31990	47009
道路运输业	8692	8629	18665	21631
装卸搬运和运输代理业	90	90	281	31222
仓储业	947	949	1536	16185
邮政业	1754	1656	3663	22118
住宿和餐饮业	2153	2154	4152	19274
住宿业	1643	1639	3093	18872
餐饮业	510	515	1059	20553
信息传输、软件和信息技术服务业	2067	2068	7065	34164

13-21续表2　　单位：人、万元、元

项　　目	在岗职工（含劳务派遣）			
	期末人数	平均人数	工资总额	平均工资
电信、广播电视和卫星传输服务	1296	1297	4426	34126
互联网和相关服务	771	771	2639	34227
金融业	1218	1217	5878	48297
货币金融服务业	1166	1165	5751	49365
保险业	26	26	53	20423
其他金融业	26	26	74	28346
房地产业	1392	1386	3346	24139
#房地产开发经营	423	421	1312	31157
物业管理	377	377	779	20653
房地产中介服务	157	156	285	18263
租赁和商务服务业	1173	1180	2624	22239
商务服务业	1173	1180	2624	22239
科学研究、技术服务业	8284	8080	30176	37346
研究和试验发展	1611	1488	5681	38181
专业技术服务业	6195	6114	23169	37895
科技推广和应用服务业	478	478	1326	27730
水利、环境和公共设施管理业	11683	11671	32180	27572
水利管理业	3958	3950	11535	29203
生态保护和环境治理业	491	491	1433	29179
公共设施管理业	7234	7230	19212	26572
居民服务、修理和其他服务业	526	525	1392	26507
居民服务业	346	348	1008	28966
机动车、电子产品和日用产品修理业	148	145	328	22593
其他服务业	32	32	56	17500
教育	102945	102392	408786	39924
#初等教育	35153	34631	134598	38866
中等教育	60417	60394	243869	40380
高等教育	4516	4520	19689	43559
卫生和社会工作	29693	29261	91605	31306
卫生	28905	28478	89486	31423
社会工作	788	783	2120	27069
文化、体育和娱乐业	4197	4157	12261	29496
新闻和出版业	522	520	1767	33985
广播、电视、电影和影视录音制作业	1968	1930	5650	29275
文化艺术业	1439	1439	4169	28969
体育	42	42	125	29762
娱乐业	226	226	551	24358
公共管理、社会保障和社会组织	87964	87499	263706	30138
#中国共产党机关	3906	3887	11409	29351
国家机构	82227	81785	246727	30168
人民政协、民主党派	286	285	1125	39481
社会保障	639	636	1593	25039
群众社团、社会团体和其他成员组织	906	906	2853	31487

13-22　城镇集体单位就业人员

（2012年）　　　　单位:个、人

项　　目	单位个数	单位就业人员年末人数	#女　性	在岗职工	劳务派遣人员	其他就业人员
全　　市	**664**	**29363**	**11106**	**27050**	**213**	**2100**
按执行会计标准类别分						
企　业	465	24299	8760	22359	213	1727
事　业	195	4975	2330	4604	-	371
机　关	4	89	16	87	-	2
按国民经济行业分						
农、林、牧、渔业	35	260	70	214	-	46
林　业	3	142	37	96	-	46
农、林、牧、渔服务业	32	118	33	118	-	-
采矿业	1	1956	795	1956	-	-
煤炭开采和洗选业	1	1956	795	1956	-	-
制造业	92	3911	1539	3849	-	62
农副食品加工业	2	8	4	8	-	-
食品制造业	2	51	17	51	-	-
纺织业	2	295	238	260	-	35
纺织服装、服饰业	12	1449	667	1449	-	-
皮革、毛皮、羽毛及其制品和制鞋业	2	58	36	58	-	-
木材加工和木、竹、藤、棕、草制品业	2	49	38	49	-	-
家具制造业	1	32	2	32	-	-
造纸和纸制品业	1	8	2	7	-	1
印刷和记录媒介复制业	2	27	19	27	-	-
化学原料和化学制品制造业	1	9	2	9	-	-
橡胶和塑料制品业	7	65	25	65	-	-
非金属矿物制品业	7	667	219	661	-	6
黑色金属冶炼和压延加工业	31	146	39	146	-	-
金属制品业	4	69	16	58	-	11
通用设备制造业	7	609	87	609	-	-
专用设备制造业	4	171	51	167	-	4
汽车制造业	1	130	50	130	-	-
电气机械和器材制造业	4	68	27	63	-	5
建筑业	10	3428	554	2271	198	959
房屋建筑业	6	3115	510	1958	198	959
土木工程建筑业	2	207	22	207	-	-
建筑安装业	2	106	22	106	-	-
批发和零售业	250	6594	2350	6041	15	538
批发业	160	3507	1287	2985	-	522
零售业	90	3087	1063	3056	15	16
交通运输、仓储和邮政业	29	803	181	635	-	168
道路运输业	24	599	151	541	-	58
装卸搬运和运输代理业	2	165	6	55	-	110
仓储业	3	39	24	39	-	-

13-22续表

单位：个、人

项　　　目	单位个数	单位就业人员年末人数	#女性	在岗职工	劳务派遣人员	其他就业人员
住宿和餐饮业	8	946	631	946	–	–
住宿业	4	618	441	618	–	–
餐饮业	4	328	190	328	–	–
金融业	55	4558	1933	4558	–	–
货币金融服务业	55	4558	1933	4558	–	–
房地产业	2	52	21	52	–	–
#房地产开发经营	1	20	8	20	–	–
物业管理	1	32	13	32	–	–
租赁和商务服务业	16	1543	574	1543	–	–
租赁业	1	29	3	29	–	–
商务服务业	15	1514	571	1514	–	–
科学研究、技术服务业	4	135	24	135	–	–
专业技术服务业	2	28	10	28	–	–
科技推广和应用服务业	2	107	14	107	–	–
居民服务、修理和其他服务业	3	670	219	670	–	–
机动车、电子产品和日用产品修理业	2	55	14	55	–	–
其他服务业	1	615	205	615	–	–
教育	43	478	305	478	–	–
#初等教育	1	52	38	52	–	–
中等教育	41	380	249	380	–	–
卫生和社会工作	103	3660	1750	3363	–	297
卫生	103	3660	1750	3363	–	297
文化、体育和娱乐业	8	265	136	237	–	28
文化艺术业	7	230	124	202	–	28
娱乐业	1	35	12	35	–	–
公共管理、社会保障和社会组织	5	104	24	102	–	2
国家机构	5	104	24	102	–	2

13-23 城镇集体单位就业人员平均人数及工资总额

（2012年）　　单位:人、万元

项目	单位就业人员平均人数			单位就业人员工资总额		
	在岗职工	劳务派遣人员	其他就业人员	在岗职工工资总额	劳务派遣人员工资总额	其他从业人员工资总额
全　市	**26696**	**213**	**2040**	**75492**	**370**	**3099**
按执行会计标准类别分						
企　业	22023	213	1674	63423	370	2151
事　业	4586	–	364	11869	–	947
机　关	87	–	2	200	–	1
按国民经济行业分						
农、林、牧、渔业	214	–	46	528	–	57
林　业	96	–	46	247	–	57
农、林、牧、渔服务业	118	–	–	282	–	–
采矿业	1988	–	–	8217	–	–
煤炭开采和洗选业	1988	–	–	8217	–	–
制造业	3835	–	61	7349	–	88
农副食品加工业	8	–	–	11	–	–
食品制造业	51	–	–	53	–	–
纺织业	260	–	35	492	–	67
纺织服装、服饰业	1429	–	–	3468	–	–
皮革、毛皮、羽毛及其制品和制鞋业	58	–	–	141	–	–
木材加工和木、竹、藤、棕、草制品业	49	–	–	55	–	–
家具制造业	32	–	–	32	–	–
造纸和纸制品业	7	–	1	8	–	1
印刷和记录媒介复制业	27	–	–	42	–	–
化学原料和化学制品制造业	9	–	–	9	–	–
橡胶和塑料制品业	66	–	–	82	–	–
非金属矿物制品业	663	–	6	1304	–	3
黑色金属冶炼和压延加工业	146	–	–	174	–	–
金属制品业	59	–	11	76	–	8
通用设备制造业	609	–	–	774	–	–
专用设备制造业	168	–	3	408	–	–
汽车制造业	130	–	–	149	–	–
电气机械和器材制造业	64	–	5	71	–	8
建筑业	2256	198	907	9223	352	1644
房屋建筑业	1943	198	907	8315	352	1644
土木工程建筑业	207	–	–	627	–	–
建筑安装业	106	–	–	281	–	–
批发和零售业	5700	15	538	6254	18	330
批发业	2821	–	522	3537	–	311
零售业	2879	15	16	2717	18	19

13-23续表　　　　　　　　　　　　　　　　　　　　　　　　　　单位：人、万元

项　　目	单位就业人员平均人数			单位就业人员工资总额		
	在岗职工	劳务派遣人员	其他就业人员	在岗职工工资总额	劳务派遣人员工资总额	其他就业人员工资总额
交通运输、仓储和邮政业	635	–	168	954	–	89
道路运输业	541	–	58	893	–	29
装卸搬运和运输代理业	55	–	110	44	–	60
仓储业	39	–	–	17	–	–
住宿和餐饮业	908	–	–	1986	–	–
住宿业	580	–	–	1386	–	–
餐饮业	328	–	–	600	–	–
金融业	4575	–	–	25584	–	–
货币金融服务业	4575	–	–	25584	–	–
房地产业	52	–	–	113	–	–
#房地产开发经营	20	–	–	44	–	–
物业管理	32	–	–	69	–	–
租赁和商务服务业	1565	–	–	2651	–	–
租赁业	29	–	–	68	–	–
商务服务业	1536	–	–	2583	–	–
科学研究、技术服务业	135	–	–	322	–	–
专业技术服务业	28	–	–	56	–	–
科技推广和应用服务业	107	–	–	266	–	–
居民服务、修理和其他服务业	670	–	–	1299	–	–
机动车、电子产品和日用产品修理业	55	–	–	41	–	–
其他服务业	615	–	–	1258	–	–
教育	489	–	–	1728	–	–
#初等教育	52	–	–	192	–	–
中等教育	391	–	–	1437	–	–
卫生和社会工作	3343	–	290	8715	–	867
卫生	3343	–	290	8715	–	867
文化、体育和娱乐业	229	–	28	357	–	23
文化艺术业	194	–	28	332	–	23
娱乐业	35	–	–	25	–	–
公共管理、社会保障和社会组织	102	–	2	213	–	1
国家机构	102	–	2	213	–	1

13-24 城镇集体单位就业人员平均工资

（2012年） 单位：人、万元、元

项目	单位就业人员平均人数	单位就业人员工资总额	单位就业人员平均工资	在岗职工平均工资	劳务派遣人员平均工资	其他就业人员平均工资
全市	**28949**	**78961**	**27276**	**28278**	**17352**	**15193**
按执行会计标准类别分						
企业	23910	65943	27580	28798	17352	12849
事业	4950	12816	25890	25880	-	26014
机关	89	202	22663	23023	-	7000
按国民经济行业分						
农、林、牧、渔业	260	585	22496	24673	-	12370
林业	142	303	21366	25677	-	12370
农、林、牧、渔服务业	118	282	23856	23856	-	-
采矿业	1988	8217	41331	41331	-	-
煤炭开采和洗选业	1988	8217	41331	41331	-	-
制造业	3896	7437	19089	19163	-	14410
农副食品加工业	8	11	14250	14250	-	-
食品制造业	51	53	10431	10431	-	-
纺织业	295	559	18949	18915	-	19200
纺织服装、服饰业	1429	3468	24268	24268	-	-
皮革、毛皮、羽毛及其制品和制鞋业	58	141	24379	24379	-	-
木材加工和木、竹、藤、棕、草制品业	49	55	11184	11184	-	-
家具制造业	32	32	9906	9906	-	-
造纸和纸制品业	8	8	10375	10714	-	8000
印刷和记录媒介复制业	27	42	15556	15556	-	-
化学原料和化学制品制造业	9	9	10222	10222	-	-
橡胶和塑料制品业	66	82	12409	12409	-	-
非金属矿物制品业	669	1308	19547	19673	-	5667
黑色金属冶炼和压延加工业	146	174	11945	11945	-	-
金属制品业	70	84	12029	12881	-	7455
通用设备制造业	609	774	12714	12714	-	-
专用设备制造业	171	408	23877	24286	-	1000
汽车制造业	130	149	11446	11446	-	-
电气机械和器材制造业	69	79	11391	11031	-	16000
建筑业	3361	11218	33378	40881	17758	18125
房屋建筑业	3048	10311	33828	42796	17758	18125
土木工程建筑业	207	627	30271	30271	-	-
建筑安装业	106	281	26509	26509	-	-
批发和零售业	6253	6602	10558	10972	12000	6134
批发业	3343	3848	11510	12538	-	5954
零售业	2910	2754	9464	9437	12000	12000

13-24续表 单位：人、万元、元

项目	单位就业人员平均人数	单位就业人员工资总额	单位就业人员平均工资	在岗职工平均工资	劳务派遣人员平均工资	其他就业人员平均工资
交通运输、仓储和邮政业	803	1043	12989	15020	–	5310
道路运输业	599	922	15392	16503	–	5034
装卸搬运和运输代理业	165	104	6291	7964	–	5455
仓 储 业	39	17	4410	4410	–	–
住宿和餐饮业	908	1986	21868	21868	–	–
住宿业	580	1386	23893	23893	–	–
餐饮业	328	600	18287	18287	–	–
金融业	4575	25584	55922	55922	–	–
货币金融服务业	4575	25584	55922	55922	–	–
房地产业	52	113	21731	21731	–	–
#房地产开发经营	20	44	22100	22100	–	–
物业管理	32	69	21500	21500	–	–
租赁和商务服务业	1565	2651	16937	16937	–	–
租赁业	29	68	23310	23310	–	–
商务服务业	1536	2583	16816	16816	–	–
科学研究、技术服务业	135	322	23874	23874	–	–
专业技术服务业	28	56	20000	20000	–	–
科技推广和应用服务业	107	266	24888	24888	–	–
居民服务、修理和其他服务业	670	1299	19384	19384	–	–
机动车、电子产品和日用产品修理业	55	41	7400	7400	–	–
其他服务业	615	1258	20455	20455	–	–
教育	489	1728	35339	35339	–	–
#初等教育	52	192	36885	36885	–	–
中等教育	391	1437	36754	36754	–	–
卫生和社会工作	3633	9582	26374	26068	–	29897
卫生	3633	9582	26374	26068	–	29897
文化、体育和娱乐业	257	380	14802	15607	–	8214
文化艺术业	222	355	16000	17124	–	8214
娱乐业	35	25	7200	7200	–	–
公共管理、社会保障和社会组织	104	215	20625	20892	–	7000
国家机构	104	215	20625	20892	–	7000

13-25 分县(市、区)城镇集体单位就业人员

(2012年) 单位:个、人

县（市、区）	单位个数	单位就业人员年末人数	#女 性	在岗职工	劳务派遣人员	其他就业人员
全 市	**664**	**29363**	**11106**	**27050**	**213**	**2100**
#市 区	129	7843	3251	7711	–	132
武安市	10	1963	786	1963	–	–
鸡泽县	19	371	143	371	–	–
邱 县	3	308	242	273	–	35
永年县	107	3155	1206	2956	15	184
曲周县	47	794	251	794	–	–
邯郸县	35	997	398	997	–	–
肥乡县	49	785	332	778	–	7
馆陶县	7	450	146	450	–	–
涉 县	69	2907	1163	2624	–	283
广平县	19	2741	583	2718	–	23
成安县	4	280	138	234	–	46
魏 县	4	768	280	768	–	–
磁 县	40	1453	493	1453	–	–
临漳县	53	1935	728	1387	198	350
大名县	69	2613	956	1573	–	1040
丛台区	47	2371	878	2347	–	24
复兴区	12	749	241	738	–	11
邯山区	21	1195	632	1098	–	97
峰峰矿区	49	3528	1510	3528	–	–

13-26 分县(市、区)城镇集体单位就业人员平均人数及工资总额

(2012年) 单位:人、万元

县（市、区）	单位人员平均人数			单位人员工资总额		
	在岗职工	劳务派遣人员	其他就业人员	在岗职工工资总额	劳务派遣人员工资总额	其他就业人员工资总额
全 市	**26696**	**213**	**2040**	**75492**	**370**	**3099**
#市 区	7758	–	131	17891	–	56
武安市	1935	–	–	10049	–	–
鸡泽县	371	–	–	1707	–	–
邱 县	273	–	35	520	–	67
永年县	2960	15	184	8819	18	108
曲周县	444	–	–	1442	–	–
邯郸县	970	–	–	2461	–	–
肥乡县	782	–	7	2313	–	4
馆陶县	450	–	–	1235	–	–
涉 县	2624	–	283	5437	–	849
广平县	2710	–	23	11443	–	22
成安县	233	–	46	595	–	57
魏 县	778	–	–	1088	–	–
磁 县	1452	–	–	2776	–	–
临漳县	1387	198	355	3333	352	296
大名县	1569	–	976	4385	–	1640
丛台区	2347	–	23	3870	–	17
复兴区	742	–	11	1481	–	8
邯山区	1083	–	97	2172	–	31
峰峰矿区	3586	–	–	10368	–	–

13-27 集体单位就业人员及工资总额

（2012年）

单位：人、万元、元

项目	在岗职工（含劳务派遣）			
	期末人数	平均人数	工资总额	平均工资
全市	27263	26909	75861	28192
按执行会计标准类别分				
企业	22572	22236	63792	28689
事业	4604	4586	11869	25880
机关	87	87	200	23023
按国民经济行业分				
农、林、牧、渔业	214	214	528	24673
林业	96	96	247	25677
农、林、牧、渔服务业	118	118	282	23856
采矿业	1956	1988	8217	41331
煤炭开采和洗选业	1956	1988	8217	41331
制造业	3849	3835	7349	19163
农副食品加工业	8	8	11	14250
食品制造业	51	51	53	10431
纺织业	260	260	492	18915
纺织服装、服饰业	1449	1429	3468	24268
皮革、毛皮、羽毛及其制品和制鞋业	58	58	141	24379
木材加工和木、竹、藤、棕、草制品业	49	49	55	11184
家具制造业	32	32	32	9906
造纸和纸制品业	7	7	8	10714
印刷和记录媒介复制业	27	27	42	15556
化学原料和化学制品制造业	9	9	9	10222
橡胶和塑料制品业	65	66	82	12409
非金属矿物制品业	661	663	1304	19673
黑色金属冶炼和压延加工业	146	146	174	11945
金属制品业	58	59	76	12881
通用设备制造业	609	609	774	12714
专用设备制造业	167	168	408	24286
汽车制造业	130	130	149	11446
电气机械和器材制造业	63	64	71	11031
建筑业	2469	2454	9574	39015
房屋建筑业	2156	2141	8667	40480
土木工程建筑业	207	207	627	30271
建筑安装业	106	106	281	26509

13-27续表　　　　　　　　　　　　　　　　　　　　　　　　单位：人、万元、元

项　　　　目	在岗职工（含劳务派遣）			
	期末人数	平均人数	工资总额	平均工资
批发和零售业	6056	5715	6272	10974
批发业	2985	2821	3537	12538
零售业	3071	2894	2735	9450
交通运输、仓储和邮政业	635	635	954	15020
道路运输业	541	541	893	16503
装卸搬运和运输代理业	55	55	44	7964
仓储业	39	39	17	4410
住宿和餐饮业	946	908	1986	21868
住宿业	618	580	1386	23893
餐饮业	328	328	600	18287
金融业	4558	4575	25584	55922
货币金融服务业	4558	4575	25584	55922
房地产业	52	52	113	21731
#房地产开发经营	20	20	44	22100
物业管理	32	32	69	21500
租赁和商务服务业	1543	1565	2651	16937
租赁业	29	29	68	23310
商务服务业	1514	1536	2583	16816
科学研究、技术服务业	135	135	322	23874
专业技术服务业	28	28	56	20000
科技推广和应用服务业	107	107	266	24888
居民服务、修理和其他服务业	670	670	1299	19384
机动车、电子产品和日用产品修理业	55	55	41	7400
其他服务业	615	615	1258	20455
教育	478	489	1728	35339
#初等教育	52	52	192	36885
中等教育	380	391	1437	36754
卫生和社会工作	3363	3343	8715	26068
卫生	3363	3343	8715	26068
文化、体育和娱乐业	237	229	357	15607
文化艺术业	202	194	332	17124
娱乐业	35	35	25	7200
公共管理、社会保障和社会组织	102	102	213	20892
国家机构	102	102	213	20892

13-28 其他经济单位就业人员

(2012年)

单位：个、人

项目	单位个数	单位就业人员年末人数	#女性	在岗职工	劳务派遣人员	其他就业人员
全市	831	162380	46093	141161	8293	12926
按登记注册类型分						
内资	745	150578	42142	131912	6308	12358
股份合作	23	2678	893	2300	40	338
联营	11	199	59	192	-	7
有限责任公司	479	111202	27913	99217	5852	6133
#国有独资	50	6721	2022	5700	313	708
股份有限公司	228	36455	13272	30159	416	5880
其他	4	44	5	44	-	-
港、澳、台商投资	26	5843	1738	5569	152	122
外商投资	60	5959	2213	3680	1833	446
按执行会计标准类别分						
企业	800	161545	45793	140356	8263	12926
事业	31	835	300	805	30	-
按国民经济行业分						
农、林、牧、渔业	13	213	57	213	-	-
林业	1	5	-	5	-	-
畜牧业	11	203	56	203	-	-
农、林、牧、渔服务业	1	5	1	5	-	-
采矿业	10	4778	973	4760	-	18
煤炭开采和洗选业	4	4460	899	4442	-	18
黑色金属矿采选业	6	318	74	318	-	-
制造业	155	60362	19743	59339	19	1004
农副食品加工业	9	1273	399	1273	-	-
食品制造业	7	1381	274	1341	-	40
酒、饮料和精制茶制造业	4	1212	557	1212	-	-
纺织业	8	6997	3957	6687	-	310
纺织服装、服饰业	6	1259	861	1259	-	-
木材加工和木、竹、藤、棕、草制品业	1	312	121	312	-	-
家具制造业	4	821	327	821	-	-
造纸和纸制品业	2	107	48	107	-	-
印刷和记录媒介复制业	3	136	55	136	-	-
石油加工、炼焦和核燃料加工业	4	2593	742	2563	-	30
化学原料和化学制品制造业	9	2208	694	2051	-	157
医药制造业	4	760	397	760	-	-
化学纤维制造业	1	272	96	272	-	-
橡胶和塑料制品业	6	320	79	320	-	-
非金属矿物制品业	23	7441	2550	7406	6	29
黑色金属冶炼和压延加工业	12	18961	3733	18782	-	179
有色金属冶炼和压延加工业	1	32	15	31	-	1
金属制品业	5	549	207	549	-	-
通用设备制造业	18	3734	1079	3715	13	6
专用设备制造业	10	4454	1407	4205	-	249
汽车制造业	1	592	168	592	-	-
铁路、船舶、航空航天和其他运输设备制造业	2	109	16	109	-	-
电气机械和器材制造业	9	4293	1762	4290	-	3
计算机、通信和其他电子设备制造业	2	107	60	107	-	-
仪器仪表制造业	3	436	138	436	-	-

13-28续表

单位：个、人

项　　目	单位个数	单位就业人员年末人数	#女　性	在岗职工	劳务派遣人员	其他就业人员
金属制品、机械和设备修理业	1	3	1	3	-	-
电力、热力、燃气及水生产和供应业	18	3298	948	3028	235	35
电力、热力生产和供应业	12	2579	619	2329	235	15
燃气生产和供应业	2	294	139	294	-	-
水的生产和供应业	4	425	190	405	-	20
建筑业	94	51879	6443	41807	5293	4779
房屋建筑业	48	35805	4218	27929	4829	3047
土木工程建筑业	18	8850	1144	8436	84	330
建筑安装业	19	6807	987	5185	290	1332
建筑装饰和其他建筑业	9	417	94	257	90	70
批发和零售业	152	10954	5206	10155	188	611
批发业	80	5822	2274	5096	178	548
零售业	72	5132	2932	5059	10	63
交通运输、仓储和邮政业	38	3438	1239	3430	-	8
道路运输业	32	3179	1145	3179	-	-
装卸搬运和运输代理业	2	123	46	123	-	-
仓　储　业	4	136	48	128	-	8
住宿和餐饮业	24	2762	1677	2556	203	3
住宿业	13	1691	1043	1485	203	3
餐饮业	11	1071	634	1071	-	-
信息传输、软件和信息技术服务业	56	3943	1468	1541	1878	524
电信、广播电视和卫星传输服务	52	3804	1420	1454	1864	486
互联网和相关服务	3	138	47	86	14	38
软件和信息技术服务业	1	1	1	1	-	-
金融业	160	14666	6449	8578	474	5614
货币金融服务业	107	7827	3643	7042	334	451
资本市场服务业	6	165	62	158	3	4
保险业	46	6667	2740	1371	137	5159
其他金融业	1	7	4	7	-	-
房地产业	77	2811	997	2666	3	142
#房地产开发经营	69	2261	816	2211	3	47
物业管理	6	376	152	281	-	95
租赁和商务服务业	13	1258	290	1254	-	4
租赁业	3	117	49	117	-	-
商务服务业	10	1141	241	1137	-	4
科学研究、技术服务业	12	1560	301	1399	-	161
研究和试验发展	1	3	-	3	-	-
专业技术服务业	11	1557	301	1396	-	161
居民服务、修理和其他服务业	5	46	11	46	-	-
居民服务业	1	12	3	12	-	-
机动车、电子产品和日用产品修理业	4	34	8	34	-	-
教育	1	189	116	166	-	23
#初等教育	1	189	116	166	-	23
卫生和社会工作	3	223	175	223	-	-
卫生	3	223	175	223	-	-

13-29　其他经济单位就业人员平均人数及工资总额

(2012年)　　单位:人、万元

项　　目	单位就业人员平均人数			单位就业人员工资总额		
	在岗职工	劳务派遣人员	其他就业人员	在岗职工工资总额	劳务派遣人员工资总额	其他就业人员工资总额
全　　市	**144964**	**13844**	**12477**	**495743**	**55751**	**32817**
按登记注册类型分						
内资	136148	11881	11912	462160	49173	31678
股份合作	2315	40	340	7153	52	396
联营	193	-	7	436	-	12
有限责任公司	103232	11414	5660	318663	47179	14014
#国有独资	5779	334	730	13115	706	731
股份有限公司	30364	427	5905	135834	1942	17256
其他	44	-	-	75	-	-
港、澳、台商投资	5129	150	122	10414	188	210
外商投资	3687	1813	443	23169	6390	930
按执行会计标准类别分						
企　　业	144160	13814	12477	492157	55706	32817
事　　业	804	30	-	3586	45	-
按国民经济行业分						
农、林、牧、渔业	214	-	-	437	-	-
林　　业	5	-	-	12	-	-
畜 牧 业	204	-	-	409	-	-
农、林、牧、渔服务业	5	-	-	16	-	-
采 矿 业	4751	-	5	33423	-	6
煤炭开采和洗选业	4431	-	5	32938	-	6
黑色金属矿采选业	320	-	-	485	-	-
制 造 业	59276	30	1009	183076	36	1495
农副食品加工业	1465	-	-	3546	-	-
食品制造业	1332	-	40	3721	-	115
酒、饮料和精制茶制造业	1443	12	1	2717	9	2
纺织业	6983	-	321	8086	-	697
纺织服装、服饰业	1208	-	-	1911	-	-
木材加工和木、竹、藤、棕、草制品业	312	-	-	1048	-	-
家具制造业	834	-	-	1588	-	-
造纸和纸制品业	103	-	-	106	-	-
印刷和记录媒介复制业	136	-	-	260	-	-
石油加工、炼焦和核燃料加工业	2130	-	30	6787	-	89
化学原料和化学制品制造业	2064	-	157	4764	-	41
医药制造业	765	-	-	1769	-	-
化学纤维制造业	246	-	-	445	-	-
橡胶和塑料制品业	320	-	-	833	-	-
非金属矿物制品业	7549	5	29	16491	6	16
黑色金属冶炼和压延加工业	18331	-	179	90471	-	351
有色金属冶炼和压延加工业	31	-	1	131	-	3
金属制品业	522	-	-	1434	-	-
通用设备制造业	3723	13	6	6113	22	19
专用设备制造业	4272	-	242	11012	-	155
汽车制造业	591	-	-	829	-	-
铁路、船舶、航空航天和其他运输设备制造业	106	-	-	237	-	-
电气机械和器材制造业	4272	-	3	17877	-	8
计算机、通信和其他电子设备制造业	107	-	-	169	-	-
仪器仪表制造业	428	-	-	732	-	-
金属制品、机械和设备修理业	3	-	-	2	-	-
电力、热力、燃气及水生产和供应业	3061	231	35	17239	464	38

13-29续表

单位：人、万元、元

项　　目	单位就业人员平均人数			单位就业人员工资总额		
	在岗职工	劳务派遣人员	其他就业人员	在岗职工工资总额	劳务派遣人员工资总　额	其他就业人员工资总　额
电力、热力生产和供应业	2367	231	15	15428	464	19
燃气生产和供应业	289	–	–	776	–	–
水的生产和供应业	405	–	20	1034	–	19
建筑业	45807	10919	4280	133352	46176	12291
房屋建筑业	32095	10507	2305	99097	44768	7575
土木工程建筑业	8215	59	327	18866	109	573
建筑安装业	5155	338	1578	14776	1264	4110
建筑装饰和其他建筑业	342	15	70	613	35	33
批发和零售业	10130	103	14	23418	195	536
批发业	5072	92	570	12557	178	453
零售业	5058	11	63	10862	17	83
交通运输、仓储和邮政业	3442	–	8	7252	–	7
道路运输业	3192	–	–	6919	–	–
装卸搬运和运输代理业	122	–	–	186	–	–
仓储业	128	–	8	147	–	7
住宿和餐饮业	2524	224	3	4860	446	3
住宿业	1467	224	3	2771	446	3
餐饮业	1057	–	–	2089	–	–
信息传输、软件和信息技术服务业	1517	1860	521	10985	6397	1016
电信、广播电视和卫星传输服务	1430	1846	483	10778	6383	972
互联网和相关服务	86	14	38	205	14	44
软件和信息技术服务业	1	–	–	2	–	–
金融业	8535	474	5644	63511	2033	16803
货币金融服务业	6984	334	453	56483	1673	3057
资本市场服务业	158	3	4	1346	4	12
保险业	1386	137	5187	5646	356	13734
其他金融业	7	–	–	36	–	–
房地产业	2632	3	151	6951	4	230
#房地产开发经营	2176	3	52	6123	4	103
物业管理	282	–	99	581	–	127
租赁和商务服务业	1247	–	4	4060	–	7
租赁业	114	–	–	239	–	–
商务服务业	1133	–	4	3821	–	7
科学研究、技术服务业	1395	–	161	6109	–	341
研究和试验发展	3	–	–	7	–	–
专业技术服务业	1392	–	161	6102	–	341
居民服务、修理和其他服务业	46	–	–	74	–	–
居民服务业	12	–	–	25	–	–
机动车、电子产品和日用产品修理业	34	–	–	49	–	–
教育	166	–	23	263	–	44
#初等教育	166	–	23	263	–	44
卫生和社会工作	221	–	–	734	–	–
卫生	221	–	–	734	–	–

13-30　其他经济单位就业人员平均工资

(2012年)　　单位:人、万元、元

项　　目	单位就业人员平均人数	单位就业人员工资总额	单位就业人员平均工资	在岗职工平均工资	劳务派遣人员平均工资	其他就业人员平均工资
全　　市	171285	584310	34113	34198	40271	26302
按登记注册类型分						
内资	159941	543011	33951	33945	41388	26593
股份合作	2695	7601	28206	30899	13050	11647
联营	200	447	22350	22565	–	16429
有限责任公司	120306	379856	31574	30869	41335	24759
#国有独资	6843	14552	21266	22695	21141	10008
股份有限公司	36696	155032	42248	44735	45475	29223
其他	44	75	16977	16977	–	–
港、澳、台商投资	5401	10811	20017	20304	12540	17172
外商投资	5943	30488	51301	62839	35244	20982
按执行会计标准类别分						
企　　业	170451	580680	34067	34140	40326	26302
事　　业	834	3631	43534	44598	15000	–
按国民经济行业分						
农、林、牧、渔业	214	437	20397	20397	–	–
林　　业	5	12	24000	24000	–	–
畜 牧 业	204	409	20025	20025	–	–
农、林、牧、渔服务业	5	16	32000	32000	–	–
采 矿 业	4756	33429	70288	70349	–	12600
煤炭开采和洗选业	4436	32944	74266	74335	–	12600
黑色金属矿采选业	320	485	15150	15150	–	–
制 造 业	60315	184607	30607	30885	12067	14818
农副食品加工业	1465	3546	24204	24204	–	–
食品制造业	1372	3836	27958	27932	–	28800
酒、饮料和精制茶制造业	1456	2728	18735	18830	7417	18000
纺织业	7304	8782	12024	11579	–	21698
纺织服装、服饰业	1208	1911	15820	15820	–	–
木材加工和木、竹、藤、棕、草制品业	312	1048	33599	33599	–	–
家具制造业	834	1588	19036	19036	–	–
造纸和纸制品业	103	106	10301	10301	–	–
印刷和记录媒介复制业	136	260	19096	19096	–	–
石油加工、炼焦和核燃料加工业	2160	6876	31832	31862	–	29733
化学原料和化学制品制造业	2221	4805	21633	23079	–	2611
医药制造业	765	1769	23127	23127	–	–
化学纤维制造业	246	445	18098	18098	–	–
橡胶和塑料制品业	320	833	26038	26038	–	–
非金属矿物制品业	7583	16513	21776	21845	11400	5621
黑色金属冶炼和压延加工业	18510	90822	49066	49354	–	19620
有色金属冶炼和压延加工业	32	134	41813	42258	–	28000
金属制品业	522	1434	27471	27471	–	–
通用设备制造业	3742	6154	16444	16420	16615	31500
专用设备制造业	4514	11167	24738	25778	–	6388
汽车制造业	591	829	14022	14022	–	–
铁路、船舶、航空航天和其他运输设备制造业	106	237	22358	22358	–	–
电气机械和器材制造业	4275	17884	41835	41846	–	25333
计算机、通信和其他电子设备制造业	107	169	15748	15748	–	–
仪器仪表制造业	428	732	17105	17105	–	–
金属制品、机械和设备修理业	3	2	6000	6000	–	–
电力、热力、燃气及水生产和供应业	3327	17740	53321	56317	20074	10771

13-30续表 单位：人、万元、元

项 目	单位就业人员平均人数	单位就业人员工资总额	单位就业人员平均工资	在岗职工平均工资	劳务派遣人员平均工资	其他就业人员平均工资
电力、热力生产和供应业	2613	15911	60890	65180	20074	12467
燃气生产和供应业	289	776	26855	26855	-	-
水的生产和供应业	425	1053	24784	25538	-	9500
建筑业	61006	191820	31443	29112	42290	28718
房屋建筑业	44907	151441	33723	30876	42608	32862
土木工程建筑业	8601	19548	22727	22965	18475	17535
建筑安装业	7071	20150	28497	28664	37396	26046
建筑装饰和其他建筑业	427	681	15948	17924	23333	4714
批发和零售业	10866	24150	22225	23118	18971	8471
批发业	5734	13188	23000	24757	19380	7953
零售业	5132	10962	21359	21474	15545	13159
交通运输、仓储和邮政业	3450	7260	21042	21070	-	9000
道路运输业	3192	6919	21675	21675	-	-
装卸搬运和运输代理业	122	186	15270	15270	-	-
仓储业	136	155	11368	11516	-	9000
住宿和餐饮业	2751	5309	19298	19255	19902	10333
住宿业	1694	3220	19007	18888	19902	10333
餐饮业	1057	2089	19764	19764	-	-
信息传输、软件和信息技术服务业	3898	18398	47198	72410	34393	19503
电信、广播电视和卫星传输服务	3759	18133	48238	75368	34577	20124
互联网和相关服务	138	263	19072	23837	10071	11605
软件和信息技术服务业	1	2	20000	20000	-	-
金融业	14653	82347	56198	74413	42888	29771
货币金融服务业	7771	61212	78770	80875	50078	67472
资本市场服务业	165	1362	82527	85171	14333	29250
保险业	6710	19737	29414	40738	25985	26478
其他金融业	7	36	52000	52000	-	-
房地产业	2786	7185	25790	26411	12000	15238
#房地产开发经营	2231	6229	27922	28136	12000	19846
物业管理	381	708	18588	20613	-	12818
租赁和商务服务业	1251	4066	32504	32554	-	16750
租赁业	114	239	20921	20921	-	-
商务服务业	1137	3828	33665	33725	-	16750
科学研究、技术服务业	1556	6449	41449	43791	-	21149
研究和试验发展	3	7	21667	21667	-	-
专业技术服务业	1553	6443	41487	43839	-	21149
居民服务、修理和其他服务业	46	74	16109	16109	-	-
居民服务业	12	25	21000	21000	-	-
机动车、电子产品和日用产品修理业	34	49	14382	14382	-	-
教育	189	307	16217	15831	-	19000
#初等教育	189	307	16217	15831	-	19000
卫生和社会工作	221	734	33204	33204	-	-
卫生	221	734	33204	33204	-	-

13-31　分县(市、区)其他经济单位就业人员

(2012年)　　单位:个、人

县(市、区)	单位个数	单位从业人员年末人数	#女性	在岗职工	劳务派遣人员	其他从业人员
全　市	**831**	**162380**	**46093**	**141161**	**8293**	**12926**
#市区	546	112999	34693	96410	7696	8893
武安市	42	12247	3253	11972	94	181
鸡泽县	15	657	185	656	-	1
邱县	24	1553	579	1347	4	202
永年县	6	280	10	263	13	4
曲周县	10	2457	431	2457	-	-
邯郸县	11	1741	680	1730	-	11
肥乡县	6	650	210	433	41	176
馆陶县	28	4495	996	4475	-	20
涉县	59	13499	2025	11950	279	1270
广平县	11	2023	672	1949	13	61
成安县	9	850	201	732	110	8
魏县	20	2757	344	1198	9	1550
磁县	10	4939	1225	4914	21	4
临漳县	5	149	55	149	-	-
大名县	29	1084	534	526	13	545
丛台区	181	23217	10052	16715	590	5912
复兴区	71	14114	3689	13456	233	425
邯山区	135	38563	10079	31508	6351	704
峰峰矿区	80	20036	5683	19687	214	135
经济开发区	74	15981	4829	14107	283	1591
马头经济开发区	5	1088	361	937	25	126

13-32　分县(市、区)其他经济单位就业人员平均人数及工资总额

(2012年)　　单位:人、万元

县(市、区)	单位人员平均人数			单位人员工资总额		
	在岗职工	劳务派遣人员	其他从业人员	在岗职工工资总额	劳务派遣人员工资总额	其他从业人员工资总额
全　市	**144964**	**13844**	**12477**	**495743**	**55751**	**32817**
#市区	100100	13334	8998	333739	54762	24137
武安市	12029	95	181	55422	273	339
鸡泽县	656	-	1	2098	-	4
邱县	1346	4	202	3417	8	360
永年县	263	13	4	536	22	12
曲周县	2099	-	-	6038	-	-
邯郸县	1704	-	11	3550	-	20
肥乡县	434	41	161	931	46	179
馆陶县	4074	-	18	8495	-	26
涉县	12869	191	1101	40002	291	2394
广平县	1945	13	61	4432	13	82
成安县	648	110	8	1073	260	7
魏县	1198	9	1160	2404	15	4809
磁县	4908	21	26	31577	31	96
临漳县	149	-	-	385	-	-
大名县	542	13	545	1644	29	353
丛台区	16756	587	5934	73356	2281	17435
复兴区	13230	253	430	52439	491	732
邯山区	36608	11952	720	107535	50363	1127
峰峰矿区	18960	185	125	54407	312	208
经济开发区	13573	332	1660	44529	1253	4442
马头经济开发区	973	25	129	1474	61	193

13-33　其他单位就业人员及工资总额

（2012年）　　单位：人、万元、元

项　　目	在岗职工（含劳务派遣）			
	期末人数	平均人数	工资总额	平均工资
全　　市	**149454**	**158808**	**551494**	**34727**
按登记注册类型分				
内资	138220	148029	511334	34543
股份合作	2340	2355	7205	30596
联营	192	193	436	22565
有限责任公司	105069	114646	365842	31911
#国有独资	6013	6113	13821	22610
股份有限公司	30575	30791	137776	44745
其他	44	44	75	16977
港、澳、台商投资	5721	5279	10602	20083
外商投资	5513	5500	29558	53743
按执行会计标准类别分				
企　　业	148619	157974	547863	34681
事　　业	835	834	3631	43534
按国民经济行业分				
农、林、牧、渔业	213	214	437	20397
林　　业	5	5	12	24000
畜 牧 业	203	204	409	20025
农、林、牧、渔服务业	5	5	16	32000
采 矿 业	4760	4751	33423	70349
煤炭开采和洗选业	4442	4431	32938	74335
黑色金属矿采选业	318	320	485	15150
制 造 业	59358	59306	183112	30876
农副食品加工业	1273	1465	3546	24204
食品制造业	1341	1332	3721	27932
酒、饮料和精制茶制造业	1212	1455	2726	18735
纺织业	6687	6983	8086	11579
纺织服装、服饰业	1259	1208	1911	15820
木材加工和木、竹、藤、棕、草制品业	312	312	1048	33599
家具制造业	821	834	1588	19036
造纸和纸制品业	107	103	106	10301
印刷和记录媒介复制业	136	136	260	19096
石油加工、炼焦和核燃料加工业	2563	2130	6787	31862
化学原料和化学制品制造业	2051	2064	4764	23079
医药制造业	760	765	1769	23127
化学纤维制造业	272	246	445	18098
橡胶和塑料制品业	320	320	833	26038
非金属矿物制品业	7412	7554	16496	21838
黑色金属冶炼和压延加工业	18782	18331	90471	49354
有色金属冶炼和压延加工业	31	31	131	42258
金属制品业	549	522	1434	27471
通用设备制造业	3728	3736	6135	16420
专用设备制造业	4205	4272	11012	25778
汽车制造业	592	591	829	14022
铁路、船舶、航空航天和其他运输设备制造业	109	106	237	22358
电气机械和器材制造业	4290	4272	17877	41846
计算机、通信和其他电子设备制造业	107	107	169	15748
仪器仪表制造业	436	428	732	17105
金属制品、机械和设备修理业	3	3	2	6000

13-33续表　　　　单位：人、万元、元

项　　目	在岗职工（含劳务派遣）			
	期末人数	平均人数	工资总额	平均工资
电力、热力、燃气及水生产和供应业	3263	3292	17702	53773
电力、热力生产和供应业	2564	2598	15892	61169
燃气生产和供应业	294	289	776	26855
水的生产和供应业	405	405	1034	25538
建筑业	47100	56726	179528	31648
房屋建筑业	32758	42602	143866	33770
土木工程建筑业	8520	8274	18975	22933
建筑安装业	5475	5493	16040	29201
建筑装饰和其他建筑业	347	357	648	18151
批发和零售业	10343	10233	23614	23076
批发业	5274	5164	12735	24661
零售业	5069	5069	10879	21461
交通运输、仓储和邮政业	3430	3442	7252	21070
道路运输业	3179	3192	6919	21675
装卸搬运和运输代理业	123	122	186	15270
仓储业	128	128	147	11516
住宿和餐饮业	2759	2748	5306	19308
住宿业	1688	1691	3217	19022
餐饮业	1071	1057	2089	19764
信息传输、软件和信息技术服务业	3419	3377	17382	51471
电信、广播电视和卫星传输服务	3318	3276	17161	52383
互联网和相关服务	100	100	219	21910
软件和信息技术服务业	1	1	2	20000
金融业	9052	9009	65544	72754
货币金融服务业	7376	7318	58156	79469
资本市场服务业	161	161	1350	83851
保险业	1508	1523	6002	39411
其他金融业	7	7	36	52000
房地产业	2669	2635	6955	26395
#房地产开发经营	2214	2179	6126	28114
物业管理	281	282	581	20613
租赁和商务服务业	1254	1247	4060	32554
租赁业	117	114	239	20921
商务服务业	1137	1133	3821	33725
科学研究、技术服务业	1399	1395	6109	43791
研究和试验发展	3	3	7	21667
专业技术服务业	1396	1392	6102	43839
居民服务、修理和其他服务业	46	46	74	16109
居民服务业	12	12	25	21000
机动车、电子产品和日用产品修理业	34	34	49	14382
教育	166	166	263	15831
#初等教育	166	166	263	15831
卫生和社会工作	223	221	734	33204
卫生	223	221	734	33204

13-34　分县（市、区）企业单位就业人员工资总额及平均工资

（2012年）　　单位：人、万元、元

县（市、区）	在岗职工（含劳务派遣）			
	期末人数	平均人数	工资总额	平均工资
全　　市	**336466**	**344447**	**1434163**	**41637**
#市　区	244173	253339	1102387	43514
武安市	16866	16900	83044	49138
鸡泽县	1570	1570	5646	35959
邱　县	2321	2320	5930	25560
永年县	7995	7991	21745	27211
曲周县	4634	3857	12182	31583
邯郸县	3293	3232	8344	25815
肥乡县	2748	2670	6251	23411
馆陶县	5591	5189	12412	23919
涉　县	20567	20835	64902	31150
广平县	6005	5992	19765	32986
成安县	1845	1764	6897	39098
魏　县	2972	2969	7864	26488
磁　县	10950	10849	61032	56256
临漳县	2108	2088	6161	29505
大名县	2828	2882	9604	33325
从台区	78442	77784	382060	49118
复兴区	39099	39581	186321	47073
邯山区	54970	65534	217474	33185
峰峰矿区	29021	28271	83870	29666
经济开发区	39789	39259	219830	55995
马头经济开发区	2852	2910	12832	44097

13-35　分县（市、区）事业单位就业人员工资总额及平均工资

（2012年）　　单位：人、万元、元

县（市、区）	在岗职工（含劳务派遣）			
	期末人数	平均人数	工资总额	平均工资
全　　市	**177385**	**176189**	**610739**	**34664**
#市　区	47618	47576	177914	37396
武安市	18130	18124	76754	42349
鸡泽县	4565	4565	15199	33294
邱　县	4755	4755	14963	31467
永年县	15559	15481	48958	31625
曲周县	6890	6833	20126	29454
邯郸县	6765	6672	27294	40908
肥乡县	4835	4776	16722	35012
馆陶县	7610	7531	21309	28295
涉　县	9693	9689	37111	38302
广平县	4778	4776	12958	27132
成安县	4786	4755	13156	27668
魏　县	9992	9429	26931	28562
磁　县	10735	10680	41197	38574
临漳县	9768	9762	27476	28146
大名县	10906	10785	32674	30296
从台区	16488	16492	61445	37257
复兴区	1844	1845	6161	33392
邯山区	15952	15914	55813	35071
峰峰矿区	11162	11096	45217	40751
经济开发区	1607	1667	7575	45442
马头经济开发区	565	562	1703	30310

13-36 分县（市、区）机关单位就业人员工资总额及平均工资

（2012年）

单位：人、万元、元

县（市、区）	在岗职工（含劳务派遣）			
	期末人数	平均人数	工资总额	平均工资
全 市	**77961**	**77625**	**243743**	**31400**
#市 区	22368	22356	86198	38557
武安市	6318	6287	21209	33735
鸡泽县	2192	2192	6755	30817
邱县	2179	2179	5831	26761
永年县	6239	6193	16632	26857
曲周县	3063	3032	6924	22838
邯郸县	4448	4391	14882	33893
肥乡县	2516	2492	6053	24290
馆陶县	2342	2342	5300	22630
涉县	3219	3180	10971	34501
广平县	2167	2167	6031	27832
成安县	2809	2807	7200	25652
魏县	4082	4067	8289	20380
磁县	6715	6657	22137	33254
临漳县	3041	3039	8456	27824
大名县	4263	4244	10873	25619
丛台区	13721	13729	55151	40171
复兴区	2750	2752	12439	45198
邯山区	1857	1853	6581	35516
峰峰矿区	3048	3030	8285	27344
经济开发区	881	881	3415	38762
马头经济开发区	111	111	327	29468

13-37 参加基本养老保险人员情况

（2012年）

单位：人

项目	单位数	参保职工		缴费人员		离休、退休、退职人员			
		期末数	平均数	期末数	平均数	期末数	#离休	#退休	#建国前老工人
全 市	**6631**	**685332**	**707557**	**520099**	**533004**	**283932**	**1962**	**281770**	**645**
企业	6620	600143	620075	436744	449416	278940	1962	276778	645
国有企业	1470	272886	291238	215625	222460	205223	1510	203537	561
集体企业	1345	83802	95905	52577	57861	45943	355	45574	64
其他企业	1326	91162	93733	70875	71775	20632	97	20525	20
私营企业	2432	145387	132149	93311	92903	6250	-	6250	-
港、澳、台及外资企业	47	6906	7050	4356	4417	892	-	892	-
其他人员	11	85189	87482	83355	83588	4992	-	4992	-

13-37续表

单位：人

项目	离休、退休、退职人员			本期办理离退休人数	#病退	#特殊工种	本期死亡在职职工人数	本期死亡离退休人数
	平均数	#离休	#退休					
全 市	**269795**	**2684**	**267101**	**36565**	**839**	**1799**	**255**	**3092**
企业	266196	2684	263502	34044	839	1799	246	3082
国有企业	198804	2188	196616	17348	506	1530	86	2181
集体企业	41839	397	41432	7251	267	173	31	493
其他企业	19220	99	19121	5559	56	95	32	289
私营企业	5436	-	5436	3861	10	1	97	88
港、澳、台及外资企业	897	-	897	25	-	-	-	31
其他人员	3599	-	3599	2521	-	-	9	10

13-38 基本养老保险基金缴拨情况

（2012年）

单位：万元

项　目	缴费基数总额		本期单位缴费		本期个人缴费	
	单位	个人	应缴	实缴	应缴	实缴
全　市	**1155502.7**	**1319892.5**	**231013.8**	**178255.0**	**125278.2**	**93241.7**
企业	1155502.7	1155502.7	231013.8	178255.0	92402.5	71294.9
国有企业	595705.3	595705.3	119113.1	92328.3	47653.0	36950.6
集体企业	159328.9	159328.9	31836.5	25607.0	12713.9	10226.4
其他企业	167610.0	167610.0	33521.9	24934.1	13409.1	9973.9
私营企业	221778.3	221778.3	44326.4	33432.7	17740.2	13362.7
港、澳、台及外资企业	11080.2	11080.2	2215.9	1952.9	886.3	781.3
其他人员	-	164389.8	-	-	32875.7	21946.8

13-38续表1

单位：万元

项　目	补缴上年前欠费	跨年度预缴及一次性缴费	期末累计欠费	本期应发养老金		
				合计	#离休金	#退休人员基本养老金
全　市	**40563.0**	**50928.7**	**136094.4**	**575717.6**	**16625.5**	**559078.3**
企业	40225.2	37271.0	124794.0	570698.0	16625.5	554071.7
国有企业	18161.9	11489.3	58582.8	437300.1	13373.3	423926.0
集体企业	6486.1	5321.1	24360.5	86977.9	2652.3	84325.6
其他企业	7751.1	13254.1	17089.4	38382.8	599.9	37782.9
私营企业	7521.1	7206.5	23700.5	6240.4	-	6240.4
港、澳、台及外资企业	305.0	-	1060.8	1796.8	-	1796.8
其他人员	337.8	13657.7	11300.4	5019.6	-	5006.6

13-38续表2

单位：万元

项　目	本期实发养老金			本期补发金额		丧葬抚恤金		个人账户一次性支付额
	合计	#离休金	#退休人员基本养老金		#补发调整待遇金额	在职死亡	离退休死亡	
全　市	**575717.6**	**16625.5**	**559078.3**	**7759.5**	**2876.1**	**113.3**	**5117.6**	**1204.0**
企业	570698.0	16625.5	554071.7	7360.0	2777.2	98.3	5114.6	1190.7
国有企业	437300.1	13373.3	423926.0	4502.6	1353.0	53.2	4228.7	912.4
集体企业	86977.9	2652.3	84325.6	1705.2	940.6	24.0	676.6	120.7
其他企业	38382.8	599.9	37782.9	1095.4	480.6	7.1	175.7	56.7
私营企业	6240.4	-	6240.4	56.8	3.0	14.0	25.2	80.3
港、澳、台及外资企业	1796.8	-	1796.8	-	-	-	8.4	20.6
其他人员	5019.6	-	5006.6	399.5	98.9	15.0	3.0	13.3

13-39　分县（市、区）参加基本养老保险人员情况

（2012年）

单位：人

县（市、区）	单位数	参保职工		缴费人员	
		期末数	平均数	期末数	平均数
全　　市	**6631**	**685332**	**707557**	**520099**	**533004**
武安市	514	83859	60443	44112	40546
鸡泽县	116	6618	8370	4526	4412
邱　县	114	8579	10535	2165	3116
永年县	139	21213	25681	15266	17499
曲周县	187	8487	10190	1907	5240
邯郸县	332	21378	26819	12519	15924
肥乡县	90	9917	10160	3860	3748
馆陶县	106	9256	10719	1989	3287
涉　县	263	27050	28075	19049	17129
广平县	151	11071	13893	8162	9326
成安县	203	12877	16754	10022	4774
魏　县	185	11880	15587	7364	8898
磁　县	146	28425	27412	16755	17857
临漳县	100	13913	14750	3829	5245
大名县	252	16337	17482	8949	10086
丛台区	600	19367	19875	14963	16452
复兴区	290	7779	14644	6453	9605
邯山区	455	14837	14714	12822	12788
峰峰矿区	408	29998	29298	25823	25833
经济开发区	151	10698	8051	7816	5266
马头经济开发区	15	1189	2009	884	1100
公共业务处	1814	310604	322096	290864	294873

13-39续1

单位：人

县（市、区）	离休、退休、退职人员						
	期末数	#离休	#退休		平均数	#离休	#退休
				#建国前老工人			
全　　市	**283932**	**1962**	**281770**	**645**	**269795**	**2684**	**267101**
武安市	9560	66	9454	40	9028	66	8962
鸡泽县	3212	24	3188	10	3160	24	3136
邱　县	3842	62	3780	-	3560	62	3498
永年县	10886	123	10763	24	8939	123	8816
曲周县	5657	35	5622	-	5171	35	5136
邯郸县	4215	28	4037	6	3992	30	3962
肥乡县	3912	-	3912	-	3804	-	3804
馆陶县	4134	29	4105	9	4051	29	4022
涉　县	5727	23	5704	13	5730	24	5706
广平县	3678	19	3659	-	3312	19	3293
成安县	6502	28	6474	5	5213	18	5185
魏　县	9162	87	9075	16	7992	87	7905
磁　县	6816	47	6769	11	6764	73	6691
临漳县	4217	33	4184	-	3881	35	3846
大名县	5050	78	4972	-	4750	80	4670
丛台区	5932	5	5917	2	5154	5	5149
复兴区	2691	-	2691	-	2375	-	2375
邯山区	4610	2	4608	4	4056	2	4054
峰峰矿区	14886	89	14797	28	14393	89	14304
经济开发区	74	-	74	-	72	-	72
马头经济开发区	163	-	163	-	130	-	130
公共业务处	169006	1184	167822	477	164268	1883	162385

13-39续2

单位：人

县（市、区）	本期办理离退休人数	#病退	#特殊工种	本期死亡在职职工人数	本期死亡离退休人数
全　　市	**36565**	**839**	**1799**	**255**	**3092**
武安市	1086	–	–	152	194
鸡泽县	218	25	35	–	–
邱县	1116	–	–	8	3
永年县	2924	–	–	–	5
曲周县	976	37	143	2	17
邯郸县	929	–	–	–	43
肥乡县	252	17	8	1	19
馆陶县	380	28	30	–	94
涉县	298	22	166	–	299
广平县	648	–	–	–	59
成安县	2271	–	–	–	29
魏县	2143	–	–	–	46
磁县	200	–	–	–	32
临漳县	597	–	–	5	53
大名县	572	–	–	22	225
丛台区	2841	–	–	9	20
复兴区	1684	6	1	1	3
邯山区	1940	5	2	5	56
峰峰矿区	3821	30	55	38	110
经济开发区	4	–	–	2	3
马头经济开发区	41	–	–	–	–
公共业务处	11624	669	1359	10	1782

13-40　分县（市、区）基本养老保险基金缴拨情况

（2012年）

单位：万元

县（市、区）	缴费基数总额		本期单位缴费		本期个人缴费	
	单位	个人	应缴	实缴	应缴	实缴
合　　计	**1155502.7**	**1319892.5**	**231073.8**	**178255.0**	**125278.2**	**93241.7**
武安市	94325.0	96155.0	18865.0	12609.0	7912.0	5409.0
鸡泽县	9824.0	9824.0	1964.8	1543.7	785.9	617.5
邱县	7677.0	7677.0	1536.0	1129.0	613.0	452.0
永年县	32535.0	32535.0	6507.0	5470.0	2603.0	2187.0
曲周县	11385.7	11385.7	2277.1	1367.7	910.9	547.1
邯郸县	33385.7	33385.7	6677.1	5679.1	2670.8	2278.8
肥乡县	7962.0	7962.0	1592.0	1031.0	637.0	412.0
馆陶县	10283.6	10283.6	2056.7	1433.9	822.7	573.5
涉县	40990.0	44604.6	8198.0	6057.6	4002.0	3145.4
广平县	19211.1	19229.1	3843.2	1943.2	1537.3	777.3
成安县	10447.5	10447.5	2001.4	1449.6	800.5	579.8
魏县	23590.7	23770.7	4718.1	4098.6	1923.3	1675.4
磁县	40715.0	41565.0	8143.0	7102.5	3427.0	2991.0
临漳县	4509.6	10969.3	901.9	807.8	1652.7	1320.2
大名县	22407.0	23272.0	4482.0	4268.0	1965.0	1879.0
丛台区	28764.3	34629.3	5752.9	3900.0	3474.1	2433.0
复兴区	13168.5	19754.5	2633.7	2260.6	2370.6	2221.4
邯山区	16950.0	29770.0	3390.0	3240.0	3920.0	3860.0
峰峰矿区	56057.2	56057.2	11211.5	4940.0	4484.6	1976.0
经济开发区	13407.9	13407.9	2681.6	2635.5	1072.6	1054.2
马头经济开发区	1773.9	2000.4	354.8	284.2	187.2	135.1
公共业务处	656132.0	781207.0	131226.0	105004.0	77506.0	56717.0

13-40续表1　　单位：万元

县（市、区）	补缴上年前欠费	跨年度预缴及一次性缴费	期末累计欠费	本期应发养老金		
				合计	#离休金	#退休人员基本养老金
合计	40563.0	50928.7	136094.42	575717.6	16625.5	559078.3
武安市	4006.0	2263.0	8759.0	17697.0	367.0	17330.0
鸡泽县	255.0	88.0	626.5	6306.0	86.0	6220.0
邱县	497.0	2527.0	5718.3	5990.7	176.0	5814.7
永年县	2130.0	2505.0	4200.1	18409.7	221.4	18188.3
曲周县	785.0	698.0	2732.6	9114.7	144.0	8970.7
邯郸县	1318.0	1595.0	3166.0	7038.3	121.7	6916.6
肥乡县	952.0	1509.0	2655.7	7097.9	–	7097.9
馆陶县	198.2	606.1	2825.7	7533.6	145.6	7388.0
涉县	372.0	3482.1	4690.0	11967.0	254.0	11713.0
广平县	699.8	–	6666.0	7112.4	151.2	6961.2
成安县	2991.7	–	4058.1	9798.7	1693.0	8104.9
魏县	460.0	1360.7	1696.7	16913.8	384.0	16529.8
磁县	2598.0	867.5	6511.7	14202.5	275.0	13914.5
临漳县	875.0	2200.2	2412.3	7945.3	138.2	7807.1
大名县	230.0	12.0	2049.0	10326	402.0	9924.0
丛台区	1213.7	2605.0	3059.5	7579.9	23.5	7556.4
复兴区	–	1178.3	522.3	3311.0	–	3311.0
邯山区	–	2186.3	210.0	6161.0	12.9	6148.1
峰峰矿区	4867.6	10975.8	10854.3	26536.4	388.0	26148.4
经济开发区	–	–	234.59	177.1	–	177.1
马头经济开发区	–	96.7	122.7	159.6	–	159.6
公共业务处	16114.0	14173.0	62323.2	374339.0	11642.0	362697

13-40续表2　　单位：万元

县（市、区）	本期实发养老金			本期补发金额	丧葬抚恤金			个人账户一次性支付额
	合计	#离休金	#退休人员基本养老金		#补发调整待遇金额	在职死亡	离退休死亡	
合计	575717.6	16625.5	559078.3	7759.5	2876.1	113.3	5117.6	1204.0
武安市	17697.0	367.0	17330.0	182.0	182.0	92.0	133.0	114.0
鸡泽县	6306.0	86.0	6220.0	–	–	–	–	–
邱县	5990.7	176.0	5814.7	235.3	220.0	–	5.1	6.0
永年县	18409.7	221.4	18188.3	–	–	–	38.7	16.2
曲周县	9114.7	144.0	8970.7	611.0	611.0	–	49.0	1.9
邯郸县	7038.3	121.7	6916.6	775.8	775.7	–	49.5	18.8
肥乡县	7097.9	–	7097.9	–	–	2.3	66.0	1.3
馆陶县	7533.6	145.6	7388.0	–	–	–	98.4	–
涉县	11967.0	254.0	11713.0	–	–	–	91.8	47.8
广平县	7112.4	151.2	6961.2	–	–	–	73.4	3.6
成安县	9798.7	1693.0	8104.9	–	–	–	74.1	44.1
魏县	16913.8	384.0	16529.8	–	–	–	60.1	–
磁县	14202.5	275.0	13914.5	1443.2	–	–	28.1	37.8
临漳县	7945.3	138.2	7807.1	498.4	444.0	–	106.7	10.0
大名县	10326.0	402.0	9924.0	151.0	–	–	147.0	18.0
丛台区	7579.9	23.5	7556.4	727.7	251.6	–	9.9	28.3
复兴区	3311.0	–	3311.0	101.7	1.6	–	–	4.3
邯山区	6161.0	12.9	6148.1	–	–	–	44.4	–
峰峰矿区	26536.4	388.0	26148.4	650.4	1.2	19.0	313.6	41.1
经济开发区	177.1	–	177.1	–	–	–	0.8	2.8
马头经济开发区	159.6	–	159.6	–	–	–	–	–
公共业务处	374339.0	11642.0	362697.0	2383.0	389.0	–	3728.0	808.0

13-41 参加工伤保险人员及基金征缴情况

（2012年）

单位：户、人

项 目	参保单位户数	缴费单位	参保人数	农民工人数	缴费人数 期末数	缴费人数 平均数
全 市	**5871**	**5771**	**727738**	**129801**	**636866**	**625963**
企 业	4704	4629	638959	129355	553279	546247
一类风险企业	1786	1769	234318	20612	200387	199585
二类风险企业	1708	1652	223161	42861	187373	186696
三类风险企业	1210	1208	181480	65882	165519	159966
事 业	1167	1142	88779	446	83587	79716

13-41续表

单位：万元

项 目	缴费基数总额	期初欠费	本期应缴	本期实缴	本期补缴	期末累计欠费
全 市	**1711023.0**	**1942.8**	**17233.5**	**14960.3**	**715.0**	**3501.0**
企 业	1476763.0	1860.7	16062.2	13794.0	669.0	3459.9
一类风险企业	585556.0	335.3	2927.8	2738.2	20.9	504.0
二类风险企业	468886.0	524.3	4688.8	3867.2	369.1	976.8
三类风险企业	422321.0	1001.1	8445.7	7188.7	279.0	1979.1
事 业	234260.0	82.1	1171.3	1166.3	46.0	41.1

13-42 分县（市、区）参加工伤保险人员及基金征缴情况

（2012年）

单位：个、人

县（市、区）	参保单位户数		参保人数		缴费人数	
		缴费单位		农民工人数	期末数	平均数
全　市	**5871**	**5771**	**727738**	**129801**	**636866**	**625963**
武安市	394	394	67156	33742	67156	62157
鸡泽县	123	123	8486	2300	6521	4836
邱　县	229	229	11313	2569	4054	4190
永年县	183	183	26421	6631	16532	16991
曲周县	173	141	15026	2475	6026	6631
邯郸县	214	214	24566	9293	16237	16222
肥乡县	107	107	10792	2220	4955	4459
馆陶县	89	89	10580	4563	6125	6116
涉　县	161	161	28464	7221	28464	27377
广平县	68	–	11364	2195	6487	6340
成安县	69	69	16600	4990	12150	11144
魏　县	143	143	19231	4521	12401	11489
磁　县	170	170	28270	6295	23570	22839
临漳县	156	156	17089	4205	8929	8436
大名县	139	139	20165	4124	14070	15741
丛台区	509	509	15860	421	14793	14811
复兴区	210	210	13057	1898	8523	8513
邯山区	340	340	11242	1327	7817	6961
峰峰矿区	215	215	32573	8362	32573	32562
经济开发区	136	136	5231	650	5231	4968
马头经济开发区	26	26	1945	651	1945	1689
公共业务处	2017	2017	332307	19148	332307	331491

13-42续表

单位：万元

县（市、区）	缴费基数总额	期初欠费	本期应缴	本期实缴	本期补缴	期末累计欠费
全　市	**1711023.0**	**1942.8**	**17233.5**	**14960.3**	**715.0**	**3501.0**
武安市	293000.0	–	3980.0	3980.0	–	–
鸡泽县	10700.0	–	85.0	85.0	–	–
邱　县	9100.0	–	61.0	61.0	–	–
永年县	39772.5	159.2	345.0	311.0	–	193.2
曲周县	14400.0	71.6	87.0	87.0	–	71.6
邯郸县	39525.0	–	335.9	335.9	–	–
肥乡县	9675.5	11.8	72.0	72.0	–	11.8
馆陶县	13340.0	–	116.7	98.1	–	18.6
涉　县	57843.0	–	689.8	689.8	–	–
广平县	13000.0	1.1	90.0	89.1	1.1	0.9
成安县	29535.0	783.1	579.1	196.3	–	1165.9
魏　县	22365.0	–	162.9	162.9	–	–
磁　县	64900.0	–	611.0	611.0	–	–
临漳县	16240.0	203.3	81.2	71.8	1.2	211.5
大名县	33790.0	18.0	305.0	168.0	18.0	137.0
丛台区	32140.0	–	160.7	160.7	–	–
复兴区	18497.0	–	178.5	178.5	–	–
邯山区	15220.0	–	89.1	80.3	–	8.8
峰峰矿区	83490.0	–	925.0	925.0	–	–
经济开发区	11850.0	–	118.5	118.5	–	–
马头经济开发区	1495.0	–	13.1	13.1	–	–
公共业务处	881145.0	694.7	8147.0	6465.3	694.7	1681.7

第二部分　统计资料

十四、物　价

资料整理：石　瑛　李少锋　唐　丽

14-1 历年城市消费、零售价格指数

（以上年价格为100）

年 份	消费价格指数	零售价格指数	食品类	服务项目
1953	102.9	102.9	106.6	102.0
1954	102.6	102.7	104.7	101.5
1955	101.7	101.6	103.8	103.1
1956	104.8	102.7	101.7	104.2
1957	100.5	100.6	101.7	100.0
1958	97.9	97.7	97.8	101.0
1959	99.4	99.2	100.1	103.0
1960	99.0	98.2	98.6	100.2
1961	103.4	101.9	106.8	126.9
1962	100.5	100.8	101.8	96.2
1963	99.1	99.2	97.7	96.3
1964	100.1	100.1	100.3	99.5
1965	97.0	97.3	98.2	92.5
1966	100.3	100.3	101.1	99.8
1967	99.8	100.0	101.6	97.0
1968	100.0	100.1	100.3	98.2
1969	99.9	99.9	100.4	100.0
1970	99.6	99.6	100.2	100.0
1971	100.0	100.0	100.2	99.7
1972	99.8	99.8	99.8	100.0
1973	101.0	101.1	101.1	100.0
1974	100.1	100.1	100.1	100.0
1975	100.3	100.5	100.5	97.6
1976	100.1	100.1	100.1	93.7
1977	100.3	100.3	100.3	100.0
1978	99.9	99.9	99.9	100.0
1979	102.1	100.1	101.3	150.8
1980	104.5	104.7	106.3	100.7
1981	103.9	104.0	103.7	102.2
1982	101.2	101.3	103.4	100.0
1983	100.2	100.2	99.4	100.1
1984	102.3	102.0	103.3	105.5
1985	108.2	107.6	111.5	116.0
1986	105.0	104.9	106.1	106.3
1987	108.6	108.5	110.9	109.6
1988	118.4	118.8	124.4	113.2
1989	114.6	114.4	114.1	118.1
1990	101.1	100.2	97.6	112.7
1991	108.7	108.1	110.2	115.1
1992	111.9	110.0	110.9	127.0
1993	110.6	107.4	106.8	130.1
1994	124.7	123.2	134.5	108.0
1995	116.5	114.2	125.4	106.4
1996	110.7	106.4	109.4	109.2
1997	103.0	101.4	99.6	113.9
1998	100.5	99.9	99.1	104.5
1999	99.3	97.6	95.0	107.4
2000	100.7	97.9	94.0	118.9
2001	99.9	100.6	100.9	103.0
2002	100.5	99.7	100.6	107.0
2003	102.7	101.5	103.7	110.8
2004	105.9	105.0	112.6	103.7
2005	101.6	100.2	101.7	107.3
2006	102.3	101.5	104.8	102.0
2007	104.7	103.2	110.1	105.0
2008	106.4	106.7	118.0	101.9
2009	100.8	100.9	105.4	98.5
2010	103.5	104.3	109.4	101.3
2011	105.5	104.4	110.0	105.9
2012	102.8	101.8	104.4	102.0

14-2　主要年份城市价格总指数

（以1978年价格为100）

项　　　目	1985年	1990年	1995年	2000年	2005年	2007年	2008年	2009年	2010年	2011年	2012年
居民消费价格指数	**124.4**	**194.6**	**380.4**	**435.9**	**526.3**	**563.7**	**599.8**	**604.6**	**625.8**	**660.2**	**678.7**
#食品类	132.4	203.4	417.5	406.3	526.7	606.0	711.0	749.4	819.8	901.8	941.5
衣着类	95.2	151.0	286.5	373.3	369.5	367.3	358.1	342.3	326.6	327.9	341.3
居　住	-	-	156.4	285.6	329.0	381.5	388.4	383.4	407.2	452.0	466.4
服务项目	190.1	333.7	715.7	1167.1	1585.7	1698.3	1730.6	1727.1	1749.6	1852.8	1889.8
商品零售价格指数	**121.4**	**188.2**	**338.2**	**348.3**	**372.9**	**390.6**	**416.8**	**420.6**	**438.7**	**458.0**	**466.2**
#日用品	102.3	143.9	212.7	223.3	208.6	215.1	222.6	224.2	224.2	235.6	243.6
中西药品及医疗保健用品	135.3	189.1	273.0	304.7	272.5	283.6	284.7	288.1	298.8	306.8	315.7
书报杂志	112.9	121.0	263.0	425.3	458.0	457.5	453.8	461.5	470.7	470.7	473.1
燃料类	100.4	173.9	618.4	783.9	1143.3	1319.1	1432.5	1514.2	1959.4	2167.1	2199.6
建筑装璜材料	-	91.4	142.4	142.0	132.9	144.7	146.6	150.0	153.2	164.9	164.6

14-3　商品零售价格类指数

（2012年）　　（上年=100）

项　　　目	全　市	城　市	农　村
商品零售价格总指数	**101.9**	**101.8**	**102.2**
食品	**103.8**	**103.7**	**103.9**
粮食	102.4	102.2	103.3
大　米	102.4	101.8	103.9
面　粉	100.6	99.6	103.1
粮食制品	103.9	104.2	102.5
其　他	99.8	98.0	104.3
淀粉及制品	101.8	101.7	101.9
淀粉及制品	101.8	101.7	101.9
干豆类及豆制品	104.8	106.1	100.5
干　豆	93.6	93.7	93.3
豆 制 品	109.9	111.8	103.7
油脂	106.4	106.8	105.1
食用植物油	107.2	108.2	104.7
植物油制品	105.0	104.6	105.9
其　他	105.1	105.4	101.9
肉禽及其制品	103.6	104.3	101.3
食用畜肉及副产品	102.6	103.5	99.5
猪　肉	91.8	90.2	95.8
牛　肉	126.6	128.9	111.4
羊　肉	118.4	120.5	110.3
畜肉副产品	111.7	112.7	107.2
其　他	100.1	100.0	101.5

14-3续表1　　（上年=100）

项　　目	全　市	城　市	农　村
禽	103.6	103.4	104.3
鸡	103.8	103.5	104.6
鸭	102.3	100.0	103.4
其　他	99.2	100.0	97.5
加工肉禽	107.6	107.7	107.0
畜肉制品	109.1	109.4	107.8
禽 制 品	103.1	102.0	105.6
蛋	96.1	95.8	97.3
鲜　蛋	95.9	95.5	97.1
蛋 制 品	97.5	97.2	99.2
水产品	106.7	105.8	110.3
鱼	109.2	108.7	110.8
淡 水 鱼	106.5	105.5	110.9
海 水 鱼	112.4	113.0	110.8
其他水产品	104.0	102.6	109.6
虾 蟹 类	104.7	102.8	111.0
其　他	102.9	102.2	106.3
菜	113.9	114.2	112.8
鲜　菜	115.5	115.8	114.5
干菜及菜制品	104.4	104.0	105.6
薯　类	93.6	93.4	94.0
调味品	107.6	109.2	100.9
食 用 盐	120.6	125.0	102.3
酱　油	103.3	103.9	101.2
食　醋	104.5	105.2	101.6
味　精	105.1	106.4	100.6
其　他	102.9	103.8	98.4
糖	103.0	102.8	103.6
食　糖	105.5	104.4	109.9
糖　果	103.3	105.1	98.3
巧克力制品	100.6	99.5	103.7
糖类小食品	101.2	100.3	104.0
干鲜瓜果	95.1	94.5	97.6
鲜 瓜 果	92.0	90.8	96.7
干(坚)果	107.8	109.5	101.3
糕点饼干面包	105.3	105.5	104.5
糕　点	102.7	102.2	105.0
饼　干	109.3	110.9	103.2
面　包	106.3	106.5	104.9
液体乳及乳制品	103.3	101.1	111.3
巴氏杀菌奶或消毒奶	102.4	98.8	113.5
酸 牛 乳	106.3	105.8	108.3
乳　粉	100.6	100.1	104.3
其　他	108.6	110.2	103.7
在外用膳食品	103.3	103.2	103.5
主　食	100.5	100.0	102.6
炒　菜	105.0	105.3	104.0

14-3续表2　　(上年=100)

项　　目	全　市	城　市	农　村
地方小吃	103.4	103.6	102.9
其　他	104.6	100.0	107.5
其他食品	101.5	100.7	103.7
其他食品	101.5	100.7	103.7
饮料、烟酒	**103.9**	**104.5**	**102.2**
茶及饮料	102.8	103.0	102.1
茶叶	101.6	101.7	100.8
茶　叶	101.6	101.7	100.8
饮料	103.4	103.7	102.4
固体饮料	107.7	109.5	102.7
液体饮料	99.7	99.3	101.0
冷冻饮品	110.6	111.5	107.6
烟草	101.8	101.7	102.1
高档卷烟	101.5	101.9	100.3
中档卷烟	100.5	99.4	104.0
其　他	105.7	109.9	100.0
酒	107.5	109.2	102.5
白　酒	107.5	109.3	103.0
葡萄酒	123.0	126.6	100.8
啤　酒	100.8	100.6	101.4
其　他	111.3	112.5	106.8
服装、鞋帽	**103.7**	**103.8**	**103.1**
服装	103.9	104.4	102.1
男式服装	102.1	102.0	102.5
大　衣	102.7	103.4	100.4
毛线衣	103.5	104.0	100.9
夹克衫	104.9	105.8	100.8
衬　衫	96.4	93.3	103.6
T 恤衫	97.5	96.6	102.1
裤　子	106.2	107.2	102.7
西　服	93.6	91.7	103.4
运动衫裤	103.0	102.1	105.3
内　衣	101.9	101.5	102.7
羽绒衣	106.3	106.8	101.9
其　他	113.8	117.1	102.9
女式服装	105.1	105.9	101.7
大　衣	103.7	104.8	99.2
毛线衣	105.9	106.7	101.9
羽绒衣	101.5	99.6	109.0
套　装	109.2	111.0	101.7
衬　衫	110.1	112.8	100.5
T 恤衫	100.0	100.1	99.5
裙　子	106.8	108.7	98.6
裤　子	105.5	106.9	101.4
运动衫裤	109.9	111.3	105.5
内　衣	97.0	95.2	101.4

14-3续表3

（上年=100）

项　　目	全　市	城　市	农　村
其　他	106.5	107.0	102.8
儿童服装	105.4	106.4	102.2
上　衣	103.7	104.3	101.1
裤　子	104.1	104.2	103.5
裙　子	112.5	117.8	102.2
其　他	103.7	104.0	101.9
鞋袜帽	103.3	102.7	105.9
鞋	104.0	103.4	106.3
男　鞋	101.1	99.4	109.7
女　鞋	105.5	105.4	105.8
童　鞋	106.4	108.6	100.9
袜子	97.0	95.9	102.6
男　袜	98.7	97.9	102.2
女　袜	95.7	94.2	102.9
帽子	100.8	100.8	100.5
男　帽	102.2	103.0	99.9
女　帽	100.3	100.1	100.9
其他	100.2	100.0	100.9
领　带	100.2	100.0	100.9
纺织品	**102.8**	**103.4**	**101.3**
衣着材料	102.2	102.3	101.8
棉　布	102.9	103.0	102.6
化纤布	103.4	103.7	102.4
毛　线	100.7	100.8	100.5
其　他	101.0	100.5	101.8
床上用品	103.1	104.0	101.1
被　子	106.2	107.9	102.5
床上套件	100.9	101.3	100.0
家用电器及音像器材	**97.9**	**97.6**	**99.2**
家庭设备	102.6	103.2	100.2
洗衣机	105.3	106.3	99.3
电风扇	99.6	99.5	100.2
电冰箱(柜)	98.7	98.4	99.5
吸排油烟机	99.1	99.0	99.9
空调器	106.1	108.2	101.2
热水器	102.2	102.6	100.0
微波炉	98.9	99.0	98.0
其　他	103.6	104.2	100.0
文娱用耐用消费品	91.7	90.0	97.8
电视机	88.0	85.1	97.0
激光视盘机	89.2	87.3	98.8
摄像机	98.9	98.9	99.0
照相机	93.3	93.1	99.1
家用音响	97.0	96.1	100.8
便携式音响	103.9	106.5	97.6
其　他	97.1	94.1	99.5
专业音像器材	98.4	97.8	100.3
专业音响器材	100.4	100.4	100.2
专业声像器材	95.5	94.0	100.3
文化办公用品	**99.9**	**99.7**	**100.4**

14-3续表4　　(上年=100)

项　　目	全　　市	城　　市	农　　村
纸张本册	100.1	99.8	101.1
文　　具	100.8	101.1	100.2
电　　脑	99.1	98.6	100.4
电脑附件	104.5	105.5	100.0
电子存储器	92.3	91.4	98.1
打印机及配件	99.9	99.9	99.6
扫 描 仪	102.4	105.3	100.0
复 印 机	100.1	100.0	100.2
计 算 器	100.2	100.0	100.8
教学设备	100.2	100.0	100.9
其　　他	100.0	100.0	100.0
日用品	**103.0**	**103.4**	**102.0**
日用百货	101.5	101.8	100.7
自 行 车	102.8	103.9	100.0
助动自行车	100.3	100.4	99.6
雨　　具	104.3	104.1	104.7
剃须刀具	100.5	100.3	100.8
电　　池	103.3	104.5	100.1
卫生用纸制品	101.2	101.4	100.6
其　　他	100.3	100.0	101.1
日用杂品	104.4	104.8	103.3
茶　　具	101.0	100.1	102.5
餐　　具	111.3	115.8	102.2
厨　　具	101.7	101.1	103.4
其　　他	102.2	101.3	105.5
洗涤用品	104.6	104.7	104.2
洗衣粉(液)	108.3	109.1	105.5
肥 皂 类	102.6	101.3	106.0
清洁洗涤剂	100.3	100.4	100.2
其他日用品	102.8	103.7	100.8
儿童玩具	101.1	101.5	100.0
照明器具	104.1	104.3	103.8
钟表眼镜及配件	103.9	105.1	100.1
日用普通饰品	106.0	108.3	100.0
日用皮革制品	101.8	102.1	101.0
其　　他	99.8	100.0	99.7
体育娱乐用品	**101.1**	**101.3**	**100.7**
体育用品	100.1	99.9	100.7
球　　类	96.3	95.6	100.0
棋　　牌	102.0	102.4	101.5
健身器材	102.5	102.8	100.8
娱乐用品	102.5	103.6	100.7
游艺器材	104.4	106.3	101.1
乐　　器	100.8	101.2	100.2
交通、通信用品	**94.5**	**92.7**	**99.8**
交通运输机械	100.1	99.6	101.4
轿　　车	99.7	99.2	101.3

14-3续表5 （上年=100）

项　　目	全　市	城　市	农　村
客　车	99.9	100.0	99.6
货　车	100.0	100.0	100.1
其　他	102.8	100.0	103.5
通信器材	86.6	83.8	96.9
固定电话机	102.8	103.2	101.1
移动电话机	79.0	74.3	95.3
传真机	102.3	102.9	100.0
其　他	100.0	100.0	100.0
家具	**102.5**	**103.0**	**101.7**
柜	100.4	100.8	99.7
床	104.6	107.4	99.7
桌	95.2	93.3	97.8
椅	101.8	101.7	101.9
沙　发	106.4	106.1	107.1
其　他	106.1	109.5	101.8
化妆品	**102.0**	**101.9**	**102.5**
护肤品	100.1	99.7	101.0
美容、装饰类化妆品	100.8	100.0	102.3
护发美容品	104.5	105.2	102.2
洗发用品	102.2	101.7	104.0
洗浴用品	104.5	103.8	106.7
药物美容用品	102.7	103.3	100.1
金银珠宝	**103.9**	**104.4**	**102.2**
金饰品	104.9	105.5	103.0
银饰品	121.7	125.8	104.6
铂金饰品	98.2	97.4	100.7
其　他	100.6	100.0	102.7
中西药品及医疗保健用品	**102.8**	**102.9**	**102.4**
医疗器具及用品	104.6	104.9	103.4
医疗器具及用品	104.6	104.9	103.4
中药材及中成药	106.2	107.0	101.8
中药材	108.4	110.8	100.3
中成药	105.0	105.2	103.3
西药	100.6	100.0	102.9
抗菌素（抗感染药）	100.2	99.3	102.8
消化系统用药	98.9	99.0	98.4
呼吸系统用药	99.7	100.2	97.3
解热镇痛药	104.0	102.6	109.9
抗肿瘤药	97.0	97.0	97.0
激素类药	105.9	104.9	110.1
心血管系统用药	99.0	98.3	101.9
中枢神经系统用药	94.2	91.0	105.4
消毒防腐及创伤外科用药	100.6	99.2	106.7
泌尿系统用药	101.6	99.9	108.6
维生素类	98.6	100.4	90.7
其　他	103.8	105.1	98.3
保健器具及用品	100.9	100.8	101.2
保健器具	100.5	100.0	102.7

14-3续表6

(上年=100)

项目	全市	城市	农村
滋补保健用品	101.5	101.0	100.9
书报杂志及电子出版物	**100.4**	**100.5**	**99.9**
教材及参考书	101.1	101.4	100.2
工具书	100.0	100.0	100.0
教材	100.0	100.0	100.0
参考书	103.7	104.7	100.8
教育软件	100.1	100.0	100.4
书报杂志	99.9	99.9	100.0
书籍	99.8	99.7	100.0
报纸	100.0	100.0	100.0
杂志	100.0	100.0	100.0
电子音像制品	99.7	100.0	98.9
音像光盘和视盘	99.6	100.0	98.6
计算机软件	100.0	100.0	100.0
燃料	**101.9**	**101.5**	**103.0**
煤炭及制品	102.0	102.5	100.1
原煤	101.1	102.1	98.2
煤制品	102.3	102.6	101.2
石油及制品	101.9	101.3	103.5
液化石油气	101.5	99.9	105.3
管道燃气	100.0	100.0	100.0
汽油	103.0	102.7	103.7
柴油	104.8	105.0	104.3
其他	98.7	96.6	104.4
建筑材料及五金电料	**99.9**	**99.8**	**100.2**
建筑装璜材料	100.2	100.3	100.1
木材	105.8	107.8	100.4
木地板	102.5	101.8	103.8
钢材	89.8	92.9	83.0
砖	101.3	101.0	102.2
水泥	100.6	100.6	100.7
涂料	103.0	104.1	100.9
板材	100.5	99.6	102.7
玻璃	92.1	90.0	97.6
粘胶	100.2	100.0	100.5
管材	99.7	98.6	102.6
厨卫设备	93.0	89.5	102.3
其他	100.0	99.9	100.3
五金电料	98.8	98.3	100.3
五金工具	101.9	101.9	102.1
电工电料	103.5	104.9	100.1
水暖器材	94.2	92.2	99.9
其他	100.1	100.0	100.3
农业生产资料价格指数	**107.5**	**-**	**107.5**
农用手工工具	100.6	-	100.6
饲料	111.6	-	111.6
产品畜	121.7	-	121.7
半机械化农具	89.0	-	89.0
机械化农具	94.2	-	94.2
化学肥料	107.8	-	107.8
农药及农药械	103.0	-	103.0
化学农药	103.4	-	103.4
农药器械	100.9	-	100.9
农用机油	111.6	-	111.6
其他农业生产资料	107.2	-	107.2
农用种子	110.1	-	110.1
其它	101.7	-	101.7

14-4 居民消费价格类指数

(2012年)　　(上年=100)

项　目	全　市	城　市	农　村
居民消费价格总指数	**102.7**	**102.8**	**102.0**
生活费用价格总指数	103.2	103.3	102.4
低收入居民生活费用指数	102.7	102.7	102.7
非食品价格指数	102.0	102.1	101.3
服务项目价格指数	101.8	102.0	100.6
工业品价格指数	102.1	102.2	101.8
扣除食品烟酒和能源价格指数	101.9	102.0	101.2
扣除鲜菜鲜果总指数	102.4	102.5	101.8
消费品价格指数	**103.1**	**103.2**	**102.6**
食品	**104.3**	**104.4**	**103.5**
粮食	102.3	102.1	103.5
大　米	102.3	101.8	103.8
面　粉	100.5	99.6	103.4
粮食制品	104.0	104.2	102.8
其　他	99.3	98.0	103.8
淀粉及制品	101.8	101.7	102.1
淀粉及制品	101.8	101.7	102.1
干豆类及豆制品	105.6	106.5	100.7
干　豆	93.7	93.7	94.2
豆制品	110.5	111.8	103.6
油脂	106.5	106.8	105.5
食用植物油	107.5	108.2	105.1
植物油制品	105.1	104.6	106.3
其　他	104.5	105.4	102.9
肉禽及其制品	104.4	105.1	100.9
食用畜肉及副产品	103.9	105.0	99.7
猪　肉	92.0	90.2	96.7
牛　肉	127.1	128.9	110.8
羊　肉	119.1	120.5	110.4
畜肉副产品	112.1	112.7	106.7
其　他	100.3	100.0	102.3
禽	103.3	103.1	104.0
鸡	103.7	103.5	104.3
鸭	100.5	100.0	103.2
其　他	99.4	100.0	97.7
加工肉禽	106.7	106.8	106.5
畜肉制品	109.2	109.4	107.3
禽制品	102.4	102.0	105.1
蛋	95.9	95.6	97.0
鲜　蛋	95.8	95.5	96.8
蛋制品	97.8	97.2	99.9
水产品	107.0	106.5	111.4
鱼	109.9	109.5	112.7
淡水鱼	106.3	105.5	112.1
海水鱼	113.0	113.0	113.1
其他水产品	103.3	102.7	109.3
虾蟹类	103.5	102.8	110.9
其　他	102.7	102.2	106.3
菜	113.9	114.2	111.8
鲜　菜	115.5	115.8	113.1
干菜及菜制品	104.2	104.0	105.4

14-4续表1

(上年=100)

项目	全市	城市	农村
薯类	93.6	93.4	95.3
调味品	106.9	108.3	100.9
食用盐	120.7	125.0	103.3
酱油	103.3	103.9	101.2
食醋	104.5	105.2	101.5
味精	105.2	106.4	100.5
其他	102.9	103.8	98.5
糖	102.3	102.1	103.4
食糖	105.0	104.4	108.4
糖果	104.0	105.1	98.5
巧克力制品	100.2	99.5	103.5
糖类小食品	100.9	100.3	104.0
茶及饮料	101.5	101.4	101.7
茶叶	101.7	101.7	101.2
茶叶	101.7	101.7	101.2
饮料	101.3	101.1	102.0
固体饮料	107.8	109.5	102.6
液体饮料	99.5	99.3	101.1
冷冻饮品	110.5	111.5	107.5
干鲜瓜果	95.5	95.3	97.1
鲜瓜果	91.6	90.8	96.3
干(坚)果	108.6	109.5	100.8
糕点饼干面包	106.0	106.3	104.2
糕点	102.5	102.2	104.6
饼干	109.9	110.9	103.3
面包	106.3	106.5	104.6
液体乳及乳制品	102.6	101.6	109.2
巴氏杀菌乳或灭菌乳	100.4	98.8	112.4
酸牛乳	105.9	105.8	106.9
乳粉	101.6	100.1	104.7
其他	108.6	110.2	103.8
在外用膳食品	103.4	103.2	104.4
主食	100.3	100.0	102.4
炒菜	105.1	105.3	103.8
地方小吃	103.2	103.6	102.2
其他	101.9	100.0	108.0
其他食品	101.5	100.7	103.7
其他食品	101.5	100.7	103.7
烟酒	**104.3**	**105.0**	**102.2**
烟草	101.6	101.4	101.9
高档卷烟	101.4	101.9	100.3
中档卷烟	100.3	99.4	103.7
其他	105.8	109.9	100.0
酒	107.0	108.3	102.6
白酒	107.9	109.8	102.8
葡萄酒	123.9	126.6	100.9
啤酒	100.7	100.6	101.3
其他	111.6	112.5	106.5
衣着	**103.9**	**104.1**	**103.1**
服装	104.0	104.3	102.2

14-4续表2　　（上年=100）

项　　目	全　市	城　市	农　村
男式服装	102.0	101.9	102.5
大　衣	102.6	103.4	100.4
毛线衣	103.5	104.0	100.7
夹克衫	104.9	105.8	101.0
衬　衫	95.4	93.3	104.9
T恤衫	97.6	96.6	102.5
裤　子	106.4	107.2	102.9
西　服	93.4	91.7	105.0
运动衫裤	102.8	102.1	105.9
内　衣	101.8	101.5	103.0
羽绒衣	106.0	106.8	100.5
其　他	112.8	117.1	104.4
女式服装	105.2	105.9	101.8
大　衣	103.6	104.8	99.3
毛线衣	106.0	106.7	102.5
羽绒衣	101.0	99.6	107.4
套　装	110.1	111.0	103.1
衬　衫	110.4	112.8	98.9
T恤衫	100.1	100.1	100.0
裙　子	107.3	108.7	99.6
裤　子	106.0	106.9	101.9
运动衫裤	110.4	111.3	105.8
内　衣	96.4	95.2	102.0
其　他	106.3	107.0	102.8
儿童服装	105.6	106.4	102.3
上　衣	103.8	104.3	101.4
裤　子	104.1	104.2	103.7
裙　子	115.4	117.8	102.8
其　他	103.5	104.0	102.0
衣着材料	102.5	102.4	102.8
棉　布	103.1	103.0	103.5
化纤布	103.6	103.7	103.1
毛　线	100.8	100.8	100.7
其　他	100.7	100.5	101.8
鞋袜帽	103.6	103.3	105.4
鞋	103.9	103.6	105.9
男　鞋	100.7	99.4	109.0
女　鞋	105.3	105.4	104.7
童　鞋	107.6	108.6	101.1
袜子	100.4	100.0	102.4
男　袜	100.4	100.0	102.0
女　袜	100.5	100.0	102.7
帽子	101.1	101.3	100.5
男　帽	102.3	103.0	99.9
女　帽	100.3	100.1	100.9
衣着加工服务费	114.7	116.0	102.2
缝　纫	113.2	114.4	102.4
清　洗	114.2	115.7	101.3
其　他	119.0	120.4	105.7
家庭设备用品及维修服务	**104.0**	**104.4**	**101.8**

14-4续表3 (上年=100)

项目	全市	城市	农村
耐用消费品	102.4	102.8	100.5
家具	103.3	103.9	101.5
柜	100.6	100.8	99.8
床	105.6	107.4	99.8
桌	94.8	93.3	98.3
椅	101.8	101.7	102.0
沙发	106.3	106.1	107.0
其他	107.7	109.5	101.9
家庭设备	102.1	102.5	100.0
洗衣机	105.1	106.3	99.1
电风扇	99.5	99.5	99.6
电冰箱(柜)	98.6	98.4	99.4
吸排油烟机	99.0	99.0	100.2
空调器	106.7	108.2	101.0
热水器	102.3	102.6	100.1
微波炉	98.8	99.0	98.2
其他	103.3	104.2	100.0
室内装饰品	104.7	104.8	104.0
纺织装饰品	103.8	103.9	103.0
装饰灯具	104.3	104.3	104.3
其他	107.8	108.3	104.6
床上用品	103.4	103.7	101.3
被子	107.0	107.9	102.5
床上套件	101.1	101.3	100.2
其他	103.9	104.0	103.3
家庭日用杂品	106.3	106.7	104.0
茶具	100.4	100.1	102.6
餐具	113.7	115.8	102.3
厨具	101.5	101.1	103.5
家用手工工具	122.5	127.8	102.6
洗涤用品	107.0	107.3	104.7
其他	101.7	101.3	105.2
家庭服务及加工维修服务	108.3	108.9	104.7
家庭服务	116.6	117.2	110.7
加工维修服务	100.5	100.0	102.2
医疗保健和个人用品	**101.6**	**101.5**	**102.2**
医疗保健	101.5	101.5	101.5
医疗器具及用品	104.7	104.9	103.2
医疗器具及用品	104.7	104.9	103.2
中药材及中成药	106.4	106.9	102.1
中药材	109.8	110.8	100.0
中成药	105.0	105.2	102.9
西药	100.1	99.7	102.8
抗菌素（抗感染药）	99.8	99.3	102.8
消化系统用药	98.9	99.0	98.0
呼吸系统用药	99.8	100.2	96.5
解热镇痛药	103.3	102.6	109.8
抗肿瘤药	96.9	97.0	96.2
激素类药	105.4	104.9	109.9
心血管系统用药	99.0	98.3	101.9

14-4续表4

（上年=100）

项　　目	全　市	城　市	农　村
中枢神经系统用药	94.5	91.0	106.1
消毒防腐及创伤外科用药	100.1	99.2	106.2
泌尿系统用药	100.9	99.9	110.3
维生素类	99.0	100.4	89.3
其　他	104.4	105.1	98.5
保健器具及用品	100.8	100.8	101.4
保健器具	100.1	100.0	102.8
滋补保健用品	101.0	101.0	101.2
医疗保健服务	100.0	100.0	100.2
挂号诊疗费	100.0	100.0	100.2
注射费	100.0	100.0	100.3
检查费	100.0	100.0	100.0
手术费	100.0	100.0	100.1
床位费	100.0	100.0	100.0
理疗费	100.6	100.0	101.8
化验费	100.0	100.0	100.0
其　他	100.0	100.0	99.8
个人用品及服务	101.7	101.5	103.1
化妆美容用品	100.5	100.3	101.6
化妆美容器具	94.7	92.8	100.6
美容化妆品	100.4	100.0	102.4
护肤品	100.0	99.7	101.3
护发美容品	104.8	105.2	102.3
清洁类化妆品	102.6	102.2	104.0
洗发用品	102.3	101.7	103.8
洗浴用品	104.5	103.8	107.1
其　他	101.1	100.9	101.9
个人饰品	102.8	102.8	102.4
首　饰	103.4	103.4	104.0
皮　件	102.0	102.1	101.4
手　表	106.0	106.2	104.0
领　带	100.4	100.0	101.3
其　他	100.2	100.0	101.0
个人服务	100.6	100.1	104.1
美　容	100.1	100.0	100.9
理(烫)发	100.8	100.0	108.8
洗　浴	109.2	110.5	102.4
其　他	93.5	92.1	103.2
交通和通信	**99.0**	**98.6**	**100.3**
交通	102.1	102.2	101.6
交通工具	99.9	100.1	99.7
助动自行车	99.7	100.4	99.4
轿　车	99.5	99.2	101.2
自行车	102.1	103.9	100.1
其　他	99.7	100.0	99.6
车用燃料及零配件	103.6	103.4	104.2
汽　油	103.2	102.7	104.0
柴　油	105.0	105.0	104.6
零配件	104.7	104.8	104.6
其　他	95.9	94.9	105.3
车辆使用及维修费	113.4	117.1	105.0

14-4续表5

(上年=100)

项　　目	全　　市	城　　市	农　　村
保 险 费	100.1	100.0	100.2
停 车 费	100.0	100.0	100.0
车辆修理服务费	115.3	120.2	105.1
其　　他	128.9	133.3	115.4
市区公共交通费	100.0	100.0	100.0
公共汽车票	100.0	100.0	100.0
出租汽车	100.0	100.0	100.0
其　　他	100.0	100.0	100.0
城市间交通费	102.1	101.9	103.8
飞 机 票	103.6	103.7	100.1
火 车 票	98.7	98.6	100.0
长途汽车	105.1	104.5	107.5
短途汽车	108.9	110.3	103.6
其　　他	100.0	100.0	100.0
通信	96.6	95.8	99.3
通信工具	78.3	75.2	95.7
固定电话机	102.3	103.2	100.8
移动电话机	77.4	74.3	95.3
其　　他	102.0	102.4	99.9
通信服务	99.9	100.0	99.7
移动通信费	100.0	100.0	100.0
市内电话费	100.0	100.0	100.0
长途电话费	99.8	100.0	98.4
月 租 费	100.0	100.0	100.0
上 网 费	99.8	100.0	98.3
邮政邮寄	100.0	100.0	100.0
其他邮寄	100.0	100.0	100.0
其　　他	100.0	100.0	99.9
娱乐教育文化用品及服务	**99.8**	**99.7**	**100.5**
文娱用耐用消费品及服务	96.6	95.9	98.8
电 视 机	89.4	85.1	97.0
激光视盘机	89.9	87.3	98.7
摄 像 机	98.9	98.9	99.0
照 相 机	94.3	93.1	99.3
家用音响	96.4	96.1	100.7
便携式音响	105.3	106.5	97.8
电　　脑	99.0	98.6	100.4
修理服务	116.6	120.0	100.5
其　　他	96.0	94.1	99.8
教育	101.5	101.6	100.5
教材及参考书	101.3	101.4	100.3
工 具 书	100.0	100.0	100.2
教　　材	100.0	100.0	100.0
参 考 书	104.3	104.7	100.8
教育软件	100.1	100.0	100.6
教育服务	101.5	101.6	100.6
学前教育	105.4	105.7	101.7
中等教育	100.0	100.0	100.0
高等教育	100.0	100.0	100.0
专业技能培训	100.9	100.0	105.1
其　　他	106.1	106.8	100.9

14-4续表6

(上年=100)

项　　目	全　　市	城　　市	农　　村
文化娱乐类	100.2	100.1	100.6
文化娱乐用品	99.8	99.6	100.8
乐　　器	101.0	101.2	100.1
音像光盘和视盘	99.8	100.0	98.8
电子存储器	92.3	91.4	97.7
儿童玩具	101.3	101.5	100.0
纸张本册	100.2	99.8	101.0
文　　具	100.8	101.1	100.2
体育用品	100.3	100.2	102.3
其　　他	102.3	100.6	105.7
书报杂志	99.9	99.8	100.0
书　　籍	99.7	99.7	100.0
报　　纸	100.0	100.0	100.0
杂　　志	100.0	100.0	100.0
文娱费	100.7	100.7	100.4
电 影 票	104.4	105.2	101.1
景点门票	100.0	100.0	100.0
有线电视	100.0	100.0	100.0
健身活动	100.4	100.1	102.7
其　　他	100.0	100.0	100.0
旅游	92.9	91.6	103.4
旅行社收费	92.6	91.3	103.5
宾馆住宿	100.3	100.3	100.0
其他住宿	100.0	100.0	100.0
居住	**102.7**	**103.2**	**100.7**
建房及装修材料	100.6	100.2	101.5
木　　材	106.4	107.8	100.5
木 地 板	101.9	101.8	103.6
砖	101.6	101.0	102.4
水　　泥	100.5	100.6	100.5
涂　　料	103.1	104.1	100.5
板　　材	100.2	99.6	102.6
玻　　璃	91.0	90.0	98.3
粘　　胶	100.3	100.0	100.9
厨卫设备	90.6	89.5	102.2
其　　他	100.3	99.9	100.9
住房租金	105.3	105.4	100.0
公房房租	100.0	100.0	100.0
私房房租	107.0	107.1	100.0
其他费用	100.0	100.0	100.0
自有住房	103.2	103.8	100.3
住房估算租金	104.2	105.2	100.0
物业管理费用	100.0	100.0	99.5
维护修理费用	101.4	100.0	102.8
其　　他	100.0	100.0	101.4
水、电、燃料	101.4	101.5	101.2
水	100.0	100.0	100.0
电	102.2	102.8	100.4
液化石油气	102.3	99.9	105.6
管道燃气	100.0	100.0	100.0
其他燃料	101.2	102.6	101.1

14-5 居民消费定基价格类指数

(2012年) (以2010年价格为100)

项 目	全 市	城 市	农 村
居民消费价格总指数	**110.4**	**110.5**	**109.8**
生活费用价格总指数	113.2	113.1	113.8
低收入居民生活费用指数	112.4	112.2	113.0
非食品价格指数	106.3	106.7	104.7
服务项目价格指数	107.6	108.3	103.7
工业品价格指数	105.3	105.3	105.3
扣除食品烟酒和能源价格指数	106.0	106.4	103.8
扣除鲜菜鲜果总指数	109.6	109.8	109.0
消费品价格指数	**111.6**	**111.5**	**112.1**
食品	**119.6**	**119.2**	**122.0**
粮食	116.2	115.7	118.3
大 米	114.7	112.4	121.4
面 粉	112.7	111.9	115.3
粮食制品	120.9	121.4	117.0
其 他	109.0	106.4	118.4
淀粉及制品	127.8	127.9	127.4
淀粉及制品	127.8	127.9	127.4
干豆类及豆制品	114.1	114.8	110.1
干 豆	92.3	90.6	102.2
豆 制 品	124.0	125.8	113.6
油脂	118.6	117.4	122.6
食用植物油	122.6	122.4	123.2
植物油制品	112.3	108.9	122.9
其 他	121.5	127.2	112.1
肉禽及其制品	138.2	139.4	132.6
食用畜肉及副产品	143.6	145.7	135.1
猪 肉	128.9	126.3	136.2
牛 肉	179.8	186.3	126.5
羊 肉	147.8	149.5	137.5
畜肉副产品	157.2	159.6	136.6
其 他	102.4	100.0	124.8
禽	126.6	126.9	125.3
鸡	130.7	131.5	127.5
鸭	101.0	100.0	106.7
其 他	103.1	100.0	113.4
加工肉禽	123.9	123.9	124.3
畜肉制品	130.6	130.8	129.2
禽 制 品	112.6	112.1	116.3
蛋	116.2	113.3	127.0
鲜 蛋	116.3	113.4	126.8
蛋 制 品	115.1	111.1	131.2
水产品	115.8	114.3	128.5
鱼	121.1	119.9	130.8
淡 水 鱼	115.3	113.7	128.6
海 水 鱼	125.8	124.9	132.5
其他水产品	108.8	107.2	124.7
虾 蟹 类	97.7	95.6	122.9
其 他	153.5	157.9	128.5
菜	126.4	125.9	130.0
鲜 菜	128.4	128.0	131.7
干菜及菜制品	112.2	110.8	120.8

14-5续表1

（以2010年价格为100）

项　　目	全　市	城　市	农　村
薯　类	102.3	101.4	109.0
调味品	120.8	124.9	104.6
食用盐	142.4	150.0	112.3
酱　油	106.9	106.9	106.9
食　醋	122.2	126.8	104.2
味　精	113.3	115.8	103.5
其　他	117.3	122.3	97.6
糖	109.4	108.5	113.6
食　糖	132.2	131.3	137.0
糖　果	105.7	106.5	101.9
巧克力制品	101.6	100.0	109.5
糖类小食品	107.2	105.7	114.9
茶及饮料	109.7	110.2	105.9
茶叶	111.9	112.5	105.2
茶　叶	111.9	112.5	105.2
饮料	107.6	107.9	106.2
固体饮料	137.4	147.8	108.2
液体饮料	102.4	102.1	104.8
冷冻饮品	112.4	112.4	112.6
干鲜瓜果	113.6	112.7	119.4
鲜瓜果	109.9	108.2	120.2
干(坚)果	125.1	126.2	116.2
糕点饼干面包	127.0	127.7	122.6
糕　点	131.3	130.9	133.9
饼　干	123.4	124.9	113.9
面　包	125.2	126.5	116.9
液体乳及乳制品	108.4	106.5	121.8
巴氏杀菌乳或灭菌乳	101.8	98.5	130.7
酸牛乳	122.3	123.0	116.1
乳　粉	103.6	100.0	111.7
其　他	111.1	112.4	106.9
在外用膳食品	108.0	106.9	113.0
主　食	101.2	100.0	112.1
炒　菜	109.5	109.1	111.2
地方小吃	122.2	121.6	124.1
其　他	102.5	100.0	110.8
其他食品	104.1	101.4	112.6
其他食品	104.1	101.4	112.6
烟酒	**108.7**	**109.9**	**105.4**
烟草	103.6	103.8	102.8
高档卷烟	104.0	105.4	100.7
中档卷烟	101.2	100.0	105.3
其　他	111.2	120.0	100.0
酒	114.1	115.9	108.4
白　酒	115.9	118.3	109.7
葡萄酒	132.7	135.9	105.9
啤　酒	104.5	104.7	103.6
其　他	123.1	125.3	110.9
衣着	**107.8**	**108.4**	**104.9**

14-5续表2 （以2010年价格为100）

项目	全市	城市	农村
服装	107.4	108.3	103.2
男式服装	106.5	106.8	105.1
大衣	109.4	110.1	107.3
毛线衣	113.3	115.5	103.1
夹克衫	110.7	112.4	103.1
衬衫	86.8	82.2	108.7
T恤衫	94.0	92.5	101.4
裤子	119.6	124.5	101.3
西服	90.8	88.5	107.7
运动衫裤	101.7	99.8	110.9
内衣	103.4	102.8	106.0
羽绒衣	120.4	122.9	103.0
其他	116.3	117.7	113.4
女式服装	109.1	110.6	101.6
大衣	106.3	109.0	96.6
毛线衣	110.7	112.1	104.0
羽绒衣	103.4	103.4	103.4
套装	112.6	113.6	103.7
衬衫	119.5	122.3	105.9
T恤衫	99.3	99.5	98.1
裙子	121.7	126.9	97.5
裤子	106.1	107.3	100.5
运动衫裤	119.4	121.8	107.7
内衣	93.4	90.6	106.3
其他	108.8	109.9	103.6
儿童服装	102.5	102.1	104.4
上衣	102.4	102.9	100.4
裤子	98.0	95.6	109.8
裙子	109.2	109.3	108.8
其他	105.2	106.2	101.7
衣着材料	111.0	110.3	114.4
棉布	117.7	117.3	119.4
化纤布	105.7	104.0	115.1
毛线	113.2	114.9	106.7
其他	101.5	101.0	104.9
鞋袜帽	107.9	107.8	108.8
鞋	108.6	108.4	109.6
男鞋	105.6	104.7	111.4
女鞋	109.8	109.9	109.4
童鞋	112.1	113.3	104.5
袜子	100.8	100.0	104.2
男袜	100.5	100.0	102.7
女袜	101.0	100.0	105.5
帽子	102.0	102.4	100.8
男帽	103.4	104.2	100.8
女帽	101.0	101.1	100.8
衣着加工服务费	131.4	134.5	105.9
缝纫	134.3	137.9	104.9
清洗	121.5	124.0	101.8
其他	172.9	178.4	128.3
家庭设备用品及维修服务	**107.4**	**107.8**	**105.3**
耐用消费品	102.9	103.4	100.3

14-5续表3 (以2010年价格为100)

项目	全市	城市	农村
家具	106.1	106.8	103.9
柜	101.8	102.2	100.7
床	109.3	112.7	98.9
桌	84.6	78.0	104.6
椅	104.3	102.6	109.5
沙发	109.7	110.1	108.4
其他	125.4	130.3	110.8
家庭设备	102.0	102.6	98.7
洗衣机	102.8	103.9	97.1
电风扇	99.5	99.7	97.2
电冰箱(柜)	91.2	89.1	101.8
吸排油烟机	99.9	99.9	99.9
空调器	103.6	104.3	100.7
热水器	108.5	109.9	100.2
微波炉	96.7	98.0	93.0
其他	111.6	116.9	95.8
室内装饰品	112.2	112.3	111.3
纺织装饰品	109.0	109.1	107.8
装饰灯具	112.2	112.1	113.2
其他	118.0	119.2	111.6
床上用品	107.3	106.8	110.4
被子	110.7	110.1	114.2
床上套件	105.5	105.1	108.0
其他	106.1	106.0	108.8
家庭日用杂品	114.1	114.7	109.8
茶具	101.2	100.0	108.7
餐具	121.7	124.3	108.0
厨具	103.6	102.5	108.4
家用手工工具	150.6	162.2	109.3
洗涤用品	112.3	112.5	110.8
其他	118.4	119.1	110.8
家庭服务及加工维修服务	109.4	108.3	116.3
家庭服务	117.7	116.0	138.6
加工维修服务	101.6	100.0	108.1
医疗保健和个人用品	**104.4**	**104.1**	**106.6**
医疗保健	103.1	102.8	104.8
医疗器具及用品	107.4	106.9	113.9
医疗器具及用品	107.4	106.9	113.9
中药材及中成药	118.9	120.4	106.8
中药材	147.5	152.2	110.9
中成药	109.4	109.8	105.5
西药	98.1	97.0	107.4
抗菌素(抗感染药)	96.8	94.8	113.2
消化系统用药	100.8	100.9	100.0
呼吸系统用药	97.4	97.7	95.2
解热镇痛药	106.8	105.2	123.6
抗肿瘤药	95.4	95.3	95.6
激素类药	107.9	107.1	114.2
心血管系统用药	89.9	87.3	105.2
中枢神经系统用药	82.2	76.1	107.1
消毒防腐及创伤外科用药	101.3	100.2	108.8
泌尿系统用药	101.0	99.2	118.0

14-5续表4　　(以2010年价格为100)

项　　目	全　市	城　市	农　村
维生素类	99.2	101.1	86.0
其　他	101.8	102.7	94.4
保健器具及用品	101.9	101.8	103.0
保健器具	99.8	99.8	101.0
滋补保健用品	102.4	102.4	103.3
医疗保健服务	100.2	100.0	101.6
挂号诊疗费	100.1	100.0	100.3
注 射 费	100.7	100.0	110.0
检 查 费	100.3	100.0	102.0
手 术 费	100.2	100.0	101.3
床 位 费	100.4	100.0	103.1
理 疗 费	100.9	100.0	102.7
化 验 费	100.0	100.0	100.0
其　他	100.0	100.0	99.0
个人用品及服务	107.1	106.8	109.1
化妆美容用品	101.5	101.0	104.4
化妆美容器具	93.5	91.1	101.4
美容化妆品	100.9	100.0	105.7
护 肤 品	99.0	98.0	104.3
护发美容品	113.4	114.9	105.7
清洁类化妆品	105.6	105.2	107.1
洗发用品	104.8	105.1	103.9
洗浴用品	109.4	108.3	114.2
其　他	103.0	101.6	106.9
个人饰品	111.7	112.0	110.2
首　饰	120.4	119.9	124.4
皮　件	102.8	102.4	104.0
手　表	111.2	111.9	104.5
领　带	100.2	100.0	100.9
其　他	100.3	100.0	101.6
个人服务	105.0	104.0	113.2
美　容	100.5	100.0	104.9
理(烫)发	102.2	100.0	127.2
洗　浴	118.3	120.0	108.9
其　他	101.5	100.0	110.8
交通和通信	**99.5**	**99.2**	**100.4**
交通	105.0	105.2	104.2
交通工具	100.0	101.0	98.8
助动自行车	101.7	106.5	99.2
轿　车	96.8	97.1	95.5
自 行 车	103.7	107.0	100.1
其　他	99.2	100.0	98.9
车用燃料及零配件	115.6	115.6	115.5
汽　油	115.9	115.9	115.9
柴　油	121.4	121.8	119.3
零 配 件	107.0	105.8	109.8
其　他	94.8	93.2	110.7
车辆使用及维修费	117.8	120.1	112.6
保 险 费	100.1	100.0	100.3
停 车 费	100.2	100.0	100.8
车辆修理服务费	119.7	122.5	113.8
其　他	145.4	150.0	132.4
市区公共交通费	100.1	100.0	101.7

14-5续表5　　　　　　　　　　　　　　　　　　　　　　　　　　　　（以2010年价格为100）

项　　目	全　市	城　市	农　村
公共汽车票	100.0	100.0	100.0
出租汽车	100.3	100.0	103.7
其　他	100.0	100.0	100.0
城市间交通费	104.9	104.8	105.2
飞机票	112.8	113.4	100.6
火车票	98.3	98.2	100.0
长途汽车	108.7	109.4	105.6
短途汽车	117.2	117.6	115.2
其　他	99.8	100.0	99.1
通信	95.4	94.8	97.3
通信工具	73.4	72.0	81.3
固定电话机	112.2	122.4	97.9
移动电话机	72.2	70.8	80.3
其　他	113.7	117.8	96.0
通信服务	99.9	100.0	99.5
移动通信费	100.0	100.0	100.0
市内电话费	100.0	100.0	100.0
长途电话费	99.7	100.0	97.8
月租费	100.0	100.0	100.0
上网费	99.6	100.0	97.2
邮政邮寄	100.0	100.0	100.0
其他邮寄	100.0	100.0	100.0
其　他	99.8	100.0	99.2
娱乐教育文化用品及服务	**100.0**	**99.9**	**100.6**
文娱用耐用消费品及服务	88.3	86.8	93.1
电视机	79.3	73.6	90.3
激光视盘机	87.6	86.2	92.1
摄像机	97.4	97.4	96.5
照相机	85.8	83.2	97.0
家用音响	78.7	77.9	90.6
便携式音响	110.8	113.0	96.3
电　脑	87.6	86.1	93.7
修理服务	149.4	163.3	100.6
其　他	88.9	84.4	99.1
教育	101.4	101.4	101.2
教材及参考书	102.9	103.2	100.8
工具书	100.0	100.0	100.4
教　材	99.9	100.0	99.5
参考书	110.3	111.0	103.3
教育软件	100.1	100.0	100.7
教育服务	101.2	101.2	101.2
学前教育	113.1	113.9	104.5
中等教育	100.0	100.0	100.0
高等教育	100.0	100.0	100.8
专业技能培训	101.6	100.0	109.1
其　他	99.9	99.6	102.0
文化娱乐类	100.7	100.3	102.6
文化娱乐用品	101.3	100.6	104.6
乐　器	101.9	101.9	101.6
音像光盘和视盘	100.2	101.0	96.9

14-5续表6 (以2010年价格为100)

项目	全市	城市	农村
电子存储器	78.4	75.5	97.7
儿童玩具	104.3	105.3	99.1
纸张本册	112.5	113.6	110.4
文具	113.0	117.1	103.7
体育用品	101.3	100.8	107.4
其他	107.9	104.7	114.4
书报杂志	99.7	99.7	100.0
书籍	99.4	99.4	100.0
报纸	100.0	100.0	100.0
杂志	100.0	100.0	100.0
文娱费	100.6	100.5	101.3
电影票	107.0	108.0	102.6
景点门票	100.0	100.0	100.0
有线电视	100.0	100.0	100.0
健身活动	96.2	95.3	105.0
其他	100.5	100.0	101.7
旅游	104.8	104.0	110.9
旅行社收费	104.7	103.8	111.1
宾馆住宿	112.3	113.2	100.4
其他住宿	95.9	95.5	100.6
居住	**113.2**	**114.8**	**107.3**
建房及装修材料	107.6	105.9	112.0
木材	119.6	123.4	104.5
木地板	106.9	106.9	108.5
砖	109.6	105.9	115.3
水泥	130.5	122.0	135.2
涂料	109.2	109.8	107.8
板材	101.2	100.2	106.2
玻璃	88.2	87.0	97.3
粘胶	101.6	100.0	104.5
厨卫设备	92.2	91.1	102.0
其他	102.0	104.6	98.7
住房租金	124.6	125.1	100.6
公房房租	107.6	107.7	100.0
私房房租	131.6	132.2	100.9
其他费用	100.0	100.0	100.0
自有住房	115.5	117.6	105.3
住房估算租金	121.2	125.5	105.3
物业管理费用	100.0	100.0	101.0
维护修理费用	102.5	100.0	105.2
其他	100.1	100.0	105.9
水、电、燃料	106.5	105.4	108.8
水	100.0	100.0	100.0
电	104.5	105.8	100.9
液化石油气	116.4	112.7	121.2
管道燃气	104.7	106.7	101.0
其他燃料	123.8	113.2	124.3

14-6 城市主要商品零售价格

品名	单位	2012年	品名	单位	2012年
东北大米一级 黑龙江 散装	千克	5.54	鲜美来原汁虾仁248克袋装 郑州	千克	109.18
天津小站米10公斤袋装 天津	千克	5.73	鲜明虾 散装	千克	51.32
五得利高筋小麦粉10公斤袋装 大名	千克	3.51	小闸蟹	千克	131.37
邯雪高筋富强粉10公斤袋装 邯郸	千克	3.51	王斋佳动嫩海带100克袋装 福建	千克	80.78
张庄桥挂面0.5公斤（把） 邯郸	千克	4.00	大白菜一级	千克	1.91
机制面条	千克	3.24	洋白菜一级	千克	2.72
天津康师傅红烧牛肉面103*5	千克	24.01	菠菜一级	千克	4.53
小米一级	千克	6.69	油菜一级	千克	4.06
古松红薯淀粉500克袋装 北京	千克	11.80	芹菜一级	千克	3.46
龙口粉丝380克袋装 北京	千克	15.99	韭菜一级	千克	4.13
黄豆一级	千克	6.57	菜花一级	千克	4.33
绿豆一级	千克	11.61	黄瓜一级	千克	4.14
豆腐一级	千克	4.01	冬瓜一级	千克	2.66
豆腐丝一级	千克	9.00	西红柿一级	千克	4.73
象山腐竹300克袋装 桂林	千克	59.15	茄子一级	千克	4.94
大名芝麻油 瓶装	升	45.26	白萝卜一级	千克	2.20
鲁花花生油5升桶装 山东	升	27.11	胡萝卜一级	千克	2.65
金龙鱼大豆油5升桶装 天津	升	11.97	青椒一级	千克	5.92
金龙鱼纯香营养菜籽油5升桶装 天津	升	13.98	豆角一级	千克	8.08
龙大花生浓香调和油5升桶装 山东	升	13.96	黄豆芽一级	千克	3.09
福临门天然谷物调和油5升桶装 江苏	升	13.91	洋葱头一级	千克	2.45
猪后座一级	千克	25.35	大葱一级	千克	4.20
五花肉一级	千克	24.88	生姜一级	千克	4.85
牛键肉一级	千克	47.07	大蒜一级	千克	6.71
牛肋肉一级	千克	45.77	藕一级	千克	7.21
鲜羊肉一级	千克	57.06	鲜笋一级	千克	4.79
小肥羊羊肉片480克袋装 内蒙	千克	79.93	蒜台一级	千克	7.85
猪肝一级	千克	21.75	油麦一级	千克	3.84
猪手一级	千克	33.31	丝瓜一级	千克	4.84
公鸡（活）	千克	27.07	古松黑木耳250g袋装 北京	千克	109.68
兴发绿鸟鸡800克袋装（白条鸡） 内蒙	千克	33.50	古松香茹200g袋装 北京	千克	155.93
双鸽火腿 一级 石家庄	千克	32.52	古松朝天椒50克袋装（干辣椒） 北京	千克	68.74
雨润金陵牛肉200克袋装 南京	千克	87.93	古松黄花菜150克袋装 北京	千克	69.43
柏惠燕都350克五香猪嘴袋装 辽宁	千克	108.82	土豆一级	千克	2.68
永盛斋500克五香脱骨扒鸡袋装 山东	千克	52.07	红薯一级	千克	3.23
散装冷冻鸭	千克	10.44	石家庄海晶无碘精制盐400克袋装	千克	3.13
山东得利斯酱凤爪250克	千克	52.24	海天老抽王500ml 瓶装 广东	升	13.51
鲜鸡蛋 完整	千克	8.08	珍极酱油380ml袋装 石家庄	升	4.56
柴鸡蛋 完整	千克	20.57	珍极米醋400ml袋装 石家庄	升	4.29
松花蛋	千克	16.43	古灯陈醋350ml 袋装 山西	升	5.05
咸鸭蛋（熟）	千克	15.78	莲花味精100克袋装 河南	千克	26.00
鲤鱼0.5千克以上	千克	14.89	葱伴侣甜面酱180克 袋装 山东	千克	10.19
草鱼0.5千克以上	千克	15.71	邢台龙哈哈红糖400g 袋装	千克	20.67
鲫鱼0.25千克以上	千克	19.60	邢台龙哈哈白糖400克 袋装	千克	20.67
山东舟山带鱼1000克袋装	千克	22.70	金丝猴红豆奶糖108克 袋装 上海	千克	72.58
鲜美来黄花鱼450克袋装 郑州	千克	62.69	马大姐果汁糖168克 袋装 北京	千克	40.87
巨业舟山平鱼1000克	千克	80.74	巧克力 金帝（160克 盒装 广东）	千克	162.83

14-6续表1

品 名	单位	2012年	品 名	单位	2012年
马大姐话梅糖120克 袋装 北京	千克	36.95	香辣虾	份	59.94
福建雅客VQ苹果汁软糖70克	千克	34.47	京酱肉丝	份	25.17
天旭龙井茶100克 袋装 安徽	千克	200.00	煎饼果子	套	3.00
天旭茶100克茉莉花茶 袋装 安徽	千克	100.00	鸡蛋罐饼	张	3.00
上海雀巢香橙粉500克	千克	35.25	豆腐脑	碗	1.50
上海卡芙甜橙果汁450克	千克	34.10	小米粥	份	1.00
康师傅绿茶550ml 瓶装 天津	升	4.35	百花枣花蜜700克 瓶装 北京	千克	56.62
天津醒目330克 罐装	升	5.89	广东旺旺雪饼 散装	千克	36.64
北京汇源100%果汁1升（苹果） 盒装	升	14.61	上海上好佳番茄薯条40克袋装	袋	3.57
天津雀巢巧克力冰激凌255克 盒装	盒	11.66	中华 硬盒 "上海	盒	45.00
和路雪香草冰激凌246g 盒装 北京	盒	9.63	苏烟 软包装 江苏	盒	46.74
苹果一级	千克	8.95	玉溪 软包装 云南	盒	23.69
梨一级	千克	4.11	红塔山 软包装 云南	盒	10.00
香蕉一级	千克	4.62	钻石 硬盒 河北	盒	6.00
西瓜一级	千克	3.80	贞元增52度500ml 瓶装 邯郸	瓶	98.00
桔子一级	千克	6.32	古井贡50度500ml 瓶装 安徽	瓶	66.78
菠萝一级	千克	5.46	剑南春52度500ml 瓶装 四川	瓶	546.81
草莓	千克	6.89	长城干白750ML 瓶装 山东	瓶	33.03
桃子一级	千克	5.30	长城干红750ML（赤霞珠） 平装 山东	瓶	55.47
散装核桃一级	千克	55.29	银麦干啤590ml 平装 山东	瓶	2.49
南京含羞草百味开心果138克袋装	千克	167.53	山东青岛啤酒330ML罐装	听	4.19
正林黑瓜子400克 袋装（熟货）兰州	千克	48.75	陈年会稽山绍兴花雕500ml 瓶装 浙江	瓶	8.46
自制虎皮蛋糕 （散装）	千克	30.73	雪中飞毛涤中长款大衣（休闲）716	件	1416.25
自制桃酥 （散装）	千克	23.17	花花公子毛呢半大衣 上海 12525	件	3365.38
广东徐福记萨琪玛526克（鸡蛋味）盒装	千克	30.00	鄂尔多斯绒衫 （全绒 圆领套头）8152351	件	2980.00
广东英达利蛋黄饼900克	千克	18.63	奥群男羊毛衫 （ 圆领套头）北京 103744	件	524.72
好吃点腰果饼干800克 盒装 福建	千克	30.10	威鹏男涤棉夹克 佛山 205426	件	534.83
山东正航桃酥原味800克 盒装	千克	24.75	男欧卡多单夹克 （ 化纤）北京 118613	件	492.11
北京大富豪400克	千克	25.98	男老人头（涤棉）衬衫 福建 GB2389	件	285.83
石家庄桃李方切面包330克	千克	20.68	虎豹男衬衫 （涤棉）H56-1	件	260.56
蒙牛纯奶240ML 袋装 内蒙	升	8.45	李宁 短袖 男T恤 PL147-1	件	157.67
伊利纯牛奶250ml 袋装 内蒙	升	8.25	耐克 针织全棉 男短袖 T恤413289-827	件	249.00
伊利酸奶1.1L 盒装 济南	升	14.46	波顿厚棉牛仔 男裤 ME062	条	667.44
君乐宝原位酸奶160克 盒装 石家庄	升	11.13	来及奇男西裤（化纤）80199	条	300.29
飞鹤婴儿奶粉400克 袋装 黑龙江	千克	82.00	雅戈尔男西服（毛涤） 21271-11DGE	套	2995.22
伊利全脂奶粉400克 袋装 内蒙	千克	57.00	大水男西服（涤）河北6400-1	套	1173.08
天津伊利儿童三角奶酪（巧克力味）140克盒装	千克	132.99	361度 男开衫 5134802A	件	339.00
水饺	份	32.67	男阿迪达斯棉运动套头衫 P71738	件	359.00
米饭	碗	2.00	AB （全棉跨栏）男背心6041	件	58.28
腰果虾仁	份	43.44	男小护士氨棉秋衣裤套装 MAT8101 北京	件	181.33
水煮鱼	份	56.33	波司登（休闲仿皮）男羽绒服SR2227	件	1358.86
高烧山药	份	26.67	雪中飞（短）锦纶男羽绒服9071	件	663.53
宫保鸡丁	份	22.22	达尔丽睡衣 （全棉分体开衫）广东905120	件	224.40
松仁玉米	份	23.56	思格雅飞 女羊皮 薄棉半大衣 北京 9169	件	2381.67
梅菜扣肉	份	33.56	银梦娇女大衣 （毛绒混纺）北京11-36	件	1802.46
清炒西兰花	份	23.56	鄂尔多斯女羊绒衫 （鸡心领）8152116	件	2560.00
西红柿炖牛腩	份	37.06	奥群女羊毛混纺套头衫 107140 浙江	件	431.44

14-6续表2

品　　名	单位	2012年	品　　名	单位	2012年
波司登女半大羽绒服　BR2332	件	1012.19	阿迪达斯女运动帽 P71318	套	120.33
雪中飞女短款锦纶面羽绒服　9030	件	506.94	改裤边	件	4.83
圣可尼化纤 女夏裙套 （分体）12152+12809	套	796.00	加工毛料裤子	件	50.00
杉杉女职装 （混纺毛西装领 ）113087+113089	套	2170.47	西服上衣干洗	件	16.39
福太太女真丝衫 （加厚）1109	件	424.67	羊绒女式半大衣干洗	件	27.39
女波顿 全棉衬衫 广东LS126	件	459.29	裤子熨烫	件	3.61
李宁女针织短袖 T恤（氨棉）413389-408	件	129.67	卧室柜 东方百盛1.6米 698#	组	2690.00
耐克女全棉圆领 t 恤　409409	件	219.00	城市之窗NR543X	组	2280.00
福太太女真丝裙裤　11303	条	498.00	书柜 曲美131B-0920B4-9	组	1975.00
声雨竹女春秋短筒裙　（锦纶）72A26-K16511	条	656.22	单人床 迪诺雅1.2米 1246#	张	2911.00
孟特希（纯化纤）女裤　8207-1	条	235.00	双人床 曲美2005-B11床（箱体）	张	3682.00
波顿女牛仔裤 （混纺棉）LE093	条	584.25	餐桌 曲美2007DT1	张	1442.00
361度女运动开衫卫衣　6139801A	件	339.00	书桌 东方百盛1.2米	张	1550.00
阿迪达斯 女圆领衫　P86502	件	321.22	餐桌椅 东方百盛909#餐椅	把	480.00
AB纯棉女秋裤 8152	件	103.74	转椅 红苹果A435L转椅	把	790.00
小护士氨棉秋衣裤套　MAT8302	件	184.67	皮沙发 曲美S10皮沙发	套	9587.33
达尔丽全棉女睡衣 （分体开衫）805133	套	251.11	布艺沙发 红苹果AP66H 布艺沙发	套	5850.00
望子成龙化纤男童开衫　　40885093	件	283.78	床垫 穗宝 超薄1.8*2 8公分弹簧床垫	个	1200.00
望子成龙女童尼龙开衫 40885023	件	271.25	滚筒　海尔1081#	台	4399.00
男童牛仔裤（巴拉巴拉）　22084111422	条	219.25	波轮　三洋XQb60-B830S变频	台	2498.00
巴拉巴拉 女童牛仔裤　22084110418	条	182.75	双缸 小天鹅80-XS805	台	888.00
甲虫屋 童厚裙（毛涤混纺）1042608691	条	189.00	台扇　美的台扇FT40-10A	台	169.00
派克兰帝短袖连体裙 BHCE031202	条	218.33	落地扇　艾美特落地扇FS403R	台	468.00
哥比兔全棉秋衣套 1041	套	76.14	200L以上 新飞249EMB	台	4079.00
纯棉花斜纹 2.5米	米	35.00	200L以下 西门子20E66R	台	3162.22
花斜纹棉　2.30米	米	25.00	冰柜 海尔103H(柜)	台	1260.00
毛涤裤料 1.5米	米	80.00	中式 万和烟机180-H05C	台	1180.00
化纤裤料 1.5米	米	49.33	欧式 西门子LC32955	台	3999.00
三利纯毛线（216号）　河北	千克	126.67	普通定速 格力26GW/26570 aa/3	台	2746.67
鄂尔多斯羊绒线（一级纯绒 开司米）	千克	3000.00	变频　三星KFR-35GW/BPPA	台	4699.00
花丝绸缎　宽幅	米	72.25	柜机　松下HA18DFF2(52LW/BP)	台	8999.00
碎花绸缎　窄幅	米	35.00	燃气热水器 万和JSQ21-10C/V9-10L	台	3310.00
天美意男旅游休闲鞋 （软牛皮）9A91DT8	双	870.53	电热水器 史密斯EWH-80D6	台	4609.67
耐克旅游鞋454074-001	双	712.33	普通 三洋EM-F2117EB1机械带烧烤	台	898.00
金猴男单牛皮鞋 M29330	双	523.89	豪华 格兰仕G80W23YSL-F9电脑带烧烤	台	1398.00
天美意休闲女鞋 牛皮 CTR25DT1	双	680.67	电饭煲 苏泊尔40FC11G	个	659.00
耐克女旅游鞋454240	双	575.71	电磁炉 美的RT2103	个	399.00
金猴女单高跟牛皮鞋 M17048	双	534.58	燃气灶具 西门子ER74232	个	2399.00
米菲休闲（布)童鞋　85761 广东	双	135.00	窗帘 青秀大亚麻	元/米	121.67
斯乃纳皮童鞋 单 21009	双	222.06	地毯 惠多地毯	块	80.00
史努比旅游童鞋　17880	双	143.42	台灯 天利SL-203B调光 广东	盏	62.67
皮尔 卡丹男袜（氨棉）　4641	双	28.00	上海良亮护眼灯	盏	182.67
丰华男丝光棉袜　3H0919	双	18.00	花瓶 欧式9# 河北	个	33.91
皮尔 卡丹女氨棉袜	双	28.00	七孔被　富安娜七孔被2*2.3米	条	498.00
华钟女丝袜　CS-N59132	双	18.00	羊毛被 恒源祥1.5*2.1米	条	398.00
361度 针织男休闲帽　1137020	顶	79.00	四件套 恒源祥花边四件套1.8*2米	套	598.00
男阿迪达斯运动帽　P71318	顶	120.33	富安娜四件套盖被系列2.3*2.3	套	2980.00
361度针织女休闲帽　1137020	顶	79.00	枕心 富安娜枕芯（决明子）	个	174.67

14-6续表3

品　　名	单位	2012年	品　　名	单位	2012年
陶瓷茶具 美雅骨瓷功夫茶具 河北	套	483.60	弥可保甲钴胺片　10片	盒	32.80
土耳其52706进口水晶杯(彩色.高) 石家庄	个	19.83	双氧水　简装　100ml 河北	瓶	0.93
佳美8寸深盘（兰）　河北	个	12.30	云南白药膏　　5片	盒	24.01
一见钟情5#面碗	个	10.90	盐酸左氧佛沙星胶囊　10粒　　（石药）	盒	8.79
30cm苏泊尔新陶晶无烟锅 浙江	个	549.00	盐酸环丙沙星片　12片　（广州白云山）	盒	2.70
爱仕达炫利七件套刀903607　浙江	套	342.89	维生素B1　100片　天津力生	盒	1.58
得力6#斜口钳　浙江	把	19.10	维生素 C　　天津力生	盒	2.73
赛拓改锥（2支装）	套	9.95	史克肠虫清　　10片　　天津	盒	10.22
奥妙净蓝全效水清莲香洗衣粉（560g）　上	袋	7.00	按摩棒　（上海）	个	151.61
立白椰油精华洗衣皂（232g）　广州	块	4.50	康祝拔罐器　　12罐　　北京	盒	44.33
白猫洗洁精（500g白瓶）　上海	瓶	4.50	颈椎治疗仪 JZCD　成都	盒	614.50
洁任保拖把（K-01）北京	把	168.33	珠海脑白金 0.25g*20+250ml*2粒（珠海）	盒	143.79
钟点工	小时	20.00	人参蜂王浆10x10ml　（北京）	盒	7.17
月嫂中档	月	3500.00	黄金搭档 100片 （珠海）	瓶	115.33
修鞋跟	次	20.00	普通挂号	次	1.00
配钥匙十字	把	3.00	急诊	次	10.00
台式血压计　　（江苏）	台	78.67	肌肉皮下注射	次	1.00
体 温计(腋下)　江苏	支	3.31	输液注射	次	5.00
创可贴 （云南白药）	贴	0.20	X 光 胸透视	次	5.67
陈皮一级　河北	千克	15.83	腹部B 超　（彩色）	次	116.67
当归一级　甘肃	千克	119.17	阑尾切除手术　（手术费）	次	494.28
甘草一级　河南	千克	57.50	剖腹产手术　　（手术费）	次	736.00
黄芪一级　　内蒙	千克	123.06	1人间	张/天	76.67
菊花一级　　（普通 河北）	千克	75.00	3人间	张/天	23.33
菊花一级　河北安国	千克	264.17	红外线治疗　（身体一个部位）	次	9.50
六味地黄丸（蜜）丸9g*10丸 （北京同仁堂）	盒	10.06	超生波治疗　（一个时间段）	次	5.00
板兰根冲剂 10克x20包 （广州白云山）	袋	9.27	化验血常规	次	26.00
三黄片 100片（邯郸）	盒	5.06	化验尿常规	次	10.67
三九感冒冲剂（10*9袋）　（深圳）	盒	9.00	住院普通护理	次	2.00
三九胃泰　2.5g*10袋（深圳）	盒	7.92	飞科电吹风　1200W　FH6208（上海）	个	97.00
阿莫西林胶囊 50粒 （广州白云山）	盒	9.21	吉利风速3动力剃须刀架　（广州）	个	99.00
青霉素针剂 （80万）　华北制药	支	0.47	A剪不锈钢美容剪　广州	个	15.10
泻利停　10片（哈药六厂）	盒	2.23	美宝莲口红　（苏州）	支	69.00
吗叮啉　30片（西安杨森）	盒	12.92	兰瑟眉笔 1.6g（上海）	支	35.33
咳必清 100片（天津力生）	盒	3.33	妮维雅丝柔美白爽肤水125ml(上海)	瓶	29.60
氨茶碱　0.1g*100片（天津力生）	盒	2.77	百雀羚水嫩能量精华精华面膜 25g*8片	盒	85.04
咳必清　100片　（石家庄）	瓶	1.47	温雅染发剂（60*2组合装）广州	盒	34.60
阿司匹林肠溶片 100片　（石药）	盒	1.48	蜂花护发素 450ml　（上海）	瓶	7.67
布洛芬 100片（哈尔滨）	盒	4.29	飘柔人参滋养洗发露 400ml 广州	瓶	29.00
平消片　0.23g*80片（西安正大）	盒	26.81	海飞丝丝质柔滑2合1洗发水 200ml 广州	瓶	22.62
复方斑蝥胶囊　36粒　（陕西）	盒	52.00	力士水润丝滑洗发乳 200ml 上海	瓶	19.90
复方斑蝥胶囊　60粒　　（贵州）	盒	164.00	玉兰油紧肤洗浴液 400ml　广州	瓶	25.00
甲状腺片　100片（山东）	盒	2.20	多芬焕彩水润沐浴乳400g	瓶	25.70
胰岛素10u速效　（江苏 万邦）	支	10.92	舒服佳纯白清香香皂 125g 广州	块	5.14
甲状腺片 100片　（山东）	盒	6.12	心相印 卷纸　（单卷）	卷	3.30
速效救心丸　中新药业60粒	瓶	19.40	苏菲弹力贴身日用 10片　上海	包	9.20
辛伐他汀片　10片　北京	盒	5.71	黄金千足金　（百泰）	克	401.97

14-6续表4

品　　名	单位	2012年	品　　名	单位	2012年
花花公子腰带 （牛皮）广东	条	95.33	邯郸--大名 坐票	人百公里	18.75
红豆52305-3男士皮包 （广州）	个	330.33	普通电话 步步高CD122	部	219.17
女士皮手套（羊皮） 雪驰	双	85.67	子母机 飞利浦792	部	990.00
罗西尼男机械表 6353 （珠海）	块	3246.67	高档 三星I9088	部	3465.08
依波女士电子表 269634	块	2380.00	中档 诺基亚5230	部	1153.75
花花公子（真丝）领带 广东	条	168.83	抵挡 OPPOA125	部	895.25
圣得西（化纤）领带	条	118.00	传真机 松下KX-7C6	台	1790.00
卡莱迪太阳镜 丹阳	副	198.00	联通１３０ 市话	分钟	0.13
面部护理（不带产品）	次	10.00	移动１３７ 市话	分钟	0.15
纹眉	次	5.00	家庭固定电话 市话	分钟	0.20
男宾理发（短发修剪）	次	10.00	家庭固定电话 邯郸-石家庄 日间	分钟	0.70
女士长发 （普通保养）	次	36.67	家庭固定电话月租费 网通	月	9.90
大众洗澡	次	5.92	中国移动彩铃费	月	5.00
搓背	次	5.17	家庭4兆宽带上网费（每月80小时）	小时/月	30.00
头部保健按摩	次	29.17	网吧普通上网费	小时	2.00
僧帽电动车NEW161型	辆	3080.00	信件邮寄 外埠	件	1.20
北斗星铃木汽车1.4L 10款	辆	46100.00	包裹邮寄 邯郸--石家庄	百公里千克	0.60
途观	辆	204300.00	EMS特快专递	百公里千克	0.25
PASST新领驭2.0L（手动尊享型）	辆	169800.00	中国移动短信发送费	条	0.10
普通自行车 GAT爱你200型	辆	1051.33	液晶 海信47T36	台	7323.33
山地地自行车 GAT爱喜350型	辆	2628.00	等离子 松下42C33C	台	4665.67
摩托车 铃木125跨骑 广东	辆	6400.00	DVD 飞利浦3386	台	699.00
乙醇90#汽油	升	6.98	dvd 先锋2100#	台	998.00
乙醇93#汽油	升	7.54	摄像机合资 松下SD800（3D）	台	8326.67
乙醇97#汽油	升	7.97	摄像机 山水FC8C	台	2516.67
0#柴油	升	7.39	照相机 佳能G12	台	3980.00
－１０＃柴油	升	8.10	照相机 富士HS22	台	3246.67
前大灯 尼桑	个	648.03	家用音响台式 雅马哈730	台	5580.00
前刹车片 奇达	件（个）	364.61	家用音响影院 飞利浦HTS3541(家庭影院)	台	5000.00
佳士得合成机油 国标4升	桶	131.00	收音机 凯隆95L	台	388.00
PSSAT新领域5万元三责险	年	1550.00	mp4 oppoS33(4G)	台	793.75
出租车交强险 上海捷达	年	1850.00	笔记本 联想 Z470	台	4693.06
轿车	次	2.00	台式机 戴尔灵越560S	台	4833.33
自行车存车	次	0.20	彩电修理 修电视检查费	次	80.00
自行车补胎	次	3.00	电脑维修 硬件维修上门费	次	80.00
更换前刹车片 奇达	次	60.00	步步高学习机h2	台	1498.00
洗车 轿车	次	15.00	新华字典（商务印书馆）11版	本	24.90
市内成人月票	月	50.00	牛津高阶英汉词典（牛津大学出版社）	本	118.00
郊区公交 火车站--黄粱梦	张	2.00	成语大辞典（学生）内蒙古出版社	本	29.50
出租车上海捷达起步价	次	6.00	高中 新课程语文必修5（人教版不含光盘）	本	8.70
出租车吉利金钢公里价	公里	1.20	数学八年级上（彩色版人民教育出版社）	本	10.85
邯郸-上海 经济舱	百公里	106.93	小学 数学一年级参考	本	31.87
邯郸-重庆 经济舱	百公里	83.47	初中 课程标准初中思想品德八年级上教师用书人民教育	本	26.57
邯郸-石家庄（普快座票）	人百公里	14.35	高中 新课程英语1（必修）（含光盘）	本	13.20
邯郸--北京 普快卧票（下）	人百公里	26.17	走遍美国	套	170.00
邯郸--石家庄 动车	人百公里	25.35	洪恩三只小猪	套	168.00
邯郸--北京长途座票	人百公里	23.60	日托	月	776.78
邯郸__成都长途卧票	人百公里	28.98	高中教育	学期	450.00

14-6续表5

品　　名	单位	2012年	品　　名	单位	2012年
职高（中专）	学期	2300.00	三星以上标间	天	301.33
大学教育	学年	3500.00	三星以下标间	天	184.67
研究生教育	学年	6300.00	标准间	天	145.00
汽车陪练	小时	40.00	单人间	天	142.33
烹饪培训（3月）	学期	2200.00	国产樟松 东北	立方米	987.00
初三英语补习	小时	78.33	国产白松	立方米	1977.05
钢琴 珠江T2	架	15000.00	格尔森 非洲红檀8627-4复合地板 东北	平方米	109.00
电子琴 雅马哈280	架	2200.00	圣象 落月红韵PK7188	平方米	168.00
小提琴 凤灵普级	架	450.00	美陶 墙砖1173 300*600	块	12.52
吉他 红棉38型	件	200.00	美陶 地砖83305 80*80	块	58.17
CD光盘 5盘装 儿歌	盒	20.00	太行山425# 50公斤 邯郸	袋	19.00
DVD光盘 奥特曼故事	盒	10.00	太行牌425# 50公斤 邯郸	袋	17.39
硬盘 爱国者320G	个	715.67	多乐士强效拉划木器漆 5公斤	桶	358.33
闪存类 金士顿4G	个	80.00	立邦1867超透明清漆底漆 5公斤	桶	358.33
童车 好孩子1464QX-C07-E306	辆	551.50	细木板1.22*2.44 腾达 石家庄	张	92.33
芭比娃娃 乐吉梦	个	86.39	澳木板 5mm1.22*2.44 保定	张	45.00
仙邦特技摇控车	个	125.67	九厘板1.22*2.44 景立 河南	张	55.00
莱特HB202学生作业本	本	1.80	普通玻璃5mm 山东南玻	平方米	30.39
得力7921-25K皮面笔记本	本	26.23	磨砂玻璃5mm 山东南玻	平方米	36.00
格格/条条稿纸 16开 陕西	本	2.47	三维白乳胶 5公斤 山西	桶	35.00
素描纸4K 温州	张	9.80	南田玻璃胶42ml 广东	管	15.00
中华2B绘图铅笔 上海	支	1.17	箭牌浴室柜 APGM367 广东	件	3914.00
芭 A138250橡皮	块	1.40	抽水马桶 箭牌AB1118 广东	件	3792.50
一得阁150G墨汁 北京	瓶	7.20	室内复合木门860*205	个	910.00
真彩水彩笔18色 上海	件	16.67	春天防盗门 9cm厚 浙江	个	1283.33
棋 剑伦X-2中国象棋（牙白中） 浙江	副	15.87	金德 PP-R2.0热水管 广东	米	8.26
球 狮普高TB35666有缝乒乓球	盒	8.60	紫薇园公租房	平方米	2.80
球拍 弗洛特FBR-0584羽毛球拍（2支装） 上	套	44.27	绿德园 68平米	套	900.00
姚记扑克	副	2.97	广厦小区70平米	套	1500.00
红楼梦（金盾出版社）	本	52.00	连城别苑 85平米	套	1500.00
十万个为什么(4本）中国戏剧出版（简装）	本	69.48	柳颐小区 103平米	套	1500.00
邯郸晚报	份	0.50	50亩地 60平米	套	1200.00
燕赵都市报	份	0.50	农林路114号院 60平米	套	1200.00
邯郸电视报	份	1.00	取暖费	平方米	21.00
青年文摘	本	4.00	政通小区 133平米	套	2000.00
家庭	本	3.80	柳颐小区 103平米	套	1500.00
时尚	本	20.00	广安小区 85平米	套	1700.00
电影票（国产）	张	35.00	天水小区 116平米	套	2300.00
电影票（国外）	张	35.00	农林路118号院 50平米	套	1100.00
从台门票	张	4.00	广厦小区 87平米	套	1900.00
七仙祠门票	张	4.00	暖气维修费用	元/次	50.00
月租费（数字）	次	26.00	清洁费	平方米	4.00
保龄球	次	20.00	生活用水	吨	3.55
游泳	次	20.00	民用电220V	百度	53.48
健身年卡	年	605.33	民用液化石油气	千克	6.92
卡拉OK标间	小时	28.00	管道煤气	立方米	1.20
短途 邯郸-北京2日游	次/人	458.00	蜂窝煤	百千克	79.00
长途 邯郸-云南双飞7日游	次/人	1740.00			

14-7　工业品出厂价格指数

（以上年价格为100）

项　　目	2011年	2012年
全部工业品	**107.83**	**91.03**
#轻工业	108.50	100.59
以农产品为原料	109.44	100.90
以非农产品为原料	103.20	98.97
重工业	107.74	89.83
采　　掘	110.59	97.96
原　　料	109.03	90.82
加　　工	105.78	87.78
#生产资料	107.96	90.13
采　　掘	110.59	97.96
原　　料	109.19	90.72
加　　工	106.32	88.82
生活资料	106.19	102.01
食　　品	106.25	102.14
衣　　着	114.84	100.59
一般日用品	102.86	102.83
耐用消费品	102.35	100.84
按工业行业大、中类分		
煤炭开采和洗选业	108.11	91.66
烟煤和无烟煤开采洗选	108.11	91.66
黑色金属矿采选业	117.27	99.83
铁矿采选	117.27	99.83
农副食品加工业	106.69	102.55
谷物磨制	100.83	99.57
饲料加工	105.61	105.93
植物油加工	116.08	103.01
屠宰及肉类加工	114.10	97.76
食品制造业	104.37	101.62
乳制品制造	126.64	111.92
调味品、发酵制品制造	100.04	100.07
酒、饮料和精制茶制造业	101.80	103.69
酒的制造	102.03	104.16
纺织业	115.75	96.26
棉纺织及印染精加工	116.34	94.25
针织或钩针编织物及其制品制造	142.58	100.00
纺织服装、服饰业	113.85	100.00
机织服装制造	113.85	100.00
木材加工和木、竹、藤、棕、草制品业	100.07	105.14
人造板制造	100.04	105.16
家具制造业	105.55	101.48
木质家具制造	105.55	101.48
造纸和纸制品业	111.52	112.87
造纸	107.26	114.35
纸制品制造	122.20	108.62
石油加工、炼焦和核燃料加工业	103.52	90.15
炼焦	103.52	90.15
化学原料和化学制品制造业	97.45	86.41
基础化学原料制造	96.03	67.89
肥料制造	91.20	96.75
农药制造	97.33	90.42
涂料、油墨、颜料及类似产品制造	101.24	91.75
合成材料制造	102.73	109.45
专用化学产品制造	95.57	100.10

14-7续表

项　　目	2011年	2012年
医药制造业	105.09	104.14
化学药品制剂制造	108.27	106.17
中成药生产	100.00	100.20
橡胶和塑料制品业	100.34	99.41
橡胶制品业	99.15	101.25
塑料制品业	101.08	99.31
非金属矿物制品业	107.50	100.06
水泥、石灰和石膏制造	113.22	99.94
石膏、水泥制品及类似制品制造	111.97	98.24
砖瓦、石材等建筑材料制造	104.58	95.93
玻璃制品制造	100.01	100.00
陶瓷制品制造	105.56	98.42
耐火材料制品制造	101.16	97.05
石墨及其他非金属矿物制品制造	99.04	105.38
黑色金属冶炼和压延加工业	109.68	86.20
炼铁	114.71	93.07
炼钢	111.40	83.12
钢压延加工	106.70	84.27
有色金属冶炼和压延加工业	101.90	93.33
有色金属压延加工	102.03	83.53
金属制品业	106.52	98.37
结构性金属制品制造	107.37	97.52
金属丝绳及其制品制造	107.18	96.87
金属制日用品制造	99.57	104.56
通用设备制造业	101.67	99.05
锅炉及原动设备制造	98.50	99.64
金属加工机械制造	103.09	97.21
泵、阀门、压缩机及类似机械制造	101.06	99.71
轴承、齿轮和传动部件制造	101.71	99.94
通用零部件制造	103.66	98.45
专用设备制造业	97.50	98.80
采矿、冶金、建筑专用设备制造	100.60	99.15
纺织、服装和皮革加工专用设备制造	97.15	99.92
农、林、牧、渔专用机械制造	87.86	96.14
医疗仪器设备及器械制造	100.00	100.08
汽车制造业	100.67	99.57
改装汽车制造	102.72	100.00
电气机械和器材制造业	107.40	103.09
输配电及控制设备制造	106.58	102.94
非电力家用器具制造	138.12	99.58
计算机、通信和其他电子设备制造业	100.00	88.73
电子器件制造	100.00	88.73
仪器仪表制造业	99.80	100.02
通用仪器仪表制造	99.37	100.13
电力、热力生产和供应业	102.32	103.50
电力生产	105.12	105.65
电力供应	101.11	102.58
热力生产和供应	100.00	100.00
燃气生产和供应业	102.03	100.00
水的生产和供应业	103.52	108.73
自来水生产和供应	103.52	108.73

第二部分　统计资料

十五、人民生活

资料整理：马建忠　王常合　刘　藤

15-1　历年城市家庭基本情况

年　份	调查户数(户)	家庭人口数(人)	就业人口数(人)	平均就业面(%)
1980	100	430	236	54.9
1984	100	371	210	56.6
1985	150	558	315	56.6
1986	150	562	319	56.8
1987	150	547	319	58.3
1988	200	700	430	61.4
1989	200	694	434	62.5
1990	200	673	424	63.0
1991	200	674	410	60.8
1992	200	650	409	62.0
1993	200	657	419	63.8
1994	200	653	422	64.6
1995	200	644	412	64.0
1996	200	629	402	63.9
1997	200	652	411	63.0
1998	200	638	394	61.8
1999	200	631	381	60.4
2000	200	609	296	64.9
2001	200	606	304	67.1
2002	200	594	292	65.0
2003	200	596	302	67.4
2004	200	596	306	67.4
2005	200	560	296	69.2
2006	200	560	292	69.5
2007	200	552	276	50.0
2008	200	582	276	65.1
2009	200	586	274	63.4
2010	200	548	238	64.0
2011	200	534	254	67.9
2012	200	506	246	69.9

15-1续表

年　份	平均每一就业者负担人数(人)	平均每人可支配收入(元)	平均每人消费性支出(元)	平均每人居住面积(平方米)
1980	1.82	390	455	5.30
1984	1.77	582	493	6.61
1985	1.77	724	599	6.57
1986	1.76	849	713	6.66
1987	1.71	890	732	7.08
1988	1.63	1130	1099	6.78
1989	1.60	1363	1241	7.18
1990	1.59	1541	1306	7.67
1991	1.64	1656	1379	7.83
1992	1.62	1924	1673	7.85
1993	1.57	2555	2041	8.02
1994	1.55	3067	1575	8.58
1995	1.56	3763	3150	8.67
1996	1.56	4114	3557	8.90
1997	1.59	4764	4169	9.29
1998	1.62	4914	3930	9.74
1999	1.66	5006	3971	9.92
2000	1.54	5356	4297	13.89
2001	1.49	5630	4669	14.58
2002	1.54	6214	4985	22.20
2003	1.48	6842	5132	22.32
2004	1.48	7706	5503	22.51
2005	1.45	9233	6821	25.70
2006	1.44	10503	7121	26.25
2007	1.38	12583	7687	27.24
2008	1.54	14457	8357	24.82
2009	1.58	15961	8691	25.15
2010	1.56	17562	9438	27.22
2011	1.47	19322	11756	28.91
2012	1.43	21740	12413	28.69

15-2　主要年份城市家庭基本情况

项　　　目	单　位	1990年	1995年	2000年	2005年	2010年	2011年	2012年
调查户数	户	200	200	200	200	200	200	200
家庭人口数	人	673	644	609	560	548	534	506
就业人口数	人	424	412	296	296	238	254	246
#国有经济单位职工人数	人	351	382	242	222	152	158	156
集体经济单位职工人数	人	73	26	33	42	24	8	4
其他所有制职工人数	人	-	1	-	8	14	18	14
个体经营者人数	人	-	-	10	14	8	10	8
个体被雇者人数	人	-	-	3	8	18	30	42
离退休再就业者人数	人	-	5	3	2	2	2	
其他就业者人数	人	-	-	5	2	22	28	22
离退休人数	人	14	35	153	132	176	160	154
无收入者人数	人	229	197	160	128	122	116	100
平均就业面	%	63.0	64.0	64.9	69.2	64	67.9	69.9
平均每一就业者负担人数	人	1.59	1.56	1.54	1.45	1.56	1.47	1.43
平均每人可支配收入	元	1541	3763	5356	9233	17562	19322	21740
平均每人消费性支出	元	1306	3150	4297	6821	9438	11756	12413
平均每人建筑面积	平方米	7.7	12.5	19.0	25.7	27.22	28.91	28.69

15-3　主要年份城市家庭消费品百户拥有量

项　　　目	单　位	1990年	1995年	2000年	2005年	2010年	2011年	2012年
家用汽车	辆	-	-	-	4.0	10.5	15.5	17.0
摩托车	辆	4.0	10.5	16.0	20.0	12.5	10.0	9.5
助力车	辆	-	-	-	20.0	64.5	74.0	72.0
洗衣机	台	91.0	95.5	88.5	99.5	96.5	98.5	96.0
电冰箱	台	65.0	88.5	87.0	98.5	96.5	100.5	99.5
彩色电视机	台	78.0	98.5	115.5	123.0	117	119.5	111.0
家用电脑	台	-	-	2.5	46.5	62.5	75.0	74.0
组合音响	套	-	10.5	11.5	23.0	17.5	14.0	15.0
摄像机	架					4.0	10.0	7.5
照相机	架	25.0	39.5	30.5	56.0	36.0	44.5	45.5
钢琴	架					1.0	0.5	
其他中高档乐器	件	12.0	9.0	2.5	4.5	7.0	4.0	2.0
微波炉	台	-	-	12.5	49.5	47.0	54.0	56.5
空调器	台	-	12.0	30.5	105.0	113.0	134.0	127.0
淋浴热水器	台	-	38.0	53.5	81.0	83.5	90.0	89.0
消毒碗柜	台					7.0	5.5	3.0
洗碗机	台					1.0	2.5	1.5
健身器材	套	-	-	2.0	9.0	3.5	4.0	4.0
固定电话	部					69.0	56.0	49.5
移动电话	部	-	-	6.0	108.0	168.5	211.0	208.0
接入互联网的移动电话	部					31.0	76.0	59.0
接入有线电视网络的电视机	台					77.5	84.0	73.5
接入互联网的计算机	台					37.0	59.5	53.0

15-4 主要年份城市家庭人均现金收支

单位：元

项 目	1990年	1995年	2000年	2005年	2010年	2011年	2012年
家庭总收入	1553	3787	5381	9590	18851	20960	23321
#可支配收入	1541	3763	5356	9233	17562	19322	21740
工资性收入	–	–	–	–	10015	12490	13974
#工资及补贴收入	–	–	–	–	9867	12470	13859
其它劳动收入	20	8	175	141	147	20	115
经营净收入	–	–	95	625	745	521	986
财产性收入	25	109	216	81	199	268	111
#利息收入	–	–	–	–	42	105	34
股息与红利收入	–	–	–	–	1	6	…
保险收益	–	–	–	–	27	–	–
其它投资收入	–	–	–	–	32	12	54
出租房屋收入	–	–	–	–	54	91	22
其它财产性收入	–	–	–	–	44	54	–
转移性收入	185	433	1962	2683	7891	7683	8250
#养老金或离退休金	33	324	1796	2522	7451	6958	7782
赡养收入	3	40	44	69	99	246	255
捐赠收入	12	25	47	26	32	245	58
记帐补贴	13	24	25	37	101	110	131
其它转移性收入	4	–	22	–	166	40	23
出售财物收入	5	3	15	3	2	10	3
借贷收入	280	1228	1595	2573	538	1725	1731
#借入款	53	131	279	61	41	105	297
收回借出款	16	41	36	20	29	34	16
家庭总支出	1437	4095	5061	8140	11289	14933	16267
消费性支出	1306	3150	4297	6821	9438	11756	12413
#服务性消费支出	132	945	764	1476	2059	2759	2937
财产性支出	–	–	–	–	4	6	–
转移性支出	–	–	–	–	694	1725	1691
#交纳所得税	–	–	–	–	35	82	27
捐赠支出	–	–	–	–	445	1027	873
赡养支出	–	–	–	–	186	514	673
各种非储蓄性保险支出	–	–	–	–	16	70	66
其它转移性支出	–	–	–	–	10	24	45
社会保障支出	–	–	–	–	1153	1447	1424
购房与建房支出	–	–	–	–	–	–	738
借贷支出	350	678	1224	2693	5774	2581	2974
#存入储蓄款	183	463	1121	2414	5724	2497	2858
借出款	25	32	23	30	–	19	–
归还借款	25	56	12	40	4	24	57
储蓄性保险支出	7	7	8	53	9	6	7
购买有价证券	78	37	10	…	–	1	2
其它借贷支出	27	60	24	4	24	1	2

15-5 主要年份城市家庭人均消费支出

单位：元

项 目	1990年	1995年	2000年	2005年	2010年	2011年	2012年
食 品	**695**	**1473**	**1683**	**2412**	**3213**	**4579**	**4955**
粮油类	–	–	–	–	648	738	797
#粮 食	102	220	271	245	400	457	494
淀粉及薯类	–	–	–	–	30	60	76
干豆类及豆制品	–	–	–	–	56	83	84
油脂类	23	78	112	119	162	139	143
肉禽蛋水产品类	–	–	–	–	803	1231	1310
#肉类	–	–	–	–	459	722	781
禽类	–	–	–	–	111	193	201
蛋 类	–	97	84	104	127	172	161
水产品类	31	55	66	98	106	145	168
蔬菜类	–	–	–	–	436	521	551
#鲜 菜	75	157	194	233	383	457	490
干 菜	9	6	13	43	34	33	34
菜制品	–	–	–	–	19	30	27
调味品	–	–	–	–	59	74	83
糖烟酒饮料类	56	151	240	–	320	463	513
#糖类	–	–	–	–	22	29	42
烟草类	–	–	–	–	114	172	189
酒类	–	–	–	–	111	165	165
饮料	–	–	–	–	74	97	117
干鲜瓜果类	–	–	–	–	255	441	505
#鲜果	–	–	–	–	142	255	284
鲜瓜	–	–	–	–	30	34	59
其他干鲜瓜果类及制品	–	–	–	–	83	152	162
糕点、奶及奶制品	–	–	–	–	228	294	388
#糕点	20	37	23	49	73	96	123
奶及奶制品	–	–	–	–	155	198	266
#鲜乳品	10	23	36	92	105	134	160
其它食品	13	12	18	20	93	126	90
饮食服务	–	–	–	–	370	691	717
衣 着	**198**	**550**	**478**	**860**	**1172**	**1434**	**1482**
#服 装	61	312	320	609	790	1042	1071
衣着材料	–	87	34	13	8	10	21
鞋 类	–	116	98	203	325	327	337
其他衣着用品	–	–	–	–	42	47	48
衣着加工服务费	–	–	–	–	7	8	5

15-5续表

单位：元

项　　目	1990年	1995年	2000年	2005年	2010年	2011年	2012年
居　住	**-**	**176**	**429**	**639**	**1309**	**1180**	**1172**
住房	-	-	-	-	122	199	230
#租赁房房租	10	46	117	13	3	80	72
水电燃料及其它	-	-	-	-	1059	943	902
#水　费	3	9	43	61	109	108	105
电　费	13	40	103	181	305	330	328
煤　炭	10	13	98	10	0.18	2	0.42
居住服务费	-	-	-	-	127	38	40
家庭设备用品及服务	**-**	**274**	**464**	**595**	**642**	**813**	**853**
家　　具	19	36	97	87	34	99	56
家庭设备	-	95	169	330	248	250	301
#洗衣机	1	14	22	25	8	39	16
电冰箱	52	12	31	60	31	16	59
微波炉	-	-	10	13	1	7	7
空调器	-	-	75	101	34	61	73
淋浴热水器	-	-	7	31	22	26	27
其它家庭设备	-	-	-	-	153	101	120
室内装饰品	-	-	-	-	35	11	10
床上用品	-	14	20	51	79	56	98
家庭日用杂品	-	56	64	80	193	347	357
家具材料	-	-	-	-	35	2	4
家庭服务	-	-	-	-	18	47	29
医疗保健	**-**	**80**	**414**	**618**	**1017**	**1206**	**1218**
医疗器具	-	-	-	-	5	8	4
保健器具	-	-	-	-	5	9	7
药品费	-	-	-	-	446	476	594
滋补保健品	-	-	-	-	242	168	74
医疗费	14	62	377	312	302	528	518
其他医疗保健支出	5	6	8	12	18	17	21
交通和通讯	**-**	**207**	**241**	**602**	**702**	**989**	**1129**
交通	-	-	-	-	251	381	458
通信	-	-	-	-	451	608	671
#电讯费	-	-	119	257	361	506	528
娱乐文教服务	**-**	**258**	**422**	**885**	**972**	**1229**	**1265**
文化娱乐用品	-	23	103	299	234	352	242
#彩色电视机	49	10	65	48	35	109	34
家用电脑	-	-	-	129	78	114	73
文化娱乐服务	-	64	62	157	331	350	481
#书报杂志	9	21	23	30	44	35	37
文娱活动费	4	16	28	41	78	133	128
教　　育	-	170	257	429	407	527	543
#学杂费	24	102	148	215	173	255	232
托幼费	3	14	17	21	46	49	53
其他商品和服务	**-**	**-**	**-**	**-**	**412**	**325**	**338**
其他商品	-	-	-	-	271	209	221
#金银珠宝饰品	7	27	7	28	142	52	90
服务	-	-	-	-	141	116	117

15-6 城市家庭人均消费支出明细项目

单位：元

项目	2011年	2012年	项目	2011年	2012年
食　品	**4579**	**4955**	**家庭设备用品及服务**	**813**	**853**
粮油类	738	797	家　具	99	56
#粮　食	457	494	家庭设备	250	301
淀粉与薯类	60	76	#洗衣机	39	16
干豆类及制品	83	84	电冰箱	16	59
油脂类	139	143	空调器	61	73
肉禽蛋水产类	1231	1310	淋浴热水器	26	57
#肉　类	722	781	微波炉	7	7
禽　类	193	201	其　他	101	120
蛋　类	172	161	室内装饰品	11	10
水产品类	145	168	床上用品	56	98
菜　类	521	551	家庭日用杂品	347	357
#鲜　菜	457	490	**医疗保健**	**1206**	**1218**
干　菜	33	34	#医疗器具	8	4
菜制品	31	27	保健用品	9	7
调味品类	74	83	医药费	476	594
糖烟酒饮料类	463	513	滋补保健品	168	74
#糖　类	29	42	医疗费	528	518
烟草类	172	189	**交通与通讯**	**989**	**1129**
酒类	165	165	#交　通	381	458
饮料	97	117	#家庭交通工具	78	103
干鲜瓜果类	441	505	交通费	175	160
糕点类	96	123	#出租汽车费	32	32
奶及奶制品	198	160	车辆用燃料及零配件	100	139
其他食品	126	90	#车辆用燃料	80	120
在外用餐	689	716	通　讯	608	671
食品加工费	2	1	通讯工具	100	140
衣　着	**1434**	**1482**	电讯费	506	528
服　装	1042	1071	邮　费	…	…
衣着材料	10	21	其　他	2	2
鞋　类	327	337	**教育文化娱乐服务**	**1229**	**1265**
其它衣着用品	47	48	文化娱乐用品	352	242
衣着加工费	8	5	#彩色电视机	109	34
居　住	**1180**	**1173**	照相机	13	2
住房	199	230	家用电脑	114	73
#住房装潢支出	80	116	教　育	527	543
水电燃料其他	943	902	#教材及参考书	22	19
#水　费	108	105	学杂费	255	232
电　费	330	328	托幼费	49	53
燃　料	199	183	成人教育费	12	3
#煤　炭	2	0.4	其　他	51	61
液化石油气	1	1.6	**杂项商品及服务**	**325**	**338**
管道煤气	192	177	#美容化妆品	95	108
居住服务费	38	40	理发洗澡费	42	35

15-7 历年农村家庭基本情况

年 份	调查户数（户）	家庭人口（人）	人均居住面积（平方米）	人均总收入（元）	人均总支出（元）
1980	90	469	10.0	178	142
1981	90	458		198	171
1982	510	2691		243	212
1983	530	2774		431	342
1984	510	2642		473	360
1985	860	4596	15.7	414	384
1986	860	4530		449	402
1987	1170	5886		529	449
1988	1171	5962		653	560
1989	1250	6169		741	661
1990	1250	6144	18.4	795	683
1991	1250	6080		860	807
1992	1250	5988		817	770
1993	1250	5958		952	796
1994	1820	8500	18.8	1503	1201
1995	1820	8457	19.2	2146	1690
1996	1820	8336	19.9	2652	1849
1997	1820	8240	21.3	2908	1967
1998	1820	8138	22.4	2963	1700
1999	1820	8055	23.5	3073	1720
2000	1780	7813	24.6	6265	1899
2001	1780	7705	25.1	3349	1875
2002	1780	7655	26.0	3496	2019
2003	1780	7598	27.6	3575	2048
2004	1750	7396	29.1	3965	2369
2005	1750	7384	29.5	4418	2540
2006	1750	7364	30.1	4861	2764
2007	1780	7377	31.7	5421	3093
2008	1780	7344	32.3	6036	3530
2009	1780	7252	33.8	6590	3738
2010	1780	7197	34.8	7417	4001
2011	1780	6647	37.9	8664	5453
2012	1780	6791	37.9	9920	5521

15-7续表 单位：元

年 份	人均纯收入	人均纯收入环比指数(上年=100)	人均生活消费支出	人均现金收入	人均现金支出
1980			131	143	115
1981			153	129	129
1982			174	174	156
1983			219	308	269
1984			237	313	285
1985			254	314	304
1986			264	332	315
1987			308	432	396
1988			368	545	488
1989			406	646	602
1990			442	652	611
1991			502	801	742
1992			495	721	705
1993			513	746	683
1994	975		1000	1163	974
1995	1519	155.8	1005	1678	1426
1996	2037	134.1	1189	1926	1674
1997	2278	111.8	1331	2264	1887
1998	2402	105.4	1122	2248	1752
1999	2488	103.6	1151	2417	1893
2000	2575	103.5	1192	2485	1621
2001	2664	103.5	1190	2680	1696
2002	2761	103.6	1264	2874	1836
2003	2900	105.1	1382	2995	1893
2004	3234	111.5	1643	3238	2157
2005	3578	110.6	1727	3696	2333
2006	3929	109.8	1869	4179	2545
2007	4405	112.1	2095	4672	2874
2008	4848	110.1	2382	5157	3279
2009	5323	109.8	2500	5732	3499
2010	6085	114.3	2692	6329	3742
2011	7366	121.1	3927	7461	5256
2012	8447	114.7	4023	9058	5357

15-8 主要年份农村住户人均指标

单位：元

项　　目	1990年	1995年	2000年	2005年	2010年	2011年	2012年
调查总户数(户)	1250	1820	1780	1750	1780	1780	1780
常住人口(人)	6144	8457	7813	7384	7197	6647	6791
#整半劳动力(人)	3741	5277	5172	5529	5705	5058	4984
年末生产用固定资产原值	177.4	503.9	1180.9	1612.3	2113	2362	3188
年末住房面积(平方米)	18.4	19.2	24.6	29.5	34.8	37.9	37.9
农民人均纯收入	512	1519	2575	3578	6085	7366	8447
全年总收入	795.4	2145.8	3264.7	4418.2	7416.8	8663.6	9919.9
家庭经营收入	569.1	1543.7	2091.7	2735.4	3977.1	4107.8	4204.2
第一产业收入	519.2	1363.7	1611.2	2065.1	2625.8	2700.2	2572.5
农业收入	433.6	1178.0	1320.5	1807.1	2304.9	2429.2	2312.7
林业收入	3.9	15.1	8.4	11.8	18.8	33.7	28.8
牧业收入	41.6	143.8	278.7	244.5	300.2	236.8	230.5
渔业收入	-	-	3.7	1.7	-	0.5	0.6
第二产业收入	17.0	41.5	162.6	267.2	399.5	401.1	499.7
第三产业收入	32.9	138.6	317.8	403.1	951.8	1006.5	1131.9
商、饮、服务业收入	21.9	95.6	236.8	310.6	576.8	549.7	664.4
其他行业收入	11.0	43.0	81.0	92.5	375.0	455.8	466.8
劳动者的报酬收入	193.0	509.9	1072.9	1528.1	3029.9	4014.4	5168.4
转移性收入	21.9	36.7	39.7	60.4	234.1	390.7	455.1
#调查补贴	4.4	6.0	5.0	5.9	10.1	9.1	31.5
财产性收入	11.5	55.4	60.5	94.3	175.6	150.6	92.3
全年总支出	683.4	1690.3	1898.7	2540.2	4001.3	5452.9	5521.3
家庭经营费用支出	169.4	509.2	532.7	717.7	1170.2	1105.5	1220.2
第一产业生产支出	151.2	452.1	446.5	578.9	786.2	809.2	722.9
农业生产支出	134.3	371.6	307.5	458.1	578.5	658.4	589.3
林业生产支出	0.3	2.0	2.7	1.8	12.0	3.6	2.1
牧业生产支出	16.6	78.3	101.7	118.6	195.6	147.1	131.4
渔业生产支出	-	0.2	1.5	0.4	0.1	0.1	0.1
第二产业生产支出	2.0	13.5	37.3	81.1	126.9	109.2	185.5
第三产业生产支出	13.0	36.1	40.7	39.4	257.1	187.1	311.8
#商、饮、服务业支出	4.9	22.7	32.6	45.5	159.3	120.4	170.4
其他经营支出	3.2	7.5	8.2	18.3	8.5	66.7	141.4
购置生产用固定资产支出	16.5	41.0	40.5	42.1	39.1	179.3	31.5
缴纳税金	8.3	10.8	27.6	12.6	16.7	6.8	4.1
提留和统筹	27.6	67.2	36.6	-	-	-	-
生活消费支出	442.1	1004.9	1192.1	1727.4	2692.0	3927.4	4023.2
食品	212.6	529.4	539.2	663.7	1021.2	1486.5	1511.2
衣着	54.0	119.9	125.5	163.8	250.5	406.1	390.7
居住	64.9	143.1	187.2	327.5	554.9	724.1	773.4
用品及其它	110.6	212.5	340.2	572.4	865.4	1310.7	1347.8
转移性支出	-	-	46.0	34.6	81.7	230.7	221.7
财产性支出	-	-	24	6	1.2	0.7	20.6

注：2011年农村住户调查启用新的调查网点。

15-8续表

单位：元

项　　目	1990年	1995年	2000年	2005年	2010年	2011年	2012年
期内现金收入合计	651.6	495.8	2485.3	3695.6	6329.1	7460.7	9057.7
家庭经营现金收入	369.7	864.6	1329.3	2031.6	2917.9	2903.5	3352.4
第一产业收入	299.4	601.3	681.9	1168.8	1568.8	1495.9	1720.8
农业收入	255.6	489.9	403.6	903.2	1241.0	1233.6	1483.9
林业收入	3.4	3.4	4.9	7.0	17.0	33.3	24.7
牧业收入	37.0	104.9	228.2	256.9	308.9	228.5	211.7
其它行业收入	3.4	3.1	45.2	1.7	1.9	0.5	0.6
第二产业收入	14.7	41.0	149.7	267.2	397.3	401.1	499.7
工业现金收入	2.8	32.5	99.6	191.1	256.6	255.5	295.0
建筑业现金收入	11.9	8.5	50.1	76.1	140.7	145.6	204.7
第三产业收入	55.6	222.3	497.8	595.6	951.8	1006.5	1131.9
运输业的现金收入	33.1	87.0	174.1	192.4	313.1	324.6	374.0
商、饮、服务业的现金收入	14.2	95.1	236.8	310.6	576.8	549.7	664.5
其他行业的现金收入	8.4	40.3	86.8	92.6	61.9	131.2	92.8
劳动者的报酬现金收入	192.0	508.8	1071.6	1525.8	3029.0	4011.5	5166.8
转移性收入	21.7	34.2	34.5	56.9	226.4	388.2	448.2
#调查补贴	4.2	5.9	5.0	5.9	10.1	9.1	31.5
亲友赠送现金	3.2	5.1	11.4	6.8	10.3	31.0	38.5
财产性收入	7.9	52.5	50.0	81.3	155.8	157.5	90.3
#出售财物现金	5.3	22.4		13.4	386.2	17.7	13.0
储蓄借贷现金收入	60.2	218.1	149.6	107.4	198.7	307.4	177.6
#从银行信用社取回存款	15.2	80.0	77.5	57.5	127.3	150.7	102.2
期内现金支出合计	611.3	243.1	1620.6	2333.4	3742.1	5256.4	5357.2
家庭经营费用现金支出	135.4	427.9	516.9	703.8	1159.7	1101.1	1212.5
第一产业生产费用支出	116.5	349.7	398.3	519.5	775.7	804.8	716.9
农业生产现金支出	109.7	300.7	304.4	409.6	576.3	656.9	587.5
林业生产现金支出	0.2	2.0	2.7	1.8	12.0	3.2	2.1
牧业生产现金支出	6.6	46.9	89.4	107.7	187.3	144.6	127.2
渔业生产现金支出		0.1	1.5	0.4	0.1	0.1	0.1
第二产业生产费用支出	1.7	13.5	37.3	81.1	126.9	109.2	185.1
第三产业生产费用支出	17.3	64.7	81.3	103.2	257.1	187.1	310.4
运输业现金支出	10.9	35.8	40.7	39.4	89.4	56.5	94.9
商饮服务业现金支出	4.0	22.5	32.3	45.5	315.8	120.4	169.7
其行业现金支出	2.4	6.5	8.2	18.3	8.5	10.2	45.8
购买生产用固定资产现金支出	16.0	38.7	40.5	42.1	39.1	179.3	31.5
缴纳税金	6.8	5.9	21.0	12.5	16.7	6.9	4.1
生活消费支出的现金	338.3	677.9	959.9	1534.5	2444.3	3735.8	3867.6
#非商品性现金支出	31.2	105.1	…	…	…		
非借贷性支出	24.1	40.1	41.7	41.8	127.1	287.5	271.1
储蓄借贷现金支出	71.0	184.6	264.6	328.6	969.6	357.2	410.8
#存入银行信用社款	44.5	143.9	194.6	275.5	882.1	270.7	343.4
期末存款余额	126.7	325.2	823.8	2359.2	5178.4	6136.2	6817.2

15-9　农村住户调查基本情况

项　　目	单 位	2011年	2012年	项　　目	单 位	2011年	2012年
调查户数	户	1780	1780	饮用深井水的户数	户	412	437
调查户从业类型(1)				饮用浅井水的户数	户	191	181
农业户	户	183	157	饮用塘水的户数	户	-	-
农业兼业户	户	405	290	饮用其他水源的户数	户	10	10
非农业兼业户	户	827	972	人均生产性固定资产原值	元	2362.24	3187.62
非农业户	户	365	361	#农业	元	1058.43	1987.85
调查户从业类型(2)				#房屋及建筑物	平方米	167.67	1015.94
农业户	户	390	300	役畜	元	9.61	8.23
农业兼业户	户	300	291	大中型铁木农具	元	71.38	103.14
非农业兼业户	户	632	643	农业机械	元	637.03	648.01
非农业户	户	458	546	制造业	元	262.62	181.64
户别				#房屋及建筑物	元	71.47	48.60
个体工商户	户	159	151	生产设备	元	159.56	99.92
干部户	户	127	117	电力煤气与水的生产及供应	元	-	-
个体工商和干部户	户	16	10	建筑业	元	20.03	47.62
五保户	户	3	3	交通运输业、仓储和邮政业	元	544.42	511.94
其他户	户	1475	1499	批发和零售贸易业	元	264.20	258.75
家庭结构				住宿和餐饮业	元	1.76	4.64
单身或夫妇	户	287	281	居民服务与其他服务业	元	74.75	53.85
夫妇与一个孩子	户	297	292	教育	元	-	-
夫妇与两个孩子	户	547	565	其他	元	50.49	53.71
夫妇与三个以上孩子	户	188	187	户均主要生产性固定资产数量			
单亲与孩子	户	37	42	房屋及建筑物	平方米	11.77	13.34
三代同堂	户	367	360	汽车	辆	0.06	0.06
其他	户	57	53	大中型拖拉机	台	0.04	0.04
是否参加专业性合作经济组织				小型和手扶拖拉机	台	0.11	0.13
参加的户数	户	33	33	机动脱粒机	台	0.02	0.02
未参加的户数	户	1747	1747	收割机	台	0.01	0.01
是否参加新型农村合作医疗				农用动力机械	台	0.06	0.08
参加的户数	户	1743	1744	胶轮大车	架	0.00	0.00
未参加的户数	户	37	36	水泵	台	0.10	0.12
住房卫生设备使用情况				役畜	头	0.03	0.03
使用水冲式厕所的户数	户	109	96	产品畜	头	0.17	0.17
使用旱厕的户数	户	1558	1571	农村住户人均住房情况			
无厕所的户数	户	113	113	住房面积	平方米	37.91	37.92
取暖设备使用情况				住房价值	元	23538.16	23713.29
使用空调的户数	户	78	74	住房类型			
使用暖气的户数	户	487	503	#楼房面积	平方米	7.03	7.11
使用火炕的户数	户	351	334	砖瓦平房面积	平方米	29.14	28.90
使用其他暖设备的户数	户	805	818	住房结构			
燃料使用情况				#钢筋混泥土结构面积	平方米	15.29	15.63
使用沼气的户数	户	7	7	砖木结构面积	平方米	20.81	20.57
使用煤炭的户数	户	970	961	新建(购)住房面积	平方米	0.69	0.62
使用柴草的户数	户	64	64	新建(购)住房价值	元	450.61	477.62
使用其他燃料的户数	户	407	359	新建(购)住房类型			
饮用水来源情况				楼房面积	平方米	0.36	0.40
饮用自来水的户数	户	1167	1152	砖瓦平房面积	平方米	0.33	0.22

注：“调查户从业类型(1)”按总收入比重计算，“调查户从业类型(2)”按从业劳动力比重计算。

15-9续表1

项　　目	单位	2011年	2012年	项　　目	单位	2011年	2012年
期内新建(购)住房资金来源				#6-15岁在校学生人数	人	705	723
自筹	元	382.46	431.82	6-15岁非在校学生人数	人	-	-
其他	元	22.12	-	农村住户劳动力素质状况			
期末户均主要耐用消费品拥有情况				整半劳动力数	人	5058	4984
洗衣机	台	0.88	0.90	#男劳动力人数	人	2698	2674
电冰箱	台	0.65	0.69	整劳动力	人	3253	3221
空调机	台	0.38	0.43	劳动力文化程度			
抽油烟机	台	0.11	0.12	不识字或识字很少	人	163	154
吸尘器	台	0.01	0.01	小学程度	人	844	777
微波炉	台	0.07	0.06	初中程度	人	2836	2753
热水器	台	0.29	0.32	高中程度	人	752	741
自行车	辆	1.61	1.64	中专	人	110	102
摩托车	台	0.45	0.45	大专及以上	人	94	98
汽车(生活用)	台	0.07	0.06	农村住户劳动力就业状况			
电话机	部	0.29	0.29	农村住户就业劳动力人数	人	4799	4625
移动电话	部	1.78	1.82	#就业男劳动力人数	人	2646	2595
彩色电视机	台	1.14	1.15	整劳动力人数	人	3060	2970
黑白电视机	台	0.03	0.02	劳动力就业分布情况			
摄像机	台	0.01	0.01	一产业就业劳动力	人	2457	2176
影碟机	台	0.13	0.13	二产业就业劳动力	人	1256	1370
照相机	架	0.05	0.04	三产业就业劳动力	人	1086	1079
家用计算机	台	0.22	0.26	劳动力就业地点			
#接入互联网的	台	0.14	0.17	乡内	人	4020	3853
农村住户人口、劳动力就业与流动情况				县内乡外	人	143	139
农村住户人口状况				省内县外	人	371	383
全年家庭常住人口	人	6647	6791	国内省外	人	265	250
在校学生人数	人	945	1040	国外	人	-	-

15-9续表2

项　　目	单位	2011年	2012年	项　　目	单位	2011年	2012年
农村住户外出劳动力情况				期内经营土地减少的原因			
当年外出就业劳动力人数	人	976	972.0	建设占用(征地)	亩	21.0	10.0
#男劳动力人数	人	778	788.0	转包	亩	16.0	14.0
外出就业劳动力文化程度				退耕还林	亩	2.0	-
不识字或识字很少	人	4	6.0	其他	亩	1.0	1.0
小学	人	85	85.0	期末实际经营的土地面积	亩	8736.4	11134.2
初中	人	665	678.0	#耕地	亩	8558.0	10956.0
高中	人	156	145.0	#有效灌溉面积	亩	7535.4	9969.6
中专	人	26	21.0	山地	亩	41.3	44.3
大专及以上	人	40	37.0	园地	亩	137.0	133.8
外出劳动力从业时间情况				土地种植情况			
从业累计1-3个月人数	人	146	153.0	粮食播种面积	亩	10889.7	10511.1
从业累计3-6个月人数	人	171	156.0	#小麦	亩	5197.5	4937.7
从业累计6个月以上的人数	人	658	662.0	水稻	亩	7.6	5.9
农业生产结构及生产技术应用情况				玉米	亩	5434.5	5395.9
土地经营情况				豆类	亩	38.4	37.3
期初实际经营土地面积	亩	8802.5	11154.7	薯类	亩	55.4	19.2
#耕地	亩	8624.1	10976.5	经济作物播种面积	亩	2726.4	2602.2
#有效灌溉面积	亩	7591.4	9968.5	#棉花	亩	2120.5	2144.8
山地	亩	41.3	44.3	油料	亩	166.4	151.8
园地	亩	137.0	133.8	蔬菜	亩	385.3	295.7
期内增加的经营土地面积	亩	18.4	57.2	瓜类	亩	54.3	9.9
#耕地	亩	18.4	57.2	农业生产技术应用情况			
#有效灌溉面积	亩	18.4	51.4	机耕面积	亩	7806.7	8021.0
期内经营土地增加的原因				抛秧面积	亩	20.8	85.1
新开垦	亩	-	1.0	机播面积	亩	8481.8	8833.3
转包	亩	3.0	32.0	机收面积	亩	6339.7	6537.9
其他	亩	2.0	2.0	机电灌溉面积	亩	7185.7	7217.9
期内减少的经营土地面积	亩	84.5	77.7	薄膜覆盖面积	亩	1386.5	1258.5
#有效灌溉面积	亩	74.5	50.3				

15-10 农村家庭人均收支

单位：元

项目	2011年	2012年	项目	2011年	2012年
总收入	8663.6	9919.9	育肥畜收入	0.1	0.1
工资性收入	4014.4	5168.4	其他牧业产品收入	1.9	0.9
在非企业组织中劳动得到收入	272.0	276.6	牧业服务性收入	9.9	2.7
乡村干部收入	125.6	122.1	渔业收入	0.5	0.6
乡村教师收入	85.7	84.2	#渔业服务性收入	-	-
行政事业单位等职工收入	60.8	70.2	第二产业收入	401.1	499.7
在本乡地域内劳动得到收入	2272.5	3176.6	工业收入	255.5	295.0
在企业中劳动得到收入	1053.5	1540.0	工业产品收入	112.7	134.4
在国家投资基建项目得到收入	2.9	6.5	工业服务性收入	142.8	160.7
提供其他劳务收入	1216.1	1630.1	建筑业收入	145.6	204.7
外出从业得到收入	1469.9	1715.3	#建筑业服务性收入	145.3	204.7
#在乡外县内从业得到收入	286.2	317.2	第三产业收入	1006.5	1131.9
在县外省内从业得到收入	646.7	733.4	其他产品收入	1.0	0.7
在省外国内从业得到收入	536.9	664.6	第三产业服务性收入	1005.5	1131.2
家庭经营收入	4107.8	4204.2	交通、运输、邮电业收入	324.6	374.0
第一产业收入	2700.2	2572.5	批零贸易业、饮食业收入	413.2	521.8
农业收入	2429.2	2312.7	社会服务业收入	87.4	91.3
农产品收入	2379.2	2278.0	文教卫生业收入	49.0	51.4
#粮食收入	1516.8	1513.5	其他行业收入	131.2	92.8
棉花收入	550.0	479.7	财产性收入	150.6	92.3
油料收入	32.0	33.6	利息	9.8	8.8
蔬菜收入	182.0	164.8	集体分配股息和红利	0.8	2.0
花卉园艺收入	1.6	5.1	其他股息和红利	39.5	16.1
瓜果收入	10.8	2.5	租金(包括农业机械)	26.8	17.7
园林收入	81.0	75.3	土地征用补偿收入	17.4	54.7
野生植物采集收入	-	-	转让承包土地经营权收入	24.3	11.8
农作物副产品收入	4.0	3.0	其他投资收益	-	-
用农产品加工手工业产品收入	0.8	0.1	其他	48.9	35.4
专用农产品收入	-	-	转移性收入	390.7	455.1
农业服务性收入	50.0	34.8	#家庭非常住人口寄回和带回收入	-	-
林业收入	33.7	28.8	城市亲友赠送收入	3.9	6.6
林业产品收入	33.6	28.4	农村亲友赠送收入	28.1	35.8
#采集林产品收入	14.3	18.3	退耕还林还草补贴收入	3.0	3.2
竹木采伐收入	4.5	6.6	粮食直接补贴收入	71.9	59.8
育种、育苗收入	1.9	0.2	总支出	5452.9	5521.3
林业服务性收入	0.1	0.4	家庭经营费用支出	1105.5	1220.2
牧业收入	236.8	230.5	第一产业生产费用支出	809.2	722.9
牧业产品收入	226.8	227.8	农业生产费用支出	658.4	589.3
#成龄家畜收入	190.9	189.3	农业生产资料支出	420.3	376.2
#猪收入	157.5	147.4	种籽支出	62.3	53.1
菜羊收入	21.3	29.7	饲料支出	3.1	3.4
肉牛收入	12.1	12.3	其他生产资料支出	354.9	319.7
成龄家禽收入	5.6	18.4	农业服务性支出	238.1	213.1
蛋类收入	17.9	12.6	农业生产雇工工资支出	26.2	14.6
仔、幼畜、禽产品收入	10.4	6.5	其他生产服务支出	211.9	198.5

15-10续表　　单位：元

项　　目	2011年	2012年	项　　目	2011年	2012年
林业生产费用支出	3.6	2.1	其他生产服务支出	3.5	4.3
林业生产资料支出	2.5	1.6	文教卫生业生产费用支出	13.3	11.7
林业服务性支出	1.1	0.5	文教卫生业生产资料支出	10.9	9.3
林业生产雇工工资支出	0.8	0.1	文教卫生业服务性支出	2.4	2.4
其他生产服务支出	0.3	0.4	文教卫生业雇工工资支出	0.1	-
牧业生产费用支出	147.1	131.4	其他生产服务支出	2.4	2.4
牧业生产资料支出	138.6	122.8	其他行业生产费用支出	10.2	46.1
饲料支出	117.6	100.6	其他行业生产资料支出	5.9	21.2
其他生产资料支出	21.1	22.2	#原料支出	1.8	13.0
牧业服务性支出	8.4	8.6	燃料支出	0.2	0.0
牧业生产雇工工资支出	0.4	0.2	其他行业服务性支出	4.3	24.9
其他生产服务支出	8.1	8.5	其他行业生产雇工工资支出	2.6	3.7
渔业生产费用支出	0.1	0.1	其他生产服务支出	1.7	21.1
渔业生产资料支出	0.1	0.0	购置生产性固定资产支出	179.3	31.5
渔业服务性支出	-	-	建造生产性固定资产雇工支出	2.5	-
第二产业生产费用支出	109.2	185.5	税费支出	6.8	4.1
工业生产费用支出	89.1	154.4	第一产业税	…	0.0
工业生产资料支出	67.0	134.7	第二产业税	1.6	0.2
#原料支出	64.1	129.1	#工业生产纳税	1.2	-
燃料支出	2.0	1.6	第三产业税	4.8	3.2
工业服务性支出	22.0	19.7	其他各种收费	0.5	0.7
工业生产雇工工资支出	15.7	15.3	生活消费支出	3927.4	4023.2
其他生产服务支出	6.4	4.4	财产性支出	0.7	20.6
建筑业生产费用支出	20.1	31.1	宅基地有偿使用费	-	…
建筑业生产资料支出	9.7	18.7	承包其他农户转让费	-	-
#原料支出	8.2	17.0	其他	0.7	20.6
建筑业服务性支出	10.4	12.4	转移性支出	230.7	221.7
建筑业生产雇工工资支出	8.6	10.7	给大中专学生生活费和学杂费	71.5	51.4
其他生产服务支出	1.9	1.7	赠送农村亲友	87.4	79.3
第三产业生产费用支出	187.1	311.8	赠送城市亲友	0.9	0.5
交通运输邮电业生产费用支出	56.5	95.3	非消费性支出	644.6	681.9
交通运输邮电业生产资料支出	42.8	66.1	非借贷性支出	287.5	271.1
#燃料支出	39.7	58.9	#婚、丧、嫁、娶支出	277.8	267.4
交通运输邮电业服务性支出	13.7	29.3	迷信宗教活动捐赠	2.1	267.4
交通运输邮电业生产雇工工资支出	7.2	10.0	其他	7.0	2.6
其他生产服务支出	6.6	19.3	储蓄借贷性支出	357.2	410.8
批零贸易餐饮业生产费用支出	88.7	131.7	#归还银行信用社	10.1	13.4
批零贸易餐饮业生产资料支出	68.7	102.2	借出款	4.3	6.1
#原料支出	60.0	90.3	归还借款	53.2	36.4
燃料支出	4.0	2.6	存款	270.7	343.4
批零贸易餐饮业服务性支出	20.0	29.5	其他	15.7	10.4
批零贸易餐饮业生产雇工工资支出	5.4	8.6	期末金融资产余额	6807.8	7488.8
其他生产服务支出	14.6	21.0	手存现金	644.1	666.9
社会服务业生产费用支出	18.4	27.0	存款余额	6136.2	6817.2
社会服务业生产资料支出	13.5	18.1	其他金融资产价值其他	14.5	4.7
#原料支出	11.6	15.3	期末债务余额	305.4	204.1
社会服务业服务性支出	4.9	8.8	#银行信用社贷款	36.6	42.5
社会服务业生产雇工工资支出	1.4	4.6	个人借(欠)款	268.8	159.4

15-11　农民人均生活消费情况

单位：元

项　　目	2011年	2012年	项　　目	2011年	2012年
生活消费支出	3927.39	4023.16	#交通工具	138.91	154.13
#服务性支出	881.92	889.80	通讯工具	31.02	27.29
食品消费支出	1486.50	1511.23	交通和通讯服务消费支出	182.02	174.69
食品消费品支出	1376.06	1408.58	交通消费服务支出	49.22	46.41
谷物	356.28	349.24	交通客运费	25.87	24.60
薯类	7.44	9.35	生活物品货运费	0.20	0.11
豆类	9.34	7.95	交通工具修理费	21.45	20.90
食用油	98.75	96.49	其他(过路过桥费等)服务性支出	1.69	0.79
蔬菜及制品	160.98	153.88	通讯消费服务支出	132.80	128.28
肉.禽.蛋.奶及制品	300.37	311.89	邮寄费	0.28	0.34
水产品及制品	11.15	11.90	通讯费	131.03	126.91
烟.酒	209.04	229.43	通讯工具修理费	1.32	0.88
茶叶.饮料	16.90	20.62	其他	0.18	0.15
其它类食品	205.80	217.81	文化教育.娱乐消费支出	195.90	224.43
食品消费服务性支出	110.44	102.65	文化教育.娱乐用品消费支出	100.98	99.72
#在外饮食	104.69	96.51	#文教.娱乐用机电消费品	51.23	48.43
衣着消费支出	406.13	390.69	书.报.杂志	5.34	5.21
衣着消费品支出	405.70	390.34	纸张.文具	12.66	12.53
服装	306.92	284.88	音像制品	0.18	0.19
服装材料	9.61	8.50	电脑软件	0.27	…
鞋类	77.79	82.01	体育用品	0.24	0.28
其他	11.37	14.95	娱乐用品	10.68	13.27
衣着消费服务性支出	0.43	0.34	教育服务消费支出	68.45	96.93
#衣着加工费	0.30	0.23	#托儿费	10.59	10.53
居住消费支出	724.11	773.45	幼儿园赞助费	1.68	1.89
居住消费品支出	482.35	543.29	学杂费	40.32	61.12
建筑生活用房材料	137.02	118.54	私立学校就读费	2.11	3.45
维修生活用房材料	11.47	24.48	成人培训费	5.12	3.87
装修生活用房材料	64.20	59.13	文化.体育.娱乐服务消费支出	26.47	27.78
生活用房	6.92	86.30	旅游	13.43	13.04
生活用燃料	262.73	254.84	休闲娱乐费	2.15	2.09
居住消费服务性支出	241.76	230.15	文化.体育.娱乐用品修理费	0.46	1.33
建筑.维修生活用房雇工工资	64.60	50.85	其他服务性支出	10.43	11.31
房租	9.29	0.49	医疗保健消费支出	280.70	280.58
生活用水	10.73	11.64	医疗保健用品	84.90	86.94
生活用电	146.71	158.38	#药品	81.78	81.23
清洁费.卫生费	0.10	0.23	药品类保健品	1.93	1.42
其他服务性支出	10.34	8.57	医疗保健服务消费支出	195.80	193.64
家庭设备.用品消费支出	278.70	267.75	#医疗费	193.86	190.60
家庭设备用品消费品支出	267.55	252.13	保健费	1.42	2.05
日用品	83.37	95.01	其他商品和服务消费支出	121.77	126.42
床上用品	25.61	24.59	其他商品支出	76.38	78.43
室内装饰品	7.57	5.92	首饰	1.92	4.30
家俱类	46.05	30.36	手表	0.25	0.59
机电设备	104.94	96.25	化妆品	8.28	8.91
家庭设备用品服务性消费支出	11.16	15.62	迷信.宗教用品	6.86	11.59
家庭设备修理费	5.43	7.02	其他	59.07	53.04
日杂用品加工修理费	1.29	1.30	其他消费服务支出	45.39	47.99
家政服务费	2.20	1.80	旅馆住宿费	0.67	0.11
其他服务性支出	2.25	5.50	美容美发	10.41	11.84
交通和通讯消费支出	433.58	448.61	殡验费	9.63	4.39
交通和通讯用品支出	251.56	273.92	其他服务性支出	24.65	31.64

15-12 农村住户人均购买商品情况

项目	单位	2011年	2012年
购买生活消费品情况			
购买食品	元	1185.25	1253.21
#购买谷物数量	公斤	65.11	69.67
购买谷物金额	元	184.58	205.54
#购买小麦	公斤	11.61	16.75
金额	元	35.89	50.95
购买面粉	公斤	28.21	27.54
金额	元	56.77	56.28
购买稻谷	公斤	4.04	3.25
金额	元	19.05	15.67
购买大米	公斤	15.35	16.35
金额	元	49.65	55.58
购买玉米	公斤	0.24	0.16
金额	元	0.57	0.57
购买薯类	公斤	0.42	0.55
金额	元	6.44	8.94
购买豆类	公斤	1.38	1.24
金额	元	8.12	7.70
#购买大豆	公斤	0.13	0.16
金额	元	0.76	1.21
购买食用油	公斤	9.00	8.65
金额	元	98.66	96.49
#购买植物油	公斤	8.97	8.62
金额	元	98.11	95.88
购买动物油	公斤	0.03	0.04
金额	元	0.56	0.61
购买蔬菜及制品	元	150.11	146.56
购买蔬菜	公斤	47.26	44.41
金额	元	146.57	142.75
购买鲜菜	元	46.17	43.03
金额	公斤	135.75	128.06
购买干菜	元	0.65	0.99
金额	公斤	7.65	12.02
菜制品	元	0.43	0.40
金额	公斤	3.17	2.67
购买菌类	元	0.29	0.30
金额	元	3.54	3.81
购买鲜菌	公斤	0.21	0.23
金额	元	1.49	1.82
购买干菌	公斤	0.07	0.06
金额	元	1.97	1.94
菌制品	公斤	0.01	0.01
金额	元	0.08	0.05
购买肉禽蛋奶及其制品	元	299.48	311.46
#购买猪肉	公斤	6.53	6.24
金额	元	142.89	143.37
购买牛肉	公斤	0.24	0.24
金额	元	7.50	8.45
购买羊肉	公斤	0.22	0.28
金额	元	7.63	11.15
购买鸡	公斤	1.23	1.00
金额	元	14.84	17.45
购买鲜鸡蛋	公斤	8.51	8.84
金额	元	72.14	70.70
购买鲜鸭蛋	公斤	0.02	0.02
金额	元	0.18	0.15
购买鲜奶	公斤	1.61	1.68
金额	元	8.69	9.34
购买水产品及制品金额	元	11.15	11.90
#购买海水鱼类	公斤	0.27	0.26
金额	元	3.26	3.53
购买海水虾类	公斤	0.01	0.01
金额	元	0.22	0.22
购买海水藻类	公斤	0.05	0.07
金额	元	0.39	0.55
购买淡水鱼类	公斤	0.53	0.49
金额	元	6.25	6.28
购买烟酒金额	元	209.04	229.43
#购买卷烟	盒	21.31	20.30
金额	元	107.48	118.76
购买啤酒	公斤	3.61	4.22
金额	元	17.89	20.19
购买白酒	公斤	3.13	3.13
金额	元	81.90	88.34
购买果酒	公斤	0.02	0.01
金额	元	0.52	0.51
购买茶叶饮料金额	元	16.90	20.62
#购买茶叶	公斤	0.12	0.17
金额	元	2.38	3.10
购买碳酸类饮料金额	元	2.48	3.10
购买果汁类饮料金额	元	1.71	2.36
购买其他种类食品金额	元	200.76	214.57
#购买豆制品	元	4.77	7.17
购买调味	元	25.75	26.43
购买食糖	公斤	0.68	0.76
金额	元	5.07	4.71
购买西瓜	公斤	4.05	4.21
金额	元	5.92	6.77
购买其他果用瓜	公斤	0.28	0.14
金额	元	0.86	0.51
购买水果	公斤	11.73	13.32
金额	元	41.14	48.61
购买坚果.果仁及制品	元	11.20	13.06
购买糖果	元	4.38	4.92
购买糕点	元	14.49	22.77
购买营养滋补品	元	1.96	2.22

15-12续表

项目	单位	2011年	2012年	项目	单位	2011年	2012年
衣着类		404.91	390.32	购买农药	元	33.91	26.55
购买服装	件	3.89	3.46	购买薄膜	公斤	1.23	1.01
金额	元	306.92	284.88	金额	元	14.33	10.45
购买鞋类	双	1.72	1.66	购买燃料	公斤	2.26	0.96
金额	鞋	77.79	82.01	金额	元	11.45	7.23
居住类		482.35	543.29	购买林业用生产资料	元	2.06	0.11
购买建筑生活用房材料	元	137.02	118.54	购买牧业用饲料	公斤	68.50	45.42
#购买水泥	公斤	61.88	50.06	金额	元	115.14	96.43
金额	元	22.37	19.42	购买牧业用其他生产资料	元	21.01	22.14
贱买木材	立方米	0.01	…	#购买仔、幼畜	头	…	0.01
金额	元	3.48	3.63	金额	元	7.06	2.90
账买钢材	公斤	2.66	4.30	购买工业生产用原料	元	64.13	129.08
金额	元	8.85	16.75	购买工业用燃料	公斤	0.46	0.21
购买水泥预制件	件	0.20	0.13	金额	元	2.00	1.55
金额	元	6.00	8.48	购买建筑业生产用原料	元	8.25	17.04
购买玻璃	平方米	0.02	0.01	购买交通运输业邮电业燃料	公斤	5.85	8.16
金额	元	0.39	0.19	金额	元	39.74	58.90
购买砖	块	204.73	106.86	购买批零贸易业用原料	元	59.97	90.24
金额	元	58.81	38.61	购买批零贸易业用燃料	公斤	0.57	0.34
购买瓦	块	2.47	1.06	金额	元	4.04	2.63
金额	元	2.48	1.36	购买社会服务业用原料	元	11.61	15.27
购买沙石	立方米	0.40	0.25	购买社会服务业用燃料	元	…	0.08
金额	元	11.54	10.26	购买其他行业用原料	元	1.77	12.96
购买生活用房支出	元	6.92	86.30	购买其他行业用燃料	元	…	…
#购买钢筋混凝土房屋间数	间	…	…	购买生产用电	度	82.78	71.96
金额	元	5.42	79.46	金额	元	53.49	49.97
购买其他结构房屋间数	间	…	…	购买生产性固定资产情况			
金额	元	1.50	4.37	购买建筑生产用建筑物材料	元	11.38	4.64
购买生活用燃料	元	262.73	254.84	购买役畜	头	-	-
#购买柴	公担	…	0.87	金额	元	-	-
金额	元	0.19	0.90	购买产品畜	头	…	-
购买煤	公斤	256.15	243.04	金额	元	2.04	-
金额	元	214.53	206.44	购买农林牧渔业机械支出	元	31.27	12.78
液化气	元	45.53	45.74	#购买大中型铁木家具	元	0.88	0.13
购买生活用电	度	276.89	302.16	购买小型拖拉机	台	…	…
金额	元	146.71	158.38	金额	元	4.21	2.09
购买生活用水	吨	6.46	5.92	购买机动脱粒机	台	…	…
金额	元	10.73	11.64	金额	元	0.52	1.17
购买生产资料情况				购买动力机	台	…	…
#购买农业用种籽、种苗	公斤	14.50	13.76	金额	元	2.85	1.01
金额	元	61.07	51.89	购买水泵	台	…	…
购买农业用饲料	公斤	1.17	0.78	金额	元	4.05	1.64
金额	元	2.88	2.65	购买工业机械支出	元	0.23	13.42
购买农业用其他生产资料	元	354.90	319.66	购买运输机械支出	元	127.93	0.28
#购买化肥	公斤	136.66	114.10	#购买大中型拖拉机	辆	-	-
金额	元	275.83	242.35	金额	元	-	-
购买饼肥	公斤	2.64	7.29	购买小型拖拉机	辆	…	-
金额	元	3.00	15.13	金额	元	1.32	-

15-13　分县(市、区)农村住户基本情况

(2012年)

单位：元

县(市、区)	调查村数(个)	调查户数(户)	常住人口(人)	人均生产性固定资产原值	人均拥有住房面积(平方米)	农民人均纯收入	2012年比2011年增长(%)
全　　市	**178**	**1780**	**6791**	**3188**	**37.9**	**8447**	**14.7**
#市　　区	28	280	1008	7491	43.9	9611	11.4
武　安　市	10	100	353	1818	49.9	9534	12.0
鸡　泽　县	10	100	382	2024	34.6	8609	20.3
邱　　县	10	100	360	5018	37.9	7750	10.1
永　年　县	10	100	374	3962	33.0	9578	13.6
曲　周　县	10	100	365	1951	28.3	8575	15.4
邯　郸　县	10	100	371	1850	42.3	9428	13.8
肥　乡　县	10	100	437	3148	35.0	8560	11.4
馆　陶　县	10	100	349	4940	31.1	6908	20.2
涉　　县	10	100	361	1918	53.7	6667	10.0
广　平　县	10	100	389	659	26.9	7622	15.2
成　安　县	10	100	431	1281	41.8	8705	18.7
魏　　县	10	100	380	1298	32.9	6882	16.4
磁　　县	10	100	383	5545	52.1	9625	14.9
临　漳　县	10	100	428	461	27.0	8759	11.4
大　名　县	10	100	420	1373	29.6	6423	18.3
丛　台　区	3	30	86	7	54.7	11816	16.0
复　兴　区	3	30	116	1256	41.5	11154	16.8
邯　山　区	6	60	199	1379	40.2	11049	15.3
峰 峰 矿 区	10	100	373	2990	44.2	8636	10.3
经济开发区	3	30	105	57305	57.1	8383	10.5
马头经济开发区	3	30	129	–	32.7	8349	10.1

15-14　分县(市、区)农村住户人均收支情况

(2012年)

单位：元

县(市、区)	总收入	工资性收入	在非企业组织中劳动得到收入	乡村干部收入	乡村教师收入	行政事业单位职工收入
全　　市	**9919.85**	**5168.40**	**276.56**	**122.08**	**84.24**	**70.24**
#市　　区	10786.81	7087.71	740.92	450.64	123.28	166.99
武　安　市	10268.02	6297.84	341.74	31.62	178.75	131.37
鸡　泽　县	9723.10	6154.32	76.23	–	–	76.23
邱　　县	10117.44	2329.49	81.08	42.16	–	38.92
永　年　县	11462.86	5993.44	146.86	76.81	70.05	–
曲　周　县	9552.53	4096.26	272.29	125.19	21.03	126.06
邯　郸　县	10407.02	6371.41	126.31	41.94	84.38	–
肥　乡　县	11004.25	4383.19	200.57	62.41	81.67	56.49
馆　陶　县	9845.16	2409.34	61.32	3.44	52.72	5.16
涉　　县	7104.05	4515.27	96.59	–	8.83	87.76
广　平　县	8363.53	5987.31	346.42	31.17	138.69	176.56
成　安　县	10840.08	4398.57	159.47	23.30	97.14	39.02
魏　　县	8323.66	3734.27	364.88	102.66	262.21	–
磁　　县	11884.11	6282.94	38.67	38.67	–	–
临　漳　县	9642.26	5705.26	342.59	284.95	57.64	–
大　名　县	7856.79	3717.65	246.64	76.17	100.49	69.98
丛　台　区	12992.99	10693.64	2017.72	984.35	–	1033.37
复　兴　区	12718.24	7383.70	282.02	282.02	–	–
邯　山　区	11471.37	8255.24	634.46	–	245.03	389.43
峰 峰 矿 区	9228.49	7126.19	762.31	559.79	202.52	–
经济开发区	13495.82	2377.17	1239.25	1220.16	–	19.09
马头经济开发区	8820.30	6338.86	–	–	–	–

15-14续表1　　单位：元

县(市、区)	在本乡地域内劳动得到收入	在企业中劳动得到收入	在国家投资基建项目得到收入	提供其他劳务收入	外出从业得到收入	#在乡外县内从业得到收入
全　市	**3176.58**	**1539.96**	**6.54**	**1630.08**	**1715.25**	**317.23**
#市　区	6125.04	5507.55	41.55	575.94	221.75	218.30
武安市	5579.39	2418.77	–	3160.62	376.71	17.16
鸡泽县	5828.25	3012.31	–	2815.94	249.84	–
邱　县	1005.56	439.47	–	566.09	1242.85	617.96
永年县	4879.41	4879.41	–	–	967.16	56.94
曲周县	2445.26	192.44	6.88	2245.95	1378.71	147.44
邯郸县	3321.17	–	–	3321.17	2923.93	193.42
肥乡县	1400.00	537.52	–	862.48	2782.62	187.31
馆陶县	1871.66	–	–	1871.66	476.36	136.85
涉　县	1866.96	242.37	–	1624.59	2551.72	1565.21
广平县	3874.62	139.59	–	3735.03	1766.27	644.43
成安县	725.44	47.60	–	677.84	3513.67	947.43
魏　县	566.48	–	–	566.48	2802.92	214.20
磁　县	5160.89	1145.45	–	4015.44	1083.37	53.53
临漳县	1314.48	23.59	–	1290.89	4048.19	186.86
大名县	892.56	–	–	892.56	2578.45	56.00
丛台区	8675.92	8229.91	446.01	–	–	–
复兴区	7101.69	5290.61	7.94	1803.13	–	–
邯山区	6701.70	6675.15	–	26.55	919.08	913.49
峰峰矿区	6363.88	5560.83	7.01	796.04	–	–
经济开发区	773.00	117.05	–	655.95	364.91	364.91
马头经济开发区	6320.49	6320.49	–	–	18.37	–

15-14续表2　　单位：元

县(市、区)	#在县外省内从业得到收入	#在省外国内从业得到收入	家庭经营收入	第一产业收入	农业收入	#农产品收入
全　市	**733.39**	**664.63**	**4204.15**	**2572.55**	**2312.72**	**2277.95**
#市　区	1.10	2.35	2821.43	413.41	364.62	312.29
武安市	52.75	306.80	3028.23	818.81	728.12	728.12
鸡泽县	69.33	180.51	3419.44	2262.67	2262.67	2197.27
邱　县	250.28	374.61	7167.23	4314.18	4259.08	4258.81
永年县	430.86	479.36	5352.79	2072.48	1874.63	1807.82
曲周县	305.73	925.54	5185.94	4716.29	4428.03	4400.64
邯郸县	2702.22	28.29	2648.06	1667.61	1658.33	1658.33
肥乡县	1477.00	1118.31	6240.10	3779.39	3554.88	3363.91
馆陶县	150.43	189.08	7161.45	3519.73	3263.04	3257.89
涉　县	268.16	718.34	1753.65	953.46	628.36	617.71
广平县	845.75	276.09	2205.62	2189.55	2134.76	2125.76
成安县	1308.07	1258.17	5864.72	3464.97	3295.15	3254.18
魏　县	979.86	1608.85	4164.67	3766.15	3341.46	3337.67
磁　县	673.67	356.17	5395.62	4093.00	2149.47	2142.83
临漳县	1879.55	1981.78	3545.76	3078.35	2937.33	2916.31
大名县	1064.25	1458.21	3482.84	3208.66	2933.11	2933.11
丛台区	–	–	293.03	–	–	–
复兴区	–	–	3726.50	164.21	164.21	164.21
邯山区	5.59	–	2728.79	207.00	207.00	146.07
峰峰矿区	–	–	1500.72	448.17	448.06	424.02
经济开发区	–	–	9220.02	1803.50	1335.46	1033.82
马头经济开发区	–	18.37	2444.99	–	–	–

15-14续表3 单位：元

县(市、区)	#粮食收入	#棉花收入	#油料收入	#蔬菜收入	#瓜果收入	#园林收入
全　　市	**1513.53**	**479.69**	**33.63**	**164.80**	**2.50**	**75.34**
#市　　区	255.40	41.07	12.86	2.14	–	–
武 安 市	683.61	17.78	–	17.99	–	8.55
鸡 泽 县	1375.00	822.27	–	–	–	–
邱　　县	90.51	4168.30	–	–	–	–
永 年 县	1217.48	111.50	–	479.26	–	–
曲 周 县	658.62	1560.76	5.98	1743.25	–	429.37
邯 郸 县	1490.55	69.71	20.80	3.61	–	47.57
肥 乡 县	2556.19	744.28	–	38.72	1.14	16.38
馆 陶 县	3211.49	4.58	–	41.81	–	–
涉　　县	461.72	0.17	8.07	111.78	–	28.88
广 平 县	1895.31	136.00	7.13	71.10	16.21	–
成 安 县	2404.83	715.69	39.78	71.28	13.51	–
魏　　县	2309.67	138.02	–	3.74	–	810.12
磁　　县	2057.47	44.87	-0.07	15.69	–	17.10
临 漳 县	2911.02	-0.55	4.81	1.04	–	–
大 名 县	2104.72	0.07	430.11	370.53	10.33	6.27
丛 台 区	–	–	–	–	–	–
复 兴 区	157.04	–	–	7.17	–	–
邯 山 区	140.17	5.90	–	–	–	–
峰峰矿区	424.02	–	–	–	–	–
经济开发区	506.69	383.15	123.53	12.59	–	–
马头经济开发区	–	–	–	–	–	–

15-14续表4 单位：元

县(市、区)	林业收入	牧业收入	#牧业产品收入	#成龄家畜收入	#猪收入	#菜羊收入
全　　市	**28.77**	**230.48**	**227.80**	**189.34**	**147.41**	**29.66**
#市　　区	–	48.78	48.78	48.74	48.74	–
武 安 市	48.01	42.68	42.68	39.91	8.23	–
鸡 泽 县	–	–	–	–	–	–
邱　　县	7.03	48.08	33.67	33.67	–	33.67
永 年 县	–	197.84	197.84	197.84	–	126.70
曲 周 县	63.16	214.46	214.46	197.44	170.75	26.70
邯 郸 县	–	9.28	9.28	3.24	3.24	–
肥 乡 县	–	224.52	224.52	204.46	104.06	43.68
馆 陶 县	30.80	225.88	225.88	224.00	10.49	213.51
涉　　县	300.24	24.85	24.85	–	–	–
广 平 县	10.03	44.77	44.77	44.77	20.27	24.50
成 安 县	1.77	168.05	146.40	128.20	80.24	–
魏　　县	38.02	386.68	386.68	344.20	333.26	10.94
磁　　县	-0.85	1944.39	1944.39	1516.95	1516.95	–
临 漳 县	34.53	106.49	106.49	106.49	106.49	–
大 名 县	0.44	275.11	266.31	157.48	97.98	59.15
丛 台 区	–	–	–	–	–	–
复 兴 区	–	–	–	–	–	–
邯 山 区	–	–	–	–	–	–
峰峰矿区	–	0.11	0.11	–	–	–
经济开发区	–	468.04	468.04	468.04	468.04	–
马头经济开发区	–	–	–	–	–	–

15-14续表5

单位：元

县(市、区)	#肉牛收入	#成龄家禽收入	#蛋类收入	#仔、幼畜、禽产品收入	#其他牧业产品收入
全　　市	**12.26**	**18.44**	**12.64**	**6.45**	**0.85**
#市　　区	–	–	–	–	–
武 安 市	31.68	–	2.77	–	–
鸡 泽 县	–	–	–	–	–
邱　　县	–	–	–	–	–
永 年 县	71.14	–	–	–	–
曲 周 县	–	0.13	–	16.88	–
邯 郸 县	–	–	–	–	6.04
肥 乡 县	56.72	18.78	1.28	–	–
馆 陶 县	–	–	–	–	0.68
涉　　县	–	–	24.85	–	–
广 平 县	–	–	–	–	–
成 安 县	47.96	–	0.11	18.09	–
魏　　县	–	1.31	5.10	34.25	1.81
磁　　县	–	303.22	87.50	36.02	0.71
临 漳 县	–	–	–	–	–
大 名 县	–	1.00	94.86	7.33	5.64
丛 台 区	–	–	–	–	–
复 兴 区	–	–	–	–	–
邯 山 区	–	–	–	–	–
峰峰矿区	–	–	–	–	–
经济开发区	–	–	–	–	–
马头经济开发区	–	–	–	–	–

15-14续表6

单位：元

县(市、区)	渔业收入	第二产业收入	工业收入	建筑业收入	第三产业收入	其他产品收入
全　　市	**0.57**	**499.70**	**295.04**	**204.67**	**1131.90**	**0.72**
#市　　区	–	781.55	–	781.55	1626.47	–
武 安 市	–	48.49	–	48.49	2160.94	–
鸡 泽 县	–	–	–	–	1156.77	12.71
邱　　县	–	419.81	–	419.81	2433.23	–
永 年 县	–	702.03	386.20	315.84	2578.28	–
曲 周 县	10.64	297.01	263.31	33.71	172.63	–
邯 郸 县	–	57.36	–	57.36	923.09	–
肥 乡 县	–	574.74	544.55	30.19	1885.97	–
馆 陶 县	–	2614.23	2614.23	–	1027.49	–
涉　　县	–	270.37	–	270.37	529.83	0.04
广 平 县	–	16.07	–	16.07	–	–
成 安 县	–	1588.29	1205.64	382.65	811.46	–
魏　　县	–	–	–	–	398.52	–
磁　　县	–	243.44	243.44	–	1059.18	–
临 漳 县	–	–	–	–	467.41	–
大 名 县	–	–	–	–	274.18	–
丛 台 区	–	–	–	–	293.03	–
复 兴 区	–	–	–	–	3562.29	–
邯 山 区	–	509.43	–	509.43	2012.36	–
峰峰矿区	–	88.24	–	88.24	964.31	–
经济开发区	–	6225.80	–	6225.80	1190.72	–
马头经济开发区	–	–	–	–	2444.99	–

15-14续表7　　单位：元

县(市、区)	第三产业服务性收入	交通、运输、邮电业收入	批零贸易业、饮食业收入	社会服务业收入	文教卫生业收入	其他行业收入
全市	**1131.19**	**373.98**	**521.76**	**91.34**	**51.35**	**92.75**
#市区	1626.47	714.36	821.17	29.37	21.01	40.56
武安市	2160.94	1324.13	518.13	96.65	5.12	216.91
鸡泽县	1144.05	-	392.78	-	-	751.28
邱县	2433.23	1127.77	813.91	491.54	-	-
永年县	2578.28	303.44	1526.17	295.34	443.97	9.36
曲周县	172.63	52.46	66.96	11.27	-	41.94
邯郸县	923.09	128.47	640.28	60.60	93.74	-
肥乡县	1885.97	618.77	1135.45	90.47	19.10	22.18
馆陶县	1027.49	22.35	506.86	-	-	498.28
涉县	529.78	383.07	125.78	9.24	-	11.69
广平县	-	-	-	-	-	-
成安县	811.46	267.09	492.61	-	51.75	-
魏县	398.52	172.55	136.99	6.07	82.91	-
磁县	1059.18	331.27	233.75	363.61	129.24	1.30
临漳县	467.41	97.42	199.78	96.81	31.11	42.28
大名县	274.18	-	234.41	39.78	-	-
丛台区	293.03	-	293.03	-	-	-
复兴区	3562.29	2440.88	1006.21	115.19	-	-
邯山区	2012.36	1517.14	331.67	81.52	72.67	9.36
峰峰矿区	964.31	360.82	480.81	-	18.03	104.65
经济开发区	1190.72	-	1190.72	-	-	-
马头经济开发区	2444.99	-	2444.99	-	-	-

15-14续表8　　单位：元

县(市、区)	财产性收入	#利息	#集体分配股息和红利	#其他股息和红利	#租金(包括农业机械)	#土地征用补偿收入
全市	**92.25**	**8.84**	**1.97**	**16.13**	**17.69**	**54.71**
#市区	214.58	15.57	0.73	36.13	27.91	1.93
武安市	199.38	55.44	35.85	102.44	-	-
鸡泽县	2.13	-	-	-	20.93	-
邱县	348.25	-	-	-	6.49	-
永年县	22.17	24.84	-	-	91.11	212.42
曲周县	15.43	-	-	-	2.00	-
邯郸县	52.82	4.06	-	-	29.07	4.71
肥乡县	68.61	-	-	-	68.61	563.46
馆陶县	17.70	-	-	-	-	-
涉县	30.35	0.19	-	-	-	80.77
广平县	29.94	-	-	-	0.31	17.56
成安县	171.36	28.30	-	85.76	13.19	-
魏县	16.72	-	-	-	0.66	7.81
磁县	26.71	4.49	-	-	-	-
临漳县	37.77	-	-	-	-	7.12
大名县	35.04	-	-	-	-	-
丛台区	61.19	61.19	-	-	-	-
复兴区	610.93	44.61	6.36	-	177.95	8.74
邯山区	61.24	-	-	-	9.32	4.66
峰峰矿区	337.07	14.08	-	97.66	15.02	-
经济开发区	20.49	-	-	-	-	-
马头经济开发区	-	-	-	-	-	-

15-14续表9

单位：元

县(市、区)	转移性收入	城市亲友赠送收入	农村亲友赠送收入	退耕还林还草补贴收入	粮食直接补贴收入
全　　市	**455.05**	**6.59**	**35.80**	**3.19**	**59.79**
#市　　区	663.09	18.63	9.57	8.32	11.57
武安市	742.57	–	4.15	–	65.59
鸡泽县	147.21	–	95.49	–	–
邱　县	272.47	44.60	0.27	–	227.60
永年县	94.47	–	17.39	–	45.03
曲周县	254.90	–	–	0.75	59.88
邯郸县	1334.73	3.12	137.46	16.58	21.68
肥乡县	312.35	–	–	–	115.63
馆陶县	256.67	–	39.53	–	91.03
涉　县	804.78	–	22.32	14.86	16.33
广平县	140.66	21.08	23.26	–	40.21
成安县	405.43	–	19.51	3.07	135.86
魏　县	408.01	1.42	24.91	–	19.14
磁　县	178.84	–	0.35	0.47	40.99
临漳县	353.47	–	107.49	–	115.32
大名县	621.26	–	102.31	–	18.64
丛台区	1945.12	–	–	–	–
复兴区	997.12	160.25	51.48	61.73	–
邯山区	426.10	–	18.43	–	9.20
峰峰矿区	264.51	0.42	–	3.26	26.36
经济开发区	1878.14	–	–	–	–
马头经济开发区	36.45	–	–	–	–

15-14续表10

单位：元

县(市、区)	总支出	家庭经营费用支出	第一产业生产费用支出	农业生产费用支出	农业生产资料支出	种籽支出
全　　市	**5521.28**	**1220.19**	**722.88**	**589.25**	**376.16**	**53.12**
#市　　区	4995.34	661.00	134.99	109.30	80.24	11.41
武安市	2911.01	312.46	119.54	119.17	59.59	0.47
鸡泽县	7548.63	1122.66	–	–	–	–
邱　县	6695.34	1428.84	25.77	25.77	19.80	–
永年县	5896.14	389.11	160.64	160.41	128.42	23.49
曲周县	6653.27	718.54	541.87	515.33	290.29	75.02
邯郸县	4856.54	745.26	671.95	613.29	418.03	47.69
肥乡县	6185.44	2030.88	822.04	741.06	453.91	70.00
馆陶县	6218.42	1221.72	1160.28	995.85	654.70	136.41
涉　县	7073.81	284.77	237.19	139.35	127.28	26.10
广平县	6434.59	1888.87	1597.58	435.00	266.81	53.42
戎安县	6438.47	2234.41	1065.80	962.61	557.04	123.90
魏　县	5201.25	1589.24	564.46	456.44	255.82	36.08
滋　县	5206.04	2032.78	1349.50	1323.34	748.45	15.64
临漳县	3740.40	883.67	456.47	455.63	330.20	–
大名县	3893.53	674.46	650.64	619.08	416.38	55.00
丛台区	5376.68	2568.22	900.50	792.34	484.84	82.71
复兴区	7324.92	1309.89	1231.69	984.52	594.89	109.00
邯山区	3295.79	847.27	804.36	744.48	607.37	18.23
峰峰矿区	6173.47	607.06	226.19	222.17	155.27	34.22
经济开发区	3607.27	1292.29	459.80	214.72	169.69	25.30
马头经济开发区	3501.71	471.28	8.67	8.67	7.94	–

15-14续表11

单位：元

县(市、区)	饲料支出	其他生产资料支出	农业服务性支出	林业生产费用支出	牧业生产费用支出	渔业生产费用支出
全 市	**3.38**	**319.67**	**213.09**	**2.12**	**131.41**	**0.10**
#市 区	2.52	66.30	29.06	0.70	24.98	-
武 安 市	2.92	118.14	66.90	1.20	2.82	-
鸡 泽 县	-	330.20	125.43	0.84	-	-
邱 县	4.25	728.56	574.88	4.92	21.25	-
永 年 县	0.58	219.16	200.62	1.08	106.94	-
曲 周 县	23.91	565.24	137.11	10.26	49.21	0.40
邯 郸 县	0.20	215.07	225.04	0.04	26.50	-
肥 乡 县	-	433.14	405.57	-	103.19	-
馆 陶 县	-	402.13	307.50	-	108.16	-
涉 县	0.15	101.02	12.08	1.85	96.00	-
广 平 县	9.12	352.26	202.71	5.73	25.83	-
成 安 县	-	383.92	287.15	2.92	78.06	-
魏 县	12.57	473.33	389.63	6.91	240.26	-
磁 县	0.81	212.58	168.19	0.19	1160.98	1.42
临 漳 县	-	370.34	195.25	-	58.66	-
大 名 县	0.29	517.99	341.16	0.36	164.07	-
从 台 区	-	-	-	-	-	-
复 兴 区	2.59	17.21	5.97	-	-	-
邯 山 区	11.27	47.85	59.58	0.37	-	-
峰 峰 矿 区	-	104.93	31.99	0.16	0.08	-
经 济 开 发 区	-	144.40	45.02	5.46	239.62	-
马头经济开发区	-	7.94	0.73	-	-	-

15-14续表12

单位：元

县(市、区)	第二产业生产费用支出	工业生产费用支出	建筑业生产费用支出	第三产业生产费用支出	交通运输邮电生产费用支出	批零贸易餐饮生产费用支出
全 市	**185.49**	**154.38**	**31.11**	**311.82**	**95.34**	**131.72**
#市 区	121.35	20.52	100.82	404.66	160.22	165.63
武 安 市	1.35	-	1.35	379.52	353.20	15.90
鸡 泽 县	-	-	-	427.21	-	91.56
邱 县	90.03	-	90.03	593.25	242.88	255.23
永 年 县	160.03	96.85	63.17	864.75	102.07	448.99
曲 周 县	4.78	2.18	2.60	38.13	2.46	19.05
邯 郸 县	11.47	-	11.47	165.20	40.80	96.00
肥 乡 县	161.64	154.96	6.68	1006.97	366.07	605.05
馆 陶 县	1307.32	1307.32	-	360.40	-	-
涉 县	1.39	-	1.39	46.19	7.41	38.24
广 平 县	21.04	-	21.04	2.77	0.09	-
成 安 县	1072.24	989.06	83.18	136.59	46.11	80.56
魏 县	-	-	-	78.19	30.39	33.99
磁 县	107.18	106.03	1.15	184.11	44.60	59.16
临 漳 县	-	-	-	73.31	19.40	32.48
大 名 县	-	-	-	61.44	-	52.40
从 台 区	420.10	237.01	183.09	702.56	-	172.37
复 兴 区	-	-	-	1403.07	950.65	372.19
邯 山 区	42.84	1.10	41.74	150.08	128.24	21.32
峰 峰 矿 区	27.54	-	27.54	200.92	66.89	88.33
经 济 开 发 区	642.12	0.88	641.24	190.37	5.27	185.10
马头经济开发区	-	-	-	462.61	-	405.29

15-14续表13

单位：元

县(市、区)	社会服务生产费用支出	文教卫生生产费用支出	其他行业生产费用支出	购置生产性固定资产支出	建造生产性固定资产雇工支出	税费支出
全　　市	**26.95**	**11.74**	**46.07**	**31.50**	**–**	**4.10**
#市　区	42.51	1.02	35.29	2.42	–	6.03
武安市	4.93	0.18	5.30	31.84	–	1.28
鸡泽县	–	–	335.64	–	–	–
邱　县	95.14	–	–	–	–	–
永年县	165.85	147.80	0.05	0.10	–	13.79
曲周县	0.02	2.66	13.94	64.90	–	–
邯郸县	12.64	15.71	0.05	8.20	–	–
肥乡县	32.43	3.43	–	291.65	–	–
馆陶县	–	–	360.40	–	–	–
涉　县	0.55	–	–	28.40	–	1.64
广平县	2.66	–	0.02	0.36	–	–
成安县	–	9.75	0.17	12.06	–	–
魏　县	0.95	12.86	–	5.73	–	20.34
磁　县	29.80	15.54	35.01	37.26	–	–
临漳县	15.13	–	6.31	1.16	–	–
大名县	9.04	–	–	31.88	–	18.68
丛台区	303.95	–	226.24	–	–	53.87
复兴区	80.24	–	–	4.13	–	–
邯山区	–	–	0.51	0.47	–	–
峰峰矿区	–	2.75	42.94	5.01	–	3.89
经济开发区	–	–	–	–	–	–
马头经济开发区	57.32	–	–	–	–	–

15-14续表14

单位：元

县(市、区)	第一产业税	第二产业税	第三产业税	其他各种收费	生活消费支出	#服务性支出
全　　市	**0.01**	**0.22**	**3.19**	**0.68**	**4023.16**	**889.80**
#市　区	0.10	0.56	5.38	–	4203.27	907.66
武安市	–	–	1.28	–	5382.95	907.37
鸡泽县	–	–	–	–	2763.33	376.21
邱　县	–	–	–	–	3063.09	773.33
永年县	–	2.53	11.26	–	3339.06	653.84
曲周县	–	–	–	–	2273.91	406.50
邯郸县	–	–	–	–	5390.90	1438.94
肥乡县	–	–	–	–	3733.81	537.30
馆陶县	–	–	–	–	2774.57	532.70
涉　县	–	–	–	1.64	6294.63	1796.34
广平县	–	–	–	–	3051.75	451.30
成安县	–	–	–	–	3818.79	924.18
魏　县	–	–	9.77	10.57	5639.66	1192.42
磁　县	–	–	–	–	4048.95	1252.57
临漳县	–	–	–	–	3838.18	964.87
大名县	–	–	18.68	–	4538.71	1119.27
丛台区	–	–	53.87	–	6341.40	882.78
复兴区	–	–	–	–	5151.82	1423.63
邯山区	–	–	–	–	2564.84	628.31
峰峰矿区	0.27	1.50	2.12	–	5264.84	1157.15
经济开发区	–	–	–	–	2293.03	432.19
马头经济开发区	–	–	–	–	2935.85	555.85

15-14续表15

单位：元

县(市、区)	食品消费支出	衣着消费支出	居住消费支出	家庭设备.用品消费支出	交通和通讯消费支出	文化教育.娱乐消费支出
全市	**1511.23**	**390.69**	**773.45**	**267.75**	**448.61**	**224.43**
#市区	1727.99	540.54	638.33	255.63	410.86	263.27
武安市	1841.74	530.27	819.22	622.74	928.36	326.35
鸡泽县	1077.59	454.18	457.99	37.99	212.44	155.29
邱县	1599.05	253.74	372.69	106.15	513.98	82.71
永年县	1277.99	309.98	646.48	317.42	444.57	190.93
曲周县	1007.96	199.21	277.14	106.46	446.32	99.43
邯郸县	2104.85	489.27	997.41	308.24	415.82	420.57
肥乡县	1197.28	355.83	1111.29	156.74	604.76	129.77
馆陶县	1000.80	445.56	422.79	295.27	289.25	79.95
涉县	1679.81	519.61	1647.43	545.77	584.29	298.32
广平县	1561.92	270.41	475.00	156.74	217.18	86.89
成安县	1342.98	314.63	843.33	362.05	457.04	188.52
魏县	1753.16	372.88	1763.05	295.35	484.66	284.77
磁县	1323.51	348.41	736.55	288.19	352.81	379.21
临漳县	1509.38	350.19	678.72	234.60	355.77	307.77
大名县	1839.21	289.57	665.67	256.33	537.80	233.98
丛台区	2249.34	1546.25	899.59	918.68	338.10	76.51
复兴区	1657.55	532.30	712.76	330.51	380.35	480.44
邯山区	1172.98	185.45	466.49	199.84	284.51	95.10
峰峰矿区	2147.50	607.34	850.35	152.45	598.72	459.24
经济开发区	1248.31	286.38	345.01	80.25	231.08	5.84
马头经济开发区	1477.55	439.00	287.86	273.29	284.93	94.38

15-14续表16

单位：元

县(市、区)	医疗保健消费支出	其他商品和服务消费支出	财产性支出	转移性支出	#赠送农村亲友
全市	**280.58**	**126.42**	**20.64**	**221.70**	**79.25**
#市区	310.58	56.07	2.59	120.02	30.21
武安市	218.54	95.73	5.12	145.22	33.10
鸡泽县	208.13	159.72	-	93.39	39.87
邱县	85.39	49.39	-	110.17	-
永年县	49.71	101.99	-	259.06	148.51
曲周县	117.83	19.57	-	109.71	23.88
邯郸县	351.13	303.62	8.91	526.73	324.24
肥乡县	136.54	41.62	-	178.59	22.19
馆陶县	187.30	53.64	-	33.90	-
涉县	766.93	252.46	149.92	314.46	94.96
广平县	204.33	79.28	-	166.97	56.42
成安县	156.90	153.34	-	323.72	149.18
魏县	480.18	205.60	0.01	349.29	42.28
磁县	300.64	319.63	204.22	255.30	76.49
临漳县	369.33	32.41	0.29	271.66	30.75
大名县	496.51	219.63	-	407.43	256.18
丛台区	131.83	181.10	-	30.70	-
复兴区	917.14	140.78	-	110.55	17.87
邯山区	155.15	5.32	-	33.25	11.93
峰峰矿区	410.84	38.42	7.01	226.27	69.72
经济开发区	46.79	49.36	-	21.95	-
马头经济开发区	47.72	31.12	-	94.58	-

15-15　分县(市、区)农村住户人均现金收支情况

(2012年)

单位：元

县(市、区)	期内现金收入	工资性收入	在非企业组织劳动得到收入	在本乡地域内劳动得到收入	外出从业得到收入	家庭经营现金收入
全市	**9057.72**	**5166.83**	**276.55**	**3175.06**	**1715.22**	**3352.43**
#市区	10690.11	7077.50	740.92	6114.83	221.75	2740.94
武安市	10015.86	6297.84	341.74	5579.39	376.71	2796.60
鸡泽县	8765.79	6154.32	76.23	5828.25	249.84	2440.83
邱县	9413.31	2329.49	81.08	1005.56	1242.85	6462.96
永年县	10937.81	5993.44	146.86	4879.41	967.16	4732.29
曲周县	8551.95	4096.26	272.29	2445.26	1378.71	4194.20
邯郸县	9776.83	6371.41	126.31	3321.17	2923.93	2063.14
肥乡县	9528.32	4383.19	200.57	1400.00	2782.62	4764.17
馆陶县	8319.08	2409.34	61.32	1871.66	476.36	5643.86
涉县	6709.92	4514.62	96.59	1866.87	2551.16	1378.39
广平县	7447.63	5987.31	346.42	3874.62	1766.27	1295.18
成安县	9788.62	4398.57	159.47	725.44	3513.67	4820.33
魏县	6610.25	3734.27	364.88	566.48	2802.92	2450.54
磁县	10549.54	6282.94	38.67	5160.89	1083.37	4068.92
临漳县	8187.24	5705.26	342.59	1314.48	4048.19	2128.52
大名县	7047.33	3717.40	246.39	892.56	2578.45	2761.73
丛台区	12992.99	10693.64	2017.72	8675.92	-	293.03
复兴区	12507.48	7295.10	282.02	7013.09	-	3611.54
邯山区	11474.14	8255.24	634.46	6701.70	919.08	2756.57
峰峰矿区	9184.93	7126.19	762.31	6363.88	-	1457.29
经济开发区	12950.08	2377.17	1239.25	773.00	364.91	8676.00
马头经济开发区	8820.30	6338.86	-	6320.49	18.37	2444.99

15-15续表1

单位：元

县(市、区)	第一产业现金收入	农业现金收入	#出售农产品收入	林业现金收入	牧业现金收入	渔业现金收入
全市	**1720.83**	**1483.89**	**1449.12**	**24.69**	**211.68**	**0.57**
#市区	332.91	291.68	239.35	-	41.23	-
武安市	587.18	498.83	498.83	49.22	39.14	-
鸡泽县	1284.06	1284.06	1218.66	-	-	-
邱县	3609.91	3568.10	3567.83	7.03	34.78	-
永年县	1451.98	1284.86	1218.05	-	167.12	-
曲周县	3724.56	3469.10	3441.71	64.97	179.85	10.64
邯郸县	1082.69	1073.51	1073.51	-	9.18	-
肥乡县	2303.47	2078.95	1887.98	-	224.52	-
馆陶县	2002.14	1749.44	1744.28	30.80	221.90	-
涉县	578.20	347.73	337.08	209.14	21.33	-
广平县	1279.12	1224.32	1215.33	10.03	44.77	-
成安县	2420.58	2261.91	2220.94	3.30	155.37	-
魏县	2052.03	1659.44	1655.65	38.02	354.57	-
磁县	2766.31	978.11	971.47	8.01	1780.20	-
临漳县	1661.11	1522.30	1501.28	34.53	104.29	-
大名县	2487.55	2225.71	2225.71	0.44	261.39	-
丛台区	-	-	-	-	-	-
复兴区	49.25	49.25	49.25	-	-	-
邯山区	234.78	234.78	173.85	-	-	-
峰峰矿区	404.75	404.75	380.71	-	-	-
经济开发区	1259.47	863.54	561.90	-	395.94	-
马头经济开发区	-	-	-	-	-	-

15-15续表2　　单位：元

县(市、区)	第二产业现金收入	工业收入	建筑业收入	第三产业现金收入	出售其他产品收入	第三产业服务性现金收入
全　　市	**499.70**	**295.04**	**204.67**	**1131.90**	**0.72**	**1131.19**
#市　　区	781.55	–	781.55	1626.47	–	1626.47
武安市	48.49	–	48.49	2160.94	–	2160.94
鸡泽县	–	–	–	1156.77	12.71	1144.05
邱　县	419.81	–	419.81	2433.23	–	2433.23
永年县	702.03	386.20	315.84	2578.28	–	2578.28
曲周县	297.01	263.31	33.71	172.63	–	172.63
邯郸县	57.36	–	57.36	923.09	–	923.09
肥乡县	574.74	544.55	30.19	1885.97	–	1885.97
馆陶县	2614.23	2614.23	–	1027.49	–	1027.49
涉　县	270.37	–	270.37	529.83	0.04	529.78
广平县	16.07	–	16.07	–	–	–
成安县	1588.29	1205.64	382.65	811.46	–	811.46
魏　县	–	–	–	398.52	–	398.52
磁　县	243.44	243.44	–	1059.18	–	1059.18
临漳县	–	–	–	467.41	–	467.41
大名县	–	–	–	274.18	–	274.18
丛台区	–	–	–	293.03	–	293.03
复兴区	–	–	–	3562.29	–	3562.29
邯山区	509.43	–	509.43	2012.36	–	2012.36
峰峰矿区	88.24	–	88.24	964.31	–	964.31
经济开发区	6225.80	–	6225.80	1190.72	–	1190.72
马头经济开发区	–	–	–	2444.99	–	2444.99

15-15续表3　　单位：元

县(市、区)	交通、运输邮电业收入	批零贸易业饮食业收入	社会服务业收入	文教卫生业收入	其他行业收入	财产性收入
全　　市	**373.98**	**521.76**	**91.34**	**51.35**	**92.75**	**90.30**
#市　　区	714.36	821.17	29.37	21.01	40.56	212.11
武安市	1324.13	518.13	96.65	5.12	216.91	194.96
鸡泽县	–	392.78	–	–	751.28	23.44
邱　县	1127.77	813.91	491.54	–	–	348.40
永年县	303.44	1526.17	295.34	443.97	9.36	117.62
曲周县	52.46	66.96	11.27	–	41.94	6.58
邯郸县	128.47	640.28	60.60	93.74	–	37.58
肥乡县	618.77	1135.45	90.47	19.10	22.18	68.61
馆陶县	22.35	506.86	–	–	498.28	9.74
涉　县	383.07	125.78	9.24	–	11.69	15.38
广平县	–	–	–	–	–	24.47
成安县	267.09	492.61	–	51.75	–	167.56
魏　县	172.55	136.99	6.07	82.91	–	20.68
磁　县	331.27	233.75	363.61	129.24	1.30	18.83
临漳县	97.42	199.78	96.81	31.11	42.28	–
大名县	–	234.41	39.78	–	–	0.27
丛台区	–	293.03	–	–	–	61.19
复兴区	2440.88	1006.21	115.19	–	–	610.69
邯山区	1517.14	331.67	81.52	72.67	9.36	50.00
峰峰矿区	360.82	480.81	–	18.03	104.65	336.94
经济开发区	–	1190.72	–	–	–	18.77
马头经济开发区	–	2444.99	–	–	–	–

15-15续表4

单位：元

县(市、区)	#土地征用补偿收入	转移性收入	#退耕还林还草补贴	#得到赔款	#离退休金养老金	#其他
全　市	**54.71**	**448.16**	**3.00**	**1.15**	**248.88**	**13.19**
#市　区	1.93	659.57	8.32	0.73	546.50	12.66
武安市	-	726.46	-	-	496.66	64.53
鸡泽县	-	147.21	-	-	44.47	3.61
邱　县	-	272.47	-	-	-	-
永年县	212.42	94.47	-	-	8.35	-
曲周县	-	254.90	0.75	-	88.65	0.39
邯郸县	4.71	1304.70	16.58	-	888.57	13.34
肥乡县	563.46	312.35	-	-	114.99	-
馆陶县	-	256.14	-	-	76.50	12.97
涉　县	80.77	801.52	14.86	-	544.23	68.96
广平县	17.56	140.66	-	-	2.52	1.88
成安县	-	402.16	-	-	200.67	2.38
魏　县	7.81	404.76	-	3.55	180.51	19.46
磁　县	-	178.84	0.47	-	58.11	21.80
临漳县	7.12	353.47	-	-	85.46	-
大名县	-	567.94	-	13.63	222.49	1.52
从台区	-	1945.12	-	-	1718.55	19.40
复兴区	8.74	990.14	61.73	6.36	615.31	-
邯山区	4.66	412.33	-	-	387.99	0.23
峰峰矿区	-	264.51	3.26	-	173.24	8.30
经济开发区	-	1878.14	-	-	1808.12	70.02
马头经济开发区	-	36.45	-	-	-	4.70

15-15续表5

单位：元

县(市、区)	#粮食直接补贴收入	非收入现金所得	非借贷性现金所得	#出售财物	#婚.丧.嫁.娶礼金	#调查补贴
全　市	**59.79**	**321.72**	**144.14**	**13.05**	**27.10**	**31.49**
#市　区	11.57	100.31	29.28	11.09	2.30	13.97
武安市	65.59	117.97	39.86	9.84	-	29.81
鸡泽县	-	78.48	-	-	-	-
邱　县	227.60	-	-	-	-	-
永年县	45.03	238.64	238.64	23.48	-	-
曲周县	59.88	25.62	18.05	-	-	1.16
邯郸县	21.68	231.98	73.44	1.77	-	53.54
肥乡县	115.63	835.14	711.64	13.05	52.94	26.07
馆陶县	91.03	38.60	21.41	6.62	-	14.79
涉　县	16.33	767.58	230.85	13.41	42.63	83.97
广平县	40.21	39.48	39.48	5.22	-	7.61
成安县	135.86	1408.57	61.10	-	53.60	0.13
魏　县	19.14	455.63	415.36	23.03	189.80	88.27
磁　县	40.99	393.95	164.12	-	57.16	101.48
临漳县	115.32	242.15	139.78	49.05	17.31	35.47
大名县	18.64	290.80	210.11	47.31	44.64	75.10
从台区	-	-	-	-	-	-
复兴区	-	472.73	166.09	32.23	3.97	121.15
邯山区	9.20	51.33	51.33	37.36	9.32	-
峰峰矿区	26.36	95.15	-	-	-	-
经济开发区	-	-	-	-	-	-
马头经济开发区	-	3.67	-	-	-	-

15-15续表6

单位：元

县(市、区)	借贷性现金所得	#银行、信用社贷款	#借入款	#收回借出款	#取回存款	期内现金支出
全市	**177.58**	**4.95**	**62.90**	**5.44**	**102.22**	**5357.17**
#市区	71.03	–	18.87	0.47	37.79	4972.95
武安市	78.11	–	62.74	2.56	12.80	6046.43
鸡泽县	78.48	–	78.48	–	–	3366.40
邱县	–	–	–	–	–	5123.01
永年县	–	–	–	–	–	5173.85
曲周县	7.57	–	–	–	7.51	3169.42
邯郸县	158.54	–	142.74	0.87	14.93	6516.01
肥乡县	123.50	–	–	–	123.50	6237.57
馆陶县	17.19	–	17.19	–	–	5256.63
涉县	536.72	55.06	399.32	64.74	17.60	6951.74
广平县	–	–	–	–	–	3516.17
成安县	1347.46	–	45.02	–	1302.44	5911.08
魏县	40.27	14.21	5.92	5.21	14.92	7140.36
磁县	229.84	0.03	191.31	11.81	26.69	6326.04
临漳县	102.37	–	100.15	2.23	–	4686.74
大名县	80.70	19.79	36.06	10.55	14.29	5876.09
丛台区	–	–	–	–	–	7542.35
复兴区	306.64	–	163.65	–	142.99	6649.28
邯山区	–	–	–	–	–	2828.67
峰峰矿区	95.15	–	–	–	57.59	5895.51
经济开发区	–	–	–	–	–	3607.27
马头经济开发区	3.67	–	–	3.67	–	3501.25

15-15续表7

单位：元

县(市、区)	生产费用支出	家庭经营费用支出	第一产业生产费用支出	农业生产费用	#其他生产服务支出	#排灌费
全市	**1243.99**	**1212.49**	**716.93**	**587.52**	**198.51**	**34.57**
#市区	662.50	660.08	135.45	109.77	29.05	9.86
武安市	638.27	606.43	226.19	222.17	66.90	1.96
鸡泽县	883.67	883.67	456.47	455.63	125.43	36.08
邱县	2032.78	2032.78	1349.50	1323.34	381.26	198.75
永年县	1585.67	1585.57	564.46	456.44	195.20	66.25
曲周县	912.77	847.87	805.42	747.25	133.94	59.79
邯郸县	724.71	716.51	541.22	514.68	217.79	9.90
肥乡县	2518.79	2227.14	1058.52	962.61	405.11	15.39
馆陶县	2558.68	2558.68	890.96	792.34	307.50	–
涉县	310.84	282.44	235.22	138.95	11.88	5.67
广平县	673.81	673.45	649.63	618.32	202.40	63.23
成安县	2041.71	2029.65	821.78	740.80	276.97	1.19
魏县	1253.80	1248.07	1169.88	971.19	351.28	–
磁县	1910.71	1873.45	1597.58	435.00	163.50	31.92
临漳县	743.59	742.44	671.95	613.29	194.81	99.15
大名县	1228.95	1197.07	1136.86	978.32	336.17	–
丛台区	1116.38	1116.38	–	–	–	–
复兴区	1427.48	1423.35	26.14	26.14	5.85	3.55
邯山区	314.33	313.87	121.68	121.31	59.58	24.32
峰峰矿区	394.03	389.02	160.64	160.41	31.99	3.12
经济开发区	1292.29	1292.29	459.80	214.72	45.02	33.64
马头经济开发区	471.28	471.28	8.67	8.67	0.73	–

15-15续表8

单位：元

县(市、区)	#机耕费	#修理费	#电费	林业生产费　用	牧业生产费　用	渔业生产费　用
全　市	**77.40**	**5.66**	**40.50**	**2.12**	**127.19**	**0.10**
#市　区	15.26	0.08	1.39	0.70	24.98	–
武安市	37.54	1.01	19.89	1.20	2.82	–
鸡泽县	30.36	7.53	27.39	0.84	–	–
邱　县	161.23	6.69	–	4.92	21.25	–
永年县	121.69	0.75	6.51	1.08	106.94	–
曲周县	39.36	2.07	20.49	10.26	47.52	0.40
邯郸县	102.58	1.98	64.45	0.04	26.50	–
肥乡县	234.23	49.77	102.39	–	95.92	–
馆陶县	51.11	–	84.75	–	98.62	–
涉　县	5.78	0.04	0.05	1.85	94.43	–
广平县	76.02	3.10	31.31	5.73	25.59	–
成安县	128.16	18.10	97.94	2.92	78.06	–
魏　县	96.14	0.39	135.30	6.91	191.77	–
磁　县	44.78	–	–	0.19	1160.98	1.42
临漳县	91.03	–	–	–	58.66	–
大名县	70.61	–	100.49	0.36	158.18	–
丛台区	–	–	–	–	–	–
复兴区	1.11	–	–	–	–	–
邯山区	25.06	–	2.56	0.37	–	–
峰峰矿区	25.75	0.21	2.40	0.16	0.08	–
经济开发区	5.38	–	–	5.46	239.62	–
马头经济开发区	0.73	–	–	–	–	–

15-15续表9

单位：元

县(市、区)	第二产业生产费用支出	工　业	建筑业	第三产业生产费用支出	交通运输邮电业	批零贸易餐饮业
全　市	**185.11**	**154.01**	**31.10**	**310.45**	**94.89**	**131.18**
#市　区	121.35	20.52	100.82	403.28	159.54	165.46
武安市	1.34	–	1.34	378.89	353.20	15.90
鸡泽县	–	–	–	427.21	–	91.56
邱　县	90.03	–	90.03	593.25	242.88	255.23
永年县	159.86	96.83	63.03	861.26	100.57	447.01
曲周县	4.78	2.18	2.60	37.66	2.32	18.73
邯郸县	11.47	–	11.47	163.82	39.97	95.45
肥乡县	161.64	154.96	6.68	1006.97	366.07	605.05
馆陶县	1307.32	1307.32	–	360.40	–	–
涉　县	1.36	–	1.36	45.86	7.41	37.90
广平县	21.04	–	21.04	2.77	0.09	–
成安县	1071.36	988.17	83.18	136.51	46.07	80.51
魏　县	–	–	–	78.19	30.39	33.99
磁　县	101.68	100.59	1.09	174.20	41.35	55.90
临漳县	–	–	–	70.49	18.97	30.93
大名县	–	–	–	60.20	–	51.50
丛台区	420.10	237.01	183.09	696.28	–	172.37
复兴区	–	–	–	1397.21	944.79	372.19
邯山区	42.84	1.10	41.74	149.34	128.24	20.59
峰峰矿区	27.54	–	27.54	200.84	66.89	88.24
经济开发区	642.12	0.88	641.24	190.37	5.27	185.10
马头经济开发区	–	–	–	462.61	–	405.29

15-15续表10

单位：元

县(市、区)	社会服务业	文教卫生业	其他行业	购置生产性固定资产支出	#购置建筑生产用建筑物材料	#购买农林牧渔业机械
全　　　市	**26.80**	**11.73**	**45.84**	**31.50**	**4.64**	**12.78**
#市　　区	41.97	1.02	35.29	2.42	-	0.09
武安市	4.66	0.18	4.94	31.84	10.84	21.00
鸡泽县	-	-	335.64	-	-	-
邱　县	95.14	-	-	-	-	-
永年县	165.83	147.80	0.05	0.10	-	0.10
曲周县	0.02	2.66	13.94	64.90	61.33	3.58
邯郸县	12.64	15.71	0.05	8.20	-	8.20
肥乡县	32.43	3.43	-	291.65	-	84.36
馆陶县	-	-	360.40	-	-	-
涉　县	0.55	-	-	28.40	-	21.26
广平县	2.66	-	0.02	0.36	0.32	-
成安县	-	9.75	0.17	12.06	-	12.06
魏　县	0.95	12.86	-	5.73	-	5.73
磁　县	29.80	15.51	31.65	37.26	13.53	23.72
临漳县	14.58	-	6.01	1.16	-	1.16
大名县	8.71	-	-	31.88	-	31.88
丛台区	297.67	-	226.24	-	-	-
复兴区	80.24	-	-	4.13	-	-
邯山区	-	-	0.51	0.47	-	0.47
峰峰矿区	-	2.75	42.94	5.01	-	-
经济开发区	-	-	-	-	-	-
马头经济开发区	57.32	-	-	-	-	-

15-15续表11

单位：元

县(市、区)	建、造生产性固定资产雇工支出	税费支出	第一产业税	第二产业税	第三产业税	其他各种收费
全　　　市	**-**	**4.07**	**-**	**0.22**	**3.17**	**0.68**
#市　　区	-	5.84	-	0.56	5.28	-
武安市	-	1.28	-	-	1.28	-
鸡泽县	-	-	-	-	-	-
邱　县	-	-	-	-	-	-
永年县	-	13.79	-	2.53	11.26	-
曲周县	-	-	-	-	-	-
邯郸县	-	-	-	-	-	-
肥乡县	-	-	-	-	-	-
馆陶县	-	-	-	-	-	-
涉　县	-	1.64	-	-	-	1.64
广平县	-	-	-	-	-	-
成安县	-	-	-	-	-	-
魏　县	-	20.34	-	-	9.77	10.57
磁　县	-	-	-	-	-	-
临漳县	-	-	-	-	-	-
大名县	-	18.68	-	-	18.68	-
丛台区	-	53.87	-	-	53.87	-
复兴区	-	-	-	-	-	-
邯山区	-	-	-	-	-	-
峰峰矿区	-	3.36	-	1.50	1.85	-
经济开发区	-	-	-	-	-	-
马头经济开发区	-	-	-	-	-	-

15-15续表12　　单位：元

县(市、区)	生活消费支出	食品	衣着	居住	家庭设备、用品及服务	交通和通讯
全　市	**3867.63**	**1355.86**	**390.67**	**773.45**	**267.62**	**448.61**
#市　区	4182.23	1707.01	540.54	638.33	255.63	410.86
武安市	5256.54	1715.34	530.27	819.22	622.74	928.36
鸡泽县	2389.33	703.59	454.18	457.99	37.99	212.44
邱　县	2980.06	1516.02	253.74	372.69	106.15	513.98
永年县	3315.32	1254.25	309.98	646.48	317.42	444.57
曲周县	2146.94	880.99	199.21	277.14	106.46	446.32
邯郸县	5262.00	1978.29	489.27	997.41	305.90	415.82
肥乡县	3540.19	1003.65	355.83	1111.29	156.74	604.76
馆陶县	2664.05	890.29	445.56	422.79	295.27	289.25
涉　县	6175.83	1561.12	519.61	1647.43	545.77	584.29
广平县	2675.39	1185.56	270.41	475.00	156.74	217.18
成安县	3545.65	1069.85	314.63	843.33	362.05	457.04
魏　县	5517.65	1631.52	372.52	1763.05	295.35	484.66
磁　县	3955.81	1230.37	348.41	736.55	288.19	352.81
临漳县	3671.20	1342.40	350.19	678.72	234.60	355.77
大名县	4227.22	1527.73	289.57	665.67	256.33	537.80
丛台区	6341.40	2249.34	1546.25	899.59	918.68	338.10
复兴区	5113.23	1518.96	532.30	712.76	330.51	380.35
邯山区	2481.10	1089.23	185.45	466.49	199.84	284.51
峰峰矿区	5264.84	2147.50	607.34	850.35	152.45	598.72
经济开发区	2293.03	1248.31	286.38	345.01	80.25	231.08
马头经济开发区	2935.39	1477.55	439.00	287.86	273.29	284.93

15-15续表13　　单位：元

县(市、区)	文化教育、娱乐用品及服务	医疗保健	其他商品和服务	财产性支出	# 承包耕地使用权费用
全　市	**224.43**	**280.58**	**126.41**	**20.64**	**2.80**
#市　区	263.27	310.58	56.01	2.59	-
武安市	326.35	218.54	95.73	5.12	-
鸡泽县	155.29	208.13	159.72	-	-
邱　县	82.71	85.39	49.39	-	-
永年县	190.93	49.71	101.99	-	-
曲周县	99.43	117.83	19.57	-	-
邯郸县	420.57	351.13	303.62	8.91	-
肥乡县	129.77	136.54	41.62	-	3.32
馆陶县	79.95	187.30	53.64	-	-
涉　县	298.32	766.93	252.35	149.92	-
广平县	86.89	204.33	79.28	-	-
成安县	188.52	156.90	153.34	-	-
魏　县	284.77	480.18	205.60	0.01	40.27
磁　县	379.21	300.64	319.63	204.22	0.32
临漳县	307.77	369.33	32.41	0.29	4.45
大名县	233.98	496.51	219.63	-	0.66
丛台区	76.51	131.83	181.10	-	-
复兴区	480.44	917.14	140.78	-	-
邯山区	95.10	155.15	5.32	-	-
峰峰矿区	459.24	410.84	38.42	7.01	-
经济开发区	5.84	46.79	49.36	-	-
马头经济开发区	94.38	47.72	30.65	-	-

15-15续表14

单位：元

县(市、区)	转移性支出	非消费性支出	非借贷性支出	#婚丧嫁娶支出	储蓄借贷性支出	#归还借款
全　　市	**220.84**	**681.88**	**271.06**	**267.36**	**410.83**	**36.38**
#市　　区	119.79	459.16	250.36	242.69	208.80	19.56
武 安 市	145.22	2485.81	38.86	36.92	2446.95	12.80
鸡 泽 县	93.39	328.24	264.13	262.82	64.12	64.12
邱　　县	110.17	26.21	26.21	26.21	–	–
永 年 县	259.06	154.49	117.73	116.57	36.76	7.15
曲 周 县	109.71	36.41	19.39	16.59	17.03	–
邯 郸 县	520.40	346.43	252.71	247.69	93.73	92.78
肥 乡 县	178.59	2233.33	188.74	188.74	2044.60	–
馆 陶 县	33.90	819.81	816.37	816.37	3.44	3.44
涉　　县	313.52	699.87	402.90	400.53	296.97	191.87
广 平 县	166.97	97.90	64.48	61.44	33.42	–
成 安 县	323.72	1271.19	243.91	232.68	1027.27	11.79
魏　　县	348.55	697.64	668.27	665.17	29.37	29.37
磁　　县	255.30	517.22	512.97	512.06	4.25	4.25
临 漳 县	271.66	386.31	384.22	383.78	2.09	–
大 名 县	401.24	539.43	147.28	137.03	392.15	173.49
丛 台 区	30.70	–	–	–	–	–
复 兴 区	108.57	1455.97	390.67	354.54	1065.30	127.11
邯 山 区	33.25	94.71	93.31	90.25	1.40	1.40
峰峰矿区	226.27	669.13	438.77	436.34	230.36	12.52
经济开发区	21.95	17.11	17.11	17.11	–	–
马头经济开发区	94.58	181.85	178.17	162.51	3.67	–

15-15续表15

单位：元

县(市、区)	#存　款	期末金融资产余额	#手存现金	#存款余额	期末债务余　额	#个人借(欠)款
全　　市	**343.43**	**7488.78**	**666.91**	**6817.16**	**204.13**	**159.44**
#市　　区	182.28	8440.49	525.59	7914.90	208.28	208.28
武 安 市	2421.85	11526.10	1194.51	10331.59	–	–
鸡 泽 县	–	7291.87	428.19	6779.96	379.33	379.33
邱　　县	–	20169.93	1228.27	18941.67	–	–
永 年 县	–	15440.24	838.64	14601.60	–	–
曲 周 县	12.52	8293.86	512.77	7781.10	–	–
邯 郸 县	–	7520.92	419.30	7101.62	662.80	662.80
肥 乡 县	1975.99	6892.59	829.70	6062.89	228.70	–
馆 陶 县	–	7715.03	820.19	6894.84	–	–
涉　　县	–	8032.22	345.24	7686.98	958.45	736.84
广 平 县	33.42	2354.89	577.72	1777.16	–	–
成 安 县	956.20	6980.42	1114.61	5865.82	23.22	23.22
魏　　县	–	2041.69	797.42	1244.27	–	–
磁　　县	–	2663.74	518.73	2145.00	465.84	195.43
临 漳 县	–	2603.07	348.40	2254.67	–	–
大 名 县	–	2851.42	443.32	2408.10	359.52	311.90
丛 台 区	–	23514.50	3235.43	20279.07	–	–
复 兴 区	938.20	10138.92	298.06	9840.86	516.13	516.13
邯 山 区	–	4020.75	141.36	3879.40	–	–
峰峰矿区	200.32	6882.31	417.96	6464.34	402.14	402.14
经济开发区	–	16504.76	314.29	16190.48	–	–
马头经济开发区	–	1620.16	–	1620.16	–	–

第二部分　统计资料

十六、科学技术

资料整理：王海生　　王建平

16-1 技 术 市 场

项 目	单 位	2007年	2008年	2009年	2010年	2011年	2012年
各类技术合同签订项数	项	100	43	72	139	155	315
各类技术合同金额*	万元	11796	47987	730	3272	4600	20046

注：*本表中各类技术合同金额2002年以后为实际合同登记认定数。

16-2 社 会 科 技 成 果

项 目	单 位	2007年	2008年	2009年	2010年	2011年	2012年
科技投入三项费	万元	1797	2020	2125	2250	2268	2290
鉴定科研成果项数	项	132	134	148	178	194	195
获国家省市科技进步奖	项	90	93	95	96	97	99
#省级奖	项	10	12	13	14	16	17
市级奖	项	80	80	80	80	80	80
一等奖	项	16	16	16	16	16	16
二等奖	项	24	24	24	24	24	24
三等奖	项	40	40	40	40	40	40

16-3 认定高新技术企业主要指标

项 目	单 位	2007年	2008年	2009年	2010年	2011年	2012年
认定高新技术企业数	个	30	6	17	7	13	15
认定高新技术产品数	个	40	7	-	-	-	-

16-4 历年大中型工业科技活动主要指标

项目	单位	2006年	2007年	2008年	2009年	2010年	2011年	2012年
企业个数	个	135	138	145	150	175	193	215
企业办科技机构	个	44	44	30	43	41	45	55
科技开发项目	项	566	589	478	550	563	621	689
*科技活动人员	人	9781	9970	10482	10429	4117	4795	5981
*科技经费支出额	万元	141124	178630	205022	114826	122205	130386	160651
开发新产品费用	万元	76773	83011	105442	154843	174637	161156	188988
新产品销售收入	万元	672770	896981	1150347	1035502	1072216	1502631	2316512
专利申请	件	89	85	81	238	290	427	654
科技机构拥有率	%	32.6	31.9	20.7	28.6	23.4	23.3	25.6
*开发人员占有率	%	3.7	4.1	4	4.1	1.5	1.7	2.1
企业平均投入科技经费	万元	1045	1294	1414		698	676	747
企业平均项目数	项	4.2	4.3	3.3	3.8	3.2	3.2	3.2
新产品销售收入率	%	1.5	5.0	4.5	3.6	3.1	3.3	4.7

注：2003年以后数据为新划型标准确定的大中型工业企业数据。2011年后带*指标为R&D(研究与试验发展)指标。

16-5 人才资源情况

单位：人

年份	人才总数	国有和城镇集体		民营（非国有）		非公职农民技术员	劳动年龄人口数	人才密度指数（%）
		中专及以上学历人员	无学历有职称人员	大专及以上学历人员	中专及技校文化程度人员			
2005	427936	259086	11524	42075	108806	4660	5883977	7.27
2006	468986	260745	10178	75637	117651	4775	5995333	7.82
2007	502424	266531	7667	88704	134686	4836	6045939	8.31
2008	547284	268580	7518	97115	169121	4950	6072996	9.01
2009	596721	281270	7699	110408	192338	5006	6070577	9.82
2010	638970	287402	6245	118724	221461	5138	5864967	10.8
2011	696564	304758	5381	129199	252058	5168	5857140	11.9
2012	824542	293438	6401	203841	310468	5200	5936384	13.89

16-6　分县（市、区）人才资源

（2012年）

单位：人

县（市、区）	人才总数	国有和城镇集体		民营（非国有）		非公职农民技术员	劳动年龄人口数	人才密度指数（%）
		中专及以上学历人员	无学历有职称人员	大专及以上学历人员	中专及技校文化程度人员			
武安市	57197	23642	312	6518	26709	16	545639	10.4
鸡泽县	9876	6799	222	3599	3089	350	116703	12.5
邱县	11864	8021	91	1210	2542	310	175021	6.8
永年县	70968	29265	254	17296	24108	45	483374	14.7
曲周县	25361	9871	460	3247	10281	1502	278996	9.1
邯郸县	40619	12238	930	8344	15579	4612	318146	12.8
肥乡县	16895	7352	116	4197	5215	15	213590	7.9
馆陶县	11098	11531	12	–	–	388	183411	6.1
涉县	26686	13664	357	3156	9509	120	276975	9.6
广平县	18034	9555	4	2856	5302	317	164679	11.0
成安县	36385	9710	165	9214	17256	40	265478	13.7
魏县	20035	14518	307	1788	3422	–	488658	4.1
磁县	26955	18212	1429	3322	3632	360	419229	6.4
临漳县	33091	13187	200	9868	9788	48	412998	8.0
大名县	32521	16379	252	7206	7874	148	416940	7.8
丛台区	94492	61451	1217	15024	16800	–	215297	43.9
复兴区	40882	19361	178	9596	11441	306	128601	31.8
邯山区	73170	33950	1074	15506	22631	9	251375	29.1
峰峰矿区	20402	14760	477	3450	1715	42	334800	6.1
经济开发区	20164	9954	338	5121	4751	–	34502	58.4

16-7 规模以上工业企业科技活动基本情况

(2012年)

单位:个

项目	企业数	#有R&D活动	#有科技机构
全市	972	52	62
按企业规模分			
大型	57	13	12
中型	158	21	28
小型	723	18	22
微型	34	–	–
按隶属关系分			
中央	13	7	5
省(自治区、直辖市)	7	4	4
地(区、市、州、盟)	27	5	10
按登记注册类型分			
内资企业	923	47	56
国有企业	44	7	5
集体企业	20	–	–
股份合作企业	5	–	–
联营企业	1	–	–
有限责任公司	251	20	24
股份有限公司	35	7	8
私营企业	549	13	19
其他企业	18		
港、澳、台商投资企业	22	4	3
合资经营企业(港或澳、台资)	10	1	1
港、澳、台商独资经营企业	12	3	2
外商投资企业	27	1	3
中外合资经营企业	17	1	3
中外合作经营企业	2	–	–
外资企业	8	–	–
按新国民经济行业大类分			
制造业	94	3	2
农副食品加工业	71	2	2
食品制造业	21	1	–
酒、饮料和精制茶制造业	2	–	–
纺织业	741	46	56
纺织服装、服饰业	78	1	–
皮革、毛皮、羽毛及其制品和制鞋业	28	3	5
木材加工和木、竹、藤、棕、草制品业	18	1	1
家具制造业	76	4	3
造纸和纸制品业	16	–	–
印刷和记录媒介复制业	4	–	–
文教、工美、体育和娱乐用品制造业	4	–	1
石油加工、炼焦和核燃料加工业	9	1	–
化学原料和化学制品制造业	6	–	–
医药制造业	7	–	–

16-7续表　　　　单位:个

项　　目	企业数		
		#有R&D活动	#有科技机构
化学纤维制造业	47	4	5
橡胶和塑料制品业	15	-	1
非金属矿物制品业	3	-	-
黑色金属冶炼和压延加工业	24	-	3
有色金属冶炼和压延加工业	81	7	8
金属制品业	91	7	8
通用设备制造业	2	1	1
专用设备制造业	22	-	-
汽车制造业	93	3	4
铁路、船舶、航空航天和其他运输设备制造业	37	6	7
电气机械和器材制造业	10	1	1
计算机、通信和其他电子设备制造业	4	-	-
仪器仪表制造业	23	3	2
废弃资源综合利用业	4	1	2
金属制品、机械和设备修理业	4	3	3
电力、热力、燃气及水生产和供应业	3	-	-
电力、热力生产和供应业	2	-	-
燃气生产和供应业	1	-	-
水的生产和供应业	40	-	1
按地区分			
武安市	90	3	5
鸡泽县	58		-
邱县	39	3	2
永年县	108	2	2
曲周县	51	4	5
邯郸县	37	2	2
肥乡县	39	1	-
馆陶县	42	-	2
涉县	38	1	1
广平县	36	5	6
成安县	49	1	2
魏县	50	-	1
磁县	62	1	1
临漳县	42	1	-
大名县	58	2	1
丛台区	4	-	-
复兴区	10	1	1
邯山区	7	-	1
峰峰矿区	70	4	7
经济开发区	34	9	8
马头经济开发区	16	1	1
市直	32	11	14

16-8　规模以上工业企业R&D人员情况

（2012年）

单位:人

项　　目	R&D人员合计	#参加项目人员	管理和服务人员	#女性	#研究人员
全　　市	5981	4478	1503	1146	4368
按企业规模分					
大型	4107	3133	974	677	3390
中型	1621	1142	479	400	862
小型	253	203	50	69	116
按隶属关系分					
中央	797	696	101	144	584
省(自治区、直辖市)	2888	2128	760	452	2522
地(区、市、州、盟)	717	315	402	191	588
按登记注册类型分					
内资企业	5828	4360	1468	1121	4276
国有企业	1281	1016	265	203	942
有限责任公司	3113	2066	1047	596	2520
股份有限公司	1007	942	65	246	622
私营企业	427	336	91	76	192
港、澳、台商投资企业	102	69	33	14	78
合资经营企业(港或澳、台资)	45	18	27	3	45
港、澳、台商独资经营企业	57	51	6	11	33
外商投资企业	51	49	2	11	14
中外合资经营企业	51	49	2	11	14
按新国民经济行业大类分					
采矿业	1065	1048	17	33	643
煤炭开采和洗选业	978	965	13	18	612
黑色金属矿采选业	87	83	4	15	31
制造业	4860	3377	1483	1110	3680
农副食品加工业	15	9	6	8	14
食品制造业	430	406	24	154	198
酒、饮料和精制茶制造业	5	5	–	1	2
纺织业	51	49	2	11	14
纺织服装、服饰业	7	7	–	5	5
家具制造业	21	18	3	7	2
化学原料和化学制品制造业	54	44	10	7	14
医药制造业	5	4	1	2	3
非金属矿物制品业	388	352	36	56	67
黑色金属冶炼和压延加工业	2659	1764	895	511	2461
有色金属冶炼和压延加工业	63	55	8	17	23
金属制品业	27	16	11	10	24
通用设备制造业	257	60	197	87	249
专用设备制造业	367	161	206	58	277
汽车制造业	32	28	4	5	10
电气机械和器材制造业	220	197	23	76	123
计算机、通信和其他电子设备制造业	20	19	1	6	16
仪器仪表制造业	239	183	56	89	178
电力、热力、燃气及水生产和供应业	56	53	3	3	45
电力、热力生产和供应业	56	53	3	3	45

16-8续表1　　单位:人

项　　目	#全时人员	非全时人员	R&D人员折合全时当量合计(人年)	#研究人员	应用研究人员	试验发展人员
全　　市	1893	4088	3150.4	2207.3	6	3144.4
按企业规模分						
大型	928	3179	1886.6	1590.5	-	1886.6
中型	842	779	1105.8	548.6	6	1099.8
小型	123	130	158.0	68.1	-	158.0
按隶属关系分						
中央	293	504	436.8	317.5	-	436.8
省(自治区、直辖市)	465	2423	1225.1	1124.5	-	1225.1
地(区、市、州、盟)	255	462	434.9	338.3	-	434.9
按登记注册类型分						
内资企业	1810	4018	3088.9	2180.4	6	3082.9
国有企业	274	1007	307.6	206.1	-	307.6
有限责任公司	959	2154	1764.3	1394.3	-	1764.3
股份有限公司	409	598	750.1	441.7	6	744.1
私营企业	168	259	266.8	138.3	-	266.8
港、澳、台商投资企业	49	53	33.7	19.2	-	33.7
合资经营企业(港或澳、台资)	31	14	7.4	7.4	-	7.4
港、澳、台商独资经营企业	18	39	26.3	11.8	-	26.3
外商投资企业	34	17	27.8	7.6	-	27.8
中外合资经营企业	34	17	27.8	7.6	-	27.8
按新国民经济行业大类分						
采矿业	83	982	272.2	142.9	-	272.2
煤炭开采和洗选业	80	898	227.6	127	-	227.6
黑色金属矿采选业	3	84	44.5	15.9	-	44.5
制造业	1810	3050	2871.5	2059	6	2865.5
农副食品加工业	5	10	4.0	3.7	-	4.0
食品制造业	281	149	401.7	178.5	6	395.7
酒、饮料和精制茶制造业	-	5	1.9	0.7	-	1.9
纺织业	34	17	27.8	7.6	-	27.8
纺织服装、服饰业	2	5	4.6	3.3	-	4.6
家具制造业	3	18	21	2	-	21
化学原料和化学制品制造业	36	18	23.4	5.7	-	23.4
医药制造业	3	2	0.9	0.6	-	0.9
非金属矿物制品业	263	125	247.7	38.9	-	247.7
黑色金属冶炼和压延加工业	549	2110	1400.9	1291.6	-	1400.9
有色金属冶炼和压延加工业	36	27	54.9	20.3	-	54.9
金属制品业	23	4	20.8	19.4	-	20.8
通用设备制造业	27	230	32.2	28.3	-	32.2
专用设备制造业	158	209	322.1	259.7	-	322.1
汽车制造业	22	10	7.4	2.3	-	7.4
电气机械和器材制造业	123	97	146.2	81.7	-	146.2
计算机、通信和其他电子设备制造业	15	5	20.0	16.0	-	20.0
仪器仪表制造业	230	9	133.9	98.6	-	133.9
电力、热力、燃气及水生产和供应业	-	56	6.7	5.3	-	6.7
电力、热力生产和供应业	-	56	6.7	5.3	-	6.7

16-8续表2 单位:人

县（市、区）	R&D人员合计	#参加项目人员	管理和服务人员	#女性	#研究人员
武安市	135	97	38	27	63
邱县	46	39	7	7	34
永年县	61	52	9	14	21
曲周县	467	432	35	171	205
邯郸县	11	9	2	2	5
肥乡县	5	5	–	1	2
涉县	80	35	45	24	80
广平县	88	70	18	20	35
成安县	90	60	30	5	68
磁县	18	15	3	–	5
临漳县	36	30	6	5	11
大名县	12	9	3	6	8
复兴区	9	8	1	3	6
峰峰矿区	379	345	34	41	68
经济开发区	419	204	215	118	332
马头经济开发区	133	130	3	14	62
市直	3992	2938	1054	688	3363

16-8续表3 单位:人

县（市、区）	#全时人员	非全时人员	R&D人员折合全时当量合计（人年）	#研究人员	应用研究人员	试验发展人员
武安市	43	92	33.6	14.0	–	33.6
邱县	6	40	10.5	8.0	–	10.5
永年县	39	22	33.3	11.5	–	33.3
曲周县	315	152	440.7	193.1	6	434.7
邯郸县	5	6	2.0	0.9	–	2.0
肥乡县	–	5	1.9	0.7	–	1.9
涉县	13	67	16.9	16.9	–	16.9
广平县	48	40	48.2	21.8	–	48.2
成安县	23	67	83.3	63.0	–	83.3
磁县	18	–	13.6	3.8	–	13.6
临漳县	9	27	22.2	6.8	–	22.2
大名县	6	6	3.8	2.5	–	3.8
复兴区	5	4	4.2	2.8	–	4.2
峰峰矿区	308	71	252.2	40.3	–	252.2
经济开发区	237	182	354.4	293.2	–	354.4
马头经济开发区	38	95	104.9	48.9	–	104.9
市直	780	3212	1724.7	1479.0	–	1724.7

16-9　规模以上工业企业R&D经费情况

（2012年）

单位：万元

项　　目	R&D经费内部支出合计	按活动类型分组		按支出用途分组				
		#应用研究支出	#试验发展支出	经常费支出	#人员劳务费	资产性支出	#土建工程	#仪器设备
全　　市	**160651**	**75**	**160576**	**139283**	**19676**	**21368**	**350**	**21018**
按企业规模分								
大型	134094	－	134094	121491	13626	12603	231	12371
中型	21221	75	21146	13560	5076	7661	116	7545
小型	5336	－	5336	4232	974	1104	3	1102
按隶属关系分								
中央	25066	－	25066	24990	1981	76	35	41
省(自治区、直辖市)	98919	－	98919	89785	10718	9134	134	9001
地(区、市、州、盟)	7202	－	7202	4957	1395	2245	66	2179
按登记注册类型分								
内资企业	156259	75	156184	135326	19344	20933	348	20585
国有企业	12311	－	12311	11758	4022	554	166	387
有限责任公司	98189	－	98189	88686	10554	9503	8	9495
股份有限公司	33756	75	33681	27640	3336	6116	169	5947
私营企业	12003	－	12003	7242	1433	4761	4	4756
港、澳、台商投资企业	3811	－	3811	3486	140	325	2	323
合资经营企业(港或澳、台资)	3000	－	3000	2980	15	20	－	20
港、澳、台商独资经营企业	811	－	811	506	125	305	2	303
外商投资企业	580	－	580	471	192	110	－	110
中外合资经营企业	580	－	580	471	192	110	－	110
按新国民经济行业大类分								
采矿业	17351	－	17351	15643	3437	1708	134	1574
煤炭开采和洗选业	16909	－	16909	15201	3273	1708	134	1574
黑色金属矿采选业	442	－	442	442	165	－	－	－
制造业	142909	75	142834	123248	16141	19661	216	19444
农副食品加工业	46	－	46	41	30	5	－	5
食品制造业	8284	75	8208	4000	2480	4283	102	4181
酒、饮料和精制茶制造业	102	－	102	12	10	90	－	90
纺织业	580	－	580	471	192	110	－	110
纺织服装、服饰业	259	－	259	236	17	23	－	23
家具制造业	690	－	690	279	69	411	－	411
化学原料和化学制品制造业	1736	－	1736	1273	445	462	1	462
医药制造业	7	－	7	6	1	－	－	－
非金属矿物制品业	5520	－	5520	2704	770	2816	9	2807
黑色金属冶炼和压延加工业	111603	－	111603	102808	8484	8795	2	8793
有色金属冶炼和压延加工业	1430	－	1430	1230	427	200	－	200
金属制品业	997	－	997	995	75	2	－	2
通用设备制造业	1370	－	1370	1299	455	71	－	71
专用设备制造业	2276	－	2276	2114	477	161	1	161
汽车制造业	226	－	226	187	133	38	4	34
电气机械和器材制造业	4509	－	4509	2363	825	2147	66	2081
计算机、通信和其他电子设备制造业	650	－	650	650	7	－	－	－
仪器仪表制造业	2627	－	2627	2579	1243	47	33	15
电力、热力、燃气及水生产和供应业	391	－	391	391	98	－	－	－
电力、热力生产和供应业	391	－	391	391	98	－	－	－

16-9续表1　　　　单位:万元

项　　目	按资金来源分组				R&D经费外部支出			
	政府资金	企业资金	境外资金	其他资金		#对境内研究机构支出	#对境内高等学校支出	对境外支出
全　市	**2463**	**156369**	**718**	**1101**	**7197**	**2376**	**4364**	**6**
按企业规模分								
大型	712	132281	–	1101	6645	2243	3945	6
中型	1484	19019	718	–	415	53	363	–
小型	267	5069	–	–	137	80	57	–
按隶属关系分								
中央	71	24729	266	–	22	–	–	–
省(自治区、直辖市)	179	98740	–	–	5700	1920	3780	–
地(区、市、州、盟)	371	6831	–	–	150	82	69	–
按登记注册类型分								
内资企业	2393	152047	718	1101	6859	2376	4325	6
国有企业	64	12247	–	–	4200	1242	2936	–
有限责任公司	672	96788	718	11	1944	975	940	6
股份有限公司	557	33199	–	–	402	79	323	–
私营企业	1100	9813	–	1090	312	80	127	–
港、澳、台商投资企业	70	3741	–	–	330	–	30	–
合资经营企业(港或澳、台资)	60	2940	–	–	300	–	–	–
港、澳、台商独资经营企业	10	801	–	–	30	–	30	–
外商投资企业	–	580	–	–	9	–	9	–
中外合资经营企业	–	580	–	–	9	–	9	–
按新国民经济行业大类分								
采矿业	–	17351	–	–	5080	1857	3222	–
煤炭开采和洗选业	–	16909	–	–	4854	1645	3208	–
黑色金属矿采选业	–	442	–	–	226	212	14	–
制造业	2463	138627	718	1101	2096	519	1142	6
农副食品加工业	–	46	–	–	–	–	–	–
食品制造业	252	8032	–	–	284	–	284	–
酒、饮料和精制茶制造业	–	102	–	–	80	80	–	–
纺织业	–	580	–	–	9	–	9	–
纺织服装、服饰业	5	254	–	–	–	–	–	–
家具制造业	–	690	–	–	–	–	–	–
化学原料和化学制品制造业	125	1159	452	–	50	50	–	–
医药制造业	1	6	–	–	–	–	–	–
非金属矿物制品业	880	4640	–	–	100	–	100	–
黑色金属冶炼和压延加工业	429	109808	266	1101	1396	307	654	6
有色金属冶炼和压延加工业	90	1340	–	–	–	–	–	–
金属制品业	220	777	–	–	27	–	27	–
通用设备制造业	–	1370	–	–	–	–	–	–
专用设备制造业	159	2117	–	–	3	3	–	–
汽车制造业	–	226	–	–	–	–	–	–
电气机械和器材制造业	219	4290	–	–	148	79	69	–
计算机、通信和其他电子设备制造业	–	650	–	–	–	–	–	–
仪器仪表制造业	84	2542	–	–	–	–	–	–
电力、热力、燃气及水生产和供应业	–	391	–	–	22	–	–	–
电力、热力生产和供应业	–	391	–	–	22	–	–	–

16-9续表2

单位:万元

县（市、区）	R&D经费内部支出合计	按活动类型分组		按支出用途分组				
		#应用研究支出	#试验发展支出	经常费支出	#人员劳务费	资产性支出	#土建工程	#仪器设备
武安市	7562	–	7562	4838	148	2724	–	2724
鸡泽县	–	–	–	–	–	–	–	–
邱县	709	–	709	686	108	23	–	23
永年县	812	–	812	701	201	112	–	112
曲周县	9634	75	9559	5038	2931	4596	100	4496
邯郸县	60	–	60	49	22	10	–	10
肥乡县	102	–	102	12	10	90	–	90
涉县	1077	–	1077	1036	21	41	–	41
广平县	2116	–	2116	1667	294	449	4	445
成安县	1410	–	1410	950	460	460	–	460
魏县	–	–	–	–	–	–	–	–
磁县	756	–	756	695	233	61	1	60
临漳县	306	–	306	251	94	56	1	55
大名县	50	–	50	43	31	7	–	7
复兴区	32	–	32	30	20	2	–	2
峰峰矿区	3259	–	3259	2258	780	1001	9	993
经济开发区	6925	–	6925	4512	965	2413	68	2345
马头经济开发区	835	–	835	723	124	112	–	112
市直	125007	–	125007	115794	13234	9212	168	9044

16-9续表3

县（市、区）	按资金来源分组				R&D经费外部支出			
	政府资金	企业资金	境外资金	其他资金		#对境内研究机构支出	#对境内高等学校支出	对境外支出
武安市	910	6652	–	–	400	–	100	–
鸡泽县	–	–	–	–	–	–	–	–
邱县	5	704	–	–	–	–	–	–
永年县	210	591	–	11	9	–	9	–
曲周县	262	9373	–		254	–	254	–
邯郸县	1	59	–	–	–	–	–	–
肥乡县	–	102	–	–	80	80	–	–
涉县	–	1077	–	–	144	32	82	6
广平县	310	1806	–	–	27	–	27	–
成安县	–	1410	–	–	–	–	–	–
魏县	–	–	–	–	–	–	–	–
磁县	110	194	452	–	50	50	–	–
临漳县	–	306	–	–	–	–	–	–
大名县	–	50	–	–	–	–	–	–
复兴区	–	32	–	–	–	–	–	–
峰峰矿区	30	2139	–	1090	106	–	–	–
经济开发区	321	6604	–	–	178	79	99	–
马头经济开发区	82	753	–	–	3	3	–	–
市直	223	124518	266	–	5948	2132	3794	–

16-10　规模以上工业企业全部R&D项目情况

（2012年）　　　　单位:项、人、人年、万元

项　　目	项目数	参加项目人员	项目人员折合全时当量	全部项目经费内部支出
全　　市	**494**	**4478**	**2342.6**	**144155**
按企业规模分				
大型	293	3133	1386.8	123015
中型	163	1142	829.1	16241
小型	38	203	126.7	4899
按隶属关系分				
中央	96	696	379.5	24078
省(自治区、直辖市)	197	2128	830.7	90889
地(区、市、州、盟)	43	315	207.2	5297
按登记注册类型分				
内资企业	487	4360	2290.0	139900
国有企业	154	1016	251.1	10530
有限责任公司	182	2066	1132.9	90274
股份有限公司	131	942	705.7	28415
私营企业	20	336	200.4	10680
港、澳、台商投资企业	4	69	25.9	3720
合资经营企业(港或澳、台资)	1	18	3.0	3000
港、澳、台商独资经营企业	3	51	23.0	720
外商投资企业	3	49	26.7	535
中外合资经营企业	3	49	26.7	535
按新国民经济行业大类分				
采矿业	95	1048	267.3	16555
煤炭开采和洗选业	89	965	224.8	16242
黑色金属矿采选业	6	83	42.5	313
制造业	393	3377	2069.0	127209
农副食品加工业	2	9	2.5	33
食品制造业	94	406	380.3	4791
酒、饮料和精制茶制造业	1	5	1.9	92
纺织业	3	49	26.7	535
纺织服装、服饰业	1	7	4.6	240

16-10续表1　　　　单位:项、人、人年、万元

项　　目	项目数	参加项目人员	项目人员折合全时当量	全部项目经费内部支出
家具制造业	1	18	18.0	151
化学原料和化学制品制造业	15	44	19.6	1550
医药制造业	4	4	0.7	6
非金属矿物制品业	6	352	226.9	5276
黑色金属冶炼和压延加工业	131	1764	941.6	103877
有色金属冶炼和压延加工业	3	55	47.8	1340
金属制品业	7	16	11.1	775
通用设备制造业	17	60	10.0	1245
专用设备制造业	18	161	118.2	2083
汽车制造业	1	28	6.5	101
电气机械和器材制造业	36	197	132.1	2770
计算机、通信和其他电子设备制造业	3	19	19.0	650
仪器仪表制造业	50	183	101.5	1694
电力、热力、燃气及水生产和供应业	6	53	6.3	391
电力、热力生产和供应业	6	53	6.3	391
按地区分				
武安市	3	97	24.3	7300
邱县	3	39	8.9	620
永年县	4	52	28.3	765
曲周县	105	432	413.6	6168
邯郸县	5	9	1.7	49
肥乡县	1	5	1.9	92
涉县	1	35	7.4	1076
广平县	10	70	34.9	1097
成安县	1	60	55.6	1200
磁县	2	15	11.3	617
临漳县	1	30	18.5	287
大名县	2	9	2.9	36
复兴区	1	8	3.7	30
峰峰矿区	7	345	231.6	3106
经济开发区	30	204	142.6	5199
马头经济开发区	10	130	102.5	691
市直	308	2938	1253.0	115822

16-11 规模以上工业企业办科技机构情况

（2012年） 单位:个、人

项 目	机构数	机构人员合计	#博士毕业	#硕士毕业	#本科毕业
全 市	77	4318	52	260	2399
按企业规模分					
大型	21	2249	15	153	1471
中型	34	1702	24	84	769
小型	22	367	13	23	159
按隶属关系分					
中央	9	305	3	76	171
省（自治区、直辖市）	5	1316	14	53	938
地（区、市、州、盟）	13	558	2	21	230
按登记注册类型分					
内资企业	71	4156	51	247	2307
国有企业	10	407	6	69	268
有限责任公司	31	2408	15	61	1265
股份有限公司	9	686	20	97	476
私营企业	21	655	10	20	298
港、澳、台商投资企业	3	48	-	5	27
合资经营企业（港或澳、台资）	1	22	-	2	10
港、澳、台商独资经营企业	2	26	-	3	17
外商投资企业	3	114	1	8	65
中外合资经营企业	3	114	1	8	65
按新国民经济行业大类分					
采矿业	3	197	6	15	171
煤炭开采和洗选业	3	197	6	15	171
制造业	74	4121	46	245	2228
农副食品加工业	1	10	-	1	6
食品制造业	5	464	19	62	336
酒、饮料和精制茶制造业	1	20	-	1	8
纺织业	3	85	1	3	49
木材加工和木、竹、藤、棕、草制品业	1	42	-	-	9
家具制造业	1	18	-	-	12
石油加工、炼焦和核燃料加工业	1	5	-	1	2
化学原料和化学制品制造业	8	211	-	11	91
医药制造业	1	68	1	5	45
橡胶和塑料制品业	1	7	-	-	1
非金属矿物制品业	5	430	1	3	117
黑色金属冶炼和压延加工业	14	1709	9	66	1099
有色金属冶炼和压延加工业	2	20	2	3	15
金属制品业	2	35	5	-	12
通用设备制造业	7	131	-	6	62
专用设备制造业	10	447	5	6	119
汽车制造业	1	20	-	-	20
电气机械和器材制造业	2	121	3	17	76
计算机、通信和其他电子设备制造业	2	29	-	3	7
仪器仪表制造业	6	249	-	57	142

16-11续表1

单位：万元、个

项目	机构经费支出	仪器和设备原价	#进口	境外机构数
全市	**95354**	**41372**	**6576**	**1**
按企业规模分				
大型	77572	24700	5840	-
中型	15133	13871	718	1
小型	2648	2801	19	-
按隶属关系分				
中央	48979	1369	-	-
省(自治区、直辖市)	17894	13462	5500	-
地(区、市、州、盟)	3909	1291	-	-
按登记注册类型分				
内资企业	90759	40958	6541	1
国有企业	10053	1898	-	-
有限责任公司	16860	14929	5600	-
股份有限公司	54037	11316	602	1
私营企业	9809	12815	339	-
港、澳、台商投资企业	3112	232	20	-
合资经营企业(港或澳、台资)	3000	20	20	-
港、澳、台商独资经营企业	112	212	-	-
外商投资企业	1483	183	15	-
中外合资经营企业	1483	183	15	-
按新国民经济行业大类分				
采矿业	7036	848	-	-
煤炭开采和洗选业	7036	848	-	-
制造业	88318	40524	6576	1
农副食品加工业	16	6	-	-
食品制造业	4793	9315	591	1
酒、饮料和精制茶制造业	12	23	-	-
纺织业	869	332	15	-
木材加工和木、竹、藤、棕、草制品业	1856	361	-	-
家具制造业	312	26	-	-
石油加工、炼焦和核燃料加工业	12	1	-	-
化学原料和化学制品制造业	3566	2908	6	-
医药制造业	861	1348	-	-
橡胶和塑料制品业	49	65	-	-
非金属矿物制品业	1319	202	100	-
黑色金属冶炼和压延加工业	65437	22405	5840	-
有色金属冶炼和压延加工业	170	601	-	-
金属制品业	112	133	-	-
通用设备制造业	482	279	-	-
专用设备制造业	1547	615	-	-
汽车制造业	220	33	-	-
电气机械和器材制造业	2423	623	-	-
计算机、通信和其他电子设备制造业	660	41	25	-
仪器仪表制造业	3601	1210	-	-

16-11续表2　　单位:个、人

县（市、区）	机构数	机构人员合计			
			#博士毕业	#硕士毕业	#本科毕业
武　安　市	5	138	1	10	103
邱　　　县	2	19	–	–	4
永　年　县	4	186	1	5	66
曲　周　县	6	482	20	62	328
邯　郸　县	2	74	1	5	47
肥　乡　县	2	38	–	–	38
涉　　　县	5	350	–	–	206
广　平　县	6	119	6	4	74
成　安　县	2	123	1	5	59
魏　　　县	1	16	–	1	7
磁　　　县	1	20	–	5	5
临　漳　县	1	10	–	1	6
大　名　县	1	8	–	–	3
复　兴　区	1	36	–	2	6
峰　峰　矿　区	7	466	–	1	78
经　济　开　发　区	9	473	7	30	159
马头经济开发区	1	46	–	–	39
市　　　直	21	1714	15	129	1171

16-11续表3　　单位：万元、个

县（市、区）	机构经费支出	仪器和设备原价		境外机构数
			#进口	
武　安　市	3949	127	20	–
邱　　　县	1609	1729	–	–
永　年　县	1534	688	15	–
曲　周　县	6819	10554	578	1
邯　郸　县	866	1358	–	–
肥　乡　县	190	190	6	–
涉　　　县	10	5	–	–
广　平　县	1145	260	–	–
成　安　县	1011	590	320	–
魏　　　县	47	113	13	–
磁　　　县	438	110	–	–
临　漳　县	16	6	–	–
大　名　县	6	2	–	–
复　兴　区	270	109	–	–
峰　峰　矿　区	5933	9122	100	–
经　济　开　发　区	4651	1151	25	–
马头经济开发区	146	162	–	–
市　　　直	66715	15098	5500	–

16-12　规模以上工业企业自主知识产权相关情况

（2012年）

单位：篇、件、项

项　　目	专利申请数	发明专利	有效发明专利数	境外授权	专利所有权转让及许可数	发表科技论文	拥有注册商标数	境外注册	形成国家或行业标准数
全　市	654	255	209	3	5	558	174	12	50
按企业规模分									
大型	523	181	129	–	–	494	46	–	6
中型	88	54	62	1	5	53	114	11	38
小型	43	20	18	2	–	11	14	1	6
按隶属关系分									
中央	333	107	52	–	–	78	26	–	1
省（自治区、直辖市）	111	34	52	–	–	256	9	–	5
地（区、市、州、盟）	69	33	21	–	–	128	72	5	2
按登记注册类型分									
内资企业	629	240	194	2	5	556	166	11	46
国有企业	140	43	32	–	–	180	25	–	5
集体企业	–	–	–	–	–	–	–	–	–
股份合作企业	–	–	–	–	–	–	–	–	–
联营企业	–	–	–	–	–	–	–	–	–
有限责任公司	160	65	71	–	5	327	18	–	3
股份有限公司	283	112	75	–	–	48	108	11	36
私营企业	46	20	16	2	–	1	15	–	2
港、澳、台商投资企业	6	4	5	–	–	2	6	1	4
合资经营企业（港或澳、台资）	2	–	–	–	–	–	–	–	–
港、澳、台商独资经营企业	4	4	5	–	–	2	6	1	4
外商投资企业	19	11	10	1	–	–	2	–	–
中外合资经营企业	19	11	10	1	–	–	2	–	–
按国民经济行业大类分									
采矿业	18	4	1	–	–	95	1	–	3
煤炭开采和洗选业	12	4	–	–	–	29	1	–	3
黑色金属矿采选业	6	–	1	–	–	66	–	–	–
制造业	542	224	203	3	5	428	173	12	47
农副食品加工业	1	1	–	–	–	–	–	–	–
食品制造业	40	33	35	–	–	25	43	7	40
酒、饮料和精制茶制造业	–	–	–	–	–	2	67	5	–
纺织业	2	2	1	1	–	–	2	–	–
木材加工和木、竹、藤、棕、草制品业	10	6	2	–	5	–	–	–	–
化学原料和化学制品制造业	10	9	2	–	–	–	4	–	–
医药制造业	2	2	8	–	–	–	2	–	2
非金属矿物制品业	14	14	–	–	–	–	1	–	–
黑色金属冶炼和压延加工业	341	118	89	–	–	302	19	–	2
有色金属冶炼和压延加工业	1	1	1	–	–	–	1	–	–
金属制品业	4	2	2	–	–	–	2	–	–
通用设备制造业	9	1	7	2	–	5	2	–	1
专用设备制造业	19	1	10	–	–	19	3	–	1
电气机械和器材制造业	61	20	18	–	–	26	2	–	–
计算机、通信和其他电子设备制造业	1	–	4	–	–	–	–	–	–
仪器仪表制造业	27	14	24	–	–	49	25	–	1
电力、热力、燃气及水生产和供应业	94	27	5	–	–	35	–	–	–
电力、热力生产和供应业	94	27	5	–	–	35	–	–	–

16-13 规模以上工业企业新产品开发、生产及销售情况

（2012年）

单位:项、万元

项　　目	新产品开发项目数	新产品开发经费支出	新产品产值	新产品销售收入	#出口
全　市	477	188988	2337549	2316512	296315
按企业规模分					
大型	252	160343	2136388	2125084	274211
中型	172	17168	114202	104339	13309
小型	53	11477	86960	87090	8796
按隶属关系分					
中央	115	40627	289319	291153	106069
省(自治区、直辖市)	131	104581	936820	930360	167738
地(区、市、州、盟)	64	8571	654546	649638	5250
按登记注册类型分					
内资企业	463	186525	2097653	2076662	295680
国有企业	124	8700	25675	27304	6084
有限责任公司	187	119206	1583047	1573205	174273
股份有限公司	129	46532	379479	374053	108478
私营企业	23	12088	109451	102101	6845
港、澳、台商投资企业	2	711	1000	1000	100
港、澳、台商独资经营企业	2	711	1000	1000	100
外商投资企业	12	1752	238896	238850	535
中外合资经营企业	12	1752	238896	238850	535
按国民经济行业大类分					
采矿业	9	2724	45121	45235	-
煤炭开采和洗选业	6	2638	45121	45235	-
黑色金属矿采选业	3	86	-	-	-
制造业	461	185861	2292428	2271278	296315
农副食品加工业	2	46	-	-	-
食品制造业	89	7782	69295	69294	3844
酒、饮料和精制茶制造业	3	246	42	42	-
纺织业	6	889	14303	14866	45
纺织服装、服饰业	1	259	1000	1000	100
木材加工和木、竹、藤、棕、草制品业	1	1865	-	-	-
家具制造业	1	690	-	-	-
石油加工、炼焦和核燃料加工业	-	-	380	380	-
化学原料和化学制品制造业	19	2317	10092	10730	6014
医药制造业	7	163	6625	4632	-
化学纤维制造业	1	3917	-	3540	-
橡胶和塑料制品业	-	-	6812	6812	-
非金属矿物制品业	5	643	6100	5710	4202
黑色金属冶炼和压延加工业	149	147503	2042549	2028667	269987
有色金属冶炼和压延加工业	3	1430	410	650	-
金属制品业	8	1189	16847	14983	-
通用设备制造业	25	1877	18040	16338	493
专用设备制造业	21	2044	21479	17033	2583
汽车制造业	1	226	2706	2342	-
电气机械和器材制造业	41	5859	42482	42455	403
计算机、通信和其他电子设备制造业	4	690	13781	10458	4824
仪器仪表制造业	74	6229	19486	21347	3820
电力、热力、燃气及水生产和供应业	7	402	-	-	-
电力、热力生产和供应业	7	402	-	-	-

16-13续表1

单位：篇、件、项

县（市、区）	专利申请数	发明专利	有效发明专利数	境外授权	专利所有权转让及许可数	发表科技论文	拥有注册商标数	境外注册	形成国家或行业标准数
武安市	32	22	9	–	–	–	2	–	–
邱县	10	–	–	–	–	–	–	–	–
永年县	3	2	2	1	–	–	4	–	–
曲周县	51	42	34	–	5	22	39	6	34
邯郸县	2	2	8	–	–	–	3	–	2
广平县	3	1	1	–	–	5	1	–	–
成安县	13	2	11	–	–	–	7	–	–
魏县	2	–	–	–	–	–	–	–	–
临漳县	2	2	–	–	–	1	1	–	2
大名县	5	2	–	–	–	–	2	–	–
复兴区	1	1	1	–	–	–	1	–	–
邯山区	–	–	2	2	–	–	1	–	–
峰峰矿区	–	–	–	–	–	–	1	–	–
经济开发区	67	25	35	–	–	29	8	1	5
马头经济开发区	1	1	2	–	–	11	1	–	–
市直	462	153	104	–	–	490	103	5	7

16-13续表2

单位:项、万元

县（市、区）	新产品开发项目数	新产品开发经费支出	新产品产值	新产品销售收入	#出口
武安市	8	959	238403	238375	–
鸡泽县	–	–	24487	24449	–
邱县	4	1088	1321	1321	100
永年县	6	803	482	482	45
曲周县	100	10905	59912	60149	1670
邯郸县	8	216	6625	4632	–
肥乡县	1	102	–	–	–
馆陶县	1	323	6000	6500	3500
涉县	3	3995	14519	13224	–
广平县	10	2116	17133	13405	–
成安县	1	395	45000	40000	–
魏县	1	140	6873	6873	2843
磁县	2	756	73	73	61
临漳县	1	306	–	–	–
大名县	2	92	4032	4046	13
丛台区	–	–	–	–	–
复兴区	2	224	4420	4420	–
邯山区	–	–	1876	1876	–
峰峰矿区	7	7650	7140	6496	4202
经济开发区	39	11328	75196	72485	6999
马头经济开发区	12	979	3091	3454	2583
市直	269	146612	1820968	1814254	274300

16-14 规模以上工业企业政府相关政策落实情况

（2012年）

单位：万元

项目	使用来自政府部门的科技活动资金	研究开发费用加计扣除减免税	高新技术企业减免税
全市	**4153**	**2668**	**2089**
按企业规模分			
大型	970	2455	1144
中型	1725	103	697
小型	1458	110	249
按隶属关系分			
中央	210	328	1154
省(自治区、直辖市)	240	2111	–
地(区、市、州、盟)	466	–	148
按登记注册类型分			
内资企业	4083	2652	2089
国有企业	180	228	144
有限责任公司	1615	2141	186
股份有限公司	773	203	1549
私营企业	1515	80	211
港、澳、台商投资企业	70	–	–
合资经营企业(港或澳、台资)	60	–	–
港、澳、台商独资经营企业	10	–	–
外商投资企业	–	17	–
中外合资经营企业	–	17	–
按国民经济行业大类分			
采矿业	–	111	–
煤炭开采和洗选业	–	111	–
制造业	4153	2557	2089
食品制造业	352	24	370
纺织业	1	–	–
纺织服装、服饰业	5	–	–
木材加工和木、竹、藤、棕、草制品业	90	–	–
化学原料和化学制品制造业	285	30	28
医药制造业	137	79	179
化学纤维制造业	530	–	–
非金属矿物制品业	880	–	–
黑色金属冶炼和压延加工业	490	2117	1000
有色金属冶炼和压延加工业	90	80	150
金属制品业	220	–	–
通用设备制造业	298	–	88
专用设备制造业	252	–	118
电气机械和器材制造业	324	–	–
仪器仪表制造业	200	228	144
按地区分			
武安市	910	17	–
邱县	6	–	–
永年县	210	–	–
曲周县	352	134	548
邯郸县	137	79	179
馆陶县	160	–	–
广平县	310	–	–
成安县	56	–	–
魏县	–	–	–
磁县	110	–	–
临漳县	100	–	–
大名县	224	–	–
邯山区	98	–	48
峰峰矿区	30	–	13
经济开发区	955	–	10
马头经济开发区	96	–	108
市直	400	2439	1184

16-15　规模以上工业企业技术获取和技术改造情况

（2012年）

单位:万元

项　　　　目	引进技术经费支出	消化吸收经费支出	购买国内技术经费支出	技术改造经费支出
全　　市	**52074**	**908**	**572**	**381053**
按企业规模分				
大型	52074	671	397	364870
中型	–	–	105	12964
小型	–	237	70	3219
按隶属关系分	–	–	–	
中央	–	–	–	38830
省(自治区、直辖市)	52074	652	379	333667
地(区、市、州、盟)	–	–	–	2216
按登记注册类型分				
内资企业	52074	908	572	371972
国有企业	–	652	245	4608
有限责任公司	52074	19	202	331781
股份有限公司	–	–	–	30761
私营企业	–	237	125	4822
外商投资企业	–	–	–	9081
中外合资经营企业	–	–	–	9081
按国民经济行业大类分				
采矿业	–	652	379	122037
煤炭开采和洗选业	–	652	379	122037
制造业	52074	256	193	247100
农副食品加工业	–	–	–	
食品制造业	–	–	–	915
石油加工、炼焦和核燃料加工业	–	–	–	12
化学原料和化学制品制造业	–	–	20	3840
非金属矿物制品业	–	–	100	121
黑色金属冶炼和压延加工业	52074	19	18	238311
金属制品业	–	237	55	55
通用设备制造业	–	–	–	16
专用设备制造业	–	–	–	87
电气机械和器材制造业	–	–	–	2113
仪器仪表制造业	–	–	–	1630
电力、热力、燃气及水生产和供应业	–	–	–	11916
电力、热力生产和供应业	–	–	–	11916
按地区分				
武　安　市	–	–	100	12
永　年　县	–	–	5	1676
曲　周　县	–	–	–	1074
邯　郸　县	–	–	–	12
馆　陶　县	–	–	20	2000
涉　　　县	–	19	18	385
广　平　县	–	237	–	27
大　名　县	–	–	–	25
复　兴　区	–	–	50	9
峰　峰　矿　区	–	–	–	1121
经　济　开　发　区	–	–	–	2593
马头经济开发区	–	–	–	87
市　　　直	52074	652	379	372033

16-16 高新技术产业情况

（2012年） 单位：个、万元

项目	单位数	总产值	#高新技术产品产值	增加值	主营业务收入	#高新技术产品收入
全市	413	5870003	1005114	1205843	5977892	971829
按单位来源分						
规模以上工业企业	123	3125684	473603	708136	2954235	455842
大中型	20	1798217	330671	422389	1623450	318263
小型企业	98	1321100	142932	284156	1324414	137579
微型企业	5	6367	-	1591	6371	-
规模以下工业企业	241	162132	33585	39785	157563	32475
软件开发单位	14	4377	2332	672	4161	2332
省科委认定的高新技术企业	35	2577809	495595	457250	2861933	481181
按主要领域分						
生物	49	778489	125024	181203	769312	119784
非食用植物油加工	1	312	-	45	297	-
其他调味品、发酵制品制造	9	219697	-	50882	227219	-
保健食品制造	2	4950	600	1212	4390	400
食品及饲料添加剂制造	9	255901	102910	62645	259618	103539
有机肥料及微生物肥料制造	2	3164	300	599	2794	300
其他肥料制造	2	642	642	122	642	642
动物胶制造	2	1465	685	331	1460	601
化学药品原药制造	8	101650	1210	19100	100066	1210
化学药品制剂制造	3	55335	-	11227	45880	-
中药饮片加工	1	74585	-	15074	71815	-
中成药制造	2	45475	16609	16180	40388	11053
兽用药品制造	1	190	-	45	150	-
生物药品制造	2	3458	2034	889	3457	2006
卫生材料及医药用品制造	2	2927	35	867	2488	33
医疗诊断、监护及治疗设备制造	2	7941	-	1804	7866	-
口腔科用设备及器具制造	1	798	-	181	781	-
电子信息	55	623421	26789	113380	615493	22121
纪录媒介复制	1	80	-	22	16	-
电子工业专用设备制造	1	722	-	167	722	-
变压器、整流器和电感器制造	9	89737	-	6434.1	83543	-
配电开关控制设备制造	12	69331	2944	4971	65309	2906
电力电子元器件制造	1	44121	-	3164	66001	-
其他输配电及控制设备制造	1	2573	-	185	2573	-
光纤、光缆制造	2	14816	639	3154	16213	635
家用空气调节器制造	3	356897	1540	87654	343381	2224
家用电力器具专用配件制造	1	6593	-	1619	5992	-
计算机零部件制造	3	4988	3986	1174	3000	2002
通信系统设备制造	1	85	85	19	81	81
广播电视接收设备及器材制造	1	512	512	112	512	512

16-16续表1　　　　　　　　　　　　　　　　　　单位：个、万元

项　　　目	单位数	总产值	#高新技术产品产值	增加值	主营业务收入	#高新技术产品收入
雷达及配套设备制造	2	600	570	–	580	570
半导体分立器件制造	1	570	–	176	570	–
光电子器件及其他电子器件制造	2	17270	13130	5345	14111	10062
电子元件及组件制造	1	3734	1052	1094	2846	798
其它电子设备制造	1	6498	–	-2560	5966	–
软件开发	12	4296	2332	651	4080	2332
新材料	185	1247744	32113	310288	1099236	32306
初级形态的塑料及合成树脂制造	1	476	–	93	476	–
合成橡胶制造	3	240	200	47	238	200
其他合成材料制造	2	3710	350	722	3810	350
化学试剂、制剂制造	6	12749	560	2881	12335	561
专项化学用品制造	5	188956	19735	42704	188242	19735
人造纤维(纤维素纤维)制造	2	2052	852	393	1152	852
其他玻璃制造	1	400	400	89	400	400
技术玻璃制品制造	7	153517	914	37827	50041	863
其他玻璃制品制造	2	6335	–	1561	5843	–
玻璃纤维及制品制造	4	12281	15	2998	11723	14
玻璃纤维增强塑料制品制造	3	437758	–	106857	435743	–
特种陶瓷制品制造	9	45791	671	14923	46363	850
耐火陶瓷制品及其他陶瓷制品制造	41	65103	6410	16979	61435	6114
石墨及碳素制品制造	85	231756	–	64336	237460	–
其他常用有色金属冶炼	1	198	117	52	178	107
有色金属合金制造	1	842	842	196	1350	1350
稀有稀土金属压延加工	1	652	–	138	718	–
其他有色金属压延加工	4	5288	622	1120	5273	613
锻件及粉末冶金制品制造	7	79639	425	16374	36457	297
高端技术装备制造	68	328679	105337	86505	310491	100274
切削工具制造	1	13597	13597	3802	12269	12269
内燃机及配件制造	5	60830	55759	12568	60447	55696
金属切削机床制造	4	702	55	223	2733	50
金属切割及焊接设备制造	1	1345	1345	428	1246	1006
机床附件制造	1	101	–	32	89	–
衡器制造	1	324	–	79	324	–
汽车整车制造	3	32568	1512	7426	31472	1318
汽车零部件及配件制造	6	18776	1680	5049	18351	1680
石油钻采专用设备制造	2	6494	–	1687	6081	–
环境保护专用设备制造	8	27431	795	8273	25729	785
地质勘查专用设备制造	1	346	105	104	346	100
其他专用设备制造	4	7629	4345	2301	7534	4342
炼油、化工生产专用设备制造	7	3675	832	929	3609	786
模具制造	3	19192	–	4854	18449	–
城市轨道交通设备制造	–	–	–	35	–	–

16-16续表2

单位：个、万元

项目	单位数	总产值	#高新技术产品产值	增加值	主营业务收入	#高新技术产品收入
发电机及发电机组制造	2	46230	-	8737	33820	-
电动机制造	2	20	-	4	64	-
工业自动控制系统装置制造	2	1556	396	557	1306	396
电工仪器仪表制造	2	943	-	338	940	-
绘图、计算及测量仪器制造	3	2959	910	1060	2756	910
供应用仪表及其他通用仪器制造	2	25036	85	8968	25180	85
导航、气象及海洋专用仪器制造	1	47039	16868	14817	46907	13800
电子测量仪器制造	1	3313	-	1044	2976	-
其他专用仪器制造	1	14	14	4	13	13
其他仪器仪表的制造和维修	4	8410	7040	3186	7711	7040
新能源	17	145691	73132	29039	158218	72597
人造原油生产	6	54975	2305	8527	53758	1891
光伏设备及元器件制造	3	6377	6300	457	13042	6179
锂离子电池制造	2	5928	500	1348	4906	500
其他电池制造	2	63969	63487	14540	63969	63487
其他电力生产	4	14442	540	4168	22544	540
环保产业	10	27470	2256	4652	24559	1633
环境污染处理专用药剂材料制造	1	2000	-	452	2004	-
金属废料和碎屑加工处理	9	25470	2256	4200	22555	1633
按地区分						
武安市	13	423889	15205	87826	379342	13642
鸡泽县	15	261565	38720	60089	268819	38225
邱县	6	22707	2820	5088	21291	2820
永年县	32	505748	27750	94323	451257	27750
曲周县	15	446765	110014	101231	506822	104901
邯郸县	27	189041	23112	43878	79157	16020
肥乡县	8	170833	123295	35112	166942	121249
馆陶县	10	179034	1770	36805	175894	1770
涉县	22	39883	6512	8713	34362	6454
广平县	13	521057	15178	126695	515289	13301
成安县	59	128584	1659	33405	134310	1639
魏县	14	161802	1405	41129	165362	756
磁县	17	37809	8880	8674	36161	9090
临漳县	61	91340	-	21979	89822	-
大名县	3	16119	-	3516	17546	-
丛台区	12	197136	117859	18018	195131	117775
复兴区	13	31588	4930	7706	31541	4930
邯山区	5	38754	3296	9654	38668	3204
峰峰矿区	16	77199	38697	20713	68607	39092
经济开发区	44	661527	142823	155643	646849	141931
马头经济开发区	3	20803	5998	4789	26294	12436
市直	5	1646823	315193	280860	1928426	294845

16-16续表3

单位：万元、人

项　　目	利润总额	从业人员期末人数	科技活动人员	企业内部用于科技活动的经费支出
全　　市	**346875**	**55824**	**6012**	**99948**
按单位来源分				
规模以上工业企业	211808	26917	1378	18521
大中型	125455	15951	1167	16147
小型企业	86989	10792	211	2373
微型企业	–	174	–	–
规模以下工业企业	11198	6778	434	2117
软件开发单位	244	262	134	578
省科委认定的高新技术企业	123626	21867	4066	78732
按主要领域分				
生物	65877	8011	629	10125
非食用植物油加工	211	16	–	–
其他调味品、发酵制品制造	28480	2453	–	–
保健食品制造	806	171	8	21
食品及饲料添加剂制造	22781	2050	457	8819
有机肥料及微生物肥料制造	207	50	3	5
其他肥料制造	40	37	5	23
动物胶制造	129	49	12	99
化学药品原药制造	5592	1468	25	188
化学药品制剂制造	1559	312	–	–
中药饮片加工	3566	140	–	–
中成药制造	2146	625	104	963
兽用药品制造	9	18	–	–
生物药品制造	134	61	–	–
卫生材料及医药用品制造	538	46	15	7
医疗诊断、监护及治疗设备制造	–	493	–	–
口腔科用设备及器具制造	75	22	–	–
电子信息	26038	5134	329	2012
纪录媒介复制	13	7	–	–
电子工业专用设备制造	25	20	–	–
变压器、整流器和电感器制造	3875	693	39	82
配电开关控制设备制造	4188	470	55	342
电力电子元器件制造	5304	132	–	–
其他输配电及控制设备制造	67	45	–	–
光纤、光缆制造	920	41	10	15
家用空气调节器制造	7341	2162	60	282
家用电力器具专用配件制造	548	295	–	–
计算机零部件制造	114	289	–	–
通信系统设备制造	–	11	4	5
广播电视接收设备及器材制造	19	34	3	6

16-16续表4　　单位：万元、人

项　　目	利润总额	从业人员期末人数	科技活动人员	企业内部用于科技活动的经费支出
雷达及配套设备制造	91	33	4	9
半导体分立器件制造	25	16	–	–
光电子器件及其他电子器件制造	1809	357	23	661
电子元件及组件制造	133	101	8	40
其它电子设备制造	1030	187	–	–
软件开发	236	241	123	572
新材料	104138	12786	236	1445
初级形态的塑料及合成树脂制造	8	16	–	–
合成橡胶制造	33	23	–	–
其他合成材料制造	285	103	6	25
化学试剂、制剂制造	970	449	5	11
专项化学用品制造	19482	1164	115	927
人造纤维(纤维素纤维)制造	158	62	7	17
其他玻璃制造	70	21	5	20
技术玻璃制品制造	14493	931	18	26
其他玻璃制品制造	286	115	–	–
玻璃纤维及制品制造	155	125	10	16
玻璃纤维增强塑料制品制造	34631	2095	–	–
特种陶瓷制品制造	6305	758	21	319
耐火陶瓷制品及其他陶瓷制品制造	1344	1839	31	67
石墨及碳素制品制造	24051	2591	–	–
其他常用有色金属冶炼	31	20	2	4
有色金属合金制造	128	38	–	–
稀有稀土金属压延加工	41	25	–	–
其他有色金属压延加工	95	232	4	4
锻件及粉末冶金制品制造	1571	2179	12	10
高端技术装备制造	20709	6983	847	13772
切削工具制造	1159	351	69	6156
内燃机及配件制造	4503	1548	41	290
金属切削机床制造	–	275	2	3
金属切割及焊接设备制造	537	98	10	52
机床附件制造	1	4	–	–
衡器制造	15	14	–	–
汽车整车制造	936	755	51	237
汽车零部件及配件制造	907	512	11	67
石油钻采专用设备制造	328	196	–	–
环境保护专用设备制造	3762	508	23	80
地质勘查专用设备制造	44	59	10	4
其他专用设备制造	198	187	42	326
炼油、化工生产专用设备制造	570	150	15	30
模具制造	1853	124	–	–
城市轨道交通设备制造	–	–	–	–

16-16续表5

单位：万元、人

项　　目	利润总额	从业人员期末人数	科技活动人员	企业内部用于科技活动的经费支出
发电机及发电机组制造	2603	186	–	–
电动机制造	2	15	–	–
工业自动控制系统装置制造	56	53	21	151
电工仪器仪表制造	139	38	–	–
绘图、计算及测量仪器制造	378	198	5	39
供应用仪表及其他通用仪器制造	1933	312	19	583
导航、气象及海洋专用仪器制造	809	1103	509	5746
电子测量仪器制造	6	157	–	–
新能源	7719	1301	46	578
人造原油生产	3676	199	19	165
光伏设备及元器件制造	1618	182	14	402
锂离子电池制造	44	201	2	1
其他电池制造	2327	169	–	–
其他电力生产	56	550	11	11
环保产业	32	433	8	53
环境污染处理专用药剂材料制造	–	6	–	–
金属废料和碎屑加工处理	32	427	8	53
按地区分				
武安市	–	2788	157	10620
鸡泽县	30492	2747	–	–
邱县	2466	540	35	615
永年县	39457	5808	239	1757
曲周县	41274	2354	561	11626
邯郸县	15912	2160	186	1172
肥乡县	9028	1459	7	46
馆陶县	9136	797	29	53
涉县	967	1075	10	8
广平县	40101	3698	71	678
成安县	17376	2492	26	115
魏县	15070	1268	72	293
磁县	1286	755	15	48
临漳县	6017	1359	42	306
大名县	2866	153	28	74
丛台区	670	2151	545	5910
复兴区	129	1016	32	100
邯山区	2867	496	49	377
峰峰矿区	2957	2799	1266	2313
经济开发区	29040	6581	709	10046
马头经济开发区	556	1226	163	979
市直	90207	12102	1770	52811

16-17　规模以上目录内高新技术产业情况

（2012年）　　单位：个、万元

项　　目	单位数	总产值	#高新技术产品产值	增加值	主营业务收入	#高新技术产品收入
全　　市	**123**	**2963837**	**311755**	**679156**	**2795655**	**297262**
按工业企业规模分						
大中型	20	1657459	189913	398622	1483343	178157
小型企业	98	1300010	121842	278943	1305941	119105
微型企业	5	6367	-	1591	6371	-
按主要领域分						
生物	28	763458	119551	177819	753796	113622
非食用植物油加工	-	-	-	-	-	-
其他调味品、发酵制品制造	5	216881	-	50230	224476	-
保健食品制造	1	4200	300	1028	3890	300
食品及饲料添加剂制造	7	253571	100609	62074	256329	100264
有机肥料及微生物肥料制造	1	2864	-	542	2494	-
化学药品原药制造	5	99555	-	18706	97971	-
化学药品制剂制造	3	55335	-	11227	45880	-
中药饮片加工	1	74585	-	15074	71815	-
中成药制造	2	45475	16609	16180	40388	11053
生物药品制造	1	2034	2034	523	2032	2006
卫生材料及医药用品制造	1	2892	-	857	2455	-
医疗诊断、监护及治疗设备制造	1	6066	-	1378	6066	-
电子信息	19	604949	20219	110569	597632	14909
变压器、整流器和电感器制造	3	86206	-	6181	80376	-
配电开关控制设备制造	6	65997	2064	4732	61912	2064
电力电子元器件制造	1	44121	-	3164	66001	-
其他输配电及控制设备制造	1	2573	-	185	2573	-
光纤、光缆制造	1	14566	389	3101	15963	385
家用空气调节器制造	2	353808	-	86895	340292	-
家用电力器具专用配件制造	1	6593	-	1619	5992	-
计算机零部件制造	1	3986	3986	938	2002	2002
光电子器件及其他电子器件制造	1	16869	12729	5221	13709	9660
电子元件及组件制造	1	3734	1052	1094	2846	798
其它电子设备制造	1	6498	-	-2560	5966	-
新材料	44	1171508	19742	290212	1024388	19742
合成橡胶制造	1	-	-	-	-	-
其他合成材料制造	1	1960	-	381	2060	-
化学试剂、制剂制造	3	11703	-	2645	11289	-
专项化学用品制造	4	188903	19730	42692	188189	19730
技术玻璃制品制造	3	152533	-	37584	49128	-
其他玻璃制品制造	1	6090	-	1501	5597	-
玻璃纤维及制品制造	1	10082	-	2461	9885	-
玻璃纤维增强塑料制品制造	3	437758	-	106857	435743	-
特种陶瓷制品制造	5	44534	-	14514	44911	-
耐火陶瓷制品及其他陶瓷制品制造	8	47973	12	12511	44496	12
石墨及碳素制品制造	11	187957	-	52177	194262	-
其他有色金属压延加工	1	4325	-	916	4329	-

16-17续表1　　　　单位：个、万元

项　　目	单位数	总产值	#高新技术产品产值	增加值	主营业务收入	#高新技术产品收入
锻件及粉末冶金制品制造	2	77689	–	15973	34499	–
高端技术装备制造	18	258136	81921	68113	243443	78789
内燃机及配件制造	2	58080	53759	11999	57697	53696
金属切削机床制造	1	–	–	–	2045	–
汽车零部件及配件制造	2	16496	–	4436	16071	–
石油钻采专用设备制造	2	6494	–	1687	6081	–
环境保护专用设备制造	3	24419	–	7365	22928	–
其他专用设备制造	1	6116	4263	1845	6116	4263
模具制造	2	17769	–	4494	17092	–
发电机及发电机组制造	1	46210	–	8734	33800	–
供应用仪表及其他通用仪器制造	1	24473	–	8766	24702	–
导航、气象及海洋专用仪器制造	1	47039	16868	14817	46907	13800
电子测量仪器制造	1	3313	–	1044	2976	–
其他仪器仪表的制造和维修	1	7727	7030	2927	7030	7030
新能源	9	140981	70322	28230	153930	70200
人造原油生产	2	51438	–	7978	50617	–
光伏设备及元器件制造	2	6296	6296	451	12987	6174
锂离子电池制造	1	5428	–	1234	4406	–
其他电池制造	1	63487	63487	14431	63487	63487
其他电力生产	3	14332	540	4136	22434	540
环保产业	5	24805	–	4213	22465	–
环境污染处理专用药剂材料制造	1	2000	–	452	2004	–
金属废料和碎屑加工处理	4	22805	–	3761	20461	–
按地区分						
武安市	1	13684	–	3569	12968	–
鸡泽县	8	255601	38720	58643	263107	38225
邱县	4	18532	–	4207	17116	–
永年县	12	435698	19730	80175	373418	19730
曲周县	7	261688	70218	59086	298540	70218
邯郸县	9	178921	16609	41339	70155	11053
肥乡县	7	170594	123295	35095	166620	121249
馆陶县	6	167036	840	34063	159042	840
涉县	3	33166	–	7099	27693	–
广平县	9	475206	–	116226	472280	–
成安县	11	101671	–	26891	107969	–
魏县	4	140209	–	35827	135705	–
磁县	4	24334	12	5739	21935	12
临漳县	6	58451	–	12806	57512	–
大名县	3	16119	–	3516	17546	–
丛台区	–	–	–	–	–	–
复兴区	4	18741	–	4784	18751	–
邯山区	1	–	–	–	–	–
峰峰矿区	4	27950	1052	7816	26166	798
经济开发区	16	506093	24411	124301	489447	21338
马头经济开发区	2	8784	–	2264	8778	–
市直	2	51360	16868	15710	50907	13800

16-17续表2 单位：万元、人

项目	利润总额	从业人员期末人数	科技活动人员	企业内部用于科技活动的经费支出
全市	**212292**	**26917**	**1378**	**18521**
按工业企业规模分				
大中型	124936	15951	1167	16147
小型企业	87992	10792	211	2373
微型企业	–	174	–	–
按主要领域分				
生物	65716	7271	551	9336
非食用植物油加工	–	–	–	–
其他调味品、发酵制品制造	28167	2384	–	–
保健食品制造	706	150	5	3
食品及饲料添加剂制造	23634	1919	435	8323
有机肥料及微生物肥料制造	189	25	–	–
化学药品原药制造	5314	1289	7	46
化学药品制剂制造	1559	312	–	–
中药饮片加工	3566	140	–	–
中成药制造	2146	625	104	963
生物药品制造	152	36	–	–
卫生材料及医药用品制造	576	31	–	–
医疗诊断、监护及治疗设备制造	–	360	–	–
电子信息	26782	4085	107	1080
变压器、整流器和电感器制造	5092	310	28	74
配电开关控制设备制造	4141	350	42	306
电力电子元器件制造	5304	132	–	–
其他输配电及控制设备制造	67	45	–	–
光纤、光缆制造	902	26	8	10
家用空气调节器制造	7808	2050	–	–
家用电力器具专用配件制造	548	295	–	–
计算机零部件制造	–	250	–	–
光电子器件及其他电子器件制造	1757	339	21	650
电子元件及组件制造	133	101	8	40
其它电子设备制造	1030	187	–	–
新材料	96726	9607	115	927
合成橡胶制造	–	–	–	–
其他合成材料制造	55	60	–	–
化学试剂、制剂制造	911	402	–	–
专项化学用品制造	19478	1134	115	927
技术玻璃制品制造	14405	846	–	–
其他玻璃制品制造	277	105	–	–
玻璃纤维及制品制造	61	41	–	–
玻璃纤维增强塑料制品制造	34631	2095	–	–
特种陶瓷制品制造	6214	619	–	–
耐火陶瓷制品及其他陶瓷制品制造	–	955	–	–
石墨及碳素制品制造	19189	1239	–	–
其他有色金属压延加工	9	56	–	–

16-17续表3

单位：万元、人

项目	利润总额	从业人员期末人数	科技活动人员	企业内部用于科技活动的经费支出
锻件及粉末冶金制品制造	1522	2055	-	-
高端技术装备制造	16129	4525	584	6818
内燃机及配件制造	4317	1361	21	130
金属切削机床制造	-	240	-	-
汽车零部件及配件制造	604	388	-	-
石油钻采专用设备制造	328	196	-	-
环境保护专用设备制造	3770	368	8	55
其他专用设备制造	151	82	37	314
模具制造	1747	91	-	-
发电机及发电机组制造	2602	181	-	-
供应用仪表及其他通用仪器制造	1889	298	9	573
导航、气象及海洋专用仪器制造	809	1103	509	5746
电子测量仪器制造	6	157	-	-
其他仪器仪表的制造和维修	55	60	-	-
新能源	7253	1113	21	361
人造原油生产	3335	124	-	-
光伏设备及元器件制造	1618	170	10	350
锂离子电池制造	41	188	-	-
其他电池制造	2207	151	-	-
其他电力生产	53	480	11	11
环保产业	-	316	-	-
环境污染处理专用药剂材料制造	-	6	-	-
金属废料和碎屑加工处理	-	310	-	-
按地区分				
武安市	18	150	-	-
鸡泽县	29970	2601	-	-
邱县	2201	265	10	350
永年县	32957	4576	115	927
曲周县	28046	1491	397	7732
邯郸县	14393	1521	104	963
肥乡县	9028	1420	7	46
馆陶县	7184	599	16	14
涉县	559	646	-	-
广平县	37660	2923	8	55
成安县	16401	1514	-	-
魏县	9471	604	18	140
磁县	408	321	-	-
临漳县	1559	405	42	306
大名县	2866	153	28	74
丛台区	-	-	-	-
复兴区	-	595	-	-
邯山区	-	156	-	-
峰峰矿区	882	483	8	40
经济开发区	19645	4156	95	1998
马头经济开发区	-	454	-	-
市直	413	1884	530	5876

16-18　规模以上目录外高新技术产业情况

（2012年）　　单位：个、万元

项　　目	单位数	总产值	#高新技术产品产值	增加值	主营业务收入	#高新技术产品收入
全　　市	**849**	**51078649**	**442635**	**11646040**	**57975563**	**424552**
按工业企业规模分						
大中型	195	40596077	355200	9055279	47478230	344312
小型企业	625	10361149	87436	2557806	10382921	80240
微型企业	29	121423	–	32956	114413	–
按工业行业小类分						
烟煤和无烟煤开采洗选	73	4601018	–	1876755	11291807	–
铁矿采选	19	452726	–	211559	433346	–
粘土及其他土砂石开采	2	5340	–	1944	5785	–
谷物磨制	25	949291	–	132711	952938	–
饲料加工	15	429491	–	72069	416976	–
食用植物油加工	16	637820	–	92229	674785	–
牲畜屠宰	3	60635	–	10247	58728	–
禽类屠宰	5	233785	–	39510	233744	–
肉制品及副产品加工	4	90667	–	15323	88656	–
蔬菜加工	9	219043	–	60040	216643	–
水果和坚果加工	2	43818	–	12011	42213	–
淀粉及淀粉制品制造	4	125529	–	25432	158586	–
豆制品制造	1	9712	–	1968	10032	–
蛋品加工	2	73214	–	14833	71955	–
其他未列明农副食品加工	2	2332	–	473	14579	–
糕点、面包制造	1	8747	–	3620	8853	–
饼干及其他焙烤食品制造	3	141394	–	58509	141170	–
糖果、巧克力制造	3	49831	–	14342	47577	–
蜜饯制作	2	49651	–	14290	57327	–
速冻食品制造	1	27800	–	4073	21750	–
方便面及其他方便食品制造	1	198855	–	29132	196578	–
乳制品制造	1	2194	–	504	2194	–
蔬菜、水果罐头制造	1	31000	–	5794	30052	–
酱油、食醋及类似制品制造	2	10287	–	2383	10287	–
白酒制造	13	253063	–	83409	212000	–
啤酒制造	2	22213	–	7321	22222	–
瓶（罐）装饮用水制造	1	3983	–	1091	3921	–
果菜汁及果菜汁饮料制造	1	90454	–	24766	73582	–
棉纺纱加工	58	1148022	–	261634	1153326	–
棉织造加工	14	496064	–	113053	483160	–
棉印染精加工	1	–	–	–	–	–
毛条和毛纱线加工	1	14260	–	3508	14260	–
毛织造加工	4	116956	–	28771	116741	–
床上用品制造	1	3647	–	1087	3605	–
其他非家用纺织制成品制造	2	74496	–	14936	74496	–
机织服装制造	15	464478	1000	115562	551060	1000
服饰制造	2	49201	–	12291	50914	–
皮箱、包（袋）制造	1	3805	–	1129	3406	–
其他皮革制品制造	1	9027	–	2677	9027	–
毛皮服装加工	1	917	–	281	917	–
塑料鞋制造	1	2313	–	580	2370	–
橡胶鞋制造	1	22951	–	5754	22821	–

16-18续表1　　单位：个、万元

项　　目	单位数	总产值	#高新技术产品产值	增加值	主营业务收入	#高新技术产品收入
胶合板制造	1	3224	–	662	3214	–
刨花板制造	2	81760	–	16777	92525	–
建筑用木料及木材组件加工	1	18466	–	4707	27140	–
木门窗、楼梯制造	2	11639	–	2967	9811	–
木质家具制造	8	152038	–	38967	190746	–
机制纸及纸板制造	2	93273	–	22227	89143	–
纸和纸板容器制造	1	8494	–	2044	8439	–
其他纸制品制造	2	12110	–	2914	11984	–
书、报刊印刷	2	26950	–	7392	26892	–
本册印制	2	19731	–	5412	19731	–
包装装潢及其他印刷	4	11204	–	3073	10941	–
其他工艺美术品制造	1	6659	–	1869	6241	–
原油加工及石油制品制造	6	109389	–	16966	108986	–
炼焦	25	1699495	–	354345	1568446	–
无机酸制造	2	57785	–	11909	56155	–
无机盐制造	1	1736	–	358	2749	–
有机化学原料制造	9	220397	7881	45424	205631	7873
其他基础化学原料制造	6	22272	–	4590	22776	–
氮肥制造	3	27827	–	5268	23375	–
磷肥制造	1	5825	–	1103	5779	–
复混肥料制造	2	22971	–	4348	22787	–
化学农药制造	5	118336	61	26164	127476	61
涂料制造	4	91616	–	22364	84681	–
油墨及类似产品制造	1	21097	21097	5150	21527	21527
染料制造	1	14008	–	3419	37415	–
其他专用化学产品制造	6	33453	–	7561	39899	–
炸药及火工产品制造	1	6115	–	2140	5711	–
其他日用化学产品制造	1	7443	–	1814	7443	–
化纤浆粕制造	2	41901	–	8028	41901	–
涤纶纤维制造	2	102637	–	23986	102639	–
其他合成纤维制造	1	4265	4265	997	3540	3540
轮胎制造	3	49930	–	13666	49656	–
橡胶板、管、带制造	3	15688	–	4294	14803	–
日用及医用橡胶制品制造	1	5354	–	1466	5354	–
其他橡胶制品制造	1	2011	–	551	2314	–
塑料薄膜制造	1	56852	–	13457	56855	–
塑料板、管、型材制造	9	181933	–	43064	174863	–
塑料丝、绳及编织品制造	9	157919	–	37379	154697	–
泡沫塑料制造	2	1320	–	312	5456	–
塑料包装箱及容器制造	1	39964	–	9459	39964	–
塑料零件制造	1	4491	–	1063	4298	–
其他塑料制品制造	1	2159	–	511	2159	–
水泥制造	20	386631	–	105976	367006	–
石灰和石膏制造	4	40128	–	10999	40293	–
水泥制品制造	6	54807	–	14168	49339	–
砼结构构件制造	4	30183	–	7802	29828	–
其他水泥类似制品制造	2	9752	–	2521	9752	–
粘土砖瓦及建筑砌块制造	9	73898	–	17122	72850	–

16-18续表2　　单位：个、万元

项　　目	单位数	总产值	#高新技术产品产值	增加值	主营业务收入	#高新技术产品收入
建筑陶瓷制品制造	6	58664	–	13593	56772	–
建筑用石加工	1	9057	–	2099	8564	–
防水建筑材料制造	2	78166	–	18111	76517	–
隔热和隔音材料制造	2	73152	–	16949	76311	–
其他建筑材料制造	2	49563	–	11484	54417	–
平板玻璃制造	1	11340	–	2524	5077	–
玻璃包装容器制造	1	9118	–	2247	9118	–
日用陶瓷制品制造	7	139383	562	45425	130400	516
园林、陈设艺术及其他陶瓷制品制造	1	2614	–	852	2614	–
其他非金属矿物制品制造	1	–	–	–	11433	–
炼铁	16	5015516	284866	824049	5249639	267985
炼钢	9	6503053	10459	1355236	6294971	10360
黑色金属铸造	20	513316	–	129920	505975	–
钢压延加工	46	16489199	–	3368743	16800289	–
铁合金冶炼	1	5368	–	1006	3269	–
铝冶炼	2	84509	30000	22234	95242	25000
铝压延加工	2	72240	–	15301	72366	–
金属结构制造	13	391979	12427	100935	301119	10563
金属门窗制造	2	15398	–	3965	15293	–
其他金属工具制造	1	3746	–	1047	3735	–
金属包装容器制造	1	7094	–	1599	6686	–
金属丝绳及其制品制造	3	64085	3920	14631	62604	3920
建筑、家具用金属配件制造	1	3870	–	991	4685	–
金属表面处理及热处理加工	1	152424	–	38274	129540	–
生产专用搪瓷制品制造	1	9350	–	2100	9321	–
搪瓷日用品及其他搪瓷制品制造	1	1954	–	439	599	–
金属制餐具和器皿制造	1	8569	–	2215	7870	–
其他金属制日用品制造	1	9491	–	2453	9491	–
交通及公共管理用金属标牌制造	2	53379	–	10975	44255	–
其他未列明金属制品制造	1	2208	–	454	2168	–
锅炉及辅助设备制造	1	3744	–	774	3040	–
起重机制造	3	27508	3000	7834	25932	2700
泵及真空设备制造	5	176002	128	45004	181538	100
阀门和旋塞制造	5	31892	350	8155	32022	350
液压和气压动力机械及元件制造	2	17722	5491	4532	16523	5491
轴承制造	14	247010	–	58887	222642	–
齿轮及齿轮减、变速箱制造	3	69135	–	16482	71978	–
烘炉、熔炉及电炉制造	1	14810	–	3621	12934	–
风机、风扇制造	1	36396	1876	8899	36396	1876
气体、液体分离及纯净设备制造	1	3028	–	740	3047	–
制冷、空调设备制造	3	14510	–	3548	14167	–
喷枪及类似器具制造	1	3705	–	906	3557	–
包装专用设备制造	1	–	–	–	7789	–
紧固件制造	44	566946	–	149900	564554	–
机械零部件加工	5	114267	–	30212	112536	–
其他通用零部件制造	1	7891	–	2086	7891	–
其他通用设备制造业	7	66012	–	14912	66292	–
矿山机械制造	4	41997	–	10911	50426	–
建筑工程用机械制造	5	233226	–	60592	240600	–

16-18续表3

单位：个、万元

项　　　目	单位数	总产值	#高新技术产品产值	增加值	主营业务收入	#高新技术产品收入
冶金专用设备制造	10	60119	–	15619	74489	–
其他非金属加工专用设备制造	1	3248	–	822	2783	–
烟草生产专用设备制造	1	13582	–	4160	3735	–
制浆和造纸专用设备制造	1	6962	–	1867	6962	–
印刷专用设备制造	1	2015	–	540	2005	–
其他日用品生产专用设备制造	1	–	–	–	–	–
纺织专用设备制造	3	40307	–	8702	46351	–
机械化农业及园艺机具制造	5	72909	–	15318	70160	–
农林牧渔机械配件制造	1	28429	–	5973	28429	–
棉花加工机械制造	1	12019	5998	2525	17515	12436
其他农、林、牧、渔业机械制造	1	21311	–	4477	25760	–
改装汽车制造	3	5122	–	1197	9596	–
低速载货汽车制造	1	29580	–	6182	28679	–
汽车车身、挂车制造	3	109482	–	26801	116176	–
脚踏自行车及残疾人座车制造	4	181885	–	46781	176771	–
电线、电缆制造	2	5909	–	1258	5888	–
其他电工器材制造	1	14078	–	2997	10770	–
燃气、太阳能及类似能源家用器具制造	4	134289	49254	29785	128865	49254
电光源制造	1	7037	–	1808	4225	–
照明灯具制造	4	13233	–	3400	15142	–
电气信号设备装置制造	1	12002	–	2343	14001	–
其他机械和设备修理业	1	3078	–	–	2100	–
火力发电	11	981158	–	283162	985373	–
电力供应	18	2283498	–	388651	2268790	–
热力生产和供应	3	35502	–	6057	35502	–
燃气生产和供应业	6	69497	–	18021	80351	–
自来水生产和供应	2	21633	–	13402	19528	–
按地区分						
武　安　市	89	12406004	128	2568757	12282031	100
鸡　泽　县	50	1334350	–	310482	1406046	–
邱　　　县	35	863684	1000	201753	893121	1000
永　年　县	96	2863491	–	633236	2776212	–
曲　周　县	44	1263327	37881	291290	1350181	32873
邯　郸　县	28	2165127	–	436324	2179236	–
肥　乡　县	32	685730	–	165158	691595	–
馆　陶　县	36	1169765	–	257775	1142511	–
涉　　　县	35	5484121	–	1169806	5439052	–
广　平　县	27	939517	12427	194091	973802	10563
成　安　县	38	1993317	–	410173	1955650	–
魏　　　县	46	1004052	–	232275	957979	–
磁　　　县	58	1743157	61	635060	1611394	61
临　漳　县	36	651571	–	152877	573924	–
大　名　县	55	1725443	–	328314	1722978	–
丛　台　区	4	5767	–	1435	6198	–
复　兴　区	6	148466	3920	33372	147590	3920
邯　山　区	6	100386	1876	24783	106779	1876
峰　峰　矿　区	66	2379719	562	651903	2312669	516
经　济　开　发　区	18	241859	80458	55026	247568	80163
马头经济开发区	14	160078	5998	40479	151467	12436
市　　　直	30	11749719	298325	2851672	19047580	281045

16-18续表4

单位：万元、人

项　目	利润总额	从业人员期末人数	科技活动人员	企业内部用于科技活动的经费支出
全　市	**1813967**	**342477**	**10768**	**252807**
按工业企业规模分				
大中型	1234058	275208	10045	237846
小型企业	573256	66668	723	14961
微型企业	6653	601	–	–
按工业行业小类分				
烟煤和无烟煤开采洗选	225277	43150	1219	23590
铁矿采选	79778	13519	504	1792
粘土及其他土砂石开采	–	89	–	–
谷物磨制	41250	3017	10	37
饲料加工	15803	1328	–	–
食用植物油加工	53161	4354	–	–
牲畜屠宰	–	370	–	–
禽类屠宰	9790	1786	–	–
肉制品及副产品加工	9884	604	–	–
蔬菜加工	19631	1228	–	–
水果和坚果加工	3887	219	–	–
淀粉及淀粉制品制造	14407	539	10	9
豆制品制造	743	108	–	–
蛋品加工	4525	287	–	–
其他未列明农副食品加工	2165	210	–	–
糕点、面包制造	593	229	–	–
饼干及其他焙烤食品制造	12846	1017	35	100
糖果、巧克力制造	5198	212	–	–
蜜饯制作	5086	146	–	–
速冻食品制造	3056	136	–	–
方便面及其他方便食品制造	12148	680	36	553
乳制品制造	40	145	–	–
蔬菜、水果罐头制造	3045	220	25	546
酱油、食醋及类似制品制造	478	125	–	–
白酒制造	16729	2422	47	258
啤酒制造	406	511	–	–
瓶（罐）装饮用水制造	138	55	–	–
果菜汁及果菜汁饮料制造	15626	152	–	–
棉纺纱加工	73356	20000	256	613
棉织造加工	23963	3664	30	119
棉印染精加工	–	38	–	–
毛条和毛纱线加工	12	20	–	–
毛织造加工	9311	756	–	–
床上用品制造	302	162	–	–
其他非家用纺织制成品制造	6057	770	71	659
机织服装制造	27615	3950	7	259
服饰制造	221	348	–	–
皮箱、包（袋）制造	16	155	–	–
其他皮革制品制造	573	200	–	–
毛皮服装加工	34	200	–	–
塑料鞋制造	204	95	–	–
橡胶鞋制造	1349	232	–	–
胶合板制造	442	50	–	–
刨花板制造	5482	477	42	1865
建筑用木料及木材组件加工	4961	525	–	–
木门窗、楼梯制造	3699	167	–	–
木质家具制造	11816	1622	24	690
机制纸及纸板制造	7510	363	–	–
纸和纸板容器制造	797	46	–	–
其他纸制品制造	–	193	–	–
书、报刊印刷	1461	225	–	–
本册印制	2933	139	–	–
包装装潢及其他印刷	548	539	–	–
其他工艺美术品制造	415	185	–	–
原油加工及石油制品制造	3665	241	–	–
炼焦	18664	13348	12	12
无机酸制造	3460	200	–	–
无机盐制造	18	72	–	–
有机化学原料制造	–	1385	45	979

16-18续表5　　单位：万元、人

项　　目	利润总额	从业人员期末人数	科技活动人　员	企业内部用于科技活动的经费支出
其他基础化学原料制造	662	454	–	–
氮肥制造	–	685	12	2948
磷肥制造	392	118	–	–
复混肥料制造	755	185	–	–
化学农药制造	7298	1349	50	879
涂料制造	8520	329	–	–
油墨及类似产品制造	2704	253	18	647
染料制造	3319	469	–	–
其他专用化学产品制造	2210	394	–	–
炸药及火工产品制造	293	293	–	–
其他日用化学产品制造	637	90	–	–
化纤浆粕制造	1809	355	–	–
涤纶纤维制造	11310	239	–	–
其他合成纤维制造	–	272	14	3917
轮胎制造	4487	328	–	–
橡胶板、管、带制造	1391	329	–	–
日用及医用橡胶制品制造	150	108	–	–
其他橡胶制品制造	35	72	–	–
塑料薄膜制造	7540	234	7	49
塑料板、管、型材制造	11966	1202	–	–
塑料丝、绳及编织品制造	16892	1312	–	–
泡沫塑料制造	1153	200	–	–
塑料包装箱及容器制造	1264	220	–	–
塑料零件制造	257	56	–	–
其他塑料制品制造	–	117	–	–
水泥制造	12554	6521	103	4638
石灰和石膏制造	2	725	–	–
水泥制品制造	1850	488	–	–
砼结构构件制造	1118	183	–	–
其他水泥类似制品制造	1075	160	–	–
粘土砖瓦及建筑砌块制造	4742	1012	–	–
建筑陶瓷制品制造	1655	1026	–	–
建筑用石加工	1032	23	–	–
防水建筑材料制造	5882	125	–	–
隔热和隔音材料制造	2543	560	–	–
其他建筑材料制造	3223	190	–	–
平板玻璃制造	92	90	–	–
玻璃包装容器制造	1550	260	–	–
日用陶瓷制品制造	260	4354	392	1480
园林、陈设艺术及其他陶瓷制品制造	273	151	–	–
其他非金属矿物制品制造	–	32	–	–
炼铁	84375	26008	1222	45824
炼钢	153866	39599	4273	138015
黑色金属铸造	39718	5672	–	–
钢压延加工	402537	57444	323	6703
铁合金冶炼	583	55	–	–
铝冶炼	5256	355	60	1250
铝压延加工	2180	960	10	180
金属结构制造	19092	2701	27	965
金属门窗制造	2269	303	–	–
其他金属工具制造	380	92	–	–
金属包装容器制造	54	100	–	–
金属丝绳及其制品制造	4931	286	55	224
建筑、家具用金属配件制造	–	149	–	–
金属表面处理及热处理加工	1957	380	120	30
生产专用搪瓷制品制造	669	150	–	–
搪瓷日用品及其他搪瓷制品制造	–	90	–	–
金属制餐具和器皿制造	186	148	–	–
其他金属制日用品制造	750	126	–	–
交通及公共管理用金属标牌制造	1854	188	–	–
其他未列明金属制品制造	150	50	–	–
锅炉及辅助设备制造	–	341	–	–
起重机制造	679	444	42	378
泵及真空设备制造	15258	2049	19	122
阀门和旋塞制造	576	378	18	76

16-18续表6　　　　单位：万元、人

项　　目	利润总额	从业人员期末人数	科技活动人　员	企业内部用于科技活动的经费支出
液压和气压动力机械及元件制造	–	342	10	25
轴承制造	19258	2034	–	–
齿轮及齿轮减、变速箱制造	4284	505	–	–
烘炉、熔炉及电炉制造	3776	124	42	1280
风机、风扇制造	3114	143	36	298
气体、液体分离及纯净设备制造	–	544	425	1223
制冷、空调设备制造	267	332	–	–
喷枪及类似器具制造	–	25	–	–
包装专用设备制造	638	141	–	–
紧固件制造	46488	3181	–	–
机械零部件加工	2787	930	–	–
其他通用零部件制造	3	30	–	–
其他通用设备制造业	2299	838	–	–
矿山机械制造	–	3679	11	11
建筑工程用机械制造	22251	2386	63	395
冶金专用设备制造	2065	1375	72	558
其他非金属加工专用设备制造	59	30	11	84
烟草生产专用设备制造	51	12	–	–
制浆和造纸专用设备制造	313	48	–	–
印刷专用设备制造	202	100	–	–
其他日用品生产专用设备制造	–	–	–	–
纺织专用设备制造	4384	218	–	–
机械化农业及园艺机具制造	2586	583	7	360
农林牧渔机械配件制造	759	32	–	–
棉花加工机械制造	1021	772	163	979
其他农、林、牧、渔业机械制造	311	1001	410	1305
改装汽车制造	167	264	–	–
低速载货汽车制造	946	592	36	226
汽车车身、挂车制造	7839	938	–	–
脚踏自行车及残疾人座车制造	15580	790	–	–
电线、电缆制造	–	70	–	–
其他电工器材制造	–	326	–	–
燃气、太阳能及类似能源家用器具制造	21569	1486	181	4812
电光源制造	532	145	–	–
照明灯具制造	1252	581	–	–
电气信号设备装置制造	–	429	40	326
其他机械和设备修理业	88	558	–	–
火力发电	14346	5562	41	47
电力供应	38309	16281	82	474
热力生产和供应	–	1034	–	–
燃气生产和供应业	–	1611	–	–
自来水生产和供应	–	1331	–	–
按地区分				
武　安　市	115395	69973	238	8557
鸡　泽　县	110276	17923	–	–
邱　　　县	26100	7856	157	4342
永　年　县	122917	15858	220	1115
曲　周　县	120669	7460	150	3816
邯　郸　县	133565	9290	6	53
肥　乡　县	39081	6026	5	102
馆　陶　县	74006	7422	40	446
涉　　　县	233661	14790	457	6564
广　平　县	63609	7942	133	2613
成　安　县	83509	9662	183	1805
魏　　　县	108775	6698	–	–
磁　　　县	101960	12457	20	756
临　漳　县	24429	5298	25	546
大　名　县	106959	7575	56	1330
从　台　区	55	336	–	–
复　兴　区	5864	1082	55	224
邯　山　区	6834	795	36	298
峰 峰 矿 区	38866	25611	890	22781
经 济 开 发 区	17710	4973	651	10780
马头经济开发区	3996	3288	163	979
市　　　直	275731	100162	7283	185700

16-19　规模以下工业企业高新技术产业情况

（2012年）

单位：个、万元

项　　目	单位数	总产值	#高新技术产品产值	增加值	主营业务收入	#高新技术产品收入
全　　市	241	162132	33585	39785	157563	32475
按工业行业小类分						
非食用植物油加工	1	312	−	45	297	−
其他调味品、发酵制品制造	4	2816	−	652	2744	−
保健食品制造	1	750	300	184	500	100
食品及饲料添加剂制造	2	2330	2301	570	3289	3275
记录媒介复制	1	80	−	22	16	−
人造原油制造	4	3537	2305	549	3141	1891
有机肥料及微生物肥料制造	1	300	300	57	300	300
其他肥料制造	2	642	642	122	642	642
初级形态塑料及合成树脂制造	1	476	−	93	476	−
合成橡胶制造	2	240	200	47	238	200
其他合成材料制造	1	1750	350	340	1750	350
化学试剂和助剂制造	3	1046	560	236	1047	561
专项化学用品制造	1	53	5	12	53	5
动物胶制造	2	1465	685	331	1460	601
化学药品原料药制造	3	2095	1210	394	2095	1210
兽用药品制造	1	190	−	45	150	−
生物药品制造	1	1425	−	366	1425	−
卫生材料及医药用品制造	1	35	35	10	33	33
人造纤维（纤维素纤维）制造	2	2052	852	393	1152	852
其他玻璃制造	1	400	400	89	400	400
技术玻璃制品制造	4	984	914	243	913	863
其他玻璃制品制造	1	246	−	61	246	−
玻璃纤维及制品制造	3	2199	15	537	1839	14
特种陶瓷制品制造	2	1056	471	344	942	340
耐火陶瓷制品及其他耐火材料制造	33	17130	6398	4468	16938	6102
石墨及碳素制品制造	74	43799	−	12159	43198	−
其他常用有色金属冶炼	1	198	117	52	178	107
有色金属合金制造	1	842	842	196	1350	1350
稀有稀土金属压延加工	1	652	−	138	718	−
其他有色金属压延加工	2	400	59	85	381	50
锻件及粉末冶金制品制造	5	1950	425	401	1958	297
内燃机及配件制造	3	2750	2000	568	2750	2000
金属切削机床制造	3	702	55	223	688	50
金属切割及焊接设备制造	1	1345	1345	428	1246	1006
机床附件制造	1	101	−	32	89	−
衡器制造	1	324	−	79	324	−
炼油、化工生产专用设备制造	7	3675	832	929	3609	786
模具制造	1	1423	−	360	1357	−
电子工业专用设备制造	1	722	−	167	722	−
医疗诊断、监护及治疗设备制造	1	1875	−	426	1800	−
口腔科用设备及器具制造	1	798	−	181	781	−
环境保护专用设备制造	4	1012	315	305	1001	305
地质勘查专用设备制造	1	346	105	104	346	100
其他专用设备制造	3	1514	81	457	1418	78
汽车整车制造	3	32568	1512	7426	31472	1318

16-19续表1　　　　单位：个、万元

项　　目	单位数	总产值	#高新技术产品产值	增加值	主营业务收入	#高新技术产品收入
汽车零部件及配件制造	4	2280	1680	613	2280	1680
铁路机车车辆及动车组制造	1	150	-	35	140	-
发电机及发电机组制造	1	20	-	4	20	-
电动机制造	2	20	-	4	64	-
变压器、整流器和电感器制造	6	3531	-	253	3166	-
配电开关控制设备制造	5	1555	280	112	1617	242
光伏设备及元器件制造	1	81	5	6	55	5
光纤、光缆制造	1	250	250	53	250	250
锂离子电池制造	1	500	500	114	500	500
其他电池制造	1	482	-	110	482	-
计算机零部件制造	2	1002	-	236	998	-
通信系统设备制造	1	85	85	19	81	81
广播电视接收设备及器材制造	1	512	512	112	512	512
雷达及配套设备制造	2	600	570		580	570
半导体分立器件制造	1	570	-	176	570	-
光电子器件及其他电子器件制造	1	402	402	124	402	402
工业自动控制系统装置制造	2	1556	396	557	1306	396
电工仪器仪表制造	2	943	-	338	940	-
绘图、计算及测量仪器制造	3	2959	910	1060	2756	910
供应用仪表及其他通用仪器制造	1	563	85	202	478	85
其他专用仪器制造	1	14	14	4	13	13
其他仪器仪表制造业	2	683	10	259	682	10
金属废料和碎屑加工处理	5	2665	2256	440	2094	1633
其他电力生产	1	110	-	32	110	-
按地区分						
武　安　市	8	3387	1480	854	3297	1273
鸡　泽　县	7	5964	-	1446	5713	-
邱　　　县	2	3175	1820	632	3175	1820
永　年　县	18	8020	8020	1711	8020	8020
曲　周　县	3	480	115	122	454	110
邯　郸　县	17	10059	6441	2492	8940	4905
肥　乡　县	1	239	-	17	322	-
馆　陶　县	3	4260	930	949	4260	930
涉　　　县	18	6154	5949	1495	6106	5891
广　平　县	3	29878	218	6821	28900	206
成　安　县	48	26912	1659	6514	26341	1639
魏　　　县	9	3127	1405	595	2518	756
磁　　　县	12	3393	-	856	3294	-
临　漳　县	55	32890	-	9173	32310	-
大　名　县	-	-	-	-	-	-
丛　台　区	8	6936	685	1476	6526	601
复　兴　区	7	6506	-	1703	6543	-
邯　山　区	2	1758	910	600	1758	910
峰峰 矿 区	9	1384	320	327	1325	298
经济开发区	11	7612	3633	2003	7762	5115

16-19续表2 单位：万元、人

项　　目	利润总额	从业人员期末人数	科技活动人　员	企业内部用于科技活动的经费支出
全　　市	**11198**	**6778**	**434**	**2117**
按工业行业小类分				
非食用植物油加工	211	16	–	–
其他调味品、发酵制品制造	313	69	–	–
保健食品制造	100	21	3	18
食品及饲料添加剂制造	–	131	22	496
记录媒介复制	13	7	–	–
人造原油制造	341	75	19	165
有机肥料及微生物肥料制造	19	25	3	5
其他肥料制造	40	37	5	23
初级形态塑料及合成树脂制造	8	16	–	–
合成橡胶制造	33	23	–	–
其他合成材料制造	230	43	6	25
化学试剂和助剂制造	59	47	5	11
专项化学用品制造	4	30	–	–
动物胶制造	129	49	12	99
化学药品原料药制造	279	179	18	142
兽用药品制造	9	18	–	–
生物药品制造	32	25	–	–
卫生材料及医药用品制造	12	15	15	7
人造纤维（纤维素纤维）制造	158	62	7	17
其他玻璃制造	70	21	5	20
技术玻璃制品制造	88	85	18	26
其他玻璃制品制造	9	10	–	–
玻璃纤维及制品制造	94	84	10	16
特种陶瓷制品制造	192	75	3	12
耐火陶瓷制品及其他耐火材料制造	1370	884	31	67
石墨及碳素制品制造	4862	1352	–	–
其他常用有色金属冶炼	31	20	2	4
有色金属合金制造	128	38	–	–
稀有稀土金属压延加工	41	25	–	–
其他有色金属压延加工	63	90	4	4
锻件及粉末冶金制品制造	49	124	12	10
内燃机及配件制造	187	187	20	161
金属切削机床制造	38	35	2	3
金属切割及焊接设备制造	537	98	10	52
机床附件制造	1	4	–	–
衡器制造	15	14	–	–
炼油、化工生产专用设备制造	570	150	15	30
模具制造	106	33	–	–
电子工业专用设备制造	25	20	–	–
医疗诊断、监护及治疗设备制造	–	133	–	–
口腔科用设备及器具制造	75	22	–	–
环境保护专用设备制造	–	81	7	5
地质勘查专用设备制造	44	59	10	4
其他专用设备制造	47	105	5	12
汽车整车制造	936	755	51	237

16-19续表3　　单位：万元、人

项　　目	利润总额	从业人员期末人数	科技活动人　员	企业内部用于科技活动的经费支出
汽车零部件及配件制造	303	124	11	67
铁路机车车辆及动车组制造	18	27	–	–
发电机及发电机组制造	1	5	–	–
电动机制造	2	15	–	–
变压器、整流器和电感器制造	-1217	383	11	7
配电开关控制设备制造	175	80	8	26
光伏设备及元器件制造	–	12	4	52
光纤、光缆制造	19	15	2	5
锂离子电池制造	3	13	2	1
其他电池制造	120	18	–	–
计算机零部件制造	114	39	–	–
通信系统设备制造	0	11	4	5
广播电视接收设备及器材制造	19	34	3	6
雷达及配套设备制造	91	33	4	9
半导体分立器件制造	25	16	–	–
光电子器件及其他电子器件制造	52	18	2	11
工业自动控制系统装置制造	56	53	21	151
电工仪器仪表制造	139	38	–	–
绘图、计算及测量仪器制造	378	198	5	39
供应用仪表及其他通用仪器制造	44	14	10	10
其他专用仪器制造	7	4	4	5
其他仪器仪表制造业	1	49	15	4
金属废料和碎屑加工处理	346	117	8	53
其他电力生产	3	70	–	–
按地区分				
武 安 市	683	122	7	24
鸡 泽 县	523	146	–	–
邱　　县	209	275	25	265
永 年 县	734	411	53	172
曲 周 县	48	101	14	56
邯 郸 县	1519	628	75	175
肥 乡 县	–	39	–	–
馆 陶 县	730	118	13	38
涉　　县	386	343	10	8
广 平 县	1033	611	39	237
成 安 县	975	978	26	115
魏　　县	637	139	54	153
磁　　县	393	294	–	–
临 漳 县	4458	954	–	–
大 名 县	–	–	–	–
丛 台 区	-1317	526	21	101
复 兴 区	137	327	7	41
邯 山 区	248	159	5	39
峰峰矿区	218	207	7	11
经济开发区	-414	400	78	682

16-20 省科技厅认定高新技术企业情况

（2012年） 单位：个、万元

项目	单位数	总产值	#高新技术产品产值	增加值	主营业务收入	#高新技术产品收入
全市	**50**	**2882933**	**620775**	**533367**	**3142437**	**598373**
按工业行业小类分						
食用植物油加工	1	2450	1800	354	1900	1700
食品及饲料添加剂制造	3	103034	72518	25223	91378	73493
其他非家用纺织制成品制造	1	62029	-	12437	62029	-
刨花板制造	1	74196	-	15225	87642	-
建筑用木料及木材组件加工	1	18456	-	4707	27140	-
有机化学原料制造	2	18682	16688	3850	19533	16890
油墨及类似产品制造	1	21097	21097	5150	21527	21527
密封用填料及类似品制造	1	980	157	239	980	157
专项化学用品制造	1	137570	19730	31091	137570	19730
动物胶制造	1	1178	685	266	1173	601
中成药生产	1	16609	16609	5910	11753	11053
水泥制造	1	136463	-	37405	115742	-
其他建筑材料制造	1	7738	-	1793	12591	-
特种陶瓷制品制造	2	200	200	65	510	510
石墨及碳素制品制造	1	7142	-	1983	7142	-
炼铁	2	1663200	156190	273264	1849188	139815
钢压延加工	1	42757	-	8735	119309	-
铝冶炼	1	68263	30000	17960	76350	25000
其他有色金属压延加工	1	563	563	119	563	563
切削工具制造	1	13597	13597	3802	12269	12269
起重机制造	1	7002	3000	1994	5460	2700
液压和气压动力机械及元件制造	1	5910	5491	1511	5910	5491
风机、风扇制造	1	36396	1876	8899	36396	1876
包装专用设备制造	1	-	-	-	7789	-
矿山机械制造	2	45703	36592	11874	39114	37218
石油钻采专用设备制造	1	5112	-	1328	4699	-
食品、酒、饮料及茶生产专用设备制造	1	641	410	196	547	410
纺织专用设备制造	1	31027	-	6699	33273	-
棉花加工机械制造	1	12019	5998	2525	17515	12436
环境保护专用设备制造	1	2000	480	603	1800	480
配电开关控制设备制造	1	1780	600	128	1780	600
家用空气调节器制造	1	3089	1540	759	3089	2224
燃气、太阳能及类似能源家用器具制造	1	78284	49254	17363	80304	49254
电子元件及组件制造	1	3734	1052	1094	2846	798
其他电力生产	1	12089	540	3489	8662	540
工矿工程建筑	1	189115	116911	16334	187519	116911
其他土木工程建筑	1	3546	2532	447	3546	2532
软件开发	4	1789	1317	514	1573	1317
科技中介服务	1	30618	30618	2813	30618	30618
其他污染治理	1	-	-	-	-	-

16-20续表1 单位：万元、人

项目	利润总额	从业人员期末人数	科技活动人员	企业内部用于科技活动的经费支出
全市	156673	25368	4831	90011
按工业行业小类分				
食用植物油加工	230	47	17	80
食品及饲料添加剂制造	11282	1229	417	8227
其他非家用纺织制成品制造	5128	680	71	659
刨花板制造	5483	312	42	1865
建筑用木料及木材组件加工	4961	525	–	–
有机化学原料制造	759	220	46	691
油墨及类似产品制造	2704	253	18	647
密封用填料及类似品制造	92	45	35	3
专项化学用品制造	17926	696	115	927
动物胶制造	111	38	12	99
中成药生产	980	423	104	963
水泥制造	–	915	81	4440
其他建筑材料制造	1223	80	–	–
特种陶瓷制品制造	–	64	18	307
石墨及碳素制品制造	283	218	–	–
炼铁	81919	10750	1138	45479
钢压延加工	1946	364	60	1079
铝冶炼	4482	275	60	1250
其他有色金属压延加工	23	86	–	–
切削工具制造	1159	351	69	6156
起重机制造	–	354	42	378
液压和气压动力机械及元件制造	273	120	10	25
风机、风扇制造	3114	143	36	298
包装专用设备制造	638	141	–	–
矿山机械制造	2069	2058	1244	2253
石油钻采专用设备制造	289	158	–	–
食品、酒、饮料及茶生产专用设备制造	30	54	20	49
纺织专用设备制造	2707	48	–	–
棉花加工机械制造	1021	772	163	979
环境保护专用设备制造	1	59	8	20
配电开关控制设备制造	–128	40	5	10
家用空气调节器制造	–166	112	60	282
燃气、太阳能及类似能源家用器具制造	7433	1125	181	4812
电子元件及组件制造	133	101	8	40
其他电力生产	72	163	11	11
工矿工程建筑	1894	1574	489	5806
其他土木工程建筑	106	164	24	385
软件开发	214	136	77	363
科技中介服务	2093	136	129	779
其他污染治理	–	–	–	–

16-20续表2

单位：个、万元

县（市、区）	单位数	总产值	#高新技术产品产值	增加值	主营业务收入	#高新技术产品收入
武安市	4	406690	13597	83371	362978	12269
永年县	3	199599	19730	43528	207388	19730
曲周县	6	262863	109900	61183	285952	104791
邯郸县	1	16609	16609	5910	11753	11053
馆陶县	2	19827	540	5282	21253	540
涉县	1	563	563	119	563	563
广平县	1	3546	2532	447	3546	2532
成安县	1	22466	–	5500	9980	–
魏县	1	18466	–	4707	27140	–
磁县	1	10021	8807	2065	10871	9017
临漳县	1	5112	–	1328	4699	–
从台区	3	191272	117753	16839	189672	117669
复兴区	2	2421	1010	324	2327	1010
邯山区	2	36996	2386	9055	36910	2294
峰峰矿区	5	58178	37815	15462	50588	38278
经济开发区	12	159955	124346	33894	160314	123675
马头经济开发区	1	12019	5998	2525	17515	12436
市直	3	1456329	159190	241829	1738990	142515

16-20续表3

单位：万元、人

县（市、区）	利润总额	从业人员期末人数	科技活动人员	企业内部用于科技活动的经费支出
武安市	-11700	2516	150	10596
永年县	23693	1517	186	1586
曲周县	21328	1372	547	11570
邯郸县	980	423	104	963
馆陶县	1295	243	11	11
涉县	23	86	–	–
广平县	106	164	24	385
成安县	3989	495	–	–
魏县	4961	525	–	–
磁县	480	140	15	48
临漳县	289	158	–	–
从台区	2097	1657	536	5908
复兴区	-98	94	25	59
邯山区	3281	181	44	338
峰峰矿区	2349	2428	1259	2303
经济开发区	13322	2379	527	8329
马头经济开发区	1021	772	163	979
市直	89259	10218	1240	46935

16-21　高新技术产业软件情况

（2012年）

单位：个、万元、人

项　　目	企业数	总产值	#高新技术产品产值	增加值	从业人员年平均人数
全　　市	**19**	**15833**	**2737**	**1949**	**439**
按工业行业小类分					
配电开关控制设备制造	1	7298	–	523	36
其他输配电及控制设备制造	1	2573	–	185	45
灯用电器附件及其他照明器具制造	1	81	–	21	21
工业自动控制系统装置制造	2	1556	396	557	53
其他仪器仪表制造业	2	30	10	11	43
软件开发	12	4296	2332	651	241
按地区分					
邯　郸　县	1	62	62	47	11
从　台　区	2	106	106	-31	6
经济开发区	16	15666	2570	1933	422

16-21 续表

单位：万元、人

项　　目	主营业务收入	#高新技术产品销售收入	利润总额	从事科技活动人员	科技活动经费内部支出
全　　市	**15832**	**2737**	**396**	**170**	**733**
按工业行业小类分					
配电开关控制设备制造	7764	–	30	–	–
其他输配电及控制设备制造	2573	–	67	–	–
灯用电器附件及其他照明器具制造	81	–	8	11	6
工业自动控制系统装置制造	1306	396	56	21	151
其他仪器仪表制造业	29	10	–	15	4
软件开发	4080	2332	236	123	572
按地区分					
邯　郸　县	62	62	–	7	33
从　台　区	106	106	–	–	–
经济开发区	15664	2570	396	163	700

第二部分　统计资料

十七、文化、教育、体育、卫生广播电视和环境保护

资料整理：高晓炜　高建飞　郭洪娟

17-1 文 化 事 业

项 目	单 位	1990年	1995年	2000年	2005年	2007年	2008年	2009年	2010年	2011年	2012年
群众文化艺术馆*											
机构数	个	21	20	20	20	218	218	229	238	238	259
年末职工数	人	396	401	358	336	705	699	720	727	802	818
举办展览次数	次	186	98	170	198	1092	1090	1012	1077	1155	831
组织文艺活动	次	313	393	740	955	10673	4161	3904	3947	3859	3957
举办训练班	班 次	175	277	15	906	1541	2308	2817	1984	1935	1747
举办训练班结业人次	人 次	6122	4500	15515	23091	87468	102944	95550	115090	89412	154093
藏 书	万 册	8.9	11.6	22	49	78.2	81.4	85.6	74.7	22.8	16.4
公共图书馆											
机构数	个	10	11	12	15	18	19	20	20	20	20
年末职工数	人	116	132	147	157	145	152	200	184	195	196
总藏书	万 册	59.1	65.8	84	111	115	122	121	133	144	148
阅览室座席数	个	812	826	952	1604	1224	1329	1753	1145	1048	1578
图书流通册次	万 册	26.5	29.6	-	25.0	26.9	40	30	37	21	41
文物管理											
机构数	个	14	15	17	20	22	22	22	22	22	22
人员数	人	195	195	317	379	381	379	376	577	581	583
文物藏品	件	17800	34159	31453	32725	33504	33611	33655	33566	33579	33683

注：*2007年以后群众文化艺术馆数据含文化站。

17-2 普通高等院校基本情况

(2012年)

单位：人

名 称	普通本专科招生数	在校生数	毕业生数	教职工数	#专任教师
全 市	**25992**	**84411**	**23427**	**4844**	**3326**
河北工程大学	14308	42413	11077	2261	1406
河北工程大学科信学院	2541	9973	2058	583	520
邯郸学院	4694	16690	4540	910	628
邯郸职业技术学院	3473	11918	4054	688	575
河北司法警官学校	976	3417	1698	402	197

17-3 中等专业学校基本情况

(2012年)

单位：人

名称	毕业生数	招生数	在校生数	教职工数	#专任教师
全市	**58968**	**44855**	**128809**	**7549**	**5932**
# 邯郸市职教中心	1277	2548	5355	394	338
邯郸市工业学校	851	337	936	106	66
邯郸市农业学校	615	764	1083	129	66
邯郸市第一财经学校	500	700	1183	101	62
邯郸市第二财经学校	360	315	1187	90	54
邯郸市理工学院	1842	1400	3881	141	82
邯郸市工贸学院	100	218	364	35	26

17-4 中小学基本情况

(2012年)

单位：所、人

项目	普通中学	小学	中职	特殊教育
学校数	395	2058	69	20
毕业生数	151868	125518	58968	38
招生数	173419	184790	44855	41
在校生数	476044	983885	128809	592
教职工数	39582	44584	7549	448
#专任教师	35631	42713	5932	386

17-5 幼儿园基本情况

(2012年)

单位：所、个、人

项目	园数	班数	在园幼儿数	教职工数	#园长	#专任教师	#保健员
全市	**1689**	**9945**	**307353**	**16159**	**1512**	**11331**	**1756**
在总计中：							
教育部门和集体办	1058	6024	189096	6704	796	5389	225
民办	608	3709	111311	8603	672	5423	1371
其他部门办	23	212	6946	852	44	519	160
在总计中：							
城市	175	1218	36821	3814	268	2205	712
县镇	556	3790	119726	6749	562	4778	757
农村	958	4937	150806	5596	682	4348	287

17-6　体　育　事　业

项　　目	单　位	2011年	2012年
等级运动员发展人数	人	205	209
#田径项目	人		35
#二级运动员	人		174
等级运动员发展人数(裁判)	人	267	186
#田径项目	人		23
#二级裁判员	人		163
体育竞赛及达标			
获得金牌数(省以上比赛)	枚	87	61
举办县级以上运动会次数	次		
参赛运动员人数	万　人	0.12	0.1
《国家体育锻炼标准》达标人数	万　人		
少年业余体校	所	1	1
在校学生人数	人	2565	2683
专职教练人员	人	26	100
年内输送及考入高校人数	人	21	25
优秀运动员	人	10	13
体育运动学校	所		
考入高等院校	人	21	23
体育场	个	4	4
室外游泳池	个	35	35
运动场	个	30	30

17-7　卫　生　机　构、床

项　　目	机构数（个）	实有床位（张）	全部职工人数	#卫生技术人员
全　市	**8604**	**42691**	**53038**	**32702**
医　院	169	24577	25748	20592
综合医院	114	18486	19699	15675
中医医院	19	3290	3403	2760
中西医结合医院	2	269	251	192
专科医院	34	2532	2395	1965
口腔医院	1	30	74	59
眼科医院	3	437	586	552
肿瘤医院	2	363	352	294
妇产(科)医院	4	172	303	219
精神病医院	7	360	228	186
传染病医院	3	712	455	344
皮肤病医院	1	20	10	9
骨科医院	8	328	245	184
其他专科医院	5	110	142	118
卫生院	214	15910	7645	5909
乡镇卫生院	214	15910	7645	5909
中心卫生院	61	10233	2959	2277
乡卫生院	153	5677	4686	3632
采供血机构	1	-	236	98
社区卫生服务中心(站)	94	999	1135	957
社区卫生服务中心	30	529	549	452
社区卫生服务站	64	470	586	505
妇幼保健院(所、站)	19	1008	1851	1428
省辖市(地区)属	1	200	505	423
县　属	14	758	1175	912
妇幼保健院	10	580	1250	978
妇幼保健所	2	198	229	208
专科疾病防治院(所、站)	4	98	112	88
疾病预防控制中心(防疫站)	21	-	938	573

注：本表人员合计中包括乡村医生11168人和卫生员938人。

位　及　人　员（2012年）

单位：人

执业助理医师	执业医师	注册护士	药师	技师	其　他	其他技术人员	管理人员	工勤人员
14800	**10801**	**10265**	**1591**	**2065**	**3981**	**2427**	**2169**	**3634**
8556	7408	8117	1085	1458	1376	1275	1458	2423
6426	5701	6474	745	1153	877	947	1110	1967
1213	979	830	205	181	331	213	208	222
102	69	56	9	8	17	12	21	26
815	659	757	126	116	151	103	119	208
44	44	5	2	3	5	5	1	9
235	217	268	22	17	10	11	5	18
107	87	96	12	13	66	8	15	35
84	49	81	14	16	24	20	37	27
67	41	82	11	19	7	9	10	23
123	111	136	43	23	19	30	16	65
7	7	1	1	–	–	–	1	–
89	57	55	13	15	12	14	23	24
59	46	33	8	10	8	6	11	7
2764	1137	806	329	336	1674	812	355	569
2764	1137	806	329	336	1674	812	355	569
1094	484	331	130	122	600	333	133	216
1670	653	475	199	214	1074	479	222	353
20	20	22	16	40	–	27	22	89
515	377	324	48	50	20	57	68	53
229	179	159	24	29	11	36	25	36
505	198	165	24	21	9	21	43	17
633	448	505	58	65	167	132	112	179
144	130	207	11	10	51	30	15	37
452	290	274	42	45	99	71	87	105
404	291	374	45	41	114	100	63	109
115	83	57	4	9	23	6	6	9
44	31	33	6	5	–	4	9	11
213	175	26	6	97	231	73	85	207

17-8　地表水环境质量

(2012年)

水体名称	监测断面	全　年	一季度	二季度	三季度	四季度
滏阳河	九号泉	断流	断流	断流	断流	断流
	水泥厂桥	断流	断流	断流	断流	断流
	张庄桥	III	III	III	III	III
	刘二庄	V	V	V	V	V
	苏　里	V	V	V	V	V
	莲花口	IV	V	V	V	V
	曲　周	V	断流	断流	V	V
岳城水库	观　台	II	I	II	II	II
	库　中	II	I	II	II	II
	岳　城	II	I	II	II	II
东武仕水库	入　口	III	III	III	III	III
	库　中	II	II	II	II	II
	出　口	II	II	II	II	II

17-9　地下水环境质量

(2012年)

水　　期	水质类别	主要污染物
枯水期	V	总硬度
丰水期	V	总硬度
贫水期	V	总硬度
全　年	V	总硬度

17-10　城市区域环境噪声

(2012年)

声级范围dB(A)	声级覆盖面积(平方公里)	占总网格面积(%)	声级覆盖人口(万人)	占总网格人口(%)
40.1-50.0	4.32	3.30	2.08	2.16
50.1-55.0	60.48	46.28	46.65	48.33
55.1-60.0	15.12	11.57	10.78	11.17
60.1-65.0	10.80	8.26	4.92	5.09

17-11 环境保护基本情况

(2012年)

项目	单位	全市	#市区
工业用水量	万吨	597019.7	350259.5
工业废水排放量	万吨	5905.9	2764.7
工业废气排放量	亿标立方米	10458.8	4053.1
工业二氧化硫排放量	吨	202792.0	83346.1
工业烟粉（尘）排放量	吨	195790.3	33304.7
工业烟粉（尘）产生量	吨	13589055.2	4406434.9
工业固体废物产生量	万吨	3162.0	1394.4
工业固体废物综合利用量	万吨	3164.0	1448.9

17-12 城区空气环境质量

(2012年)

单位：毫克/立方米

月份	PM_{10}	二氧化硫	二氧化氮	首要污染物
1月	0.171	0.080	0.037	PM10
2月	0.086	0.046	0.034	PM10
3月	0.084	0.038	0.032	PM10
4月	0.083	0.024	0.025	PM10
5月	0.073	0.025	0.019	PM10
6月	0.061	0.020	0.017	PM10
7月	0.055	0.013	0.020	PM10
8月	0.065	0.027	0.021	PM10
9月	0.061	0.038	0.025	PM10
10月	0.091	0.047	0.030	PM10
11月	0.095	0.037	0.021	PM10
12月	0.181	0.093	0.038	PM10
全年	0.093	0.041	0.026	PM10

17-13 饮用水源地水环境质量

(2012年)

水厂名称	水源地名称	日均供水量(万吨)	占全市(%)	水质分级
三堤水厂	羊角铺水源地	8.90	49.7	良好（I类）
铁西水厂	岳城水库	9.00	50.3	清洁

17-14 广播电视事业

项 目	单 位	2011年	2012年	项 目	单 位	2011年	2012年
广播				电视机数量	万台	273.57	
覆盖率	%	99.98	99.98	城市电视机数量	万台	102.52	
广播电台	座	1	1	#彩电	万台	102.52	
节目套数	套	14	14	电视村	个	5190	5190
每日播出时间	小时：分	176	188	电视乡	个	214	214
每日自办节目时间	小时：分	118	125	**有线广播电视**			
全年自制广播节目时间	小时：分	43182	43178	总用户数	万户	63.98	67.22
全年加工广播节目时间	小时：分	21268	21274	有线广播电视站	座	17	17
发射台和转播台	座	20	20	地市级干线网络皮长(光缆)	公里	1192	1215
发射机功率	部/千瓦	28/39.25	28/39.25	地市级干线网络芯长(光缆)	公里	6411	6425
收音机数量	万台	96.25		广播电视分配网总长	公里	14562.3	14583.6
电视				#光缆	公里	1637.1	1655.2
电视人口覆盖率	%	98.87	98.87	电缆	公里	11569.2	
电视台	座	1	1	**县级广播电视**			
节目套数	套	19	19	县级广播电视台	座	16	16
每周播出时间	小时：分	1591：40	1603	乡广播电视站	座	203	203
每周自办节目时间	小时：分	578	584	通广播的乡	个	216	216
本年自制电视节目时间	小时：分	34238	34244	通电视的乡	个	216	216
本年加工电视节目时间	小时：分	13693	13695	通广播的村	个	5382	5382
本台节目被中央台采用时间	小时：分	23:5	20	通电视的村	个	5382	5382
发射台和转播台	座	20	20	广播喇叭合计	万只	0.93	
#1千瓦以上的	座	11	11	卫星地面站	座	1492	1492
发射机功率	部/千瓦	30/48.2	30/48.2	#系统内的站	座	1372	1372

第二部分　统计资料

十八、重点服务业企业和限上非企业单位

资料整理：乔志杰　李　琳　郝俊红

18-1　重点服务业企业调查分行业汇总表

（2012年）　　单位：个、人、万元

指　　标	单位数	从业人员期末人数	从业人员平均人数	年初存货		
				2012年	2011年	增长(%)
全　　市	**101**	**21753**	**21668**	**35631**	**182962**	**-80.5**
道路运输业	37	8083	7933	870	274	217.5
航空运输业	1	140	140	-	-	-
装卸搬运和运输代理业	7	364	359	8644	6155	40.5
仓储业	5	580	580	17652	168599	-89.5
邮政业	1	2717	2710	1404	2498	-43.8
电信、广播电视和卫星传输服务	5	3835	3819	6386	4464	43.1
软件和信息技术服务业	2	40	40	72	153	-52.7
物业管理	2	149	152	-	-	-
商务服务业	15	3153	3078	91	102	-11.2
专业技术服务业	11	1203	1176	103	310	-66.7
公共设施管理业	8	752	934	371	349	6.5
居民服务业	2	215	221	31	31	-
其他服务业	1	213	213	8	29	-73.4
教育	2	128	128	-	-	-
卫生	1	114	114	-	-	-
娱乐业	1	67	71	-	-	-

18-1续表1　　单位：万元

指　　标	固定资产原价			本年折旧		
	2012年	2011年	增长(%)	2012年	2011年	增长(%)
全　　市	**1348724**	**1218250**	**10.7**	**107203**	**107417**	**-0.2**
道路运输业	92758	93298	-0.6	6130	8733	-29.8
航空运输业	16502	16485	0.1	275	1126	-75.6
装卸搬运和运输代理业	7473	6690	11.7	571	364	56.8
仓储业	28395	27965	1.5	922	948	-2.8
邮政业	22589	19356	16.7	878	634	38.5
电信、广播电视和卫星传输服务	992626	869966	14.1	70574	71194	-0.9
软件和信息技术服务业	5393	5384	0.2	219	141	55.6
物业管理	409	398	2.8	20	16	31.0
商务服务业	17228	17189	0.2	416	401	3.6
专业技术服务业	11903	11866	0.3	632	617	2.5
公共设施管理业	142942	139114	2.8	25871	22310	16.0
居民服务业	1384	1715	-19.3	46	329	-86.1
其他服务业	4314	4305	0.2	179	193	-7.4
教育	2249	1983	13.4	209	182	14.5
卫生	361	354	2.1	-	-	-
娱乐业	2200	2182	0.8	264	232	13.9

18-1续表2

单位：万元

指标	资产总计			负债合计		
	2012年	2011年	增长(%)	2012年	2011年	增长(%)
全市	**1441140**	**1292017**	**11.5**	**882353**	**739111**	**19.4**
道路运输业	244751	228221	7.2	183367	164604	11.4
航空运输业	14917	16287	-8.4	7055	5669	24.5
装卸搬运和运输代理业	15378	20455	-24.8	6165	10702	-42.4
仓储业	294732	255419	15.4	256355	217756	17.7
邮政业	31010	21039	47.4	24840	19926	24.7
电信、广播电视和卫星传输服务	500898	433958	15.4	236017	174922	34.9
软件和信息技术服务业	5826	5820	0.1	2045	2110	-3.1
物业管理	386	691	-44.1	73	79	-7.7
商务服务业	30535	29527	3.4	11287	9991	13.0
专业技术服务业	41877	40145	4.3	5308	5740	-7.5
公共设施管理业	230341	223044	3.3	125290	116309	7.7
居民服务业	1731	1709	1.3	171	114	49.8
其他服务业	6577	6779	-3.0	2278	2253	1.1
教育	1468	1505	-2.5	1150	1182	-2.7
卫生	532	417	27.4	372	470	-20.9
娱乐业	20183	7000	188.3	20582	7284	182.6

18-1续表3

单位：万元

指标	所有者权益合计			营业收入		
	2012年	2011年	增长(%)	2012年	2011年	增长(%)
全市	**558787**	**552906**	**1.1**	**987800**	**864029**	**14.3**
道路运输业	61384	63617	-3.5	299445	205656	45.6
航空运输业	7862	10619	-26.0	685	680	0.7
装卸搬运和运输代理业	9213	9753	-5.5	94325	58567	61.1
仓储业	38378	37662	1.9	63968	129133	-50.5
邮政业	6170	1113	454.6	36072	34923	3.3
电信、广播电视和卫星传输服务	264881	259036	2.3	426599	371540	14.8
软件和信息技术服务业	3780	3710	1.9	2346	1845	27.1
物业管理	313	611	-48.9	151	78	94.0
商务服务业	19248	19535	-1.5	12053	11201	7.6
专业技术服务业	36569	34406	6.3	34445	33175	3.8
公共设施管理业	105051	106735	-1.6	11926	11772	1.3
居民服务业	1560	1595	-2.2	1058	1152	-8.1
其他服务业	4298	4526	-5.0	2890	2658	8.7
教育	317	324	-1.9	988	949	4.1
卫生	160	-53	-402.8	709	549	29.2
娱乐业	-398	-283	40.6	142	150	-5.7

18-1续表4

单位：万元

指　　标	#主营业务收入			营业成本		
	2012年	2011年	增长(%)	2012年	2011年	增长(%)
全　　市	**883003**	**850476**	**3.8**	**709531**	**617688**	**14.9**
道路运输业	215121	205102	4.9	265376	167945	58.0
航空运输业	685	680	0.7	2377	2328	2.1
装卸搬运和运输代理业	94206	58564	60.9	93322	56413	65.4
仓储业	63372	128706	-50.8	61802	127452	-51.5
邮政业	35160	34707	1.3	36580	35543	2.9
电信、广播电视和卫星传输服务	410629	362204	13.4	200966	182312	10.2
软件和信息技术服务业	2346	1845	27.1	1779	1384	28.6
物业管理	151	78	93.9	150	94	60.4
商务服务业	9884	9032	9.4	7292	6641	9.8
专业技术服务业	34030	32493	4.7	21370	21351	0.1
公共设施管理业	11841	11672	1.5	14832	12775	16.1
居民服务业	1036	1152	-10.1	751	846	-11.2
其他服务业	2890	2658	8.7	2547	2234	14.0
教育	974	929	4.9	169	146	15.8
卫生	539	505	6.6	185	189	-2.3
娱乐业	142	150	-5.7	32	36	-10.4

18-1续表5

单位：万元

指　　标	#主营业务成本			营业税金及附加		
	2012年	2011年	增长(%)	2012年	2011年	增长(%)
全　　市	**597145**	**596536**	**0.1**	**21959**	**20046**	**9.6**
道路运输业	178829	167462	6.8	6494	6580	-1.3
航空运输业	2377	2328	2.1	24	24	-1.7
装卸搬运和运输代理业	93322	56413	65.4	67	113	-41.2
仓储业	61802	127452	-51.5	198	184	8.0
邮政业	30539	30749	-0.7	614	163	277.6
电信、广播电视和卫星传输服务	182260	167649	8.7	12706	11128	14.2
软件和信息技术服务业	1779	1384	28.6	14	15	-5.3
物业管理	150	94	60.4	5	1	327.3
商务服务业	6428	5776	11.3	237	222	6.4
专业技术服务业	21142	21004	0.7	1149	1141	0.7
公共设施管理业	14832	12775	16.1	304	307	-1.2
居民服务业	751	846	-11.2	58	64	-10.0
其他服务业	2547	2234	14.0	62	63	-1.9
教育	169	146	15.8	23	28	-16.7
卫生	185	189	-2.3	–	–	–
娱乐业	32	36	-10.4	6	12	-55.3

18-1续表6

单位：万元

指　　标	#主营业务税金及附加			销售费用		
	2012年	2011年	增长(%)	2012年	2011年	增长(%)
全　　市	**21346**	**19573**	**9.1**	**100117**	**83805**	**19.5**
道路运输业	6466	6484	-0.3	950	694	37.0
航空运输业	24	24	-1.7	106	-	-
装卸搬运和运输代理业	67	113	-41.1	530	934	-43.3
仓储业	170	184	-7.4	2302	1459	57.8
邮政业	614	163	277.6	-	-	-
电信、广播电视和卫星传输服务	12256	10843	13.0	91822	75986	20.8
软件和信息技术服务业	14	15	-5.3	28	27	6.8
物业管理	5	1	327.3	2	-	1400.0
商务服务业	183	168	8.4	2250	2239	0.5
专业技术服务业	1112	1119	-0.6	1814	2200	-17.5
公共设施管理业	304	307	-1.2	125	112	12.1
居民服务业	41	49	-16.3	68	57	19.7
其他服务业	62	63	-1.9	-	-	-
教育	23	28	-16.7	120	98	21.8
卫生	-	-	-	-	-	-
娱乐业	6	12	-55.3	-	-	-

18-1续表7

单位：万元

指　　标	管理费用			#税金		
	2012年	2011年	增长(%)	2012年	2011年	增长(%)
全　　市	**56397**	**53382**	**5.7**	**1962**	**1989**	**-1.3**
道路运输业	18266	18098	0.9	280	497	-43.7
航空运输业	168	119	41.2	-	-	-
装卸搬运和运输代理业	926	925	0.1	1	1	-10.0
仓储业	1887	2048	-7.9	34	38	-10.4
邮政业	5281	4508	17.1	-	-	-
电信、广播电视和卫星传输服务	19370	17858	8.5	921	815	13.0
软件和信息技术服务业	412	344	19.7	111	50	120.4
物业管理	32	24	31.7	-	-	-
商务服务业	2166	1861	16.4	66	53	23.4
专业技术服务业	4047	4013	0.8	246	231	6.4
公共设施管理业	2275	2065	10.2	290	291	-0.1
居民服务业	182	163	11.6	9	8	12.7
其他服务业	276	253	9.0	6	4	27.9
教育	637	607	4.9	-	-	-
卫生	336	364	-7.7	-	-	-
娱乐业	139	132	5.2	-	1	-76.9

13-1续表8　　单位：万元

指　　标	财务费用			#利息收入		
	2012年	2011年	增长(%)	2012年	2011年	增长(%)
全　　市	**5012**	**7915**	**-36.7**	**-1613**	**526**	**-406.5**
道路运输业	4573	4265	7.2	823	577	42.8
航空运输业	-1	-2	-47.1	-	-	-
装卸搬运和运输代理业	5	54	-91.0	1	1	-10.0
仓储业	-681	2675	-125.5	-2465	-75	3199.3
邮政业	105	123	-14.3	8	5	41.5
电信、广播电视和卫星传输服务	118	66	78.9	8	12	-37.1
软件和信息技术服务业	12	1	1337.5	-	-	-
物业管理	1	-	350.0	-	-	-
商务服务业	124	124	0.3	1	1	-16.7
专业技术服务业	143	165	-13.7	5	2	173.7
公共设施管理业	607	438	38.5	10	6	53.2
居民服务业	5	4	31.7	-	-	-
其他服务业	-4	-3	51.7	-4	-3	51.7
教育	5	5	10.9	-	-	-
卫生	-	-	-	-	-	-
娱乐业	1	-	700.0	1	-	800.0

18-1续表9　　单位：万元

指　　标	#利息支出			投资收益		
	2012年	2011年	增长(%)	2012年	2011年	增长(%)
全　　市	**5775**	**4518**	**27.8**	**615**	**2657**	**-76.9**
道路运输业	3482	3678	-5.3	-	2071	-100.0
航空运输业	-	-	-	-	-	-
装卸搬运和运输代理业	6	9	-31.0	-	-	-
仓储业	1736	538	222.7	232	199	16.4
邮政业	-	-	-	-	-	-
电信、广播电视和卫星传输服务	96	61	57.4	-	-	-
软件和信息技术服务业	-	-	-	-	-	-
物业管理	-	-	-	-	-	-
商务服务业	12	11	3.6	-	-	-
专业技术服务业	148	167	-11.5	-7	-12	-45.5
公共设施管理业	296	54	444.4	385	246	56.6
居民服务业	-	-	-	-	-	-
其他服务业	-	-	-	6	154	-96.4
教育	-	-	-	-	-	-
卫生	-	-	-	-	-	-
娱乐业	-	-	-	-	-	-

18-1续表10

单位：万元

指　　标	营业利润			利润总额		
	2012年	2011年	增长(%)	2012年	2011年	增长(%)
全　　市	**83025**	**85430**	**-2.8**	**88437**	**91223**	**-3.1**
道路运输业	578	9916	-94.2	-80	9871	-100.8
航空运输业	-1989	-1789	11.2	-2756	-1071	157.4
装卸搬运和运输代理业	-543	127	-526.1	-512	124	-511.3
仓储业	-1506	-395	281.3	2188	1756	24.6
邮政业	-508	-621	-18.2	-513	-627	-18.3
电信、广播电视和卫星传输服务	93001	79556	16.9	95052	81785	16.2
软件和信息技术服务业	99	75	32.6	99	75	32.6
物业管理	-38	-41	-8.8	-38	-41	-8.8
商务服务业	-211	-47	351.3	-172	31	-654.0
专业技术服务业	3092	3078	0.5	3076	3067	0.3
公共设施管理业	-8761	-4477	95.7	-7680	-3763	104.1
居民服务业	-35	5	-760.4	-35	5	-760.4
其他服务业	-168	209	-180.4	-198	198	-200.0
教育	7	20	-66.2	2	16	-84.7
卫生	188	-5	-4184.8	188	-5	-4184.8
娱乐业	-182	-183	-0.4	-185	-199	-7.3

18-1续表11

单位：万元

指　　标	应交所得税			应付职工薪酬		
	2012年	2011年	增长(%)	2012年	2011年	增长(%)
全　　市	**5847**	**6239**	**-6.3**	**91551**	**82606**	**10.8**
道路运输业	1974	2225	-11.3	20789	19600	6.1
航空运输业	-	-	-	343	306	12.4
装卸搬运和运输代理业	29	26	9.2	751	688	9.2
仓储业	7	4	76.3	1372	1252	9.6
邮政业	-	-	-	15598	13840	12.7
电信、广播电视和卫星传输服务	3049	3205	-4.9	37287	32531	14.6
软件和信息技术服务业	29	17	74.9	137	137	0.1
物业管理	-	1	-60.0	155	108	43.7
商务服务业	48	47	1.3	4337	3818	13.6
专业技术服务业	502	562	-10.6	6319	6010	5.1
公共设施管理业	162	92	75.4	2200	2013	9.3
居民服务业	-	2	-94.7	508	510	-0.5
其他服务业	44	54	-19.9	1189	1237	-3.8
教育	1	2	-71.4	293	296	-1.0
卫生	-	-	-	160	163	-2.2
娱乐业	4	2	72.7	115	98	17.1

18-1续表12

单位：万元

指　　标	应交增值税			土地和固定资产支出		
	2012年	2011年	增长(%)	2012年	2011年	增长(%)
全　　市	**385**	**187**	**105.3**	**108223**	**87121**	**24.2**
道路运输业	365	201	81.5	32395	41458	-21.9
航空运输业	-	-	-	-	-	-
装卸搬运和运输代理业	-	-	-	-	-	-
仓储业	14	6	140.7	90	24	277.3
邮政业	-	-	-	-	-	-
电信、广播电视和卫星传输服务	-254	-214	18.9	74306	44412	67.3
软件和信息技术服务业	-	-	-	-	-	-
物业管理	-	-	-	-	-	-
商务服务业	14	13	3.9	43	10	354.7
专业技术服务业	-	-	-	1371	1205	13.8
公共设施管理业	2	2	-5.0	10	8	25.0
居民服务业	-	-		-	-	-
其他服务业	244	179	36.3	-	-	-
教育	-	-	-	8	4	100.0
卫生	-	-	-	-	-	-
娱乐业	-	-	-	-	-	-

18-2　重点服务业企业调查分门类汇总表

（2012年）

单位：个、人、万元

指　　标	单位数	从业人员期末人数	从业人员平均人数	年初存货		
				2012年	2011年	增长(%)
全　　市	**101**	**21753**	**21668**	**35631**	**182962**	**-80.5**
交通运输、仓储和邮政业	51	11884	11722	28569	177525	-83.9
信息传输、软件和信息技术服务业	7	3875	3859	6459	4617	39.9
房地产业	2	149	152	-	-	-
租赁和商务服务业	15	3153	3078	91	102	-11.2
科学研究和技术服务业	11	1203	1176	103	310	-66.7
水利、环境和公共设施管理业	8	752	934	371	349	6.5
居民服务、修理和其他服务业	3	428	434	38	59	-35.4
教育	2	128	128	-	-	-
卫生和社会工作	1	114	114	-	-	-
文化、体育和娱乐业	1	67	71	-	-	-

18-2续表1　　单位：万元

指　　标	固定资产原价			本年折旧		
	2012年	2011年	增长(%)	2012年	2011年	增长(%)
全　　市	**1348724**	**1218250**	**10.7**	**107203**	**107417**	**-0.2**
交通运输、仓储和邮政业	167717	163794	2.4	8776	11804	-25.7
信息传输、软件和信息技术服务业	998019	875350	14.0	70793	71334	-0.8
房地产业	409	398	2.8	20	16	31.0
租赁和商务服务业	17228	17189	0.2	416	401	3.6
科学研究和技术服务业	11903	11866	0.3	632	617	2.5
水利、环境和公共设施管理业	142942	139114	2.8	25871	22310	16.0
居民服务、修理和其他服务业	5698	6020	-5.4	225	522	-57.0
教育	2249	1983	13.4	209	182	14.5
卫生和社会工作	361	354	2.1	-	-	-
文化、体育和娱乐业	2200	2182	0.8	264	232	13.9

18-2续表2　　单位：万元

指　　标	资产总计			负债合计		
	2012年	2011年	增长(%)	2012年	2011年	增长(%)
全　　市	**1441140**	**1292017**	**11.5**	**882353**	**739111**	**19.3**
交通运输、仓储和邮政业	600788	541420	11.0	477781	418657	14.1
信息传输、软件和信息技术服务业	506724	439779	15.2	238062	177032	34.5
房地产业	386	691	-44.1	73	79	-7.7
租赁和商务服务业	30535	29527	3.4	11287	9991	13.0
科学研究和技术服务业	41877	40145	4.3	5308	5740	-7.5
水利、环境和公共设施管理业	230341	223044	3.3	125290	116309	7.7
居民服务、修理和其他服务业	8307	8488	-2.1	2449	2367	3.5
教育	1468	1505	-2.5	1150	1182	-2.7
卫生和社会工作	532	417	27.4	372	470	-20.9
文化、体育和娱乐业	20183	7000	188.3	20582	7284	182.6

18-2续表3

单位：万元

指标	所有者权益合计			营业收入		
	2012年	2011年	增长(%)	2012年	2011年	增长(%)
全市	**558787**	**552906**	**1.1**	**987800**	**864029**	**14.3**
交通运输、仓储和邮政业	123007	122763	0.2	494494	428960	15.3
信息传输、软件和信息技术服务业	268662	262747	2.3	428945	373386	14.9
房地产业	313	611	-48.9	151	78	94.0
租赁和商务服务业	19248	19535	-1.5	12053	11201	7.6
科学研究和技术服务业	36569	34406	6.3	34445	33175	3.8
水利、环境和公共设施管理业	105051	106735	-1.6	11926	11772	1.3
居民服务、修理和其他服务业	5858	6121	-4.3	3948	3810	3.6
教育	317	324	-1.9	988	949	4.1
卫生和社会工作	160	-53	-402.8	709	549	29.2
文化、体育和娱乐业	-398	-283	40.6	142	150	-5.7

18-2续表4

单位：万元

指标	#主营业务收入			营业成本		
	2012年	2011年	增长(%)	2012年	2011年	增长(%)
全市	**883003**	**850476**	**3.8**	**709531**	**617688**	**14.9**
交通运输、仓储和邮政业	408543	427758	-4.5	459458	389680	17.9
信息传输、软件和信息技术服务业	412975	364050	13.4	202745	183696	10.4
房地产业	151	78	93.9	150	94	60.4
租赁和商务服务业	9884	9032	9.4	7292	6641	9.8
科学研究和技术服务业	34030	32493	4.7	21370	21351	0.1
水利、环境和公共设施管理业	11841	11672	1.5	14832	12775	16.1
居民服务、修理和其他服务业	3926	3810	3.1	3298	3080	7.1
教育	974	929	4.9	169	146	15.8
卫生和社会工作	539	505	6.6	185	189	-2.3
文化、体育和娱乐业	142	150	-5.7	32	36	-10.4

18-2续表5　　单位：万元

指　　标	#主营业务成本			营业税金及附加		
	2012年	2011年	增长(%)	2012年	2011年	增长(%)
全　　市	**597145**	**596536**	**0.1**	**21959**	**20046**	**9.6**
交通运输、仓储和邮政业	366870	384404	-4.6	7397	7064	4.7
信息传输、软件和信息技术服务业	184039	169033	8.9	12720	11143	14.2
房地产业	150	94	60.4	5	1	327.3
租赁和商务服务业	6428	5776	11.3	237	222	6.4
科学研究和技术服务业	21142	21004	0.7	1149	1141	0.7
水利、环境和公共设施管理业	14832	12775	16.1	304	307	-1.2
居民服务、修理和其他服务业	3298	3080	7.1	120	128	-6.0
教育	169	146	15.8	23	28	-16.7
卫生和社会工作	185	189	-2.3	-	-	-
文化、体育和娱乐业	32	36	-10.4	6	12	-55.3

18-2续表6　　单位：万元

指　　标	#主营业务税金及附加			销售费用		
	2012年	2011年	增长(%)	2012年	2011年	增长(%)
全　　市	**21346**	**19573**	**9.1**	**100117**	**83805**	**19.5**
交通运输、仓储和邮政业	7341	6967	5.4	3888	3087	25.9
信息传输、软件和信息技术服务业	12271	10858	13.0	91850	76012	20.8
房地产业	5	1	327.3	2	-	1400.0
租赁和商务服务业	183	168	8.4	2250	2239	0.5
科学研究和技术服务业	1112	1119	-0.6	1814	2200	-17.5
水利、环境和公共设施管理业	304	307	-1.2	125	112	12.1
居民服务、修理和其他服务业	103	113	-8.2	68	57	19.7
教育	23	28	-16.7	120	98	21.8
卫生和社会工作	-	-	-	-	-	-
文化、体育和娱乐业	6	12	-55.3	-	-	-

18-2续表7

单位：万元

指　　标	管理费用			#税金		
	2012年	2011年	增长(%)	2012年	2011年	增长(%)
全　　市	**56397**	**53382**	**5.6**	**1962**	**1989**	**-1.3**
交通运输、仓储和邮政业	26527	25698	3.2	314	535	-41.3
信息传输、软件和信息技术服务业	19782	18203	8.7	1032	866	19.2
房地产业	32	24	31.7	-	-	-
租赁和商务服务业	2166	1861	16.4	66	53	23.4
科学研究和技术服务业	4047	4013	0.8	246	231	6.4
水利、环境和公共设施管理业	2275	2065	10.2	290	291	-0.1
居民服务、修理和其他服务业	458	416	10.0	14	12	18.0
教育	637	607	4.9	-	-	-
卫生和社会工作	336	364	-7.7	-	-	-
文化、体育和娱乐业	139	132	5.2	-	1	-76.9

18-2续表8

单位：万元

指　　标	财务费用			#利息收入		
	2012年	2011年	增长(%)	2012年	2011年	增长(%)
全　　市	**5012**	**7915**	**-36.7**	**-1613**	**526**	**-406.5**
交通运输、仓储和邮政业	4001	7115	-43.8	-1633	508	-421.4
信息传输、软件和信息技术服务业	129	67	94.0	8	12	-37.1
房地产业	1	-	350.0	-	-	-
租赁和商务服务业	124	124	0.3	1	1	-16.7
科学研究和技术服务业	143	165	-13.7	5	2	173.7
水利、环境和公共设施管理业	607	438	38.5	10	6	53.2
居民服务、修理和其他服务业	1	1	-16.7	-4	-3	51.7
教育	5	5	10.8	-	-	-
卫生和社会工作	-	-	-	-	-	-
文化、体育和娱乐业	1	-	700.0	1	-	800.0

18-2续表9 单位：万元

指标	#利息支出			投资收益		
	2012年	2011年	增长(%)	2012年	2011年	增长(%)
全市	**5775**	**4518**	**27.8**	**615**	**2657**	**-76.9**
交通运输、仓储和邮政业	5224	4224	23.7	232	2270	-89.8
信息传输、软件和信息技术服务业	96	61	57.4	–	–	–
房地产业	–	–	–	–	–	–
租赁和商务服务业	12	11	3.6	–	–	–
科学研究和技术服务业	148	167	-11.5	-7	-12	-45.5
水利、环境和公共设施管理业	296	54	444.4	385	246	56.6
居民服务、修理和其他服务业	–	–	–	6	154	-96.4
教育	–	–	–	–	–	–
卫生和社会工作	–	–	–	–	–	–
文化、体育和娱乐业	–	–	–	–	–	–

18-2续表10 单位：万元

指标	营业利润			利润总额		
	2012年	2011年	增长(%)	2012年	2011年	增长(%)
全市	**83025**	**85430**	**-2.8**	**88437**	**91223**	**-3.1**
交通运输、仓储和邮政业	-3967	7239	-154.8	-1673	10053	-116.6
信息传输、软件和信息技术服务业	93100	79631	16.9	95151	81860	16.2
房地产业	-38	-41	-8.8	-38	-41	-8.8
租赁和商务服务业	-211	-47	351.3	-172	31	-654.0
科学研究和技术服务业	3092	3078	0.5	3076	3067	0.3
水利、环境和公共设施管理业	-8761	-4477	95.7	-7680	-3763	104.1
居民服务、修理和其他服务业	-203	214	-194.7	-233	204	-214.6
教育	7	20	-66.2	2	16	-84.7
卫生和社会工作	188	-5	-4184.8	188	-5	-4184.8
文化、体育和娱乐业	-182	-183	-0.4	-185	-199	-7.3

18-2续表11

单位：万元

指　　标	应交所得税			应付职工薪酬		
	2012年	2011年	增长(%)	2012年	2011年	增长(%)
全　　市	**5847**	**6239**	**-6.3**	**91551**	**82606**	**10.8**
交通运输、仓储和邮政业	2009	2255	-10.9	38854	35686	8.9
信息传输、软件和信息技术服务业	3079	3222	-4.4	37424	32668	14.6
房地产业	-	1	-60.0	155	108	43.7
租赁和商务服务业	48	47	1.3	4337	3818	13.7
科学研究和技术服务业	502	562	-10.6	6319	6010	5.1
水利、环境和公共设施管理业	162	92	75.4	2200	2013	9.3
居民服务、修理和其他服务业	44	56	-22.4	1697	1746	-2.9
教育	1	2	-71.4	293	296	-1.0
卫生和社会工作	-	-	-	160	163	-2.2
文化、体育和娱乐业	4	2	72.7	115	98	17.1

18-2续表12

单位：万元

指　　标	应交增值税			土地和固定资产支出		
	2012年	2011年	增长(%)	2012年	2011年	增长(%)
全　　市	**385**	**187**	**105.3**	**108223**	**87121**	**24.2**
交通运输、仓储和邮政业	380	207	83.2	32485	41482	-21.7
信息传输、软件和信息技术服务业	-254	-214	18.9	74306	44412	67.3
房地产业	-	-	-	-	-	-
租赁和商务服务业	14	13	3.9	43	10	354.7
科学研究和技术服务业	-	-	-	1371	1205	13.8
水利、环境和公共设施管理业	2	2	-5.0	10	8	25.0
居民服务、修理和其他服务业	244	179	36.3	-	-	-
教育	-	-	-	8	4	100.0
卫生和社会工作	-	-	-	-	-	-
文化、体育和娱乐业	-	-	-	-	-	-

18-3 重点服务业企业调查分类别汇总表

（2012年）

单位:个、人、万元

指　　标	单位数	从业人员期末人数	从业人员平均人数	年初存货		
				2012年	2011年	增长(%)
全　　市	101	21753	21668	35631	182962	-80.5
按登记注册类型分						
内资企业	99	20295	20200	32028	180693	-82.3
国有企业	13	6835	6803	15651	170112	-90.8
集体企业	7	1538	1506	35	47	-24.5
股份合作企业	1	10	10	-	-	-
联营企业	1	164	162	-	-	-
国有联营企业	1	164	162	-	-	-
有限责任公司	31	7193	7191	9627	6897	39.6
国有独资公司	4	311	310	55	55	0.0
其他有限责任公司	27	6882	6881	9572	6842	39.9
股份有限公司	6	983	964	162	-	-
私营企业	38	3514	3506	6487	3591	80.7
私营独资企业	18	2302	2192	31	31	0.0
私营合伙企业	3	208	208	-	-	-
私营有限责任公司	15	872	971	6447	3542	82.0
私营股份有限公司	2	132	135	9	18	-47.2
其他企业	2	58	58	66	46	41.9
港、澳、台商投资企业	1	1448	1458	3533	2117	66.9
港、澳、台商投资股份有限公司	1	1448	1458	3533	2117	66.9
外商投资企业	1	10	10	70	153	-54.2
外资企业	1	10	10	70	153	-54.2
按企业控股情况分						
国有控股	20	7896	7859	15888	170317	-90.7
集体控股	10	4781	4737	35	47	-24.5
私人控股	58	5024	5047	15151	9810	54.5
港澳台商控股	1	1448	1458	3533	2117	66.9
外商控股	1	10	10	70	153	-54.2
其他	11	2594	2557	954	520	83.5
按隶属关系分						
中央	3	770	770	10557	157420	-93.3
省	2	2769	2759	1404	2498	-43.8
地区	15	5981	5961	6624	4492	47.5
县(市、区)	22	4253	4226	1447	8521	-83.0
街道	1	30	30	-	-	-
镇	2	137	105	-	-	-
村委会	1	53	53	-	-	-
其他	55	7760	7764	15599	10031	55.5
按营业状态分						
营业	100	21262	21203	35470	182962	-80.6
筹建	1	491	465	162	-	-
按执行会计标准类别分						
企业会计制度	100	21703	21618	35631	182962	-80.5
其他	1	50	50	-	-	-
按执行2006年《企业会计准则》分						
执行2006年《企业会计准则》	65	17708	17447	27596	171281	-83.9
不执行2006年《企业会计准则》	36	4045	4221	8036	11681	-31.2
按机构类型分						
企业	101	21753	21668	35631	182962	-80.5

18-3续表1

单位:万元

指标	土地和固定资产支出			固定资产原价		
	2012年	2011年	增长(%)	2012年	2011年	增长(%)
全 市	**108223**	**87121**	**24.2**	**1348724**	**1218250**	**10.7**
按登记注册类型分						
内资企业	71022	42708	66.3	737511	638984	15.4
国有企业	38339	1124	3312.4	448215	350031	28.1
集体企业	420	360	16.7	7397	7222	2.4
股份合作企业	-	-	-	-	-	-
联营企业	-	-	-	2550	2450	4.1
国有联营企业	-	-	-	2550	2450	4.1
有限责任公司	31573	29784	6.0	196177	191755	2.3
国有独资公司	10	6	66.7	4254	4325	-1.6
其他有限责任公司	31563	29778	6.0	191922	187429	2.4
股份有限公司	361	11375	-96.8	16118	15598	3.3
私营企业	329	67	394.4	64113	68987	-7.1
私营独资企业	68	31	123.0	39863	44894	-11.2
私营合伙企业	-	-	-	729	723	0.9
私营有限责任公司	261	36	623.8	19104	18982	0.6
私营股份有限公司	-	-	-	4417	4389	0.6
其他企业	-	-	-	2942	2942	0.0
港、澳、台商投资企业	37201	44412	-16.2	605851	573902	5.6
港、澳、台商投资股份有限公司	37201	44412	-16.2	605851	573902	5.6
外商投资企业	-	-	-	5363	5363	0.0
外资企业	-	-	-	5363	5363	0.0
按企业控股情况分						
国有控股	38349	1130	3295.2	564256	465287	21.3
集体控股	31672	29464	7.5	56092	53101	5.6
私人控股	420	111	278.6	84449	88799	-4.9
港澳台商控股	37201	44412	-16.2	605851	573902	5.6
外商控股	-	-	-	5363	5363	0.0
其他	581	12004	-95.2	32713	31797	2.9
按隶属关系分						
中央	1234	1124	9.9	36491	40862	-10.7
省	-	-	-	23292	20058	16.1
地区	74634	45121	65.4	1099820	971490	13.2
县(市、区)	766	11724	-93.5	54314	49483	9.8
街道	-	-	-	1884	1875	0.5
镇	-	-	-	67	67	0.3
村委会	-	-	-	8050	8000	0.6
其他	31589	29152	8.4	124808	126415	-1.3
按营业状态分						
营业	107878	75756	42.4	1337015	1206885	10.8
筹建	346	11364	-97.0	11710	11364	3.0
按执行会计标准类别分						
企业会计制度	108223	87121	24.2	1348524	1218050	10.7
其他	-	-	-	200	200	0.0
按执行2006年《企业会计准则》分						
执行2006年《企业会计准则》	107438	86086	24.8	1255492	1125481	11.6
不执行2006年《企业会计准则》	785	1035	-24.2	93233	92769	0.5
按机构类型分						
企业	108223	87121	24.2	1348724	1218250	10.7

18-3续表2　　　　单位:万元

指　标	本年折旧			资产总计		
	2012年	2011年	增长(%)	2012年	2011年	增长(%)
全　市	**107203**	**107417**	**-0.2**	**1441140**	**1292017**	**11.5**
按登记注册类型分						
内资企业	72582	71577	1.4	1185303	1040801	13.9
国有企业	38462	37636	2.2	646989	520013	24.4
集体企业	940	915	2.7	9888	8898	11.1
股份合作企业	-	-	-	-	-	-
联营企业	126	64	96.9	6647	3246	104.8
国有联营企业	126	64	96.9	6647	3246	104.8
有限责任公司	28059	28057	0.0	327338	330236	-0.9
国有独资公司	89	90	-1.8	11637	11523	1.0
其他有限责任公司	27970	27967	0.0	315701	318712	-0.9
股份有限公司	2284	932	145.0	71081	60375	17.7
私营企业	2398	3717	-35.5	116465	112875	3.2
私营独资企业	1432	2364	-39.4	56777	58300	-2.6
私营合伙企业	16	12	32.5	343	649	-47.2
私营有限责任公司	777	1154	-32.7	56832	51476	10.4
私营股份有限公司	173	186	-6.9	2513	2450	2.6
其他企业	314	256	22.6	6896	5160	33.6
港、澳、台商投资企业	34421	35709	-3.6	250049	245425	1.9
港、澳、台商投资股份有限公司	34421	35709	-3.6	250049	245425	1.9
外商投资企业	201	131	53.4	5789	5790	0.0
外资企业	201	131	53.4	5789	5790	0.0
按企业控股情况分						
国有控股	63676	59911	6.3	789127	659734	19.6
集体控股	2046	5154	-60.3	145743	141344	3.1
私人控股	4186	5224	-19.9	161988	165864	-2.3
港澳台商控股	34421	35709	-3.6	250049	245425	1.9
外商控股	201	131	53.4	5789	5790	0.0
其他	2674	1288	107.6	88446	73859	19.8
按隶属关系分						
中央	1867	2482	-24.8	288621	231150	24.9
省	920	670	37.4	31697	21758	45.7
地区	94756	91798	3.2	647814	575291	12.6
县(市、区)	4647	3457	34.4	172633	161131	7.1
街道	72	72	0.0	2438	2435	0.1
镇	4	4	0.0	129	113	14.2
村委会	41	40	2.5	10000	10000	0.0
其他	4897	8896	-45.0	287808	290139	-0.8
按营业状态分						
营业	105392	106779	-1.3	1384899	1246727	11.1
筹建	1812	638	184.1	56241	45290	24.2
按执行会计标准类别分						
企业会计制度	107201	107415	-0.2	1440890	1291787	11.5
其他	2	2	0.0	250	230	8.7
按执行2006年《企业会计准则》分						
执行2006年《企业会计准则》	103598	103644	0.0	1320370	1159017	13.9
不执行2006年《企业会计准则》	3605	3773	-4.5	120770	133000	-9.2
按机构类型分						
企业	107203	107417	-0.2	1441140	1292017	11.5

18-3续表3

单位:万元

指标	负债合计			所有者权益合计		
	2012年	2011年	增长(%)	2012年	2011年	增长(%)
全市	**882353**	**739111**	**19.4**	**558787**	**552906**	**1.1**
按登记注册类型分						
内资企业	804972	666953	20.7	380331	373848	1.7
国有企业	492222	380523	29.4	154768	139490	11.0
集体企业	2813	1875	50.0	7076	7024	0.7
股份合作企业	–	–	–	–	–	–
联营企业	4521	2206	105.0	2126	1041	104.3
国有联营企业	4521	2206	105.0	2126	1041	104.3
有限责任公司	205752	195242	5.4	121586	134994	-9.9
国有独资公司	7817	7414	5.5	3820	4110	-7.1
其他有限责任公司	197935	187828	5.4	117766	130884	-10.0
股份有限公司	49812	40281	23.7	21269	20094	5.9
私营企业	43670	42542	2.7	72794	70332	3.5
私营独资企业	11503	14952	-23.1	45274	43348	4.4
私营合伙企业	73	79	-7.7	270	569	-52.7
私营有限责任公司	31523	27071	16.4	25309	24405	3.7
私营股份有限公司	571	439	30.0	1942	2010	-3.4
其他企业	6183	4285	44.3	713	875	-18.5
港、澳、台商投资企业	75392	70079	7.6	174657	175346	-0.4
港、澳、台商投资股份有限公司	75392	70079	7.6	174657	175346	-0.4
外商投资企业	1990	2079	-4.3	3799	3712	2.4
外资企业	1990	2079	-4.3	3799	3712	2.4
按企业控股情况分						
国有控股	564935	443201	27.5	224192	216533	3.5
集体控股	100351	99974	0.4	45393	41371	9.7
私人控股	67478	72169	-6.5	94509	93695	0.9
港澳台商控股	75392	70079	7.6	174657	175346	-0.4
外商控股	1990	2079	-4.3	3799	3712	2.4
其他	72209	51609	39.9	16237	22250	-27.0
按隶属关系分						
中央	255284	197607	29.2	33337	33543	-0.6
省	24901	20005	24.5	6796	1754	287.5
地区	313244	232782	34.6	334569	342510	-2.3
县(市、区)	125572	118047	6.4	47062	43084	9.2
街道	779	764	1.9	1659	1670	-0.7
镇	101	85	19.1	29	29	0.0
村委会	80	60	33.3	9920	9940	-0.2
其他	162393	169762	-4.3	125415	120376	4.2
按营业状态分						
营业	841333	706889	19.0	543566	539838	0.7
筹建	41020	32222	27.3	15221	13068	16.5
按执行会计标准类别分						
企业会计制度	882353	739111	19.4	558537	552676	1.1
其他	–	–	–	250	230	8.7
按执行2006年《企业会计准则》分						
执行2006年《企业会计准则》	837835	688140	21.8	482535	470877	2.5
不执行2006年《企业会计准则》	44518	50972	-12.7	76252	82029	-7.0
按机构类型分						
企业	882353	739111	19.4	558787	552906	1.1

18-3续表4

单位:万元

指标	营业收入			#主营业务收入		
	2012年	2011年	增长(%)	2012年	2011年	增长(%)
全市	**987800**	**864029**	14.3	**883003**	**850476**	3.8
按登记注册类型分						
内资企业	849270	742857	14.3	757384	737455	2.7
国有企业	409622	434325	-5.7	404870	432433	-6.4
集体企业	6436	6521	-1.3	6436	6521	-1.3
股份合作企业	–	–	–	–	–	–
联营企业	15345	2190	600.8	15345	2190	600.8
国有联营企业	15345	2190	600.8	15345	2190	600.8
有限责任公司	292733	185814	57.5	208414	182451	14.2
国有独资公司	2839	2812	1.0	680	653	4.2
其他有限责任公司	289894	183002	58.4	207734	181799	14.3
股份有限公司	68696	40391	70.1	68612	40387	69.9
私营企业	54577	69873	-21.9	51846	69729	-25.7
私营独资企业	24684	33755	-26.9	22087	33661	-34.4
私营合伙企业	993	941	5.6	993	941	5.6
私营有限责任公司	28232	34258	-17.6	28210	34221	-17.6
私营股份有限公司	668	920	-27.4	556	907	-38.7
其他企业	1861	3745	-50.3	1861	3745	-50.3
港、澳、台商投资企业	136964	120192	14.0	124054	112041	10.7
港、澳、台商投资股份有限公司	136964	120192	14.0	124054	112041	10.7
外商投资企业	1566	980	59.7	1566	980	59.7
外资企业	1566	980	59.7	1566	980	59.7
按企业控股情况分						
国有控股	435752	447140	-2.6	428840	443089	-3.2
集体控股	49838	59682	-16.5	49838	59482	-16.2
私人控股	172430	149134	15.6	169289	148507	14.0
港澳台商控股	136964	120192	14.0	124054	112041	10.7
外商控股	1566	980	59.7	1566	980	59.7
其他	191250	86901	120.1	109417	86377	26.7
按隶属关系分						
中央	73971	142262	-48.0	73971	142262	-48.0
省	36995	35747	3.5	36083	35531	1.6
地区	560088	418948	33.7	462023	408497	13.1
县(市、区)	96134	64776	48.4	93111	62092	50.0
街道	320	341	-6.2	320	341	-6.2
镇	1106	1436	-23.0	1106	1436	-23.0
村委会	2228	2115	5.3	2228	2115	5.3
其他	216958	198405	9.4	214163	198203	8.1
按营业状态分						
营业	922555	826765	11.6	817842	813216	0.6
筹建	65245	37264	75.1	65161	37260	74.9
按执行会计标准类别分						
企业会计制度	987650	863899	14.3	882853	850346	3.8
其他	150	130	15.4	150	130	15.4
按执行2006年《企业会计准则》分						
执行2006年《企业会计准则》	830953	788069	5.4	813375	777799	4.6
不执行2006年《企业会计准则》	156846	75961	106.5	69629	72677	-4.2
按机构类型分						
企业	987800	864029	14.3	883003	850476	3.8

18-3续表5

单位:万元

指　　标	营业成本			#主营业务成本		
	2012年	2011年	增长(%)	2012年	2011年	增长(%)
全　　市	**709531**	**617688**	**14.9**	**597145**	**596536**	**0.1**
按登记注册类型分						
内资企业	616679	532276	15.9	521082	524518	-0.7
国有企业	217970	270190	-19.3	210013	264127	-20.5
集体企业	3950	4017	-1.7	3950	4017	-1.7
股份合作企业	-	-	-	-	-	-
联营企业	10801	1639	558.9	10801	1639	558.9
国有联营企业	10801	1639	558.9	10801	1639	558.9
有限责任公司	283581	163656	73.3	195942	161961	21.0
国有独资公司	1172	1161	0.9	308	296	3.8
其他有限责任公司	282410	162495	73.8	195634	161665	21.0
股份有限公司	58640	33783	73.6	58640	33783	73.6
私营企业	40268	55706	-27.7	40268	55706	-27.7
私营独资企业	15623	24935	-37.3	15623	24935	-37.3
私营合伙企业	814	648	25.7	814	648	25.7
私营有限责任公司	23317	29529	-21.0	23317	29529	-21.0
私营股份有限公司	514	594	-13.6	514	594	-13.6
其他企业	1468	3285	-55.3	1468	3285	-55.3
港、澳、台商投资企业	91683	84688	8.3	74893	71294	5.1
港、澳、台商投资股份有限公司	91683	84688	8.3	74893	71294	5.1
外商投资企业	1170	723	61.8	1170	723	61.8
外资企业	1170	723	61.8	1170	723	61.8
按企业控股情况分						
国有控股	244545	286032	-14.5	235724	279104	-15.5
集体控股	32582	41303	-21.1	32582	41303	-21.1
私人控股	154230	129824	18.8	153981	129456	18.9
港澳台商控股	91683	84688	8.3	74893	71294	5.1
外商控股	1170	723	61.8	1170	723	61.8
其他	185322	75118	146.7	98795	74655	32.3
按隶属关系分						
中央	63621	133083	-52.2	63621	133083	-52.2
省	37138	36066	3.0	31098	31272	-0.6
地区	341523	229983	48.5	236061	214510	10.1
县(市、区)	79574	50826	56.6	78710	49961	57.5
街道						
镇	758	1050	-27.8	758	1050	-27.8
村委会	2009	1900	5.7	2009	1900	5.7
其他	184909	164779	12.2	184888	164759	12.2
按营业状态分						
营业	652907	585841	11.5	540520	564689	-4.3
筹建	56624	31847	77.8	56624	31847	77.8
按执行会计标准类别分						
企业会计制度	709431	617588	14.9	597045	596436	0.1
其他	100	100	0.0	100	100	0.0
按执行2006年《企业会计准则》分						
执行2006年《企业会计准则》	555891	554214	0.3	530896	534390	-0.7
不执行2006年《企业会计准则》	153640	63474	142.1	66249	62146	6.6
按机构类型分						
企业	709531	617688	14.9	597145	596536	0.1

18-3续表6

单位:万元

指　　标	营业税金及附加			#主营业务税金及附加		
	2012年	2011年	增长(%)	2012年	2011年	增长(%)
全　　市	**21959**	**20046**	**9.6**	**21346**	**19573**	**9.1**
按登记注册类型分						
内资企业	17675	16307	8.4	17501	16108	8.7
国有企业	9800	8425	16.3	9761	8414	16.0
集体企业	104	110	-5.3	104	110	-5.3
股份合作企业	–	–	–	–	–	–
联营企业	461	121	279.3	461	121	279.3
国有联营企业	461	121	279.3	461	121	279.3
有限责任公司	2955	3089	-4.3	2855	2938	-2.8
国有独资公司	74	73	1.4	20	19	5.4
其他有限责任公司	2881	3016	-4.5	2836	2920	-2.9
股份有限公司	2143	1364	57.0	2143	1364	57.0
私营企业	2153	3073	-29.9	2117	3035	-30.3
私营独资企业	1208	1990	-39.3	1190	1975	-39.8
私营合伙企业	6	3	138.5	6	3	138.5
私营有限责任公司	922	1052	-12.3	905	1030	-12.1
私营股份有限公司	16	28	-42.3	16	28	-41.8
其他企业	61	125	-51.4	61	125	-51.4
港、澳、台商投资企业	4279	3736	14.6	3840	3462	10.9
港、澳、台商投资股份有限公司	4279	3736	14.6	3840	3462	10.9
外商投资企业	5	4	36.1	5	4	36.1
外资企业	5	4	36.1	5	4	36.1
按企业控股情况分						
国有控股	10401	8680	19.8	10308	8615	19.7
集体控股	1366	1690	-19.2	1366	1690	-19.2
私人控股	2981	3792	-21.4	2945	3755	-21.6
港澳台商控股	4279	3736	14.6	3840	3462	10.9
外商控股	5	4	36.1	5	4	36.1
其他	2928	2144	36.6	2882	2048	40.7
按隶属关系分						
中央	764	851	-10.3	764	851	-10.3
省	666	209	219.0	666	209	219.0
地区	13923	11906	17.0	13436	11599	15.8
县(市、区)	2459	1787	37.6	2368	1659	42.8
街道	54	57	-5.5	54	57	-5.5
镇	17	55	-68.9	17	55	-68.9
村委会	17	17	1.8	17	17	1.8
其他	4060	5165	-21.4	4024	5128	-21.5
按营业状态分						
营业	19987	18824	6.2	19374	18352	5.6
筹建	1972	1222	61.4	1972	1222	61.4
按执行会计标准类别分						
企业会计制度	21954	20042	9.5	21341	19569	9.1
其他	5	4	25.0	5	4	25.0
按执行2006年《企业会计准则》分						
执行2006年《企业会计准则》	20526	18707	9.7	20031	18325	9.3
不执行2006年《企业会计准则》	1433	1339	7.0	1315	1248	5.4
按机构类型分						
企业	21959	20046	9.6	21346	19573	9.1

18-3续表7　　　　单位:万元

指　　标	销售费用			管理费用		
	2012年	2011年	增长(%)	2012年	2011年	增长(%)
全　　市	**100117**	**83805**	**19.5**	**56397**	**53382**	**5.7**
按登记注册类型分						
内资企业	80384	71881	11.8	47536	45734	3.9
国有企业	75589	67153	12.6	22585	21704	4.1
集体企业	870	856	1.7	1485	1503	-1.2
股份合作企业	-	-	-	-	-	-
联营企业	-	-	-	45	22	105.5
国有联营企业	-	-	-	45	22	105.5
有限责任公司	2706	2890	-6.4	15924	17165	-7.2
国有独资公司	1317	1311	0.5	516	428	20.6
其他有限责任公司	1389	1579	-12.0	15408	16737	-7.9
股份有限公司	576	391	47.3	3122	1183	163.8
私营企业	583	551	5.8	4147	3906	6.2
私营独资企业	438	400	9.6	1194	1270	-6.0
私营合伙企业	2	0	1400.0	10	1	1100.0
私营有限责任公司	141	149	-5.3	2749	2479	10.9
私营股份有限公司	3	3	0.0	195	156	25.0
其他企业	60	40	47.5	227	251	-9.6
港、澳、台商投资企业	19705	11897	65.6	8626	7489	15.2
港、澳、台商投资股份有限公司	19705	11897	65.6	8626	7489	15.2
外商投资企业	28	27	6.8	235	160	47.1
外资企业	28	27	6.8	235	160	47.1
按企业控股情况分						
国有控股	77011	68464	12.5	24385	23197	5.1
集体控股	1025	995	3.0	10824	10697	1.2
私人控股	1979	2314	-14.5	5938	6882	-13.7
港澳台商控股	19705	11897	65.6	8626	7489	15.2
外商控股	28	27	6.8	235	160	47.1
其他	369	109	239.0	6388	4958	28.8
按隶属关系分						
中央	3462	3343	3.5	3607	3909	-7.7
省	-	-	-	5568	4693	18.6
地区	91962	75885	21.2	23997	22614	6.1
县(市、区)	2835	2380	19.2	7523	5701	32.0
街道	-	-	-	275	286	-3.6
镇	57	24	143.0	251	287	-12.3
村委会	31	30	3.3	78	76	2.6
其他	1770	2144	-17.5	15097	15818	-4.6
按营业状态分						
营业	99926	83735	19.3	53874	52660	2.3
筹建	190	70	173.4	2522	723	249.1
按执行会计标准类别分						
企业会计制度	100117	83805	19.5	56390	53377	5.6
其他	-	-	-	7	5	40.0
按执行2006年《企业会计准则》分						
执行2006年《企业会计准则》	97222	81306	19.6	50191	46867	7.1
不执行2006年《企业会计准则》	2895	2499	15.8	6206	6516	-4.8
按机构类型分						
企业	100117	83805	19.5	56397	53382	5.7

18-3续表8 单位:万元

指　　标	#税金			财务费用		
	2012年	2011年	增长(%)	2012年	2011年	增长(%)
全　　市	**1962**	**1989**	**-1.3**	**5012**	**7915**	**-36.7**
按登记注册类型分						
内资企业	1337	1455	-8.1	5191	8071	-35.7
国有企业	561	488	14.9	-163	2809	-105.8
集体企业	59	51	14.5	81	81	0.4
股份合作企业	–	–	–	–	–	–
联营企业	–	–	–	21	11	94.4
国有联营企业	–	–	–	21	11	94.4
有限责任公司	255	472	-45.9	3229	3412	-5.4
国有独资公司	–	–	–	8	8	–
其他有限责任公司	255	472	-45.9	3221	3403	-5.4
股份有限公司	53	30	74.4	1152	740	55.6
私营企业	397	404	-1.7	838	987	-15.1
私营独资企业	229	223	2.5	618	750	-17.6
私营合伙企业	–	–	–	1	–	350.0
私营有限责任公司	168	180	-6.9	211	226	-6.7
私营股份有限公司	1	1		9	12	-20.0
其他企业	13	10	33.0	33	31	6.5
港、澳、台商投资企业	515	484	6.4	-190	-157	21.5
港、澳、台商投资股份有限公司	515	484	6.4	-190	-157	21.5
外商投资企业	111	50	121.4	11	1	2140.0
外资企业	111	50	121.4	11	1	2140.0
按企业控股情况分						
国有控股	561	488	14.9	129	3182	-96.0
集体控股	173	153	13.0	2595	2674	-2.9
私人控股	454	455	-0.2	1178	1233	-4.5
港澳台商控股	515	484	6.4	-190	-157	21.5
外商控股	111	50	121.4	11	1	2140.0
其他	148	358	-58.7	1289	982	31.3
按隶属关系分						
中央	–	–	–	-898	2499	-135.9
省	1	1	40.0	106	123	-14.3
地区	1160	1268	-8.5	533	722	-26.1
县(市、区)	243	220	10.5	1797	901	99.3
街道	20	15	30.3	–	7	-106.2
镇	–	–	–	–	–	–
村委会	12	12	2.6	20	21	-4.8
其他	527	473	11.3	3455	3642	-5.1
按营业状态分						
营业	1927	1973	-2.4	3960	7267	-45.5
筹建	36	16	121.6	1053	648	62.6
按执行会计标准类别分						
企业会计制度	1958	1986	-1.4	5012	7915	-36.7
其他	4	3	33.3	–	–	–
按执行2006年《企业会计准则》分						
执行2006年《企业会计准则》	1627	1422	14.4	4138	7130	-42.0
不执行2006年《企业会计准则》	336	567	-40.8	874	785	11.4
按机构类型分						
企业	1962	1989	-1.3	5012	7915	-36.7

18-3续表9　　　　单位:万元

指　　标	#利息收入			#利息支出		
	2012年	2011年	增长(%)	2012年	2011年	增长(%)
全　　市	**-1613**	**526**	**-406.5**	**5775**	**4518**	**27.8**
按登记注册类型分						
内资企业	-1619	521	-410.6	5772	4518	27.8
国有企业	-2446	-57	4191.9	1989	430	362.9
集体企业	–	–	–	–	–	–
股份合作企业	–	–	–	–	–	–
联营企业	–	–	–	–	–	–
国有联营企业	–	–	–	–	–	–
有限责任公司	314	208	51.5	3189	3177	0.4
国有独资公司	–	–	-50.0	8	8	-1.3
其他有限责任公司	314	207	51.6	3181	3169	0.4
股份有限公司	511	369	38.4	-64	43	-249.8
私营企业	3	2	52.9	659	869	-24.1
私营独资企业	–	–	–	481	650	-26.1
私营合伙企业	–	–	–	–	–	–
私营有限责任公司	3	2	56.3	170	207	-18.2
私营股份有限公司	–	–	–	9	11	-20.2
其他企业	–	–	–	–	–	–
港、澳、台商投资企业	6	5	7.7	2	–	–
港、澳、台商投资股份有限公司	6	5	7.7	2	–	–
外商投资企业	–	–	–	–	–	–
外资企业	–	–	–	–	–	–
按企业控股情况分						
国有控股	-2446	-56	4244.2	1993	434	359.5
集体控股	313	208	50.5	2807	2780	1.0
私人控股	-2	-1	50.0	891	1018	-12.5
港澳台商控股	6	5	7.7	2	–	–
外商控股	–	–	–	–	–	–
其他	515	371	39.1	81	285	-71.8
按隶属关系分						
中央	-2467	-78	3058.1	1497	320	367.8
省	8	6	35.0	–	–	
地区	8	12	-37.1	419	502	-16.6
县(市、区)	525	378	38.8	401	67	502.9
街道	–	–	–	–	–	–
镇	–	–	–	–	–	–
村委会	–	–	–	–	–	–
其他	312	208	50.2	3458	3630	-4.7
按营业状态分						
营业	-2123	158	-1443.0	5884	4525	30.1
筹建	510	368	38.5	-110	-7	1445.1
按执行会计标准类别分						
企业会计制度	-1613	526	-406.5	5775	4518	27.8
其他	–	–		–	–	
按执行2006年《企业会计准则》分						
执行2006年《企业会计准则》	-1616	522	-409.6	5183	3937	31.7
不执行2006年《企业会计准则》	3	4	-31.8	592	581	1.8
按机构类型分						
企业	-1613	526	-406.5	5775	4518	27.8

18-3续表10 单位:万元

指 标	投资收益			营业利润		
	2012年	2011年	增长(%)	2012年	2011年	增长(%)
全 市	615	2657	-76.9	83025	85430	-2.8
按登记注册类型分						
内资企业	615	2657	-76.9	72788	74928	-2.9
国有企业	385	246	56.6	82407	70274	17.3
集体企业	-	-	-	-98	-75	29.7
股份合作企业	-	-	-	-	-	-
联营企业	-	-	-	3097	296	945.6
国有联营企业	-	-	-	3097	296	945.6
有限责任公司	6	2225	-99.8	-18678	-2288	716.3
国有独资公司	-	-	-	-277	-209	32.9
其他有限责任公司	6	2225	-99.8	-18401	-2080	784.9
股份有限公司	231	199	16.4	2901	2928	-1.0
私营企业	-6	-12	-47.9	3147	3780	-16.7
私营独资企业	-	-	-	2452	2777	-11.7
私营合伙企业	-	-	-	149	265	-43.8
私营有限责任公司	-6	-12	-47.9	625	621	0.7
私营股份有限公司	-	-	-	-79	117	-167.4
其他企业	-	-	-	13	13	-0.8
港、澳、台商投资企业	-	-	-	10120	10435	-3.0
港、澳、台商投资股份有限公司	-	-	-	10120	10435	-3.0
外商投资企业	-	-	-	117	67	74.3
外资企业	-	-	-	117	67	74.3
按企业控股情况分						
国有控股	385	246	56.6	74523	63152	18.0
集体控股	-	2175	-100.0	1386	4274	-67.6
私人控股	231	341	-32.4	1890	4196	-55.0
港澳台商控股	-	-	-	10120	10435	-3.0
外商控股	-	-	-	117	67	74.3
其他	-	-104	-100.0	-5011	3306	-251.6
按隶属关系分						
中央	-	-	-	-371	833	-144.6
省	-	-	-	-483	-551	-12.4
地区	-	-104	-100.0	78110	73581	6.2
县(市、区)	385	246	56.6	1885	3141	-40.0
街道	-	-	-	-8	-8	9.2
镇	-	-	-	23	21	8.7
村委会	-	-	-	73	72	2.2
其他	231	2516	-90.8	3797	8341	-54.5
按营业状态分						
营业	615	2657	-76.9	80142	82674	-3.1
筹建	-	-	-	2883	2756	4.6
按执行会计标准类别分						
企业会计制度	615	2657	-76.9	83015	85420	-2.8
其他	-	-	-	10	10	-
按执行2006年《企业会计准则》分						
执行2006年《企业会计准则》	615	2761	-77.7	91482	84477	8.3
不执行2006年《企业会计准则》	1	-104	-100.5	-8456	953	-987.8
按机构类型分						
企业	615	2657	-76.9	83025	85430	-2.8

18-3续表11

单位:万元

指　　标	利润总额			应交所得税		
	2012年	2011年	增长(%)	2012年	2011年	增长(%)
全　　市	**88437**	**91223**	**-3.1**	**5847**	**6239**	**-6.3**
按登记注册类型分						
内资企业	76518	78509	-2.5	2769	3017	-8.2
国有企业	86833	72665	19.5	263	308	-14.5
集体企业	-63	-35	81.9	16	16	-4.9
股份合作企业	-	-	-	-	-	-
联营企业	2163	196	1005.9	433	39	1006.4
国有联营企业	2163	196	1005.9	433	39	1006.4
有限责任公司	-18527	-1046	1671.4	557	979	-43.1
国有独资公司	-282	-178	58.3	3	2	35.0
其他有限责任公司	-18245	-868	2002.0	554	977	-43.3
股份有限公司	2898	2923	-0.9	737	727	1.4
私营企业	3201	3794	-15.6	761	946	-19.5
私营独资企业	2444	2795	-12.6	477	478	-0.1
私营合伙企业	149	265	-43.8	6	6	-5.2
私营有限责任公司	671	617	8.9	276	460	-40.0
私营股份有限公司	-63	116	-154.5	2	2	0.0
其他企业	13	13	-0.8	3	3	-5.9
港、澳、台商投资企业	11802	12647	-6.7	3049	3205	-4.9
港、澳、台商投资股份有限公司	11802	12647	-6.7	3049	3205	-4.9
外商投资企业	117	67	74.3	29	17	74.9
外资企业	117	67	74.3	29	17	74.9
按企业控股情况分						
国有控股	77944	66700	16.9	699	373	87.4
集体控股	1613	4344	-62.9	371	737	-49.7
私人控股	1944	4148	-53.1	897	1088	-17.6
港澳台商控股	11802	12647	-6.7	3049	3205	-4.9
外商控股	117	67	74.3	29	17	74.9
其他	-4983	3316	-250.3	803	820	-2.0
按隶属关系分						
中央	3315	3010	10.1	124	235	-47.5
省	-488	-558	-12.5	-	24	-98.8
地区	79214	76995	2.9	3631	3469	4.7
县(市、区)	2306	3396	-32.1	942	804	17.2
街道	-8	-11	-24.6	-	-	-
镇	23	19	18.3	21	21	1.9
村委会	73	72	2.2	35	34	2.9
其他	4003	8300	-51.8	1094	1652	-33.8
按营业状态分						
营业	85553	88467	-3.3	5127	5550	-7.6
筹建	2884	2756	4.6	721	689	4.6
按执行会计标准类别分						
企业会计制度	88417	91205	-3.1	5845	6237	-6.3
其他	20	18	11.1	2	2	0.0
按执行2006年《企业会计准则》分						
执行2006年《企业会计准则》	96743	90155	7.3	5709	5999	-4.8
不执行2006年《企业会计准则》	-8306	1068	-877.9	138	240	-42.3
按机构类型分						
企业	88437	91223	-3.1	5847	6239	-6.3

18-3续表12

单位:万元

指标	应付职工薪酬			应交增值税		
	2012年	2011年	增长(%)	2012年	2011年	增长(%)
全市	**91551**	**82606**	**10.8**	**385**	**187**	**105.3**
按登记注册类型分						
内资企业	77075	69547	10.8	639	401	59.3
国有企业	43669	38566	13.2	-	-	-
集体企业	2779	2690	3.3	-	-	-
股份合作企业	-	-	-	-	-	-
联营企业	656	81	711.1	-	-	-
国有联营企业	656	81	711.1	-	-	-
有限责任公司	19721	19593	0.7	344	203	69.2
国有独资公司	428	425	0.7	8	8	0.0
其他有限责任公司	19293	19168	0.7	336	195	72.1
股份有限公司	2099	1476	42.2	278	189	46.8
私营企业	8100	7103	14.0	17	9	97.7
私营独资企业	4680	3995	17.2	1	1	37.5
私营合伙企业	229	190	20.7	-	-	-
私营有限责任公司	3000	2705	10.9	16	8	103.9
私营股份有限公司	191	213	-10.6	-	-	-
其他企业	52	38	36.8	-	-	-
港、澳、台商投资企业	14452	13035	10.9	-254	-214	18.9
港、澳、台商投资股份有限公司	14452	13035	10.9	-254	-214	18.9
外商投资企业	24	24	0.0	-	-	-
外资企业	24	24	0.0	-	-	-
按企业控股情况分						
国有控股	46859	41065	14.1	8	8	
集体控股	10186	8462	20.4	6	5	10.0
私人控股	12250	11051	10.9	458	376	21.6
港澳台商控股	14452	13035	10.9	-254	-214	18.9
外商控股	24	24	-	-	-	-
其他	7780	8969	-13.3	167	12	1355.7
按隶属关系分						
中央	4145	4314	-3.9	-	-	-
省	16179	14389	12.4	-	-	-
地区	45016	41903	7.4	-159	-194	-17.9
县(市、区)	7475	5925	26.2	81	-	-
街道	80	73	9.8	-	-	-
镇	175	224	-21.5	-	-	-
村委会	95	94	1.9	6	5	10.0
其他	18387	15685	17.2	458	376	21.6
按营业状态分						
营业	90706	82310	10.2	304	187	62.2
筹建	845	296	185.9	81	-	-
按执行会计标准类别分						
企业会计制度	91451	82506	10.8	385	187	105.3
其他	100	100	0.0	-	-	-
按执行2006年《企业会计准则》分						
执行2006年《企业会计准则》	80434	70033	14.9	276	163	69.6
不执行2006年《企业会计准则》	11118	12573	-11.6	108	25	342.5
按机构类型分						
企业	91551	82606	10.8	385	187	105.3

18-4　限额以上非企业单位财务状况

（2012年）

单位:个、万元

项　　目	单位数	资产合计	固定资产原　　价	负债合计	上年结余	本年收入合　　计
全　　市	**10279**	**7169343**	**3343227**	**4616482**	**164797**	**3081340**
内资企业	10279	7169343	3343227	4616482	164797	3081340
国有企业	3903	6165666	2631692	4318932	129426	2687040
集体企业	777	154223	145936	69861	2616	104522
股份合作企业	1	–	–	–	–	–
联营企业	2	16	16	–	–	315
集体联营企业	1	16	16	–	–	315
其他联营企业	1	–	–	–	–	–
有限责任公司	3	9	11	–	8	4
其他有限责任公司	3	9	11	–	8	4
股份有限公司	5	1010	950	150	–	1656
私营企业	284	204445	92334	79122	2110	136706
私营独资企业	270	200392	89342	77075	2101	135406
私营合伙企业	13	4050	2991	2048	8	1299
私营有限责任公司	1	3	2	–	2	–
其他企业	5304	643974	472287	148417	30638	151098
道路运输业	34	47688	26821	26751	795	111925
公路旅客运输	1	18861	1141	18861	674	80762
道路运输辅助活动	33	28828	25680	7890	121	31163
装卸搬运和运输代理业	1	956	746	–	–	87
装卸搬运	1	956	746	–	–	87
仓储业	3	3592	3320	2675	–	1754
其他仓储业	3	3592	3320	2675	–	1754
电信、广播电视和卫星传输服务	1	4730	5674	4471	–	779
广播电视传输服务	1	4730	5674	4471	–	779
货币金融服务	2	2604425	15970	2615319	–	34241
中央银行服务	1	2601210	14325	2615319	–	32819
银行监管服务	1	3215	2645	–	–	1422
商务服务业	11	54261	6177	46343	5	4181
企业管理服务	9	53288	5204	46343	5	3895
咨询与调查	1	–	–	–	–	–
其他商务服务业	1	973	973	–	–	287
研究和试验发展	2	2761	1476	–	2724	3309
工程和技术研究和试验发展	1	1721	1068	–	2724	1685
农业科学研究和试验发展	1	1039	409	–	–	1624
专业技术服务业	21	126228	59821	77940	1019	117008
气象服务	1	3748	750	20	–	1015
海洋服务	1	15300	12715	432	-3	3312
质检技术服务	4	33200	22763	25386	31	43280
环境与生态监测	1	1000	229	–	–	658
地质勘查	10	68660	21748	49308	975	63843
工程技术	3	4320	1616	2794	16	4900
其他专业技术服务业	1	–	–	–	–	–
科技推广和应用服务业	1	73	69	–	–	738
技术推广服务	1	73	69	–	–	738
水利管理业	12	268355	268599	8807	3544	12963
水资源管理	4	4841	2877	6066	3188	2937
天然水收集与分配	6	261664	253703	2740	356	8344
其他水利管理业	2	1850	2019	–	–	1682
公共设施管理业	13	26933	8051	2084	596	14311
市政设施管理	4	4339	2248	1145	170	3511
环境卫生管理	2	2591	1360	385	96	6015
城乡市容管理	2	9	176	–	84	953
绿化管理	2	2014	569	9	–	2481
公园和游览景区管理	3	17981	3697	545	245	1351

18-4续表1

单位:个、万元

项目	单位数	资产合计	固定资产原价	负债合计	上年结余	本年收入合计
居民服务业	6	6555	2963	4878	84	6154
殡葬服务	6	6555	2963	4878	84	6154
机动车、电子产品和日用产品修理业	1	2617	13565	–	1	3972
计算机和办公设备维修	1	2617	13565	–	1	3972
其他服务业	1	169	155	340	–	747
其他未列明服务业	1	169	155	340	–	747
教育	1417	1097761	933617	935610	22291	940027
学前教育	108	21696	17004	20016	140	24008
初等教育	701	265257	199730	260845	1206	303328
中等教育	415	598606	528736	550879	15733	467137
高等教育	17	159270	138698	81437	4900	122049
特殊教育	15	1482	928	1482	18	2598
技能培训、教育辅助及其他教育	161	51450	48522	20951	294	20908
卫生	607	748433	554965	321862	5587	588874
医院	184	622259	435832	280420	5143	465828
社区医疗与卫生院	316	67719	74168	22705	–	63772
门诊部（所）	13	1143	4002	80	–	396
计划生育技术服务活动	18	3083	2432	15	312	2792
妇幼保健院（所、站）	22	33012	19808	13784	78	38825
专科疾病防治院（所、站）	3	781	641	89	–	424
疾病预防控制中心	24	9146	10038	1671	21	8995
其他卫生活动	27	11290	8044	3098	33	7843
社会工作	3	1092	969	–	260	5170
提供住宿社会工作	3	1092	969	–	260	5170
新闻和出版业	1	349	37	–	–	700
出版业	1	349	37	–	–	700
广播、电视、电影和影视录音制作业	8	11646	12948	7919	773	4220
广播	2	3665	5280	3347	601	1659
电视	2	2809	2769	648	2	559
电影和影视节目发行	2	2862	2552	2093	149	822
电影放映	1	1664	701	1831	21	945
录音制作	1	646	1646	–	–	235
文化艺术业	8	1703	1577	351	87	1832
文艺创作与表演	2	944	644	241	12	742
图书馆与档案馆	2	237	226	–	9	92
文物及非物质文化遗产保护	1	–	324	–	44	275
群众文化活动	2	522	383	110	21	680
其他文化艺术业	1	–	–	–	–	42
体育	2	631	458	–	9	1175
体育场馆	1	515	356	–	9	805
其他体育	1	116	102	–	–	370
中国共产党机关	176	48710	57124	14462	3272	57348
国家机构	1812	1414078	886875	378543	89560	994429
国家权力机构	35	25586	13283	–	126	18515
国家行政机构	1720	1321297	820380	372756	84744	930803
人民法院和人民检察院	41	66060	52368	5729	4582	42797
其他国家机构	16	1134	844	58	107	2314
人民政协、民主党派	32	4963	4926	73	174	4612
人民政协	31	4963	4926	73	174	4612
民主党派	1	–	–	–	–	–
社会保障	18	2262	1665	91	-1280	17107
群众团体、社会团体和其他成员组织	432	43117	31889	2027	5132	15554
群众团体	84	18996	8667	1575	4990	10589
社会团体	218	2762	2091	452	118	3609
宗教组织	130	21359	21132	–	24	1356
基层群众自治组织	5654	645260	441769	165938	30167	138125
社区自治组织	305	65141	25415	38231	2456	7258
村民自治组织	5349	580119	416355	127708	27711	130867

18-4续表2

单位:万元

项　　目	财政拨款	上级补助收　入	事业收入	经营收入	本年支出合　计	工资福利支　出
全　市	**1772903**	**129888**	**802413**	**116434**	**2986081**	**1054927**
内资企业	1772903	129888	802413	116434	2986081	1054927
国有企业	1707270	107468	569129	74688	2613496	946588
集体企业	9910	1771	90255	768	99543	26554
股份合作企业	–	–	–	–	–	–
联营企业	–	–	–	315	315	315
集体联营企业	–	–	–	315	315	315
其他联营企业	–	–	–	–	–	–
有限责任公司	–	–	–	4	7	4
其他有限责任公司	–	–	–	4	7	4
股份有限公司	–	–	–	376	1348	654
私营企业	10107	2759	115768	7245	129010	37130
私营独资企业	10107	2759	115337	6637	127803	36368
私营合伙企业	–	–	431	608	1206	761
私营有限责任公司	–	–	–	–	2	1
其他企业	45616	17890	27261	33038	142362	43683
道路运输业	14444	8268	83070	3644	118054	17172
公路旅客运输	111	–	80312	–	88109	5587
道路运输辅助活动	14333	8268	2759	3644	29945	11585
装卸搬运和运输代理业	52	–	14	–	87	41
装卸搬运	52	–	14	–	87	41
仓储业	1148	28	383	195	1749	803
其他仓储业	1148	28	383	195	1749	803
电信、广播电视和卫星传输服务	779	–	–	–	1127	423
广播电视传输服务	779	–	–	–	1127	423
货币金融服务	1422	32819	–	–	34030	4989
中央银行服务	–	32819	–	–	32819	4388
银行监管服务	1422	–	–	–	1211	601
商务服务业	2277	165	1740	–	4131	1257
企业管理服务	2155	–	1740	–	3844	1072
咨询与调查	–	–	–	–	–	–
其他商务服务业	122	165	–	–	287	185
研究和试验发展	806	–	2058	–	1786	598
工程和技术研究和试验发展	–	–	1685	–	267	218
农业科学研究和试验发展	806	–	373	–	1519	381
专业技术服务业	19454	2801	3172	51553	108801	20390
气象服务	254	–	–	525	866	384
海洋服务	2077	–	287	–	3312	396
质检技术服务	625	–	–	22646	40128	2667
环境与生态监测	–	–	–	–	622	251
地质勘查	15993	2040	2884	25204	59204	15311
工程技术	504	761	–	3178	4668	1381
其他专业技术服务业	–	–	–	–	–	–
科技推广和应用服务业	522	–	–	–	738	61
技术推广服务	522	–	–	–	738	61
水利管理业	5617	384	6176	15	15135	3508
水资源管理	1939	374	357	15	4466	425
天然水收集与分配	2799	10	5380	–	9023	2846
其他水利管理业	880	–	439	–	1646	237
公共设施管理业	6286	1174	552	34	13460	4680
市政设施管理	373	256	158	–	3671	1267
环境卫生管理	2394	96	–	–	4915	906
城乡市容管理	953	–	–	–	1027	800
绿化管理	1919	512	–	34	2481	1555
公园和游览景区管理	647	310	394	–	1366	153

18-4续表3

单位:万元

项目	财政拨款	上级补助收入	事业收入	经营收入	本年支出合计	工资福利支出
居民服务业	2077	220	1549	-	3265	908
殡葬服务	2077	220	1549	-	3265	908
机动车、电子产品和日用产品修理业	-	3032	-	863	3061	75
计算机和办公设备维修	-	3032	-	863	3061	75
其他服务业	-	511	19	-	745	454
其他未列明服务业	-	511	19	-	745	454
教育	757264	12351	96045	12219	934360	483664
学前教育	9886	4	3374	8176	23592	13574
初等教育	278636	2383	5439	1259	301940	170756
中等教育	381424	9521	40080	942	464130	253072
高等教育	72133	75	43470	19	121796	35741
特殊教育	2297	87	19	-	2590	1338
技能培训、教育辅助及其他教育	12888	282	3664	1823	20312	9183
卫生	46102	6756	529657	1685	558931	141194
医院	14099	5023	444986	663	443231	110673
社区医疗与卫生院	17362	977	44958	459	60865	15514
门诊部（所）	14	-	382	-	285	147
计划生育技术服务活动	780	320	1013	-	2776	1087
妇幼保健院（所、站）	4903	188	30884	-	34391	7388
专科疾病防治院（所、站）	30	-	394	-	423	57
疾病预防控制中心	6750	232	2013	-	9058	3299
其他卫生活动	2165	16	5027	564	7902	3028
社会工作	3657	25	-	-	4873	184
提供住宿社会工作	3657	25	-	-	4873	184
新闻和出版业	-	-	536	-	700	340
出版业	-	-	536	-	700	340
广播、电视、电影和影视录音制作业	1032	-	869	2264	5002	2022
广播	181	-	159	1318	2241	738
电视	282	-	226	-	665	334
电影和影视节目发行	510	-	307	-	848	620
电影放映	-	-	-	945	1011	192
录音制作	59	-	177	-	235	138
文化艺术业	1446	-	60	325	1546	664
文艺创作与表演	632	-	60	50	587	287
图书馆与档案馆	92	-	-	-	91	62
文物及非物质文化遗产保护	-	-	-	275	272	39
群众文化活动	680	-	-	-	553	250
其他文化艺术业	42	-	-	-	42	26
体育	324	-	550	-	1139	488
体育场馆	324	-	266	-	805	314
其他体育	-	-	284	-	334	174
中国共产党机关	54915	315	748	-	51231	15754
国家机构	794532	43414	49468	15060	953858	307110
国家权力机构	18117	78	208	-	18566	2889
国家行政机构	740725	41660	48326	15060	891026	287712
人民法院和人民检察院	33997	1591	489	-	41914	15789
其他国家机构	1693	85	446	-	2352	720
人民政协、民主党派	4550	-	48	-	4499	1619
人民政协	4550	-	48	-	4499	1619
民主党派	-	-	-	-	-	-
社会保障	1249	-	2000	-	15825	600
群众团体、社会团体和其他成员组织	7512	2201	608	1491	13945	4096
群众团体	5084	2106	280	19	9065	2318
社会团体	2428	95	243	824	3561	1599
宗教组织	-	-	84	648	1320	178
基层群众自治组织	45437	15426	23091	27087	134005	41837
社区自治组织	2767	249	1092	920	9808	3879
村民自治组织	42670	15176	21999	26167	124197	37958

18-4续表4　　单位:万元

项　目	商品和服务支出	福利费	劳务费	工会经费	取暖费	差旅费
全　市	**949045**	**100399**	**31978**	**4454**	**78174**	**33936**
内资企业	949045	100399	31978	4454	78174	33936
国有企业	781463	59561	21692	3850	62214	28802
集体企业	50226	13124	1155	135	6404	1650
股份合作企业	-	-	-	-	-	-
联营企业	-	-	-	-	-	-
集体联营企业	-	-	-	-	-	-
其他联营企业	-	-	-	-	-	-
有限责任公司	-	-	-	-	-	-
其他有限责任公司	-	-	-	-	-	-
股份有限公司	581	51	320	73	6	31
私营企业	63737	16296	1323	202	8195	2120
私营独资企业	63354	16288	1256	195	8170	2115
私营合伙企业	383	8	67	7	25	4
私营有限责任公司	1	1	-	-	-	-
其他企业	53038	11367	7487	194	1356	1333
道路运输业	12318	420	746	104	406	116
公路旅客运输	1550	161	133	33	147	13
道路运输辅助活动	10768	260	613	71	259	103
装卸搬运和运输代理业	25	1	-	-	7	2
装卸搬运	25	1	-	-	7	2
仓储业	377	16	35	6	61	8
其他仓储业	377	16	35	6	61	8
电信、广播电视和卫星传输服务	702	7	16	8	-	3
广播电视传输服务	702	7	16	8	-	3
货币金融服务	2785	482	91	21	115	207
中央银行服务	2183	417	52	-	103	152
银行监管服务	602	65	39	21	12	55
商务服务业	418	54	47	15	49	33
企业管理服务	317	52	47	11	42	31
咨询与调查	-	-	-	-	-	-
其他商务服务业	102	2	-	4	7	1
研究和试验发展	470	303	22	15	49	2
工程和技术研究和试验发展	33	4	-	-	3	2
农业科学研究和试验发展	437	299	22	15	46	-
专业技术服务业	36456	93	62	76	233	1930
气象服务	210	5	23	5	19	14
海洋服务	1929	6	39	4	29	86
质检技术服务	22042	32	-	46	103	1625
环境与生态监测	-	-	-	-	-	-
地质勘查	11588	46	-	15	31	115
工程技术	687	4	-	6	51	90
其他专业技术服务业	-	-	-	-	-	-
科技推广和应用服务业	517	-	-	-	-	-
技术推广服务	517	-	-	-	-	-
水利管理业	5365	210	136	38	117	71
水资源管理	766	-	-	-	-	-
天然水收集与分配	4238	210	136	38	116	71
其他水利管理业	361	-	-	-	1	-
公共设施管理业	2710	45	1170	43	106	22
市政设施管理	434	15	-	4	14	8
环境卫生管理	1549	23	1048	14	59	11
城乡市容管理	227	-	-	6	2	-
绿化管理	260	4	-	16	27	1
公园和游览景区管理	239	3	122	4	4	1

18-4续表5

单位:万元

项目	商品和服务支出	福利费	劳务费	工会经费	取暖费	差旅费
居民服务业	1217	8	-	3	18	21
殡葬服务	1217	8	-	3	18	21
机动车、电子产品和日用产品修理业	29	1	21	-	1	6
计算机和办公设备维修	29	1	21	-	1	6
其他服务业	56	20	-	5	13	11
其他未列明服务业	56	20	-	5	13	11
教育	233311	4683	5150	1043	25284	6128
学前教育	5740	223	463	91	623	182
初等教育	78932	463	686	185	8890	1547
中等教育	115894	2266	2558	709	12227	2328
高等教育	24196	1654	1350	45	2710	1782
特殊教育	698	7	14	6	54	25
技能培训、教育辅助及其他教育	7853	71	79	7	781	265
卫生	292769	74495	4787	850	37067	9475
医院	232677	67029	4411	695	36395	9079
社区医疗与卫生院	31734	6759	155	58	146	247
门诊部（所）	97	34	8	2	19	9
计划生育技术服务活动	1619	114	85	3	71	40
妇幼保健院（所、站）	18875	239	15	63	356	48
专科疾病防治院（所、站）	256	35	3	8	25	8
疾病预防控制中心	4053	39	4	5	22	17
其他卫生活动	3459	245	106	17	33	26
社会工作	245	2	1	-	-	-
提供住宿社会工作	245	2	1	-	-	-
新闻和出版业	257	-	-	3	-	3
出版业	257	-	-	3	-	3
广播、电视、电影和影视录音制作业	2942	11	67	-	31	8
广播	1499	6	-	-	5	1
电视	311	-	-	-	6	1
电影和影视节目发行	223	-	67	-	14	4
电影放映	812	-	-	-	-	1
录音制作	97	5	-	-	6	1
文化艺术业	234	12	9	5	18	25
文艺创作与表演	101	8	5	1	16	20
图书馆与档案馆	6	-	-	-	1	1
文物及非物质文化遗产保护	102	-	-	-	-	4
群众文化活动	17	4	3	3	1	1
其他文化艺术业	9	-	-	-	1	-
体育	364	-	-	-	-	-
体育场馆	289	-	-	-	-	-
其他体育	75	-	-	-	-	-
中国共产党机关	27704	386	344	95	729	1220
国家机构	272448	7420	11356	1848	12426	12932
国家权力机构	2705	51	13	6	123	170
国家行政机构	253171	6942	10612	1783	11424	11457
人民法院和人民检察院	15744	401	295	30	775	1276
其他国家机构	828	26	436	29	104	30
人民政协、民主党派	2004	47	56	24	70	118
人民政协	2004	47	56	24	70	118
民主党派	-	-	-	-	-	-
社会保障	203	-	-	1	14	11
群众团体、社会团体和其他成员组织	3731	80	244	64	215	318
群众团体	1984	43	43	53	102	215
社会团体	724	34	18	10	46	33
宗教组织	1023	3	184	1	68	70
基层群众自治组织	49387	11606	7619	190	1145	1266
社区自治组织	1861	671	482	5	15	62
村民自治组织	47527	10934	7137	184	1130	1204

18-4续表6

单位:万元

项　　目	出国费	对个人和家庭补助支　出	助学金	抚恤金	生活补助	救济费
全　　市	**214**	**397872**	**11099**	**20919**	**40162**	**21001**
内资企业	214	397872	11099	20919	40162	21001
国有企业	196	339069	10839	20377	38717	20337
集体企业	–	21087	1	208	89	91
股份合作企业	–	–	–	–	–	–
联营企业	–	–	–	–	–	–
集体联营企业	–	–	–	–	–	–
其他联营企业	–	–	–	–	–	–
有限责任公司	–	–	–	–	–	–
其他有限责任公司	–	–	–	–	–	–
股份有限公司	8	–	–	–	–	–
私营企业	9	26324	49	180	15	5
私营独资企业	9	26305	35	180	15	5
私营合伙企业	–	18	15	–	–	–
私营有限责任公司	–	–	–	–	–	–
其他企业	1	11393	209	154	1340	568
道路运输业	–	582	–	31	30	–
公路旅客运输	–	214	–	–	–	–
道路运输辅助活动	–	368	–	31	30	–
装卸搬运和运输代理业	–	–	–	–	–	–
装卸搬运	–	–	–	–	–	–
仓储业	–	302	–	10	18	–
其他仓储业	–	302	–	10	18	–
电信、广播电视和卫星传输服务	–	2	–	–	–	–
广播电视传输服务	–	2	–	–	–	–
货币金融服务	–	49	–	27	5	–
中央银行服务	–	41	–	27	5	–
银行监管服务	–	8	–	–	–	–
商务服务业	2	444	–	262	27	1
企业管理服务	2	444	–	262	27	1
咨询与调查	–	–	–	–	–	–
其他商务服务业	–	–	–	–	–	–
研究和试验发展	–	240	–	–	–	–
工程和技术研究和试验发展	–	–	–	–	–	–
农业科学研究和试验发展	–	240	–	–	–	–
专业技术服务业	–	2863	1	37	58	1
气象服务	–	54	1	–	7	1
海洋服务	–	335	–	1	–	–
质检技术服务	–	119	–	–	1	–
环境与生态监测	–	–	–	–	–	–
地质勘查	–	2182	–	34	50	–
工程技术	–	174	–	2	1	–
其他专业技术服务业	–	–	–	–	–	–
科技推广和应用服务业	–	21	–	–	–	–
技术推广服务	–	21	–	–	–	–
水利管理业	–	669	–	38	24	2
水资源管理	–	3	–	2	1	–
天然水收集与分配	–	651	–	36	24	2
其他水利管理业	–	15	–	–	–	–
公共设施管理业	–	222	–	12	3	–
市政设施管理	–	26	–	7	–	–
环境卫生管理	–	132	–	5	3	–
城乡市容管理	–	–	–	–	–	–
绿化管理	–	–	–	–	–	–
公园和游览景区管理	–	64	–	–	–	–

18-4续表7　　单位:万元

项目	出国费	对个人和家庭补助支出	助学金	抚恤金	生活补助	救济费
居民服务业	–	249	–	5	5	3
殡葬服务	–	249	–	5	5	3
机动车、电子产品和日用产品修理业	–	2892	–	–	3	–
计算机和办公设备维修	–	2892	–	–	3	–
其他服务业	–	12	–	–	–	–
其他未列明服务业	–	12	–	–	–	–
教育	32	92018	10480	2108	5324	55
学前教育	8	960	30	25	8	2
初等教育	3	32468	199	884	2298	–
中等教育	16	40967	5710	1088	2825	53
高等教育	–	16106	4420	78	84	–
特殊教育	–	292	1	1	11	–
技能培训、教育辅助及其他教育	5	1224	121	31	99	–
卫生	–	121191	1	687	14	5
医院	–	98635	1	586	1	1
社区医疗与卫生院	–	13455	–	25	–	–
门诊部（所）	–	41	–	4	–	–
计划生育技术服务活动	–	23	–	4	11	3
妇幼保健院（所、站）	–	5923	–	59	2	1
专科疾病防治院（所、站）	–	110	–	2	–	–
疾病预防控制中心	–	1706	–	2	–	–
其他卫生活动	–	1298	–	5	–	–
社会工作	–	3038	–	–	–	–
提供住宿社会工作	–	3038	–	–	–	–
新闻和出版业	–	–	–	–	–	–
出版业	–	–	–	–	–	–
广播、电视、电影和影视录音制作业	–	30	–	7	5	–
广播	–	5	–	–	5	–
电视	–	20	–	1	1	–
电影和影视节目发行	–	6	–	6	–	–
电影放映	–	–	–	–	–	–
录音制作	–	–	–	–	–	–
文化艺术业	–	498	–	4	3	7
文艺创作与表演	–	197	–	3	2	–
图书馆与档案馆	–	13	–	1	–	–
文物及非物质文化遗产保护	–	–	–	–	–	–
群众文化活动	–	281	–	–	2	–
其他文化艺术业	–	7	–	–	–	7
体育	–	99	–	–	–	–
体育场馆	–	66	–	–	–	–
其他体育	–	33	–	–	–	–
中国共产党机关	49	5379	10	182	1333	170
国家机构	122	140886	426	17208	30849	20023
国家权力机构	–	12568	1	1958	8129	1456
国家行政机构	122	124330	398	15125	22442	18539
人民法院和人民检察院	–	3820	3	107	255	11
其他国家机构	–	169	25	18	23	16
人民政协、民主党派	5	744	–	45	118	12
人民政协	5	744	–	45	118	12
民主党派	–	–	–	–	–	–
社会保障	–	14696	–	–	28	–
群众团体、社会团体和其他成员组织	–	1512	16	23	118	55
群众团体	–	1023	16	21	118	55
社会团体	–	489	–	2	–	–
宗教组织	–	–	–	–	–	–
基层群众自治组织	5	9234	165	235	2197	667
社区自治组织	4	882	3	108	657	10
村民自治组织	1	8352	162	127	1540	657

18-4续表8

单位:万元、人

项　　目	退职（役）费	经营支出	经营税金	收支结余	期末从业人员数
全　　市	**4224**	**31787**	**3321**	**260056**	**307683**
内资企业	4224	31787	3321	260056	307683
国有企业	4169	23114	3250	202970	253884
集体企业	1	–	–	7595	10308
股份合作企业	–	–	–	–	–
联营企业	–	–	–	–	7
集体联营企业	–	–	–	–	7
其他联营企业	–	–	–	–	–
有限责任公司	–	3	–	5	3
其他有限责任公司	–	3	–	5	3
股份有限公司	–	–	–	308	300
私营企业	6	152	48	9805	8697
私营独资企业	6	93	45	9704	8402
私营合伙企业	–	60	4	101	293
私营有限责任公司	–	–	–	–	2
其他企业	48	8517	23	39374	34484
道路运输业	–	3012	104	-5333	5670
公路旅客运输	–	–	–	-6673	958
道路运输辅助活动	–	3012	104	1340	4712
装卸搬运和运输代理业	–	–	–	–	36
装卸搬运	–	–	–	–	36
仓储业	78	195	19	5	197
其他仓储业	78	195	19	5	197
电信、广播电视和卫星传输服务	–	–	43	-348	135
广播电视传输服务	–	–	43	-348	135
货币金融服务	–	–	–	210	668
中央银行服务	–	–	–	–	567
银行监管服务	–	–	–	210	101
商务服务业	17	–	80	55	448
企业管理服务	17	–	80	55	369
咨询与调查	–	–	–	–	–
其他商务服务业	–	–	–	–	79
研究和试验发展	–	–	–	4246	116
工程和技术研究和试验发展	–	–	–	4141	38
农业科学研究和试验发展	–	–	–	105	78
专业技术服务业	1	6769	1754	9226	5444
气象服务	–	323	31	149	79
海洋服务	–	–	–	-3	96
质检技术服务	–	10	85	3183	1423
环境与生态监测	–	–	214	36	90
地质勘查	–	5681	1304	5614	3494
工程技术	–	756	119	248	262
其他专业技术服务业	–	–	–	–	–
科技推广和应用服务业	–	–	–	–	16
技术推广服务	–	–	–	–	16
水利管理业	2	–	2	1371	1249
水资源管理	–	–	2	1658	296
天然水收集与分配	2	–	–	-323	833
其他水利管理业	–	–	–	36	120
公共设施管理业	–	–	–	1446	3995
市政设施管理	–	–	–	10	356
环境卫生管理	–	–	–	1196	2177
城乡市容管理	–	–	–	11	248
绿化管理	–	–	–	–	965
公园和游览景区管理	–	–	–	230	249

18-4续表9

单位:万元、人

项目	退职（役）费	经营支出	经营税金	收支结余	期末从业人员数
居民服务业	–	–	–	2974	233
殡葬服务	–	–	–	2974	233
机动车、电子产品和日用产品修理业	–	–	–	911	126
计算机和办公设备维修	–	–	–	911	126
其他服务业	–	–	–	3	89
其他未列明服务业	–	–	–	3	89
教育	113	338	73	27958	110115
学前教育	–	55	–	556	3982
初等教育	25	–	–	2595	43157
中等教育	51	49	66	18740	55461
高等教育	–	–	–	5153	4688
特殊教育	–	–	–	26	286
技能培训、教育辅助及其他教育	37	235	7	890	2541
卫生	1	818	1	35531	38970
医院	–	305	1	27740	25324
社区医疗与卫生院	–	–	–	2907	8939
门诊部（所）	–	–	–	111	157
计划生育技术服务活动	–	–	–	328	395
妇幼保健院（所、站）	1	379	–	4512	2141
专科疾病防治院（所、站）	–	–	–	1	30
疾病预防控制中心	–	–	–	-42	1018
其他卫生活动	–	134	–	-25	966
社会工作	–	–	–	556	38
提供住宿社会工作	–	–	–	556	38
新闻和出版业	–	–	–	–	120
出版业	–	–	–	–	120
广播、电视、电影和影视录音制作业	–	1257	59	-8	878
广播	–	1257	51	18	253
电视	–	–	1	-105	203
电影和影视节目发行	–	–	–	123	251
电影放映	–	–	7	-45	28
录音制作	–	–	–	–	143
文化艺术业	–	10	–	373	272
文艺创作与表演	–	10	–	167	145
图书馆与档案馆	–	–	–	10	50
文物及非物质文化遗产保护	–	–	–	48	28
群众文化活动	–	–	–	148	45
其他文化艺术业	–	–	–	–	4
体育	–	–	–	44	94
体育场馆	–	–	–	9	62
其他体育	–	–	–	36	32
中国共产党机关	12	7	–	9390	5118
国家机构	3953	10922	1186	130131	95939
国家权力机构	–	–	–	76	811
国家行政机构	3742	10922	1186	124521	91109
人民法院和人民检察院	200	–	–	5465	3794
其他国家机构	11	–	–	70	225
人民政协、民主党派	–	–	–	287	412
人民政协	–	–	–	287	412
民主党派	–	–	–	–	–
社会保障	–	–	–	2	282
群众团体、社会团体和其他成员组织	28	65	–	6741	1459
群众团体	28	65	–	6515	728
社会团体	–	–	–	167	383
宗教组织	–	–	–	59	348
基层群众自治组织	20	8393	–	34287	35564
社区自治组织	2	452	–	-94	2412
村民自治组织	18	7941	–	34381	33152

第二部分　统计资料

十九、全国、河北省及部分大中城市主要经济指标

资料整理：高建飞　王剑飞

19-1 全国国民经济主要指标

项　　目	单　位	1985年	1990年	1995年	2000年	2005年	2010年	2011年	2012年
年末总人口	万　人	105851	114333	121121	126743	130756	134091	134735	135404
人口自然增长率	‰	14.26	14.39	10.55	7.58	5.89	4.79	4.79	4.95
国内生产总值(现价)	亿　元	9016	18668	60794	99215	185809	401513	471564	519322
第一产业增加值	亿　元	2564	5062	12136	14945	22420	40534	47712	52377
第二产业增加值	亿　元	3867	7717	28680	45556	87598	187383	220592	235319
第三产业增加值	亿　元	2585	5888	19978	38714	74919	173596	203260	231627
国内生产总值指数	上年＝100	113.5	103.8	110.9	108.4	110.4	110.4	109.2	107.8
人均国内生产总值	元	858	1644	5046	7858	14185	30015	35198	38449
农林牧渔业总产值(现价)	亿　元	3619.5	7662.1	20340.9	24916	39451	69320	81304	89453
农林牧渔业总产值指数	上年＝100	103.4	107.6	110.9	103.6	105.7	104	104.5	104.9
粮食产量	万　吨	37911	44624	46662	46218	42776	54648	57121	58958
棉花产量	万　吨	414.7	450.8	476.8	442	571	596	659	684
油料产量	万　吨	1578.4	1613.2	2250.3	2955	3077	3230	3307	3437
规模以上工业产品销售收入	亿　元		42398.6	52936	84152	248544	697744	841830	915915
规模以上工业利税总额	亿　元	1657	1946	5050	9512	26321	86705	100368	
全社会固定资产投资	亿　元	2543.2	4517	20019.3	32918	88774	278122	311022	374676
#固定资产投资	亿　元			15644	26222	75095	241431	271655	
社会消费品零售总额	亿　元	3801	7250	20620	34153	67177	156998	183919	210307
实际利用外资额	亿美元	46.5	102.9	481.3	593.6	638.1	1088.2	1177.0	1132.9
城镇就业人员	万　人	12358	14059	14908	11259	10850	34687	35914	37102
#国有单位	万　人	8990	10346	10955	7878	6232	6516	6704	6839
职工工资总额	亿　元	1382.8	2951.1	8100	10656	19790	47270	59955	70914
#国有单位	亿　元	1064.8	2324.1	6080.2	7613	12009	24886	28955	32950
地方财政收入	亿　元	1235.2	1944.7	2985.6	6406.1	15101	40613	52434	61077
地方财政支出	亿　元	1209	2079.1	4828.3	10366.7	25154	73884	92415	106947
商品零售价格指数	上年＝100	108.8	102.1	114.8	98.5	100.8	103.1	104.9	102.0
居民消费价格指数	上年＝100	109.3	103.1	117.1	100.4	101.8	103.3	105.4	102.6
城镇居民人均可支配收入	元	739.08	1510.16	4283	6280	10493	19109	21810	24565
农村居民人均纯收入	元	397.6	686.31	1578	2253	3255	5919	6977	7917
中小学生在校学生数	万　人	18076.2	16827.4	18566.2	20382	19445	17644	17445	16926
职工平均工资	元/人	1148	2140	5500	9371	18364	36539	41799	46769

19-2 河北省国民经济主要指标

项 目	单 位	1985年	1990年	1995年	2000年	2005年	2010年	2011年	2012年
年末总人口	万 人	5548	6159	6437	6674	6851	7194	7241	7288
人口自然增长率	‰	11.8	13.6	7.6	5.1	6.09	6.81	6.50	6.47
河北省生产总值(现价)	亿 元	397	896	2850	5044	10012	20394	24516	26575
第一产业增加值	亿 元	120	228	631	825	1400	2563	2906	3187
第二产业增加值	亿 元	184	388	1323	2560	5272	10708	13127	14004
第三产业增加值	亿 元	92	281	895	1704	3341	7124	8483	9385
河北省生产总值指数(以上年为100)	%	112.5	105.8	113.9	109.5	113.4	112	111.3	109.6
人均生产总值	元	719	1465	4444	7663	14659	28668	33969	36584
农林牧渔业总产值(现价)	亿 元	167	358	1148	1545	2601	4309	4896	5340
农林牧渔业总产值指数	上年=100	103	105	112	106	107	104	103.9	104.1
粮食产量	万 吨	1967	2277	2739	2551	2599	2976	3173	3247
棉花产量	万 吨	63	57	37	30	58	57	65	56
油料产量	万 吨	87	75	110	147	153	140	142	143
规模以上工业产品销售收入	亿 元	311	675	2132	3425	10746	31629	40201	
规模以上工业利税总额	亿 元	59	61	215	381	1163	3374	4067.1	
全社会固定资产投资	亿 元	111	177	939	1847	4210	15083	16389	19661
#国有单位固定资产投资	亿 元	63	111	416	828	1216	3760	3178	3279
社会消费品零售额	亿 元	170	308	852	1614	2970	6822	8036	9254
实际利用外资额	亿美元	-	-	11	14	23	44	53	60
年末职工人数	万 人	555	653	698	622	558	519	538	
#国有单位	万 人	424	497	535	475	390	335	318	
职工工资总额	亿 元	58	129	336	443	716	1549	1837	2313
#国有单位	亿 元	47	106	277	359	526	1024	1108	1266
地方财政收入	亿 元	45	81	120	249	516	1332	1738	2084
地方财政支出	亿 元	42	87	191	416	979	2820	3537	4079
商品零售价格指数	上年=100	107	100	116	99	101	103	105	
居民消费价格指数	上年=100	109	101	115	100	102	103	105.7	102.6
城镇居民人均可支配收入	元	631	1397	3992	5661	9107	16263	18292	20543
农村居民人均纯收入	元	385	622	1669	2479	3482	5958	7120	8081
中小学生在校学生数	万 人	847	913	1162	1295	1010	860	879	
银行存款年末余额	亿 元	196	554	1695	3781	10765	26099	29564	34257
银行贷款年末余额	亿 元	266	631	1578	3433	6415	15756	18144	21318
城乡居民储蓄存款余额	亿 元	103	505	1811	3957	7084	15678	17824	20724

19-3　各市生产总值及指数

（2012年）

市	地区生产总值（亿元）	第一产业	第二产业	工　业	建筑业	第三产业
全　省	**26575.01**	**3186.66**	**14003.57**	**12511.60**	**1491.97**	**9384.78**
石家庄市	4500.21	452.18	2240.66	1993.59	247.07	1807.37
承 德 市	1181.92	185.16	625.40	553.77	71.63	371.37
张家口市	1233.55	205.78	529.04	441.85	87.20	498.73
秦皇岛市	1139.37	152.41	447.68	376.48	71.20	539.27
唐 山 市	5861.64	528.56	3473.79	3243.82	229.97	1859.29
廊 坊 市	1794.33	198.40	968.62	824.85	143.77	627.31
保 定 市	2720.90	378.12	1495.91	1259.39	236.52	846.88
沧 州 市	2812.42	319.18	1479.08	1338.35	140.72	1014.17
衡 水 市	1011.03	189.03	522.91	474.09	48.82	299.09
邢 台 市	1532.06	240.35	829.61	761.87	67.74	462.10
邯 郸 市	3024.29	383.90	1620.84	1473.50	147.33	1019.55

19-3续表

市	地区生产总值指数（上年=100）	第一产业	第二产业	工　业	建筑业	第三产业
全　省	**109.6**	**104.0**	**111.5**	**111.8**	**108.8**	**108.6**
石家庄市	110.4	103.6	112.0	112.4	109.3	110.0
承 德 市	110.5	104.6	113.0	113.1	111.8	109.4
张家口市	110.0	104.6	111.9	112.3	109.8	109.9
秦皇岛市	109.1	103.0	111.3	112.1	106.2	108.8
唐 山 市	110.4	104.2	111.9	112.0	110.7	109.5
廊 坊 市	109.7	103.0	111.4	111.5	110.6	109.0
保 定 市	110.5	104.2	112.2	112.9	109.0	110.4
沧 州 市	110.6	104.2	112.9	113.4	108.2	109.2
衡 水 市	110.4	103.7	112.7	112.7	112.0	110.5
邢 台 市	109.5	104.0	111.1	111.2	109.4	109.2
邯 郸 市	110.5	104.2	112.3	112.5	110.2	109.7

19-4 各市城镇非私营单位就业人数

(2012年)

单位：万人

市	就业人数	#国有经济	#城镇集体经济	在岗职工人数	#国有经济	#城镇集体经济
全　省	**619.95**	**332.41**	**21.14**	**584.05**	**317.34**	**19.69**
石家庄市	90.69	58.70	3.92	86.92	57.02	3.57
承德市	26.40	16.52	0.83	24.94	15.90	0.82
张家口市	39.77	23.53	2.66	37.59	22.42	2.34
秦皇岛市	33.45	16.10	0.56	32.14	15.76	0.55
唐山市	95.63	38.04	2.62	92.11	36.71	2.58
廊坊市	42.10	19.50	1.20	41.45	19.08	1.18
保定市	101.01	45.06	2.06	89.88	43.23	1.73
沧州市	52.38	30.47	1.07	49.11	28.26	1.02
衡水市	29.06	16.07	1.64	27.93	15.66	1.56
邢台市	44.93	23.06	1.64	42.80	21.79	1.61
邯郸市	64.53	45.36	2.94	59.18	41.51	2.73

注：全省总计中含其他单位，不等于各市汇总数(下同)。

19-5 各市城镇非私营单位就业人员工资总额

(2012年)

单位：万元

市	就业人员工资总额	在岗职工工资总额	#国有经济	#城镇集体经济	其他就业人员工资总额
全　省	**23983034**	**23127983**	**12660165**	**580045**	**855051**
石家庄市	3541695	3458698	2420745	98986	82997
承德市	1012582	991389	607981	31516	21193
张家口市	1417729	1359977	807189	62901	57752
秦皇岛市	1505231	1469190	671552	16424	36041
唐山市	4302278	4203240	1599307	76175	99038
廊坊市	1880518	1844049	837959	36973	36469
保定市	3417687	3127206	1583311	50259	290481
沧州市	2032840	1959814	1208762	37619	73026
衡水市	916709	892111	526312	44819	24598
邢台市	1571003	1533594	735688	48512	37409
邯郸市	2384762	2288715	1661359	75861	96047

19-6　各市城镇非私营单位在岗职工平均工资

市	在岗职工平均工资(元)	国有经济	城镇集体经济	其他经济类型
全　省	**39542**	**40082**	**29420**	**39658**
石家庄市	39669	42520	27761	35177
承 德 市	37787	38080	38913	37196
张家口市	35615	36255	27302	35975
秦皇岛市	44824	42096	25555	48280
唐 山 市	45838	43752	29431	48098
廊 坊 市	44886	44088	31906	46329
保 定 市	34912	36892	28298	33280
沧 州 市	40114	42925	35293	36344
衡 水 市	32800	34339	30281	30890
邢 台 市	36278	34183	29695	39199
邯 郸 市	38255	40269	28192	34727

19-7　各　市　人　才　状　况

单位：人

市	人才资源总量			人才密度指数(%)		
	2010年	2011年	2012年	2010年	2011年	2012年
全　省	**4849155**	**5065699**	**5515999**	**10.26**	**10.79**	**11.51**
石家庄市	822837	874724	917878	11.94	12.88	13.04
承 德 市	218933	235868	275792	9.61	10.38	12.00
张家口市	275482	288493	280096	9.93	10.44	9.98
秦皇岛市	204463	205196	210239	10.30	10.40	10.47
唐 山 市	667952	648720	662722	13.32	13.06	13.06
廊 坊 市	348624	356040	403182	11.67	11.97	13.26
保 定 市	549692	580951	659233	7.49	7.97	8.86
沧 州 市	498826	509230	534586	10.84	11.13	11.44
衡 水 市	258046	264669	278891	9.15	9.44	9.78
邢 台 市	365330	405244	468838	7.75	8.64	9.83
邯 郸 市	638970	696564	824542	10.89	11.91	13.89

19-8　各市社会消费品零售总额

(2012年)

单位：亿元

市	社会消费品零售总额	按销售单位所在地分		
		城镇	城区	乡村
全　　省	9254.0	7101.4	4646.4	2152.6
石家庄市	1915.8	1502.9	1131.5	412.9
承 德 市	349.7	253.6	104.8	96.1
张家口市	439.6	342.6	258.1	97.0
秦皇岛市	453.8	379.7	310.7	74.1
唐 山 市	1535.0	1245.4	903.0	289.6
廊 坊 市	568.1	362.1	156.2	206.0
保 定 市	1174.3	915.1	506.8	259.2
沧 州 市	788.0	567.8	405.6	220.1
衡 水 市	432.0	307.2	209.2	124.9
邢 台 市	624.1	475.2	353.6	148.8
邯 郸 市	973.7	749.8	306.8	223.9

注：社会消费品零售总额取消按行业分组。

19-9　各市地方财政收入及支出

(2012年)

单位：万元

市	公共财政预算收入	#增值税	#营业税	公共财政预算支出	#一般公共服务
全　　省	**20842825**	**2502965**	**5334513**	**40794366**	**806666**
石家庄市	2722764	193640	878857	4640932	481495
承 德 市	825133	79827	261312	2357968	235516
张家口市	1065610	71223	279772	2665617	289034
秦皇岛市	1086622	73392	325727	1999739	207871
唐 山 市	3010936	365054	790592	4903141	593947
廊 坊 市	1721476	103975	589358	2680378	326247
保 定 市	1599292	142920	359077	3835725	500510
沧 州 市	1425818	160822	381891	3115744	418621
衡 水 市	507343	48215	132762	1608095	218385
邢 台 市	856120	96741	229279	2502476	283662
邯 郸 市	1846504	165971	357478	3795561	457779

19-10　各市农、林、牧、渔业总产值

(2012年)

单位：万元

市	农林牧渔业总产值	农业	林业	牧业	渔业	农林牧渔服务业
全　　省	**53401106**	**30952857**	**778810**	**17476626**	**1777373**	**2415440**
石家庄市	7874961	4299282	100302	3152987	42927	279463
承 德 市	3173011	1640010	217676	1216479	37424	61422
张家口市	3667604	1786043	96066	1673029	14809	97657
秦皇岛市	2739487	1157599	48186	1248404	244535	40763
唐 山 市	8188379	4747318	58035	2412403	792623	178000
廊 坊 市	3624384	2222014	41599	1258423	43676	58672
保 定 市	6607465	3983417	106750	2277772	78038	161488
沧 州 市	5755030	3143466	42453	1631283	230960	706868
衡 水 市	3606385	2202375	22852	1208141	8504	164513
邢 台 市	4195398	2613439	68939	1214733	6725	291562
邯 郸 市	6729017	3773077	64387	2524070	65483	302000

19-11　各市农、林、牧、渔业增加值

(2012年)

单位：万元

市	农林牧渔业增加值	农业	林业	牧业	渔业	农林牧渔服务业
全　　省	**31866615**	**20932243**	**557394**	**8252753**	**1050562**	**1073663**
石家庄市	4521822	2800122	80115	1482219	23631	135735
承 德 市	1851577	1040527	166957	590191	22454	31448
张家口市	2057770	1030941	53454	913865	7191	52319
秦皇岛市	1524144	817568	34858	524184	134918	12616
唐 山 市	5285600	3414271	43938	1254450	475574	97367
廊 坊 市	1983983	1341883	24539	563092	25329	29140
保 定 市	3781153	2606671	65549	985505	41551	81877
沧 州 市	3191764	2001415	27594	750390	115480	296885
衡 水 市	1890310	1290155	15061	515014	4274	65806
邢 台 市	2403499	1702107	23093	574956	3599	99744
邯 郸 市	3838965	2443549	33579	1189766	33151	138920

19-12　各市农、林、牧、渔业总产值指数

(2012年)

上年=100

市	农林牧渔业总产值	农业	林业	牧业	渔业	农林牧渔服务业
全　省	**104.1**	**103.6**	**105.5**	**104.7**	**104.1**	**105.0**
石家庄市	103.3	103.7	106.7	102.5	100.4	105.0
承德市	104.4	106.6	103.3	102.1	100.2	105.0
张家口市	104.6	108.0	99.2	102.0	102.1	103.7
秦皇岛市	103.0	102.5	103.2	100.2	129.9	100.5
唐山市	104.2	103.3	121.0	104.5	107.3	105.5
廊坊市	102.9	103.8	92.8	101.9	100.1	100.6
保定市	104.6	103.3	103.2	107.1	96.0	105.0
沧州市	104.2	103.0	103.5	104.8	100.6	109.5
衡水市	104.1	102.1	101.0	104.4	105.8	134.9
邢台市	104.1	104.1	129.2	102.9	106.2	105.5
邯郸市	104.0	105.5	88.1	101.8	105.2	108.0

19-13　各市主要农产品产量

(2012年)

市	粮食（万吨）	#谷物	#小麦	玉米	棉花（吨）	油料（吨）
全　省	**3246.6**	**3102.7**	**1337.7**	**1649.5**	**564404**	**1428283**
石家庄市	532.1	521.0	258.1	260.6	11499	215236
承德市	135.2	106.8	0.0	86.6	-	12136
张家口市	154.7	116.0	0.0	88.3	-	54073
秦皇岛市	80.9	64.7	3.6	52.5	2519	57711
唐山市	311.4	294.9	63.7	181.2	27570	280766
廊坊市	184.7	178.9	50.7	127.7	46195	36319
保定市	604.5	576.4	253.1	318.3	29954	279943
沧州市	483.7	472.4	204.1	265.5	123386	97055
衡水市	378.9	373.8	183.3	188.0	151251	110692
邢台市	453.2	445.5	220.5	212.4	201215	142208
邯郸市	560.1	551.3	258.7	275.9	133433	142144

19-14 全国部分大中城市主要经济指标

项 目	单 位	2003年	2004年	2005年	2006年	2007年	2008年	2009年	2010年	2011年	2012年
总人口	万人	529	531	534	537	539	542	545		571	574
#非农业人口	万人	112	112	116	118	120	120	121		125	
行政区划面积	平方公里	7413	7413	7413	7413	7413	7413	7413	7413	7413	7413
地区生产总值(GDP、现价)	亿元	362	465	557	645	808	1036	1106	1311	1558	1593
#第一产业	亿元	61	80	88	98	115	143	144	159	175	187
第二产业	亿元	195	262	321	377	488	647	686	809	982	925
第三产业	亿元	106	122	148	170	205	246	276	343	401	481
人均地区生产总值	元	6869	8772	10472	12075	15530	19924	21219	25000	30190	31132
地区生产总值增长率	%	13.6	15.7	14.8	15.8	17.9	13.1	12.2	12.8	12.1	7.5
#第一产业	%	5.1	8.1	7.1	7.5	6.1	5.7	4.2	6.5	3.7	4.3
第二产业	%	20.8	21.0	18.2	19.5	21.8	14.9	13.7	14.3	14.7	8.3
第三产业	%	7.9	11.5	12.9	12.8	15.7	12.5	12.4		10.0	6.8
人均地区生产总值增长率	%	13	15.2	14.3	15	13.1	13.2	12	6.48	12.8	8.4
财政总收入	亿元			44	53			107		123	150
#地方财政一般预算收入	亿元	18	24	29	35	42	50	55	65	77	84
地方财政一般预算支出	亿元	34	42	60	64	80	96	122	143	175	206
粮食产量	万吨	228	246	254	293	325	328	333	334	338	350
规模以上工业增加值	亿元	129	175	220	263	360	501	532	760	805	740
规模以上工业增加值增长率	%	24.1	23.1	22.0	23.2	27.5	18	15.2	19.7	18.0	9.5
规模以上工业产品销售收入	亿元	361	534	722	921	1334	1851	1896	2417	3133.6	2704
规模以上工业企业应交税金	亿元	28	35	46	64	87	103	106	106.9	136.0	110
规模以上工业企业利润总额	亿元	17	20	27	64	127	135	147	182.8	232.4	157
全社会固定资产投资	亿元	104	157	231	310	430	567	741	894.7	929.6	1120
#固定资产投资	亿元	78	120	181	255	356	474	623	760.1	892.4	1081
社会消费品零售总额	亿元	110	128	146	168	199	246	293	345.3	406.7	469
外贸进出口总额	万美元	48381	62639	72644	76858	129818	250758	93810	157248	185825	125000
#出口总额	万美元	21249	32080	30327	37413	62992	122091	28099	44299	57335	48000
金融机构存款余额	亿元	430	462	523	575	628	748	884	991	1162	1353
#城乡居民储蓄余额	亿元	319	347	387	419	443	527	590	638.6	727.3	892
金融机构贷款余额	亿元	282	284	284	332	389	385	495	597	634	687
城镇居民人均可支配收入	元	7072	7903	8823	10009	11796	13637	14809	16394	18686	21042
农民人均纯收入	元	2431	2825	3220	3772	4493	5190	5595	6359	7586	8618
在岗职工平均工资	元	10564	11988	13423	15040	18535	21496		26672	29495	

19-14续表蚌埠市

项　　目	单 位	2003年	2004年	2005年	2006年	2007年	2008年	2009年	2010年	2011年	2012年
总人口	万人	345	347	349	352	355	358	361	362	364	368
#非农业人口	万人	85	90	92	94	97	100	105	102		104
行政区划面积	平方公里	5952	5952	5952	5952	5952	5952	5952	5952	5952	5952
地区生产总值(GDP、现价)	亿元	221	282	311	359	410	486	532	637	780	890
#第一产业	亿元	41	65	68	75	82	100	104	120	144	159
第二产业	亿元	88	104	120	141	160	193	237	301	385	445
第三产业	亿元	92	112	124	143	167	194	191	216	251	286
人均地区生产总值	元	6425	8145	8975	9876	11577	13632	14803	17621	21443	27999
财政总收入	亿元	26	33	40	45	57	66	77	101	136	165
#地方财政一般预算收入	亿元	11	11	13	17	23	28	32	43	61	78
地方财政一般预算支出	亿元	19	20	27	42	55	74	86	107		165
粮食产量	万吨	118	216	189	222	227	253	264	271	276	261
规模以上工业增加值	亿元	49	63	76	95	117	138	190	247	361	401
规模以上工业产品销售收入	亿元	129	162	203	256	310	399	511	749	1207	1383
规模以上工业企业应交税金	亿元	20	19	22	25	32	47	41	52		74
规模以上工业企业利润总额	亿元	6	8	9	10	15	15	26	35	40	53
全社会固定资产投资	亿元	85	103	125	141	198	253	356	529	651	873
#固定资产投资	亿元	56	71	83	105	138	177	265	358	427	873
社会消费品零售总额	亿元	89	102	117	134	156	192	227	270	319	372
外贸进出口总额	万美元	20650	24473	24889	27439	32018	39429	38470	54350	77005	122794
#出口总额	万美元	16635	20269	21856	24913	28089	35764	33385	46737	55889	100162
金融机构存款余额	亿元	258	300	331	368	410	482	578	708	836	976
#城乡居民储蓄余额	亿元	157	182	209	229	244	291	333	387	451	531
金融机构贷款余额	亿元	189	220	224	245	273	297	336	387	481	632
城镇居民人均可支配收入	元	7237	8109	8875	10175	11440	12705	13483	15376	18143	20629
农民人均纯收入	元	2022	2683	2780	3171	3617	4299	4726	5565	6615	7674
在岗职工平均工资	元	10263	12284	13980	15986	19779	22486	25511	28709		38064

19-14续表大庆市

项　　目	单 位	2003年	2004年	2005年	2006年	2007年	2008年	2009年	2010年	2011年	2012年
总人口	万人	258	262	264	269	273	277	280	290	282	282
#非农业人口	万人	123	126	127	131	134	137	139	141	143	145
行政区划面积	平方公里	21219	21219	21219	21219	21219	21219	21219	21219	21219	21219
地区生产总值(GDP、现价)	亿元	1124	1240	1401	1617	1822	2220	2120	2900	3740	4001
#第一产业	亿元	30	37	43	48	55	69	80	95	133	154
第二产业	亿元	976	1072	1204	1388	1548	1889	1730	2385	3070	3236
第三产业	亿元	118	132	155	182	219	262	310	420	537	611
人均地区生产总值	元	43861	47683	53199	60371	67161	80655	76000	104000	134000	142047
财政总收入	亿元	43	68	70	85	118	132	146	176	244	263
#地方财政一般预算收入	亿元	30	44	45	52	63	80	83	96	132	140
地方财政一般预算支出	亿元	35	54	62	72	86	105	115	175	175	181
粮食产量	万吨	128	172	237	257	230	337	394	506	554	650
规模以上工业增加值	亿元	867	953	1112	1286	1426	1729	1485	2090	2630	2570
规模以上工业产品销售收入	亿元	1450	1744	2044	2979	3131	3710	2863	3703	4258	4254
规模以上工业企业应交税金	亿元	685	759	905	1017				633	1827	1733
规模以上工业企业利润总额	亿元	587	716	997	1184	1124	1268	645	1375	921	864
全社会固定资产投资	亿元	215	239	303	385	482	603		1036	1050	1376
#固定资产投资	亿元	215	239	303	385	482	602	754	995		
社会消费品零售总额	亿元	160	192	217	252	302	372	503	591	694	803
外贸进出口总额	万美元	7444	12499	27400	44336	67907	81920	110250	154000	215896	280881
#出口总额	万美元	3591	7190	9775	18452	33212	52228	56807	98000	54546	38962
金融机构存款余额	亿元	685	759	905	1017	1118	1202	1356	1561	1705	1971
#城乡居民储蓄余额	亿元	432	467	527	573	609	733	833	901	998	1169
金融机构贷款余额	亿元	202	183	189	219	251	249	324	410	495	672
城镇居民人均可支配收入	元	11029	12324	13662	14791	15570	16816	18181	20016	22500	25223
农民人均纯收入	元	1980	2385	2723	3610	3918	5549	6593	8045	9300	11500
在岗职工平均工资	元	19702	22618	24523	26982	29680	34153	41371	45679	49161	55945

19-14续表丹东市

项　　目	单 位	2003年	2004年	2005年	2006年	2007年	2008年	2009年	2010年	2011年	2012年
总人口	万人	241	241	242	243	243	243	243	241	241	241
#非农业人口	万人	100	101	101	101	101	99	102	103	104	105
行政区划面积	平方公里	15222	15222	15222	15222	15222	15222	15222	15290	15290	15290
地区生产总值(GDP、现价)	亿元	221	273	326	385	464	564	656	729	889	1015
#第一产业	亿元	42	47	53	58	66	77	87	100	119	140
第二产业	亿元	80	104	134	169	209	266	316	362	458	509
第三产业	亿元	99	121	139	158	188	221	253	267	312	367
人均地区生产总值	元	9153	11326	13502	15893	19119	23223	27023	30118	36841	42171
财政总收入	亿元	27	33	39	52	66	79	91	131	178	232
#地方财政一般预算收入	亿元	11	13	17	22	29	38	50	80	104	128
地方财政一般预算支出	亿元	29	31	39	48	60	80	111	156	157	197
粮食产量	万吨	77	81	76	90	92	91	88	72	100	95
规模以上工业增加值	亿元	35	47	65	90	121	155	192	245	315	388
规模以上工业产品销售收入	亿元	140	176	229	301	398	539	719	971	1055	1271
规模以上工业企业应交税金	亿元	8	9	12	16	29	24	29	37	43	46
规模以上工业企业利润总额	亿元	5	9	8	15	18	22	33	38	66	49
全社会固定资产投资	亿元	66	91	123	161	234	352	525	674	708	875
#固定资产投资	亿元	48	69	99	129	196	297	444	613	690	853
社会消费品零售总额	亿元	91	105	121	138	162	198	234	276	325	376
外贸进出口总额	亿美元	16.58	20.06	19.45	17.39	20.36	18.84	20.11	29.30	38.78	45.97
#出口总额	亿美元	10.56	13.13	15.11	14.05	16.18	13.85	14.49	18.80	23.60	28.75
金融机构存款余额	亿元	348	389	440	491	534	627	774	937	1062	1245
#城乡居民储蓄余额	亿元	268	294	330	366	389	473	564	661	771	900
金融机构贷款余额	亿元	207	233	207	228	298	287	375	478	579	682
城镇居民人均可支配收入	元	5484	6039	6881	7860	9815	11641	12827	14536	17123	19625
农民人均纯收入	元	3480	3816	4178	4650	5543	6630	7295	8340	10033	11428
在岗职工平均工资	元	10638	12237	14371	16263	18675	21524	23367	25863	27055	28630

19-14续表葫芦岛市

项　　目	单 位	2003年	2004年	2005年	2006年	2007年	2008年	2009年	2010年	2011年	2012年
总人口	万人	271	273	274	276	279	280	282	282	281	280
#非农业人口	万人	79	81	82	84	85	87	88	89	89	89
行政区划面积	平方公里	10415	10415	10415	10415	10415	10415	10415	10415	10415	10415
地区生产总值(GDP、现价)	亿元	226	262	300	347	418	458	487	531	650	719
#第一产业	亿元	34	42	43	47	58	65	62	66	85	95
第二产业	亿元	106	122	142	168	206	215	225	244	323	334
第三产业	亿元	85	99	114	132	154	178	200	222	242	290
人均地区生产总值	元	8320	9625	10960	12603	14953	16351	17327	18850	24737	27708
财政总收入	亿元	34	44	52	54	64	72				
#地方财政一般预算收入	亿元	13	15	17	20	25	31	37	56	70	84
地方财政一般预算支出	亿元	25	29	37	55	60	71	92	109	147	167
粮食产量	万吨	74	109	98	90	106	117	72	110	136	130
规模以上工业增加值	亿元	65	85	110	122	151	139	139	219	241	218
规模以上工业产品销售收入	亿元	274	464	531	646	696	713	655	840	955	978
规模以上工业企业应交税金	亿元	7	9	9	11	28	29	54	64	62	
规模以上工业企业利润总额	亿元	-2	8	-11	-9	5	-47	-11	9	-13	-14
全社会固定资产投资	亿元	63	78	102	123	157	219	317	500	444	
#固定资产投资	亿元	51	62	77	91	115	159	219	369	400	547
社会消费品零售总额	亿元	79	90	102	117	137	168	198	233	274	318
外贸进出口总额	万美元	38795	89162	154188	103748	130529	97191	101000	134000	129000	135000
#出口总额	万美元	24476	67329	109180	75208	89881	67528	49000	65000	80000	95000
金融机构存款余额	亿元	283	330	384	477	490	581	689	820	936	1074
#城乡居民储蓄余额	亿元	213	244	285	316	321	398	462	527	610	714
金融机构贷款余额	亿元	256	269	269	316	340	358	452	506	565	636
城镇居民人均可支配收入	元	7048	7771	8579	9795	12009	13942	15305	17371	20159	22941
农民人均纯收入	元	2572	3052	3428	3650	4313	5152	5595	6597	7901	8983
在岗职工平均工资	元	10419	11590	13224	15289	18472	21225	24564	26745	30285	35939

19-14续表淮南市

项　　目	单 位	2003年	2004年	2005年	2006年	2007年	2008年	2009年	2010年	2011年	2012年
总人口	万人	212	234	236	238	239	241	243	244	246	244
#非农业人口	万人	100	106	107	108	111	113	113	114	114	112
行政区划面积	平方公里	2121	2585	2585	2585	2585	2596	2585	2585	2585	2584
地区生产总值(GDP、现价)	亿元	171	226	273	305	359	454	509	604	710	782
#第一产业	亿元	18	28	29	33	38	39	42	47	56	61
第二产业	亿元	87	116	150	166	199	277	319	389	461	501
第三产业	亿元	66	82	94	106	122	137	148	168	192	220
人均地区生产总值	元	8081	9225	11232	12876	15664	19809	22169	26287	28869	33489
财政总收入	亿元	20	28	37	43	49	60	75	106	139	166
#地方财政一般预算收入	亿元	9	12	15	20	23	30	37	52	71	99
地方财政一般预算支出	亿元	15	20	25	32	41	51	68	79	108	141
粮食产量	万吨	53	118	108	128	132	134	137	139	142	134
规模以上工业增加值	亿元	52	77	116	129	163	242	280	389	452	456
规模以上工业产品销售收入	亿元	166	217	280	311	356	556	653	721	875	992
规模以上工业企业应交税金	亿元						56	54			117
规模以上工业企业利润总额	亿元	6	12	13	14	20	29	26	46	46	44
全社会固定资产投资	亿元	54	86	128	198	252	226	286	402	501	640
#固定资产投资	亿元	46	78	131	164	208	171	197	272		
社会消费品零售总额	亿元	56	63	81	94	109	134	159	187	222	256
外贸进出口总额	万美元	5424	3728	3716	7858	9212	13554	12126	13363	23877	34883
#出口总额	万美元	2576	1127	2939	3626	3753	3063	2952	7162	9142	24452
金融机构存款余额	亿元	199	252	333	401	451	559	719	864	960	1114
#城乡居民储蓄余额	亿元	148	182	219	254	267	326	379	422	480	571
金融机构贷款余额	亿元	161	178	222	192	365	380	512	645	717	782
城镇居民人均可支配收入	元	6010	7418	8599	10660	12003	13003	14046	15377	18219	20733
农民人均纯收入	元	2180	2572	2786	3252	3697	4440	4893	5746	6795	7835
在岗职工平均工资	元	11817	16970	22659	27497	31372	37543	40029	45856	51913	57559

19-14续表吉林市

项　　目	单 位	2003年	2004年	2005年	2006年	2007年	2008年	2009年	2010年	2011年	2012年
总人口	万人	432	429	429	430	433	434	434	434	433	431
#非农业人口	万人	211	210	211	210	212	212	212	211	210	210
行政区划面积	平方公里	27120	27120	27120	27120	27120	27120	27120	27120	27120	27120
地区生产总值(GDP、现价)	亿元	486	565	630	729	1008	1300	1500	1801	2208	2430
#第一产业	亿元	78	89	101	110	136	167	170	194	220	243
第二产业	亿元	205	251	283	333	497	635	740	896	1117	1208
第三产业	亿元	203	225	246	286	422	498	590	710	871	980
人均地区生产总值	元	11180	13032	14498	16796	23277	30019	34483	41478	50913	56244
财政总收入	亿元	48	56	67	66	101	111	158	192	245	260
#地方财政一般预算收入	亿元	18	20	24	28	41	53	61	73	102	119
地方财政一般预算支出	亿元	42	58	97	79	99	76	165	214	252	285
粮食产量	万吨	231	300	297	356	391	458	365	370	365	382
规模以上工业增加值	亿元	132	182	172	206	329	438	490	626	802	932
规模以上工业产品销售收入	亿元	486	687	772	914	1225	1583	1710	2125	2808	3020
规模以上工业企业应交税金	亿元	32	38	36	39	55	70	103	165	167	192
规模以上工业企业利润总额	亿元	13	44	-5	-19	45	18	42	55	64	63
全社会固定资产投资	亿元	311	350	455	692	905	1200	1490	1950	1499	1954
#固定资产投资	亿元			437	583	750	934	1255	1545	1499	1693
社会消费品零售总额	亿元	215	246	284	330	389	481	579	684	804	936
外贸进出口总额	万美元	25675	46705	68678	74695	95858	140567	76565	84333	127031	114954
#出口总额	万美元	17153	28737	39934	45454	56232	81798	41255	55117	57407	49133
金融机构存款余额	亿元	517	588	680	784	845	998	1191	1349	1496	1725
#城乡居民储蓄余额	亿元	392	446	518	572	604	731	822	893	983	1149
金融机构贷款余额	亿元	426	407	334	400	456	488	641	727	841	952
城镇居民人均可支配收入	元	7700	8550	9230	10155	12501	14000	15541	16936	19560	22068
农民人均纯收入	元	2700	3201	3449	3905	4496	5281	5647	6594	7952	9224
在岗职工平均工资	元	10610	12694	14902	17209	23037	27116			35088	40420

19-14续表焦作市

项　　目	单 位	2003年	2004年	2005年	2006年	2007年	2008年	2009年	2010年	2011年	2012年
总人口	万人	340	345	352	355	358	361	348		364	367
#非农业人口	万人	107	104	104	105	105	106				102
行政区划面积	平方公里	4071	4071	4071	4071	4071	4071	4071	4071	4071	4071
地区生产总值(GDP、现价)	亿元	340	449	584	699	856	1032	1116	1248	1469	1576
#第一产业	亿元	40	53	58	62	69	84	86	103	114	122
第二产业	亿元	181	258	362	449	562	690	741	855	1024	1076
第三产业	亿元	119	139	164	188	225	258	290	289	331	378
人均地区生产总值	元	10075	13236	17145	20583	25230	30356	32640	35700	41567	44730
财政总收入	亿元	26	34	41	68	82	59	103	98	103	118
#地方财政一般预算收入	亿元	15	23	30	37	47	49	54	63	75	85
地方财政一般预算支出	亿元	27	35	46	58	75	81	103	122	178	166
粮食产量	万吨	137	161	166	181	193	196	198	199	201	205
规模以上工业增加值	亿元	121	174	252	328	426	540	583	707	865	910
规模以上工业产品销售收入	亿元	343	543	828	1096	1472	1868	2049	2600	2810	3629
规模以上工业企业应交税金	亿元	19	32	51	73	98	92	100	120	143	132
规模以上工业企业利润总额	亿元	49	44	78	127	194	198	202	224	411	266
全社会固定资产投资	亿元	106	183	269	352	491	630	804	971	946	1154
#固定资产投资	亿元	84	148	214	301	420	541	695	841	914	1120
社会消费品零售总额	亿元	102	113	130	151	180	222	264	322	379	437
外贸进出口总额	万美元	42837	78133	91019	100030	123079	148897	107420	175784	254361	222301
#出口总额	万美元	25826	45464	57597	61506	76230	89857	69346	107205	156277	151234
金融机构存款余额	亿元	316	351	403	449	463	555	662	749	890	1013
#城乡居民储蓄余额	亿元	234	254	281	309	321	400	465	504	563	638
金融机构贷款余额	亿元	220	254	248	301	334	342	409	471	572	672
城镇居民人均可支配收入	元	6605	7286	8430	9628	11488	13199	14282	15781	18005	20136
农民人均纯收入	元	2905	3374	3831	4494	5326	6130	6590	7512	8902	10113
在岗职工平均工资	元	9608	10959	12407	14557	19036	21599			30376	

19-14续表锦州市

项　　目	单 位	2003年	2004年	2005年	2006年	2007年	2008年	2009年	2010年	2011年	2012年
总人口	万人	308	308	308	309	309	310	310	308	308	308
#非农业人口	万人	113	116	117	119	120	123	124	125	125	124
行政区划面积	平方公里	9891	9891	9891	9891	9891	9891	9891	9891	9891	10301
地区生产总值(GDP、现价)	亿元	265	316	382	460	551	690	790	903	1116	1249
#第一产业	亿元	72	83	87	94	104	124	133	151	173	190
第二产业	亿元	82	102	140	183	239	303	352	434	551	615
第三产业	亿元	111	131	154	183	208	263	305	317	392	444
人均地区生产总值	元	8634	10271	12397	14906	17817	22287	25471	29185	35782	40001
财政总收入	亿元	34	38	51	54	79	89	148	206	248	277
#地方财政一般预算收入	亿元	14	14	17	21	26	35	48	81	104	132
地方财政一般预算支出	亿元	31	34	43	51	63	81	109	138	157	205
粮食产量	万吨	130	194	201	180	201	211	194	190	258	272
规模以上工业增加值	亿元	55	75	102	138	179	216	269	437		590
规模以上工业产品销售收入	亿元	281	347	473	614	786	1004	1197	1611	2075	2354
规模以上工业企业应交税金	亿元						33	185	179	24	125
规模以上工业企业利润总额	亿元	3	9	-8		49	9	78	85	131	153
全社会固定资产投资	亿元	74	73	93	122	168	249	350	731	649	827
#固定资产投资	亿元	61	60	76	100	143	213	282	657	618	804
社会消费品零售总额	亿元	106	121	138	158	185	228	270	318	375	435
外贸进出口总额	万美元	20328	49833	84859	92336	130821	121229	174693	231902	261141	302797
#出口总额	万美元	14835	36143	53937	65553	97175	74064	80647	117864	149552	175144
金融机构存款余额	亿元	399	440	503	567	605	722	846	1011	1138	1332
#城乡居民储蓄余额	亿元	297	328	367	393	411	516	604	689	784	958
金融机构贷款余额	亿元	298	321	278	328	363	412	491	583	718	832
城镇居民人均可支配收入	元	7174	8006	8862	9981	12010	13963	15386	17375	20171	22995
农民人均纯收入	元	3020	3400	3730	4165	5048	6089	6627	7756	9447	10788
在岗职工平均工资	元	10763	12200	13867	15284	18056	20438			33500	37703

19-14续表九江市

项　　目	单位	2003年	2004年	2005年	2006年	2007年	2008年	2009年	2010年	2011年	2012年
总人口	万人	461	465	466	473	480	476	479		502	509
#非农业人口	万人	110	124	123	126	129	133	134		137	139
行政区划面积	平方公里	18823	18823	18823	18823	18823	18823	18823	18823	18823	18823
地区生产总值(GDP、现价)	亿元	308	360	429	506	593	701	831	1032	1256	1420
#第一产业	亿元	60	62	72	78	81	84	92	98	108	118
第二产业	亿元	147	180	215	263	316	385	441	580	736	809
第三产业	亿元	101	119	142	165	196	232	298	354	413	493
人均地区生产总值	元	6711	7803	9231	10825	12590	14785	17420	21487	26371	29785
财政总收入	亿元	29	35	40	46	58	66	86	117	162	221
#地方财政一般预算收入	亿元	15	19	22	26	32	38	51	71	101	142
地方财政一般预算支出	亿元	31	38	52	58	78	106	136	167		298
粮食产量	万吨	89	118	127	135	137	145	153	153	156	158
规模以上工业增加值	亿元	51	72	94	136	181	228	272	361	481	621
规模以上工业产品销售收入	亿元	170	273	349	479	649	833	73	1549	2189	3007
规模以上工业企业应交税金	亿元	12	18	24	24	53	16	71	82		116
规模以上工业企业利润总额	亿元	0	2	7	4	28	2	117	82	110	154
全社会固定资产投资	亿元	136	151	212	255	358	455	659	877	1007	1326
#固定资产投资	亿元	119	142	190	229	334	440	647	857	986	
社会消费品零售总额	亿元	86	106	121	140	164	202	241	284	330	383
外贸进出口总额	万美元	24185	18401	19380	23691	36155	47900	70960	181505	378600	452121
#出口总额	万美元	5000	8678	11768	14746	24816	26400	46228	121237	262644	352589
金融机构存款余额	亿元	261	300	374	438	502	630	859	1086	1249	1502
#城乡居民储蓄余额	亿元	181	209	249	285	309	384	486	581	680	824
金融机构贷款余额	亿元	231	251	242	257	295	339	501	638	779	942
城镇居民人均可支配收入	元	7058	7819	8713	9593	11272	12889	14203	15764	17911	20330
农民人均纯收入	元	2373	2901	3269	3551	3937	4417	4819	5588	6778	7785
在岗职工平均工资	元	9536	10618	12223	13590	15870	17797	20211	24744	29452	33897

19-14续表临沂市

项　　目	单 位	2003年	2004年	2005年	2006年	2007年	2008年	2009年	2010年	2011年	2012年
总人口	万人	1044	1015	1019	1023	1028	1035	1042	1073	1081	1084
#非农业人口	万人	242	251	200							
行政区划面积	平方公里	17184	17184	17184	17184	17184	17184	17184	17184	17184	17184
地区生产总值(GDP、现价)	亿元	835	1012	1212	1405	1661	1958	2110	2400	2770	3013
#第一产业	亿元	125	147	163	179	207	236	250	264	279	291
第二产业	亿元	412	531	633	731	847	1002	1063	1206	1382	1463
第三产业	亿元	298	334	415	495	607	721	796	930	1109	1258
人均地区生产总值	元	8264	10438	12480	14400	16962	19949	21400	23887	25624	27795
财政总收入	亿元	55	69	90			159			388	
#地方财政一般预算收入	亿元	32	38	49	58	69	80	92	116	141	170
地方财政一般预算支出	亿元	53	68	82	99	128	152	187	237	285	349
粮食产量	万吨	305	346	388	412	413	432	456	469	477	500
规模以上工业增加值	亿元	190	272	371	509	654	884	1058	1094	1231	1465
规模以上工业产品销售收入	亿元	617	910	1392	1806	2420	3128	3795	4920	5717	7289
规模以上工业企业应交税金	亿元	22	32	43	56	77				492	
规模以上工业企业利润总额	亿元	33	45	84	102	140	169	207	281	340	417
全社会固定资产投资	亿元	359	504	703	530	697	898	1151	1408	1609	2017
#固定资产投资	亿元	219	290	411	418	542					
社会消费品零售总额	亿元	268	411	477	555	661	817	974	1157	1366	1572
外贸进出口总额	亿美元	11.37	15.84	17.97	22.79	31.41	39.90	34.20	47.70	68.39	78.60
#出口总额	亿美元	7.80	11.30	12.77	16.78	22.45	26.30	21.90	28.30	36.24	39.00
金融机构存款余额	亿元	668	784	910	1015	1156	1408	1762	2115	2498	3029
#城乡居民储蓄余额	亿元	436	501	586	671	778	997	1178	1390	1625	1942
金融机构贷款余额	亿元	522	600	684	814	947	1042	1287	1538	1797	2110
城镇居民人均可支配收入	元	7207	8079	9129	10772	12819	14998	16572	18644	21440	24452
农民人均纯收入	元	2788	3158	3601	4083	4722	4722	5883	6761	8018	9149
在岗职工平均工资	元	9884	11076	13457	15829	20155	24100	27667	31694	37448	

19-14续表柳州市

项　　目	单 位	2003年	2004年	2005年	2006年	2007年	2008年	2009年	2010年	2011年	2012年
总人口	万人	351	355	357	361	363	365	368	373	375	372
#非农业人口	万人	121	123	124	125	126	128		126	126	223
行政区划面积	平方公里	18617	18617	18617	18617	18617	18617	18617	18617	18617	18617
地区生产总值(GDP、现价)	亿元	362	441	512	622	755	910	1032	1276	1571	1846
#第一产业	亿元	45	55	59	66	77	87	90	107	136	145
第二产业	亿元	169	226	266	346	438	549	636	809	1016	1199
第三产业	亿元	148	160	187	211	240	274	305	359	419	502
人均地区生产总值	元	10334	12492	14399	17355	20737	24776	27899	34231	41603	48462
财政总收入	亿元	58	68	80	95	116	140	158	201	230	260
#地方财政一般预算收入	亿元	27	30	28	35	40	62	61	75	89	114
地方财政一般预算支出	亿元	38	44	49	63	75	96	127		184	221
粮食产量	万吨	80	80	84	86	87	77	81	81	79	82
规模以上工业增加值	亿元	115	161	188	266	339	428	496	647	834	1034
规模以上工业产品销售收入	亿元	435	577	712	899	1149	1422	1709	2389	2834	3184
规模以上工业企业应交税金	亿元	11	13	16	20	26	74	94		134	149
规模以上工业企业利润总额	亿元	20	34	36	47	72	40	71	109	123	121
全社会固定资产投资	亿元	109	141	172	201	302	430	682	1005	1306	1683
#固定资产投资	亿元						388	641	930	1251	1548
社会消费品零售总额	亿元	114	146	200	231	274	336	401	480	569	662
外贸进出口总额	万美元	48013	69000	78200	31071	21478	40594	10012	15434	278706	311593
#出口总额	万美元	23300	28100	32500	9813	10178	16721	3707	3076	92445	90678
金融机构存款余额	亿元	434	502	565	638	725	852	1213	1480	1599	1923
#城乡居民储蓄余额	亿元	258	289	331	367	388	454	554	655	744	876
金融机构贷款余额	亿元	274	309	353	398	462	564	862	1046	1235	1405
城镇居民人均可支配收入	元	8370	8213	9556	11002	12866	14474	16017	17766	19615	28181
农民人均纯收入	元	2082	2250	2534	2914	3497	3956	4330	4935	5721	6747
在岗职工平均工资	元	13832	16199	18517	22558	26819	30558		37278	38229	39148

19-14续表牡丹江市

项　　目	单 位	2003年	2004年	2005年	2006年	2007年	2008年	2009年	2010年	2011年	2012年
总人口	万人	270	270	266	268	277	270	271	269	267	266
#非农业人口	万人	146	148	147	147	148	149		147	147	148
行政区划面积	平方公里	40583	40583	40583	40583	40583	40583	40583	40583	40583	40583
地区生产总值(GDP、现价)	亿元	241	271	303	344	417	501	603	781	935	1093
#第一产业	亿元	36	41	46	52	67	84	96	125	156	190
第二产业	亿元	84	94	106	119	143	177	228	309	386	422
第三产业	亿元	121	136	151	173	207	241	280	347	392	370
人均地区生产总值	元	8920	10016	11285	12614	15105	17983		28115	33477	41090
财政总收入	亿元	20	22	28	33	43	55	66	87	117	138
#地方财政一般预算收入	亿元	10	10	13	14	19	25	31	43	61	79
地方财政一般预算支出	亿元	25	29	37	42	59	85	103	136	163	203
粮食产量	万吨	92	127	154	173	174	190	221	355	251	298
规模以上工业增加值	亿元	30	35	38	45	54	66	88	133	165	204
规模以上工业产品销售收入	亿元	105	117	131	161	192	238	295	470	610	729
规模以上工业企业应交税金	亿元	10	7	8	9	10	13	18	26	30	35
规模以上工业企业利润总额	亿元	-2	2	3	3	5	7	9	25	33	42
全社会固定资产投资	亿元	60	72	86	101	156	221	369	531	577	
#固定资产投资	亿元	56	68	82	95	149	214	351	592	565	783
社会消费品零售总额	亿元	103	112	121	134	158	197	238	266	313	346
外贸进出口总额	亿美元	27.08	34.90	47.58	61.95	76.39	100.00	52.40	90.04		126.60
#出口总额	亿美元	14.98	19.35	32.93	38.83	47.71	66.00	25.10	40.30		49.20
金融机构存款余额	亿元	366	401	452	504	529	614	733	818	932	1057
#城乡居民储蓄余额	亿元	308	327	371	402	407	482	544	597	666	754
金融机构贷款余额	亿元	193	193	156	175	180	187	247	313	379	426
城镇居民人均可支配收入	元	6068	6647	7334	8035	9251	10742	10660	12807	14515	16704
农民人均纯收入	元	3008	3662	4085	4686	5569	6555	7058	9363	11198	
在岗职工平均工资	元	9491	10775	11791	13364	16905	20699		27291	31033	

19-14续表内江市

项　　目	单 位	2003年	2004年	2005年	2006年	2007年	2008年	2009年	2010年	2011年	2012年
总人口	万人	421	421	420	422	424	425	426	426	426	427
#非农业人口	万人	78	79	80	81	82	84	87	88		
行政区划面积	平方公里	5386	5386	5386	5386	5386	5386	5386	5386	5386	5386
地区生产总值(GDP、现价)	亿元	182	221	255	301	375	488	561	690	855	978
#第一产业	亿元	44	54	59	62	80	98	98	112	139	163
第二产业	亿元	72	91	112	144	184	262	319	420	534	610
第三产业	亿元	66	76	84	95	110	128	143	158	188	205
人均地区生产总值	元	4572	5592	6432	7598	9432	12309	14156	17456	20070	22904
财政总收入	亿元	11	18	21	26	33	38	46	71	91	103
#地方财政一般预算收入	亿元	6	7	8	9	11	14	16	20	25	31
地方财政一般预算支出	亿元	19	24	31	37	50	61	74	92	122	142
粮食产量	万吨	140	150	156	141	149	155	157	161	163	165
规模以上工业增加值	亿元	43	56	90	125	173	238	303			
规模以上工业产品销售收入	亿元	145	204	251	353	457	704	927	1303	1703	1485
规模以上工业企业应交税金	亿元	7	8	9	26	29		49		202	
规模以上工业企业利润总额	亿元	8	8	4	11	18	31	47	70	108	83
全社会固定资产投资	亿元	56	68	78	92	114	173	269	351	383	460
#固定资产投资	亿元						147	190			
社会消费品零售总额	亿元	63	74	85	98	115	140	166	202	238	276
外贸进出口总额	万美元	20067	25188	13316	10789	12490	16835	12848	16845	25700	31300
#出口总额	万美元	10372	13522	9104	9166	11207	15402	12186	16757	23300	27000
金融机构存款余额	亿元	199	221	256	290	321	407	508	600	728	890
#城乡居民储蓄余额	亿元	160	182	209	234	252	319	376	438	525	639
金融机构贷款余额	亿元	140	154	146	157	172	178	239	267	315	407
城镇居民人均可支配收入	元		5416	6355	7492	9361	11301	12702	14324	16602	19142
农民人均纯收入	元	2334	2723	2987	3265	3816	4403	4765	5504	6638	7602
在岗职工平均工资	元	10178	11154	12431	14123	16741	19867	23723			

19-14续表莆田市

项　　目	单 位	2003年	2004年	2005年	2006年	2007年	2008年	2009年	2010年	2011年	2012年
总人口	万人	302	304	305	307	310	317	310	324	327	329
#非农业人口	万人	57	58	59	59	60	61	61	63	64	64
行政区划面积	平方公里	4119	4119	4119	4119	4119	4119	4119	4119	4131	4131
地区生产总值(GDP、现价)	亿元	256	300	360	424	512	610	692	817	1051	1203
#第一产业	亿元	40	46	51	57	65	75	77	88	99	107
第二产业	亿元	126	150	192	234	281	345	398	462	613	700
第三产业	亿元	90	105	117	133	165	190	217	267	339	395
人均地区生产总值	元	9267	10812	12854	15051	18113	21515	24271	28466	37724	42957
财政总收入	亿元	21	24	30	37	46	53	63.2	78	103	129
#地方财政一般预算收入	亿元	10	10	15	19	24	30	38	48	64	77
地方财政一般预算支出	亿元	15	18	20	26	33	45	62	79	95	118
粮食产量	万吨	43	44	45	32	30	30	31	31	30	28
规模以上工业增加值	亿元	78	101	144	182	223	283	320	418	515	520
规模以上工业产品销售收入	亿元	208	254	325	454	606	772	843	1236	1612	1648
规模以上工业企业应交税金	亿元	2	3	3	3	5	22	19	7	9	69
规模以上工业企业利润总额	亿元	11	12	15	23	24	25	28	47	129	123
全社会固定资产投资	亿元	59	80	115	165	241	300	363	497	725	930
#固定资产投资	亿元	44	61	86	129	196	241	302	429	699	901
社会消费品零售总额	亿元	103	115	128	146	173	206	241	290	338	395
外贸进出口总额	亿美元	11	14	16	17	22	23	17	34	46	44
#出口总额	亿美元	8	10	11	13	16	17	18	22	28	29
金融机构存款余额	亿元	241	269	310	389	407	474	609	734	875	1079
#城乡居民储蓄余额	亿元	192	214	242	281	285	339	417	485	551	664
金融机构贷款余额	亿元	151	168	184	232	300	346	497	628	747	913
城镇居民人均可支配收入	元	8948	10231	11026	12274	14351	16495	17308	19068	21843	24690
农民人均纯收入	元	3761	4093	4486	4922	5628	6436	6921	7663	9066	10311
在岗职工平均工资	元	11700	12654	13513	15494	18299	21853	24654	27813	34083	39834

19-14续表齐齐哈尔市

项　　目	单 位	2003年	2004年	2005年	2006年	2007年	2008年	2009年	2010年	2011年	2012年
总人口	万人	541	552	557	563	568	569	572	568	567	559
#非农业人口	万人	193	195	202	202	204	205	204	204	202	199
行政区划面积	平方公里	42469	42469	42469	42469	42469	42469	42469	42469	42469	42469
地区生产总值(GDP、现价)	亿元	315	368	422	482	556	666	704	853	1066	1154
#第一产业	亿元	72	99	109	121	122	153	169	190	238	287
第二产业	亿元	81	92	114	142	186	232	249	340	445	439
第三产业	亿元	161	177	199	219	248	281	286	322	383	427
人均地区生产总值	元	5709	6920	8003	8860	10302	12272	12958	16085	19815	21720
财政总收入	亿元	26	29	34	36	46	59	78	111	141	123
#地方财政一般预算收入	亿元	13	14	16	16	21	28	35	51	105	55
地方财政一般预算支出	亿元	30	39	44	50	64	79	92	114	240	264
粮食产量	万吨	222	476	672	648	538	855	828	968	1076	1345
规模以上工业增加值	亿元	50	62	78	96	139	189	201	285	319	253
规模以上工业产品销售收入	亿元	176	235	283	331	449	603	629	943	923	865
规模以上工业企业应交税金	亿元	9	10	12	15	21	33	33	50	44	37
规模以上工业企业利润总额	亿元	-5	-1	7	12	25	38	44	69	58	47
全社会固定资产投资	亿元						215		511	513	
#固定资产投资	亿元	65	76	94	123	159	209	338	484	468	677
社会消费品零售总额	亿元	136	147	164	180	210	263	307	357	417	480
外贸进出口总额	万美元	6518	7715	9693	14445	26879	58173	67863	89271	102888	82056
#出口总额	万美元	3469	4921	7041	11524	4870	50965	49772	74425	57294	63546
金融机构存款余额	亿元	359	369	416	474	516	635	773	883	982	1158
#城乡居民储蓄余额	亿元	281	283	324	351	365	463	533	603	684	781
金融机构贷款余额	亿元	359	357	333	319	335	340	477	541	637	761
城镇居民人均可支配收入	元	5774	6373	7233	8001	9562	11028	11987	13377	15200	17170
农民人均纯收入	元	1094	1977	2456	2596	2753	4032	4777	6125	7672	8797
在岗职工平均工资	元	10081	10895	12573	14216	17552	21933	24038	26681	30573	34157

19-14续表秦皇岛市

项　　目	单 位	2003年	2004年	2005年	2006年	2007年	2008年	2009年	2010年	2011年	2012年
总人口	万人	273	276	279	281	283	286	287	299	290	291
#非农业人口	万人	113	115	116	118	120	120	125		131	131
行政区划面积	平方公里	7812	7812	7812	7812	7812	7812	7812	7812	7802	7802
地区生产总值(GDP、现价)	亿元	362	430	491	553	684	809	877	930	1070	1139
#第一产业	亿元	39	47	51	60	78	91	100	126	140	148
第二产业	亿元	138	166	190	208	266	328	323	366	419	448
第三产业	亿元	185	217	250	285	340	390	454	438	511	544
人均地区生产总值	元	13303	15672	17716	19792	23330	28426	30606		35691	37797
财政总收入	亿元	41	48	56	67	86	108	115	140	169	195
#地方财政一般预算收入	亿元	16	19	26	33	42	49	56	72	87	109
地方财政一般预算支出	亿元	30	34	44	55	72	94	104	136	169	200
粮食产量	万吨	72	79	85	79	80	86	82	87	89	81
规模以上工业增加值	亿元	73	100	122	137	184	235	235	283	316	353
规模以上工业产品销售收入	亿元	275	405	499	571	818	1024	928	1170	1446	1541
规模以上工业企业应交税金	亿元	11	14	14	16	25	39	25	30	40	39
规模以上工业企业利润总额	亿元	10	15	13	7	29	37	3	33	52	10
全社会固定资产投资	亿元	115	138	165	212	252	304	421	506	615	739
#固定资产投资	亿元	90	110	130	176	199	237	327	410	598	724
社会消费品零售总额	亿元	118	135	147	168	198	240	283	331	394	454
外贸进出口总额	亿美元	16.86	22.05	26.68	28.93	35.40	50.02	33.16	35.09	43.49	44
#出口总额	亿美元	10.06	15.09	18.41	19.60	21.45	31.30	16.18	18.85	22.22	25
金融机构存款余额	亿元	469	561	640	710	833	1014	1288	1504	1687	1927
#城乡居民储蓄余额	亿元	310	364	408	433	480	616	741	865	998	1156
金融机构贷款余额	亿元	320	371	386	439	516	547	730	896	1082	1245
城镇居民人均可支配收入	元	8032	8526	9802	10774	12365	13964	15458	17118	19385	21919
农民人均纯收入	元	2891	3075	3376	3832	4480	5068	5516	6214	7365	8315
在岗职工平均工资	元	13479	15842	17529	19648	22832	29144	32234	35825	40518	45684

19-14续表双鸭山市

项　　目	单 位	2003年	2004年	2005年	2006年	2007年	2008年	2009年	2010年	2011年	2012年
总人口	万人	151	151	150	150	150	151	151	151	151	150
#非农业人口	万人	81	91	91	91	93	94	94	95	97	97
行政区划面积	平方公里	22036	22036	22036	22539	23202	22036	22036	22036	22036	22036
地区生产总值(GDP、现价)	亿元	106	125	147	169	206	260	299	377	502	565.4
#第一产业	亿元	31	38	43	48	59	82	89	101	160	184.9
第二产业	亿元	37	46	59	70	88	112	132	178	233	257.9
第三产业	亿元	37	41	45	51	59	67	78	99	109	122.6
人均地区生产总值	元	7001	8238	9728	11275	13744	17285	19817	24956	33177	37490
财政总收入	亿元	13	15	20	26	34	49			99	121
#地方财政一般预算收入	亿元	3	3	5	7	8	12	17	21	27	32
地方财政一般预算支出	亿元	12	14	19	24	31	30	59	71	81	99
粮食产量	万吨	84	118	123	153	136	174	194	227	255	281
规模以上工业增加值	亿元	14	19	26	35	48	71	92	135	193	210
规模以上工业产品销售收入	亿元	39	51	66	75	147	212	258	371	506	595
规模以上工业企业应交税金	亿元	3	4	6	7	10	15	17	17	62	37
规模以上工业企业利润总额	亿元	1	2	3	5	11	14	15	19	34	40
全社会固定资产投资	亿元								280	323	
#固定资产投资	亿元	25	35	56	83	100	120	195	272	310	439
社会消费品零售总额	亿元	26	28	31	34	40	48	57	65	77	89
外贸进出口总额	万美元	5179	9452	15475	24997	73698	90000	64260	99749	130690	120164
#出口总额	万美元	5047	8827	14949	24441	72255	87000	61409	91085	112837	103841
金融机构存款余额	亿元	92	134	165	179	201	254	366	423	478	534
#城乡居民储蓄余额	亿元	73	109	131	140	152	195	262	298	330	364
金融机构贷款余额	亿元	138	136	130	146	154	142	209	277	346	386
城镇居民人均可支配收入	元	5229	6403	7414	8404	10056	11744	12754	14157	16166	18024
农民人均纯收入	元	2067	2606	2984	3531	3865	4858	5479	6882	8957	9675
在岗职工平均工资	元	9760	11189	13179	15485	18853	22130		29515	33042	37223

19-14续表四平市

项　　目	单 位	2003年	2004年	2005年	2006年	2007年	2008年	2009年	2010年	2011年	2012年
总人口	万人	327	328	332	331	335	338	339	341	341	336
#非农业人口	万人	131	131	130	127	127	127	127	127	181	144
行政区划面积	平方公里	14080	14080	14080	14080	14080	14080	14080	14080	14383	14383
地区生产总值(GDP、现价)	亿元	231	278	331	380	475	597	700	789	985	1123
#第一产业	亿元	94	112	122	139	162	194	181	211	257	284
第二产业	亿元	66	80	98	120	165	208	280	338	445	517
第三产业	亿元	72	86	111	122	148	195	240	240	283	322
人均地区生产总值	元	7047	8483	10010	11461	14262	17739	20697	23222	28874	33423
财政总收入	亿元	16	17	19	23	29	38	43	56	74	93
#地方财政一般预算收入	亿元	8	7	7	10	13	17	21	28	39	57
地方财政一般预算支出	亿元	23	28	33	41	52	72	91	114	140	172
粮食产量	万吨	499	576	605	622	591	694	556	771	755	771
规模以上工业增加值	亿元	43	54	72	85	133	174	250	288	434	505
规模以上工业产品销售收入	亿元	119	154	185	223	339	492	665	923	1280	1460
规模以上工业企业应交税金	亿元	6	8	6	7	11	14	16	18	29	22
规模以上工业企业利润总额	亿元		4	4	5	11	16	26	39	47	52
全社会固定资产投资	亿元	47	55	87	144	221	319	432	577	451	589
#固定资产投资	亿元	42	54	66	113	166	247	347	453	92	
社会消费品零售总额	亿元	78	87	110	128	159	199	243	288	338	395
外贸进出口总额	万美元	3070	3979	10105	8533	10341	14135	14649	27200	26296	32941
#出口总额	万美元	2224	2908	3132	6847	6865	9285	6088	6802	8240	6860
金融机构存款余额	亿元	189	235	270	311	323	407	476	545	639	738
#城乡居民储蓄余额	亿元	154	199	224	249	252	313	353	390	458	539
金融机构贷款余额	亿元	258	260	245	282	283	311	360	365	384	449
城镇居民人均可支配收入	元	6707	7777	8641	9900	12329	13604	15100	16459	18483	21387
农民人均纯收入	元	2547	3063	3265	3679	4624	5045	5418	6586	7718	8958
在岗职工平均工资	元	7893	8794	10220	12346	15490	18229	19968	22343	28078	32127

19-14续表张家口市

项　　目	单 位	2003年	2004年	2005年	2006年	2007年	2008年	2009年	2010年	2011年	2012年
总人口	万人	450	450	450	454	457	460	462	466	467	468
#非农业人口	万人	138	134	131	140	144	147	313	152	155	156
行政区划面积	平方公里	36900	36900	36900	36900	36808	36808	36808	36797	36797	36797
地区生产总值(GDP、现价)	亿元	306	369	416	484	566	720	800	966	1125	1234
#第一产业	亿元	47	58	67	79	86	119	122	151	181	206
第二产业	亿元	125	165	186	215	254	317	334	416	500	529
第三产业	亿元	134	145	163	190	226	285	344	398	444	499
人均地区生产总值	元	7318	8814	9945	11581	13520	17134	18952	22770	25793	28142
财政总收入	亿元	39	54	73	84	92	115	122	145	179	214
#地方财政一般预算收入	亿元	12	15	21	24	34	42	47	62	83	107
地方财政一般预算支出	亿元	45	62	70	80	92	111	155	180	231	265
粮食产量	万吨	95	129	107	126	77	131	81	135	155	155
规模以上工业增加值	亿元	84	111	126	152	190	232	235	302	362	397
规模以上工业产品销售收入	亿元	320	359	365	422	549	647	615	818	1025	1074
规模以上工业企业应交税金	亿元			38	43	57	72	30	31	36	
规模以上工业企业利润总额	亿元	6	15	24	24	32	19	23	45	66	67
全社会固定资产投资	亿元	96	129	168	224	290	410	657	904	987	1184
#固定资产投资	亿元	75	100	133	190	250	362	581	801	967	1163
社会消费品零售总额	亿元	117	130	146	165	190	233	274	320	382	435
外贸进出口总额	万美元	24499	36348	32836	41226	68511	81751	51633	28491	31249	38363
#出口总额	万美元	11887	17116	19809	29108	21957	37382	16850	18307	24992	31770
金融机构存款余额	亿元	376	449	528	611	713	863	1133	1300	1459	1674
#城乡居民储蓄余额	亿元	286	328	376	432	490	609	724	848	1018	1128
金融机构贷款余额	亿元	290	307	323	399	474	546	783	918	1063	1193
城镇居民人均可支配收入	元	5620	6411	7559	8341	9476	12054	13246	14649	16401	18441
农民人均纯收入	元	1777	2116	2329	2757	2854	3286	3559	4119	4854	5564
在岗职工平均工资	元	10497	12341	13505	15337	18918	23600	26678	30570	33437	

19-14续表舟山市

项　　目	单 位	2003年	2004年	2005年	2006年	2007年	2008年	2009年	2010年	2011年	2012年
总人口	万人	97	97	97	97	97	97	97	97	97	97
#非农业人口	万人	34	35	35	35	35	36	36	36		37
行政区划面积	平方公里	1440	1440	1440	1440	1440	1440	1440	1440	1440	1440
地区生产总值(GDP、现价)	亿元	187	231	280	335	408	490	533	633	765	852
#第一产业	亿元	32	37	40	42	45	49	51	62	76	83
第二产业	亿元	69	88	111	140	179	226	248	289	345	385
第三产业	亿元	86	106	129	154	185	215	234	214	344	383
人均地区生产总值	元	19512	23838	28936	34682	42259	50683	55106	65458	67657	74831
财政总收入	亿元	19	23	29	37	53	67	77	99	127	133
#地方财政一般预算收入	亿元	11	14	18	24	35	43	49	61	76	86
地方财政一般预算支出	亿元	23	29	32	41	57	77	83	105	148	155
粮食产量	万吨	5	6	5	5	5	5	6	5		5
规模以上工业增加值	亿元	36	50	64	87	118	147	181	234	199	224
规模以上工业产品销售收入	亿元	144	203	256	319	409	576	750	863		1176
规模以上工业企业应交税金	亿元		6	7	8	12	10	11	13		
规模以上工业企业利润总额	亿元	5	6	7	12	32	26	27	46	34	10
全社会固定资产投资	亿元	98	127	161	219	280	339	401	414	501	601
#固定资产投资	亿元	79	101	127	169	222	268	277	261		
社会消费品零售总额	亿元	75	88	100	114	132	158	182	213	252	291
外贸进出口总额	亿美元	6.82	11.79	15.05	27.12	40.76	60.53	70.23	107.33	132.64	153.56
#出口总额	亿美元	5.91	8.27	10.69	16.22	23.86	32.86	37.39	69.37	74.73	92.24
金融机构存款余额	亿元	259	310	363	452	562	731	921	1121	1290	1390
#城乡居民储蓄余额	亿元	128	152	174	205	221	296	350	405	457	509
金融机构贷款余额	亿元	190	235	285	373	484	635	829	981	1120	1296
城镇居民人均可支配收入	元	12213	13747	15524	17525	19856	22257	24082	26242	30496	34224
农民人均纯收入	元	5150	6232	7190	8333	9725	11367	12612	14265	16608	18208
在岗职工平均工资	元	18184	21592	24678	27561	33416	38714	40560			

19-14续表自贡市

项　　　目	单位	2003年	2004年	2005年	2006年	2007年	2008年	2009年	2010年	2011年	2012年
总人口	万人	315	316	317	320	322	326	328	326	327	328
#非农业人口	万人	76	91	93	94	99	103	115	106	108	111
行政区划面积	平方公里	4373	4373	4373	4373	4373	4373	4373	4373	4373	4373
地区生产总值(GDP、现价)	亿元	192	233	274	320	394	487	541	648	780	885
#第一产业	亿元	42	52	56	58	72	82	80	85	99	109
第二产业	亿元	71	89	117	148	188	248	292	371	459	529
第三产业	亿元	80	92	101	114	134	157	169	192	223	246
人均地区生产总值	元	7017	8477	9924	11576	14166	17348	19273	23613	29101	32787
财政总收入	亿元	14	16	19	26	38	50	51	78	99	112
#地方财政一般预算收入	亿元	7	8	8	10	14	17	17	22	29	33
地方财政一般预算支出	亿元	20	21	24	32	44	57	72	81	106	129
粮食产量	万吨	119	123	126	123	126	130	132	135	133	137
规模以上工业增加值	亿元	41	54	71	106	144	210	249	331	381	404
规模以上工业产品销售收入	亿元						644	792	1103	1295	1318
规模以上工业企业应交税金	亿元							14		58	
规模以上工业企业利润总额	亿元	5	9	13	11	15	13	16	42	71	48
全社会固定资产投资	亿元	45	51	59	75	106	159	243	320	353	435
#固定资产投资	亿元						129	198	310	328	
社会消费品零售总额	亿元	77	92	105	121	142	172	204	244	288	333
外贸进出口总额	万美元	12167	23400	34292	43626	46700	23419	49877	54138	70685	87038
#出口总额	万美元	4565	12700	15692	21233	24500	26070	18661	24869	34450	51735
金融机构存款余额	亿元	197	232	266	296	341	420	490	559	678	822
#城乡居民储蓄余额	亿元	137	161	190	215	233	294	333	384	445	541
金融机构贷款余额	亿元	118	118	113	125	139	159	201	248	307	371
城镇居民人均可支配收入	元	5920	6553	7201	8292	9902	11414	12888	14538	16852	19447
农民人均纯收入	元	2461	2873	3188	3492	4059	4627	5004	5762	6951	7955
在岗职工平均工资	元	10754	11841	13467	15634	19513	22731		29137	27975	

19-14续表遵义市

项　　目	单 位	2003年	2004年	2005年	2006年	2007年	2008年	2009年	2010年	2011年	2012年
总人口	万人	713	723	726	732	739	687	690	764	772	771
#非农业人口	万人	108	112	109	111	114	115	235	124	127	
行政区划面积	平方公里	30762	30762	30762	30762	30762	30762	30762	30762	30762	30762
地区生产总值(GDP、现价)	亿元	297	349	399	462	541	656	720	909	1121	1344
#第一产业	亿元	86	95	93	98	96	117	122	140	151	181
第二产业	亿元	102	129	161	203	251	313	340	368	493	606
第三产业	亿元	110	125	145	164	194	225	258	401	477	556
人均地区生产总值	元	4052	4738	5360	6239	7229	9570	10454	13190	18330	22001
财政总收入	亿元	39	48	60	72	89	103	115	141	202	288
#地方财政一般预算收入	亿元	16	18	22	27	34	39	46	58	85	113
地方财政一般预算支出	亿元	39	46	58	73	95	131	154	193	257	324
粮食产量	万吨	304	321	322	273	330	342	340	334	227	276
规模以上工业增加值	亿元	64	88	98	129	161	237	254	314	422	555
规模以上工业产品销售收入	亿元	130	132	154	175	202	443	502	83	971	
规模以上工业企业应交税金	亿元	24	30	18	26	35	117	47	60	96	
规模以上工业企业利润总额	亿元	19	27	36	43	67	75	74	94		244
全社会固定资产投资	亿元	130	161	198	217	260	316	376	552	814	1306
#固定资产投资	亿元	89	142	147	183	193	242	320	458	685	
社会消费品零售总额	亿元	76	88	122	140	165	204	244	290	351	410
外贸进出口总额	万美元	5311	7145	6036	8976	15322	18990	19013	20111	25294	30783
#出口总额	万美元	4181	5471	4499	7021	11351	15500	13841	14974	23172	29183
金融机构存款余额	亿元	294	355	424	498	591	743	921	1157	1405	1712
#城乡居民储蓄余额	亿元	165	197	235	289	321	406	435	601	744	932
金融机构贷款余额	亿元	197	221	238	276	323	372	486	598	712	928
城镇居民人均可支配收入	元	6546	7256	8207	8943	11340	12525		15279	17426	19748
农民人均纯收入	元	1919	2120	2319	2419	2819	3300	3661	4207	5216	6061
在岗职工平均工资	元	10984	13408	16183	17939	21769	25937	29737	32918	39699	

19-14续表　　(2012年)

项　　目	单 位	襄阳市	德阳市	合肥市	菏泽市	徐州市	绵阳市
总人口	万人	594.0	391.5	710.5	957.3	990.5	545.4
#非农业人口	万人	310	111	264	207	665	153
行政区划面积	平方公里	19728	5910	11445	12239	11259	20248
地区生产总值(GDP、现价)	亿元	2502	1280	4164	1787	4017	1346
#第一产业	亿元	357	194	229	241	383	219
第二产业	亿元	1428	770	2304	974	1969	706
第三产业	亿元	717	316	1631	572	1665	421
人均地区生产总值	元	45167	35945	55186	21461	46877	29080
财政总收入	亿元	251	134	694	231	598	216
#地方财政一般预算收入	亿元	140	76	390	140	367	80
地方财政一般预算支出	亿元	314	167	572	281	528	247
粮食产量	万吨	501	207	303	638	472	241
规模以上工业增加值	亿元	1233	654	1654		2087	570
规模以上工业产品销售收入	亿元	3324	2229	6003	4425	8806	1834
规模以上工业企业应交税金	亿元	77	143	190		1306	86
规模以上工业企业利润总额	亿元	132	160	359	371	732	96
全社会固定资产投资	亿元	1600	731	4001			932
#固定资产投资	亿元	1538	690	3803	687	2686	860
社会消费品零售总额	亿元	800	408	1294	904	1293	580
外贸进出口总额	万美元	125797	308340	1764175	317828	832700	221316
#出口总额	万美元	106530	182413	1362782	153002	628800	137332
金融机构存款余额	亿元	1815	1691	7075	1608	3364	2138
#城乡居民储蓄余额	亿元	1116	931	2079	1062	1795	1124
金融机构贷款余额	亿元	999	862	6463	1220	2047	1118
城镇居民人均可支配收入	元	17532	22374	25434	19140	21716	20755
农民人均纯收入	元	8684	8953	9081	8187	10762	8213
在岗职工平均工资	元	32962		50722	32211	44070	43211

19-14续表　　(2012年)

项　　目	单 位	惠州市	聊城市	南阳市	赣州市	盘锦市	芜湖市
总人口	万人	341.9	594.5	1165.7	926.7	128.8	383.4
#非农业人口	万人	204			738	108	163
行政区划面积	平方公里	11343	8628	26509	39380	4063	5988
地区生产总值(GDP、现价)	亿元	2368	2146	2367	1508	1280	1874
#第一产业	亿元	128	258	424	252	108	118
第二产业	亿元	1375	1188	1249	697	879	1234
第三产业	亿元	865	700	695	559	292	522
人均地区生产总值	元	50884	36554	23348	17873	89572	48742
财政总收入	亿元	771		182	231		337
#地方财政一般预算收入	亿元	201	104	104	141	140	179
地方财政一般预算支出	亿元	274	217	386	404	185	295
粮食产量	万吨	63	549	612	280	108	134
规模以上工业增加值	亿元	1160	1572	855	567	740	1080
规模以上工业产品销售收入	亿元	5472	6677	2851	2091	2434	3890
规模以上工业企业应交税金	亿元	251	650		83		65
规模以上工业企业利润总额	亿元	171	441	43	99	100	200
全社会固定资产投资	亿元		1261	1819	1111	982	1701
#固定资产投资	亿元	1209	1261	1721	1111	968	1701
社会消费品零售总额	亿元	754	724	1076	492	252	490
外贸进出口总额	万美元	4950000	559232	131407	328949	111119	460000
#出口总额	万美元	2920000	184919	81834	283945	70551	340000
金融机构存款余额	亿元	2697	1688	2105	2269	1108	1876
#城乡居民储蓄余额	亿元	1363	1020	1367	1328	677	869
金融机构贷款余额	亿元	1735	1289	1113	1283	676	1726
城镇居民人均可支配收入	元	29965	23685	19544	18704	27533	23784
农民人均纯收入	元	12415	8872	7752	5301	12935	9675
在岗职工平均工资	元	41506	33728	30583	32869	33947	46234

19-14续表　　　　　　　　　　　　　　(2012年)

项　　　目	单 位	桂林市	大同市	马鞍山市	阜阳市	晋城市
总人口	万人	522.1	335.7	228.4	1039.8	218.2
#非农业人口	万人	123	195	82	134	60
行政区划面积	平方公里	27809	14000	4049	9776	942
地区生产总值(GDP、现价)	亿元	1492	931	1232	963	1012
#第一产业	亿元	275	50	72	249	42
第二产业	亿元	695	472	819	398	654
第三产业	亿元	523	409	342	316	316
人均地区生产总值	元	28587	27813	56217	12616	44206
财政总收入	亿元	164	191	211	137	214
#地方财政一般预算收入	亿元	106	80	128	69	83
地方财政一般预算支出	亿元	261	186		272	130
粮食产量	万吨	199	95	102	523	97
规模以上工业增加值	亿元	495	419	538	284	
规模以上工业产品销售收入	亿元	1490	1599	2094	998	1318
规模以上工业企业应交税金	亿元	68	77	42	76	84
规模以上工业企业利润总额	亿元	167	29	14	76	182
全社会固定资产投资	亿元	1462			515	
#固定资产投资	亿元	1336	832	1201	515	655
社会消费品零售总额	亿元	536	414	263	446	261
外贸进出口总额	万美元	97487	50395	365000	109718	123497
#出口总额	万美元	78858	23400	120000	89565	24543
金融机构存款余额	亿元	1830	2014	1269	1491	1730
#城乡居民储蓄余额	亿元	1095	1220	638	1054	757
金融机构贷款余额	亿元	1053	771	877	644	777
城镇居民人均可支配收入	元	22300	21482	30937	18972	22565
农民人均纯收入	元	7328	5642	10920	5922	8037
在岗职工平均工资	元	37037		51164		54455

第三部分

排　序

资料整理：魏亚丽　　赵雪莲

建筑企业营业收入、利税总额前30名排序

单位：万元

单位名称	位次	营业收入	单位名称	位次	利税总额
邯郸建工集团有限公司	1	565201	邯郸建工集团有限公司	1	25952
中煤建筑安装工程集团有限公司	2	411726	中煤建筑安装工程集团有限公司	2	18354
中煤第一建设有限公司	3	217020	中煤第一建设有限公司	3	15466
华北冶建工程建设有限公司	4	156206	邯郸市大川建筑安装工程有限公司	4	10155
河北冶金建设集团有限公司	5	121066	华北冶建工程建设有限公司	5	8162
武安市二建集团有限公司	6	72303	涉县天厦建筑安装有限责任公司	6	5573
河北纵横工程有限公司	7	72152	武安市二建集团有限公司	7	5419
河北广通路桥工程有限公司	8	71617	邯郸市光太公路工程有限公司	8	5294
邯郸市光太公路工程有限公司	9	68500	河北冶金建设集团有限公司	9	4515
邯郸市第二建筑安装有限公司	10	65644	邯郸市腾达建筑安装有限公司	10	3723
邯郸钢铁集团设备制造安装有限公司	11	60009	涉县鑫华冶修建筑有限责任公司	11	3580
邯郸市鹏泰建筑安装有限公司	12	53986	邯郸欣和电力建设有限公司	12	3413
邯郸欣和电力建设有限公司	13	47869	成安县通和公路工程有限责任公司	13	3258
邯郸市诚明建筑安装有限责任公司	14	37166	中国煤炭地质总局华盛水文地质勘察工程公司	14	3135
中国煤炭地质总局华盛水文地质勘察工程公司	15	34501	河北纵横工程有限公司	15	3111
河北亿能烟塔工程有限公司	16	34040	河北省临漳县建设工程集团公司	16	2872
邯郸市大川建筑安装工程有限公司	17	33636	邯郸市金塔建筑安装有限公司	17	2649
涉县通达筑路有限责任公司	18	32319	邯郸市第二建筑安装有限公司	18	2592
河北翔达路桥工程有限公司	19	30760	邯郸市华通公路养护工程有限公司	19	2535
邯郸市第一建筑安装有限公司	20	29510	邯郸市仁和建业建筑安装有限公司	20	2414
涉县天厦建筑安装有限责任公司	21	29373	涉县通达筑路有限责任公司	21	2207
邯郸市仁和建业建筑安装有限公司	22	29089	涉县瑞通市政工程有限责任公司	22	2126
邯郸市腾达建筑安装有限公司	23	28600	邯郸市鹏泰建筑安装有限公司	23	2114
邯郸市第三建筑安装有限公司	24	28391	邯郸市中发建筑安装有限公司	24	2092
邯郸市晨昊建筑安装有限公司	25	28200	邯郸市邯龙建筑安装有限公司	25	2026
邯郸市安居建筑安装有限公司	26	28155	邯郸市龙泰建筑有限公司	26	1982
邯郸市市政工程公司	27	22404	河北能通路桥工程有限公司	27	1931
邯郸市中泰建筑安装有限公司	28	22262	武安市大羊冶金设备安装有限公司	28	1912
河北春达建筑工程有限公司	29	21830	邯郸市龙幸路桥工程有限公司	29	1902
河北辰翔建筑安装集团有限公司	30	21765	邯郸钢铁集团设备制造安装有限公司	30	1821

建筑企业资产、设备净值前30名排序

单位：万元

单位名称	位次	资产总计	单位名称	位次	设备净值
中煤第一建设有限公司	1	489039	中煤第一建设有限公司	1	51968
中煤建筑安装工程集团有限公司	2	232545	中煤建筑安装工程集团有限公司	2	9216
邯郸建工集团有限公司	3	171918	河北翔达路桥工程有限公司	3	8072
武安市二建集团有限公司	4	115837	邯郸市华通公路养护工程有限公司	4	7394
邯郸市光太公路工程有限公司	5	113499	邯郸市腾达建筑安装有限公司	5	7264
河北广通路桥工程有限公司	6	95961	邯郸建工集团有限公司	6	6245
河北冶金建设集团有限公司	7	80608	邯郸市光太公路工程有限公司	7	5620
华北冶建工程建设有限公司	8	75591	河北能通路桥工程有限公司	8	4462
河北辰翔建筑安装集团有限公司	9	65071	武安市二建集团有限公司	9	4461
邯郸钢铁集团设备制造安装有限公司	10	64635	邯郸钢铁集团设备制造安装有限公司	10	3994
邯郸市市政工程公司	11	62761	河北省永年县第五建筑有限公司	11	3900
河北银信交通设施有限公司	12	43204	邯郸市爱华建筑安装有限公司	12	3388
邯郸市腾达建筑安装有限公司	13	37654	邯郸市永盛公路工程有限公司	13	3152
邯郸欣和电力建设有限公司	14	36088	邯郸市晨阳建筑有限责任公司	14	2986
邯郸市水利工程处	15	30364	河北特利特交通设施有限公司	15	2632
邯郸市安居建筑安装有限公司	16	27385	邯郸市中泰建筑安装有限公司	16	2628
邯郸市晨昊建筑安装有限公司	17	26088	邯郸市铭汇建筑安装工程有限公司	17	2550
中国煤炭地质总局华盛水文地质勘察工程公司	18	25836	临漳县华元建筑工程有限公司	18	2504
邯郸市鼎盛建筑安装工程有限公司	19	25429	邯郸市诚明建筑安装有限责任公司	19	2423
河北银达交通工业有限公司	20	24705	邯郸市兴禹水利水电工程处	20	2309
河北纵横工程有限公司	21	23374	河北亿能烟塔工程有限公司	21	2265
邯郸市峰盛建筑有限公司	22	23147	河北冶金建设集团有限公司	22	2227
邯郸市仁和建业建筑安装有限公司	23	20564	临漳县第二建筑公司	23	2168
河北能通路桥工程有限公司	24	20362	邯郸市爱民建筑安装有限公司	24	2142
邯郸和赢电力工程有限公司	25	18842	河北省魏县第五建筑安装有限公司	25	2105
河北亿融路桥工程有限公司	26	18357	磁县宏远建筑安装有限公司	26	2076
邯郸市华通公路养护工程有限公司	27	18350	邯郸市昌利建筑安装工程有限公司	27	2075
河北亿能烟塔工程有限公司	28	18073	邯郸市邯龙建筑安装有限公司	28	2010
永年县第三建设有限公司	29	17905	邯郸市兆泰建筑安装有限公司	29	1965
河北荣恒通信网络科技有限公司	30	17285	邯郸市方正建筑工程有限公司	30	1921

全市乡镇按乡镇总人口排序

单位：人

乡镇名称	位次	2012年	乡镇名称	位次	2012年
武安市武安镇	1	205946	临漳县称勾集镇	51	48323
磁县磁州镇	2	135352	成安县北乡义乡	52	48226
魏县魏城镇	3	127974	广平县胜营镇	53	48164
峰峰矿区临水镇	4	123582	峰峰矿区大社镇	54	47984
临漳县临漳镇	5	93412	武安市西土山乡	55	47925
肥乡县肥乡镇	6	83630	大名县张集乡	56	47356
曲周县曲周镇	7	81555	大名县王村乡	57	47270
永年县临洺关镇	8	80665	馆陶县柴堡镇	58	47076
成安县成安镇	9	79282	永年县小龙马乡	59	46765
魏县北皋镇	10	77834	魏县南双庙乡	60	46684
峰峰矿区峰峰镇	11	76959	魏县车往镇	61	46086
武安市磁山镇	12	76896	成安县李家疃镇	62	45988
鸡泽县鸡泽镇	13	72716	永年县刘营乡	63	45742
广平县广平镇	14	70912	永年县南沿村镇	64	45593
大名县大名镇	15	69992	临漳县柏鹤集乡	65	45575
馆陶县馆陶镇	16	68621	馆陶县寿山寺乡	66	45323
峰峰矿区和村镇	17	66121	大名县大街乡	67	45268
成安县商城镇	18	66005	武安市阳邑镇	68	45217
涉县涉城镇	19	65971	曲周县河南疃镇	69	45076
魏县张二庄镇	20	65572	肥乡县元固乡	70	44608
临漳县柳园镇	21	64621	永年县讲武乡	71	44562
临漳县孙陶集镇	22	64530	大名县沙圪塔乡	72	43682
曲周县侯村镇	23	64019	永年县广府镇	73	43596
魏县牙里镇	24	62633	大名县束馆镇	74	43546
临漳县张村集乡	25	59973	武安市矿山镇	75	42828
曲周县安寨镇	26	59935	武安市大同镇	76	42715
永年县西苏乡	27	59231	鸡泽县小寨镇	77	42613
大名县龙王庙镇	28	58072	临漳县章里集乡	78	42591
魏县回隆镇	29	57642	邯郸县河沙镇镇	79	42458
魏县边马乡	30	57043	大名县孙甘店乡	80	42301
曲周县白寨乡	31	56052	广平县十里铺乡	81	42133
峰峰矿区义井镇	32	56007	肥乡县毛演堡乡	82	42055
大名县金滩镇	33	55775	涉县井店镇	83	41888
峰峰矿区彭城镇	34	55671	肥乡县天台山镇	84	41885
鸡泽县浮图店乡	35	54124	武安市西寺庄乡	85	41775
邯郸县黄粱梦镇	36	53972	成安县漳河店镇	86	41229
临漳县杜村集乡	37	53560	曲周县第四疃镇	87	41114
大名县埝头乡	38	52955	邯山区马头镇	88	41012
邯郸县南堡乡	39	52329	大名县红庙乡	89	40980
磁县讲武城镇	40	51890	永年县刘汉乡	90	40816
魏县沙口集乡	41	51791	磁县高臾镇	91	40565
成安县辛义乡	42	51108	永年县东杨庄乡	92	40303
大名县杨桥镇	43	50834	永年县张西堡镇	93	40092
成安县道东堡乡	44	50633	武安市午汲镇	94	39717
大名县旧治乡	45	50267	武安市邑城镇	95	39445
魏县双井镇	46	50201	馆陶县王桥乡	96	39422
大名县西付集乡	47	49908	大名县黄金堤乡	97	39305
临漳县砖寨营乡	48	49513	永年县辛庄堡乡	98	39134
魏县泊口乡	49	49242	馆陶县路桥乡	99	38898
邱县新马头镇	50	48480	复兴区彭家寨乡	100	38855

全市乡镇按乡镇总人口排序（续）　　单位：人

乡镇名称	位次	2012年	乡镇名称	位次	2012年
鸡泽县曹庄乡	101	38286	邱县古城营乡	158	27994
大名县北峰乡	102	37636	邯山区北张庄镇	159	27740
广平县平固店镇	103	37600	魏县棘针寨乡	160	27623
大名县万堤镇	104	37481	邯郸县三陵乡	161	27576
永年县姚寨乡	105	37444	鸡泽县风正乡	162	27538
永年县曲陌乡	106	37011	磁县时村营乡	163	26903
鸡泽县双塔镇	107	36997	永年县界河店乡	164	26712
磁县岳城镇	108	36547	成安县柏寺营乡	165	26615
馆陶县魏僧寨镇	109	36319	广平县东张孟乡	166	26511
永年县永合会镇	110	35870	魏县德政镇	167	26169
魏县前大磨乡	111	35775	临漳县西羊羔乡	168	25916
魏县东代固乡	112	35733	磁县台城乡	169	25884
磁县花官营乡	113	35474	曲周县大河道乡	170	24971
肥乡县东漳堡乡	114	35459	魏县院堡乡	171	24824
临漳县习文乡	115	35341	武安市徘徊镇	172	24732
邯郸县代召乡	116	35289	磁县白土镇	173	24687
永年县正西乡	117	35198	磁县路村营乡	174	24685
魏县大辛庄乡	118	34900	磁县西光禄镇	175	24589
邯郸县南吕固乡	119	34635	磁县辛庄营乡	176	24589
肥乡县大西韩乡	120	34608	永年县西阳城乡	177	24557
大名县铺上乡	121	34494	魏县仕望集乡	178	24315
曲周县南里岳乡	122	34465	魏县野胡拐乡	179	23993
永年县大北汪镇	123	34358	磁县南城乡	180	23987
永年县小西堡乡	124	34225	邱县南辛店乡	181	23876
肥乡县旧店乡	125	34043	涉县固新镇	182	23667
肥乡县辛安镇乡	126	33934	涉县索堡镇	183	23357
大名县西未庄乡	127	33638	涉县更乐镇	184	22739
邯郸县尚璧镇	128	33413	磁县西固义乡	185	22556
武安市上团城乡	129	33300	涉县龙虎乡	186	22059
武安市康二城镇	130	33120	魏县大马村乡	187	21604
广平县南韩村乡	131	32966	武安市贺进镇	188	21588
邱县邱城镇	132	32893	武安市淑村镇	189	21300
磁县观台镇	133	32770	涉县合漳乡	190	19905
磁县林坦镇	134	31843	武安市活水乡	191	19828
邱县香城固镇	135	31685	峰峰矿区大峪镇	192	19819
武安市北安乐乡	136	31467	涉县辽城乡	193	19598
曲周县依庄乡	137	31428	大名县营镇回族乡	194	19542
临漳县香菜营乡	138	31151	武安市石洞乡	195	19451
邯郸县兼庄乡	139	31111	磁县陶泉乡	196	19356
邱县梁二庄镇	140	31095	武安市冶陶镇	197	18598
临漳县狄邱乡	141	30997	丛台区苏曹乡	198	18356
磁县北贾壁乡	142	30876	涉县偏店乡	199	18007
肥乡县屯庄营乡	143	30835	磁县都党乡	200	17655
广平县南阳堡乡	144	30793	涉县木井乡	201	17116
馆陶县南徐村乡	145	30643	涉县鹿头乡	202	16644
峰峰矿区新坡镇	146	30380	磁县黄沙镇	203	16319
曲周县槐桥乡	147	30262	邯山区马庄乡	204	16230
鸡泽县吴官营乡	148	29579	涉县关防乡	205	16206
邯郸县户村镇	149	29392	武安市伯延镇	206	16140
涉县河南店镇	150	29137	涉县西戌镇	207	15898
馆陶县房寨镇	151	29093	涉县西达镇	208	15638
临漳县南东坊镇	152	28990	武安市马家庄乡	209	15517
成安县长巷乡	153	28880	武安市管陶乡	210	14280
峰峰矿区界城镇	154	28868	涉县神头乡	211	14185
魏县北台头乡	155	28819	涉县偏城镇	212	13929
邯郸县康庄乡	156	28712	武安市北安庄乡	213	11650
永年县西河庄乡	157	28588	邱县陈村回族乡	214	6375

全市乡镇按农林牧渔业总产值（现价）排序

单位：万元

乡镇名称	位次	2012年	乡镇名称	位次	2012年
永年县南沿村镇	1	134638	肥乡县屯庄营乡	51	43658
永年县小西堡乡	2	126939	曲周县槐桥乡	52	42927
永年县姚寨乡	3	107178	馆陶县南徐村乡	53	42753
永年县广府镇	4	99555	永年县大北汪镇	54	42644
永年县小龙马乡	5	94973	临漳县香菜营乡	55	41950
永年县东杨庄乡	6	90131	曲周县河南疃镇	56	41165
馆陶县魏僧寨镇	7	78203	临漳县称勾集镇	57	41085
永年县张西堡镇	8	78011	魏县魏城镇	58	40975
邱县新马头镇	9	76547	临漳县砖寨营乡	59	40705
成安县商城镇	10	72445	鸡泽县双塔镇	60	39708
曲周县曲周镇	11	70669	邱县香城固镇	61	39088
永年县西苏乡	12	69071	永年县西阳城乡	62	38623
曲周县白寨乡	13	68374	永年县讲武乡	63	38511
永年县西河庄乡	14	65623	邯郸县河沙镇镇	64	38089
磁县磁州镇	15	65309	大名县黄金堤乡	65	37703
曲周县安寨镇	16	65194	大名县西付集乡	66	37580
馆陶县寿山寺乡	17	62731	大名县旧治乡	67	36711
成安县道东堡乡	18	62458	曲周县南里岳乡	68	36558
肥乡县毛演堡乡	19	61503	广平县胜营镇	69	36123
成安县成安镇	20	60904	曲周县第四疃镇	70	35711
馆陶县馆陶镇	21	58108	磁县路村营乡	71	35408
永年县正西乡	22	58070	磁县讲武城镇	72	35256
馆陶县王桥乡	23	57892	永年县刘营乡	73	35107
肥乡县肥乡镇	24	57890	邱县古城营乡	74	34964
馆陶县路桥乡	25	56908	鸡泽县风正乡	75	34825
馆陶县柴堡镇	26	56871	大名县束馆镇	76	34610
成安县辛义乡	27	56673	鸡泽县吴官营乡	77	34525
肥乡县天台山镇	28	56633	成安县柏寺营乡	78	34428
永年县辛庄堡乡	29	54396	临漳县孙陶集镇	79	34422
永年县刘汉乡	30	52251	临漳县柏鹤集乡	80	34308
成安县漳河店镇	31	52028	临漳县习文乡	81	34199
肥乡县元固乡	32	51260	临漳县杜村集乡	82	34134
鸡泽县鸡泽镇	33	50793	邯郸县南堡乡	83	33544
鸡泽县小寨镇	34	50670	临漳县狄邱乡	84	33512
永年县临洺关镇	35	50547	邱县南辛店乡	85	33477
临漳县张村集乡	36	50368	广平县广平镇	86	33246
永年县曲陌乡	37	49432	大名县埝头乡	87	32925
曲周县侯村镇	38	48930	大名县张集乡	88	32761
肥乡县辛安镇乡	39	48697	广平县平固店镇	89	32584
成安县北乡义乡	40	48647	临漳县临漳镇	90	32352
邱县梁二庄镇	41	47235	魏县北皋镇	91	31281
邱县邱城镇	42	46921	大名县大街乡	92	30849
肥乡县旧店乡	43	46217	魏县回隆镇	93	30420
鸡泽县曹庄乡	44	45283	魏县双井镇	94	30275
肥乡县东漳堡乡	45	45189	魏县沙口集乡	95	29900
肥乡县大西韩乡	46	45160	大名县杨桥镇	96	29670
鸡泽县浮图店乡	47	44908	大名县万堤镇	97	29520
成安县李家疃镇	48	44596	广平县十里铺乡	98	28883
馆陶县房寨镇	49	43999	成安县长巷乡	99	28874
临漳县柳园镇	50	43812	大名县北峰乡	100	28659

全市乡镇按农林牧渔业总产值（现价）排序（续） 单位：万元

乡镇名称	位次	2012年	乡镇名称	位次	2012年
大名县西未庄乡	101	28323	磁县西光禄镇	158	14913
临漳县章里集乡	102	27764	邱县陈村回族乡	159	14768
曲周县依庄乡	103	27751	峰峰矿区大社镇	160	13689
广平县南韩村乡	104	27516	魏县仕望集乡	161	13580
邯郸县代召乡	105	27343	磁县花官营乡	162	13473
永年县永合会镇	106	27214	武安市矿山镇	163	13266
邯郸县南吕固乡	107	27198	邯郸县户村镇	164	13082
广平县南阳堡乡	108	27131	魏县大马村乡	165	13043
魏县车往镇	109	27082	涉县河南店镇	166	12994
魏县张二庄镇	110	27038	涉县木井乡	167	12775
武安市徘徊镇	111	26978	武安市武安镇	168	12698
大名县沙圪塔乡	112	26829	魏县院堡乡	169	12690
曲周县大河道乡	113	26436	峰峰矿区义井镇	170	12308
武安市西寺庄乡	114	26352	磁县辛庄营乡	171	12273
大名县大名镇	115	26350	磁县台城乡	172	12008
大名县金滩镇	116	26344	峰峰矿区界城镇	173	11779
大名县龙王庙镇	117	25998	涉县涉城镇	174	11735
临漳县西羊羔乡	118	25729	涉县西戌镇	175	11678
广平县东张孟乡	119	25492	涉县偏店乡	176	11662
魏县南双庙乡	120	25321	峰峰矿区峰峰镇	177	11337
大名县孙甘店乡	121	25302	武安市活水乡	178	11245
大名县铺上乡	122	25070	涉县更乐镇	179	10850
魏县棘针寨乡	123	24875	涉县固新镇	180	10545
魏县牙里镇	124	24793	武安市石洞乡	181	10466
大名县红庙乡	125	24646	魏县野胡拐乡	182	10366
磁县高臾镇	126	24139	涉县井店镇	183	9930
武安市大同镇	127	24100	武安市马家庄乡	184	9855
临漳县南东坊镇	128	24079	涉县神头乡	185	9828
大名县王村乡	129	23706	涉县辽城乡	186	9677
武安市午汲镇	130	23649	涉县偏城镇	187	9620
磁县西固义乡	131	23470	魏县北台头乡	188	9299
魏县东代固乡	132	23158	涉县龙虎乡	189	9170
武安市康二城镇	133	21733	峰峰矿区新坡镇	190	9165
涉县索堡镇	134	21597	武安市伯延镇	191	9063
永年县界河店乡	135	21538	磁县陶泉乡	192	8884
武安市邑城镇	136	21262	魏县泊口乡	193	8222
邯郸县尚璧镇	137	20493	武安市北安庄乡	194	8175
魏县德政镇	138	20421	武安市管陶乡	195	7941
大名县营镇回族乡	139	20410	涉县西达镇	196	7912
磁县南城乡	140	20276	峰峰矿区彭城镇	197	7847
邯郸县黄粱梦镇	141	19672	武安市上团城乡	198	7736
武安市西土山乡	142	19633	涉县合漳乡	199	7725
磁县林坦镇	143	19448	武安市磁山镇	200	7530
磁县观台镇	144	19419	邯山区北张庄镇	201	6950
磁县岳城镇	145	18331	涉县关防乡	202	6789
魏县边马乡	146	17684	邯郸县兼庄乡	203	6284
涉县鹿头乡	147	17531	磁县白土镇	204	6210
邯郸县三陵乡	148	17266	磁县黄沙镇	205	6045
武安市阳邑镇	149	17132	磁县北贾璧乡	206	6035
魏县前大磨乡	150	17014	峰峰矿区大峪镇	207	5581
武安市淑村镇	151	16566	武安市贺进镇	208	5449
邯郸县康庄乡	152	16260	武安市冶陶镇	209	5215
磁县时村营乡	153	16240	磁县都党乡	210	4597
魏县大辛庄乡	154	16092	邯山区马庄乡	211	4407
峰峰矿区和村镇	155	15906	邯山区马头镇	212	2210
武安市北安乐乡	156	15883	丛台区苏曹乡	213	2154
峰峰矿区临水镇	157	15795	复兴区彭家寨乡	214	2141

全市乡镇按企业营业总收入排序

单位：万元

乡镇名称	位次	2012年	乡镇名称	位次	2012年
邯郸县户村镇	1	2645659	广平县南韩村乡	51	364220
武安市午汲镇	2	2546092	磁县都党乡	52	351110
武安市武安镇	3	2396350	磁县西固义乡	53	348760
武安市磁山镇	4	2061108	峰峰矿区峰峰镇	54	347700
涉县井店镇	5	1963001	广平县南阳堡乡	55	321500
武安市阳邑镇	6	1756500	永年县西苏乡	56	318235
磁县磁州镇	7	1599340	武安市冶陶镇	57	304899
丛台区苏曹乡	8	1521655	邯郸县南吕固乡	58	304729
武安市西土山乡	9	1516623	大名县大街乡	59	299520
永年县临洺关镇	10	1373474	峰峰矿区界城镇	60	282000
永年县界河店乡	11	1182599	涉县河南店镇	61	279959
武安市矿山镇	12	1075368	曲周县南里岳乡	62	278941
磁县观台镇	13	961900	武安市淑村镇	63	267567
磁县岳城镇	14	944800	鸡泽县小寨镇	64	265420
涉县更乐镇	15	900900	磁县讲武城镇	65	262900
邯郸县黄粱梦镇	16	893202	鸡泽县曹庄乡	66	249981
成安县成安镇	17	870941	磁县黄沙镇	67	246940
邯郸县兼庄乡	18	826131	武安市西寺庄乡	68	231084
曲周县曲周镇	19	801218	峰峰矿区义井镇	69	225116
邯郸县南堡乡	20	793909	磁县白土镇	70	224000
峰峰矿区和村镇	21	716100	大名县红庙乡	71	221261
峰峰矿区彭城镇	22	711200	馆陶县魏僧寨镇	72	220108
邯山区马庄乡	23	697840	磁县路村营乡	73	215790
广平县广平镇	24	668970	磁县西光禄镇	74	206910
邯郸县代召乡	25	622500	峰峰矿区新坡镇	75	201300
邯山区北张庄镇	26	614354	磁县台城乡	76	196580
曲周县河南疃镇	27	591997	曲周县大河道乡	77	193990
涉县西戌镇	28	573395	武安市上团城乡	78	191500
峰峰矿区大社镇	29	539200	磁县花官营乡	79	190320
邯郸县康庄乡	30	538794	临漳县柳园镇	80	187520
永年县刘营乡	31	507309	永年县姚寨乡	81	183827
广平县平固店镇	32	493300	武安市石洞乡	82	180300
武安市康二城镇	33	489360	武安市活水乡	83	180002
成安县商城镇	34	468375	成安县道东堡乡	84	174153
曲周县安寨镇	35	468300	魏县院堡乡	85	173242
涉县涉城镇	36	467060	魏县牙里镇	86	165755
广平县胜营镇	37	462960	肥乡县天台山镇	87	160233
曲周县白寨乡	38	460370	大名县杨桥镇	88	158102
邯郸县河沙镇镇	39	439800	磁县北贾壁乡	89	155820
武安市大同镇	40	437727	武安市北安庄乡	90	152870
复兴区彭家寨乡	41	435730	肥乡县元固乡	91	151323
广平县十里铺乡	42	428238	成安县北乡义乡	92	147560
鸡泽县风正乡	43	417065	邯郸县三陵乡	93	146459
曲周县侯村镇	44	413380	磁县林坦镇	94	146350
大名县大名镇	45	407450	永年县广府镇	95	145312
肥乡县肥乡镇	46	390092	魏县车往镇	96	144692
魏县魏城镇	47	388067	大名县铺上乡	97	144449
峰峰矿区临水镇	48	384000	涉县神头乡	98	144086
邱县新马头镇	49	375692	大名县埝头乡	99	143625
曲周县第四疃镇	50	369580	磁县南城乡	100	143520

单位：万元

全市乡镇按企业营业总收入排序（续）

乡镇名称	位次	2012年
成安县漳河店镇	101	143078
磁县陶泉乡	102	141290
临漳县张村集乡	103	140500
成安县长巷乡	104	140252
武安市邑城镇	105	139130
鸡泽县吴官营乡	106	138872
馆陶县寿山寺乡	107	138093
涉县偏城镇	108	137000
磁县时村营乡	109	136940
肥乡县辛安镇乡	110	134628
肥乡县屯庄营乡	111	133896
磁县高臾镇	112	133430
临漳县习文乡	113	131800
涉县索堡镇	114	124790
肥乡县大西韩乡	115	124633
魏县野胡拐乡	116	121081
邯山区马头镇	117	120391
涉县辽城乡	118	119402
成安县辛义乡	119	117587
成安县李家疃镇	120	116281
成安县柏寺营乡	121	115330
魏县双井镇	122	113635
永年县南沿村镇	123	110200
邯郸县尚璧镇	124	107880
涉县合漳乡	125	106777
肥乡县毛演堡乡	126	103337
肥乡县东漳堡乡	127	102962
涉县木井乡	128	99830
涉县龙虎乡	129	99730
魏县棘针寨乡	130	98903
永年县讲武乡	131	98853
曲周县依庄乡	132	98670
大名县龙王庙镇	133	95000
鸡泽县浮图店乡	134	93591
涉县鹿头乡	135	93420
魏县沙口集乡	136	90823
魏县张二庄镇	137	89779
临漳县狄邱乡	138	87702
永年县刘汉乡	139	87120
鸡泽县双塔镇	140	85600
临漳县章里集乡	141	84100
大名县孙甘店乡	142	82753
魏县东代固乡	143	81924
大名县西付集乡	144	80790
永年县小龙马乡	145	79230
磁县辛庄营乡	146	78870
武安市北安乐乡	147	78428
临漳县临漳镇	148	78115
永年县正西乡	149	76938
曲周县槐桥乡	150	75247
邱县古城营乡	151	73996
涉县关防乡	152	71836
魏县大辛庄乡	153	66121
武安市伯延镇	154	65984
魏县北台头乡	155	65871
广平县东张孟乡	156	61300
邱县南辛店乡	157	60220
大名县旧治乡	158	59685
临漳县香菜营乡	159	58365
峰峰矿区大峪镇	160	58293
武安市马家庄乡	161	57989
大名县黄金堤乡	162	57104
大名县张集乡	163	56880
魏县北皋镇	164	53537
涉县固新镇	165	53000
魏县仕望集乡	166	52791
武安市管陶乡	167	52000
馆陶县馆陶镇	168	51600
临漳县西羊羔乡	169	48560
肥乡县旧店乡	170	48506
魏县德政镇	171	48182
魏县边马乡	172	46273
永年县西河庄乡	173	46245
大名县金滩镇	174	44232
魏县大马村乡	175	43960
大名县北峰乡	176	42774
武安市徘徊镇	177	42382
永年县曲陌乡	178	42118
邱县梁二庄镇	179	41050
鸡泽县鸡泽镇	180	41000
馆陶县房寨镇	181	39989
魏县南双庙乡	182	39648
馆陶县王桥乡	183	39500
永年县小西堡乡	184	37625
永年县永合会镇	185	35291
大名县西未庄乡	186	34700
武安市贺进镇	187	32911
馆陶县柴堡镇	188	31756
临漳县孙陶集镇	189	29135
馆陶县路桥乡	190	26680
涉县西达镇	191	26087
魏县前大磨乡	192	24552
魏县泊口乡	193	20669
永年县辛庄堡乡	194	19820
临漳县砖寨营乡	195	19000
魏县回隆镇	196	18636
临漳县杜村集乡	197	18384
邱县香城固镇	198	18202
大名县束馆镇	199	18000
永年县东杨庄乡	200	17500
临漳县称勾集镇	201	16600
邱县陈村回族乡	202	15208
大名县营镇回族乡	203	13993
大名县王村乡	204	13944
大名县沙圪塔乡	205	13890
永年县张西堡镇	206	11387
永年县大北汪镇	207	11246
永年县西阳城乡	208	9221
涉县偏店乡	209	9187
馆陶县南徐村乡	210	8619
临漳县南东坊镇	211	7022
大名县万堤镇	212	6980
临漳县柏鹤集乡	213	6205
邱县邱城镇	214	2805

全市乡镇按企业实缴税金总额排序

单位：万元

乡镇名称	位次	2012年	乡镇名称	位次	2012年
武安市武安镇	1	98266	磁县白土镇	51	4610
邯郸县户村镇	2	82447	磁县路村营乡	52	4420
武安市磁山镇	3	76123	磁县西光禄镇	53	4360
武安市阳邑镇	4	70165	峰峰矿区界城镇	54	4284
涉县井店镇	5	65181	魏县魏城镇	55	4179
武安市午汲镇	6	57623	永年县广府镇	56	4153
丛台区苏曹乡	7	52012	磁县台城乡	57	4040
永年县临洺关镇	8	37233	峰峰矿区义井镇	58	4033
武安市徘徊镇	9	36345	武安市西寺庄乡	59	4008
磁县磁州镇	10	32810	磁县花官营乡	60	3920
峰峰矿区和村镇	11	29800	成安县商城镇	61	3855
复兴区彭家寨乡	12	29740	邯郸县河沙镇镇	62	3804
武安市上团城乡	13	28610	峰峰矿区新坡镇	63	3600
峰峰矿区临水镇	14	23800	广平县平固店镇	64	3473
永年县界河店乡	15	23652	武安市石洞乡	65	3450
武安市矿山镇	16	22762	曲周县第四疃镇	66	3429
峰峰矿区彭城镇	17	22200	磁县林坦镇	67	3210
磁县观台镇	18	19840	广平县胜营镇	68	3138
磁县岳城镇	19	19060	永年县西苏乡	69	3087
武安市西土山乡	20	17858	涉县河南店镇	70	3008
涉县鹿头乡	21	17749	武安市北安庄乡	71	2980
邯郸县兼庄乡	22	13406	邱县新马头镇	72	2976
涉县涉城镇	23	12580	邯郸县南吕固乡	73	2855
邯郸县代召乡	24	11493	磁县高臾镇	74	2840
峰峰矿区峰峰镇	25	9700	磁县时村营乡	75	2820
广平县广平镇	26	9455	涉县神头乡	76	2762
磁县都党乡	27	9340	永年县姚寨乡	77	2743
邯山区马庄乡	28	8968	磁县黄沙镇	78	2580
武安市冶陶镇	29	8900	磁县南城乡	79	2550
峰峰矿区大社镇	30	8700	磁县陶泉乡	80	2510
成安县成安镇	31	8167	邯山区马头镇	81	2505
邯郸县黄粱梦镇	32	8001	涉县龙虎乡	82	2472
曲周县侯村镇	33	7980	鸡泽县小寨镇	83	2465
曲周县曲周镇	34	7490	广平县十里铺乡	84	2380
涉县西戌镇	35	7482	广平县南韩村乡	85	2347
涉县更乐镇	36	7320	武安市伯延镇	86	2343
磁县西固义乡	37	7180	武安市淑村镇	87	2340
武安市大同镇	38	6939	馆陶县魏僧寨镇	88	2280
武安市康二城镇	39	6925	大名县大名镇	89	2215
肥乡县肥乡镇	40	6835	磁县北贾壁乡	90	2210
曲周县河南疃镇	41	6764	武安市邑城镇	91	2100
邯山区北张庄镇	42	6670	邯郸县尚璧镇	92	2070
永年县刘营乡	43	6540	曲周县安寨镇	93	2060
邯郸县康庄乡	44	6508	涉县木井乡	94	2039
邯郸县南堡乡	45	6358	曲周县白寨乡	95	2020
武安市管陶乡	46	5850	峰峰矿区大峪镇	96	2011
临漳县孙陶集镇	47	5415	广平县南阳堡乡	97	2006
磁县讲武城镇	48	5410	武安市北安乐乡	98	2006
邯郸县三陵乡	49	5010	成安县长巷乡	99	1995
鸡泽县鸡泽镇	50	4625	馆陶县馆陶镇	100	1859

全市乡镇按企业实缴税金总额排序（续） 单位：万元

乡镇名称	位次	2012年	乡镇名称	位次	2012年
武安市活水乡	101	1838	肥乡县东漳堡乡	158	630
肥乡县天台山镇	102	1825	魏县仕望集乡	159	630
肥乡县元固乡	103	1813	魏县北皋镇	160	622
磁县辛庄营乡	104	1780	魏县沙口集乡	161	622
曲周县南里岳乡	105	1730	大名县龙王庙镇	162	620
曲周县大河道乡	106	1695	永年县正西乡	163	620
魏县牙里镇	107	1673	魏县东代固乡	164	568
涉县西达镇	108	1662	临漳县狄邱乡	165	560
永年县刘汉乡	109	1630	魏县大辛庄乡	166	552
肥乡县屯庄营乡	110	1620	大名县北峰乡	167	544
魏县院堡乡	111	1574	魏县北台头乡	168	536
鸡泽县风正乡	112	1545	魏县南双庙乡	169	535
馆陶县寿山寺乡	113	1506	广平县东张孟乡	170	521
永年县张西堡镇	114	1472	大名县杨桥镇	171	516
涉县辽城乡	115	1470	永年县曲陌乡	172	505
临漳县砖寨营乡	116	1400	馆陶县王桥乡	173	480
大名县红庙乡	117	1367	大名县旧治乡	174	455
大名县埝头乡	118	1292	魏县边马乡	175	435
肥乡县辛安镇乡	119	1290	临漳县香菜营乡	176	420
魏县车往镇	120	1168	临漳县西羊羔乡	177	413
成安县李家疃镇	121	1155	馆陶县房寨镇	178	401
鸡泽县曹庄乡	122	1140	大名县张集乡	179	400
涉县偏城镇	123	1130	馆陶县柴堡镇	180	393
临漳县习文乡	124	1100	武安市贺进镇	181	366
魏县泊口乡	125	1099	涉县固新镇	182	360
成安县漳河店镇	126	1075	永年县永合会镇	183	357
肥乡县大西韩乡	127	1072	大名县金滩镇	184	348
魏县德政镇	128	1045	魏县大马村乡	185	320
临漳县柏鹤集乡	129	1025	临漳县称勾集镇	186	319
永年县南沿村镇	130	1000	永年县大北汪镇	187	304
魏县野胡拐乡	131	994	临漳县张村集乡	188	303
成安县辛义乡	132	990	永年县辛庄堡乡	189	300
成安县北乡义乡	133	965	临漳县临漳镇	190	289
涉县偏店乡	134	960	大名县黄金堤乡	191	285
涉县关防乡	135	940	大名县营镇回族乡	192	281
魏县张二庄镇	136	933	邱县古城营乡	193	280
成安县道东堡乡	137	929	魏县回隆镇	194	280
涉县索堡镇	138	905	武安市马家庄乡	195	256
永年县讲武乡	139	892	大名县西未庄乡	196	235
永年县小西堡乡	140	880	邱县南辛店乡	197	230
曲周县依庄乡	141	860	大名县沙圪塔乡	198	226
鸡泽县浮图店乡	142	828	邱县梁二庄镇	199	220
成安县柏寺营乡	143	827	永年县东杨庄乡	200	202
鸡泽县吴官营乡	144	804	邱县邱城镇	201	202
肥乡县毛演堡乡	145	803	临漳县南东坊镇	202	170
大名县西付集乡	146	786	涉县合漳乡	203	163
永年县小龙马乡	147	783	邱县香城固镇	204	160
曲周县槐桥乡	148	731	永年县西阳城乡	205	152
永年县西河庄乡	149	718	邱县陈村回族乡	206	150
魏县双井镇	150	702	馆陶县路桥乡	207	129
魏县前大磨乡	151	700	大名县铺上乡	208	118
临漳县章里集乡	152	695	临漳县杜村集乡	209	104
肥乡县旧店乡	153	678	临漳县柳园镇	210	102
鸡泽县双塔镇	154	675	大名县王村乡	211	72
大名县大街乡	155	670	大名县束馆镇	212	57
大名县孙甘店乡	156	646	大名县万堤镇	213	55
魏县棘针寨乡	157	631	馆陶县南徐村乡	214	41

全市乡镇按财政总收入排序

单位：万元

乡镇名称	位次	2012年	乡镇名称	位次	2012年
武安市磁山镇	1	130000	广平县广平镇	51	1288
涉县井店镇	2	85822	魏县南双庙乡	52	1182
涉县更乐镇	3	65600	肥乡县屯庄营乡	53	1146
磁县观台镇	4	59756	魏县前大磨乡	54	1140
武安市武安镇	5	54014	邱县新马头镇	55	1103
磁县黄沙镇	6	51181	魏县牙里镇	56	1100
武安市午汲镇	7	47181	曲周县侯村镇	57	1100
磁县岳城镇	8	38940	鸡泽县鸡泽镇	58	1025
武安市上团城乡	9	32721	肥乡县旧店乡	59	987
磁县磁州镇	10	27458	肥乡县大西韩乡	60	979
邯郸县黄粱梦镇	11	20065	肥乡县毛演堡乡	61	961
邯郸县兼庄乡	12	18735	曲周县白寨乡	62	950
成安县成安镇	13	16422	峰峰矿区临水镇	63	900
成安县商城镇	14	12903	曲周县曲周镇	64	890
磁县路村营乡	15	10543	魏县院堡乡	65	870
武安市冶陶镇	16	8800	魏县沙口集乡	66	863
武安市矿山镇	17	8330	磁县时村营乡	67	859
武安市西寺庄乡	18	7411	曲周县大河道乡	68	856
武安市康二城镇	19	7300	磁县林坦镇	69	855
武安市大同镇	20	6800	魏县野胡拐乡	70	850
邯郸县河沙镇镇	21	6750	邯郸县三陵乡	71	833
肥乡县辛安镇乡	22	6553	魏县车往镇	72	820
成安县长巷乡	23	5727	武安市阳邑镇	73	800
邯山区北张庄镇	24	4658	曲周县南里岳乡	74	793
成安县道东堡乡	25	4364	魏县仕望集乡	75	785
魏县魏城镇	26	4070	磁县陶泉乡	76	772
鸡泽县风正乡	27	3260	邯郸县康庄乡	77	752
成安县李家疃镇	28	2955	峰峰矿区和村镇	78	750
魏县张二庄镇	29	2910	馆陶县魏僧寨镇	79	720
魏县回隆镇	30	2860	曲周县槐桥乡	80	706
馆陶县馆陶镇	31	2812	磁县花官营乡	81	699
肥乡县肥乡镇	32	2745	磁县讲武城镇	82	692
武安市伯延镇	33	2700	丛台区苏曹乡	83	680
成安县漳河店镇	34	2677	魏县东代固乡	84	672
曲周县河南疃镇	35	2573	魏县北台头乡	85	660
成安县辛义乡	36	2551	肥乡县元固乡	86	659
邯郸县尚璧镇	37	2500	峰峰矿区义井镇	87	650
磁县台城乡	38	2498	肥乡县东漳堡乡	88	603
魏县德政镇	39	1988	邱县邱城镇	89	590
成安县北乡义乡	40	1946	馆陶县柴堡镇	90	570
复兴区彭家寨乡	41	1923	峰峰矿区大峪镇	91	563
成安县柏寺营乡	42	1888	魏县泊口乡	92	561
魏县双井镇	43	1830	峰峰矿区彭城镇	93	548
魏县棘针寨乡	44	1802	鸡泽县小寨镇	94	542
魏县北皋镇	45	1720	鸡泽县浮图店乡	95	520
邯郸县南堡乡	46	1610	鸡泽县曹庄乡	96	481
曲周县第四疃镇	47	1574	武安市贺进镇	97	481
涉县涉城镇	48	1360	磁县都党乡	98	478
邯郸县代召乡	49	1334	峰峰矿区峰峰镇	99	476
肥乡县天台山镇	50	1325	峰峰矿区大社镇	100	475

全市乡镇按财政总收入排序（续）

单位：万元

乡镇名称	位次	2012年	乡镇名称	位次	2012年
磁县西固义乡	101	475	广平县南阳堡乡	158	199
磁县西光禄镇	102	469	涉县关防乡	159	198
曲周县依庄乡	103	458	磁县辛庄营乡	160	186
邯郸县户村镇	104	454	临漳县柳园镇	161	185
邱县梁二庄镇	105	430	大名县西付集乡	162	182
邯山区马头镇	106	413	馆陶县房寨镇	163	182
曲周县安寨镇	107	405	永年县讲武乡	164	178
涉县河南店镇	108	386	永年县姚寨乡	165	178
永年县临洺关镇	109	380	大名县金滩镇	166	176
磁县白土镇	110	377	涉县偏店乡	167	176
武安市徘徊镇	111	377	魏县大马村乡	168	172
邯郸县南吕固乡	112	360	永年县南沿村镇	169	170
广平县平固店镇	113	360	永年县正西乡	170	170
广平县胜营镇	114	353	永年县东杨庄乡	171	168
永年县小龙马乡	115	350	邱县南辛店乡	172	168
广平县十里铺乡	116	350	涉县龙虎乡	173	167
大名县大名镇	117	345	涉县西达镇	174	160
峰峰矿区新坡镇	118	330	大名县埝头乡	175	159
磁县高臾镇	119	320	涉县木井乡	176	159
永年县张西堡镇	120	320	大名县北峰乡	177	158
永年县广府镇	121	320	大名县张集乡	178	157
武安市石洞乡	122	320	涉县偏城镇	179	157
魏县大辛庄乡	123	316	永年县西河庄乡	180	157
邯山区马庄乡	124	310	永年县刘汉乡	181	154
鸡泽县双塔镇	125	301	临漳县章里集乡	182	151
邱县香城固镇	126	300	涉县神头乡	183	150
馆陶县南徐村乡	127	280	涉县辽城乡	184	150
武安市邑城镇	128	280	邱县陈村回族乡	185	150
馆陶县寿山寺乡	129	275	临漳县临漳镇	186	149
涉县固新镇	130	270	大名县红庙乡	187	149
涉县西戌镇	131	269	临漳县柏鹤集乡	188	143
武安市淑村镇	132	267	大名县西未庄乡	189	141
魏县边马乡	133	266	永年县西阳城乡	190	141
涉县索堡镇	134	263	临漳县张村集乡	191	140
永年县刘营乡	135	260	大名县万堤镇	192	140
大名县王村乡	136	258	大名县沙圪塔乡	193	140
广平县东张孟乡	137	255	永年县小西堡乡	194	140
馆陶县王桥乡	138	252	大名县杨桥镇	195	137
馆陶县路桥乡	139	252	大名县龙王庙镇	196	137
峰峰矿区界城镇	140	248	武安市北安乐乡	197	130
磁县北贾壁乡	141	248	武安市活水乡	198	130
广平县南韩村乡	142	245	武安市管陶乡	199	130
永年县曲陌乡	143	242	大名县黄金堤乡	200	121
大名县旧治乡	144	240	大名县束馆镇	201	116
武安市西土山乡	145	240	大名县铺上乡	202	109
武安市马家庄乡	146	230	大名县营镇回族乡	203	105
涉县鹿头乡	147	223	大名县孙甘店乡	204	100
永年县大北汪镇	148	220	鸡泽县吴官营乡	205	91
永年县西苏乡	149	220	临漳县狄邱乡	206	80
永年县界河店乡	150	220	临漳县孙陶集镇	207	75
大名县大街乡	151	218	临漳县杜村集乡	208	75
武安市北安庄乡	152	214	临漳县习文乡	209	65
磁县南城乡	153	213	临漳县西羊羔乡	210	57
涉县合漳乡	154	210	临漳县砖寨营乡	211	57
永年县辛庄堡乡	155	210	临漳县香菜营乡	212	38
永年县永合会镇	156	205	临漳县南东坊镇	213	36
邱县古城营乡	157	202	临漳县称勾集镇	214	33

全市乡镇按粮食总产量排序

单位：吨

乡镇名称	位次	2012年	乡镇名称	位次	2012年
曲周县侯村镇	1	70833	鸡泽县小寨镇	51	36884
曲周县安寨镇	2	68627	大名县大名镇	52	36838
临漳县柳园镇	3	65741	鸡泽县鸡泽镇	53	36819
临漳县张村集乡	4	65277	成安县道东堡乡	54	36428
大名县杨桥镇	5	61387	大名县埝头乡	55	36322
邯郸县河沙镇镇	6	55588	馆陶县王桥乡	56	36320
临漳县孙陶集镇	7	55276	永年县刘汉乡	57	36136
肥乡县肥乡镇	8	54577	广平县南韩村乡	58	35925
魏县北皋镇	9	52875	魏县南双庙乡	59	35826
临漳县砖寨营乡	10	51584	临漳县习文乡	60	35807
临漳县柏鹤集乡	11	51455	魏县车往镇	61	35722
曲周县白寨乡	12	51401	广平县胜营镇	62	35651
大名县大街乡	13	50930	临漳县临漳镇	63	35391
临漳县称勾集镇	14	50807	广平县广平镇	64	35239
大名县旧治乡	15	50742	曲周县曲周镇	65	35133
大名县沙圪塔乡	16	49606	邯郸县黄粱梦镇	66	35122
磁县讲武城镇	17	48867	肥乡县大西韩乡	67	34833
魏县张二庄镇	18	48520	大名县西未庄乡	68	34656
曲周县河南疃镇	19	47379	肥乡县东漳堡乡	69	34401
磁县磁州镇	20	46771	永年县讲武乡	70	34001
永年县辛庄堡乡	21	46555	临漳县狄邱乡	71	33999
馆陶县魏僧寨镇	22	46172	肥乡县辛安镇乡	72	33950
肥乡县天台山镇	23	45956	大名县龙王庙镇	73	33851
肥乡县元固乡	24	45864	武安市午汲镇	74	33734
魏县边马乡	25	45393	馆陶县寿山寺乡	75	33523
永年县临洺关镇	26	45315	广平县十里铺乡	76	33337
鸡泽县浮图店乡	27	44870	永年县姚寨乡	77	33306
永年县西苏乡	28	44532	肥乡县旧店乡	78	33256
成安县商城镇	29	44208	大名县束馆镇	79	32927
永年县小龙马乡	30	43471	曲周县槐桥乡	80	32868
大名县王村乡	31	43372	永年县刘营乡	81	32252
大名县万堤镇	32	42846	魏县泊口乡	82	31515
曲周县第四疃镇	33	42705	永年县东杨庄乡	83	31329
成安县李家疃镇	34	42283	临漳县香菜营乡	84	31279
馆陶县柴堡镇	35	42025	魏县大辛庄乡	85	30580
大名县黄金堤乡	36	41730	成安县漳河店镇	86	30477
肥乡县毛演堡乡	37	41676	大名县红庄乡	87	30268
魏县牙里镇	38	41624	魏县魏城镇	88	29871
大名县金滩镇	39	41304	成安县北乡义乡	89	29839
曲周县南里岳乡	40	41193	武安市邑城镇	90	29799
魏县沙口集乡	41	40738	大名县铺上乡	91	29294
临漳县章里集乡	42	40542	邯郸县南吕固乡	92	29290
馆陶县路桥乡	43	39528	永年县大北汪镇	93	29186
魏县双井镇	44	39518	磁县高臾镇	94	28593
临漳县杜村集乡	45	39487	魏县前大磨乡	95	28239
大名县西付集乡	46	39451	磁县林坦镇	96	28144
魏县回隆镇	47	39230	永年县曲陌乡	97	27456
广平县平固店镇	48	38393	邯郸县南堡乡	98	27352
邯郸县代召乡	49	37778	大名县张集乡	99	27308
成安县辛义乡	50	36987	邱县梁二庄镇	100	27196

全市乡镇按粮食总产量排序（续）　　　　单位：吨

乡镇名称	位次	2012年	乡镇名称	位次	2012年
馆陶县馆陶镇	101	27033	武安市西寺庄乡	158	12438
肥乡县屯庄营乡	102	26732	永年县永合会镇	159	12340
成安县成安镇	103	26400	邯郸县户村镇	160	12312
鸡泽县曹庄乡	104	26358	涉县河南店镇	161	12228
临漳县南东坊镇	105	26174	邱县邱城镇	162	11927
磁县花官营乡	106	26030	邱县新马头镇	163	11699
馆陶县南徐村乡	107	25912	武安市淑村镇	164	11679
广平县东张孟乡	108	25815	武安市武安镇	165	11653
磁县时村营乡	109	25712	永年县南沿村镇	166	11424
永年县正西乡	110	25680	涉县索堡镇	167	11026
鸡泽县双塔镇	111	25498	邯郸县兼庄乡	168	10878
魏县北台头乡	112	25468	武安市矿山镇	169	10789
大名县孙甘店乡	113	25445	邯山区北张庄镇	170	10449
临漳县西羊羔乡	114	24637	峰峰矿区大社镇	171	9840
永年县张西堡镇	115	24298	大名县营镇回族乡	172	8726
馆陶县房寨镇	116	23692	涉县涉城镇	173	8548
磁县南城乡	117	23596	武安市北安庄乡	174	8540
成安县长巷乡	118	23339	武安市马家庄乡	175	8419
广平县南阳堡乡	119	23201	磁县路村营乡	176	7862
磁县台城乡	120	23137	武安市冶陶镇	177	7600
成安县柏寺营乡	121	22237	涉县井店镇	178	7379
鸡泽县吴官营乡	122	22066	峰峰矿区义井镇	179	7338
大名县北峰乡	123	21925	涉县辽城乡	180	7267
磁县西固义乡	124	21336	峰峰矿区峰峰镇	181	7161
曲周县依庄乡	125	20952	武安市贺进镇	182	7132
磁县西光禄镇	126	20941	磁县北贾壁乡	183	7041
武安市西土山乡	127	20729	峰峰矿区新坡镇	184	7028
曲周县大河道乡	128	20423	峰峰矿区和村镇	185	6986
魏县大马村乡	129	19788	魏县东代固乡	186	6806
武安市阳邑镇	130	19701	涉县鹿头乡	187	6795
魏县院堡乡	131	18921	涉县龙虎乡	188	6671
磁县岳城镇	132	18097	邱县古城营乡	189	6391
魏县仕望集乡	133	17982	涉县固新镇	190	6293
邱县南辛店乡	134	17872	磁县白土镇	191	6039
邯郸县尚壁镇	135	17713	涉县偏城镇	192	6004
邯郸县三陵乡	136	17564	磁县黄沙镇	193	5976
武安市徘徊镇	137	17535	涉县更乐镇	194	5558
魏县野胡拐乡	138	17456	磁县都党乡	195	5093
武安市大同镇	139	17391	涉县合漳乡	196	5006
永年县西阳城乡	140	16978	涉县西戍镇	197	4945
武安市康二城镇	141	16886	涉县木井乡	198	4647
邱县香城固镇	142	16725	涉县西达镇	199	4615
鸡泽县风正乡	143	15640	峰峰矿区界城镇	200	4595
永年县小西堡乡	144	15206	涉县关防乡	201	4535
永年县界河店乡	145	15144	涉县神头乡	202	4432
武安市北安乐乡	146	14835	武安市管陶乡	203	4316
磁县辛庄营乡	147	14832	峰峰矿区彭城镇	204	4232
邯郸县康庄乡	148	14649	涉县偏店乡	205	3947
永年县广府镇	149	14611	武安市活水乡	206	3879
魏县德政镇	150	14256	复兴区彭家寨乡	207	3632
魏县棘针寨乡	151	13875	峰峰矿区大峪镇	208	3473
武安市石洞乡	152	13573	磁县陶泉乡	209	3255
武安市伯延镇	153	13471	邯山区马头镇	210	3224
永年县西河庄乡	154	13362	邱县陈村回族乡	211	1146
武安市上团城乡	155	12943	峰峰矿区临水镇	212	1142
武安市磁山镇	156	12770	邯山区马庄乡	213	563
磁县观台镇	157	12551	从台区苏曹乡	214	0

全市乡镇按农民人均纯收入排序

单位：元

乡镇名称	位次	2012年	乡镇名称	位次	2012年
丛台区苏曹乡	1	11816	成安县漳河店镇	51	8703
复兴区彭家寨乡	2	11154	成安县柏寺营乡	52	8700
邯山区马庄乡	3	11049	成安县北乡义乡	53	8699
磁县观台镇	4	10652	成安县李家疃镇	54	8697
磁县岳城镇	5	10606	峰峰矿区和村镇	55	8682
磁县磁州镇	6	10590	鸡泽县双塔镇	56	8655
磁县台城乡	7	10563	临漳县西羊羔乡	57	8652
磁县西光禄镇	8	10474	鸡泽县曹庄乡	58	8650
磁县辛庄营乡	9	10394	磁县白土镇	59	8634
磁县高臾镇	10	10339	肥乡县辛安镇乡	60	8624
磁县花官营乡	11	10201	鸡泽县浮图店乡	61	8602
磁县讲武城镇	12	9980	峰峰矿区大峪镇	62	8601
磁县林坦镇	13	9969	永年县姚寨乡	63	8586
邯山区北张庄镇	14	9945	永年县西阳城乡	64	8576
邯郸县兼庄乡	15	9516	肥乡县元固乡	65	8520
永年县刘营乡	16	9285	鸡泽县鸡泽镇	66	8516
永年县西苏乡	17	9280	鸡泽县吴官营乡	67	8508
永年县临洺关镇	18	9276	磁县时村营乡	68	8500
永年县小龙马乡	19	9276	肥乡县毛演堡乡	69	8494
峰峰矿区彭城镇	20	9271	肥乡县大西韩乡	70	8490
永年县大北汪镇	21	9268	峰峰矿区界城镇	71	8485
磁县南城乡	22	9266	临漳县杜村集乡	72	8456
永年县广府镇	23	9264	涉县井店镇	73	8450
永年县刘汉乡	24	9257	肥乡县屯庄营乡	74	8450
永年县南沿村镇	25	9254	邯山区马头镇	75	8349
磁县西固义乡	26	9212	临漳县称勾集镇	76	8319
永年县正西乡	27	9208	临漳县柳园镇	77	8313
永年县界河店乡	28	9180	临漳县柏鹤集乡	78	8285
永年县张西堡镇	29	9175	肥乡县东漳堡乡	79	8260
永年县东杨庄乡	30	9150	肥乡县旧店乡	80	8252
永年县西河庄乡	31	9143	峰峰矿区新坡镇	81	8237
峰峰矿区临水镇	32	9141	临漳县狄邱乡	82	8170
永年县曲陌乡	33	9133	临漳县香菜营乡	83	8143
永年县小西堡乡	34	9086	磁县路村营乡	84	8131
峰峰矿区大社镇	35	9052	涉县涉城镇	85	8110
磁县都党乡	36	8936	临漳县南东坊镇	86	8103
鸡泽县风正乡	37	8925	临漳县张村集乡	87	7962
临漳县临漳镇	38	8911	磁县黄沙镇	88	7950
永年县讲武乡	39	8870	涉县更乐镇	89	7893
峰峰矿区义井镇	40	8865	武安市磁山镇	90	7886
鸡泽县小寨镇	41	8805	临漳县习文乡	91	7851
峰峰矿区峰峰镇	42	8791	临漳县孙陶集镇	92	7838
肥乡县肥乡镇	43	8756	永年县永合会镇	93	7792
永年县辛庄堡乡	44	8733	邱县梁二庄镇	94	7758
成安县长巷乡	45	8720	邱县陈村回族乡	95	7755
成安县成安镇	46	8719	临漳县章里集乡	96	7716
成安县商城镇	47	8719	武安市上团城乡	97	7716
成安县辛义乡	48	8710	武安市西寺庄乡	98	7668
成安县道东堡乡	49	8710	武安市武安镇	99	7561
肥乡县天台山镇	50	8704	涉县西戌镇	100	7555

全市乡镇按农民人均纯收入排序（续）　　单位：元

乡镇名称	位次	2012年	乡镇名称	位次	2012年
临漳县砖寨营乡	101	7485	大名县万堤镇	158	5870
曲周县第四疃镇	102	7390	邯郸县尚璧镇	159	5861
曲周县河南疃镇	103	7188	魏县德政镇	160	5831
武安市西土山乡	104	7183	魏县沙口集乡	161	5820
邱县邱城镇	105	7150	武安市矿山镇	162	5810
武安市淑村镇	106	7129	魏县北台头乡	163	5777
曲周县白寨乡	107	7128	大名县大街乡	164	5763
曲周县安寨镇	108	7080	魏县牙里镇	165	5740
涉县木井乡	109	7051	魏县泊口乡	166	5736
曲周县侯村镇	110	6950	魏县车往镇	167	5710
广平县广平镇	111	6922	魏县边马乡	168	5696
邱县新马头镇	112	6865	魏县院堡乡	169	5660
邱县香城固镇	113	6865	武安市石洞乡	170	5600
曲周县曲周镇	114	6843	魏县大辛庄乡	171	5590
涉县神头乡	115	6795	魏县野胡拐乡	172	5566
涉县龙虎乡	116	6790	曲周县依庄乡	173	5510
涉县偏店乡	117	6754	魏县北皋镇	174	5446
邱县南辛店乡	118	6750	邯郸县康庄乡	175	5360
邱县古城营乡	119	6720	魏县张二庄镇	176	5350
涉县河南店镇	120	6714	馆陶县柴堡镇	177	5230
广平县十里铺乡	121	6695	魏县仕望集乡	178	5230
涉县索堡镇	122	6692	魏县前大磨乡	179	5202
武安市康二城镇	123	6679	武安市伯延镇	180	5190
武安市北安庄乡	124	6614	魏县南双庙乡	181	5189
大名县大名镇	125	6600	广平县南韩村乡	182	5170
广平县平固店镇	126	6600	涉县辽城乡	183	5163
曲周县槐桥乡	127	6600	邯郸县南堡乡	184	5100
涉县鹿头乡	128	6556	邯郸县黄粱梦镇	185	5080
广平县胜营镇	129	6555	馆陶县寿山寺乡	186	5061
磁县陶泉乡	130	6512	邯郸县代召乡	187	5050
魏县魏城镇	131	6310	广平县南阳堡乡	188	4980
大名县营镇回族乡	132	6286	广平县东张孟乡	189	4970
大名县金滩镇	133	6240	魏县棘针寨乡	190	4946
大名县旧治乡	134	6235	武安市冶陶镇	191	4900
曲周县大河道乡	135	6211	武安市阳邑镇	192	4870
曲周县南里岳乡	136	6200	邯郸县南吕固乡	193	4800
大名县西未庄乡	137	6199	馆陶县魏僧寨镇	194	4800
邯郸县户村镇	138	6192	馆陶县馆陶镇	195	4734
大名县孙甘店乡	139	6182	魏县大马村乡	196	4647
大名县龙王庙镇	140	6154	武安市徘徊镇	197	4603
魏县回隆镇	141	6128	馆陶县王桥乡	198	4600
武安市邑城镇	142	6098	武安市北安乐乡	199	4599
武安市午汲镇	143	6051	馆陶县路桥乡	200	4540
魏县双井镇	144	6004	馆陶县房寨镇	201	4521
大名县张集乡	145	5997	涉县西达镇	202	4369
大名县铺上乡	146	5960	涉县固新镇	203	4317
武安市大同镇	147	5950	邯郸县三陵乡	204	4130
大名县西付集乡	148	5949	馆陶县南徐村乡	205	4125
大名县王村乡	149	5925	武安市马家庄乡	206	4030
大名县杨桥镇	150	5921	涉县偏城镇	207	3805
大名县埝头乡	151	5921	涉县合漳乡	208	3686
大名县红庙乡	152	5912	涉县关防乡	209	3558
大名县北峰乡	153	5907	邯郸县河沙镇镇	210	3500
大名县束馆镇	154	5902	武安市活水乡	211	3463
魏县东代固乡	155	5900	武安市贺进镇	212	3450
大名县沙圪塔乡	156	5895	武安市管陶乡	213	3258
大名县黄金堤乡	157	5872	磁县北贾壁乡	214	3220

附录：

主要统计指标解释

行政区划 指国家对行政区域的划分。根据有关法规规定，我国的行政区域划分如下：(1)全国分为省、自治区、直辖市；(2)省、自治区分为自治州、县、自治县、市；(3)自治州分为县、自治县、市；(4)县、自治县分为乡、民族乡、镇；(5)直辖市和较大的市分为区、县；(6)国家在必要时设立的特别行政区。

常住人口 指全年经常在家或在家居住6个月以上，而且经济和生活与本户连成一体的人口。外出从业人员在外居住时间虽然在6个月以上，但收入主要带回家中，经济与本户连为一体，仍视为家庭常住人口；在家居住，生活和本户连成一体的国家职工、退休人员也为家庭常住人口。但是现役军人、中专及以上(走读生除外)的在校学生、以及常年在外(不包括探亲、看病等)且已有稳定的职业与居住场所的外出从业人员，不算家庭常住人口。家庭常住人口主要作为计算农村住户平均每人收入、消费和积累水平及分析家庭人口状况的依据。

城镇人口和乡村人口 城镇人口是指居住在城镇范围内的全部常住人口；乡村人口是除上述人口以外的全部人口。

出生率(又称粗出生率) 指在一定时期内(通常为一年)一定地区的出生人数与同期内平均人数(或期中人数)之比，用千分率表示。本资料中的出生率指年出生率，其计算公式为：

$$出生率=\frac{年出生人数}{年平均人数}\quad 1000‰$$

死亡率(又称粗死亡率) 指在一定时期内(通常为一年)一定地区的死亡人数与同期内平均人数(或期中人数)之比，用千分率表示。本资料中的死亡率指年死亡率，其计算公式为：

$$死亡率=\frac{年死亡人数}{年平均人数}\quad 1000‰$$

人口自然增长率 指在一定时期内(通常为一年)人口自然增加数(出生人数减死亡人数)与该时期内平均人数(或期中人数)之比，用千分率表示。计算公式为：

$$人口自然增长率=\frac{本年出生人数-本年死亡人数}{年平均人数}\quad 1000‰$$

=人口出生率-人口死亡率

老年人口抚养比 也称老年人口抚养系数。指某一人口中老年人口数与劳动年龄人口数之比。通常用百分比表示。用以表明每100名劳动年龄人口要负担多少名老年人。老年人口抚养比是从经济角度反映人口老化社会后果的指标之一。计算公式为：

$$ODR=\frac{P_{65^+}}{P_{15\sim64}}\times100\%$$

其中：ODR为老年人口抚养比；

P65+为65岁及65岁以上的老年人口数；

P15~64为15～64岁的劳动年龄人口数。

少年儿童抚养比 也称少年儿童抚养系数。指某一人口中少年儿童人口数与劳动年龄人口数之比。通常用百分比表示。以反映每100名劳动年龄人口要负担多少名少年儿童。计算公式为：

$$CDR=\frac{P_{0\sim14}}{P_{15\sim64}}\times100\%$$

其中：CDR为少年儿童抚养比；

P0~14为0～14岁少年儿童人口数；

P15~64为15～64岁劳动年龄人口数。

经济活动人口 指在16周岁及以上，有劳动能力，参加或要求参加社会经济活动的人口。包括就业人员和失业人员。

平均增长速度 平均增长速度表明社会经济现象在一个较长的时期内逐期平均增长变化的程度，它不能根据各个环比增长速度直接求得，但与平均发展速度之间存在着一定的数量关系：平均增长速度＝平均发展速度－1。

国民经济行业分类 自2003年定期报表开始使用新的《国民经济行业分类》(GB/T4754-2002)。该分类是由国家统计局组织修订，经国家质量监督检验检疫总局批准，于2002年5月10日发布实施。这次修订是在1994年分类标准的基础上，参照联合国《全部经济活动的国际标准产业分类》（ISIC/Rev.3）进行的。修订后的《国民经济行业分类》（GB/T4754-2002）共有门类20个，大类95个，中类396个，小类913个。新增门类4个，大类增加3个，中类增加28个，小类增加67个。

企业(单位)登记注册类型 是以在工商行政管理机关登记注册的各类企业为划分对象，以工商行政管理部门对企业登记注册的类型为依据，将企业登记注册类型分为内资企业、港澳台商投资企业和外商投资企业三大类。内资企业包括国有企业、集体企业、股份合作企业、联营企业、有限责任公司、股份有限公司、私营公司和其他企业；港澳台商投资企业和外商投资企业分别包括合资经营企业、合作经营企业、独资经营企业和股份有限公司。对不在工商行政管理部门进行登记注册的行政机关、事业单位和社会团体，主要按其经费来源和管理方式进行划分。

行政机关、事业单位和社会团体 参照企业登记注册类型，主要按其经费来源和管理方式划分。具体规定如下：

⑴行政机关：包括国家机关和政党机关，原则上均列为“国有”。但有特殊规定的，如供销社等，则列为“集体”。

⑵事业单位：包括经国家机构编制部门和有关业务主管部门批准成立的各类事业单位，不包括实行企业化管理的事业单位。

⑶社会团体：包括经民政部门批准成立以及未纳入社会团体管理条例范围的工会、妇联等各类社会团体。

国内生产总值(GDP) 指按市场价格计算的一个国家(或地区)所有常住单位在一定时期内生产活动的最终成果。国内生产总值有三种表现形态，即价值形态、收入形态和产品形态。从价值形态看，它是所有常住单位在一定时期内生产的全部货物和服务价值超过同期投入的全部非固定资产货物和服务价值的差额，即所有常住单位的增加值之和；从收入形态看，它是所有常住单位在一定时期内创造并分配给常住单位和非常住单位的初次收入之和；从产品形态看，它是所有常住单位在一定时期内最终使用的货物和服务价值与货物和服务净出口价值之和。在实际核算中，国内生产总值有三种计算方法，即生产法、收入法和支出法。三种方法分别从不同的方面反映国内生产总值及其构成。

国民总收入（GNI） 即国民生产总值，指一个国家(或地区)所有常住单位在一定时期内收入初次分配的最终结果。一国常住单位从事生产活动所创造的增加值在初次分配中主要分配给该国的常住单位，但也有一部分以生产税及进口税(扣除生产和进口补贴)、劳动者报酬和财产收入等形式分配给非常住单位；同时，国外生产所创造的增加值也有一部分以生产税及进口税(扣除生产和进口补贴)、劳动者报酬和财产收入等形式分配给该国的常住单位，从而产生了国民总收入的概念。它等于国内生产总值加上来自国外的净要素收入。与国内生产总值不同，国民总收入是个收入概念，而国内生产总值是个生产概念。

三次产业 三产业的划分是世界上较为常用的产业结构分类，但各国的划分不尽一致。我国的三次产业划分是：

第一产业是指农业、林业、畜牧业、渔业和农林牧渔服务业。

第二产业是指采矿业，制造业，电力、煤气及水的生产和供应业，建筑业。

第三产业是指除第一、二产业以外的其他行业。

支出法国内生产总值 是从最终使用的角度反映一个国家(或地区)一定时期内生产活动最终成果的一种方法，包括最终消费支出、资本形成总额及货物和服务净出口三部分。计算公式为：

支出法国内生产总值=最终消费支出+资本形成总额+货物和服务净出口

最终消费支出 指常住单位为满足物质、文化和精神生活的需要，从本国经济领土和国外购买的货物和服务的支出。它不包括非常住单位在本国经济领土内的消费支出。最终消费支出分为居民消费支出和政府消费支出。

居民消费支出 指常住住户在一定时期内对于货物和服务的全部最终消费支出。居民消费支出除了直接以货币形式购买的货物和服务的消费支出外，还包括以其他方式获得的货物和服务的消费支出，即所谓的虚拟消费支出。居民虚拟消费支出包括如下几种类型：单位以实物报酬及实物转移的形式提供给劳动者的货物和服务；住户生产并由本住户消费了的货物和服务，其中的服务仅指住户的自有住房服务和付酬的家庭雇员提供的家庭和个人服务；金融机构提供的金融媒介服务。

政府消费支出 指政府部门为全社会提供的公共服务的消费支出和免费或以较低的价格向居民住户提供的货物和服务的净支出，前者等于政府服务的产出价值减去政府单位所获得的经营收入的价值，后者等于政府部门免费或以较低价格向居民住户提供的货物和服务的市场价值减去向住户收取的价值。

劳动者报酬 指劳动者因从事生产活动所获得的全部报酬。包括劳动者获得的各种形式的工资、奖金和津贴，既包括货币形式的，也包括实物形式的，还包括劳动者所享受的公费医疗和医药卫生费、上下班交通补贴、单位支付的社会保险费、住房公积金等。

资本形成总额 指常住单位在一定时期内获得减去处置的固定资产和存货的净额，包括固定资本形成总额和存货增加两部分。

固定资本形成总额 指常住单位在一定时期内获得的固定资产减处置的固定资产的价值总额。固定资产是通过生产活动生产出来的，且其使用年限在一年以上、单位价值在规定标准以上的资产，不包括自然资产。可分为有形固定资本形成总额和无形固定资本形成总额。有形固定资本形成总额包括一定时期内完成的建筑工程、安装工程和设备工器具购置(减处置)价值，以及土地改良、新增役、种、奶、毛、娱乐用牲畜和新增经济林木价值。无形固定资本形成总额包括矿藏的勘探、计算机软件等获得减处置。

存货增加 指常住单位在一定时期内存货实物量变动的市场价值，即期末价值减期初价值的差额，再扣除当期由于价格变动而产生的持有收益。存货增加可以是正值，也可以是负值，正值表示存货上升，负值表示存货下降。存货包括生产单位购进的原材料、燃料和储备物资等存货，以及生产单位生产的产成品、在制品和半成品等存货。

非金融企业与非金融企业部门 非金融企业指主要从事市场货物生产和提供非金融市场服务的常住企业，它主要包括从事上述活动的各类法人企业。所有非金融企业归并在一起，就形成非金融企业部门。

金融机构与金融机构部门 金融机构指主要从事金融媒介以及与金融媒介密切相关的辅助金融活动的常住单位，它主要包括中央银行、商业银行和政策性银行、非银行信贷机构和保险公司。所有金融机构归并在一起，就形成金融机构部门。

政府单位与政府部门 政府单位指在我国境内通过政治程序建立的、在一特定区域内对其他机构单位拥有立法、司法和行政权的法律实体及其附属单位。政府单位的主要职能是利用征税和其他方式获得的资金向社会和公众提供公共服务。通过转移支付，对社会收入和财产进行再分配。它主要包括各种行政单位和非营利性事业单位。所有政府单位归并在一起，就形成政府部门。

住户与住户部门 住户指共享同一生活设施、部分或全部收入和财产集中使用、共同消费住房、食品和其他消费品与消费服务的常住个人或个人群体。所有住户归并在一起，就形成住户部门。

初次分配总收入 初次分配是生产活动形成的净成果在参与生产活动的生产要素的所有者及政府之间的分配。生产活动的净成果是增加值。生产要素包括劳动力、土地、资本。劳动力所有者因提供劳动而获得劳动报酬；土地所有者因出租土地而获得地租；资本的所有者因资本的形态不同而获得不同形式的收入：借贷资本所有者获得利息收入；股权所有者获得红利或未分配利润；政府因直接或间接介入生产过程而获得生产税或支付补贴。初次分配的结果形成各个机构部门的初次分配总收入。各部门的初次分配总收入之和就等于国民总收入，亦即国民生产总值。

可支配总收入 在初次分配总收入的基础上，通过经常转移的形式对初次分配总收入进行再次分配。再分配的结果形成各个机构部门的可支配总收入。各部门的可支配总收入之和称为国民可支配总收入。

资本转移 指一个部门无偿地向另一个部门支付用于非金融投资的资金，是一种不从对方获取任何对应物作为回报的交易。资本转移具有不同于经常转移的两个特征，一是转移的目的是用于投资，而不是用于消费；二是资本转移其实物形式往往涉及除存货和现金以外资产所有权的转移；其现金形式往往涉及除存货以外的资产的处置。资本转移包括投资性补助和其他资本转移。

净金融投资 它反映机构部门或经济总体资金富余或短缺的状况。从实物交易角度看，它是指总储蓄加资本转移收入减资本转移支出减非金融投资后的差额。从金融交易角度看，它是金融资产的增加额减金融负债的增加额之后的差额

存款 指金融机构接受客户存入的货币款项，存款人可随时或按约定时间支取款项的信用业务。包括活期存款、定期存款、住户储蓄存款、财政存款、外汇存款和其他存款等。

贷款 指金融机构将其所吸收的资金，按一定的利率贷放给客户并约期归还的信用业务。包括短期贷款、中长期贷款、财政贷款、外汇贷款和其他贷款。

证券（不含股票） 由债券购买者承购的或因销售产品而拥有的，可在金融市场上交易并代表一定债权的书面证明。包括政府债券、金融债券、企业债券、商业票据、支付固定收入但不提供法人企业残余价值分享权的优先股等。

股票及其他股权 指股票购买者及直接投资者对其投资企业净资产所拥有的权益。股票是股份公司签发的证明股东投资并按其所持股份享有权益和承担义务的权益性证券。其他股权是机构单位以直接投资的方式用除股票、债权性证券以外的土地、房屋及建筑物、机器设备、存货、资源资产等实物资产，商标、专利权、土地使用权、特许使用权、商誉等无形资产及货币资金直接向其他单位进行的投资。通常以股权证、出资证明书、参与证或类似的单据为凭证。

保险准备金 指对人寿保险准备金和养恤基金的净权益、保险费预付款和未结索赔准备金。

准备金 指各金融机构在中央银行的存款及缴存中央银行的法定准备金。

货物进出口 指通过我国海关进出口的货物。货物的进出口值都按离岸价格估价。离岸价格可视为进口商在出口商边境领取货物时支付的购买者价格。当进口商领取该货物时，该货物已装载到进口商自己的运载工具或其他运载工具，出口商已为该货物支付了出口税或获得了出口退税。

年度统计的年末人口数 指每年 12 月 31 日 24 时的人口数。年度统计的全国人口总数内未包括香港、澳门特别行政区和台湾省以及海外华侨人数。

就业人员 指在 16 周岁及以上，从事一定社会劳动并取得劳动报酬或经营收入的人员。这一指标反映了一定时期内全部劳动力资源的实际利用情况，是研究我国基本国情国力的重要指标。

单位就业人员 指在各级国家机关、政党机关、社会团体及企业、事业单位中工作，取得工资或其他形式的劳动报酬的全部人员。包括在岗职工、再就业的离退休人员、民办教师以及在各单位中工作的外方人员和港澳台方人员、兼职人员、借用的外单位人员和第二职业者。不包

括离开本单位仍保留劳动关系的职工。各单位的就业人员反映了各单位实际参加生产或工作的全部劳动力。

城镇私营和个体就业人员 城镇私营就业人员指在工商管理部门注册登记，其经营地址设在县城关镇(含县城关镇)以上的私营企业就业人员，包括私营企业投资者和雇工。城镇个体就业人员指在工商管理部门注册登记，并持有城镇户口或在城镇长期居住，经批准从事个体工商经营的就业人员，包括个体经营者和在个体工商户劳动的家庭帮工和雇工。

在岗职工 指在本单位工作并由单位支付工资的人员，以及有工作岗位，但由于学习、病伤产假等原因暂未工作，仍由单位支付工资的人员。

工资总额 指各单位在一定时期内直接支付给本单位全部就业人员的劳动报酬总额。工资总额的计算原则应以直接支付给就业人员的全部劳动报酬为根据。各单位支付给就业人员的劳动报酬以及其他根据有关规定支付的工资，不论是计入成本的还是不计入成本的，不论是按国家规定列入计征奖金税项目的，还是未列入计征奖金税项目的，不论是以货币形式支付的还是以实物形式支付的，均包括在工资总额内。

平均工资 指企业、事业、机关单位的就业人员在一定时期内平均每人所得的货币工资额。它表明一定时期职工工资收入的高低程度，是反映就业人员工资水平的主要指标。计算公式为:

$$\text{平均工资}=\frac{\text{报告期实际支付的全部就业人员工资总额}}{\text{报告期全部就业人员平均人数}}$$

平均工资指数 指报告期就业人员平均工资与基期就业人员平均工资的比率，是反映不同时期就业人员货币工资水平变动情况的相对数。计算公式为:

$$\text{平均工资指数}=\frac{\text{报告期就业人员平均工资}}{\text{基期就业人员平均工资}}\quad 100\%$$

城镇登记失业人员 指有非农业户口，在一定的劳动年龄内(16 周岁至退休年龄)，有劳动能力，无业而要求就业，并在当地劳动保障部门进行失业登记的人员。

城镇登记失业率 城镇登记失业人员与城镇单位就业人员(扣除使用的农村劳动力、聘用的离退休人员、港澳台及外方人员)、城镇单位中的不在岗职工、城镇私营业主、个体户主、城镇私营企业和个体就业人员、城镇登记失业人员之和的比。计算公式为:

$$\text{城镇登记失业率}=\frac{\text{城镇登记失业人数}}{\text{(城镇单位就业人员-使用的农村劳动力-聘用的离退休人员-聘用的港澳台及外方人员)+不在岗职工+城镇私营业主+城镇个体户主+城镇私营企业及个体就业人员+城镇登记失业人数}}\quad 100\%$$

全社会固定资产投资 是以货币形式表现的在一定时期内全社会建造和购置固定资产的工作量以及与此有关的费用的总称。该指标是反映固定资产投资规模、结构和发展速度的综合性指标，又是观察工程进度和考核投资效果的重要依据。全社会固定资产投资按登记注册类型可分为国有、集体、联营、股份制、私营和个体、港澳台商、外商、其他等。

房地产开发投资 指各种登记注册类型的房地产开发公司、商品房建设公司及其他房地产开发法人单位和附属于其他法人单位实际从事房地产开发或经营活动的单位统一开发的包括统代建、拆迁还建的住宅、厂房、仓库、饭店、宾馆、度假村、写字楼、办公楼等房屋建筑物和配套的服务设施，土地开发工程（如道路、给水、排水、供电、供热、通讯、平整场地等基础设施工程）的投资；不包括单纯的土地交易活动。

施工项目 指报告期内所有施工的建设项目个数，包括本年新开工的项目和以前年度开工在本年继续施工的建设项目。凡是报告期内施过工的建设项目，不论施工时间长短，均作为施工项目统计。施工项目个数可以反映一定时期固定资产投资的实际规模，与同期全部建成投产项目个数相比，可以从建设速度的角度反映固定资产投资的效果。

施工房屋面积 指报告期内施工的全部房屋（包括地下室、半地下室以及配套房屋）建筑面积。包括本期新开工的面积和上期开工跨入本期继续施工的房屋面积，以及上期已停建在本期恢复施工的房屋面积。本期竣工和本期施工后又停缓建的房屋，其建筑面积仍计入本期房屋施工面积中。

竣工房屋面积 指在报告期内房屋建筑按照设计要求已经全部完工，达到住人和使用条件，经验收鉴定合格(或达到竣工验收标准)，可正式移交使用单位的各栋房屋建筑面积的总和。

新增固定资产 指报告期内交付使用的固定资产价值。包括本年内建成投入生产或交付使用的工程投资和达到固定资产标准的设备、工具、器具的投资及有关应摊入的费用。该指标是表示固定资产投资成果的价值指标，也是反映建设进度，计算固定资产投资效果的重要指标。

项目建成投产率 指一定时期内全部建成投产项目个数与同期施工项目个数的比率。该指标是从建设单位建设速度的角度反映投资效果的指标。

固定资产交付使用率 指一定时期新增固定资产与同期完成投资额的比率。该指标是反映固定资产动用速度，衡量建设过程中宏观投资效果的综合指标。由于新增固定资产是较长时期内形成的结果，而投资额则是当年完成的，因此，该指标一般适宜于反映较长时期内固定资产的动用情况。

商品房销售面积 指报告期内出售商品房屋的合同总面积(即双方签署的正式买卖合同中所确定的建筑面积)。由现房销售建筑面积和期房销售建筑面积两部分组成。

商品房销售额 指报告期内出售商品房屋的合同总价款(即双方签署的正式买卖合同中所确定的合同总价)。该指标与商品房销售面积同口径，由现房销售额和期房销售额两部分组成。

经济适用房 指根据经济适用房计划安排建设的政策性住宅。经济是指房屋建筑造价和销售价格低于一般商品住宅；适用是指适合中低收入家庭购买使用。经济适用房主要是由地方政府统一下达投资计划，房地产公司开发，对外销售；用地一般采用行政划拨或招标投标方式，免收土地出让金；对各种经批准的收费减半征收，开发利润不超过3%；销售价格实行政府指导价。该指标可以分析房地产投资结构，反映中低收入家庭商品住宅的供求平衡情况。

进出口总额 指实际进出我国国境的货物总金额。包括对外贸易实际进出口货物，来料加工装配进出口货物，国家间、联合国及国际组织无偿援助物资和赠送品，华侨、港澳台同胞和外籍华人捐赠品，租赁期满归承租人所有的租赁货物，进料加工进出口货物，边境地方贸易及边境地区小额贸易进出口货物(边民互市贸易除外)，中外合资企业、中外合作经营企业、外商独资经营企业进出口货物和公用物品，到、离岸价格在规定限额以上的进出口货样和广告品(无商业价值、无使用价值和免费提供出口的除外)，从保税仓库提取在中国境内销售的进口货物，以及其他进出口货物。该指标可以观察一个国家在对外贸易方面的总规模。我国规定出口货物按离岸价格统计，进口货物按到岸价格统计。

外商直接投资 指外国企业和经济组织或个人(包括华侨、港澳台胞以及我国在境外注册的企业)按我国有关政策、法规，用现汇、实物、技术等在我国境内开办外商独资企业、与我国境内的企业或经济组织共同举办中外合资经营企业、合作经营企业或合作开发资源的投资(包括外商投资收益的再投资)，以及经政府有关部门批准的项目投资总额内企业从境外借入的资金。

能源消费总量 指一定时期内，全国各行业和居民生活消费的各种能源的总和。该指标是观察能源消费水平、构成和增长速度的总量指标。能源消费总量包括原煤和原油及其制品、天然气、电力，不包括低热值燃料、生物质能和太阳能等的利用。能源消费总量分为终端能源消费量、能源加工转换损失量和能源损失量三部分。

(1)终端能源消费量：指一定时期内，全国生产和生活消费的各种能源在扣除了用于加工转换二次能源消费量和损失量以后的数量。

(2)能源加工转换损失量：指一定时期内，全国投入加工转换的各种能源数量之和与产出各种能源产品之和的差额。该指标是观察能源在加工转换过程中损失量变化的指标。

(3)能源损失量：指一定时期内，能源在输送、分配、储存过程中发生的损失和由客观原因造成的各种损失量，不包括各种气体能源放空、放散量。

能源生产弹性系数 是研究能源生产增长速度与国民经济增长速度之间关系的指标。计算公式：

$$能源生产弹性系数=\frac{能源生产总量年平均增长速度}{国民经济年平均增长速度}$$

电力生产弹性系数 是研究电力生产增长速度与国民经济增长速度之间关系的指标。一般来说，电力的发展应当快于国民经济的发展，也就是说电力应超前发展。计算公式为：

$$电力生产弹性系数=\frac{电力生产量年平均增长速度}{国民经济年平均增长速度}$$

能源消费弹性系数 反映能源消费增长速度与国民经济增长速度之间比例关系的指标。计算公式为：

$$能源消费弹性系数=\frac{能源消费量年平均增长速度}{国民经济年平均增长速度}$$

电力消费弹性系数 反映电力消费增长速度与国民经济增长速度之间比例关系的指标。计算公式为：

$$电力消费弹性系数=\frac{电力消费量年平均增长速度}{国民经济年平均增长速度}$$

能源加工转换效率 指一定时期内，能源经过加工、转换后，产出的各种能源产品的数量与同期内投入加工转换的各种能源数量的比率。该指标是观察能源加工转换装置和生产工艺先进与落后、管理水平高低等的重要指标。计算公式为：

$$能源加工转换效率=\frac{能源加工转换产出量}{能源加工转换投入量}\times 100\%$$

单位国内生产总值能耗 指一定时期内，一个国家或地区每生产一个单位的国内生产总值所消耗的能源。计算公式为：

$$单位国内生产总值能源=\frac{能源消费总量}{国内生产总值}$$

单位国内生产总值电耗 指一定时期内，一个国家或地区每生产一个单位的国内生产总值所消耗的电力。计算公式为：

$$单位国内生产总值电耗=\frac{全社会用电量}{国内生产总值}$$

单位工业增加值能耗 指一定时期内，一个国家或地区每生产一个单位的工业增加值所消耗的能源。计算公式为：

$$单位工业增加值能耗=\frac{工业能源消费量}{工业增加值}$$

居民消费价格指数 是反映一定时期内城乡居民所购买的生活消费品和服务项目价格变动趋势和程度的相对数，是对城市居民消费价格指数和农村居民消费价格指数进行综合汇总计算的结果。通过该指数可以观察和分析消费品的零售价格和服务项目价格变动对城乡居民实际生活费支出的影响程度。

城市居民消费价格指数 是反映一定时期内城市居民家庭所购买的生活消费品价格和服务项目价格变动趋势和程度的相对数。通过该指数可以观察和分析消费品的零售价格和服务项目价格变动对城镇居民收入和消费支出的影响。

农村居民消费价格指数 是反映一定时期内农村居民家庭所购买的生活消费品价格和服务项目价格变动趋势和程度的相对数。该指数可以观察农村消费品的零售价格和服务项目价格变动对农村居民收入和生活消费支出的影响。

商品零售价格指数 是反映一定时期内城乡商品零售价格变动趋势和程度的相对数。商品零售价格的变动与国家的财政收入、市场供需的平衡、消费与积累的比例关系有关。因此，该指数可以从一个侧面对上述经济活动进行观察和分析。

农业生产资料价格指数 指反映一定时期内农业生产资料价格变动趋势和程度的相对数。其编制目的是了解农业生产中投入物质资料价格的变动状况，服务于国民经济核算。1994 年以前，农业生产资料价格指数仅仅是商品零售价格指数的一个类别，此后，从商品零售价格指数中分离出来，单独编制。

农产品生产价格指数 是反映一定时期内，农产品生产者出售农产品价格水平变动趋势及幅度的相对数。该指数可以客观反映全国农产品生产价格水平和结构变动情况，满足农业与国民经济核算需要。其中某代表品生产价格指数是通过对全部有出售该产品行为的调查单位的个体指数进行几何平均求得的，类价格指数是通过对其所属的类（或代表品）的价格指数进行加权平均求得的。季度累计价格指数的计算方法与分季指数的计算方法相同。

工业品出厂价格指数 是反映一定时期内全部工业产品出厂价格总水平的变动趋势和程度的相对数，包括工业企业售给本企业以外所有单位的各种产品和直接售给居民用于生活消费的产品。该指数可以观察出厂价格变动对工业总产值及增加值的影响。

原材料、燃料动力购进价格指数 是反映工业企业作为生产投入，而从物资交易市场和能源、原材料生产企业购买原材料、燃料和动力产品时，所支付的价格水平变动趋势和程度的统计指标，是扣除工业企业物质消耗成本中的价格变动影响的重要依据。目前，我国编制的原材料、燃料动力购进价格指数所调查的产品包括燃料动力、黑色金属、有色金属、化工、建材等九大类的近 1800 种产品。

城镇家庭人口 指居住在一起，经济上合在一起共同生活的家庭成员。凡计算为家庭人口的成员其全部收支都包括在本家庭中。

城镇家庭总收入 指家庭成员得到的工资性收入、经营净收入、财产性收入、转移性收入之和，不包括出售财物收入和借贷收入。

城镇家庭可支配收入 指家庭成员得到可用于最终消费支出和其他非义务性支出以及储蓄的总和，即居民家庭可以用来自由支配的收入。它是家庭总收入扣除交纳的个人所得税、个人交纳的社会保障支出以及记账补贴后的收入。计算公式为：

可支配收入=家庭总收入-交纳个人所得税-个人交纳的社会保障支出-记账补贴

城镇家庭总支出 指除借贷支出以外的全部家庭支出。包括消费性支出、购房建房支出、转移性支出、财产性支出、社会保障支出。

城镇家庭消费性支出 指家庭用于日常生活的支出，包括食品、衣着、居住、家庭设备用品及服务、医疗保健、交通和通信、教育文化娱乐服务、其他商品和服务等八大类支出。

城镇家庭服务性消费支出 指家庭用于支付社会提供的各种非商品性服务费用。

城镇家庭收入分组方法 是将所有调查户按户人均可支配收入由低到高排队，按 10%，10%，20%，20%，20%，10%，10%的比例依次分成：最低收入户、低收入户、中等偏下收入户、中等收入户、中等偏上收入户、高收入户、最高收入户等七组。总体中最低 5%的户为困难户。

恩格尔系数 指食物支出金额在生活消费总支出金额中所占的比例。计算公式为：

$$\text{恩格尔系数}=\frac{\text{食品支出金额}}{\text{生活消费总支出金额}}\times 100\%$$

农村住户 指农村常住户。农村常住户指长期(一年以上)居住在乡镇(不包括城关镇)行政管理区域内的住户，以及长期居住在城关镇所辖行政村范围内的农村住户。户口不在本地而在本地居住一年及以上的住户也包括在本地农村常住户范围内；有本地户口，但举家外出谋生一年以上的住户，无论是否保留承包耕地都不包括在本地农村住户范围内。

总收入 指调查期内农村住户和住户成员从各种来源渠道得到的收入总和。按收入的性质划分为工资性收入、家庭经营收入、财产性收入和转移性收入。

纯收入 指农村住户当年从各个来源得到的总收入相应地扣除所发生的费用后的收入总和。计算方法：

纯收入=总收入-家庭经营费用支出-税费支出-生产性固定资产折旧-赠送农村内部亲友

总支出 指农村住户用于生产、生活和再分配的全部支出。包括家庭经营费用支出、购置生产性固定资产支出、税费支出、生活消费支出、财产性支出和转移性支出。

供水综合生产能力 指按供水设施取水、净化、送水、出厂输水干管等环节设计能力计算的综合生产能力。包括在原设计能力的基础上，经挖、革、改增加的生产能力。计算时，以四个环节中最薄弱的环节为主确定能力。

年末供水管道长度 指从送水泵至用户水表之间所有管道的长度。不包括新安装尚未使用、水厂内以及用户建筑物内的管道。

全年供水总量 指报告期供水企业(单位)供出的全部水量。包括有效供水量和漏损水量。

生活用水量 包括公共服务用水和居民家庭用水。公共服务用水指为城市社会公共生活服务的用水。包括行政事业单位、部队营区和公共设施服务、社会服务业、批发零售业、住宿餐饮业以及其他公共服务业等单位的用水。居民家庭用水指城市范围内所有居民家庭的日常生活用水。包括城市居民、农民家庭、公共供水站用水。

用水普及率 指城市用水人口数与城市人口总数的比率。计算公式:

$$用水普及率=\frac{城市用水人口数}{城市人口总数}\times100\%$$

人工煤气生产能力 指报告期末人工煤气生产厂制气、净化、输送等环节的综合生产能力,不包括备用设备能力。一般按设计能力计算,如果实际生产能力大于设计能力时,应按实际测定的生产能力计算。测定时应以制气、净化、输送三个环节中最薄弱的环节为主。

供气管道长度 指报告期末从气源厂压缩机的出口或门站出口至各类用户引入管之间的全部已经通气投入使用的管道长度。不包括煤气生产厂、输配站、液化气储存站、灌瓶站、储配站、气化站、混气站、供应站等厂(站)内的管道。

全年供气总量 指全年燃气企业(单位)向用户供应的燃气数量。包括销售量和损失量。

燃气普及率 指报告期末使用燃气的城市人口数与城市人口总数的比率。计算公式为:

$$燃气普及率=\frac{城市使用燃气人口数}{城市人口总数}\times100\%$$

城市供热能力 指供热企业(单位)向城市热用户输送热能的设计能力。

城市供热总量 指在报告期供热企业(单位)向城市热用户输送全部蒸汽和热水的总热量。

城市供热管道长度 指从各类热源到热用户建筑物接入口之间的全部蒸汽和热水的管道长度。不包括各类热源厂内部的管道长度。

年末道路长度 指年末道路长度和与道路相通的桥梁、隧道的长度,按车行道中心线计算。在统计时只统计路面宽度在 3.5 米(含 3.5 米)以上的各种铺装道路,包括开放型工业区和住宅区道路在内。

城市桥梁 指为跨越天然或人工障碍物而修建的构筑物。包括跨河桥、立交桥、人行天桥以及人行地下通道等。按使用年限分为永久性桥和半永久性桥。

城市排水管道长度 指所有排水总管、干管、支管、检查井及连接井进出口等长度之和。

城市污水日处理能力 指污水处理厂(或污水处理装置)每昼夜处理污水量的设计能力。

年末运营车数 指年末城市用于公共交通运营业务的全部车辆数。新购、新制和调入的运营车辆,自投入之日起开始计算;调出、报废和调作他用的运营车辆,自上级主管机关批准之日起不再计入。

城市园林绿地面积 指报告期末用作园林和绿化的各种绿地面积。包括公园绿地、生产绿地、防护绿地、附属绿地和其他绿地的面积。

公园绿地 城市中向公众开放的以游憩为主要功能,有一定的游憩设施和服务设施,同时兼有健全生态、美化景观、防灾减灾等综合作用的绿化用地。包括综合公园、社区公园、专类公园、带状公园和街旁绿地。其中综合公园、专类公园和带状公园面积之和为公园面积。

每万人拥有公共交通车辆 指报告期末城区内每万人平均拥有的公共交通车辆标台数。计算公式:

$$每万人拥有公共交通车辆=\frac{公共交通运营车标台数}{城市人口总数}$$

气候 指地球与大气之间长期能量交换与质量交换所形成的一种自然环境状态,它是多种因素综合作用的结果。气候既是人类生活和生产的环境要素之一,又是供给人类生活和生产的重要资源。气温、降水、湿度等气象要素的多年平均值是用来描述一个地区气候状况的主要参数,而各种气象要素某年、某月的平均值(或总量)则可以反映出该时期天气气候状况的重要特征。

自然资源 指人类可以直接从自然界获得,并用于生产和生活的物质资源。自然资源一般可以分成可再生资源和非再生资源两大类。可再生资源指在较短时间内可以再生、可以循环利用的资源,包括土地资源、水资源、气候资源、生物资源和海洋资源等。非再生资源指在使用后不能再生的资源,包括矿产资源和地热能源。

土地资源 土地指陆地的表层部分,它主要由岩石、岩石的风化物和土壤构成。土地资源按利用类型可以分为农用地、建筑用地和未利用地。农用地包括耕地、园地、林地、牧草地和水面。建筑用地包括居民点及工矿用地、交通用地和水利设施用地。未利用地指农用地和建筑用地以外的土地,包括滩涂、荒漠、戈壁、冰川和石山等。

耕地面积 指经过开垦用以种植农作物并经常进行耕耘的土地面积。包括种有作物的土地面积、休闲地、新开荒地和抛荒未满三年的土地面积。

林业用地面积 指生长乔木、竹类、灌木、沿海红树林等林木的土地面积,包括有林地、灌木林、疏林地、未成林造林地、迹地、苗圃等。

草地面积 指牧区和农区用于放牧牲畜或割草,植被盖度在 5%以上的草原、草坡、草山等面积。包括天然的和人工种植或改良的草地面积。

矿产资源 矿产资源指由地质作用形成的,具有利用价值的,呈固态、液态、气态的自然资源,是社会生产发展的重要物质基础。目前我国已发现矿种有 170 多种,按其特点和用途,可分为能源矿产(如煤炭、石油、天然气、地热)、金属矿产(如铁矿、锰矿、铜矿、铅矿、铝土矿)、非金属矿产(如金刚石、石灰岩、粘土)和水气矿产(如地下水、矿泉水、二氧化碳气)四大类。其中:金属矿产按其物质成份和性质又可分为：黑色金属矿产、有色金属矿产、贵金属矿产、稀有金属矿产、稀土金属矿产、分散元素金属矿产六类。

矿产基础储量　基础储量是查明矿产资源的一部分。它能满足现行采矿和生产所需的指标要求，是控制的、探明的并通过可行性或预可行性研究认为属于经济的、边界经济的部分，用未扣除设计、采矿损失的数量表示。

气温　指空气的温度，我国一般以摄氏度(℃)为单位表示。气象观测的温度表是放在离地面约 1.5 米处通风良好的百叶箱里测量的，因此，通常说的气温指的是离地面 1.5 米处百叶箱中的温度。其统计计算方法为：月平均气温是将全月各日的平均气温相加，除以该月的天数而得；年平均气温是将 12 个月的月平均气温累加后除以 12 而得。

相对湿度　指空气中实际所含水蒸气密度和同温度下饱和水蒸气密度的百分比值。其统计方法与气温相同。

降水量　指从天空降落到地面的液态或固态(经融化后)水，未经蒸发、渗透、流失而在地面上积聚的深度。其统计计算方法为：月降水量是将全月各日的降水量累加而得；年降水量是将 12 个月的月降水量累加而得。

日照时数　指太阳实际照射地面的时间。其统计方法与降水量相同。

水资源总量　指评价区内降水形成的地表和地下产水总量，即地表产流量与降水入渗补给地下水量之和，不包括过境水量。

供水总量　指各种水源工程为用户提供的包括输水损失在内的毛供水量之和，不包括海水直接利用量。

用水总量　指分配给各类用户的包括输水损失在内的毛用水量之和，不包括海水直接利用量。

工业废水排放量　指经过企业厂区所有排放口排到企业外部的工业废水量。包括生产废水、外排的直接冷却水、超标排放的矿井地下水和与工业废水混排的厂区生活污水，不包括外排的间接冷却水(清污不分流的间接冷却水应计算在内)。

工业废水排放达标量　指报告期内废水中各项污染物指标都达到国家或地方排放标准的外排工业废水量，包括未经处理外排达标的，经废水处理设施处理后达标排放的，以及经污水处理厂处理后达标排放的。

工业废气排放量　指报告期内企业厂区内燃料燃烧和生产工艺过程中产生的各种排入大气的含有污染物的气体的总量，以标准状态(273K，101325Pa)计算。测算公式为：

$$\begin{matrix}\text{工业废气}\\\text{排放量}\end{matrix}=\begin{matrix}\text{燃料燃烧过程}\\\text{中废气排放量}\end{matrix}+\begin{matrix}\text{生产工艺过程}\\\text{中废气排放量}\end{matrix}$$

工业固体废物排放量　指报告期内企业将所产生的固体废物排到固体废物污染防治设施、场所以外的数量，不包括矿山开采的剥离废石和掘进废石(煤矸石和呈酸性或碱性的废石除外)。

生活垃圾清运量　指报告期内收集和运送到各生活垃圾处理厂(场)和生活垃圾最终消纳点的生活垃圾数量。生活垃圾指城市日常生活或为城市日常生活提供服务的活动中产生的固体废物以及法律行政规定的视为城市生活垃圾的固体废物。包括：居民生活垃圾、商业垃圾、集市贸易市场垃圾、街道清扫垃圾、公共场所垃圾和机关、学校、厂矿等单位的生活垃圾。

生活垃圾无害化处理率　指报告期生活垃圾无害化处理量与生活垃圾产生量的比率。在统计上，由于生活垃圾产生量不易取得，可用清运量代替。计算公式为：

$$\begin{matrix}\text{生活垃圾无}\\\text{害化处理率}\end{matrix}=\frac{\text{生活垃圾无害化处理量}}{\text{生活垃圾产生量}}\times100\%$$

森林面积　包括郁闭度 0.2 以上的乔木林地面积和竹林面积，国家特别规定的灌木林地面积，农田林网以及村旁、路旁、水旁、宅旁林木的覆盖面积。

人工林面积　指由人工播种、植苗或扦插造林形成的生长稳定，(一般造林 3-5 年后或飞机播种 5-7 年后)每公顷保存株数大于或等于造林设计植树株数 80%或郁闭度 0.20 以上(含 0.20)的林分面积。

森林覆盖率　以行政区域为单位，森林面积占区域土地总面积的百分比。计算公式为：

$$\text{森林覆盖率}=\frac{\text{森林面积}}{\text{土地总面积}}\times100\%$$

造林总面积　指在宜林荒山荒地、宜林沙荒地、无立木林地、疏林地和退耕地等其他宜林地上通过人工措施形成或恢复森林、林木、灌木林的过程。

防护林　指以防护为主要目的的森林、林木和灌木丛。包括水源涵养林，水土保持林，防风固沙林，农田、牧场防护林，护岸林，护路林等。

湿地　指天然或人工、长久或暂时性的沼泽地、泥炭地或水域地带，包括静止或流动、淡水、半咸水、咸水体，低潮时水深不超过 6 米的水域以及海岸地带地区的珊瑚滩和海草床、滩涂、红树林、河口、河流、淡水沼泽、沼泽森林、湖泊、盐沼及盐湖。

自然保护区　对有代表性的自然生态系统、珍稀濒危野生动植物物种的天然分布区、水源涵养区、有特殊意义的自然历史遗迹等保护对象所在的陆地、陆地水体或海域，依法划出一定面积进行特殊保护和管理的区域。以县及县以上各级人民政府正式批准建立的自然保护区为准。风景名胜区、文物保护区不计在内。

环境污染治理投资　指在污染源治理和城市环境基础设施建设的资金投入中，用于形成固定资产的资金，其中污染源治理投资包括工业污染源治理投资和“三同时”项目环保投资两部分。环境污染治理投资为城市环境基础设施投资、工业污染源治理投资与“三同时”项目环保投资之和。

农林牧渔业总产值　指以货币表现的农、林、牧、渔业全部产品和对农林牧渔业生产活动进行的各种支持性服务活动的价值总量，它反映一定时期内农林牧渔业生产总规模和总成果。1957 年以前的农林牧渔业总产值中包括了厩肥和农民自给性手工业(如农民自制衣服、鞋、袜，自己从事粮食初步加工等)。1958 年及以后，林业中增加了村及村以下竹木采伐产值；牧业中取消了厩肥产值；副业中取消了农民自给性手工业产值，增加了村及村以下办的工业产值； 渔业中增加了海洋捕捞水产品产值。1980 年及以后，在副业中增加了农民家庭兼营工业商品部分的产值。从 1984 年起村及村以下工业产值划归工业。从 1993 年起取消副业，将野生动物的捕猎划入牧业，野生植物采集和农民家庭兼营商品性工业划归农业。从 2003 年起，执行新的国民经济行业分类标准，农林牧渔业总产值中包括了农林牧渔服务业产值。林业中增加了森林采运业产值。农业中取消了家庭兼营商品性工业产值，将野生林产品的采集划归林业。第一次农业普查以后，由于畜牧业产品年报数据与普查数据之间存在一定的差距，根据农业普查结果，对畜牧业年报数据和畜牧业产值进行了修正。2010 年执行《统计用产品分类目录》， 对 2009 年的农业、林业产值做了相应调整。

粮食产量 指全社会的产量。包括国有经济经营的、集体统一经营的和农民家庭经营的粮食产量，还包括工矿企业办的农场和其他生产单位的产量。粮食除包括稻谷、小麦、玉米、高粱、谷子及其他杂粮外，还包括薯类和豆类。其产量计算方法，豆类按去豆荚后的干豆计算；薯类(包括甘薯和马铃薯，不包括芋头和木薯)1963 年以前按每 4 公斤鲜薯折 1 公斤粮食计算，从 1964 年开始改为按 5 公斤鲜薯折 1 公斤粮食计算。城市郊区作为蔬菜的薯类(如马铃薯等)按鲜品计算，并且不作粮食统计。其他粮食一律按脱粒后的原粮计算。1989 年以前全国粮食产量数据主要靠全面报表取得，1989 年开始使用抽样调查数据。

棉花产量 指全社会的产量。包括春播棉和夏播棉。产量按皮棉计算。不包括木棉。

油料产量 指全部油料作物的生产量。包括花生、油菜籽、芝麻、向日葵籽、胡麻籽（亚麻籽）和其他油料。不包括大豆、木本油料和野生油料。花生以带壳干花生计算。

水产品产量 指人工养殖的水产品和天然生长的水产品的捕捞量。包括海水的鱼类、虾蟹类、贝类和藻类以及内陆水域的鱼类、虾蟹类和贝类，不包括淡水生植物。水产品产量是通过各级水产和统计部门逐级上报取得数据。1995 年及以前，贝类中牡蛎按鲜肉计算；蚶、蛤、蛙按 5 斤鲜品折 1 斤计算。1996 年以后则统一按鲜品计算。

农作物播种面积 指实际播种或移植农作物的面积。凡是实际种植有农作物的面积，不论种植在耕地上还是种植在非耕地上，均包括在农作物播种面积中。在播种季节基本结束后，因遭灾而重新改种和补种的农作物面积，也包括在内。目前，农作物播种面积主要包括粮食、油料、棉花、麻类、糖料、烟叶、药材、蔬菜、瓜类和其他农作物等十大类。

有效灌溉面积 指具有一定的水源，地块比较平整，灌溉工程或设备已经配套，在一般年景下，当年能够进行正常灌溉的耕地面积。在一般情况下，有效灌溉面积应等于灌溉工程或设备已经配备，能够进行正常灌溉的水田和水浇地面积之和。它是反映我国农田水利建设的重要指标。

农用化肥施用量 指本年内实际用于农业生产的化肥数量，包括氮肥、磷肥、钾肥和复合肥。化肥施用量要求按折纯量计算数量。折纯量是指把氮肥、磷肥、钾肥分别按含氮、含五氧化二磷、含氧化钾的百分之百成份进行折算后的数量。复合肥按其所含主要成分折算。公式为：

折纯量=实物量×某种化肥有效成份含量的百分比

农业机械总动力 指主要用于农、林、牧、渔业的各种动力机械的动力总和。包括耕作机械、排灌机械、收获机械、农用运输机械、植物保护机械、牧业机械、林业机械、渔业机械和其他农业机械〔内燃机按引擎马力折成瓦(特)计算、电动机按功率折成瓦(特)计算〕。不包括专门用于乡、镇、村、组办工业、基本建设、非农业运输、科学试验和教学等非农业生产方面用的动力机械与作业机械。这个指标的统计数据主要来源于农机部门。

工业 指从事自然资源的开采，对采掘品和农产品进行加工和再加工的物质生产部门。具体包括：(1)对自然资源的开采，如采矿、晒盐等(但不包括禽兽捕猎和水产捕捞)；(2)对农副产品的加工、再加工，如粮油加工、食品加工、缫丝、纺织、制革等；(3)对采掘品的加工、再加工，如炼铁、炼钢、化工生产、石油加工、机器制造、木材加工等，以及电力、自来水、煤气的生产和供应等；(4)对工业品的修理、翻新，如机器设备的修理、交通运输工具(如汽车)的修理等。

轻工业 指主要提供生活消费品和制作手工工具的工业。按其所使用的原料不同，可分为两大类：(1)以农产品为原料的轻工业，是指直接或间接以农产品为基本原料的轻工业。主要包括食品制造、饮料制造、烟草加工、纺织、缝纫、皮革和毛皮制作、造纸以及印刷等工业；(2)以非农产品为原料的轻工业，是指以工业品为原料的轻工业。主要包括文教体育用品、化学药品制造、合成纤维制造、日用化学制品、日用玻璃制品、日用金属制品、手工工具制造、医疗器械制造、文化和办公用机械制造等工业。

重工业 指为国民经济各部门提供物质技术基础的主要生产资料的工业。按其生产性质和产品用途，可以分为下列三类：(1)采掘(伐)工业，是指对自然资源的开采，包括石油开采、煤炭开采、金属矿开采、非金属矿开采等工业；(2)原材料工业，指向国民经济各部门提供基本材料、动力和燃料的工业。包括金属冶炼及加工、炼焦及焦炭、化学、化工原料、水泥、人造板以及电力、石油和煤炭加工等工业；(3)加工工业，是指对工业原材料进行再加工制造的工业。包括装备国民经济各部门的机械设备制造工业、金属结构、水泥制品等工业，以及为农业提供的生产资料如化肥、农药等工业。

工业总产值 工业总产值是工业企业在一定时期内生产的以货币形式表现的工业最终产品或提供工业性劳务活动的总价值量。它反映一定时间内工业生产的总规模和总水平。

工业增加值 指工业企业在报告期内以货币表现的工业生产活动的最终成果。工业增加值有两种计算方法：一是生产法，即工业总产出减去工业中间投入加上应交增值税；二是收入法，即从收入的角度出发，根据生产要素在生产过程中应得到的收入份额计算，具体构成项目有固定资产折旧、劳动者报酬、生产税净额、营业盈余，这种方法也称要素分配法。本年鉴中的工业增加值是以生产法计算的:工业增加值=工业总产出-工业中间投入+应交增值税

资产总计 指企业拥有或控制的能以货币计量的经济资源，包括各种财产、债权和其他权利。资产按流动性分为流动资产、长期投资、固定资产、无形资产、递延资产和其他资产。该指标根据企业会计“资产负债表”中“资产总计”项目的期末数增列。

流动资产 指企业可以在一年内或者超过一年的一个生产周期内变现或者耗用的资产，包括现金及各种存款、短期投资，应收及预付款项、存货等。

固定资产原价 指企业在建造、购置、安装、改建、扩建、技术改造某项固定资产时所支出的全部货币总额。它一般包括买价、包装费、运杂费和安装费等。

固定资产净值 指固定资产原价减去历年已提折旧额后的净额。计算公式为：

固定资产净值=固定资产原价-累计折旧

负债合计 指企业所承担的能以货币计量，将以资产或劳务偿付的债务，偿还形式包括货币、资产或提供劳务。负债一般按偿还期长短分为流动负债和长期负债。根据会计“资产负债表”中“负债合计”的年末数填列。

所有者权益合计 指企业投资人对企业净资产的所有权。企业净资产为企业全部资产与企业全部负债的差额，包括实收资本、资本公积、盈余公积、未分配利润等。根据会计“资产负债表”中“所有者权益”项的期末数填列。

利润总额 指企业在生产经营过程中各种收入扣除各种耗费后的盈余，反映企业在报告期内实现的盈亏总额，包括营业利润、补贴收入、投资净收益和营业外收支净额。根据会计“利润表”中的对应指标的本期累计数填列。

从业人员平均人数 是指报告期内每天拥有的从业人员人数。其计算公式为：

$$\text{月平均人数}=\frac{\text{报告月内每天实有人数之和}}{\text{报告月日历日数}}$$

$$\text{季平均人数}=\frac{\text{季内各月平均人数之和}}{3}$$

$$\text{年平均人数}=\frac{\text{年内各月平均人数之和}}{12}$$

总资产贡献率 反映企业全部资产的获利能力，是企业经营业绩和管理水平的集中体现，是评价和考核企业盈利能力的核心指标。计算公式为：

$$\text{总资产贡献率(\%)}=\frac{\text{利润总额}+\text{税金总额}+\text{利息支出}}{\text{平均资金总额}}\times100\%$$

资产负债率 该指标既反映企业经营风险的大小，也反映企业利用债权人提供的资金从事经营活动的能力。计算公式为：

$$\text{资产负债率(\%)}=\frac{\text{负债总额}}{\text{资产总额}}\times100\%$$

建筑业统计单位 指从事房屋、构筑物建造和设备安装活动的法人企业。建筑业法人企业应具有建筑业资质并能够独立核算，同时其应具备以下条件：①依法成立，有自己的名称、组织机构和场所，能够承担民事责任；②独立拥有和使用资产，承担负债，有权与其他单位签订合同；③独立核算盈亏，能够编制资产负债表。

建筑业总产值 是以货币形式表现的建筑业企业在一定时期内生产的建筑业产品和提供的服务的总和。建筑业总产值包括：

⑴建筑工程产值：指列入建筑工程预算内的各种工程价值。

⑵安装工程产值：指设备安装工程价值，不包括被安装设备本身的价值。

⑶其他产值：建筑业总产值中除建筑工程、安装工程以外的产值。包括房屋构筑物修理产值、非标准设备制造产值、总包企业向分包企业收取的管理费以及不能明确划分的施工活动所完成的产值。

a. 房屋构筑物修理产值：指房屋和构筑物修理所完成的产值，但不包括被修理房屋、构筑物本身价值和生产设备的修理价值。

b. 非标准设备制造产值：指加工制造没有定型的非标准生产设备的加工费和原材料价值(如化工厂、炼油厂用的各种罐、槽，矿井生产统一使用的各种漏斗、三角槽、阀门等)以及附属加工厂为本企业承建工程制作的非标准设备的价值。

建筑业增加值 指建筑业企业在报告期内以货币形式表现的建筑业生产经营活动的最终成果。从 2004 年第一次全国经济普查开始，建筑业现价增加值按生产法和分配法(收入法)两种方法计算，以收入法的计算结果为准，即从收入的角度出发，根据生产要素在生产过程中应得的收入份额计算。具体计算方法：经济普查年度建筑业增加值按照《经济普查年度 GDP 核算方案》计算，非经济普查年度建筑业增加值按照《非经济普查年度 GDP 核算方案》计算。

公路里程 指在一定时期内实际达到《公路工程技术标准 JTG B01-2003》规定的技术等级的公路，并经公路主管部门正式验收交付使用的公路里程数。包括大、中城市的郊区公路，以及公路通过小城镇（指县城、集镇）街道的公路里程和公路桥梁长度、隧道长度、渡口的宽度以及分期修建的公路已验收交付使用的里程，不包括大中城市

的街道、厂矿、林区生产用道和农业生产用道的里程。两条或多条公路共同经由同一路段，只计算一次，不得重复计算里程长度。该指标可以反映公路建设的发展规模，也是计算运输网密度等指标的基础资料。

民用航空航线里程 指统计期间内全部民用航空航线的航线总长度。航线长度指民用航空航线的计费距离。计算航线里程可按重复和不重复两种方法，前者是指各航线长度相加的总和；后者则要扣除各航线之间相同航段重复计算的部分。

货(客)运量 指在一定时期内，各种运输工具实际运送的货物(旅客)数量。该指标是反映运输业为国民经济和人民生活服务的数量指标，也是制定和检查运输生产计划、研究运输发展规模和速度的重要指标。货运按吨计算，客运按人计算。货物不论运输距离长短、货物类别，均按实际重量统计。旅客不论行程远近或票价多少，均按一人一次客运量统计；半价票、小孩票也按一人统计。

货(客)运密度 指在一定时期内某种运输方式在营运线路的某一区段平均每公里线路通过的货物(旅客)运输周转量。计算公式为：

$$货(客)运密度=\frac{货物(旅客)周转量}{营业线路长度}$$

民用汽车拥有量 指报告期末，在公安交通管理部门按照《机动车注册登记工作规范》，已注册登记领有民用车辆牌照的全部汽车数量。汽车拥有量统计的主要分类：根据汽车结构分为载客汽车、载货汽车及其他汽车；根据汽车所有者不同分为个人(私人)汽车、单位汽车；根据汽车的使用性质分为营运汽车、非营运汽车；根据汽车大小规格不同，载客汽车分为大型、中型、小型和微型，载货汽车分为重型、中型、轻型和微型。

邮电业务总量 指以货币形式表示的邮电通信企业为社会提供各类邮电通信服务的总数量，是用于观察邮电通信业务发展变化总趋势的综合性总量指标。分别按邮政业务总量和电信业务总量统计。邮电业务总量是以各类业务的实物量分别乘以相应的不变单价，得出各类业务的货币量再加总求得。

移动电话用户 指在电信运营企业营业网点办理开户登记手续，通过移动电话交换机进入移动电话网，占用移动电话号码的各类电话用户。包括 GSM 数字移动电话用户、CDMA 数字移动电话用户和电信运营企业发行的报告期末已激活充值的能异地漫游的各种智能卡用户。

互联网上网人数 指平均每周使用互联网至少 1 小时的 6 周岁以上中国公民人数。

固定电话用户 指在电信运营企业营业网点办理开户登记手续并已接入固定电话网上的全部电话用户。包括普通电话用户、公用电话用户、窄带综合业务数字网（N—ISDN）用户、智能网专用接入终端用户等。按行政区划分为城市电话用户和农村电话用户。

社会消费品零售总额 指企业（单位、个体户）通过交易直接售给个人、社会集团非生产、非经营用的实物商品金额，以及提供餐饮服务所取得的收入金额。个人包括城乡居民和入境人员，社会集团包括机关、社会团体、部队、学校、企事业单位、居委会或村委会等

批发业 指批发商向批发、零售单位及其他企事业、机关单位批量销售生活用品和生产资料的活动，以及从事进出口贸易和贸易经纪与代理的活动。批发商可以对所批发的货物拥有所有权，并以本单位、公司的名义进行交易活动；也可以不拥有货物的所有权，而以中介身份做代理销售商。还包括各类商品批发市场中固定摊位的批发活动。

零售业 指百货商店、超级市场、专门零售商店、品牌专卖店、售货摊等主要面向最终消费者（如居民等）的销售活动。包括以互联网、邮政、电话、售货机等方式的销售活动，还包括在同一地点，后面加工生产，前面销售的店铺（如前店后厂的面包房）。不包括：谷物、种子、饲料、牲畜、矿产品、生产用原料、化工原料、农用化工产品、机械设备（乘用车、计算机及通信设备等除外）等生产资料的销售（列入批发业）；非零售单位附带的零售活动，如汽车修理单位销售汽车零件（列入单位主业所对应的行业类别中）；商业零售单位所在商厦的物业管理（列入物业管理）；商业零售单位所在的商品市场、商业大厦的市场管理活动（列入市场管理）。

商品销售额 指对本单位以外的单位和个人出售的商品金额（包括售给本单位消费用的商品，含增值税）。商品销售包括（1）售给城乡居民和社会集团消费用的商品；（2）售给农业、工业、建筑业、运输邮电业、服务业、公用事业等国民经济各行业用于生产、经营用的商品，包括售予批发和零售业作为转卖或加工后转卖的商品；（3）对国（境）外直接出口的商品，不包括：（1）未通过买卖行为付出的商品，如随机构变动移交给其他企业单位的商品、借出的商品、归还受其他单位委托代保管的商品、付出的加工原料和赠送给其他单位的样品等；（2）经本单位介绍，由买卖双方直接结算，本单位只收取手续费的业务；（3）购货退回的商品；（4）商品损耗和损失；（5）出售本单位自用的废旧物资。

商品库存额 指报告期末各种登记注册类型的批发和零售业企业(单位)已取得所有权的商品。它反映批发和零售业企业(单位)的商品库存情况和对市场商品供应的保证程度。商品库存包括：(1)存放在批发和零售业经营单位(如门市部、批发站、经营处)仓库、货场、货柜和货架中的商品；(2)挑选、整理、包装中的商品；(3)已记入购进而尚未运到本单位的商品，即发货单或银行承兑凭证已到而货未到的商品；(4)寄放他处的商品，如因购货方拒绝承付而暂时存放在购货方的商品和已办完加工成品收回手续而未提回的商品；(5)委托其他单位代销(未作销售或调出)尚未售出的商品；(6)代其他单位购进尚未交付的商品。不包括所有权不属于本单位的商品、委托外单位加工生产尚未收回成品的商品、外贸企业代理其他单位从国外进口尚未付给订货单位的商品、代国家物资储备部门保管的商品等。

连锁总店（总部） 负责连锁企业资源（商号、商誉、经营模式、服务标准、管理模式等等）的开发、配置、控制或使用等功能的企业核心管理机构。连锁经营是指经营同类商品或服务，使用统一商号的若干店铺，在同

一总店（总部）的管理下，采取统一采购或特许经营等方式,实现规模效益的组织形式，包括直营连锁、特许连锁和自愿连锁三种形式。其中，直营连锁是指连锁店铺由连锁公司全资或控股开设，在总部的直接控制下，开展统一经营的连锁经营形式；特许连锁是指拥有注册商标、企业标志、专利、专有技术等经营资源的企业（特许人），以合同形式将其拥有的经营资源许可其他经营者（被特许人）使用，被特许人按合同约定在统一的经营模式下开展经营，并向特许人支付特许经营费用的连锁经营形式；自愿连锁是指若干个店铺或企业自愿组合起来，在不改变各自资产所有权关系的情况下，以同一个品牌形象面对消费者，以共同进货为纽带开展的连锁经营形式。

亿元商品交易市场　指年成交额在亿元及以上的商品交易市场。商品交易市场是指经有关部门和组织批准设立，有固定场所、设施，有经营管理部门和监管人员，若干市场经营者入内，常年或实际开业三个月以上，集中、公开、独立地进行生活消费品、生产资料等现货商品交易以及提供相关服务的交易场所，包括各类消费品市场、生产资料市场等。

住宿业　指有偿为顾客提供临时住宿的服务活动。不包括提供长期住宿场所的活动，如出租房屋、公寓等（列入房地产开发经营）。

餐饮业　指在一定场所，对食物进行现场烹饪、调制，并出售给顾客主要供现场消费的服务活动。

星级饭店　指设备、设施、服务符合《旅游饭店星级的划分与评定》（GB/T14308-2003），通过相关旅游管理部门评定，并取得星级饭店称号的饭店（含预备星级饭店）。

信贷资金　指金融机构以信用方式积聚和分配的货币资金。金融机构信贷资金的来源有各项存款、金融债券、对国际金融机构负债、流通中现金、其他项目等；信贷资金的运用有各项贷款、有价证券及投资、金银占款、外汇占款、财政借款及在国际金融机构中的资产等。

存款　指企业、机关、团体或居民根据资金必须收回的原则，把货币资金存入银行或其他信贷机构保管并取得一定利息的一种信用活动形式。根据存款对象或性质的不同可划分为企业存款、财政存款、机关团体存款、城乡储蓄存款、农业存款、信托及委托类存款、其他存款等科目。它是银行信贷资金的主要来源。

贷款　指银行或其他信贷机构根据资金必须归还的原则，按一定利率，为企业、个人等提供资金的一种信用活动形式。我国银行贷款分为短期贷款、委托及信托类贷款、其他类贷款等。

保险公司　在中国境内的、经过保险监督管理部门批准设立，并依法登记注册的各类商业保险公司。

保费　指投保人为取得保险人在约定范围内所承担赔偿责任而支付给保险人的费用。

赔款　指保险人根据保险合同的规定，向被保险人支付的赔偿保险责任损失的金额。

给付　包括死伤医疗给付和满期给付。死伤医疗给付是指保险人根据人寿保险及长期健康保险合同的规定，因被保险人在保险期内发生保险责任范围内的保险事故支付给被保险人(或受益人)的金额。满期给付是指被保险人生存期满，保险人按人寿保险合同规定支付给被保险人的满期保险金额。

普通高等学校　指按国家规定的设置标准和审批程序批准举办的，通过全国普通高等学校统一招生考试，招收高中毕业生为主要培养对象，实施高等学历教育的全日制大学、独立设置的学院和高等专科学校、高等职业学校及其他机构（独立学院和分校、大专班）。

成人高等学校　指按照国家规定的设置标准和审批程序批准举办的，通过全国成人高等教育统一招生考试，招收具有高中毕业或同等学历的人员为主要培养对象，利用函授、业余、脱产等多种形式对其实施高等学历教育的学校。包括职工高等学校、农民高等学校、管理干部学院、教育学院、独立函授学院、广播电视大学、其他机构等。其他机构是承担国家成人招生计划任务不计校数的机构。

小学学龄儿童净入学率　指调查范围内已入小学学习的学龄儿童占校内外学龄儿童总数(包括弱智儿童，不包括盲聋哑儿童)的比重。计算公式为：

$$\begin{matrix}\text{小学学龄儿童}\\\text{净入学率}\end{matrix}=\frac{\text{已入学的小学学龄儿童数}}{\text{校内外小学学龄儿童总数}}\times100\%$$

研究与试验发展(R&D)　指在科学技术领域，为增加知识总量，以及运用这些知识去创造新的应用进行的系统的创造性的活动，包括基础研究、应用研究、试验发展三类活动。国际上通常采用 R&D 活动的规模和强度指标反映一国的科技实力和核心竞争力。

新产品产值　指报告期企业生产的新产品的产值。新产品是指采用新技术原理、新设计构思研制、生产的全新产品，或在结构、材质、工艺等某一方面比原有产品有明显改进，从而显著提高了产品性能或扩大了使用功能的产品。新产品产值、新产品销售收入既包括经政府有关部门认定并在有效期内的新产品，也包括企业自行研制开发，未经政府有关部门认定，从投产之日起一年之内的新产品。

专利　是专利权的简称，是对发明人的发明创造经审查合格后，由专利局依据专利法授予发明人和设计人对该项发明创造享有的专有权。包括发明、实用新型和外观设计。反映拥有自主知识产权的科技和设计成果情况。

发明（专利）　指对产品、方法或者其改进所提出的新的技术方案。是国际通行的反映拥有自主知识产权技术的核心指标。

卫生机构　指从卫生行政部门取得《医疗机构执业许可证》，或从民政、工商行政、机构编制管理部门取得法人单位登记证书，为社会提供医疗保健、疾病控制、卫生监督服务或从事医学科研和教育等工作的单位。卫生机构包括医院、疗养院、社区卫生服务中心(站)、卫生院、门诊部、诊所(卫生所、医务室)、急救中心(站)、采供血机构、妇幼保健院(所、站)、专科疾病防治院(所、站)、疾病预防控制中心(防疫站)、卫生监督所、卫生监督监测机构、医学科研机构、医学在职培训机构、健康教育所(站)等其他卫生机构。

医疗机构　指从卫生行政部门取得《医疗机构执业许

可证》的机构，包括医院、疗养院、社区卫生服务中心(站)、卫生院、门诊部、诊所(卫生所、医务室)、妇幼保健院(所、站)、专科疾病防治院(所、站)、急救中心(站)和临床检验中心。

社区卫生服务中心(站) 指为本社区居民提供预防、医疗、保健、康复、健康教育、计划生育技术服务等的基层卫生机构。包括社区卫生服务中心和社区卫生服务站。

卫生人员 指在医疗、预防保健、医学科研和在职教育等卫生机构工作的职工，包括卫生技术人员、其他技术人员、管理人员和工勤人员。

卫生技术人员 包括执业(助理)医师、注册护士、药师（士）、检验和影像人员等卫生专业人员。不包括从事管理工作的卫生技术人员。

执业医师 指《医师执业证》“级别”为“执业医师”且实际从事医疗、预防保健工作的人员，不包括实际从事管理工作的执业医师。执业医师类别分为临床、中医、口腔和公共卫生四类。

执业助理医师 指《医师执业证》“级别”为“执业助理医师”且实际从事医疗、预防保健工作的人员，不包括实际从事管理工作的执业助理医师。执业助理医师类别同样分为临

参加新农合人数 指根据本地新农合实施方案到年内新农合筹资截止时已缴纳新农合资金的人口数。

城市居民最低生活保障人数 指在报告期末家庭平均收入在当地规定的最低生活保障线以下的城镇居民数。包括“三无”对象，失业人员和在职、下岗、退休人员等。

农村居民最低生活保障人数 指报告期末在建立农村最低生活保障制度的地区，得到当地政府或集体给予最低生活保障的农业人口家庭人数。

五保户 指无法定抚养义务人，或者虽有法定抚养义务人，但是抚养人无抚养能力的；无劳动能力的；无生活来源的老年人、残疾人和未成年人。

农村传统救济人数 指未开展最低生活保障制度的农村地区，仍沿用传统救济制度救济的贫困人口数。

社会福利企业 指以集中安置有一定劳动能力的残疾人员就业为目的（残疾职工占生产人员 10%以上）、带有社会福利性质的企业总称。主要包括福利工厂、假肢厂和其他福利企业。

社区服务设施数 指报告期末设立的以非营利为目的，为本社区居民服务，特别是为老年人、残疾人、儿童服务的社区服务中心、活动站、服务站、养老院、老年公寓（托老所），残疾人工疗站、残疾儿童日托所、家务服务站、婚姻介绍所等福利性设施以及职工社会保险管理服务的机构数。几种不同类型的社区服务单位，共用一个场所的，只能统计为一个社区服务设施。成为社区服务设施的条件：（1）是独立核算单位；（2）有固定的从业人员；（3）有一定的服务项目；（4）有一定的场所。

社区服务设施覆盖率 计算公式为：

$$社区服务设施覆盖率=\frac{社区服务设施数}{村委会数\quad 居委会数}\times 100\%$$

文化及相关产业 指为社会公众提供文化、娱乐产品和服务的活动以及与这些活动有关联的活动的集合。根据提供文化、娱乐产品和服务活动的属性特点，划分为公益性文化活动和经营性文化活动两大类。

文化及相关产业是第三产业的重要组成部分。是在我国《国民经济行业分类》基础上的派生分类，有文化服务和相关文化服务两大类：一是文化服务。主要指新闻服务，出版发行和版权服务，广播、电视、电影服务，文化艺术服务，网络文化服务，文化休闲娱乐服务，其他文化服务；二是相关文化服务。主要有文化用品、设备及相关文化产品的生产，文化用品、设备及相关文化产品的销售。

艺术表演场馆 指由文化部门主办或实行行业管理（经文化市场行政部门审批或已申报登记并领取相关许可证），有观众席、舞台、灯光设备，公开售票、专供文艺团体演出的文化活动场所。附属于文化部门机构内非独立核算的剧场、排演场，公开营业的也应单独统计。

广播节目综合人口覆盖率 指根据国家广电总局制定的《广播电视人口覆盖率统计技术标准和方法》进行统计调查的，在对象区内采用无线、有线、卫星等技术手段能够收听到包括中央、省、地市、县广播节目其中任意一套的人口数占全国总人口数的百分比。

电视节目综合人口覆盖率 指根据国家广电总局制定的《广播电视人口覆盖率统计技术标准和方法》进行统计调查的，在对象区内采用无线、有线、卫星等技术手段能够收看到包括中央、省、地市、县级电视节目中任意一套的人口数占全国总人口数的百分比。

有线电视入户率 通过广播电视有线传输网收看电视节目的用户数占全国总户数的百分比。

特大火灾 指造成 30 人以上死亡，或者 100 人以上重伤，或者 1 亿元以上直接财产损失的火灾。

重大火灾 指造成 10 人以上 30 人以下死亡，或者 50 人以上 100 人以下重伤，或者 5000 万元以上 1 亿元以下直接财产损失的火灾。

较大火灾 指造成 3 人以上 10 人以下死亡，或者 10 人以上 50 人以下重伤，或者 1000 万元以上 5000 万元以下直接财产损失的火灾。

一般火灾 指造成 3 人以下死亡，或者 10 人以下重伤，或者 1000 万元以下直接财产损失的火灾。

人民检察院直接立案侦查案件 指按照管辖的规定，由人民检察院直接立案侦查的贪污贿赂犯罪、渎职犯罪、国家机关工作人员利用职权实施的侵犯公民人身权利和民主权利的犯罪以及经省级人民检察院决定立案侦查的国家机关工作人员利用职权实施的其他重大犯罪案件。

青少年罪犯 指人民法院在报告期内判决发生法律效力的有罪判决中 14 周岁以上不满 25 周岁的罪犯。其中 14 周岁以上不满 18 周岁的罪犯为未成年罪犯。

[组稿　贾向东　李振华]

后记：

2012年统计大事记

1月5日，市统计局与邯郸学院共同举行了“邯郸学院实习实训基地”揭牌仪式。“邯郸学院实习实训基地”的成立，是社会公众感受统计、认识统计的重大举措，将有助于推动统计科研活动，进一步推进统计公开透明。

1月6日，邯郸市人民政府办公厅下发了《关于切实做好2011年统计年报工作的通知》（〔2011〕246号），《通知》要求各县（市、区）人民政府、对口各单位和政府各部门要切实做好统计年报工作，准确、及时、全面地反映我市国民经济和社会发展成果。

1月12日，杨卿副局长代表市统计局向市人大常委会副主任黄月芳、财经委主任和部分常委会委员、人大代表组成的调研组汇报了全市2011年经济运行情况及2012年经济形势展望，受到市人大调研组的肯定和好评。

1月31日，市统计局与市建设局联合召开建筑业行业统计工作动员会。此次会议的召开为进一步提高全市建筑业行业统计数据质量，保证建筑业行业统计数据的及时性、准确性和全面性起到积极的促进作用。

2月14日，市统计局组织召开企业一套表视频工作会议，要求认真做好企业一套表正式实施前的各项准备工作，做好全省企业一套表督导检查的迎检准备工作和本辖区的督导检查工作，进一步掀起四大工程建设的宣传高潮。

2月22日，市统计局召开全市统计局长座谈会，部署了全市“千人进千企”活动，与各县（市、区）统计局签订了“统计行风建设责任书”，对统计工作进行了安排和部署。

全市两会期间，市统计局派专人参与服务，并印发宣传材料。

3月9日，市统计局组织全市统计系统专题视频讲座，邀请中国政法大学法学院王朝勇教授开展题目为“依法行政和社会管理创新”的讲座。通过学习，促进全市统计系统进一步振奋精神，迎难而上，创先争优，在队伍建设、业务建设和统计服务等各个方面，当先进、争一流，确保各项工作目标落到实处。

3月21日，邯郸市政府组织召开全市统计工作会议，市委常委、常务副市长丁英辉出席会议并作重要讲话，市统计局党组书记、局长程常青作工作报告，市政府副秘书长张振兴主持会议，并宣读了市委书记郭大建和市长高宏志对统计工作的重要指示。

3月21日，邯郸市政府常务副市长丁英辉组织召开了“企业一套表”联席会议，市统计局、发改委、工信局、建设局、商务局等部门主要领导和主管领导参加了会议。

3月27日，在市政府组织召开的全市经济运行首季开门红调度会上，市统计局局长程常青作了全市2012年1-2月经济运行情况的汇报，得到市委常委、常务副市长丁英辉的充分肯定和好评，对统计整体工作给予了高度评价，并对存在的问题进行部门现场调度和询问。

3月29日，《邯郸日报》第三版全文登载了由市统计局发布的《邯郸市2011年国民经济和社会发展统计公报》，公报分综合、主要行业、改革开放、城市建设与管理、经济开发区和马头工业城、社会事业、人口、人民生活和社会保障、资源、环境与节能减排等八部分，描述了2011年邯郸经济和社会发展全貌。

4月10日，邯郸市政府办公厅印发了《关于加强全市文化产业统计工作的通知》，要求提高认识，加强领导，确保文化产业统计顺利开展；依法统计，求真务实，切实提高统计数据质量；严格规范，深入研究，加强统计资料开发利用。

4月13日，市统计局和市委宣传部联合召开了“邯郸市文化产业统计工作会议”，市、县宣传部和统计部门以及市直文化产业相关部门共计90余人参加了会议。

4月13日，市统计局邀请邯郸城市文化专家申有顺同志到机关授课，对邯郸3100年的历史进行讲坛式解读，详细介绍了邯郸建城年代、赵与邯郸的关系、邯郸都城演变史以及邯郸十大文化脉系等内容。

5月23日，市统计局组织各县（市、区）统计局局长开展乡镇统计改革大观摩活动，对肥乡县6个乡镇、2个村的基层基础建设工作进行了现场观摩。通过观摩，起到了互相学习、共同提高的良好效果。

5月25-27日，市统计局与河北工程大学联合举办了“统计系统领导能力提升”培训班，市局副县级以上领导、各部门主要负责人，县（市、区）统计局副局长共50人参加了培训学习。

5月24日，邯郸市统计学会召开了第三届会员代表大会，市统计局党组书记、局长程常青当选为新一届统计学会会长，并做了重要讲话。

6月4日，市统计局组织召开了主题为“全面培树统计新形象”的专题座谈会，参会人员积极发言，踊跃为全市统计系统新形象的培树，为做出新业绩提出了许多操作性强、参考价值高的意见和建议。

6月11日，省统计局副局长杨景祥、农村处处长张春风一行来邯郸调研夏粮生产情况。市委书记郭大建、市长高宏志、市委常委秘书长魏吉平、市委常委农工委书记范国珍、副市长崔永斌等在调研期间会见了杨景祥局长一行。副市长王进江全程陪同调研活动。

6月25日，由市统计局党组书记、局长程常青主编的《转型与发展---加快转变邯郸经济发展方式调研分析》一书出版。

6月26日，邯郸市政府召开全市节能减排工作会议，市统计局荣获邯郸市2011年节能减排工作实绩突出单位。

6月27日，邯郸市委常委会听取了市统计局关于全市经济形势分析及上半年预计的汇报，市委书记郭大建和市长高宏志分别就关心的问题进行了提问，在汇报结束后，两位领导对市统计局的工作给予了充分肯定和表扬。

7月3日，邯郸市委书记郭大建和市长高宏志专题听取了邯郸市统计局工作汇报，分别对全市统计工作提出了新的希望和要求。

7月12日，邯郸市人民政府办公厅下发了《关于切实做好第三次全国经济普查准备工作的通知》（〔2012〕143号），对第三次全国经济普查的各项准备工作提出了明确要求。

7月18日，在市政府第61次常务会上，杨卿副局长代表市统计局汇报了2012年上半年经济运行情况及咨询建议，得到市长高宏志等多位市领导的好评和对统计工作的肯定。

7月21日，市委常委、常务副市长张瑞书专题听取了邯郸市统计局工作汇报。

7月27日，市人大常委会副主任黄月芳、财经委主任和部分常委会委员、人大代表组成的调研组听取了市统计局的汇报。

8月9日，市统计局在邯郸日报第二版要闻版刊登“全市投入产出调查启动”文章，开启了邯郸市投入产出调查工作的公众宣传，起到良好效果。

8月12-14日，邯郸市统计局长座谈会在涉县召开，会议传达了7月份召开的全省设区市统计局长座谈会的会议精神，重点学习了省局郭洪波局长的讲话精神；听取了各县（市、区）上半年工作汇报以及今后的工作谋划；市局各位领导就分管工作进行了安排部署、提出了要求。局长程常青在会上作重要讲话。

8月22日，邯郸市召开相关部门座谈会，联合加强民营经济统计工作。市统计局和工信局相关人员参加了会议，会上双方客观分析了当前市、县两级民营经济的发展现状，并就下一步如何开展民营经济统计监测进行了讨论和协商。

8月24日，《邯郸生产总值核算历史资料(1952-2010)》印制出版，该书汇集了邯郸市1952-2010年的生产法、收入法、支出法GDP历史数据，并对全市各经济行业以及邯郸各县（市、区）GDP数据进行了整理汇总，具有时间跨度大、涉及范围广、参考价值高的特点。

8月29日—9月4日，市统计局、市政府督察室、市工信局三部门联合对全市新入统工业企业进行检查指导。通过督导活动，形成了多部门联合工作机制，避免了企业漏统的现象，加强了新入统企业的统计基础建设，保障了基层统计数据质量，促进了工业统计工作的全面提升。

9月10日，邯郸市政府以邯政（2012）200号文件批转了由市统计局、市质量技术监督局联合下发的《关于切实做好临时代码清理工作的通知》，对全市临时代码清理工作提出明确要求。

9月13日，市统计局在大名县开展了第三期乡级统计改革工作大观摩活动，在观摩过程中，与会人员与当地统计员进行了热切的交谈，仔细询问了电脑联网、电子台账、农业一套表等问题，详细查看了统计站制度上墙、统计资料档案化管理等情况。

9月14日，市统计局纪检组长刘东祥带队，组织能源处、社会科技处、普查中心、教管中心等企业一套表相关专业人员一行6人，到邢台市考察学习企业一套表工作。

9月19日，邯郸市政府副秘书长魏彦君主持召开市直部门统计联席会议。会上，市统计局局长程常青客观分析了当前经济发展形势，并就当前形势下加强部门联合，提升统计数据公信力提出了意见，魏彦君副秘书长就当前经济形势下统计工作如何加强部门协作，发挥部门职能，更好的为经济发展服务强调了要求。

10月8日，市统计局开展升国旗贺国庆活动，庆祝中华人民共和国建国六十三周年，迎接党的“十八”大胜利召开。

10月17日，市统计局联合市法制办、市发改委等部门，共同对新制定的地方性法规《邯郸市节约能源条例》（草案）进行了修订。

10月24日，市统计局开展第四期全市乡级统计改革大观摩活动，大观摩活动参观了邱县4个乡镇和2个村的统计工作，市局局长程常青对邱县统计站建设高度赞扬，提出了实质性的指导意见，并对全市统计工作提出要求。

10月25日，邯郸市政府组织召开了前三季度全市经济形势分析会议。市长高宏志和常务副市长张瑞书分别就当前经济运行形势做了客观分析，要求进一步夯实统计工作，充分发挥统计部门职能，更好的为经济社会发展服务。

10月26日，为积极推进以企业一套表为核心的统计四大工程建设，落实省统计局视频会议精神，针对全市限上服务业企业存在的问题，邯郸市政府办公厅下发了《关于限上服务业企业核查情况的通知》（〔2012〕222号），对各县（市、区）、市直相关部门提出了明确的要求。

11月12日，市统计局召开了全市经济形势分析会，会议由副局长杨卿主持。会议分专业对当前经济运行情况进行了分析，杨卿副局长对各专业的分析进行了点评，并就全市经济分析评选工作的新变化进行了具体讲解和安排布置。局长程常青出席会议并作重要讲话。

11月16日，邯郸市统计局组织召开了全市统计系统学习贯彻十八大精神视频动员大会。市统计局党组书记、局长程常青作为主讲人、以党课的形式、就十八大精神为全市统计系统进行了辅导宣讲。

11月20日，市委常委、常务副市长张瑞书主持召开了全市经济形势通报会议。会上市统计局局长程常青通报了全市前三季度和1-10月份主要经济指标完成情况和存在的问题，针对当前形势，提出了下一步工作建议，获得常务副市长张瑞书的好评。

11月19日—29日，由市政府督查室牵头，针对各县（市、区）“一套表”、乡镇统计垂直管理、统计执法和“统计深化提高年”等工作开展和推进情况进行专项督导。

11月28日，邯郸市政府召集21个县(市、区)常务副县(市、区)长、统计局局长及相关部门研究了下一步统计工作。会议由副市长武卫东主持。市委常委、常务副市长张瑞书对市统计局工作给予了充分肯定，并就各县（市、区）如何做好新形势下的统计工作提出了新要求。

12月3日，市委办公厅印发内容为市委书记郭大建对市统计局有关全面建成小康社会相关工作高度评价的通报，要求各级各部门认真学习。

12月4日，市统计局组织开展了统计法制宣传活动，活动中向社会各界散发了法制宣传资料，同时还现场开展了统计法律法规咨询等活动内容，使社会公众充分了解统计法和统计工作，起到了很好的宣传效果。

12月20日，市政府召集市统计局、市发改委、市督查室等相关市直部门召开会议，专题研讨统计工作。会议由秘书长姬振江主持。市委常委、常务副市长张瑞书出席会议并做了重要讲话，要求进一步夯实统计工作。

12月25日，市统计局召开冀南新区规范入统工作会议。会议由副局长杨卿主持，冀南新区主管统计负责人汇报冀南新区统计工作情况，并提出纳入邯郸统计月报及统计年鉴具体意见。

2012年下半年，市委常委、常务副市长张瑞书对统计工作进行了高度评价，为此市局给各县（市、区）下发了通报。

2012年，市局纪检组长刘东祥、副调研员常金伟驻村帮扶，受到老百姓欢迎，市局在财力上对两村发展进行了大力支持。

［组稿　李　丹］

中国统计出版社最新图书简目

(仅供参考，以最后出书为准)

统计资料

2013 中国发展报告
中国劳动统计年鉴-2013
中国建筑业统计年鉴-2013
中国商品交易市场统计年鉴-2013
中国民政统计年鉴-2013
中国科技统计年鉴-2013
中国高技术产业统计年鉴-2013
全国农产品成本收益资料汇编-2013
大中型批发零售和住宿餐饮企业统计年鉴-2013
第二次全国 R&D 资源清查资料汇编—工业企业卷
第二次全国 R&D 资源清查资料汇编—综合卷
中国统计摘要-2013
中国第三产业统计年鉴-2013
中国社会统计年鉴-2013
中国人口和就业统计年鉴-2013
中国房地产统计年鉴-2013
中国贸易外经统计年鉴-2013
中国农村统计年鉴-2013
中国教育经费统计年鉴-2013
中国科学技术协会统计年鉴-2013
中国住户调查年鉴-2013
中国县域统计年鉴-2013
中国人才资源统计报告-2011
中国民族统计年鉴-2013
国际统计年鉴-2013
中国区域经济统计年鉴-2013
中国城市统计年鉴-2013
中国工业经济统计年鉴-2013
中国能源统计年鉴-2013
2013 中国地区经济监测报告
中国农产品价格调查年鉴-2013
中国农村贫困监测报告-2013
工业企业科技活动资料-2013
中国价格统计年鉴-2013
中国农村全面建设小康监测报告-2013
中国零售和餐饮连锁企业统计年鉴-2013
2010 年中国第六次人口普查公报

2013 年省级综合统计年鉴系列

北京 天津 河北 山西 内蒙古
河南 湖北 湖南 广东 广西
辽宁 吉林 黑龙江 上海 江苏
海南 重庆 四川 贵州 云南
浙江 安徽 福建 江西 山东
西藏 陕西 甘肃 青海 宁夏
新疆 新疆生产建设兵团

2013 年市(县)级综合统计年鉴系列

天津滨海新区
运城 忻州 临汾 呼和浩特 包头
上海浦东新区 南京 苏州 无锡
杭州 宁波 绍兴 台州 温州
厦门经济特区 宁德 南昌 上饶
十堰 荆州 荆门 咸宁 长沙 广州
石家庄 唐山 邯郸 太原 大同
通辽 沈阳 大连 长春 吉林市
常州 徐州 南通 盐城 镇江 淮安
金华 嘉兴 衢州 舟山
济南 青岛 潍坊 郑州 洛阳 南阳
东莞 惠州 深圳 桂林 南宁 柳州
贵阳 昆明 西安 兰州 庆阳
长治 阳泉 晋城 朔州 晋中
四平 哈尔滨 黑龙江垦区
宿迁 泰州 连云港 江阴 丹阳
福州 福州经济技术开发区
三门峡 商丘 平顶山 武汉 宜昌
来宾 河池 海口 三亚 成都 绵阳
银川 乌鲁木齐

2010 年人口普查资料系列

中国 2010 年人口普查资料
浙江 安徽 福建 江西 山东
西藏 陕西 甘肃 青海 宁夏
中国分县 2010 年人口普查资料
北京 天津 河北 山西 内蒙古
河南 湖北 湖南 广东 广西
新疆 新疆生产建设兵团
中国分乡镇、街道 2010 年人口普查资料
辽宁 吉林 黑龙江 上海 江苏
海南 重庆 四川 贵州 云南
河南省各市 2010 年人口普查资料丛书
中国分民族 2010 年人口普查资料

“十一五”规划教材

统计学（“十二五”规划，黄良文）
统计学（“十二五”规划，单微）
试验设计（“十二五”规划，茆诗松）
贝叶斯统计（“十二五”规划，茆诗松）
统计学：从数据到结论（十二五规划，吴喜之）
非参数统计（吴喜之）
多元统计分析（任雪松）
经济计量学教程（贺铿）
社会统计学（蒋萍）
国民经济核算教程(杨灿)
抽样调查理论与实践(“十二五”规划，冯士雍)
概率论与数理统计（茆诗松）
应用时间序列分析（王振龙）
质量管理统计方法 （茆诗松）
市场调查与预测（蒋志华）
概率论与数理统计(经济、管理类专业使用，朱胜)
医学统计学（陆守曾）
现代金融投资统计分析（李腊生）
统计指数理论及应用（徐国祥）
统计实验系列教材（许涤龙）
统计学原理（非统计专业用，朱胜）

重点图书

挑大学选专业 2013—高考志愿填报指南
挑大学选专业 2013—考研择校指南